MW00714945

Librería
HABER
50 Nº 443 Tel. 424-3050 y 422-0503
E-MAIL: info@libreriahaber.com.ar

Textos de Economía

TEORÍA MICROECONÓMICA

Traducción de
EDUARDO L. SUÁREZ

JOHN P. GOULD Y EDWARD P. LAZEAR

TEORÍA MICROECONÓMICA

FONDO DE CULTURA ECONÓMICA

MÉXICO - ARGENTINA - BRASIL - COLOMBIA - CHILE - ESPAÑA
ESTADOS UNIDOS DE AMÉRICA - PERÚ - VENEZUELA

Primera edición en inglés,	1934
Segunda edición en inglés,	1969
Primera edición en español,	1971
Cuarta edición en inglés,	1975
Segunda edición en español,	1978
Décima reimpresión,	1992
Sexta edición en inglés,	1989
Tercera edición en español de la sexta en inglés,	1994
Tercera reimpresión (FCE, Argentina)	2003

Título original: *Microeconomic Theory*

ISBN: 0-256-02996-2

Carretera Picacho-Ajusco, 227; 14200 México, D. F.
El Salvador 5665; 1414 Buenos Aires
e-mail: fondo@fce.com.ar / www.fce.com.ar

ISBN: 950-557-250-6

Impreso en la Argentina - *Printed in Argentina*
Hecho el depósito que marca la ley 11.723

Al finado C. E. FERGUSON

PREFACIO

Hemos tratado de hacer de esta edición de la *Teoría Microeconómica* el avance más radical logrado hasta la fecha. En virtud de que este libro ha ocupado siempre una parte importante del mercado de la microeconomía intermedia y de que muchos cursos se estructuran alrededor de sus ediciones anteriores, hemos tenido buen cuidado de conservar casi todos los materiales de entonces. Aun cuando los usuarios de las ediciones anteriores se sentirán a gusto con esta versión, todo el formato del libro ha cambiado según se advierte de inmediato. Un cambio que salta a la vista es que el autor de las versiones anteriores, el finado C. E. Ferguson, ha sido sustituido por Edward Lazear.

Se han agregado dos capítulos nuevos. El nuevo capítulo I es una breve introducción a los principios básicos de la economía. En virtud de que este libro se utiliza a menudo como texto principal en cursos diseñados para llevar a estudiantes sin ningún conocimiento previo de la economía hasta un nivel intermedio, el primer capítulo elimina la necesidad de recurrir a un texto introductorio complementario. El capítulo I podría resultar útil, por ejemplo, para los estudiantes de licenciatura que deben pasar de la economía básica a la avanzada en muy breve tiempo. El otro capítulo nuevo, el capítulo XIX, introduce al lector en la economía de la información de una manera fácilmente digerible. Esta área ha recibido gran atención en la literatura económica de los últimos años, pero no ha sido introducida en los libros de texto de una manera generalizada o sistemática. El capítulo XIX reconoce la importancia de esta área considerando varios temas de la información tales como el señalamiento del mercado de trabajo, la determinación de precios bajo incertidumbre y la economía de la investigación.

Se ha cambiado el formato para volver más ágil la presentación y para destacar la importancia de la economía en la vida diaria. Es muy importante el hecho de que cada capítulo se inicia con un ejemplo del mundo real, generalmente extraído de un recorte periodístico que motiva el material posterior. La pregunta aparentemente complicada que plantea el ejemplo se resuelve utilizando la teoría desarrollada en el capítulo. Además, se han añadido más ejemplos para hacer más ameno el texto. Robert Moore es el responsable de estas mejoras.

Este texto ha sido utilizado en muchos cursos intermedios de microeconomía, pero también se ha usado para graduados. El capítulo XIX y algunas de las notas más técnicas lo convierten en un texto apropiado para que los estudiantes graduados se preparen para un examen general en teoría económica. De igual modo, la adición del capítulo I, junto con los ejemplos del mundo real, lo hacen ideal para los estudiantes de la licenciatura en Ciencias Sociales. En efecto, ambos autores han convertido el libro en la columna vertebral de los cursos de licenciatura que imparten en la Universidad de Chicago.

Esta edición ha corregido algunos errores de la edición anterior y aclara algunas presentaciones; esto es consecuencia, en buena medida, de las sugerencias formuladas por los usuarios del libro. Éste es un proceso continuo, de modo que esperamos que los lectores de esta edición nos señalen todos los errores y omisiones que adviertan y nos hagan nuevas sugerencias. Su ayuda es muy valiosa para nosotros y para otros usuarios y la apreciamos en todo lo que vale.

Por último, queremos expresar nuestro agradecimiento a los numerosos revisores y lectores que han mejorado esta versión en relación con las anteriores. Estamos especialmente agradecidos con William Chan, quien pacientemente revisó el manuscrito página por página e hizo muchas correcciones. Agradecemos también la cooperación de Maggie Newman en la mecanografía y el ensamblado del documento final con toda oportunidad. Por supuesto, estamos en deuda sobre todo con el finado profesor Ferguson, quien es responsable en mayor medida que cualquier otra persona, de la creación de éste que consideramos un texto valioso.

JOHN P. GOULD, JR.
EDWARD P. LAZEAR

PARTE I

DEMANDA, OFERTA Y MERCADOS: UNA VISIÓN INTRODUCTORIA

LOS INDIVIDUOS desempeñan muchos papeles en una economía. El mismo individuo puede ser comprador, vendedor, trabajador y empleador en un breve periodo de tiempo. Por ejemplo, en un día cualquiera un individuo podría detenerse en la cafetería local para comprar su desayuno camino al trabajo en una gran fábrica. Cuando vuelve a casa por la noche podría cerrar un trato para vender su automóvil. Durante el día podría haber contratado al muchacho vecino para que pode el césped.

Durante la mayor parte del tiempo, es la acción —antes que la identidad del individuo— lo que resulta esencial para la economía. Cuando un individuo está comprando un bien, es un demandante y lo que nos interesa es la demanda del bien en cuestión. Cuando vende un bien, es un proveedor y la oferta de ese bien al mercado es lo que generalmente nos interesa.

Los individuos raras veces realizan acciones que no tengan alguna repercusión sobre los demás. Ante todo, los individuos suelen vivir en familias y deben relacionarse directamente con otros miembros de su familia. En segundo lugar, en una sociedad industrial compleja el trabajo se realiza generalmente en una ubicación común, donde muchos individuos se involucran simultáneamente en un mismo proceso de producción. De hecho, este libro se ocupa principalmente de las formas en que los individuos interactúan en un ambiente de mercado. La meta de un mercado eficiente es la coordinación de las acciones de agentes individuales para producir resultados que mejoren la situación de todos los participantes.

Virtualmente todas las acciones e interacciones que tienen interés para la economía pueden analizarse con el uso de dos construcciones simples: la demanda y la oferta. Toda acción realizada por un individuo afectará a la demanda o a la oferta y nosotros debemos determinar la manera en que se verán afectadas la demanda y la oferta. Una vez logrado lo anterior, podremos describir todas las consecuencias importantes sobre el resto de la economía.

Por supuesto hay muchos niveles en los que se pueden utilizar las herramientas asociadas al estudio de la demanda y de la oferta. En el nivel más simple el análisis es fácil, de modo que pasamos rápidamente de la pregunta a la respuesta. Lo malo es que la descripción más simple del problema deja fuera los detalles. A medida que los detalles se vuelven más importantes, es necesario entender más y más lo relativo a la demanda y a la oferta. Esto significa que será necesario observar detrás de estas construcciones y buscar los elementos básicos, a fin de aplicar las herramientas a situaciones más complejas. Sin embargo, mucho puede aprenderse examinando la demanda y la oferta en su nivel más simple. Por ello, el capítulo I contiene una exploración preliminar.

I. DEMANDA, OFERTA Y EQUILIBRIO DEL MERCADO

"HASTA un loro puede convertirse en economista ilustrado: todo lo que tiene que hacer es aprenderse dos palabras, *oferta* y *demanda*." [Anónimo.] Aunque esto es un poco exagerado, todos los problemas de la economía pueden reducirse a preguntas sobre la oferta y la demanda.

Este capítulo te introducirá en las herramientas fundamentales de las curvas de demanda y de oferta del mercado, y en el concepto de un precio y una cantidad de equilibrio. ¿Qué hace que la curva de demanda o la de oferta del mercado se desplacen? ¿Qué determina la forma de estas curvas? Si puedes contestar estas preguntas, podrás contestar muchas otras preguntas económicas complejas. En la sección "Aplicación de la Teoría" considerarás las aseveraciones contenidas en un artículo periodístico que describe los efectos de un aumento del precio del azúcar sobre diversos mercados interrelacionados.✦

APLICACIÓN DE LA TEORÍA

LOS PRODUCTORES ILEGALES DE LICOR DEL SUR VEN BAJAR SUS VENTAS MIENTRAS AUMENTAN SUS COSTOS

Mi padre hacía whisky, mi abuelo también; no hemos pagado el impuesto del whisky desde 1792.

tomado de *Copper Kettle*,
de Albert F. Beddoe

CONDADO DE HABERSHAM, Georgia.- Cuando Joan Báez popularizó la canción *Copper Kettle* (Olla de cobre) a principios de los años sesenta, el verso transcrito arriba describía con bastante fidelidad la vida de estas montañas del norte de Georgia.

"Es probable que no haya por aquí una sola familia que no haya tenido por lo menos un miembro involucrado en una destilería", observa Clyde Dixon, vicepresidente ejecutivo del Banco del Pueblo de Cleveland, Georgia. "Hasta no hace mucho tiempo, la fabricación de whisky era el único modo de ganarse la vida por aquí. Mi padre fabricaba whisky", dice Dixon.

Pero hace dos años se triplicó el precio del azúcar, que es un ingrediente esencial del whisky, y la vida de esta región cambió rápidamente. Se necesitan por lo menos 10 libras de azúcar para destilar un galón de whisky casero. Con la adición de otros factores inflacionarios, el whisky que el productor ilegal vendía hace pocos años a 6 dólares el galón en la destilería, se empezó a vender a 15 dólares el galón.

A ese precio, el mercado del whisky se contrajo severamente, porque por 15 dólares más la ganancia del comerciante un cliente puede comprar whisky gubernamental. ("Whisky gubernamental" es el nombre que se da aquí al licor legal, el que ha pagado sus impuestos. Al contrario de lo que ocurre con el whisky clandestino, hecho de prisa, su fabricación se basa en la extracción lenta de los azúcares naturales del grano que se destila, de modo que su precio no se ve afectado por el mercado del azúcar.)

LOS INSPECTORES INVESTIGAN OTRAS COSAS

El aumento en el precio del whisky clandestino ha obligado a buscar nuevas ocupaciones a muchas personas que todavía en los años cincuenta trabajaban en una u otra forma en lo que puede haber sido la más grande industria en condados tales como Habersham, Dawson y Gilmer. Pero no todos los individuos cuyo empleo dependía de los licores ilegales eran fabricantes de whisky.

Billy Corbin es un agente recaudador de la Oficina de Alcoholes, Tabacos y Armas de Fuego (ATF, por sus siglas en inglés) del Departamento de la Tesorería. Durante 10 años persiguió a los productores de whisky del norte de Georgia, y dice que su equipo de cinco agentes solía descubrir en promedio 10 destilerías ilegales por mes. En diciembre fue transferido a una nueva oficina que se especializa en otras violaciones no relacionadas con el whisky. "Cuando dejé el puesto (de la caza de destiladores ilegales), ya sólo agarrábamos a uno por mes", dice Corbin.

El jefe de Corbin, Bill Barbary, agente a cargo de la ATF en Gainesville, Georgia, dice que los 108 agentes fiscales de Georgia solían dedicar 75% de su tiempo a las violaciones relacionadas con licores y el resto a otros delitos, en particular la venta de armas sin licencia. Ahora —dice Barbary—, los agentes dedican sólo 25% de su tiempo al patrullaje de las destilerías. A fin de llenar el hueco, el Departamento de la Tesorería reasignó a la ATF a su personal de inspección de juegos de azar, que antes trabajaba para el Servicio de Recaudación Interna.

De esta manera, un producto colateral benéfico para el gobierno de la inflación del azúcar y de la disminución de destilería ilegales, es un aumento de los arrestos por violaciones a los reglamentos de armas de fuego y de juegos de azar. Esta primavera se reasignaron a Atlanta entre 15 y 20 agentes fiscales que anteriormente trabajaban en las zonas rurales, lo que incrementó en gran medida el número de tales agentes; los cuales prometen lograr la condena de 30 a 40 operadores de casinos.

EL TRÁFICO DE DROGAS

Por otra parte, en vista de los trastornos del negocio del whisky, muchos magnates de esta actividad —la mayoría de ellos, en opinión de Barbary— han aplicado simplemente su talento al tráfico de otros artículos ilícitos que todavía son rentables. Se sospecha que son responsables del gran incremento experimentado recientemente en el tráfico aéreo de drogas, en particular de mariguana, de Sudamérica a pequeños aeropuertos de Georgia y de los estados vecinos, también dedicados a la producción ilegal de licor.

Por ejemplo, dos zares del licor ilegal ampliamente conocidos del norte de Georgia, Garland "Bud" Cochran y Ben Kade "Junior" Tatum, fueron acusados en un tribunal federal de Carolina del Sur el verano pasado por haber traído de Colombia un DC-4 cargado con drogas. Tatum fue condenado y apeló. Cochran —quien según la ATF introducía en Atlanta 7 000 galones de whisky por mes en grandes camiones de carga durante los años sesenta— ha estado prófugo desde que fue consignado por contrabando. Los funcionarios creen que se encuentra en Sudamérica dirigiendo más operaciones de contrabando.

La vida del norte de Georgia ha cambiado radicalmente desde que aumentó el precio del azúcar, pero en realidad es la culminación de un cambio evolutivo iniciado a principios de los años cuarenta.

Consíguete una olla de cobre
Consíguete un alambre de cobre
Cúbrelos con masa de maíz recién hecha
Y nunca más tendrás que trabajar

Los agentes fiscales convienen en que el licor 100% de maíz de antaño, fabricado en alambiques de cobre puro —el fabuloso "rayo blanco"—, era tan bueno como el whisky legal, o incluso mejor. Pero cuando el cobre se tornó escaso al estallar la segunda Guerra Mundial, los productores ilegales de licor utilizaron tinas de lámina, y en épocas más recientes empezaron a enfriar el licor en radiadores de automóvil, en lugar de en espirales de cobre. El resultado es a menudo una dosis fatal de envenenamiento por plomo. En el que tal vez ha sido el caso más famoso de esta práctica, el finado Fats Hardy, un zar de la fabricación clandestina de whisky en Gainesville, fue sentenciado a cadena perpetua a fines de los años cincuenta luego de que muchas personas murieron por haber ingerido el licor que envió a Atlanta.

"Ya no tienen orgullo profesional", observa el agente fiscal Corbin. "Ya no fabrican un licor que se pueda beber. Te encuentras latas de cerveza en los alrededores de estas destilerías: ellos no beben esa basura."

Quienes lo beben, según las autoridades, son casi exclusivamente negros pobres urbanos. Los centros de distribución al menudeo más grandes son las llamadas "casas de trago", las que operan en hogares privados o en tiendas de los barrios negros de Atlanta, Macon y otras ciudades del sureste. En virtud de que el precio de un trago se ha disparado a 75 centavos de dólar, casi el precio del whisky más seguro, más fuerte y legal que se vende en los bares, la ATF estima que sólo quedan ahora unos cuantos centenares de casas de trago en Atlanta, mientras que antes de la crisis había varios miles.

Owen Forrester, asistente de la Procuraduría de Justicia de los Estados Unidos en Atlanta —quien afirma que su abuela tenía un alambique en sus tierras, aunque ella no bebía—, dice que duda de que incluso una nueva alza de los precios del azúcar pudiera eliminar por completo la fabricación clandestina de whisky. "Los agentes fiscales que vigilan las casas de trago de aquí me dicen que hay todavía muchos viejos clientes que gustan de su sabor", dice Forrester. "Pero no hay duda de que van en picada."

CÓMO SE HACE

Los montañeses y los agentes fiscales han descrito los métodos utilizados por los destiladores clandestinos para elaborar su producto.

Primero, hay una creencia generalizada de que si se añade estiércol de caballo a la masa de maíz se acelerará su fermentación, y a menudo se sigue esta práctica. Además, las condiciones sanitarias no corresponden siempre a las normas de la FDA. Dixon, el banquero rural, afirma:

> He visto un cerdo meterse allí (en la tina), beber algo de ese brebaje y ahogarse. Ellos simplemente sacan al cerdo y continúan como si nada. No pueden darse el lujo de perder todo ese dinero (tirando la masa contaminada). Te lo aseguro, Jack Daniel's es mucho más limpio.

El fiscal Forrester recuerda un destiladero clandestino que "echa zorras muertas al final para darle sabor".

Luego se agrega alguna otra sustancia extraña. El licor clandestino suele ser de 110 grados cuando se vende en la destilería a un "corredor", que por lo general es un camionero independiente o un empleado de algún distribuidor urbano. Para aumentar el producto, los distribuidores suelen añadirle hasta 50% de agua. Luego, para que se parezca al original, le agregan aceite de guarnición, que simula los remolinos que forma el alcohol.

Si algunas partes de *Olla de cobre* fueron realistas alguna vez, todos convienen aquí en que un verso nunca lo fue:

Sólo échate al lado del enebro
Mientras brilla la luna
Y míralos llenar las jarras
A la pálida luz de la luna

Es muy difícil hacer whisky —dice Dixon—. Tienen que esconder los alambiques en los matorrales de laurel de una montaña. Tienen sus barriles y sus cajas de malta: sobre todo masa de maíz, algo de malta de cebada. Acarrean hasta esa montaña de 200 a 300 libras de azúcar en sus espaldas. Todo el tiempo que está trabajando (la masa), tiene que estarse agitando. Esa masa de maíz suele formar grumos. Los he visto desnudarse y meterse allí a hacer la masa. Si crees que no es un trabajo duro, inténtalo.

Gran parte del trabajo duro, el precio alto y la mala calidad son responsabilidad de los agentes fiscales, cuya presencia presiona constantemente a los productores ilegales de licor para terminar su trabajo de prisa y retirarse. Los destiladores ilegales necesitan el azúcar costosa porque deben fabricar cada hornada de su producto en aproximadamente 72 horas. Los destiladores legales tienen condiciones controladas y abundancia de tiempo, de modo que pueden aplicar el calor uniformemente según sea necesario y esperar las dos semanas que se requieren aproximadamente para obtener el azúcar de los granos naturales.

Hazte un fuego con madera de nogal
Y cenizas y madera de roble
No uses madera verde ni podrida
Porque el humo te descubrirá

Byron Davis, de Gainesville, quien se jubiló en 1968 luego de trabajar 31 años como agente fiscal, porque "ese es un trabajo para hombres jóvenes", dice que recuerda haber capturado a muchos destiladores ilegales explorando las montañas en busca de humo. Efectivamente, Davis atribuye el cambio de materiales de los alambiques, de cobre a otros metales, por lo menos en parte, al cambio en los combustibles empleados en la cocina: de leña a gas butano. El butano eliminó en gran medida la emisión de humos, pero no funcionaba bien en el equipo de cobre.

La vigilancia de las ventas de azúcar también ha ayudado a los agentes a atrapar a algunos productores ilegales de licor. "Cuando una de esas pequeñas tiendas campiranas empieza a vender 500 libras de azúcar por semana, hueles algo podrido", dice Corbin.

Sin embargo, los agentes afirman que ahora logran la mayoría de sus arrestos mediante soplos de informantes. A los productores ilegales de licor les encanta denunciarse mutuamente, dice Corbin. Ciertamente la ATF necesitó informantes hace 18 meses, cuando descubrió una fabulosa destilería clandestina de 2 000 galones a la semana, a la cual se llegaba abriendo el cofre de un viejo Ford abandonado en un lote del condado de Habersham y bajando por una escalera. Los agentes creen que el operador robaba la energía eléctrica para su destilería de las líneas subterráneas cercanas de la Autoridad del Valle de Tennessee.

En general, las autoridades afirman que su problema no es tanto capturar a los destiladores ilegales, sino lograr que los condenen.

Los jueces y los jurados simplemente "no consideran el whisky como un delito", recuerda Forrester de sus experiencias en los juzgados. Por ejemplo, el operador de la destilería subterránea debajo del viejo Ford se declaró culpable y obtuvo una sentencia suspendida, comentó Forrester.

Profesionales

Es tan relajada la atmósfera en los juicios de los productores clandestinos de whisky que un famoso destilador de Adairsville, Georgia, solía divertirse asistiendo a ellos. Como recuerda Forrester: "Solía venir al tribunal con manchas de masa que cubrían sus pantalones y escuchaba los testimonios de otros casos para aprender nuevas técnicas."

La operación típica de una destilería es financiada y supervisada por un hombre que obtiene ingresos sustanciales de negocios lícitos, tales como una granja o una tienda. Este hombre contrata de tres a seis ayudantes para que trabajen en la destilería, y a una o dos mujeres que vivan con ellos mientras la destilería está funcionando, para que limpien la casa y hagan aparecer al grupo como una familia normal. Mientras que los operarios terminan a veces con uno o dos años en una prisión federal, el dueño, si llega a ser condenado, suele obtener su libertad condicional impresionando a veces al juez y a los jurados con cartas de recomendación de los líderes de la comunidad.

Preguntas

1. Explique cuidadosamente (con un diagrama de oferta y demanda) la manera como el aumento del precio del azúcar afecta a la cantidad

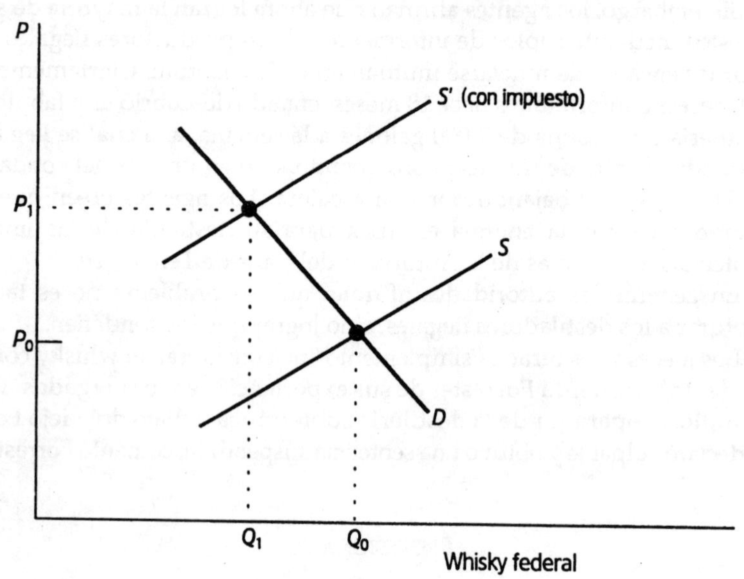

y al precio de equilibrio del whisky clandestino. Asegúrese de indicar cuál de las curvas se desplaza y por qué.

2. ¿Cómo afecta el cambio ocurrido en el mercado del whisky clandestino al mercado del whisky legal? De nuevo indique cuál de las curvas se desplaza y por qué.
3. Supongamos que los habitantes del norte de Georgia siempre mastican tabaco mientras beben whisky clandestino. ¿Son el trabajo y el whisky clandestino sustitutos o complementos? ¿Cómo afecta el aumento del precio del azúcar al mercado del tabaco para mascar?
4. El título indica que el ingreso total (las ventas) de la fabricación clandestina de whisky disminuye conforme aumentan los costos. ¿Qué le indica esto acerca de la elasticidad-precio de la demanda de whisky clandestino? Explique cuidadosamente.
5. Supongamos que el gobierno federal establece un impuesto federal de 3.40 dólares por galón al whisky gubernamental. ¿Cómo podría afectar este impuesto a la cantidad y al precio de equilibrio del whisky federal? ¿Cómo podría afectar el mismo impuesto al mercado del whisky?

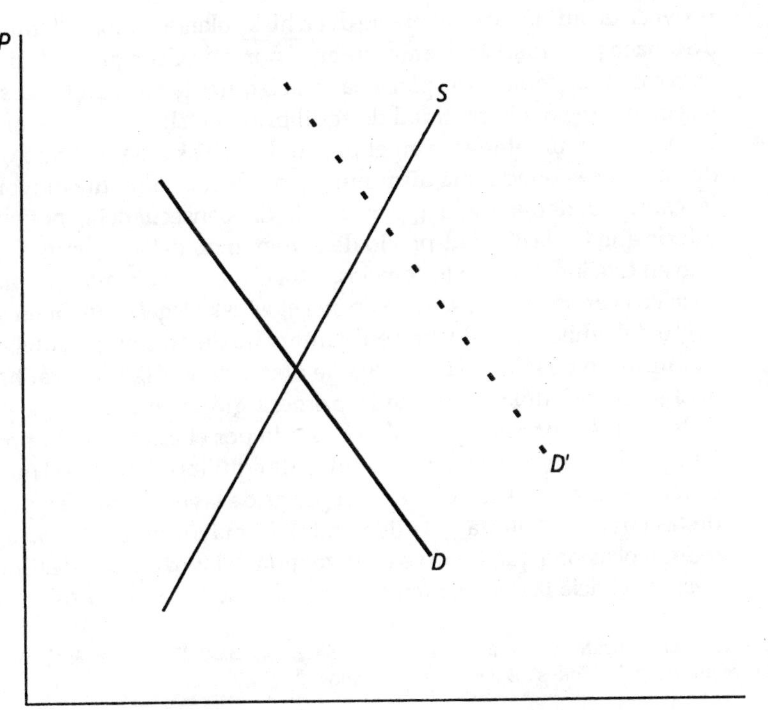

SOLUCIONES

1. El azúcar es un factor de producción. Cuando su precio aumenta, eso equivale exactamente a un aumento en los "costos de mano de obra y materiales" en el ejemplo numérico de la curva de oferta de camisas que se presenta en este capítulo. Ese cambio desplazará la curva de oferta hacia la izquierda en cada *P* o, lo que es lo mismo, hacia arriba en cada *Q*. Se incrementará el precio de equilibrio del whisky clandestino y bajará su cantidad de equilibrio.
2. El whisky legal y el whisky clandestino son sustitutos. Un aumento en el precio del whisky clandestino aumentará la demanda del whisky legal (en cada *P*). La curva del whisky legal se desplaza hacia la derecha, lo que provoca un aumento tanto en el precio como en la cantidad de equilibrio del whisky legal.
3. Los complementos se utilizan juntos. Cuando el precio del azúcar

provoca un aumento en el precio del whisky clandestino, la demanda de tabaco para mascar disminuye en el norte de Georgia (es decir, su curva de demanda se desplaza hacia la izquierda en cada P). Disminuyen el precio y la cantidad de equilibrio del tabaco de mascar.

4. En este caso, un aumento en el precio del whisky clandestino debe de haber ocasionado una disminución proporcionalmente mayor de la cantidad demandada (¿por qué?). En consecuencia, podemos inferir que la elasticidad-precio de la demanda debe ser mayor que uno en este intervalo de los precios. Otra clave es la afirmación que se hace en el artículo en el sentido de que el whisky legal es un buen sustituto del whisky clandestino en el intervalo de precios considerado.
5. El impuesto desplazaría la curva de oferta de whisky federal hacia arriba en 3.40 dólares (véase la primera gráfica en cada Q), para reflejar el mayor costo por galón causado por el impuesto. El precio de equilibrio aumentaría y la cantidad de equilibrio bajaría (el monto exacto del incremento del precio depende de las elasticidades-precio de las curvas de oferta y de demanda). El mayor precio del whisky federal ocasiona que la curva de demanda del whisky clandestino se desplace hacia la derecha (en cada P), porque son sustitutos.

El objetivo de este capítulo es demostrar que las construcciones simples de la demanda y de la oferta pueden utilizarse para contestar muchas preguntas complejas e importantes.

I.1. LAS CURVAS DE DEMANDA

Las curvas de demanda son simplemente una representación gráfica de las preferencias por un bien particular. La forma de la curva de demanda dice al economista mucho acerca del grado del deseo del bien en cuestión. Algunos bienes son tan importantes que ni siquiera los grandes incrementos en los precios provocan una disminución significativa en las compras. Tenemos un ejemplo en la demanda de insulina artificial por parte de un diabético. Otros bienes son menos cruciales, de modo que un pequeño aumento en el precio hará que el consumo se desplace de ese bien a otros. Tenemos un ejemplo en

CUADRO I.1. *La demanda de camisas de Pérez*

Precio	*Cantidad comprada*
$100	0
90	0
80	1
70	2
60	3
50	5
40	7
30	12
20	15
10	20
5	30
0	30

el jabón para lavar ABC. Un pequeño aumento en el precio del jabón ABC puede hacer que gran número de consumidores dejen de adquirir el jabón ABC y en su lugar compren la marca DEF. El deseo del consumidor de tener el jabón ABC, y no el DEF, no es tan fuerte como el deseo del diabético de tener la insulina. Más adelante insistiremos sobre este punto, pero ahora vamos a deducir algunas curvas de demanda.

I.1.a. *La demanda de un producto por parte de un individuo*

Consideremos en primer término las preferencias del señor Pérez por algún bien, digamos por camisas. Describiremos en forma sencilla sus preferencias preguntando: "¿Cuántas camisas comprará Pérez si el precio de una camisa es $*P*?" Formulando esta pregunta para un gran número de precios potenciales *P*, podremos obtener una lista completa de sus preferencias. Antes de intentar una representación gráfica, examinemos sus preferencias en forma tabular (cuadro I.1).

Al precio de $100, Pérez decide que las camisas son demasiado caras y no compra ninguna durante un periodo de, digamos, un año. Esa situación se mantiene hasta que el precio baja a $80, cuando decide comprar sólo una camisa. A medida que el precio baja, la cantidad de camisas que compra aumenta, porque se están volviendo menos caras. A un precio de $10, adquiere 20 camisas. Si el precio bajara a $5, las camisas serían tan baratas que podría comprar algunas para regalarlas a sus amigos. Sin embargo, incluso a un

CUADRO I.2. *La demanda de camisas de Garza*

Precio	*Cantidad comprada*
$100	1
90	2
80	2
70	3
60	5
50	8
40	9
30	15
20	30
10	35
5	35
0	35

precio de $0 —es decir, si las camisas se regalaran— no compraría más de 30 camisas, porque en ese punto se convierte en una carga el deshacerse de ellas.

Aunque las preferencias de Pérez podrían ser típicas, no esperamos que todos los individuos tengan las mismas preferencias en lo tocante a camisas. La gente difiere en varios sentidos. Además de tener diferentes preferencias inherentes, algunos individuos son más ricos que otros. La riqueza personal puede afectar el número de las unidades demandadas por un individuo a un precio dado. Por ejemplo, considérese al señor Garza, cuyo ingreso anual es el doble del de Pérez. Sus preferencias se describen en el cuadro I.2. Garza consume más que Pérez de cada precio, porque es más rico. Esto no se aplica a todos los bienes. Más adelante examinaremos un procedimiento más sistemático para describir cuándo los individuos más ricos consumen más o menos que los individuos más pobres. Por ahora, bastará señalar que las curvas de demanda son diferentes.

Resulta sencillo pasar de la representación tabular de las preferencias a la representación gráfica más convencional. En la gráfica I.1 aparece la cantidad demandada por Pérez según el precio anunciado.[1] De igual manera, la gráfica I.2 presenta la demanda de Garza.

[1] Los lectores que se inclinan por las matemáticas podrán sorprenderse al observar que la variable independiente, el precio, se mide en el eje vertical; mientras que la variable dependiente, la cantidad, se mide en el eje horizontal. Esta es una convención iniciada hace muchos años en economía, y a pesar de ciertas incomodidades en este punto, más adelante presentará algunas ventajas, cuando relacionemos la curva de demanda con las curvas de costos de la empresa.

GRÁFICA I.1. *Las preferencias de Pérez*

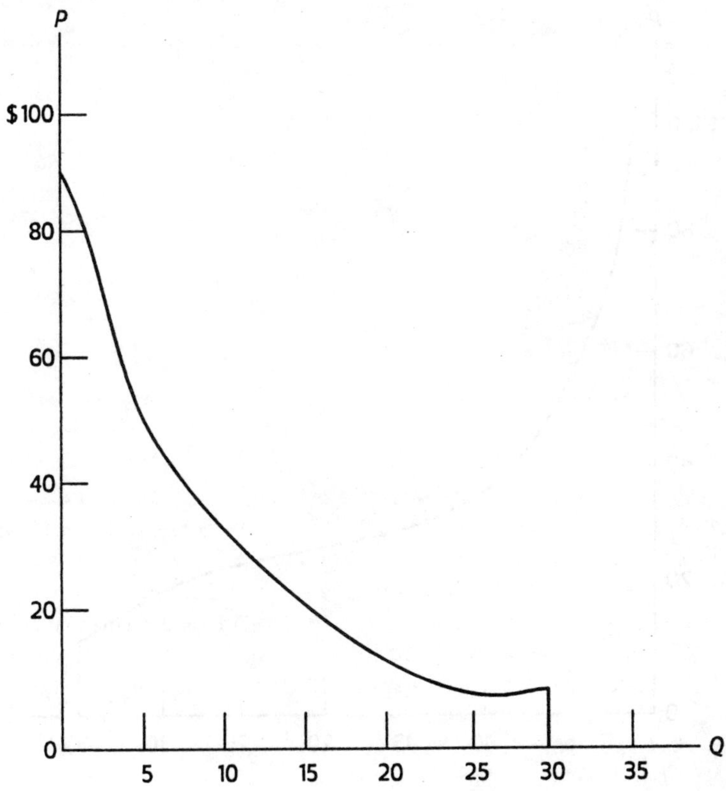

I.1.b. *La curva de demanda del mercado*

La gráfica I.3 representa la suma de las curvas de demanda. Adviértase que la suma es "horizontal"; es decir, para cada precio sumamos las cantidades demandadas por los individuos. Lo hacemos así porque queremos que la curva de demanda total se interprete como la cantidad que compra toda la economía a cada precio dado. Por ejemplo, a un precio de $30, Pérez consume 12 y Garza consume 15, lo que da una demanda total de 27 unidades.

Por lo general es la curva de demanda de toda la economía lo que nos interesa. Como economistas, empresarios o gobernantes, generalmente nos interesa menos saber quién compra qué cosa a un precio dado que saber cuánto compran los consumidores tomados en conjunto de un bien particular a ese precio.

GRÁFICA I.2. *Las preferencias de Garza*

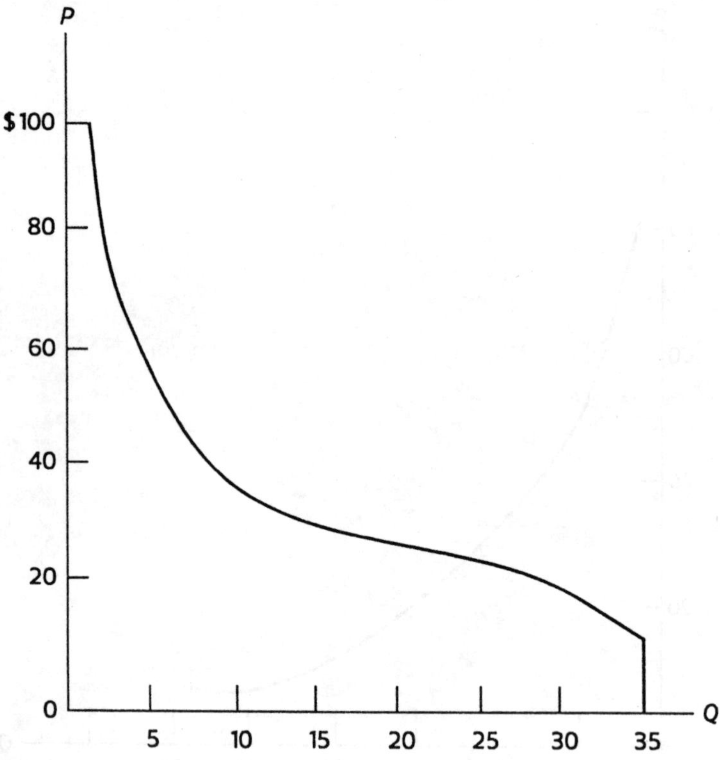

I.1.c. *Las curvas de demanda y el* "ceteris paribus"

Un término que se utiliza frecuentemente en economía es el de *ceteris paribus*, que quiere decir "si todo lo demás no cambia". Siempre que consideramos una relación funcional, como la que existe entre el precio de un bien y la cantidad comprada a ese precio, hay otras cosas que se mantienen constantes, ya sea en forma implícita o explícita. Cuando observamos las curvas de demanda, estamos variando el precio del bien en cuestión, pero manteniendo constantes el ingreso del consumidor y los precios de otros bienes de la economía. Son especialmente importantes los precios de los sustitutos cercanos o los complementos.

Un *sustituto cercano* es un bien que (en la mente del consumidor) desempeña esencialmente la misma función que el original, de modo que pequeños

GRÁFICA I.3. *La demanda total*

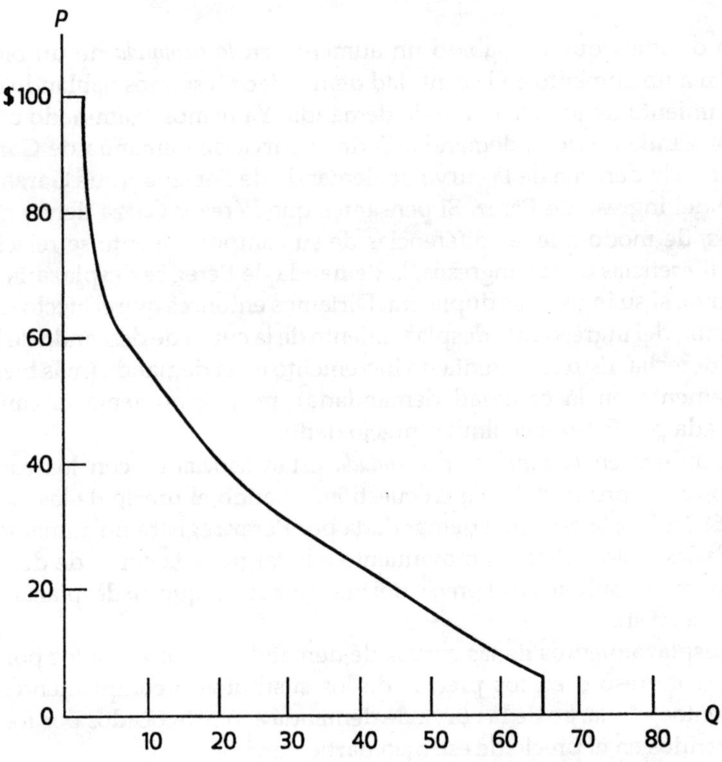

aumentos en el precio de un bien podrían desplazar a gran número de consumidores hacia el consumo del otro bien. El ejemplo anterior fue el de los jabones para lavar ABC y DEF. Cuando sube el precio del jabón DEF, aumenta la demanda del jabón ABC, porque algunos consumidores cambian de DEF a ABC.

Un *complemento* es un bien que se utiliza en unión del bien particular en cuestión. Por ejemplo, un zapato izquierdo es complemento de un zapato derecho y la gasolina y los automóviles también son complementos. Cuando un complemento se encarece, la demanda del producto en cuestión también baja. Si se compraran por separado los zapatos izquierdos y derechos, un aumento del precio de los zapatos izquierdos reduciría la demanda de los zapatos derechos, porque el consumidor se interesa en general por el precio de un par de zapatos y los aumentos en el precio de los zapatos izquierdos aumentan el precio de un par.

I.1.d. *Movimientos a lo largo de la curva de demanda* versus *desplazamientos de la curva*

Cuando decimos que ha habido un aumento en *la demanda* de un bien en oposición a un aumento en la cantidad demandada, estamos hablando de un desplazamiento de toda la curva de demanda. Ya hemos examinado un tipo de desplazamiento de la demanda. Toda la curva de demanda de Garza se encuentra a la derecha de la curva de demanda de Pérez, porque Garza tiene el doble del ingreso de Pérez. Si pensamos que Pérez y Garza tienen gustos idénticos, de modo que las diferencias de su comportamiento se relacionan con las diferencias de sus ingresos, la demanda de Pérez se desplazaría hacia la de Garza, si su ingreso se duplicara. Diríamos entonces que el efecto de una duplicación del ingreso es el desplazamiento de la curva de demanda de Pérez hacia la derecha. Esto representa un incremento en la demanda (más bien que un incremento en la cantidad demandada), porque aumenta la cantidad demandada por Pérez a cualquier precio dado.

Los cambios en *la cantidad demandada* están asociados con los cambios ocurridos en el precio del bien en cuestión. Cuando el precio de las camisas baja de $80 a $70, la cantidad demandada por Pérez registra un aumento de 1 a 2 unidades. Esto refleja un movimiento a lo largo de la curva de demanda asociado con un cambio en el precio del bien (más bien que un desplazamiento de la curva en sí).

Los desplazamientos de las curvas de demanda son provocados por cambios en el ingreso o en los precios de los sustitutos o complementos. Los movimientos a lo largo de la curva de demanda son provocados por los cambios ocurridos en el precio de ese bien particular.[2]

I.1.e. *La sustituibilidad y la estrechez de la definición*

Cuando hay otros bienes en una economía, es posible que un aumento en el precio de un bien particular induzca a los clientes a comprar más de otros bienes. Es importante saber cuán sensibles son las compras a los cambios de precio. Antes de proporcionar alguna definición formal, podemos hacer un pronunciamiento intuitivo:

[2] En términos algebraicos, si la demanda del bien 1 se presenta por

$$q1 = f(P_1; y, P_2, P_3, ..., P_N)$$

donde q_1 es la cantidad del bien 1, P_i es el precio del bien *i*, y *y* es el ingreso, entonces $\partial f/\partial P_1\ dP_N$ representa el movimiento a lo largo de la curva y $\partial f/\partial y\ d_y$, $\partial f/\partial P_2\ dP_2$, $\partial f/\partial P_3\ dP_3, \ldots$, $\partial f/\partial P_N\ dP_N$ son desplazamientos de la curva de demanda.

La capacidad para sustituir un bien aumenta con la estrechez de su definición. Un ejemplo aclarará esto. Alimento es una categoría más amplia que carne, y carne es más amplia que hamburguesas. Supongamos que el bien en cuestión es el alimento. Un aumento del precio de los alimentos induce escasa sustitución de este bien porque sólo existen malos sustitutos para los alimentos tomados en conjunto. Si el bien de que se trata fuese la carne, existirían mejores posibilidades de sustitución. Los vegetales son un sustituto relativamente bueno de la carne, y ciertamente un mejor sustituto que el de vivienda por alimentos, por ejemplo. A medida que la definición del bien se estrecha más aún (la hamburguesa), mejoran las posibilidades de sustitución. El bistec es un sustituto de la hamburguesa "más cercano" que el de vegetales por carne. Cuando la definición es en extremo estrecha (digamos la hamburguesa comprada en el mercado ABC), la capacidad de sustitución se vuelve casi total. Si ABC eleva su precio, los consumidores podrían irse a comprar a la tienda DEF que se encuentra al otro lado de la calle.

I.1.f. *Elasticidad: una forma concisa de descripción de la sustituibilidad*

Conviene expresar el monto de la sustitución de un bien de una manera concisa. La elasticidad-precio de un bien se define como sigue:

Elasticidad-precio de la demanda: La elasticidad-precio de la demanda es el porcentaje del cambio en la cantidad demandada de un bien, el cual es inducido por un cambio de 1% en el precio. En el capítulo V presentaremos una definición algebraica formal de la elasticidad-precio

Para ver que esto corresponde a las nociones descritas antes, considérese la demanda de alimentos. En virtud de que hay pocos buenos sustitutos de los alimentos, si es que los hay, la elasticidad-precio es muy pequeña, es decir, cercana a cero. Un aumento en el precio de los alimentos tenderá a provocar sólo cambios triviales en la cantidad demandada de ese bien, porque es poco lo que el consumidor puede hacer para evitar el consumo de este bien, cuyo precio aumenta. Pero un aumento en el precio de las hamburguesas en el mercado ABC tenderá a inducir un movimiento significativo hacia la compra de otros tipos de carne o de hamburguesas en otros mercados. En extremo, la elasticidad-precio es infinita: un cambio infinitesimalmente pequeño del precio de un bien induce una sustitución completa de ese bien en favor de otros bienes.

Aunque la elasticidad no es lo mismo que la pendiente de la curva de demanda, la pendiente es uno de los ingredientes de la determinación de la elasticidad. En un punto dado precio-cantidad del diagrama de la demanda, las curvas de demanda más planas tienen elasticidades asociadas mayores que las curvas de demanda más empinadas. En un extremo, una curva de demanda perfectamente elástica es una línea horizontal, de modo que el más pequeño aumento en el precio hace bajar a cero la cantidad demandada. En el otro extremo, ningún aumento en el precio afecta a la cantidad demandada, por lo que la curva de demanda es vertical.

I.1.f.1. Ejemplo

Los conceptos de las curvas y la elasticidad de la demanda son importantes en muchas decisiones empresariales. Veamos el ejemplo siguiente:

Considérese un empresario que es propietario de dos cines. Uno de ellos está ubicado en el distrito de diversiones de una gran ciudad. El otro está ubicado en una comunidad rural que se encuentra a 75 kilómetros de la ciudad más cercana. El precio de entrada es actualmente de $4. El propietario está considerando aumentar sus precios y trata de determinar si aumentará los precios en el cine urbano, en el cine rural o en ambos. Un ingrediente crucial de la decisión es el efecto del aumento en el precio sobre el número de boletos vendidos. ¿Cuáles son los factores principales que el empresario debería considerar?

Varias respuestas son posibles, pero hay dos que se nos ocurren de inmediato y que tienden a operar en direcciones opuestas. Primero, recuérdese que la ubicación de la curvas de demanda depende del ingreso. El ingreso medio de los individuos de la ciudad será probablemente mayor que el de los individuos de la comunidad rural. Si esto es así y los ricos acuden con mayor frecuencia al cine, es casi seguro que el precio de entrada que maximiza el beneficio en la ciudad será mayor que el precio de entrada que maximiza el beneficio en la comunidad rural, si otras circunstancias permanecen iguales. Pero la otras circunstancias no son iguales.

Recuérdese que la capacidad para sustituir un bien varía según el bien de que se trate. Las ciudades grandes tienen muchos cines y además otros lugares de entretenimiento. El habitante urbano puede sustituir, con mayor facilidad que el habitante rural, el cine cada vez más caro. Esto hace que el precio óptimo en la ciudad, donde hay gran competencia por los pesos que los consumidores gastan en divertirse, sea menor que en la población rural.

Poco importa que el efecto neto sea ambiguo en esta etapa. Lo importante es que las curvas de demanda y el concepto de elasticidad nos permiten pensar en términos más sistemáticos acerca de las clases de problemas que afrontan diariamente los tomadores de decisiones y los gobernantes.

I.2. LAS CURVAS DE OFERTA

Así como las curvas de demanda describen las preferencias de los compradores por un bien, las curvas de oferta describen el deseo del vendedor por ofrecer el bien. La idea básica es simple. Generalmente, entre más esté dispuesto alguien a pagar por un bien, más interesado estará un vendedor en proveerlo. Lo más importante en la discusión de las curvas de oferta y sus formas es la facilidad con que la producción pueda expandirse hasta una gran escala. Por ejemplo, un agricultor que posea mucha tierra ociosa podrá responder a un aumento en el precio del trigo del año próximo, expandiendo la superficie cultivada. Un agricultor que no tenga tierra ociosa sólo podrá expandir su producción si encuentra tierra disponible que pueda rentar o comprar. Es improbable que se tome esa molestia, a menos que el precio de venta aumente en una cantidad sustancial. Las curvas de oferta son sólo un procedimiento gráfico para la descripción de su disposición a responder con bienes adicionales a una elevación del precio de venta.

I.2.a. *La curva de oferta de la empresa individual y la curva de oferta del mercado*

Considérese la oferta de camisas de la Acron Clothiers. Dada la estructura física actual, la Acron puede producir sin dificultad 10 000 camisas por año. Supongamos que el costo de la mano de obra y los materiales asociados con la producción de 10 000 camisas en ese periodo de un año ascendiera a $100 000. Entonces, a un precio de $10 por camisa, la empresa podría cubrir apenas su mano de obra y sus materiales. Si el precio de las camisas bajara de $10, no se produciría ninguna camisa, porque el precio de venta no cubriría ni siquiera el costo de la mano de obra y de los materiales.[3] Por lo tanto, la cantidad ofrecida por Acron es cero para todo precio por debajo de $10.

A un precio de $10.01, la empresa está dispuesta a proveer 10 000 camisas, pero si el precio subiera a $20, quizá le conviniera transformar las instalaciones que antes se dedicaban a la fabricación de pantalones para producir ahora camisas. Supongamos que así se obtendrían otras 5 000 camisas. Si el precio aumentara a $50, podría resultarle redituable rentar máquinas de coser e instalarlas en el almacén vacante del otro lado de la calle. Esto proporcionaría otras 15 000 camisas, de modo que el total producido a un precio de $50 es de 30 000 camisas. El cuadro I.2.1 describe la lista de oferta de la Acron Clothiers.

[3] Aquí se omiten todas las complicaciones introducidas por los posibles efectos de la producción de este año sobre la demanda del año próximo.

CUADRO I.2.1. *Lista de oferta de Acron*

Precio	*Cantidad ofrecida*
$ 5	0
8	0
10	10 000
20	15 000
30	20 000
40	25 000
50	30 000

Alternativamente, la lista puede presentarse en forma gráfica. Esta curva de oferta aparece en la gráfica I.2.1.a.

Otras empresas podrían afrontar posibilidades de producción diferentes. Sus listas de oferta aparecen en las gráficas I.2.1.b y I.2.1.c.

No hay ninguna dificultad para pasar de las curvas de oferta individuales a la curva de oferta del mercado, como lo hicimos en el caso de las curvas de demanda. La suma horizontal de las curvas de oferta de todas las empresas genera la curva de oferta del mercado. Esto es así porque lo que nos interesa, en el ámbito del mercado, es la cantidad total ofrecida a cualquier precio dado, y la suma de las cantidades individuales para un precio dado nos da esta información. Por ejemplo, a un precio de $10, la Acron provee 10 000, la Dayton provee 5 000 y la Toledo provee 7 000, lo que implica una oferta total de 22 000, ya que en este momento no hay en el mercado otros fabricantes de camisas (gráfica I.2.1.d).

Algo que debe advertirse es el hecho de que la curva de oferta del mercado tiende a ser "más suave" que cualquiera de las curvas de oferta individuales. Esto es así porque algunas de las idiosincracias del comportamiento de las empresas individuales se allanan en el nivel agregado. Esto es análogo a la proposición de que los promedios tienden a ser más suaves que las observaciones individuales.

I.2.b. *Movimientos a lo largo de la curva de oferta* versus *desplazamientos de la curva*

Al igual que en el caso de las curvas de demanda, es importante distinguir entre los movimientos a lo largo de una curva de oferta y los desplazamientos de ésta. Un aumento en la oferta de un bien se refleja en un desplazamiento

GRÁFICA I.2.1.a. *Proveedor Acron*

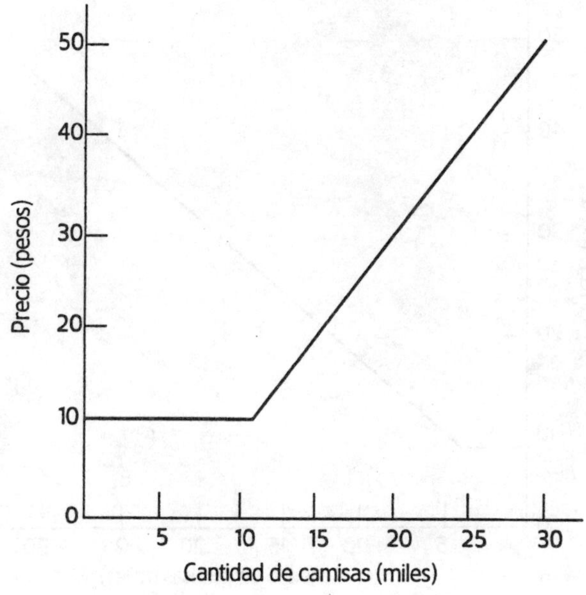

GRÁFICA I.2.1.b. *Proveedor Dayton*

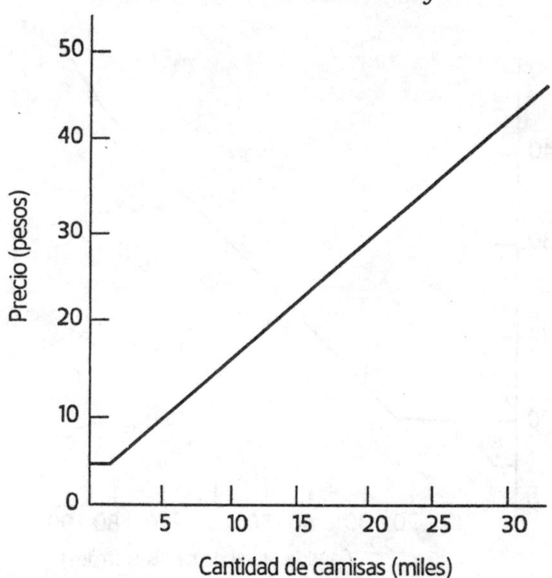

GRÁFICA I.2.1.c. *Proveedor Toledo*

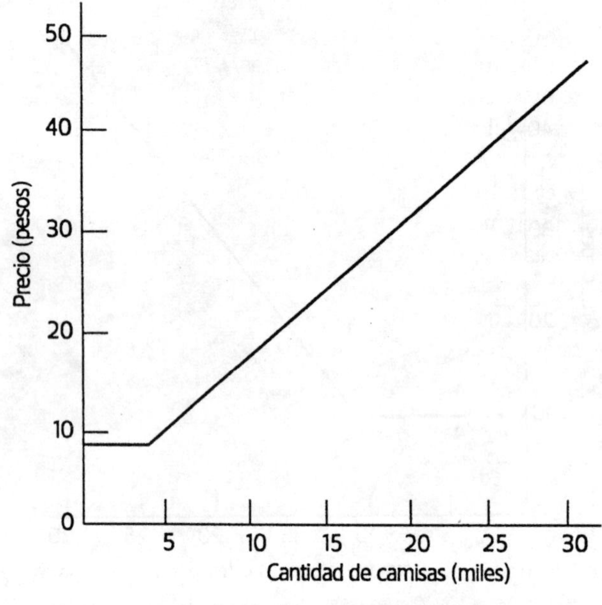

GRÁFICA I.2.1.d. *Oferta total*

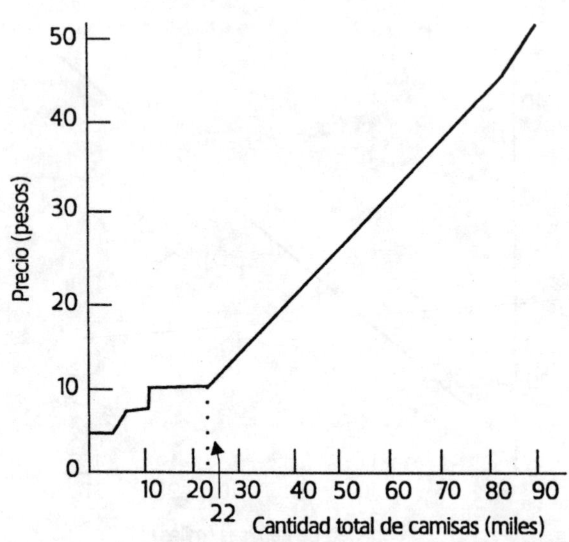

de todo el esquema de oferta, es decir, en un desplazamiento de la curva de oferta. Un aumento en la cantidad ofrecida corresponde al movimiento que ocurre a medida que aumenta el precio del bien en cuestión. Como tal, es un movimiento hacia la parte superior de la curva de oferta sin que esté involucrado ningún desplazamiento. Mencionamos antes ciertos movimientos que ocurren a lo largo de la curva de oferta cuando cambia el precio de las camisas. Por ejemplo, cuando el precio aumentó de 10 a 30 pesos, el número de las camisas proveídas por Acron aumentó de 10 000 a 20 000. Este experimento es válido cuando todo lo demás se mantiene constante.

En el caso de la demanda, las más importantes de las demás cosas eran: *a)* los precios de sustitutos y complementos y *b)* el ingreso. En el caso de la oferta, las más importantes de las demás cosas son: *a)* los precios de los factores productivos y *b)* la tecnología. Consideremos en primer término los cambios ocurridos en el precio de los factores productivos. Supongamos, por ejemplo, que el precio de la mano de obra y de los materiales bajó de $10 por camisa a $7. Esto significa que la Acron estaría dispuesta a ofrecer las primeras 10 000 camisas a $7. Además, podría implicar también que la Acron transformaría sus instalaciones en el nivel de $17 por camisa, en lugar de hacerlo en el nivel de $20 por camisa, etc. Esto se refleja en un desplazamiento de las curvas de oferta, tal como se indica en la gráfica I.2.2.

Un desplazamiento similar podría haber ocurrido a causa de un cambio en la tecnología, más bien que en los precios de los factores productivos. Por ejemplo, el precio de la mano de obra y de los materiales podría haber permanecido constante, no obstante alguna innovación tecnológica podría haber acelerado la producción de camisas, reduciendo la cantidad de trabajo necesaria para fabricar una camisa. Supongamos que este cambio en la tecnología redujo el uso de la mano de obra lo suficiente para reducir el costo de producción de las camisas inicialmente a $7. De nuevo, el desplazamiento que ocurriría es el que aparece en la gráfica I.2.2.

I.2.c. *Elasticidad de la oferta*

La elasticidad de la oferta es análoga a la elasticidad de la demanda. Describe la sensibilidad de los vendedores ante un cambio en el precio del producto. La definición es:

> *Elasticidad de la oferta*: La elasticidad de la oferta es el cambio porcentual de la cantidad ofrecida inducido por un cambio de 1% en el precio.

GRÁFICA I.2.2. *Desplazamientos de la oferta*

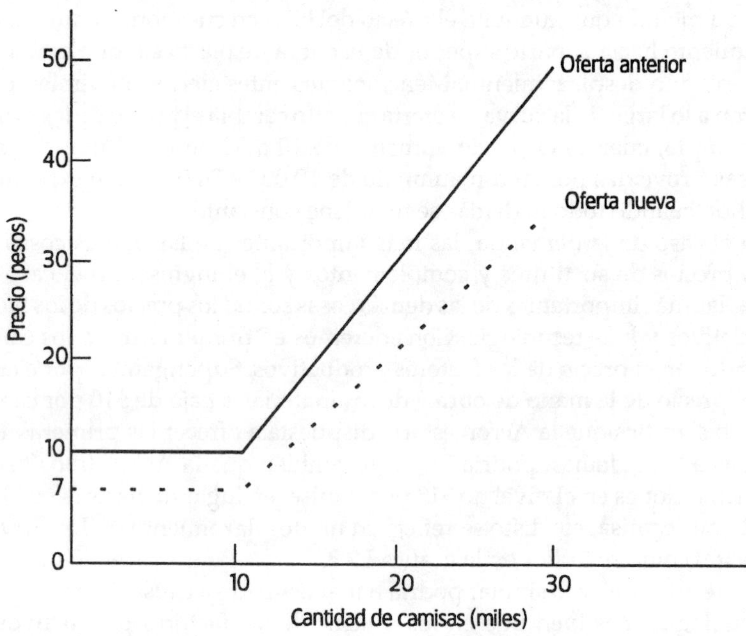

La elasticidad-precio de la demanda fue un procedimiento más preciso para la discusión de la disposición del consumidor a sustituir un bien por otro. La elasticidad de la oferta es un procedimiento preciso para la descripción de la capacidad del vendedor de proveer una cantidad mayor del producto casi al mismo costo.

Consideremos dos casos extremos: Primero, supongamos que el bien que estamos discutiendo es el pescado crudo, el cual debe comerse a lo sumo pocas horas después de haber sido pescado, so pena de que la calidad se deteriore significativamente, como lo saben los conocedores. Un pescador trae su pesca al mercado y lo ofrece en venta. Si su precio es $0 por kg, venderá toda su dotación. Si el precio aumenta a $15 por kg, no tendrá más que vender, de modo que proveerá la misma cantidad. Aunque el precio bajara a $5, el pescador seguirá ofreciendo toda su dotación, porque no puede almacenarla. Su oferta de pescado es perfectamente inelástica, es decir, es totalmente insensible al precio, ya que un cambio de 1% en el precio no induce ningún cambio en la cantidad ofrecida. La gráfica I.2.3.a muestra esta situación.

En la gráfica I.2.3.b se representa la situación opuesta. Ésta corresponde a un bien cuya oferta es perfectamente elástica. Por ejemplo, supongamos que se trata de la oferta de acciones de la GM por una casa de bolsa de Wall Street,

GRÁFICA I.2.3.a. *Oferta perfectamente inelástica*

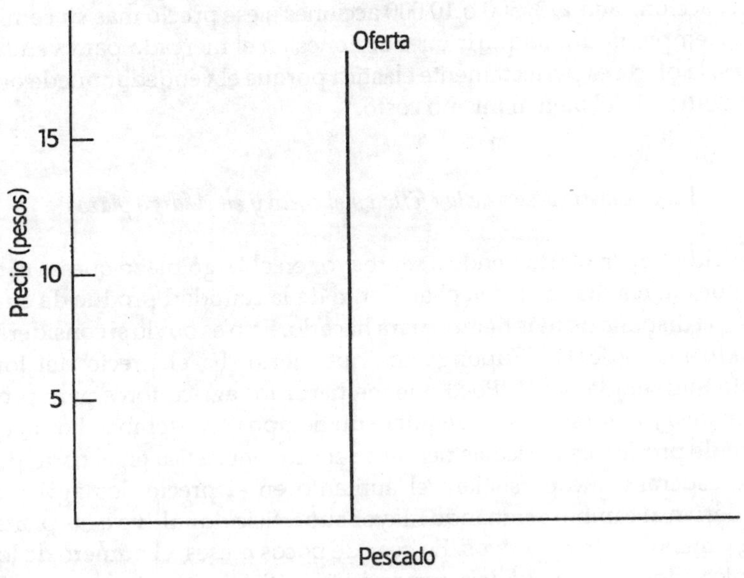

GRÁFICA I.2.3.b. *Oferta perfectamente elástica*

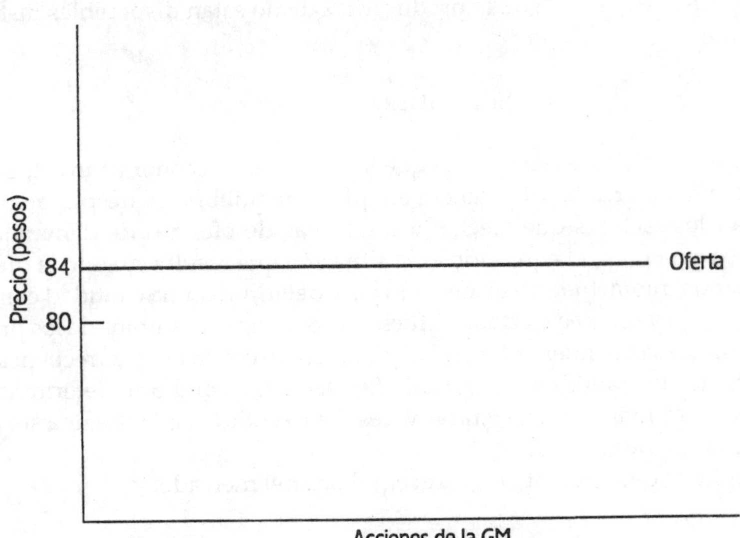

el 17 de octubre de 1989 a las 2:03 P.M. Si el precio de mercado de las acciones es en ese momento de 80 pesos esta casa de bolsa estará dispuesta a ofrecer no sólo una acción, sino 2, 3, 500 o 10 000 acciones a ese precio más su comisión, porque siempre podrá adquirir tales acciones en el mercado para venderlas. Así pues, la oferta es perfectamente elástica porque el vendedor puede ofrecer mayor cantidad del bien al mismo costo.

I.2.d. *Elasticidades de la oferta en el corto y en el largo plazos*

La elasticidad de la oferta tiende a ser mayor en el largo plazo que en el corto plazo, porque resulta más fácil el aumento de la cantidad producida cuando la empresa dispone de más tiempo para hacerlo. Esto es obvio si consideramos los productos agrícolas. Supongamos que cierto día el precio del tomate aumenta inesperadamente. Poco pueden hacer los agricultores para proveer más tomates, ya que su cultivo requiere un tiempo considerable. Por lo tanto, la oferta de productos agrícolas tiende a ser muy inelástica en el corto plazo.

Si se esperara que persistiera el aumento en el precio, los agricultores responderían al cambio asignando mayor superficie de cultivo a las planas de tomate y menor a otros cultivos. En cosa de pocos meses, el número de los tomates ofrecidos en venta podría responder significativamente a los aumentos de precios.

En términos generales, por tanto, las curvas de oferta tienden a ser más planas en el largo plazo que en el corto plazo. El largo plazo ofrece oportunidades para la expansión de la producción que no están disponibles instantáneamente.

I.3. El equilibrio del mercado

Virtualmente todas las cuestiones que interesan en la economía involucran el equilibro del mercado y la manera en que ese equilibrio se desplaza cuando cambian los factores que afectan a las curvas de oferta o de demanda. En términos generales, el equilibrio es la situación que resulta cuando la oferta y la demanda interactúan en el mercado para determinar una cantidad comprada y vendida y un precio estable. Muchas veces, son los cambios de los precios los que interesan a quienes formulan planes, pero con la misma frecuencia son importantes las cantidades vendidas. En efecto, un equilibrio determina ambas cosas simultáneamente y raras veces tiene sentido hablar de una sin tener en cuenta a la otra.

Definimos del siguiente modo el equilibrio del mercado:

El equilibrio del mercado: Una combinación de precio y cantidad que resulta de la interacción de la curva de oferta con la curva de demanda de tal modo que, al precio indicado, la cantidad demandada es igual a la cantidad ofrecida. El equilibrio tiene la propiedad de que, una vez que el mercado alcanza ese punto, permanece allí a menos que haya algún desplazamiento de la oferta o de la demanda. Además, un mercado que no se encuentre en la combinación de precio y cantidad de equilibrio avanzará hacia ese punto.

I.3.a. *El equilibrio del mercado: una representación gráfica*

En la gráfica I.3.1., el punto *A* indica el equilibrio del mercado de camisas. El equilibrio se encuentra en la intersección de las curvas de oferta y de demanda. Como ocurre con frecuencia en economía, ocurre algo mágico en la intersección de dos curvas, especialmente cuando se trata de la oferta y de la demanda.

En la gráfica I.3.1., el precio de equilibrio es P_0 y la cantidad de equilibrio es Q_0. El punto *A* es un equilibrio porque todos los vendedores pueden vender cuantas camisas quieran al precio de equilibrio P_0 y todos los consumidores pueden comprar cuantas camisas quieran al precio P_0. Al precio P_0, los vendedores quieren proveer Q_0 de camisas, porque el punto *A* se encuentra en la curva de oferta. Al precio P_0, los consumidores quieren comprar Q_0 de camisas porque el punto *A* se encuentra en la curva de demanda. La oferta es igual a la demanda, de modo que no hay compradores insatisfechos ni vendedores insatisfechos. Ésta es la esencia de un equilibrio.

Por supuesto, esto no implica que los consumidores no se sentirían más felices si pudieran comprar más a un precio menor. De igual modo, los vendedores serían más felices si pudieran proveer más bienes a un precio mayor. Pero dado que el precio es P_0, todos los que quieran vender podrán hacerlo, y todos los que quieran comprar podrán hacerlo, a ese precio.

No haya ninguna razón para que la economía se aleje del punto *A*, una vez alcanzada esa situación. Por tanto, el punto *A* satisface la primera condición de un equilibrio: una vez que el mercado llega a ese punto, permanece allí. Todos los agentes están satisfechos. ¿Pero qué ocurrirá si por alguna razón el precio no es P_0 sino P_1? En P_1 los proveedores quieren ofrecer S_1 del bien, mientras que los consumidores quieren comprar D_1 del bien. Dado que S_1 supera a D_1, existe un *excedente*. Algunos proveedores que quisieran vender camisas al precio P_1 se frustrarán, porque no hay suficientes compradores. Pero un vendedor frustrado tiene otro curso de acción. En lugar de irse a su casa con sus camisas, puede competir vendiendo por debajo del precio de los vendedores que amenazan con ganarle el mercado. Puede ofrecer en venta

GRÁFICA I.3.1. *El equilibrio*

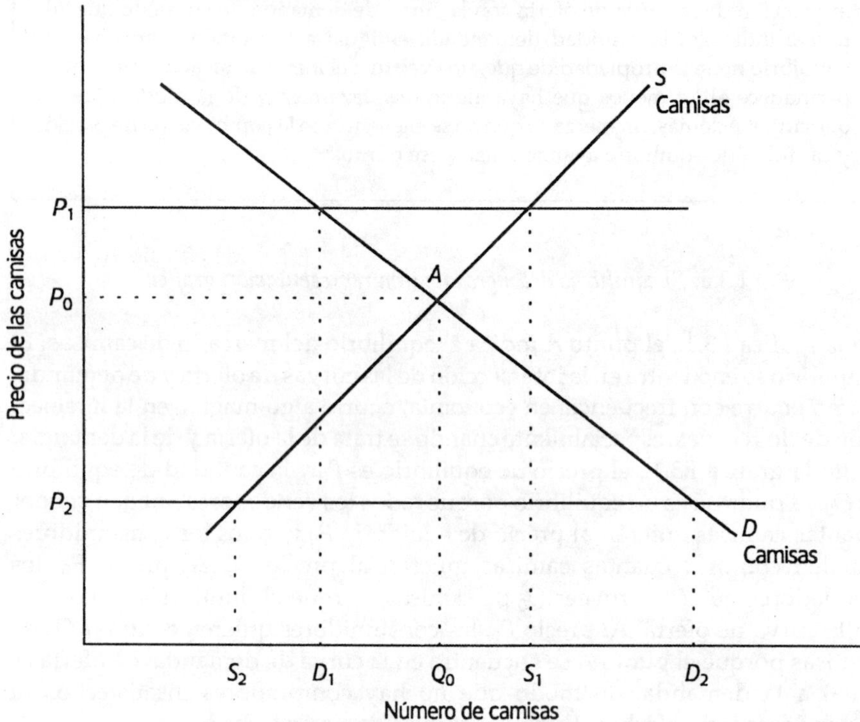

una camisa a un precio menor que P_1 a un comprador que le habría comprado a otro vendedor al precio P_1. Esta estrategia es mejor que la de no vender nada. Pero entonces el otro vendedor se frustra. Por lo tanto, contestará bajando más aún el precio. El precio baja hasta llegar a P_0. En P_0 no hay vendedores frustrados ni hay compradores frustrados. La oferta se iguala a la demanda, de modo que el mercado —que antes no estaba en equilibrio— avanza hacia el equilibrio en *A*.

Adviértase que el excedente que había cuando el precio era P_1 se eliminó por la acción de dos fuerzas. Primero, a medida que el precio bajaba de P_1 a P_0, los vendedores experimentaban un deseo menor de vender camisas. Al precio menor de P_0, los vendedores deseaban vender Q_0 del bien, en lugar de S_1. Al mismo tiempo, la baja del precio estimuló el deseo de los consumidores de comprar el bien. Cuando el precio era P_1, los consumidores deseaban compra D_1 del bien. Cuando el precio bajó a P_0, se deseó Q_0 del bien. El aumento de la cantidad demandada, aunado a la reducción de la cantidad ofrecida, eliminó el excedente existente cuando el precio era P_1.

Surge una situación similar en el otro extremo del espectro. Supongamos que el precio fuese P_2. En P_2, los vendedores sólo desearían proveer S_2 del bien, mientras que los consumidores desearían comprar D_2. En consecuencia, existe una *escasez* porque la demanda supera a la oferta. Si el precio del bien permaneciera en P_2, algunos consumidores se verían frustrados. En lugar de resignarse a su suerte, un consumidor insatisfecho podría ofrecer a un vendedor un precio más elevado que P_2 y asegurar esa camisa para sí mismo. Pero esto dejará frustrado a otro consumidor. Ese consumidor responderá ofreciendo un precio mayor aún. El proceso continuará hasta que el precio llegue a P_0. A ese precio, podrán comprar y vender todos los que quieran hacerlo. Así pues, si el mercado se inicia a un precio menor que el de equilibrio, existen ciertas fuerzas que lo subirán hasta el nivel de equilibrio P_0.

Nótese que la escasez se eliminó por la interacción de dos fuerzas. A medida que el precio aumentaba de P_2 a P_0, los vendedores se mostraron más interesados en proveer el bien, y la cantidad ofrecida aumentó de S_2 a Q_0. Al mismo tiempo, el aumento en el precio aminoraba el deseo del consumidor por tener el bien y la cantidad demandada bajó de D_2 a Q_0. Ambos factores colaboraron para eliminar el excedente, de modo que la oferta se igualó a la demanda al precio P_0.

De nuevo, un mercado en el punto de equilibrio permanece allí, y un mercado que no está en equilibrio se moverá hacia ese punto.

I.3.b. *Efectos de los cambios en la demanda sobre el equilibrio*

Armados con los conceptos de oferta, demanda y equilibrio del mercado, ya podremos dar respuesta a los tipos de preguntas importantes que formulan los líderes comerciales y los gobernantes a los economistas. El primer tipo de preguntas se refiere a los cambios ocurridos en las curvas de demanda y su efecto sobre los precios y las cantidades del mercado.

Supongamos, por ejemplo, que nos interesa lo que ocurre con el precio y la cantidad vendida de automóviles a medida que la economía pasa de una época mala a una época buena. La variable pertinente que cambiará es la del ingreso. Conforme mejoran las condiciones económicas, se eleva el nivel de riqueza del ciudadano medio. Junto con este aumento del ingreso se incrementa la demanda de la mayoría de los bienes. Los automóviles son uno de esos bienes. Recordemos que el tipo de cambio causado por un aumento en el ingreso es un desplazamiento de toda la curva de demanda, y no un movimiento a lo largo de ella. La situación se ilustra en la gráfica I.3.2.

La demanda de automóviles en la época mala era D_0. La curva de oferta de automóviles (que por ahora suponemos estable) está fija en S. En la época mala el precio y la cantidad de equilibrio eran P_0 y Q_0, respectivamente. Al iniciarse

GRÁFICA I.3.2. *El aumento en la demanda*

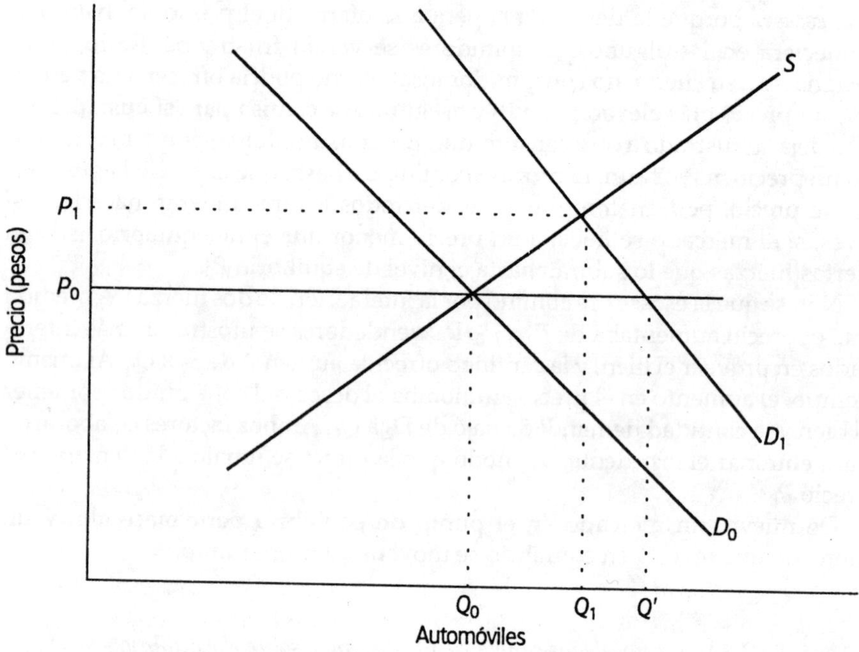

la época buena, la demanda de automóviles se desplaza a D_1. (Adviértase que no hay nada que requiera que D_1 sea paralela a D_0. Ésta es una función de las preferencias de los consumidores.) Si el precio permaneciera en P_0, existiría una escasez igual a $Q' - Q_0$. D_0 ya no es importante y, con la curva de oferta S y la de demanda D_1, surgen escaseces a un precio de P_0. Una escasez implica que los consumidores compiten por los bienes escasos y aumentan el precio. Este proceso continúa hasta que el precio aumente a P_1, el nuevo precio de equilibrio, y la cantidad es Q_1. Adviértase que Q_1 es menor que Q'. Una parte de la demanda incrementada se ve desalentada por el aumento en el precio. Pero lo que está claro es que un aumento en la demanda no puede conducir nunca a una disminución en el precio o a una disminución en la cantidad vendida.

¿Cuáles factores afectan la magnitud del cambio ocurrido en el precio y en la cantidad? Obviamente, la magnitud del desplazamiento de la demanda tendrá un efecto importante. Si D_1 se situara muy cerca de D_0, el precio cambiaría poco. Además, la pendiente o la elasticidad de la curva de oferta desempeña un papel importante. Si la curva de oferta fuera más empinada que S, el precio aumentaría más, y la cantidad aumentaría menos que lo indicado. En un caso extremo, cuando la oferta es perfectamente inelástica, todo el cambio de la demanda se manifiesta en un aumento en el precio sin ningún aumento en la cantidad, como se indica en la gráfica I.3.3.a. En el otro extremo, con una curva de oferta perfectamente elástica, todo el aumento en la demanda se manifiesta como un aumento en la cantidad vendida sin cambio alguno en el precio. Esto se indica en la gráfica I.3.3.b.

Aunque la forma de la curva de la oferta influye grandemente en los efectos que los cambios en la demanda tienen sobre la cantidad y el precio, es importante reconocer que las curvas de oferta y de demanda son independientes. El desplazamiento de la demanda no desplazó la oferta. Cambió la cantidad ofrecida, porque el precio de equilibrio es mayor en la nueva situación que en la antigua, lo que induce a las empresas a proveer una cantidad mayor.

I.3.c. *Los efectos de los cambios en la oferta sobre el equilibrio*

Continuemos con el ejemplo del mercado automotriz. Supongamos que nos interesan ahora los efectos de un aumento en el precio del acero sobre el precio de los automóviles y sobre la cantidad de automóviles vendidos. El acero es un insumo en la producción de automóviles, de modo que un aumento en su precio desplazará la curva de oferta. A fin de inducir a los productores a proveer cierto número de automóviles, deberá ofrecerse un precio mayor. El cambio se indica por el desplazamiento de S_0 a S_1 en la gráfica 1.3.4.

Adviértase que al igual que en el caso de las curvas de demanda no hay ninguna razón para que el desplazamiento de la curva de la oferta sea paralelo. Más adelante, cuando consideremos más explícitamente las relaciones de costos, podremos precisar la naturaleza exacta del desplazamiento. Por ahora bastará reconocer que la curva de oferta se desplaza hacia la izquierda.

El precio de equilibrio aumenta de P_0 a P_1 y la cantidad de equilibrio baja de Q_0 a Q_1. Al precio antiguo de P_0 existe una escasez de $Q_o - Q_1$. La competencia por los bienes escasos aumenta el precio a P_1. Dos fuerzas actúan para eliminar la escasez. El aumento en el precio hace que los productores deseen proveer más bienes al mercado. Al mismo tiempo, el precio más alto hace que algunos compradores no deseen comprar el bien a medida que el mercado sube la curva de la demanda.

Resulta interesante que una disminución en la oferta disminuya la cantidad vendida pero incremente el precio. Esto contrasta con una disminución en la demanda, la cual reduce la cantidad vendida pero disminuye el precio.

Como antes, el desplazamiento de la curva de oferta cambió la cantidad demandada, pero no desplazó la demanda. La curva de la demanda es independiente de la curva de la oferta. Por supuesto, la forma de la curva de la demanda es crucial para la determinación del monto del cambio en el precio

GRÁFICA I.3.3.a. *El aumento en la demanda cuando la oferta es inelástica*

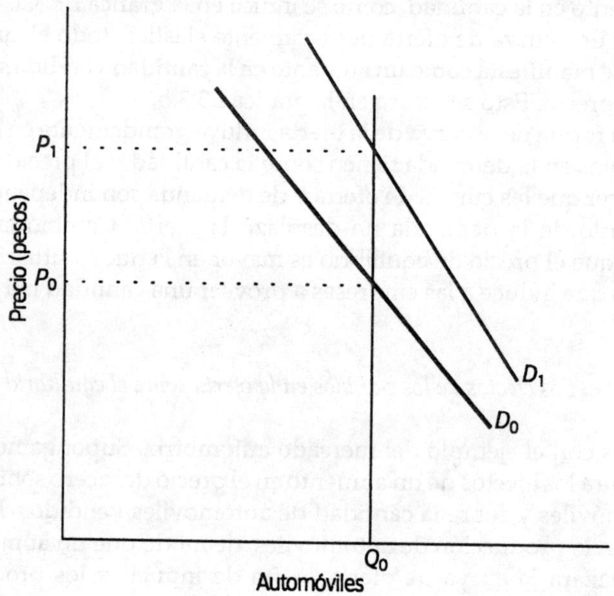

GRÁFICA I.3.3.b. *El aumento en la demanda cuando la oferta es elástica*

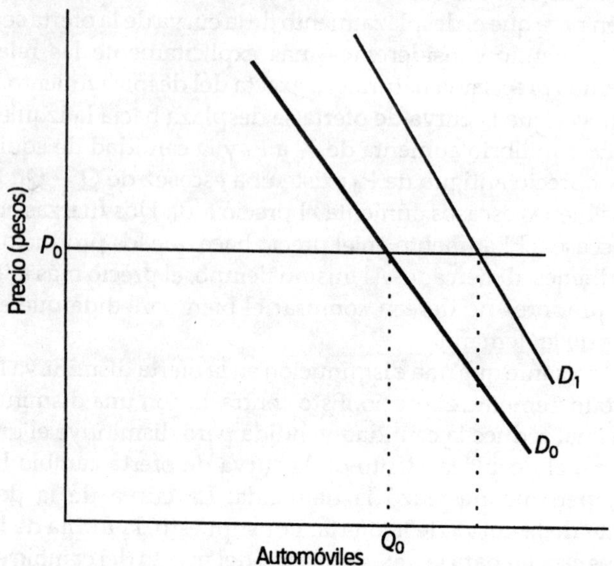

GRÁFICA I.3.4. *La disminución de la oferta*

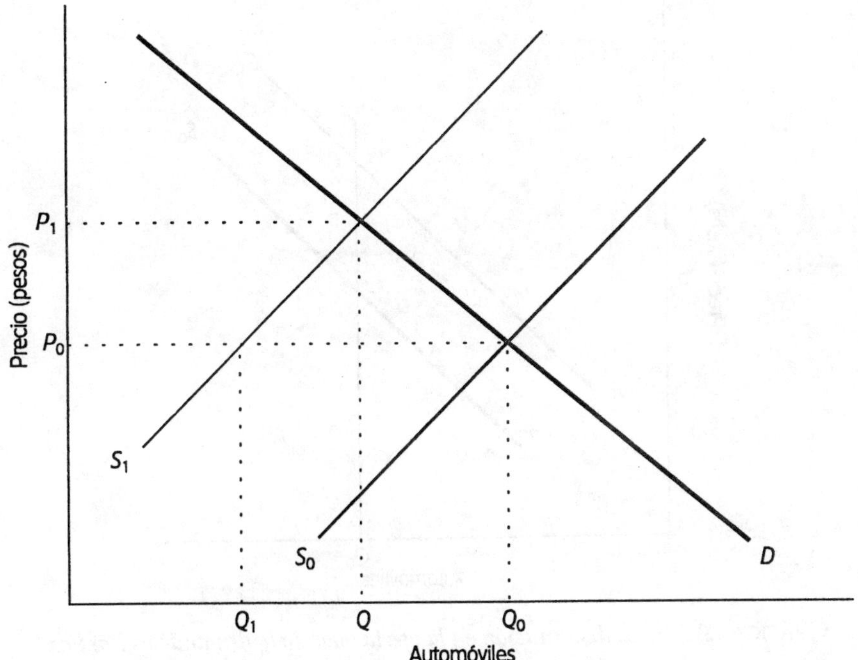

asociado con una disminución de la oferta. Si la curva de la demanda fuese perfectamente inelástica, todo el cambio de la oferta se manifestaría en un aumento del precio. En el otro extremo, si la curva de la demanda fuese perfectamente elástica, todo el cambio se manifestaría como una disminución en la cantidad vendida, pero el precio seguiría siendo el mismo. Los dos extremos se ilustran en las gráficas I.3.5.a y I.3.5.b.

I.3.d. *Algunas preguntas típicas*

En este apartado ilustraremos el poder del análisis simple de la oferta y de la demanda examinando algunas preguntas que podrían surgir en el contexto del intercambio simple, la negociación refinada o el gobierno.

GRÁFICA I.3.5.a. *La disminución en la oferta cuando la demanda es inelástica*

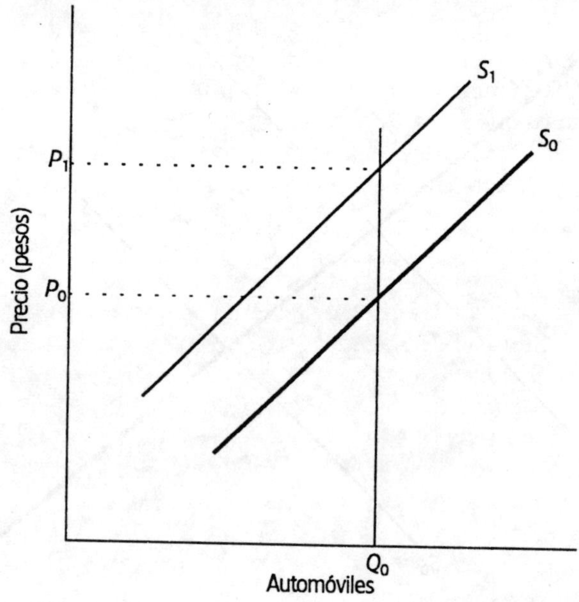

GRÁFICA I.3.5.b. *La disminución en la oferta cuando la demanda es elástica*

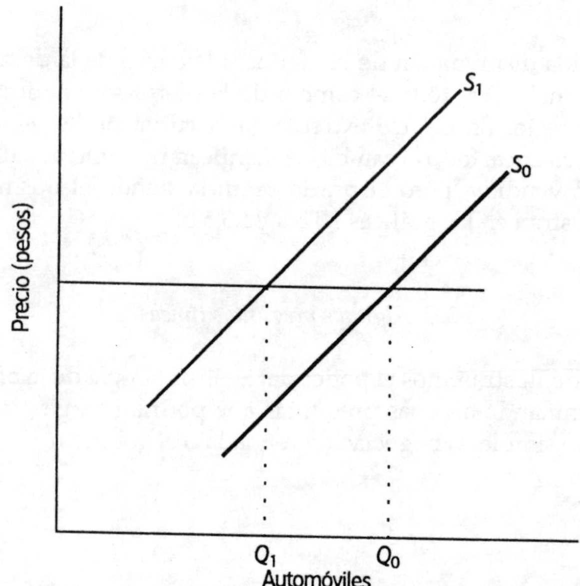

I.3.d.1. Una economía de trueque

Para principiar, consideremos lo que ocurriría en una economía primitiva que no tuviera dinero en el sentido habitual para nosotros y que realizara el intercambio en la manera más sencilla. Los productos de la sociedad están limitados: digamos que sólo hay arroz, plátanos y cuentas. Supongamos que hay 300 personas en la isla y que en el equilibrio inicial hay 150 productores de arroz, 125 productores de plátano y 25 artesanos que convierten las cuentas en collares.

Supongamos, para simplificar, que todos los isleños tienen la misma habilidad y pueden ingresar a cualquiera de las tres ocupaciones. La especialización se da porque puede producirse más cuando cada uno dedica todo su tiempo de trabajo a una actividad en lugar de dividir ese tiempo en varias tareas diferentes. (Por ejemplo, si se dedica la mitad del día a cultivar arroz y la otra mitad a recolectar plátanos, se perderá tiempo al viajar entre los campos de arroz y los platanares.)

En este equilibrio inicial todos los individuos deberán tener el mismo control sobre los recursos. Esta proposición, que aparecerá reiteradamente más adelante, es cierta cuando los individuos tienen habilidades idénticas y pueden moverse libremente de una ocupación a otra. Si no fuese así, habría algunos desplazamientos ocupacionales. Por ejemplo, supongamos que la recolección de plátanos fuese más lucrativa que el cultivo de arroz. Los individuos entrarían a la recolección de plátanos y abandonarían el cultivo de arroz. Esto reduciría la oferta de arroz, elevando su precio, y aumentaría la oferta de plátanos, reduciendo su precio, hasta que los ingresos se igualaran entre las ocupaciones.

La pregunta que queremos examinar tiene que ver con el fracaso de una cosecha en esta economía. Supongamos que un insecto que ataca a los plátanos infesta inesperadamente los platanares y destruye la mitad de la cosecha de plátanos. ¿Qué ocurrirá entonces con el precio del plátano, el precio del arroz, el precio de las cuentas y el ingreso de los cultivadores de plátano en el corto plazo?

Las herramientas básicas que hemos elaborado en este capítulo bastan para dar un conjunto de pronósticos razonablemente claros. Aunque los capítulos posteriores ayudarán a refinar el análisis, ya podemos decir muchas cosas.

En primer lugar hay que especificar los precios en términos de algún bien; se escogen arbitrariamente las cuentas. Se llama *numéraire* (numerario) al bien en el que se especifican los precios. Supongamos que inicialmente se cambia un kg de arroz por tres cuentas, mientras que un plátano se cambia por dos cuentas. Las situaciones iniciales se indican en las gráficas I.3.6.a y I.3.6.b, donde los subíndices 0 se refieren a las situaciones existentes *antes* de los fracasos de las cosechas. Como vimos anteriormente, los precios, determinados por la interacción de la oferta y la demanda, son 3 y 2 respectivamente.

GRÁFICA I.3.6.a. *La disminución en la demanda*

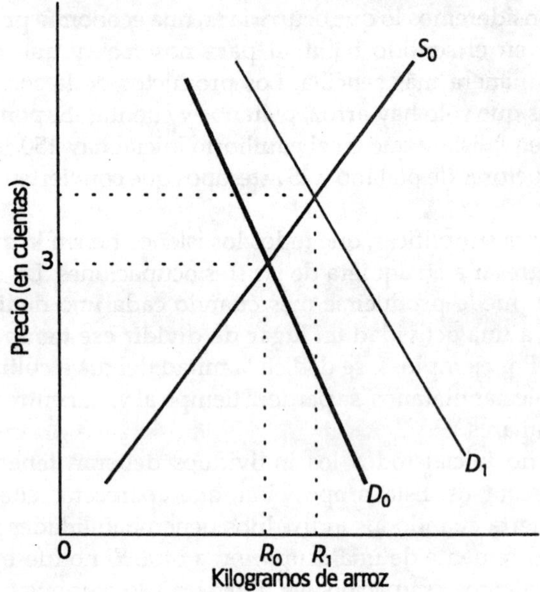

GRÁFICA I.3.6.b. *La disminución en la oferta*

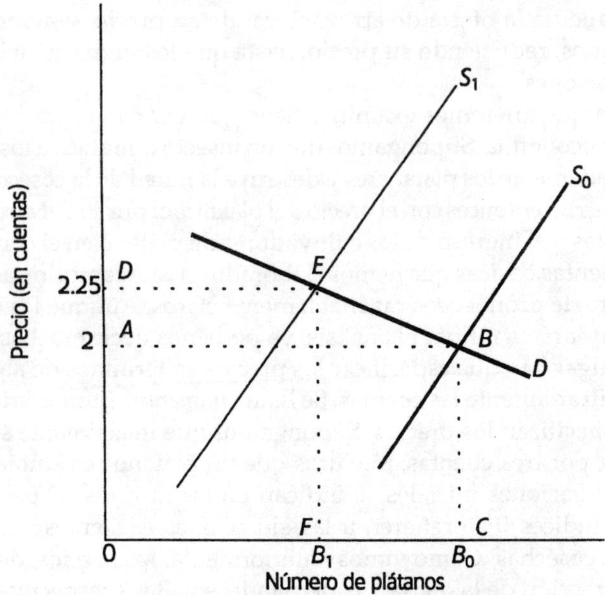

El primer efecto del fracaso de la cosecha de plátano es el desplazamiento de la curva de oferta de S_0 a S_1 en la gráfica I.3.6.b. Esto eleva de inmediato el precio en cuentas de los plátanos de 2 a 2.25, y éste es el efecto primordial. Pero en esta economía, puesto que sólo hay dos tipos de alimentos, el arroz es el único sustituto real del plátano. Un aumento en el precio del plátano afecta a la demanda de arroz de la misma manera en que un aumento en el precio de la margarina desplaza a algunos consumidores hacia la mantequilla. La demanda de arroz se desplaza hacia afuera como consecuencia del aumento en el precio del plátano. Esto eleva también el precio del arroz en términos de cuentas. (Se omiten aquí los efectos consiguientes sobre la demanda de plátano.) Así pues, aumenta el precio del plátano, pero disminuye la cantidad de plátanos. El precio del arroz sube, al igual que la cantidad ofrecida. En el corto plazo, la capacidad de los productores de arroz para incrementar la cantidad de arroz proveída al mercado está limitada, como lo refleja la naturaleza inelástica de la curva de oferta.

¿Qué le ocurre al ingreso de los recolectores de plátanos? La cantidad total que se gasta en los plátanos se mide por el precio del plátano multiplicado por la cantidad vendida. En la situación inicial, esta cantidad estaba dada por el área OABC. Si todos los 125 recolectores de plátanos son idénticos, cada uno de ellos recibía 1/125 de esa cantidad. Después del fracaso, el gasto total es ODEF, un área menor que OABC. Por lo tanto, 1/125 de ODEF es también menor, de modo que baja el ingreso de cada recolector.[4] En cambio, los cultivadores de arroz se benefician como consecuencia del fracaso de la cosecha de plátanos. El aumento del precio induce a algunos individuos que estaban comiendo plátanos a comer ahora arroz, y esto aumenta el ingreso total de los cultivadores de arroz. Si todos los cultivadores de arroz son idénticos, cada uno de ellos recibirá ahora 1/150 de una cifra mayor.

En el largo plazo ocurren movimientos de una ocupación a otra en respuesta a las diferencias de los ingresos que se pueden obtener en diversas ocupaciones. Sin embargo, la naturaleza de estos movimientos es muy compleja, de modo que pospondremos ese análisis para los capítulos posteriores.

I.3.d.2. Un ejemplo tomado del sector empresarial

Pasemos ahora a una economía moderna y a un problema de mayor actualidad. El escenario es el mercado de las computadoras personales que se ha disparado en los últimos años. Eres el presidente de Modern Computers, Inc.

[4] El ingreso de los recolectores de plátanos también podría aumentar. Si la demanda de plátanos fuese inelástica, un desplazamiento de la curva de oferta incrementaría el ingreso total de los recolectores en términos de cuentas. Los individuos que sufrirían en estas circunstancias serían los artesanos, cuyos productos son relegados a medida que la economía se hunde en la depresión.

Tu empresa fue la primera en sacar al mercado computadoras personales a gran escala, pero el mercado se ha vuelto muy competitivo, de modo que 20 empresas se dividen el total de las ventas en partes aproximadamente iguales. Prevés dos acontecimientos durante el año próximo y te gustaría pronosticar qué ocurrirá ese año con el precio de las computadoras personales, como consecuencia de tales acontecimientos. El primero de ellos es que el sindicato de operarios de computadoras ha aceptado grandes rebajas salariales. (Los operarios sólo trabajaban con computadoras grandes.) El segundo es que se ha inventado un nuevo *chip* que reduce aproximadamente a la mitad el costo de producción de las computadoras personales.

La situación inicial se indica por la intersección de D_0 y S_0 en la gráfica I.3.7.

La reducción salarial aceptada por los operarios de computadoras tenderá a reducir el precio del uso de computadoras grandes. Dado que tales computadoras son un sustituto de las computadoras personales, esta reducción en el precio de las computadoras grandes desplaza hacia la izquierda la demanda de computadoras personales, reflejando de esta manera una disminución en la demanda. Esto se ilustra por el desplazamiento hacia D_1.

El cambio ocurrido en la tecnología de los chips reduce el costo de producción de las computadoras personales. Esto no ocurre sólo para Modern Computers, sino también para todas las compañías que operan en la industria de las computadoras personales. En consecuencia, aumenta la oferta de computadoras personales, lo que desplaza la curva de oferta hacia la derecha. Esto se ilustra por el desplazamiento de S_0 a S_1.

El resultado de los dos acontecimientos es claro: los precios bajarán inevitablemente durante el año. Parte de esa disminución en el precio se verá contrarrestada por las reducciones en los costos causadas por la nueva tecnología. Pero otra parte implicará probablemente una reducción de los beneficios de la Modern Computers, ya que la disminución en la demanda provocada por las rebajas salariales en la industria rival no se compensa totalmente con una reducción concomitante de los costos. Adviértase además que si la dirección del movimiento del precio es clara, la cantidad vendida podría aumentar o disminuir, dependiendo del vigor relativo de los desplazamientos de la oferta y de la demanda.

Quienes toman las decisiones en las empresas se encuentran a menudo con esta clase de ambigüedad en los problemas que afrontan. Para expresar este análisis en los términos concretos que se requieren en una decisión empresarial efectiva, hay que obtener estimaciones más precisas de los efectos de las diversas fuerzas económicas involucradas. Esto requiere con frecuencia el criterio personal del que toma las decisiones, además del uso de diversas técnicas estadísticas.

GRÁFICA I.3.7. *Aumento en la oferta con disminución en la demanda*

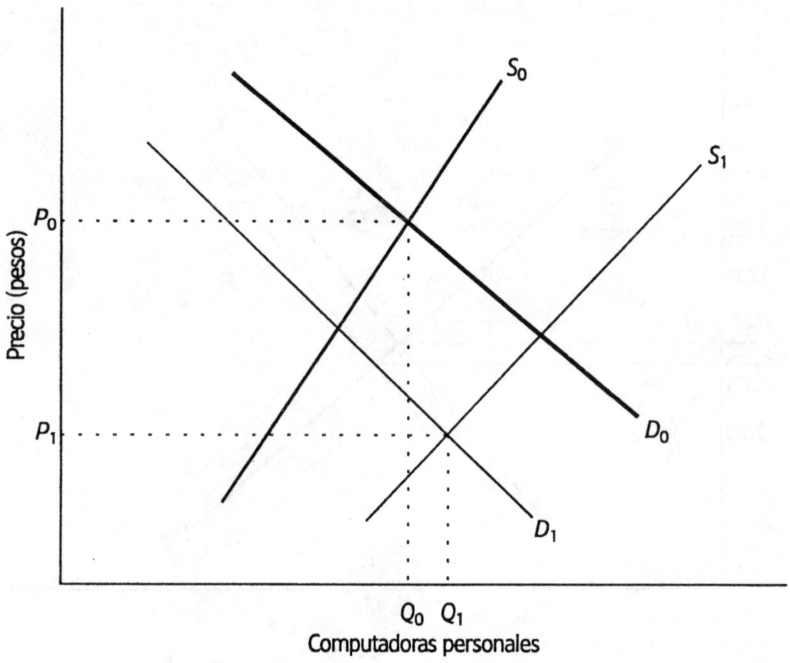

I.3.d.3. Las políticas gubernamentales

Muchas de las cuestiones que interesan a los economistas giran alrededor de la política gubernamental: sus efectos sobre la producción y su distribución. La política que consideraremos aquí es un subsidio a la producción de leche. Supongamos que el gobierno está considerando la política siguiente: por cada galón de leche que produzca el ganadero, recibirá del gobierno federal un pago directo de 15 centavos. El gobierno desearía saber el efecto de esta política sobre el precio que pagan los consumidores por la leche. Además, el senador de Wisconsin está a favor de la política, mientras que el senador de Florida se opone a ella. El Departamento de Agricultura desearía entender las razones, antes de aplicar el subsidio.

La primera pregunta es qué ocurre con el precio pagado por los consumidores de leche y con la cantidad de leche vendida. Esto se analiza fácilmente mediante un examen de la gráfica I.3.8. El efecto más obvio es que la curva de oferta de la leche se desplaza de S_0 a S_1. Nótese que el subsidio de 15 centavos se asemeja a un aumento en el precio que reciben los productores, pero no en el precio que pagan los consumidores. Por lo tanto, gracias al subsidio, los

GRÁFICA I.3.8. *El efecto de un subsidio gubernamental para la leche*

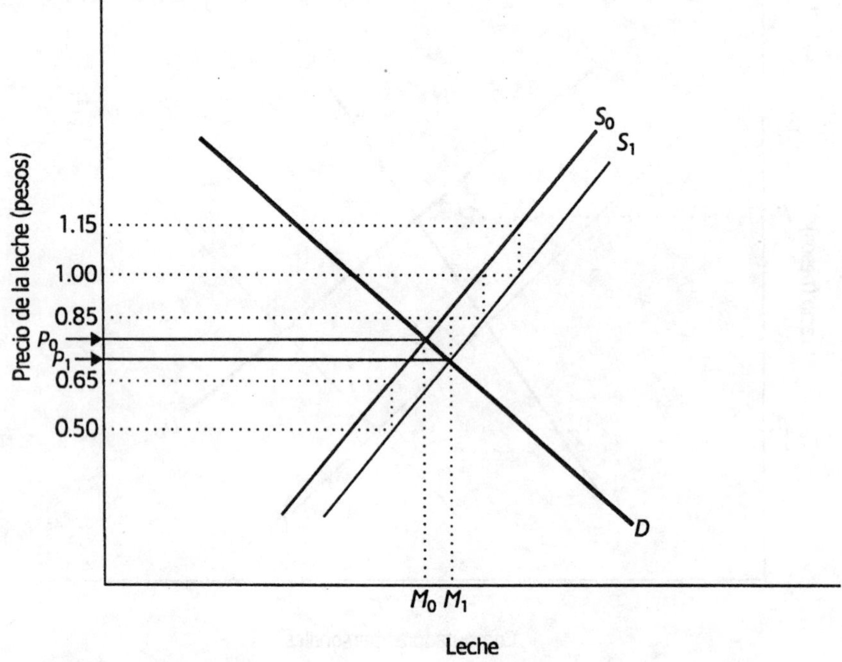

agricultores están dispuestos a producir, a un precio de $0.85 pagado por los consumidores, tanta leche como la que producirían sin el subsidio con un precio de $1.00 pagado por los consumidores. Nuestro pronóstico acerca del desplazamiento de la curva de oferta es muy preciso, porque el único efecto directo del subsidio es el de cambiar la suma recibida por los productores a cada precio dado.

La cantidad de leche vendida seguramente aumentará, pero la magnitud del aumento dependerá de la elasticidad de la demanda de leche. Es probable que la demanda de leche sea muy inelástica, de modo que el efecto principal del desplazamiento de la oferta será probablemente una disminución del precio pagado por los consumidores en lugar de un aumento de la cantidad de leche producida.

Aunque el precio ha bajado, es evidente que los productores ven mejor su situación como consecuencia del subsidio. Antes vendían M_0 a un precio de P_0. Ahora venden M_1 (mayor que M_0) a un precio de P_1. Aunque P_1 es menor que P_0, el precio recibido por los productores es $P_1 + 0.15 = \$0.85$. Esa suma es mayor que P_0, de modo que los productores deben de estar en mejor situación. Siempre tendrán la opción de vender sólo M_0 a $0.85, lo que supera claramente

GRÁFICA I.3.9. *El efecto de un subsidio gubernamental para el jugo de naranja*

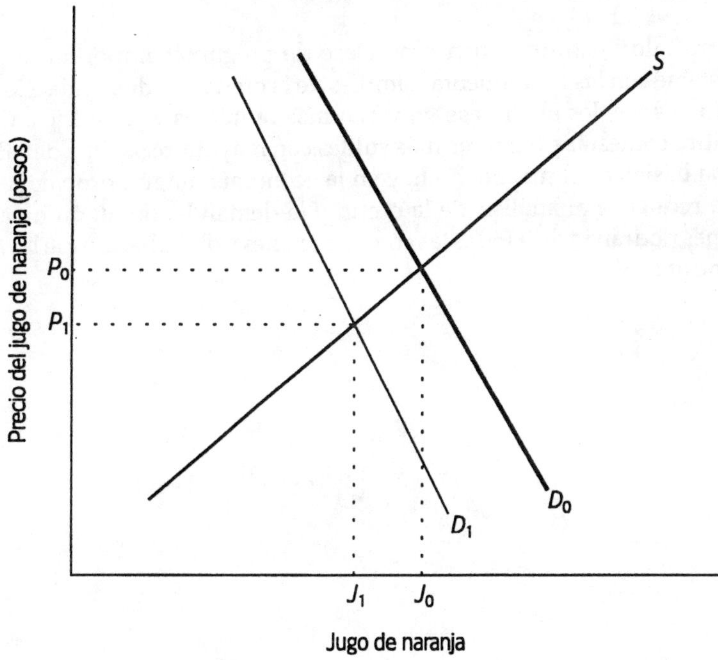

a la venta de M_0 a P_0. El hecho de que opten por vender M_1 debe colocarlos en mejor situación.

Ahora está claro por qué el senador de Wisconsin está a favor del subsidio: porque Wisconsin es un estado productor de leche. ¿Pero por qué habría de oponerse el senador de Florida? Hay dos razones. Primero, Florida produce relativamente poca leche, de modo que no es probable que su población se beneficie del subsidio como productores. Además, como veremos en capítulos posteriores, el costo del subsidio para los habitantes de Florida superará inevitablemente el beneficio recibido en forma de menores precios de la leche. La segunda razón es que la leche y el jugo de naranja son sustitutos, por lo menos en alguna medida, y Florida es un gran productor de jugo de naranja. Una disminución en el precio de la leche desplazará la demanda de jugo de naranja hacia la izquierda, como se indica en la gráfica I.3.9. Esto implica una disminución en la cantidad del jugo de naranja vendido y una disminución en su precio de venta. Ambos efectos empeoran la situación de los productores de jugo de naranja.

I.4. Resumen

Este capítulo ilustra que una gran clase de preguntas importantes pueden contestarse con las herramientas simples de la oferta y la demanda. Conforme el libro avance, los análisis se volverán más refinados y complejos. Esto nos permitirá contestar preguntas más sutiles con mayor precisión y detalle. Pero el tema básico es el mismo: no hay en la economía ningún problema que no pueda reducirse al análisis de la oferta y la demanda. En algún nivel, estas nociones podrán incluir todas las complicaciones y dificultades que la realidad impone al analista.

II. TEORÍA DE LA UTILIDAD Y DE LAS PREFERENCIAS

DE ACUERDO con un artículo incluido en la sección "Aplicación de la Teoría" de este capítulo, en 1981 Inglaterra incrementó en dos ocasiones el impuesto de los cigarrillos, por lo que ese impuesto aumentó 30%. ¿Disminuirá así la cantidad de cigarrillos fumados en Inglaterra? ¿Habría sido más eficaz un aumento al impuesto de los cigarrillos de alto contenido de alquitrán y nicotina, en lugar de gravar toda clase de cigarrillos? Para contestar estas preguntas tendríamos que examinar lo que ocurre detrás de la curva de demanda definida en el capítulo anterior. Este capítulo inicia ese proceso examinando en detalle las "preferencias" (o gustos) del consumidor. Éste será un paso importante para encontrar la respuesta a las preguntas planteadas al inicio de este párrafo.✦

APLICACIÓN DE LA TEORÍA

LOS AUMENTOS EN LOS IMPUESTOS PERSUADEN A LOS BRITÁNICOS A DEJAR EL COSTOSO HÁBITO DE FUMAR

LONDRES.- Después de resistir bravamente durante muchos años los alarmantes informes sobre el riesgo para su salud, centenares de miles de fumadores británicos han dejado el hábito en los últimos seis meses, persuadidos por los salvajes aumentos en los impuestos a los cigarrillos.

Los ejecutivos de las compañías tabaqueras, que reportan una reducción de 10% en sus ventas, dicen que esta vez los fumadores están manteniendo su resolución.

Una encuesta del periódico *The Guardian* describió esto como "el cambio más grande y abrupto ocurrido en los hábitos nacionales del tabaquismo desde que se introdujeron los cigarrillos a principios del siglo", y estimaba que 2 millones de los 17 millones de adultos fumadores de Gran Bretaña han dejado de fumar.

Su voluntad se vio fortalecida por dos aumentos en los impuestos decretados en 1981. En un austero presupuesto de marzo, el gobierno conservador estableció un impuesto adicional de 30 centavos por una cajetilla de 20 cigarrillos.

En julio hubo otro incremento, de modo que el impuesto aumentó 30% en seis meses y el precio promedio de una cajetilla subió al equivalente de 2.50 dólares, aproximadamente.

Las compañías tabaqueras, que registran una baja en sus beneficios, deberán añadir otros 3 centavos en el otoño.

La tesorería recauda 75 centavos del precio al menudeo. Obtendrá así una suma estimada de 10 000 millones de dólares este año.

"Creo que cualquier industria que tenga que soportar esta clase de carga tendrá que preocuparse", dijo un vocero del Consejo Asesor del Tabaco, que representa a los fabricantes.

Los británicos pagan en la actualidad hasta tres veces más que otros europeos occidentales por los cigarrillos.Se considera que el hábito de fumar constituye la principal causa de las muertes prematuras, ya que provoca la muerte de por lo menos 50 000 británicos al año, sobre todo a través de infartos cardiacos y cáncer del pulmón.

Desde mediados de los años sesenta el departamento de salud ha venido publicando estadísticas e informes de médicos eminentes. Esa labor ha sido respaldada con las advertencias obligatorias en las cajetillas de cigarrillos y los acuerdos "voluntarios" con las corporaciones tabacaleras para frenar la publicidad, inclusive una prohibición de los anuncios en televisión.

Aun así, el consumo de cigarrillos ha bajado hasta ahora sólo gradualmente, pero la determinación de los fumadores de dejar el hábito ha sido fomentada como nunca antes por sir Geoffrey Howe, el ministro de Hacienda. La disminución es más marcada entre las clases profesionales: sólo 21% fuma ahora. Una encuesta gubernamental de 1980 señaló que 39.5% de los británicos adultos fumaba.

Herbert Bentley, director asistente de la Imperial Tobacco, el mayor de los fabricantes británicos, dijo que no hay indicios de que se recupere el consumo. Estimó que el consumo total de cigarrillos decrecería entre 8 y 15% durante el año.

Bentley estima que el total de las ventas de cigarrillos ascendería a 107 000 millones este año, mientras que en 1980 se vendieron 121 500 millones de cigarrillos. Los vendedores al menudeo registran un incremento en las ventas de cajetillas de 10 cigarrillos y una disminución en las ventas de cajetillas de 20 cigarrillos.

David Simpson, director de Action on Smoking, una organización independiente financiada por el gobierno que combate el hábito de fumar, se había mostrado escéptico acerca de las cifras de ventas, sosteniendo que las compañías tabacaleras han registrado bajas repentinas en el pasado sólo para despertar la preocupación gubernamental por el incremento del desempleo.

Pero ahora Simpson dice: "Estamos realmente emocionados. Nos sentimos optimistas acerca de un cambio real, el cual perdurará mientras el ministro actúe para mantener elevados los precios."

PREGUNTA

1. Suponga que la mayoría de los fumadores se preocupan más por el hecho de fumar que por el tipo de cigarrillos que fuman. Trace dos diagramas separados de curvas de indiferencia para los fumadores: un conjunto de curvas de indiferencia entre los cigarrillos de alto contenido de alquitrán y nicotina y los cigarrillos de bajo contenido de esas sustancias; un segundo conjunto de curvas de indiferencia entre los cigarrillos (de todos tipos) y otros bienes.

(NOTA: Volveremos a referirnos a este artículo al principio del capítulo III y consideraremos entonces otras preguntas.)

SOLUCIÓN

1. Los cigarrillos de bajo y alto contenido de alquitrán son buenos sustitutos entre sí. Hay pocos buenos sustitutos de la categoría general de los cigarrillos. Esto nos lleva al siguiente conjunto de curvas de indiferencia:

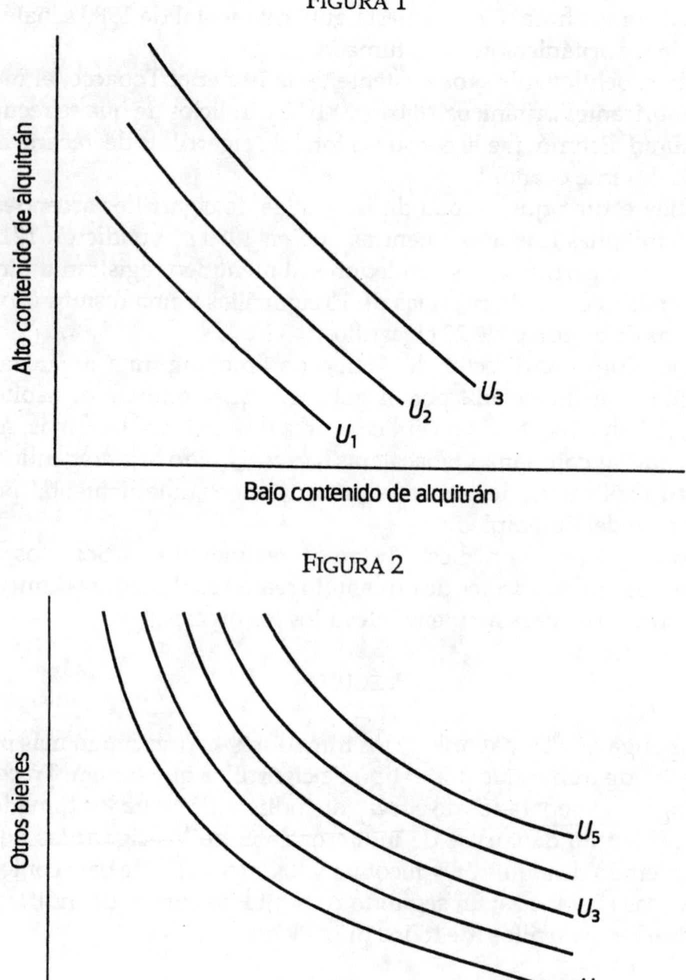

nivel dado del ingreso monetario—, la unidad consumidora deberá ser capaz de ordenar diferentes conjuntos de bienes. Es decir, el consumidor deberá ser capaz de comprar conjuntos alternativos de bienes y determinar su orden de preferencia entre ellos. Para tal fin, suponemos que cada unidad consumidora puede hacer comparaciones entre conjuntos de bienes alternativos que satisfacen las condiciones siguientes:

1) Para dos conjuntos de bienes cualesquiera, *A* y *B*, la unidad consumidora puede determinar cuál proporciona mayor satisfacción. Si *A* proporciona más satisfacción que *B*, decimos que *A* es *preferido* a *B*, y si *B* provee mayor satisfacción que *A* decimos que *B* es *preferido* a *A*. Si ambos conjuntos proporcionan la misma satisfacción, decimos que el consumidor es *indiferente* entre *A* y *B*.

2) Si *A* es preferido a *B* y *B* es preferido a *C*, *A* es preferido a *C*. La preferencia es una relación *transitiva*. De igual modo, si *A* es indiferente a *B* y *B* es indiferente a *C*, *A* es indiferente a *C*.

Un ejemplo ayudará a aclarar estos conceptos.

Supongamos que sólo hay dos bienes, X y Y. Las preferencias de un consumidor dado se indican en el cuadro II.1.1 y se ilustran en la gráfica II.1.1. El conjunto de bienes *A* se prefiere a todos los demás conjuntos. El consumidor es indiferente entre los conjuntos *B*, *C* y *D*, lo que indica que este consumidor está dispuesto a tomar menos de Y si a cambio obtiene más de X en cantidad suficiente. El conjunto *B* prefiere a *E* (este último tiene menos de Y y la misma cantidad de X). De igual modo, se prefiere *E* a *F* (este último tiene menos de X y la misma cantidad de Y. Por último, *G* y *H* son indiferentes a *F*, de modo que el consumidor está dispuesto a sustituir Y por X en su patrón de consumo.

La gráfica II.1.1, que se llama a menudo un *espacio de bienes*, se interpreta como sigue: cada punto del espacio describe una asignación de X y Y, no de X o Y. Por lo tanto, en el punto *F* el consumidor está considerando la asignación de una unidad de X y cuatro unidades de Y. Decir que el consumidor es indiferente entre *F* y *G* implica que es indiferente entre el conjunto 1X y 4Y y el conjunto 2X y 2Y. No implica que sea indiferente entre 4Y y 1X. Esa comparación involucraría el ordenamiento del punto *J* en relación con el punto *K*.

Podemos establecer en la siguiente forma compacta las suposiciones necesarias para el análisis de la conducta del consumidor:

Suposiciones: a) Cada consumidor tiene un conocimiento exacto y pleno de toda la información pertinente para sus decisiones de consumo: conocimiento de los bienes y servicios disponibles y de su capacidad técnica para satisfacer sus deseos, de los precios del mercado, y de su ingreso monetario.

b) Cada consumidor puede hacer comparaciones entre los conjuntos de bienes, de tal manera que: *i)* para dos conjuntos cualesquiera, *A* se prefiere a *B*, *B* se prefiere a *A* o el consumidor es indiferente entre *A* y *B*; *ii)* si *A* es preferido (indiferente) a *B* y si *B* es preferido (indiferente) a *C*, entonces *A* es preferido (indiferente) a *C*.

CUADRO II.1.1. *Ordenamiento de los conjuntos de bienes*

Conjunto	*Cantidad de X*	*Cantidad de Y*	*Lugar**
A	6	6	4
B	3	5	3
C	4	3	3
D	5	2	3
E	3	4	2
F	1	4	1
G	2	2	1
H	3	1	1

* Se asigna un número mayor a los conjuntos más preferidos.

GRÁFICA II.1.1. *Ordenamiento de los conjuntos del cuadro II.1.1*

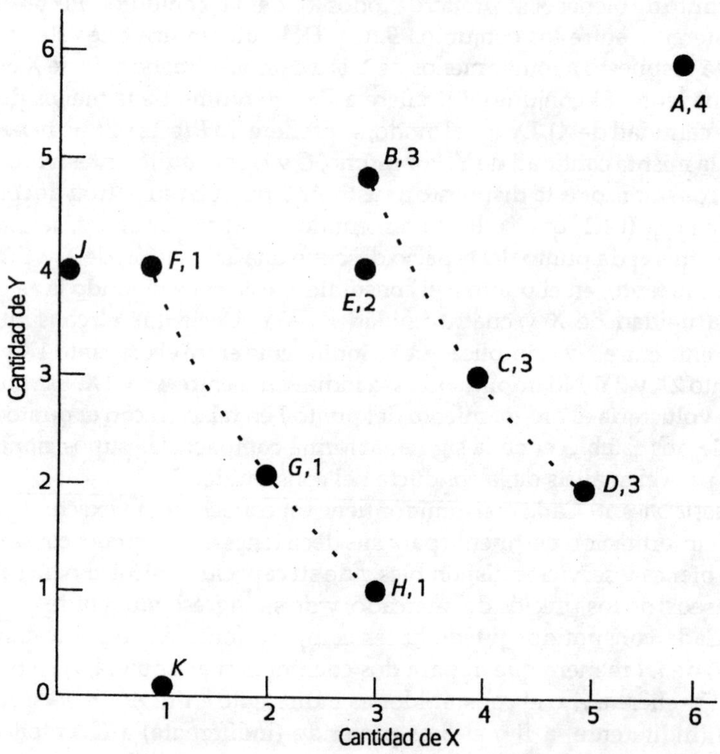

II.2. UTILIDAD Y PREFERENCIA

El análisis de la conducta del consumidor se facilita grandemente por el empleo de una función de utilidad que asigne un valor numérico o un nivel de utilidad a los conjuntos de bienes. Quizá resulte difícil al lector aceptar la idea de que el fenómeno, altamente subjetivo, de la preferencia del consumidor, que depende obviamente de la conformación fisiológica y psicológica de cada persona, pueda cuantificarse así. Sin embargo, para la mayoría de nuestros propósitos no tienen importancia en sí mismos los valores numéricos particulares asignados a los conjuntos de bienes. Sólo se pide a la función de utilidad que refleje los mismos ordenamientos que el consumidor asigna a los conjuntos de bienes alternativos. Así, por ejemplo, si el consumidor prefiere el conjunto *A* al conjunto *B*, la función de utilidad debe asignar un valor numérico *mayor* al conjunto *A* que al conjunto *B*, pero los propios valores numéricos así asignados carecen de importancia. De igual modo, si el consumidor es indiferente entre el conjunto *A* y el conjunto *B*, la función de utilidad debe asignar el *mismo* valor numérico a cada conjunto, pero el valor particular así asignado carece de importancia. Por ejemplo, el orden asignado a los conjuntos de bienes *A-H* en el cuadro II.1.1 puede concebirse como valores numéricos asignados a estos conjuntos por alguna función de utilidad. Cualquier otro conjunto de números, como 20, 10, 10, 10, 8, 5, 5, 5, que conserve este ordenamiento, servirá igualmente para nuestros fines. En cambio, una función de utilidad que asignara los valores 10, 9, 8, 7, 6, 5, 4, 3 a los conjuntos *A, B, C, D, E, F, G, H*, respectivamente, *no* sería aplicable, porque tal asignación de números indicaría que el conjunto *C* es preferido al conjunto *B*, cuando el consumidor se muestra en realidad indiferente entre estos conjuntos. En suma, sólo se requiere que la función de utilidad facilite una medición *ordinal*, no *cardinal*, de la utilidad proporcionada por los conjuntos de bienes.[1]

La función de utilidad no es más que una descripción algebraica de las preferencias de un consumidor. El cuadro II.1.1. mostró las preferencias del consumidor en forma tabular, y la gráfica II.1.1 hizo lo mismo en forma gráfica. La noción algebraica de una función de utilidad es un poco más abstracta, pero a menudo resulta mucho más fácil su análisis y es una herramienta importante de la teoría del consumidor.

[1] El enfoque original de la teoría de la utilidad trataba la utilidad como algo *cardinalmente* mensurable. En el apartado II.3.c reseñaremos los desarrollos históricos que condujeron a la teoría moderna (ordinal) de la utilidad.

II.2.a. *La superficie de utilidad*

Una vez aceptado que sólo las propiedades ordinales de la función de utilidad son importantes para nuestros fines, no hay ningún peligro en considerar una función de utilidad específica. En realidad, ésta es probablemente la forma más conveniente para entender las propiedades ordinales que nos interesan. Para ilustrarlo con un ejemplo concreto, supongamos que la utilidad obtenida por Sánchez del consumo de los bienes X y Y está dada por la función

$$U = xy.$$

En palabras, la utilidad es el producto de las cantidades de X y Y consumidas por Sánchez. Usando esta función de utilidad, Sánchez obtiene 100 unidades de utilidad de un conjunto consistente en 10 unidades de X y 10 unidades de Y ($100 = 10 \times 10$). Sánchez obtiene también 100 unidades de utilidad de un conjunto consistente en 5 unidades de X y 20 unidades de Y, o de un conjunto consistente en 1 unidad de X y 100 unidades de Y. Sánchez está así *indiferente* entre estos conjuntos. En cambio, prefiere cualquiera de ellos a un conjunto consistente en 5 unidades de X y 5 unidades de Y, porque este último sólo tiene una utilidad de 25, de acuerdo con la función de utilidad antes indicada.

Puesto que sólo nos interesan las propiedades ordinales de la función de utilidad (es decir, el lugar asignado a los conjuntos alternativos), hay muchas otras funciones de utilidad que representarían igualmente las preferencias de Sánchez. Por ejemplo, la función de utilidad

$$V = (xy)^2$$

ofrece el mismo ordenamiento de preferencia de los conjuntos antes mencionados. El conjunto que consiste en 10 unidades de X y 10 unidades de Y tiene una utilidad de 10 000 con esta nueva función de utilidad, pero lo mismo ocurre con los conjuntos que consisten en 5X y 20Y, y 1X y 100Y. Por lo tanto, *U* y *V* nos dicen que Sánchez está indiferente entre estos tres conjuntos, aunque el valor *cardinal* de la utilidad dependa de la función de utilidad particular (10 000 comparado con 100).[2]

[2] Una vez en posesión de una función de utilidad que refleje correctamente las preferencias ordinales del consumidor, podemos construir un número arbitrario de funciones de utilidad alternativas que reflejen las mismas preferencias ordinales. Para comprobarlo, sea $f(z)$ cualquier función tal que $f(z_1) > f(z_0)$ siempre que $z_1 > z_0$. Consideremos ahora cualquier función de utilidad U que represente las preferencias ordinales del consumidor. Sea $V = f(U)$. Si el con- junto A se prefiere al conjunto B, entonces $U(A) > U(B)$, pero entonces $V(A) = f[U(A)] > f[U(B)] = V(B)$, de modo que V también coloca a A por encima de B. De igual modo, si el consumidor se muestra indiferente entre los conjuntos C y D, entonces $U(C) = U(D)$, pero entonces $V(C) =$

Las funciones de utilidad pueden representarse geométricamente por una superficie de utilidad como la expuesta en la gráfica II.2.1. La superficie de utilidad es $0XZY$. Así pues, si se consumen OX_1 unidades de X y OY_1 unidades de Y por periodo, la utilidad es la magnitud PP'. De igual modo, si se consumen por periodo OX_2 y OY_2, la utilidad total es QQ'.

Aunque la gráfica II.2.1 parece complicada, no es más que el espacio de bienes de la gráfica II.1.1, aumentada con un eje vertical que relaciona la utilidad asociada con el conjunto descrito por un punto en el plano X,Y. Q' es un punto en el plano X,Y y se refiere al conjunto integrado por OX_2 unidades de X y OY_2 unidades de Y. La distancia vertical, $Q'Q$, mide la utilidad asociada al conjunto Q'. Para la mayoría de los propósitos se suprime el eje vertical, porque los valores numéricos de la utilidad carecen de importancia. Sin embargo, conviene trabajar con el diagrama tridimensional para entender lo que está implícito en el futuro.

Supongamos que la tasa de consumo de X se fije en OX_1. En estas condiciones, la curva *EPRD* ofrece la utilidad total asociada con OX_1 unidades de X y cantidades variables de Y. Si el consumo es OY_1, la utilidad es PP'; si el consumo es $OY_2(>OY_1)$, la utilidad será $RR'(>PP')$, etc. De igual manera, cuando el consumo de X se mantiene constante en OX_2 unidades por periodo de tiempo, la curva *FSQC* relaciona la utilidad total con el nivel de consumo correspondiente a Y. El mismo análisis se puede aplicar a un nivel constante de consumo de Y y variable de X. Si el consumo de Y permanece constante en OY_1, la utilidad total será PP' si en un lapso dado se consumen OX_1 unidades de X, $SS'(>PP')$ si se consumen $OX_2(>OX_1)$, etc. Así pues, la curva *GPSA* muestra el nivel de utilidad total que se obtiene cuando se consumen Y_1 unidades de Y y cantidades variables de X. De igual modo, *HRQB* muestra la utilidad total cuando el consumo de Y se fija en $= OY_2$ unidades por periodo.

II.2.b. *La curva de indiferencia*

La superficie de utilidad nos ayuda a enfocar el importante concepto del perfil de utilidad constante o *curva de indiferencia*, que constituye la base de la teoría moderna (ordinal) de la conducta del consumidor. Este concepto puede explicarse mediante la gráfica II.2.2. Hay dos bienes, X y Y, y la superficie de utilidad total es $OXZY$, como en la gráfica II.2.1. Si en un periodo dado se consumen OX_1 unidades de X y OY_3 unidades de Y, la utilidad total será RR'. Si el consumo de X es mayor —por ejemplo, OX_2— mientras que el de Y permanece

$f[U(C)] = f[U(D)] = V(D)$, de modo que V indica también que el consumidor se muestra indiferente entre C y D. Pueden construirse con facilidad otras funciones de utilidad escogiendo funciones de transformación diferentes al estilo de $f(z)$.

constante, el nivel de la utilidad será mayor. Pero una característica esencial de la teoría de la utilidad reside en el hecho de que se puede *sustituir* un bien por otro en el consumo, de tal manera que el nivel de la utilidad total permaneza invariable. Por ejemplo, en la gráfica II.2.2 se pueden sustituir $OY_3 - OY_2$ unidades de Y por $OX_2 - OX_1$ unidades de X sin cambiar la utilidad total, porque P' y R' producen el mismo nivel de utilidad. Cuando se consumen OX_1 de X y OY_3 de Y la utilidad total será RR'. Cuando se consumen OX_2 de X y OY_2 de Y, la utilidad total será $PP' = RR'$. De igual manera, cuando se consumen OX_3 de X y OY_1 de Y, la utilidad total será $SS' = PP' = RR'$.

En otras palabras, podemos "cortar" o intersectar la superficie de utilidad en el nivel $RR' = PP' = SS'$ y determinar todas las combinaciones de X y Y que producen este nivel constante de utilidad. La curva de líneas quebradas $R'P'S'$, en el plano X,Y representa todas estas combinaciones. En virtud de que cualquier combinación de X y Y que se encuentre en la curva $R'P'S'$ genera el mismo nivel de utilidad, el consumidor se mostrará indiferente en cuanto a la combinación particular que consumirá. En forma similar, todas las combinaciones de X y Y en la curva $T'Q'V'$ producen la misma utilidad total ($TT' = QQ' = VV'$). Por consiguiente, el consumidor se mostrará indiferente en cuanto a cuál de estas últimas combinaciones consumirá, pero *no* se mostrará indiferente entre una combinación de X y Y que se encuentre en $R'P'S'$ y alguna otra que se encuentre en $T'Q'V'$. Cualquier combinación de $T'Q'V'$ es preferible a cualquier otra en $R'P'S'$, porque aquélla produce un mayor nivel de utilidad total (por ejemplo $TT' > RR'$).

Las curvas como $R'P'S'$ y $T'Q'V'$ se llaman *curvas de indiferencia.*

> *Curva de indiferencia*: Una curva de indiferencia es un conjunto de puntos en el espacio de bienes —o conjuntos de bienes— entre los que el consumidor se siente indiferente. Cada punto de una curva de indiferencia genera la misma utilidad total que cualquier otro punto de esa misma curva de indiferencia. Si la función de utilidad está dada por $U(X_1, X_2,..., X_n)$, donde X_1 es la cantidad del bien 1 consumida, X_2 es la cantidad del bien 2 consumida, etc., se definirá una curva de indiferencia como el conjunto de todos los conjuntos de bienes $(X_1,...,X_n)$ que satisface la ecuación $U(X_1, X_2,...,X_n) = c$, donde c es el nivel de utilidad constante de esa curva de indiferencia.

En la gráfica II.2.3 se muestra un conjunto parcial de curvas de indiferencia. Llamamos *mapas de indiferencia* a este tipo de gráficas.[3]

[3] Se genera un mapa de indiferencia escogiendo valores diferentes de c en la expresión

$$U(X_1, X_2,..., X_n) = c$$

GRÁFICA II.2.1. *Superficie de utilidad*

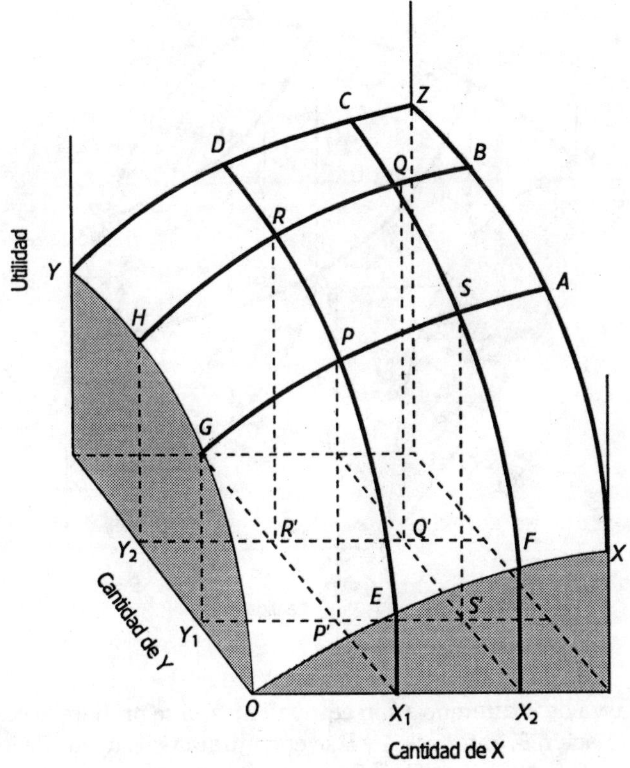

La curva llamada I en la gráfica II.2.3 podría representar todas las combinaciones de X y Y que producen 10 "útiles" de utilidad a cierta persona. De igual modo, las curvas II, III y IV representarán todas las combinaciones que producen 19, 26 y 30 útiles, respectivamente: Lo importante del enfoque ordinal de la utilidad es el reconocimiento de que los números de la utilidad específica asignados a I, II, III y IV carecen de importancia. Los números podrían ser 10, 19, 26 y 30, o bien 100, 190, 270 y 340, o cualquier otro conjunto de números *crecientes*. El punto importante es que en la teoría de la conducta del consumidor sólo importa la forma del *mapa de indiferencia*, en tanto que carece de importancia la *superficie de utilidad* implícita. El mapa de indiferencia se puede definir en términos de la psicología de la conducta, sin utilizar el concepto de la utilidad medible. Sólo se requieren para ello las curvas de indiferencia y el concepto de preferencia: todas las combinaciones situadas en

GRÁFICA II.2.2. *Superficie de utilidad con perfiles de utilidad constante*

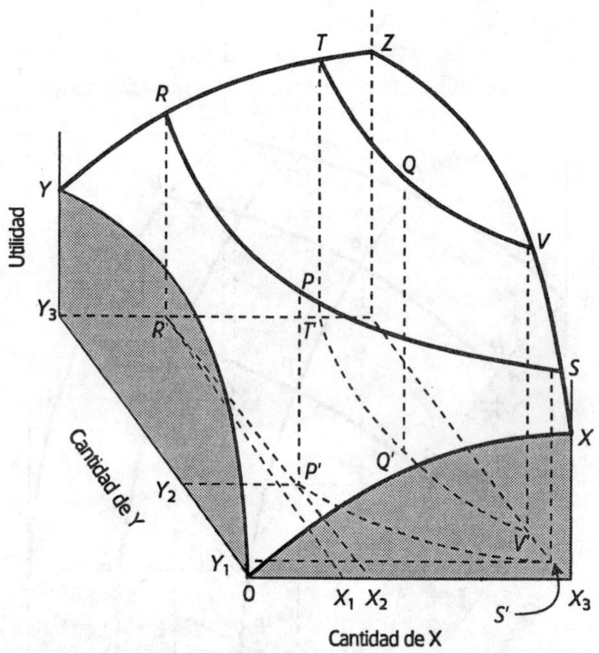

la misma curva de indiferencia son equivalentes; si se prefiere la combinación *A* a la combinación *B*, entonces *A* y *B* se encontrarán en curvas de indiferencia diferentes.

Ejemplo: cuando $U(X, Y) = XY$, las curvas de indiferencia están dadas por

$$XY = c$$

donde *c* es el valor constante de la utilidad a lo largo de la curva de indiferencia. Se puede verificar sin dificultad que los puntos $X = 1$, $Y = 5$ y $X = 2.5$, $Y = 2$ se encuentran en la misma curva de indiferencia (con $c = 5$). Supongamos ahora que cambiamos los valores *cardinales* de la utilidad elevando al cuadrado la función de utilidad (véase el apartado II.2.a), de modo que $V(X, Y) = [U(X, Y)]^2 = X^2Y^2$. De nuevo, se puede verificar sin dificultad que los puntos $X = 1$, $Y = 5$ y $X = 2.5$, $Y = 2$ se encuentran en la misma curva de indiferencia (pero ahora $c = 25$). Esto ilustra que las curvas de indiferencia no cambian (excepto por sus números) bajo las transformaciones monótonas de la función de utilidad. En otras palabras, las curvas de indiferencia transmiten la información *ordinal* pertinente acerca de las preferencias del consumidor.

II.2.c. *Antecedentes de la teoría moderna*

Resulta imposible encontrar un área de la actividad intelectual, ya sea que se trate de la música, las matemáticas, la física o la economía, donde no cambie la teoría. Los cambios en la teoría constituyen una respuesta a nuevas cuestiones, nuevos hallazgos empíricos y nuevos avances conceptuales. A veces la nueva teoría generaliza y extiende la teoría antigua, y a veces la desplaza en un sentido revolucionario. A veces podemos profundizar nuestro entendimiento de la teoría moderna examinando a sus precursores intelectuales. El desarrollo histórico de la teoría de la utilidad del consumidor proporciona un buen ejemplo.[4]

Jeremy Bentham (1789) empleó el concepto de la utilidad cardinalmente medible en su esfuerzo por desarrollar un sistema racional de derecho civil y penal. David Ricardo y otros economistas de la época de Bentham no siguieron este enfoque, así que sólo con la obra de Gossen (1854), Jevons (1871) y Walras (1874) la teoría de la utilidad empezó a ser generalmente aceptada en el análisis económico. Al principio se supuso que la utilidad era medible y aditiva, de modo que los "útiles" obtenidos de un bien no se veían afectados por la tasa del consumo de otros bienes. Por ejemplo, si una rebanada de pan producía 2 útiles y una botella de cerveza 6 útiles, el consumo de pan y de cerveza daría 8 útiles. Este enfoque se ilustra en la gráfica II.2.4. Supongamos que hay dos bienes X y Y con las funciones de utilidad para un individuo dado que se muestran en las gráficas II.2.4.a y II.2.4.b respectivamente. Si el individuo consume X_1 unidades de X, la utilidad medida es U_1, como se observa en la gráfica II.2.4.a. De igual manera, si se consumen Y_2 unidades de Y, la utilidad medida es U_2. El supuesto de la aditividad dice que si se consumen X_1 y Y_1 en el periodo, la utilidad total es $U_1 + U_2$. En términos algebraicos, la función de utilidad medible y aditiva se expresa como:

$$U = U_1(X_1) + U_2(X_2) + \dots + U_n(X_n)$$

[4] La discusión siguiente se basa en parte en el profundo ensayo de George Stigler, "The Development of Utility Theory", *Journal of Political Economy*, núm. 58 (agosto y octubre de 1950). El lector interesado podrá obtener mayores detalles consultando el ensayo de Stigler.

GRÁFICA II.2.3. *Curvas de indiferencia*

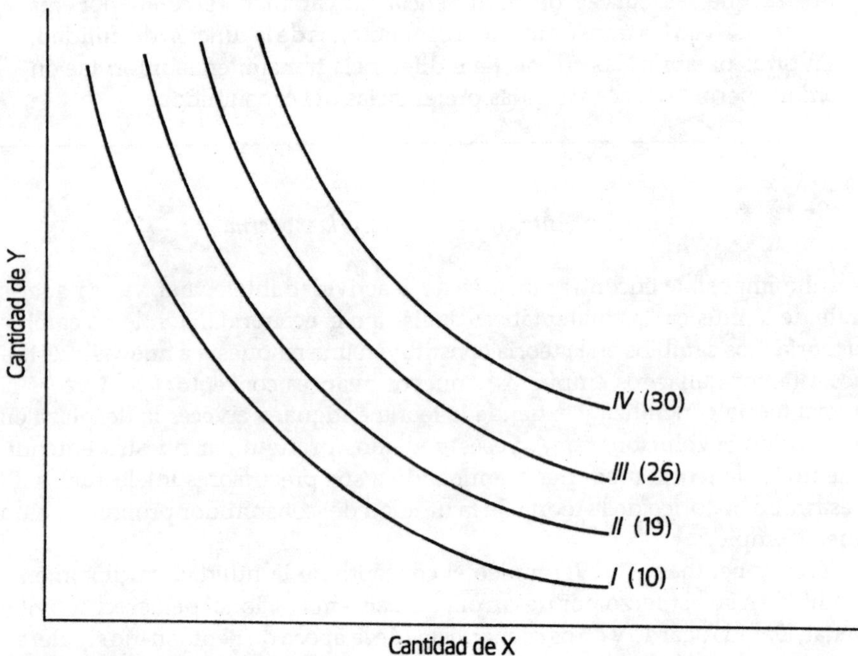

donde $U_i(\cdot)(i = 1, 2, \ldots, n)$ es la utilidad derivada del bien i y X_i es la cantidad del bien i.

Esta formulación de la teoría de las utilidades tiene ciertas conveniencias analíticas, pero adolece de dos deficiencias básicas. Primero, no está claro que la utilidad pueda medirse cardinalmente; por lo menos, ninguno de los autores antiguos pudo sugerir un procedimiento convincente para tal efecto.[5] Segundo, la idea de que la utilidad es independiente y aditiva resulta excesivamente restrictiva: la utilidad de las pelotas de tenis debe depender en parte de las raquetas de tenis.

La restricción de la utilidad a las funciones aditivas se eliminó con la obra de Edgeworth (1881), Antonelli (1886) e Irving Fisher (1892). Estos autores supusieron que la utilidad era medible y dependía de las cantidades consu-

[5] En 1918 sugirió Irving Fisher que "deseabilidad" podría ser un mejor término que "utilidad" y expresó su creencia de que en el futuro se desarrollaría la ciencia de la medición de los deseos humanos. Propuso la palabra "wantab" como la *unidad* de la deseabilidad (*wantability*) que mediría esa ciencia. Véase Irving Fisher, "Is 'Utility' the Most Suitable Term for the Concept It Is Used to Denote?", *American Economic Review*, junio de 1918.

midas, pero no necesariamente de una manera aditiva. Por tanto, se escribió así la función de utilidad:

$$U = U(X_1, \ldots, X_n)$$

donde X_i es la tasa del consumo del bien *i*. La utilidad total se representó así como una superficie similar a la que se muestra en la gráfica II.2.1. Estos autores conocían asimismo los mapas de indiferencia, pero continuaron concibiendo la utilidad como una cantidad medible cardinalmente. Vilfredo Pareto (1906) dio el paso decisivo para eliminar la suposición de la conmensurabilidad. La gran intuición de Pareto fue su señalamiento de que no había necesidad de suponer la existencia de una función de utilidad única y medible para obtener las curvas de indiferencia. Pareto sostuvo que podíamos *empezar* con curvas de indiferencia, que en su opinión podrían tratarse como un hecho de la experiencia, y derivar de ellas directamente todo lo que fuese necesario para la teoría del equilibrio del consumidor.[6] Éste fue un descubrimiento verdaderamente fructífero: ni negaba ni confirmaba la conmensurabilidad de la utilidad, pero demostraba que la cuestión de la conmensurabilidad no tenía que resolverse para contar con una teoría viable del comportamiento del consumidor. En suma, las curvas de indiferencia dependían solamente de las preferencias ordinales; puesto que las curvas de indiferencia proporcionaban toda la información relevante para la teoría de la demanda del consumidor, esta teoría podría construirse con base en un cimiento de preferencias ordinales.

Durante los últimos 25 años aproximadamente, los economistas se han interesado mucho por el estudio de los efectos del riesgo y de la incertidumbre en el comportamiento económico. Los esfuerzos que se hacen para afrontar estas cuestiones han conducido a ciertas extensiones de la teoría de la utilidad que reintroducen algunos elementos de la cardinalidad del análisis. La investigación que ahora se realiza en el campo de la economía refleja una preocupación mucho menor que la de hace 50 o 100 años en lo tocante a la cuestión de la cardinalidad u ordinalidad.

En los capítulos siguientes consideraremos algunas de esta extensiones a las situaciones que involucran riesgos. Por ahora examinaremos la teoría de la preferencia del consumidor y la demanda en el caso cierto: un modelo que sigue desempeñando un papel muy prominente en la teoría y el análisis económicos.

[6] Sin embargo, Pareto no explotó plenamente su descubrimiento. La derivación del equilibrio del consumidor fue realizada por Slutsky en un ensayo muy importante publicado en 1915. Véase E. E. Slutsky, "Sulla teoria del bilancio del consumatore", *Giornale degli economisti*, 1915. La traducción inglesa, "On the Theory of the Budget of the Consumer", aparece en *Readings in Price Theory*, G. Stigler y K. Boulding (comps.), Homewood, Illinois, Richard D. Irwin, 1952.

GRÁFICA II.2.4. *Utilidad aditiva y medible*

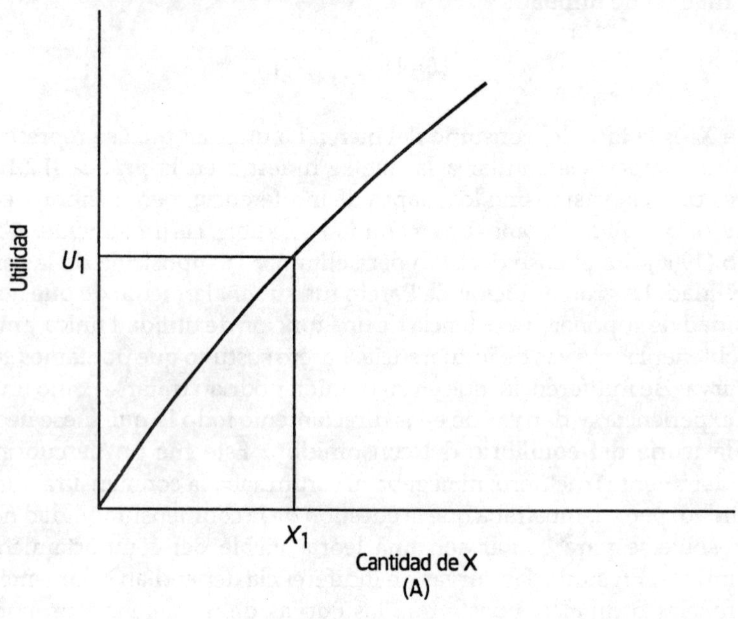

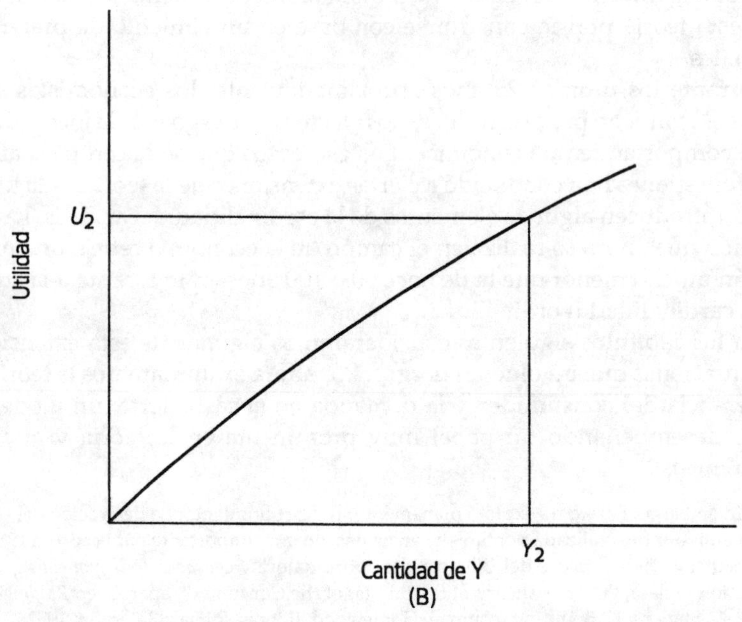

II.3. LAS CARACTERÍSTICAS DE LAS CURVAS DE INDIFERENCIA

Las curvas de indiferencia poseen ciertas características que reflejan las suposiciones relativas a las preferencias del consumidor. En efecto, uno de los usos principales de las curvas de indiferencia es el examen de las clases de comportamiento del consumidor implicadas por diferentes preferencias, precios e ingresos. Para simplificar cualquier explicación, supongamos que sólo hay dos bienes, X y Y.

Consideremos las suposiciones del apartado II.1.c acerca del comportamiento del consumidor. La primera suposición es que el consumidor puede comparar dos conjuntos cualesquiera en el espacio de bienes y decidir que prefiere uno de ellos o que ambos le son indiferentes. Esto significa que *hay una curva de indiferencia que pasa por cada punto del espacio de bienes.*[7]

Segunda, las curvas de indiferencia no se pueden intersectar. Esto se ilustra en la gráfica II.3.1, donde I y II son curvas de indiferencia, y los puntos *P*, *Q* y *R* representan tres conjuntos o combinaciones diferentes. Los conjuntos *R* y *Q* se encuentran en curvas de indiferencia diferentes, de modo que *R* se prefiere a *Q* o *Q* se prefiere a *R*. Supongamos que *R* se prefiere a *Q*. Adviértase que *P* y *Q* se encuentran en la curva de indiferencia I. Por la propiedad *ii* del apartado II.1.c, la indiferencia es una relación transitiva. Por lo tanto, si el consumidor prefiere *R* a *Q*, entonces, por la transitividad, también *P* se prefiere a *Q*. Sin embargo, *P* y *Q* se encuentran en la misma curva de indiferencia, de modo que el consumidor es indiferente entre ellos. Llegamos de esta manera a una contradicción. También surge una contradicción si suponemos que *Q* se prefiere a *R*. Así pues, las curvas de indiferencia que se intersectan, como las que aparecen en la gráfica II.3.1, quedan lógicamente excluidas por la suposición de la transitividad.

Esto no implica que todos los consumidores describirán siempre sus preferencias en una forma congruente con la transitividad. Por ejemplo, podríamos dar el mismo lugar a *T*, *P* y *R*, pero declararnos indiferentes entre *Q* y *S*. Esto es lógicamente incongruente, porque implica que *S* se prefiere a *T* y por tanto a *P* y a *R*, y por consiguiente a *Q*. Un consumidor tiene sólo una capacidad limitada para distinguir entre diferentes conjuntos de bienes, de modo que podría describir erradamente sus preferencias en una forma incongruente. Sin embargo, la mayoría de los consumidores corrigen su descripción cuando se les hace notar la incongruencia. Esto sólo indica que en los análisis más básicos

[7] En términos estrictos, para asegurar la existencia de la función de utilidad que aquí se sugiere, se requiere de una suposición adicional acerca de la continuidad de las preferencias del consumidor. Los lectores que se interesen en las condiciones necesarias para establecer la existencia de una función de utilidad continua deberían consultar a Gerard Debreu, *The Theory of Value*, Nueva York, John Wiley & Sons, 1959, capítulo 4.

GRÁFICA II.3.1. *Las curvas de indiferencia no pueden intersectarse*

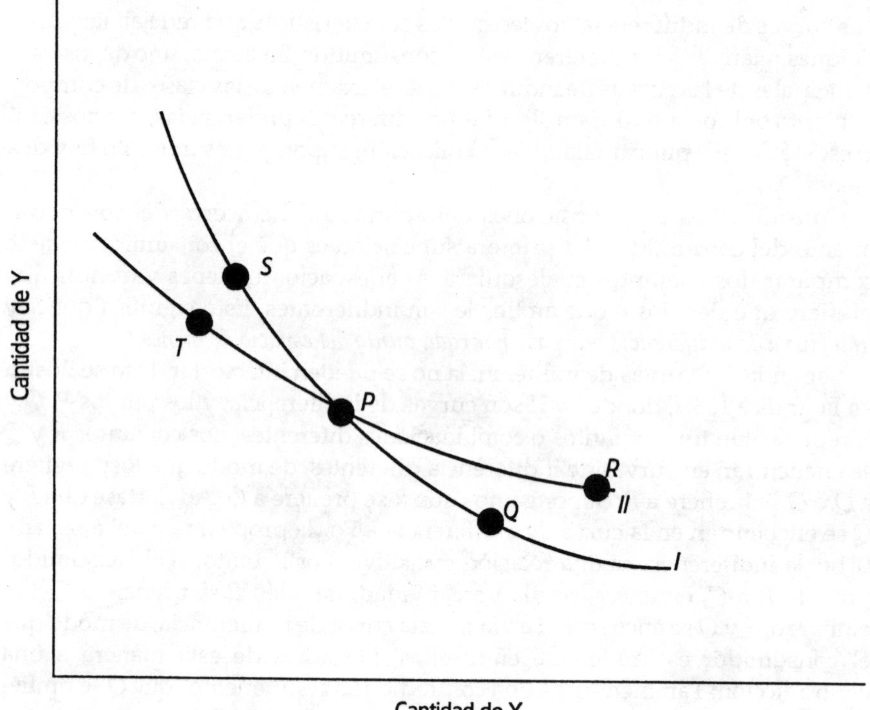

se omiten los problemas de información y las dificultades de la toma de decisiones. La teoría más avanzada reconoce estas dificultades.

Tercera (como consecuencia de las dos observaciones anteriores), no es necesario que las curvas de indiferencia sean paralelas en el sentido habitual. La gráfica II.3.2 ilustra un mapa de indiferencia enteramente razonable, donde las curvas se aproximan más en la parte sudeste del espacio.

La distancia existente entre *A* y *B* es mayor que la distancia existente entre *C* y *D*. Pero si cada punto del espacio de los bienes tiene una curva de indiferencia que pasa por él, ¿cómo podrán todas las curvas que pasan entre *A* y *B* pasar también entre *C* y *D* sin cruzarse o traslaparse?

La respuesta reside en el hecho de que las curvas de indiferencia no tienen ningún espesor. Hay un número infinito de puntos entre *C* y *D*, y también entre *A* y *P*. El número de las curvas de indiferencia que pueden intercalarse entre *A* y *B* es infinito, ¡pero ese mismo número cabe entre *C* y *D*! La confusión

GRÁFICA II.3.2. *Las curvas de indiferencia son densas*

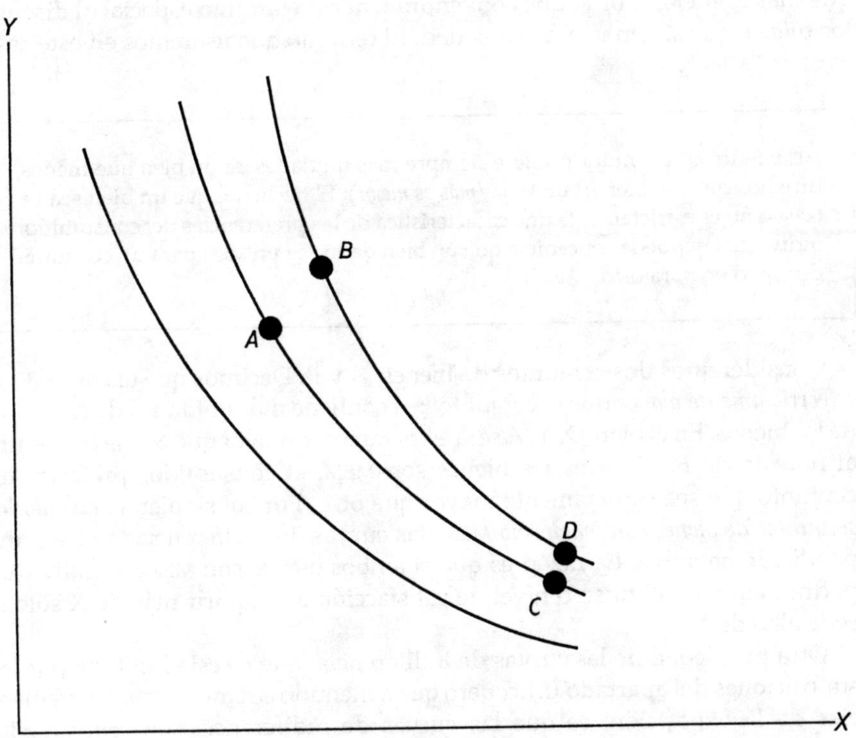

surge sólo porque la línea que se dibuja sobre una hoja de papel tiene cierto espesor, por fina que sea la punta de la pluma.

Las suposiciones del apartado II.1.c se aplican a todos los mapas de indiferencia. En muchas aplicaciones se formulan nuevas suposiciones acerca de las preferencias del consumidor y, por ende, acerca del carácter de las curvas de indiferencia. Veremos algunas de estas curvas en los dos apartados siguientes.

II.3.a. *Las curvas de indiferencia convexas de pendiente negativa: el caso convencional*

En muchos problemas interesantes, resulta razonable suponer que los conjuntos de bienes están integrados por bienes que el individuo desearía consumir en cantidades muy grandes, si ello fuese posible. En otras palabras, se supone a menudo que "más es mejor". En el apartado siguiente veremos que para un consumidor dado no todos los bienes tienen necesariamente la propiedad de que más es mejor, por lo que convendrá tener un término especial al discutir los bienes que sí tienen esa propiedad. El término que usaremos en este caso es el de "MEM".

> *MEM:* Si un consumidor prefiere siempre más unidades de un bien que menos, diremos que ese bien es un MEM (*más es mejor*). El hecho de que un bien sea un MEM o no es estrictamente una característica de las preferencias del consumidor individual, y puede concebirse que un bien dado sea un MEM para un consumidor pero no para otro.

Consideremos dos conjuntos de bienes, *A* y *B*. Decimos que el conjunto *A* es *estrictamente mayor* que el conjunto *B* si contiene más unidades de cada uno de los bienes. En el plano X,Y, *A* será estrictamente mayor que *B* si se encuentra al noreste de *B*. Si todos los bienes son MEM, el consumidor preferirá un conjunto que sea estrictamente mayor que otro. Por consiguiente, *cuando los conjuntos de bienes contienen sólo MEM*, las curvas de indiferencia tendrán una pendiente negativa. La razón es que si ambos bienes son MEM, el individuo podrá mantener el mismo nivel de satisfacción al adquirir más de X sólo si cede algo de Y.

Otra propiedad de las curvas de indiferencia, que *no* está limitada por las suposiciones del apartado II.1.c, pero que a menudo se emplea por conveniencias de la exposición, es que las curvas de indiferencia son *convexas*. La convexidad significa que la curva de indiferencia se encuentra por encima de su tangente en cada punto, como se ilustra en la gráfica II.3.3.a. La curva de indiferencia de la gráfica II.3.3.b no es convexa (es cóncava).

II.3.a.1. Resumen de las propiedades de las curvas de indiferencia convencionales

1) Una curva de indiferencia pasa por cada punto del espacio de bienes.

2) Las curvas de indiferencia no se pueden intersectar.

3) Las curvas de indiferencia tienen pendiente negativa.

4) Las curvas de indiferencia son convexas.

5) Cuanto más alta o hacia la derecha se encuentre una curva de indiferencia, más altos se encontrarán los conjuntos de esa curva en el ordenamiento de las preferencias del consumidor, es decir, los conjuntos de las curvas de indiferencia más altas se prefieren a los conjuntos de las curvas de indiferencia más bajas.

GRÁFICA II.3.3. *Convexidad de la curva de indiferencia*

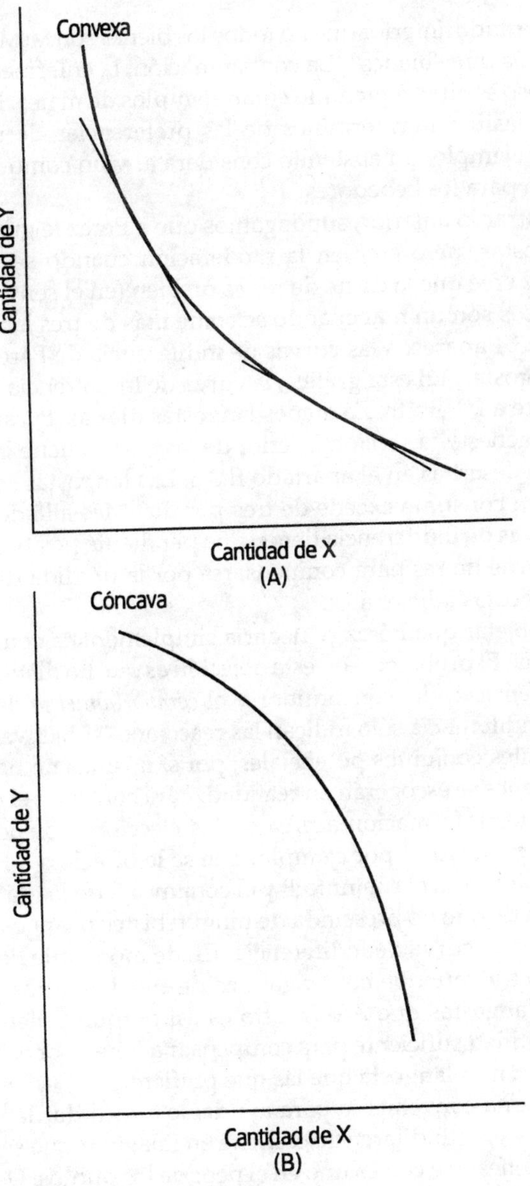

II.3.b. *Las características de las curvas de indiferencia: algunos casos no convencionales*

Vimos en el apartado anterior que no todos los bienes son MEM. Algunas cosas son "males" más que "bienes". La contaminación, la enfermedad, el riesgo y el trabajo tedioso se citan a menudo como ejemplos de males. Recuérdese que los bienes se clasifican en términos de las preferencias de un consumidor particular. Por ejemplo, un abstemio considera al vino como un mal, pero el vino es un bien para los bebedores.

A fin de ilustrar lo anterior, supongamos que a Pérez le gustan la carne de res y las langostas, pero cree en la moderación cuando se trata de comer mariscos. Pérez cree que la carne de res es un bien (en el sentido de un MEM), pero los mariscos son un mal cuando se come más de tres langostas por día. En la gráfica II.3.4 aparecen las curvas de indiferencia de Pérez para la carne de res y las langostas. En esta gráfica, la curva de indiferencia III se prefiere a II y II se prefiere a I. Para tres o menos langostas diarias, la carne de res y las langostas son bienes y la sección inferior de las curvas tiene las propiedades convencionales descritas en el apartado II.3.a. Las langostas son un mal para Pérez cuando su consumo excede de tres por día. Más allá de tres langostas por día, las curvas de indiferencia tienen una pendiente positiva porque Pérez necesita más carne de res para compensarse por la pérdida de utilidad derivada de las langostas adicionales.

Podríamos objetar que Pérez se negaría simplemente a comer más de tres langostas por día. El problema con esta objeción es que no distingue claramente entre las *preferencias* del consumidor y el *comportamiento* del consumidor. Las curvas de indiferencia sólo indican las reacciones subjetivas del consumidor ante diferentes conjuntos potenciales; por sí mismas no nos dicen cuáles conjuntos de bienes se escogerán en realidad. Para contestar el último interrogante necesitamos información acerca de las elecciones disponibles para el consumidor. Supongamos, por ejemplo, que se le ofreciera a Pérez una elección entre el conjunto *A*, el conjunto *B* y el conjunto C de la gráfica II.3.4, pero sólo a condición de que no prescinda de ningún bistec o langosta. El conjunto C se encuentra en la curva de indiferencia III, de modo que Pérez lo prefiere tanto a *A* como a *B*, aunque contenga más de tres langostas por día y, por supuesto, más langostas que *A* o *B*. Esto es así porque C tiene carne de res adicional en cantidad suficiente para compensar a Pérez por el hecho de verse obligado a comer más langosta que las que prefiere.

Una estratagema conveniente para ayudarse a recordar la pendiente y la forma de las curvas de indiferencia consiste en imaginar que se camina por el espacio de los bienes y se coloca uno en el peor de los puntos. Desde ese punto ventajoso las curvas de indiferencia deberían parecer una pared sólida cuyo centro se comba hacia el ojo. Por lo tanto, si X y Y son bienes, la peor ubicación

GRÁFICA II.3.4. *Curvas de indiferencia de Pérez*

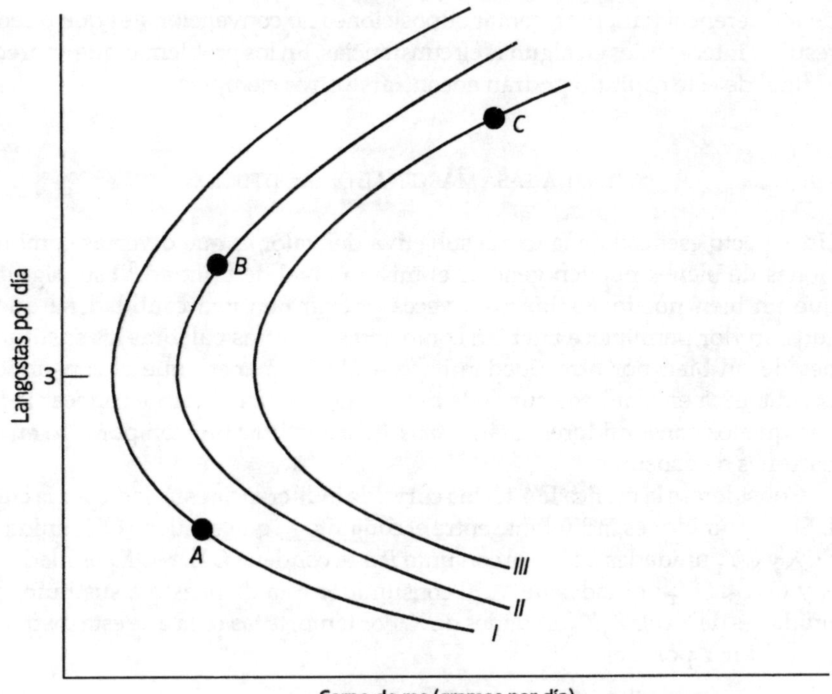

se encuentra en el punto cero, y cuando miramos los bienes percibimos una pared sólida cuyo centro se comba hacia el ojo si tienen la forma de la gráfica II.3.2. Supongamos que X fuese un mal, como el trabajo tedioso, y que Y fuese un bien, como el ingreso. El peor de los puntos se encuentra en *A* en la gráfica II.3.5 y las curvas de indiferencia forman una pared curva respecto de ese punto.

Las curvas de indiferencia pueden tener también la forma indicada en la gráfica II.3.6. Las curvas de indiferencia en ángulo recto nos dicen que el consumidor prefiere usar los bienes X y Y en una proporción estricta (como los guantes derechos y los guantes izquierdos). Por ejemplo, el consumidor se siente indiferente entre el conjunto (X_0, Y_0) y el conjunto (X_0, Y_1), aunque $Y_1 > Y_0$. Esto es así porque el consumidor no tiene uso alguno para el Y adicional sin un aumento de X. La pendiente del rayo que conecta el origen con el punto del ángulo recto es la proporción en la que deberá consumirse Y en relación con X. Por ejemplo, si X fuesen estructuras de bicicletas y Y fuesen ruedas, la pendiente de ese rayo sería igual a 2. En muchos casos, las suposiciones convencionales descritas en el apartado II.3.a son las más plausibles y útiles. Los ejemplos de esta sección ilustran cómo pueden utilizarse las curvas de indiferencia para representar suposiciones no convencionales que pueden resultar interesantes en algunas circunstancias. En los problemas que aparecen al final de este capítulo podrán encontrarse otros ejemplos.

II.4. LA TASA MARGINAL DE SUSTITUCIÓN

Un aspecto esencial de la teoría subjetiva del valor es que diversas combinaciones de bienes pueden generar el mismo nivel de utilidad.[8] Esto significa que un bien puede sustituirse a veces por otro en una cantidad tal que el consumidor permanece tan bien como antes. En otras palabras las sustituciones de un bien por otro pueden hacerse de tal manera que el consumidor permanezca en la misma curva de indiferencia. Es importante conocer la *tasa* a la que los consumidores están *dispuestos* a sustituir un bien por otro en sus patrones de consumo.

Considérese la gráfica II.4.1. Una curva de indiferencia está dada por la curva I. El consumidor es indiferente entre el conjunto *R*, que contiene OX_1 unidades de X y OY_1 unidades de Y y el conjunto *P* que contiene $OX_2 > OX_1$ unidades de X y $OY_2 < OY_1$ unidades de Y. El consumidor está dispuesto a sustituir Y_1Y_2 unidades de Y por X_1X_2 unidades de X. Por tanto, la tasa a la que está dispuesto a sustituir Y por X es:

$$\frac{OY_1 - OY_2}{OX_2 - Ox_1} = \frac{RS}{SP}.$$

Esta razón mide el número promedio de unidades de Y que el consumidor acepta sacrificar para obtener una unidad más de X (en el intervalo de combinaciones que estamos considerando). O en otras palabras, la razón mide la cantidad de Y que debe sacrificarse por unidad adicional de X para que el consumidor permanezca en el mismo nivel de satisfacción.

La razón anterior nos da la tasa de sustitución. Pero a medida que el punto *R* avanza a lo largo de *I* hacia *P*, la razón *RS*/*SP* se aproxima cada vez más a la pendiente de la tangente *TT'* en el punto *P*. En el límite, para movimientos muy pequeños en la vecindad del punto *P*, a la pendiente de *I*, o sea, a la de

[8] Algunos autores han puesto en tela de juicio la existencia de las curvas de indiferencia a causa del llamado umbral de la percepción psicológica. Entre tales autores destaca el profesor Georgescu-Roegen. Véanse las referencias a algunas de sus obras en las Lecturas Avanzadas que se listan al final de la parte 1.

GRÁFICA II.3.5. *El trabajo es un mal*

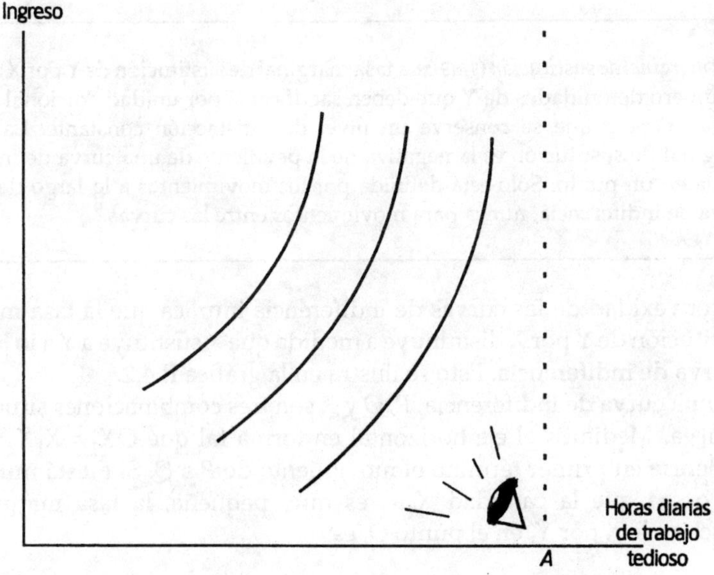

GRÁFICA II.3.6. *Curvas de indiferencia en ángulo recto*

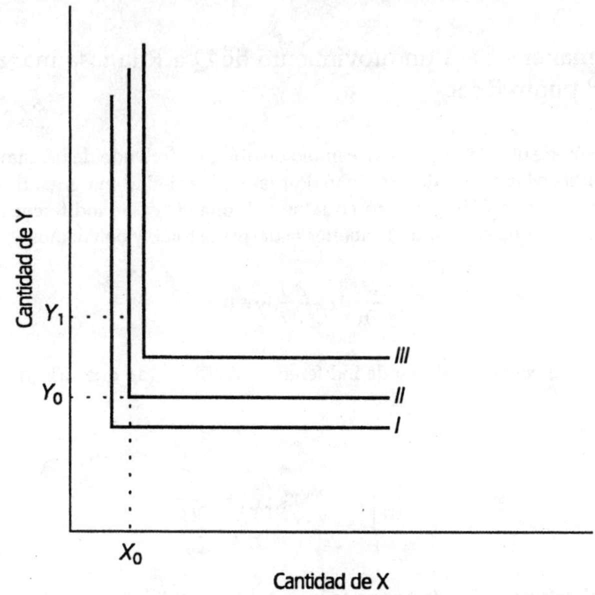

su tangente en el punto P, la denominamos la *tasa marginal de sustitución de* Y *por* X.

> *Tasa marginal de sustitución* (TMS): La tasa marginal de sustitución de Y por X mide el número de unidades de Y que deben sacrificarse por unidad adicional de X de tal manera que se conserve un nivel de satisfacción constante. La tasa marginal de sustitución es la negativa de la pendiente de una curva de indiferencia en un punto. Sólo está definida por los movimientos a lo largo de una curva de indiferencia, nunca para movimientos entre las curvas.[9]

La convexidad de las curvas de indiferencia implica que la tasa marginal de sustitución de Y por X disminuye a medida que X sustituye a Y a lo largo de una curva de indiferencia. Esto se ilustra en la gráfica II.4.2.

I es una curva de indiferencia; P, Q y R son tres combinaciones situadas en esta curva. Medimos el eje horizontal en forma tal que $OX_1 = X_1X_2 = X_2X_3$. Considérese en primer término el movimiento de P a Q. Si P está muy cerca de Q, o sea que la cantidad X_1X_2 es muy pequeña, la tasa marginal de sustitución de X por Y, en el punto Q, es:

$$\frac{OY_1 - OY_2}{OX_2 - OX_1} = \frac{Y_1Y_2}{X_1X_2}.$$

De igual manera, para un movimiento de Q a R la tasa marginal de sustitución en el punto R será:

[9] Sea la función de utilidad $U(x, y)$. El cambio de utilidad derivado de un cambio pequeño en x (o en y) es la *utilidad marginal* de x (o de y). Por tanto, la utilidad marginal de x es $\partial U/\partial x$ y la utilidad marginal de y es $\partial U/\partial y$. Como en la nota 3, una curva de indiferencia está dada por $U(x, y) = c$, donde c es una constante. Tomamos la derivada total, y obtenemos

$$\frac{\partial U}{\partial x}\mathrm{d}x + \frac{\partial U}{\partial y}\mathrm{d}y = 0.$$

Despejamos la pendiente de la curva de indiferencia, $\mathrm{d}y/\mathrm{d}x$, dado que $U(x, y) = c$, encontramos que

$$-\left.\frac{\mathrm{d}y}{\mathrm{d}x}\right|_{u=c} = \mathrm{TMS}_{y \text{ por } x} = \frac{\dfrac{\partial U}{\partial x}}{\dfrac{\partial U}{\partial y}}.$$

La tasa marginal de sustitución de y por x es la razón de las utilidades marginales de x y y.

GRÁFICA II.4.1. *Tasa marginal de sustitución*

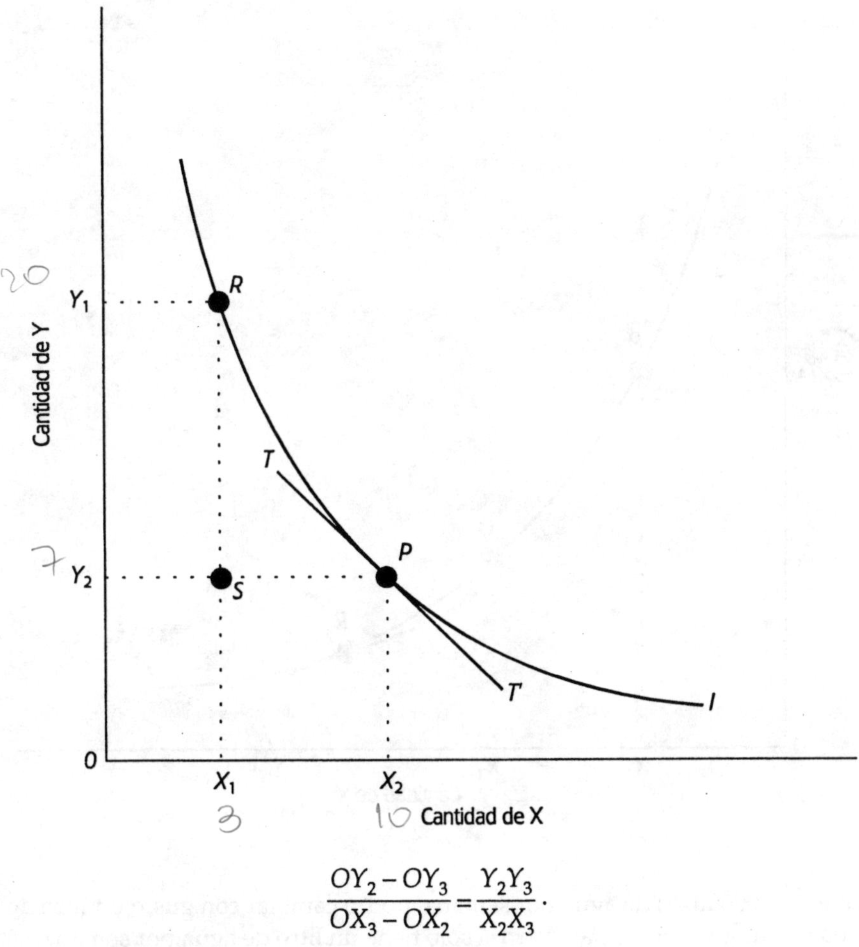

$$\frac{OY_2 - OY_3}{OX_3 - OX_2} = \frac{Y_2Y_3}{X_2X_3}.$$

Por construcción, $X_1X_2 = X_2X_3$; y como es evidente, $Y_1Y_2 > Y_2Y_3$. Por tanto, la tasa marginal de sustitución es menor en *R* que en *Q*. Esto se ve también en las pendientes de las tangentes en *P*, *Q* y *R*, que son decrecientes.

La convexidad de las curvas de indiferencia se justifica a menudo de modo intuitivo, porque a medida que el consumidor se priva de cantidades cada vez mayores de X aumenta el valor subjetivo de un incremento de X. Así pues, a medida que disminuye la cantidad de X en el conjunto de bienes, deben añadirse incrementos cada vez mayores de Y para compensar al consumidor por la pérdida de una cantidad dada de X. Por ejemplo, si un consumidor dis-

GRÁFICA II.4.2. *Tasa marginal de sustitución decreciente*

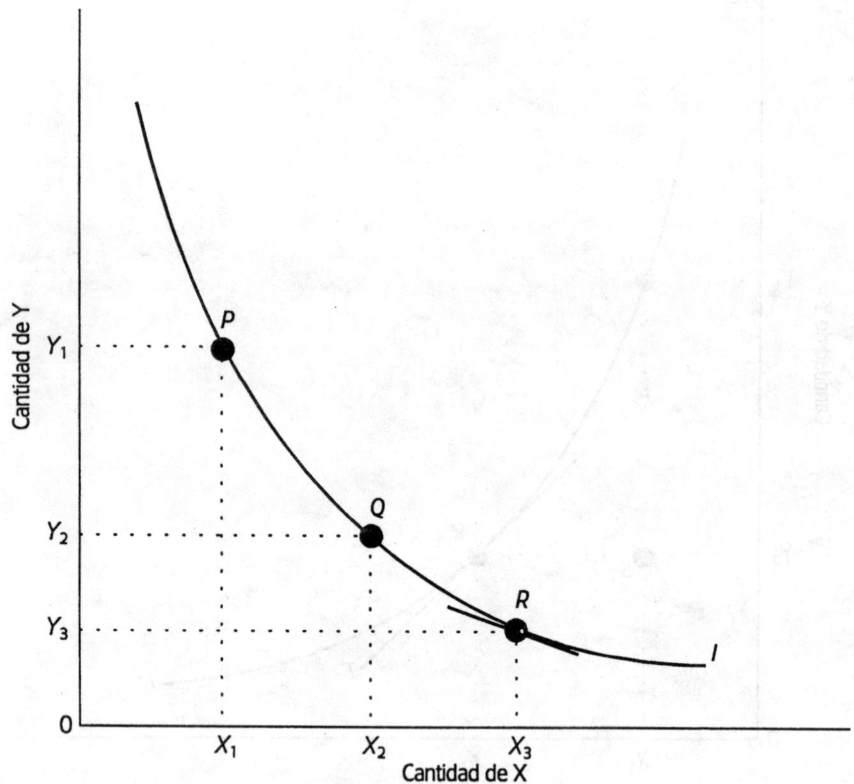

pone de 1 000 litros de agua por semana, podrá cambiar con gusto un litro de agua por un pedazo de pan. Pero si sólo tiene un litro de agua por semana, se resistirá a cambiar un vaso de agua por toda una panadería.[10]

[10] El lector debe advertir que la utilidad marginal decreciente no es una condición necesaria ni suficiente para la convexidad de las curvas de indiferencia. Sin embargo, si las utilidades marginales son decrecientes y si un incremento de X no disminuye la utilidad marginal de Y, la convexidad de las curvas de indiferencia queda asegurada.

II.5. RESUMEN

- La teoría moderna del comportamiento del consumidor supone que los individuos pueden comprar conjuntos de bienes y ordenarlos de acuerdo con la cantidad de satisfacción o de utilidad que provean. Este ordenamiento es transitivo: si se prefiere el conjunto *A* (es indiferente) al conjunto *B*, y si se prefiere el conjunto *B* (es indiferente) a *C*, entonces *A* se preferirá (será indiferente) a *C*.
- Pueden construirse funciones de utilidad que reflejen las preferencias ordinales del consumidor, que serán útiles auxiliares analíticos e intuitivos en la economía. En el desarrollo inicial de la teoría se pensaba que la utilidad y las funciones de utilidad asociadas eran cardinalmente mensurables y aditivas. Estas restricciones fueron eliminadas (en el caso de las elecciones sin riesgo) en la primera parte del siglo XX. Los avances teóricos de los pasados 20 o 30 años que se ocupan del comportamiento de elección en presencia del riesgo han reintroducido cierto grado de mensurabilidad cardinal, pero no interesa mucho este punto en la investigación actual.
- Las curvas de indiferencia son los lugares geométricos de puntos en el espacio de bienes tales que todos los conjuntos de bienes de una curva de indiferencia dada proporcionan la misma satisfacción o utilidad. Cada punto del espacio de bienes se encuentra en una, y sólo una, curva de indiferencia. En el caso convencional (examinado en el apartado II.3.a) las curvas de indiferencia tienen pendiente negativa y son convexas.
- Las curvas de indiferencia contienen toda la información esencial acerca de las preferencias del consumidor, y la teoría de la demanda del consumidor puede desarrollarse directamente en términos del mapa de indiferencia del consumidor. Esto lo veremos en el capítulo III.
- La tasa marginal de sustitución mide la relación de intercambio entre dos bienes a lo largo de una curva de indiferencia. En el caso convencional, la tasa marginal de sustitución de Y por X disminuye a medida que X sustituye a Y.

PREGUNTAS Y EJERCICIOS

1. Tenemos tres bienes: X, Y y Z. El cuadro siguiente contiene una lista de conjuntos de bienes compuestos por diversas combinaciones de estos tres bienes. Determine el orden de situación de los conjuntos y anótelos en una hoja aparte. (En este problema, todos los bienes son MEM según se describen en el apartado II.3.a, y no hay conjuntos entre los cuales sea indiferente el consumidor.)

Conjunto	Cantidad de X	Cantidad de Y	Cantidad de Z
A	86	88	77
B	86	87	76
C	100	90	80
D	79	80	69
E	85	87	76
F	79	79	68
G	95	89	79
H	80	80	70
I	79	79	69
J	86	87	77

2. En el cuadro siguiente aparecen cuatro conjuntos de bienes, cada uno de ellos integrado por dos bienes (X y Y). También aparecen seis funciones de utilidad diferentes, U_1 a U_6. ¿Cuáles de estas seis funciones de utilidad, si las hay, son compatibles con las suposiciones formuladas acerca de las preferencias del consumidor en el caso convencional examinado en el apartado II.3.a? Cuando se encuentren incongruencias, indique cuál o cuáles suposiciones se violan. (Sugerencia: Indique los conjuntos en el espacio de los bienes X, Y.)

	Cantidad de		Utilidad asignada por					
Conjunto	X	Y	U_1	U_2	U_3	U_4	U_5	U_6
A	1	1	10	5	2	30	3	7
B	2	3	30	10	2	60	6	7
C	3	1	20	10	4	60	3	7
D	1	4	10	10	4	30	3	7

3. Explique la siguiente afirmación: La distancia que existe entre dos curvas de indiferencia carece de importancia; lo único que interesa es determinar cuál de ellas es más alta y cuál más baja.
4. Supongamos que, en opinión de Hernández, la contaminación es mala

y los automóviles son buenos. Dibuje una curva de indiferencia típica en el espacio de bienes de Hernández relativo a la contaminación y a los automóviles.

5. Suponga que hay dos bienes y que ambos reducen la utilidad total más allá de cierto nivel de consumo (es decir, que la utilidad marginal de ambos se vuelve negativa más allá de cierto punto).[11] ¿Cuál será en este caso la forma de las curvas de indiferencia y cómo se verá la superficie de utilidad?
6. Decimos que dos bienes X y Y son sustitutos perfectos, si la tasa marginal de sustitución de Y por X es una constante que no depende de las cantidades de X y Y en el conjunto de bienes. Elabore un mapa de indiferencia típico para dos bienes que son sustitutos perfectos. ¿Conoce algunos bienes o servicios que sean sustitutos casi perfectos?
7. Imagine una comunidad de tres individuos: Hernández, Sánchez y Martínez. Se están considerando tres proyectos comunitarios llamados A, B y C. El cuadro indica el orden de preferencia de cada uno de los individuos.

Lugar	*Hernández*	*Sánchez*	*Martínez*
1	*A*	C	*B*
2	*B*	*A*	C
3	C	*B*	*A*

Supongamos que las preferencias de la comunidad se determinan por la regla de la mayoría de votos. Por ejemplo, al comparar el proyecto A con el proyecto B, la comunidad prefiere A (Hernández y Sánchez votan por A) a B (sólo Martínez vota por B). ¿Es compatible esta regla de preferencia comunitaria con los supuestos del apartado II.1.c?[12]

Los problemas siguientes requieren habilidades matemáticas adicionales.

8. Trace una curva de indiferencia para la función de utilidad $U(X, Y) = 3X^{1/2} Y^{1/2}$. ¿Representa la función de utilidad $V(X, Y) = 6 + 8XY + X^2Y^2$ las mismas preferencias ordinales que $U(X, Y)$? ¿Representa la función

[11] La utilidad marginal se define en la nota 9.

[12] El problema de la elección comunitaria o social ha recibido gran atención. Es interesante advertir que el ordenamiento por mayoría puede resultar incongruente aunque las preferencias individuales sean congruentes.

Véase una contribución particularmente importante en Kenneth J. Arrow, *Social Choice and Individual Values*, Nueva York, John Wiley & Sons, 1951.

de utilidad $W(X,Y) = 3X^{1/3}Y^{2/3}$ las mismas preferencias ordinales que $U(X, Y)$ o $V(X, Y)$?

9. En cada punto de una curva de indiferencia dada en el espacio X, Y podemos calcular la tasa marginal de sustitución

$$\text{TMS} = \frac{U_x}{U_y} = -\left.\frac{dY}{dX}\right|_{U=c}$$

donde $U(X, Y)$ es la función de utilidad $U_x = \partial U/\partial X$ y $U_y = \partial U/\partial Y$, también podemos calcular la razón Y/X. En esta forma podemos definir una función con Y/X como la variable dependiente y TMS como la variable independiente.[13] En algunas situaciones queremos saber cómo cambia Y/X a medida que cambia la TMS. La respuesta ante los cambios de TMS a lo largo de una curva de indiferencia dada recibe el nombre de elasticidad de sustitución (σ) entre Y y X, y se define matemáticamente por

$$\sigma = \frac{\%\text{ de cambio } Y/X}{\%\text{ de cambio TMS}_{y \text{ por } x}} = \frac{d(Y/X)/(Y/X)}{d(\text{TMS})/(\text{TMS})} = \frac{d(Y/X)}{d(\text{TMS})} \cdot \frac{\text{TMS}}{Y/X}.$$

Adviértase también que $dz/z = d \log z$, donde "log" es el logaritmo natural. Usando este resultado, podemos escribir σ también así:

$$\sigma = \frac{d \log (Y/X)}{d \log \text{TMS}_{y \text{ por } x}}$$

a) Cuando $U(X, Y) = AX^{\alpha}Y^{1-\alpha}$ con $A > 0$ y $0 < \alpha < 1$, demuestre que $\sigma = 1$.

b) Cuando $U(X,Y) = A[\alpha X^{-\rho} + (1-\alpha)Y^{-\rho}]^{-1/\rho}$ con $A > 0$ y $0 < \alpha < 1$, demuestre que

$$\text{TMS}_{y \text{ por } x} = \frac{\alpha}{1-\alpha}\left(\frac{Y}{X}\right)^{(1+\rho)}$$

[13] Cuando las curvas de indiferencia son estrictamente convexas y de pendiente negativa, cada punto de la curva de indiferencia tiene una pendiente única (TMS) y un valor único para Y/X. En ciertos casos raros, la curva de indiferencia podría tener la misma TMS en dos o más valores distintos de Y/X, y en estos casos la relación existente entre Y/X y TMS no es una "función" de acuerdo con la defininción convencional.

c) Para U(X, Y) en *b*, demuestre que

$$\sigma = \frac{1}{1+\rho}.$$

(Sugerencia: Obtenga el logaritmo de la expresión correspondiente a la tasa marginal de sustitución dada en *b*, despeje log (Y/X) como una función del log TMS, y aplique la forma logarítmica de la expresión para σ.)

10. "Me gustan el té y los panecillos, pero no me gusta ingerirlos juntos." Dibuje un mapa de indiferencia que ilustre esta proposición.

LECTURAS RECOMENDADAS

Henderson, James M. y Richard E. Quandt, *Microeconomic Theory: A Mathematical Approach*, 2a. ed., Nueva York, McGraw-Hill, 1971, capítulo 2, pp. 6-14.

Hicks, John R., *Value and Capital*, 2a. ed., Oxford, Oxford University Press, 1946, pp. 1-25,

Marshall, Alfred, *Principles of Economics*, 2a. ed., Londres, Macmillan, 1920, libro III, capítulos 5-6, pp. 117-137.

Samuelson, Paul A., *Foundations of Economic Analysis*, Cambridge, Massachusetts, Harvard University Press, 1948, capítulo 5, pp. 90-96.

Stigler, George J., "The Development of Utility Theory, I", *Journal of Political Economy*, vol. 58, agosto de 1950, pp. 307-324.

Takayama, Akira, *Mathematical Economics*, Hinsdale, Illinois, Dryden Press, 1974, capítulo 2, pp. 169-183.

III. LA TEORÍA DEL COMPORTAMIENTO DEL CONSUMIDOR

LA TEORÍA del comportamiento del consumidor puede ayudarnos a responder las preguntas referentes a la eficacia de diversos impuestos a los cigarrillos que planteamos al principio del capítulo II. También puede aplicarse al problema de la asignación del tiempo de un estudiante entre diversos cursos para maximizar el promedio de sus calificaciones. En este capítulo exploraremos ambas aplicaciones. En los capítulos siguientes se explorarán otras aplicaciones más extensas (y más sutiles).✦

APLICACIÓN DE LA TEORÍA

LOS AUMENTOS DE IMPUESTOS PERSUADEN A LOS BRITÁNICOS A DEJAR EL COSTOSO HÁBITO DE FUMAR (II)

(Consulte el artículo con el mismo título que se presenta al principio del capítulo II.)

PREGUNTAS

1. De acuerdo con el artículo (segundo párrafo), el resultado de los dos aumentos de impuestos ha sido una reducción de 10% en la cantidad de cigarrillos demandada. El precio actual es de 2.50 dólares. Si suponemos que el precio de los cigarrillos, antes de los recientes aumentos de los impuestos, era de 2.00 dólares por cajetilla, ¿será la elasticidad-precio de la demanda de cigarrillos elástica o inelástica en este segmento de los precios?
2. Vea la figura 2 de las soluciones de esta sección. Indique el efecto del aumento del precio sobre la cantidad demandada de (todos) los cigarrillos. En vista de su respuesta a la pregunta 1 anterior, ¿tendrá la curva precio-consumo de este diagrama una pendiente positiva o negativa? Explique.
3. Considere ahora un impuesto que *sólo* se aplique a los cigarrillos con alto contenido de nicotina (que no se discute en el artículo) y vuelva a ver la figura 1 de las soluciones. Muestre el efecto de este impuesto sobre la posición de equilibrio de los fumadores en esta figura. ¿Es positiva o negativa la pendiente de su curva precio-consumo? ¿Qué indica esto acerca de la elasticidad-precio de la demanda de cigarrillos con alto contenido de alquitrán y de nicotina? ¿Es esto compatible con los determinantes de la elasticidad-precio de la demanda de un bien?
4. Si quiere reducir el cáncer mediante la eliminación del hábito de fumar, ¿cuál de los dos impuestos antes mencionados preferiría? Si quiere eliminar el consumo de cigarrillos con alto contenido de nicotina y de alquitrán, ¿cuál impuesto preferiría? Explique.

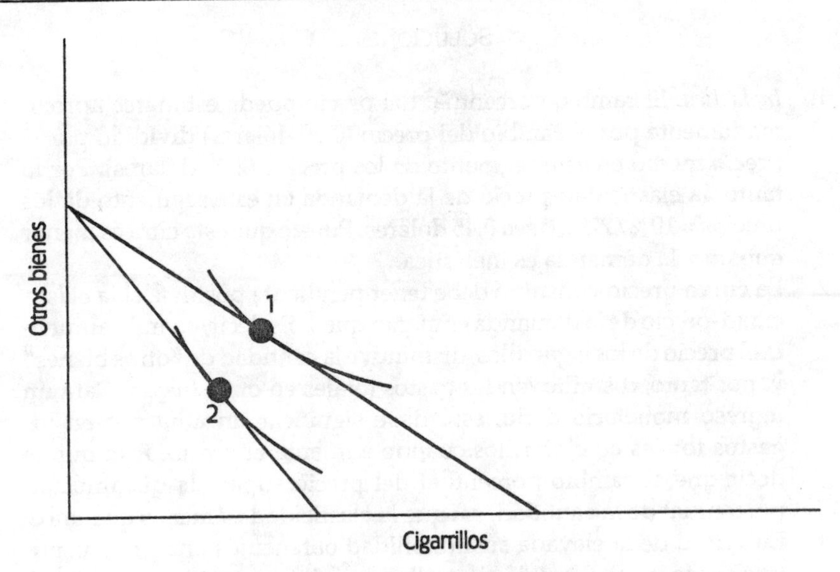

Líneas de presupuesto con impuestos en todos los cigarrillos

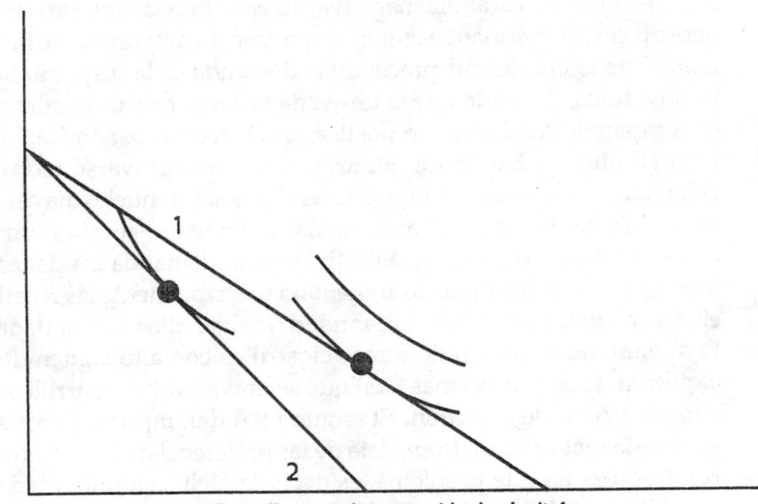

Líneas de presupuesto con impuesto sólo para los cigarrillos con alto contenido de alquitrán

SOLUCIONES

1. *Inelástica.* El cambio porcentual del precio puede estimarse aproximadamente por el cambio del precio (0.50 dólares) dividido por el precio medio en este segmento de los precios (2.25 dólares). Por lo tanto, la elasticidad-precio de la demanda en este segmento de los precios = 10%/22%, o sea 0.45 dólares. Puesto que esta cifra es menor que uno, la demanda es inelástica.
2. La curva precio-consumo debe tener pendiente positiva, si la elasticidad-precio de la demanda es menor que 1. Es decir, cuando aumenta el precio de los cigarrillos, disminuye la cantidad de "otros bienes" y, por tanto, disminuyen los gastos totales en otros bienes. Para un ingreso monetario dado, esto debe significar un aumento en los gastos totales en cigarrillos cuando aumenta el precio. Esto quiere decir que el cambio porcentual del precio supera la disminución porcentual de la cantidad, así que la elasticidad es menor que uno.
3. En virtud de la elevada sustituibilidad obtenemos una gran disminución de la cantidad de cigarrillos con alto contenido de alquitrán que se consume y un gran aumento de la cantidad de cigarrillos con bajo contenido de alquitrán que se fuma. La pendiente de la curva precio-consumo es ahora negativa, lo que indica que la elasticidad-precio de la demanda es mayor que uno. El determinante fundamental de la elasticidad-precio de la demanda es la disponibilidad de sustitutos, de modo que la forma de la curva de precio-consumo es compatible con lo que pronostica aquí la teoría económica.
4. Para eliminar el hábito de fumar, tendrán que gravarse todos los cigarrillos y el monto del impuesto tendrá que ser mucho mayor que el que ahora existe en Gran Bretaña, a pesar del encabezado del artículo transcrito en el capítulo II. Dada la demanda inelástica de los cigarrillos, este impuesto aumentará principalmente las recaudaciones, en lugar de reducir la cantidad de cigarrillos demandada.
   Para eliminar el hábito de fumar cigarrillos con alto contenido de alquitrán, sería mucho más fácil que se gravaran los cigarrillos con alto contenido de alquitrán. El monto total del impuesto necesario aquí sería más moderado en vista de las preferencias de los fumadores descritas en este problema, es decir, la fácil sustituibilidad por cigarrillos con bajo contenido de alquitrán.

LA TEORÍA DEL COMPORTAMIENTO DEL CONSUMIDOR

III.1. INTRODUCCIÓN

En este capítulo usaremos los conceptos de utilidad y de curvas de indiferencia, expuestos en el capítulo II, para explicar la teoría moderna del comportamiento del consumidor. El trabajo fundamental para el desarrollo de esta teoría fue realizado por Slutsky (1915), Hicks y Allen (1934), Hotelling (1935) y Hicks (1939).

Como vimos en el capítulo I, para muchos propósitos es suficiente el empleo de las herramientas de oferta y demanda. Sin embargo, hay algunas preguntas difíciles de contestar sin contar con un aparato algo más refinado. Por ejemplo, los efectos de los cambios del ingreso de un consumidor sobre la demanda de un producto se entienden mejor a través de la teoría de la utilidad. De igual manera, los efectos del ofrecimiento de descuentos por cantidades sobre los patrones de consumo se aprecian con mayor facilidad en un diagrama de curvas de indiferencia. Estas herramientas no sustituyen las curvas de demanda, sino que se encuentran detrás de ellas. En efecto, una sección de este capítulo se ocupará de la obtención de curvas de demanda a partir de estas unidades más fundamentales.

En capítulos posteriores se utilizarán las construcciones análogas de las funciones de producción y las isocuantas para obtener curvas de oferta.

III.1.a. *Maximización de la satisfacción*

La teoría del comportamiento del consumidor y la demanda se basa en la suposición de que los consumidores tratan de repartir su limitado ingreso monetario entre los bienes y servicios disponibles de tal manera que se maximice su satisfacción. El consumidor realiza compras para maximizar su satisfacción, sujeto a la restricción de que estas compras no excedan de su limitado ingreso monetario. Partiendo de este supuesto y teniendo en cuenta las propiedades de las curvas de indiferencia (examinadas en el capítulo II), podrán determinarse fácilmente las curvas de demanda individuales. La utilidad de la teoría reside en su capacidad para ayudarnos a entender cómo responde la demanda del consumidor a los cambios ocurridos en los precios y en el ingreso. Aunque es posible que no se alcance nunca la maximización, a causa de las limitaciones de la información, la teoría nos da una buena aproximación del comportamiento del consumidor típico y es un instrumento importante para la formulación de pronósticos.

III.1.b. *Ingreso monetario limitado*

Si todos los consumidores tuvieran ingresos ilimitados —esto es, si existiese una cantidad ilimitada de recursos—, no existirían los problemas del "economizar" ni existiría la "economía". Este estado utópico no existe ni siquiera para los miembros más ricos de nuestra sociedad.[1] Las personas se ven obligadas a determinar su comportamiento a la luz de recursos financieros limitados. Para la teoría del comportamiento del consumidor, esto significa que cada consumidor tiene una cantidad máxima que puede gastar por periodo de tiempo. El problema del consumidor consiste en gastar esta cantidad de manera que genera una satisfacción máxima.

Empezamos por suponer que hay sólo dos bienes, X y Y, comprados en las cantidades x y y. Cada consumidor se enfrenta a los precios determinados por el mercado, p_x y p_y, de X y Y, respectivamente. Por último, el consumidor en cuestión tiene un ingreso monetario conocido y fijo (I) para el periodo considerado. Así pues, la suma máxima que puede gastar por periodo es I, y esta suma sólo se puede gastar en los bienes X y Y.[2] En consecuencia, la cantidad gastada en X (xp_x), más la cantidad gastada en Y (yp_y), no debe exceder del ingreso monetario estipulado, I. En términos algebraicos,

$$I \geq xp_x + yp_y. \tag{III.1.1}$$

La expresión (III.1.1) es una desigualdad que se puede graficar en el espacio de bienes, ya que sólo involucra dos variables, x y y. Consideremos en primer término la forma de igualdad de esta expresión:

$$I = xp_x + yp_y. \tag{III.1.2}$$

Ésta es la ecuación de una línea recta. Despejando y —toda vez que y se mide en el eje vertical— obtenemos

[1] Como dijera Bunker Hunt en el testimonio que rindiera ante el Congreso de los Estados Unidos: "Un millar de millones de dólares ya no es lo que solía ser."

[2] En ejemplos más avanzados, se puede considerar el *ahorro* como uno de los múltiples bienes y servicios a la disposición del consumidor. El tratamiento gráfico nos limita a dos dimensiones; por eso, ignoramos el ahorro. Esto *no* significa que en la teoría de la conducta del consumidor no tenga importancia el ahorro; de acuerdo con su orden de preferencias, un consumidor puede ahorrar mucho, poco, o nada. De igual manera, el gasto puede ser mayor que el ingreso durante un periodo dado, gracias al endeudamiento o al empleo de activos adquiridos en el pasado. En tal caso, I es la cantidad de dinero que se puede gastar durante un periodo cualquiera. Véase un tratamiento más refinado de este problema en Ralph W. Pfouts, "Hours of Work, Savings and the Utility Function", en Pfouts (ed.), *Essays in Economics and Econometrics in Honor of Harold Hotelling*, Chapel Hill, University of North Carolina Press, 1960, pp. 113-132.

$$y = \frac{1}{p_y} I - \frac{p_x}{p_y} x. \qquad \text{(III.1.3)}$$

La ecuación (III.1.3) se representa en la gráfica III.1.1. El primer término del miembro derecho de la ecuación (III.1.3), $(1/p_y)I$, indica la cantidad de Y que se puede comprar si no se compra nada de X. Esto está representado por la distancia *OA* en la gráfica III.1.1; por consiguiente, $(1/p_y)I$ es la *intercepción ordinal* de la ecuación.

El segundo coeficiente del miembro derecho de la ecuación (III.1.3), es decir $-(p_x/p_y)$, es la *pendiente* de la línea. La pendiente de la línea es el negativo de la razón de precios. Llamamos *línea de presupuesto* a la línea que aparece en la gráfica III.1.1.

> *Línea de presupuesto*: La línea de presupuesto es el conjunto de las combinaciones de bienes que se pueden comprar si se gasta todo el ingreso monetario. Su pendiente es el negativo de la razón de precios.[3]

La línea de presupuesto se interpreta como la tasa de cambio de Y por X que se impone por el hecho de tener recursos finitos a precios de mercado dados. Como ya vimos antes, si no se consume nada de X se podrá consumir *OA* de Y. De igual modo, si no se consume nada de Y se podrá consumir *OB* de X. El consumidor puede cambiar *OA* de Y por *OB* de X. En el punto *C* el consumidor tiene *OE* de Y y *OG* de X. Supongamos que la distancia vertical existente entre *E* y *F* es una unidad. (Siempre podremos seleccionar *C* y *D* para que eso ocurra.) Sacrificando una unidad de Y, el consumidor podrá moverse de *C* a *D* y adquirir *GH* unidades de X. Esto implica que *GH* de X cuesta una unidad de Y, o que su precio en términos de Y es 1. Pero si se renuncia a una unidad de Y, esto liberará $(1)p_y$ de ingreso para gastarlo en X, y con ese ingreso se puede comprar (p_y/p_x) de X. Así pues, Y se intercambia por X a la tasa de p_y/p_x, por lo que X se intercambia por Y a la tasa de p_x/p_y, y esa es la interpretación de la pendiente (negativa) de la línea de presupuesto. La línea de presupuesto recibe a veces el nombre de *restricción presupuestaria*.

La línea de presupuesto es la representación gráfica de la ecuación III.1.3, pero no de la desigualdad que aparece en la expresión III.1.1. Esta última incluye la línea de presupuesto, pero también todas las combinaciones cuyo

[3] Los precios p_x y p_y son los precios de X y Y en términos de dinero. Suelen llamarse precios *nominales* o precios *monetarios* de los bienes. La razón de precios p_x/p_y es el precio *relativo* de X en términos de Y: nos dice cuántas unidades de Y deben darse para obtener una unidad de X. De igual modo, la razón p_y/p_x es el precio relativo de Y.

GRÁFICA III.1.1. *La línea de presupuesto*

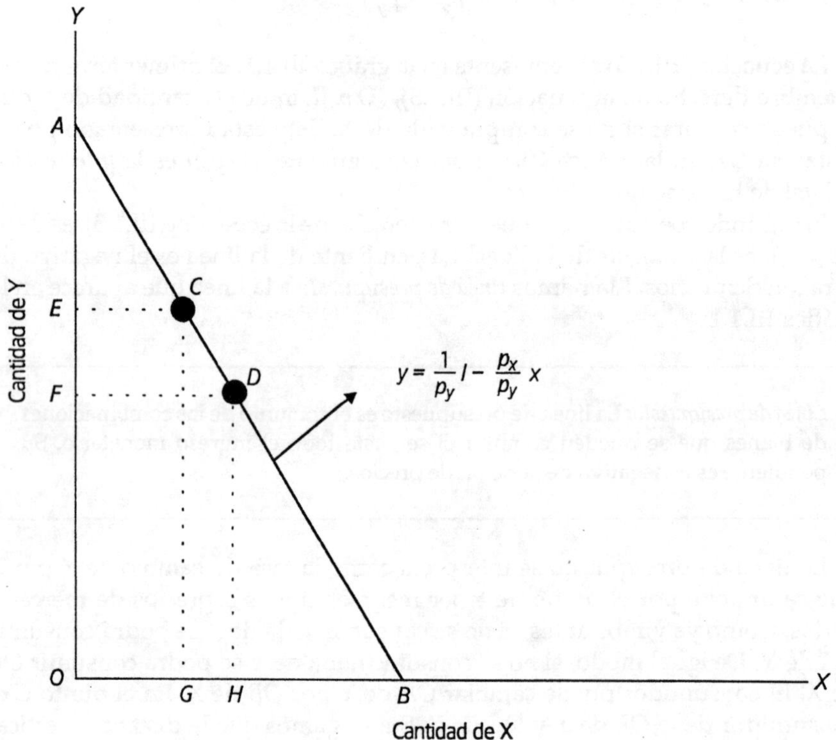

costo total es menor que *I*. En la gráfica III.1.2 representamos la desigualdad III.1.1 mediante el área triangular sombreada, esto es, toda el área limitada por la línea de presupuesto y los dos ejes. Llamamos *espacio de presupuesto* a esta área.[4]

> *Espacio de presupuesto:* El espacio de presupuesto es el conjunto de todas las combinaciones de bienes que se pueden comprar gastando todo o parte de un ingreso monetario dado. Es un subconjunto del espacio de bienes.

[4] En términos matemáticos se define el espacio del presupuesto por las tres desigualdades siguientes:

$$I \geq x p_x + y p_y,$$
$$x \geq 0,$$
$$y \geq 0.$$

GRÁFICA III.1.2. *El espacio de presupuesto*

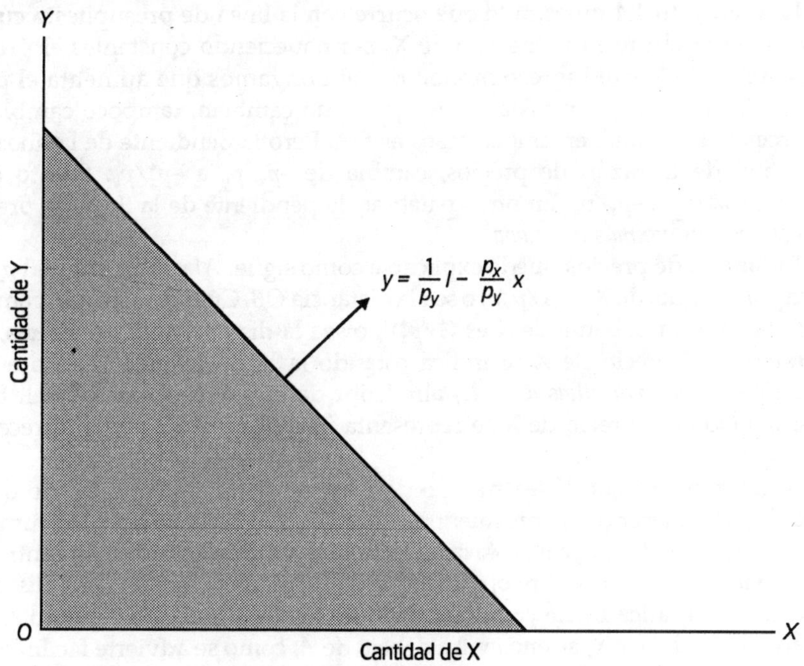

III.1.c. *Desplazamiento de la línea de presupuesto*

En gran parte del análisis que sigue, nos interesan los cambios de *estática comparativa* de las cantidades compradas que resultan de los cambios en los precios o en el ingreso monetario. Estos últimos cambios se representan gráficamente por medio del desplazamiento de la línea de presupuesto.

Consideremos un aumento del ingreso monetario de I a $I^* > I$, mientras los precios monetarios permanecen constantes. El consumidor podrá comprar ahora *más* más de Y, más de X, o más de ambos. La máxima compra de Y aumenta de $(1/p_y)I$ a $(1/p_y)I^*$, o de *OA* a *OA′* en la gráfica III.1.3. De igual modo, la compra máxima de X aumenta de $(1/p_x)I$ a $(1/p_x)I^*$, o de *OB* a *OB′*. Puesto que los precios permanecen constantes, la *pendiente* de la línea de presupuesto no cambia. En consecuencia, un aumento del ingreso monetario, mientras los precios permanecen constantes, se indica gráficamente desplazando la línea de presupuesto hacia arriba y hacia la derecha. Puesto que la pendiente no cambia, el movimiento podría llamarse un desplazamiento "paralelo". Una disminución del ingreso monetario se indica mediante un desplazamiento paralelo de la línea de presupuesto hacia el origen.

La gráfica III.1.4 muestra lo que ocurre con la línea de presupuesto cuando aumenta el precio monetario de X, permaneciendo constantes el precio monetario de Y y el ingreso monetario. Supongamos que aumenta el precio de X, de p_x a p_x^*. En vista de que p_y e I no cambian, tampoco cambia la intercepción ordinal: en ambos casos es *OA*. Pero la pendiente de la línea, el negativo de la razón de precios, cambia de $-p_x/p_y$ a $-p_x^*/p_y$. Puesto que $p_x^* > p_x$, $-p_x^*/p_y < -p_x/p_y$. En otras palabras, la pendiente de la línea de presupuesto se vuelve *más inclinada*.

El cambio de precios puede explicarse como sigue. Al precio original p_x, la compra máxima de X es $(1/p_x)I$, o sea la distancia *OB*. Cuando el precio cambia a p_x^*, la compra máxima de X es $(1/p_x^*)I$, o sea la distancia *OB'*. Así pues, un aumento del precio de X se indica rotando la línea de presupuesto en la *dirección de las manecillas del reloj* alrededor de la intercepción ordinal. Una disminución del precio de X se representa por un movimiento en dirección contraria.

Nada requiere que Y sea tratado de manera distinta a X. El precio de X podría permanecer constante mientras que el de Y aumenta o baja. Un aumento del precio de Y, de p_y a p_y^*, rota la línea de presupuesto en dirección contraria a la de las manecillas del reloj alrededor de la intercepción del eje X. Esto se indica en la gráfica III.1.5 como el movimiento de *AB* a *A'B*. Ese punto *A'*, la intercepción del eje Y, se encuentra debajo de *A*, como se advierte fácilmente. Puesto que la línea de presupuesto intersecta el eje de Y en I/P_y e I/P_y^*, respectivamente, y ya que $P_y^* > P_y$, la intercepción vertical es menor en el segundo caso. Pero la intercepción horizontal es independiente de P_y. Para demostrarlo basta fijar $y = 0$ y despejar X en la línea de presupuesto correspondiente a $y = 0$. Esto requiere que

$$0 = I/P_y - (P_x/P_y)x$$

o sea

$$I/P_x = x.$$

Así pues, la intercepción del eje X es independiente del precio de Y.

Es importante destacar que los precios *relativos* son cruciales. Si el ingreso monetario permanece constante y los precios nominales de ambos bienes cambian proporcionalmente, no habrá ningún cambio en el precio relativo; en este caso, el cambio equivale a un aumento del ingreso (si los precios bajan) o una disminución del ingreso (si los precios suben). De igual modo, suponga-

GRÁFICA III.1.3. *Líneas de presupuesto cuando aumenta el ingreso monetario y los precios permanecen constantes*

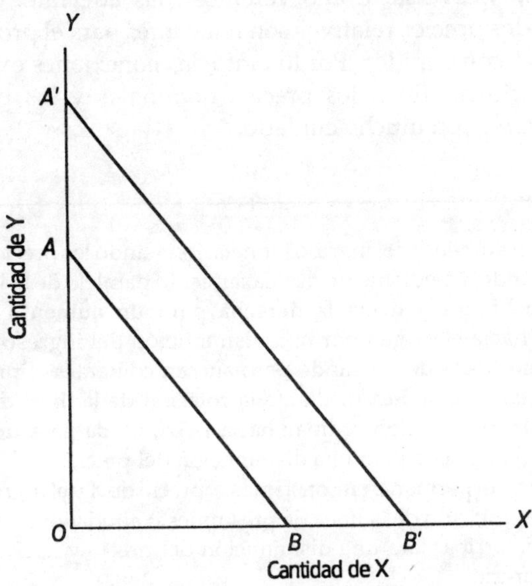

GRÁFICA III.1.4. *Líneas de presupuesto cuando aumenta el precio de X y el precio de Y y el ingreso monetario permanecen constantes*

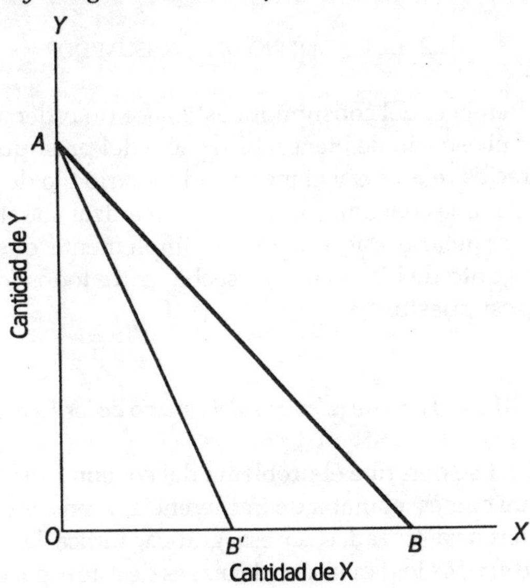

mos que permanecen constantes el ingreso monetario y el precio nominal de Y. Un aumento del precio nominal de X equivale a una disminución de precio relativo de Y, y viceversa. Como veremos más adelante, dado el ingreso monetario, sólo los precios relativos son relevantes para el proceso de toma de decisiones de un consumidor. Por lo tanto, las conexiones existentes entre el ingreso monetario nominal, los precios nominales y los precios relativos deberán observarse con mucho cuidado.

Relaciones: *i)* Un aumento del ingreso monetario, cuando los precios permanecen constantes, se indica mediante un desplazamiento paralelo de la línea de presupuesto: hacia afuera y hacia la derecha para un aumento del ingre- so monetario, y hacia el origen por una disminución del ingreso monetario. *ii)* Un cambio del precio de X cuando permanecen contantes el precio de Y y el ingreso monetario, se indica mediante la rotación de la línea de presupuesto alrededor de la intercepción ordinal: hacia la izquierda para un aumento del precio y hacia la derecha para una disminución del precio. *iii)* Un cambio en el precio de Y cuando permanecen constantes el precio de X y el ingreso monetario, se indica por la rotación de la línea de presupuesto alrededor de la intercepción del eje X: hacia arriba para una disminución del precio y hacia abajo para un aumento del precio.

III.2. El equilibrio del consumidor

El mapa de indiferencia del consumidor establece un ordenamiento de todos los conjuntos en el espacio de bienes. El espacio del presupuesto se establece mediante los precios relativos y el ingreso monetario fijo del consumidor. La suposición de que cada consumidor trata de maximizar su satisfacción a partir de un ingreso monetario dado significa simplemente que el consumidor selecciona el conjunto de bienes más deseable entre todos los disponibles en el espacio del presupuesto.

III.2.a. *La parte relevante del espacio de los bienes*

En la gráfica III.2.1 se describe el problema del consumidor. Todo el plano X, Y es el espacio de bienes; el mapa de indiferencia, representado por las cinco curvas de indiferencia trazadas en esa gráfica, indica las preferencias del consumidor entre todos los conjuntos de bienes de este espacio. (Por supuesto, hay un número infinito de curvas de indiferencia, pero sólo trazamos cinco.)

GRÁFICA III.1.5. *Cambio del precio*

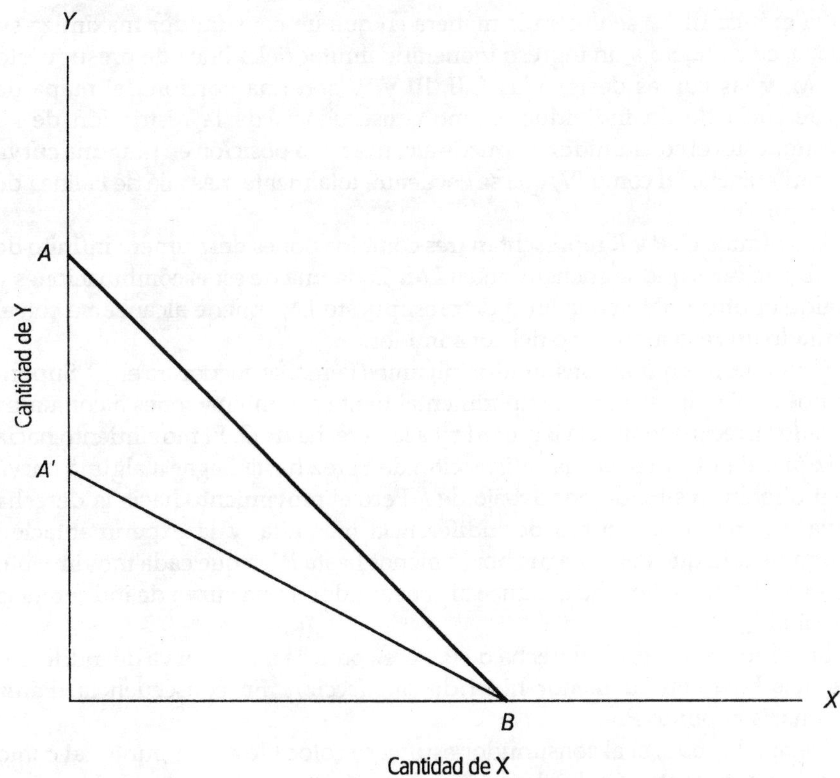

El espacio del presupuesto del consumidor —la línea *LM* y el área sombreada delimitada por *LM* y los dos ejes— muestra los conjuntos de bienes que el consumidor podrá comprar. Es claro que el consumidor no puede comprar ningún conjunto que se encuentre por encima y a la derecha de la línea de presupuesto *LM*. El consumidor podría preferir tal conjunto, pero no tiene suficiente ingreso para pagarlo.

La elección se limita a los conjuntos que se encuentran en el espacio del presupuesto. Podemos eliminar la mayoría de esos conjuntos. En particular, ningún punto del interior del espacio del presupuesto —por debajo de la línea de presupuesto *LM*— podrá generar una satisfacción máxima, ya que moviéndose hacia la línea de presupuesto podrá alcanzarse una curva de indiferencia más alta. Por consiguiente, dada la restricción del ingreso, el conjunto óptimo se encontrará en la línea de presupuesto.

III.2.b. *Maximización de la satisfacción sujeta a un ingreso monetario limitado*

En la gráfica III.2.2 se ilustra la manera en que un consumidor maximiza su satisfacción, sujeto a un ingreso monetario limitado. La línea de presupuesto es *LM*, y las curvas designadas I, II, III y IV son una porción del mapa de indiferencia de un individuo. Como consecuencia de la restricción de su presupuesto, el consumidor no puede alcanzar una posición en ninguna curva de indiferencia, tal como IV, que se encuentre totalmente más allá de la línea de presupuesto.

• Los puntos *Q*, *P* y *R* representan tres combinaciones del número infinito de combinaciones que se encuentran en *LM*. Cada una de estas combinaciones y cualquier otro punto en la línea de presupuesto *LM*, puede alcanzarse con el limitado ingreso monetario del consumidor.

Supongamos que el consumidor, digamos Pérez, se encuentra en *Q*. Supongamos que luego se mueve experimentalmente a combinaciones o conjuntos situados precisamente a la izquierda y a la derecha de *Q*. El movimiento hacia la izquierda de *Q* reduce la satisfacción de Pérez hasta llegar a alguna curva de indiferencia situada por debajo de *I*. Pero el movimiento hacia la derecha lleva a Pérez a una curva de indiferencia más alta; y la experimentación continua hará que Pérez llegue por lo menos hasta *P*, ya que cada movimiento sucesivo hacia la derecha conduce al consumidor a una curva de indiferencia más alta.

Si se moviera hacia la derecha de *P*, Pérez pasaría a una curva de indiferencia más baja con su menor nivel de satisfacción. En consecuencia, Pérez retornaría al punto *P*.

De igual modo, si el consumidor estuviese colocado en un punto tal como *R*, su experimentación lo llevaría a sustituir X por Y, avanzando así en dirección a *P*. El consumidor no se detendría poco antes de llegar a *P*, porque cada nueva sustitución de X por Y lo llevará a una curva de indiferencia más alta. En consecuencia, la posición de máxima satisfacción —o sea, el punto de equilibrio del consumidor— se obtiene en *P*, donde una curva de indiferencia es precisamente tangente a la línea de presupuesto.

Como se recordará, la pendiente de la línea de presupuesto es (el negativo de) la razón de precios, o sea, la razón entre el precio de X y el precio de Y. Se recordará igualmente que el negativo de la pendiente de una curva de indiferencia en cualquier punto se llama tasa marginal de sustitución. Por tanto, el punto de equilibrio del consumidor satisface la condición de que la tasa marginal de sustitución sea igual a la razón de precios.

La interpretación de esta proposición es clara. La tasa marginal de sustitución muestra la tasa a la que el consumidor *está dispuesto a cambiar* Y por X. La razón de precios muestra la tasa a la que *puede cambiar* Y por X. A menos que ambas sean iguales, será posible cambiar la combinación de X y Y que se

GRÁFICA III.2.1. *El espacio de presupuesto y el mapa de indiferencia*

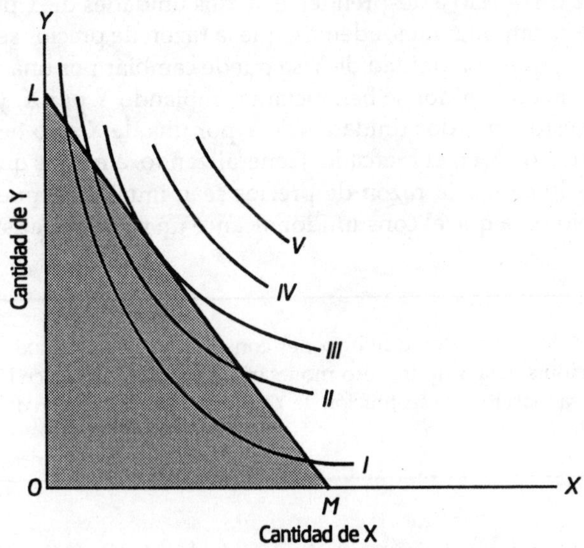

GRÁFICA III.2.2. *El equilibrio del consumidor*

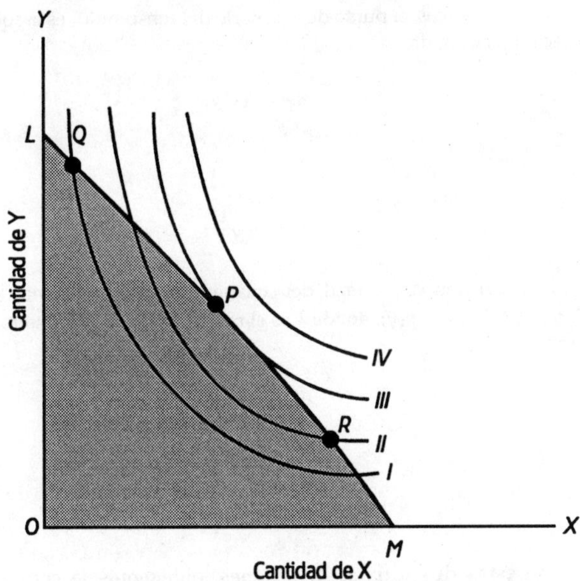

adquiere, para obtener así un nivel de satisfacción mayor. Por ejemplo, supóngase que la tasa marginal de sustitución sea igual a dos, o sea, que el consumidor esté dispuesto a desprenderse de dos unidades de Y para obtener una unidad de X. Supongamos, además, que la razón de precios sea igual a la unidad, esto es, que una unidad de Y se puede cambiar por una unidad de X. Es claro que el consumidor se beneficiará cambiando Y por X, ya que mientras está dispuesto a dar dos unidades de Y por una de X sólo tiene que dar una de Y por una de X en el mercado. Generalizando, a menos que la tasa marginal de sustitución y la razón de precios sean iguales, se puede hacer algún intercambio para que el consumidor alcance un nivel de satisfacción mayor.

> *Principio*: El punto de equilibrio del consumidor —o la maximización de la satisfacción sujeta a un ingreso monetario limitado— satisface la condición de que la tasa marginal de sustitución de Y por X es igual a la razón del precio de X al precio de Y.[5]

Hemos visto en la nota 9 del capítulo II que UM_x/UM_y, es decir,

[5] En términos matemáticos, el punto de equilibrio del consumidor es la solución del problema de la maximización restringida:

$$\max_{x,y} U(x, y)$$

sujeto a:

$$p_x x + p_y y = I$$

donde $U(x, y)$ es la función de utilidad del consumidor. El lagrangiano de este problema es $L(x, y; \lambda) = U(x, y) + \lambda(I - p_x x - p_y y)$, donde λ es el multiplicador lagrangiano. Las condiciones de primer orden son

$$\partial U/\partial x = \lambda p_x$$

y

$$\partial u/\partial y = \lambda p_y .$$

Eliminando λ de estas dos últimas ecuaciones, obtenemos la condición de equilibrio $(\partial U/\partial x)/(\partial U/\partial y) = p_x/p_y$. El miembro izquierdo es la $\text{TMS}_{y \text{ por } x}$, como vimos en la nota 9 del capítulo II, y el miembro derecho es el negativo de la pendiente de la línea de presupuesto.

$(\partial U/\partial x)$ / $(\partial U/\partial y)$, es la tasa marginal de sustitución de Y por X, donde UM_x y UM_y son las utilidades marginales de X y Y, respectivamente. Así pues, el punto de equilibrio del consumidor puede expresarse algebraicamente por la condición[6]

$$\text{TMS}_{y \text{ por } x} = \frac{UM_x}{UM_y} = \frac{p_x}{p_y}$$

o lo que es lo mismo

$$\frac{UM_x}{p_x} = \frac{UM_y}{p_y}.$$

Si hay varios bienes, el razonamiento anterior se aplicará a cada par de ellos; la condición de equilibrio podrá expresarse entonces como

$$\frac{UM_x}{p_x} = \frac{UM_y}{p_y} = \ldots = \frac{UM_z}{p_z}. \qquad \text{(III.2.1)}$$

III.3. Los cambios en el ingreso monetario

Los cambios ocurridos en el ingreso monetario cuando los precios permanecen constantes producen de ordinario ciertos cambios en las cantidades de bienes que se compran. Para la mayoría de los bienes un aumento en el ingreso monetario conduce a un aumento en el consumo, y una disminución en el ingreso monetario conduce a una disminución en el consumo.[7] Resulta muy interesante el análisis de los efectos de los cambios ocurridos en el ingreso sobre el consumo. A fin de aislar los efectos de los cambios del ingreso, mantendremos constantes los precios nominales.

[6] En algunos problemas, las curvas de indiferencia de la gráfica III.2.2 podrían intersectar al eje vertical, o al eje horizontal (o a ambos ejes). Suponiendo que las cantidades negativas de X y de Y son inadmisibles, esto podría conducir a una situación conocida como "solución de esquina", a la que no se aplicaría la teoría del equilibrio del consumidor que hemos presentado aquí. En este libro no nos ocuparemos ampliamente de esta posibilidad; sin embargo, el problema 5 de este capítulo involucra un caso en el que surgen soluciones de esquina.

[7] Llamamos "normales" o "superiores" a los bienes cuyo consumo cambia directamente con los cambios del ingreso. Los bienes "inferiores" se tratan en el capítulo IV. En el apartado III.3.d aparece una definición formal de los bienes "normales", "superiores" e "inferiores".

EJERCICIO NUMÉRICO

Una estudiante de cierta universidad que se prepara para los exámenes finales dispone sólo de seis horas para estudiar. Quiere obtener la calificación más alta posible en tres disciplinas: economía, matemáticas y estadística. Debe decidir cómo repartirá su tiempo entre las tres disciplinas. Según las mejores estimaciones que puede hacer, su calificación en cada disciplina dependerá del tiempo que asigne a esa disciplina de acuerdo con el cuadro siguiente:

Economía		*Matemáticas*		*Estadística*	
Horas de estudio	*Calificación*	*Horas de estudio*	*Calificación*	*Horas de estudio*	*Calificación*
0	20	0	40	0	80
1	45	1	52	1	90
2	65	2	62	2	95
3	75	3	71	3	97
4	83	4	78	4	98
5	90	5	83	5	99
6	92	6	86	6	99

PREGUNTAS

1. ¿Cómo debiera repartir su tiempo la estudiante? ¿Por qué?
2. ¿Cómo se relaciona la solución con la condición de equilibrio del consumidor (ecuación III.2.1)?
3. ¿Comprará un consumidor generalmente conjuntos de bienes tales que la *UM* sea la misma para todos los bienes?

SOLUCIONES

1. A fin de maximizar su promedio de calificaciones, esta estudiante deberá calcular el aumento en su calificación a partir de una hora de estudio adicional en cada curso. Llamemos a este aumento la califi-

cación marginal en el cuadro* que aparece más adelante: Los principios de este capítulo deberán llevarle a usted a reconocer que si estas calificaciones marginales no son iguales, esta estudiante tendrá que reasignar sus horas de estudio en favor del curso que tenga una calificación marginal más alta. Tal medida aumentará el promedio de sus calificaciones. Así pues, a partir de dos horas por curso, esta estudiante deberá aumentar su tiempo de estudio en economía, ya que la tercera hora de economía tiene una calificación marginal de 10, mientras que su segunda hora en estadística tiene una calificación marginal de 5. Esta medida incrementará en 5 puntos su calificación total. Con esta asignación, la calificación marginal es la misma en todos los cursos (= 10), de modo que ésta debe de ser la asignación máxima. Así pues, la asignación final deberá ser de tres horas para economía, dos horas para matemáticas y una hora para estadística... para obtener una calificación total de (75 + 62 + 90) = 227 (o sea una calificación media de 75.6). Todo movimiento que la aleje de esta asignación reducirá su promedio, porque lo que gana con una hora adicional en cada curso es menos que los 10 puntos que debe sacrificar la estudiante.

Economía		*Matemáticas*		*Estadística*	
Horas	*Calif. marginal*	*Horas*	*Calif. marginal*	*Horas*	*Calif. marginal*
0	—	0	—	0	—
1	25	1	12	1	10
	(45-20)				
2	20	2	10	2	5
	(65-45)				
3	10	3	9	3	2
4	8	4	7	4	1
5	7	5	6	5	1
6	2	6	3	6	0

* Este cuadro es análogo al cuadro de la *utilidad marginal.*

2. Esta solución se relaciona con la ecuación III.2.1, en la que puede pensarse en los "precios" de los tres cursos (bienes) como iguales. En tal situación se maximizaría la utilidad consumiendo cantidades

de los bienes tales que las *UM*(= calificaciones marginales) sean iguales. (Si no fuesen iguales podría obtenerse una ganancia comprando el bien que tenga una *UM* mayor y sacrificando una *UM* menor de la unidad de otro bien al que se renuncie para comprar el primero.)

3. En general, no. Un consumidor estará en equilibrio cuando la *UM* es la misma para todos los bienes sólo si los precios de los bienes son iguales. Lo que importa en la ecuación III.2.1 es la *UM* por peso del bien (o sea la *UM/P*).

III.3.a. *La curva de ingreso y consumo*

Como explicamos en el apartado III.1.c, un aumento del ingreso monetario desplaza la línea de presupuesto hacia arriba y hacia la derecha y el movimiento es un desplazamiento paralelo, porque se supone que los precios nominales permanecen constantes. En la gráfica III.3.1 la razón de los precios está dada por la pendiente de *LM*, la línea de presupuesto original, que permanece constante en todo momento.

Cuando el ingreso monetario es *LM*, el consumidor alcanza el equilibrio en el punto *P* sobre la curva de indiferencia *I*, consumiendo Ox_1 unidades de X. Supongamos ahora que el ingreso aumenta hasta el nivel representado por *L'M'*. El consumidor pasa a un nuevo equilibrio en el punto *Q* sobre la curva de indiferencia *II*. Claramente, ha obtenido una ganancia. También lo hace cuando el ingreso pasa al nivel correspondiente a *L"M"*. El nuevo equilibrio se encuentra en el punto *R*, sobre la curva de indiferencia *III*.

A medida que el ingreso cambia, el punto de equilibrio del consumidor también cambia. A la línea que une los sucesivos puntos de equilibrio la llamamos curva de ingreso y consumo. Esta curva muestra las *combinaciones de equilibrio* de X y Y que se compran a varios niveles de ingreso cuando los precios nominales permanecen constantes.

Curva de ingreso y consumo: La curva de ingreso y consumo es el conjunto de puntos en el espacio de bienes que indica las combinaciones de bienes de equilibrio asociados con diferentes niveles de ingreso monetario a precios monetarios constantes.

La curva de ingreso y consumo de la gráfica III.3.1 es bastante plana al principio y luego se inclina, o sea que es una función convexa. En esta situación

GRÁFICA III.3.1. *La curva de ingreso y consumo*

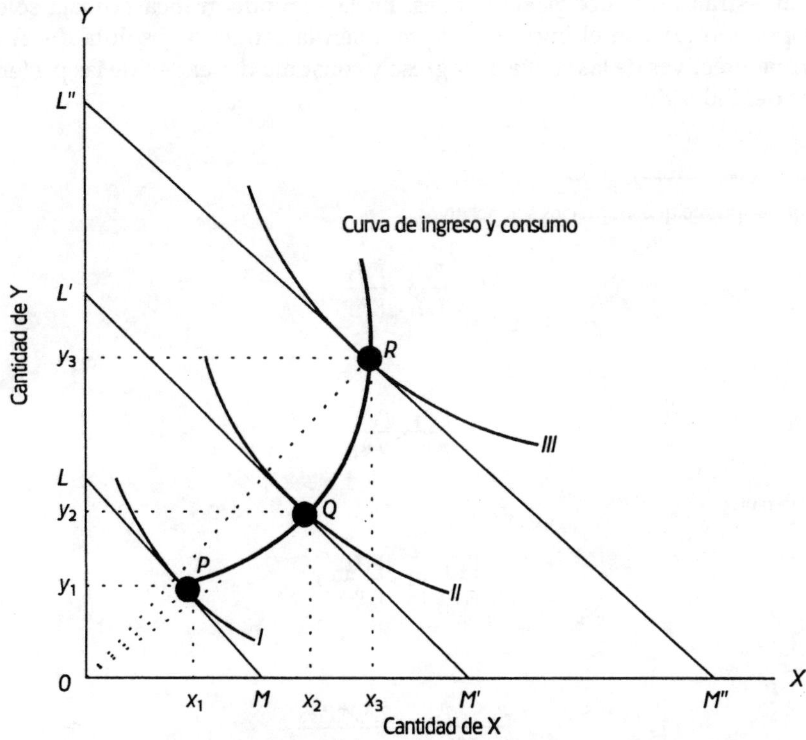

(aunque no siempre), eso implica que la razón de Y respecto a X baja al principio conforme aumenta el ingreso y luego aumenta. En términos gráficos, esto significa $y_3/x_3 > y_1/x_1 > y_2/x_2$. La razón de y_1/x_1 está dada por la pendiente de la línea que conecta el origen con P (es decir, la pendiente es $(y_1 - 0)/(x_1 - 0)$). De igual modo, y_2/x_2 es la pendiente de la línea que conecta el origen con Q, y y_3/x_3 y R se relacionan de manera análoga. La línea OR es más inclinada que la línea OP, la que a su vez es más inclinada que OQ. También es cierto que si y/x está aumentando con el ingreso, la participación de Y en el gasto total, definida como $p_y y$ / INGRESO, también estará aumentando con el ingreso.[8]

[8] Si

$$\frac{y_1}{x_1} < \frac{y_3}{x_3}$$

No se requiere que las curva de ingreso y consumo tengan esa forma ni tampoco que tengan una pendiente positiva. En las gráficas III.3.2a y III.3.2b se muestran otras dos posibilidades. En la segunda gráfica no baja sólo la proporción y/x con el ingreso, sino también la cantidad absoluta de Y. Las formas efectivas de las curva de ingreso y consumo dependen de las preferencias del individuo.

---

entonces, puesto que los precios son positivos,

$$\frac{p_y y_1}{p_x x_1} < \frac{p_y y_3}{p_x x_3}$$

o bien

$$\frac{p_x x_1}{p_y y_1} < \frac{p_x x_3}{p_y y_3}.$$

Por lo tanto,

$$\frac{p_x x_1}{p_y y_1} + 1 > \frac{p_x x_3}{p_y y_3} + 1$$

o bien

$$\frac{p_x x_1 + p_y y_1}{p_y y_1} > \frac{p_x x_3 + p_y y_3}{p_y y_3}.$$

El numerador del miembro izquierdo es el ingreso en la situación 1 (I_1), y el numerador del miembro derecho es el ingreso en la situación 3 (I_3). Por lo tanto,

$$\frac{I_1}{p_y y_1} > \frac{I_3}{p_y y_3}$$

o sea

$$\frac{p_y y_1}{I_1} < \frac{p_y y_3}{I_3}.$$

En este caso de dos bienes, ello implica también que está declinando la participación de X en el ingreso. Utilizando la definición de I_1 e I_3, se sigue que

$$\frac{p_x x_1 + p_y y_1}{I_1} = 1 = \frac{p_x x_3 + p_y y_3}{I_3}$$

GRÁFICA III.3.2a. *Trayectoria de ingreso y consumo (pendiente positiva)*

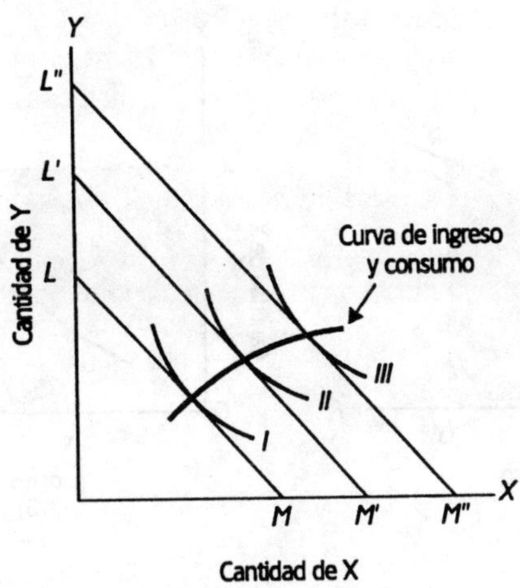

GRÁFICA III.3.2b. *Trayectoria de ingreso y consumo (pendiente negativa)*

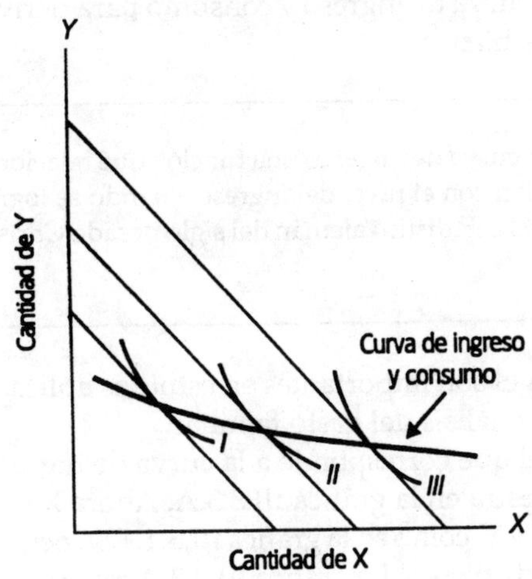

---

de modo que

$$\frac{p_x x_1}{I_1} - \frac{p_x x_3}{I_3} = \frac{p_y y_3}{I_3} - \frac{p_y y_1}{I_1}.$$

Puesto que $p_y y_3/I_3 > p_y y_1/I_1$, el miembro derecho es positivo, lo que implica que $p_x x_1/I_1 > p_x x_3/I_3$.

GRÁFICA III.3.3. *Curvas de Engel*

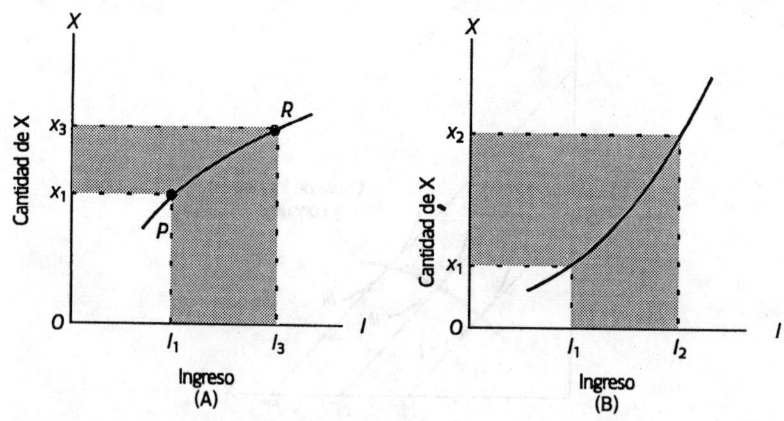

III.3.b. *Las curvas de Engel*

Podemos utilizar la curva de ingreso y consumo para derivar curvas de Engel para cada uno de los bienes.

> *Curva de Engel*: Una curva de Engel es una función que relaciona la cantidad que se compra de un bien con el nivel del ingreso, cuando se logra el equilibrio. El nombre proviene del estadístico alemán del siglo pasado Christian Lorenz Ernst Engel.

Las curvas de Engel son importantes en estudios aplicados de la economía del bienestar y en el análisis del gasto familiar.

La curva de Engel que corresponde a la curva de ingreso y consumo de la gráfica III.3.1 se muestra en la gráfica III.3.3.A. Ahora X e I (ingreso) están en los ejes en lugar de X y Y, como en la gráfica III.3.1. Ello ocurre porque la gráfica III.3.1 es un espacio de bienes. La gráfica III.3.3.A muestra el nivel de X que se compra con cada ingreso, mientras que p_x y p_y se mantienen en sus niveles iniciales.

En el punto *P* de la gráfica III.3.1, se consumía x_1 de X y el ingreso era I_1 (dado por $p_y \cdot OL$, o equivalentemente por $p_x \cdot OM$. Por tanto, *P* en la gráfica III.3.3.A corresponde a *P* en la gráfica III.3.1. De igual modo, en *R* de la gráfica III.3.1 había un ingreso de I_3 (igual a $p_y \cdot OL''$ o a $p_x \cdot OM''$ y se consumía x_3 de X. En consecuencia, R en la gráfica III.3.3.A corresponde a R en la gráfica III.3.1. El cambio de x_1 a x_3 es el cambio resultante en el consumo de X cuando el ingreso aumenta de I_1 a I_3. La curva de Engel se forma conectando los puntos generados por la repetición del proceso para todos los niveles posibles del ingreso monetario.

En las partes A y B de la gráfica III.3.3 se muestran dos tipos de curvas de Engel básicamente distintas. En la parte A, la curva de Engel tiene una pendiente suave, lo que implica que los cambios ocurridos en el ingreso monetario no ejercen gran efecto sobre el consumo. Una curva de Engel con esta propiedad indica que la cantidad comprada no aumenta con rapidez al aumentar el ingreso. Si se tratan los "alimentos" como un solo bien, su curva de Engel se asemejaría a la curva de la parte A, pero es probable que no ocurriera lo mismo con la curva de la "carne" como un bien separado.

Por otra parte, la carne y muchos otros tipos de bienes generan curvas de Engel más semejantes a la mostrada en la parte B. La pendiente relativamente inclinada señala que la cantidad comprada cambia notoriamente con el ingreso.[9]

III.3.c. *Curvas de Engel y curvas de demanda*

Recuérdese que la curva de demanda describe lo que ocurre con x, la cantidad que se compra del bien X, cuando cambia el precio de X y permanecen constantes el ingreso y los demás precios. La curva de Engel describe cómo cambia x al cambiar el ingreso, mientras permanecen costantes el precio de X y todos los demás precios. En las gráficas III.3.4a y III.3.4b se indica la relación existente entre la curva de Engel y la demanda.

La gráfica III.3.4a muestra dos curvas de demanda correspondientes a niveles de ingresos I_0 e I_1. Si el precio de X fuese p_{x_0}, un aumento del ingreso de I_0 a I_1 movería al individuo de P a Q, y el consumo de X aumentaría de x' a x''. Esto se muestra también en la gráfica III.3.4b como un movimiento de P' a Q', cuando el ingreso aumenta de I_0 a I_1, y X aumenta de x' a x''. Adviértase que p_x se mantiene constante en p_{x_0}. Hay otra curva de Engel para cada precio de X, porque la cantidad comprada de X depende también del precio.[10]

[9] Si lo considera conveniente, el lector puede asociar los bienes "necesarios" y los "de lujo" con los bienes cuyas curvas de Engel corresponden a las de las figuras a y b, respectivamente. Sin embargo, debe tenerse presente que tales asociaciones son apenas aproximaciones que dependen en gran medida de las definiciones empleadas para los bienes en cuestión.

[10] En términos algebraicos, la demanda de X puede escribirse como

$$x = f(p_x; I; p_y, \ldots, p_z)$$

GRÁFICA III.3.4a. *Curvas de demanda*

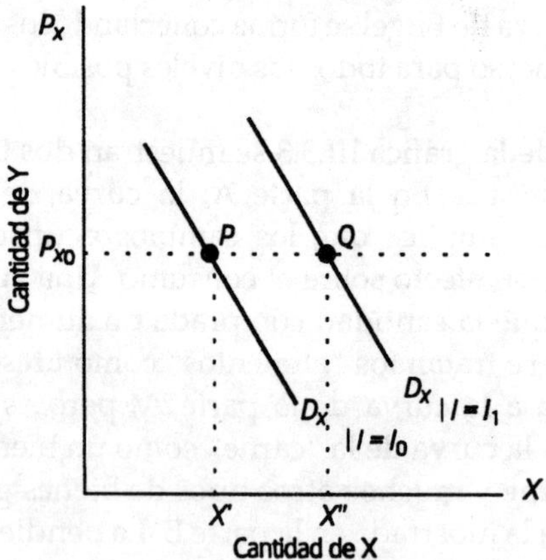

GRÁFICA III.3.4b. *Curvas de Engels*

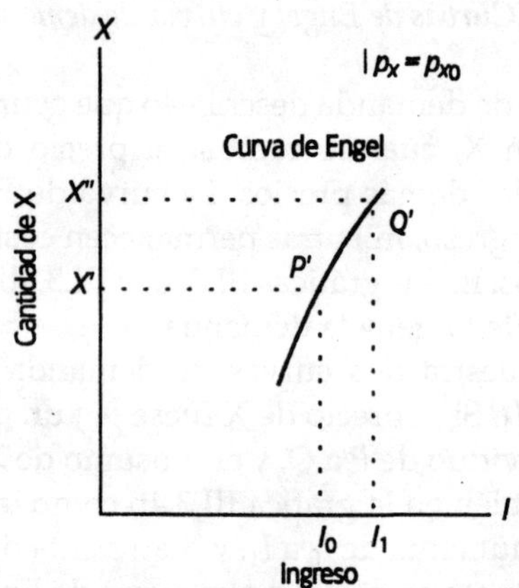

donde $y,..., z$ son los bienes de la economía. La curva de demanda tradicional es la relación de X con p_x, es decir,

$$x = f(p_x; \bar{I}; \bar{p}_y, ..., \bar{p}_z)$$

donde la barra implica que el valor está fijo en algún nivel arbitrario.
La curva de Engel es la relación de X con I, es decir,

$$x = f(\bar{p}_x; I; \bar{p}_y, ..., \bar{p}_z).$$

III.3.d. *Las curvas de Engel y la elasticidad-ingreso de la demanda*

La elasticidad-ingreso de la demanda, que examinaremos con mayor detalle en el capítulo V, se define como sigue.

> *Elasticidad-ingreso de la demanda*: La elasticidad-ingreso de la demanda es el cambio proporcional en el consumo de un bien dividido por el cambio proporcional en el ingreso. Para obtener una definición más formal, sea ΔI el cambio ocurrido en el ingreso, y sea Δx el cambio correspondiente en el consumo del bien X. El cambio proporcional del ingreso es entonces $\Delta I/I$, y el cambio proporcional en el consumo de X es entonces $\Delta x/x$. Empleando esta notación, la elasticidad-ingreso de la demanda está dada por la expresión

$$(\Delta x/x)/(\Delta I/I) = \frac{\Delta x}{\Delta I} \cdot \frac{I}{x}.$$

Para cambios pequeños de ΔI(y por ende de Δx), la razón $\Delta x/\Delta I$ es la pendiente (o derivada) de la curva de Engel. La elasticidad-ingreso (η_I) en un punto de la curva de Engel está dada por la expresión

$$\eta_I = \frac{dx}{dI} \cdot \frac{I}{x}.$$

> *Ejemplo*: Supongamos que la curva de Engel está dada por la expresión
>
> $$x = I^2.$$
>
> La pendiente de esta curva de Engel al ingreso I está dada por
>
> $$\frac{dx}{dI} = 2I.$$
>
> Por tanto, la elasticidad-ingreso de la demanda es
>
> $$\eta_I = \frac{dx}{dI} \cdot \frac{I}{x} = 2I\left(\frac{I}{I^2}\right) = 2.$$

En este ejemplo, la elasticidad-ingreso resultó ser una constante independiente del ingreso. Esto no es cierto en general: de ordinario esperamos que la elasticidad-ingreso varíe a lo largo de la curva de Engel. Se utilizan las elasticidades-ingreso para clasificar los bienes como superiores, normales o inferiores. Esa clasificación aparece en el cuadro siguiente.

Valor de la elasticidad del ingreso	*Clasificación del bien*
$\eta_I > 1$	Superior
$0 \leq \eta_I \leq 1$	Normal
$\eta_I < 0$	Inferior

Como lo indica este cuadro, la elasticidad-ingreso puede ser negativa; es decir, un aumento del ingreso puede conducir en algunos casos a una reducción de la cantidad consumida del bien. Adviértase que las palabras "inferior", "normal" y "superior" se usan aquí sólo para describir la elasticidad-ingreso de un bien, sin otras implicaciones. Recuérdese que es posible que un bien dado sea inferior para un consumidor y ya sea normal o superior para otro consumidor. De igual modo, para un consumidor dado, un bien puede tener $\eta_I > 0$ (superior o normal) para algunos valores del ingreso y $\eta_I < 0$ (inferior) para otros valores del ingreso.

Si la elasticidad-ingreso de un bien es mayor que uno, un consumidor aumentará la *fracción* de su ingreso gastada en ese bien cuando aumente el ingreso monetario (mientras los precios permanecen constantes). Supongamos que con el ingreso I el individuo consume x, y supongamos que su consumo cambia en $\mathrm{d}x$ cuando I aumenta en $\mathrm{d}I$. Antes del cambio en el ingreso, la fracción del ingreso gastada en x es $p_x x/I$, y tras el cambio en el ingreso esta fracción es $p_x(x + \mathrm{d}x)/(I + \mathrm{d}I)$. La razón de estas fracciones es

$$\frac{\dfrac{p_x(x+\mathrm{d}x)}{I+\mathrm{d}I}}{\dfrac{p_x x}{I}} = \left(\frac{x+\mathrm{d}x}{x}\right)\left(\frac{I}{I+\mathrm{d}I}\right) = \frac{1+\dfrac{\mathrm{d}x}{x}}{1+\dfrac{\mathrm{d}I}{I}} = \frac{\dfrac{I}{\mathrm{d}I}+\dfrac{\mathrm{d}x}{\mathrm{d}I}\dfrac{I}{x}}{\dfrac{I}{\mathrm{d}I}+1}$$

y esta última expresión es mayor que 1 si $\eta_I = (\mathrm{d}x/\mathrm{d}I)\,(I/x)$ es mayor que 1. Por el mismo razonamiento, la fracción del ingreso que se gasta en un bien permanece constante al aumentar el ingreso si la elasticidad ingreso es igual a la unidad y la fracción disminuye si la elasticidad ingreso es menor que la unidad.

III.3.e. *Las curvas de Engel en la economía*

Ahora que hemos descrito los aspectos técnicos de las curvas de Engel, convendría explicar su papel en la economía. Hay dos usos principales.

Primero, dos individuos, digamos Pérez y Garza, pueden ser idénticos en todos los aspectos importantes, excepto que el ingreso de Pérez es de 20 000 pesos por año, mientras que el de Garza es de 30 000 pesos. A veces es valiosa la capacidad de pronosticar las compras de Pérez a partir del comportamiento de otra persona. Supongamos, por ejemplo, que una empresa está tratando de determinar si le conviene comercializar su producto en la vecindad de Pérez. A causa del costo fijo del establecimiento de la operación, la empresa podría considerar que sólo le conviene hacerlo si la cantidad de las ventas por consumidor del tipo de Pérez excede de 22 por año. Garza consume 25, y la curva de Engel (digamos, estimada previamente) está dada por

$$x = 10 + I/2\,000\,.$$

Se espera que Pérez consuma

$$\begin{aligned} x &= 10 + 20\,000/2\,000 \\ &= 20 \end{aligned}$$

de modo que el consumo estimado es demasiado bajo para justificar la expansión a la vecindad de Pérez.

Segundo, una empresa podría desear un pronóstico de las tendencias de la demanda del producto a lo largo del tiempo. Si mantiene su precio constante y el ingreso medio aumenta de 30 000 a 40 000 pesos por año durante un periodo de cinco años, ¿en cuánto podrá esperarse que aumente la cantidad media vendida?[11]

Utilizando la misma curva de Engel, la cantidad media vendida aumentaría de

$$\begin{aligned} x &= 10 + 30\,000/2\,000 \\ &= 25 \end{aligned}$$

a

$$\begin{aligned} x &= 10 + 40\,000/2\,000 \\ &= 30\,. \end{aligned}$$

[11] Para ser precisos, debemos suponer también que los precios de otros bienes no cambian durante el periodo de cinco años.

III.4. Los cambios en los precios

La reacción de la cantidad comprada ante los cambios ocurridos en los precios es a menudo más importante que la reacción ante los cambios ocurridos en el ingreso monetario. En esta sección supondremos que el ingreso monetario y el precio nominal de Y permanecen constantes, mientras que baja el precio nominal de X. Así, podremos analizar el efecto del precio sobre la cantidad comprada sin considerar al mismo tiempo el efecto de los cambios ocurridos en el ingreso monetario.

III.4.a. *La curva de precio y consumo*

En la gráfica III.4.1, el precio de X baja de la cantidad indicada por la pendiente de la línea del presupuesto original, *LM*, a la cantidad indicada por la pendiente de *LM'*, y luego a la cantidad representada por la pendiente de *LM''*.

Con la línea de presupuesto original, *LM*, el consumidor alcanza el equilibrio en el punto *P* sobre la curva de indiferencia I. Cuando el precio de X disminuye, la línea de presupuesto se convierte en *LM'*, y el nuevo equilibrio se obtiene en *Q*, sobre la curva de indiferencia II. Por último, cuando el precio vuelve a bajar, el equilibrio se encuentra en *R*, sobre la curva de indiferencia III y con la línea de presupuesto *LM''*. A la línea que une estos puntos de equilibrio la llamamos la curva de precio y consumo.

> *Curva de precio y consumo*: La curva de precio y consumo es el conjunto de puntos del espacio de bienes que representan las combinaciones de bienes de equilibrio resultantes de las variaciones de la razón de los precios cuando permanece constante el ingreso monetario.

III.4.b. *La curva de demanda*

La curva de demanda del consumidor individual se puede derivar de la curva de precio y consumo de la misma manera en que derivamos la curva de Engel de la curva de precio y consumo.

La curva de demanda: La curva de demanda de un bien específico relaciona las cantidades de equilibrio compradas con el precio de mercado del bien cuando se mantienen constantes el ingreso nominal monetario y los precios nominales de otros bienes.

Cuando el precio de X está dado por la pendiente de *LM* en la gráfica III.4.1, se compran Ox_1 unidades de X. Este par de precio y consumo constituye un punto de la curva mostrada en la gráfica III.4.2. De igual modo, cuando el precio de X baja al nivel indicado por la pendiente de *LM'*, la cantidad comprada aumenta a Ox_2. Este par de precio y consumo es otro punto que puede representarse en la gráfica III.4.2. Graficando todos los puntos así obtenidos y conectándolos con una línea, generamos la *curva de demanda del consumidor* como se muestra en la gráfica III.4.2. Su forma indica un principio importante, llamado Ley de la Demanda.

Principio: La cantidad demandada varía inversamente con el precio, cuando permanecen constantes el ingreso nominal monetario y los precios nominales de otros bienes. En el siguiente capítulo estableceremos esta ley (con una pequeña excepción).

Adviértase que la gráfica III.4.2 tiene el precio en el eje vertical, mientras que la gráfica III.4.1 Y está representado en el eje vertical. La gráfica III.4.1 es un espacio de los bienes, de modo que el precio depende de la pendiente de la línea de presupuesto. La gráfica III.4.2 muestra la relación funcional de X con p_x, y el precio se lee directamente como la ordenada.

III.4.c. *La elasticidad de la demanda*

La elasticidad de la demanda es un concepto importante.

Elasticidad-precio de la demanda: La elasticidad-precio de la demanda, o elasticidad de la demanda, es el cambio proporcional del consumo de un bien dividido por el cambio proporcional del precio del bien. También podría determinarse a partir de los cambios ocurridos en el precio y en el ingreso monetario gastado en un bien. En el capítulo V presentaremos una definición algebraica formal de la elasticidad-precio.

GRÁFICA III.4.1. *La curva de precio y consumo*

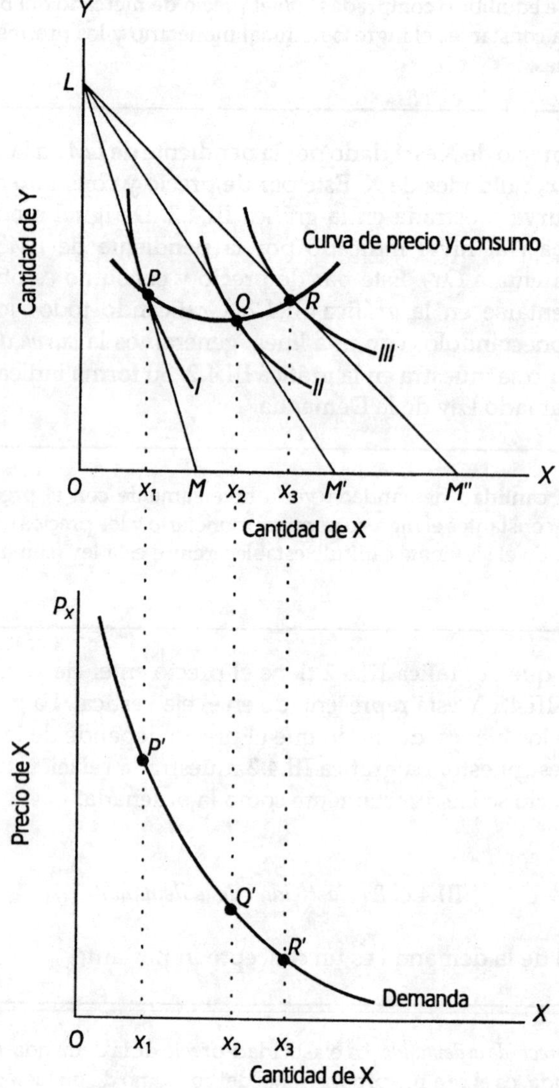

GRÁFICA III.4.2. *Precio y consumo* vs. *demanda*

En este punto conviene hacer una revisión de la relación existente entre la elasticidad-precio de la demanda y los cambios ocurridos en el gasto total del bien en cuestión. Primero, supongamos que el precio nominal del bien X baja en 1%. Decimos que la demanda de X es: *a)* elástica al precio, *b)* de elasticidad-precio unitaria, o *c)* inelástica al precio, según si la cantidad *demandada* de X aumenta más que 1%, exactamente 1% o menos que 1 por ciento.

Recordemos ahora que el gasto total en un bien es el producto del precio unitario por el número de unidades compradas. Dados un precio y una cantidad comprada iniciales, se determina un gasto total inicial único. Supongamos ahora que baja el precio en 1%. Si la demanda es elástica al precio, la cantidad demandada aumentará en más de 1%. Por tanto, el gasto total deberá aumentar cuando el precio baja y la demanda es elástica al precio. Según el mismo argumento, vemos que: *a)* el gasto total permanece constante cuando el precio baja y la demanda tiene una elasticidad-precio unitaria, y *b)* el gasto total baja cuando el precio declina y la demanda es inelástica al precio.

Ejercicio: Supóngase que el precio de X aumenta, en lugar de bajar como en la explicación anterior. Mediante un argumento análogo, demuéstrese que si el gasto total disminuye, la demanda es elástica al precio; si el gasto total permanece constante, la demanda tiene elasticidad unitaria; y si el gasto total aumenta, la demanda es inelástica al precio.

En el capítulo V examinaremos con mayor detalle la relación que existe entre la elasticidad-precio y la curva de demanda. En la subsección siguiente examinaremos la relación existente entre la elasticidad de la demanda y la curva de precio y consumo.

III.4.d. *La elasticidad de la demanda y la curva de precio y consumo*

La elasticidad de la demanda puede determinarse directamente a partir de la pendiente de la curva de precio y consumo. Considérese la parte A de la gráfica III.4.3. Sea Y que represente a "todos los demás bienes", o lo que se llama con frecuencia el dinero de "Hicks-Marshall". Esta variable se representa en el eje vertical y la designamos como "dinero", cuyo precio es la unidad. Por lo tanto, el ingreso monetario se fija en *OM* y su precio se fija en 1. La línea de presupuesto original es *MN*, y su pendiente es el precio de $X(p_x/1 = p_x)$.[12]

[12] En la teoría microeconómica no se determina un *nivel de precios*. Esa tarea queda en manos de la teoría macroeconómica. En consecuencia, podemos asignar cualquier "precio" al dinero de

GRÁFICA III.4.3. *Las curvas de precio y consumo y la elasticidad de la demanda*

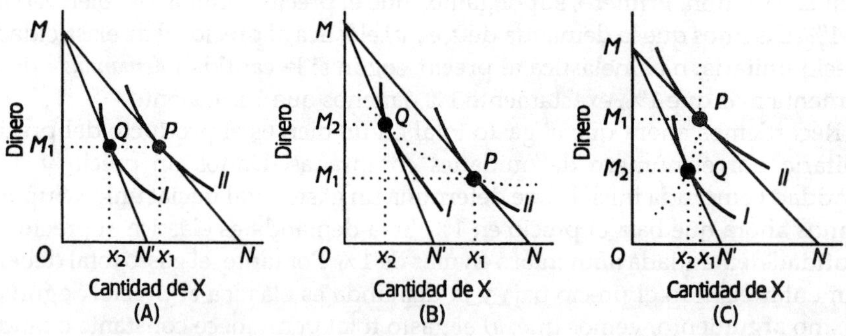

El punto original de equilibrio se encuentra en *P*, sobre la curva de indiferencia II. En este punto se adquieren $Ox_1 = M_1P$ unidades de *X*, y OM_1 unidades de "dinero". La pendiente de *MN* es (el negativo de) MM_1/M_1P y éste es el precio de X. En consecuencia, la cantidad total gastada en X será $M_1P\ (MM_1/M_1P) = MM_1$. Cuando el precio de X aumenta al nivel representado por la pendiente de *MN'*, la cantidad comprada de X disminuye a Ox_2, y por lo tanto la suma de "dinero" permanece constante al nivel OM_1, y por lo tanto la suma de "dinero" gastada en *X* también permanece constante. El precio aumenta a MM_1/M_1Q , la cantidad comprada baja a M_1Q , y el gasto total en *X* es $M_1Q(MM_1/M_1Q) = MM_1$. El aumento proporcional en el precio de *X* se compensa exactamente por la disminución proporcional en la cantidad que se compra de *X*. En consecuencia, la demanda tiene elasticidad unitaria en este intervalo de precios. Adviértase que la curva de precio y consumo es *QP*. Así que cuando la curva de precio y consumo es horizontal, la elasticidad de la demanda de *X* es unitaria.

En la figura B, un aumento en el precio de *X* (del representado por la pendiente de *MN* al representado por la pendiente de *MN'*) genera una disminución del gasto en *X*, de MM_1 a MM_2. El aumento proporcional del precio de X resulta más que compensado por la reducción proporcional de la cantidad demandada. Por lo tanto, la demanda es elástica. La curva de precio y consumo es *QP*, de modo que la demanda será elástica cuando la curva de precio y consumo tenga pendiente negativa.

Según el mismo razonamiento, la parte C ilustra la curva de precio y consumo cuando la demanda es inelástica.

Hicks-Marshall. La fijación de un precio igual a la unidad es, a la vez, lógica y útil. Los factores del nivel de precios se determinan y explican en cursos de teoría macroeconómica y teoría monetaria. Aquí nos concentramos sólo en los precios relativos.

Tenemos entonces las siguientes

Relaciones: La demanda tiene elasticidad-precio unitaria, elástica o inelástica según que la curva de precio y consumo sea horizontal, de pendiente negativa o de pendiente positiva. Por consiguiente, la curva de precio y consumo de la gráfica III.4.1 refleja una demanda que al principio (a precios más altos) es elástica, luego se vuelve de elasticidad unitaria en un punto, y después se hace inelástica.

III.5. Resumen

- Se supone que los consumidores distribuyen su limitado ingreso monetario entre los bienes y servicios disponibles de tal modo que se maximice su satisfacción. En el caso de dos bienes, X y Y, el problema del consumidor podría enunciarse formalmente como el problema de encontrar valores de x y y que maximicen la función de utilidad del consumidor, $U(x, y)$, mientras se satisface la restricción de que los gastos no excedan del ingreso monetario total (es decir, $I \geq p_x x + p_y y$, donde I es el ingreso monetario total, y p_x y p_y son los precios nominales o monetarios de X y Y, respectivamente).
- Dado el problema enunciado arriba, el consumidor escogerá x y y para satisfacer

$$\frac{UM_x}{UM_y} = \frac{p_x}{p_y}$$

donde UM_x es la utilidad marginal de X y UM_y es la utilidad marginal de Y.[13] Esta condición establece que, en el equilibrio, el consumidor escogerá x y y de tal modo que la tasa marginal de sustitución de Y por X se iguale a la razón de los precios.
- Al variar el ingreso monetario, mientras los precios nominales permanecen constantes, podremos encontrar la curva de ingreso y consumo (apartado III.3.a). Posteriormente podrá utilizarse la curva de ingreso y consumo para derivar la curva de Engel para cada bien. Las curvas de Engel muestran la cantidad de equilibrio del bien que se comprará en cada nivel del ingreso monetario. La elasticidad-ingreso de la demanda (η_I), es el cambio proporcional del consumo de un bien dividido por el cambio proporcional del ingreso. Formalmente, η_I es

[13] En la pregunta 5b de este capítulo se señalan algunas excepciones a esta condición.

$$\eta_I = \frac{dx}{dI} \cdot \frac{I}{x}$$

donde (dx/dI) es la pendiente de la curva de Engel (apartado III.3.d).

- ✦ Los bienes con $\eta_I > 1$ se llaman "bienes superiores", los bienes con $0 \leq \eta_I \leq I$ se llaman "bienes normales", y los bienes con $\eta_I < 0$ se llaman "bienes inferiores". En principio, un bien podría clasificarse como "superior" para algunos niveles de ingreso e "inferior" para otros niveles de ingreso. Un bien podría ser inferior para un consumidor, y normal o superior para otro consumidor.
- ✦ Al mantener constantes el ingreso monetario y uno de los precios nominales, mientras varía el otro precio nominal, podrá derivarse una curva de precio y consumo (apartado III.4.a). Dada una curva de precio y consumo, podrá derivarse una curva de demanda para un bien específico. La curva de demanda muestra la cantidad de equilibrio demandada del bien para diferentes valores de su precio nominal (apartado III.4.b). La ley de la demanda establece que la cantidad demandada de un bien variará inversamente con el precio, cuando se mantienen constantes el ingreso monetario y los precios nominales de otros bienes.
- ✦ La elasticidad-precio de la demanda es el cambio proporcional de la cantidad del bien dividida por el cambio proporcional del precio del bien (apartado III.4.c). Si la elasticidad-precio es mayor que 1 (elástica), el gasto total sobre el bien aumentará cuando baja el precio. Si la elasticidad-precio es exactamente igual a 1 (unitaria), el gasto total permanecerá constante cuando baja el precio, y si la elasticidad-precio es menor que 1 (inelástica), el gasto total disminuirá cuando baja el precio. El capítulo V abordará el concepto de la elasticidad-precio con mayor detalle.
- ✦ El análisis de este capítulo puede generalizarse al caso de tres o más bienes, pero subsiste la conclusión fundamental: Si los consumidores individuales se comportan de tal manera que maximicen su satisfacción a partir de un ingreso monetario limitado, las cantidades individuales demandadas variarán inversamente con el precio. En el capítulo siguiente explicaremos esta conclusión fundamental más plenamente y señalaremos una excepción especial.

Preguntas y ejercicios

1. Uno de los supuestos básicos en que se funda la teoría del consumidor establece que los incrementos de la utilidad tienden a ser menores a medida que aumenta el consumo de un bien.

a) Si el lector acepta lo anterior, explique el papel que desempeña este supuesto en el desarrollo de la teoría y de sus conclusiones.
b) Si no lo acepta, demuestre que los principales resultados de la conducta del consumidor se pueden obtener sin necesidad de tal supuesto.

2. El enfoque de la utilidad marginal y el de las curvas de indiferencia llegan a la misma posición de equilibro para un consumidor racional. Compare las dos explicaciones y exponga las ventajas de ambos enfoques.
3. Comente las dos afirmaciones siguientes:
   a) Los precios relativos miden las preferencias del consumidor.
   b) Las preferencias del consumidor son independientes de los precios relativos.
4. Suponga que un consumidor en un mundo de dos bienes tiene curvas de indiferencia lineales con una pendiente que es en todas partes igual a $-1/2$; es decir, la tasa marginal de sustitución es $1/2$.
   a) ¿Cuál es el consumo de equilibrio cuando $p_x = 1$ y $p_y = 1$ y el ingreso es \$1 000.00? ¿Cuál es el consumo de equilibrio cuando $p_x = 1$ y $p_y = 2$?
   b) Vimos en el capítulo II que de ordinario se presume que las curvas de indiferencia son convexas. ¿Cuál sería el equilibrio del consumidor si las curvas de indiferencia fuesen cóncavas (como en la gráfica III.3.2), dada una restricción presupuestaria de la clase discutida en este capítulo?
5. Suponga a un consumidor en un mundo de dos bienes, cuyo mapa de indiferencia sea tal que la pendiente de las curvas de indiferencia sea siempre igual a $-(y/x)$, donde y es la cantidad del bien Y (que se mide en el eje vertical) y x es la cantidad del bien X (que se mide en el eje horizontal).
   a) Demuestre que la demanda de X es independiente del precio de Y, y que la elasticidad de la demanda de X es unitaria. (Sugerencia: estableciendo la tasa marginal de sustitución igual a la razón de precios, tendremos $(p_x/p_y) = (y/x)$, o bien $xp_x = yp_y$. Puesto que $xp_x + yp_y = I$, donde I es el ingreso constante dado, tenemos pues que $xp_x = (1/2)\,I$. De manera que la función de la demanda consiste en $x = (1/2\,p_x)I$. Continúe el estudiante.)
   b) Explique con precisión el significado del término "tasa marginal de sustitución". ¿Cuál es el valor de la TMS de equilibrio para este consumidor, suponiendo que el precio de X sea \$1.00, el precio de Y sea \$3.00, y el ingreso del consumidor sea \$120.00?
   c) ¿Cómo aparece la curva de Engel para X? ¿Cuál es la elasticidad-ingreso de la demanda de X?

6. Supongamos que un vendedor sigue esta política de precios para el bien X: El precio de X es $2.00 por unidad para las primeras 200 unidades, y $0.50 por unidad para todas las unidades siguientes. Suponga que el bien Y se vende al precio constante de $1.00 por unidad.
   a) Trace la línea de presupuesto cuando el ingreso del consumidor sea $500.00.
   b) ¿Es posible tener en esa situación más de un punto de equilibrio del consumidor?
7. En la teoría moderna de las finanzas, las carteras de valores se forman con diversas combinaciones de riesgo y tasas de rendimiento.[14] Dado un conjunto de valores, puede demostrarse que el conjunto de combinaciones disponibles de riesgo y tasa de rendimiento se asemeja al área sombreada de la gráfica siguiente:
   La frontera de eficiencia, *e*, muestra la tasa máxima de rendimiento que es posible alcanzar en cada nivel de riesgo. Las carteras de valores que se encuentren sobre *e* o por debajo de ella, son viables; las que estén por encima de *e* no son viables.
   a) Si suponemos que los inversionistas gustan de las tasas de rendimiento elevadas pero no de los riesgos mayores, ¿cuál es la forma de una curva de indiferencia típica en el espacio de tasa de rendimiento-riesgo?
   b) Ilustre gráficamente el equilibrio del inversionista mediante curvas

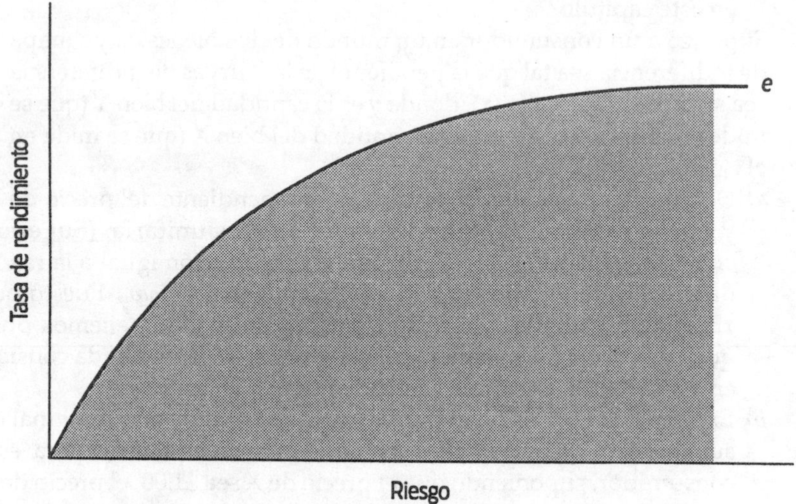

[14] El lector interesado en mayores detalles podrá consultar a E. Fama y M. Miller, *The Theory of Finance*, Nueva York, Holt, Rinehart & Winston, 1972.

de indiferencia del tipo observado en el caso *a* de esta pregunta, tratando la frontera de eficiencia como una línea de "presupuesto".

8. Los empresarios se quejan a veces en estos términos: "La inflación me está matando. Mis costos han aumentado y si traslado el aumento a los consumidores reduciré la demanda." Defina la inflación como un aumento proporcional del precio de todos los bienes de la economía en términos del dinero.
   a) Indique los efectos de la inflación sobre la línea de presupuesto de un consumidor típico y sobre su curva de demanda.
   b) ¿Es correcta la afirmación del empresario?
   c) ¿Qué clase de cambio tenderá más probablemente a afectar a los beneficios del empresario?

LECTURAS RECOMENDADAS

Henderson, James M. y Richard E. Quandt, *Microeconomic Theory: A Mathematical Approach*, 2a. ed., Nueva York, McGraw-Hill, 1971, pp. 14-31.

Hicks, John R., *Value and Capital*, 2a. ed., Oxford, Oxford University Press, 1946, pp. 26-30.

Samuelson, Paul A., *Foundations of Economic Analysis*, Cambridge, Mass., Harvard University Press, 1947, pp. 96-100.

IV. TEMAS DE LA DEMANDA DEL CONSUMIDOR

EN ESTE capítulo utilizaremos la teoría del comportamiento del consumidor elaborada en los dos capítulos anteriores para auxiliarnos en el análisis de numerosas cuestiones. ¿Podemos estar seguros de que la curva de demanda del capítulo I tiene pendiente negativa? ¿Qué queremos decir cuando hablamos de los efectos de sustitución y de ingreso de un cambio en el precio? Esta pregunta se relaciona también con cuestiones de la política económica actual tales como si un aumento al impuesto de la gasolina reducirá inevitablemente el consumo de gasolina. En la sección "Aplicación de la Teoría" consideraremos dos esquemas diferentes de aumento al impuesto (el del gobierno de Carter y el actual), y veremos cómo la consideración de los efectos de sustitución y de ingreso nos ayuda en el análisis de los efectos probables de estas políticas sobre el consumo de gasolina. También veremos en este capítulo que la teoría del consumidor puede aplicarse directamente a los problemas de la oferta de mano de obra (demanda de ocio) y a las decisiones de consumo o ahorro, entre otras.✦

APLICACIÓN DE LA TEORÍA

¿REBAJAS O RECAUDACIONES?

TOM WICKER

Una devolución general del impuesto a la gasolina no parece prometer una disminución grande del consumo de gas.

EL ARQUITECTO del programa energético del presidente Carter, James R. Schlesinger, ha planteado la clara posibilidad de que una porción sustancial de la recaudación de los nuevos impuestos relacionados con los energéticos se canalice hacia los programas de reforma fiscal y de beneficencia.

Eso parece muy razonable, pero no es exactamente la impresión que crearon inicialmente los mensajes sobre energéticos del presidente Carter. En su conferencia de prensa de la semana pasada, el presidente aceptó que no podría "asegurar ahora que cada centavo de los impuestos recaudados sería devuelto a los consumidores". Ello ocurría, dijo, "porque todavía debemos tener cierta flexibilidad".

Sin embargo, se había preguntado específicamente —y de manera reiterada— si habría alguna canalización de las nuevas recaudaciones hacia la beneficencia y otras reformas. A la luz de las observaciones hechas por el señor Schlesinger en el programa "Face the Nation" de la CBS, transmitido el domingo pasado, la respuesta del presidente Carter en la conferencia de prensa parece indiferente, si no es que francamente evasiva.

El gobierno se proponía devolver al público todas las recaudaciones fiscales relacionados con los energéticos "en los primeros años", dijo el señor Schlesinger. Pero, siguió diciendo:

> No nos hemos comprometido para los últimos años porque queremos integrar nuestras propuestas energéticas a la reforma de la beneficencia y a la reforma fiscal [...] al Presidente le gustaría tener cierta flexibilidad.

La vaga respuesta del presidente Carter pudo haber sido más prudente desde el punto de vista político, pero lo que dijo el señor Schlesinger tiene más sentido en el largo plazo. En particular, cuando la gente se acostumbre al precio más alto de la gasolina y planee en consecuencia sus presupuestos y actividades, debería disminuir o incluso desaparecer la necesidad de devolver cada centavo recaudado por los impuestos adicionales de la gasolina.

En efecto, la mayoría de las propuestas anteriores para los impuestos a la gasolina han incluido devoluciones sólo para las personas de bajos ingresos que tenían que depender de sus automóviles para ir a su trabajo y regresar de él. Desde luego, hacer esta clase de distinción entre los conductores —ya sea exentando del impuesto a una cantidad mínima de gasolina o efectuando devoluciones sólo a las personas de bajos ingresos— sería más complejo de administrar y podría provocar acusaciones de falta de equidad.

Sin embargo, no parece tener sentido —para usar un ejemplo presentado por Steven Rattner, de la Oficina de *The Times* en Washington— que una familia que viaja 17 558 millas con 1 255 galones de gasolina por año en automóviles que rinden cerca de 14 millas por galón, obtenga un *beneficio* con el propuesto impuesto a la gasolina. Si esa familia continuara viajando como de costumbre, pagaría en 1985 la suma anual de 627.50 dólares por concepto de impuestos, cuando esté presumiblemente en vigor el impuesto de 50 centavos de dólar por galón, pero obtendría una devolución de 735 dólares, o sea una ganancia de 107.50 dólares.

En efecto, por lo menos para un lego, una devolución general del impuesto a la gasolina no parece prometer una reducción grande en el consumo de gas. El impuesto podría crear un problema de flujo de efectivo para los conductores de ingresos bajos, ya que estarían pagando precios más altos durante todo el año, antes de recibir una sola devolución al final del año. Pero a largo plazo no pagarían *más*. Por lo tanto, ¿para qué reducir el uso del automóvil? Como dicen las compañías petroleras, ¿dónde está el incentivo?

¿No debería hacerse que también la conducción de automóviles costara realmente lo que vale, si el programa energético de Carter trata de lograr que *todos* los energéticos cuesten lo que valen? Si así fuera, resulta difícil entender el propósito de las prometidas devoluciones del impuesto a la gasolina, como no sea una ayuda para soportar las penurias de principios del año o para el sostenimiento de los conductores de bajos ingresos, a menos que ahora se prometan devoluciones para volver más fácilmente aceptable el impuesto desde el punto de vista político, cuando la intención es la de conservar toda la recaudación o la mayor parte de ella, como aparentemente sugirió el doctor Schlesinger.

Si ése *es* el objetivo final, sería preferible que el señor Carter peleara por él ahora con la franqueza de Schlesinger y no sólo para evitar las acusaciones posteriores de no cumplir con la promesa de las devoluciones. También parece más sensato *a)* hacer que la conducción de un automóvil resulte tan costosa que se pudiera lograr una conservación real, y *b)* aprovechar el inmenso potencial de recaudación de lo que es esencialmente un aumento de impuestos a los usuarios.

Además, tales recaudaciones no tendrían que usarse sólo para pagar los costos de la reforma fiscal y de la beneficencia; también podrían invertirse legítimamente en numerosos proyectos de energéticos y de transportes. Únicamente hay una diferencia de grado entre la aplicación de un impuesto de cuatro centavos a la gasolina para la construcción de un sistema de carreteras interestatales y la elevación de ese impuesto a 50 centavos para ayudar a pagar el tránsito masivo o para la reconstrucción de las anticuadas vías ferroviarias.

Es posible que la intuición política del presidente Carter le diga que es necesario hacer la promesa de devoluciones completas del impuesto a la gasolina para obtener la aprobación del público y del Congreso, incluso en lo tocante al impuesto provisional que se propone. Si así fuera, la legislación sobre las devoluciones podría tener todavía una duración limitada, a fin de permitir que se haga una reconsideración al cabo de pocos años.

Preguntas

1. El presidente Reagan y muchos congresistas y senadores están considerando ahora una elevación del impuesto a la gasolina. Tal aumento elevará el precio de la gasolina para los consumidores. ¿Reducirá necesariamente el consumo de gas? (Asegúrese de distinguir, en su respuesta, entre el efecto de sustitución de este aumento en el precio y el efecto del ingreso.)
2. El presidente Carter había propuesto en 1977 un aumento en el impuesto a la gasolina, pero agregando que la recaudación obtenida regresaría "al público". Si el monto de esta devolución *no* se relaciona con la cantidad de gasolina que compre individualmente cada consumidor, ¿cómo afectará esto al efecto del ingreso y al efecto de sustitución mencionados en la pregunta anterior? ¿Desaparecerá el efecto del ingreso? ¿Desaparecerá el efecto de sustitución?
3. A propósito del párrafo del artículo transcrito que dice: "En efecto, por lo menos para un lego,...", conteste lo siguiente: ¿Tiene razón Tom Wicker para concluir que no habría ningún incentivo para redu-

cir la conducción de automóviles en las circunstancias enunciadas en la pregunta 2 anterior? Explique cuidadosamente su respuesta.

4. Si el presidente Reagan solicitara su ayuda para determinar en cuánto disminuiría el consumo de gasolina como consecuencia de su propuesta de aumentar el impuesto a la gasolina, ¿cuál de los conceptos económicos de los capítulos precedentes le resultaría a usted más útil? ¿Por qué? En su respuesta, explique cómo usaría usted este concepto.

SOLUCIONES

1. Si el gas es un bien "normal", el aumento en el precio deberá reducir inevitablemente la cantidad demandada, porque el efecto de sustitución y el efecto del ingreso operan en la misma dirección. El "efecto del ingreso" del aumento en el precio se refiere al hecho de que, como consecuencia del aumento en el impuesto, el consumidor podrá comprar menos de su canasta de mercado total de bienes y servicios. Este efecto tiende a reducir el consumo de todos los bienes "normales" (aunque este efecto es pequeño si el bien gravado no constituye una gran parte de los gastos del consumidor). El "efecto de sustitución" o efecto del "precio relativo" es resultado del hecho de que el aumento en el impuesto eleva el precio de la gasolina en relación con el precio de otros bienes. Este efecto *siempre provoca por sí mismo* que el consumidor desvíe algo de su consumo del bien gravado hacia el consumo de otros bienes.
2. El efecto de sustitución *no* se ve contrarrestado, mientras que el efecto del ingreso podría serlo para algunos consumidores. Un individuo, cuyo poder de compra regrese al nivel que tenía antes del impuesto, tendrá todavía un incentivo para consumir menos del bien gravado (y más de otros bienes), a causa de este efecto de sustitución o de precio relativo.
3. Tom Wicker no tiene razón. El efecto de sustitución seguirá vigente, proporcionando un incentivo para la reducción del consumo de gasolina, aunque no tan grande como en el caso de que no hubiera ninguna devolución (suponiendo que la gasolina sea un bien normal).
4. La magnitud del aumento en el precio como resultado de la elevación del impuesto se determina por las elasticidades de la oferta y la demanda. La elasticidad-precio de la demanda sería muy útil si conociéramos el efecto del aumento del impuesto sobre el incremen-

to en el precio. Si supiéramos, por ejemplo, que esta elasticidad-precio es igual a 0.15 en el segmento de los precios que estamos considerando, podríamos usar tal información para determinar la disminución porcentual en el consumo de gasolina. Supongamos que el aumento en el precio, como consecuencia del incremento en el impuesto de la gasolina, sea de 10%. Entonces, si la elasticidad-precio de la demanda fuese 0.15, pronosticaríamos que el consumo de gasolina disminuiría en 1.5 por ciento.

FUENTE: *The New York Times*, 26 de abril de 1977.

A PESAR DEL INCREMENTO DE LAS TARIFAS, LAS FLOTILLAS DE TAXIS INFORMAN NUEVAS PÉRDIDAS

Según el *Taxi News*, periódico del gremio, las flotillas de taxis de la ciudad han descubierto que el aumento de cuotas autorizado el otoño pasado fue inadecuado y se preparan para solicitar un nuevo aumento.

El aumento de 17.5% en las cuotas, que entró en vigor en noviembre, sólo ha producido un aumento de 10 a 11% en los ingresos brutos, en lugar del 17.5% pronosticado por la Comisión de Taxis y Limusinas, dice el artículo periodístico. En consecuencia, ha desaparecido la posibilidad de un beneficio de operación y se están acumulando de nuevo las pérdidas, porque "los costos de operación han seguido inflándose".

El periódico del gremio dijo que la Junta Metropolitana de Taxistas, que representa a los 60 propietarios de flotillas de la ciudad, pediría probablemente que la Comisión de Taxis "cumpliera su promesa de otorgarles un aumento de tarifas que produzca un aumento de 17.5% en los ingresos brutos".

"De acuerdo con los contadores del gremio, tal cosa sólo podrá lograrse aumentando las tarifas en el 25% solicitado originalmente", agregó el periódico.

El periódico *Taxi News* también sugirió que se esperaba que el gremio presentara un plan para contrarrestar el aumento en los costos de la gasolina. Éste podría consistir en el cobro a los pasajeros de 1 centavo por cada 2 centavos de aumento en los costos de la gasolina por galón. Si los costos de la gasolina bajaran, se invertiría el procedimiento, reduciendo 1 centavo del costo del viaje por cada reducción de 2 centavos en el costo de la gasolina.

La Junta Metropolitana de Taxistas ha citado a una conferencia de prensa que se celebrará esta mañana, a fin de anunciar los detalles de sus planes y documentar las necesidades del gremio, dijo un vocero.

Preguntas

1. De acuerdo con la información contenida en este artículo, ¿es la demanda de taxis elástica o inelástica en el segmento de precios en cuestión? ¿Cómo lo sabemos?
2. De acuerdo con la Comisión de Taxis y Limusinas, *se suponía* que el aumento de 17.5% en las tarifas generaría un aumento de 17.5% en los "ingresos brutos". Para que tal cosa ocurra, ¿cuál debería ser la elasticidad de la demanda de taxis?
3. La Junta Metropolitana de Taxistas, que representa a los 60 propietarios de flotillas, desea un aumento de 25% en las tarifas para que los ingresos brutos aumenten en 17.5%. ¿Está de acuerdo esa Junta con la Comisión de Taxis y Limusinas en lo tocante a la elasticidad de la demanda de taxis en el intervalo de precios en cuestión? Explique.

Soluciones

1. La demanda de taxis debe de ser inelástica. El ingreso total *aumentó* a causa del *aumento* en el precio
2. Debe de haber pensado que la elasticidad era *cero*. Es decir, para que un aumento dado en el precio genere un aumento correspondiente de la misma magnitud en el ingreso total, es necesario que no disminuya la cantidad demandada. Adviértase que si la elasticidad fuese igual a 1, no habría ningún aumento en el ingreso total.
3. No. La Junta cree que la elasticidad es menor que 1 pero mayor que cero. La Comisión de Taxis y Limusinas, por su parte, supone implícitamente que la elasticidad es igual a cero.

IV.1. Introducción

En el capítulo III presentamos la teoría del comportamiento del consumidor. Vimos allí que la curva de demanda de un consumidor individual tiene normalmente una pendiente negativa: la cantidad demandada varía inversamente con el precio. Este capítulo contiene un análisis más detallado de la demanda del consumidor y de la demanda de mercado de bienes relacionados.

IV.2. Los efectos de sustitución y de ingreso

Un cambio en el precio nominal de un bien ejerce en realidad dos influencias sobre la cantidad demandada. En primer lugar, hay un cambio en el precio *relativo*, un cambio en los términos en los que un consumidor *puede* cambiar un bien por otro. El cambio en el precio relativo conduce por sí solo a un *efecto de sustitución*. En segundo lugar, un cambio en el precio nominal de un bien (cuando permanece constante el ingreso nominal) provoca un cambio en el ingreso *real*, o sea en el tamaño del conjunto de bienes y servicios que un consumidor puede comprar. Si baja el precio nominal de un bien, mientras permanecen constantes el ingreso monetario y los demás precios nominales, el ingreso real aumenta, porque el consumidor podrá comprar ahora más del bien cuyo precio ha bajado o de los demás bienes. En otras palabras, debe aumentar el nivel de satisfacción del consumidor. Este cambio en el ingreso real conduce a un *efecto del ingreso* sobre la cantidad demandada.

Una aplicación de los efectos de sustitución y de ingreso (presentada en la sección "Aplicación de la Teoría") nos permite saber si un aumento en el impuesto de la gasolina (que se reintegra) disminuirá inevitablemente la cantidad consumida de gasolina. Véanse mayores detalles en la sección citada.

IV.2.a. *El efecto de sustitución en el caso de un bien normal o superior*

Cuando el precio de un bien cambia y los precios de otros bienes y el ingreso permanecen constantes, el consumidor pasa de un punto de equilibrio a otro. En circunstancias normales, cuando el precio de un bien baja se compra mayor cantidad de éste; cuando el precio sube, se compran menos unidades. El cambio global en la cantidad demandada, al pasar de una posición de equilibrio a otra, se llama *efecto total*.

Efecto total: El efecto total de un cambio en el precio es el cambio total en la cantidad demandada conforme el consumidor pasa de un equilibrio a otro.

En la gráfica IV.2.1 presentamos el efecto total de un cambio de precio. La razón de precios original está indicada por la pendiente de la línea de presupuesto *LM*. El consumidor alcanza el equilibrio en el punto *P*, sobre la curva de indiferencia II, y compra Ox_1 unidades de X. Cuando el precio de X aumenta, como lo indica el desplazamiento de la línea de presupuesto de *LM* a *LM'*, el consumidor pasa a una nueva posición de equilibrio en *R* sobre la curva de indiferencia I. En este punto compra Ox_3 unidades de X. El efecto total del cambio de precio está indicado por el desplazamiento de *P* a *R*, o bien por la reducción de la cantidad demandada, de Ox_1 a Ox_3. En otras palabras, el efecto total es $Ox_1 - Ox_3 = x_1x_3$. Esto es lo que llamamos un efecto total negativo, porque la cantidad demandada disminuye en x_1x_3 unidades.

El efecto total de un cambio en el precio puede descomponerse en dos efectos: el *efecto de sustitución* y el *efecto del ingreso*. Examinemos en primer término el efecto de sustitución. Considérese la gráfica IV.2.1. Cuando aumenta el precio de X, el consumidor ve disminuir su "ingreso real", es decir, su utilidad, como lo indica el movimiento de la curva de indiferencia II a la curva de indiferencia I. Supongamos que al mismo tiempo que aumenta el precio se le entrega al consumidor una cantidad de ingreso monetario (adicional) precisamente suficiente para compensarlo por la pérdida del ingreso real que de otro modo habría sufrido. Es decir, se otorga al consumidor un pago compensatorio precisamente suficiente para que permanezca sobre la curva de indiferencia II en el *nuevo* régimen de precios.

Indicamos esta compensación gráficamente mediante la construcción de una línea de presupuesto ficticia, tangente a la curva de indiferencia *original*, pero cuya pendiente corresponde a la *nueva* razón de los precios. La línea de guiones *CC'* de la gráfica IV.2.1 es la línea de presupuesto ficticia para este ejemplo: es tangente a la curva de indiferencia original II en el punto *Q*; pero es paralela a la nueva línea de presupuesto *LM'*, lo que refleja la nueva razón de los precios.

El efecto de sustitución está representado por el movimiento de la posición de equilibrio original en *P* a la posición de equilibrio imaginario en *Q*, ambos puntos se sitúan en la curva de indiferencia original. En términos de cantidades, el efecto de sustitución es la disminución de la cantidad demandada de Ox_1 a Ox_2, o sea en x_1x_2 unidades.

GRÁFICA IV.2.1. *Efectos de sustitución y de ingreso sobre un bien normal o superior cuando aumenta el precio*

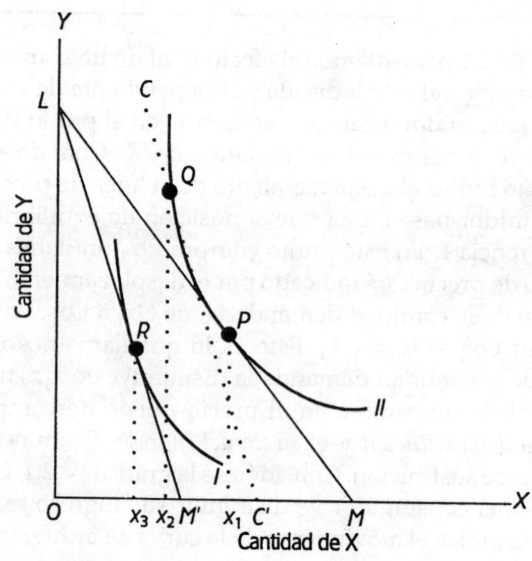

GRÁFICA IV.2.2. *Efectos de sustitución y de ingreso sobre un bien normal o superior cuando disminuye el precio*

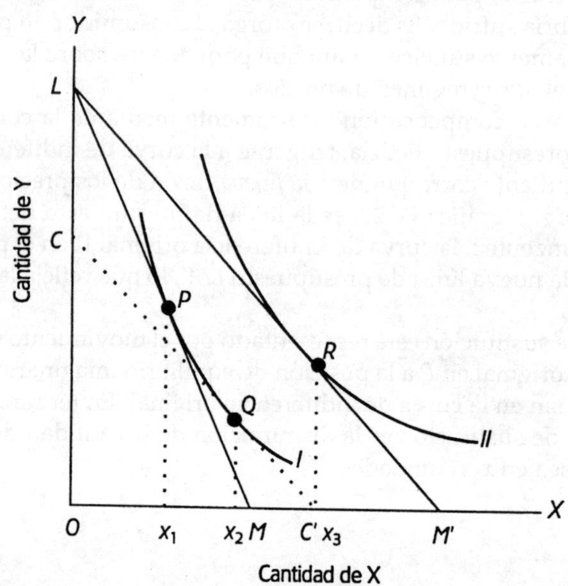

Efecto de sustitución: El efecto de sustitución es el cambio en la cantidad demandada que resulta de un cambio en el precio relativo una vez que se compensa al consumidor por el cambio de su ingreso real. O sea que es el cambio en la cantidad demandada que genera un cambio en el precio cuando el cambio se limita a un movimiento a lo largo de la curva de indiferencia original, dejando así constante el ingreso real.[1]

Se llama efecto de sustitución porque es el cambio que ocurre cuando el consumidor trata de sustituir el bien relativamente caro por el más barato. Aunque no cambiara su poder de compra real, un consumidor se alejará (por lo general) de los bienes más costosos.

El efecto de sustitución en el caso de una disminución en el precio se ilustra en la gráfica IV.2.2. El equilibrio original es el punto *P* de la curva de indiferencia I, la razón de precios está representada por la línea de presupuesto original *LM*. El precio de X baja ahora al indicado por la pendiente de *LM'*. En ausencia de un pago compensatorio, el consumidor disfrutaría un aumento en el ingreso real, pasando a un equilibrio sobre la curva de indiferencia II. En este caso, compensamos imaginando una disminución del ingreso monetario en una cantidad precisamente suficiente para mantener constante el ingreso real con la nueva razón de los precios. Esto se ilustra gráficamente con la línea de guiones *CC'*.

Como resultado del cambio de precio considerado por sí solo, manteniendo constante el ingreso real, el consumidor pasa del equilibrio original en *P* al equilibrio imaginario en *Q*. El movimiento de *P* a *Q*, a lo largo de la curva de indiferencia original, representa el efecto de sustitución. La cantidad demandada aumenta de Ox_1 a Ox_2.

Comparando las gráficas IV.2.1 y IV.2.2, vemos de inmediato que *el efecto de sustitución implica siempre que la cantidad demandada varía inversamente con el precio.*[2] Un aumento en el precio X conduce a una disminución de la cantidad demandada de X si mantenemos constante el ingreso real (es decir, si mantenemos al consumidor en la misma curva de indiferencia).

Podremos entender mejor la proposición de que los aumentos en los precios con compensación del ingreso conducen a una reducción de la cantidad demandada, considerando el argumento siguiente que no depende directa-

[1] Como implica este enunciado, utilizaremos la satisfacción total del consumidor indicada por la curva de indiferencia como la medida del ingreso real. Por tanto, todos los puntos de la misma curva de indiferencia representan el mismo ingreso real, las curvas de indiferencia más altas representan mayor ingreso real, y las curvas de indiferencia más bajas representan menor ingreso real.

[2] Hay un caso extremo, en el que X y Y son "complementos perfectos", en el que no puede haber ningún efecto de sustitución.

mente del uso de las curvas de indiferencia. En la gráfica IV.2.3, la línea de presupuesto inicial es *LM*. Sabemos que el consumidor, digamos Pérez, escoge un punto en *LM* (no debajo).[3] Supongamos que Pérez escoge el conjunto *A*. Supongamos que el precio de X aumenta ahora, de modo que la línea de presupuesto es *LM'*. Sabemos que la situación de Pérez va a empeorar tras este aumento en el precio. Supongamos también que entregamos a Pérez un ingreso monetario adicional suficiente para compensarlo por esta pérdida de la utilidad. Los incrementos en el ingreso monetario hacen que *LM'* se desplace paralelamente hacia el noreste. Sabemos que Pérez estará *por lo menos* tan feliz como antes del aumento en el precio, si desplazamos la línea de presupuesto hasta que intersecte a *LM* en *A*, porque en ese punto Pérez consumirá *A*, incluso con los nuevos precios. En consecuencia, Pérez se sentirá tan feliz como antes del aumento en el precio, cuando la línea de presupuesto se desplaza para intersectar a *LM* en *A*, o en algún punto a la izquierda de *A*. Supongamos que el aumento en el ingreso monetario necesario para compensar a Pérez por el aumento en el precio se traduce en la nueva línea de presupuesto *DC'*. El nuevo conjunto de consumo deberá encontrarse en el segmento *DC*, porque cualquier punto del segmento *CC'* podría haberse consumido en la línea de presupuesto *LM*, y sabemos que Pérez preferiría *A* a cualquiera de estos otros conjuntos de consumo. (Ésta es la suposición de transitividad *ii* del capítulo II.) Pero todos lo puntos *DC* tienen menos X que el conjunto *A*, de modo que la cantidad de X demandada disminuye cuando aumenta el precio de X y se compensa el ingreso (es decir, cuando se aumenta el ingreso monetario precisamente lo suficiente para compensar la pérdida de utilidad derivada de la reducción del ingreso real causada por el aumento en el precio de X). Vemos entonces que este resultado se deduce directamente de las suposiciones del capítulo III acerca del comportamiento del consumidor y no requiere el uso explícito de las curvas de indiferencia.

Adviértase que el enfoque que no utiliza curvas de indiferencia es idéntico al enfoque que sí las utiliza. Dada nuestra definición de la línea *DC'* en la gráfica IV.2.3, ésta es idéntica a la línea *CC'* de la gráfica IV.2.1. Ambas líneas se trazan de tal modo que cuando Pérez se encuentra en su punto óptimo sobre la línea de presupuesto pertinente (*DC'* en la gráfica IV.2.3 y *CC'* en IV.2.1) la utilidad es igual a la utilidad en *R*, el nuevo óptimo. La gráfica IV.2.3 es simplemente IV.2.1 sin las curvas de indiferencia allí trazadas.

El método que acabamos de describir suele atribuirse a Hicks, pero hay otro enfoque para la deducción de los efectos del ingreso y de sustitución asociado con Slutzky. Este método mantiene constante el ingreso real en una forma distinta.

Consideremos de nuevo un aumento en el precio de X como se indica en la

[3] Suponemos que X y Y son bienes MEM, como se definieron en el capítulo II.

GRÁFICA IV.2.3. *Efectos de sustitución con un aumento de precio y compensación del ingreso*

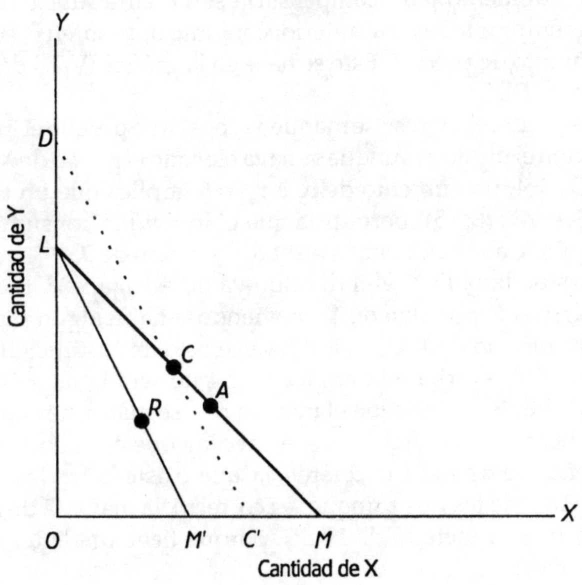

GRÁFICA IV.2.4. *Método de Slutzky: efectos de sustitución y de ingreso*

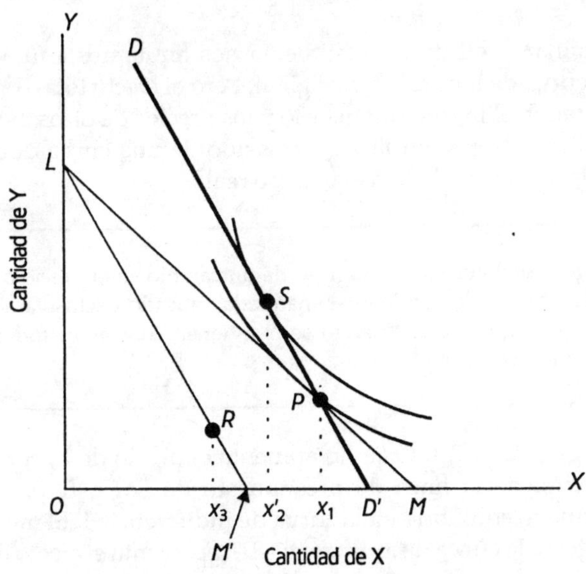

gráfica IV.2.1. El efecto de sustitución se define como el cambio ocurrido en el consumo tras compensar al consumidor para mantener constante el ingreso real. Un procedimiento para compensarlo sería darle suficiente dinero para que pudiera comprar todavía el anterior conjunto óptimo, en *P*, cuando afronta el nuevo conjunto de precios. Esto se hace en la gráfica IV.2.4 dándole la línea de presupuesto *DD'*.

En cierto sentido, el ingreso se mantiene constante porque el individuo tiene a su disposición el punto *P*, aunque se haya elevado el precio de X. Por ejemplo, si $p_{x_0} = 5$ y $O_{x_1} = 4$, un aumento de p_x a $p_{x_1} = 6$ implica que un aumento en el ingreso de $\$4 (= 4 \times (6-5))$ permitiría que el individuo consumiera la misma cantidad de X y Y aunque se haya elevado el precio de X.

Por supuesto, dada *DD'*, el individuo ya no escogería *P*. Por el contrario, sustituiría algo de X por algo de Y, moviéndose hacia algún punto nuevo tal como *S*. La reducción de X, de x_1 a x'_2 es el efecto de sustitución.

En general, $Ox_1 - Ox'_2$ de la gráfica IV.2.4 no será igual a $Ox_1 - Ox_2$ en la gráfica IV.2.1. Ello es así porque el ingreso real se mantiene constante en una forma distinta en los dos diagramas. A medida que el cambio en el precio se torna pequeño, desaparece la diferencia que existe entre los dos métodos. Aunque ninguno de los dos enfoques es correcto, la mayoría de los economistas prefieren usar el método de Hicks, porque tiene una interpretación más clara en la mayoría de los casos.

IV.2.b. *El efecto del ingreso en el caso de un bien normal*

Para determinar el efecto de sustitución nos limitamos a movimientos a lo largo de la curva de indiferencia original. Pero el efecto total de un cambio en el precio, cuando el ingreso monetario y los precios de otros bienes permanecen constantes, siempre implica un traslado de una curva de indiferencia a otra, y por tanto un cambio en el ingreso real.

> *Efecto del ingreso*: El efecto del ingreso de un cambio en el precio de un bien es igual al cambio en la cantidad demandada causado exclusivamente por un cambio en el ingreso real, cuando se mantienen constantes todos los demás precios y el ingreso monetario.

Véase la gráfica IV.2.1. Cuando aumenta el precio de X, como lo indica el desplazamiento de la línea de presupuesto de *LM* a *LM'*, el consumidor alcanza su nuevo equilibrio en la curva de indiferencia I. El movimiento de *P* a *Q*, a lo largo de la curva de indiferencia II, representa el efecto de sustitución.

Dejemos ahora que el ingreso real del consumidor baje del nivel representado por la línea de presupuesto imaginaria a *CC'*. El desplazamiento de la posición imaginaria de equilibrio *Q* sobre la curva de indiferencia II a la verdadera posición de nuevo equilibrio *R* sobre la curva de indiferencia I indica el efecto del ingreso. Puesto que *CC'* y *LM'* son paralelas, el desplazamiento no implica un cambio en los precios relativos. Se trata de un cambio en el ingreso real.

El ingreso real baja cuando aumenta el precio de X. La disminución de la cantidad demandada de Ox_2 a Ox_3 mide el cambio atribuible exclusivamente al descenso del ingreso real, puesto que el cambio en los precios relativos ya había sido representado por el efecto de sustitución.

De igual manera, en la gráfica IV.2.2 la disminución en el precio de X produce un aumento en el ingreso real. El efecto de sustitución es responsable del desplazamiento de *P* a *Q*, mientras que el efecto del ingreso queda representado por el movimiento de *Q* a *R*. El ingreso real aumenta como resultado de la disminución en el precio, y la cantidad demandada aumenta de Ox_2 a Ox_3 *exclusivamente* como resultado del incremento en el ingreso real.

Tanto en una gráfica como en la otra se puede ver fácilmente que el efecto total de un cambio en el precio es la suma de los efectos de sustitución y del ingreso. En la gráfica IV.2.1, el efecto total del aumento en el precio de X es una disminución de la cantidad demandada de Ox_1 a Ox_3. El movimiento de Ox_1 a Ox_2 es atribuible al efecto de sustitución y el movimiento de Ox_2 a Ox_3 es el efecto del ingreso. El mismo razonamiento se aplica, *mutatis mutandis*, al efecto total en la gráfica IV.2.2. Véase la sección "Aplicación de la Teoría" para una aplicación de los efectos de sustitución y del ingreso.

IV.2.c. *Los bienes normales o superiores*

Como indican los subtítulos anteriores, nuestro análisis se ha limitado hasta ahora al caso de los bienes "normales" o "superiores", pero no hemos definido todavía un bien "normal" o "superior" sino en términos de la elasticidad-ingreso de la demanda. Ahora tenemos las herramientas necesarias para una definición más exacta.

Adviértase en la gráfica IV.2.1 que, al aumentar el precio de un bien, disminuye el ingreso real, y el efecto del ingreso provoca una disminución de la cantidad demandada. Por otra parte, una disminución en el precio (gráfica IV.2.2) conduce a un aumento en el ingreso real y en la cantidad comprada atribuible al efecto del ingreso. En ambos casos, la cantidad demandada varía directamente con el ingreso real: un aumento en el ingreso real conduce a un incremento en la cantidad demandada, y una disminución en el ingreso real disminuye la cantidad demandada.

Bienes normales o superiores: Un bien normal o superior es aquel para el cual la cantidad demandada varía directamente con el ingreso real.

Principio: Para un bien normal o superior, el efecto del ingreso refuerza el efecto de sustitución. Una disminución en el precio significa un aumento en el ingreso real, y, para un bien normal o superior, esto significa que la cantidad demandada aumentará. Pero una disminución en el precio aumenta también la cantidad demandada a causa del efecto de sustitución, de manera que el efecto del ingreso y el de sustitución funcionan en la misma dirección. Así pues, para un bien normal o superior la cantidad demandada siempre varía inversamente con el precio.

IV.3. LOS BIENES INFERIORES

La teoría dice, y los estudios empíricos revelan, que el efecto del ingreso es positivo para la mayoría de los bienes.[4] Sin embargo, en ciertos casos raros el

[4] El efecto del ingreso es el cambio de x resultante de un cambio en el ingreso. Puesto que

$$I = p_x x + p_y y + \ldots + p_z z,$$

entonces para todo cambio del ingreso, cualquiera que sea su causa.

$$\mathrm{d}I = p_x \frac{\partial x}{\partial I}\,\mathrm{d}I + p_y \frac{\partial y}{\partial I}\,\mathrm{d}I + \ldots + p_z \frac{\partial z}{\partial I}\,\mathrm{d}I.$$

Puesto que $p_x, p_y, \ldots, p_z > 0$, y puesto que el miembro izquierdo es positivo, en cierto sentido de "promedio", las $\partial x/\partial I\ \mathrm{d}I$, $\partial y/\partial I\ \mathrm{d}I$, ..., $\partial z/\partial I\ \mathrm{d}I$ del miembro derecho deben ser positivos. En efecto, la última expresión puede escribirse como

$$1 = p_x \frac{x}{I}\frac{\partial x}{\partial I}\frac{I}{x} + p_y \frac{y}{I}\frac{\partial y}{\partial I}\frac{I}{y} + \ldots + p_z \frac{z}{I}\frac{\partial z}{\partial I}\frac{I}{z}$$

o sea

$$1 = s_x\eta_x + s_y\eta_y + \ldots + s_z\eta_z$$

donde $s_q \equiv p_q q/I$, o sea la porción del ingreso gastada en el bien q y $\eta_q \equiv (\partial_q/\partial I)\,(I/q)$, o sea la elasticidad-ingreso del bien q. Por lo tanto, un promedio ponderado de las elasticidades del ingreso debe ser igual a 1, así que los efectos del ingreso son positivos en promedio.

GRÁFICA IV.3.1. *Ilustración de un bien inferior*

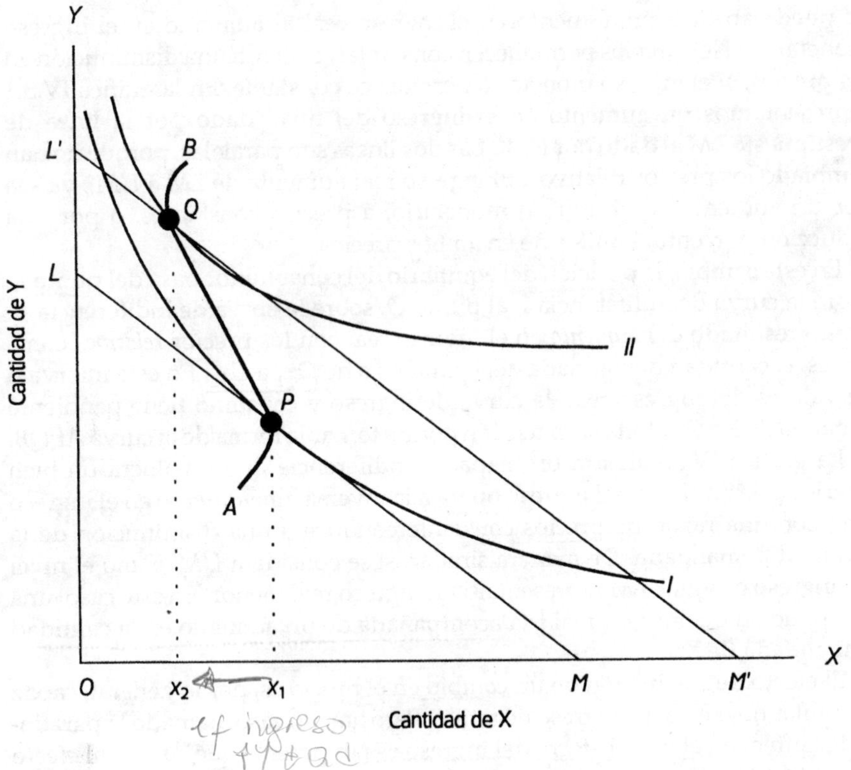

efecto del ingreso puede provocar un cambio de la margarina a la mantequilla, de los frijoles enlatados a los frescos. O sea, que un aumento en el ingreso real puede conducir a una disminución en el consumo de ciertos bienes. Estos bienes reciben el nombre de bienes inferiores.

> *Bienes inferiores*: Un bien inferior es aquel cuya cantidad demandada varía inversamente con el ingreso real: los aumentos en el ingreso real reducen la cantidad demandada y las disminuciones en el ingreso real aumentan la cantidad demandada de los bienes inferiores.

IV.3.a. *Los bienes inferiores y la paradoja de Giffen*

Se puede atribuir un aumento en el ingreso real al aumento en el ingreso monetario, si los precios permanecen constantes, o bien, a una disminución en los precios, si el ingreso monetario permanece constante. En la gráfica IV.3.1 representamos un aumento en el ingreso del nivel dado por la línea de presupuesto *LM* al dado por *L'M'*. Las dos líneas son paralelas, porque no han cambiado los precios relativos. El ingreso real aumenta de *LM* a *L'M'*, ya sea por un aumento en el ingreso monetario, a precios constantes, o por una reducción porcentual uniforme en ambos precios.

En este cambio, la posición del equilibrio del consumidor pasa del punto *P*, sobre la curva de indiferencia I, al punto *Q*, sobre la curva de indiferencia II. Como resultado del *aumento* en el ingreso real con los precios *relativos* constantes, la cantidad demandada del bien X baja de Ox_1 a Ox_2. En este intervalo de valores del ingreso real, la curva de ingreso y consumo tiene pendiente negativa de *P* a *Q*, y toda su extensión podría tomar la forma de la curva *APQB*.

La gráfica IV.3.1 ilustra un mapa de indiferencia que involucra un bien inferior (X).[5] El efecto del ingreso opera a la inversa: un aumento en el ingreso real, con una razón de precios constante conduce a una disminución de la cantidad demandada. De manera similar, si se considera *L'M'* como el nivel del ingreso original, *LM* representará un ingreso real menor. En este caso, una disminución del ingreso real iría acompañada de un aumento en la cantidad demandada de X.

El efecto de sustitución de un cambio en el precio es, por lo general, capaz de anular un efecto del ingreso negativo. Pero hay un caso, llamado la paradoja de Giffen, en el que el efecto del ingreso es tan potente que supera al efecto de sustitución. En este caso, una disminución en el precio genera una disminución en la cantidad demandada, y un aumento en el precio genera un incremento en esa cantidad. En la gráfica IV.3.2 se ilustra la paradoja de Giffen. La pendiente de *LM* representa el precio original de X. El precio de X baja al nivel indicado por la pendiente de *LM'*, mientras que el ingreso monetario y el precio de Y permanecen constantes. La posición de equilibrio del consumidor se mueve del punto *P* sobre la curva de indiferencia I, al punto *Q* sobre la curva de indiferencia II. En este intervalo, la curva de precio y consumo es *PQ*, y en toda su extensión se puede parecer a la curva *APQB*. En el caso de la

[5] El argumento de la nota 4 implica que no pueden ser inferiores los dos bienes de un mundo de dos bienes. La intuición nos señala que el aumento del ingreso deberá gastarse en algo, y si ambos bienes fueran inferiores, ello implicaría una disminución del gasto en ambos bienes. Pero eso a su vez implicaría que el individuo no está gastando todo su ingreso. Esto coloca al consumidor dentro de la línea de presupuesto, en una situación que no puede ser óptima. ¿Podrán ser superiores ambos bienes en un mundo de dos bienes?

GRÁFICA IV.3.2. *Ilustración de la paradoja de Giffen*

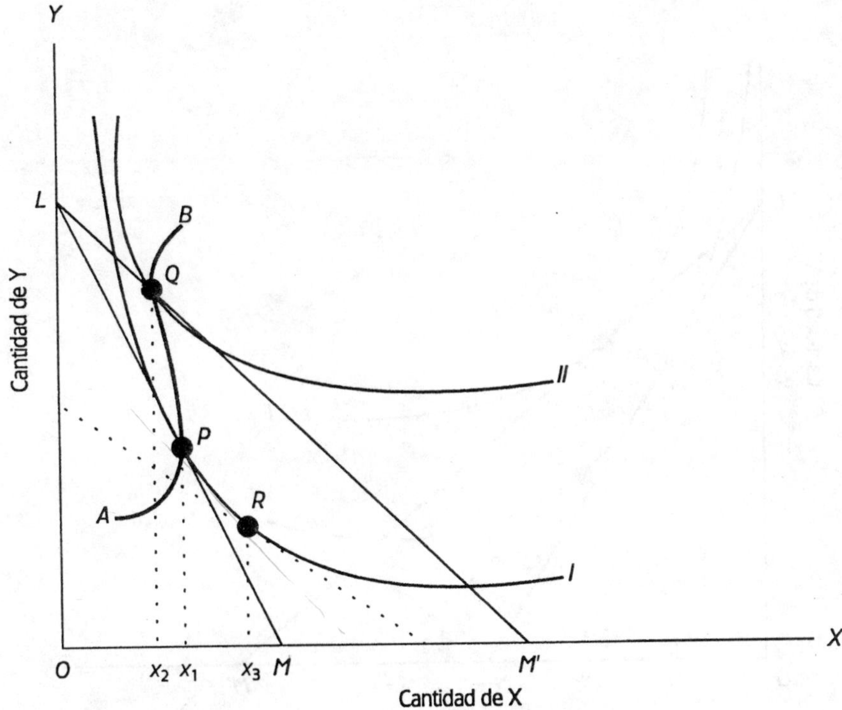

paradoja de Giffen la curva de precio y consumo tiene *pendiente negativa* en cierto intervalo.

El efecto de sustitución asociado a la disminución de p_x es todavía positivo (igual a $Ox_3 - Ox_1$) y se indica por el movimiento de P a R. Pero el efecto del ingreso de $Ox_2 - Ox_3$ no es sólo negativo sino suficientemente grande para superar al efecto de sustitución positivo, de modo que el efecto neto es negativo, es decir, $Ox_2 - Ox_1 < 0$.

> *La paradoja de Giffen*: La paradoja de Giffen se refiere a un bien cuya cantidad demandada varía directamente con el precio. Todos los bienes de esta clase son inferiores, pero no todos los bienes inferiores pertenecen a ella. Los bienes a los cuales se aplica la paradoja de Giffen constituyen la única excepción a la ley de la demanda.

GRÁFICA IV.3.3. *Efectos del ingreso y de sustitución en el caso de un bien no sujeto a la paradoja de Giffen*

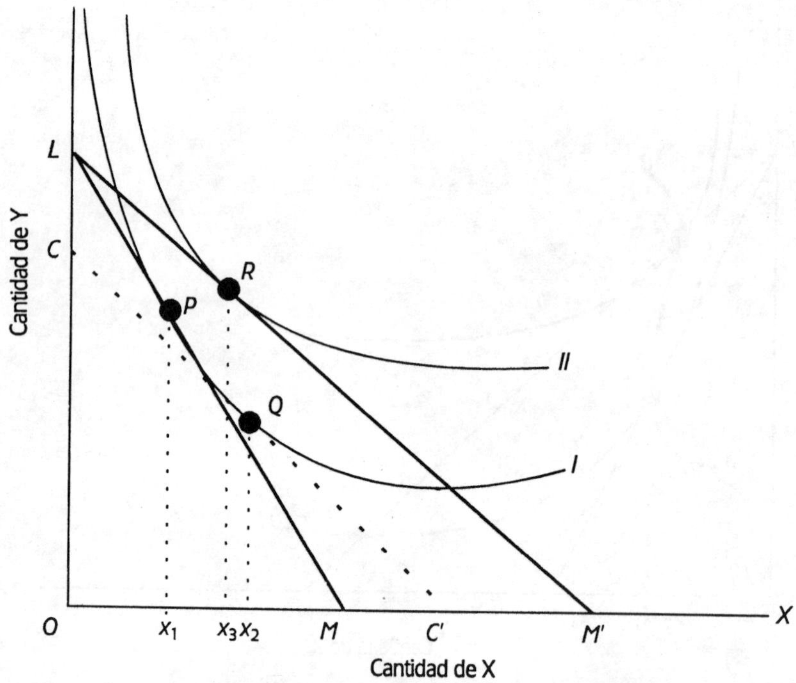

La paradoja de Giffen es una excepción teórica legítima de la ley de la demanda, pero no hay pruebas empíricas convincentes de que este fenómeno ocurra en alguna medida considerable. Pero sí hay pruebas de que algunos bienes, como la oleomargarina, pueden tener elasticidades-ingreso negativas y, por ende, ser bienes inferiores de acuerdo con nuestra clasificación; pero virtualmente no hay indicios de que el efecto del ingreso sea nunca lo suficientemente fuerte en estos casos para conducir a la paradoja de Giffen.[6]

[6] Con frecuencia vemos en los libros de texto "ejemplos" de bienes de Giffen, tales como las patatas en la Irlanda del siglo XIX, pero no parece haber ninguna prueba en apoyo de tales ejemplos. El lector interesado en este punto puede consultar a George J. Stigler, "Notes on the History of the Giffen Paradox", *Journal of Political Economy*, núm. 55, 1947, pp. 152-156.

IV.3.b. *Los efectos del ingreso y de sustitución para un bien inferior*

Las relaciones descritas en la sección IV.3 se indican con mayor claridad separando el efecto total en sus partes componentes. La gráfica IV.3.3 es una ilustración de los efectos del ingreso y de sustitución en el caso de un bien inferior que no está sujeto a las condiciones de la paradoja de Giffen.

> *Ejercicio*: Utilizando un diagrama análogo a la gráfica IV.3.2. demuestre que X es un bien inferior, pero que *no* está sujeto a la paradoja de Giffen.

IV.4. Sustitución y complementariedad

Cuando se construye la curva de demanda de un individuo, se mantienen constantes su patrón de preferencias, su ingreso monetario nominal y los precios nominales de los bienes relacionados. Por esta razón, una curva de demanda muestra la relación que existe entre el precio nominal de un bien y la cantidad demandada de ese bien, cuando se mantienen constantes (o congelados en una suposición *ceteris paribus*) todos los demás factores que influyen en la demanda. Esta función de demanda de equilibrio parcial es muy útil para algunos propósitos, pero no lo es tanto para otros. En algunas situaciones se requiere una visión de equilibrio general del problema. En lo que se refiere al análisis de la demanda, esto significa que deberán relajarse una o más de las suposiciones *ceteris paribus*.

Más particularmente, si se permite que varíen los precios nominales de los bienes relacionados, habrá repercusiones claras sobre la cantidad demandada del bien en cuestión. Observando estas repercusiones, podremos clasificar pares de bienes como sustitutos o complementarios. En términos históricos, el primer método de clasificación se basó en el *efecto total* sobre la cantidad demandada del bien X, que resulta de un cambio en el precio del bien Y.

IV.4.a. *La clasificación según las elasticidades cruzadas*

Cuando se permite que todos los precios varíen, la cantidad demandada del bien X depende no sólo de su propio precio, sino también de los precios de los bienes relacionados. En lugar de una *curva* de demanda tendremos una *superficie* de demanda, como las que aparecen en las gráficas IV.4.1 y IV.4.2.

Para fines de ilustración, supóngase que el bien X sólo se relacione con otro bien, Y. Esquemáticamente ya no podemos seguir describiendo la función de demanda como $q = h(p)$. Ahora tenemos que escribir $q_x = f(p_x, p_y)$, donde q y p representan la cantidad y el precio, y los subíndices indican los bienes respectivos.[7]

La elasticidad-precio de la demanda, o elasticidad "propia", es:

$$\eta_{xx} = -\left(\frac{\Delta q_x}{q_x} \div \frac{\Delta p_x}{p_x}\right),$$

donde Δ significa "el cambio en". En otras palabras, la elasticidad-precio directa es el cambio proporcional en la cantidad demandada del bien X que resulta de un cambio proporcional en el precio del bien. Esta fórmula de la elasticidad resulta aplicable cuando la función de demanda tiene la forma de la primera ecuación o de la segunda. Sin embargo, cuando incluimos en la función de demanda el precio de un bien relacionado, podemos definir una elasticidad cruzada de la demanda como:

$$\eta_{xy} = \frac{\Delta q_x}{q_x} \div \frac{\Delta p_y}{p_y}.$$

La elasticidad-precio cruzada de la demanda es el cambio proporcional de la cantidad demandada de X que resulta de un cambio dado en el precio del bien relacionado.

De acuerdo con la clasificación de la elasticidad cruzada, los bienes X y Y son sustitutos o complementos según si la elasticidad-precio cruzada de la demanda es positiva o negativa. Como ejemplos triviales, consideremos los siguientes. Un aumento en el precio de la carne de puerco, cuando permanece constante el precio de la carne de res, tenderá a aumentar la cantidad demandada de la carne de res; η_{xy} es positivo y decimos que la carne de res y la carne de puerco son bienes sustitutos. Por otra parte, un aumento en el precio de la ginebra tenderá a reducir la cantidad demandada de vermut (cuando el precio del vermut permanece constante), porque se usan conjuntamente en la elaboración de los martinis; en este caso, η_{xy} es negativo y decimos que la ginebra y el vermut son bienes complementarios.

[7] Implícitamente, esto siempre es cierto, pero cuando $\partial^2 x/\partial p_x \partial p_y = 0$, tendemos a suprimirlo para escribir $q = f(p)$.

GRÁFICA IV.4.1. *La superficie de demanda del bien X cuando X y Y son sustitutos*

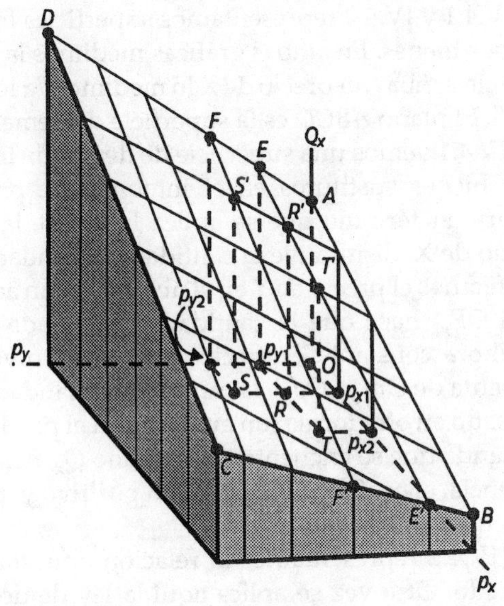

GRÁFICA IV.4.2. *La superficie de demanda del bien X cuando X y Y son complementarios*

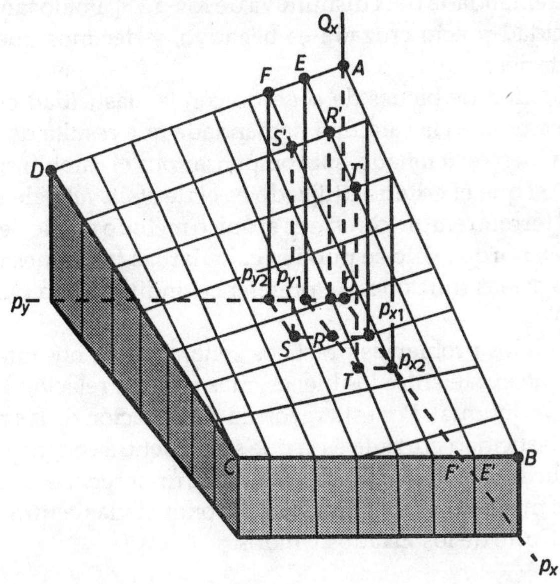

IV.4.b. *Ilustraciones geométricas*

En las gráficas IV.4.1 y IV.4.2 representamos superficies lineales de demanda para el caso de dos bienes. En ambas gráficas medimos la cantidad de X en el eje vertical o "hacia arriba", el precio de X lo medimos "a lo ancho", y el precio de Y "a lo largo". El plano *ABCD* es la superficie de demanda.

En la gráfica IV.4.1 vemos una superficie de demanda lineal para el caso en que X y Y son bienes sustitutos en el intervalo de precios considerado. Adviértase en primer término que se aplica la ley de la demanda: cuando aumenta el precio de X, disminuye la cantidad demandada de este bien. Por consiguiente, si fijamos el precio de Y en el nivel Op_{y1}, un aumento en el precio de X, de Op_{x1} a OP_{x2} hace que la cantidad demandada baje de *RR'* a *TT'*. Mantengamos ahora constante el precio de X, en el nivel Op_{x1}. Cuando el precio de Y aumenta de Op_{y1} a Op_{y2}, la cantidad demandada de X aumenta de *RR'* a *SS'*. Expresado en otra forma, un aumento en el precio de Y provoca que la curva de demanda que se encuentra en el plano Q_x, p_x se desplace de *EE'* a *FF'*. En consecuencia, el coeficiente de η_{xy} será positivo y, por ello, afirmamos que estos dos bienes son sustitutos.

En la gráfica IV.4.2 representamos la relación opuesta en el intervalo de precios considerado. Otra vez se aplica aquí la ley de demanda. Cuando el precio de Y se fija en el nivel Op_{y1}, si aumenta el precio de X de Op_{x1} a Op_{x2}, la cantidad demandada de X baja de *RR'* a *TT'*. Ahora mantengamos fijo el precio de X en el nivel Op_{x1}. Un aumento en el precio de Y, de Op_{y1} a Op_{y2}, hace que la cantidad demandada de X disminuya de *RR'* a *SS'*. Por lo tanto, el coeficiente de la elasticidad-precio cruzada es negativo, y decimos que los bienes son complementarios.

La clasificación de bienes de acuerdo con la elasticidad cruzada dirige la atención al cambio en la cantidad demandada que resulta de un cambio en el precio de un bien relacionado, *sin* compensar por el cambio en el nivel del ingreso real. Así que el criterio utilizado es el de *efecto total* de un cambio en el precio. En el terreno empírico, éste es el único método viable de la clasificación de los bienes, porque sólo se pueden calcular las funciones de demanda del mercado, no así las funciones de preferencia individual (a partir de los datos disponibles).

Además, en los problemas prácticos generalmente nos interesa la relación de *mercado* que existe entre los bienes, más que esa relación tal como la ve el consumidor individual. Por esta razón, la clasificación de las relaciones de los bienes por elasticidad cruzada es la que se encuentra con mayor frecuencia en estudios aplicados. De hecho, se encuentran referencias a las elasticidades cruzadas del mercado aun en sentencias pronunciadas contra monopolios por la Suprema Corte de los Estados Unidos.

IV.5. Aplicación del análisis de las curvas de indiferencia: la teoría económica de los números índices

Se puede hacer una aplicación interesante del análisis de las curvas de indiferencia en el campo de los números índices. Por simplicidad, supongamos que el consumidor sólo compra dos bienes X_1 y X_2 en dos periodos diferentes cero y uno. En el periodo cero compra x_1^0 unidades de X_1 al precio p_1^0 y x_2^0 unidades de X_2 al precio p_2^0. De igual manera, en el periodo uno compra x_1^1 y x_2^1 unidades de X_1 y X_2, a los precios p_1^1 y p_2^1, respectivamente. El problema esencial de los números índices es el siguiente: determinar si el nivel de vida del consumidor ha subido o bajado en el periodo uno en comparación con el periodo cero.

Para hacer significativa la comparación de los niveles de vida, es necesario suponer que los gustos del consumidor (su mapa de preferencias) no cambian de un periodo al otro. Dado este supuesto, el análisis de las curvas de indiferencia nos puede proporcionar alguna información.

Considérense las líneas de presupuesto que aparecen en la gráfica IV.5.1. En el periodo original (llamado periodo base), el ingreso monetario del consumidor y los precios p_1^0 y p_2^0 originan la línea de presupuesto $P_1P'_1$. En el periodo 1, los precios (y posiblemente el ingreso) cambian de tal modo que la línea de presupuesto pasa a $P_1P'_1$. ¿Está el consumidor en mejor posición para el periodo 1 que en el periodo base, en el sentido de que se encuentre en una curva de indiferencia más alta? La respuesta a esta pregunta en ausencia de un conocimiento directo de su mapa de indiferencia, depende de los conjuntos de bienes que realmente se consuman en cada periodo.

Para ver por qué ocurre esto, supongamos que observamos en primer término que el consumidor escoge el conjunto Q_0 en el periodo base y Q_1 en el periodo 1. Por la forma como se trazan las líneas de presupuesto, es claro que el consumidor tiene la opción de comprar el conjunto del periodo base, Q_0, en el periodo 1. Lo contrario no es cierto: no podría haberse comprado Q_1 con los precios y el ingreso del año base.

Así, puesto que Q_0 está todavía disponible en el periodo 1 pero no se escoge, el consumidor debe de estar en mejor posición en el periodo 1.

Si en lugar de Q_0 el consumidor hubiese escogido Q'_0 en el periodo base, no podríamos usar este razonamiento para concluir que Q_1 mejora la posición del consumidor. Esto es así porque Q'_0 no está disponible para el consumidor a los precios del periodo 1, como lo estaba Q_0. El lector deberá advertir la ambigüedad en este caso, imaginando conjuntos alternativos de mapas de indiferencia impuestos en la gráfica IV.5.1: un conjunto de curvas de indiferencia que coloque a Q'_0 en una curva de indiferencia más elevada que Q_1 y un conjunto alternativo de curvas de indiferencia que coloque a Q_1 en una curva de

GRÁFICA IV.5.1. *Teoría de los números índices*

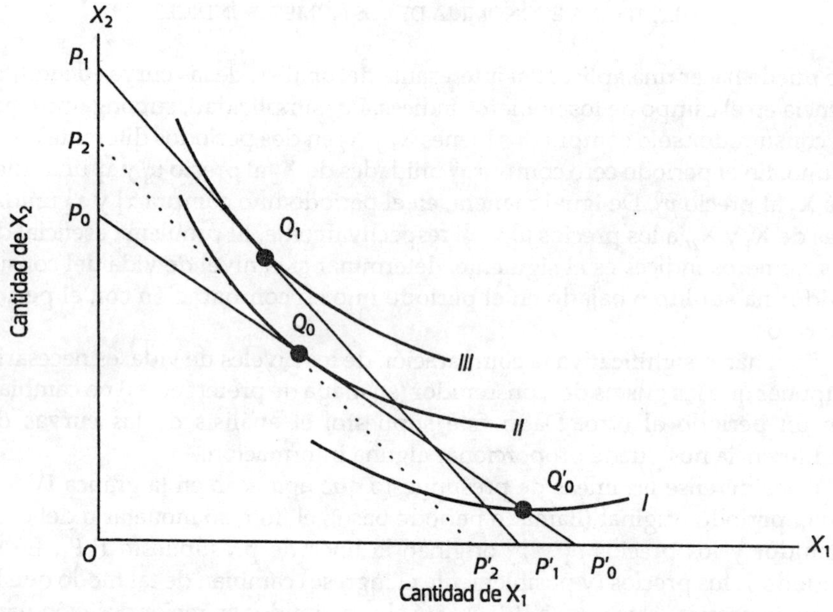

indiferencia más alta que Q'_0. Así pues, a menos que sepamos algo acerca del mapa de indiferencia, no podremos determinar cuál de los conjuntos Q_1 y Q'_0 se preferirá.

IV.5.a. *Información derivada del mapa de presupuesto*

Lo que sabemos es que si el gasto total del periodo 1 supera el costo del conjunto del periodo base en términos de los precios del periodo 1, el consumidor se encontrará mejor en el periodo 1. Es decir, si

$$p_1^1 x_1^1 + p_2^1 x_2^1 > p_1^1 x_1^0 + p_2^1 x_2^0 ,$$

Q_1 se preferirá a Q_0. Si escribimos esta expresión como una suma y suprimimos los subíndices, sabemos que el individuo está en mejor posición en el periodo 1 cuando

$$\Sigma p^1 x^1 > \Sigma p^1 x^0 . \qquad \text{(IV.5.1)}$$

Por el mismo razonamiento, si

$$\Sigma\, p^0x^0 > p^0x^1 , \tag{IV.5.2}$$

el individuo estará mejor en el periodo base. Esto es así porque la desigualdad muestra que el conjunto del periodo 1 no se escogió en el periodo base, aunque pudo haber sido escogido.

IV.5.b. *Los números índices como indicadores de cambios en el bienestar individual*

Podemos llevar el análisis un poco más adelante introduciendo tres números índices. El primero de ellos mide el cambio en el ingreso del consumidor al pasar del año base al año dado. Ya que suponemos que el ingreso es igual al gasto, los ingresos del año base y del año dado serán $\Sigma\, p^0x^0$ y $\Sigma\, p^1x^1$, respectivamente. En consecuencia, el índice de cambio en el ingreso es

$$E = \frac{\Sigma\, p^1x^1}{\Sigma\, p^0x^0} \, . \tag{IV.5.3}$$

El siguiente número índice que introduciremos se llama índice de Laspeyre. Este número índice mide el costo de comprar las cantidades del año base a los precios del año dado y lo relaciona con el gasto del año base. El costo de las cantidades del año base a los precios del año dado es $\Sigma\, p^1x^0$; por lo tanto, el índice de Laspeyre es[8]

$$L = \frac{\Sigma\, p^1x^0}{\Sigma\, p^0x^0} \, . \tag{IV.5.4}$$

Por último, el índice de Paasche mide el costo de comprar las cantidades del año dado a los precios de ese año en relación con el costo de dichas cantidades a los precios del año base. El costo de las cantidades del año dado a los precios del año base es $\Sigma\, p^0x^1$; en consecuencia, el índice de Paasche es

$$P = \frac{\Sigma\, p^1x^1}{\Sigma\, p^0x^1} \, . \tag{IV.5.5}$$

Por la expresión (IV.5.1) sabemos que el consumidor estará mejor en el

[8] El conocido índice de precios al consumidor, elaborado cada mes por la Oficina de Estadísticas del Trabajo de Estados Unidos, es un índice de Laspeyre.

periodo 1, si $\Sigma p^1x^1 > \Sigma p^1x^0$. Dividendo ambos lados de esta desigualdad por Σp^0x^0, tenemos que el consumidor está mejor en el periodo 1, si

$$\frac{\Sigma p^1x^1}{\Sigma p^0x^0} > \frac{\Sigma p^1x^0}{\Sigma p^0x^0}, \tag{IV.5.6}$$

o sea

$$E > L. \tag{IV.5.7}$$

De igual modo, por la expresión (IV.5.2), el individuo se encontrará en mejor posición en el periodo base si $\Sigma p^0x^0 > \Sigma p^0x^1$. Dividiendo ambos miembros de esta desigualdad por Σp^1x^1, veremos que el consumidor se encontrará en mejor posición en el periodo base si

$$\frac{\Sigma p^0x^0}{\Sigma p^1x^1} > \frac{\Sigma p^0x^1}{\Sigma p^1x^1}, \tag{IV.5.8}$$

o si

$$\frac{1}{E} > \frac{1}{P}, \tag{IV.5.9}$$

o bien si

$$E < P. \tag{IV.5.10}$$

A partir de este análisis, especialmente de las expresiones (IV.5.7) y (IV.5.10), pueden distinguirse cuatro casos.

1) E es mayor que P y que L. Según la expresión (IV.5.7) el nivel de vida del consumidor aumenta al pasar del periodo 0 al periodo 1. Según (IV.5.10) su nivel de vida no disminuye. Por lo tanto, el consumidor estará definitivamente mejor en el periodo 1.

2) E es menor que P y que L. Según la expresión (IV.5.10) el consumidor estaba mejor en el periodo base. Según (IV.5.7) no estará mejor en el periodo dado. De nuevo obtenemos una respuesta clara: el nivel de vida del consumidor baja al pasar del periodo 0 al periodo 1.

3) $L > E > P$. En este caso no se satisfacen ni (IV.5.7) ni (IV.5.10). $L > E$ implica que el consumidor no está mejor en el periodo 1. Pero $E > P$ implica que tampoco estaba mejor en el periodo 0. En consecuencia, no podemos llegar a ninguna conclusión.

4) $P > E > L$. Esta situación es incongruente. Según la expresión (IV.5.10)

$P > E$ implica que el consumidor estaba mejor en el periodo base. Pero $E > L$ implica, según (IV.5.7), que el consumidor está mejor en el periodo dado. ¡El nivel de vida del consumidor habrá subido y bajado a la vez! Tal contradicción se puede atribuir a un cambio en las preferencias del consumidor. En cualquier caso, esto hace imposible cualquier inferencia relativa al cambio en el bienestar del consumidor.

Esta situación se ilustra en la gráfica IV.5.2. Los precios del periodo base están dados por la línea de presupuesto $P_0P'_0$, y los precios del periodo 1 por la línea de presupuesto $P_1P'_1$.

Supongamos que el individuo escogió S, cuando la línea de presupuesto era $P_0P'_0$, y T, cuando la línea de presupuesto era $P_1P'_1$. Puesto que LL' se encuentra debajo de $P_1P'_1$, pero es paralela a ella, y puesto que S se encuentra en LL' y T en $P_1P'_1$, debe ser cierto que

$$\Sigma\, p_1x_0 < \Sigma\, p_1x_1$$

de modo que

$$\frac{\Sigma\, p_1x_0}{\Sigma\, p_0x_0} < \frac{\Sigma\, p_1x_1}{\Sigma\, p_0x_0}$$

o bien

$$L < E.$$

De igual modo, puesto que T se encuentra en MM', que tiene los mismos precios pero se encuentra debajo de $P_0P'_0$, donde se encuentra S,

$$\Sigma\, p_0x_0 > p_0x_1$$

o bien

$$\frac{\Sigma\, p_0x_0}{\Sigma\, p_1x_1} > \frac{\Sigma\, p_0x_1}{\Sigma\, p_1x_1}$$

$$\frac{1}{E} > \frac{1}{P}$$

o bien

$$E < P.$$

GRÁFICA IV.5.2. *Índices de precios*

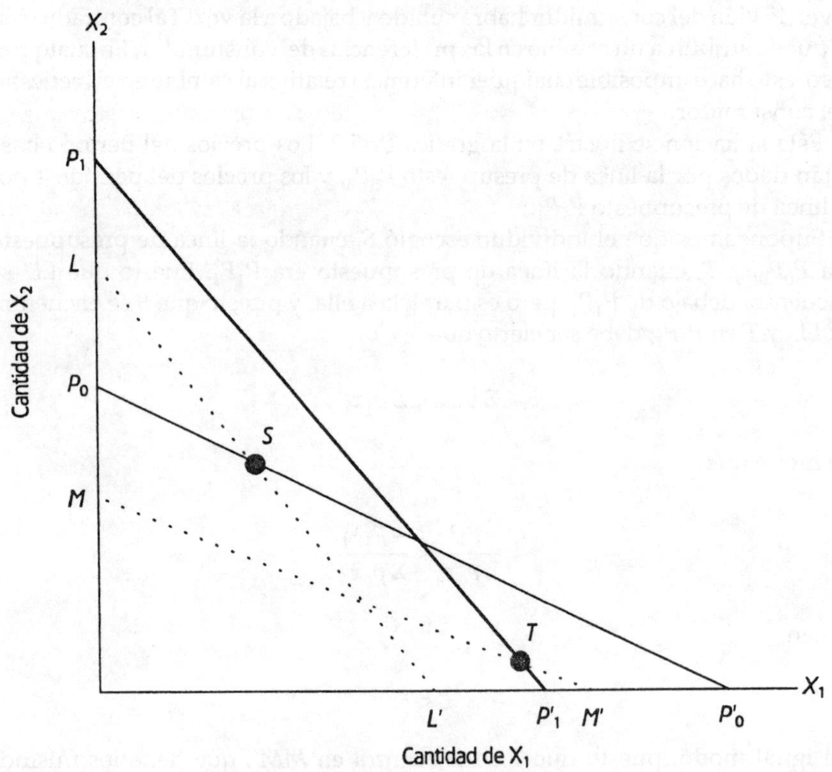

Por lo tanto,

$$P > E > L.$$

El diagrama revela una obvia incongruencia, porque el consumidor podría haber tenido T en el periodo base pero escogió S, lo que implica que prefiere E a T. Pero en el periodo 1 pudo haber tenido S, pero escogió T, lo que implica que prefiere T a S. Esto es incongruente, a menos que hayan cambiado los gustos.

En resumen, a veces se puede determinar si ha subido o bajado el nivel de vida de un individuo por medio de comparaciones de números índices. En otras situaciones, sin embargo, los resultados son poco concluyentes o contradictorios.

IV.6. APLICACIONES DEL ANÁLISIS DE LA CURVA DE INDIFERENCIA: LA ELECCIÓN ENTRE OCIO E INGRESO

La teoría de la conducta del consumidor antes formulada es muy general y conduce a muchas interesantes e importantes proposiciones relativas a la demanda y a la elección del consumidor. Una de las aplicaciones de esta teoría es deducir la demanda de trabajo del trabajador para el mercado. Esto es equivalente a deducir su demanda de ocio. A tal efecto, agreguemos los gastos totales de todos los bienes y servicios en el término simple de *ingreso*. Puesto que según nuestras suposiciones todo el ingreso se gasta en bienes y servicios (incluido el ahorro), este *ingreso* es simplemente nuestra restricción familiar del presupuesto.

Al mismo tiempo, la cantidad de ingreso recibida por un consumidor depende de la cantidad de tiempo que dedica al trabajo. Cuanto más trabajemos, mayor será nuestro ingreso. Pero cuanto más trabajemos, menor será nuestro ocio. El ocio también tiene utilidad para la mayoría de la gente; en consecuencia, cada consumidor afronta un intercambio fundamental entre el consumo de bienes y servicios y el consumo de ocio. En esta sección examinaremos este intercambio en algunos casos muy simples.

IV.6.a. *La gráfica de ingreso y ocio*

Consideremos la gráfica IV.6.1. El ingreso se mide en el eje vertical y el ocio en el eje horizontal en dirección a la derecha. La unidad de tiempo en que se mide el ocio no importa: pueden ser horas por día, semanas por año, o cualquier otra unidad de medición. Lo esencial es que la cantidad total del tiempo sea fija (digamos, 24 horas por día); y la suma del tiempo de trabajo y del tiempo de ocio debe ser igual a este tiempo total fijo. Así pues, el tiempo de trabajo puede medirse hacia la izquierda sobre el eje horizontal. En la gráfica IV.6.1, *OZ* es el tiempo disponible total. Si se dedican *OC* horas por día al ocio, se dedicarán al trabajo *CZ* horas.

Formulemos ahora dos suposiciones simplificadoras. Primero, el individuo puede trabajar tantas horas diarias como desee.[9, 10] Segundo, el ingreso por hora es el mismo, independientemente del número de horas trabajadas. Por

[9] Recuérdese que la unidad de medida del tiempo carece de importancia. En aras de la brevedad, hablemos de horas por día. Podría emplearse cualquier otra medida de tiempo.

[10] Ésta no es una suposición poco realista: los individuos pueden encontrar un empleo de medio tiempo, así como tener también más de un empleo trabajando de noche, o por otros medios. En un problema al final del capítulo pedimos al lector que analice los efectos de las restricciones sobre el número de horas que pueden trabajarse.

GRÁFICA IV.6.1. *La restricción del ingreso*

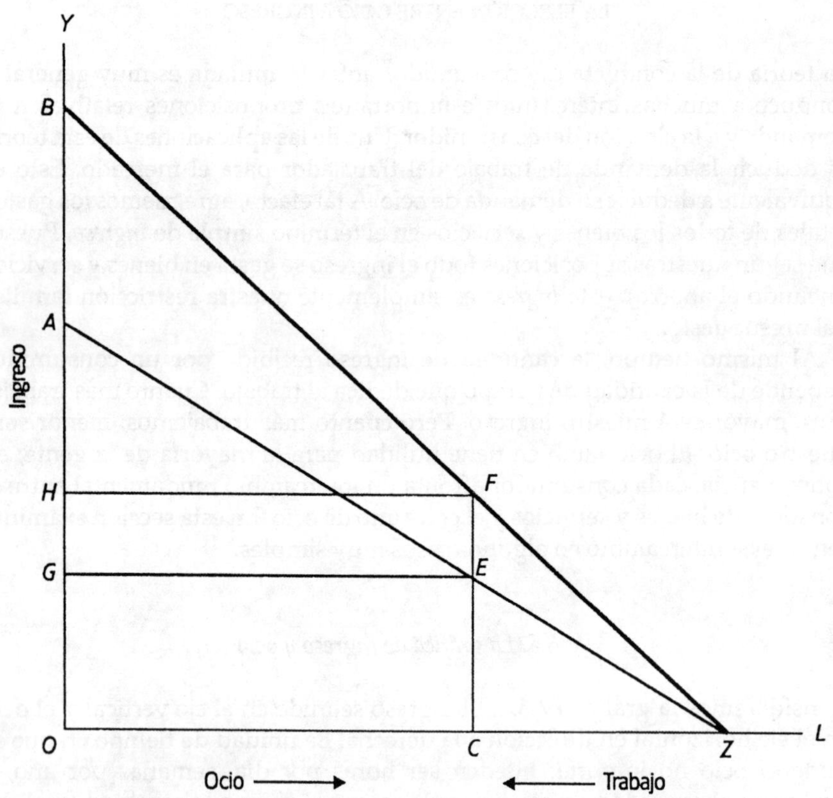

ejemplo, si el individuo trabaja *CZ* horas diarias y recibe un ingreso de $CE = OG$, su salario por hora es CE/CZ. Pero dado que *CEZ* y *OZA* son triángulos semejantes, $CE/CZ = OA/OZ$. En consecuencia, la pendiente de la línea recta *ZA* representa el salario por hora.[11]

> *Ejercicio*: Supongamos que un individuo trabaja *CZ* horas diarias y recibe el ingreso *CF*. Demuestre que la pendiente de *ZB* representa el salario diario.

[11] *ZA* es una línea recta, porque hemos supuesto que el salario por hora es constante.

IV.6.b. *El equilibrio entre ingreso y ocio*

Puesto que el ingreso (o consumo) y el ocio son fuentes competitivas de utilidad, el patrón de preferencias del consumidor entre ellos puede representarse mediante un mapa de indiferencia como el que aparece en la gráfica IV.6.2.[12] Las curvas de indiferencia tienen todas las propiedades de las curvas de indiferencia ordinarias (véase el capítulo II). Así, el consumidor se muestra indiferente entre *OA* horas de ocio y el ingreso *OD* por una parte, y *OB* horas de ocio y el ingreso *OC* por la otra. Por supuesto, cuanto más alta se encuentre la curva de indiferencia, mayor será su utilidad. Supongamos, por ejemplo, que se toman *OA* horas de ocio. Entonces el consumidor tendrá mayor utilidad si su ingreso es *OE* que si es *OD*.

Reunamos ahora las gráficas IV.6.1 y IV.6.2, como se aprecia en la gráfica IV.6.3. En la forma acostumbrada, podemos determinar el punto de maximización de la utilidad (equilibrio del consumidor). La tasa marginal de sustitución está dada por el (negativo de la) pendiente de la curva de indiferencia. La "razón de precios" está dada por el (negativo de la) pendiente de *ZA*. El equilibrio se alcanza en el punto *E* sobre II, con *CZ* horas de trabajo y *OB* de ingreso. La curva de indiferencia III no puede alcanzarse con la tasa de salario dada. Toda curva más baja que II implicará una utilidad menor, porque hay un intercambio posible que mejorará la posición del consumidor-trabajador.

IV.6.c. *La oferta de trabajo*

Ahora podremos deducir sin dificultad la oferta de trabajo. Recuérdese que las curvas de demanda se trazan rotando hacia afuera la línea de presupuesto para obtener la cantidad demandada a cada precio. Supongamos que aumenta la tasa salarial. Esto implica que la línea de presupuesto gira como las manecillas del reloj, alrededor de Z, en la parte A de la gráfica IV.6.4.

Cuando la tasa salarial está dada por (menos) la pendiente de la línea *ZX*, el individuo escoge el punto *R*, demandando L_0 de ocio. Cuando el salario aumenta a (menos) la pendiente de la línea *ZX'*, el individuo escoge el punto *S*, demandando L_1 de ocio. Esos puntos se marcan en la parte B de la gráfica IV.6.4. Si se repite el proceso para todas las tasas salariales posibles, se trazará la curva de demanda de ocio, *DD'*.

Ahora bien, sabemos que: horas trabajadas = 24 – ocio, de modo que una vez conocido el ocio resulta fácil obtener las horas de trabajo. Esto se hace en la parte C de la gráfica IV.6.4, Cuando el ocio es igual a 24, el trabajo es igual

[12] Adviértase que esto equivale exactamente a afirmar que los bienes X y Y son fuentes alternativas de utilidad y que debe haber un intercambio entre ellos.

GRÁFICA IV.6.2. *Intercambio entre ingreso y ocio*

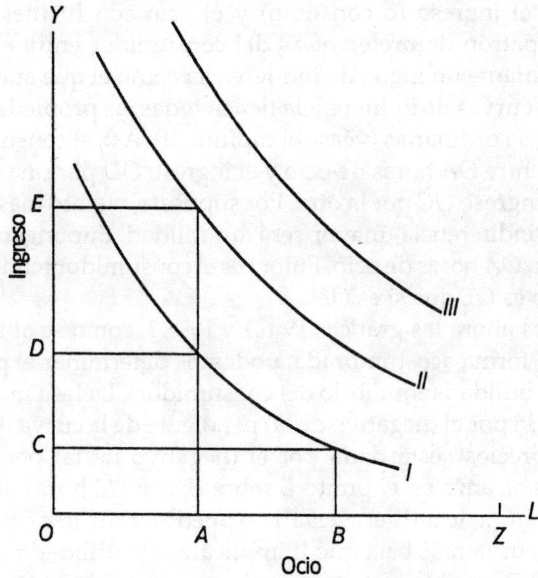

GRÁFICA IV.6.3. *Equilibrio del consumidor-trabajador*

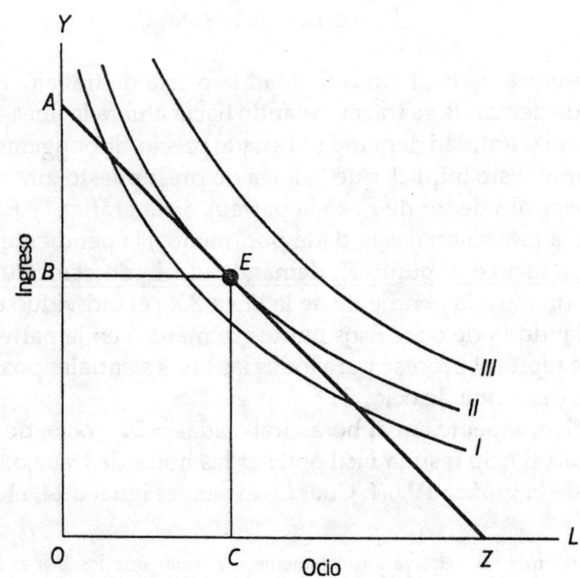

GRÁFICA IV.6.4. *Oferta de trabajo*

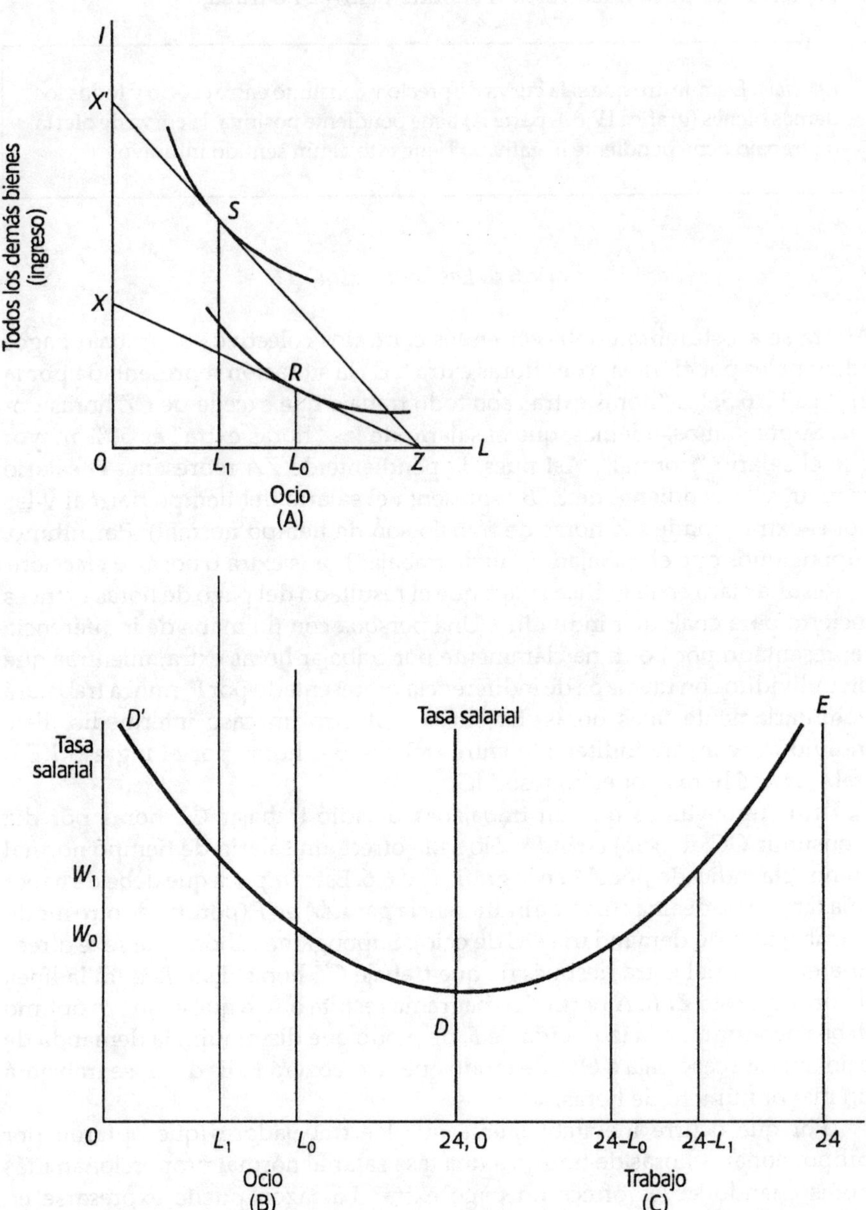

a 0. Cuando el ocio es igual a L_0, el trabajo es $24 - L_0$, etcétera. Adviértase que la curva de oferta de trabajo, *DE*, es el reflejo de la curva de demanda de ocio, *D'D*, alrededor de la línea vertical cuando ocio = 24 o trabajo = 0.

Ejercicio: Demuestre que si la curva de precio y consumo entre el ocio y todos los demás bienes (gráfica IV.6.4, parte A) tiene pendiente positiva, la curva de oferta de trabajo tiene pendiente negativa. ¿Tiene esto algún sentido intuitivo?

IV.6.d. *Las horas extra*

Ahora se acostumbra establecer en los contratos colectivos de trabajo pagos adicionales por el trabajo de "horas extra". En la situación representada por la gráfica IV.6.5, las "horas extra" son todo trabajo que exceda de *CZ* horas por día. Supongamos, además, que el salario de las "horas extra" es 50% mayor que el salario "normal". Así pues, la pendiente de *ZA* representa el salario regular, y la pendiente de *ZFB* representa el salario del tiempo normal y las horas extra (donde *CZ* horas de trabajo son de tiempo normal). Por último, supongamos que el trabajador puede trabajar horas extra o no, a su elección.

Resulta claro en la gráfica IV.6.5 que el resultado del pago de horas extra es incierto para cualquier individuo. Una persona con un mapa de indiferencia representado por I optaría claramente por trabajar horas extra, mientras que un individuo con un mapa de indiferencia representado por I'' nunca trabajará voluntariamente tales horas. La curva I' ilustra un caso intermedio. Este individuo se siente indiferente entre trabajar *KZ* horas por el ingreso *KE* o trabajar *MZ* horas por el ingreso *MG*.

Pero supongamos que un trabajador decidió trabajar *CZ* horas por día (consumir *OC* de ocio) cuando sólo se le ofrece un salario de tiempo normal como está indicado por *ZA* en la gráfica IV.6.6. Esto implica que debe de haber una tangencia de una curva de indiferencia para *ZA* en *F* (porque de otro modo el trabajador no demandaría *OC* de ocio). Supongamos ahora que se le ofrece una tasa salarial extra después de que trabaje *CZ* horas. Esto le dará la línea de presupuesto *ZFB*. A partir del diagrama resulta obvio que el nuevo óptimo debe encontrarse a la izquierda de *F*, de modo que disminuirá la demanda de ocio. En este caso baja a *OD*, de modo que se escogerá *E*. Es decir, se trabajará un mayor número de horas.

¿Por qué ocurre inevitablemente que los trabajadores que optaron por proporcionar X horas de trabajo a una tasa salarial normal proporcionan más horas cuando se les ofrece un pago extra? La razón puede expresarse en términos de los efectos del ingreso y de sustitución. En el punto F, la oferta de

GRÁFICA IV.6.5. *Pago de horas extra*

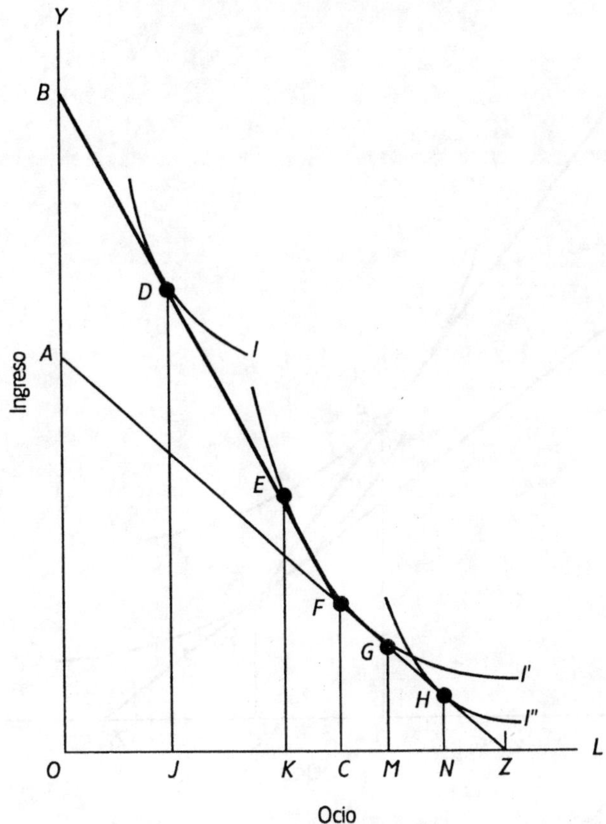

un pago extra vuelve más caro el ocio, lo que induce una sustitución en contra del ocio. El efecto del ingreso opera en la dirección contraria, porque la opción de trabajar horas extra vuelve más rico al individuo. Pero el efecto del ingreso sólo opera cuando se trabajan algunas horas extra. Es decir, si el trabajador aportara sólo *CZ* horas de trabajo, no sería más rico que cuando no se ofrecía el pago de horas extra. Por lo tanto, no hay ningún efecto del ingreso que contrarreste el efecto de sustitución antes de que se ofrezcan más de *CZ* horas de trabajo. En *F* sólo es pertinente el efecto de sustitución, de modo que se demandan menos horas de ocio y más horas de trabajo. Si se pagara un salario extra antes de $24 - OC$ horas de trabajo, no aumentaría *necesariamente* el número de horas de trabajo. Entonces el quiebre ocurriría en el segmento *FZ* y podría producirse una tangencia con la curva de indiferencia más alta a la derecha de C.

GRÁFICA IV.6.6. *Las horas extra implican más horas de trabajo*

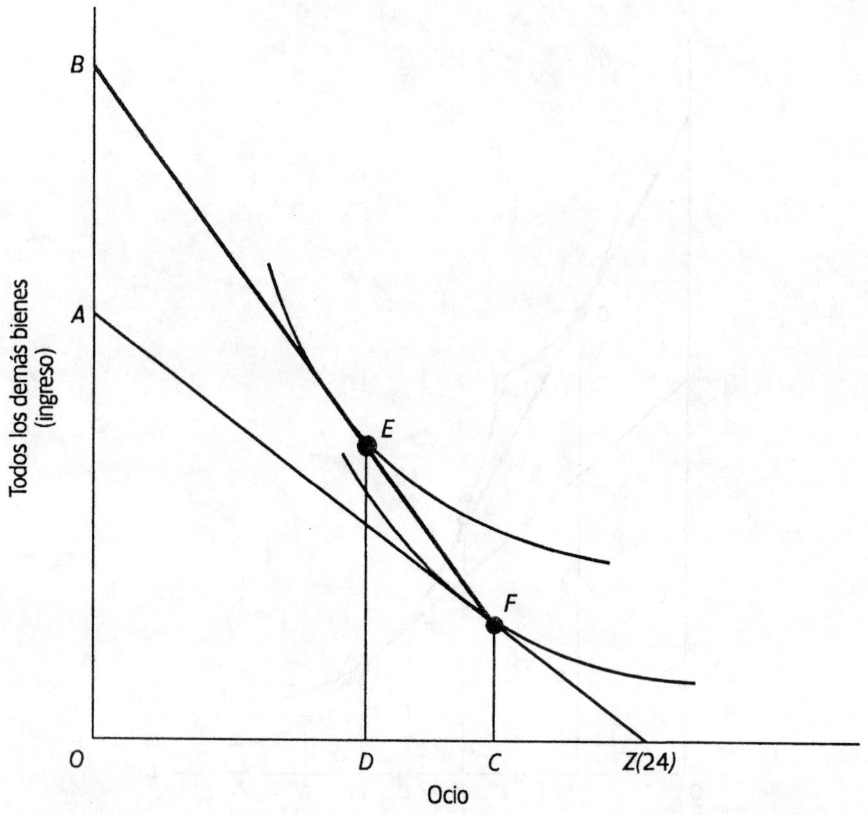

IV.6.e. *La demanda de pagos generales de beneficencia*[13]

Entre los múltiples programas de bienestar social que se han propuesto para su adopción por el gobierno se encuentra uno que aseguraría un ingreso anual mínimo por familia. Este programa no ha sido adoptado aún; sin embargo, podemos analizar algunas de sus consecuencias económicas potenciales.

Veamos la gráfica IV.6.7. Supongamos que la pendiente de ZA representa la tasa salarial. En ausencia de un ingreso mínimo garantizado, un individuo cuyo mapa de indiferencia esté dado por I, II alcanzaría el equilibrio en B, trabajando CZ horas y recibiendo el ingreso OY_0. Si el gobierno garantiza un

[13] Véase un análisis mucho más detallado en C. T. Brehm y T. R. Saving, "The Demand for General Assistance Payments", *American Economic Review*, núm. 54, 1964, pp. 1002-1018.

GRÁFICA IV.6.7. *Demanda de pagos generales de beneficencia*

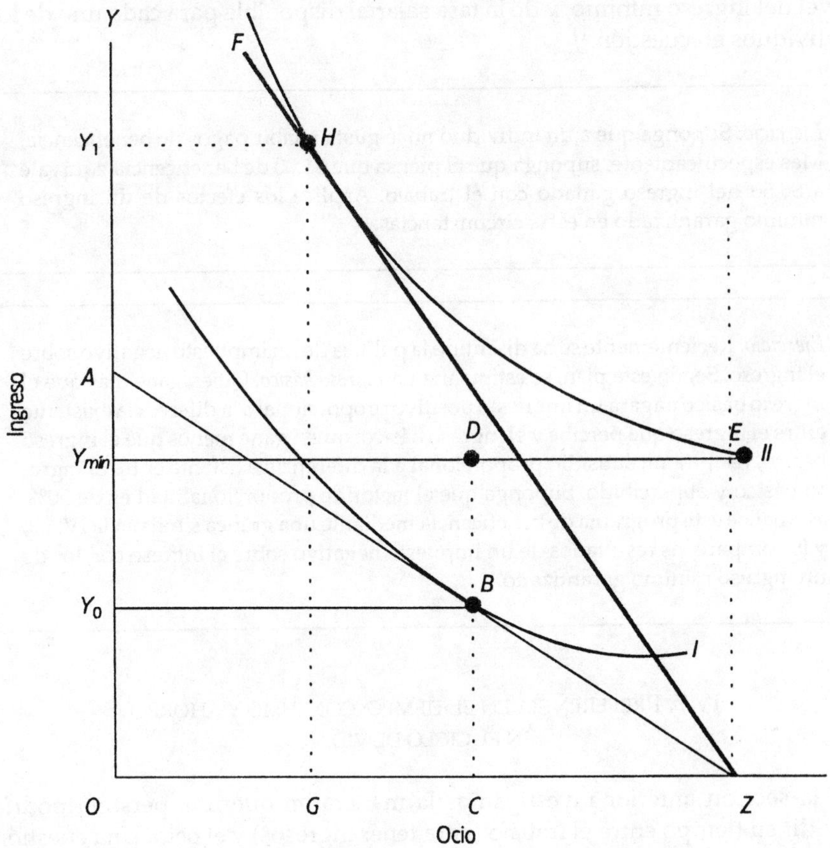

ingreso mínimo de $OY_{mín}$, este individuo podría trabajar todavía CZ horas, percibir un ingreso de OY_0, y recibir del gobierno un pago complementario de $BD = OY_{mín} - OY_0$. Sin embargo, en este caso el individuo puede alcanzar un nivel de satisfacción mayor sin trabajar en absoluto, si se traslada al punto E sobre la curva de indiferencia II y recibe el ingreso mínimo garantizado por el gobierno.

Desde el punto E puede inducirse al individuo a trabajar. En términos de la gráfica IV.6.7, si la tasa salarial aumentase en ZF (o más), el trabajador se olvidaría del pago gubernamental, trabajaría GZ horas, y recibiría un ingreso de OY_1. Este ejemplo pone en claro que un ingreso mínimo garantizado nunca puede conducir a un aumento en el tiempo de trabajo. Cuando se considere a todos los miembros de la sociedad con seguridad se reducirá el tiempo de trabajo (y en consecuencia el producto nacional). Sin embargo, el resultado exacto depende de las preferencias individuales en cuanto a ocio e ingreso, del nivel del ingreso mínimo, y de la tasa salarial disponible para cada uno de los individuos en cuestión.[14]

Ejercicio: Suponga que a un individuo no le gusta recibir pagos de beneficencia. Más específicamente, suponga que él piensa que $1.00 de beneficencia equivale a $0.50 del ingreso ganado con el trabajo. Analice los efectos de un ingreso mínimo garantizado en estas circunstancias.

Ejercicio: Recientemente se ha discutido la política de un impuesto negativo sobre el ingreso. Según este plan, se estipularía un *ingreso básico*. Quien gane más que el ingreso básico pagará un impuesto positivo proporcional a la diferencia existente entre el ingreso que percibe y el ingreso básico; quien gane menos que el ingreso básico, recibirá un subsidio proporcional a la diferencia existente entre el ingreso básico y el percibido. Suponga que el factor de proporcionalidad es de 50%. *a)* Analice este programa de beneficencia mediante una gráfica similar a la IV.6.7, y *b)* compare los resultados de un impuesto negativo sobre el ingreso con los de un ingreso mínimo garantizado.

IV.7. PREFERENCIA EN EL TIEMPO: CONSUMO Y AHORRO EN EL CICLO DE VIDA

En la sección anterior investigamos la manera en que una persona podría dividir su tiempo entre el trabajo (para tener ingresos) y el ocio. Una cuestión similar se refiere a la forma en que un individuo podría decidir entre el consumo presente y el futuro. Para introducir este problema, supóngase que concebimos la vida de una persona dividida en dos periodos (por ejemplo, años de vida activa y años de retiro), y que esa persona recibe el ingreso y_1 en el primer periodo y el ingreso $y_2$en el segundo.[15]

El individuo puede pedir prestado a un banco, o prestar a éste, a un interés dado, r; en esta forma podrá transferir un ingreso actual al ingreso futuro, o a la inversa. Por ejemplo, si $y_1 = \$100$ y $y_2 = \$50$, y el interés es 10%, el individuo puede prestar (ahorrar) el ingreso corriente de $100 y tener una riqueza total

[14] Aquí se ignora cualquier efecto que pueda tener el financiamiento de los pagos de asistencia gubernamental sobre la cantidad de trabajo proporcionada.

[15] Este análisis puede ampliarse fácilmente a más de dos periodos.

en el periodo 2 de \$160(= 100 [1.10] + 50) o puede pedir prestado con la garantía de un ingreso futuro y tener \$145.45 en el periodo 1. En este último cálculo utilizamos el hecho de que la suma de \$45.45 que el banco presta al individuo en el periodo 1 produce un interés de \$4.55 (a 10%) de modo que el ingreso de \$50 en el periodo 2 basta apenas para pagar el principal de \$45.45 más el interés producido de \$4.55. En términos algebraicos, la riqueza del individuo en el periodo 1 (o el máximo que puede consumir en el periodo 1) es

$$y_1 + \frac{y_2}{(1+r)}.$$

Prestando o pidiendo prestado, el individuo puede tener \$160 para consumir en el periodo 2 (y nada en el periodo 1), o \$145.45 en el periodo 1 (y nada en el periodo 2), o cualquier combinación lineal entre ambos extremos. La relación existente entre el consumo del primer periodo y el del segundo está dada por

$$c_2 = y_2 + (y_1 - c_1)(1+r) \qquad \text{(IV.7.1)}$$

o sea

$$c_2 = y_2 + y_1(1+r) - c_1(1+r) \qquad \text{(IV.7.2)}$$

donde c_1 puede tener cualquier valor entre 0 y $y_1 + y_2/(1+r)$. La ecuación (IV.7.2) es la línea de presupuesto entre el consumo presente y el futuro, determinada por la tasa de interés y el ingreso en cada uno de los dos periodos. Como ya hemos visto, el individuo se desplaza a lo largo de una línea de presupuesto pidiendo prestado o prestando (ahorrando). Si $y_1 - c_1$ es positivo, representará el total del ahorro realizado por el individuo en el periodo 1, y $(y_1 - c_1)(1+r)$ es el principal más el interés de este ahorro disponible para el consumo del periodo 2. Si $y_1 - c_1$ es negativo, representará la cantidad que el individuo pide prestada en el periodo 1, y $(y_1 - c_1)(1+r)$ es el principal más el interés que debe pagar al banco con su ingreso del periodo 2.

Para saber cuánto ahorrará (o pedirá prestado) y consumirá en realidad el individuo, introducimos simplemente una función de utilidad $Y(c_1, c_2)$ que representa la utilidad derivada del consumo de c_1 en el periodo 1 y c_2 en el periodo 2. En la gráfica IV.7.1 representamos esta función de utilidad mediante curvas de indiferencia de la forma ya conocida. La línea de presupuesto, *BD*, en la gráfica IV.7.1, es simplemente la ecuación lineal (IV.7.2) con pendiente igual a $-(1+r)$. Como se ve, el individuo tiene el ingreso y_1 en el periodo 1 y y_2 en el periodo 2. Consume *OC* en el periodo 1 y ahorra $Cy_1(= Oy_1 - OC)$.

GRÁFICA IV.7.1. *La preferencia en el tiempo: decisiones de ahorro y consumo en el ciclo de vida*

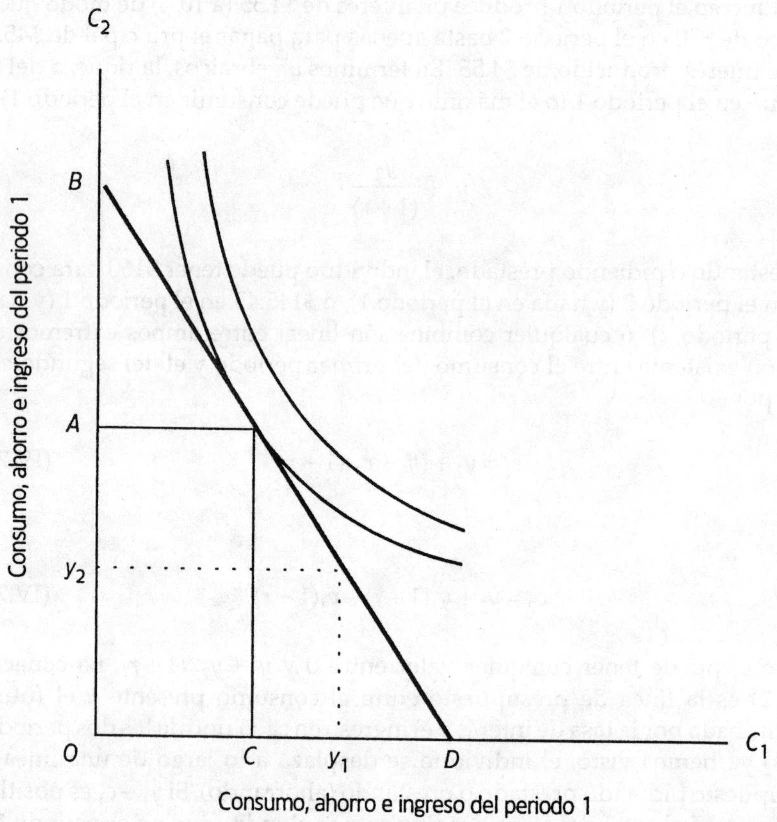

En el periodo 2 tiene un ingreso de y_2 más la cantidad $Ay_2(=Cy_1[1+r])$ y consume OA.[16]

Como puede inferirse de la gráfica IV.7.1, la condición de equilibrio es que la tasa marginal de sustitución entre el ingreso corriente y el futuro sea igual a (el negativo de) la pendiente de la línea de presupuesto que es $1+r$. El término $1+r$ es el precio relativo de los pesos del periodo 2 en términos de pesos del periodo 1 (es decir, un peso del periodo 1 comprará [mediante el préstamo] $1+r$ pesos del periodo 2). Vemos así que los tipos de interés actúan

[16] En virtud de que en este ejemplo hemos limitado el análisis a sólo dos periodos, no hay ahorro para el consumo futuro en el segundo de ellos.

como precios de transferencia del ingreso o de los activos entre diversos periodos de tiempo.

> *Ejercicio*: ¿Qué representan *OD* y *OB* en la gráfica IV.7.1?

Para ilustrar esta teoría con un caso específico, supongamos que la tasa marginal de sustitución está dada siempre por c_2/c_1.[17] La condición de equilibrio es entonces

$$\frac{c_2}{c_1} = 1 + r\,. \tag{IV.7.3}$$

Despejando c_2 en (IV.7.3) y sustituyendo en (IV.7.2), obtenemos el equilibrio c_1:

$$c_1 = \frac{1}{2}\left(y_1 + \frac{y_2}{1+r}\right). \tag{IV.7.4}$$

La ecuación (IV.7.4) indica que conforme aumenta el ingreso en *cualquiera* de los dos periodos, también aumenta c_1; y que conforme se eleva la tasa de interés r, disminuye c_1. La relación inversa entre la tasa de interés y c_1, observada en este ejemplo, surge porque una tasa de interés mayor significa que el ahorro del periodo 1 generará en el periodo 2 más consumo que antes del aumento. Dicho de otro modo, el mayor incremento de la tasa de interés significa que ahora cuesta más la transferencia del ingreso futuro al consumo corriente. Es decir, el costo de oportunidad del consumo en el periodo 1 aumenta con la tasa de interés.

Un aumento en las tasas de interés tiene un efecto de sustitución y un efecto de riqueza (similar al efecto del ingreso discutido en la sección IV.2). El efecto de riqueza ocurre porque una elevación de las tasas de interés significa que el ingreso futuro vale menos en términos del valor presente. En teoría, el efecto de riqueza podría producir algunos casos en los que los aumentos en la tasa de interés se traduzcan en disminuciones en el ahorro corriente.

[17] La función de utilidad $U(c_1, c_2) = \alpha c_1 c_2 + \beta$, donde α y β son parámetros dados, tiene esta tasa marginal de sustitución.

Ejercicio: Utilizando las curvas de indiferencia, demuestre que es posible que una elevación de las tasas de interés reduzca el ahorro corriente (aumente c_1).

Ejercicio: Cuando la tasa marginal de sustitución está dada por c_2/c_1, ¿cuál es la expresión (correspondiente a IV.7.4) para c_2? Demuestre que en este caso un aumento en r hará que aumente c_2. También para este caso, deduzca una expresión para el ahorro en el periodo 1 y demuestre que el ahorro disminuirá si aumenta y_2.

IV.8. LAS RESTRICCIONES MÚLTIPLES: EL TIEMPO COMO UN BIEN ECONÓMICO

El ingreso monetario ha sido la única restricción del consumidor discutida hasta ahora. Ésta es una restricción importante que merece destacarse, pero hay otras restricciones que pueden afectar al comportamiento del consumidor. Por ejemplo, en los periodos de controles generales de precios y salarios los gobiernos introducen a veces ciertos programas de racionamiento por puntos. En tales circunstancias, una bolsa de dos kilos de azúcar tiene un precio monetario y un precio en puntos de racionamiento. En términos analíticos, esto significa que el consumidor afronta dos restricciones presupuestarias: la restricción del ingreso monetario y la restricción de los puntos de racionamiento.

Surge una situación analíticamente similar cuando se reconoce que el consumo involucra de ordinario tanto gastos de tiempo como de dinero.[18] Cuando vamos al teatro, tomamos unas vacaciones o ingerimos alimentos, involucramos recursos físicos (o dinero) y recursos de tiempo. Supongamos, para ilustrar, que hay dos bienes, X y Y, con precios monetarios p_x y p_y. Supongamos también que el consumo de una unidad de X requiere t_x unidades de tiempo, mientras que el consumo de Y requiere t_y unidades de tiempo. El análisis de un problema de esta clase requiere que se especifique el tiempo total disponible para el consumo de X y de Y. En efecto, el tiempo total de que dispone una persona para el consumo es también una decisión económica: si se trabaja menos, se dispondrá de más tiempo para las actividades de consumo. Sin embargo, para iniciar el análisis, supongamos provisionalmente que la cantidad total de tiempo para consumo de X y Y es una cantidad dada T (especificada en alguna unidad conveniente tal como horas o minutos). En

[18] Gary Becker presenta un desarrollo más refinado, con numerosas e interesantes observaciones empíricas, en "A Theory of the Allocation of Time", *Economic Journal*, núm. 75, 1965, pp. 493-517.

términos matemáticos, el ingreso monetario y las restricciones presupuestarias pueden enunciarse así:

$$p_x x + p_y y \leq M \tag{IV.8.1}$$

$$t_x x + t_y y \leq T \tag{IV.8.2}$$

$$x \geq 0$$

$$y \geq 0.$$

Estas desigualdades definen en conjunto la región viable en el espacio de los bienes (es decir, el subconjunto en el que el consumidor puede escoger efectivamente un conjunto de consumo). La gráfica IV.8.1 proporciona un ejemplo. En esta gráfica, la línea *ABE* es la conocida línea de presupuesto del ingreso monetario. Los conjuntos que se encuentren en esta línea o por debajo de ella satisfacen la restricción IV.8.2. Si el individuo consumiera sólo el bien Y, el máximo consumo posible, congruente con la cantidad de tiempo disponible, sería T/t_y (= *OD*). De igual modo, dada la restricción del tiempo, la cantidad máxima de X que se consumiría sería T/t_x (= *OC*). El conjunto *F* (con x_1 unidades de X y y_2 unidades de Y) es congruente con la restricción del ingreso pero viola la restricción del tiempo IV.8.2, porque se encuentra por encima de *DBC*. En efecto, cualquier conjunto del triángulo *ABD* (excepto los puntos de *DB*) queda fuera del alcance del consumidor porque viola la restricción del tiempo. De manera similar, los conjuntos del triángulo *BCE* son inalcanzables (excepto los de la línea *BE*), porque violan la restricción del ingreso monetario (IV.8.1). El conjunto *G* (con x_2 unidades de X y y_1 unidades de Y) está a disposición del consumidor, porque satisface la restricción monetaria y la del tiempo. Ahora debe quedar claro que el conjunto de combinaciones congruentes con IV.8.1 y IV.8.2 está representado por el área delimitada por la línea quebrada *DBE* (y por los ejes horizontal y vertical, ya que $x \geq 0$ y $y \geq 0$ son también restricciones). Así pues, el conjunto de las combinaciones disponibles para el consumidor está dado por el área encerrada por el polígono irregular *ODBE* (incluidos sus límites). A lo largo del segmento *DB*, el tiempo es la restricción efectiva (IV.8.2 se satisface como una igualdad); y a lo largo del segmento *BE* el ingreso monetario es la restricción efectiva (IV.8.1 se satisface como una igualdad).

La gráfica IV.8.2 muestra los diferentes equilibrios que pueden surgir. (En esta gráfica se eliminan los segmentos *AB* y *BC* para lograr mayor claridad, dejando sólo la frontera *DBE* como la región viable.) En la parte A de la gráfica IV.8.2, la utilidad máxima que puede obtenerse, congruente con las restricciones de tiempo y de ingreso monetario, está dada por la curva de indiferencia II. Esto ocurre en el punto *B*, mientras que el "quiebre" de *DBE*

GRÁFICA IV.8.1. *Restricciones múltiples*

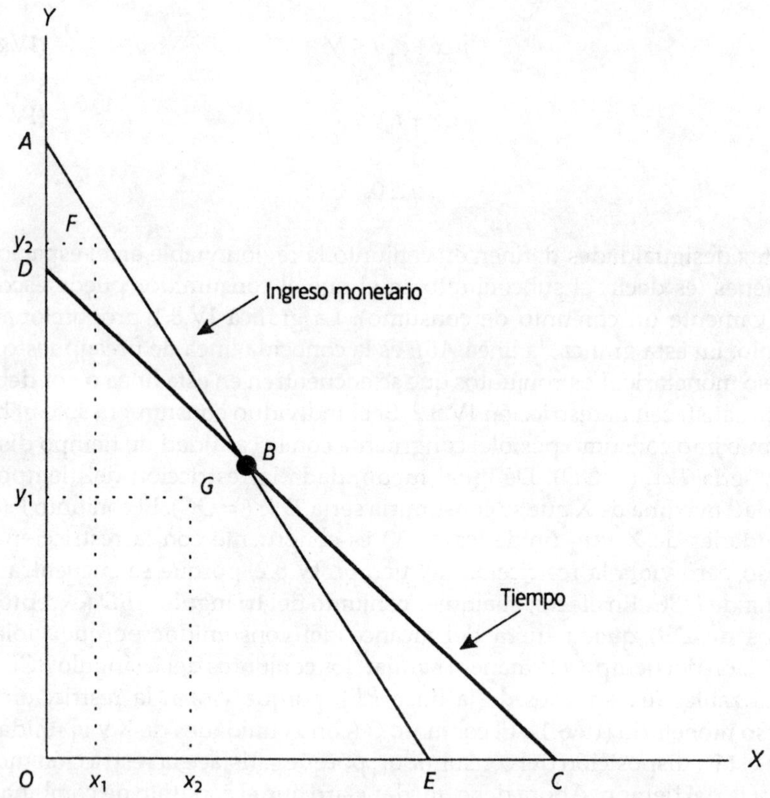

indica que el tiempo y el dinero son restricciones efectivas. En la parte *B*, el punto de equilibrio (punto *V*) ocurre a lo largo del segmento *DB*, donde las restricción del tiempo es efectiva pero la restricción monetaria es superflua. En la parte C, el consumidor se encuentra en equilibrio en el punto *R* a lo largo del segmento *BE*, donde el ingreso monetario es una restricción efectiva, pero la restricción temporal es superflua.

Los equilibrios indicados en la parte B y en la parte C no tienen mucho sentido en el problema más amplio, donde no se trata a *T* como una constante dada.[19] Después de todo, el ingreso monetario y el tiempo son generalmente

[19] Si interpretamos estos diagramas como representativos de las restricciones del ingreso monetario y del punto de racionamiento (no del tiempo), tienen sentido los equilibrios de las partes B y C, porque de ordinario es ilegal el intercambio de dinero por estampillas de racionamiento.

convertibles: podemos trabajar más (horas extra o segundos empleos) o trabajar menos (empleos de medio tiempo), intercambiando así dinero por tiempo. En estas condiciones, nunca habrá una restricción superflua. Para entender esto, supongamos que el tiempo es superfluo y el ingreso monetario es una restricción efectiva como en la parte C de la gráfica IV.8.2. El ingreso monetario podrá incrementarse trabajando un poco más. Esto deberá beneficiar al consumidor porque el tiempo adicional gastado en el trabajo no tiene ningún valor alternativo (ya que el tiempo superfluo en el punto *R* de la parte C), mientras que el ingreso monetario adicional puede proporcionar mayor utilidad. En términos geométricos esto equivale a desplazar *DBE* un poco hacia abajo en la gráfica IV.8.1, a fin de desplazar *ABE* hacia arriba. Un desplazamiento de *BE* hacia arriba en la parte C de la gráfica IV.8.2 permitirá que el consumidor alcance una curva de indiferencia más alta que II. Por lo tanto, cuando el consumidor puede ajustar libremente el número de las horas trabajadas para intercambiar el tiempo y el ingreso monetario, el equilibrio final será del tipo indicado en la parte A de la gráfica IV.8.2. Uno de los problemas planteados al final de este capítulo muestra cómo se modifica la línea de presupuesto habitual cuando se toman en cuenta estas consideraciones.

> *Ejercicio*: Explique cómo podría mejorar el consumidor el equilibrio en la parte B ajustando la cantidad de tiempo dedicado al trabajo.

Utilizando este enfoque, podremos entender por qué diferentes consumidores prefieren diferentes clases de bienes. Una vez que se reconoce que hay dos componentes en el costo de un bien, su precio podrá escribirse como

$$\pi_x = p_x + wt_x \qquad \text{(IV.8.3)}$$

donde π_x es el precio total del bien, p_x es el precio de compra del bien, t_x es el tiempo que demora su consumo, y w es la tasa salarial, es decir, el costo de oportunidad del tiempo.[20]

Esto se ilustrará mejor con un ejemplo. Consideremos dos bienes: ir a un juego de beisbol, X, y beber una botella de vino de 150 pesos, Y. Supongamos que hay dos consumidores, A y B, con tasas salariales $w_A = \$100/\text{hora}$ y $w_B = \$5/\text{hora}$, respectivamente. Un boleto de beisbol cuesta 3 pesos y el juego se prolonga durante 6 horas, incluido el tiempo de viaje al estadio. El vino se bebe en media hora. En el cuadro IV.8.1 aparecen los precios pertinentes.

[20] En el problema 10 se requiere una derivación de esta expresión del precio.

GRÁFICA IV.8.2. *Diversos equilibrios con restricciones de tiempo y de ingreso monetario*

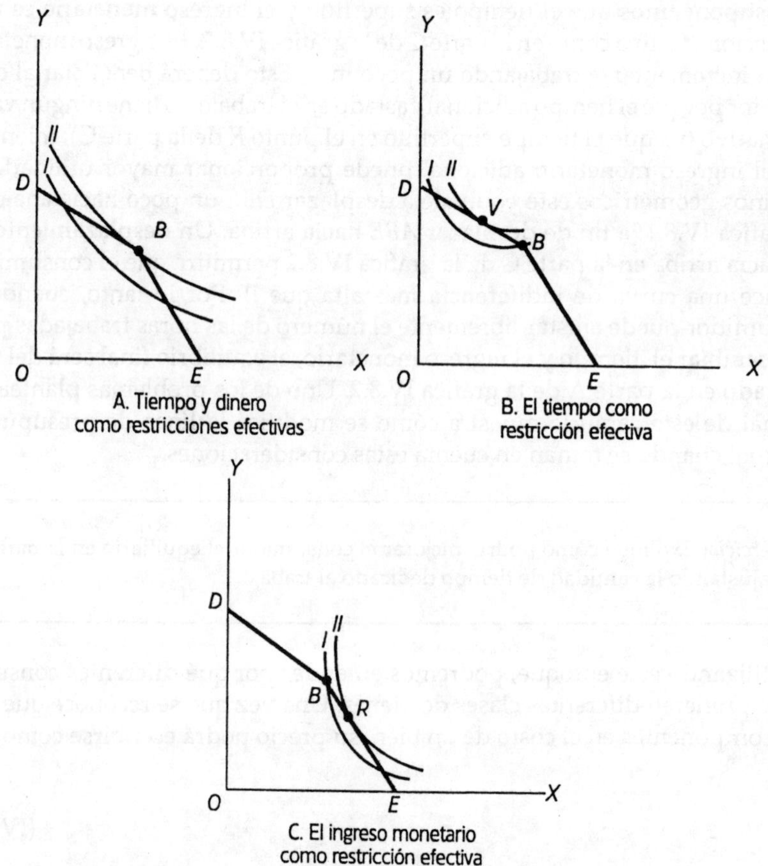

En opinión de B, el costo total de beberse el vino es mucho mayor que el costo total del juego de beisbol (\$152.50 > \$33). En opinión de A, ocurre lo contrario, ya que la ingestión del vino es el bien más barato (\$200 < \$603). No es sorprendente que los individuos menos prósperos digan que no pueden consumir vinos caros, pero con frecuencia acuden a los juegos de beisbol. De manera similar, los ricos dirán que no pueden disponer del tiempo requerido para ir a un juego de beisbol, pero no les importa gastar \$150 en una botella de vino.

CUADRO IV.8.1

	Costo para A	*Costo para B*
Juego de beisbol	$3 + 6($100) = $603	$3 + 6($5) = $33
Beber vino	$150 + 0.5($100) = $200	$150 + 0.5($5) = $152.50

Ejercicio: Utilizando un cuadro similar a IV.8.1, explique por qué los niños pasan más tiempo que los adultos jugando con platillos voladores, mientras que los adultos gastan más tiempo en costosos campos de esquiar.

IV.9. UN ENFOQUE RECIENTE DE LA TEORÍA DEL CONSUMIDOR

El enfoque tradicional de la teoría del consumidor trata a los bienes como la fuente directa de la utilidad. En años recientes, algunos economistas han considerado una reformulación de la teoría del consumidor en la que las características o propiedades de los bienes, en vez de los bienes mismos, constituyen la fuente última de la utilidad. Por ejemplo, una comida no proporciona utilidad directamente, sino que tiene características, como la nutrición y el atractivo estético, que intervienen en la función de utilidad. El profesor Kevin Lancaster resume la esencia de este enfoque como sigue:[21]

1) El bien no brinda por sí mismo una utilidad al consumidor; posee ciertas características y son estas características las que producen la utilidad.

2) En general, un bien poseerá más de una característica y muchas características serán compartidas por más de un bien.

3) En combinación, los bienes pueden poseer características diferentes de las que corresponden a los bienes por separado.

No entraremos aquí en los detalles de esta formulación de la teoría del consumidor, pero conviene advertir que dicha teoría proporciona algunas nociones que no son intrínsecas de la teoría tradicional. Por ejemplo, al

[21] El lector podrá obtener mayores detalles en el ensayo del profesor Lancaster, "A New Approach to Consumer Theory", *Journal of Political Economy*, núm. 74, abril de 1966, pp. 132-157. Los puntos 1 a 3 del texto se han tomado directamente del ensayo de Lancaster.

identificar las características de los bienes, la nueva teoría puede pronosticar cuáles bienes serán sustitutos cercanos y cuáles no lo serán. La nueva teoría puede pronosticar también (por lo menos en algunos casos) cuándo será desplazado del mercado un producto antiguo por los bienes nuevos o por cambios en los precios.[22] Estos pronósticos de la nueva teoría se basan en la suposición bastante fuerte de que los bienes poseen varias características en proporciones fijas.

Las técnicas analíticas involucradas en esta nueva teoría se asemejan en alguna medida al caso de las restricciones múltiples expuesto antes, en la sección IV.8. Se utilizan restricciones lineales para representar la transformación (o descomposición) de los bienes en sus características constitutivas. En consecuencia, por lo menos una parte del análisis ocurre en el "espacio de las características" y no en el "espacio de los bienes" utilizado en el análisis tradicional. Las restricciones de tiempo y de ingreso monetario desempeñan un papel fundamental en la nueva teoría.

IV.10. Resumen

- ✦ El efecto total de un cambio en el precio nominal sobre la cantidad demandada puede descomponerse en un efecto de sustitución y un efecto del ingreso. Por sí solo, el efecto de sustitución produce una relación inversa entre los cambios del precio nominal y los cambios de la cantidad demandada. El efecto del ingreso refuerza el efecto de sustitución en el caso de un bien normal o superior, de modo que en esta situación (la más común en la práctica), el efecto total reflejará una relación inversa entre el precio y la cantidad demandada. Si el bien en cuestión tiene una elasticidad-ingreso negativa (bien inferior), el efecto del ingreso se opone al efecto de sustitución.
- ✦ La elasticidad-precio cruzada entre el bien X y el bien Y es

$$\eta_{xy} = \frac{\Delta q_x}{q_x} \div \frac{\Delta p_y}{p_y}.$$

Esta elasticidad cruzada será diferente de cero si los cambios ocurridos en el precio de Y afectan la demanda de X. Si η_{xy} es positiva, decimos que los bienes son *sustitutos*. Si η_{xy} es negativa, decimos que los bienes son *complementos*.

[22] Esta teoría nueva ha atraído el interés de las personas involucradas en los problemas prácticos de la comercialización, donde la introducción de productos nuevos constituye a menudo una preocupación fundamental.

- ✦ Las curvas de indiferencia pueden ser útiles instrumentos analíticos en diversas aplicaciones, tales como la teoría de los números índices, las elecciones entre el trabajo y el ocio, las tasas salariales de las horas extra, los programas de beneficencia social y las decisiones de consumo o ahorro. En capítulos posteriores examinaremos otros ejemplos del análisis de la curva de indiferencia.
- ✦ En algunos problemas hay restricciones adicionales sobre el comportamiento del consumidor, además de la restricción habitual del ingreso monetario. Como se indica en la sección IV.8, no es difícil la incorporación de estas restricciones adicionales en el análisis. Esto genera implicaciones adicionales para los patrones de la demanda de consumo.

PREGUNTAS Y EJERCICIOS

1. *a)* Suponga que el precio de las manzanas aumenta 5% y la elasticidad-ingreso de las manzanas es 0.5. ¿Qué ocurrirá con la cantidad de manzanas pedida?
   b) Suponga que el precio de la harina aumenta 1% y la elasticidad-ingreso de la harina es –0.36. ¿Qué ocurrirá con la cantidad de harina pedida?
2. Se ha observado que el total de los servicios desempeñados por empleados domésticos en los Estados Unidos disminuyó en la primera mitad del siglo XX, mientras que el ingreso per cápita aumentaba. ¿Significa esto que los servidores domésticos son un bien inferior?
3. En el cuadro siguiente aparecen tres situaciones en las que puede encontrarse un individuo consumidor de dos bienes, X_1 y X_2. En el cuadro aparecen los precios de los bienes p_1 y p_2, las cantidades consumidas de los bienes, el ingreso nominal del consumidor, M, y su nivel de utilidad

Situación	p_1	p_2	*Cantidad de* X_1	*Cantidad de* X_2	M	*Utilidad*
1	$1	$1	50	40	90	10
2	1	1/2	48	84	90	15
3	1	1/2	40	70	75	10

a) Cuando el precio del bien 2 baja de $1 a $1/2, ¿cuál es el cambio de la cantidad demandada de X_2, cuando el ingreso nominal permanece constante en $90? ¿Qué parte de este cambio es causado por el efecto de sustitución y qué parte por el efecto del ingreso? ¿Es X_2 un bien normal, superior o inferior?

b) Complete los espacios vacíos del cuadro siguiente y conteste las preguntas del caso *a* en ese cuadro.

Situación	p_1	p_2	*Cantidad de* X_1	*Cantidad de* X_2	M	*Utilidad*
1	$1	$1	50	—	70	10
2	1	1/2	52	—	70	15
3	1	1/2	—	36	60	10

4. ¿Es posible que todos los bienes sean inferiores? (Suponemos que el ahorro o los saldos en efectivo son bienes.)
5. El señor Hernández gasta todos sus ingresos en dos bienes X_1 y X_2. El precio de estos bienes p_1 y p_2, y la cantidad consumida por Hernández de cada uno de ellos aparecen en el cuadro siguiente para tres años distintos:

Año	p_1	p_2	*Cantidad de* X_1	*Cantidad de* X_2
1	$6	$3	10	50
2	4	4	20	30
3	4	3	24	28

a) ¿Cuáles son los índices de Laspeyre y de Paasche entre el año 1 y el 2, y entre el año 1 y el 3?

b) ¿Está el señor Hernández en una mejor posición en el año 1 o en el año 2? ¿Está mejor en el año 2 o en el año 3? ¿Está mejor en el año 1 o en el año 3?

6. ¿Es cierto que si dos bienes son sustitutos, una rebaja del precio de uno de ellos conducirá a una disminución del precio del otro? ¿Importa que la rebaja inicial del precio se deba a un movimiento de la demanda o de la oferta?
7. Suponga que al licenciarse en la universidad una persona puede optar entre aceptar un empleo de $20 000 mensuales o pedir prestado para ingresar en la Facultad de Medicina. ¿Por qué hay quien opta por convertirse en médico?

8. Suponga que la señorita Sánchez, de 22 años de edad, recibe una herencia por la que le será entregado un millón de pesos al cumplir 35 años. Mediante el análisis de las curvas de indiferencia, explique lo que ocurrirá con su consumo corriente.
9. *a)* Jaimito, un niño de cinco años de edad, gusta de los dulces y odia las espinacas. Se le permite comer dos barras de dulce por día, pero su madre le ofrece una barra adicional por cada cincuenta gramos de espinacas que se coma al día. Con estas condiciones, Jaimito come 75 gramos de espinacas y 3.5 barras de dulce por día. Utilizando las curvas de indiferencia, analice el equilibrio del consumo de dulces y espinacas de Jaimito.

   b) Supongamos que la madre de Jaimito no le da sus dos barras de dulce "gratis" cada día, pero le ofrece una barra de dulce por cada 50 gramos de espinacas. ¿Sería su consumo de espinacas mayor o menor que en la pregunta *a*?
10. Supongamos que el ingreso monetario, M, está dado por $M = M_0 + w(24 - T)$, donde M_0 es el ingreso diario proveniente de fuentes distintas del empleo (y puede ser igual a cero) y w es la tasa salarial por hora. El total de las horas de trabajo durante un día de 24 horas será $(24 - T)$, donde T es el tiempo en horas gastado en las actividades de consumo. Refiérase al problema de la sección IV.8 y demuestre en términos algebraicos (o mediante un argumento económico) que, cuando T puede variar, la restricción presupuestaria pertinente para el consumidor será

$$(p_x + wt_x)x + (p_y + wt_y)y = M_0 + 24w\,.$$

   a) Demuestre que esto es lo mismo que la restricción habitual del ingreso monetario cuando $t_x = 0$ y $t_y = 0$.

   b) ¿Cuál es la interpretación económica de $(p_x + wt_x)$ y $(p_y + wt_y)$?

   c) ¿Cómo se verá afectada esta restricción si se pagan tasas mayores para cualquier trabajo que exceda de ocho horas al día?
11. ¿Implica el siguiente enunciado empírico un comportamiento irracional por parte de los trabajadores?

   Cuando una empresa aumenta el salario de las horas normales de sus trabajadores, se proporcionan menos horas de trabajo. Pero cuando se paga un salario adicional por las horas extra, que finalmente cuesta menos por hora trabajada, siempre se logra que los trabajadores laboren horas adicionales.
12. A través del tiempo, ha bajado drásticamente el número de las personas que viajan por tren en lugar de por avión. ¿Por qué?

Lecturas recomendadas

Ben-Porath, Yoram, "Labor Force Participation Rates and the Supply of Labor", *Journal of Political Economy*, núm. 81, mayo de 1973, pp. 697-704.

Becker, Gary S., "A Theory of the Allocation of Time", *Economic Journal*, núm. 75, 1965, pp. 493-517.

Ferguson, C. E., "Substitution Effect in Value Theory: A Pedagogical Note", *Southern Economic Journal*, núm. 24, 1960, pp. 310-314.

Georgescu-Roegen, Nicholas, "A Diagrammatic Analysis of Complementarity", *Southern Economic Journal*, núm. 19, 1952, pp. 1-20.

Henderson, James, M. y Richard E. Quandt, *Microeconomic Theory*, 2a. ed., Nueva York, McGraw-Hill, 1971, pp. 32-49.

Hicks, J. R., *Value and Capital*, 2a. ed., Oxford, Oxford University Press, 1946, pp. 42-52.

Lancaster, Kelvin J., "A New Approach to Consumer Theory", *Journal of Political Economy*, núm. 74, abril de 1966, pp. 132-157.

Samuelson, Paul A., *Foundations of Economic Analysis*, Cambridge, Mass., Harvard University Press, 1947, pp. 100-107.

Staehle, Hans, "A Development of the Economic Theory of Price Index Numbers", *Review of Economic Studies*, núm. 2, 1935, pp. 163-188.

V. CARACTERÍSTICAS DE LA DEMANDA DEL MERCADO

¿PROVOCARÁ un aumento en las tarifas de los autobuses (y del metro) un aumento o una disminución en el gasto total de estos medios de transporte? La respuesta depende de la elasticidad-precio de la demanda de viajes en autobús y en metro. Al examinar en mayor detalle la curva de demanda del mercado, este capítulo revisa varias influencias sobre esta curva. ¿Cuál es la elasticidad-precio de la demanda y qué determina su magnitud? ¿Cuál es la elasticidad-ingreso de la demanda? ¿Cuál es la elasticidad-precio cruzada de la demanda? ¿Cómo dependen los cambios del gasto total de la elasticidad-precio de la demanda? Esta última pregunta se trata detalladamente en la sección "Aplicación de la Teoría" de este capítulo y la respuesta se aplica a la primera de las preguntas aquí formuladas. Por último, en este capítulo examinamos la curva de indiferencia marginal y su diferencia con la curva de demanda del mercado, y describimos la curva de demanda pertinente para un vendedor de competencia perfecta.✦

APLICACIÓN DE LA TEORÍA

EL AUMENTO EN LAS TARIFAS AFECTA MÁS A LOS AUTOBUSES QUE AL METRO, DICEN LAS ATM

EDWARD C. BURKS

LOS AUTOBUSES públicos perdieron la octava parte de sus pasajeros —mucho más que los trenes subterráneos— durante el primer mes de la nueva tarifa de 50 centavos, en comparación con el mismo periodo de 1974, informaron ayer las Autoridades del Transporte Metropolitano (ATM).

Comparando septiembre de 1975 con septiembre de 1974, las ATM reportaron gran cambio en sus instalaciones:

- ✦ Los viajes en autobús descendieron 12.7%, pasando de 53 a 46.2 millones, lo que representa una pérdida diaria de 225 000 pasajeros en promedio.
- ✦ Los viajes en metro disminuyeron 5.2%, pasando de 83.65 a 79.3 millones, lo que representa una pérdida diaria de 144 00 pasajeros en promedio.
- ✦ El ferrocarril de Long Island, cuya tarifa aumentó 23% el 1 de septiembre, mantuvo su clientela, de hecho con una pequeña ganancia; pero las líneas de Penn Central Harlem y Hudson, cuyas tarifas aumentaron 25% el 1 de septiembre, sufrieron una disminución de 3.9%, pasando de 1.80 a 1.73 millones de pasajeros.

SIN EXPLICACIÓN OFICIAL

No hubo ninguna explicación oficial de la disminución de pasajeros en los autobuses. Sin embargo, algunos funcionarios de las ATM observaron extraoficialmente que hay un "elemento de discreción" más importante en el caso de los autobuses. El pasajero de autobuses viaja por lo regular a distancias mucho más cortas que el pasajero del metro, y puede optar por caminar cuando hace buen tiempo. Otra teoría era que los viajes en el metro, luego de una disminución constante durante varios años, casi había "tocado fondo", y la mayoría de los pasajeros usaban ese medio de transporte para ir al trabajo o porque no tenían otra opción.

Al aumentar las tarifas el 1 de septiembre, las ATM habían tratado de mitigar el golpe con numerosas transferencias de un autobús a otro por el pago adicional de 25 centavos. Este sistema evita que muchos de los pasajeros de autobuses tengan que pagar tarifas dobles. Pero el número de viajes se derrumbó.

LOS INGRESOS AUMENTARON 33.5 POR CIENTO

El aumento en las tarifas, de 35 a 50 centavos, incrementó en 33.5% los ingresos del metro durante septiembre, en comparación con la situación del año pasado (38.3 contra 28.7 millones de dólares), y en 18.4% los ingresos de los autobuses (20.1 contra 17 millones de dólares).

Las ATM informaron también que los ingresos del ferrocarril de Long Island aumentaron 16.3% durante septiembre de 1975, en comparación con la situación del año anterior, mientras que el número de pasajeros aumentó de 5 068 000 a 5 070 000.

La reducción en las cifras de pasajeros resultan especialmente drásticas cuando la comparación se hace entre septiembre, el primer mes completo con la nueva tarifa, y junio, el último mes completo con la tarifa anterior.

Los viajes en metro ascendieron a 90.6 millones en junio y sólo a 79.3 millones en septiembre, lo que implicó una disminución de 373 000 pasajeros diarios en promedio.

Los viajes en autobús (de las Autoridades de Tránsito y de las Autoridades de Tránsito Terrestre de Manhatan y el Bronx) ascendieron a 63.96 millones en junio y sólo a 46.2 millones en septiembre. La disminución fue de 590 000 pasajeros diarios.

PREGUNTAS

1. ¿Es la demanda de transportación en autobús elástica o inelástica al precio en el segmento de precios mencionado aquí? ¿Cómo lo sabemos?
2. A partir de la información de este artículo, ¿cómo podríamos obtener una cifra para la elasticidad-precio de la demanda de "transportación en autobús" cuando el precio aumentó de 35 a 50 centavos? ¿Por qué es tal cifra algo "arbitraria"?
3. ¿Por qué cree usted que la elasticidad-precio de la demanda de autobuses difiere de la observada en el caso del metro? ¿Cuál es mayor? ¿Son ambas elasticidades mayores que uno? Explique.

4. ¿Cree usted que la elasticidad (respecto del precio) será mayor en el largo plazo que en el corto plazo? ¿Por qué?

SOLUCIONES

1. Cuando el precio aumentó de 35 a 50 centavos, se incrementó el ingreso total. Esta información implica que la elasticidad-precio de la transportación en autobús debe ser inelástica, o menor que uno, en este intervalo. La reducción de la cantidad debe haber sido menor que el aumento del precio, en términos porcentuales.
2. Utilizando la fórmula de la elasticidad-precio V.2.1 que aparece en el texto

$$-\frac{\Delta q}{q} / \frac{\Delta p}{p}$$

$$= -\frac{46.2 - 53}{(1/2)\,(46.2 + 53)} / \frac{50 - 35}{(1/2)\,(50 + 35)}$$

$$= \frac{13.7\%}{35.3\%} = 0.39\,.$$

Para calcular el cambio ocurrido en q, se tomaron los valores de septiembre de 1974 a septiembre de 1975. Adviértase que el cálculo anterior usa la Q "promedio" y la P "promedio" para q y p de la fórmula utilizada en el texto. Puesto que el valor de q y de p no está definido con precisión, el valor de la elasticidad-precio de la demanda es algo "arbitrario".
3. La razón principal citada en este capítulo es la disponibilidad de sustitutos. Presumiblemente, hay menos "sustitutos" para el metro. El propio artículo hace referencia al "mayor elemento de discreción" en el caso de los viajes en autobús, los viajes mucho más cortos, etc. Para un economista, esto quiere decir que hay menos sustitutos para el viaje en metro. Entre mayor sea la disponibilidad de sustitutos, mayor será la elasticidad-precio de la demanda. Por lo tanto, esta elasticidad es mayor para los autobuses que para el metro, pero en ambos caos es menor que uno. (¿Por qué? Porque el ingreso total (IT) aumentó en ambos casos al elevarse las tarifas.)
4. Sí. Puesto que se requiere tiempo para encontrar sustitutos, la elas-

ticidad-precio es mayor en el largo plazo que en el corto plazo. Por ejemplo, algunas personas podrían optar por comprar bicicletas o por formar grupos para el uso colectivo de los automóviles en el largo plazo. Quizá no puedan hacer esto en breve tiempo, pero sí cuando dispongan de más tiempo.

FUENTE: *The New York Times*,

V.1. INTRODUCCIÓN

El análisis de la parte I ha establecido firmemente la proposición de que las curvas de demanda individuales tienen pendiente negativa: la cantidad demandada varía inversamente con el precio. La única excepción es verdaderamente insignificante, la paradoja de Giffen. Pero aun cuando unos cuantos individuos se encuentren en una situación en la que se aplique la paradoja de Giffen, resulta dudoso que la curva de demanda del *mercado* muestre las mismas propiedades.

Este capítulo considera en mayor detalle algunos de los conceptos introducidos en el capítulo I. Además, introduce varias ideas nuevas, importantes para la descripción del comportamiento de los mercados que operan con grados de competitividad diferentes.

V.2. LA ELASTICIDAD DE LA DEMANDA

Ya estamos familiarizados con el concepto y el cálculo de la elasticidad de la demanda; en efecto, la medida de la elasticidad-precio cruzada ha sido discutida con cierto detalle en el capítulo IV. Sin embargo, las diversas elasticidades de la demanda son tan importantes —desde el punto de vista tanto teórico como empírico— que en esta sección las examinaremos todas.

V.2.a. *La elasticidad-precio de la demanda*

Como vimos antes, la cantidad demandada de un bien depende de su precio. Resulta interesante medir el cambio relativo de la cantidad demandada que resulta de un cambio proporcional en el precio. Llamamos a esta medida elasticidad-precio de la demanda.

> *Elasticidad-precio de la demanda*: La elasticidad-precio de la demanda es la sensibilidad relativa de la cantidad demandada ante los cambios ocurridos en el precio del bien; en otras palabras, la elasticidad-precio es el cambio proporcional de la cantidad demandada dividido por el cambio proporcional en el precio.

En virtud de que la cantidad demandada y el precio varían inversamente, un cambio positivo en el precio irá acompañado de un cambio negativo en la cantidad demandada. Por lo tanto, a fin de volver positivo el coeficiente de la elasticidad-precio, se introduce en la fórmula un signo "menos":[1]

$$\eta_{xx} = -\frac{\Delta q}{q} \div \frac{\Delta p}{p} = -\frac{\partial q}{\partial p}\frac{p}{q}. \tag{V.2.1}$$

La ecuación V.2.1 nos da la fórmula de lo que llamamos elasticidad-precio de la demanda en un punto. Esto significa que el coeficiente calculado sólo es válido para pequeños movimientos.

Como un ejemplo, supongamos que tenemos la siguiente información:

Precio	*Cantidad demandada*
\$29.001 (p_1)	2 999 (q_1)
\$29.000 (p_2)	3 000 (q_2)

Evidentemente, $\Delta p = -\$0.001$ y $\Delta q = +1$. En la fórmula para la elasticidad en un punto debemos emplear también p y q; pero podría surgir una incógnita: ¿debemos emplear p_1 y q_1, o bien p_2 y q_2? Para cambios tan pequeños como los del ejemplo, esto no tiene importancia: podemos emplear cualesquiera de

[1] Sea la curva de demanda del bien i

$$q_i = f(p_1, p_2, \ldots, p_n, I)$$

donde q_i es la cantidad demandada, p_j es el precio del bien j, I es el ingreso, y suponemos que hay n bienes. Por definición, la elasticidad-precio directa o "propia" de la demanda es

$$\eta_{ii} = \frac{\partial q_i p_i}{\partial p_i q_i} = -\frac{\partial \log q_i}{\partial \log p_i}$$

donde log denota logaritmos de base e.

ellos, de manera que la fórmula para la elasticidad en un punto es aplicable, como se puede ver a partir de los siguientes cálculos:

$$\eta = -\frac{\Delta q}{\Delta p}\frac{p_1}{q_1} = -\frac{+1}{-0.001}\frac{29.001}{2\,999} = +9.67022\,,$$

$$\eta = -\frac{\Delta q}{\Delta p}\frac{p_2}{q_2} = -\frac{+1}{-0.001}\frac{29.000}{3\,000} = +9.66667\,.$$

La diferencia entre las dos elasticidades calculadas es muy pequeña, ya que sólo asciende a 0.00355 en una magnitud que excede de 9.

Por supuesto, la curva de demanda es una función y no hay ninguna razón para esperar que la elasticidad en un punto sea igual a la elasticidad en otro punto. Como vimos en el capítulo I, la elasticidad de la demanda no tiene que ser constante entre diversos tipos de consumidores. Tampoco debe ser constante para el mismo consumidor en diferentes puntos de su curva de demanda. Consideremos la gráfica V.2.1.

Supongamos que D_1 es la demanda de camisas del señor Pérez, cuando su ingreso es de \$30 000 por año. Si Pérez recibiera una herencia que elevara su ingreso a \$50 000 por año, su demanda se desplazaría a D_2. Supongamos que por pura coincidencia D_2 es paralela a D_1, y que D_1 y D_2 son lineales. Entonces, la pendiente será la misma en cada punto de D_1 y de D_2. La elasticidad de la demanda es diferente en *A*, *B* y *C*, aunque las pendientes sean iguales en todos esos puntos.

La razón de ese fenómeno es que la elasticidad no es sólo la pendiente, sino que también incluye la razón del precio a la cantidad. En efecto, la ecuación V.2.1 puede escribirse como[2]

$$\eta_{xx} = \left(\frac{-1}{\text{pendiente de la curva de demanda}}\right)\left(\frac{p}{q}\right). \qquad \text{(V.2.2)}$$

[2] En realidad, las curvas de demanda se trazan como curvas de demanda "inversas". Si entendemos que la pendiente de la curva de demanda es $\Delta q/\Delta p$, entonces V.2.2 se convierte en

$$\eta_{xx} = (-\text{ pendiente de la demanda})\ (p/q).$$

Sólo porque p se encuentra en el eje vertical y la pendiente es $\Delta p/\Delta q$, resulta necesario pensar en términos de (–1/pendiente). En todo caso, no hay ambigüedad si escribimos

$$\eta_{xx} = (\Delta q/\Delta p)\cdot(p/q).$$

GRÁFICA V.2.1. *Las elasticidades en diversos puntos*

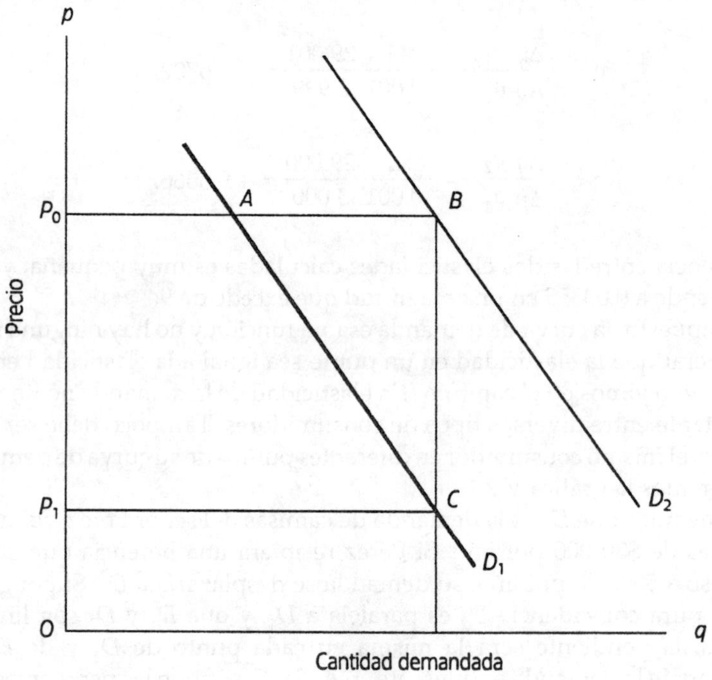

Aunque la pendiente es la misma en *A*, *B* y *C*, de modo que –1/pendiente es igual en todos estos puntos, *p/q* es diferente. Primero, adviértase que al comparar *C* con *A*, el precio en *C* es menor que en *A* y la cantidad es mayor. Por lo tanto, la elasticidad de la demanda es mayor en *A* que en *C*. Segundo, adviértase que el precio es el mismo, pero la cantidad es mayor en *B* que en *A*. Por lo tanto, la elasticidad de la demanda es mayor en *A* que en *B*. ¿Qué diremos de *B* en relación con *C*? La cantidad es la misma, pero el precio es mayor en *B* que en *C*. Por lo tanto, la elasticidad de la demanda es mayor en *B* que en *C*.

Este resultado no debe sorprendernos si recordamos que la elasticidad se refiere a un cambio porcentual antes que a un cambio absoluto. Un cambio absoluto dado implica diferentes cantidades porcentuales, si los niveles de la base son diferentes. Para entender esto, consideremos dos casos extremos, como se indica en la gráfica V.2.2.

En el punto *A*, la elasticidad es infinita, porque la reducción más pequeña del precio implica que la cantidad demandada aumenta de cero a alguna cantidad positiva. En virtud de que la cantidad previamente demandada era

GRÁFICA V.2.2. *Las elasticidades de cero y de infinito*

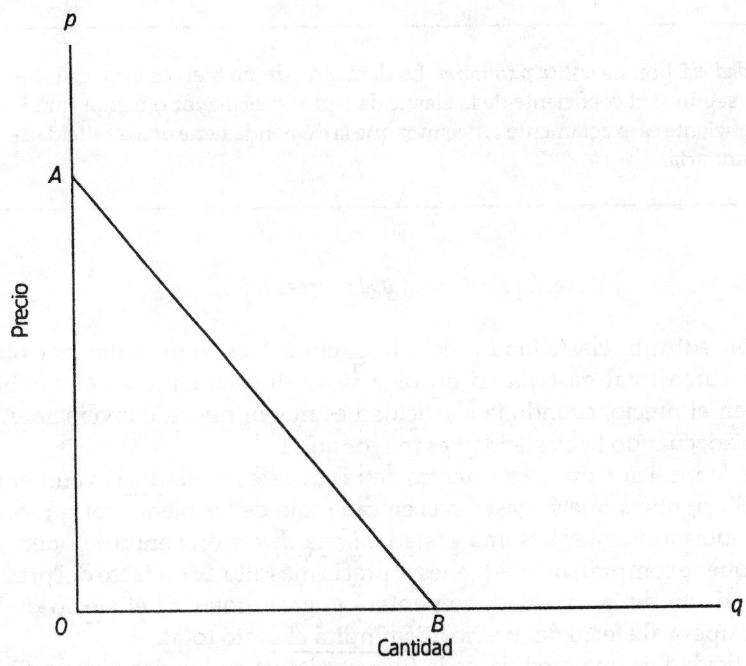

cero, el aumento es infinito en términos porcentuales. Por el contrario, en el punto *B* cualquier aumento en el precio, de cero a un número positivo, es un aumento porcentual infinito, porque el precio anteriormente era cero. Por consiguiente, todo cambio finito de la cantidad asociado a este cambio infinito del precio implica que la elasticidad debe ser igual a cero en este punto.

V.2.b. *El coeficiente de la elasticidad-precio*

Clasificamos la demanda como elástica al precio, unitaria o inelástica al precio, de acuerdo con el valor de η. Si $\eta > 1$, decimos que la demanda es *elástica*: un cambio porcentual dado en el precio originará un cambio porcentual mayor en la cantidad demandada. En este caso, pequeños cambios de precio pueden generar otros cambios mucho más significativos en la cantidad demandada.

Cuando $\eta = 1$, la demanda tiene elasticidad unitaria, lo que significa que los cambios porcentuales en el precio y en la cantidad demandada son exactamente iguales. Por último, si $\eta < 1$, la demanda es inelástica. En este caso, un cambio porcentual dado en el precio genera un cambio porcentual pequeño en la cantidad demandada.

> *Elasticidad elástica, inelástica o unitaria:* La demanda de un bien es elástica o inelástica según si el coeficiente de la elasticidad-precio es mayor o menor que 1. Si el coeficiente es exactamente 1, decimos que la demanda tiene una elasticidad-precio unitaria.

V.2.c. *La elasticidad y el ingreso total*

La relación entre la elasticidad-precio respecto a 1 es importante por otra razón. La suma total gastada en un bien varía directamente en el cambio ocurrido en el precio, cuando la elasticidad es menor que 1, e inversamente con el precio, cuando la elasticidad es mayor que 1.

Es clara la intuición que se encuentra detrás de este resultado. Un aumento en el precio significa que se gasta más en cada uno de los bienes comprados, lo que tiende a aumentar la suma gastada. En la dirección contraria opera el hecho de que se compran menos bienes al precio más alto. Si el efecto del precio supera al efecto de la cantidad, aumentará el gasto total. Si el efecto de la cantidad supera al efecto del precio, disminuirá el gasto total.

La elasticidad es una medida de la fuerza relativa de los dos efectos. Si la elasticidad de la demanda es menor que 1, un aumento de 1% en el precio causará una disminución menor que 1% en la cantidad demandada. Por lo tanto, el efecto del precio supera al efecto de la cantidad y aumenta el gasto. Pero cuando la elasticidad es mayor que 1, una pequeña elevación del precio inducirá una disminución mayor de la cantidad, de modo que el efecto de la cantidad es dominante y el ingreso total baja.[3] (Véase la solución a la pregunta 4 del artículo periodístico sobre la elaboración clandestina de whisky que

[3] Formalmente, éste se desarrolla como sigue:

$$\text{Ingreso} = p \cdot q$$

$$\frac{\text{d (ingreso)}}{\text{d (precio)}} = q + \frac{\partial q}{\partial p} \cdot p$$

$$= q\left(1 + \frac{\partial q}{\partial p} \cdot \frac{p}{q}\right)$$

$$= q\,(1 - \eta_{xx})$$

De modo que el cambio del ingreso tiene el mismo signo que el cambio del precio cuando $\eta_{xx} < 1$, y el signo opuesto cuando $\eta_{xx} > 1$.

aparece en la p. 24 del capítulo I. Esta relación se aprecia también en la sección "Aplicación de la Teoría" de este capítulo.)

V.2.d. *Los factores que afectan a la elasticidad-precio*

El hecho de que la demanda sea elástica o inelástica es una consideración importante, especialmente para la política gubernamental en lo relativo a mercados de bienes específicos. Por ejemplo, supongamos que la demanda de trigo tiene una gran elasticidad. En tal caso, un aumento en el precio del trigo generará una reducción proporcionalmente mayor en la cantidad demandada. El agricultor obtendría un menor ingreso total por la venta de su trigo. Supongamos ahora que el gobierno establece un precio mínimo al trigo, por encima del precio de equilibrio del mercado. Las ventas de trigo se reducirían al igual que el ingreso de los agricultores, a menos que el precio de garantía estuviese acompañado de cuotas mínimas de compra.

Éste es sólo un ejemplo; podríamos llenar un libro con otros semejantes. La importancia práctica de la elasticidad ha hecho que se elabore un gran número de estudios estadísticos que pretenden estimar valores numéricos de la elasticidad-precio. En el cuadro V.2.1 reproducimos algunas de esas estimaciones.

El principal factor que determina la elasticidad es la disponibilidad de buenos sustitutos. Esto explica las variaciones que se observan en el cuadro V.2.1.

Cuanto más y mejores sean los sustitutos para un bien específico, mayor tenderá a ser su elasticidad-precio. Los bienes que tienen pocos y malos sustitutos —los alimentos y los combustibles, por ejemplo— tenderán siempre a tener elasticidades-precio bajas. Los bienes que tienen muchos sustitutos tendrán elasticidades mayores.

V.2.e. *La elasticidad-precio cruzada de la demanda*

Hemos examinado la medición de la elasticidad cruzada de la demanda en conexión con la definición de los bienes sustitutos y complementarios (capítulo IV, apartado IV.4.a). Aquí repetiremos la definición.

> *Elasticidad-precio cruzada*: La elasticidad-precio cruzada de la demanda mide la sensibilidad relativa de la cantidad demandada de un bien dado ante cambios en el precio de un bien relacionado. En otras palabras, es el cambio proporcional de la cantidad demandada del bien X dividido por el cambio proporcional en el precio del bien Y.

CUADRO V.2.1. *Estimación de la elasticidad-precio de la demanda de algunos bienes en sentido amplio*

Bien	*Elasticidad media reportada*
Alimentos	− 0.253
Vestido	− 0.466
Vivienda	− 0.327
Combustibles	− 0.249
Tabaco/Alcohol	− 0.489
Transportes y comunicaciones	− 0.794
Bienes del hogar durables	− 0.627

FUENTE: Éstos son promedios compilados de varios estudios. Las referencias son: Abbott y Ashenfelter (1976), Barten y Geyskens (1975), Deaton (1975), Deaton y Muelbauer (1980, 1982), Lluch y Powell (1975) y Powell (1974).

Utilizando esta definición, establecemos el coeficiente de la elasticidad-precio cruzada de la demanda como

$$\eta_{xy} = \frac{\Delta q_x}{q_x} \div \frac{\Delta p_y}{p_y} = \frac{\Delta q_x p_y}{\Delta p_y q_x} \qquad \text{(V.2.3)}$$

Como se recordará, los bienes se pueden clasificar como sustitutos complementos según si $\eta_{xy} \gtrless 0$.

Las interrelaciones de la demanda se han investigado en algunos estudios estadísticos. En el cuadro V.2.2 se presentan algunos coeficientes ilustrativos.

Téngase presente que algunos bienes tienen elasticidades cruzadas negativas entre sí (son complementos), mientras que otros tienen elasticidades cruzadas positivas (son sustitutos). Los alimentos parecen ser complementos cercanos de las bebidas y los tabacos, mientras que no se relacionan de manera estrecha con la ropa. Los combustibles y la vivienda muestran también un grado de complementariedad importante. La ropa es un sustituto de las bebidas y los tabacos, aunque no muy fuerte.

V.2.f. *Las elasticidades-precio propias y cruzadas*

Como podría parecer plausible, las elasticidades-precio de la demanda, propias y cruzadas, no son totalmente independientes entre sí. Por ejemplo, supongamos que sólo hay dos bienes X y Y. Supongamos además que la

CUADRO V.2.2. *Algunas elasticidades cruzadas de la demanda*

Bien	*Elasticidad cruzada respecto del precio de*	*Coeficiente*
Alimentos	Bebidas y tabacos	− 0.629
Alimentos	Ropa	+ 0.022
Ropa	Bebidas y tabacos	+ 0.215
Combustibles	Bebidas y tabacos	− 0.046
Combustibles	Vivienda	− 0.287

FUENTE: Deaton y Muelbauer (1982).

elasticidad-precio de la demanda de X por parte de un consumidor, es menor que 1, digamos 1/2. Entonces, por la discusión del apartado V.2.c, es claro que el gasto en X deberá aumentar cuando se eleve el precio de X. Pero esto implica que el gasto en Y deberá bajar porque no ha cambiado el precio de Y ni el ingreso monetario. Por consiguiente, la elasticidad cruzada de Y con el precio de X es negativa; conforme se eleva el precio de X, disminuye la cantidad demandada de Y. Decimos entonces que X y Y son complementos.

Se aplica un argumento similar cuando la elasticidad-precio de la demanda de X es mayor que 1. Y así es como debería ser: decir que $\eta_{xx} > 1$ es decir que la demanda de X es elástica, es decir, que un aumento en el precio provoca una sustitución sustancial en contra de X. Pero siendo esto así, debe haber otros bienes que sean sustituibles por X. En este caso, la demanda de Y varía con el precio de X, lo que implica que X y Y son sustitutos.

Estas relaciones pueden extenderse a economías con cualquier número de bienes, pero se aplica la misma lógica: si la elasticidad-precio es mayor que 1, en cierto sentido de promedio los demás bienes serán sustitutos de X. Si la elasticidad-precio es menor que 1, en el mismo sentido los demás bienes serán complementos.[4]

[4] Esta proposición se deriva formalmente como sigue: la restricción presupuestal implica que

$$I = p_1x_1 + p_2x_2 + \ldots + p_Nx_N$$

donde I es el ingreso, x_i la cantidad consumida del bien i, y p_i el precio de bien i. Diferenciando respecto de p_i, obtenemos

$$\frac{\partial I}{\partial p_1} = 0 = \frac{\partial x_1}{\partial p_1}p_1 + x_1 + \frac{\partial x_2}{\partial p_1}p_2 + \ldots + \frac{\partial x_N}{\partial p_1} \cdot p_N$$

que también puede escribirse como

V.3. LA ELASTICIDAD-INGRESO DE LA DEMANDA

La cantidad que se compra de algunos bienes es muy sensible a los cambios del ingreso monetario real. Por esta razón, a veces conviene eliminar la suposición de que el ingreso se mantiene constante. En un caso sencillo, la función de demanda puede escribirse como

$$q = f(p, I), \tag{V.3.1}$$

donde I es el ingreso monetario. De acuerdo con los conceptos de la elasticidad ya desarrollados, la elasticidad-ingreso de la demanda está dada por la siguiente definición:

> *Elasticidad-ingreso de la demanda*: La elasticidad-ingreso de la demanda es la sensibilidad relativa de la cantidad demandada ante los cambios en el ingreso. En otras palabras, es el cambio proporcional en la cantidad demandada dividido por el cambio proporcional en el ingreso nominal.

En símbolos,

$$\eta_M = \frac{\Delta q}{q} \div \frac{\Delta q}{I} = \frac{\Delta q}{\Delta I}\frac{I}{q}. \tag{V.3.2}$$

$$x_1 = \frac{-\partial x_1}{\partial p_1} p_1 - \frac{\partial x_2}{\partial p_1} p_2 - \ldots - \frac{\partial x_N}{\partial p_1} p_N$$

o dividiendo por x_1 y multiplicando y dividiendo, cuando sea necesario, por $\frac{p_1}{x_j}$,

$$1 = \frac{-\partial x_1}{\partial p_1}\frac{p_1}{x_1} - \left(\frac{\partial x_2}{\partial p_1}\cdot\frac{p_1}{x_2}\right)\frac{x_2}{p_1}\cdot\frac{p_2}{x_1} - \ldots - \left(\frac{\partial x_N}{\partial p_1}\cdot\frac{p_1}{x_N}\right)\frac{x_N}{p_1}\cdot\frac{p_N}{x_1}$$

$$= \eta_{11} - \sum_{j=2}^{N}\left(\frac{\partial x_j}{\partial p_1}\cdot\frac{p_1}{x_j}\right)\frac{E_j}{E_1}$$

donde η_{11} es la elasticidad-precio de la demanda y E_j es el gasto del bien j.

Adviértase que $(\partial x_j / \partial p_1 \cdot p_1 / x_j)$ es la elasticidad cruzada de x_j con el precio 1. Por lo tanto, una suma ponderada de las elasticidades-precio cruzadas más la elasticidad-precio es igual a 1. En consecuencia, si $\eta_{11} > 1$, la suma ponderada de las elasticidades-precio cruzadas debe ser positiva, lo que implica que los bienes son sustitutos en promedio. Y a la inversa si $\eta_{11} < 1$.

CUADRO V.3.1

Bien	*Elasticidad-ingreso*
Alimentos	0.520
Ropa	1.559
Vivienda	0.535
Combustible	1.400
Tabaco y bebidas	1.149
Transportes y comunicaciones	1.349
Bienes del hogar durables	1.683

FUENTE: Véase el cuadro V.2.1.

Algunos autores han sugerido que los bienes pueden clasificarse como "de primera necesidad" y "de lujo", de acuerdo con la elasticidad-ingreso. Cuando la elasticidad-ingreso es muy baja (desde luego, menor que uno), la cantidad demandada no responde mucho a los cambios en el ingreso. El consumo permanece más o menos igual, independientemente del nivel del ingreso. Esto sugiere que el bien en cuestión es "de primera necesidad". En cambio, una elasticidad-ingreso mayor que 1 indica que el bien es más o menos de lujo. El estadístico alemán Christian Lorenz Ernst Engel elaboró en el siglo XIX ciertas "leyes de consumo" empíricas. De acuerdo con Engel, la elasticidad-ingreso de la demanda de alimentos es muy baja; la de la ropa y alojamiento se acerca a la unidad; las diversiones, la atención médica y otros bienes "lujosos" tienen elasticidades-ingreso mayores que 1. Por tanto, según este autor, el porcentaje del ingreso que gasta en alimentos una familia o una nación constituye un índice excelente del bienestar: cuanto más pobre sea una familia o una nación, mayor será el porcentaje del gasto dedicado a la alimentación.

La última generalización es un poco cruda, pero provee una medida aproximada del bienestar. Sin embargo, es de suponerse que ya no son válidas algunas de las aseveraciones específicas de Engel, como puede observarse en las estimaciones seleccionadas de la elasticidad-ingreso que aparecen en el cuadro V.3.1.

Aun cuando los alimentos y la vivienda tienen las elasticidades-ingreso más bajas, la de la ropa es considerablemente mayor que 1. El bien más lujoso del conjunto es el de los "bienes del hogar durables", como sería de esperarse intuitivamente.

A pesar de que se han observado algunas desviaciones empíricas de la presentación original de Engel, muchos estudios modernos continúan utilizando su intuición básica. Estos estudios son muy importantes en el contexto de los programas gubernamentales de beneficencia. Muchos programas transfieren ingreso a las familias basándose en algún criterio de la necesidad. Puesto que no es fácil definir la necesidad, a menudo se utiliza como guía el enfoque de Engel. Por ejemplo, una familia de cuatro miembros con un ingreso de 10 000 pesos al año podría estar en peor situación que una familia de cinco miembros con un ingreso de 12 500 pesos al año, aunque el ingreso por persona sea el mismo. En ciertas circunstancias, el método de Engel nos permite calcular subsidios comparables para familias de tamaños diferentes.

V.4. El ingreso marginal

Habiendo desarrollado los conceptos de la demanda de mercado y de elasticidades de precio, cruzada y de ingreso, podremos ocuparnos de un concepto estrechamente relacionado: el del ingreso marginal.

El ingreso marginal es importante por varias razones. Es importante para el estudio de diferentes estructuras de mercado y para el análisis de la influencia de la estructura sobre los precios y las cantidades.

La curva de demanda de mercado muestra para cada precio específico la cantidad del bien en cuestión que adquirirán los consumidores. Veamos, por ejemplo, la gráfica V.4.1. Al precio de OP por unidad se demandan y venden OQ unidades. Desde el punto de vista de los vendedores, $OP \times OQ$, o sea el producto del precio por la cantidad vendida, será el *ingreso total* obtenible al precio de OP por unidad. Este ingreso es el área del rectángulo $OPRQ$ en la gráfica V.4.1.

Probablemente más importante que el ingreso total es la variación en éste, cuando las ventas aumentan o disminuyen. A esta variación la llamamos *ingreso marginal*, en la terminología familiar de la economía.

> *Ingreso marginal*: El ingreso marginal es el cambio en el ingreso total imputable al cambio de una unidad en la producción. El ingreso marginal se calcula dividiendo el cambio en el ingreso total por el cambio en la producción. Por lo tanto, el ingreso marginal, IM, es:

$$IM = \frac{\Delta IT}{\Delta Q}$$

donde IT es el ingreso total.

GRÁFICA V.4.1. *La medición del ingreso total*

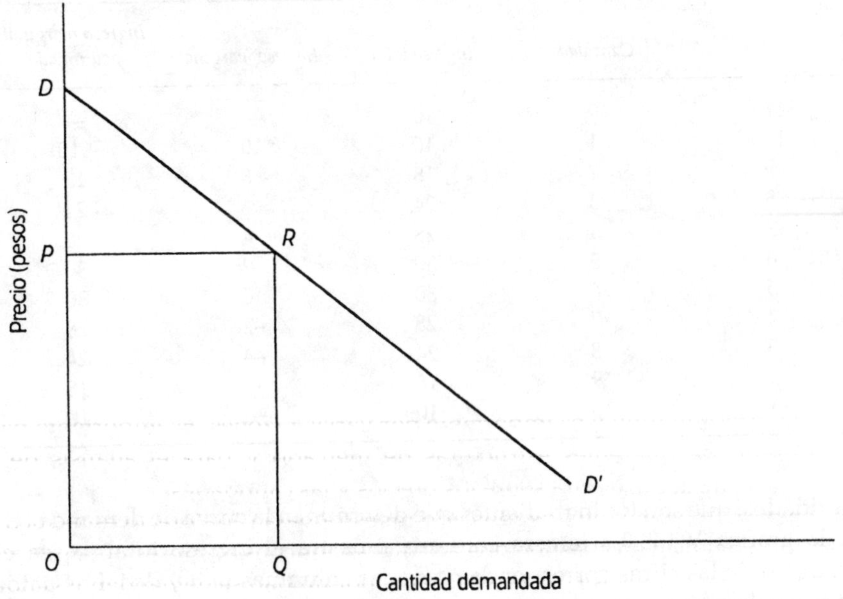

V.4.a. *El cálculo del ingreso marginal*

Consideremos cuidadosamente la definición del ingreso marginal (*IM*), o sea el cambio en el ingreso total (*IT*) imputable a un cambio de una unidad en la producción. Para la primera unidad vendida, el ingreso total, el ingreso promedio y el ingreso marginal son idénticos: cuando sólo se vende una unidad, cada uno de tales ingresos es exactamente igual al precio. El precio deberá reducirse para expandir las ventas a la tasa de dos unidades por periodo. El ingreso marginal de la segunda unidad es igual al ingreso total de la venta de dos unidades *menos* el ingreso total de la venta de una unidad.

La función del ingreso marginal incorpora dos efectos. El precio debe bajar para expandir la cantidad vendida. (Ésta es la esencia de una curva de demanda de pendiente negativa.) Al principio, la disminución en el precio se ve contrarrestada con creces por el aumento en la cantidad. Pero a la larga, es probable que domine la disminución en el precio.

El ingreso marginal puede entenderse mejor haciendo referencia al cuadro V.4.1.

Las primeras dos columnas de este cuadro contienen cifras de precios y

CUADRO V.4.1. *Demanda, ingreso total e ingreso marginal*

Precio	*Cantidad*	*Ingreso total*	*Ingreso marginal*	*Ingreso marginal acumulado*
$11	0	$0	—	—
10	1	10	$10	$10
9	2	18	8	18
8	3	24	6	24
7	4	28	4	28
6	5	30	2	30
5	6	30	0	30
4	7	28	–2	28
3	8	24	–4	24
2	9	18	–6	18
1	10	10	–8	10

cantidades, que son los ingredientes que determinan la curva de demanda (*D*) en la gráfica V.4.2. La tercera columna muestra el ingreso total, o sea el producto de las cifras correspondientes a las columnas uno y dos. Los datos de esta columna generan la curva *IT* de la gráfica. La columna cuatro contiene las cifras de ingreso marginal calculadas, de acuerdo con la definición, como:[5]

$$IM_1 = \Delta IT_1 = IT_1 - IT_0,$$
$$IM_2 = \Delta IT_2 = IT_2 - IT_1,$$
$$\cdots\cdots\cdots\cdots$$
$$IM_{10} = \Delta IT_{10} = IT_{10} - IT_9.$$

La columna final es un cálculo de control para mostrar que la suma de la cifras de ingreso marginal es igual al correspondiente ingreso total. Utilizando la notación anterior tenemos:

[5] La gráfica V.4.2 contiene una ligera inexactitud que podría desconcertar al estudiante con adiestramiento matemático. El ejemplo en que se basa la gráfica contiene datos discretos. La curva *IT* se obtiene marcando los puntos y conectándolos con segmentos de líneas rectas. Las curvas *D* e *IM* se obtienen de la misma manera. Pero aquí surge la incongruencia: en cualquier intervalo de valores en el que el ingreso total sea lineal el ingreso marginal será constante; y cuando el ingreso marginal es constante también lo es la función de demanda. Para ser precisos, las curvas *D* e *IM* deberían trazarse como funciones de escalones decrecientes y no como funciones continuas con primeras derivadas continuas. Sin embargo, el ejemplo es *meramente ilustrativo*, y parece preferible ilustrar una situación más general. A fin de compensar en parte esta incongruencia, los valores de *IM* se marcan en el punto medio de cada intervalo.

$$IT_1 = IM_1\,,$$
$$IT_2 = IM_1 + IM_2\,,$$
$$\ldots\ldots\ldots\ldots\ldots$$
$$IT_{10} = IM_1 + IM_2 + \ldots + IM_{10}\,.$$

Esta relación juega un importante papel en el apartado siguiente.

Los datos del ingreso marginal se representan en la gráfica V.4.2 como la curva llamada *IM*. Esta curva tiene dos características decisivas. Primero, en el "punto de partida", el ingreso marginal es igual a la demanda o ingreso promedio. En este ejemplo discreto, $D = IM$ a la cantidad uno y al precio de \$10. (Hay una ligera diferencia entre *D* e *IM* a la cantidad uno de la gráfica V.4.2 por la convención de trazar el *IM* en el punto medio de cada intervalo del eje de las cantidades.) En un caso continuo, los dos valores son iguales cuando se hallan infinitesimalmente cercanos al eje vertical. Segundo, $IM = 0$ cuando el ingreso total alcanza su nivel máximo. Cuando el ingreso marginal es *positivo*, el ingreso total aumenta; y cuando el ingreso marginal es *negativo*, el ingreso total disminuye. Naturalmente, cuando la adición al ingreso total es cero, el ingreso total debe encontrarse en su nivel máximo. Esto ocurre cuando el efecto del precio compensa exactamente el efecto de la cantidad.

V.4.b. *La geometría de la determinación del ingreso marginal*

Cuando la curva de demanda es lineal, se encuentra sin dificultad la curva de ingreso marginal asociada. Por ejemplo, supongamos que la curva de demanda está representada por la expresión

$$p = 1000 - 3q. \tag{V.4.1}$$

Esto significará que el ingreso total es

$$IT = pq = 1000q - 3q^2\,.$$

El ingreso marginal es el cambio ocurrido en el ingreso total por unidad de cambio en *q*. En el caso de cambios en *q* extremadamente pequeños, el ingreso marginal es la pendiente (o derivada) de la curva de ingreso total. Formalmente,

$$IM = \mathrm{d}(IT)/\mathrm{d}q = 1000 - 6q. \tag{V.4.2}$$

La ecuación V.4.2 expresa el ingreso marginal como una función de *q*. Comparándola con V.4.1, vemos que tiene la misma intercepción (1000) y una

GRÁFICA V.4.2. *Representación gráfica de los datos hipotéticos del cuadro V.4.1*

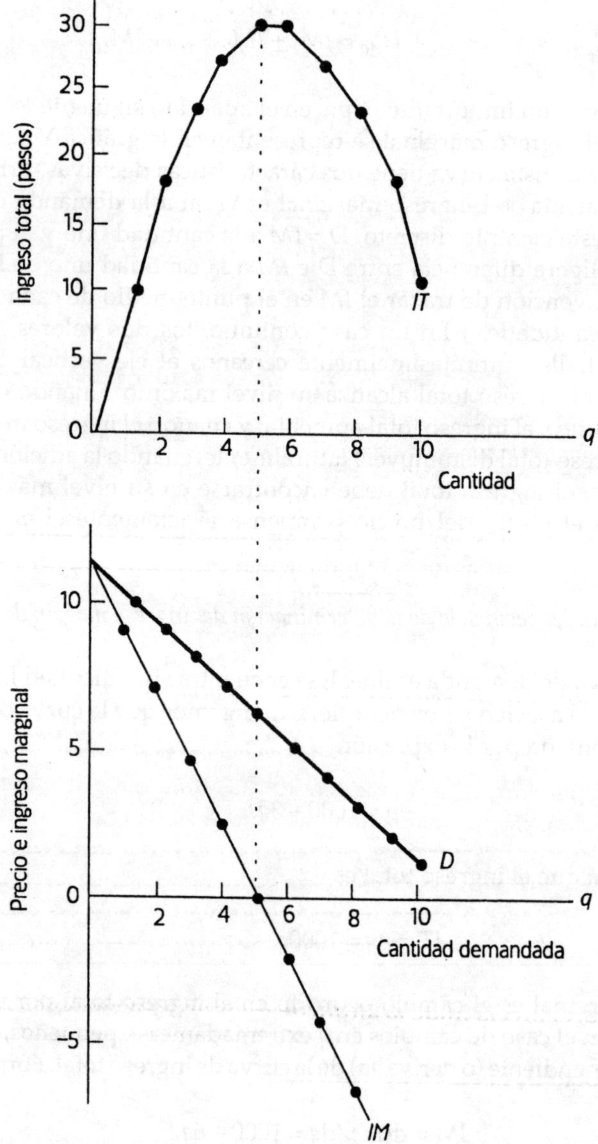

NOTA: En esta gráfica el ingreso marginal se ha trazado en el punto medio de cada intervalo sobre el eje de las cantidades según se explica en la nota 5.

pendiente igual al doble en valor absoluto (6 comparado con 3). Esto será cierto para cualquier curva de demanda lineal. En otras palabras, si la curva de demanda[6] está representada por

$$p = a - bq \tag{V.4.3}$$

donde a y b son la intercepción y la pendiente, respectivamente, entonces

$$IT = aq - bq^2 \tag{V.4.4}$$

e

$$IM = a - 2bq.$$

En general, la curva de ingreso marginal está dada simplemente por

$$IM(q) = \frac{\mathrm{d}}{\mathrm{d}q}(IT) = \frac{\mathrm{d}}{\mathrm{d}q}(pq) = p + \frac{\mathrm{d}p}{\mathrm{d}q}q,$$

donde $\mathrm{d}p/\mathrm{d}q$ es la pendiente de la curva de demanda en el punto pertinente. En virtud de que las curvas de demanda tienen pendiente negativa, el ingreso marginal es siempre menor que el precio.

V.4.c. *La curva del ingreso marginal se encuentra debajo de la curva de demanda*

En general, la curva del ingreso marginal se encuentra debajo de la curva de demanda. Ello es porque, a fin de vender más unidades, no debe bajarse el precio sólo de la última unidad sino también el de todas las unidades anteriores. Así pues, el ingreso marginal asociado con la venta de la tercera unidad proviene de dos factores: *a)* el precio que se obtiene por la tercera unidad y *b)* la pérdida asociada al cobro de un precio menor para las dos unidades anteriores. Puesto que estamos añadiendo una pérdida —un número negativo— al precio, el ingreso marginal es menor que el precio. Pero para una cantidad dada, el precio mide la altura de la curva de demanda. Puesto que el ingreso marginal es menor que el precio, la curva del ingreso marginal se encuentra debajo de la curva de demanda.

[6] En realidad V.4.3 es la curva de demanda "inversa" de la curva de demanda lineal

$$q = \frac{a}{b} - \frac{p}{b}.$$

V.4.d. *La elasticidad y los ingresos marginales*

En el apartado V.2.c examinamos la relación que existe entre la elasticidad y el ingreso total. En virtud de que el ingreso total está relacionado con el ingreso marginal, debe existir entonces alguna relación entre la elasticidad y el ingreso marginal.

En la gráfica V.4.2 vemos que, cuando el ingreso total aumenta, el ingreso marginal es positivo; cuando el ingreso total disminuye, el ingreso marginal es negativo; cuando el ingreso total es constante, el ingreso marginal es cero. Adviértase que el ingreso marginal es cero cuando el ingreso total se encuentra en su punto máximo. Sobre la base de estas relaciones, podemos construir el cuadro V.4.2.

La lógica es ésta: Cuando el ingreso marginal es positivo, el ingreso total aumenta a medida que bajamos por la curva. Cuando ese movimiento aumenta el ingreso total, la elasticidad debe ser mayor que 1 porque el efecto del aumento en la cantidad supera al efecto de la reducción en el precio. Por lo tanto, el ingreso marginal positivo va de la mano de la elasticidad-precio mayor que 1. Por el contrario, cuando el movimiento hacia abajo de la curva de demanda reduce el ingreso total, la elasticidad debe ser menor que 1, porque el efecto de la reducción en el precio supera al efecto del aumento en la cantidad. En consecuencia, el ingreso marginal negativo corresponde a la elasticidad menor que 1.[7]

V.5. LA CURVA DE DEMANDA DE LA EMPRESA

En el capítulo I vimos cómo se pueden sumar las curvas de demanda de los consumidores individuales para obtener una demanda del mercado. ¿Pero qué diremos de la curva de demanda afrontada por una empresa individual? En

[7] Más formalmente, este enfoque es análogo al de la nota 3:

$$\text{Ingreso total} = pq$$

$$\text{Ingreso marginal} = \frac{d(pq)}{dq}$$

$$= p + \frac{dp}{dq}q$$

$$= p\left(1 + \frac{dp}{dq}\cdot\frac{q}{p}\right)$$

$$= p\left(1 - \frac{1}{\eta}\right).$$

Por lo tanto, cuando $\eta > 1$, el ingreso marginal es positivo, y cuando $\eta < 1$, el ingreso marginal es negativo.

CUADRO V.4.2. *Relación entre el ingreso marginal y la elasticidad-precio de la demanda*

Ingreso marginal positivo	Ingreso marginal igual a cero	Ingreso marginal negativo
Demanda elástica	Demanda de elasticidad unitaria	Demanda inelástica

general, no es cierto que cada empresa obtenga cierto número de consumidores que se le haya asignado. Es posible que la empresa no escoja el precio independientemente de otros vendedores de la economía. La estructura del mercado influye sobre la curva de demanda afrontada por la empresa individual.

V.5.a. *La curva de demanda de una empresa en competencia perfecta*

Todas las relaciones que hemos encontrado hasta ahora se pueden emplear para describir la curva de demanda a que se enfrenta un productor individual en un mercado de competencia perfecta.

Supóngase que la figura (a) de la gráfica V.5.1 representa el equilibrio de un mercado en el que participa un gran número de vendedores, cada uno de ellos aproximadamente igual en tamaño. *DD'* y *SS'* son las curvas de demanda y de oferta del mercado. Su intersección determina el precio de equilibrio $O\bar{P}$ y la cantidad demandada $O\bar{Q}$.

Seamos ahora más concretos y estipulemos que hay 25 000 vendedores (cultivadores de trigo, por ejemplo) cuyo tamaño en el mercado es aproximadamente igual. Si un vendedor aumenta su producción y sus ventas en 100%, las ventas totales en el mercado sólo aumentarán 1/250 de 1%. Un cambio de esta magnitud es gráfica y *económicamente* tan pequeño que su influencia sobre el precio es imperceptible. Por esta razón, todos los vendedores individuales pueden suponer confiadamente que su *propia* producción y venta ejercerán un efecto insignificante en el precio del mercado. La acción unificada de un gran número de vendedores puede influir en el precio del mercado, pero un vendedor que actúa aisladamente, no. Así pues, el vendedor individual puede suponer que la curva de demanda a la que él se enfrenta es una línea horizontal situada en el nivel del precio establecido por el equilibrio de la demanda y la oferta del mercado.

En la figura (b) de la gráfica V.5.1 mostramos la curva de demanda para un productor en competencia perfecta. La forma de la curva indica que el productor considera que los cambios en su volumen de producción no ejercerán

GRÁFICA V.5.1. *Cómo se encuentra la demanda para una empresa en competencia perfecta*

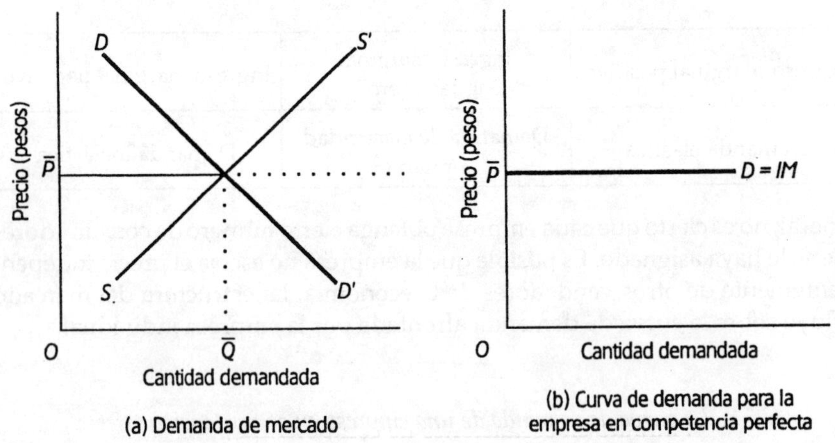

una influencia perceptible sobre el precio del mercado. Y si el productor se encuentra realmente en un mercado de competencia perfecta, su creencia estará bien fundada. Un cambio en el total de sus ventas por periodo cambiará su ingreso total, pero no afectará el precio del mercado.[8]

Así pues, la empresa que se encuentra en un mercado de competencia perfecta no tiene que reducir su precio para aumentar sus ventas. Al precio de equilibrio del mercado puede vender cualquier número de unidades en un lapso dado. Si pretende cobrar un precio mayor no venderá nada. Un precio menor generará una innecesaria pérdida de ingreso. En consecuencia, la empresa cobra el precio del mercado por cualquier cantidad que desee producir y vender.

Puesto que el precio permanece constante, cada unidad adicional que se vende aumenta el ingreso total por su precio (constante). En consecuencia, la curva de demanda y la de ingreso marginal son idénticas para una empresa que opera en un mercado de competencia perfecta. Por ello, en la figura (b) de la gráfica V.5.1 la curva D también se indica por $D = IM$.

Cuando la curva de demanda es horizontal, decimos que la demanda es perfectamente elástica, o sea que el coeficiente de elasticidad aumenta sin

[8] La lógica empleada aquí para sostener que cada uno de los productores no influye sobre el precio del mercado suele utilizarse por conveniencia de la exposición. Bajo ciertas condiciones razonables, y en un contexto de equilibrio general, la ausencia de influencia del productor individual sobre el precio del mercado no es sólo una buena aproximación, sino literalmente cierta. Los detalles del argumento pueden encontrarse en E. Fama y A. Laffer, "The Number of Firms and Competition", *American Economic Review*, núm. 63, 1972, pp. 670-674.

límites cuando el cambio en el precio se hace más y más pequeño. Veamos un ejemplo numérico: supongamos que el precio de equilibrio del mercado es \$5.00 y que un productor cualquiera vende 1 000 unidades a ese precio. Si aumenta su precio a \$5.01, sus ventas se reducirán a cero. Por lo tanto,

$$\frac{\Delta q}{q} = \frac{-1\,000}{1\,000} \text{ y } \frac{\Delta p}{p} = \frac{1}{500}.$$

El coeficiente de elasticidad sería

$$\eta = -\frac{\Delta q}{q} \div \frac{\Delta p}{p} = 1 \div \frac{1}{500} = 500.$$

Si el precio aumenta sólo a 5.001, sus ventas también se reducirían a cero, y η sería 5 000. De manera que podemos generalizar afirmando que, para cambios de precio infinitesimalmente pequeños, el coeficiente de elasticidad se aproxima al infinito en condiciones de competencia perfecta.

Podemos resumir los resultados de esta sección como sigue:

> *Relaciones*: Para una empresa que opera en un mercado perfectamente competitivo, la demanda es una línea horizontal en el nivel del precio de equilibro del mercado. Las decisiones de producción del vendedor no afectan al precio del mercado. En este caso, las curvas de demanda y de ingreso marginal son idénticas; la demanda es perfectamente elástica y el coeficiente de elasticidad se aproxima al infinito.

Esto no es lo mismo que dividir la demanda del mercado por el número de vendedores para obtener la demanda individual de cada vendedor. Por ejemplo, si hay 100 vendedores y la demanda y la oferta del mercado están dadas por D y S en la gráfica V.5.1, el precio de equilibrio es 10 y la cantidad del mercado es 1 000. Esto implica que cada productor vende 10 artículos. Pero no implica que si una empresa elevara su precio a 12 vendería 5 artículos. De hecho, vendería cero, mientras todas las demás empresas mantuvieran su precio en 10. Ése es el significado de la gráfica V.5.1. Solamente si el precio de equilibrio del mercado aumentara a 12, digamos porque cambiara la oferta, la empresa vendería 5. Pero entonces su demanda sería perfectamente elástica al nuevo precio de 12.

V.6. RESUMEN

- Hay cuatro determinantes importantes de la demanda. El *precio del bien* determina la cantidad demandada, dado el nivel de la curva de demanda. Los cambios del precio producen movimientos *a lo largo* de la curva de demanda de pendiente negativa. Los cambios del *ingreso monetario* producen un aumento o un desplazamiento hacia arriba de toda la curva de demanda, si el bien es normal o superior, así como una disminución o un desplazamiento hacia abajo, si el bien es inferior. Los *gustos* también determinan la demanda en el sentido de que afectan al nivel de la curva de demanda y a su forma. Los gustos reflejan las preferencias de los consumidores (la función de utilidad) y a veces pueden explicarse por variables observables tales como la edad, el sexo, las condiciones del tiempo, el nivel educativo, etc. Por último, los *precios de los bienes relacionados* determinan el nivel de la demanda. Cuando aumenta el precio de un bien complementario, la curva de demanda se desplazará hacia abajo; y cuando aumenta el precio de un bien sustituto, la curva de demanda se desplazará hacia arriba.
- La demanda de mercado es la suma horizontal de las curvas de demanda individuales. La curva de demanda del mercado muestra la demanda total del bien por parte de todos los consumidores a cada precio.
- La elasticidad-precio mide la sensibilidad de la demanda ante los cambios ocurridos en el precio del bien. El coeficiente de la elasticidad-precio está dado por

$$\eta = -\frac{\Delta q}{\Delta p}\frac{p}{q}.$$

  La elasticidad del punto representa la elasticidad existente en un solo punto de la curva de demanda. En términos matemáticos, equivale a la sustitución de $\Delta q/\Delta p$, en la última fórmula, por la derivada dq/dp.
- La elasticidad-precio cruzada de la demanda mide la respuesta de la cantidad demandada del bien X ante los cambios ocurridos en el precio del bien Y. El coeficiente de la elasticidad-precio cruzada es

$$\eta_{xy} = \frac{\Delta q_x}{\Delta p_y}\frac{p_y}{q_x}.$$

- La elasticidad-ingreso mide la respuesta de la cantidad demandada de un bien ante los cambios ocurridos en el ingreso monetario. El coeficiente de la elasticidad-ingreso es

$$\eta_I = \frac{\Delta q}{\Delta I}\frac{I}{q}.$$

- El ingreso marginal es el cambio en el ingreso total imputable al cambio de una unidad en la cantidad. Si IT es el ingreso total y q es la cantidad, el ingreso marginal, IM será

$$IM = \frac{\Delta IT}{\Delta q}.$$

- El ingreso marginal se relaciona con la elasticidad-precio mediante la ecuación

$$IM = \frac{\Delta IT}{\Delta q} = p\left(1 - \frac{1}{\eta}\right).$$

  Por lo tanto, cuando la demanda es elástica ($\eta > 1$), IM es positivo; cuando la demanda es inelástica ($\eta < 1$), IM es negativo; y cuando la demanda tiene elasticidad unitaria, $IM = 0$.
- En competencia perfecta, la curva de demanda percibida por cualquier empresa individual es esencialmente horizontal, aunque la demanda del mercado tendrá de ordinario una elasticidad-precio mayor que cero.

PREGUNTAS Y EJERCICIOS

1. En el cuadro siguiente aparecen datos hipotéticos relativos a un consumidor. Calcule todos los coeficientes de elasticidad (precio, cruzada, ingreso). Recuerde que el ingreso debe permanecer constante cuando se calculan las elasticidades-precio, y que los precios deben permanecer constantes cuando se calcula la elasticidad-ingreso.

Año	*Precio de X*	*Cantidad comprada*	*Ingreso*	*Precio de Y*
1	\$1.00	100	\$5 000	\$0.50
2	1.01	95	5 000	0.50
3	1.01	100	5 500	0.51
4	1.01	105	5 500	0.52

Año	*Precio de X*	*Cantidad comprada*	*Ingreso*	*Precio de Y*
5	1.00	100	5 500	0.50
6	1.00	105	5 500	0.51
7	1.00	100	5 000	0.51
8	1.02	105	5 500	0.51
9	1.02	95	5 500	0.50
10	1.03	90	5 500	0.50
11	1.03	100	6 500	0.51
12	1.03	105	7 000	0.51

2. El cuadro siguiente contiene datos hipotéticos de una demanda de mercado. Calcule el ingreso total, el ingreso marginal y la elasticidad-precio de la demanda en una hoja separada. Trace las curvas de demanda, ingreso total e ingreso marginal.

Precio	*Cantidad demandada*	*Precio*	*Cantidad demandada*
$70.00	1	$23.33	7
50.00	2	20.00	8
40.00	3	17.50	9
35.00	4	15.00	9
30.00	5	12.50	11
26.67	6	10.00	12

3. Conteste "cierto", "falso" o "dudoso" y justifique su respuesta:
   a) Cuando la elasticidad-ingreso de la demanda de un bien es mayor que la unidad, el precio relativo de dicho bien aumentará cuando se eleve el ingreso real per cápita en relación con los bienes cuya elasticidad-ingreso es menor que 1.
   b) Si la utilidad de cada uno de los bienes fuese independiente de las cantidades consumidas de todos los demás bienes, todos los bienes tendrían elasticidades-ingreso positivas (o sea, todos los bienes serían normales).
   c) Si el gasto total en consumo fuese el mismo antes y después de los impuestos, un impuesto específico al consumo de un bien, cuya

demanda es elástica, hará que aumente el gasto total en otros bienes de consumo; el mismo impuesto a un bien, cuya demanda es inelástica, hará que disminuya el gasto total en otros bienes de consumo.

d) Un individuo gasta todo su ingreso en dos bienes, X y Y. Gasta la cuarta parte de su ingreso en el bien X, y la elasticidad-ingreso de este bien es 5. Por lo tanto, el bien Y es ahora un bien inferior para él. (Ejercicio adicional: determine la elasticidad-ingreso exacta de Y.)

e) Si cada uno de 100 compradores tiene una elasticidad de demanda de un bien igual a 3, la elasticidad de demanda de los 100 compradores en conjunto es 0.03.

f) Dos consumidores compran cantidades positivas de los bienes X y Y a precios del mercado dados. En equilibrio, tendrán la misma tasa marginal de sustitución entre los bienes X y Y aunque consuman cantidades distintas de ambos bienes.

4. Si la mitad del total de la cantidad demandada de un bien es comprada por 75 consumidores, cada uno de los cuales tiene una elasticidad de demanda igual a 2, y la otra mitad es comprada por 25 consumidores, cada uno de los cuales tiene una elasticidad de demanda igual a 3, ¿cuál es la elasticidad de los 100 compradores en conjunto?
5. Un individuo gasta todo su ingreso en dos bienes, X y Y. Si un aumento de $2 en el precio de X no cambia la cantidad consumida de Y, ¿cuál es la elasticidad-precio del bien X?
6. En *The Wall Street Journal* del 30 de marzo de 1966 apareció la siguiente noticia: "Un ferroviario retirado de Atlanta se queja de que ya no puede acudir a su taberna favorita seis veces a la semana. Desde que el precio de su cerveza preferida aumentó de 25 a 30 centavos el vaso, sólo va cinco veces a la semana." Suponiendo que este hombre consuma la misma cantidad de cerveza en cada visita, antes y después del cambio de precio, calcule la elasticidad de su demanda de cerveza en la taberna.
7. "La experiencia de la industria del transporte de pasajeros por ferrocarril indica que el tráfico se relaciona negativamente con el ingreso: a medida que la gente se enriquece, menos quiere saber de los trenes. Para los trenes que han sobrevivido, la combinación ideal es una mezcla de los grupos de personas de edad avanzada y de las de ingresos bajos; por esta razón, no resulta sorprendente que los accionistas del ferrocarril de la costa oriental de Florida se encuentren en excelente posición financiera. La línea *Ciudad de Nueva Orleáns* de la empresa Illinois Central, que corre a lo largo de todo el río Mississippi, es una de las más utilizadas del país; en cambio, el servicio de pasajeros en la próspera California está al borde del desastre." (G. W. Hilton, "What Went Wrong", *Trains*, núm. 27, enero de 1967, p. 39.)

a) De lo anterior, ¿qué se puede afirmar de la elasticidad-ingreso de la demanda de trenes de pasajeros? ¿Qué clase de bien es este servicio?
b) Si, por ejemplo, los Ferrocarriles Nacionales de México redujeran sus tarifas de pasajeros, ¿podría usted comentar algo acerca de los efectos de ingreso y sustitución?
c) Suponga que a una persona le aumentan el sueldo y como consecuencia de ello utiliza el tren menos que antes. Utilizando su mapa de indiferencia muestre esta reacción ante el aumento de su ingreso.

Lecturas recomendadas

Marshall, Alfred, *Principles of Economics*, 8a. ed., Nueva York, Macmillan, pp. 92-113.
Robinson, Joan, *The Economics of Imperfect Competition*, Londres, Macmillan, 1933, pp. 29-40.

PARTE II

LA TEORÍA DE LA PRODUCCIÓN Y DEL COSTO

EN LOS antiguos libros de texto se definía convencionalmente la producción como "la creación de utilidad", entendiendo por utilidad "la capacidad de un bien o servicio para satisfacer una necesidad humana". En cierto sentido, esta definición es demasiado amplia para tener un contenido muy específico. Por otra parte, señala claramente que la "producción" abarca un amplio conjunto de actividades y no *sólo* la fabricación de bienes materiales. La prestación de una asesoría legal, la redacción de un libro, la exhibición de una película y la administración de una cuenta bancaria son ejemplos de "producción". Resulta bastante difícil especificar los insumos usados en la producción de los bienes de estos casos ilustrativos. Sin embargo, casi todos convendrían en que la prestación de estos servicios requiere cierta clase de habilidades técnicas e intelectuales.

Así pues, mientras que la "producción" en un sentido general se refiere a la creación de cualquier *bien o servicio* que compre la gente, el concepto de producción es mucho más claro cuando hablamos sólo de *bienes*. En este caso resulta simple la especificación de los insumos precisos y la identificación de la cantidad y de la calidad de la producción. La producción de una tonelada de maíz requiere, además de la temperatura y de la lluvia adecuadas, cierta cantidad de tierra cultivable, semillas, fertilizantes, los servicios de equipos agrícolas tales como arados y combinadoras, y trabajo humano.

Incluso en el avanzado estado actual de la automatización, todo acto de producción requiere el insumo de recursos humanos. También se requieren de ordinario otros insumos. En particular, la producción requiere normalmente diversos tipos de equipo de capital (máquinas, herramientas, vehículos, edificios) y ciertos materiales en estado natural y procesados. La teoría de la producción es un análisis de la manera como el empresario combina diversos insumos —dado el "estado del arte" o la tecnología— para producir un bien estipulado, en una forma económicamente eficiente.

Puesto que el concepto de producción es más claro cuando se aplica a los bienes en lugar de a los servicios, nuestra discusión se restringirá a la producción de las industrias agrícolas y manufactureras. Sin embargo, el lector deberá tener presente que los problemas de la asignación de recursos en los campos de los servicios y del gobierno no son menos importantes porque se discuten menos en este texto. En efecto, a medida que la población se concentra más y más en los grupos de menos de 20 y más de 65 años de edad, aumenta la importancia de los servicios en relación con la de los bienes. Los principios de la producción estudiados aquí son tan aplicables a la producción de servicios como a la producción de bienes.

Lo mismo se aplica a la teoría de los costos. La teoría de los costos es un análisis de los costos de producción: cómo se determinan los costos a partir de un conocimiento de la función de producción, los efectos de los rendimientos decrecientes, el costo en el corto y el largo plazos, las "cuatro curvas de costos", etc. Pero sobre todo sienta las bases para el estudio de las prácticas de precios de las empresas mercantiles de las que se ocupará la parte III.

VI. LA PRODUCCIÓN CON UN INSUMO VARIABLE

ESTE capítulo inicia el tratamiento de la producción y el costo, que tendrá muchas aplicaciones en los capítulos siguientes. ¿Qué significan los términos siguientes: corto o largo plazos, función de producción, producto total, producto marginal, producto promedio, ley de los rendimientos decrecientes? ¿Cómo se relacionan entre sí las curvas del producto total, el producto marginal y el producto promedio? ✦

LA TEORÍA DE LA PRODUCCIÓN Y DEL COSTO

VI.1. INTRODUCCIÓN

Los procesos de producción requieren de ordinario una gran diversidad de insumos. Estos insumos no son tan simples como "trabajo", "capital" y "materias primas"; normalmente se utilizan muchos tipos cualitativamente diferentes de cada insumo para producir un bien. A fin de aclarar el análisis, este capítulo introduce algunas suposiciones simplificadoras que tratan de reducir las complicaciones del manejo de centenares de insumos diferentes. Podemos concentrar nuestra atención en los principios esenciales de la producción, y el análisis se generaliza directamente a las tecnologías de producción más complejas.

Específicamente, suponemos que sólo hay un *insumo variable*. En la discusión siguiente, este insumo variable se llamará de ordinario "trabajo", aunque cualquier otro insumo podría desempeñar la misma función. En segundo lugar, suponemos que este insumo variable puede combinarse en proporciones diferentes con un *insumo fijo* para producir diversas cantidades del bien en cuestión. Llamamos "tierra" al insumo fijo; en la discusión emplearemos un ejemplo específico de la producción: la producción agrícola.

VI.1.a. *Insumos fijos y variables, el corto y el largo plazos*

Al analizar el proceso de la producción física y de los costos de producción estrechamente relacionados, convendrá introducir una distinción arbitraria: la clasificación de los insumos en fijos y variables. En concordancia definimos un *insumo fijo* como aquel cuya cantidad no puede cambiarse fácilmente, cuando las condiciones del mercado indican que es deseable un cambio inmediato en la producción. En realidad, ningún insumo está jamás *absolutamente* fijo, por corto que sea el periodo considerado. Pero en aras de la sencillez analítica mantenemos fijos algunos insumos, razonando que estos insumos son en efecto variables, pero el costo de la variación inmediata es tan grande que se descarta tal acción para la decisión particular en cuestión. Los edificios, las grandes máquinas, el personal directivo, son ejemplos de insumos que no pueden aumentarse o reducirse con rapidez. En cambio, un *insumo variable* es aquel cuya cantidad podría cambiarse casi instantáneamente en respuesta a los cambios deseados en la producción. Muchos tipos de servicios de trabajo y los insumos de materias primas y procesadas caen en esta categoría.

En relación con la distinción de los insumos fijos y variables, los economistas introducen otra distinción: el corto y el largo plazos. El *corto plazo* se refiere al periodo en el que está fijo el insumo de uno o más agentes productivos. Por lo tanto, los cambios en la producción deben realizarse sólo mediante ciertos cambios en el uso de los insumos variables. Por ejemplo, si un productor desea aumentar la producción en el corto plazo, esto significa de ordinario el uso de más horas de servicio de la mano de obra con la planta y el equipo existentes. De igual modo, si el productor desea reducir la producción en el corto plazo, podrá deshacerse de ciertos trabajadores; pero no se puede "desechar" de inmediato un edificio o una locomotora diesel, aunque su uso pueda bajar a cero.

En el largo plazo, sin embargo, aun esto es posible, pues el *largo plazo* se define como el periodo (u horizonte de planeación) en el que todos los insumos son variables. En otras palabras, el largo plazo se refiere al momento futuro en el que los cambios en la producción pueden realizarse en la forma más ventajosa para el empresario. Por ejemplo, en el corto plazo un productor podría incrementar la producción sólo mediante la operación de la planta existente durante más horas diarias. Por supuesto, esto implica el pago de horas extra a los trabajadores. En el largo plazo puede resultar más económica la instalación de una planta adicional para volver al horario de trabajo normal.

En este capítulo nos interesa fundamentalmente la teoría de la producción en el corto plazo, combinando diferentes cantidades de insumos variables con una cantidad específica de insumo fijo para producir diversas cantidades del bien en cuestión. La organización de la producción en el largo plazo se determina en gran medida por el costo relativo de la producción de una cantidad deseada mediante diferentes combinaciones de insumos. Por lo tanto, pospondremos la discusión del largo plazo hasta los capítulos VII y VIII.

VI.1.b. *Proporciones fijas o variables*

Como indicamos antes, la discusión final se centra en gran medida en el uso de una cantidad *fija* de un insumo y de una cantidad *variable* de otro insumo para producir cantidades *variables* de un bien. Esto significa que nuestra atención se limita principalmente a la producción en condiciones de *proporciones variables*. La *razón de las cantidades de insumos* puede variar; por lo tanto, el empresario debe determinar no sólo el nivel de la producción, sino también la proporción óptima en que se combinarán los insumos (en el largo plazo).

El principio de las proporciones variables puede enunciarse en dos formas distintas. Primero, la producción con proporciones variables implica que la producción podrá cambiarse en el corto plazo, cambiando la cantidad de los insumos variables utilizada en cooperación con los insumos fijos. Naturalmente, a medida que cambia la cantidad de un insumo, mientras el otro permanece constante, cambia la *razón* de los insumos. Segundo, cuando la producción está sujeta a proporciones variables, puede producirse la *misma* cantidad con diversas combinaciones de insumos, es decir, con diferentes razones de insumos. Esto podría aplicarse sólo al largo plazo, pero es pertinente para el corto plazo cuando hay más de un insumo variable. Por ejemplo, el trigo puede producirse con mucho trabajo y muy poca maquinaria, o puede producirse con muy poco trabajo y un tractor, el que puede rentarse por semana.

La mayoría de los economistas consideran la producción en condiciones de proporciones variables como típica tanto del corto como del largo plazos. No hay duda, desde luego, de que las proporciones son variables en el largo plazo. Al tomar una decisión de inversión, un empresario podría escoger entre una gran diversidad de procesos de producción diferentes. Por ejemplo, un automóvil puede hacerse casi a mano o con las técnicas del ensamblado en línea. En el corto plazo, sin embargo, puede haber algunos casos en los que la producción esté sujeta a proporciones fijas.

La producción con *proporciones fijas* significa que sólo hay una razón de insumos que puede usarse para producir un bien. Si la producción se expande o se contrae, todos los insumos deben expandirse o contraerse para mantener fija la razón de insumos. Ésta es la tecnología común en la elaboración de un pastel. Si la receta indica media taza de leche y tres tazas de harina, no podremos producir el mismo pastel usando por ejemplo dos tazas de leche y dos tazas de harina. Pero sí podemos producir dos pasteles con una taza de leche y seis tazas de harina. Los factores se usan en proporciones fijas.

A primera vista, ésta parecería ser la condición habitual: una persona y una pala producen un pozo; dos partes de hidrógeno y una parte de oxígeno producen agua. La adición de una segunda pala o de una segunda parte de oxígeno no aumentará la producción. Pero en realidad, los ejemplos de la producción con proporciones fijas son difíciles de encontrar. Hasta la producción de la mayoría de las sustancias químicas está sujeta a proporciones variables. Es cierto, por ejemplo, que el hidrógeno y el nitrógeno deben usarse en la razón fija de 3:1 para producir amoniaco. Pero si se mezclan tres volúmenes de hidrógeno y un volumen de nitrógeno en un tubo de vidrio y se calienta la mezcla a 400 °C, sólo se encontrarán residuos insignificantes de amoniaco (y eso sólo después de calentar durante muy largo tiempo). Sin embargo, si en el tubo se introduce hierro finamente dividido en las mismas condiciones, casi todo el hidrógeno y el nitrógeno se convertirán en amoniaco en cuestión de minutos. Es decir, el *rendimiento* de amoniaco para cualquier cantidad dada de hidrógeno y nitrógeno depende de la cantidad del catalizador (el hierro finamente dividido) que se utilice. Las proporciones son efectivamente variables desde el punto de vista del catalizador, no sólo en este caso sino en la producción de casi todos los compuestos químicos.

VI.2. La función de producción

Hasta ahora, sobre todo en el apartado VI.1.b, hemos destacado que la cantidad de la producción depende, o es una función, de las cantidades de los diversos insumos utilizados. Esta relación se describe formalmente mediante una *función de producción* que asocia el producto físico con el insumo.

Función de producción: Una función de producción es una curva (o un cuadro, o una ecuación matemática) que indica la cantidad máxima de producción que puede obtenerse de cualquier conjunto especificado de insumos dada la tecnología existente o el "estado del arte". En suma, la función de producción es como un "libro de recetas" que indica cuáles producciones se asocian con cuáles conjuntos de insumos.

VI.2.a. *El producto total*

La función de producción puede expresarse como un cuadro, una gráfica o una ecuación matemática. En todo caso, la función de producción en el corto plazo nos da la producción total (máxima) obtenible de diferentes cantidades del insumo variable, dadas una cantidad especificada del insumo fijo y las cantidades requeridas de los insumos complementarios.

Por ejemplo, consideremos un experimento en la producción de trigo en 10 hectáreas de tierra. El insumo fijo es la tierra, el insumo variable es el tiempo de trabajo y la producción son toneladas de trigo (hacemos caso omiso de la semilla, los fertilizantes y otros insumos variables). Una estación experimental agrícola trabaja con 8 parcelas, cada una de ellas de 10 hectáreas. En la primera parcela labora una persona durante la estación de cultivo; en la segunda parcela trabajan dos personas; y así sucesivamente hasta que en la octava par-

CUADRO VI.2.1. *Producción de trigo en parcelas de 10 hectáreas* (toneladas)

Parcela número	*Número de trabajadores*	*Producción total*
1	1	10
2	2	24
3	3	39
4	4	52
5	5	61
6	6	66
7	7	66
8	8	64

CUADRO VI.2.2. *Productos promedio y marginal y la razón de insumos en parcelas de 10 hectáreas*

Parcela número	*Número de trabajadores*	*Producción total*	*Producto promedio del trabajo*	*Producto marginal del trabajo*
1	1	10	10.0	—
2	2	24	12.0	14
3	3	39	13.0	15
4	4	52	13.0	13
5	5	61	12.2	9
6	6	66	11.0	5
7	7	66	9.4	0
8	8	64	8.0	–2

cela laboran ocho personas. La producción total en las diversas parcelas podría ser la indicada en el cuadro VI.2.1.

Los datos hipotéticos del cuadro VI.2.1 se representan en la gráfica VI.2.1. La producción se señala en el eje vertical, mientras que el insumo, que en este caso es el número de trabajadores, se señala en el eje horizontal. Uniendo los puntos sucesivos con segmentos rectos, obtendremos la curva del producto total. Adviértase que la curva se eleva al principio lentamente, luego con mayor rapidez y finalmente otra vez con mayor lentitud hasta que alcanza un nivel máximo y empieza a descender. Esta curvatura refleja el principio de los rendimientos físicos marginales decrecientes que examinaremos en el apartado VI.2.c.

VI.2.b. *Los productos promedio y marginal*

El cuadro VI.2.2 es una versión ampliada del cuadro VI.2.1. Las dos primeras columnas indican todavía el número de la parcela y el número de trabajadores en cada parcela. La tercera columna señala la producción total de cada parcela, mientras que la cuarta columna muestra el producto promedio por trabajador, o sea la relación producto-trabajo. Por último, la quinta columna contiene las cifras del producto marginal.

> *Producto promedio*: El producto promedio de un insumo es el producto total dividido por la cantidad del insumo utilizado en la producción de esta cantidad. O sea que el producto promedio es la relación producto-insumo para cada nivel de producción y el volumen correspondiente del insumo.

GRÁFICA VI.2.1. *Curva del producto total obtenida con los datos hipotéticos del cuadro VI.2.1*

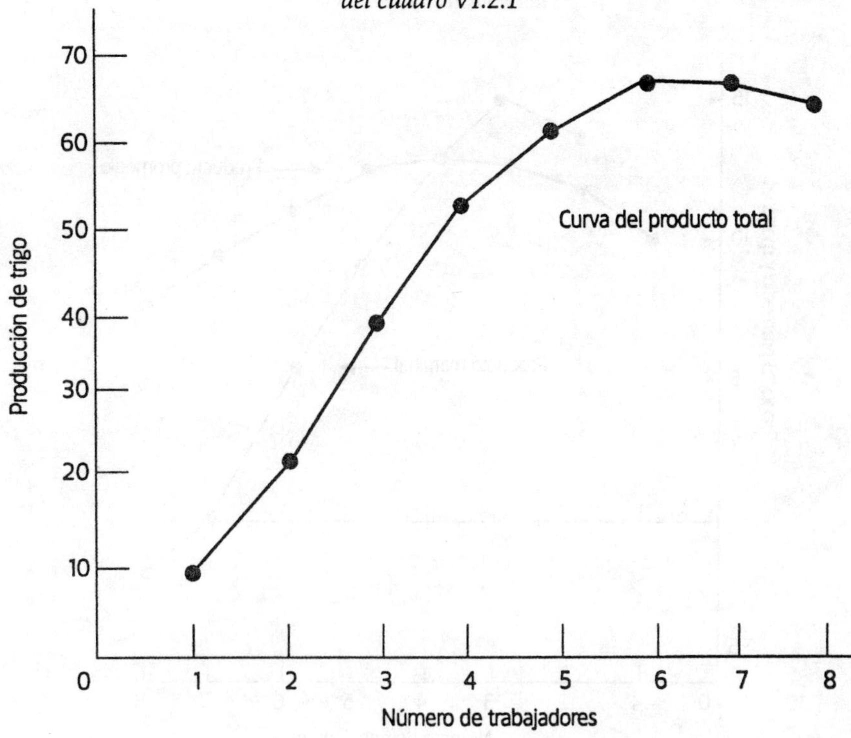

Producto marginal: El producto marginal de un insumo es la adición al producto total que se puede atribuir a la adición de una unidad del insumo variable al proceso de producción, mientras permanece constante el insumo fijo.[1]

[1] Considérese la función de producción $f(x \mid y)$, donde x es el insumo variable y y es el insumo fijo, y donde la barra vertical significa "dado". El producto promedio del insumo variable x es

$$\frac{q}{x} = \frac{f(x \mid y)}{x}$$

y el producto marginal es la derivada

$$\frac{dq}{dx} = \frac{df(x \mid y)}{dx}.$$

GRÁFICA VI.2.2. *Los productos promedio y marginal obtenidos con los datos del cuadro VI.2.2*

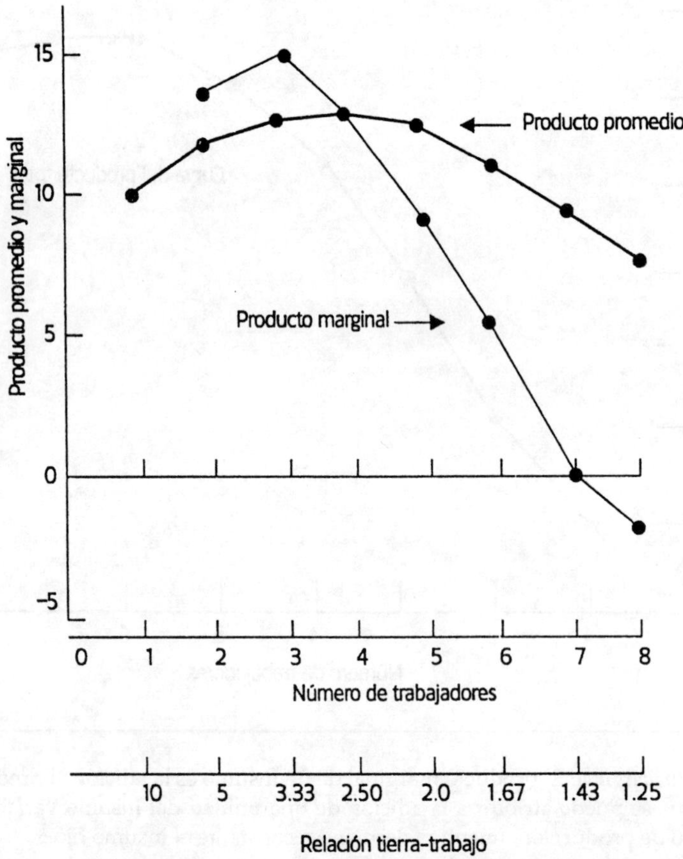

El cuadro VI.2.2. y la gráfica de sus datos (gráfica VI.2.2) ilustran varias características de un proceso de producción típico. Primero, tanto el producto promedio como el producto marginal aumentan al principio, alcanzan un nivel máximo y luego disminuyen. En el límite, el producto promedio podría bajar hasta cero porque es concebible que el propio producto total baje hasta ese punto. En cambio, el producto marginal podría volverse realmente negativo. En efecto, muchos economistas sugieren que el producto marginal de los trabajadores agrícolas de algunos países subdesarrollados es negativo. Los trabajadores podrían ser tan numerosos que la adición de un trabajador sólo provoque confusión, porque los individuos se estorben unos a otros.

En este ejemplo, el producto marginal del trabajo se vuelve negativo porque el insumo variable se utiliza demasiado intensivamente con el insumo fijo (tierra).

Una segunda característica importante es que el producto marginal supera al producto promedio cuando el producto promedio aumenta, es igual al producto promedio cuando éste se encuentra en su nivel máximo, y se encuentra por debajo del producto promedio cuando éste está disminuyendo. Esta proposición se deduce de inmediato de las definiciones del producto marginal y del producto promedio, y se aplica a todas las relaciones marginales y promedio. Considérese a un estudiante con un promedio de 78% en seis exámenes del curso de Economía I. Si la calificación del séptimo examen es mayor que 78%, el promedio aumentará. Si es menor que 78%, el promedio bajará. Lo mismo ocurre con la producción.

Mientras el incremento sea mayor que el promedio anterior, el promedio debe aumentar. Si el incremento es menor que el promedio anterior, el nuevo promedio debe ser menor. Las dos curvas deben intersectarse en el punto en que la curva promedio alcanza su nivel máximo, porque un incremento igual al promedio no cambia tal promedio. La curva del producto promedio debe ser plana en ese punto, lo que en este caso implica un máximo.

> *Relaciones*: Tanto el producto promedio como el producto marginal aumentan al principio, alcanzan un nivel máximo, y luego descienden. Cuando el producto promedio alcanza su nivel máximo, es igual al producto marginal. Estas relaciones se aplican sólo a las funciones de producción de proporciones variables.

VI.2.c. *La ley de los rendimientos físicos marginales decrecientes*

La forma de la curva del producto marginal de la gráfica VI.2.2 ilustra un principio importante: la "ley" de los rendimientos físicos marginales decrecientes.

Comparando las producciones de las parcelas 1 y 2 (cuadro VI.2.2), vemos que el empleo de dos trabajadores en lugar de uno aumenta la producción en 14 toneladas, y éste es el producto marginal del trabajo cuando hay dos trabajadores. De manera similar, comparando las parcelas 2 y 3, vemos que el empleo de un tercer trabajador aumenta la producción en 15 toneladas. El producto físico marginal del trabajo aumenta a medida que se incrementa el número de trabajadores. Esto podría ocurrir cuando la proporción tierra-trabajo es muy elevada.

En última instancia, sin embargo, a medida que disminuye la proporción de los insumos también debe disminuir el producto marginal del insumo variable. Cuando aumenta el número de unidades del insumo variable, cada unidad tiene en promedio, por así decirlo, menos unidades del insumo fijo para trabajar. Al principio, cuando el insumo fijo es relativamente abundante, la utilización más intensiva de los insumos fijos respecto a los insumos variables podría aumentar el producto marginal del insumo variable. Sin embargo, se llega a un punto más allá del cual un aumento en la intensidad del uso del insumo fijo genera rendimientos adicionales cada vez menores. Los psicólogos han descubierto incluso que esto sigue siendo cierto en el caso del tiempo de estudio consecutivo.

Principio (la ley de los rendimientos físicos marginales decrecientes): Cuando aumenta la cantidad de un insumo variable, manteniendo constante la cantidad de otros insumos (fijos), se llega a un punto más allá del cual decrece el producto marginal. Convendría destacar aquí que la "ley de los rendimientos decrecientes" es en realidad una *afirmación empírica*. No es un teorema derivado de un sistema axiomático; no es una proposición lógica susceptible de ser probada o refutada matemáticamente. Es sólo un enunciado de relaciones físicas que se han observado en el mundo económico real.[2]

VI.3. LA GEOMETRÍA DE LAS CURVAS DE LOS PRODUCTOS PROMEDIO Y MARGINAL

Hasta ahora hemos hablado de una función de producción discreta específica, presentada en forma tabular. En seguida veremos una formulación más general en la que se emplean funciones de producción tanto discretas como continuas.

VI.3.a. *La geometría de las curvas del producto promedio*

En la gráfica VI.3.1 se muestra la forma típica de una curva (continua) del producto total. En este caso, como en todas las demás gráficas de la producción con un solo insumo variable, las unidades del insumo variable se marcan en el eje de las abscisas, y el producto total se marca en el eje de las ordenadas.

[2] Utilizando la notación de la nota 1 de este capítulo, la ley de los rendimientos decrecientes dice que hay cierta $\hat{x}$ tal que

$$\frac{d^2 f(x \mid y)}{dx^2} < 0$$

para toda $x > \hat{x}$. Es decir, la función de producción es cóncava para los insumos mayores de $\hat{x}$.

Dada la curva del producto total, *PT*, queremos encontrar el producto promedio. Primero, a partir de su definición, el producto promedio es el producto total dividido por el número de unidades del insumo variable utilizadas en su producción, o sea la razón entre la producción y el insumo variable. Para la producción total, $OR = DA$, se requieren *OD* unidades del insumo variable. Así pues, el producto promedio de *OD* unidades del insumo variable es DA/OD. De igual modo, el producto promedio de *OF* unidades del insumo variable es FG/OF, y el de *OH* unidades es HJ/OH. En cada caso, a fin de obtener el producto promedio correspondiente a un punto dado de la curva del producto total, encontramos la pendiente de la línea que une el origen con el punto en cuestión. En otras palabras, encontramos la tangente del ángulo formado por la abscisa y la línea que va del origen al punto dado de la curva del producto total. El producto promedio es igual a la pendiente de la línea que conecta el origen con la curva del producto total. Esto implica que el producto promedio de *F* unidades de insumo es menor que el producto promedio de *H* unidades de insumo porque $\overline{HJ}/\overline{OH} > \overline{FG}/\overline{OF}$.

Como hemos visto, el producto promedio correspondiente al punto *A* es DA/OD, pero ésta es precisamente la pendiente de la línea *OA*, o sea la tangente del ángulo β. Adviértase también que el producto promedio debe ser el mismo para *OH* que para *OD* unidades del insumo variable, porque las pendientes de *OJ* y de *OA* son idénticas (en cada caso, el producto promedio es la tangente del ángulo β). Puesto que el producto promedio está aumentando con los movimientos a lo largo de *PT* desde el origen hasta el punto *J* y puesto que está disminuyendo con los movimientos desde *A* hasta *B*, hay razón para sospechar que el producto promedio alcanza su nivel máximo en un punto situado entre *J* y *A* sobre la curva del producto total.

En efecto, el producto promedio alcanza su nivel máximo en un punto intermedio, como puede observarse con mayor claridad en la gráfica VI.3.2. Los puntos *Q* y *R* de la gráfica VI.3.2 corresponden a los puntos *J* y *A* respectivamente, de la gráfica VI.3.1, porque cada par de puntos se encuentra en un rayo común que parte del origen. Así pues, el producto promedio en el punto *Q* es igual al producto promedio en el punto *R*. Puesto que el producto promedio es la pendiente de una línea que va del origen a un punto de la curva, el producto promedio alcanza un nivel máximo cuando la pendiente de la línea es más inclinada. Esto ocurre, por supuesto, cuando la línea que sale del origen es precisamente tangente a la curva del producto total en el punto *P*, con ángulo θ, en la gráfica VI.3.2.

A medida que avanzamos del punto *Q* al punto *P*, la línea que va del origen a la curva se vuelve más inclinada. De manera similar, a medida que avanzamos del punto *P* al punto *R*, la línea desciende, tornándose menos inclinada. Tenemos entonces las importantes observaciones siguientes:

GRÁFICA VI.3.1. *La geometría de las curvas de los productos marginal y promedio*

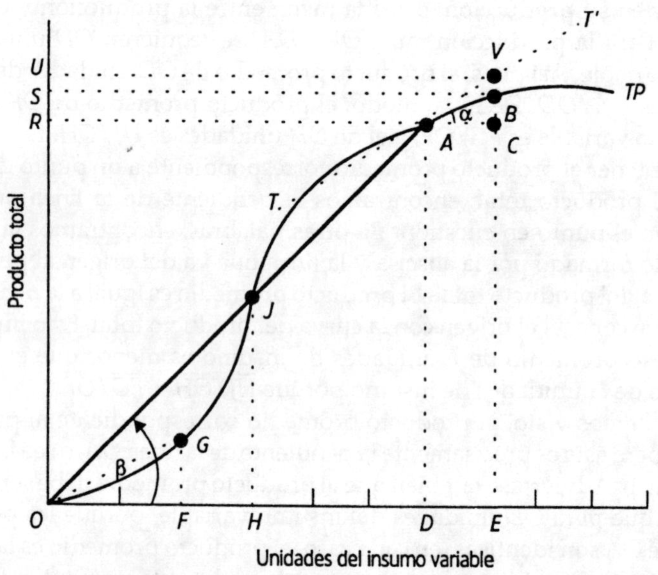

GRÁFICA VI.3.2. *Puntos máximos de los productos promedio y marginal*

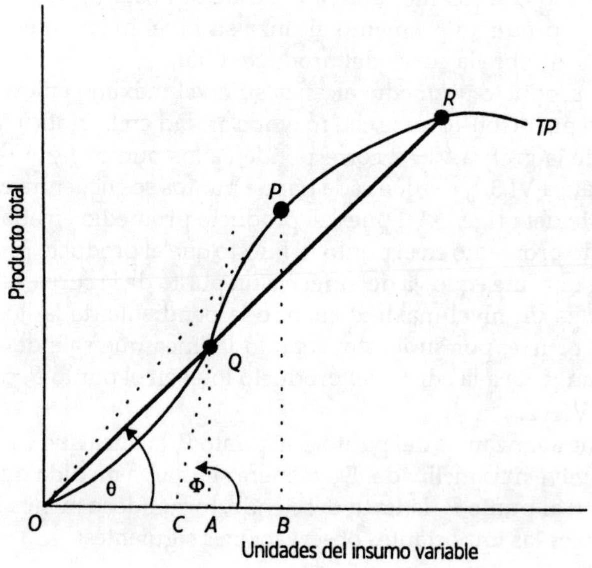

Relaciones: El producto promedio correspondiente a cualquier punto de la curva del producto total está dado por la pendiente de una línea que va del origen al punto en cuestión. Cuando el producto promedio alcanza su valor máximo, esta línea es tangente a la curva del producto total.

VI.3.b. *La geometría de las curvas del producto marginal*

Utilizando de nuevo las gráficas VI.3.1 y VI.3.2, podrán encontrarse relaciones cualitativas y cuantitativas similares para la curva del producto marginal.

Veamos en primer término la gráfica VI.3.1. Por definición, el producto marginal es la adición al producto total que puede atribuirse a la adición de una unidad (o de una pequeña cantidad) del insumo variable a una cantidad dada del insumo fijo. Supongamos que aumenta la cantidad del insumo variable de OD a OE, o sea en la cantidad $DE = AC$. En consecuencia, la producción aumenta de OR a OS, o sea en la cantidad $RS = CB$. Por lo tanto, el producto marginal es BC/AC. En este caso discreto no hay ninguna medición conveniente de la pendiente porque el arco AB no es lineal. Es decir, no se puede obtener una medida única de la pendiente porque la pendiente del ángulo formado por el arco AB y la línea AC cambia a lo largo del intervalo $DE = AC$.

Pero supongamos por un momento que la curva del producto total es lineal desde A hasta el punto V. Entonces, un incremento en la cantidad DE en el insumo variable haría que la producción aumentara de OR a OU, o sea por $RU = CV$. En este caso, el producto marginal sería CV/AC, o sea la tangente del ángulo α. La medida CV/AC exagera la magnitud verdadera del producto marginal, CB/AC. Sin embargo, conforme el incremento del insumo variable se torna cada vez más pequeño, la aproximación mejora cada vez más. En el límite, para un aumento muy pequeño del insumo variable, la pendiente de la tangente al punto A, designada TT', se acerca a la pendiente verdadera de la curva del producto total. Por lo tanto, para cambios suficientemente pequeños del insumo variable, la pendiente de la curva del producto total en cualquier punto es una buena aproximación del producto marginal.[3]

La pendiente de una curva en cualquier punto está dada por la pendiente de su tangente en ese punto. Por lo tanto, el producto marginal correspondien-

[3] Sea $q = f(x)$ la función de producción. Si el incremento del insumo variable se denota por Δx, la nueva producción es $f(x + \Delta x)$. Entonces, por definición el producto marginal es

$$PM = \frac{f(x + \Delta x) - f(x)}{\Delta x}$$

te al punto Q en la gráfica VI.3.2 es la pendiente de la línea CQ, o sea la tangente del ángulo $\phi = AQ/CA$. Tal como está construida la gráfica VI.3.2, el producto marginal alcanza un nivel máximo cuando se utilizan OA unidades del insumo variable. Esto es cierto porque la pendiente de la tangente a la curva del producto total es mayor en el punto Q, el punto de inflexión, que en cualquier otro punto.

En la gráfica VI.3.2 pueden determinarse otras relaciones interesantes. Primero, recordemos que el producto promedio máximo se asocia a OB unidades del insumo variable y corresponde al punto P. Por lo tanto, el producto marginal alcanza su nivel máximo en un nivel de uso del insumo variable menor que el del producto promedio. Segundo, advertimos que la tangente a la curva del producto total en el punto P —la línea cuya pendiente da el producto marginal correspondiente al punto P— es la línea OP. En el apartado VI.3 vimos que la pendiente de OP da también el producto promedio asociado al punto P, y que el producto promedio alcanza su valor máximo en ese punto. Por lo tanto, como anotamos antes, el producto marginal es igual al producto promedio cuando éste último se encuentra en su nivel máximo.

Podemos resumir la principal información contenida en este apartado así:

> *Relaciones*: El producto marginal correspondiente a cualquier punto de la curva del producto total está dado por la pendiente de la tangente a la curva en ese punto. El producto marginal alcanza su valor máximo cuando la pendiente de la tangente es la más inclinada. El punto del producto marginal máximo ocurre en un nivel de uso del insumo variable menor que el del producto promedio máximo; y el producto marginal es igual al producto promedio cuando este último alcanza su valor máximo.

VI.3.c. *Los productos total, promedio y marginal*

En la gráfica VI.3.3 se ilustran las relaciones discutidas en los dos apartados anteriores.[4] En esta gráfica podemos ver no sólo la relación existente entre el

---

Pero también por definición la derivada de $f(x)$ es

$$\frac{dq}{dx} = \lim_{\Delta x \to 0} \frac{f(x + \Delta x) - f(x)}{\Delta x}.$$

Por lo tanto, en el límite, el producto marginal es la pendiente (dq/dx) de la curva del producto total. Para los cambios finitos, la pendiente es una aproximación del producto marginal.

[4] Esta gráfica se construye bajo la suposición de que la producción es cero, si el insumo del

GRÁFICA VI.3.3. *Los productos total, promedio y marginal*

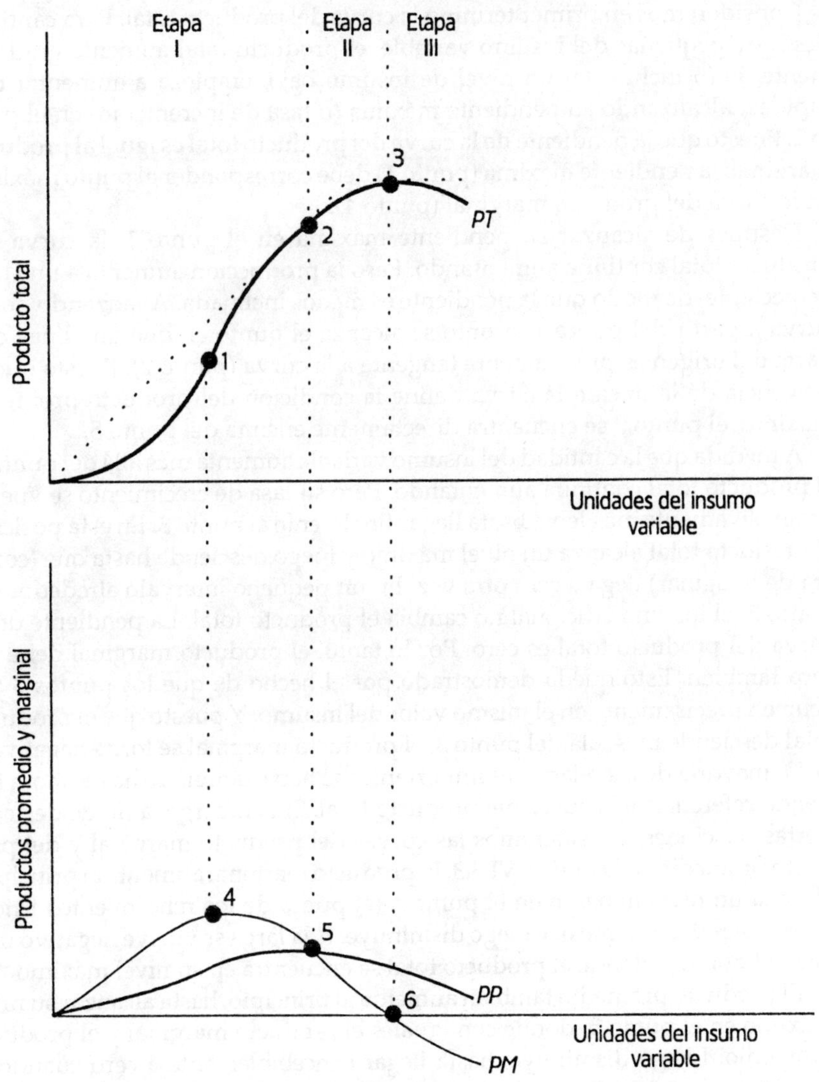

factor variable es cero. Por lo tanto, si la función de producción es $q = f(x \mid y)$, suponemos que $f(0 \mid y) = f(x \mid 0) = f(0 \mid 0) = 0$. Véase un enfoque alternativo en Frank Knight, *Risk, Uncertainty, and Profit*, Reprints of Economic Classics, Nueva York, Augustus M. Kelley, 1964, p. 100.

producto marginal y el producto promedio, sino también la relación de estas dos curvas con el producto total.

Consideremos en primer término la curva del producto total. Para cantidades muy pequeñas del insumo variable, el producto total aumenta gradualmente. Pero incluso en un nivel de insumo bajo, empieza a aumentar con rapidez, alcanzando su pendiente máxima (o tasa de incremento) en el punto 1. Puesto que la pendiente de la curva del producto total es igual al producto marginal, la pendiente máxima (punto 1) debe corresponder al punto máximo de la curva del producto marginal (punto 4).

Después de alcanzar su pendiente máxima en el punto 1, la curva del producto total continúa aumentando. Pero la producción aumenta a una tasa decreciente, de modo que la pendiente es menos inclinada. Avanzando por la curva a partir del punto 1, pronto se alcanza el punto en que una línea que parte del origen es precisamente tangente a la curva (punto 2). Puesto que la tangencia de la línea a la curva define la condición del producto promedio máximo, el punto 2 se encuentra directamente encima del punto 5.

A medida que la cantidad del insumo variable aumenta más allá del punto 2, el producto total continúa aumentando. Pero su tasa de crecimiento se vuelve progresivamente más lenta hasta llegar finalmente al punto 3. En esta posición el producto total alcanza un nivel máximo y luego desciende hasta que (como era de imaginar) llega a cero otra vez. En un pequeño intervalo alrededor del punto 3, el insumo adicional no cambia el producto total. La pendiente de la curva del producto total es cero. Por lo tanto, el producto marginal debe ser cero también. Esto queda demostrado por el hecho de que los puntos 3 y 6 ocurren precisamente en el mismo valor del insumo. Y puesto que el producto total desciende más allá del punto 3, el producto marginal se torna negativo.

La mayoría de las relaciones importantes se han examinado hasta ahora haciendo referencia a la curva del producto total. Sin embargo, a fin de destacar ciertas relaciones, consideremos las curvas del producto marginal y del producto promedio en la gráfica VI.3.3. El producto marginal aumenta al principio, alcanza un nivel máximo en el punto 4 (el punto de los rendimientos físicos marginales decrecientes), y luego disminuye. A la larga se vuelve negativo más allá del punto 6, donde el producto total se encuentra en su nivel máximo.

El producto promedio también aumenta al principio, hasta alcanzar su nivel máximo en el punto 5, donde son iguales el producto marginal y el producto promedio. Luego disminuye, hasta llegar concebiblemente a cero cuando el propio producto total se vuelve cero. Por último, podemos observar que el producto marginal es mayor que el producto promedio cuando este último está experimentando un aumento y es menor que el producto promedio cuando este último está decreciendo.

VI.3.d. *Las tres etapas de la producción*

Utilizando la gráfica VI.3.3, podremos identificar tres etapas de la producción. La primera etapa corresponde al uso del insumo variable a la izquierda del punto 5, donde el producto promedio alcanza su nivel máximo. La etapa II corresponde al uso del insumo variable entre el punto 5 y el punto 6, donde el producto marginal del insumo variable es cero. Por último, la etapa III corresponde al uso del insumo variable a la derecha del punto 6, donde el producto marginal de este insumo es negativo.

Es claro que el productor no producirá jamás en la etapa III, porque en esta etapa se puede obtener más producción usando *menos* del insumo variable. Siempre se evitarán tales ineficiencias en el uso de los factores de producción escasos. En la etapa I, el producto promedio del factor variable está aumentando. Como veremos en el capítulo VIII, cuando el costo unitario del factor variable (la tasa salarial, por ejemplo) es constante, el aumento del producto promedio del factor variable implica que está disminuyendo el costo unitario de la producción a medida que aumenta su volumen. Si la empresa opera en una industria competitiva (remítase a la discusión del apartado V.5.a), jamás producirá en esta etapa, porque al expandir la producción podrá reducir los costos unitarios al mismo tiempo que recibe el mismo precio por cada unidad adicional vendida, y esto significa que los beneficios totales deben aumentar.[5] Vemos así que la producción eficiente ocurre en la etapa II.[6]

Ejemplo: Consideremos dos ranchos trigueros idénticos, cada uno con 100 hectáreas de tierra. La producción de cada uno está dada por el cuadro siguiente:

Número total de trabajadores	*Producción total (en miles de toneladas)*
1	10
2	22
3	35
4	50
5	60
6	67

[5] Puede hacerse un enunciado aún más fuerte, cuando la función de producción exhibe rendimientos constantes a escala (véase el apartado VI.4): en este caso, el producto marginal del factor fijo será negativo en la etapa I.

[6] Sin embargo, como veremos, un monopolista puede optar, en algunos casos, por producir en la etapa I.

Número total de trabajadores	Producción total (en miles de toneladas)
7	72
8	74
9	75
10	74

Supongamos que el mismo individuo es propietario de ambos ranchos. ¿Cómo debería distribuirse la mano de obra entre los ranchos?

La respuesta depende del número de unidades de trabajo que vayan a emplearse. Esta cuestión será considerada más adelante, pero supongamos por ahora que sólo disponemos de cierto número de trabajadores.

Supongamos que se dispone de dos trabajadores. Si se emplea a ambos en uno de los ranchos, se obtendrá un producto total de 22 y un producto promedio de 11. Si se reparten entre los ranchos, el producto total será 2 × (10) = 20, y el producto promedio será 10.

Si se dispone de tres trabajadores, su empleo en un solo rancho genera 35 unidades de producción. Si se asignan dos trabajadores a un rancho y uno al otro rancho, la producción llegará solo a 22 + 10 = 32. De nuevo, la mejor solución empleará a todos los trabajadores en uno de los ranchos.

Si se dispone de cuatro trabajadores, de nuevo deberán emplearse todos en un solo rancho. Entonces se producirán 50 unidades. Si se dividieran los trabajadores en dos pares de 2, podría producirse 2 × (22) = 44. Si tres trabajadores laboran en un rancho y uno en el otro, se producirán 35 + 10 = 45 unidades. Adviértase que el producto promedio es 12.5.

Si se dispone de cinco trabajadores, su empleo en un solo rancho producirá 60 unidades. Lo mismo se obtiene empleando a cuatro trabajadores en un rancho y a uno en el otro. Si se separan en grupos de tres y dos, se obtendrán 57 unidades. Adviértase que el producto promedio es 12.

Si se dispone de seis trabajadores, su separación es óptima. El empleo de cuatro trabajadores en un rancho y dos en el otro produce 72 unidades, y ésta es la mejor asignación de todas.

Lo importante es que los trabajadores no se desplacen al segundo rancho mientras no se llegue al punto en el que el producto promedio está disminuyendo. Esto ilustra la importancia de la producción en la etapa II.

VI.4. LAS FUNCIONES DE PRODUCCIÓN LINEALMENTE HOMOGÉNEAS

"Homogeneidad lineal", "homogénea de grado uno" y "rendimientos constantes a escala", son términos sinónimos cuando se utilizan para describir una función de producción. Todos estos términos expresan el concepto esencial: si todos los insumos aumentan en la misma proporción, la producción aumentará en esa proporción. Consideremos esta función simple de Cobb-Douglas:

$$q = f(x, y) = Ax^{\alpha}y^{1-\alpha}, \tag{VI.4.1}$$

donde A y α son constantes positivas y $0 < \alpha < 1$. Supongamos ahora que x y y aumentan en la proporción λ. Tendremos entonces

$$\begin{aligned} f(\lambda x, \lambda y) &= A(\lambda x)^{\alpha}(\lambda y)^{1-\alpha} = A\lambda^{\alpha}\lambda^{1-\alpha}x^{\alpha}y^{1-\alpha} \\ &= A\lambda x^{\alpha}y^{1-\alpha} = \lambda(Ax^{\alpha}y^{1-\alpha}) = \lambda f(x, y) = \lambda q\,. \end{aligned} \tag{VI.4.2}$$

Por lo tanto, si aumenta el uso de todos los insumos en la misma proporción, la producción aumentará en esa proporción. Esto es precisamente lo que queremos decir cuando hablamos de los "rendimientos constantes a escala".

La otra característica esencial de las funciones de producción linealmente homogéneas es la siguiente: el producto promedio y el producto marginal dependen de la *razón* en la que se combinen los insumos, pero sus valores son *independientes* de las magnitudes absolutas de los insumos. Consideremos de nuevo la función de Cobb-Douglas. Dividamos ambos miembros de la ecuación VI.4.1 por x para obtener el producto promedio de X:

$$\frac{q}{x} = Ax^{\alpha-1}y^{1-\alpha} = A\left(\frac{y}{x}\right)^{1-\alpha} \tag{VI.4.3.}$$

Esto indica claramente que el producto promedio de X depende de la razón de los insumos factoriales o de las proporciones de los factores. Por ejemplo, supongamos que $A = 100$ y $\alpha = 1/2$. Si $y = 4$ y $x = 1$, el producto promedio de X es 200. Si $y = 400$ y $x = 100$, la razón es la misma, al igual que la magnitud del producto promedio.

Lo mismo ocurrirá con el producto marginal. Si y se mantiene constante, la función de Cobb-Douglas (VI.4.1) puede concebirse como una relación entre la producción q y el insumo variable x. Hemos señalado que el producto marginal es la pendiente o la derivada de la función del producto total respecto del insumo variable. La derivada de VI.4.1 respecto de x es entonces la función del producto marginal que buscamos, o sea

$$\frac{\mathrm{d}q}{\mathrm{d}x} = \alpha A \left(\frac{y}{x}\right)^{1-\alpha} \qquad \text{(VI.4.4)}$$

lo que demuestra que el producto marginal depende sólo de la razón de los insumos.[7]

Podemos resumir las características esenciales de las funciones de producción linealmente homogéneas de la siguiente manera:

Relaciones: Si la función de producción es homogénea de grado uno, *i)* hay rendimientos constantes a escala, es decir, una expansión proporcional de todos los insumos incrementará la producción en la misma proporción, y *ii)* las funciones del producto marginal y el producto promedio dependen sólo de la razón en la que se combinen los insumos; en particular, son independientes de las cantidades absolutas de los insumo utilizados.

VI.5. Resumen

- ✦ Las funciones de producción muestran la relación que existe entre los productos y los insumos. En el *corto plazo* se supone de ordinario, por conveniencia de la exposición, que sólo hay un *insumo variable* y un *insumo fijo*. (Sin embargo, un uso más intensivo de las matemáticas permitirá generalizar este análisis para manejar un gran número de insumos).
- ✦ El producto promedio (del insumo x) es q/x, donde q es la producción y x es la cantidad del insumo en cuestión. El producto marginal de x es $\Delta q/\Delta x$ (o $\mathrm{d}q/\mathrm{d}x$ en una notación continua; por ejemplo, el cambio en la producción asociado a un cambio unitario en el insumo de x, mientras permanecen constantes todos los demás insumos).
- ✦ La ley de los rendimientos decrecientes dice que más allá de cierto punto los aumentos en la cantidad de un insumo variable (mientras todos los demás insumos se mantienen fijos) conducen a *disminuciones* en el producto marginal de ese insumo. En suma, la función de producción se vuelve cóncava finalmente, a medida que aumenta la cantidad del insumo variable.
- ✦ El producto total, el producto marginal y el producto promedio están estrechamente relacionados. Cuando el producto marginal (*PM*) es ma-

[7] Cuando consideramos la posibilidad de que también varíe y, un enunciado matemático más apropiado reemplazaría el miembro izquierdo con el símbolo de la derivada parcial $\partial q/\partial x$.

yor que el producto promedio (*PP*), este último está aumentando. Cuando *PM* es menor que *PP*, este último está disminuyendo. Cuando *PP* se encuentra en su punto máximo, $PM = PP$. En el apéndice se examinan estas relaciones con mayor detalle.

VI.A. APÉNDICE*

El capítulo VI se ocupó de las relaciones que existen entre el producto total, el producto promedio y el producto marginal. El capítulo V se ocupó de las relaciones similares entre el ingreso total, el ingreso promedio (o la curva de demanda) y el ingreso marginal. En el capítulo VIII consideraremos el costo total, el costo promedio y el costo marginal. Todos éstos son ejemplos de la relación general que existe entre las magnitudes totales, promedio y marginales. Convendrá considerar las características matemáticas y geométricas de estas relaciones generales; éste es el tema de este apéndice.

Sea $TX(q)$ la función total de X (donde X puede ser "producto", "ingreso", "costo", o cualquier otra magnitud que nos interese), enunciada como una función de una sola variable de cantidad o de producto q. La función promedio de X, $PX(q)$, se define entonces como

$$PX(q) = \frac{TX(q)}{q},$$

y la función marginal de X, $MX(q)$, se define como la derivada

$$MX(q) = \frac{\mathrm{d}TX(q)}{\mathrm{d}q} = TX'(q).$$

Si diferenciamos $PX(q)$, obtendremos:

$$\frac{\mathrm{d}PX(q)}{\mathrm{d}q} = PX'(q) = \frac{qTX'(q) - TX(q)}{q^2} = \frac{MX(q) - PX(q)}{q}.$$

Reordenando la última ecuación, obtenemos

$$MX(q) = PX(q) + PX'(q)q \qquad \text{(VI.A.1)}$$

donde $PX'(q)$ es la pendiente de la función promedio de X en la cantidad q. De la ecuación VI.A.1 obtenemos las proposiciones siguientes:

* Este apéndice puede pasarlo por alto sin que se pierda la continuidad.

Proposición 1: Si $MX(q) > PX(q)$, entonces (suponiendo $q > 0$), $PX'(q) > 0$ (es decir, el promedio de X está aumentando).

Proposición 2: Si $MX(q) < PX(q)$, entonces (suponiendo $q > 0$), $PX'(q) < 0$ (es decir, el promedio de X está disminuyendo).

Proposición 3: Si $PX(q)$ se encuentra en un punto máximo (o mínimo), con $PX'(q) = 0$, entonces $PX(q) = MX(q)$.

Proposición 4: Si $TX(0) = 0$, entonces $MX(0) = PX(0)$. La condición $TX(0) = 0$ es necesaria para asegurar que $PX(0)$ no sea infinita. En algunos casos (por ejemplo, ciertas funciones del costo total discutidas en el capítulo VIII), $TX(0)$ no es cero, de modo que esta proposición deberá aplicarse con cierto cuidado.

La geometría de VI.A.1 se muestra en la gráfica VI.A.1. Dado $PX(q)$, puede utilizarse la ecuación (VI.A.1) para localizar a $MX(q)$ para valores dados de q. Por ejemplo, en q_0 la pendiente de $PX(q)$ es la tangente de θ. Es decir, θ es la pendiente de la línea HH', que es tangente a $PX(q)$ en q_0. De la ecuación VI.A.1, sabemos que $MX(q_0) = PX(q_0) + PX'(q_0)q_0$. Por lo tanto, para encontrar $MX(q_0)$ trazamos una línea con origen en $PX(q_0)$ y pendiente constante $PX'(q_0)$. Ésta es la línea $PX(q_0)G$ en la gráfica VI.A.1. Es simplemente una línea paralela a HH' con origen $PX(q_0)$. Por construcción, esta línea indica el valor deseado de MX en q_0. En otras palabras, si trazamos una perpendicular desde q_o hasta la línea $PX'(q_0)G$, el punto en que la perpendicular intersecta a $PX(q_0)G$ es $MX(q_0)$. Repitiendo este procedimiento podremos encontrar los valores de $MX(q)$ para diferentes valores de q.

Preguntas y ejercicios

Abajo aparecen los datos hipotéticos de un fabricante poseedor de una planta fija que produce un bien con un solo insumo variable. Se da el producto total. Calcule y grafique las curvas del producto promedio y del producto marginal. Haga sus cálculos básicos y anótelos en un cuadro, utilizando la información siguiente para las dos primeras columnas; anote sus cálculos del producto promedio en la columna 2 y del producto marginal en la columna 3. Conserve estos datos porque se utilizarán en la solución de otros problemas del capítulo VII. Después de completar el cuadro y la gráfica, conteste las siguientes preguntas.

1. Cuando el producto marginal está aumentando, ¿qué está ocurriendo con el producto promedio?
2. ¿Empieza a disminuir el producto promedio en cuanto lo hace el producto marginal? Es decir, qué ocurre primero, ¿el punto de los

GRÁFICA VI.A.1. *La geometría de PX y MX*

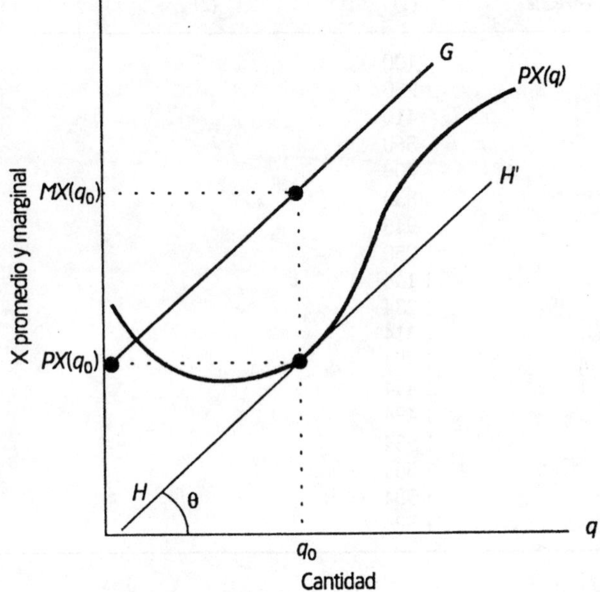

rendimientos marginales decrecientes o el punto de los rendimientos promedio decrecientes?

3. Cuando el producto promedio alcanza su nivel máximo, ¿es el producto marginal menor que el producto promedio, igual a ese producto o mayor que ese producto?
4. ¿El producto total aumenta a una tasa decreciente: *a)* cuando el producto promedio está aumentando, *b)* cuando el producto marginal está aumentando, *c)* cuando el producto promedio empieza a disminuir, *d)* cuando el producto marginal rebasa su valor máximo?
5. Cuando el producto promedio es igual a cero, ¿cuál es el producto total?
6. ¿Cuál es la relación precisa que existe entre una función de producción de dos factores y la curva del producto marginal de un factor?
7. Principiando con una función o curva de producción que involucra dos insumos, explique cómo se derivan los productos total, promedio y marginal de un solo factor.
8. Comente este enunciado: si la producción de trigo requiere sólo tierra y trabajo, si hay rendimientos constantes a escala y si el trabajo tiene un producto promedio creciente, toda la producción mundial de trigo podría obtenerse en una maceta de flores, siempre que la maceta sea suficientemente pequeña.

Unidades del insumo variable	*Producto total (1)*	*Producto promedio (2)*	*Producto marginal (3)*
1	100		
2	250		
3	410		
4	560		
5	700		
6	830		
7	945		
8	1 050		
9	1 146		
10	1 234		
11	1 314		
12	1 384		
13	1 444		
14	1 494		
15	1 534		
16	1 564		
17	1 584		
18	1 594		

Lecturas recomendadas

Clark, J. M., "Diminishing Returns", *Encyclopaedia of the Social Sciences,* Nueva York, Macmillan, 1931, vol. 5, pp. 144-146.

Ferguson, C. E., *The Neoclassical Theory of Production and Distribution,* Londres y Nueva York, Cambridge University Press, 1969, capítulos 1-6.

Henderson, James M. y Richard E. Quandt, *Microeconomic Theory: A Mathematical Approach,* 2a. ed., Nueva York, McGraw-Hill, 1971, pp. 52-58.

Knight, Frank H., *Risk, Uncertainty, and Profit,* Boston, Houghton Mifflin, 1921, pp. 94-104.

Machlup, Fritz, "On the Meaning of the Marginal Product", en *Explorations in Economics,* Nueva York, McGraw-Hill, 1936, pp. 250-263. Reproducido en American Economic Association, *Readings in the Theory of Income Distribution,* Filadelfia, Blakiston, 1951, pp. 158-174.

VII. LA PRODUCCIÓN Y LAS PROPORCIONES ÓPTIMAS DE LOS INSUMOS: DOS INSUMOS VARIABLES

DE ACUERDO con el reportaje periodístico que aparece en el artículo transcrito al inicio de este capítulo ("La mano de obra mexicana barata..."), los trabajadores que clasifican y empacan el camarón en la Tex-Mex Storage Co., de Brownsville, Texas, reciben el salario mínimo, que se encuentra muy por arriba de los 99 centavos de dólar por hora pagados a trabajadores similares en Camarones Selectos, S.A., una empresa mexicana que opera al otro lado de la frontera. ¿Cómo afecta esta diferencia en el precio de la mano de obra a la combinación de trabajadores y maquinaria utilizada en ambas empresas? ¿Cómo se explica la mayor cantidad de camarones pelados por hora por los trabajadores de la empresa estadunidense? Este capítulo desarrolla las herramientas necesarias para contestar tales preguntas. Se deduce aquí la regla que utilizará una empresa minimizadora de los costos para determinar cómo se combinarán los insumos para alcanzar un nivel de producción dado. ¿Cuál es esta regla? ¿Qué son las isocuantas? ¿Qué son los isocostos? ¿Cuál es la tasa marginal de sustitución técnica? ¿Cómo ayudan estos conceptos a explicar las diferentes proporciones de trabajadores con respecto a la maquinaria utilizada por Tex-Mex Co., y por Camarones Selectos, S.A.? ✦

APLICACIÓN DE LA TEORÍA

EL TRABAJO MEXICANO BARATO ATRAE A LAS COMPAÑÍAS ESTADUNIDENSES A LA FRONTERA

JAMES P. STERBA
Especial para *The New York Times*

BROWNSVILLE, Tex., 9 de mayo.- Las 35 mujeres que clasifican y empacan el camarón en la Tex-Mex Cold Storage Inc. son rápidas con sus manos. Con la ayuda de máquinas pueden clasificar y empacar para su congelación cerca de 6 000 libras de camarón en una hora. Su paga básica es de 2.30 dólares la hora; su paga neta es de 2.12 dólares la hora.

Las 160 mujeres que pelan y desvenan los camarones en Camarones Selectos, S.A., al otro lado de la frontera, en Matamoros, México, también son rápidas con sus manos. Sin máquinas, pueden quitar los caparazones y las venas posteriores de cerca de 2 000 libras de camarones en una hora. Su paga básica: 99 centavos de dólar la hora; su paga neta: 65 centavos de dólar la hora.

Esta disparidad básica de los salarios es lo que atrae a los trabajadores mexicanos hacia Estados Unidos e impulsa a las industrias estadunidenses intensivas en trabajo hacia México. Algunos funcionarios sindicales estadunidenses afirman que ambos movimientos están quitando empleos a los trabajadores de Estados Unidos en un momento en que las tasas de desempleo permanecen elevadas.

Centenares de compañías estadunidenses han cerrado sus fábricas en otras partes del país, durante el último decenio, para establecer nuevas plantas a lo largo de la frontera y aprovechar así los bajos costos laborales del lado mexicano y la abundante mano de obra de salario mínimo del lado estadunidense. En efecto, la frontera se ha convertido en una rémora para los esfuerzos realizados por el gobierno de Carter, a fin de crear nuevos empleos, formular una nueva política de inmigración y afrontar las presiones en favor de embargos comerciales.

Aunque muchas compañías han trasladado simplemente sus operaciones intensivas en trabajo a lugares tales como Corea del Sur, Formosa y Hong Kong, los funcionarios sindicales estadunidenses han concentrado su atención en los trabajadores mexicanos, afirmando que ellos, en particular, han arrebatado empleos a los trabajadores estadunidenses.

Pero un vistazo a la industria camaronera de los alrededores de Brownsville, que se llama a sí misma "la capital camaronera del mundo", revela una situación diferente. Virtualmente todos los trabajos que requieren mano de obra son desempeñados por hombres y mujeres de origen mexicano. Algunos de ellos son ciudadanos estadunidenses. Muchos son ciudadanos mexicanos que viven legalmente de este lado de la frontera. Algunos son ciudadanos mexicanos que viven en México y viajan diariamente a sus empleos en este país o trabajan en fábricas establecidas en México por compañías estadunidenses.

Los propietarios de barcos camaroneros y los procesadores de compañías camaroneras afirman que no pueden encontrar muchos ciudadanos estadunidenses que estén dispuestos a aceptar empleos, a menudo de tiempo parcial, por salarios del nivel mínimo federal de 2.30 dólares la hora, o poco más. Al mismo tiempo, dicen que hay una abundante oferta de mexicanos bien dispuestos a aceptar tales empleos y agradecidos por obtenerlos.

Pero por lo que toca a las tareas más intensivas en trabajo, de pelar y desvenar el camarón, los procesadores eluden incluso los salarios mínimos estadunidenses enviando su camarón al otro lado de la frontera. Los salarios de 99 centavos por hora parecen irrisorios en Estados Unidos, pero se encuentran por encima del promedio para los trabajadores de México. Los estadunidenses y los mexicanos que administran plantas procesadoras, así como una diversidad de otras fábricas ubicadas en el lado mexicano de la frontera, sostienen que estas plantas salvan efectivamente algunos empleos en Estados Unidos. Afirman que, sin ellas, muchas compañías estadunidenses se verían obligadas a trasladar toda su operación a suelo extranjero a fin de seguir siendo competitivas.

Para ilustrar cómo funciona esto, podemos seguir la ruta circular de una carga de camarón pescada el otro día en el Golfo de México.

Con un permiso que cuesta 2 006 dólares por año, los barcos camaroneros estadunidenses pueden pescar con redes el camarón en aguas mexicanas. Los barcos llevan una tripulación integrada por un capitán, un maquinista y descabezador. Muchos de los maquinistas son mexicano-estadunidenses. La mayoría de los descabezadores, que separan las cabezas de los camarones y limpian los barcos, son mexicanos.

Los barcos provenientes de Brownsville son descargados de ordinario por trabajadores mexicanos. Las cuadrillas de mantenimiento y limpieza de los barcos en el puerto están por lo regular integradas también por mexicanos.

La opinión de un procesador de camarón

Lawrence Touchet, gerente de Gulf Shrimp Processors, contrata de 50 a 60 mexicanos en la estación "pico" para que descarguen los barcos, metan el camarón en hielo y lo carguen en camiones.

"No importa cuántas personas estén supuestamente sin trabajo. Simplemente no puedes hacer que los estadunidenses se encarguen de esta tarea", dijo Touchet.

El camarón se envía luego por camión a Tex-Mex Cold Storage para su clasificación, separación por tamaños, empaquetado y congelación. Ed Walker, el gerente de producción de la compañía, está de acuerdo con Touchet.

Preguntas

1. El artículo indica que los peladores de camarón del lado estadunidense de la frontera ganan 2.30 dólares la hora (el salario mínimo de Estados Unidos a la sazón), mientras que los peladores de camarón de México (el otro lado de la frontera) reciben 99 centavos por hora. ¿Cómo afectará esta diferencia en el precio del trabajo las proporciones relativas de los factores de peladores de camarones y maquinaria (capital) en las empresas del lado estadunidense de la frontera en relación con la situación de las empresas del lado mexicano de la frontera? (Sugerencia: utilice el principio de que *TMST* = razón de los precios de los insumos para la minimización del costo en cualquier nivel dado de la producción.)
2. ¿Qué podemos decir acerca del producto marginal del último pelador de camarón contratado en la empresa estadunidense frente al producto marginal del último pelador de camarón contratado en las empresas del lado mexicano de la frontera? ¿Hay en el artículo alguna información que apoye su conclusión?
3. ¿Por qué cree usted que la productividad marginal de los trabajadores sea diferente, dependiendo del lado de la frontera en que se ubique la empresa? Explique.
4. La ley del salario mínimo de Estados Unidos se aplica a la mayoría de los trabajadores, pero no a todos. Demuestre que una ley de salario mínimo *selectiva*, que se aplica a los trabajadores de las manufacturas pero no a los trabajadores agrícolas, *no* es óptima en el sentido de Pareto. No olvide demostrar cómo podría incrementarse la cantidad total de la producción reordenando las proporciones factoriales en

el sector manufacturero y el sector agrícola. ¿En cuál sector habría necesidad de aumentar el número de trabajadores? (*Nota*: Después de leer el capítulo XVII podrá regresar a esta pregunta.)

SOLUCIONES

1. Para cualquier nivel de producción dado, la $TMST_{L,K}$ debe ser igual a la razón de precios de los factores, o la pendiente de la isocuanta debe ser igual a la pendiente de la línea de isocosto. En símbolos, las empresas estadunidenses emplearán trabajadores y maquinaria (K) hasta que

$$\frac{PM_L}{p_{L(\text{U.S.})}} = \frac{PM_K}{p_K}, \text{ o equivalentemente}$$

$$TMST_{L,K} = \frac{PM_L}{PM_K} = \frac{p_{L(\text{U.S.})}}{p_K}.$$

Los productores de camarón de México contratarán trabajadores hasta que

$$\frac{PM_L}{p_{L(\text{México})}} = \frac{PM_K}{p_K}, \text{ o equivalentemente}$$

$$\frac{PM_L}{PM_K} = \frac{p_{L(\text{México})}}{p_K}.$$

Por lo tanto, dado el mayor salario (mínimo) afrontado por los productores de Estados Unidos, no es sorprendente observar que utilicen menos trabajo y más capital que los productores de México.

2. De acuerdo con la solución dada a la pregunta anterior, el PM_1 debe de ser mayor en Estados Unidos, dado el precio relativamente mayor del trabajo. Se nos dice que los peladores de camarón estadunidenses pelan cerca de 6 000 libras de camarón por hora. Puesto que hay 35 trabajadores, esto nos da 171 libras por hora por persona.
En México, los 160 trabajadores que pelan el camarón pueden producir 2 000 libras por hora, o sea 12.5 libras por persona.

3. Cada uno de los trabajadores estadunidenses tiene más maquinaria para trabajar que cada uno de los trabajadores mexicanos, de modo que su productividad marginal es mayor. Éste es un resultado directo de las proporciones relativas de los dos factores productivos utilizados, lo que a su vez es un resultado de la diferencia que existe entre los precios relativos del trabajo y la maquinaria a ambos lados de la frontera.
4. El salario mínimo ha generado una ineficiencia en la asignación de los factores. Suponiendo que los trabajadores de las plantas estadunidenses y mexicanas tengan la misma habilidad, vemos que una transferencia de trabajadores, de las plantas mexicanas a las estadunidenses, se traduciría en un incremento de la producción total. Esta transferencia debería continuar (desde el punto de vista de la eficiencia) hasta que la razón de los productos marginales de los trabajadores y del capital sea igual tanto en Estados Unidos como en México. Bajo el salario mínimo se viola la condición de sustitución de los factores, porque el precio del trabajo afrontado por los productores de Estados Unidos es diferente (mayor) que el precio del trabajo afrontado por los productores de México. En consecuencia,

$$TMST_{L,K}^{U.S.} = \left[\frac{PM_L}{PM_K}\right]^{U.S.} \quad \text{es mayor que}$$

$$\left[\frac{PM_L}{PM_K}\right]^{\text{México}} = TMST_{L,K}^{\text{México}}.$$

Dicho de otro modo, podría pelarse la misma cantidad de camarón utilizando menos recursos, si no existiese en Estados Unidos un salario artificialmente elevado, porque entonces aumentaría el número de peladores de camarón en Estados Unidos (y aumentaría la cantidad de maquinaria en México).

(Si sustituimos el camarón estadunidense por "la producción manufacturera", y el camarón mexicano por "la producción agrícola", la situación anterior será exactamente análoga a la operación de una ley de salario mínimo selectivo en Estados Unidos.)

FUENTE: *The New York Times*, 13 de mayo de 1977.

LA PRODUCCIÓN Y LAS PROPORCIONES DE LOS INSUMOS

VII.1. Introducción

En el capítulo VI discutimos las relaciones físicas fundamentales de la producción bajo el supuesto de que sólo hay un insumo variable. En este capítulo continuaremos el análisis para un caso más general. En términos gráficos, estudiaremos la producción bajo el supuesto de que hay dos insumos variables. Podríamos considerar que estos insumos cooperan con uno o más insumos fijos, o como los únicos dos insumos. Por supuesto, la última situación es pertinente sólo para el largo plazo. En cada caso, sin embargo, los resultados del modelo de dos insumos pueden extenderse fácilmente para cubrir numerosos insumos.

VII.1.a. *El cuadro de la producción*

El ejemplo de la tierra y el trabajo utilizado en el capítulo VI puede extenderse para introducir la teoría de la producción con dos insumos variables. En el ejemplo consideramos un experimento agrícola en el que las parcelas de 10 hectáreas constituían el insumo fijo. El trabajo era el insumo variable y obteníamos una muestra de 8 observaciones correspondientes al cultivo de las parcelas de 10 hectáreas por un solo trabajador, por dos trabajadores, etc. En el nuevo ejemplo se continúa el experimento agrícola hasta obtener una muestra de 64 observaciones. En cierto sentido, la tierra es todavía el insumo fijo; pero ahora suponemos que hay 8 parcelas de 1 hectárea, 8 parcelas de 2 hectáreas, etc., hasta llegar a 8 parcelas de 8 hectáreas. Cada uno de los conjuntos de 8 parcelas de cierto tamaño es cultivado por un trabajador, dos trabajadores, etc., hasta llegar a ocho trabajadores. Tenemos de esta manera muestras que van desde 1 trabajador en 1 hectárea hasta 8 trabajadores en 8 hectáreas. Los datos para este ejemplo aparecen en el cuadro VII.1.1.

Las entradas del renglón correspondiente a las parcelas de 3 hectáreas son exactamente iguales a las entradas del cuadro VI.2.2., en efecto, en todos los sentidos este cuadro es sólo un ejemplo "más grande" del experimento hipotético del capítulo VI.

Siguiendo lo establecido en el capítulo VI, consideremos la tierra como el insumo fijo. Las cifras de cada renglón indican los volúmenes totales producidos por la superficie estipulada con diferentes números de trabajadores cultivando la tierra. El producto marginal del trabajo se obtiene mediante restas sucesivas a lo largo de cada renglón. Luego, pasando a renglones cada vez más altos, vemos que aumentan el producto total, el producto promedio y el producto marginal del trabajo a medida que se utilizan parcelas cada vez mayores, es decir, a medida que se expande el insumo fijo en relación con el insumo variable.

CUADRO VII.1.1. *Datos del experimento agrícola hipotético**

Héctareas por parcela	*Producción en toneladas*							
8	9	46	69	92	109	124	136	144
7	13	46	69	91	108	123	134	140
6	16	42	66	88	106	120	128	132
5	15	37	60	80	100	113	120	121
4	13	31	54	72	85	93	95	95
3	10	24	39	52	61	66	66	64
2	6	12	17	21	24	26	25 ½	24 ½
1	3	6	8	9	10	10	9	7
	1	2	3	4	5	6	7	8
	Trabajadores por hectárea de tierra							

* Adviértase que esta lista de producción no representa una función de producción homogénea de grado uno. La homogeneidad lineal implica que los elementos diagonales son múltiplos entre sí. Por ejemplo, puesto que (1,1) es 3, (2,2) tendría que ser 6, en lugar de 12, etcétera.

Pero sólo hasta cierto punto. Así como demasiados trabajadores por hectárea de tierra hacen demasiado intensivo el cultivo, demasiadas hectáreas de tierra por trabajador hacen demasiado extensivo el cultivo. En lugar de considerar el número de hectáreas por parcela como el insumo fijo, podemos considerar fijo el número de trabajadores por parcela y variable el número de hectáreas por parcela. En este caso, nos veremos a lo largo de las columnas en lugar de los renglones; pero las relaciones físicas fundamentales son las mismas.

Con un trabajador por parcela, la producción aumenta a medida que se incrementa el tamaño de la parcela hasta llegar a 6 hectáreas por parcela. En adelante, el producto total disminuye y el producto marginal de la tierra es negativo. Conforme aumenta el número de trabajadores por parcela, disminuyendo así la razón tierra-trabajo para cada parcela dada, el producto total aumenta continuamente más allá de las parcelas de 3 hectáreas. En estos casos, el producto total no alcanza un máximo en el intervalo mostrado en este ejemplo. No obstante, en cada caso se alcanza el punto de los rendimientos marginales decrecientes; más allá de este punto, la producción se expande a una tasa decreciente.

VII.1.b. *La sustitución de insumos*

El cuadro VII.1.1 ilustra que los principios empíricos básicos de la producción física se aplican ya sea que varíen los trabajadores por parcela mientras se mantiene constante la superficie de las parcelas o que varíen las hectáreas por parcela mientras se mantiene constante el número de trabajadores. También exhibe otra relación física muy importante entre los insumos: puede producirse la misma cantidad del producto total con diferentes combinaciones de insumos. Por ejemplo, una producción de 66 toneladas puede obtenerse con seis trabajadores en tres parcelas o con tres trabajadores en seis parcelas. De igual modo, pueden producirse 120 toneladas con siete trabajadores en cinco hectáreas o con seis trabajadores en seis hectáreas.

En este ejemplo no pueden utilizarse más de dos combinaciones de insumos diferentes para producir el mismo volumen. Sin embargo, en un caso continuo más general puede producirse un volumen dado con una gran diversidad de combinaciones de insumos diferentes. En otras palabras, un insumo puede *sustituir* a otro en la producción de un volumen especificado. Una de las tareas importantes del empresario consiste en seleccionar la combinación particular de insumos que minimice el costo de producción de cada nivel de producción dado. El propósito principal de este capítulo es mostrar cómo se hace tal cosa. El artículo periodístico transcrito al principio de este capítulo proporciona un ejemplo del mundo real.

Ejemplo: Como mencionamos antes, puede utilizarse la teoría de la producción para describir servicios o bienes. Así lo veremos en este ejemplo.

Consideremos un bufete legal que se especializa en la redacción de contratos entre empresas que se fusionan. La redacción de estos contratos requiere dos habilidades. En primer lugar, hay que considerar las cuestiones económicas. Por ejemplo, es importante saber si la repartición de los beneficios por partes iguales proporcionará a cada división los incentivos adecuados para conservar su eficiencia. En segundo lugar, las condiciones deben enunciarse con cuidado para que ambas partes las entiendan y no haya margen de error en el futuro.

Los economistas están mejor preparados para ocuparse del primer conjunto de cuestiones y los abogados para ocuparse del segundo. Sin embargo, ambos pueden trabajar en el área de los otros, por lo menos hasta cierto punto. Por lo tanto, podemos pensar en dos factores variables, como las horas trabajadas por los economistas y las horas trabajadas por los abogados. La tecnología de la producción de contratos puede escribirse así:

Número de contratos = (Horas de economistas)$^{1/2}$ (horas de abogados)$^{1/2}$

El cuadro VII.1.E.1 presenta algunos resultados de diferentes elecciones de cada tipo de trabajadores. Por ejemplo, si se utilizan 5 horas de tiempo de abogados y 3 horas de tiempo de economistas, podrán redactarse 3.9 contratos.

CUADRO VII.1.E.1. *Producción de contratos*

Horas de economistas	*Horas de abogados* 1	2	3	4	5	6	7	8	9	10
1	1.0	1.4	1.7	2.0	2.2	2.4	2.6	2.8	3.0	3.2
2	1.4	2.0	2.4	2.8	3.2	3.5	3.7	4.0	4.2	4.5
3	1.7	2.4	3.0	3.5	3.9	4.2	4.6	4.9	5.2	5.5
4	2.0	2.8	3.5	4.0	4.5	4.9	5.3	5.7	6.0	6.3
5	2.2	3.2	3.9	4.5	5.0	5.5	5.9	6.3	6.7	7.1
6	2.4	3.5	4.2	4.9	5.5	6.0	6.5	6.9	7.3	7.7
7	2.6	3.7	4.6	5.3	5.9	6.5	7.0	7.5	7.9	8.4
8	2.8	4.0	4.9	5.7	6.3	6.9	7.5	8.0	8.5	8.9
9	3.0	4.2	5.2	6.0	6.7	7.3	7.9	8.5	9.0	9.5
10	3.2	4.5	5.5	6.3	7.1	7.7	8.4	8.9	9.5	10.0

Supongamos que el tiempo de los abogados cuesta lo mismo que el tiempo de los economistas. Entonces, la producción eficiente aparecerá a lo largo de la diagonal. Para apreciar esto, obsérvese que los 3.9 contratos producidos requirieron 8 horas de trabajo. Pero si las mismas 8 horas se hubieran integrado con 4 horas de tiempo de los economistas y 4 horas de tiempo de los abogados (en lugar de 3 y 5 horas), hubieran podido producirse 4.0 contratos. El costo sería el mismo, puesto que todas las horas cuestan lo mismo, pero la cantidad producida sería mayor. No es cierto, en general, que la producción eficiente implique el uso de insumos en la misma proporción; pero en este caso, en el que las horas cuestan lo mismo y la función de producción es simétrica, ése es el resultado.

Se ilustran aquí dos puntos. Primero, la teoría de la producción puede utilizarse para discutir los servicios con tanta facilidad como se utiliza para discutir los bienes. Segundo, la teoría de la producción puede ayudarnos a entender cómo se alcanza el mayor nivel de productividad con un costo dado. Alternativamente, nos permite entender cómo seleccionan las empresas las asignaciones de insumos entre un número muy grande de posibilidades.

VII.2. LA SUPERFICIE DE LA PRODUCCIÓN

La selección de la combinación de insumos de menor costo requiere que se conozcan las posibilidades de sustitución y los precios relativos de los insumos. Para un productor individual, los precios de los insumos están dados por las fuerzas del mercado de la oferta y la demanda. La sustitución de insumos es el centro de nuestro interés. Para obtener una explicación debe utilizarse un instrumento muy similar al que utilizamos en la parte 1 para describir la superficie de las preferencias de un consumidor. En la teoría del comportamiento del consumidor empleamos líneas de contorno de igual satisfacción o curvas de indiferencia. Aquí usaremos contornos de igual producción o *isocuantas.*

VII.2.a. *La superficie de la producción en el caso discreto*

A manera de introducción, observemos en primer término la superficie de la producción total. La gráfica VII.2.1 representa la función de producción discreta que se mostró antes en el cuadro VII.1.1. La altura de los bloques rectangulares indica el volumen (toneladas de trigo). Siguiendo visualmente las alturas de cualquier dirección "horizontal", podemos apreciar la forma de la curva del producto total para una cantidad fija de un insumo y cantidades variables del otro insumo. Pero, como ya hemos observado, en este ejemplo las posibilidades son muy limitadas. En ciertos casos, dos combinaciones de insumos diferentes generan la misma producción. Sin embargo, este ejemplo es *demasiado* discreto para ejemplificar una amplia gama de posibilidades de producción.

VII.2.b. *La superficie de la producción en el caso continuo*

Para este propósito se requiere una función de producción *continua.* Imaginemos un proceso manufacturero que requiere dos insumos —trabajo y capital— para la producción de un bien específico. La función de producción de este bien es continua y, por lo tanto, no se puede mostrar convenientemente en un

GRÁFICA VII.2.1. *La superficie de la producción física para el ejemplo del cuadro VII.1.1 (producto en toneladas)*

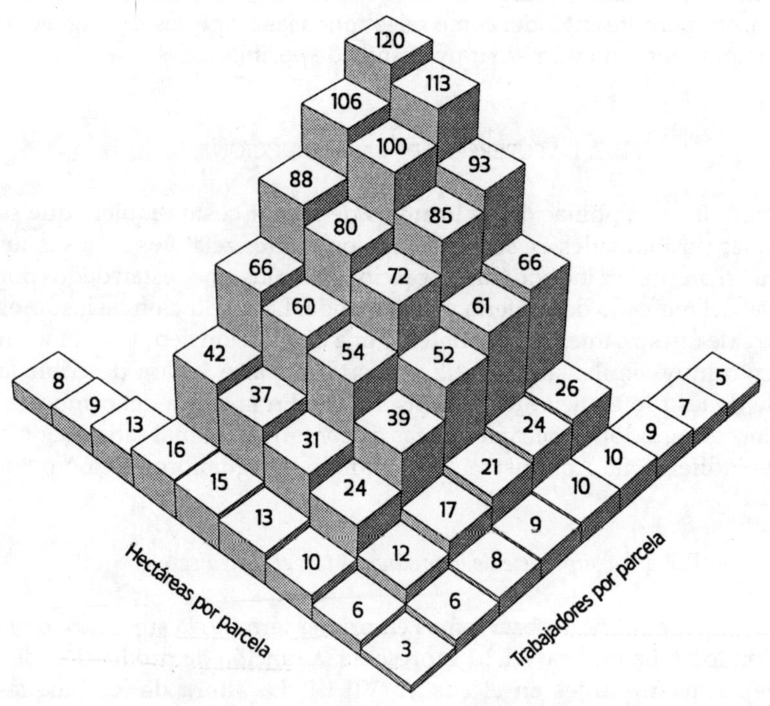

cuadro. No obstante, se puede recurrir a una representación matemática o gráfica.[1] Ya hemos introducido una versión matemática de una función de producción continua en el ejemplo VII.1.

En la gráfica VII.2.2 se muestra una función de producción continua. Se trata de un diagrama tridimensional en el que la altura mide la cantidad del producto y las dos dimensiones "planas" u "horizontales" miden las cantidades de los dos insumos.[2]

La superficie de la producción es *OKQL*. Cualquier punto de esta superficie

[1] Sean Q, K y L que representan las cantidades de la producción, el capital y el trabajo, respectivamente. La función de producción puede escribirse así: $Q = f(K, L)$, donde $\partial Q \; / / \; \partial K$ y $\partial Q / \partial L$ son los productos marginales del capital y del trabajo, respectivamente.

[2] En la construcción de la gráfica VII.2.2 hemos supuesto que $f(K, 0) = f(0, L) = f(0, 0) = 0$.

GRÁFICA VII.2.2. *La superficie de la producción física para una función de producción continua*

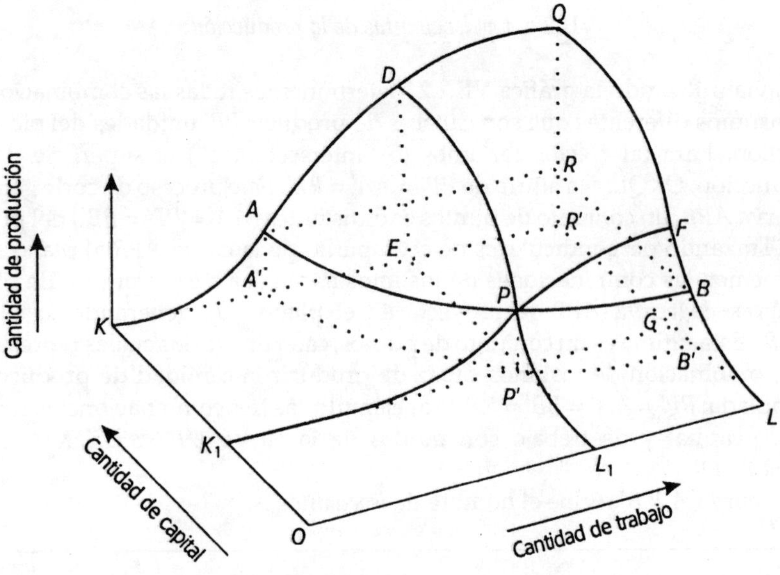

representa una cantidad particular de la producción. Trazando perpendiculares desde ese punto hasta los ejes se obtendrán las cantidades requeridas de los insumos. Por ejemplo, P es un punto de la superficie y PP' es el volumen de producción correspondiente. Trazando perpendiculares a los ejes, vemos que se requieren OL_1 (= K_1P') unidades de trabajo y OK_1 (= L_1P') unidades de capital para producir la cantidad PP' en este punto particular.

La superficie de la producción podría considerarse de una manera distinta. Mantengamos constante el insumo de capital a la cantidad OK_1. La curva del producto total para OK_1 unidades de capital e insumos variables de trabajo es K_1PF. Con el insumo de trabajo OL_1, el producto total es PP'; y con el insumo de trabajo OL, el producto total es FG. La curva del producto total, K_1PF, aumenta rápidamente con pequeñas cantidades de insumos de trabajo, alcanza un punto de pendiente máxima (el punto de los rendimientos físicos marginales decrecientes del trabajo para el insumo de capital dado, OK_1), y luego aumenta a una tasa decreciente.

Lo mismo se aplica a una curva del producto total típica para un insumo fijo de trabajo y cantidades variables de capital. Mantengamos constante el insumo de trabajo en OL_1 unidades. L_1PD es la curva del producto total resultante cuando variamos el insumo de capital. Por ejemplo, cuando se emplean OK_1 unidades de capital, la producción es PP'; cuando se emplean OK unidades, la producción es DE.

VII.2.c. *Las isocuantas de la producción*

Todavía utilizando la gráfica VII.2.2, determinemos todas las combinaciones de insumos diferentes que son capaces de producir PP' unidades del bien en cuestión. Para tal efecto, cortamos (o "intersectamos") la superficie de la producción, $OKQL$, a la altura de $PP' = AA' = BB'$. Este proceso de corte genera la curva APB, un conjunto de puntos equidistantes ($AA' = PP' = BB'$) del plano K,L. Trazando perpendiculares de cada punto de la curva APB al plano K,L, obtenemos las combinaciones de insumos asociadas a cada punto. En otras palabras, la curva APB se proyecta en el plano K,L, generando la curva $A'P'B'$. Esta última es un conjunto de puntos, cada uno de los cuales representa una combinación de insumos capaz de producir la cantidad de producción estipulada: $PP' = AA' = BB' = RR'$. Por ejemplo, las tres combinaciones siguientes de capital y de trabajo son puntos de la curva $A'P'B'$: OK, KA'; OK_1, OL_1; LB', OL.

La curva $A'P'B'$ recibe el nombre de *isocuanta*.

> *Isocuanta*: Una isocuanta es una curva en el espacio de insumos que muestra todas las posibles combinaciones de insumos que son físicamente capaces de generar un nivel dado de producción. La totalidad de la superficie de producción tridimensional puede representarse exactamente mediante un mapa bidimensional de isocuantas. Esta palabra deriva de las raíces "iso", constante, y "cuanta", que es una abreviatura de cantidad.

En la gráfica VII.2.3 se muestra una porción de un mapa de isocuantas, derivado de una superficie de producción como $OKQL$ de la gráfica VII.2.2.[3] Los dos ejes miden las cantidades de insumos, y las curvas muestran las diferentes combinaciones de insumos que pueden utilizarse para generar 100, 200, 300 y 400 unidades de producción, respectivamente. Cuanto más hacia el noreste se encuentre una curva, mayor será la producción asociada a ella.

Consideremos en primer término la isocuanta correspondiente a 100 unidades de producción. Cada punto de esta curva muestra una combinación de capital y trabajo capaz de generar 100 unidades de producción. Por ejemplo, podrían usarse OK_1 unidades de capital OL_1 unidades de trabajo, o bien

[3] En el apartado VII.3.c examinamos la porción excluida del mapa de isocuantas.

GRÁFICA VII.2.3. *Conjunto típico de isocuantas*

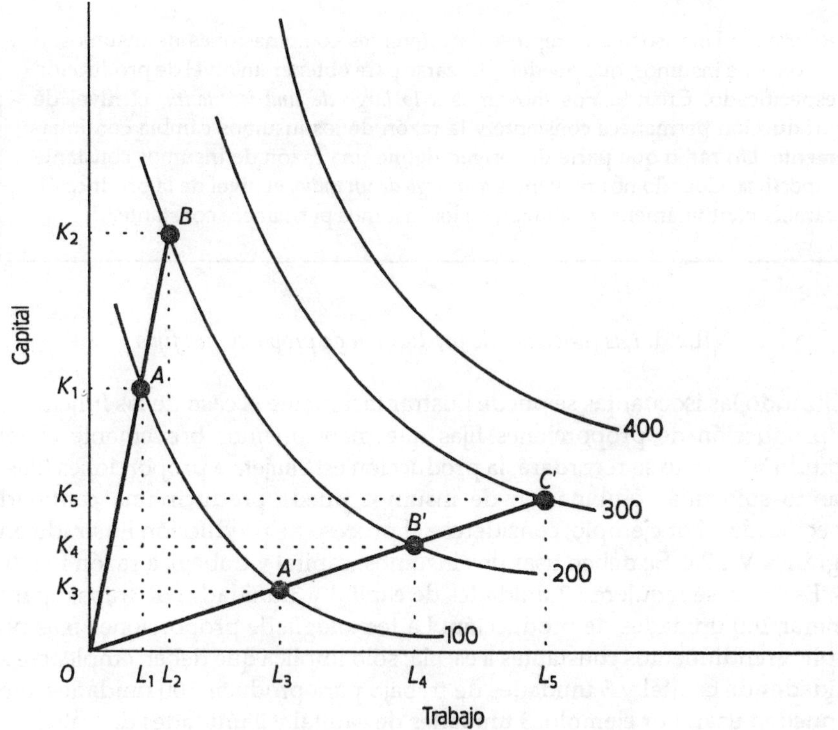

OK_3 unidades de capital y OL_3 unidades de trabajo, o cualquier otra combinación de insumos que se encuentre trazando perpendiculares a los ejes desde un punto de la curva.

Un radio que parta del origen, tal como *OAB* u *OA'B'C'*, define una razón constante de insumos de capital y de trabajo. En particular, la pendiente del radio es la razón de los insumos. Por ejemplo, en los puntos *A* y *B* se generan 100 y 200 unidades de producción, respectivamente, a la razón capital-trabajo $OK_1/OL_1 = OK_2/OL_2$. De igual manera, en los puntos *A'*, *B'* y *C'* se generan 100, 200 y 300 unidades de producción, respectivamente, a la razón capital-trabajo $OK_3/OL_3 = OK_4/OL_4 = OK_5/OL_5$.

A lo largo del radio *OAB* se pueden obtener diversos niveles de producción a la misma razón de insumos; la magnitud de los insumos aumenta a medida que avanzamos por el radio, pero la razón de capital-trabajo permanece constante. Esto contrasta claramente con los movimientos a lo largo de una isocuanta. En este caso permanece constante el nivel de la producción, mientras que cambia continuamente la razón trabajo-capital.

Estos puntos pueden resumirse como sigue:

> *Relaciones*: Una isocuanta representa diferentes combinaciones de insumos, o razones de insumos, que pueden utilizarse para obtener un nivel de producción especificado. Cuando nos movemos *a lo largo de una isocuanta*, el nivel de producción permanece constante y la razón de los insumos cambia continuamente. Un radio que parte del origen define una razón de insumos constante específica. Cuando nos movemos *a lo largo de un radio*, el nivel de la producción cambia continuamente y la razón de los insumos permanece constante.

VII.2.d. *Las funciones de producción de proporciones fijas*

Utilizando las isocuantas se puede ilustrar fácilmente el caso de las funciones de producción de proporciones fijas que mencionamos brevemente en el capítulo VI. Como se recordará, la producción está sujeta a proporciones fijas, cuando sólo una combinación de insumos puede producir una cantidad especificada.[4] Por ejemplo, considérese el proceso de producción ilustrado en la gráfica VII.2.4. Se deben usar dos insumos, capital y trabajo, a razón fija de 2:3. Es decir, se requieren 2 unidades de capital y 3 unidades de trabajo para generar 100 unidades de producción. La tecnología de proporciones fijas no implica rendimientos constantes a escala; sólo implica que deben emplearse 2 unidades de capital y 3 unidades de trabajo para producir 100 unidades. No se pueden usar, por ejemplo, 3 unidades de capital y 2 unidades de trabajo.

Bien podría ocurrir que se requirieran 4 unidades de capital y 6 unidades de trabajo para generar 150 unidades de producción. Se requerirían proporciones fijas, pero habría rendimientos decrecientes a escala, porque una duplicación de los insumos conduciría a un aumento en la producción menor que el doble. Los rendimientos constantes a escala implican, además de una tecnología de proporciones fijas, que 4 unidades de capital y 6 unidades de trabajo pueden generar 200 unidades de producción; 6 unidades de capital y 9 unidades de trabajo pueden generar 300 unidades; y así sucesivamente.

[4] Una función de producción de proporciones fijas y rendimientos constantes a escala, a la que con frecuencia se llama función de Leontief, podría representarse por

$$Q = \text{mínimo}\ [(K/\alpha), (L/\beta)],$$

donde α y β son constantes y "mínimo" significa que Q es igual a la menor de las dos razones. Véase un tratamiento detallado del caso de las proporciones fijas en C. E. Ferguson, *The Neoclassical Theory of Production and Distribution*, Londres y Nueva York, Cambridge University Press, 1969, capítulos 2-3.

GRÁFICA VII.2.4. *Mapa de isocuantas para una función de producción de proporciones fijas*

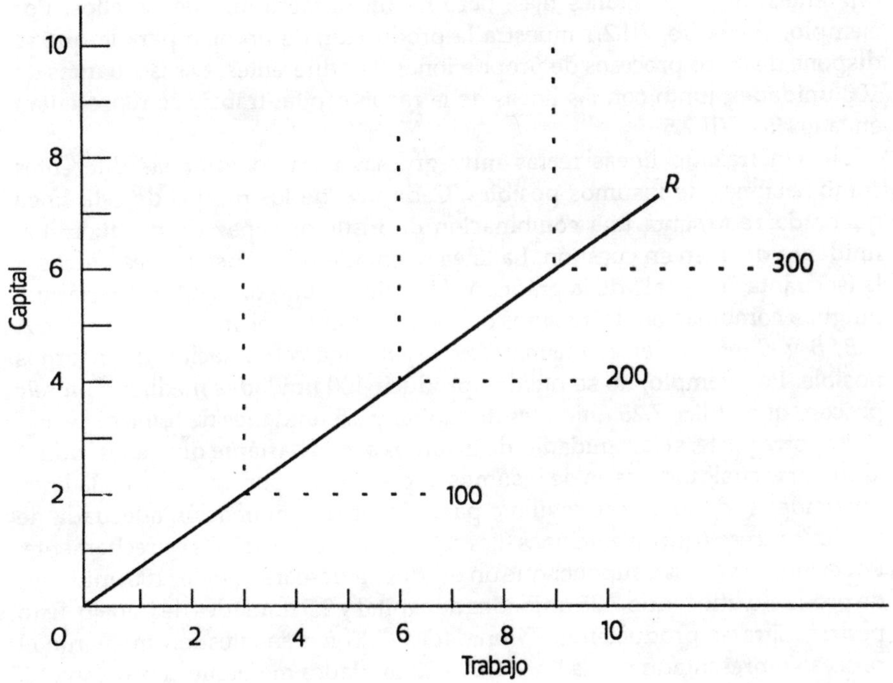

La pendiente de la línea *OR* de la gráfica VII.2.4 representa la razón capital-trabajo requerida. Aparecen isocuantas para 100, 200 y 300 unidades de producción. En lugar de asumir la forma más convencional que aparece en la gráfica VII.2.3, las isocuantas de los procesos de proporciones fijas tienen curvas con forma de L. Esto ilustra, por ejemplo, que si se emplean 3 unidades de trabajo y 2 unidades de capital, se obtendrán 100 unidades de producción. Sin embargo, si se aumenta la cantidad de capital y se mantiene constante el insumo de capital, no podrá obtenerse ninguna producción adicional. De manera similar, si se mantiene constante el insumo de capital y se incrementa el trabajo, la producción no cambiará. En otras palabras, el producto marginal del trabajo o del capital es cero, si se incrementa su uso mientras se mantiene constante el otro insumo. Pero puesto que habitualmente se piensa que las tecnologías de proporciones fijas tienen también rendimientos constantes a escala, la duplicación de los insumos a la razón requerida duplica la producción; la triplicación de los insumos a la razón requerida triplica la producción, etcétera.[5]

Un caso bastante realista es aquel en el que se dispone de muchos procesos diferentes de proporciones fijas, pero no un número infinito de ellos. Por ejemplo, el cuadro VII.2.1 muestra la producción de un bien para la que se dispone de cinco procesos de proporciones fijas diferentes. Las isocuantas de 100 unidades, junto con las líneas de la razón capital-trabajo se representan en la gráfica VII.2.5.

Se han trazado líneas rectas muy gruesas para conectar las diferentes combinaciones de insumos posibles. Cada uno de los puntos de esta línea quebrada representa una combinación de insumos capaz de producir 100 unidades del bien en cuestión. La línea quebrada *ABCDE* se parece mucho a la isocuanta "normal" de la gráfica VII.2.3. Sin embargo, es diferente porque ninguna combinación de insumos que se encuentre en el arco trazado entre *A* y *B*, *B* y *C*, etc., es en sí misma *directamente* una combinación de insumos posible. Por ejemplo, no se pueden producir 100 unidades mediante *un solo* proceso que utilice 7.25 unidades de capital y 2.5 unidades de trabajo.

Por otra parte, si las unidades de insumos son lo bastante divisibles, podrá alcanzarse cualquier razón de insumos, representada por un punto de la línea quebrada. Todo lo que se requiere para ello es la combinación adecuada de los dos procesos de proporciones fijas con los que se asocie más estrechamente. Por ejemplo, vamos a suponer que un productor deseara obtener 100 unidades de producto utilizando 7.25 unidades de capital y 2.5 unidades de trabajo. Esto podría lograrse produciendo 75 unidades del bien en cuestión mediante el proceso representado por la línea *OB*, y 25 unidades mediante el proceso *OC*. Para producir 75 unidades a la razón 8:2 se requieren 6 unidades de capital y 1.5 unidades de trabajo. La producción de 25 unidades a la razón 5:4 requiere 1.25 unidades de capital y 1 unidad de trabajo. Por lo tanto, podrán producirse 100 unidades del bien en cuestión a la razón deseada de 7.25:2.5, combinando los dos procesos representados por las líneas *OB* y *OC*.

Por último, supongamos que hay muchos procesos de proporciones fijas para obtener un nivel de producción dado. En lugar de los cinco puntos de la gráfica VII.2.5, habría muchos puntos. De igual modo, habría muchos segmentos rectos del tipo de *AB*, *BC*, etc. A medida que aumenta el número de procesos, la línea quebrada se asemeja cada vez más a una isocuanta típica. En realidad, una isocuanta que representa una función de producción de proporciones variables es sólo el caso límite de los procesos de proporciones fijas, cuando el número de los procesos aumenta indefinidamente.

[5] De la función de Leontief de la nota anterior se advierte sin dificultad que tales funciones de producción de proporciones fijas son homogéneas de grado uno; es decir, que estas funciones reflejan la existencia de rendimientos constantes a escala.

CUADRO VII.2.1. *El nivel de la producción cuando se dispone de varios procesos de proporciones fijas*

Línea	*Razón capital-trabajo*	*Insumo de capital*	*Insumo de trabajo*	*Producción total*
OA	11:1	11	1	100
		22	2	200
OB	8:2	8	2	100
		16	4	200
OC	5:4	5	4	100
		10	8	200
OD	3:7	3	7	100
		6	14	200
OE	1:10	1	10	100
		2	20	200

GRÁFICA VII.2.5. *Mapa de isocuantas cuando se dispone de cinco procesos de proporciones fijas*

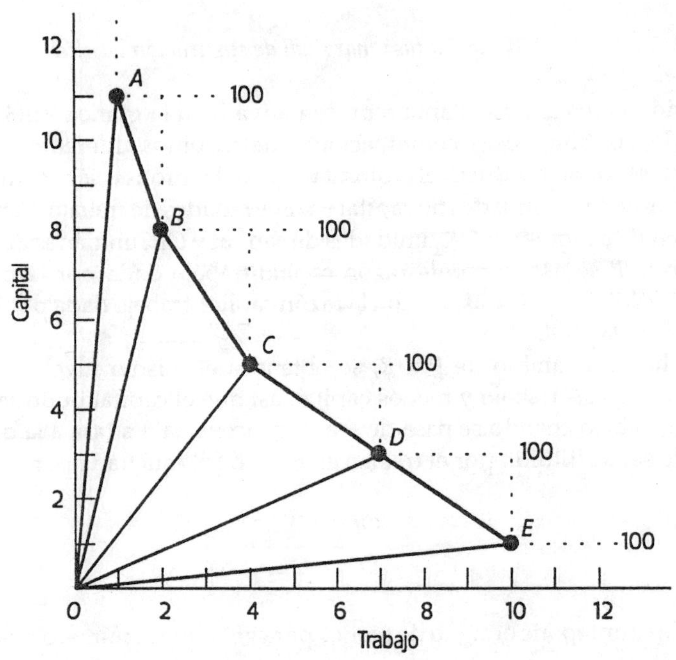

En efecto, este argumento sirve de justificación para el uso en la teoría económica de isocuantas suaves y de funciones de producción de proporciones variables. Muchos procesos de fabricación pueden caracterizarse mediante proporciones fijas, o casi fijas; sin embargo, se dispone de muchos procesos diferentes de proporciones fijas. La construcción de isocuantas suaves en lugar de líneas quebradas de numerosos segmentos simplifica el análisis sin alejarse demasiado de las condiciones del mundo real.

VII.3. La sustitución de insumos

Una de las características principales de la producción en condiciones de proporciones variables —o con un gran número de procesos alternativos de proporciones fijas— consiste en que diferentes combinaciones de insumos pueden generar un nivel dado de producción. En otras palabras, un insumo puede *sustituir* a otro en forma tal que se mantenga constante el nivel de producción. Se asigna gran importancia teórica y práctica a la *tasa* a la que un insumo puede sustituir a otro, de modo que se mantenga constante la producción y el cambio proporcional inducido en la razón de los insumos por un cambio proporcional dado en la tasa de sustitución.

VII.3.a. *La tasa marginal de sustitución técnica*

Consideremos una isocuanta representativa I_1 en la gráfica VII.3.1. P y R son dos de las numerosas combinaciones de insumos diferentes que pueden utilizarse para producir el volumen I_1. Si la producción ocurre en P, se requerirán OK_1 unidades de capital y OL_1 unidades de trabajo. Para la producción en R se requieren OK_2 unidades de capital y OL_2 unidades de trabajo. Por lo tanto, P se asocia con la razón capital-trabajo dada por la pendiente de $OP = OK_1/OL_1$, y R se asocia con la razón capital-trabajo dada por la pendiente de $OR = OK_2/OL_2$.

Si hay un cambio de P a R, se obtendrá el mismo nivel de producción utilizando *más* trabajo y menos capital; así que el capital pude ser sustituido por el trabajo cuando se pasa de P a R, y viceversa. La tasa a la que el capital puede ser sustituido por el trabajo en el arco PR está dada por

$$-\frac{OK_1 - OK_2}{OL_1 - OL_2} = \frac{PS}{SR},$$

donde se antepone el signo de menos para generar un número positivo. Dicho

GRÁFICA VII.3.1. *La tasa marginal de sustitución técnica*

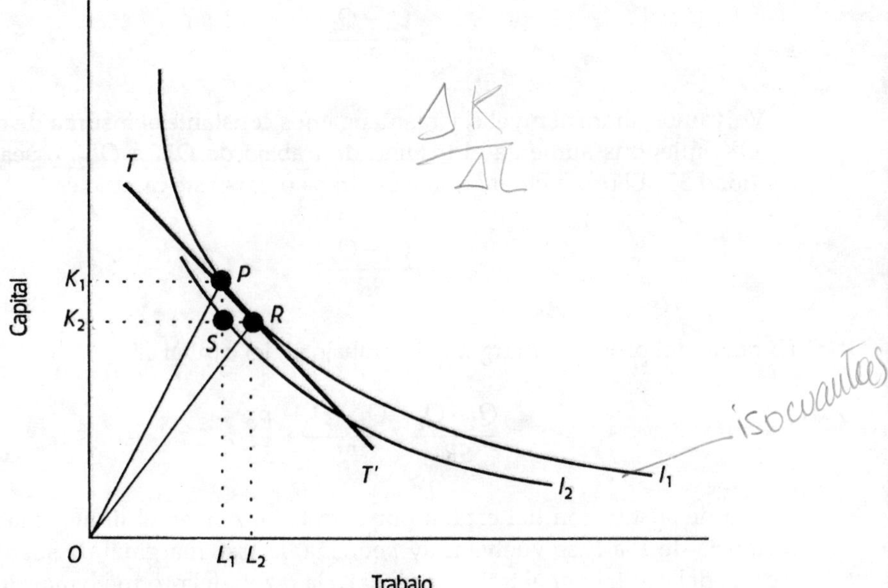

de otro modo, la tasa de sustitución es el cambio ocurrido en el uso del capital, dividido por el cambio ocurrido en el uso del trabajo.

Cuando la distancia de P a R disminuye, la pendiente del segmento curvilíneo PR se aproxima a la pendiente de la tangente TT' en el punto P. En el límite para un movimiento muy pequeño en la vecindad de P, la pendiente de la tangente en P mide la tasa de sustitución. En este caso —para pequeños movimientos a lo largo de I_1—, se habla de la *tasa marginal de sustitución técnica*, de la misma manera que la pendiente de la curva de indiferencia de un consumidor recibe el nombre de tasa marginal de sustitución en el consumo.

Supongamos ahora que el insumo de trabajo se mantiene constante en el nivel OL_1, mientras que el capital aumenta de OK_2 a OK_1. La producción aumentaría del nivel I_2 (digamos Q_2) al nivel I_1 (digamos Q_1). Por supuesto, el producto marginal del capital es el aumento en la producción por unidad de incremento en el insumo, o sea

$$\frac{Q_1 - Q_2}{OK_1 - OK_2}.$$

Puesto que $OK_1 - OK_2 = PS$, el producto marginal del capital es

$$\frac{Q_1 - Q_2}{PS}.$$

Volvamos ahora al nivel I_2 y mantengamos constante el insumo de capital en OK_2 mientras aumenta el insumo de trabajo de OL_1 a OL_2, o sea en la cantidad SR. El producto marginal del trabajo para este cambio es

$$\frac{Q_1 - Q_2}{SR}.$$

La razón del producto marginal del trabajo al del capital es

$$\frac{Q_1 - Q_2}{SR} \div \frac{Q_1 - Q_2}{PS} = \frac{PS}{SR},$$

la tasa de sustitución del capital por el trabajo. Así, en el límite, cuando la distancia de P a R se vuelve muy pequeña, la tasa marginal de sustitución técnica del capital por el trabajo es igual a la razón del producto marginal del trabajo entre el producto marginal del capital.

Estos resultados pueden resumirse como sigue:

Relaciones: La tasa marginal de sustitución técnica mide la reducción de un insumo por unidad aumentada del otro, que es precisamente suficiente para que permanezca constante el nivel de producción. La tasa marginal de sustitución técnica del insumo Y por el insumo X en un punto de una isocuanta es igual al negativo de la pendiente de la isocuanta en ese punto. Es también igual a la razón del producto marginal del insumo X entre el producto marginal del insumo Y.

VII.3.b. *La tasa marginal de sustitución técnica decreciente*

Como se ya definió antes, la tasa marginal de sustitución técnica es la razón del producto marginal del trabajo entre el producto marginal del capital. A medida que el trabajo sustituye al capital, el producto marginal del trabajo disminuye y aumenta el producto marginal del capital.[6] Por consiguiente, la

[6] Esto no es universalmente cierto, pero en general ocurrirá en la región económica de la producción, como veremos en seguida.

tasa marginal de sustitución técnica del capital por el trabajo disminuye a medida que el trabajo sustituye al capital de modo que se mantenga constante el nivel de producción. Esto puede resumirse como sigue:

Relación: A medida que el trabajo sustituye al capital a lo largo de una isocuanta (de modo que no se modifique el nivel de producción), disminuye la tasa marginal de sustitución técnica.

El hecho de que disminuya la tasa marginal de sustitución técnica a medida que el trabajo sustituye al capital significa que las isocuantas deben ser convexas (es decir, en la vecindad de un punto de tangencia la isocuanta debe encontrarse por encima de la tangente).[7] Esto se ilustra en la gráfica VII.3.2.

Q, R, S y T son cuatro combinaciones de insumos que se encuentran en la isocuanta I. Q tiene la combinación de OK_1 unidades de capital y 1 unidad de trabajo; R tiene OK_2 unidades de capital y 2 unidades de trabajo; y así sucesivamente. Para el movimiento de Q a R, la tasa marginal de sustitución técnica de capital por trabajo es, de acuerdo con la fórmula,

$$-\frac{OK_1 - OK_2}{1-2} = OK_1 - OK_2 \,.$$

De manera similar, para los movimientos de R a S y de S a T, las tasas marginales de sustitución técnica son $OK_2 - OK_3$ y $OK_3 - OK_4$, respectivamente.

Puesto que la tasa marginal de sustitución técnica de capital por trabajo disminuye a medida que el trabajo sustituye al capital, es necesario que $OK_1 - OK_2 > OK_2 - OK_3 > OK_3 - OK_4$. Gráficamente, la cantidad de capital reemplazada por unidades sucesivas de trabajo disminuirá si, y sólo si, la isocuanta es convexa. Puesto que la cantidad *debe* disminuir, la isocuanta tiene que ser convexa.

Relación: Las isocuantas deben ser convexas en cada punto, a fin de satisfacer el principio de la disminución de la tasa marginal de sustitución técnica.

[7] Aunque no es cierto que las isocuantas tengan que ser convexas, la porción no convexa de la isocuanta es irrelevante, ya que la empresa no escogerá jamás una asignación de capital y trabajo en esa región. Siempre podrá mejorar su situación abandonando la región no convexa.

VII.3.c. *La región económica de la producción*

Muchas funciones de producción generan mapas de isocuantas iniciales como el de la gráfica VII.2.3. En cambio, otras funciones generan un mapa de isocuantas como el de la gráfica VII.3.3 Este último se asemeja al mapa de la gráfica VII.2.3 en que las isocuantas no se intersectan; en que cuanto más altas sean las isocuantas, mayor será el nivel de la producción; y en que las isocuantas tienen pendiente negativa en cierto intervalo de valores de los insumos. La única diferencia radica en el hecho de que las isocuantas de la gráfica VII.3.3 "se doblan sobre sí mismas", o tienen segmentos de pendiente positiva.

Las líneas punteadas paralelas de la gráfica VII.3.3 señalan los puntos en los que las isocuantas se doblan sobre sí mismas. Las líneas *OC* y *OL* unen estos puntos y forman, como veremos más adelante, las fronteras de la región económica de la producción (o región de la etapa II).

Supongamos que se produce la cantidad representada por la isocuanta I_4. La producción de esta cantidad requiere un *mínimo* de OK_4 unidades de capital, ya que ninguna cantidad menor nos permitiría alcanzar el nivel de producción I_4. Con OK_4 unidades de capital deben emplearse OL_4 unidades de trabajo. Más allá de este nivel de insumo, las unidades adicionales de trabajo en combinación con las OK_4 unidades de capital generarían un nivel de producción menor. Para mantener el nivel de producción I_4 con un insumo mayor de trabajo se requiere también un insumo mayor de capital, lo que obviamente constituye un uso antieconómico de los recursos.

Puesto que una expansión del insumo de trabajo más allá de OL_4 con un insumo de capital constante OK_4 reduce la producción total, el punto *A* de I_4 representa el margen intensivo del trabajo. Su producto marginal es cero, de modo que la tasa marginal de sustitución técnica de capital por trabajo es cero. Esto está indicado por la tangente horizontal en el punto *A*. En este punto, el trabajo ha sustituido al capital en la máxima medida conveniente para el nivel de producción I_4.

De igual modo, la producción en el nivel I_4 requiere cierto insumo mínimo de trabajo, OL_4' en la gráfica VII.3.3. No puede alcanzarse el nivel de I_4 sin por lo menos esta cantidad de trabajo y con esta cantidad mínima, las adiciones de capital más allá de OK_4' reducirían la producción en lugar de aumentarla. Así pues, el producto marginal del capital es cero en el punto *B*, y negativo para cantidades mayores que OK_4' unidades (en combinación con OL_4' unidades de trabajo). Puesto que el producto marginal del capital es cero, la tasa marginal de sustitución de trabajo por capital es infinita o indefinida en este punto; se usa el capital hasta su margen intensivo.

Conectando los puntos en que el producto marginal del trabajo es cero, se forma la línea *OL*. De igual manera, *OC* es el conjunto de los puntos donde el

GRÁFICA VII.3.2. *La tasa marginal de sustitución técnica decreciente*

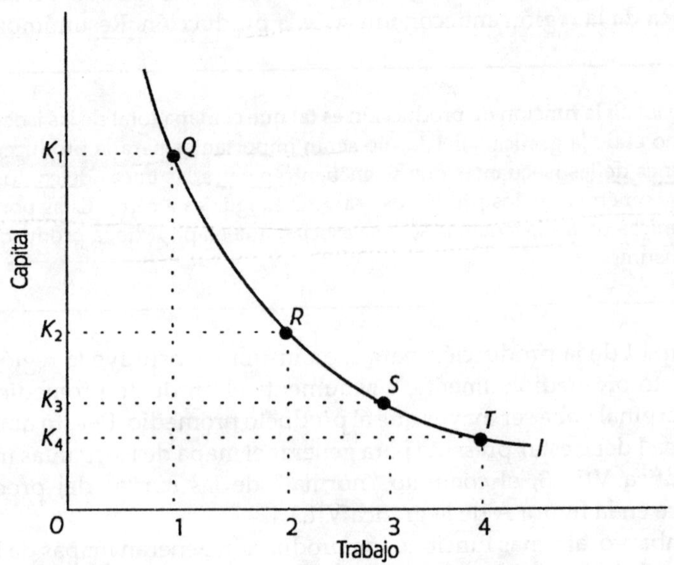

GRÁFICA VII.3.3. *Mapa de isocuantas completo y el segmento correspondiente de la producción*

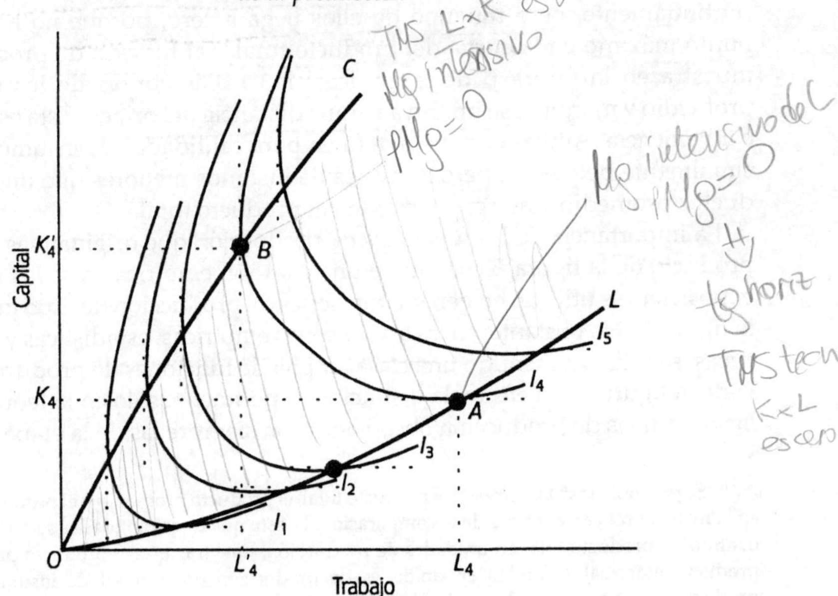

producto marginal del capital es cero. La producción debe ocurrir dentro de este intervalo. Por lo tanto, las líneas "de contorno" *OL* y *OC* separan la región económica de la región antieconómica de la producción. Resumimos:

> *Relaciones*: Si la función de producción es tal que el mapa total de las isocuantas es como el de la gráfica VII.3.3, sólo serán importantes para la producción las porciones de las isocuantas que se encuentren entre las líneas de contorno (el lugar geométrico de los productos marginales iguales a cero). Estas porciones económicas de las isocuantas sólo se asocian a la etapa II de la producción de cada insumo.

La etapa I de la producción para cada insumo constituye la región donde el producto promedio aumenta; y si aumenta el producto promedio, el producto marginal debe ser mayor que el producto promedio. Puesto que un área de la etapa I debe estar presente para generar el mapa de isocuantas mostrado en la gráfica VII.3.3, el conjunto "normal" de las curvas del producto se reproduce en la figura A de la gráfica VII.3.4.[8]

Sin embargo, algunas funciones de producción generan mapas de isocuantas como el de la gráfica VII.2.3. No hay una etapa I ni una etapa III para ninguno de los insumos. Toda la función de producción representa la etapa II, o sea la región económica. Los productos marginal y promedio disminuyen continuamente, pero ninguno de ellos llega a cero, porque no hay ningún punto máximo en la curva del producto total. Tal función de producción se muestra en la figura B de la gráfica VII.3.4. Las curvas de los productos promedio y marginal se inician a alguna distancia del origen. Ésta es una mera conveniencia. Ambas curvas se definen para cantidades de insumos infinitesimalmente pequeñas; pero a niveles de insumos menores que uno, los productos promedio y marginal exceden al producto total.

La importancia de las funciones de producción que originan las curvas de producto de la figura B constituye una cuestión empírica. Para los fines de la exposición, se utilizan en general funciones de producción del tipo indicado en la figura A. No obstante, en las aplicaciones empíricas, estadísticas y econométricas, se utiliza a menudo una clase amplia de funciones de producción como la de la figura B. En efecto, la distinción es pertinente sólo en la teoría, porque las relaciones de producción observadas son siempre las de la etapa II.

[8] "Superponemos" las curvas del producto total, el producto promedio y el producto marginal en la misma gráfica para fines de la comparación. Puesto que estas cantidades se miden de modo distinto (el producto total en unidades de producción, mientras que el producto promedio y el producto marginal se miden en unidades de producción por unidad de insumo del factor productivo), estamos usando escalas diferentes en el eje vertical.

GRÁFICA VII.3.4. *Curvas de productos para diferentes tipos de mapas de isocuantas*

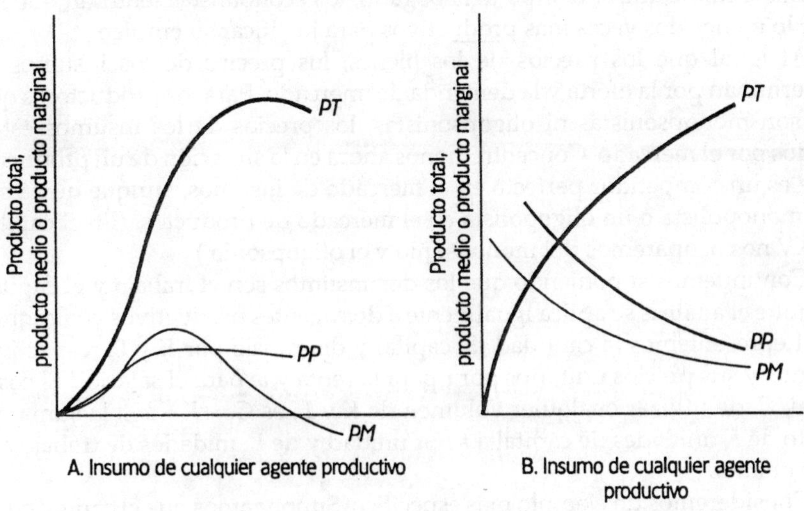

VII.4. LA COMBINACIÓN ÓPTIMA DE LOS RECURSOS

Hasta ahora hemos analizado la teoría de la producción desde el punto de vista de un empresario individual. Pero no se ha dicho nada acerca de la manera *óptima* en que el empresario debería combinar los recursos. Cualquier nivel deseado de producción podrá generarse normalmente con diversas combinaciones de insumos. Examinaremos ahora cómo selecciona el productor una combinación de insumos específica.

VII.4.a. *Los precios de los insumos y los isocostos*

Al igual que los productos, los insumos tienen precios de mercado específicos. Al determinar la combinación de insumos *operantes* el productor debe prestar atención a los precios relativos de los insumos para reducir al mínimo el costo de producción de un volumen dado o para maximizar la producción con un nivel dado de costos. En el largo plazo, el productor debe actuar así para obtener el *máximo* beneficio alcanzable.

Ya hemos sugerido la importancia de los precios de los insumos para la determinación de la elección de insumos en el ejemplo VII.1. Supusimos allí que ambos tipos de trabajo cuestan lo mismo por hora de uso, de modo que el problema se reducía a seleccionar la asignación más productiva en términos físicos. Eso no es cierto en general. Por ejemplo, si el tiempo del economista cuesta el doble que el tiempo del abogado, los economistas tendrían que ser por lo menos dos veces más productivos para justificar su empleo.

Al igual que los precios de los bienes, los precios de los insumos se determinan por la oferta y la demanda del mercado. Para los productores que no son monopsonistas ni oligopsonistas, los precios de los insumos están dados por el mercado. Concentrémonos ahora en la situación de un productor que es un competidor perfecto en el mercado de insumos, aunque quizá sea un monopolista o un oligopolista en el mercado de productos. (En el capítulo XV nos ocuparemos del monopsonio y el oligopsonio.)

Continuemos suponiendo que los dos insumos son el trabajo y el capital, aunque el análisis se aplica igualmente a dos agentes productivos cualesquiera. Representemos la cantidad de capital y de trabajo por K y L, respectivamente, y sus precios unitarios por r para la renta y w para el salario.[9] El costo total, C, de utilizar cualquier volumen de K y L, es $C = rK + wL$, la suma del costo de K unidades de capital a r por unidad y de L unidades de trabajo a w por unidad.

Consideremos un ejemplo más específico. Supongamos que el capital cuesta \$1 000 por unidad (r = \$1 000) y el trabajo recibe un salario de \$2 500 por año-hombre (w = \$2 500). Si se dispone de un total de \$15 000 para invertir en insumos, se pueden obtener las siguientes combinaciones: \$15 000 = \$1 000K + \$2 500L, o sea que $K = 15 - 2.5L$. De igual manera, si se dispone de \$20 000 para invertir en insumos, podemos comprar la siguiente combinación $K = 20 - 2.5L$. En términos más generales, si se quiere gastar la cantidad fija $\overline{C}$, el productor podrá escoger entre las combinaciones dadas por

$$K = \frac{\overline{C}}{r} - \frac{w}{r} L.$$

Esto se ilustra en la gráfica VII.4.1. Si se gastan \$15 000 en insumos y no se adquiere nada de trabajo, podrán adquirirse 15 unidades de capital. En términos más generales, si se quiere gastar $\overline{C}$ y el costo unitario es r, podrán comprarse $\overline{C}/r$ unidades de capital. Ésta es la *intersección* del eje vertical. Si se compra 1 unidad de trabajo a \$2 500, hay que sacrificar 2.5 unidades de capital; si se adquieren 2 unidades de trabajo, deben sacrificarse entonces 5 unidades de capital; y así sucesivamente. Así pues, a medida que aumenta la adquisición

[9] Podrían hacerse diversas interpretaciones. Una interpretación simple consiste en suponer que el capital se renta y que r es el precio de la renta. Aun si el capital es propio y no rentado, esta interpretación es útil, porque al usarlo en lugar de rentarlo a otra persona, el empresario se abstiene de un pago de renta de rK. En el capítulo VIII examinaremos este concepto del costo de "oportunidad".

GRÁFICA VII.4.1. *Las curvas de isocosto para* r = \$1 000 *y* w = \$2 500

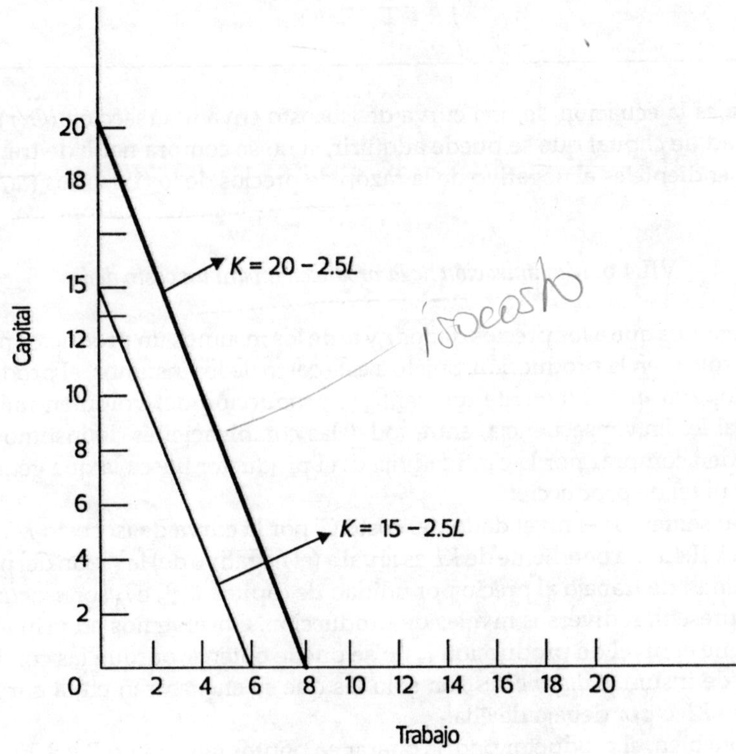

de trabajo, debe disminuir la compra de capital. Por cada unidad adicional de trabajo, deben sacrificarse w/r unidades de capital. En la gráfica VII.4.1, $w/r = 2.5$. Agregando un signo negativo, ésta es la *pendiente* de las líneas rectas trazadas en esta gráfica.

Las líneas sólidas de la gráfica VII.4.1 se llaman *curvas de isocosto*, porque muestran las diversas combinaciones de insumos que podrían comprarse por una cantidad de gasto estipulada. En resumen:

> *Relación*: Con los precios de los insumos fijos en r y w para el capital y el trabajo respectivamente, una cantidad fija $\overline{C}$ comprará cualquier combinación de capital y trabajo dada por la siguiente ecuación lineal:

$$K = \frac{\overline{C}}{r} - \frac{w}{r} L .$$

Ésta es la ecuación de una curva de isocosto cuya intersección ($\overline{C}/r$) es la cantidad de capital que se puede adquirir, si no se compra nada de trabajo y cuya pendiente es el negativo de la razón de precios de los insumos (w/r.)

VII.4.b. *Maximización de la producción para un costo dado*

Supongamos que a los precios dados r y w de los insumos un productor puede gastar sólo $\overline{C}$ en la producción. Sujeto a este costo de los insumos, el productor desea operar eficientemente mediante la producción del volumen máximo alcanzable. En consecuencia, entre todas las combinaciones de insumos que se pueden comprar por la cantidad fija $\overline{C}$, el productor busca la que genera el mayor nivel de producción.

Representemos el nivel dado del costo $\overline{C}$, por la curva de isocosto KL de la gráfica VII.4.2. La pendiente de KL es igual a (el negativo de) la razón del precio por unidad de trabajo al precio por unidad de capital. I_1, I_2 e I_3 son isocuantas que representan diversos niveles de producción. Observemos en primer término que el nivel de producción I_3 no se puede obtener porque las combinaciones de insumos *disponibles* son sólo las que se encuentran en la curva de isocosto KL o por debajo de ella.

Ahora bien, el productor podría operar en puntos tales como R y S. En estos dos puntos, las combinaciones *requeridas* de insumos para la producción del volumen I_1 están *disponibles* para un costo dado, representado por el isocosto KL. En este caso, sin embargo, podría aumentarse la producción sin incurrir en ningún costo adicional mediante la selección de una combinación de insumos más apropiada. De hecho, la producción puede incrementarse hasta llegar al nivel I_2, o sea el nivel en el que precisamente una isocuanta es tangente a la curva de costo especificada. No puede obtenerse una producción mayor por el nivel de gasto dado; una producción menor es ineficiente, porque la producción puede aumentar sin ningún costo adicional. Por lo tanto, la combinación de insumos representada por la pendiente de la línea OQ es óptima, porque es la combinación que maximiza la producción para el nivel de costo dado.

Después de haber estudiado la teoría del comportamiento del consumidor, esta proposición debería ser más o menos obvia. No obstante, se apoya en una razón sólida. Supongamos por un momento que el empresario tratara de producir en el punto R. La tasa marginal de sustitución técnica de capital por

GRÁFICA VII.4.2. *La combinación óptima de los insumos para maximizar la producción sujeta a un costo dado*

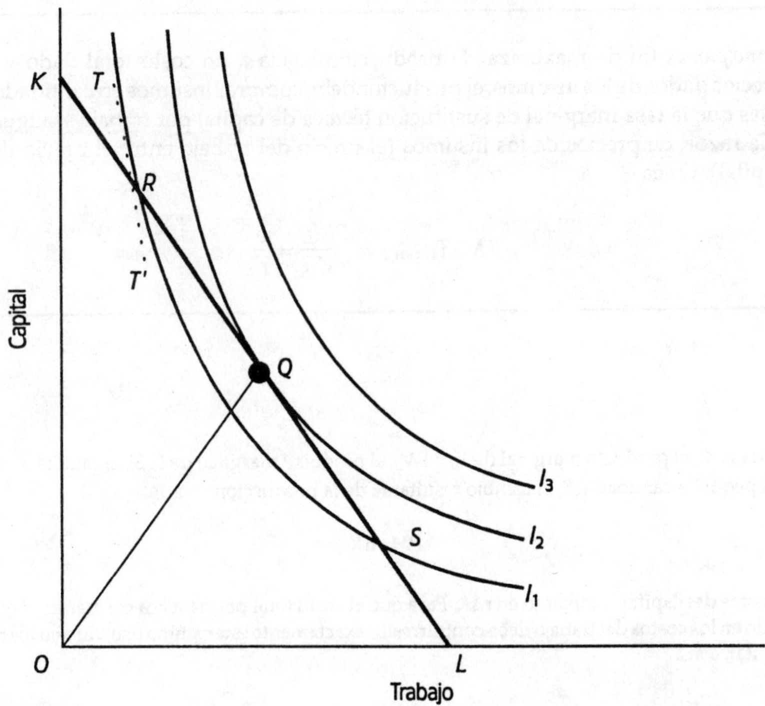

trabajo —dada por la pendiente de la tangente *TT'*— es relativamente elevada. Supongamos que es 3:1, lo que significa que una unidad de trabajo puede reemplazar a 3 unidades de capital en ese punto. El precio relativo de los insumos, dado por la pendiente de *KL*, es mucho menor, digamos 1:1. En este caso 1 unidad de trabajo cuesta lo mismo que 1 unidad de capital, pero puede reemplazar a 3 unidades de capital en la producción. El productor mejoraría obviamente su posición sustituyendo el capital por el trabajo. El argumento contrario se aplica al punto *S*, donde la tasa marginal de sustitución técnica es menor que la razón de precios de los insumos.

Siguiendo este argumento, el productor alcanza el equilibrio (maximiza la producción para un nivel dado de costos) solamente cuando la tasa marginal de sustitución técnica de capital por trabajo es igual a la razón del precio del trabajo entre el precio del capital. La razón de precios de los insumos del mercado le dice al productor la tasa a la que puede sustituir un insumo por otro *en la compra*. La tasa marginal de sustitución técnica es la tasa a la que *pueden sustituirse los insumos en la producción*. Mientras ambas tasas no sean iguales, un productor puede obtener una producción mayor o un costo menor en dirección a la igualdad.[10]

> *Principio*: A fin de maximizar la producción sujeta a un costo total dado y a precios dados de los insumos, el productor debe comprar insumos en cantidades tales que la tasa marginal de sustitución técnica de capital por trabajo sea igual a la razón de precios de los insumos (el precio del trabajo entre el precio del capital). O sea
>
> $$TMST_{K\text{ por }L} = \frac{PM_L}{PM_K} = \frac{w}{r}.$$

[10] Sea PM_K el producto marginal de K, y PM_L el producto marginal de L. Si se cambia el capital en una pequeña cantidad ΔK, el cambio resultante de la producción será

$$PM_K \Delta K$$

y los costos del capital cambiarán en $r\Delta K$. Para que el costo total permanezca constante, el cambio ocurrido en los costos del trabajo debe contrarrestar exactamente este cambio ocurrido en los costos del capital, o sea

$$w\Delta L = -r\Delta K.$$

El cambio en la producción causado por este cambio en el insumo de trabajo será

$$PM_L \Delta L = -\frac{r}{w} PM_L \Delta K.$$

El cambio neto en la producción es la suma de estos dos cambios, o sea

$$\Delta Q = \left(PM_K - \frac{r}{w} PM_L \right) \Delta K.$$

Si la expresión que aparece entre paréntesis es positiva, un aumento en K aumentará la producción; y si esa expresión es negativa, una reducción en K incrementará la producción. Por lo tanto, en el nivel máximo de producción esta expresión debe ser igual a cero, o sea

$$\frac{PM_L}{PM_K} = \frac{w}{r}.$$

Por definición, el miembro izquierdo de esta expresión es $TMST_{K\text{ por }L}$ como se establece en el texto.

VII.4.c. *Minimización del costo sujeto a una producción dada*

En lugar de maximizar la producción con un costo dado, un empresario podría tratar de minimizar el costo de producción de un volumen estipulado. El problema se resuelve en la gráfica VII.4.3. La isocuanta *I* representa el nivel de producción estipulado, mientras que C_1, C_2 y C_3 son curvas de isocosto con la misma pendiente (razón de los precios de insumos).

Observemos en primer lugar que el nivel de costo representado por C_1 no es viable, porque el nivel de producción *I* no se puede producir físicamente con ninguna de las combinaciones de insumos disponibles con este gasto. Luego advertimos que el nivel *I* podría producirse, por ejemplo, con las combinaciones de insumos representadas por los puntos *R* y *S*, ambos con el nivel de costo C_3. Pero pasando de *R* a *Q*, o de *S* a *Q*, el empresario podría obtener la misma producción con un costo menor.

Con los mismos argumentos empleados en el apartado VII.4.b, vemos que la posición de equilibrio sólo podría alcanzarse en el punto *Q*, donde la isocuanta precisamente es tangente a una curva de isocosto. Por consiguiente, en el equilibrio la tasa marginal de sustitución técnica de capital por trabajo debe ser igual a la razón del precio del trabajo entre el precio del capital. En consecuencia, podríamos enunciar así el principio anterior:

> *Principio*: Con objeto de maximizar la producción sujeta a un costo dado, o de minimizar el costo sujeto a un volumen de producción dado, el empresario debe emplear los insumos en cantidades tales que se igualen a la tasa marginal de sustitución técnica y a la razón de precios de los insumos.

VII.5. LA RUTA DE EXPANSIÓN

El objetivo de un empresario es la maximización del beneficio. Entre otras cosas, esto implica la organización de la producción en la forma más eficiente o económica. Como hemos visto, esto requiere el ajuste de las proporciones factoriales hasta que la tasa marginal de sustitución técnica se iguale a la razón de precios de los factores o, lo que es lo mismo, el ajuste de las proporciones factoriales hasta que el producto marginal de un peso gastado en cada insumo sea el mismo. Cuando se logra este objetivo, se alcanza el equilibrio en un punto tal como el punto *Q* de las gráficas VII.4.2 y VII.4.3.

Hagamos un paréntesis por un momento para recordar el procedimiento utilizado en el estudio de la teoría del comportamiento del consumidor. Primero se estableció la posición de equilibrio del consumidor. Luego plan-

GRÁFICA VII.4.3. *La combinación óptima de los insumos para minimizar el costo sujeto a un nivel dado de producción*

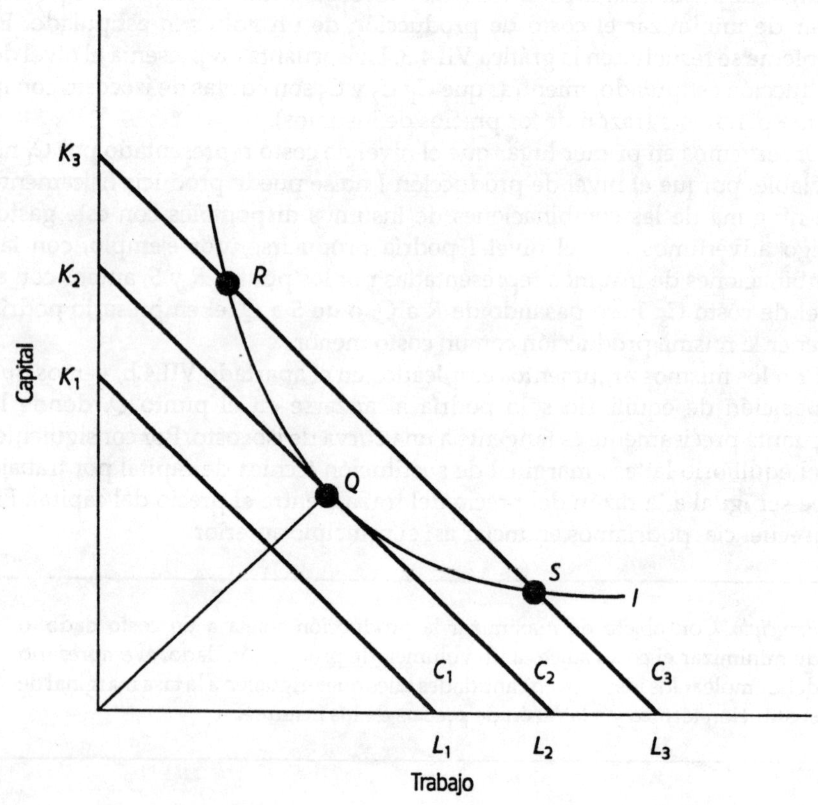

teamos y contestamos la pregunta siguiente: ¿Cómo cambiará la combinación de los bienes cuando cambia el precio o el ingreso? Planteemos ahora el mismo tipo de pregunta desde el punto de vista de un productor: ¿Cómo cambiarán las proporciones factoriales cuando cambia el volumen de producción?

EJERCICIOS NUMÉRICOS

De acuerdo con los principios enunciados en este capítulo, a fin de minimizar el costo para cualquier nivel de producción dado, un productor debe combinar los insumos de tal manera que

$$TMST = \frac{PM_L}{PM_K} = \frac{P_L}{P_K}$$

o lo que es lo mismo,

$$\frac{PM_L}{P_L} = \frac{PM_K}{P_K}.$$

Esta última fórmula da origen al enunciado de que "deben ajustarse las proporciones de los factores hasta que el producto marginal (*PM*) del valor de un peso gastado en cada insumo sea el mismo".

PREGUNTAS

1. Supongamos que produce usted un bien (*Q*) utilizando insumos de trabajo (*L*) y máquinas (*K*). Su ingeniero en jefe le reporta la siguiente información acerca de la producción:

Q	*K*	*L*	*Q*	*K*	*L*
490	15	99	470	14	100
500	15	100	500	15	100

Si el precio de *L* es $5 por unidad, y el precio de *K* es $10 por unidad, ¿representa la combinación de insumos de 15 *K* y 100 *L* el método de costo mínimo para la producción de 500 unidades? En caso contrario, ¿debería utilizarse más *L* y menos *K*, o menos *L* y más *K*?

2. Supongamos que usted informa al ingeniero de su análisis y su decisión. Un mes más tarde, el ingeniero regresa con la siguiente información acerca de la producción:

Q	K	L	Q	K	L
487.5	17	89	475	16	90
500	17	90	500	17	90

¿Es la combinación de 17*K* y 90*L* la que minimiza el costo de producción de 500 unidades? En caso afirmativo, demuestre que el costo total (*CT*) de la producción de 500 unidades se ha reducido. Ilustre también la situación en la gráfica isocosto-isocuanta de la pregunta 1.

Soluciones

1. De acuerdo con esta información, el *PM* de su trabajador número 100 es igual a 10 (la producción aumentó de 490 a 500 cuando *L* aumentó de 99 a 100, manteniendo constante el número de las máquinas). El *PM* de su máquina número 15 es igual a 30 (la producción aumentó de 470 a 500 cuando el número de máquinas pasó de 14 a 15, manteniendo constante en 100 el número de los trabajadores). Esto implica que la producción adicional por cada peso gastado en el trabajo es igual a 2 (10/5), mientras que la producción adicional por cada peso gastado en la maquinaria era igual a 3 (30/10). En consecuencia, no está usted minimizando el costo. Alternativamente, la $TMST_{L,K} = 10/30$, mientras que la razón de precios de los insumos es igual a 5/10 o 1/2. Por lo tanto, debería usted utilizar más del insumo cuya producción adicional por peso gastado es mayor, y menos del insumo cuya producción adicional por peso gastado es menor. En este caso, ello implica que debería usted producir las 50 unidades empleando más de 15 unidades de *K* y menos de 100 unidades de *L*. Gráficamente la situación actual se encuentra en el punto A de la figura de la página siguiente:
   Puesto que la pendiente de la isocuanta es menor que la pendiente del isocosto con la combinación de insumos actual, debería usted moverse a lo largo de la isocuanta hasta que la *TMST* aumente al nivel de la razón de los precios de los insumos. Esto requiere más *K* y menos *L*.
2. El *PM* del trabajador número 90 es igual a 12.5, mientras que el *PM* de la máquina número 17 es igual a 25. En consecuencia, la razón del

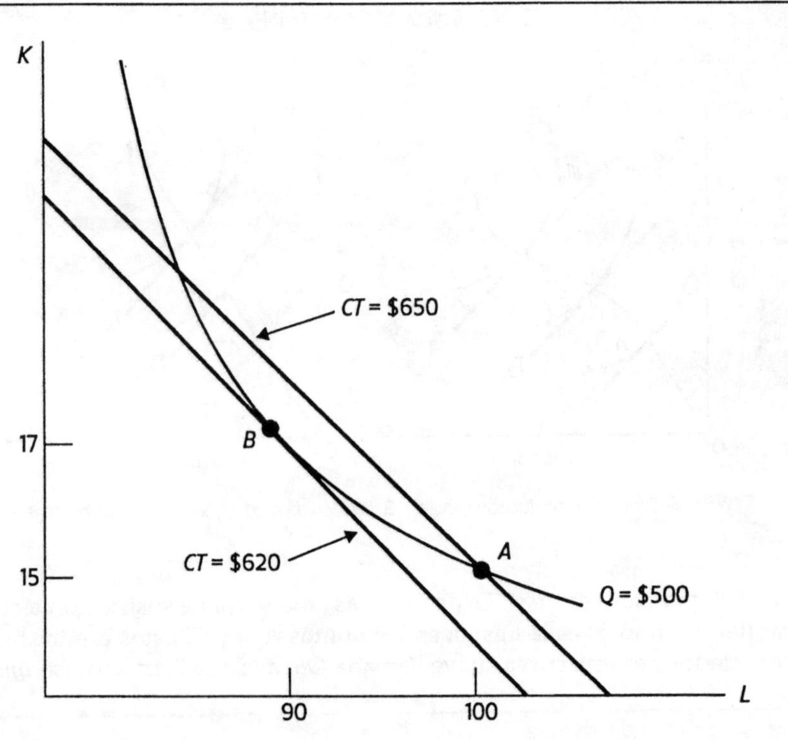

PM de *L* entre el de *K* es exactamente igual a la razón de precios de estos insumos. Por lo tanto, 90*L* y 17*K* debe ser la combinación de insumos que minimiza el costo que habrá de emplearse para producir 500 unidades. El costo total en la pregunta 1 era igual a 100 × $5 + 15 × $10, o sea $650 (¿Por qué?) El costo total en la pregunta 2 es igual a 90 × $5 + 17 × $10, o sea $620. Usted se ha movido del punto *A* al punto *B* a lo largo de la isocuanta (500). En consecuencia, ahora está produciendo en el isocosto asociado a un costo total igual a $620.

VII.5.a. *Las isoclinas*

Consideremos la figura A de la gráfica VII.5.1. Las curvas I, II y III son isocuantas que denotan una función de producción representativa. T_1, T_2 y T_3 son tangentes a I, II y III, respectivamente, y han sido trazadas de tal modo

GRÁFICA VII.5.1. *Isoclinas*

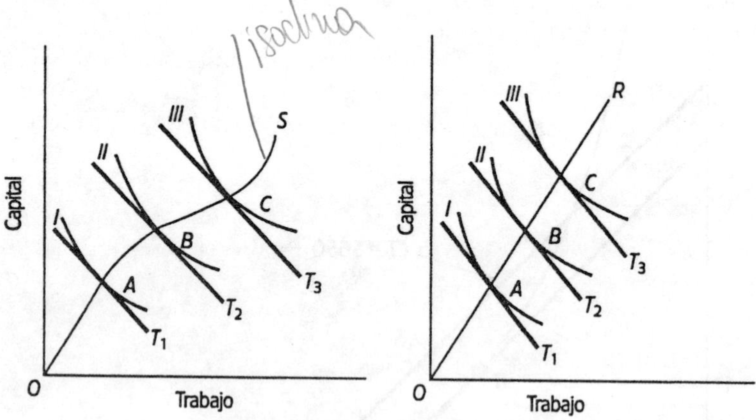

A. Función de producción general B. Función de producción linealmente homogénea

que son paralelas entre sí. Es decir, la tasa marginal de sustitución técnica de capital por trabajo es la misma en los puntos *A, B* y *C*. Estos puntos han sido conectados por una curva suave llamada *OS*, a la que llamamos *isoclina*.

> *Isoclina*: Una isoclina es un conjunto de puntos a lo largo del cual la tasa marginal de sustitución técnica es constante.

En general, las isoclinas pueden tener casi cualquier forma. La isoclina de la figura A se ha trazado de tal modo que se extiende por todo el mapa de isocuantas. Las isoclinas *especiales* de la gráfica VII.3.3 tienen una forma muy regular. Ahora podemos señalar la siguiente:

> *Relación*: Las "líneas de contorno" que definen la región económica de la producción son isoclinas ya que la tasa marginal de sustitución es constante a lo largo de ellas. En particular (véase la gráfica VII.3.3), *OC* es la isoclina a lo largo de la cual es infinita la tasa marginal de sustitución técnica de capital por trabajo; *OL* es la isoclina a lo largo de la cual dicha tasa es igual a cero.

Veamos ahora la figura B de la gráfica VII.5.1. La diferencia que existe entre esta gráfica y la de la figura A es que las isoclinas son líneas que parten del origen. Un mapa de isocuantas (o curvas de indiferencia) que exhibe esta propiedad recibe el nombre de *homotético*. Todas las funciones de producción que tienen rendimientos constantes a escala son homotéticas y tienen isoclinas que son líneas que parten del origen. Las isocuantas son paralelas, porque la pendiente de la isocuanta a lo largo de cualquier línea que parte del origen es la misma en todos los puntos de esa línea. Esto nos lleva a las siguientes:

> *Relaciones*: Las isoclinas asociadas a las funciones de producción homogéneas de grado uno son líneas rectas. En consecuencia, puesto que las líneas de contorno son isoclinas especiales, las líneas de contorno asociadas a funciones de producción linealmente homogéneas son líneas rectas (por supuesto, siempre que la función considerada genere una región antieconómica).[11]

[11] Todas las funciones de producción que son homogéneas de cualquier grado presentan la homoteticidad. Para ver esto, adviértase que una función de producción , $f(K, L)$, es homogénea de grado h si

$$f(\lambda K, \lambda L) = \lambda^h f(K, L) .$$

Sea $\lambda = 1/L$, de modo que

$$f(\lambda K, \lambda L) = f(K/L, 1) = g(K/L).$$

Ahora bien, puesto que la producción es $Q = f(K, L)$,

$$\mathrm{d}Q = (\partial f/\partial K)\, \mathrm{d}K + (\partial f/\partial L)\, \mathrm{d}L .$$

Puesto que Q es constante a lo largo de la isocuanta, $\mathrm{d}Q = 0$, de modo que

$$\left.\frac{\mathrm{d}K}{\mathrm{d}L}\right|_Q = \frac{-\partial f/\partial L}{\partial f/\partial K} \equiv -TMST_{K \text{ por } L} .$$

También, puesto que $\lambda = 1/L$,

$$f(K, L) = \frac{1}{\lambda^h} g(K/L)$$

$$= L^h g(K/L) .$$

Por lo tanto,

VII.5.b. *El cambio en la producción y la ruta de expansión*

Veamos ahora la figura A de la gráfica VII.5.2. Dados los precios de los insumos, la producción que corresponde a la isocuanta I podrá producirse al costo mínimo en el punto *A*, donde la isocuanta es tangente a la curva de isocosto *KL*. Ésta es la posición de equilibrio del productor. Supongamos que con los precios de los insumos constantes, el empresario desea aumentar la producción hasta el nivel correspondiente a la isocuanta II. El nuevo equilibrio se encuentra desplazando a la curva de isocosto hasta que sea tangente a II. Puesto que los precios de los factores permanecen constantes, no cambia la pendiente de la curva de isocosto. Por lo tanto, esta curva se desplaza de *KL* a *K'L'*. De igual modo, si el empresario desea incrementar la producción hasta la cantidad que corresponde a la isocuanta III, la producción se realizaría en el punto C de III y con la línea de isocosto *K"L"*.

Si conectamos todos los puntos tales como *A*, *B* y *C* generamos la curva *OE*. Hilemos ahora algunos puntos. Primero, los precios de los factores han permanecido constantes. Segundo, cada punto de equilibrio está definido por la igualdad que existe entre la tasa marginal de sustitución técnica y la razón de precios de los factores. Puesto que esta última ha permanecido constante, lo mismo ocurrirá con la primera. Por lo tanto, *OE* es una isoclina, es decir, un conjunto de puntos a lo largo del cual la tasa marginal de sustitución técnica es constante. Pero es una isoclina con una característica especial. Específicamente, es la isoclina a lo largo de la cual $TMST_{K \text{ por } L}$ es igual a la razón que existe entre los precios de los factores. En consecuencia, podemos formular este resultado como una definición.

$$\frac{\partial f}{\partial L} = L^h g'(K/L)\,(-K/L^2) + hL^{h-1}g(K/L)$$

y

$$\frac{\partial f}{\partial K} = L^h g'(K/L)\left(\frac{1}{L}\right)$$

de modo que

$$\left.\frac{dK}{dL}\right|_Q = \frac{K}{L} - \frac{hg(K/L)}{g'(K/L)}$$

que es constante para cualquier *K/L* dado. Por consiguiente, la pendiente a lo largo de la isocuanta depende sólo de la razón capital-trabajo y, por consiguiente, es constante a lo largo de cualquier línea que parta del origen. Por consiguiente, esta función es homotética.

GRÁFICA VII.5.2. *Rutas de expansión*

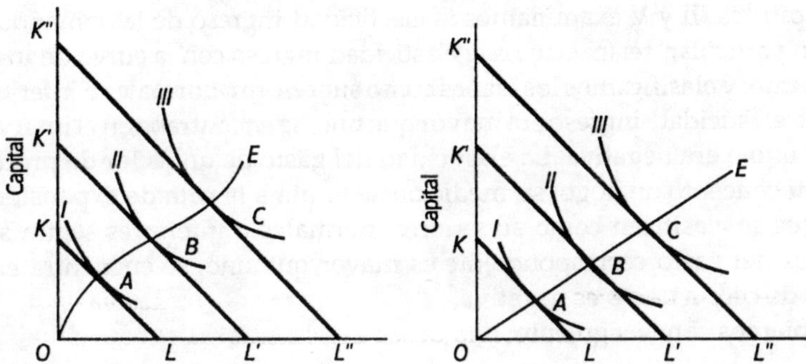

A. Función de producción general B. Función de producción linealmente homogénea

> *La ruta de expansión*: La ruta de expansión es la isoclina particular a lo largo de la cual aumenta la producción cuando permanecen constantes los precios de los factores. Por tanto, la ruta de expansión muestra cómo cambian las proporciones de los factores cuando cambian la producción o el gasto, mientras que permanecen constantes los precios de los insumos.

Veamos ahora la figura B. Puesto que las isoclinas de una función de producción homotética son líneas rectas, la ruta de expansión también lo es. Esto nos permite formular el siguiente enunciado:

> *Relación*: La ruta de expansión que corresponde a una función de producción con rendimientos constantes a escala es una línea recta. Esto refleja el hecho de que cuando hay homogeneidad las proporciones de los factores dependen únicamente de la razón de precios de los factores (la pendiente de la curva de isocosto) y, en particular, que las proporciones de los factores son independientes del nivel de producción.

Como veremos en el capítulo VIII, la ruta de expansión es decisiva para la determinación del costo de producción en el largo plazo.

VII.5.c. *La elasticidad del gasto*[12]

En los capítulos III y V examinamos la elasticidad-ingreso de la demanda de bienes. En particular, relacionamos la elasticidad-ingreso con la curva de ingreso y consumo; y clasificamos los bienes como superiores, normales o inferiores según si la elasticidad-ingreso era mayor que uno, se encontraba en el intervalo de cero a uno o era negativa. La elasticidad del gasto de un factor de producción es un concepto análogo: su medición se limita a la ruta de expansión; y los factores se clasifican como superiores, normales o inferiores según si la elasticidad del gasto correspondiente es mayor que uno, se encuentra en el intervalo de cero a uno o es negativa.

Principiemos con la siguiente:

> *La elasticidad del gasto*: Consideremos un factor de producción X. La elasticidad del gasto de X es la sensibilidad relativa del uso de X ante los cambios ocurridos en el gasto total. En otras palabras, la elasticidad del gasto de X es el cambio proporcional en el uso de X dividido por el cambio proporcional en el gasto total. En esta defínción, los cambios en el gasto total *se limitan a los movimientos a lo largo de la ruta de expansión.*

En términos simbólicos, la fórmula de la elasticidad del gasto es

$$\eta_x = \frac{dx}{x} \div \frac{dc}{c} = \frac{dx}{dc}\frac{c}{x},$$

donde x es el uso del factor X y c el gasto total en los factores de la producción.

En seguida damos otra definición.

> *Factores superiores, normales e inferiores*: Decimos que un factor de producción es superior, normal o inferior según si la elasticidad de su gasto es mayor que uno, se encuentra en el intervalo de cero a uno o es negativa.

Esta definición se ilustra esquemáticamente en la gráfica VII.5.3. Consideremos la ruta de expansión y concentrémonos en el factor X. A lo largo de la línea *OR*, ambos insumos aumentan proporcionalmente. En puntos tales co-

[12] Véase un desarrollo matemático de este apartado en C.E. Ferguson y Thomas R. Saving, "Long-Run Scale Adjustments of a Perfectly Competitive Firm and Industry", *American Economic Review*, núm. 59, 1969, pp. 774-783.

GRÁFICA VII.5.3. *La elasticidad del gasto y la clasificación de los factores*

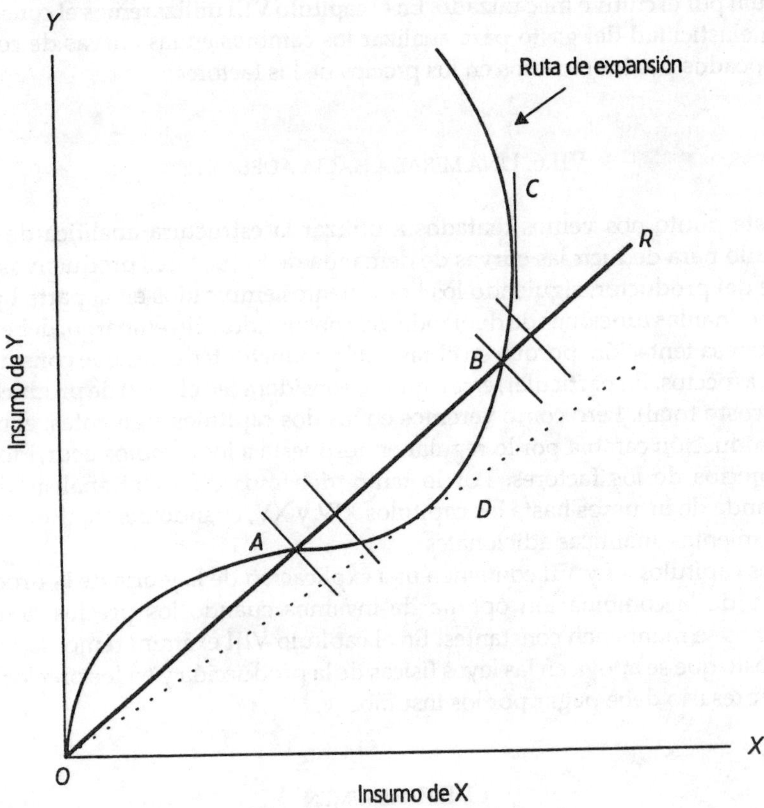

mo *A*, el uso del factor X aumenta proporcionalmente más que el gasto total a lo largo de la ruta de expansión. En todos esos puntos, el factor es superior. En puntos tales como *B*, el uso del factor aumenta proporcionalmente menos que el gasto total. La elasticidad del gasto se encuentra en el intervalo de la unidad y decimos que el factor es normal. En *D*, el cambio en el uso de ambos insumos es proporcional y la elasticidad del gasto es unitaria. El análisis es el mismo a lo largo de cualquier línea que parta del origen. En ciertos casos —supuestamente raros—, el uso de un factor puede disminuir cuando se incrementan la producción y el gasto en recursos. En el punto C de la gráfica VII.5.3, la elas- ticidad del gasto de X es instantáneamente cero. Más allá del punto C, la ruta de expansión "se dobla" sobre sí misma. El uso de X disminuye a medida que el gasto aumenta más allá del punto C. En este intervalo del gasto y de la producción, X es un factor inferior. Por ejemplo, cuando el nivel de la producción agrícola excede de cierto nivel, el empleo de mano de obra podría disminuir efectivamente a medida que el agricultor cambia el cultivo manual por el cultivo mecanizado. En el capítulo VIII utilizaremos el concepto de la elasticidad del gasto para analizar los cambios en las curvas de costos provocados por los cambios en los precios de los factores.

VII.6. Una mirada hacia adelante

En este punto nos vemos tentados a utilizar la estructura analítica de este capítulo para deducir las curvas de demanda de los factores productivos por parte del productor, siguiendo los lineamientos empleados en la parte I para determinar las funciones de demanda del consumidor. Sin embargo, debemos resistir esa tentación, porque en el caso del productor tenemos que considerar otros aspectos. En particular, este capítulo considera fijo el nivel de producción (o el costo total). Pero como veremos en los dos capítulos siguientes, el nivel de producción cambia por lo regular en respuesta a los cambios ocurridos en los precios de los factores. Por lo tanto, debemos diferir el análisis de la demanda de insumos hasta los capítulos XIV y XV, cuando dispondremos de herramientas analíticas adicionales.

Los capítulos VI y VII contienen una explicación de la teoría de la producción y de la combinación óptima de insumos cuando los precios de esos insumos se mantienen constantes. En el capítulo VIII examinaremos la teoría del costo que se apoya en las leyes físicas de la producción y en los precios que el empresario debe pagar por los insumos.

VII.7. Resumen

- ✦ Las isocuantas de producción son curvas en el espacio de los insumos que muestran todas las combinaciones de insumos capaces de generar un nivel de producción dado. El negativo de la pendiente de una isocuanta recibe el nombre de tasa marginal de sustitución técnica.
- ✦ A fin de maximizar la producción sujeta a un costo total dado y a precios dados de los insumos, el productor debe comprar los insumos en cantidades tales que la tasa marginal de sustitución técnica de capital por trabajo ($TMST_{K\text{ por }L}$) sea igual a la razón del precio del trabajo (w) entre el precio del capital (r). Puede demostrarse que $TMST_{K\text{ por }L}$ es simplemente la razón del producto marginal del trabajo (PM_L) entre el producto marginal del capital (PM_K). Por lo tanto, la condición de la maximización es

$$TMST_{K \text{ por } L} = \frac{PM_L}{PM_K} = \frac{w}{r}.$$

- ✦ La última ecuación se aplica también al problema de la minimización del costo total de la producción de un volumen dado.
- ✦ La ruta de expansión indica cómo cambian las proporciones (y los niveles) de los insumos cuando cambia el nivel de producción o de gasto, mientras permanecen constantes los precios de todos los insumos. La ruta de expansión es fundamental para la determinación de las funciones de costo en el largo plazo, como veremos en el capítulo VIII. Cuando la función de producción tiene rendimientos constantes a escala, la ruta de expansión es una línea recta y las proporciones de los factores son independientes del nivel de producción.

PREGUNTAS Y EJERCICIOS

1. Supongamos que el Servicio de Transportes debe producir cierta cantidad de servicios de carga y de pasajeros por año. El servicio afronta las siguientes combinaciones de aviones HC100 y de mecánicos que puede utilizar para obtener esta producción deseada con su patrón de rutas y su calendario ya establecidos.

Número de combinación	*Número de aviones*	*Número de mecánicos*
1	60	1 000
2	61	920
3	62	850
4	63	800
5	64	760
6	65	730
7	66	710

a) Si el Servicio de Transportes está utilizando 60 aviones y 1 000 mecánicos, ¿de cuántos hombres puede prescindir y seguir manteniendo su producción, si adquiere otro avión HC100?

b) Su respuesta en *a* se llama la ______ ______ de ______ en la teoría económica.

c) Si el costo anual adicional resultante de la operación de otro HC100 es de $250 000, y si cada mecánico le cuesta al Servicio de Transportes $6 000 por año, ¿debe adquirir esta empresa el HC100 número 61?

d) ¿Qué combinación de aviones y mecánicos debe utilizar el Servicio de Transportes para minimizar sus costos?

e) Supongamos que el costo *anual* de un HC100 baja a $200 000 y que el costo de los mecánicos aumenta a $7 000 por año. ¿Qué combinación deberá emplearse ahora para minimizar los costos anuales?

f) ¿Pueden utilizarse los datos anteriores para ilustrar la ley de los rendimientos decrecientes? ¿Por qué sí o por qué no?

2. Suponga que un producto requiere dos insumos para su elaboración. ¿Será correcto afirmar entonces que, si los precios de los insumos son iguales, el comportamiento óptimo de los productores los llevará a utilizar estos insumos en cantidades iguales?
3. La compañía del ferrocarril Norfolk and Western cambió las locomotoras de vapor por las de diesel sólo después de que casi todas las demás empresas ferrocarrileras lo habían hecho. Esto ocurrió probablemente porque *a)* N & W quería conservar las reservas petroleras nacionales para las generaciones futuras; *b)* en virtud de que este ferrocarril atravesaba el corazón de los montes Apalaches, el carbón era barato en relación con el diesel; *c)* los administradores de N & W —como algunos profesores de economía— no podían soportar la desaparición del "caballo de hierro"; *d)* todas las razones anteriores.
4. Sería muy probable que un ferrocarril sustituyera la operación de varias vías con costosos sistemas de señalamiento si: *a)* los condados que atravesara gravaran significativamente las segundas y terceras vías; *b)* el equipo de señalamiento fuese producido por un monopolista; *c)* todos los funcionarios del ferrocarril tomaran el curso de Principios de Economía; *d)* no operara ninguna de las consideraciones anteriores.
5. Diga si lo que sigue es cierto o falso y explique su decisión.

a) Dos factores de producción, digamos A y B, tienen el mismo precio. La combinación de A y B de menor costo, para la producción de un volumen dado, se encontrará en el punto en que la isocuanta tiene una pendiente de menos 1.

b) Suponga que sólo los factores A y B se utilizan en la producción de X. Una reducción en el precio de A hace que se utilice menos de B.

c) Si el producto marginal de A es 5 y su precio es $2, el costo adicional de una cantidad de producción adicional, obtenido mediante un mayor uso del factor A, es $2.

d) A los actuales niveles de empleo de los factores A y B, el producto marginal de A es 3 y el producto marginal de B es 2. El precio de A es $5 por unidad, y el precio de B es $4 por unidad. En virtud de que B es el factor de producción menos costoso, la empresa puede producir el mismo volumen a menor costo reduciendo el empleo de A y aumentando el empleo de B.

6. *a)* Si el producto marginal de L es $PM_L = 100K - L$ y el producto marginal de K es $PM_K = 100L - K$, ¿cuál sería el volumen máximo posible de la producción, cuando la suma total que se puede gastar en K y L es \$1 000, el precio de K es \$5 y el precio de L es \$2.

   b) Conteste la pregunta anterior si el precio de K es \$5 y el precio de L es \$5.

   c) (Avanzado) Cuando el precio de K es P_K y el precio de L es P_L, ¿cuál es la elasticidad del gasto para K? ¿Para L? (Sugerencia: Utilice las condiciones de equilibrio de la productividad marginal para obtener una relación que exprese L en términos de K, P_K, P_L, y los parámetros de PM_K y PM_L. Utilice esta expresión para sustituir L en la ecuación del costo $C = P_K K + P_L L$.)

   d) (Avanzado) Si la producción total es cero cuando K y L son cero, ¿cuál es la función de producción $f(K, L)$?

LECTURAS RECOMENDADAS

Borts, George H. y E. J. Mishan, "Exploring the 'Uneconomic Region' of the Production Function", *Review of Economic Studies*, núm. 29, 1962, pp. 300-312.

Cassels, John M., "On the Law of Variable Proportions", *Explorations in Economics*, Nueva York, McGraw-Hill, 1936, pp. 223-236.

Ferguson, C. E., *The Neoclassical Theory of Production and Distribution*, Londres y Nueva York, Cambridge University Press, 1969, capítulos 1-6.

Ferguson, C. E., y Thomas R. Saving, "Long-Run Scale Adjustments of a Perfectly Competitive Firm and Industry", *American Economic Review*, núm. 59, 1969, pp. 774-783.

Henderson, James M. y Richard E. Quandt, *Microeconomic Theory: A Mathematical Approach*, 2a. ed., Nueva York, McGraw-Hill, 1971, pp. 58-67.

Hicks, John R., *Value and Capital*, 2a. ed., Oxford, Oxford University Press, 1946, pp. 78-98.

Samuelson, Paul A., *Foundations of Economic Analysis*, Cambridge, Mass., Harvard University Press, 1947, pp. 57-76.

VIII. LA TEORÍA DEL COSTO

¿CÓMO se deriva la curva del costo total a partir de una función de producción y de los precios de los insumos factoriales? ¿Cómo se deriva el costo marginal y el costo promedio a partir del costo total, tanto en el corto plazo como en el largo plazo? ¿Qué diferencia existe entre los costos fijos y los costos variables, y qué diferencia hay entre el "costo" para un economista y para un contador? En este capítulo examinaremos las respuestas a estas y otras preguntas. Estas respuestas serán cruciales para el material del capítulo siguiente en el que investigaremos cómo decide una empresa cuánto producir, a fin de maximizar los beneficios y, más específicamente (en la sección "Aplicación de la Teoría"), cómo debe decidir una empresa aérea si le conviene o no la iniciación de un vuelo adicional, y cómo debe decidir un productor de pieles de mink si le conviene permanecer en el negocio. ✦

LA TEORÍA DE LA PRODUCCIÓN Y DEL COSTO

VIII.1. INTRODUCCIÓN

Las condiciones físicas de la producción, el precio de los recursos y la eficiencia económica de un empresario determinan conjuntamente el costo de producción de una empresa. La función de producción proporciona la información necesaria para trazar el mapa de isocuantas. Los precios de los recursos determinan las curvas de isocosto. Por último, la eficiencia del empresario dicta la producción de cualquier volumen mediante la combinación de insumos que iguala la tasa marginal de sustitución técnica con la razón de precios de los insumos. Por lo tanto, cada punto de tangencia determina un nivel de *producción* y su *costo total* asociado. A partir de esta información, podemos construir un cuadro, una curva, o una función matemática que relacione el costo total con el nivel de producción. Éste es el esquema de costos, o función de costos, que constituye uno de los temas de este capítulo.

Sin embargo, éste no es el único tema que abordaremos, ya que en el corto plazo, por definición, no todos los insumos son variables. Algunos son fijos, y el empresario no puede alcanzar instantáneamente la combinación de insumos que corresponde a la eficiencia económica (es decir, la que iguala la tasa marginal de sustitución técnica con la razón de precios de los insumos). En el corto plazo por lo general no se obtiene un punto de la ruta de expansión. En consecuencia, no sólo debemos analizar el costo en el largo plazo sino también en el corto plazo.

En muchos aspectos, el nivel del análisis de este capítulo es menos microscópico que el del análisis del capítulo anterior. Para muchos propósitos, no es necesario considerar las relaciones de las isocuantas y los isocostos. En general, para entender el comportamiento de las empresas basta con entender las curvas de costos y cómo se desplazan cuando cambian los precios de los insumos y la tecnología. Sin embargo, existe una representación de isocuantas e isocostos de cualquier problema que puede discutirse con curvas de costos.

No obstante, antes de revisar la mecánica del análisis de los costos, conviene considerar por un momento una perspectiva más amplia y plantearnos esta pregunta: "¿*Cuáles* son exactamente los costos legítimos de la producción?" Esta pregunta tiene dos respuestas que, en circunstancias ideales, resultan idénticas. Por ahora debemos contentarnos con las dos respuestas; pero en el capítulo XVII examinaremos las condiciones en las que ambas respuestas son una sola.

VIII.1.a. *El costo social de la producción*

Los economistas se interesan en el costo social de la producción, o sea el costo en que incurre una sociedad cuando se utilizan sus recursos para producir un bien determinado. En todo momento una sociedad posee una concentración de recursos, de propiedad individual o colectiva, según la organización política de la sociedad en cuestión. Desde un punto de vista social, el objetivo de la actividad económica es obtener la mayor producción posible con este conjunto de recursos. Por supuesto, lo "posible" no depende sólo de la utilización eficiente y plena de los recursos, sino también de la lista específica de los bienes que se produzcan. Es obvio que una sociedad podría alcanzar una producción mayor de automóviles si sólo se produjeran automóviles compactos pequeños. Los automóviles más grandes y más lujosos requieren más de casi todos los insumos. No obstante, en sus esquemas privados de evaluación, algunos miembros de la sociedad podrían asignar mayor importancia a los automóviles lujosos que a los compactos.

El equilibrio del costo relativo de los recursos utilizados en la producción de un bien con su conveniencia social relativa requiere el conocimiento de las evaluaciones sociales y del costo social. Diferiremos el estudio de este problema amplio hasta el capítulo XVII, de modo que ahora podemos concentrar nuestra atención en el costo social.

El costo social del uso de un conjunto de recursos para producir una unidad del bien X es el número de unidades del bien Y que deben sacrificarse en el proceso. Se utilizan recursos para producir tanto X como Y (y todos los demás bienes). Los recursos utilizados en la producción de X no pueden usarse en la producción de Y ni en la de ningún otro bien. Para ilustrar esto con un ejemplo sencillo, pensemos en Robinson Crusoe, que vivía solo en una isla y se mantenía con la pesca y la recolección de cocos. El costo para Crusoe de un pescado adicional se mide por el número de cocos que debe sacrificar por tener que pasar más tiempo pescando.

Este concepto del costo, o como se le llama más frecuentemente, el costo de producción *alternativa* o *de oportunidad,* capta mucho de la esencia de la economía. Desafortunadamente, este concepto del costo a menudo se pasa por alto en las discusiones populares de cuestiones de política pública y privada. Por ejemplo, algunos portavoces del Congreso se oponen a menudo a la política de un ejército formado sólo por voluntarios, alegando que "cuesta" demasiado en relación con un ejército de reclutamiento. El error de este razonamiento estriba en que la paga del gobierno a los individuos que son reclutados para el servicio militar no constituye la medida adecuada del costo social del reclutamiento. Los individuos que son reclutados para el servicio militar son sacados a menudo de empleos civiles en los que están produciendo bienes y servicios tales como vivienda y automóviles, o servicios médicos y educativos. Al reclutar a esos individuos para las fuerzas armadas, la sociedad debe sacrificar algunos de estos bienes y servicios, y esta producción sacrificada es la medida apropiada del costo del reclutamiento.

Costo de oportunidad: El costo *alternativo* o *de oportunidad* de la producción de una unidad del bien X es la cantidad del bien Y que debe sacrificarse para utilizar recursos en la producción de X en lugar de Y. Éste es el costo social de la producción de X.

VIII.1.b. *El costo privado de la producción*

Hay una relación estrecha entre el costo social de la producción del bien X y el cálculo que debe hacer el propio productor de X. El uso de recursos para producir X en lugar de Y implica un costo social, pero también hay un costo privado, porque el empresario debe pagar un precio para obtener los recursos utilizados en la producción.

El empresario paga cierta suma para comprar los recursos, los utiliza en la producción de un bien y luego vende ese bien. El empresario puede comparar los ingresos por las ventas con el costo de los recursos y determinar si hay un beneficio contable. Pero un economista se apresuraría a decir a este empresario que debe hacer otros cálculos. El empresario invirtió tiempo y dinero en este negocio, y estos recursos hubieran podido utilizarse en otras cosas, quizá en otro negocio, o en la compra de valores, o trabajando como empleado de otro empresario.

El productor de X incurre en ciertos costos explícitos al comprar recursos. Pero también se incurre en costos implícitos, y una contabilidad completa del beneficio o la pérdida debe tener en cuenta estos costos implícitos. El beneficio económico neto que gana el empresario produciendo el bien X podría considerarse como el beneficio contable menos lo que hubiera podido ganar con el mejor uso alternativo de su tiempo y su dinero, el cual se define como el costo implícito de la producción.

Los costos implícitos: Los costos implícitos en que incurre un empresario para producir un bien específico consisten en las sumas que hubiera podido ganar con el mejor uso alternativo de su tiempo y dinero. Un empresario obtiene un *beneficio económico neto* en la producción de X si, y sólo si, sus ingresos totales exceden la suma de sus costos explícitos e implícitos.

Los costos implícitos son una suma fija (en el corto plazo) que debe añadirse a los costos explícitos para determinar el beneficio económico neto.

La noción del costo de oportunidad es importante también para las decisiones privadas. Por ejemplo, consideremos un individuo que está pensando en abandonar la fuerza de trabajo para regresar a la escuela. El costo de oportunidad de asistir a la escuela está integrado por dos componentes: los costos explícitos, que incluyen la colegiatura, los libros y el costo adicional de tener que vivir cerca de la escuela (en lugar de vivir quizá en una zona menos cara), son sólo una parte del costo. A ellos deben añadirse los costos implícitos. El individuo sacrifica la oportunidad de trabajar mientras asiste a la escuela. Si hubiese ganado $14 000 por año, el costo implícito de ir a la escuela es de $14 000 por año, porque el individuo declinó la oportunidad de ganar ese dinero en el mercado de trabajo.

VIII.2. El corto y el largo plazos

En el capítulo VI se introdujo una ficción analítica conveniente, la del *corto plazo,* definido como un periodo en el que ciertos tipos de insumos no pueden aumentar o disminuir. Es decir, en el corto plazo hay ciertos insumos cuyo uso no se puede cambiar, cualquiera que sea el nivel de la producción. Asimismo, hay otros insumos, llamados insumos variables, cuyo uso sí se puede cambiar. En cambio, en el largo plazo todos los insumos son variables, es decir, se puede variar la cantidad de todos los insumos para obtener la combinación de insumos más eficaz.

La definición del largo plazo es razonablemente clara; es un periodo suficientemente largo para que todos los factores de producción puedan ajustarse a plenitud. El corto plazo es un concepto más nebuloso. En un nanosegundo no se puede cambiar virtualmente nada en el proceso de producción. En un día, quizá se pueda intensificar el uso de ciertas máquinas; en un mes, el empresario podría rentar algún equipo adicional; en un año, quizá podría construirse una nueva planta. Obviamente hay muchos "cortos plazos", y cuanto más tiempo se considere, mayores serán las posibilidades de sustitución y de ajuste de los factores. Los costos de producción de un volumen dado dependerán claramente del tiempo disponible para hacer ajustes en las cantidades utilizadas de los factores productivos. Antes de entrar en detalle a los costos en el largo y el corto plazos, proporcionaremos una visión general mediante un examen de la relación que existe entre las funciones y los costos de producción.

EJERCICIO NUMÉRICO

PROBLEMA

Supongamos que Pedro González abrió un expendio de hamburguesas. Para tal efecto renunció a su anterior empleo, en el que ganaba \$8 000 por año. También compró un horno especial por \$1 000, echando mano de su cuenta de ahorros que le habría producido un interés de 5%. Por último, ocupó un local comercial, propiedad de su esposa, que antes estaba rentado por \$500 mensuales. Además, esperaba incurrir en estos gastos adicionales durante el año: \$50 000 en alimentos; \$15 000 en un ayudante; \$2 000 en el gas y la electricidad. Si vendiera 85 000 hamburguesas durante el año a \$1 cada una, ¿cuáles serán sus *costos explícitos* durante el año? ¿Cuáles serían sus *costos implícitos* durante el año? ¿Cuál sería su *beneficio económico neto* esperado durante el año?

SOLUCIÓN

Los costos explícitos incluirían los \$50 000 de alimentos, \$15 000 del ayudante y \$2 000 de gas y electricidad, ya que son gastos para la compra de recursos. Pedro incurre también en costos implícitos por valor de \$6 000 que incluyen el uso del local de su esposa, ya que la familia habría ganado durante el año una renta por esta cantidad, si no hubiese establecido el negocio de hamburguesas. Además, los \$8 000 de salarios perdidos es un costo implícito, porque Pedro ya no tendrá la oportunidad de trabajar en otra parte si abre este negocio. Al comprar el horno, Pedro ha cambiado sus ahorros de \$1 000 por un activo que vale \$1 000 cuando es nuevo. Así sacrifica el ingreso de \$50 (5% de \$1 000) que de otro modo habría recibido por esta cuenta de ahorros y, puesto que el valor del horno se depreciaría durante el año, esta depreciación debe incluirse también como un "costo" del negocio. Supongamos que al final del año pudiera venderse el horno en \$500. Entonces debe incluirse también la depreciación de \$500 en los costos implícitos. Por lo tanto, los costos totales (explícitos + implícitos) son iguales a la suma de \$67 000 de costos explícitos y \$14 550 (6 000 + 8 000 + 50 + 500) de costos implícitos, o sea \$81 550. El beneficio económico neto es la diferencia que existe entre el ingreso total y los costos económicos totales, o sea \$85 000 – \$81 550 = \$3 450.

VIII.2.a. *Los costos en el largo plazo y la función de producción*

Las herramientas del capítulo VII nos permiten relacionar los costos con los volúmenes de producción. Es decir, para cualquier volumen de producción dado podemos determinar el costo mínimo al que puede producirse, dados los precios de los factores y la función de producción. Esto se ilustra en la figura A de la gráfica VIII.2.1 para tres niveles de producción diferentes. En el nivel de producción Q_1, el costo total mínimo se determina por el costo asociado a la línea de isocosto C_1. En el nivel de producción Q_2, el costo total mínimo se determina por la línea de isocosto C_2. La línea de isocosto para Q_2 se encuentra arriba y al noreste de la línea de isocosto para Q_1, lo que significa que los costos aumentan con el nivel de la producción, como sería de esperarse.

Se advierte fácilmente que, repitiendo este procedimiento en todas las isocuantas a lo largo de la ruta de expansión *E*, se puede deducir el esquema de costos en el largo plazo de la empresa, es decir, el esquema que muestra el costo de producción de cada volumen cuando se han ajustado plenamente todos los factores productivos. Esto se ilustra en la figura B de la gráfica VIII.2.1. En la figura A vemos que el volumen Q_1 se produce al costo total de C_1, y estos dos valores se utilizan como coordenadas para marcar un punto en la gráfica de producto total y costo total de la figura B. De manera similar, Q_2 se produce al costo total de C_2, y Q_3 se produce al costo total de C_3. Estos puntos se señalan también en la figura B de la gráfica. Repitiendo este procedimiento para todos los demás volúmenes de producción, obtenemos la curva del costo total en el largo plazo, *CTLP*, de la figura B.

> *Relación*: La curva del costo total en el largo plazo se relaciona directamente con la ruta de expansión; en efecto, la curva o función del costo total en el largo plazo es simplemente el equivalente de la ruta de expansión en términos de costos y volúmenes de producción.

VIII.2.b. *Los costos en el corto plazo y la función de producción*

Hemos observado que en realidad hay un gran número de "cortos" plazos, dependiendo del periodo involucrado. Cada corto plazo se caracteriza por el hecho de que no todos los factores de producción pueden ajustarse plenamente en el periodo dado. Para apreciar la importancia de esta consideración, supongamos que una empresa desea incrementar su producción y tiene que adquirir otras 150 máquinas fresadoras para hacerlo al menor costo posible (es decir, el óptimo en el largo plazo requiere otras 150 fresadoras). En

GRÁFICA VIII.2.1. *Los costos en el largo plazo y la función de producción*

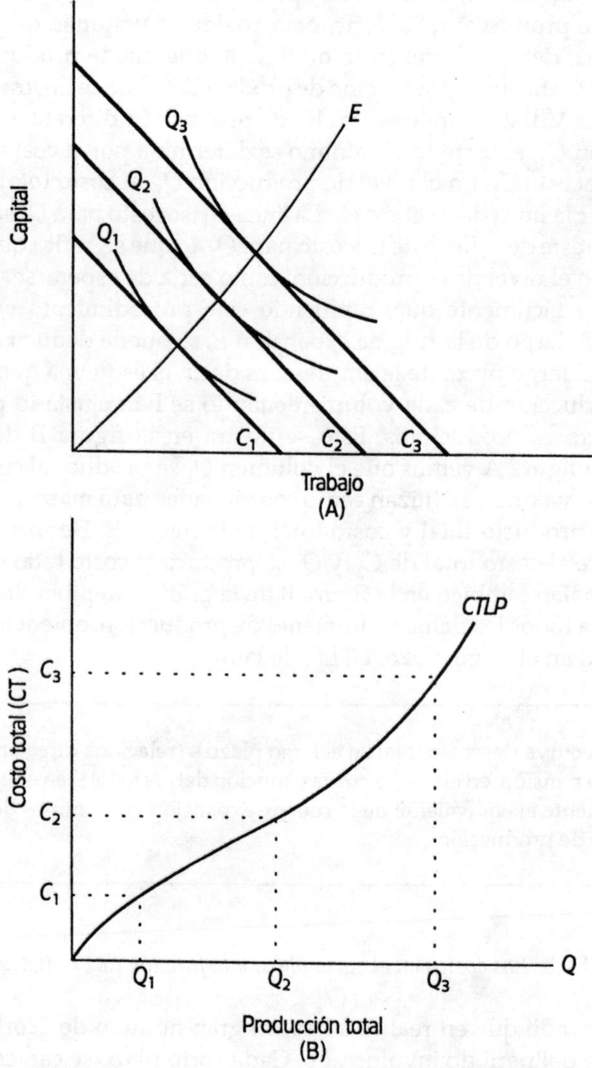

concreto, supongamos que hay cuatro "cortos" plazos, cada uno de ellos tres meses más largo que el anterior. A causa de demoras en la entrega, no se pueden instalar fresadoras nuevas en los primeros tres meses, pero el calendario de entregas permite instalar 50 fresadoras adicionales en cada uno de los trimestres siguientes. Por consiguiente, el ajuste en el largo plazo (un año en este caso) implica una adición de 150 fresadoras, la cual se realiza en tres etapas. En el plazo más corto (3 meses) no se dispone de fresadoras nuevas, en el plazo de 6 meses hay 50 fresadoras nuevas, en el plazo de 9 meses hay 100 fresadoras nuevas, y en el largo plazo (12 meses) hay 150 fresadoras nuevas. A fin de producir en el nuevo nivel, se necesitan cantidades de trabajo diferentes en cada periodo trimestral. Suponemos que las horas-hombre pueden ajustarse libremente en cualquier momento, utilizando el empleo de horas extra y de tiempo parcial. (Para simplificar la exposición, suponemos también que la tasa salarial no aumenta por las horas extra.) Esta situación se muestra en la figura A de la gráfica VIII.2.2.

En esta gráfica, la producción inicial está dada por la isocuanta Q_0, y la nueva producción, más alta, se indica por la isocuanta Q_1. Durante el primer trimestre (el plazo "más corto"), se produce Q_1 con el acervo de fresadoras existente ($K_1 = K_0 = 30$) y con L_1 horas-hombre. El costo total para el empresario en este periodo está dado por la línea de isocosto C_1. Adviértase que la línea de isocosto *no* es tangente a Q_1 en el punto A. Esto es así, porque la empresa no puede obtener fresadoras adicionales en los primeros tres meses. Dado el acervo existente de 30 fresadoras, el procedimiento más barato para la obtención de la producción Q_1 es un incremento sustancial de las horas-hombre (de L_0 a L_1).[1]

Durante los tres meses siguientes se reciben 50 fresadoras nuevas, de manera que el acervo total de las fresadoras aumenta a $K_2(K_2 = 80 = K_1 + 50)$. Esto permite que los empresarios reduzcan el empleo de horas extra y de tiempo parcial a L_2. También se reduce el costo de la producción de Q_1, porque, como puede apreciarse fácilmente en la gráfica VIII.2.2, la línea de isocosto C_2 se encuentra al suroeste de la línea de isocosto C_1. En virtud de que el acervo de capital es menor que el óptimo de 180 fresadoras en el largo plazo, sigue siendo cierto que la línea de isocosto C_2 no es tangente a Q_1. Durante los 3 meses siguientes se reciben otras 50 fresadoras y la línea de isocosto se desplaza a C_3.

Finalmente se alcanza el equilibrio en un año, cuando se dispone de 180 fresadoras. En este nivel, la línea de isocosto C_4 es tangente a Q_1, y Q_1 se está produciendo al menor costo total posible, dados los precios de los factores y la función de producción.

Existe un diagrama en el espacio costo-volumen de producción que corresponde a la figura A de la gráfica VIII.2.2. Esto se muestra en la figura B. El punto *A'* corresponde al punto *A* de la figura A. Allí el costo es C_1 y el volumen de producción es Q_1. El punto *B'* corresponde al punto *B* de la figura A. Allí, la producción es Q_1 de nuevo, pero el costo es sólo C_4. Por lo tanto, *CTLP* nos da la relación del costo total cuando todos los factores son variables. $CTCP_1$

[1] El empresario no desearía operar en el corto plazo con menos de 30 fresadoras, porque la producción de Q_1 requeriría más mano de obra que L_1, y esto desplazaría la línea de isocosto todavía más hacia el noreste.

GRÁFICA VIII.2.2. *Los costos en el corto plazo y la función de producción*

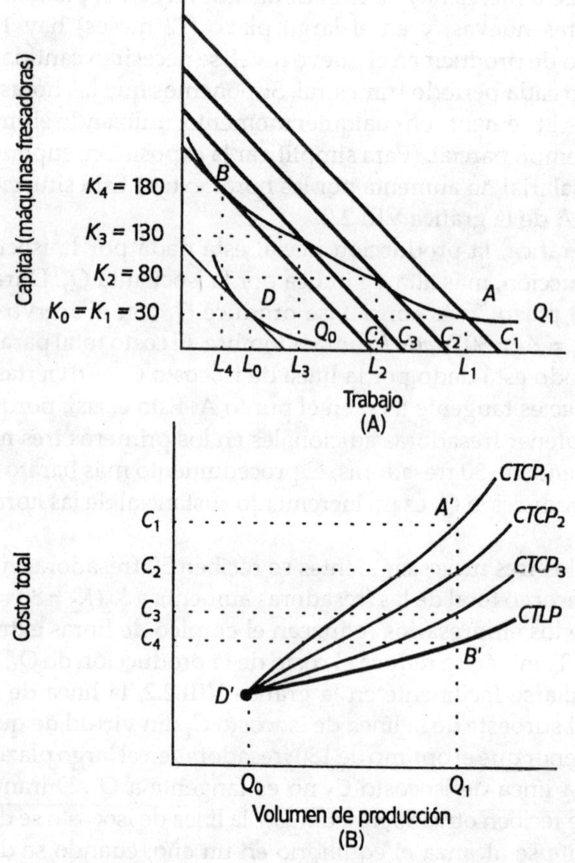

nos da la relación de costos cuando sólo el trabajo es variable. Las otras curvas, $CTCP_2$ y $CTCP_3$, son los casos intermedios que muestran lo que sería el costo total, si el capital pudiera incrementarse en alguna medida pero no todo lo deseable. Adviértase que todas las curvas coinciden en el punto D'. La causa es que la solución en el corto plazo y la solución en el largo plazo son iguales en ese punto, porque aun en el caso de que la empresa pudiera modificar su capital, seleccionaría el nivel actual de 30 unidades de capital para producir el nivel Q_0.

Este ejemplo ilustra el punto esencial de que cuanto menor sea el plazo, más costosa resultará la producción de volúmenes distintos de aquél para el cual el acervo de capital corriente (es decir, el volumen dado por Q_0 en este ejemplo) sea óptimo. Los costos en el largo plazo para la producción de un volumen dado nunca serán mayores que los costos de producción de ese volumen en el corto plazo.

La teoría dinámica de los costos en el corto y en el largo plazos puede elaborarse de diversas maneras. Por ejemplo, se pueden introducir explícitamente los costos del ajuste para obtener modelos de acumulación óptima de capital.[2] Sin embargo, a fin de concentrarnos en los resultados importantes de estática comparativa, nos apegaremos a la dicotomía tradicional entre el corto y el largo plazos. *En otras palabras, aunque reconocemos que hay muchos cortos plazos, concentraremos nuestra atención en un periodo de corto plazo dado por conveniencia de la exposición.*

VIII.2.c. *Los costos fijos y variables en el corto plazo*

Los costos fijos en el corto plazo corresponden a los insumos fijos. Los diversos insumos fijos tienen precios unitarios; el costo fijo explícito es simplemente la suma de los precios unitarios multiplicados por el número fijo de unidades utilizadas. En el corto plazo, el costo implícito es también fijo; por lo tanto, es un elemento del costo fijo. En el ejemplo del apartado VIII.2.b, los costos fijos en el corto plazo son los costos del acervo dado de máquinas fresadoras. En ejemplos más complicados habrá muchos insumos fijos con costos fijos correspondientes.

> *El costo fijo total*: El costo fijo total es la suma del costo fijo explícito en el corto plazo y el costo implícito en que incurre un empresario.

Los insumos variables en el corto plazo generan el costo variable en el corto plazo. Puesto que el uso de los insumos puede variar de acuerdo con el nivel de producción, los costos variables varían también con el insumo. Si la producción es cero, no hay que utilizar ninguna unidad del insumo variable. En consecuencia, el costo variable es cero, y el costo total es igual al costo fijo total. Pero cuando hay un nivel positivo de producción, deben usarse insumos variables, lo que genera costos variables, y el costo total es entonces la suma del costo variable total y el costo fijo total.

[2] Véase por ejemplo a J. P. Gould, "Adjustment Costs in the Theory of Investment of the Firm", *Review of Economic Studies*, núm. 35, 1968, pp. 47-55.

El costo variable total: El costo variable total es la suma de las cantidades gastadas en cada uno de los insumos variables utilizados.

El costo total (en el corto plazo): El costo total en el corto plazo es la suma del costo variable total y el costo fijo total.

VIII.3. LA TEORÍA DEL COSTO EN EL CORTO PLAZO

Nuestro análisis del costo se inicia con la teoría del costo en el corto plazo; luego avanzaremos al "horizonte de planeación", donde todos los insumos son variables, y estudiaremos la teoría del costo en el largo plazo, cuando puede obtenerse la combinación óptima de los insumos.

VIII.3.a. *El costo total en el corto plazo*

El análisis del costo total en el corto plazo depende de dos proposiciones ya discutidas en este capítulo: *a)* las condiciones físicas de la producción y los precios unitarios de los insumos determinan el costo de producción asociado a cada nivel de producción posible; y *b)* el costo total puede dividirse en dos componentes: el costo fijo y el costo variable.

Supongamos que un empresario tiene una *planta* fija que puede utilizarse para producir cierto bien. Supongamos además que esta planta cuesta $100. El costo fijo es, por lo tanto, $100, es decir, es constante cualquiera que sea el nivel de producción. Esto se muestra en el cuadro VIII.3.1 mediante la columna de datos de $100 llamada "costo fijo total". También está indicada por la línea horizontal llamada *CFT* en la gráfica VIII.3.1. El cuadro y la gráfica destacan que el costo fijo está, en efecto, fijo.

Si la producción es mayor que cero, también deben usarse insumos variables. En los términos del capítulo VI, podríamos suponer que sólo hay un insumo variable; o bien, podría adoptarse el enfoque de insumos múltiples del capítulo VII. No importa cuál se elija, ya que un aumento en el nivel de producción requiere un aumento en el uso de los insumos, ya sea que se trate de un insumo variable o de muchos insumos variables utilizados en una combinación óptima. En cualquier caso, cuanto mayor sea el nivel del insumo variable mayor será el costo variable total. Esto se muestra en la columna 3 del cuadro VIII.3.1 y en la curva *CVT* en la gráfica VIII.3.1.

GRÁFICA VIII.3.1. *Las curvas de los costos fijo, variable y total*

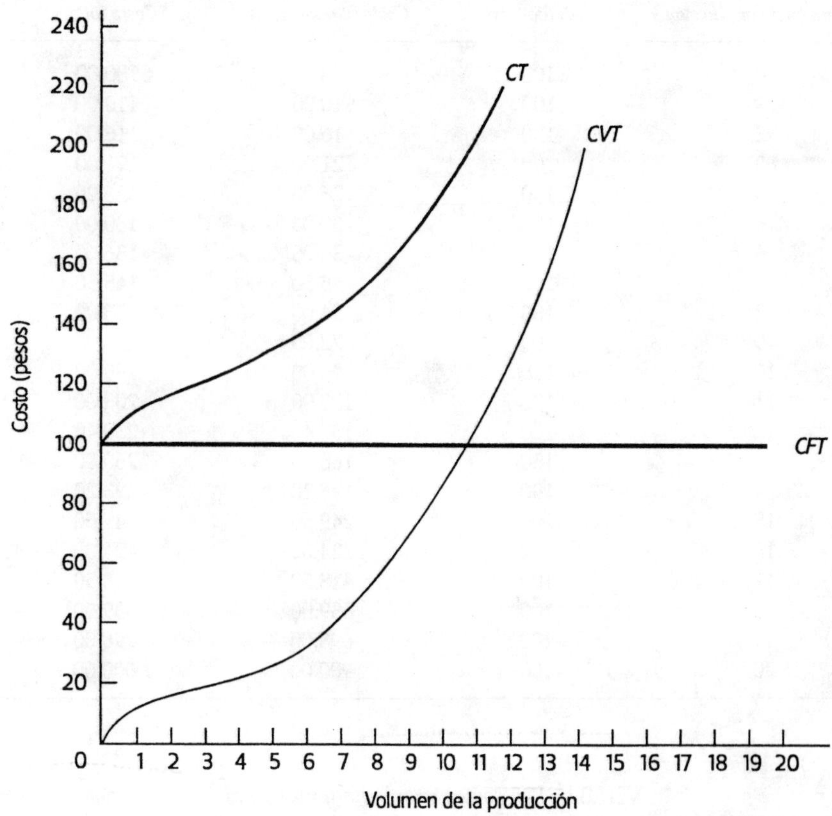

Sumando el costo fijo total y el costo variable total se obtiene el costo total, que se encuentra representado por las entradas de la última columna del cuadro VIII.3.1 y por la curva *CT* de la gráfica VIII.3.1. Podemos ver en la gráfica que *CT* y *CVT* se mueven juntas y son, en cierto sentido, paralelas. Esto quiere decir que las pendientes de ambas curvas son iguales en cada punto de la producción; y en cada punto, ambas curvas están separadas por una distancia vertical de $100 que es el costo fijo total. Las curvas parecen irse aproximando una a la otra, pero esto ocurre porque el ojo se enfoca en la distancia más corta entre las curvas, no en la distancia vertical. En efecto, la distancia vertical permanece constante, porque el costo que separa a las curvas, es decir, el costo fijo total, no cambia con el nivel de producción.

CUADRO VIII.3.1. *Los costos fijo, variable y total*

Volumen de producción	*Costo fijo total*	*Costo variable total*	*Costo total*
0	$100	–0–	$100.00
1	100	$10.00	110.00
2	100	16.00	116.00
3	100	21.00	121.00
4	100	26.00	126.00
5	100	30.00	130.00
6	100	36.00	136.00
7	100	45.50	145.50
8	100	56.00	156.00
9	100	72.00	172.00
10	100	90.00	190.00
11	100	109.00	209.00
12	100	130.40	230.40
13	100	160.00	260.00
14	100	198.20	298.20
15	100	249.50	349.50
16	100	324.00	424.00
17	100	418.50	518.50
18	100	539.00	639.00
19	100	698.00	798.00
20	100	900.00	1 000.00

VIII.3.b. *Los costos promedio y marginal*

El costo total de la producción, incluido el costo implícito, es muy importante para un empresario. Sin embargo, podríamos entender mejor el costo total analizando el comportamiento de diversos costos promedio y el costo marginal.

En el cuadro VIII.3.2 continúa la ilustración del cuadro VIII.3.1. De hecho, las primeras cuatro columnas de aquél reproducen exactamente el cuadro VIII.3.1. Las cuatro columnas restantes muestran los nuevos conceptos que vamos a introducir.

Consideremos en primer término la columna del "costo fijo promedio".

> *El costo fijo promedio*: El costo fijo promedio es el costo fijo total dividido por el volumen de producción.

CUADRO VIII.3.2. *Cálculo del costo promedio y del costo marginal*

(1) Volumen de la producción	*(2) Costo fijo total*	*(3) Costo variable total*	*(4) Costo total*	*(5) Costo fijo promedio*	*(6) Costo variable promedio*	*(7) Costo total promedio*	*(8) Costo marginal*
1	$100	$10.00	$110.00	$100.00	$10.00	$110.00	$10.00
2	100	16.00	116.00	50.00	8.00	58.00	6.00
3	100	21.00	121.00	33.33	7.00	40.33	5.00
4	100	26.00	126.00	25.00	6.50	31.50	5.00
5	100	30.00	130.00	20.00	6.00	26.00	4.00
6	100	36.00	136.00	16.67	6.00	22.67	6.00
7	100	45.50	145.50	14.29	6.50	20.78	9.50
8	100	56.00	156.00	12.50	7.00	19.50	10.50
9	100	72.00	172.00	11.11	8.00	19.10	16.00
10	100	90.00	190.00	10.00	9.00	19.00	18.00
11	100	109.00	209.00	9.09	9.91	19.00	19.00
12	100	130.40	230.40	8.33	10.87	19.20	21.40
13	100	160.00	260.00	7.69	12.31	20.00	29.60
14	100	198.20	298.20	7.14	14.16	21.30	38.20
15	100	249.50	349.50	6.67	16.63	23.30	51.30
16	100	324.00	424.00	6.25	20.25	26.50	74.50
17	100	418.50	518.50	5.88	24.62	30.50	94.50
18	100	539.00	639.00	5.56	29.94	35.50	120.50
19	100	698.00	798.00	5.26	36.74	42.00	159.00
20	100	900.00	1 000.00	5.00	45.00	50.00	202.00

El cálculo es muy sencillo. Cuando se produce una unidad del bien, *CFP* es $100/1 = $100. Cuando se producen dos unidades, *CFP* = $100/2 = $50, etc. En la gráfica VIII.3.2 representamos el costo fijo promedio mediante la curva *CFP*. El costo en pesos se mide en el eje vertical, y la producción en el eje horizontal. La curva *CFP* tiene pendiente negativa en toda su extensión, porque la razón del costo fijo respecto al volumen de producción debe disminuir a medida que aumenta dicho volumen.[3] Matemáticamente, la curva *CFP* es una hipérbola rectangular.

Vayamos ahora a la columna 6 del cuadro VIII.3.2. Esta columna lleva el nombre de "costo variable promedio", un concepto enteramente análogo al costo fijo promedio.

[3] Sea la función de costo $C = A + g(q)$, donde A es el costo fijo total y $g(q)$ indica el costo variable total asociado a cada nivel de producción. En consecuencia, el costo fijo promedio es A/q, y su pendiente es $-A/q^2$.

El costo variable promedio: El costo variable promedio es el costo variable total dividido por el volumen de la producción.

Este cálculo también es sencillo y genera la curva *CVP* de la gráfica VIII.3.2. Pero ahora hay una gran diferencia entre *CVP* y *CFP*: aquélla no tiene una pendiente negativa en toda su extensión. En efecto, en esta ilustración vemos que *CVP* desciende en un principio, llega a un punto mínimo y luego empieza a ascender.

La razón de esta curvatura se encuentra en la teoría de la producción. El costo variable total es igual al número de unidades de insumo variable usadas (*V*) multiplicado por el precio unitario del insumo (*P*). Por lo tanto, en el caso de un insumo variable, $CVT = PV$.

El costo variable promedio es el costo variable total, *CVT*, dividido por el volumen de la producción, *Q*, o sea

$$CVP = \frac{CVT}{Q} = P\frac{V}{Q}.$$

Consideremos el término V/Q, el número de unidades del insumo dividido por el número de unidades del producto. En el capítulo VI se definió el producto promedio (*PP*) como el producto total (*Q*) dividido por el número de unidades del insumo (*V*). Por lo tanto,

$$CVP = P\left(\frac{V}{Q}\right)$$

$$= P\left(\frac{1}{PP}\right)$$

ya que $PP = Q/V$. Éste es el precio por unidad del insumo multiplicado por el recíproco del producto promedio. Puesto que el producto promedio aumenta normalmente, llega a un punto máximo y luego disminuye, el costo variable promedio normalmente disminuye, llega a un punto mínimo y luego aumenta.

Relación: Una función de producción como la que se muestra en la gráfica VI.2.1 genera la curva del producto promedio mostrada en la gráfica VI.2.2. Este tipo de función de producción determina también la curva del costo variable total presentada en la gráfica VIII.3.1 y la curva del costo variable promedio mostrada en la gráfica VIII.3.2.

GRÁFICA VIII.3.2. *Las curvas de los costos promedio y marginal*

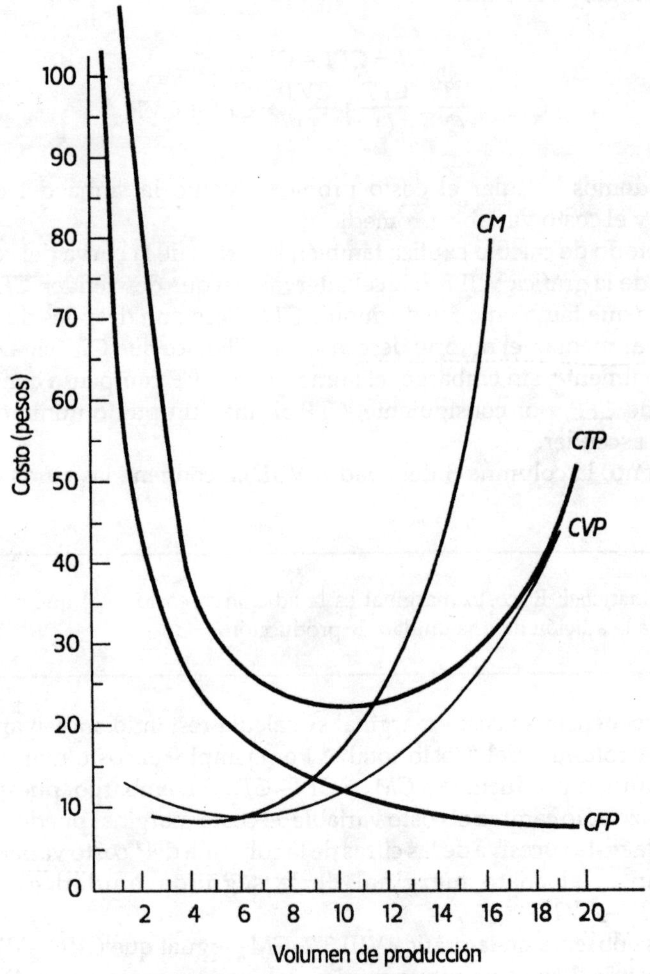

La columna 7 del cuadro VIII.3.2 contiene las cifras del costo total promedio, que también podría llamarse costo promedio o costo unitario.

> *El costo total promedio:* El costo total promedio es el costo total dividido por el volumen de producción.

En vista de esta definición, el *CTP* podría calcularse dividiendo las cifras de la columna 4 por las cifras correspondientes de la columna 1.

Sin embargo, puesto que

$$CT = CFT + CVT,$$

$$CTP = \frac{CT}{Q} = \frac{CFT}{Q} + \frac{CVT}{Q} = CFP + CVP\,.$$

Así, podemos calcular el costo promedio como la suma del costo fijo promedio y el costo variable promedio.

Este método de cálculo explica también la forma de la curva del costo total promedio de la gráfica VIII.3.2. En el intervalo en que descienden *CFP* y *CVP*, es evidente que también debe disminuir *CTP*. Pero aun después de que *CVP* empieza a aumentar, el notorio descenso de *CFP* hace que *CTP* siga disminuyendo. Finalmente, sin embargo, el aumento de *CVP* compensa con creces el descenso de *CFP*; por consiguiente, *CTP* alcanza un punto mínimo y luego empieza a ascender.

Por último, la columna 8 del cuadro VIII.3.2 contiene las cifras del costo marginal.

> *El costo marginal*: El costo marginal es la adición al costo total que se puede atribuir a la adición de una unidad de producción.

En consecuencia, el costo marginal se calcula restando sucesivamente las cifras de la columna del "costo total".[4] Por ejemplo, el costo marginal de la segunda unidad producida es $CM_2 = CT_2 - CT_1$. Sin embargo, puesto que en el corto plazo sólo cambia el costo variable, el costo marginal puede calcularse mediante la resta sucesiva de las cifras de la columna del "costo variable total". Por lo tanto, el costo marginal de la segunda unidad es también $CM_2 = CVT_2 - CVT_1$.

Como se observa en la gráfica VIII.3.2, *CM* —igual que *CVP*— disminuye en un principio, llega a un punto mínimo y luego aumenta. La explicación de esta curvatura se encuentra también en la teoría de la producción. Como sabemos Δ denota "el cambio en". Como acabamos de ver, $CM = \Delta\,(CVT)$ para el cambio de una unidad en la producción. En términos más generales, si la

[4] Si la función de costo se define como la nota 3, para cambios infinitesimalmente pequeños en la producción,

$CM = dc/dg = g'(q)$.

producción no cambia precisamente en una unidad, $CM = \Delta\,(CVT)/\Delta\,Q$. En nuestra notación anterior, $CVT = PV$. Por lo tanto, $\Delta CVT = P(\Delta V)$, para un empresario que se encuentra en condiciones de competencia perfecta en el mercado de insumos (el precio del insumo está dado por la demanda y la oferta del mercado, y los cambios de sus compras no afectan al precio).

Utilizando las dos relaciones,

$$CM = P\frac{\Delta V}{\Delta Q}.$$

En el capítulo VI definimos el producto marginal (PM) como el cambio en la producción que puede atribuirse a un cambio en el insumo, o sea $PM = \Delta Q/\Delta V$. Entonces,

$$CM = P\left(\frac{1}{PM}\right).$$

Puesto que el producto marginal normalmente aumenta, alcanza un punto máximo y luego disminuye, el costo marginal normalmente disminuye, alcanza un punto mínimo y luego aumenta.

> *Relación*: Una función de producción como la que se muestra en la gráfica VI.2.1 genera la curva del producto marginal representada en la gráfica VI.2.2. Este tipo de función de producción determina también una curva de costo total como la mostrada en la gráfica VIII.3.1 y la curva del costo marginal mostrada en la gráfica VIII.3.2.

VIII.3.c. *La geometría de las curvas de los costos promedio y marginal*

En el capítulo VIII derivamos geométricamente las curvas del producto promedio y del producto marginal, a partir de la curva del producto total. Las curvas del costo promedio y del costo marginal se pueden derivar de manera similar a partir de la curva del costo total correspondiente.

La gráfica VIII.3.3 ilustra la derivación del costo fijo promedio. (*Nota*: Los ejes verticales de las figuras A y B tienen escalas diferentes.) En la figura A se mide el costo fijo total y los productos Oq_1, Oq_2 y Oq_3, de modo que $Oq_1 = q_1q_2 = q_2q_3$. Puesto que $CFP = CFT/Q$, el costo fijo promedio está dado por la pendiente de una línea que parte del origen a un punto de la curva CFT. Para el volumen de producción Oq_1, CFP es la pendiente de la línea OP, o sea

GRÁFICA VIII.3.3. *La derivación de la curva del costo fijo promedio*

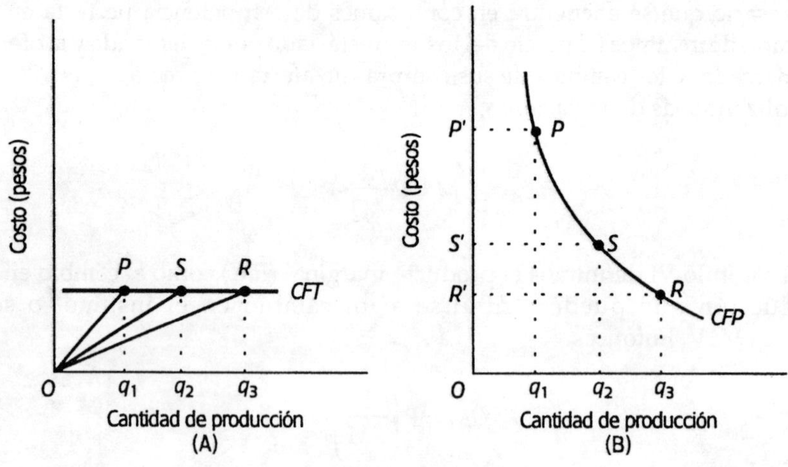

q_1P/Oq_1. De igual modo, para el volumen de producción Oq_2, *CFP* es q_2S / Oq_2, y así sucesivamente. Puesto que *CFT* es siempre el mismo, $q_1P = q_2S = q_3R$. Por construcción, $Oq_2 = 2Oq_1$ y $Oq_3 = 3Oq_1$. Por lo tanto, para el volumen de producción Oq_2, *CFP* es $q_2S/Oq_2 = q_1P/2Oq_1 = 1/2(q_1P/Oq_1) = 1/2$ *CFP* para el volumen de producción Oq_1. Esto está representado en la figura B por la diferencia que existe entre *OP'* y *OS'*: más específicamente, $OS' = 1/2OP'$. Asimismo, como el lector puede verificar por sí mismo, $OR' = 1/3OP'$. Los demás puntos de *CFP* se determinan de la misma manera.

En general, el costo promedio asociado a la producción Oq_j, donde $Oq_j = j(Oq_1)$, está dado por $(1/j)$ (OP'). Ésta es la ecuación de una hipérbola rectangular que es asintótica a cero a medida que aumenta j.

La gráfica VIII.3.4 muestra cómo se deriva *CVP* de *CVT*. Como ocurre con todas las curvas "promedio", el costo variable promedio asociado a cualquier nivel de la producción está dado por la pendiente de una línea que va del origen al punto correspondiente de la curva *CVT*. Como es fácil observar a partir de la figura A, la pendiente de un radio que va del origen a la curva disminuye constantemente a medida que pasamos por puntos como *P*; y disminuye hasta que el radio es precisamente tangente a la curva *CFT* en el punto *S*, asociado a la producción Oq_2. A partir de este punto la pendiente aumenta a medida que se avanza desde *S* hacia puntos tales como *R*. Esto se representa en la figura B mediante la construcción de *CVP* con una pendiente negativa hasta que se alcanza la producción Oq_2. Después de ese punto, la pendiente se vuelve positiva y ya no dejará de serlo.

Se aplica exactamente el mismo argumento a las figuras A y B de la gráfica

GRÁFICA VIII.3.4. *La derivación de la curva del costo variable promedio*

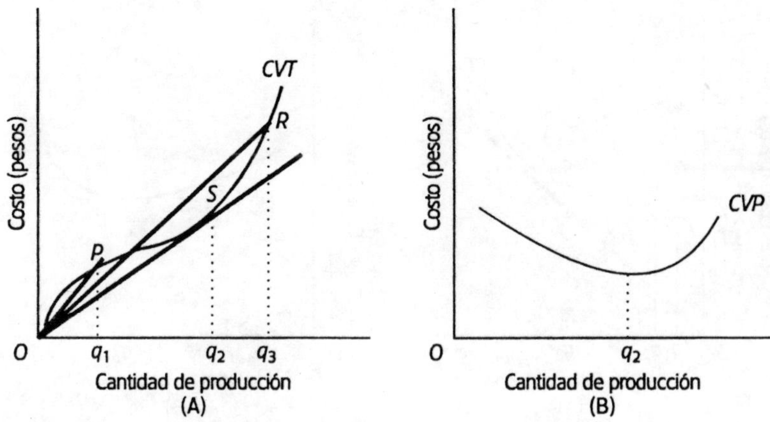

GRÁFICA VIII.3.5. *La derivación de la curva del costo total promedio o costo unitario*

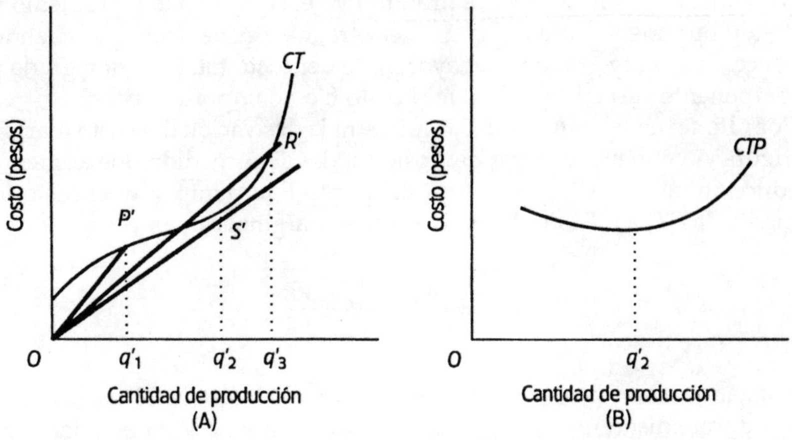

VIII.3.5, donde se deriva *CTP* a partir de *CT*. La pendiente del radio disminuye a medida que avanzamos a lo largo de *CT* hasta llegar al punto *S'*. En *S'* la pendiente del radio es mínima, por lo que se alcanza el valor mínimo de *CTP* en el nivel de producción Oq_2'. De aquí en adelante, la pendiente del rayo aumenta continuamente y la curva *CTP* tiene una pendiente positiva. (*Nota*: El nivel de producción Oq_2' no representa la misma cantidad en las gráficas VIII.3.3 a VIII.3.6.)

GRÁFICA VIII.3.6. *La derivación de la curva del costo marginal*

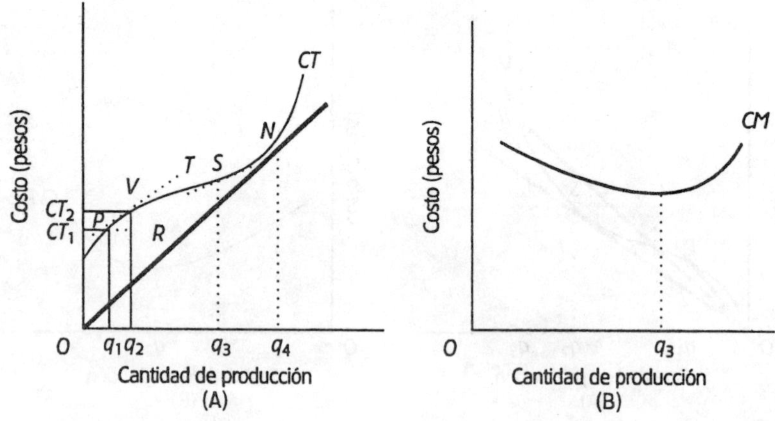

La diferencia que existe entre el costo total promedio y el costo variable promedio es el costo fijo promedio. Puesto que el costo fijo promedio se vuelve muy pequeño conforme crece la producción, el costo variable promedio y el costo total promedio convergen. Ésta es otra manera de decir que, cuando la producción es muy grande, la mayor parte del costo total está integrada por el componente variable, por lo que el costo fijo no importa mucho.

Por último, en la gráfica VIII.3.6 se ilustra la derivación del costo marginal. La figura A contiene la curva del costo total, *CT*. A medida que aumenta la producción de Oq_1 a Oq_2, pasamos del punto *P* al punto *V*, y el costo total aumenta de CT_1 a CT_2. Por lo tanto, el costo marginal es

$$CM = \frac{CT_2 - CT_1}{Oq_2 - Oq_1} = \frac{VR}{PR}.$$

Supongamos ahora que el punto *P* se mueve a lo largo de *CT* hacia el punto *V*. Conforme disminuye la distancia que separa a *P* de *V*, la pendiente de la tangente *T* en el punto *V* se convierte cada vez en una estimación mejor de *VR*/*PR*. Y en el límite, para los movimientos que se realicen alrededor de una minúscula vecindad del punto *V*, la pendiente de la tangente es el costo marginal.

A medida que avanzamos a lo largo de *CT*, pasando por puntos como *P* y *V*, disminuye la pendiente de *CT*. La pendiente sigue disminuyendo hasta llegar al punto *S*, con la producción Oq_3. A partir de este punto, la pendiente aumenta. Por lo tanto, en la figura B se traza la curva *CM* de tal manera que disminuye hasta llegar al nivel de producción Oq_3, y luego empieza a ascender.

Habría que hacer una última observación acerca de las gráficas VIII.3.4 y VIII.3.6. Como ya hemos señalado *CT* y *CVT* tienen la misma pendiente en cada punto de la producción; *CT* es simplemente *CVT* desplazada hacia arriba por la cantidad constante *CFT*. Puesto que las pendientes son iguales, el *CM* está dado por la pendiente de cualquiera de las curvas. En la figura A de la gráfica VIII.3.4, la pendiente del radio *OS* indica el *CVP* mínimo. Pero en este punto el radio *OS* es exactamente tangente a *CVT*; por lo tanto, también nos da *CM* en este punto. Así pues, *CM* = *CVP*, cuando este último alcanza su valor mínimo. De igual manera, en la figura A de la gráfica VIII.3.6, la pendiente del radio *ON* indica el *CTP* mínimo. Pero en este punto el radio en cuestión es tangente a *CT*; por lo tanto, su pendiente nos da también a *CM*. En consecuencia, *CM* = *CTP* cuando este último alcanza su valor mínimo. Una vez más, esto ilustra la noción de que, cuando lo marginal es mayor que el promedio, aquél hace que aumente este último, y cuando lo marginal es menor que el promedio, aquél hace que éste disminuya.

VIII.3.d. *Las curvas de costo en el corto plazo*

El conjunto "típico" de curvas de costo en el corto plazo que se muestra en la gráfica VIII.3.7 ilustra las propiedades de las curvas del costo promedio y del costo marginal, derivadas en el apartado VIII.3.c. Estas propiedades pueden resumirse como sigue:

> *Relaciones*: *i)* El *CFP* disminuye continuamente, aproximándose asintóticamente a ambos ejes, como lo muestran los puntos 1 y 2 de la gráfica. El *CFP* es una hipérbola rectangular. *ii)* El *CVP* disminuye en un principio, llega a un nivel mínimo en el punto 4 y luego aumenta. Cuando el *CVP* alcanza su nivel mínimo en el punto 4, el *CM* es igual al *CVP*. A medida que el *CFP* se aproxima asintóticamente al eje horizontal, el *CVP* se aproxima asintóticamente al *CTP*, como lo indica el punto 5. *iii)* El *CTP* disminuye en un principio, alcanza un nivel mínimo en el punto 3 y luego empieza a aumentar. Cuando el *CTP* alcanza su nivel mínimo en el punto 6, el *CM* es igual al *CTP*. *iv)* El *CM* disminuye al principio, alcanza un nivel mínimo en el punto 6 y luego aumenta. El *CM* es igual al *CVP* y al *CTP* cuando estas curvas alcanzan sus valores mínimos. Además, el *CM* se encuentra por debajo del *CVP* y del *CTP* en el intervalo en el que las curvas descienden y se encuentra por arriba de ellas cuando están ascendiendo.

GRÁFICA VIII.3.7. *Conjunto típico de curvas de costos*

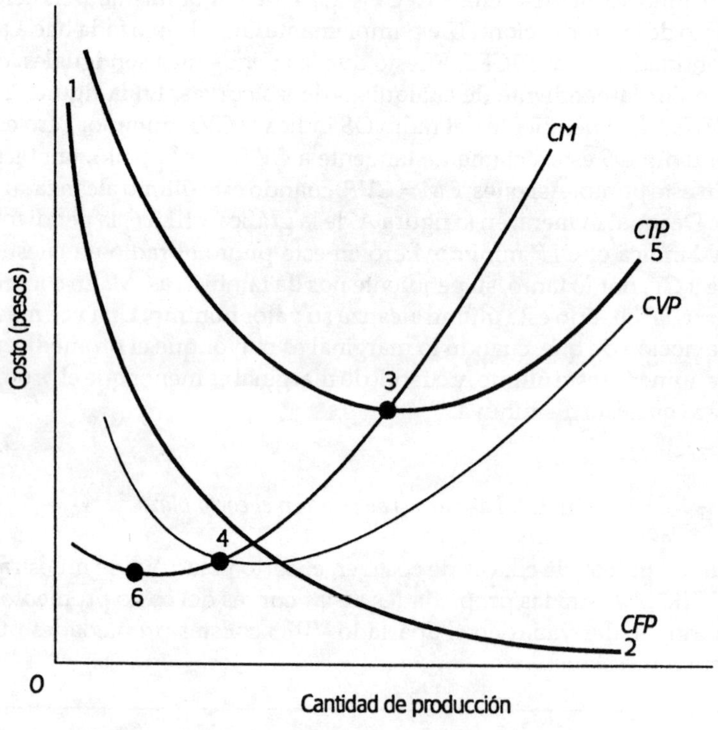

Ejemplo VIII.3: Para entender cómo se utilizan las curvas de costos en los negocios, consideremos a un operador de cruceros por el Caribe que está tratando de determinar el costo de transportar distintas cantidades de pasajeros en cruceros de una semana. En este caso, el costo fijo es el costo del barco, que asciende a $1 000 por semana. (Es decir, el pago de intereses sobre el préstamo conseguido para financiar la compra del barco asciende a $1 000 por semana.)

El costo variable de la transportación de un pasajero más es

$$CV = Q^3 + 10\,000Q^{0.5}$$

donde Q es el número total de los pasajeros.

El cuadro VIII.3.E.1 contiene toda la información pertinente, tomada de los hechos que acaban de anotarse y de las relaciones siguientes:

$$CVP = CV/Q$$
$$CT = CV + CF = CV + 1\,000$$
$$CP = CT/Q$$
$$CM = CV\,(Q) - CV\,(Q-1) = CT\,(Q) - CT\,(Q-1)$$

CUADRO VIII.3.E.1

Q	*CV*	*CT*	*CM*	*CVP*	*CTP*
1	$10 001	$11 001	$10 001	$10 001	$11 001
2	14 150	15 150	4 149	7 075	7 575
3	17 348	18 348	3 197	5 783	6 116
4	20 064	21 064	2 716	5 016	5 266
5	22 486	23 486	2 422	4 497	4 697
6	24 711	25 711	2 225	4 118	4 285
7	26 801	27 801	2 090	3 829	3 972
8	28 796	29 796	1 996	3 600	3 725
9	30 729	31 729	1 933	3 414	3 525
10	32 623	33 623	1 894	3 262	3 362
11	34 497	35 497	1 874	3 136	3 227
12	36 369	37 369	1 872	3 031	3 114
13	38 253	39 253	1 883	2 943	3 019
14	40 161	41 161	1 908	2 869	2 940
15	42 105	43 105	1 944	2 807	2 874
16	44 096	45 096	1 991	2 756	2 819
17	46 144	47 144	2 048	2 714	2 773
18	48 258	49 258	2 114	2 681	2 737
19	50 448	51 448	2 190	2 655	2 708
20	52 721	53 721	2 273	2 636	2 686
21	55 087	56 087	2 365	2 623	2 671
22	57 552	58 552	2 465	2 616	2 661
23	60 125	61 125	2 573	2 614	2 658
24	62 814	63 814	2 688	2 617	2 659
25	65 625	66 625	2 811	2 625	2 665
26	68 566	69 566	2 941	2 637	2 676
27	71 645	72 645	3 078	2 654	2 691
28	74 867	75 867	3 222	2 674	2 710
29	78 241	79 241	3 374	2 698	2 732
30	81 772	82 772	3 532	2 726	2 759
31	85 469	86 469	3 696	2 757	2 789
32	89 337	90 337	3 868	2 792	2 823
33	93 383	94 383	4 046	2 830	2 860
34	97 614	98 614	4 231	2 871	2 900

Cuadro VIII.3.E.1

Q	*CV*	*CT*	*CM*	*CVP*	*CTP*
35	102 036	103 036	4 422	2 915	2 944
36	106 656	107 656	4 620	2 963	2 990
37	111 481	112 481	4 825	3 013	3 040
38	116 516	117 516	5 035	3 066	3 093
39	121 769	122 769	5 253	3 122	3 148
40	127 246	128 246	5 477	3 181	3 206

Conviene destacar algunos puntos. Primero, el costo marginal (*CM*), el costo variable promedio (*CVP*) y el costo (total) promedio (*CTP*) disminuyen inicialmente y luego aumentan. El costo marginal empieza a aumentar antes que cualquiera de los otros dos. Además, el costo marginal se iguala al costo variable promedio en el punto mínimo de este último (22.87 pasajeros). Asimismo, el costo marginal se iguala al costo promedio en el punto mínimo de este último (23.24 pasajeros).

Segundo, el costo variable y el costo total aumentan a medida que aumenta el número de pasajeros. La adición de pasajeros no puede reducir el costo de operación del crucero. Sin embargo, el costo variable promedio y el costo total promedio disminuyen conforme el número de pasajeros aumenta de 1 a 23. Por lo tanto, el nivel de operación que genera un costo mínimo por unidad es el de 23 pasajeros.

¿El hecho de que el costo medio se minimice en 23 pasajeros implica que la empresa debería dejar de vender boletos al llegar a 23? En general, la respuesta es negativa. Lo que el productor quiere es maximizar su beneficio, no minimizar su costo promedio. Como veremos con más detalle en el capítulo IX, estos dos objetivos no coinciden en el corto plazo.

Por ejemplo, supongamos que un boleto pudiera venderse en $3 200. El costo de la adición del pasajero número 24 es de sólo $2 688 (véase el costo marginal del pasajero número 24), así que puede obtenerse un beneficio vendiendo ese boleto. En este caso, se reciben $512 por encima del costo. Lo mismo ocurre con cada pasajero adicional hasta llegar al número 28. Ese pasajero cuesta $3 222. Si el boleto sólo se puede vender por $3 200, no resulta costeable su transportación.

El punto que aquí se ilustra es que la minimización del costo no es el único factor que interviene en la determinación del nivel de producción. Las condiciones del costo son decisivas. Pero, a excepción del largo plazo, cuando todos los factores son variables, la selección de niveles de producción que corresponden al costo promedio mínimo no es generalmente la estrategia adecuada. Esto quedará más claro en el capítulo IX.

VIII.4. LA TEORÍA DEL COSTO EN EL LARGO PLAZO

Según la definición convencional que vimos en el capítulo VI y en otras partes de este libro, el largo plazo es "un periodo suficientemente largo para que todos los insumos sean variables". También se ha destacado otro aspecto del largo plazo, quizá el más importante de todos. El largo plazo es un *horizonte de planeación*. En efecto, cualquier producción, cualquier actividad económica, ocurre en el corto plazo. El "largo plazo" se refiere al hecho de que los agentes económicos —consumidores y administradores— pueden planear para el futuro y seleccionar muchos aspectos del "corto plazo" con que operarán en el futuro. Por lo tanto, en cierto sentido el largo plazo está integrado por todas las situaciones posibles del corto plazo entre las que puede elegir un agente económico.

Por ejemplo, *antes* de hacer una inversión, un gerente se encuentra en una situación de largo plazo y podría seleccionar cualquiera de una amplia variedad de inversiones diferentes. Una vez que se toma la decisión de inversión y los fondos se congelan en el equipo de capital fijo, la empresa opera en las condiciones del corto plazo. Así que quizá la mejor distinción consista en decir que un agente económico *opera* en el corto plazo y *planea* en el largo plazo.

VIII.4.a. *El corto y el largo plazos*

Para empezar con una situación muy sencilla, supongamos que la tecnología es tal que las plantas de cierta industria sólo pueden ser de tres tamaños diferentes. Es decir, que el equipo de capital fijo que comprende la "planta" sólo está disponible en tres tamaños: pequeño, mediano y grande.

La planta más pequeña genera la curva de costo promedio en el corto plazo llamado CPC_1 en la gráfica VIII.4.1; la mediana tiene un costo promedio en el corto plazo dado por CPC_2; y la grande tiene un costo promedio dado por CPC_3. En el largo plazo, un gerente tiene que elegir entre las tres alternativas de inversión representadas por las tres curvas de costo promedio en el corto plazo. La elección de una planta hecha por el empresario depende de la producción planeada o esperada. Por ejemplo, si la empresa espera producir el volumen Ox_1, se seleccionará la planta más pequeña. O bien, si se espera producir Ox_2, se seleccionará la mediana, etc. Se tomarán tales decisiones

GRÁFICA VIII.4.1. *Las curvas de costo promedio en el corto plazo para plantas de diferente tamaño*

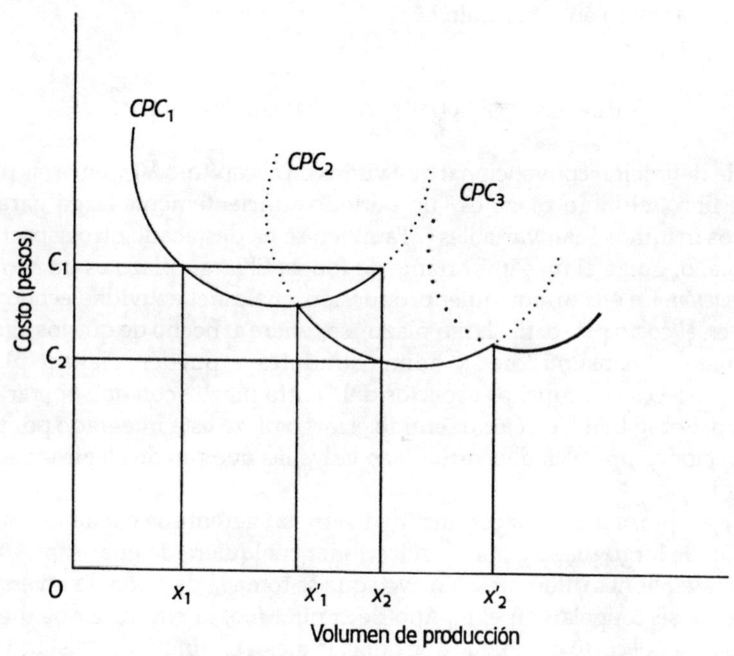

porque el empresario selecciona la planta capaz de producir el volumen esperado al menor costo unitario. (*Nota*: En el momento de tomar la decisión de construir la planta, la producción esperada se toma como dada. Por lo tanto, la selección de la planta de menor costo unitario o promedio equivale a elegir la planta con el menor costo total para la producción esperada.)

Si la producción esperada es Ox_1' u Ox_2', la decisión implica cierta ambigüedad. En cada uno de estos puntos, dos plantas incurren en el mismo costo promedio. Un gerente podría seleccionar la planta más grande, a fin de hacer frente a una posible expansión de la demanda. Por otra parte, preferiría la planta más pequeña, si existiera la posibilidad de una contracción de la demanda. En estos dos ejemplos, la decisión implicaría consideraciones distintas a las de la producción de menor costo.

Supongamos que la producción planeada es Ox_1. En este caso no hay ninguna ambigüedad y se construirá la planta representada por CPC_1. Supongamos ahora que, en realidad, resulta conveniente producir Ox_2 unidades. Esto puede hacerse con la planta existente a un costo promedio de OC_1 por unidad. En el corto plazo no hay otras opciones, y sólo de esta manera se puede producir Ox_2. Pero el empresario puede planear para el futuro. Cuando la planta vieja se haya "agotado", podrá sustituirla por una nueva, la cual será de tamaño mediano, porque en ella se puede producir Ox_2 con un costo promedio de OC_2 por unidad que es sustancialmente menor que el de la planta pequeña.

En el corto plazo, el empresario debe operar con CPC_1, CPC_2 o CPC_3. Pero en el largo plazo se puede construir una planta cuyo tamaño asegure el menor costo promedio para cada nivel de producción. Por consiguiente, como instrumento de planeación, la curva sólida en forma de festón es la curva de costo promedio en el largo plazo, porque indica el costo promedio en el largo plazo de cada nivel posible de producción. Esta curva se denomina con frecuencia "curva envolvente".

VIII.4.b. *La curva de costo promedio en el largo plazo*

Como ya dijimos, la ilustración anterior está muy simplificada. Una empresa enfrenta normalmente una selección entre una amplia variedad de plantas. En la gráfica VIII.4.2 se muestran seis curvas de costo promedio en el corto plazo; pero aún distan mucho de ser suficientes. Podrían trazarse muchas curvas entre cada una de ellas. Estas seis plantas son sólo representativas de las muy diversas que podrían construirse.

Todas estas curvas, al igual que las tres del apartado VIII.4.a, generan una curva *CPL* como instrumento de planeación. Supongamos que un empresario cree que la producción asociada al punto *A* es la más rentable. Entonces construirá la planta representada por CPC_1, porque ésta producirá esa cantidad al menor costo unitario posible. Con la planta cuyo costo promedio en el corto plazo está dado por CPC_1, el costo unitario podría reducirse aumentando la producción hasta la cantidad asociada al punto *B*, que señala el nivel mínimo de CPC_1. Si cambiaran de pronto las condiciones de la demanda, de modo que resultara conveniente esta producción mayor, el empresario podría expandirse sin dificultad, y aumentar su rentabilidad reduciendo el costo unitario. Sin embargo, si elabora plantes para el futuro, el empresario optaría por construir la planta representada por CPC_2, porque ésta reduciría más aún los costos unitarios. La planta operaría en el punto *C*, reduciendo así el costo unitario por debajo del nivel del punto *B* de CPC_1.

Resulta interesante observar que el punto *B* se encuentra donde la planta de tipo 1 opera con mayor eficiencia (es decir, al menor costo unitario). Aun así, conviene pasar a la planta de tipo 2, aunque ésta no opere en su nivel más eficiente. En efecto, todas las plantas menores que la del tipo 4 se utilizan sólo cuando están operando en un nivel menor que el eficiente. La razón es que no es la eficiencia de una planta dada lo que importa, sino la eficiencia global. Si

GRÁFICA VIII.4.2. *La curva del costo promedio en el largo plazo*

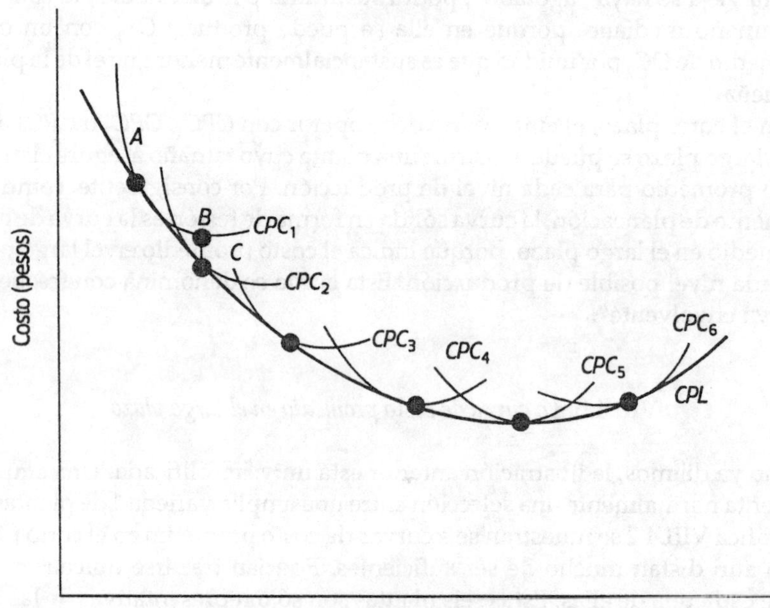

la planta 1 puede ser reemplazada por la planta 2 y así se puede reducir el costo, carece de importancia el hecho de que la planta 1 hubiese estado operando a su máxima eficiencia. Puesto que en el punto *A* no se puede hacer un movimiento que reduzca los costos, carece de importancia que *A* no sea tan eficiente como *B*. Esta observación se relaciona con la del ejemplo VIII.3, pero no es la misma.

La curva de planeación en el largo plazo, *CPL*, es el lugar geométrico de los puntos que representan el costo unitario mínimo de generar la producción correspondiente. Así pues, ésta es la curva de costo promedio en el largo plazo. El empresario determina el tamaño de su planta con referencia a esta curva, seleccionando la planta de corto plazo que cause el menor costo unitario para el volumen esperado de producción.[5]

[5] Es importante recordar que estamos operando bajo el supuesto de que el "corto" plazo es un periodo de tiempo bien definido. Es decir, para fines de la exposición hemos adoptado aquí la ficción analítica de que sólo hay *un* corto plazo. Si examináramos el caso más real de muchos cortos plazos, cada uno de ellos correspondiente a un periodo distinto (como en el apartado VIII.2.b), en la gráfica VIII.4.2, tendríamos que reemplazar cada curva *CPC* por un conjunto anidado de curvas de costo promedio en el corto plazo.

GRÁFICA VIII.4.3. *El costo marginal en el largo y el corto plazos*

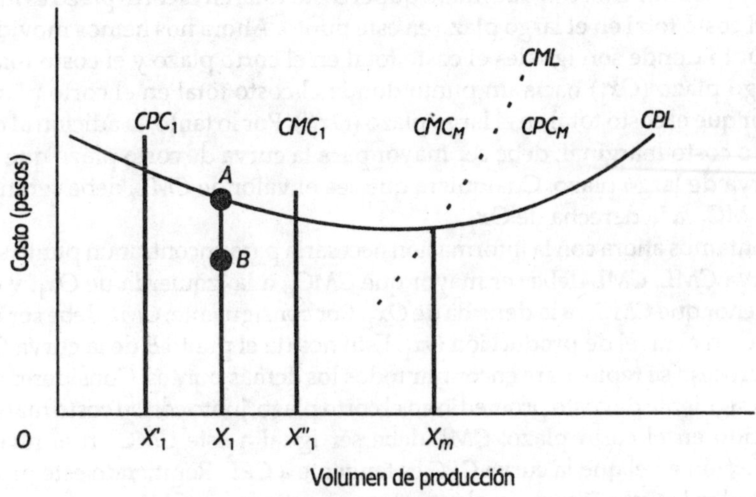

VIII.4.c. *El costo marginal en el largo plazo*

Puede trazarse una curva de costo marginal para la curva de planeación o curva de costo promedio en el largo plazo, como se ilustra en la gráfica VIII.4.3. Consideremos la planta representada por la curva de costo promedio en el corto plazo, CPC_1, con la curva de costo marginal en el corto plazo correspondiente a CMC_1, En el punto *A*, que corresponde a la producción Ox_1, *CPC* y *CPL* son iguales. Por lo tanto, el costo total en el corto plazo es igual al costo total en el largo plazo.

Para producciones menores, tales como Ox_1', CPC_1 es mayor que *CPL*, de modo que el costo total en el corto plazo es mayor que el costo total en el largo plazo. Así pues, si se expande la producción hacia Ox_1, el costo marginal en el largo plazo —cualquiera que sea— debe ser mayor que el costo marginal en el corto plazo conocido. Esto es, nos hemos movido de un punto donde el costo total en el corto plazo es mayor que el costo total en el largo plazo hacia un punto donde ambos costos son iguales. En consecuencia, la adición al costo total, o costo marginal, debe ser menor para la curva del corto plazo que para la curva del largo plazo. O sea que *CML* es mayor que *CMC* a la izquierda del punto *A*.[6]

[6] Conviene hacer hincapié en este punto con un sencillo ejemplo numérico. Nos referiremos a la gráfica VIII.4.3. En el nivel de producción Ox_1', puesto que $CPC_1 > CPL$, sea \$100 el costo total en el corto plazo y \$90 el costo total en el largo plazo. En el nivel de producción Ox_1, ambos costos

Para una expansión de la producción de Ox_1 a Ox_1'', ocurre lo contrario. *CPC* es mayor que *CPL* en Ox_1'', de modo que el costo total en el corto plazo es mayor que el costo total en el largo plazo en este punto. Ahora nos hemos movido de un punto donde son iguales el costo total en el corto plazo y el costo total en el largo plazo (Ox_1) hacia un punto donde el costo total en el corto plazo es mayor que el costo total en el largo plazo (Ox_1''). Por lo tanto, la adición al costo total, o costo marginal, debe ser mayor para la curva de corto plazo que para la curva de largo plazo. Cualquiera que sea el valor de *CML*, debe ser menor que CMC_1, a la derecha de Ox_1.

Contamos ahora con la información necesaria para encontrar un punto sobre la curva *CML*. *CML* debe ser mayor que CMC_1, a la izquierda de Ox_1, y debe ser menor que CMC_1, a la derecha de Ox_1. Por consiguiente, *CML* debe ser igual a *CMC* en el nivel de producción Ox_1. Esto nos da el punto *B* de la curva *CML*. Este proceso se repite para encontrar todos los demás puntos. Consideremos la curva siguiente de costo promedio en el corto plazo, junto con su costo marginal conocido en el corto plazo. *CML* debe ser igual a este *CMC* en el nivel de producción en el que la curva *CPC* es tangente a *CPL*. Repitiendo este proceso para todos los tamaños de la planta obtenemos la curva *CML*.

Es importante advertir que *CML* intersecta a *CPL* cuando esta última curva alcanza su punto mínimo. Habrá un tamaño de planta, y sólo uno, en el corto plazo, cuyo costo promedio mínimo en el corto plazo coincida con el costo promedio mínimo en el largo plazo. Esta planta está representada por CPC_M y por CMC_M en la gráfica VIII.4.3. CMC_M es igual a CPC_M en el punto mínimo de esta última curva. CPC_M es tangente a *CPL* en su mínimo común; y como hemos visto, *CML* es igual a *CMC* en el punto en que *CPC* y *CPL* son tangentes. Por consiguiente, *CML* debe pasar por el punto mínimo de *CPL*.

A riesgo de reiterar lo obvio, haremos hincapié en que el ajuste *óptimo* es siempre preferible al ajuste *subóptimo*. Esto nos lleva a una visión ligeramente diferente de *CPL* y *CML*.

> *La curva del costo promedio en el largo plazo:* La curva del costo promedio en el largo plazo muestra el *costo unitario mínimo* de cada volumen posible de producción; la curva del costo marginal en el largo plazo muestra la *cantidad mínima* en la que aumenta el costo cuando aumenta la producción y la *cantidad máxima* que puede ahorrarse cuando se reduce la producción.

son iguales, digamos $110. Por lo tanto, en el intervalo de Ox_1' a Ox_1, el costo marginal en el corto plazo es $10, mientras que el costo marginal en el largo plazo es $20.

GRÁFICA VIII.4.4. *La ruta de expansión y el ajuste subóptimo*

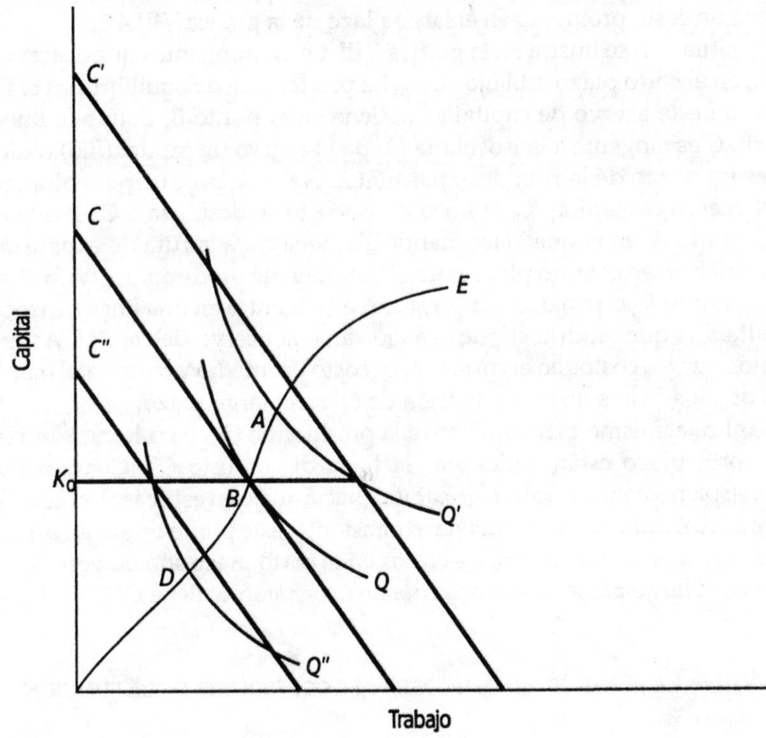

VIII.4.d. *La curva envolvente y la ruta de expansión*

Acabamos de discutir el concepto de la curva de costo promedio en el largo plazo como la envolvente de un conjunto de curvas en el corto plazo. Anteriormente, en el apartado VIII.2.a, explicamos la relación que existe entre la ruta de expansión y la curva de costo total en el largo plazo. Puesto que los costos promedio en el largo plazo son simplemente los costos totales en el largo plazo divididos por el volumen de producción, estos dos enfoques de los costos en el largo plazo son en realidad uno solo. En el apartado VIII.2.b vimos que la producción de un volumen dado, con combinaciones distintas de las que existen a lo largo de la ruta de expansión, significaba siempre que los costos totales en el corto plazo eran mayores que los costos totales en el largo plazo. Esto significa, por supuesto, que los costos promedio en el corto plazo deben ser mayores que los costos promedio en el largo plazo, excepto en los puntos que corresponden al uso de los factores a lo largo de la ruta de expansión. Por consiguiente, los puntos de la ruta de expansión se relacionan uno a uno con los puntos de tangencia entre las curvas de costo promedio en el corto plazo y la curva de costo promedio en el largo plazo de la gráfica VIII.4.2.

Esta situación se ilustra en la gráfica VIII.4.4. Supongamos que el acervo de capital en el corto plazo está fijo en K_0. La producción de equilibrio en el largo plazo con este acervo de capital se obtiene en el punto B, donde la línea de isocosto C es tangente a la isocuanta Q con el acervo de capital (fijo) dado K_0. Éste es un punto de la ruta de expansión E. A fin de producir el volumen Q' con el acervo de capital K_0, la línea de isocosto se desplaza a C'. Adviértase que el punto A, en el que la isocuanta Q' intersecta a la ruta de expansión E, es el equilibrio en el largo plazo para el volumen de producción Q'. En el corto plazo, cuando K_0 está fijo, el empresario se encuentra en una línea de isocosto más alta a la que tendría si pudiera ajustarse al acervo de capital. Así pues, tenemos que los costos en el corto plazo (costo promedio y costo total) son mayores que los costos de la producción de Q' en el largo plazo.

Se aplica el mismo razonamiento a la producción Q'', para la cual los costos en el corto plazo están dados por la línea de isocosto C''. Cuando puede ajustarse plenamente el acervo de capital (hacia abajo en este caso), el equilibrio ocurrirá en el punto D de la ruta de expansión, y este punto estará en una línea de isocosto menor. De nuevo, los costos en el corto plazo son mayores que los costos en el largo plazo. Sólo en la ruta de expansión se tiene $CPC = CPL$.

VIII.5. La elasticidad del costo y el coeficiente de la función

Ahora podemos establecer una relación muy importante entre la función de producción y la curva de costo total en el largo plazo. Empezaremos por introducir el concepto del coeficiente de la función.

VIII.5.a. *El coeficiente de la función*

El coeficiente de la función se define para cada función de producción de la siguiente manera:

> *El coeficiente de la función*: El *coeficiente de la función* (ε) indica el cambio proporcional en la producción cuando todos los insumos aumentan en la misma proporción.

El coeficiente de la función puede expresarse como una fórmula. El cambio proporcional en la producción es $\Delta q/q$. Sea que todos los insumos aumenten en la proporción λ. Entonces, por definición,

$$\varepsilon = \frac{\left(\frac{\Delta q}{q}\right)}{\lambda}. \tag{VIII.5.1}$$

Si el coeficiente de la función es unitario ($\varepsilon = 1$), el cambio proporcional en los insumos genera el mismo cambio proporcional en la producción y decimos entonces que hay *rendimientos constantes a escala.* Si el coeficiente de la función es menor que 1 ($\varepsilon < 1$), el cambio proporcional en la producción es menor que el cambio proporcional en los insumos y decimos que hay *rendimientos decrecientes a escala.* Por último, cuando $\varepsilon > 1$, decimos que hay *rendimientos crecientes a escala.*

Sea la función de producción $q = f(x, y)$; entonces, para un pequeño cambio en x, denotado por Δx, la producción cambiará en $PM_x \, \Delta x$, que es el producto marginal de x multiplicado por el cambio ocurrido en x. De igual modo, para un cambio pequeño de y, la producción cambiará en $PM_y \, \Delta y$, donde PM_y es el producto marginal de y. Así pues, para cambios pequeños de x y y, el cambio en la producción es

$$\Delta q = PM_x \Delta x + PM_y \Delta y. \tag{VIII.5.2}$$

Una sencilla manipulación algebraica demuestra que la ecuación VIII.5.2 es equivalente a

$$\frac{\Delta q}{q} = \frac{x}{q} PM_x \frac{\Delta x}{x} + \frac{y}{q} PM_y \frac{\Delta y}{y}. \tag{VIII.5.3}$$

Supongamos ahora que x y y aumentan en la misma proporción λ (es decir, sea $\Delta x/x = \Delta y/y = \lambda$), y por VIII.5.3 tendremos:

$$\frac{\Delta q}{q} = \left(PM_x \frac{x}{q} + PM_y \frac{y}{q}\right)\lambda$$

o sea,

$$\varepsilon = \frac{\frac{\Delta q}{q}}{\lambda} = PM_x \frac{x}{q} + PM_y \frac{y}{q}. \tag{VIII.5.4}$$

Puesto que q/x es el producto promedio de x, y q/y es el producto promedio de y, podemos volver a escribir VIII.5.4 de la siguiente manera:

$$\varepsilon = \frac{PM_x}{PP_x} + \frac{PM_y}{PP_y}. \tag{VIII.5.5}$$

Este resultado se entiende sin dificultad si x es el único factor. En ese caso el coeficiente de la función es la razón del producto marginal entre el producto promedio de x. Ahora bien, el producto promedio de x nos dice la productividad promedio de x en todas las unidades anteriores. El producto marginal indica la productividad de la siguiente unidad. Si la productividad de la siguiente unidad excede a la productividad de las unidades anteriores, la empresa estará siendo más productiva al expandir la producción, o sea, habrá rendimientos crecientes a escala. A la inversa, si el producto marginal es menor que el producto promedio, la empresa estará siendo menos productiva al aumentar la producción; es decir, habrá rendimientos decrecientes a escala. Si el producto marginal es igual al producto promedio, habrá rendimientos constantes a escala.

Este resultado nos será útil en el apartado siguiente.

EJERCICIOS NUMÉRICOS

Supongamos que el bufete legal Freeman y Bella se especializa en la redacción de contratos de fusión de empresas, de acuerdo con la función de producción del ejemplo VII.1 del capítulo VII,

$$Q = (E)^{1/2} (A)^{1/2}$$

donde Q es el número de los contratos, E es el número de horas trabajadas por los economistas y A es el número de horas trabajadas por los abogados.

Para esta función de producción resulta que el producto marginal de los economistas está dado por la fórmula:

$$PM_E = 1/2\sqrt{A/E}$$

Supongamos también que Freeman y Bella enfrentan precios dados de los insumos de \$4 por hora por el uso de los economistas y de \$1 por hora por el uso de los abogados.

PREGUNTAS

1. Utilizando el material de los capítulos VII y VIII, ¿cuántas horas de los economistas y cuántas de los abogados debe emplear la empresa para *minimizar el costo en el largo plazo* para producir 1 contrato, 2 contratos, 3 contratos, 4 contratos y 5 contratos?
2. A partir del resultado de la pregunta anterior, calcule el costo total (*CT*), el costo promedio (*CP*) y el costo marginal (*CM*) de cada uno de los cinco niveles de contratos. Adviértase que todos ellos son costos en el largo plazo.
3. Supongamos ahora que el bufete legal ha contratado ya cuatro horas de tiempo de los abogados y no puede alterar esta cantidad en el corto plazo. Dada esta cantidad del tiempo de abogados, ¿cuál es la cantidad del tiempo de economistas que debe utilizarse para producir los niveles de contratos de 1, 2, 3, 4, 5?
4. Haciendo referencia a la pregunta anterior, calcule los costos total, promedio y marginal en el corto plazo para cada nivel de contratos.
5. ¿Pueden ser, el costo total y el costo promedio de la pregunta anterior, menores que el costo total y que el costo promedio determinados en la pregunta 2? Explique.

SOLUCIONES

1. Para encontrar los niveles de los insumos que minimizan el costo en cada nivel de producción, iguale la *TMST* a la razón de precios de los insumos, o sea

$$\frac{PM_E}{PM_A} = \frac{\$4}{\$1}, \text{ o equivalentemente, } A/E = 4, \text{ o sea } A = 4E.$$

Para producir un contrato, sustituya en la función de producción este valor de A y despeje E:

$$1 = (E)^{1/2}\,(4E)^{1/2}, \text{ o sea } E = 1/2, \text{ y } A = 2$$

2. Cálculos similares para $Q = 2, 3, 4, 5$, generan las combinaciones que aparecen a continuación:

Q	E	A	CTLP ($4E + $1A)	CPLP	CMLP
1	1/2	2	4	$4	$4
2	1	4	8	4	4
3	3/2	6	12	4	4
4	2	8	16	4	4
5	5/2	10	20	4	4

3. Para las preguntas 3 y 4, no podemos utilizar el cuadro anterior porque estamos restringidos en el uso del tiempo de los abogados a 4 horas. O sea que nos encontramos en el *corto plazo.* A fin de calcular la cantidad del tiempo de los economistas que se requiere para producir los niveles de contratos 1, 2, 3, 4, 5, sustituimos de nuevo en la función de producción, pero fijamos $A = 4$. Esto conduce a las combinaciones de *E* y *A* del cuadro siguiente:

Q	E	A	CTCP ($4E + $1A)	CPCP	CMCP
1	1/4	4	$5	$5	$1
2	1	4	8	4	3
3	9/4	4	13	13/3	5
4	4	4	20	5	7
5	25/4	4	29	29/5	9

4. Véanse las columnas del cuadro anterior tituladas *CTCP*, *CPCP* y *CMCP*.
5. Adviértase que resulta imposible que *CPL* supere a *CPC*, o que *CTLP* supere a *CTCP*, porque en el largo plazo podríamos utilizar la mejor combinación de corto plazo, pero la combinación de corto plazo no minimizará el costo en el largo plazo en la mayoría de los casos. En nuestro ejemplo sólo hay un nivel de contratos donde $CPCP = CPLP$, y ello ocurre en el nivel de contratos 2, donde 4*A* es, en efecto, la mejor cantidad de *A* que se puede emplear en el largo plazo para producir el nivel de contratos 2. Así se explican los diagramas de las gráficas VIII.4.1 y VIII.4.2.

VIII.5.b. *La elasticidad del costo*

Los resultados que nos interesan requieren cierta manipulación de los símbolos *tediosa pero sencilla,* que relegaremos a una nota al pie.[7] Esta manipulación de los símbolos conduce a la siguiente

> *Relación*: El coeficiente de la función es igual a la razón del costo promedio en el largo plazo y el costo marginal en el largo plazo; en símbolos:

$$\varepsilon = \frac{CP}{CM}. \tag{VIII.5.6}$$

[7] Partimos de la ecuación VIII.5.4 del texto y suponemos que los precios de los dos insumos son p_x y p_y. Multiplicamos y dividimos el primer término del último miembro derecho de VIII.5.4 por p_x, y el segundo término por p_y. Así obtenemos

$$\varepsilon = \frac{PM_x}{p_x}\frac{xp_x}{q} + \frac{PM_y}{p_y}\frac{yp_y}{q}. \tag{VIII.7.1}$$

En el capítulo VII vimos que la ruta de expansión está definida por la igualdad entre la tasa marginal de sustitución técnica y la razón de precios de los insumos. Además, vimos que esto puede expresarse siempre diciendo que el producto marginal de un peso gastado en cada insumo debe ser el mismo para todos los insumos. En símbolos,

$$\frac{PM_x}{p_x} = \frac{PM_y}{p_y}. \tag{VIII.7.2}$$

Sustituyendo la ecuación VIII.7.2 en VIII.7.1, escribimos

$$\varepsilon = \frac{PM_x}{p_x}\left(\frac{xp_x}{q} + \frac{yp_y}{q}\right) = \frac{PM_x}{p_x}\left(\frac{xp_x + yp_y}{q}\right). \tag{VIII.7.3}$$

Por último, necesitamos cierta información de este capítulo. Primero, el costo total (*C*) es por definición la suma de los pagos a todos los insumos, es decir, el precio de cada insumo multiplicado por el número de unidades empleadas y sumado para todos los insumos. O sea

$$C = xp_x + yp_y. \tag{VIII.7.4}$$

Además, definimos el costo promedio como $CP = C/q$. Al sustituir en la ecuación VIII.7.3, obtenemos

$$\varepsilon = \frac{MP_x}{p_x}(CP). \tag{VIII.7.5}$$

Vale la pena explorar con cierto detalle las implicaciones de esta relación. Primero, recordemos que hay rendimientos crecientes, constantes o decrecientes a escala, según si el coeficiente de la función es mayor, igual o menor que uno. Por ejemplo, supongamos que $\varepsilon > 1$. Esto implica que una expansión proporcional de los insumos hará que la producción se expanda en mayor proporción. Ahora bien, si $\varepsilon > 1$, $CP/CM > 1$; esto implica que un aumento proporcional en la producción hará que el costo aumente en menor proporción. La razón es clara: puesto que hay rendimientos crecientes a escala, la expansión proporcional dada de la producción puede lograrse con un incremento proporcional menor del uso de los insumos. Por consiguiente, a precios constantes de los insumos, el costo aumenta proporcionalmente menos que la producción.

Ejercicio: Aplique este tipo de argumento al caso en que $\varepsilon < 1$.

Sigamos suponiendo que $\varepsilon > 1$. Si el costo total aumenta en menor proporción que la producción, se reducirá el costo promedio. Por consiguiente, en el intervalo en el que la función de producción presenta rendimientos crecientes a escala, la curva del costo promedio en el largo plazo disminuye (véase la gráfica VIII.5.1). Por otra parte, cuando hay rendimientos decrecientes a escala ($\varepsilon < 1$), la función del costo total es elástica. Esto significa que el costo aumenta proporcionalmente más que la producción, de manera que el costo promedio aumenta. De nuevo, la razón es clara: cuando $\varepsilon < 1$, un aumento proporcional dado en la producción requiere que los insumos aumenten en mayor proporción. Si los precios de los factores son constantes, el costo total aumenta proporcionalmente más que la producción y el costo promedio sube.

Estos resultados pueden resumirse en la siguiente

Adviértase que PM_x es $\Delta Q/\Delta X$ y p_x es simplemente el cambio en el costo asociado a un cambio de x, o sea $\Delta C/\Delta X$ (véase la ecuación VIII.7.4). Por consiguiente:

$$\frac{PM_x}{p_x} = \frac{\Delta Q/\Delta X}{\Delta C/\Delta X} = \frac{\Delta Q}{\Delta C}.$$

Pero $\Delta C/\Delta Q$ es el costo marginal, así tenemos que $\frac{PM_x}{p_x} = \frac{1}{CM}$, lo que implica que

$$\varepsilon = \frac{CP}{CM}.$$

> *Relación*: El costo promedio en el largo plazo disminuye o aumenta según si hay rendimientos crecientes o decrecientes a escala; esta relación se da si, y sólo si, los precios de los factores permanecen constantes en todo momento.

VIII.6. LA FORMA DEL CPL

Las curvas de costo promedio en el corto y el largo plazos se parecen en cuanto a que ambas tienen forma de U. Sin embargo las razones de esta forma son muy distintas. La *CPC* tiene forma de U porque el descenso del costo fijo promedio se ve finalmente contrarrestado con creces por el aumento en el costo variable promedio; esto último ocurre porque el producto promedio alcanza un máximo y luego disminuye. Sin embargo, esto no tiene nada que ver con la curvatura del *CPL*. Los rendimientos crecientes o decrecientes a escala en la función de producción y ciertas economías y deseconomías financieras de escala son los factores determinantes de la forma que adopta *CPL*.

VIII.6.a. *Las economías de escala*

A medida que aumentan el tamaño de la planta y la escala de operación, considerando la expansión a partir de la planta más pequeña posible, ocurren en general ciertas economías de escala. Es decir, después de ajustar óptimamente *todos* los insumos, puede reducirse el costo unitario de producción aumentando el tamaño de la planta.

Adam Smith expuso una de las principales razones de este fenómeno: la especialización y la división del trabajo. Cuando aumenta el número de trabajadores y los insumos fijos permanecen fijos, se agotan con rapidez las oportunidades para la especialización y la división del trabajo. Es cierto que la curva del producto marginal aumenta, pero no por mucho tiempo. Muy pronto alcanzará su punto máximo y luego descenderá. Pero cuando aumentan al mismo tiempo el número de trabajadores y el equipo, pueden obtenerse ganancias sustanciales mediante la división del trabajo y la especialización de los trabajadores en una tarea o en otra.

Se gana en eficiencia por la concentración del esfuerzo. Si una planta es muy pequeña y emplea sólo un pequeño número de trabajadores, cada trabajador tendrá que desempeñar por lo regular varias tareas diferentes en el proceso de producción. Para ello, probablemente tendrá que deambular por la planta, cambiar de herramientas, etc. Así, los trabajadores no sólo no podrán adquirir una gran especialización, sino que parte de su tiempo de

GRÁFICA VIII.5.1. *El costo promedio en el largo plazo y el coeficiente de la función*

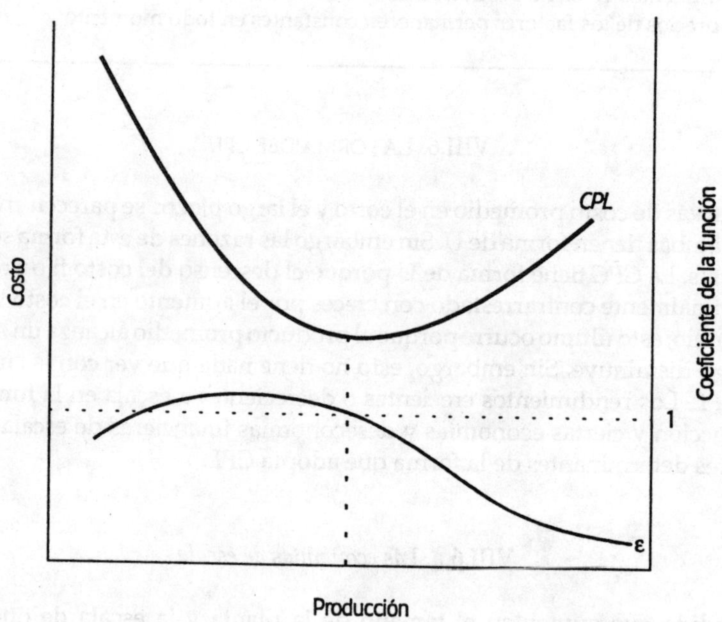

trabajo la pasaran deambulando de un lado a otro y cambiando de herramientas. Por lo tanto, si se incrementa la escala de operación podrían realizarse importantes ahorros. Una planta más grande, con una fuerza de trabajo mayor, puede permitir que cada trabajador se especialice en una tarea, volviéndose más eficiente y evitando los cambios de lugar y de equipo que consumen tiempo. Naturalmente, habrá reducciones correspondientes en el costo unitario de producción.

Los factores tecnológicos constituyen una segunda fuerza que contribuye a las economías de escala. La compra e instalación de máquinas más grandes es, por lo regular, proporcionalmente menor que el costo de máquinas más pequeñas por razones tecnológicas. Por ejemplo, una prensa que puede producir 200 000 periódicos por día no cuesta 10 veces más que una que puede producir 20 000 periódicos por día, ni requiere un espacio de construcción 10 veces mayor ni una fuerza de trabajo 10 veces mayor, etc. De nuevo, el aumento de tamaño tiende a reducir el costo unitario de producción.

Así pues, hay dos fuerzas generales —la especialización y división del trabajo y los factores tecnológicos— que permiten al productor reducir su costo unitario al aumentar su escala de operación.[8] Estas fuerzas originan la porción de pendiente negativa de la curva de costo promedio en el largo plazo.

¿Pero por qué habría de subir esa curva? Después de que se han realizado todas las economías de escala posibles, ¿por qué no se vuelve horizontal la curva?

VIII.6.b. *Las deseconomías de escala*

La porción ascendente de *CPL* se atribuye por lo general a las "deseconomías de escala", lo que en esencia significa la existencia de limitaciones para la administración eficiente. La administración de cualquier empresa implica el control y la coordinación de gran diversidad de actividades; producción, transporte, finanzas, ventas, etc. A fin de desempeñar estas funciones administrativas con eficiencia, el administrador debe contar con una información correcta, porque de otro modo la toma de decisiones se hará en medio de la ignorancia.

A medida que la escala de la planta pasa de cierto punto, los ejecutivos de más alta jerarquía tienen que delegar inevitablemente la responsabilidad y la autoridad en empleados de menor jerarquía. Tiende a perderse el contacto con la rutina diaria de operación y la eficiencia de operación suele disminuir. Aumentan el papeleo y la burocracia y en general la administración no es tan eficiente. Esto aumenta el costo del desempeño de la función gerencial y, por supuesto, el costo unitario de producción.

Resulta muy difícil determinar cuándo se inician las deseconomías de escala y cuándo se vuelven tan intensas que superan a las economías de escala. En las empresas donde son insignificantes las economías de escala, las deseconomías pronto pueden cobrar una importancia decisiva, haciendo que el *CPL* aumente para un volumen de producción relativamente pequeño. En la gráfica VIII.6.1, la figura A muestra una curva de costo promedio en el largo plazo para una empresa de este tipo. En otros casos, las economías de escala son sumamente importantes. Aun después de que la eficiencia en la administración empieza a disminuir, las economías de escala tecnológicas pueden contrarrestar esas deseconomías en un amplio rango de la producción. En consecuencia, es posible que la curva *CPL* sólo empiece a ascender cuando se alcance un volumen de producción muy grande. Este caso, típico de los llamados monopolios naturales, se ilustra en la figura B de la gráfica VIII.6.1.

[8] Este análisis de las economías de escala se ha concentrado en las fuerzas físicas y tecnológicas. También hay razones financieras que justifican su estudio. La compra de materias primas y procesadas a gran escala puede permitir que el comprador obtenga precios más favorables (descuentos por cantidad). A veces la fuente de estos descuentos es tecnológica. En otros casos, sin embargo, estos descuentos pueden reflejar la política de precios óptimos de un monopolista que vende factores de producción.

GRÁFICA VIII.6.1. *Diversas formas de CPL*

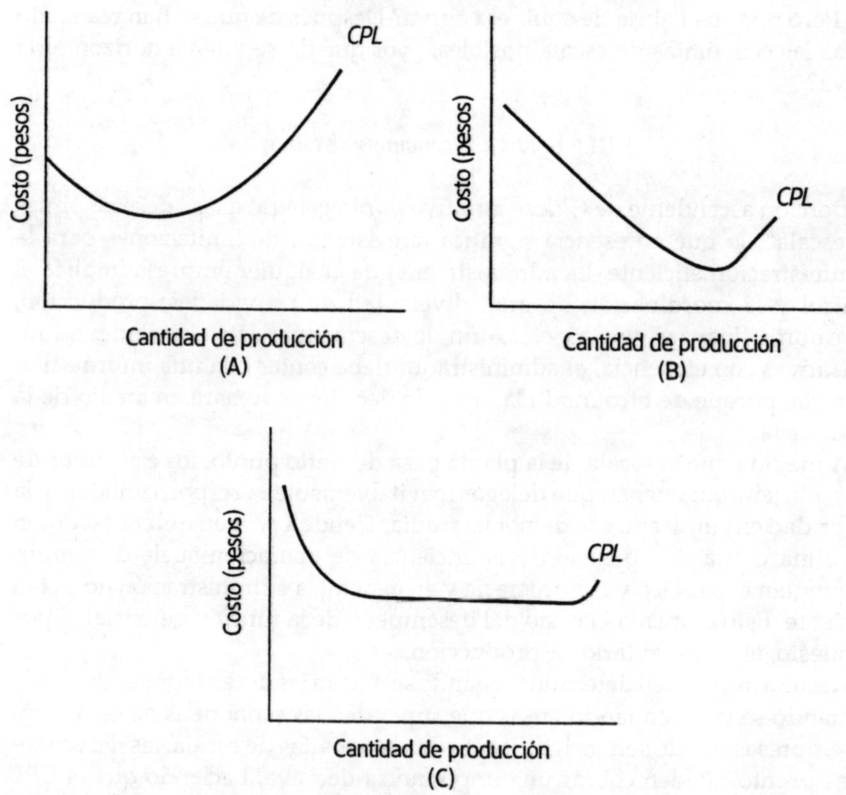

No obstante, hay muchas situaciones reales en las que ninguno de estos extremos describe el comportamiento de *CPL*. Una escala muy modesta de operación puede permitir que una empresa capte todas las economías de escala. Sin embargo, es posible que las deseconomías sólo aparezcan cuando el volumen de producción sea muy grande. En este caso, *CPL* tendría un segmento horizontal largo, como se muestra en la figura C. Muchos economistas creen que este tipo de curva *CPL* describe la mayoría de los procesos de producción de la economía estadunidense.

VIII.7. CONCLUSIONES

Las condiciones físicas de la producción y los precios de los recursos determinan conjuntamente el costo de producción. Esto es muy importante para las empresas individuales y para el conjunto de la economía, pero sólo es parte de la historia. El costo representa un aspecto de la actividad económica: para el empresario representa sus obligaciones de pago; para la sociedad representa los recursos que deben sacrificarse para obtener un bien dado. El otro aspecto es el ingreso, o sea, la demanda. Para el empresario individual, el ingreso es el flujo de fondos que le permiten hacer frente a sus obligaciones. Para la sociedad, la demanda representa el valor social asignado a un bien.

Tanto la demanda como el costo deben tenerse en cuenta. En la parte III nos ocuparemos de la demanda.

VIII.8. RESUMEN

- ✦ El costo abarca los pagos explícitos por la compra de factores y los costos implícitos representados por los usos alternativos que fueron sacrificados en cuanto a tiempo y dinero del empresario. El beneficio económico neto puede concebirse como el beneficio contable menos estos costos implícitos.
- ✦ Dados la función de producción y los costos de los factores, pueden derivarse curvas de costo total que midan el costo total mínimo al que podría producirse cada volumen total. Cuando todos los factores pueden variar, la curva resultante se llama curva o función del costo total en el largo plazo. Cuando el periodo cubierto es tan corto que sólo se pueden variar algunos factores productivos, la curva resultante se llama curva del costo total en el corto plazo.
- ✦ En el corto plazo, los costos pueden clasificarse como fijos o variables. Dados los costos fijos totales y la curva del costo variable total, podemos derivar la curva del costo fijo promedio y las curvas de los costos variables promedio y marginal en el corto plazo. Estas curvas tienen ciertas relaciones geométricas similares a las que examinamos en el apéndice del capítulo VI.
- ✦ En el largo plazo no hay costos fijos. La curva del costo promedio en el largo plazo es, en efecto, una curva envolvente de las curvas de costo promedio en el corto plazo. La curva del costo promedio en el largo plazo es un instrumento de planeación en el sentido de que representa las oportunidades de costo de que dispone el empresario antes de que se construya cualquier planta. A la curva de costo promedio en el largo plazo corresponde una curva de costo marginal en el largo plazo.

✦ Cuando hay rendimientos a escala, la curva de costo promedio en el largo plazo es una línea horizontal. Cuando hay economías de escala se presenta una curva decreciente del costo promedio en el largo plazo; y las deseconomías de escala están representadas por una curva ascendente del costo promedio en el largo plazo.

PREGUNTAS Y EJERCICIOS

Volvamos al problema que se encuentra al final del capítulo VI. Allí se proporciona una columna donde se anota el producto total (1); y usted ha calculado la columna del producto promedio (2) y la columna del producto marginal (3). También se cuenta con la información siguiente:

1. El costo fijo total (precio total de los insumos fijos) es de $220 por periodo.
2. Las unidades de insumo variable cuestan $100 por unidad por periodo.

   Utilizando esta información, agregue a su cuadro las cifras que corresponden a las nuevas categorías que aparecen en las columnas (4) a (10) descritas a continuación:

Unidades del insumo variable	*Producto total (1)*	*Producto promedio (2)*	*Producto marginal (3)*	*Costo fijo total (4)*	*Costo variable total (5)*	*Costo total (6)*	*Costo fijo promedio (7)*	*Costo variable promedio (8)*	*Costo total promedio (9)*	*Costo marginal (10)*

I. Grafique las curvas del costo total en una hoja y las curvas medias y marginales en otra.

II. Por referencia al cuadro y a la gráfica, conteste las interrogantes siguientes:

1. Cuando el producto marginal está aumentando, ¿qué le sucede
   a) al costo marginal?
   b) al costo variable promedio?
2. ¿Empieza a aumentar el costo variable promedio cuando empieza a disminuir el costo marginal?
3. ¿Qué relación existe entre el costo marginal y el costo variable promedio, cuando el producto marginal y el producto promedio son iguales?
4. ¿Qué ocurre con el costo variable promedio, cuando el producto promedio está aumentando?
5. ¿Dónde se encuentra el costo variable promedio cuando el producto promedio alcanza su nivel máximo? ¿Qué ocurre con el costo variable promedio después de este punto?

6. ¿Qué le ocurre al costo marginal después de que se iguala con el costo variable promedio?
7. ¿Qué le ocurre al costo fijo total cuando aumenta la producción?
8. ¿Qué le ocurre al costo fijo promedio cuando:
   a) aumenta el producto marginal?
   b) disminuye el costo marginal?
   c) disminuye el producto marginal?
   d) aumenta el costo marginal?
   e) aumenta el costo variable promedio?
9. ¿Cuánto disminuye el costo fijo promedio?
10. ¿Qué le ocurre al costo total promedio cuando:
    a) aumenta el producto marginal?
    b) disminuye el costo marginal?
    c) aumenta el producto promedio?
    e) disminuye el costo variable promedio?
11. ¿Aumenta el costo total promedio:
    a) tan pronto rebasa el punto de los rendimientos marginales decrecientes?
    b) tan pronto rebasa el punto de los rendimientos promedio decrecientes?
12. ¿Cuándo aumenta el costo promedio? Conteste esta pregunta en términos de:
    a) la relación del costo promedio y del costo marginal.
    b) la relación que existe entre el aumento en el costo variable promedio y la disminución en el costo fijo promedio.

III. Resuelva los siguientes problemas de la teoría de costos.

1. Considere el punto en que *CPC* = *CPL*. Explique en detalle por qué *CML* es mayor que *CMC* cuando disminuye la producción. (Sugerencia: las dos curvas marginales muestran la reducción del costo que puede ser atribuido a la reducción en la producción.)
2. Comente la siguiente afirmación: el costo promedio en el largo plazo es un concepto sin importancia, ya que en este periodo probablemente cambiarán de manera imprevisible la mayoría de las condiciones que sustentan la función de costos.
3. A partir de una función o de una curva de producción que implica dos insumos variables, explique cómo se derivan las curvas del costo promedio en el corto y el largo plazos, así como la curva del costo marginal en el corto plazo.
4. Suponiendo constantes los precios de los insumos, e insumos completamente divisibles y adaptables, ¿son compatibles con una función de producción de rendimientos constantes a escala las curvas de costo variable promedio en el corto plazo que por lo general tienen forma de

U? Conteste la misma pregunta para el costo promedio en el largo plazo.

5. ¿Qué relaciones existen entre los rendimientos crecientes a escala y el costo promedio decreciente en el largo plazo? En términos más generales, ¿qué relaciones existen entre los "rendimientos a escala" y la forma de la curva del costo promedio en el largo plazo?
6. Las líneas de la Southern Railway, que van de East St. Louis (Illinois) y Evansville (Indiana) a lugares consumidores de granos en Georgia, tenían una sustancial capacidad de carga excedente. Para decidir si le conviene invertir en una flota considerable de carros gigantes para transportar granos a estos destinos, y fijar las tarifas para este tráfico, la Southern Railway debería considerar racionalmente: *a)* los costos totales de las vías, las tripulaciones y los combustibles; *b)* los costos totales de las vías, los costos del equipo, las tripulaciones y los combustibles adicionales; *c)* los costos del equipo nuevo, la tripulación necesaria y el combustible; *d)* nada de esto.
7. A fines de la década de los años cincuenta, la introducción de carros de ferrocarril de tres niveles para la transportación de automóviles nuevos redujo sustancialmente los costos de esta operación. Esto representó: *a)* un cambio en la demanda de los servicios ferroviarios, *b)* un cambio en la oferta de servicios ferroviarios, *c)* un cambio en la oferta de servicios de transportación de automóviles nuevos, *d)* todos los cambios anteriores.
8. Hace 40 años, varios trenes utilizaban diariamente la estación de ferrocarril de Monon, en Lafayette, Indiana. Desde hace ocho años la estación ha sido utilizada por un tren diario en cada dirección. Al decidir si le convenía derrumbar su antigua estación grande y sustituirla con un edificio más pequeño, es probable que la Monon haya considerado si: *a)* el costo total del edificio antiguo era mayor que el costo total del edificio nuevo, *b)* el costo variable de la operación del edificio antiguo era mayor que el costo total del edificio nuevo, *c)* el costo variable del edificio antiguo era mayor que el costo variable del edificio nuevo, *d)* el costo total del edificio antiguo era mayor que el costo variable del edificio nuevo.
9. Suponga que los empleados de cierta empresa formaron un sindicato y pueden negociar la contratación de un excedente *efectivo* de trabajadores (es decir, la empresa debe emplear más trabajadores que los requeridos por las condiciones de utilización óptima de recursos). Determine cómo cambia esta contratación las curvas de costo en el corto plazo de la empresa. Conserve su respuesta a este ejercicio para otro similar en el capítulo X.

LECTURAS RECOMENDADAS

Clark, J. M., *The Economics of Overhead Costs*, Chicago, University of Chicago Press, 1923, capítulos 4-6.

Ferguson, C. E., *The Neoclassical Theory of Production and Distribution*, Londres y Nueva York, Cambridge University Press, 1969, capítulo 7.

Ferguson, C. E. y Thomas R. Saving, "Long-Run Scale Adjustments of a Perfectly Competitive Firm and Industry", *American Economic Review*, núm. 59, 1969, pp. 774-783.

Henderson, James M. y Richard E. Quandt, *Microeconomic Theory: A Mathematical Approach*, 2a. ed., Nueva York, McGraw-Hill, 1971, pp. 70-79.

Robinson, Joan, "Rising Supply Price", *Economica* (Nueva Serie), núm. 8, 1941, pp.1-8.

Viner, Jacob, "Cost Curves and Supply Curves", *Zeitschrift für Nationalökonomie*, núm. 3, 1931, pp. 23-46. Reproducido en American Economic Association, *Readings in Price Theory*, Homewood, Illinois, Richard D. Irwin, 1952, pp. 198-232.

PARTE III

LA TEORÍA DE LA EMPRESA Y LA ORGANIZACIÓN DEL MERCADO

LA TEORÍA de la operación de las empresas dentro de un mercado organizado pero no controlado reúne los temas cubiertos en las partes 1 y 2. La demanda, que constituye el tema general de la parte 1, determina el *lado de los ingresos* de la operación de la empresa. La demanda del producto establece la cantidad que puede vender una empresa a cualquier precio que escoja, o bien el precio que puede obtener por cualquier cantidad que decida enviar al mercado. La demanda del mercado también ayuda a determinar el tipo de estructura industrial que probablemente surgirá en respuesta a las condiciones del mercado: si la industria es competitiva, monopólica, o de otra clase.

Las condiciones técnicas de la producción y su repercusión en los costos de operación de las empresas, que es el tema de la parte 2, determina el *lado de los costos* de la operación de la empresa y las *condiciones de la oferta* de la industria. En conjunto, el ingreso y el costo de la empresa individual y la demanda y la oferta del mercado en su totalidad determinan el precio de mercado y la producción de la empresa y de la industria. En consecuencia, estas fuerzas determinan también la asignación de los recursos entre las industrias.

El propósito general de la parte 3 es encontrar la manera como las decisiones de los empresarios individuales sobre precio y producción y la estructura del mercado determinan conjuntamente la asignación de los recursos. Esta investigación implica inevitablemente una evaluación de la *eficiencia* con que se asignan los recursos.

Dadas las condiciones de la demanda y de la oferta, o de los ingresos y de los costos, nuestro análisis se basa en dos supuestos fundamentales.

Mercado libre. En primer término, suponemos que cada mercado opera libremente en el sentido de que no hay ningún control externo sobre las fuerzas del mercado y los recursos pueden moverse hacia adentro y hacia afuera del mercado en respuesta a los cambios en los incentivos. En una economía en la que la competencia tiende a ser la fuerza básica, esta suposición es aceptable. En la economía estadunidense de la década de los ochenta, esta suposición es válida en su mayoría, pero existen algunas excepciones.

La primera excepción es que la intervención gubernamental puede cambiar las reglas con que operan los mercados. Por ejemplo, los controles de precios y salarios impiden que el mercado establezca su propio precio. Otro ejemplo es que las empresas de servicios públicos, como la compañía de luz, no pueden elegir sus precios y sus niveles de producción de acuerdo con sus propias decisiones. Por el contrario, deben responder ante alguna comisión reguladora. Más adelante examinaremos los pros y los contras de tal intervención, pero, por lo menos al principio, analizaremos mercados que no se ven afectados por la regulación gubernamental.

Una segunda excepción es que en ocasiones las empresas podrían intentar fijar el precio colectivamente, impidiendo que el mercado opere con las leyes estrictas de la oferta y la demanda. Como dijera en cierta ocasión Adam Smith:

> Quienes se dedican a la misma actividad comercial raras veces se reúnen entre sí, ni siquiera en eventos sociales para divertirse, y sin embargo siempre terminan conspirando contra el público, o confabulándose para aumentar los precios.[1]

Esto sucede cuando existe un número muy pequeño de productores, lo que los motiva a formar la clase de colusión antes descrita y los alienta también a cumplir los acuerdos. Como veremos más adelante, las fuerzas de la competencia son extremadamente desestabilizadoras del comportamiento colusivo, sobre todo cuando el número de productores aumenta más allá de cierto límite o cuando los compradores tienen un gran poder de negociación. Por estas razones, la mayor parte de las economías no está gobernada por las reglas de comportamiento del monopolio, y en esta sección del libro mantendremos esta hipótesis. Más adelante consideraremos cómo cambian las cosas si se abandona esa suposición.

Así pues, aunque muchos mercados no son "libres" en el sentido aquí utilizado, muchos otros sí lo son. Pretendemos analizar la eficiencia de la asignación de recursos en los mercados libres. En el caso de que un mercado no sea libre, podremos obtener inferencias importantes acerca de la eficiencia relativa de los mercados libres frente a los mercados controlados.

Maximización del beneficio. La segunda suposición fundamental utilizada en la parte 3 es que las empresas tratan de maximizar sus beneficios. En cierto sentido, esto es tautológicamente cierto. Pero inmediatamente nos vienen a la mente dos dificultades provenientes del mundo real.

En primer lugar, es posible que las empresas no tengan toda la información necesaria para maximizar los beneficios. La maximización del beneficio puede ser un proceso difícil que requiere mucho análisis de parte de los empresarios en una situación en la que el tiempo es costoso, por lo que las decisiones deben tomarse con rapidez.

En segundo lugar, es posible que los gerentes no tengan los mismos intereses que los propietarios de la empresa y pueden hacer cosas que maximicen su utilidad, pero no necesariamente los beneficios de la empresa. Por ejemplo, bien podría suceder que el gerente gaste los recursos de la empresa en una oficina lujosa, aunque la decoración no sea rentable.

[1] Adam Smith, *Wealth of Nations*, Cannan (ed.), Londres, Methuen, 1904, vol. 1, p. 130. Este libro fue escrito en 1776. Las leyes antimonopólicas de finales del siglo XIX y principios del siglo XX han declarado ilegales tales conspiraciones, y la fijación de precios es mucho menos común ahora que en la época en que Smith escribió su famoso tratado.

Estas dos críticas han dado margen a una gran cantidad de literatura en el campo de la economía, parte de la cual será examinada más adelante. Pero en su mayoría, la noción de que las empresas maximizan su beneficio es una buena suposición de trabajo que por lo general conduce a conclusiones correctas. En consecuencia, durante la mayor parte del análisis sostendremos que las empresas maximizan sus beneficios.[2]

[2] En los modelos dinámicos de varios periodos, los economistas interpretan en general la suposición de la maximización del beneficio en el sentido de que la empresa se administra de tal manera que se maximice el valor presente de todos los flujos netos de efectivo futuros.

IX. LA TEORÍA DEL PRECIO EN LOS MERCADOS DE COMPETENCIA PERFECTA

ES PROBABLE que los economistas utilicen ahora más que nunca el modelo de competencia perfecta. Este capítulo combina el material previo de las partes 1 y 2 para analizar los mercados descritos por el modelo de competencia perfecta. ¿Qué significa competencia perfecta? ¿Cómo selecciona una empresa un nivel de producción que maximice su beneficio? ¿Cómo se relaciona la curva del costo marginal del capítulo anterior con la curva de la oferta de la empresa competitiva? ¿De dónde proviene la curva de la oferta de la industria? ¿Cómo se ajusta una industria competitiva en el largo plazo en respuesta a la existencia de beneficios (o pérdidas) de carácter económico? En "Una aerolínea toma la ruta marginal" (véase la sección "Aplicación de la Teoría" al principio de este capítulo), veremos cómo un economista de Continental Air Lines utiliza conceptos teóricos como los de costo fijo *versus* costo variable, costo marginal y costo promedio para decidir qué vuelos debería llevar a cabo su empresa a fin de maximizar sus beneficios. Los principios que él describe como extraños para algunos de sus compañeros de trabajo no deberían sorprender al estudiante (al responder las preguntas formuladas) que conozca a fondo los principios de este capítulo. También se le pedirá que, cuando lea al final de este capítulo el artículo "La crianza del visón se vuelve más escasa a medida que aumentan los costos y disminuye la demanda de pieles", describa usted en detalle cómo respondería la industria competitiva de crianza de visones (y la empresa representativa) a un aumento (y a una disminución) de la demanda de visón, y a un aumento en el precio de algunos de sus insumos. Una vez más, la descripción que se hace de este ajuste en el artículo no debería sorprendernos. ✦

APLICACIÓN DE LA TEORÍA

UNA LÍNEA AÉREA TOMA LA RUTA MARGINAL

EL AÑO pasado sólo Continental Air Lines, Inc. pudo llenar la mitad de los asientos disponibles en sus vuelos en jet Boeing 707, una marca que está cerca de 15 puntos porcentuales por debajo del promedio nacional.

Eliminando unos cuantos vuelos —menos de 5%—, Continental hubiera podido aumentar considerablemente su carga promedio, ya que con frecuencia algunos de sus vuelos llevan apenas 30 pasajeros en un avión de 120 asientos. Pero el mejoramiento del factor carga habría significado una reducción de los beneficios, porque Continental refuerza sus beneficios corporativos efectuando deliberadamente vuelos extra de los que sólo se espera que recuperen los costos desembolsados más un pequeño beneficio. Esos vuelos marginales forman parte integral de la filosofía general de operación que ha llevado a la pequeña compañía Continental —décima entre las 11 grandes compañías aéreas—, con sede en Denver, a sortear los difíciles años de la posguerra con un solo año de pérdidas.

CONTRIBUCIÓN PRINCIPAL

Esta filosofía se apoya fuertemente en el análisis marginal. Y la compañía se apoya fuertemente en Chris F. Whelan, vicepresidente encargado de la planeación económica, para traducir el marginalismo en decisiones de dinero contante y sonante.

Lograr que la gerencia acepte y aplique el concepto marginal es quizá la principal contribución que cualquier economista puede hacer a su empresa. En términos más sencillos, los marginalistas sostienen que una compañía debería llevar a cabo cualquier actividad que reditúe más ingresos que costos, en lugar de limitarse a las actividades cuyos rendimientos igualen el costo promedio o el total.

Por supuesto, este enfoque puede aplicarse virtualmente a cualquier empresa, no sólo a la transportación aérea. Puede utilizarse para financiar el consumo, por ejemplo, para lo cual convendría preguntarse si habría que otorgar más préstamos —inclusive más préstamos malos— si así se incrementara el beneficio neto. De igual manera, en cuanto a publicidad la decisión podría depender de cuántas transacciones adicionales se obtendrían por cada dólar de publicidad adicional, en lugar de fijar el presupuesto de la publicidad a un porcentaje de las ventas. Podría aplicarse también en el caso de los seguros, donde la fijación de elevadas tasas de interés para desalentar los préstamos sobre pólizas puede en realidad reducir los beneficios de las compañías al impulsar a los asegurados a buscar préstamos en otras partes.

COMUNICACIÓN

Whelan considera todos esos casos como totalmente análogos a sus propios problemas, en los que trata de que su compañía no pierda de vista el gran objetivo: el beneficio neto.

Whelan es un aviador veterano, jovialmente rudo, que trabaja en mangas de camisa y parece más un gerente de ventas que un economista. Esta faceta de su personalidad lo ayuda a "vender" internamente ideas que de otro modo podrían ser desechadas como meramente teóricas o demasiado incomprensibles.

El verano pasado, durante una conferencia internacional en Roma, Whelan reprendió cortésmente a un grupo de investigadores de operaciones por expresarse en forma poco comprensible.

> No han logrado transmitir a los usuarios de sus conocimientos el potencial que pueden ustedes ofrecerles —dijo—. Sus estudios, análisis e informes han sido formulados en cuadros que el personal de ventas, de operaciones y de mantenimiento no pueden comprender

UN TRABAJO DE TIEMPO COMPLETO

El trabajo de Whelan es un ejemplo concreto de la gran verdad expresada con sarcasmo por el profesor del MIT Sidney Alexander —ex economista de Columbia Broadcasting System—, de que el economista que entiende el análisis marginal tiene un "trabajo de tiempo completo para deshacer lo hecho por el contador". Esto es así, sostiene Alexander, porque las prácticas de los contadores —y de la mayoría de las empresas— están impregnadas por la asignación de costos en vista al costo promedio en lugar de al costo marginal.

En cualquier negocio complejo, es probable que haya una gran diferencia entre los costos de cada actividad de la compañía tal como aparecen en los libros contables y los costos marginales o "verdaderos" que pueden determinar si debería o no emprenderse una nueva actividad.

La dificultad surge cuando se aplica el concepto marginal sencillo que aparece en los "libros de texto" a decisiones específicas. Si el economista no está dispuesto a hacer algunas simplificaciones audaces, la tarea de determinar los "verdaderos" costos marginales puede resultar sumamente compleja, lenta y demasiado cara. Sin embargo, para quienes toman las decisiones en la empresa, aun una aplicación burda de los principios marginales puede estar más cerca de la respuesta correcta que un análisis basado en datos precisos sobre el costo promedio.

La demostración de que esto es así requiere la presencia de economistas que puedan romper con los hábitos corporativos y demostrar concretamente por qué la respuesta típica de los administradores —de que nadie puede obtener beneficios sin sufragar todos los costos— está errada y puede reducir las ganancias. Es cierto que la empresa en su totalidad no puede obtener un beneficio si no cubre por lo menos sus costos promedio; pero el cubrir los costos promedio no debería determinar si debe emprenderse alguna actividad particular, porque así podrían restringirse indebidamente las decisiones empresariales y perderse oportunidades de ganancias adicionales.

EL ENFOQUE

El personal directivo de Continental ha sido reducido al máximo, así que Whelan tiene que ocuparse a menudo de problemas tan diversos como el de apaciguar a un cabildo municipal enfadado o planear las especificaciones del avión que la línea aérea desearía utilizar en 1970. Pero la mayor parte de su tiempo se dedica a la elaboración del plan de vuelos. Y es aquí donde el concepto marginal pasa a primer plano.

El enfoque de Whelan es el siguiente: Considera que el grueso de sus vuelos programados deben redituar por lo menos el total de sus costos asignados. Los costos fijos, la depreciación, los seguros, son costos muy reales que deben cubrirse. El enfoque del desembolso entra en juego, dice Whelan, sólo después de que se haya cubierto el plan básico de la empresa.

"Luego damos otro paso", dice Whelan, y considera si la adición de más vuelos contribuye a la red corporativa. Asimismo, si está pensando en la conveniencia de eliminar un vuelo que anda mal, lo pone bajo el microscopio marginal: "Si tus ingresos van a ser mayores que tus costos desembolsados deberías observar el vuelo."

Por "costos desembolsados" Whelan entiende precisamente eso: la cantidad real de dólares que debe pagar Continental para operar un vuelo. No obtiene la cifra correspondiente aplicando ecuaciones hipotéticas, sino haciendo circular una propuesta para un vuelo entre todos los departamentos de operación involucrados y así saber a cuánto ascenderían los gastos adicionales. Si el avión puede ser atendido por una cuadrilla de tierra ya contratada, no se cargará al vuelo un solo centavo de su salario. Podrían incluso eliminarse algunos costos de operación del nuevo vuelo; por ejemplo, si el avión tiene que volar a otra parte, no se necesitarían trabajadores que lo trasladaran a un hangar.

Por supuesto, la mayoría de estos vuelos adicionales opera en horas de poca actividad, sobre todo a altas horas de la noche. Sin embargo, a veces Continental descubre que después de todo, esas horas no son tan impopulares. Unos cuantos vuelos nocturnos en la ruta Houston-San Antonio-El Paso-Phoenix-Los Ángeles, agregados sobre una base marginal, han resultado tan exitosos que en la actualidad están cubriendo con creces sus costos totales.

ALTERNATIVA

Al elaborar su plan de vuelos, Whelan utiliza un análisis de costo alternativo, estrechamente relacionado con el concepto marginal. Por ejemplo, en el vuelo de las 11:11 p.m. de Colorado Springs a Denver y en su vuelo de regreso a las 5:20 a.m., Continental utiliza aviones Viscount que, aunque transportan alguna carga, a menudo vuelan sin un solo pasajero. Pero el costo neto de estos vuelos es menor que el alquiler de un espacio de hangar para que el Viscount pasara la noche en Colorado Springs. Y hay más de un vuelo con pérdida absoluta, programados sólo para traer pasajeros a una conexión con otro vuelo de larga distancia de Continental; aun cuando la pérdida del servicio alimentador se considera como un costo del servicio de larga distancia, la aerolínea obtiene un beneficio neto con el viaje.

El sistema de procesamiento de datos de Continental elabora informes semanales sobre cada vuelo, en los que se comparan los ingresos tanto con los costos desembolsados como con los costos totales. Whelan utiliza estos datos para hacer un análisis meticuloso de cada vuelo por lo menos cada trimestre. No obstante, los vuelos añadidos sobre una base marginal se analizan mensualmente. Whelan ha encontrado que los resultados económicos de estos vuelos suelen ser útiles como un indicador guía, ya que el tráfico de las horas de menor actividad es más sensible a las tendencias económicas, por lo que disminuirá antes que el de los vuelos de las horas populares. Cuando Whelan advierte que los vuelos nocturnos empiezan a mostrar constantemente resultados pobres, sabe que debe bajar sus proyecciones para el resto de los vuelos.

HETERODOXIA

Sin embargo, hay ocasiones en que las decisiones dictadas por el análisis marginal más experto parecen, en el mejor de los casos, insensatas y, en el peor, muy costosas. Por ejemplo, cuando entren en vigor los nuevos horarios, Continental tendrá dos aviones llegando al mismo tiempo en el Aeropuerto Municipal de Kansas City.

Esto es caro, porque normalmente en Kansas City Continental no tiene el equipo necesario para dar servicio a dos aviones a la vez; la aerolínea tendrá que alquilar un camión de combustible adicional y contratar tres nuevos ayudantes con un costo mensual total de 1 800 dólares.

Sin embargo, cuando Whelan empezó a hacer propaganda en torno a las horas de salida propuestas en otras ciudades, a fin de evitar el doble aterrizaje, advirtió que si los pasajeros que preferían volar en horas más adecuadas cambiaban a otra aerolínea, esto haría que Continental perdiera mensualmente 10 000 dólares. Así que los dos vuelos seguirán llegando a Kansas City al mismo tiempo.

UNA SEMANA COLMADA DE TRABAJO

Esta clase de arreglo en los horarios consume cerca de 35% del tiempo de Whelan. El resto de su semana laboral típica se reparte de este modo: 25% en la elaboración de pronósticos del tráfico punto por punto para periodos cortos, en los cuales se basan los horarios de vuelos; en el análisis de las tarifas, porque Whelan espera convertirse en una especie de abogado que defienda la posición de Continental ante la Junta Aeronáutica Civil; 20% en la elaboración de pronósticos de largo alcance y en la planeación del tipo de "a dónde deberíamos ir", que determina qué rutas debería intentar la aerolínea y cuáles debería abandonar. (Las diversas tareas de Whelan en actividades de promoción, relaciones públicas y administración en general no entran en esa distribución de su tiempo; simplemente "se me pegan al pasar", dice.)

Por ejemplo, no hace mucho, en la misma semana en que se encontraba trabajando con los datos del problema del doble aterrizaje en Kansas City,

Whelan estaba terminando las proyecciones para el resto de 1963, a fin de que otros departamentos pudieran utilizarlas en la elaboración de presupuestos, y estaba terminando las acciones de Trans World Airlines, Inc., y de Braniff Airways, Inc. La TWA había solicitado la aprobación de la Junta de Aeronáutica Civil (JAC) para tarifas especiales de excursión de las ciudades de la Costa Este a las terminales de la Costa del Pacífico; Whelan decidió que el plan operaba de manera muy similar a la de la tarifa económica para el servicio de tercera clase de Continental, de modo que nadie se opondría al vuelo de excursión ni lo imitaría. Braniff acababa de duplicar su pedido de jets 111 de British Aircraft Corp. Whelan estaba tratando de adivinar dónde usaría Braniff los aviones pequeños y cuál sería su efecto sobre la participación de Continental en las rutas competidoras de Texas y Oklahoma.

Al mismo tiempo, Whelan se estaba reuniendo con funcionarios de Frontier Airlines y de Trans-Texas, coordinando la operación —ordenada por la JAC— de 14 vuelos de líneas alimentadoras que Continental está atendiendo ahora con aviones DC-3 rentados.

Y también se ocupaba de un difícil problema de economía del consumidor: estaba tratando de vender su casa en Denver para comprar otra en Los Ángeles, a donde Continental mudará su oficina matriz este verano.

Pregunta

Tomando como ejemplo las acciones de Chris Whelan, el economista de Continental, usted podrá resolver correctamente el siguiente problema (hipotético) de toma de decisiones:

1. Supongamos que Aerolíneas del Sur vuela entre Mérida y Villahermosa. Esta empresa renta sus aviones mediante un contrato anual a un costo promedio de 405 pesos por vuelo. Otros costos, tales como los de combustibles, sobrecargos, etc., ascienden a 595 pesos por vuelo. El vuelo lleva en promedio 15 pasajeros al precio de 50 pesos por boleto. Se espera que todos los precios y todos los costos continúen en sus niveles actuales. ¿Cuál de las siguientes medidas debería seguir Aerolíneas del Sur para maximizar sus beneficios?
   a) Descartar este vuelo de inmediato.
   b) Continuar el vuelo indefinidamente.
   c) Continuar el vuelo hasta que expire el contrato de arrendamiento y eliminar luego el vuelo.

SOLUCIÓN

1. El curso correcto de acción es el indicado por la alternativa *c*. El ingreso por vuelo será de $50 × 15, o sea $750. El costo variable del vuelo es de $595. Puesto que el ingreso adicional que se genera por el vuelo excede su costo adicional, el vuelo debería continuar mientras esté vigente el contrato de arrendamiento. (El alquiler es un costo fijo que debe pagarse independientemente de que se opere o no el vuelo. Por lo tanto, no afecta a la decisión que se tome en el corto plazo.) Sin embargo, en el largo plazo —cuando el contrato de arrendamiento haya expirado—, puesto que Aerolíneas del Sur no tiene que renovar el contrato, no debería seguir operando este vuelo, porque en ese punto el ingreso adicional no cubrirá el costo adicional ($405 + $595).

FUENTE: Reproducido de *Business Week*, 20 de abril de 1963, pp. 111-112, 114, con permiso especial. Copyright 1963 de McGraw-Hill, Inc.

El análisis marginal en una cápsula

Problema:	¿Debe operar Continental un vuelo diario adicional de la ciudad X a la ciudad Y?	
Los hechos:	Costos totales de este vuelo	4 500 dólares
	Costos desembolsados de este vuelo	2 000 dólares
	Ingreso bruto del vuelo	3 100 dólares
Decisión:	Opérese el vuelo. Añadirá 1 100 dólares al beneficio neto, ya que añadirá 3 100 dólares a los ingresos y sólo 2 000 dólares a los costos. Los costos fijos, por un valor de 2 500 dólares [4 500 menos 2 000 dólares], existirán independientemente de que se opere o no el vuelo. Por lo tanto, los costos totales o "promedio" de 4 500 dólares no son importantes para la decisión de esta empresa. Lo que cuenta son los costos desembolsados o "marginales".	

IX.1. INTRODUCCIÓN

La "competencia perfecta" es un concepto estricto que constituye la base del modelo más importante del comportamiento empresarial. La esencia del concepto, que definiremos con mayor atención más adelante, es que el mercado es completamente *impersonal*. No existe "rivalidad" entre los proveedores del mercado y los compradores no reconocen su competitividad recíproca. Por esta razón, en cierto sentido la competencia perfecta describe un mercado en el que está ausente por completo la competencia directa entre los agentes económicos.

En la conversación cotidiana se diría, por ejemplo, que el mercado de los automóviles o el de las hojas de rasurar son muy competitivos: cada empresa compite vigorosamente con sus rivales, que son pocos. La principal área de competencia radica en la publicidad. La propaganda de una empresa afirmará que su producto es superior al de sus rivales, a los que en ocasiones nombrará. Asimismo, las empresas se esfuerzan por atraer clientes por medio de nuevos diseños, nuevas presentaciones, pretensiones de durabilidad, etc. En términos más generales, hay una competencia activa, aunque a veces espuria, en cuanto a la calidad.

No obstante, el tipo de mercado que acabamos de describir no es al que el economista se quiere referir cuando habla de competencia perfecta. Cuando se aplica este concepto austero, no puede haber rastro de rivalidad personal alguna. Todas las magnitudes económicas pertinentes quedan determinadas por la acción impersonal de las fuerzas del mercado.

Sin embargo, ni siquiera la noción más abstracta de la competencia es compatible con lo que piensan de la competencia algunos gerentes. Los agricultores que venden trigo lo hacen en un mercado que está muy próximo al de la competencia perfecta. Si bien ningún agricultor considera a cualquier otro agricultor particular como un rival personal, todos reconocen la disciplina del mercado. Si un agricultor no puede producir tan barato como otros del mercado, no podrá competir con éxito. En este sentido, la definición más formal de competencia perfecta tiene su representación en el uso común. La competencia implica que el desempeño relativo es importante. Aun cuando un productor no pueda identificar a su rival personalmente, sigue existiendo la rivalidad con el mercado.

IX.2. LA COMPETENCIA PERFECTA

El siguiente escenario, o ejemplo, ayuda a entender los conceptos de la competencia perfecta y del equilibrio en un mercado perfectamente competitivo. Considérese el mercado de un producto dado y supóngase que quienes participan en este mercado se dividen en dos grupos: uno compuesto por los productores o proveedores del bien, y el otro, por los consumidores o demandantes del mismo bien. El intercambio entre estos grupos se realiza mediante un subastador de la manera siguiente. El subastador anuncia un precio para el bien y cada consumidor decide la cantidad que comprará del bien al precio anunciado. De igual modo, cada productor decide qué cantidad del bien suministrará al precio anunciado. El subastador suma las demandas de todos los consumidores, así como las ofertas de todos los productores. Si la demanda agregada es igual a la oferta agregada, se dice que el precio anunciado es el precio de equilibrio, y las transacciones se realizan a ese precio. Si al precio anunciado la cantidad que desean comprar los consumidores no es igual a la cantidad que desean ofrecer los productores, el subastador anuncia un nuevo precio. Este proceso se repite hasta que se encuentra un precio de equilibrio.

Los economistas utilizan cuatro condiciones importantes para definir la competencia perfecta. Examinaremos cada una de ellas y expondremos cómo se relaciona con el ejemplo del "subastador".

IX.2.a. *Demandantes y proveedores que aceptan el precio*

En el ejemplo anterior, todos los agentes del mercado, ya sean demandantes o proveedores, consideran el precio como dado. Si bien es cierto que el comportamiento colectivo, o agregado, de demandantes y proveedores afecta al precio, ningún agente económico considera el efecto de su comportamiento sobre ese precio al tomar una decisión de consumo o de producción. Con frecuencia, los economistas tratan de captar la esencia de la hipótesis de la aceptación del precio, estipulando que en un mercado competitivo cada agente económico es tan pequeño, en relación con el mercado total, que no puede ejercer ninguna influencia perceptible sobre el precio. Sin embargo, el ingrediente decisivo no es la suposición de un gran número de pequeños agentes económicos, sino la suposición de que cada agente económico actúa como si los precios estuviesen dados. En el mercado del trigo, ningún agricultor puede afectar al precio, porque su producción es muy pequeña en relación con el resto del mercado. En consecuencia, cada agricultor cree (de manera racional) que, desde su punto de vista, el precio está dado y no se verá afectado por sus ventas de trigo. Asimismo, el comprador que adquiere una barra de pan supone (correctamente) que esta compra aislada no aumentará el precio del pan. Puesto que la demanda del comprador es tan pequeña en relación con el resto del mercado, el efecto de la compra sobre el precio es trivial.

IX.2.b. *Producto homogéneo*

Una condición estrechamente relacionada con la anterior es que el producto de cualquier vendedor en un mercado perfectamente competitivo debe ser idéntico al producto de cualquier otro vendedor. Esto asegura que los compradores se mostrarán indiferentes acerca de la empresa a la que compran.

La relación que existe entre esta suposición y el ejemplo del subastador es obvia, en el ejemplo los consumidores no establecen distinciones entre los productos de diferentes productores.

IX.2.c. *Libre entrada de los recursos*

Una tercera condición de la competencia perfecta es que los recursos puedan entrar y salir de la industria en cuestión en respuesta a las señales pecuniarias.

La libre entrada significa que las empresas nuevas (o capital nuevo) pueden entrar y salir de una industria sin mayor dificultad. Si se requieren patentes o derechos de autor, la entrada no es libre. Asimismo, si el costo promedio disminuye a lo largo de un intervalo apreciable de la producción, los productores establecidos tendrán ventajas de costos que harán difícil la entrada.

En los términos del ejemplo mencionado al inicio, la hipótesis de la libre entrada de los recursos significa que durante el proceso de subasta los productores individuales podrán optar por no ofrecer ninguna producción, si así lo desean, y también que los nuevos productores podrán entrar y hacer ofrecimientos cuando lo deseen.

IX.2.d. *Información perfecta acerca de los precios*

Para que un mercado sea perfectamente competitivo, los consumidores y los productores deben poseer una información perfecta acerca de los precios. Si los consumidores no conocen todos los precios, podrían comprar a precios mayores cuando podrían hacerlo a precios menores. No habrá entonces un precio uniforme en el mercado, y los consumidores buscarán el precio más bajo, mientras que los productores buscarán el precio más alto. Tal comportamiento de búsqueda es un tema importante, pero no forma parte de lo que se considera en general como competencia perfecta.

Podemos resumir lo dicho hasta aquí con la siguiente definición:

> *Competencia perfecta*: La competencia perfecta es un modelo económico de un mercado que posee las características siguientes: cada agente económico actúa como si los precios estuviesen dados, es decir, cada uno de ellos actúa como un tomador de precios; el producto es homogéneo; hay libre entrada; y todos los agentes económicos que actúan en el mercado poseen un conocimiento completo y perfecto acerca de los precios en cuestión.

Estas suposiciones parecen poco realistas para la mayoría de los mercados, de modo que no resulta fácil comprender la razón de nuestro interés por tal modelo. La respuesta puede darse con muchos o con pocos detalles, según se quiera. Para nuestros fines actuales, bastará una respuesta breve. Primero, la generalidad sólo se puede lograr mediante la abstracción. Por consiguiente, ninguna teoría puede ser perfectamente descriptiva de los fenómenos del mundo real. Además, cuanto más precisamente describa una teoría un caso específico del mundo real, menos precisamente describirá todos los demás. En ninguna área del pensamiento ningún teórico selecciona sus suposiciones de acuerdo con su realismo; las conclusiones, no las hipótesis, son las que se comparan con la realidad.

Esto nos conduce a un punto de importancia grande aunque pragmática. Las conclusiones derivadas del modelo de competencia perfecta han permitido, en general, una explicación y un pronóstico correctos de los fenómenos del mundo real. Es decir, la competencia perfecta *funciona* con frecuencia como un modelo teórico de los procesos económicos. La prueba más convincente en apoyo de esta aseveración es que, a pesar de la proliferación de modelos más "refinados" del comportamiento económico, los economistas utilizan, hoy más que nunca, en su investigación, el modelo de la competencia perfecta.

IX.3. El equilibrio en el corto plazo en un mercado de competencia perfecta

En el corto plazo, la tasa de producción por periodo de tiempo puede incrementarse o disminuirse, aumentando o reduciendo el uso de los insumos variables. La empresa individual puede ajustar su tasa de producción en un amplio intervalo, sujeta sólo a las limitaciones impuestas por sus insumos fijos (en general, la planta y el equipo). Puesto que cada empresa se ajusta hasta que alcanza una tasa de producción que maximiza su beneficio, el mercado o la industria se ajustan también hasta alcanzar un punto de equilibrio en el corto plazo.

IX.3.a. *La maximización del beneficio en el corto plazo, el enfoque del ingreso y el costo totales*

Como ya hemos visto, suponemos que cada empresa ajusta su tasa de producción de modo que maximice el beneficio que puede obtener de sus operaciones. Puesto que el beneficio es la diferencia entre el ingreso total derivado de las ventas y el costo total de la operación, el beneficio alcanza su punto máximo con la tasa de producción que maximiza el excedente de los ingresos sobre los costos (o que minimiza el excedente del costo sobre el ingreso).

Consideremos el ejemplo del cuadro IX.3.1, que se muestra en la gráfica IX.3.1. Las dos primeras columnas de este cuadro proporcionan la curva de demanda para el productor perfectamente competitivo. El precio del mercado es $5 por unidad; la empresa puede vender cuantas unidades desee a este precio. El producto de las columnas 1 y 2 proporciona el ingreso total, cuyas cifras aparecen en la columna 3. La línea recta de la gráfica IX.3.1 es su representación gráfica. Note que la curva del ingreso total es siempre una línea recta en el caso de competencia perfecta, ya que el precio unitario no cambia cuando se modifica la cantidad vendida.

Las columnas 4, 5 y 6 se refieren al costo fijo total, al costo variable total y al costo total, respectivamente. El costo total está representado por la línea curva de la gráfica IX.3.1. El beneficio —la diferencia entre el ingreso total y el costo total— aparece en la última columna del cuadro IX.3.1 y está representado por la distancia positiva o negativa entre la curva del ingreso total y la curva del costo total en la gráfica IX.3.1. El beneficio es negativo en un principio, luego se vuelve positivo, y al final vuelve a ser negativo. En la gráfica IX.3.1, las áreas sombreadas nos indican los intervalos de la producción en los que el beneficio resulta negativo (se incurre en una pérdida). Tanto en el cuadro como en la gráfica se advierte claramente que el beneficio máximo es de $7.50 y se alcanza con una producción de siete u ocho unidades.[1]

El enfoque del ingreso total contra el costo total es útil desde ciertos puntos de vista. Sin embargo, no conduce a una interpretación analítica del comportamiento empresarial. Para ello, debe adoptarse el ya conocido enfoque marginal.

IX.3.b. *La maximización del beneficio en el corto plazo, el enfoque marginal*

En los capítulos V y VIII respectivamente, nos familiarizamos con las definiciones del ingreso marginal y del costo marginal. Asimismo, hemos aprendido los métodos para calcular cada uno de estos conceptos. Aplicando estos métodos a los datos del cuadro IX.3.1, obtenemos la información del cuadro IX.3.2.

Las columnas 1 y 2 describen la curva de demanda o ingreso marginal con cifras idénticas para la empresa que opera en un mercado perfectamente competitivo (como se explicó en el capítulo V). La columna 3 contiene las cifras

[1] La aparente indeterminación de la tasa de producción puede atribuirse a los datos discretos utilizados en este ejemplo hipotético. Si se usaran datos continuos, sería obvio que la producción que maximiza el beneficio es de ocho unidades por periodo. Esto es así porque la distancia máxima que separa las dos curvas ocurre en el punto donde las tangentes a las curvas tienen la misma pendiente. A partir de las dos tangentes trazadas en la gráfica IX.3.1, se advierte fácilmente que las pendientes son iguales sólo cuando la producción es de ocho unidades por periodo.

CUADRO IX.3.1. *Ingreso, costo y beneficio de una empresa hipotética*

(1) Precio del mercado	*(2) Tasa de producción y ventas*	*(3) Ingreso total*	*(4) Costo fijo total*	*(5) Costo variable total*	*(6) Costo total*	*(7) Beneficio*
$5.00	1	$ 5.00	$15.00	$ 2.00	$17.00	− $12.00
5.00	2	10.00	15.00	3.50	18.50	− 8.50
5.00	3	15.00	15.00	4.50	19.50	− 4.50
5.00	4	20.00	15.00	5.75	20.75	− 0.75
5.00	5	25.00	15.00	7.25	22.25	+ 2.75
5.00	6	30.00	15.00	9.25	24.25	+ 5.75
5.00	7	35.00	15.00	12.50	27.50	+ 7.50
5.00	8	40.00	15.00	17.50	32.50	+ 7.50
5.00	9	45.00	15.00	25.50	40.50	+ 4.50
5.00	10	50.00	15.00	37.50	52.50	− 2.50

GRÁFICA IX.3.1. *La maximización del beneficio mediante el enfoque del ingreso total-costo total*

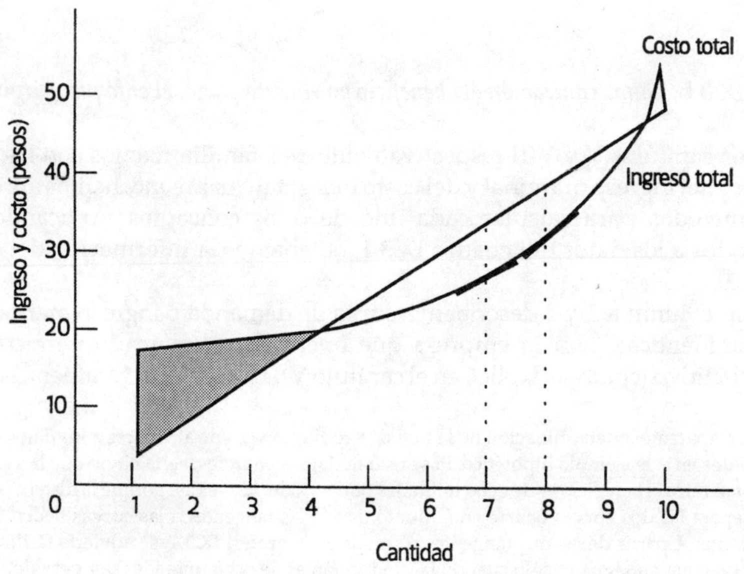

CUADRO IX.3.2. *El ingreso marginal, el costo marginal y el beneficio*

(1) Producción y ventas	*(2) Ingreso marginal o precio*	*(3) Costo marginal*	*(4) Costo total promedio*	*(5) Beneficio unitario*	*(6) Beneficio total*
1	$5.00	$ 2.00	$17.00	– $12.00	– $12.00
2	5.00	1.50	9.25	– 4.25	– 8.50
3	5.00	1.00	6.50	– 1.50	– 4.50
4	5.00	1.25	5.19	– 0.19	– 0.75
5	5.00	1.50	4.45	+ 0.55	+ 2.75
6	5.00	2.00	4.04	+ 0.96	+ 5.75
7	5.00	3.25	3.93	+ 1.07	+ 7.50
8	5.00	5.00	4.06	+ 0.94	+ 7.50
9	5.00	8.00	4.50	+ 0.50	+ 4.50
10	5.00	12.00	5.25	– 0.25	– 2.50

del costo marginal, mientras que el costo total promedio o unitario, calculado a partir de la columna del cuadro IX.3.1, se ha anotado en la columna 4. El beneficio unitario, o sea la diferencia entre el precio y el costo total promedio, aparece en la columna 5. Por último, el beneficio total, o sea la diferencia entre el ingreso total y el costo total, aparece en la columna 6.

Como en el caso anterior, el beneficio máximo corresponde a siete u ocho unidades de producción y ventas por periodo de tiempo. El beneficio unitario alcanza su nivel máximo en siete unidades de producción, pero esto importa poco, porque al empresario le interesa el beneficio total.

Los datos del cuadro IX.3.2 se representan en la gráfica IX.3.2. El equilibrio de la empresa en el corto plazo se alcanza claramente en el punto *E*, donde el costo marginal es igual al ingreso marginal. Dicho de otro modo, puesto que el ingreso marginal es igual al precio para un productor perfectamente competitivo, el equilibrio en el corto plazo ocurre en el nivel de producción en el que el costo marginal es igual al precio.

IX.3.c. *La prueba del equilibrio en el corto plazo*

A fin de probar la proposición de que una empresa en competencia perfecta alcanza el equilibrio que maximiza su beneficio a la tasa de producción en la que el costo marginal es igual al precio, el ejemplo hipotético de la gráfica IX.3.2 se ha transformado en la representación general de la gráfica IX.3.3. El teorema se deduce de inmediato de las definiciones del ingreso marginal y del costo marginal.[2]

El ingreso marginal es la adición al ingreso total que puede atribuirse a la adición de una unidad de venta, mientras que el costo marginal es la adición al costo total que resulta de la adición de una unidad a la producción. Por lo tanto, debe ser evidente que el beneficio aumenta cuando el ingreso marginal excede el costo marginal y disminuye cuando el costo marginal excede el ingreso marginal. En consecuencia, el beneficio debe alcanzar su nivel máximo cuando el ingreso marginal es igual al costo marginal.

Consideremos la gráfica IX.3.3. La proposición fundamental es que, al precio de mercado $O\overline{p}$, la empresa alcanza un equilibrio que maximiza su beneficio en el punto E, que corresponde a la producción de $O\overline{q}$ unidades por periodo de tiempo. Si la tasa de producción fuese menor que $O\overline{q}$, digamos Oq_e, el ingreso marginal q_eB sería mayor que el costo marginal q_eA. La adición de una unidad tanto a la producción como a las ventas aumentaría el ingreso total en mayor medida que el costo total. En consecuencia, el beneficio aumentaría y continuará aumentando mientras el ingreso marginal exceda el costo marginal.

Por otra parte, supongamos que la tasa de producción fuera mayor que $O\overline{q}$, digamos en Oq_u. En este punto, el costo marginal q_uF sobrepasa el ingreso marginal q_uC. Esta unidad de producción incrementa el costo total en mayor medida que el ingreso total, por lo que reduce el beneficio (o aumenta la pérdida). Como es evidente en la gráfica, el beneficio debe reducirse, añadien-

[2] Representemos por $p = f(q)$ la función inversa de la demanda. En consecuencia, $qf(q)$ es el ingreso total. Además, sea $C = A + g(q)$ la función del costo total. El beneficio (π) es por tanto $\pi + qf(q) - A - g(q)$. El beneficio alcanza su máximo cuando $d\pi/dq = 0$ y $d^2\pi/dq^2 < 0$. Calculando la primera derivada e igualándola a cero,

$$d\pi/dq = f(q) - g'(q) = 0 \tag{IX.3.1}$$

o sea

$$f(q) = g'(q), \tag{IX.3.2}$$

porque $p = f(q)$ es una constante dada. El costo marginal es $g'(q)$ (véase el capítulo VIII). Tanto el ingreso marginal como el precio están dados por $f(q)$. Por consiguiente, la ecuación IX.3.2 indica que el ingreso marginal o el precio deben ser iguales al costo marginal. Ésta es la condición necesaria para la maximización del beneficio. Según la ecuación IX.3.1, la condición de segundo orden es que $d^2\pi/dq^2 = -g''(q) < 0$, o sea que

$$g''(q) > 0. \tag{IX.3.3}$$

Por tanto, según la desigualdad IX.3.3, la estabilidad del equilibrio requiere una curva de costo marginal de *pendiente positiva*.

GRÁFICA IX.3.2. *La maximización del beneficio mediante el enfoque marginal*

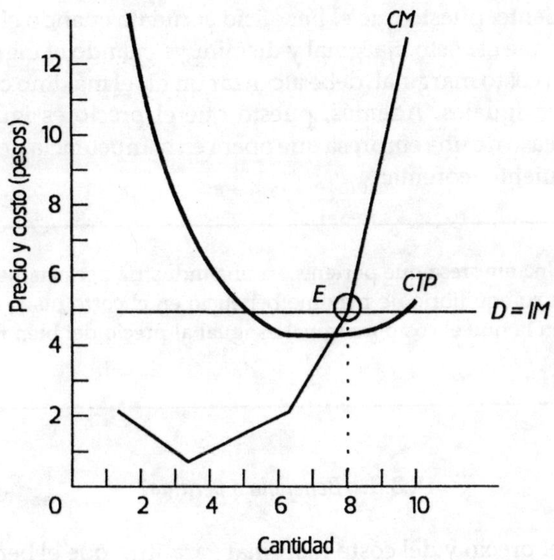

GRÁFICA IX.3.3. *El equilibrio en el corto plazo en el punto donde el costo marginal es igual al precio*

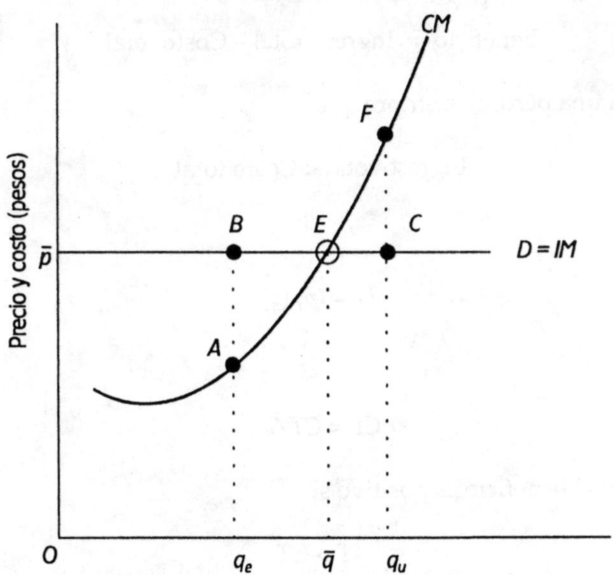

do una unidad de producción y ventas, siempre que el costo marginal sobrepase el ingreso marginal.

Por consiguiente, puesto que el beneficio aumenta cuando el ingreso marginal es mayor que el costo marginal y disminuye cuando el ingreso marginal es menor que el costo marginal, debe alcanzar un nivel máximo cuando ambas magnitudes son iguales. Además, puesto que el precio es igual al ingreso marginal en el caso de una empresa que opera en competencia perfecta, hemos probado el siguiente teorema:

> *Proposición*: Una empresa que pertenece a una industria perfectamente competitiva alcanza su equilibrio de máximo beneficio en el corto plazo a la tasa de producción en la que el costo marginal es igual al precio del bien fijado por el mercado.

IX.3.d. *¿Beneficio o pérdida?*

La igualdad del precio y del costo marginal garantiza que el beneficio es máximo o que la pérdida es mínima. Si se obtiene un beneficio o se incurre en una pérdida es algo que sólo puede determinarse comparando el ingreso total con el costo total. Puesto que

$$\text{Beneficio} = \text{Ingreso total} - \text{Costo total},$$

se incurre en una pérdida siempre que

$$\text{Ingreso total} < \text{Costo total}.$$

Ahora bien,

$$IT = (p)\,(q)$$

y

$$CP = CT/q.$$

De modo que el beneficio es positivo si

$$IT > CT$$

o bien si

$$(p)\,(q) > (CP)\,(q)$$

o bien si

$$p > CP.$$

Así, si el precio es mayor que el costo unitario, la empresa obtendrá un beneficio en el corto plazo. Por otra parte, si el costo unitario es mayor que el precio, se incurrirá en una pérdida.

Esto se muestra en la gráfica IX.3.4. *CM* y *CTP* representan el costo marginal y el costo total promedio, respectivamente. En primer lugar, supongamos que el equilibrio del mercado en el corto plazo establece un precio de Op_1 por unidad. Por lo tanto, las curvas de demanda y de ingreso marginal de la empresa están dadas por la línea horizontal denominada $D_1 = IM_1$. El equilibrio en el corto plazo se alcanza cuando la producción es Oq_1 unidades por periodo de tiempo. A esta tasa de producción, el ingreso total (precio por cantidad) está dado por el área del rectángulo Oq_1Cp_1. De igual modo, el costo total (costo unitario por cantidad) es el área de Oq_1EF. El ingreso total es mayor que el costo total, y el beneficio está representado por el área del rectángulo $CEFp_1$.

Por otra parte, supongamos que se establece el equilibrio entre el precio y la cantidad del mercado al precio de Op_2. En ese caso la tasa óptima de producción sería Oq_2 unidades por periodo. El ingreso total es el área de Oq_2Bp_2, mientras que el costo total es Oq_2AG. Puesto que el costo total es mayor que el ingreso total, se incurre en una pérdida por la cantidad representada por el área p_2BAG.

Cuando la demanda es $D_2 = IM_2$, no hay manera de que la empresa pueda obtener algún beneficio. Si la producción fuese menor o mayor que Oq_2 unidades por periodo, sencillamente la pérdida sería mayor. Por lo tanto, cabría preguntarse por qué no cierra sus puertas la empresa, si incurre en una pérdida a cualquier tasa de producción.

IX.3.e. *La curva de oferta en el corto plazo de una empresa que pertenece a una industria perfectamente competitiva*

La respuesta básica a esta pregunta es que una empresa que incurre en una pérdida seguirá produciendo en el corto plazo si, y sólo si, su pérdida es menor produciendo que cerrando la planta por completo. Como vimos en el capítulo VIII, hay dos tipos de costos en el corto plazo: los costos fijos y los costos

GRÁFICA IX.3.4. *Beneficio o pérdida en el corto plazo*

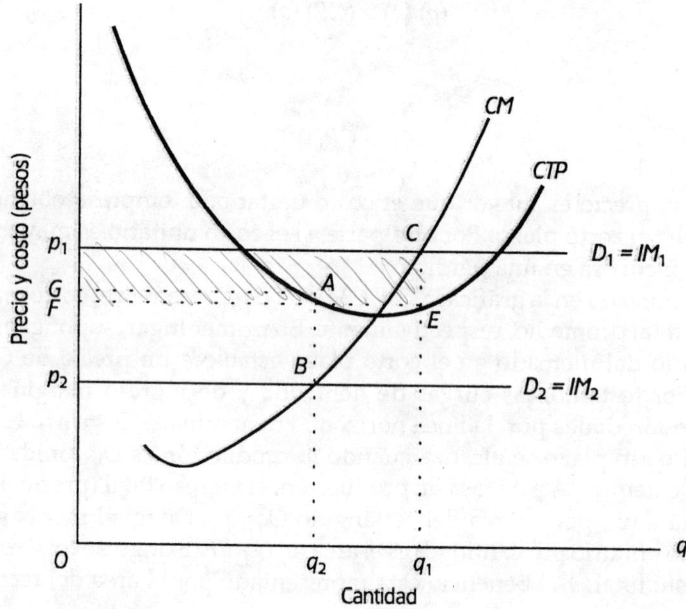

variables. Los costos fijos no se pueden cambiar y existen independientemente de que la planta opere o no. Es decir, los costos fijos son los mismos si la producción es cero o si es cualquier otra. Estos costos ya están sembrados. Por ejemplo, una vez que se firma un contrato de arrendamiento para una planta, hay muy poco que se pueda hacer respecto al pago del alquiler mientras no expire el contrato. En consecuencia, el pago del alquiler es un costo sembrado que debe cubrirse, independientemente de la producción.

Mientras el ingreso total sea mayor que el costo variable total de producir el volumen de equilibrio, la pérdida sufrida será menor cuando se lleva a cabo alguna producción. La gráfica IX.3.5 demuestra esto.

Como acabamos de explicar, la decisión del empresario en lo tocante a la producción en el corto plazo no se ve afectada por los costos fijos. Por consiguiente, en la gráfica IX.3.5 sólo se muestran las curvas del costo total promedio, del costo variable promedio y del costo marginal. Puesto que nuestra exposición sólo abarca una situación de pérdida, las líneas de los precios se trazan de tal manera que se ubiquen por completo debajo de la curva del costo total promedio. Supongamos primero que el precio de mercado es Op_1, de manera que la curva de demanda-ingreso marginal de la empresa

GRÁFICA IX.3.5. *La suspensión de la producción en el corto plazo*

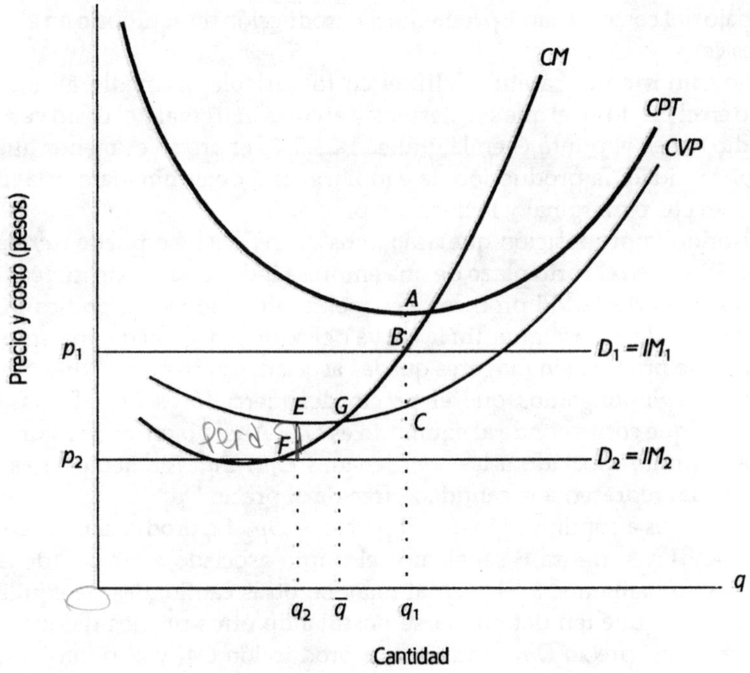

está dada por $D_1 = IM_1$. La maximización del beneficio (o minimización de la pérdida) conduce al nivel de producción en el que el costo marginal es igual al precio: la producción ocurre en el punto *B*, o a la tasa de producción de Oq_1 unidades por periodo. A esta tasa de producción, la empresa pierde *AB* pesos por unidad producida. Pero al precio Op_1, no sólo se cubre el costo variable promedio, sino que hay un excedente de *BC* pesos por unidad. El costo promedio de los insumos variables es q_1C pesos por unidad de producción. El precio obtenido por unidad es q_1B. El excedente del precio sobre el costo variable promedio, *BC*, puede aplicarse a los costos fijos. De esta manera no se perderán los costos fijos en su totalidad, como ocurriría si se dejara de producir. Se incurre en una pérdida, pero menor que la asociada a una producción de cero.

Sin embargo, éste no es siempre el caso. Supongamos que el precio del mercado fuera tan bajo como Op_2, así que la demanda está dada por $D_2 = IM_2$. Si la empresa produjera aunque fuera algo, su producción de equilibrio sería de Oq_2 unidades por periodo. En este caso, empero, el costo variable promedio de la producción es mayor que el precio. La empresa que produzca en este punto no sólo perderá sus costos fijos, sino que también perderá *EF* pesos por unidad sobre sus costos variables. Por tanto, cuando el precio se encuentra por debajo del costo variable promedio, la producción de equilibrio en el corto plazo es cero.

Como vimos en el capítulo VIII, el costo variable promedio alcanza su mínimo en el punto en el que se intersectan el costo marginal y el costo variable promedio, o sea el punto *G* en la gráfica IX.3.5. Si el precio es menor que $\bar{q}G$ pesos por unidad, la producción de equilibrio está determinada por la intersección del costo marginal y la línea del precio.

Utilizando la proposición que acabamos de exponer, se puede derivar la curva de oferta en el corto plazo de una empresa individual en un mercado de competencia perfecta.[3] El proceso se encuentra ilustrado en la gráfica IX.3.6. La figura A de la gráfica muestra la curva del costo marginal de una empresa para tasas de producción mayores que las asociadas al costo variable promedio mínimo. Supongamos que el precio del mercado es Op_1. La tasa de producción que corresponde al equilibrio es Oq_1. Ahora bien, en la figura B se localiza el punto asociado a las coordenadas Op_1, Oq_1. Llamemos S_1 a este punto, el cual representa la cantidad ofrecida al precio Op_1.

Supongamos a continuación que el precio es Op_2. La producción de equilibrio es Oq_2. En la figura B señalamos el punto asociado a las coordenadas Op_2, Oq_2 y lo llamamos S_2. De igual manera, otras cantidades de equilibrio proporcionales pueden determinarse postulando otros precios del mercado (por ejemplo, el precio Op_3 conduce a la producción Oq_3 y al punto S_3 en la figura B). Conectando todos los puntos *S* así generados, obtenemos la curva de oferta en el corto plazo de la empresa, llamada curva *S* en la figura B. Pero, por construcción, la curva S es precisamente la misma que la curva *CM*. Por lo tanto, hemos establecido la siguiente

> *Proposición*: La curva de oferta en el corto plazo de una empresa en competencia perfecta es precisamente su curva de costo marginal, para todas las tasas de producción iguales o mayores que la tasa de producción asociada al costo variable promedio mínimo. Ahora bien, para los precios de mercado menores que el costo variable promedio mínimo, la cantidad de equilibrio ofrecida es cero.

[3] Una aplicación de este principio aparece en el artículo "Una línea aérea toma la ruta marginal", en la sección "Aplicación de la Teoría" de este capítulo. Remítase a las preguntas de este artículo para evaluar su comprensión de este principio.

GRÁFICA IX.3.6. *Derivación de la curva de oferta en el corto plazo, de un productor individual en competencia perfecta*

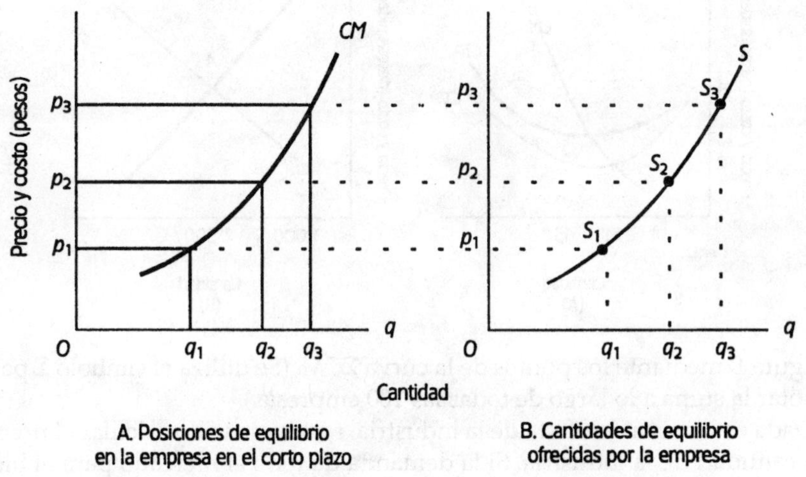

A. Posiciones de equilibrio en la empresa en el corto plazo

B. Cantidades de equilibrio ofrecidas por la empresa

IX.4. EL EQUILIBRIO EN EL CORTO PLAZO EN UNA INDUSTRIA DE COMPETENCIA PERFECTA

En este punto resulta útil entender cómo se suman en el corto plazo las curvas de oferta de las empresas individuales para producir una curva de oferta de la industria.

IX.4.a. *La curva de oferta de la industria en el corto plazo*

Para simplificar el asunto, supongamos que existen 100 empresas idénticas en la industria, cada una de ellas con las curvas de costo que se muestran en la gráfica IX.4.1, figura A.

Recordemos que la curva de oferta de cada una de las 100 empresas es sólo la parte de la curva del costo marginal que se encuentra arriba de (el mínimo de) la curva de costo variable promedio. Por ejemplo, si el precio fuese 2, cada empresa ofrecería 10 unidades; si el precio fuese 4, cada empresa ofrecería 15 unidades.

Se deduce de inmediato que la cantidad ofrecida por toda la industria al precio de 2 es de 1 000 unidades (10 por empresa × 100 empresas), y que la cantidad ofrecida a un precio de 4 es de 1 500 unidades. Esto se muestra en

GRÁFICA IX.4.1. *Selección del volumen de la producción*

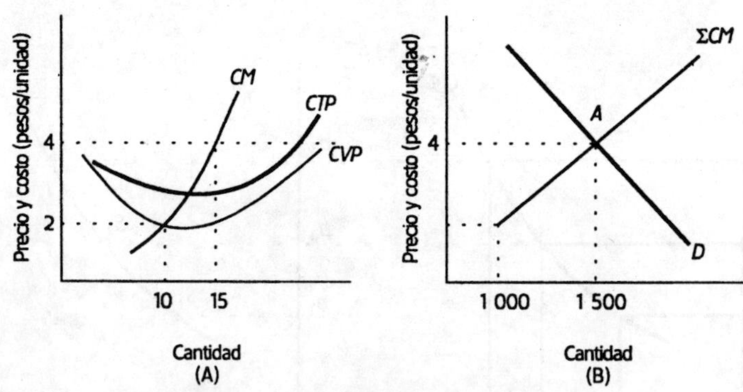

la figura B mediante los puntos de la curva ΣCM. (Se utiliza el símbolo Σ para denotar la suma a lo largo de todas las 100 empresas).

Dada esta curva de oferta de la industria, resulta sencillo calcular el precio y la cantidad de la industria. Si la demanda de todo el mercado para el bien está dada por *D* en la figura B, el precio y la cantidad de equilibrio se deducen como siempre: el equilibrio se encuentra en la intersección de la oferta del mercado y la demanda del mercado. Esto ocurre en el punto *A*, donde la cantidad es 1 500 y el precio es 4.

Obviamente, este equilibrio debe ser congruente con las curvas de oferta de las empresas individuales, ya que la curva de oferta del mercado se dedujo de esas curvas. En términos específicos, si el precio del mercado es 4, los consumidores demandan 1 500 unidades. A un precio de 4, cada una de las 100 empresas desearía producir 15 unidades, de modo que la oferta del mercado asciende a 1 500. La oferta iguala a la demanda y se ha encontrado un equilibrio en el corto plazo.

Las empresas no tienen que ser idénticas. El análisis no se altera si no lo son; sumamos las curvas del costo administrativo de las empresas individuales para obtener la curva de oferta de la industria.

EJERCICIO NUMÉRICO

Una empresa perfectamente competitiva enfrenta la siguiente variación del costo total:

Q	0	1	2	3	4	5	6	7	8	9	10
CT	9	20	30	39	47	54	60	67	77	90	109

PREGUNTAS

1. Si el precio del mercado es $13, ¿cuál será el volumen que elegirá la empresa producir, a fin de maximizar sus beneficios? ¿Cuál es el beneficio máximo?
2. Suponga que el precio del mercado baja a $6. ¿Cuánto decidirá producir la empresa ahora y cuál será su beneficio?
3. Grafique las curvas de *CM* y *CVP* de la empresa. Indique la curva de oferta de la empresa en el corto plazo. ¿Cómo la obtuvo?

SOLUCIONES

1. Para maximizar el beneficio, sea *Q* tal que *IM* = *CM*. *IM* = $13 en cada nivel de producción (¿por qué?). La variación del *CM* aparece en seguida:

Q	0	1	2	3	4	5	6	7	8	9	10
CM	–	11	10	9	8	7	6	7	10	13	19

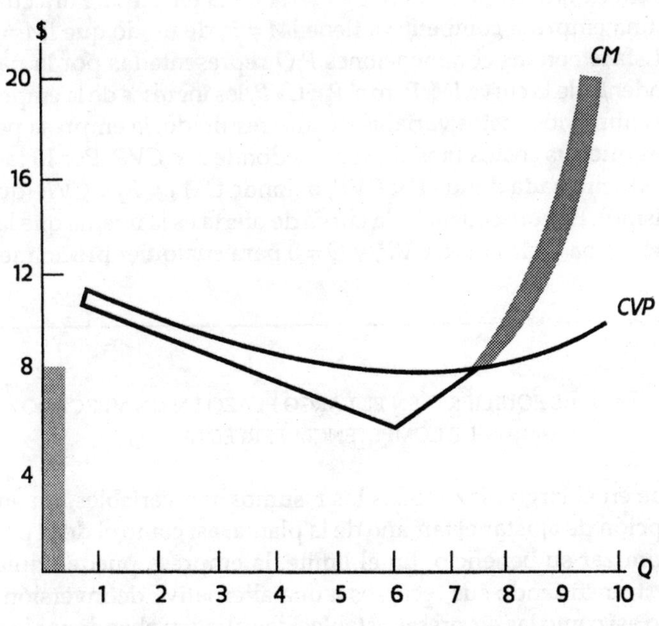

El beneficio se maximiza en Q tal que $IM = CM$. Puesto que $IM = \$13$ en todo momento, el CM producirá 9 unidades.

$$\pi = IT - CT = (13 \times 9) - 90 = 117 - 90 = 27.$$

El beneficio máximo es $27.

2. De nuevo, puesto que la empresa pertenece a una industria de competencia perfecta, $IM = P = 6$. Estableciendo que $IM = CM$, encontramos que el beneficio se maximiza donde $CM = \$6$, o sea con una producción de 6 unidades. Sin embargo, cuando calculamos el beneficio, vemos que

$$\pi = IT - CT = (P \times Q) - CT = (6 \times 6) - 60$$
$$= 36 - 60 = -24 .$$

Es decir, la empresa sufre una pérdida de $24. No obstante, si la empresa cierra y no produce nada, incurrirá en un costo total de $9 y no obtendrá ningún ingreso, de modo que sufrirá una pérdida de $9. Por consiguiente, la empresa optará por no producir nada y perder $9 (en lugar de producir 6 unidades y perder $24).

3. La curva gruesa es la curva de oferta de la empresa. Para cualquier P, una empresa competitiva tiene $IM = P$, de modo que $IM = CM$ se satisface con las combinaciones P,Q representadas por la parte ascendente de la curva IM. Pero si $P < CVP$, los ingresos de la empresa (IT) no cubren los costos variables; como resultado, la empresa perdería más que sus costos fijos si produce donde $P < CVP$. Por lo tanto, no producirá nada donde $P < CVP$, o donde CM [= P] $< CVP$ (que es lo mismo). En consecuencia, la curva de oferta es la misma que la curva CM arriba de la curva CVP, y $Q = 0$ para cualquier precio menor.

IX.5. El equilibrio en el largo plazo en un mercado de competencia perfecta

Puesto que en el largo plazo todos los insumos son variables, un empresario tiene la opción de ajustar el tamaño de la planta, así como el de la producción, para maximizar su beneficio. En el límite, la empresa puede liquidarse por completo, transfiriendo sus recursos a una alternativa de inversión más rentable. Pero así como las empresas establecidas pueden abandonar la industria, pueden entrar a ella nuevas empresas, si las perspectivas de beneficio son más brillantes que en otras partes. En realidad, el ajuste del número de empresas en la industria en respuesta a la motivación del beneficio es el elemento decisivo para el establecimiento del equilibrio en el largo plazo.

IX.5.a. *La entrada y salida de empresas de la industria*

Olvidemos por el momento la posibilidad de que haya plantas de diversos tamaños. Supongamos que sólo hay una tecnología posible, representada por las curvas de costos indicadas en la figura A de la gráfica IX.5.1.

De nuevo supongamos que al principio hay 100 empresas idénticas. Esto implica que la curva de oferta de la industria es 100 multiplicada por la curva de oferta de cada empresa, indicada por ΣCM_0 en la figura B. El equilibrio del mercado se encuentra en $Q_0(= 100 \times q_0)$, indicado por el punto A.

Aunque éste es un equilibrio en el corto plazo, no puede ser un equilibrio en el largo plazo. La razón es que cada una de las empresas de la industria está obteniendo beneficios. Podemos ver esto directamente en la figura A, porque P_0 se encuentra por encima de CP_0, de modo que el ingreso total supera al costo total.

Este beneficio induce a otras empresas a entrar en la industria. Cada vez que entra una empresa nueva con la misma curva de costo, la curva de oferta de la industria se desplaza hacia la derecha. Esto es así porque ahora debemos sumar, digamos, 101 curvas de oferta de empresas individuales, en lugar de las 100 curvas iniciales. Las empresas seguirán entrando en la industria hasta que la curva ΣCM se desplace a ΣCM_1. En ese punto, el equilibrio ha bajado a P_1 y la cantidad de equilibrio del mercado es Q_1, como lo señala el punto C.

Cada empresa de la industria opta ahora por producir q_1 y se ubica en el punto D de la figura A. Hay aquí varios aspectos interesantes que conviene examinar.

Primero, hay un equilibrio en el largo plazo porque el nivel del beneficio económico en la industria es cero. (Recordemos que un beneficio económico de cero no implica que el empresario y el capital no ganen nada. Simplemente requiere que el empresario y el capital no ganen aquí más de lo que ganarían en otra parte.) Ninguna empresa tiene algún incentivo para salir y ninguna lo tiene para entrar. Todas las empresas se conforman con producir q_1 unidades y el total para la industria es Q_1, así que la oferta iguala a la demanda. La diferencia entre el equilibrio en el largo plazo y el equilibrio en el corto plazo es que, aunque la oferta sea igual a la demanda en ambos casos, el equilibrio en el largo plazo se define como la situación en que la oferta iguala a la demanda y los beneficios económicos son exactamente igual a cero.

GRÁFICA IX.5.1. *El precio de equilibrio*

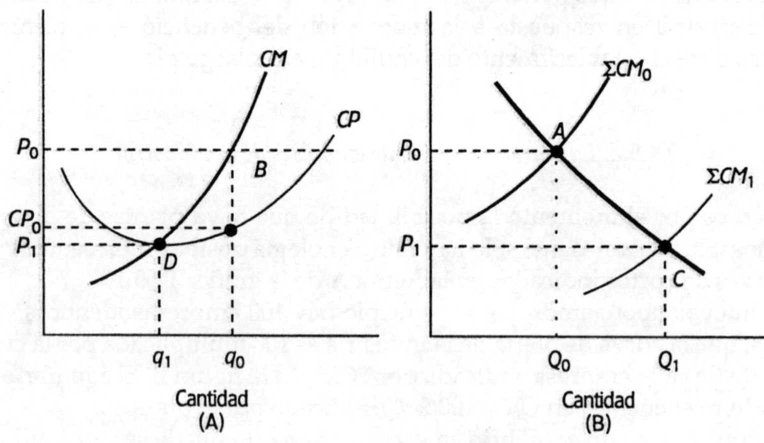

> *El equilibrio en el largo plazo*: Decimos que una industria se encuentra en equilibrio en el largo plazo cuando se dan dos condiciones: la oferta del mercado es igual a la demanda del mercado y todas las empresas que están utilizando la tecnología de costo más bajo ganan beneficios económicos de cero.

El segundo aspecto interesante es que, aunque la producción de la industria aumentó a medida que la industria avanzó hacia el equilibrio en el largo plazo, disminuye la producción de cada una de las empresas existentes. (Es decir, $Q_1 > Q_0$ pero $q_1 < q_0$). Esto ocurre por dos razones: Primero, la producción de la industria aumenta porque han entrado en ella más empresas. Pero la reducción del precio provocada por la oferta adicional hace que cada una de las empresas esté menos dispuesta a ofrecer grandes cantidades. Por lo tanto, cada empresa reduce un poco su producción, pero la producción total aumenta. ¿Cómo sabemos que el efecto de expansión supera la contracción de cada empresa? Eso es claro porque lo contrario conduciría a una contradicción. Si la reducción de cada empresa fuese más importante que el aumento del número de empresas, bajaría la oferta total de la industria. Pero si eso fuera cierto, el precio tendría que aumentar, porque la curva de demanda tiene pendiente negativa. Sin embargo, si el precio aumenta, ninguna empresa habrá de desear por ningún motivo reducir su producción. Puesto que cada empresa aumenta su volumen de producción y el número de empresas también aumenta, la oferta total de la industria debe aumentar, lo que implica una reducción en el precio. Esta contradicción implica que debe ser cierto lo contrario, es decir, que cada empresa reduce su producción, pero la producción de la industria aumenta.

Ejercicio: Supongamos que en el equilibrio del corto plazo hay empresas que tienen pérdidas. Describa el movimiento hacia un nuevo equilibrio en el largo plazo y analice los cambios que ocurrirán en el precio, las cantidades, los beneficios y el número de empresas de la industria.

IX.5.b. *La selección del tamaño óptimo de la planta en el largo plazo*

En el largo plazo, un empresario ajusta el tamaño de su planta y su tasa de producción para obtener el beneficio máximo. El proceso de ajuste se ilustra en la gráfica IX.5.2.

Sea $O\overline{P}$ el precio del mercado y supongamos que la empresa tiene una planta cuyos costos están representados por CPC_1 y CMC_1 (costo total promedio en el corto plazo y costo marginal en el corto plazo, respectivamente). Con esta planta, el equilibrio en el corto plazo se alcanza en el punto *A*, que corresponde a la producción de Oq_1 unidades por periodo de tiempo. En este punto, la empresa incurre en una pequeña pérdida por cada unidad producida y vendida.

Al considerar el largo plazo, u horizonte de planeación, el empresario tiene dos opciones: abandonar la actividad o construir una planta de tamaño más adecuado. Por ejemplo, el empresario podría optar por el tamaño de la planta representado por CPC_2 y CMC_2. Al precio $O\overline{P}$, la empresa produciría Oq_2 unidades por periodo y obtendría un beneficio neto de *BC* pesos por unidad. Sin embargo, si tuviera un conocimiento perfecto, construiría la planta representada por CPC_4 y CMC_4.

Aun cuando se dé este ajuste, el punto *E* no puede representar un equilibrio en el largo plazo, porque se están obteniendo beneficios positivos ($\overline{P} > CPC_4$ en q_4). En el largo plazo, debe ser cierto que se seleccionará el tamaño óptimo de la planta y que el beneficio será cero.

El equilibrio debe ser tal, que cada empresa selecciona la planta que corresponde a CPC_3 y produce en el punto *H*. Allí se obtiene un beneficio de cero y ningún cambio en la estructura de la planta puede aumentar la rentabilidad.[4]

[4] Esto supone que q_3 es pequeña en relación con la cantidad total vendida en el mercado. Si no fuese así, la situación se tornaría más compleja. En la mayoría de las industrias competitivas, q_3 es pequeña en relación con la oferta del mercado.

GRÁFICA IX.5.2. *Ajuste del tamaño de la planta en el largo plazo*

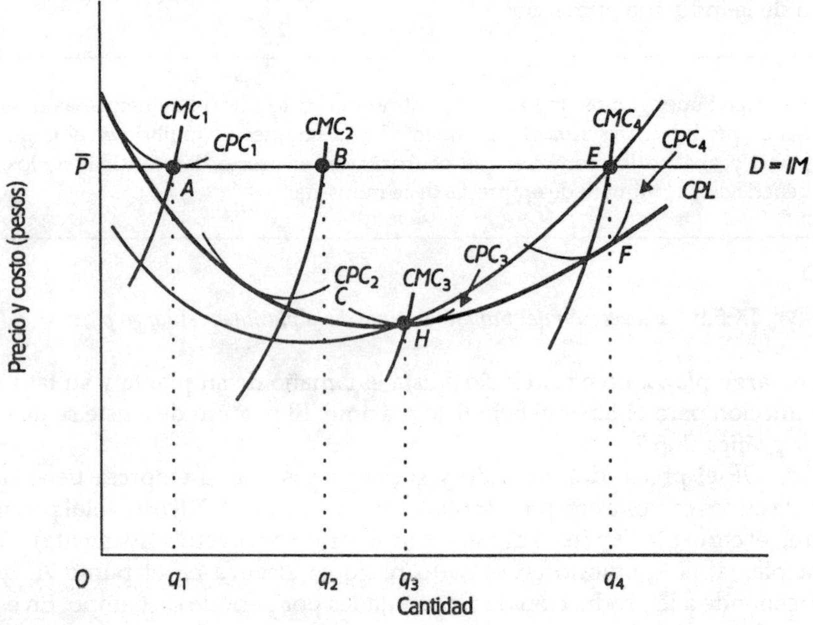

La gráfica IX.5.3 ilustra el proceso del *ajuste del equilibrio en el largo plazo.* Supongamos que todas las empresas de la industria son idénticas. El tamaño original está representado por CPC_1 y CMC_1 en la figura A. La curva de demanda del mercado está dada por DD' en la figura B, y la oferta del mercado es S_1S_1'. El equilibrio del mercado establece el precio de OP_1 pesos por unidad y el total de producción y de ventas de OQ_1 unidades por periodo. Al precio OP_1 cada empresa alcanza un punto de equilibrio en el corto plazo, en el que CMC_1 es igual al precio. Cada empresa produce Oq_1 unidades por periodo y obtiene un beneficio económico neto de AB pesos por unidad. Tal como se ha construido la figura A, esta posición podría ser de equilibrio en el largo plazo, ya que en ese punto el costo marginal es igual al precio.

No obstante, desde el punto de vista del mercado en su conjunto, la situación actual no es estable. Cada empresa de la industria obtiene un beneficio económico neto: una tasa de rendimiento sobre los recursos invertidos mayor que la que podría ganar en cualquier otro uso. Por consiguiente, en el largo plazo algunas empresas de industrias menos rentables se desplazarán hacia la industria en cuestión, ya que allí pueden ganar un beneficio mayor.

El proceso de la nueva entrada podría ser muy lento o muy rápido; esto depende, sobre todo, de la liquidez de los activos en otras industrias. En

GRÁFICA IX.5.3. *El equilibrio en el largo plazo mediante entradas y salidas*

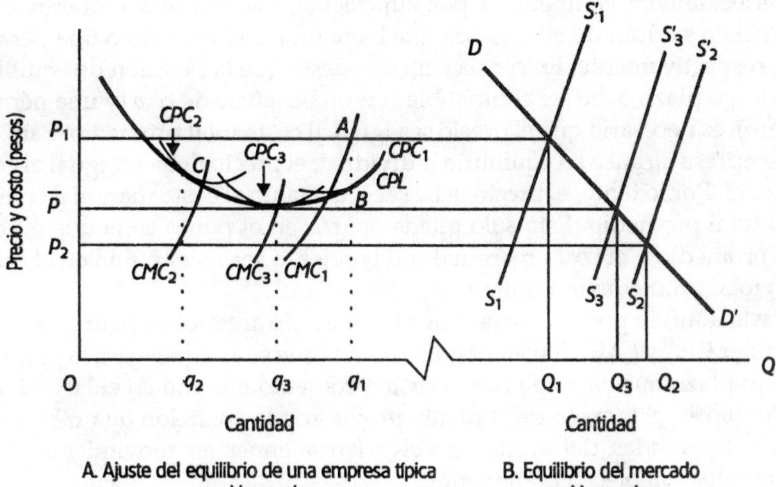

cualquier caso, con el paso del tiempo nuevas empresas entrarán en la industria, desplazando hacia la derecha la curva de oferta de la industria. En efecto, supongamos que la atracción del beneficio es tan fuerte que entra en la industria una gran cantidad de empresas nuevas, desplazando la curva de oferta de la industria a S_2S_2' en la figura B. En esta situación, la cantidad de equilibrio aumentará a OQ_2.

El equilibrio en el largo plazo de una empresa que opera en una industria de competencia perfecta se explica mediante la gráfica IX.5.3. Si el precio se encuentra arriba del nivel $O\overline{P}$, cada una de las empresas establecidas en la industria ganará un beneficio neto. Nuevas empresas serán atraídas a la industria y la curva de oferta del mercado se desplazará hacia la derecha. El precio de equilibrio del mercado disminuye y desciende a un nivel inferior a la curva de demanda horizontal enfrentada por cada empresa. Por otra parte, si el precio está por debajo de $O\overline{P}$ cada empresa de la industria incurrirá en una pérdida económica neta. A medida que se deprecian sus plantas y equipos, algunas empresas abandonan la industria, provocando así que la curva de oferta del mercado se desplace hacia la izquierda. El precio del mercado aumenta y, en consecuencia, las curvas horizontales de demanda individuales también lo hacen.

El punto de equilibrio en el largo plazo se presenta en *H* en la gráfica IX.5.2. Allí las empresas de la industria no obtienen un beneficio neto ni tampoco una pérdida neta.

La posición de equilibrio en el largo plazo queda determinada en realidad por la curva de demanda horizontal de cada empresa. Puesto que la industria es perfectamente competitiva por suposición, las empresa entrarán en la industria o saldrán de ella, ya sea que haya un beneficio neto o una pérdida neta, respectivamente. En consecuencia, puesto que la posición de equilibrio en el largo plazo debe ser compatible con un beneficio de *cero* (y una pérdida de cero), es necesario que el precio sea igual al costo total promedio. Para que una empresa alcance su equilibrio individual, el precio debe ser igual al costo marginal. Por lo tanto, el precio debe ser igual tanto al costo marginal como al costo total promedio. Esto sólo puede ocurrir en el punto en el que el costo total promedio y el costo marginal son iguales, o sea en el punto en el que el costo total promedio es mínimo.

Hasta aquí, se podría pensar que el enunciado anterior se podría aplicar a cualquier *CPC* y *CMC*. Sin embargo, a menos que se aplique *sólo* a la planta en el corto plazo que coincida con el costo promedio mínimo en el largo plazo, un cambio en el tamaño de la planta provocaría la aparición de un beneficio neto, y las ruedas del ajuste se volverían a poner en movimiento. Estos argumentos establecen la siguiente

> *Proposición*: El equilibrio en el largo plazo para una empresa en competencia perfecta ocurre en el punto donde el precio es igual al costo promedio mínimo en el largo plazo. En este punto, el costo total promedio mínimo en el corto plazo es igual al costo total promedio mínimo en el largo plazo, y los costos marginales en el corto plazo y en el largo plazo son iguales. La posición del equilibrio en el largo plazo se caracteriza por una situación de "ausencia de beneficio", es decir, las empresas no tienen ni beneficio neto ni pérdida neta, sino sólo un beneficio contable igual a la tasa de rendimiento que se puede obtener en otras industrias perfectamente competitivas.

IX.5.c. *Los precios de los insumos*

El análisis anterior se basó en la suposición tácita de que los precios de los insumos son constantes, en el sentido de que la ampliación del uso de los recursos no implica un aumento en sus precios. Para entender las implicaciones de esta suposición, consideremos la gráfica IX.5.4.

La figura A muestra las condiciones en el corto y en el largo plazos de una empresa típica de la industria, mientras que en la figura B se representa al mercado en su conjunto. $D_1D'_1$ y $S_1S'_1$ son las curvas originales de demanda y oferta del mercado, las cuales establecen un precio de equilibrio del mercado de $O\overline{P}$ pesos por unidad. Supongamos que la industria ha alcanzado una

GRÁFICA IX.5.4. *El equilibrio en el largo plazo y el precio de oferta en una industria perfectamente competitiva sujeta a costos constantes*

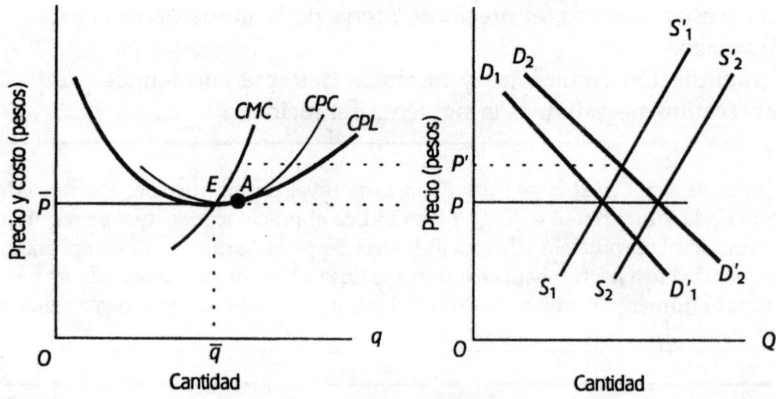

A. El equilibrio de la empresa en el largo plazo B. El equilibrio del mercado en el largo plazo

posición de equilibrio en el largo plazo, de modo que la figura A describe la posición de cada una de las empresas de la industria; la línea del precio es tangente a las curvas del costo total promedio en el corto y el largo plazos en sus puntos mínimos.

Supongamos ahora que la demanda aumenta a D_2D_2'. Si el número de empresas es fijo, el precio aumenta a OP' y cada empresa se mueve hacia el equilibrio en el punto *A*. Sin embargo, en el punto *A* cada empresa gana un beneficio económico neto, lo que atrae a nuevos integrantes y desplaza hacia la derecha la curva de oferta de la industria. En este caso suponemos que ninguno de los recursos utilizados en la industria está *especializado*, de manera que el aumento de su uso no afecta a su precio de mercado. En consecuencia, la entrada de nuevas empresas no incrementa los costos de las empresas ya existentes; la curva *CPL* de las empresas establecidas no se desplaza y las empresas nuevas pueden operar con una curva *CPL* idéntica. El ajuste del equilibrio en el largo plazo ante el cambio de la demanda se logra cuando el número de empresas aumenta hasta el punto en que S_2S_2' es la curva de oferta de la industria.

En otras palabras, puesto que la producción puede aumentar mediante *el incremento del número de empresas* que producen $O\overline{q}$ unidades por periodo al costo promedio $O\overline{P}$, la industria tiene un *precio de oferta constante en el largo plazo* igual a $O\overline{P}$ pesos por unidad. Si el precio estuviese por encima de este nivel, seguirían entrando en la industria empresas de un tamaño representado por *CPC* para disfrutar del beneficio neto que puede obtenerse. Si el precio fuese menor que $\overline{OP}$, algunas empresas abandonarían finalmente la industria para evitar la pérdida económica neta. Por consiguiente, en el caso especial en el que un incremento en el uso de los recursos no provoca un aumento en el precio de esos recursos, el precio de oferta de la industria es constante en el largo plazo.

A continuación resumimos y hacemos hincapié en algunos puntos. En primer término, necesitamos la siguiente definición:

> *El precio de oferta en el largo plazo*: Para cada nivel de producción, el precio de oferta de la industria en el largo plazo indica el precio *mínimo* que se requiere para inducir la producción de esta industria después de que *a)* cada empresa de la industria haya hecho el ajuste interno óptimo y *b)* se haya ajustado de manera óptima el número de empresas de la industria por medio de entradas o salidas.

> *Ejercicio*: ¿Cuáles son las relaciones y analogías precisas que existen entre el precio de oferta en el largo plazo de una industria perfectamente competitiva y el costo promedio en el largo plazo de una empresa perfectamente competitiva?

El precio de oferta en el largo plazo de la industria será constante si, y sólo si, la producción de la industria puede aumentarse o disminuirse, incrementando o reduciendo el número de las empresas sin afectar el costo promedio mínimo en el largo plazo. A su vez, esta condición existirá si, y sólo si, ninguno de los recursos utilizados por la industria está especializado, lo cual significa que los precios que deben pagar las empresas por todos los recursos no cambian con el nivel de su uso. Dicho de otro modo, la curva de oferta de cada uno de los recursos utilizados en la industria debe ser perfectamente elástica en lo que se refiere a las empresas de *esa* industria. Esto significa que la industria *en conjunto* debe ser un competidor perfecto en cada uno de los mercados de recursos: la industria debe tener frente a cada uno de los mercados de recursos una posición exactamente igual a la de un consumidor frente a cada uno de los mercados de bienes.

En los capítulos VI y VII examinamos los "rendimientos a escala", y en el capítulo VIII los relacionamos con la forma de la curva del costo promedio en el largo plazo de una empresa. Esas relaciones merecen mayores comentarios. Supongamos primero que los precios de todos los recursos son constantes. Si la función de producción de la empresa muestra en un principio rendimientos crecientes a escala y luego rendimientos decrecientes a escala, su curva de costo promedio en el largo plazo tendrá forma de U; *pero* el precio de oferta de la industria en el largo plazo será constante, porque los precios de los recursos son constantes (puede cambiar el número de empresas que producen con un *CPL* mínimo sin que ello afecte el *CPL* de ninguna empresa). Por otra parte, si la función de producción exhibe rendimientos constantes a escala, la curva del costo promedio en el largo plazo aumentará si los precios de los recursos varían directamente con su uso. Como veremos a continuación, el precio de oferta de la industria también aumenta en este caso. Sin embargo, antes de seguir adelante meditemos sobre el *importante* ejercicio siguiente.[5]

> *Ejercicio*: Supongamos que los precios de todos los recursos son constantes y que la función de producción de cada empresa de una industria exhibe rendimientos a escala constantes. Samuelson (*Foundations*, pp. 79-80) llama a esto la "indeterminación de la competencia más pura". Explique el significado de esta frase.

IX.5.d. *Las industrias con precios crecientes de los insumos*

En la gráfica IX.5.5 se representa el precio de oferta de la industria con costos crecientes. La situación original es la misma de la gráfica IX.5.4. La industria está en una posición de equilibrio en el largo plazo. D_1D_1' y S_1S_1' son las curvas de demanda y de oferta del mercado, respectivamente. El precio de equilibrio es OP_1. Cada empresa opera en el punto E_1, donde el precio es igual al costo promedio mínimo, tanto en el largo como en el corto plazos. Por lo tanto, todas las empresas se encuentran en una posición de equilibrio en el largo plazo.

Supongamos que la demanda se desplaza a D_2D_2', por lo que el precio

[5] En el texto se analizan los cambios de precios de los insumos que resultan de los cambios ocurridos en la demanda de factores productivos en toda la industria. Puesto que éste es un fenómeno pecuniario (de precios) y es consecuencia del impacto externo del efecto combinado de todas las empresas, a menudo se llama *externalidad pecuniaria*. También es posible que los cambios en la producción considerados en toda la industria modifiquen la tecnología de la producción de que disponen las empresas individuales. Cuando esto ocurre, hablamos de una externalidad tecnológica. Por ejemplo, si todas las tiendas de ropa se ubican en la misma calle, habrá congestionamientos que incrementarán el costo de entrega de los productos a los consumidores.

Utilizamos el término general de *industria de costo constante* para describir una industria que no tiene externalidades pecuniarias ni tecnológicas. Esto significa que las curvas de costo de las empresas individuales no se ven afectadas por el nivel de producción de la industria. Si las curvas de costo de las empresas individuales aumentan como consecuencia de una expansión de la producción total de la industria (es decir, si hay externalidades ya sea pecuniarias o tecnológicas), decimos que se trata de una *industria de costo creciente*. A veces las externalidades pueden ser positivas; es decir, las curvas de costos de las empresas disminuyen como consecuencia de un aumento en la producción de la industria. Hablamos entonces de una *industria de costo decreciente*.

Adviértase que estos términos se refieren a las externalidades y no a los rendimientos constantes, crecientes o decrecientes a escala que estudiamos en el capítulo VIII.

GRÁFICA IX.5.5. *El equilibrio y el precio de oferta en el largo plazo en una industria perfectamente competitiva sujeta a costos crecientes*

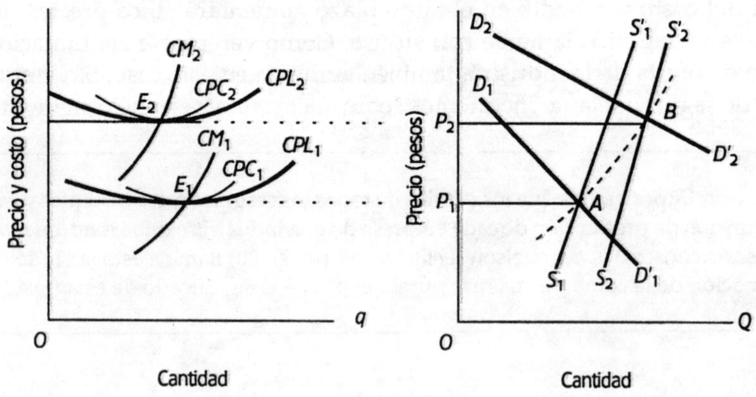

A. El equilibrio de la empresa en el largo plazo B. El equilibrio del mercado en el largo plazo

aumenta instantáneamente a un nivel mucho mayor. El aumento en el precio va acompañado de un beneficio económico neto; en consecuencia, nuevas empresas se ven atraídas a la industria. El uso de los recursos aumenta y suponemos ahora que los precios de los recursos se incrementan con su uso. Por consiguiente, el costo de los insumos aumenta tanto para las empresas establecidas como para las que acaban de entrar. En consecuencia, todo el conjunto de curvas de costos se desplaza hacia arriba, digamos a una posición representada por CPL_2 en la figura A.

Naturalmente, el proceso de ajuste del equilibrio no es instantáneo. La curva *CPL* se desplaza gradualmente hacia arriba a medida que nuevas empresas ingresan gradualmente en la industria. La curva de costo marginal de cada empresa se desplaza hacia la izquierda, de modo que la curva de oferta de la industria tiende a desplazarse hacia la izquierda. Sin embargo, más empresas están produciendo y esto tiende a desplazar la curva de oferta de la industria hacia la derecha. La última tendencia debe predominar, porque de otro modo las nuevas empresas habrían obtenido recursos *sólo* quitándoselos a las empresas ya establecidas en la industria. La producción total no podría aumentar como lo determina el aumento en el precio del mercado. Ahora bien, deben de haber entrado en la industria nuevas unidades de recursos, así que la curva de oferta se desplaza hacia la derecha, aunque no tanto como lo hubiera hecho en una industria con precios constantes de los insumos.

El proceso de ajuste debe continuar hasta que se llegue a una posición de equilibrio pleno en el largo plazo. En la gráfica IX.5.5 esto está representado por la intersección de D_2D_2' y S_2S_2', la cual establece un precio de equilibrio de OP_2 pesos por unidad. Cada empresa produce en el punto E_2, donde el precio es igual al costo total promedio mínimo. Lo que debe destacarse aquí es que, para industrias sujetas a un precio de oferta creciente en el largo plazo , siguen entrando nuevas empresas hasta que el costo promedio mínimo en el largo plazo aumente lo suficiente para igualar el nuevo precio. Aumentan el número de empresas y la producción de la industria. Sin embargo, no hay manera de pronosticar lo que ocurrirá con la producción de equilibrio por empresa. Podría disminuir, como se muestra en la gráfica IX.5.5, o podría permanecer constante o aumentar. Pero lo que sí es seguro es que aumentarán la producción de la industria, el número de empresas y el precio de oferta en el largo plazo.

Relaciones: La curva de oferta en el largo plazo de una industria con precios constantes de los insumos es una línea horizontal en el nivel del precio de oferta constante en el largo plazo (es decir, el punto mínimo de la curva del costo promedio en el largo plazo). La curva de oferta en el largo plazo para una industria con precios crecientes de los insumos tiene pendiente positiva, y el precio de oferta en el largo plazo aumenta a medida que se incrementa la cantidad de equilibrio ofrecida en el largo plazo.

IX.6. El modelo competitivo en la práctica: análisis de la oferta y la demanda

El análisis del equilibrio del mercado es simple, pero no simplista. En realidad, este tipo de análisis proporciona una visión cualitativa, si no cuantitativa, importante del funcionamiento de los mercados del mundo real. Veamos un ejemplo.

Supongamos que la demanda de carbón al menudeo es elástica en el intervalo de precios pertinente. Además, supongamos que el gobierno cree que el precio del carbón es demasiado alto. En consecuencia, fija un precio tope o máximo al carbón en la mina. ¿Qué ocurrirá con el precio del carbón al menudeo? ¿Aumentarán o disminuirán los ingresos totales de los minoristas?

Como primer paso, consideremos lo que ocurre en la mina (o área minera). Supongamos, para los fines analíticos, que la minería del carbón es una industria perfectamente competitiva con precios crecientes de los insumos. Supongamos también que antes de la imposición del precio tope la industria se encontraba en equilibrio; cada empresa producía la cantidad en la que $P = CPL$, de modo que no obtenía ningún beneficio neto. La gráfica IX.6.1 muestra la demanda y la oferta del mercado de carbón en la mina. La demanda

GRÁFICA IX.6.1. *La oferta y la demanda en la mina*

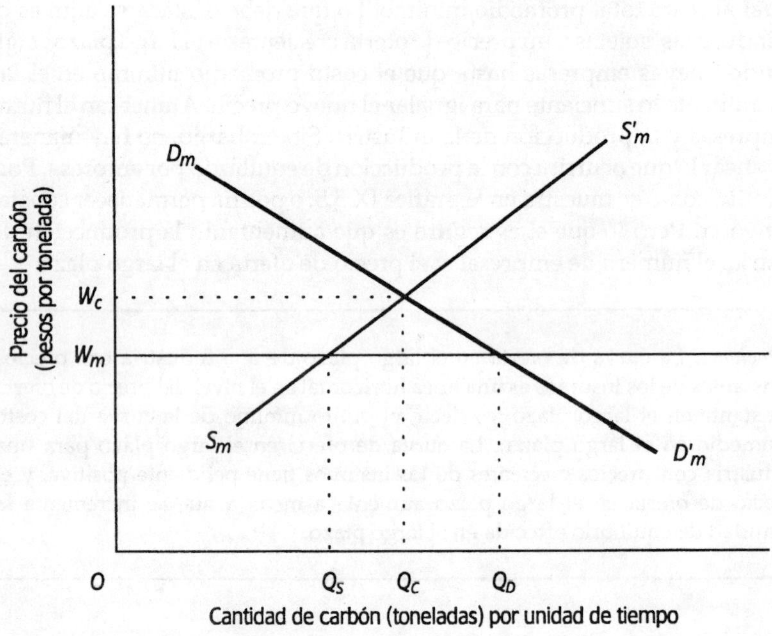

(D_mD_m') es la curva de demanda de los minoristas del carbón en la mina. Se deriva manteniendo constantes la demanda de carbón de los minoristas y otros factores (suponemos que los consumidores individuales no pueden comprar carbón directamente en la mina).

La curva de oferta de la industria en el largo plazo es S_mS_m'. Es el lugar geométrico de los equilibrios de la industria minera en el largo plazo. Puesto que suponemos precios de insumos crecientes, S_mS_m' tiene pendiente positiva. El precio de equilibrio en la mina es OW_c y la cantidad de equilibrio es OQ_C.

La gráfica IX.6.2 muestra las condiciones de la demanda y de la oferta al menudo. D_rD_r' es la demanda de carbón por parte de los consumidores. S_rS_r', que se basa en un costo dado del carbón en las minas para los minoristas (OW_c), es la curva de oferta de los minoristas. Puesto que el carbón es un insumo de los minoristas, la curva de oferta de carbón al menudeo debe desplazarse cuando cambia el precio del carbón en la mina, al igual que un cambio en el precio de cualquier factor de producción altera la oferta del bien producido. Específicamente, cuando el precio en la mina disminuye, mientras permanece constante todo lo demás, la curva de oferta al menudeo debe desplazarse hacia la derecha. Es decir, si los minoristas pueden comprar el

GRÁFICA IX.6.2. *La demanda y la oferta al menudeo*

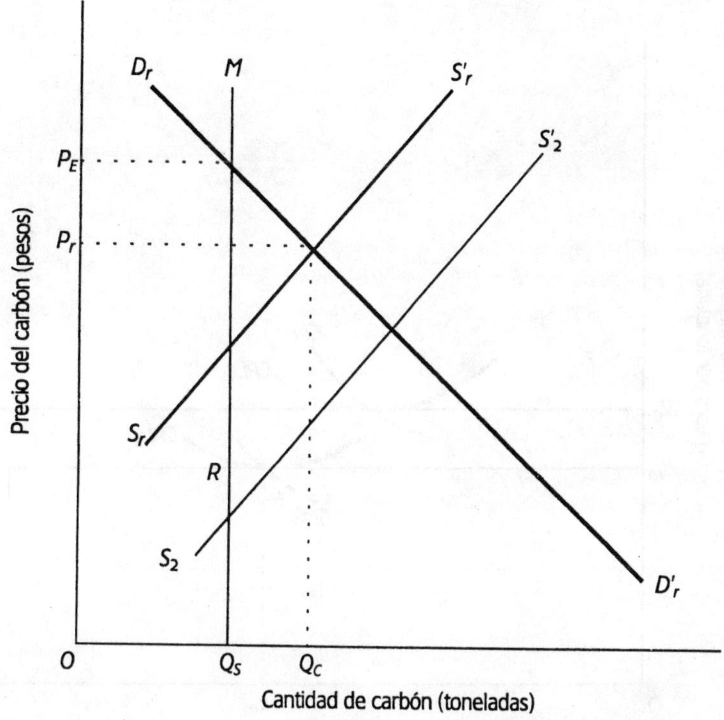

carbón a menor costo, estarían dispuestos a ofrecer al menudeo más carbón a cada precio de menudeo y podrán hacerlo. En el mercado al menudeo el equilibrio ocurre a un precio de OP_r (dado un precio OW_c en la mina) y una cantidad vendida de OQ_c, obviamente igual a OQ_c en la gráfica IX.6.1, porque los minoristas venden todo lo que compran.

Volviendo a la gráfica IX.6.1, supongamos que el gobierno fija el precio tope de OW_m. La cantidad demandada de carbón por los minoristas al nuevo precio es OQ_D. El nuevo precio es menor que OW_c (el precio al que no hay ni beneficio ni pérdida); por lo tanto, las empresas empiezan a incurrir en pérdidas y algunas de ellas abandonan la industria. Puesto que suponemos que la minería enfrenta precios crecientes de los insumos, la salida de empresas y la reducción de la cantidad producida provocan que los precios de los factores disminuyan y, por consiguiente, que bajen las curvas de los costos promedio y marginal en el largo plazo de las empresas que permanecen en la industria. La gráfica IX.6.3 muestra el proceso. Los costos promedio y marginal en el largo plazo disminuyen de CPL_1 y CM_1 a CPL_2 y CM_2. El punto mínimo de CPL_2 es igual

GRÁFICA IX.6.3. *Las curvas de costo de una empresa individual*

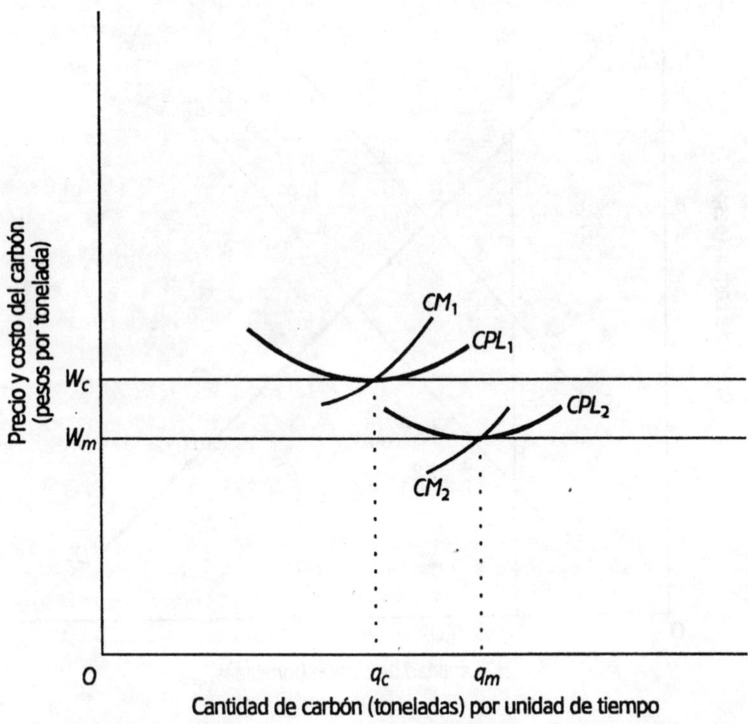

al precio tope OW_m. Cada una de las empresas que permanecen en la industria produce ahora Oq_m (la nueva producción de equilibrio), en lugar de Oq_c, pero hay menos empresas que no obtienen beneficio neto. La nueva cantidad ofrecida por la industria, mostrada en la gráfica IX.6.1, es OQ_S. Por consiguiente, ocurre una escasez (exceso de demanda) de Q_SQ_D porque los minoristas desean comprar ahora OQ_D, pero las minas sólo están dispuestas a vender OQ_S. La industria minera tiene que encontrar algún método de asignación (racionamiento, atender a quien llegue primero, favoritismo, etc.), para determinar cuáles minoristas obtienen la oferta disponible. En cualquier caso, sólo OQ_S está disponible para los minoristas.

Ahora, de acuerdo con nuestro análisis, el precio menor del carbón en la mina debe hacer que la oferta al menudeo se desplace a S_2S_2' (gráfica IX.6.2). El precio al menudeo debe disminuir, y la cantidad de carbón vendida debe aumentar, como lo determina la intersección de D_rD_r' y S_2S_2'. Pero recordemos que sólo se produce OQ_S, así que sólo puede venderse OQ_S. La curva S_2S_2'

especifica las cantidades que los minoristas están *dispuestos* a vender al precio de mina de OW_m; la línea vertical MQ_S indica la cantidad máxima que los minoristas *pueden* vender a ese precio. Por lo tanto, la curva S_2RM indica las cantidades que los minoristas están *dispuestos* y son *capaces* de vender a cada precio de menudeo cuando se fija el precio de mina de OW_m.

La intersección de la oferta y la demanda ocurre ahora al precio OP_E, claramente mayor que el precio anterior. La cantidad vendida es OQ_S. Después de que se impone el precio tope en la mina, los consumidores pagan un precio mayor por menos carbón. Puesto que la demanda se supuso elástica, los minoristas reciben un ingreso total menor.

Señalamos antes que, a pesar de las hipótesis aparentemente poco realistas del modelo de competencia perfecta, este modelo ha resultado muy útil para predecir y explicar los fenómenos del mundo real. Por ejemplo, de acuerdo con la teoría, puede esperarse que las políticas que restringen la entrada en las industrias generen beneficios económicos persistentes para las empresas que tienen la suerte de encontrarse en la industria. Los taxis operan con licencias en muchas ciudades como Chicago y Nueva York. El número de taxis autorizados suele permanecer constante durante largos periodos, y sólo se puede entrar a la industria comprando una licencia o "placa" a alguien que ya la tenga. Se deduce de aquí que el precio de la placa debe representar el valor de los beneficios económicos que se obtienen por la restricción de la entrada. En Chicago, el precio de una placa era aproximadamente de 30 000 dólares en 1978.[6]

En el capítulo XI consideraremos con cierto detalle los efectos de los impuestos, los precios tope y otras políticas gubernamentales, utilizando el aparato expuesto en este capítulo y en el siguiente. En la siguiente sección "Aplicación de la Teoría", se pide al estudiante que utilice gráficas similares a las de este capítulo para analizar la respuesta de la industria del visón (y de la empresa representativa) ante un cambio en la demanda o en los precios de los insumos, tanto en el corto como en el largo plazos.

IX.7. Conclusiones

Hasta aquí, la característica más sobresaliente de la competencia perfecta es el hecho de que en el equilibrio del mercado en el largo plazo, el precio del mercado es igual al costo total promedio mínimo. Esto significa que cada unidad de producción se produce al menor costo posible, tanto desde la perspectiva del costo monetario como del uso de los recursos. El producto se

[6] Cuando se incluye el precio de la placa en los costos, los taxis sólo ganan una tasa de rendimiento competitiva. La ganancia es únicamente para quienes tuvieron la suerte de recibir una placa en la distribución inicial de placas.

vende a su costo promedio de producción (en el largo plazo); por consiguiente, cada empresa gana la tasa de rendimiento "vigente" en las industrias competitivas, ni más ni menos.

Pero sólo hemos visto una cara de la competencia perfecta: la operación de las empresas dentro de una industria perfectamente competitiva. La determinación de los precios de los servicios productivos en condiciones de competencia perfecta es también una característica importante, así como la cuestión del bienestar económico general en una economía perfectamente competitiva. Aunque todos estos estudios se basan en un conjunto de suposiciones sumamente estilizadas, proporcionan, en última instancia, criterios para evaluar la operación y la práctica reales del mercado.

IX.8. Resumen

- *Competencia perfecta* es el término utilizado por los economistas para describir una situación del mercado donde: *a)* demandantes y oferentes tratan al precio como dado, es decir, actúan como tomadores de precio en el mercado; *b)* los productos de los vendedores son homogéneos, por lo que el producto de un vendedor es idéntico al de cualquier otro vendedor; *c)* todos los recursos son perfectamente móviles y pueden trasladarse rápidamente hacia adentro o hacia afuera del mercado en respuesta a señales pecuniarias; y *d)* los consumidores, los productores y los dueños de los recursos poseen un conocimiento completo y perfecto. Obviamente estas suposiciones son poco realistas y jamás se ha conocido un mercado que satisfaga todas las condiciones anteriores. Sin embargo, el modelo es utilizado con frecuencia por los economistas, ya que las conclusiones que se derivan de él han permitido, en general, una explicación y un pronóstico correctos de los fenómenos del mundo real.
- Cuando la empresa opera en el corto plazo en una industria competitiva, considera el precio como dado y elige el volumen de producción que iguala el precio y el costo marginal. En este volumen de producción se maximizan los beneficios en el corto plazo (o se minimizan las pérdidas). Si en el volumen de producción en el que el precio al costo marginal son iguales, el ingreso total es menor que el costo variable total, la empresa no producirá nada y experimentará una pérdida (mínima) en el corto plazo igual a la suma de los costos fijos.
- Cuando los precios de los factores *no* cambian en respuesta a un cambio en el uso de los factores por parte de la industria, la curva de oferta en el corto plazo de una industria competitiva será simplemente la suma horizontal de las curvas del costo marginal de las empresas de la industria. (Sin embargo, adviértase que si el precio es menor que el costo

variable promedio de cada empresa, la producción de la industria será cero). Cuando los precios de los factores cambian a medida que aumenta el uso de esos factores por parte de la industria, la curva de oferta no será la suma horizontal de las curvas de costo marginal de todas las empresas. En este caso, es necesario tener en cuenta los desplazamientos de la curva de costo marginal de cada empresa cuando aumenta la producción de la industria, a fin de determinar la curva de oferta de esa industria.

✦ Los ajustes en el largo plazo de una industria competitiva consideran que los recursos pueden moverse libremente hacia adentro y hacia afuera de la industria. El equilibrio en el largo plazo ocurrirá a un precio igual al mínimo de la curva de costo promedio en el largo plazo de la empresa típica. Si la industria enfrenta precios constantes de los insumos, el precio de equilibrio en el largo plazo será siempre el costo promedio mínimo en el largo plazo, y la curva de oferta en el largo plazo será una línea horizontal. En una industria con precios crecientes de los insumos, la curva de oferta en el largo plazo será ascendente. En ambos casos, el beneficio *económico* del equilibrio en el largo plazo de la empresa será cero (aun cuando el beneficio contable será, por lo general, positivo).

APLICACIÓN DE LA TEORÍA

LA CRIANZA DEL VISÓN SE HACE MÁS ESCASA A MEDIDA QUE AUMENTAN LOS COSTOS Y SE REDUCE LA DEMANDA DE PIELES

MICHAEL L. GECZI
Reportero de *The Wall Street Journal*

NUEVA YORK.- Es posible que los criaderos de visón se encuentren en la lista de especies en peligro de extinción.

Los propios animales nunca han estado en peligro de extinción, pero en Estados Unidos el número de empresas que crían estos pequeños mamíferos por sus pieles ha disminuido drásticamente en los últimos años. En el año de máxima producción, el de 1966, operaban en Estados Unidos cerca de 6 000 criaderos de visón. Ahora, según el Departamento de Agricultura de Estados Unidos, sólo hay 1 221 de estas empresas.

A pesar de los ligeros incrementos en los últimos dos años, la producción total de pieles ascendió el año pasado a 3.1 millones, o sea la mitad de la cifra máxima de 6.2 millones de pieles producidas en 1966. Según una estimación, las ventas anuales por subastas, donde se venden la mayoría de las pieles, ascendieron a cerca de 54 millones de dólares en 1974, mientras que a mediados de los años sesenta éstas ascendían a más de 120 millones de dólares.

Las empresas más pequeñas han sido las más afectadas. "Las pequeñas empresas familiares y los operadores de tiempo parcial fueron los que abandonaron el mercado", dice un funcionario del Departamento de Agricultura. "Las empresas más grandes han seguido operando."

Algunos funcionarios de la industria sostienen que es rara la empresa de visón de cualquier tamaño que resulte rentable. "Durante los últimos cuatro o cinco años hemos pasado apuros", dice Robert Langenfeld, presidente de Associated Fur Farms Inc., de Nueva Holstein, Wisconsin, una de las empresas de visón más grandes de la nación.

[A]

El descenso de la industria ha sido tan rápido como su ascenso en los años cincuenta y sesenta, cuando creció la popularidad del visón como símbolo de posición social. El crecimiento se vio impulsado por el desarrollo de nuevos colores (ahora hay 13 colores). En vista de que los costos de alimentación de los visones y de mano de obra permanecían relativamente estables frente a una gran demanda, más empresas entraron en la industria.

INVENTARIOS INVENDIBLES

Sin embargo, el crecimiento resultó demasiado rápido; los grandes inventarios que no se vendían, acumulados por la producción sin precedente de 1966, provocaron una reducción en el precio en 1967, y

[B]

la situación ha empeorado desde entonces. Los costos de alimentación y de mano de obra han aumentado con rapidez, y se ha agudizado la competencia de pieles extranjeras menos caras.

Quizá más importante sea el hecho de que el visón ha perdido mucho de su prestigio. Algunos funcionarios de la industria afirman que el deseo de usar abrigo de visón ha cedido en muchos casos ante la preocupación por la ecología. Las denuncias de los conservacionistas "provocaron una reacción en masa a favor del 'pobre animal'", dice Louis Henry, presidente de Hudson Bay Fur Sales Inc., la unidad de Hudson's Bay Co. que maneja cerca de dos tercios de las pieles que se venden en subasta cada año en Estados Unidos.

Henry recuerda que en 1966 se vendían las pieles en subastas a un promedio de 24 dólares cada una. Ahora, el precio es de unos 14 dólares por una piel de mutación (coloreada). Las pieles oscuras alcanzan un precio ligeramente mayor.

[C]

En los años sesenta, un productor de visón ganaba cerca de 5 dólares por una piel de mutación, dice Langenfeld. "Ahora, estamos perdiendo cerca de 3 dólares por cada piel de nuestras mutaciones." Afirma que a la compañía le cuesta 17 dólares la crianza de un visón joven y el transporte de su piel a una subasta.

Los criadores de visón aparean a estos animales en marzo. Las crías

—por lo regular cuatro por camada— nacen en los primeros días de mayo. Se crían durante seis meses antes de ser sacrificados —humanitariamente, dicen los productores— con gas o electrocutados. Luego se retiran las pieles y se arreglan para la venta.

Un animal delicado

En la mayoría de los casos las pieles se envían a uno de cuatro centros de subasta principales en Estados Unidos: Nueva York, Seattle, Minneápolis y Milwaukee. Los honorarios de una de las dos asociaciones que ofrecen las pieles en venta y los de la compañía que realiza la subasta llegan a ascender hasta 7.75% del precio de venta de la piel.

El precio que obtienen los productores por sus pieles es su recompensa por la crianza de un animal delicado que sólo acepta la carne de res, de ave y de pescado más fresca. La mayoría de las empresas criadoras de visón poseen costosas máquinas de refrigeración, de molienda y mezclado, y también tienen que contratar trabajadores adicionales para deshielar y administrar las raciones diarias de comida a los animales. Todo esto hace que la alimentación del visón represente más de la mitad del costo total de la crianza de uno de estos animalitos hasta que su piel alcance un tamaño adecuado.

Los investigadores del visón han estado buscando una alimentación seca que resulte más económica y siga satisfaciendo los gustos y los requerimientos nutritivos de estos animales. Algunos criadores están utilizando alimentos secos, pero no han conseguido una aceptación amplia dentro de la industria.

Se dice que los productores estadunidenses elaboran una piel de alta calidad, muy apreciada por quienes pueden pagar grandes sumas por un abrigo o una estola. Pero cerca de la mitad de los seis millones de pieles utilizadas anualmente en Estados Unidos son pieles extranjeras más baratas, producidas principalmente en Escandinavia. Algunos funcionarios de la industria dicen que se está vendiendo un número creciente de prendas de vestir hechas con estas pieles a personas que antes habrían comprado el artículo más caro producido con pieles estadunidenses.

No obstante, Henry cree que lo peor ya pasó. "Pienso que se estabilizarán (las ventas) cerca de su nivel actual." Algunos observadores esperan que este negocio se incremente a medida que ceda la recesión.

¿Volverá alguna vez la industria a los buenos tiempos de antes? "No conozco a ningún criador de visón que haya tenido alguna vez buenos tiempos en el pasado", dice Langenfeld.

PREGUNTAS

1. Considere el pasaje A: Ilustre (gráficamente) el efecto del aumento en la demanda sobre el precio, la producción y el beneficio en el corto y largo plazos para la empresa individual y para la industria del visón. Suponga en su respuesta que la industria del visón es una industria de *costo constante*.
2. Considere el pasaje B: partiendo de las gráficas de su conclusión a la pregunta 1, muestre el efecto de cada uno de estos fenómenos, tanto en el corto como en el largo plazos:
   a) "El visón ha perdido la mayor parte de su prestigio."
   b) "Los costos de alimentación y de mano de obra han aumentado con rapidez."
3. Los resultados que se citan al principio de este artículo indican que ha disminuido la producción de la industria, así como el número de empresas. Combine los efectos de *a* y *b* y demuestre por qué la producción de la industria debe disminuir. ¿Es cierto que el número de empresas debe disminuir? Explique cuidadosamente.
4. Considere ahora el pasaje C: ¿Ha alcanzado la industria del visón un nuevo equilibrio competitivo en el largo plazo? Explique.
5. Explique en un diagrama por qué un productor de visón podría seguir produciendo aun cuando haya expresado que "estamos perdiendo cerca de 3 dólares por cada piel en nuestras mutaciones".

SOLUCIONES

(A lo largo de esta solución se supone, como en el apartado IX.5.a, que existe un solo tamaño de planta.)

1. Partimos de una situación de equilibrio en el largo plazo. En el corto plazo el incremento en la demanda aumenta el precio del visón. La empresa individual, frente a un precio mayor, decide producir más y obtiene beneficios positivos. (Véase la gráfica A.)
   Los beneficios positivos inducen a nuevas empresas a entrar en la industria. Suponiendo que los precios de los factores son constantes, en el equilibrio de largo plazo el precio del visón regresará a su nivel

GRÁFICA A

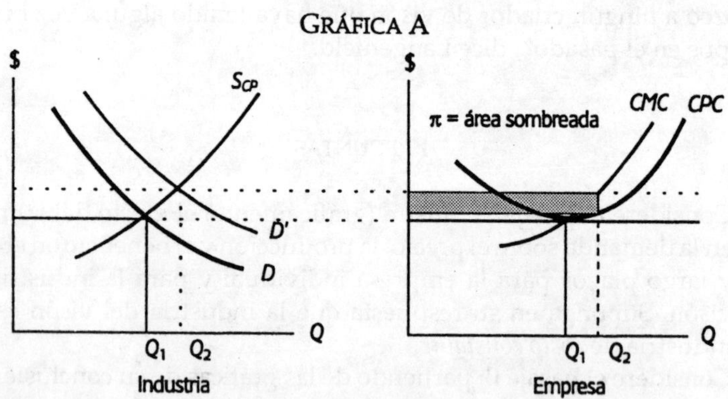

original. La posición de equilibrio en el largo plazo de la empresa individual es idéntica a la posición inicial. (Véase la gráfica B.)

GRÁFICA B

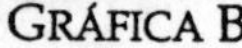

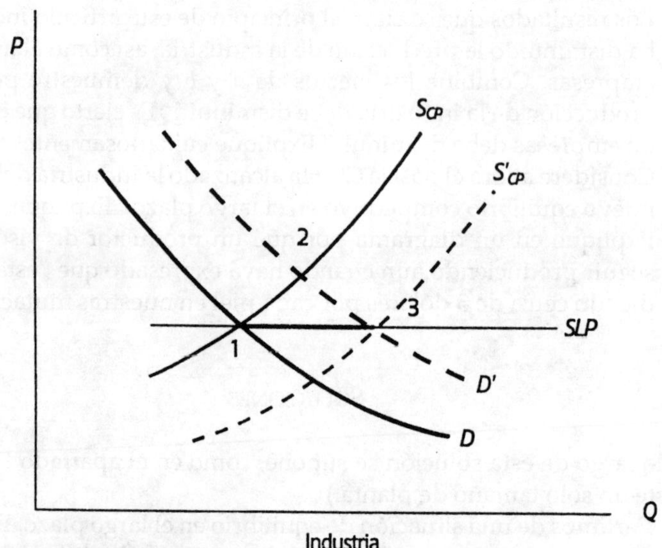

2. En respuesta a la pregunta 2:
   a) El hecho de que el visón haya perdido prestigio implica una disminución en la demanda y, por ende, un precio menor para el visón en el corto plazo. (Véase la gráfica C.)
   b) El aumento en el precio de los insumos variables implica que *CM*

GRÁFICA C

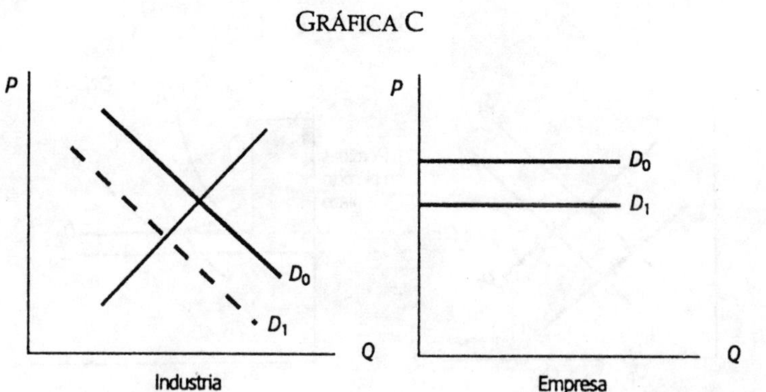

y *CP* aumenten para una empresa individual. La curva de oferta de la industria se deriva a partir de las curvas de *CM* de las empresas, por lo que la oferta disminuye. (Véase la gráfica D.)

GRÁFICA D

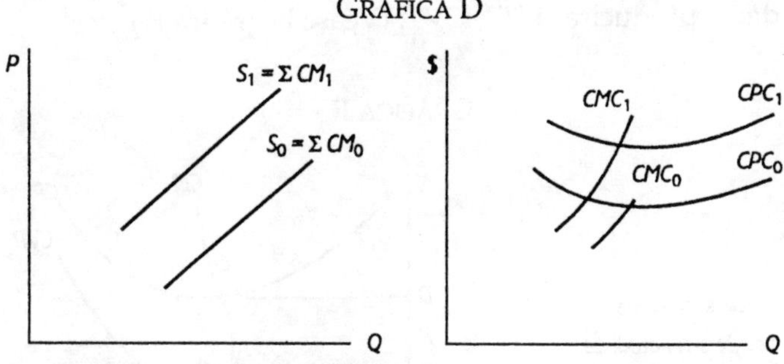

3. El primer efecto impone claramente una reducción de la producción y del número de empresas. La reducción en el precio del mercado provoca que las empresas produzcan menos e incurran en pérdidas. El segundo efecto también causa la reducción de la producción al desplazar la curva de oferta hacia la izquierda, pero su efecto sobre el número de empresas es ambiguo. El aumento en los costos sugiere la existencia de pérdidas para las empresas, pero la curva de oferta de la industria en el corto plazo se desplaza hacia la izquierda, lo que aumenta el precio en el corto plazo y tiene un efecto positivo sobre los beneficios. Es probable que predominen los efectos que tienden a generar pérdidas, por lo que algunas empresas abandonarán la industria. (Véase la gráfica E.)

GRÁFICA E

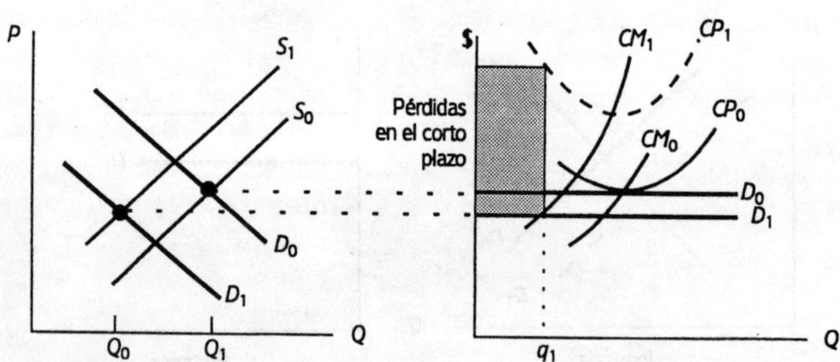

4. La industria no ha alcanzado un nuevo equilibrio en el largo plazo, porque todavía hay algunas pérdidas.
5. El productor de visón continuará operando si las pérdidas son menores que los costos fijos que se perderían si se cerrara la empresa (es decir, producirá si $IT > CVT$. (Véase la gráfica F.)

GRÁFICA F

A = pierde si produce

A + **B** = pierde si no produce

= *CFT* [= *CG* · *q**

= *CFP* · *q**]

A < **A** + **B** → sigue produciendo en el corto plazo

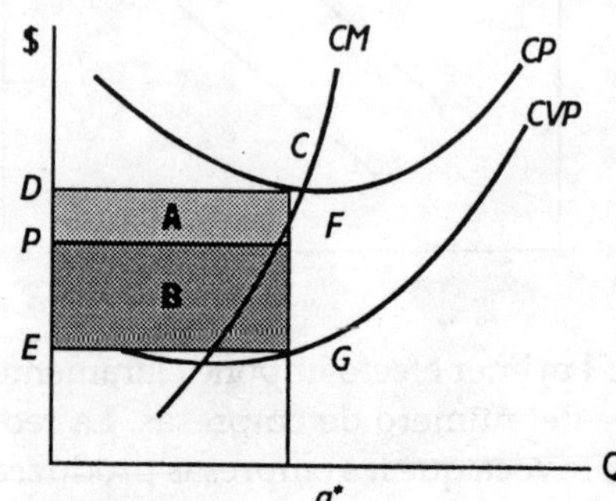

FUENTE: Reproducido con permiso de *The Wall Street Journal*, © Dow Jones & Company, Inc., 27 de octubre de 1975. Todos los derechos reservados.

Preguntas y ejercicios

(Utilice los datos de producción y costos calculados para la primera pregunta del capítulo VIII.)

1. Suponga que el precio del bien es de \$1.75 por unidad.
   a) ¿Cuál sería el beneficio neto en cada uno de los siguientes volúmenes de producción? *i)* 1 314; *ii)* 1 384; *iii)* 1 444; *iv)* 1 494; *v)* 1 534.
   b) ¿Cuál es el volumen de producción que genera el mayor beneficio?
   c) ¿Cuánto ingreso adicional se obtiene vendiendo este número de unidades en lugar de vender una unidad menos? ¿Qué relación existe entre el ingreso marginal y el precio de venta?
   d) Si se le da el precio de venta, ¿cómo puede usted determinar el volumen óptimo de producción respecto al costo marginal?
   e) Cuando existe la relación indicada en *d*, ¿qué relación existe entre el producto promedio y el producto marginal?
   f) ¿Qué haría el productor si se enfrentara a un precio permanente de 70 centavos?
   g) ¿Por qué no es socialmente deseable que un productor opere cuando el precio es de 70 centavos?
3. Supongamos que el precio es de 80 centavos.
   a) ¿Cuál sería el volumen óptimo de producción?
   b) ¿Podría obtenerse un beneficio a este precio?
   c) ¿Operaría el productor a este precio?
   d) ¿Por cuánto tiempo?
4. Determine el esquema de oferta de este productor individual, anotando la cantidad ofrecida a los siguientes precios: \$0.60, 0.70, 0.80, 0.90, 1.00, 1.10, 1.20, 1.30, 1.40, 1.50, 1.60, 1.70, 1.80, 1.90 y 2.00.
5. El siguiente reportaje apareció en *The Wall Street Journal*:
   La Amoco Chemical Corp. anunció hoy que cerrará por inconsteable la primera planta del mundo destinada a la producción de gasolina a partir de gas natural.
   La planta, ubicada en Brownsville, Tex., cerrará en el curso de los próximos meses, mientras que la reducción de la fuerza de trabajo se iniciará el 1 de octubre.
   J. A. Forrester, presidente de Amoco, una subsidiaria de la Standard Oil Co. (Indiana), dijo: "Hemos determinado que la planta de Brownsville no puede producir gasolina y productos químicos a partir de gas natural a los precios actuales del mercado tan barato como se puede hacer con otros procesos..."
   Forrester declaró: "Hemos probado la adecuación técnica del proceso.

Pero los resultados indican que las unidades tienen un costo de operación y de mantenimiento mayor que lo esperado."
Explique si fue un error el cierre de la planta *a)* desde el punto de vista de la empresa, y *b)* desde el punto de vista de la sociedad.

6. La ciudad de Nueva York otorga licencias para dos clases de taxis: para la operación por compañías que cuentan con flotillas, y para la operación por taxistas independientes dueños de un solo taxi. El cabildo fija también las tarifas que cobran los taxis. Hace muchos años que no se otorgan nuevas licencias de ninguna clase. Hay un mercado negro para las "placas", que significan la posesión de una licencia. En 1987 se vendía en cerca de 125 000 dólares cada placa para la operación de un taxi independiente.
   a) Explique los factores que determinan el precio de una placa.
   b) ¿Qué factores determinarían que un cambio en la tarifa fijada por el cabildo aumentara o disminuyera el precio de una placa?
   c) Los taxistas, ya sean empleados de compañías o propietarios de sus propios taxis, parecen oponerse unánimemente a cualquier aumento en el número de licencias para la operación de taxis. Sostienen que un aumento en el número de taxis, al aumentar la competencia por los clientes, reduciría lo que ya consideran un rendimiento demasiado bajo para los conductores. ¿Es correcto su análisis económico? ¿Quiénes se beneficiarían y quiénes perderían con un aumento en el número de licencias otorgadas por un pago meramente nominal?
7. Comente el siguiente enunciado:
   Las herramientas ortodoxas de la oferta y la demanda suponen que los vendedores y los compradores están en libertad para comprar o vender cualquier cantidad que deseen a los precios determinados por el mercado. Esta suposición no es válida cuando el gobierno impone controles de precios o racionamientos. De aquí se deduce que estas herramientas no son adecuadas para el análisis de los efectos de tal acción gubernamental. Los economistas deben liberarse de su adhesión fanática a conceptos obsoletos y forjar nuevas herramientas de análisis para los nuevos problemas planteados por el Leviatán moderno.
8. Suponga que la demanda de zapatos es elástica al menudeo. Suponga además que se impone un precio tope por debajo del precio corriente del mercado a los zapatos en la fábrica (es decir, se impone un precio máximo que el fabricante de zapatos puede cobrar al distribuidor minorista). El ingreso total recibido por la venta de zapatos al menudeo aumentará, a causa de la imposición del precio tope en la fábrica. *Problema*: Decida si la conclusión anterior es cierta, falsa o dudosa y defienda su respuesta.
9. Suponga que una helada acaba con gran parte de la cosecha de naranja,

por lo que aumenta el precio de las naranjas. Se ha dicho que tal incremento en el precio no beneficia a nadie, ya que no puede provocar una respuesta de la oferta; se afirma que el aumento en el precio sólo "llena los bolsillos de los especuladores". Analice esta posición. (Sugerencia: Asegúrese de considerar la función que raciona el precio del mercado.)

10. Suponga que el empacado del cangrejo es una industria perfectamente competitiva a escala nacional, o por lo menos a lo largo de la costa oriental y la del Golfo de México. Los empacadores del cangrejo de Carolina del Norte han insistido en que, si se aumenta el salario mínimo a 1.60 dólares la hora, tendrían que cerrar sus plantas. Suponga que estos empacadores tienen razón. Enuncie las suposiciones que deben sustentar (implícitamente) su análisis y explique la situación gráficamente.

LECTURAS RECOMENDADAS

Henderson, James M. y Richard E. Quandt, *Microeconomic Theory: A Mathematical Approach*, 2a. ed., Nueva York, McGraw-Hill, 1971, pp. 103-118.

Knight, Frank H., *Risk, Uncertainty and Profit*, Reproducciones de obras raras de la Escuela de Londres, núm. 16, 1933, capítulos 1, 5, 6.

Machlup, Fritz, *Economic of Sellers' Competition*, Baltimore, Johns Hopkins University Press, 1952, pp. 79-125, especialmente pp. 79-85 y 116-125.

Stigler, George J., "Perfect Competition, Historically Contemplated", *Journal of Political Economy*, núm. 65, 1957, pp. 1-17.

X. LA TEORÍA DEL PRECIO EN EL MONOPOLIO PURO

LOS ESTUDIANTES que reciben ayuda financiera terminan pagando colegiaturas menores que otros estudiantes que asisten a la misma universidad. ¿Es esta práctica de cobrar por el mismo bien diferentes precios a compradores distintos (que se conoce formalmente como "discriminación de precios"), compatible con el comportamiento que maximiza el beneficio? En este capítulo exploraremos la "discriminación de precios" como uno de varios temas especiales de la teoría del monopolio. Encontraremos también (véase la sección "Aplicación de la Teoría") que funcionarios de 23 universidades selectas del Este se han reunido en privado durante dos decenios, para asegurarse de que un estudiante que busque ayuda financiera reciba ofertas similares de todas las escuelas. Aparentemente, las ganancias potenciales de eludir la competencia de precios son tales, que los intentos de colusión para comportarse como un monopolio no se limitan a las empresas comerciales.✦

APLICACIÓN DE LA TEORÍA

VEINTITRÉS UNIVERSIDADES DEL ESTE AJUSTAN LA AYUDA PARA EVITAR EL REGATEO DE LOS ESTUDIANTES

FOX BUTTERFIELD
Especial para *The New York Times*

WELLESLEY, MASS., 15 de abril.- Durante los últimos dos decenios, representantes de un grupo de selectas universidades del Este se han reunido en privado para asegurarse de que un estudiante que busque ayuda financiera reciba aproximadamente los mismos ofrecimientos de todas las escuelas.

"Algunas personas se burlan y dicen que ésta es una fijación de precios, pero no lo es", dijo Amy Nychis, directora de ayuda financiera de Wellesley, donde se reunieron funcionarios de 23 escuelas la semana pasada." Se trata sobre todo de dar a los estudiantes y a sus padres la libertad de escoger la escuela que realmente deseen y no la que les ofrezca más ayuda que otras."

Algunos funcionarios universitarios reconocen que otro de los propósitos de estas reuniones es ayudar a las escuelas a extender sus presupuestos de ayuda financiera y evitar posibles guerras de regateo por los estudiantes más prometedores.

En algunos casos, los funcionarios universitarios pueden aumentar o reducir sus ofertas de ayuda financiera a un estudiante, después de ver lo que han ofrecido otras escuelas.

Las reuniones, cuya existencia no es conocida por la mayoría de estudiantes o de padres, surgieron a raíz del cambio ocurrido a fines de los años cincuenta y principios de los sesenta, cuando las becas basadas en la capacidad académica o atlética pasaron a ayuda económica basada por completo en la necesidad.

Pero en la reunión de este año algunos funcionarios se sorprendieron cuando dos de las escuelas participantes, Smith y Mount Holyoke, revelaron que estaban introduciendo un nuevo programa para atraer estudiantes excelentes mediante el ofrecimiento de becas en efectivo, independientemente de la necesidad.

Aunque los administradores de Smith y de Mount Holyoke insistieron en que los nuevos donativos no eran una ayuda al mérito, porque las sumas involucradas eran relativamente pequeñas —apenas 300 o 400 dólares por cabeza—, los funcionarios de varias escuelas dijeron que les preocupaba la posibilidad de que esta acción presionara a otras universidades, a fin de que ofrecieran sus propios incentivos financieros al ver disminuir el número de estudiantes en edad universitaria.

"Creo que todos nosotros preferiríamos que Smith y Mount Holyoke no actuaran de ese modo", dijo un funcionario de la ayuda financiera de otra universidad pequeña de Nueva Inglaterra. "Es una fisura en la roca. Si no consiguen estudiantes con esa suma de dinero, ¿cuánto más estarían dispuestos a ofrecer? ¿Y no querrán otras escuelas hacer lo mismo?"

Varias universidades que no pertenecen al grupo antes mencionado, como Northwestern y Duke, han empezado recientemente a ofrecer algunas becas basadas en el mérito académico para atraer a estudiantes sobresalientes, como parte de una política que en opinión de algunos funcionarios universitarios podría ser el inicio de una tendencia nacional.

RESOLUCIÓN DE LAS DISCREPANCIAS

La reunión anual de Wellesley ocurrió después de que las universidades habían hecho su selección final de egresados de la escuela secundaria y una semana antes del envío por correo de los avisos de aceptación a los estudiantes, la cual se efectuó hoy.

En esta reunión participaron las ocho universidades miembros de la Ivy League (Brown, Columbia, Cornell, Dartmouth, Harvard, la Universidad de Pennsylvania, Princeton y Yale), Barnard, Bryn Mawr, Mount Holyoke, Smith, Vassar y Wellesley, el Instituto Tecnológico de Massachusetts y un grupo llamado "los pentagonianos", integrado por Amherst, Williams, Wesleyan y Bowdoin, Colby, Tufts, Middlebury y Trinity.

Seamus Malin, director de ayuda financiera de Harvard, dijo que en la mayoría de los casos los funcionarios escolares estaban "bastante de acuerdo" sobre el monto de la ayuda que se otorgaría a un estudiante y la parte que deben aportar los padres.

Pero en cerca de un tercio de los casos hay, en opinión de Malin, "grandes discrepancias" de 2 000 a 3 000 dólares. Malin añadió que ésta es todavía una pequeña porción del costo total de un año de colegiatura en una escuela de la Ivy League, el cual no será menor de los 13 200 dólares cobrados por Cornell este año, incluidas todas las cuotas.

Precisamente estas grandes variaciones en la ayuda propuesta constituyen lo que los funcionarios tratan de resolver en sus conferencias anuales, aumentando o disminuyendo sus ofertas a los estudiantes.

No hay nada oculto

No hay ninguna regla que obligue a las escuelas a acordar el monto de la contribución paterna para un estudiante que haya sido aceptado en varias universidades, explicó Seamus Malin, pero en general los funcionarios reducen sus diferencias a cerca de 100 dólares.

"En cierto sentido éste es un asunto delicado", concedió Malin, "pero no hay nada oculto. No quiere decir que las universidades de la Ivy League se reúnan y se repartan el talento."

Los funcionarios escolares se aproximan normalmente en sus evaluaciones de las necesidades de cada estudiante, dijo Malin, porque trabajan con información y métodos estandarizados.

Cada solicitante de ayuda financiera debe presentar antes un documento en el que informe sobre el ingreso y los activos de sus padres al Servicio de Becas Universitarias de Princeton, N. J., que es una división del Servicio de Pruebas Educativas. El servicio analiza este documento por computadora y envía los resultados a cada una de las escuelas a las que el estudiante haya hecho una solicitud de ayuda.

Las universidades efectúan luego sus propios análisis, dijo Malin, y en esta etapa es donde surgen las variaciones en la ayuda. Una escuela en particular puede solicitar más datos de los padres, o un solicitante puede tener un hermano o una hermana en alguna de las universidades, lo cual proporciona una información financiera adicional para esa escuela.

Se niega que haya "regateo" en la ayuda

Los funcionarios de ayuda financiera de varias de las universidades negaron categóricamente que algún miembro de su grupo aumentara un ofrecimiento de ayuda después de la reunión, a fin de atraer a un estudiante codiciado, como un brillante científico joven o un jugador de futbol.

"Existe una gran presión para que no se haga eso", dijo Jacqueline Foster, directora de la oficina de ayuda financiera en el nivel de licenciatura de Yale. Agregó que "el truco se descubriría pronto, porque los padres podrían acudir a otra universidad tratando de obtener una oferta todavía mejor".

No obstante, un funcionario de Brown dijo que algunas universidades podrían tratar de hacer más atractiva su oferta aumentando la porción del donativo. Cada paquete de ayuda está integrado por tres partes: un donativo, un préstamo y el trabajo de autoayuda otorgado por la escuela.

Más controversiales resultan los nuevos donativos basados en la capacidad de un estudiante y no en su necesidad. Una vocera de Smith, Ann Shanahan, dijo que la escuela había decidido conceder 36 donativos de 300 dólares cada uno "para los estudiantes que más deseamos atraer a Smith".

"No los consideramos una ayuda al mérito, porque las cantidades son muy pequeñas", dijo Shanahan, añadiendo que el dinero de los donativos provenía de fondos especiales constituidos por los directivos y no de las asignaciones regulares de la ayuda.

Pat Waters, director de ayuda financiera en Mount Holyoke, dijo que su escuela otorgaría donativos de 400 dólares a 30 estudiantes, independientemente de su necesidad financiera. Agregó que se trataba de "premios", y no de ayuda, porque "la suma no es tan grande que motive a alguien a cambiar de opinión".

PREGUNTAS

1. Este artículo informa que los representantes de un grupo de 23 universidades selectas del Este se han venido reuniendo en privado durante los últimos decenios, con objeto de asegurar que un estudiante que busca ayuda financiera reciba ofrecimientos aproximadamente iguales de todas las escuelas. ¿Qué obstáculos debe superar cualquier grupo de vendedores que trate de "coludirse" para "fijar" los precios?
2. ¿Hay en el artículo alguna indicación de que estas 23 universidades tengan problemas para superar estos obstáculos? Explique.
3. Hemos dicho que la discriminación de precios ocurre cuando se cobran precios diferentes a diferentes grupos de compradores por el mismo bien. ¿En qué sentido representan las becas una forma de discriminación de precios?
4. Hemos visto que, cuanto más elástica sea la demanda del submercado, menor será el precio que debería cobrarse para obtener los máximos beneficios. ¿La práctica de otorgar mayor ayuda financiera a los estudiantes "más necesitados" es compatible con esta regla básica de la maximización del beneficio? ¿Qué diremos de los "premios al mérito" de Smith y Mount Holyoke?

SOLUCIONES

1. Los obstáculos son muchos y muy difíciles de superar. Por ejemplo, *a)* ¿Pueden los vendedores prevenir el "engaño" y mantener el "soborno" en un nivel mínimo? *b)* ¿Pueden ponerse de acuerdo los vendedores sobre el precio que deben cobrar? *c)* ¿Están incluidos todos los vendedores potenciales en el acuerdo de colusión? *d)* ¿Pueden controlarse los métodos de competencia no basados en el precio?
2. Según el artículo, Smith y Mount Holyoke constituyen "una fisura en la roca"; estas universidades están ofreciendo una ayuda ligeramente mayor y, por ende, "violando" el acuerdo. No están incluidas todas las universidades competidoras. En el artículo se cita a Duke y Northwestern. Stanford tampoco está incluido. Además, las universidades disponen de muchas formas de competencia en distintas variables del precio. El propio paquete de ayuda contiene varias "mezclas": el donativo, el préstamo y el trabajo en el estudio pueden variar, aunque la ayuda total sea la misma.
3. Las becas tienen como consecuencia que algunos estudiantes paguen en efecto menos que otros estudiantes por concepto de colegiatura. El producto (en este caso la educación universitaria) es el mismo, independientemente de la colegiatura que se pague.
4. Si los estudiantes más necesitados tienen una demanda de asistencia a la universidad más elástica, esta política resultará compatible con la maximización del beneficio. Si los "premios al mérito", que están siendo introducidos por Smith y Mount Holyoke, se otorgan a quienes tienen una demanda más elástica de estas universidades, también serán compatibles con el comportamiento de maximización del beneficio.

FUENTE: "23 Colleges in East Adjust Aid to Avert Bidding for Students", *The New York Times*, 16 de abril de 1983.

X.1. INTRODUCCIÓN

La "competencia perfecta" le proporciona al analista un modelo analítico muy útil, aun cuando las condiciones exactas del modelo nunca existan en el mundo real. Casi lo mismo se puede decir del modelo del monopolio puro, del cual nos ocuparemos ahora. Las condiciones del modelo son rigurosas, y resulta difícil, si no imposible, encontrar a un monopolista puro en los mercados del mundo real. Sin embargo, muchos mercados se aproximan grandemente a la organización monopólica y el análisis del monopolio a menudo explica muy bien el comportamiento de estos empresarios.

X.1.a. *Definición*

Decimos que existe un monopolio puro si sólo hay un único vendedor en un mercado bien definido. Así, desde el punto de vista de las ventas o del ingreso, el monopolio puro y la competencia perfecta son polos opuestos. La empresa perfectamente competitiva tiene tantos "rivales" en el mercado que la competencia se vuelve impersonal. En el caso del monopolio puro tampoco existe rivalidad personal, por la sencilla razón de que no hay rivales.

Sin embargo, es posible que estemos exagerando un poco, porque dos tipos de *competencia indirecta* y una fuente de *competencia potencial* tienden a moderar las políticas de precio y producción de los monopolios puros o casi puros. La primera fuente de competencia indirecta es la lucha general por el dinero del consumidor. *Todos* los bienes compiten por un lugar en el presupuesto del consumidor; tanto los productos de los monopolistas como los productos de las empresas en competencia perfecta. A menos que el monopolista pueda asegurar un mercado para su producto, la posición monopólica no tendrá ningún valor. Por ejemplo, en los archivos de la oficina de patentes de Estados Unidos se pueden encontrar muchas patentes (y por tanto monopolios de producción) de productos que jamás se fabricaron o sólo se produjeron por breve tiempo. El monopolio no garantiza el éxito; sólo garantiza que el monopolista puede aprovechar al máximo las condiciones de la demanda existentes.

Una segunda fuente de competencia indirecta se encuentra en la existencia de bienes sustitutos. Por supuesto, para el producto de un monopolio no hay sustitutos *perfectos*; si así fuera, el monopolio no existiría. Pero sí existen los sustitutos imperfectos; y el verdadero poder de mercado de un monopolista depende de la medida en que otros bienes pueden utilizarse como sustitutos en el consumo. Por ejemplo, las lámparas de aceite de ballena y de gas, las velas y las linternas son sustitutos muy pobres de la electricidad en la iluminación residencial y comercial. Por lo tanto, la electricidad para fines de iluminación se aproxima mucho a un monopolio puro. En cambio, hay muy buenos sustitutos para la calefacción eléctrica. El petróleo combustible y el gas natural son fuertes competidores en el mercado de la calefacción residencial; el calentamiento por vapor generado a partir del carbón, además de petróleo y gas, compiten en el mercado comercial. En consecuencia, la posición "monopólica" de las compañías de electricidad es muy débil en estos mercados.

Como hemos visto, la presencia de competencia indirecta tiende a moderar las políticas de precio y producción de los monopolistas. El mismo efecto tiene la amenaza de una competencia potencial. En muchos casos, los competidores potenciales se sentirán atraídos al mercado si las perspectivas de ganancia son brillantes. Esto es particularmente cierto cuando la política de precios y producción del monopolista existente es tal que los competidores potenciales creen que podrían capturar sin dificultad una porción sustancial del mercado. Esta situación se aplica sobre todo a los mercados locales o regionales atendidos por una sola empresa, pero también es válida en situaciones más amplias. Siempre que es posible entrar, la posición de un monopolio existente estará en peligro. A fin de protegerla, el monopolista deberá servir bien al mercado; de otro modo, otras empresas se verán atraídas y se romperá el monopolio.

Resumimos:

> *Monopolio puro*: Existe un monopolio puro cuando sólo hay un único productor en un mercado. No hay competidores o rivales directos. Sin embargo, las políticas de un monopolista podrían verse restringidas por la competencia indirecta de todos los bienes por el dinero del consumidor, así como por la competencia de los bienes que sean sustitutos razonablemente adecuados y por la amenaza de una competencia potencial, si es posible la entrada en el mercado.

X.1.b. *Las bases del monopolio*

Puesto que la motivación de los empresarios es el beneficio, podríamos preguntarnos cómo es posible que surja un monopolio, es decir, por qué no entran en la industria otras empresas, tratando de obtener para sí una parte del beneficio del monopolio. Muchos factores diferentes pueden permitir el establecimiento de un monopolio o un casi monopolio. Por ejemplo, en el ámbito local, las características personales del monopolista-propietario podrían canalizar hacia él todo el comercio. Hay otras razones aparentemente triviales que podrían explicar el monopolio; pero los monopolios así establecidos están destinados a durar poco. El monopolio permanente debe apoyarse sobre bases más firmes.

Una de las bases más importantes del monopolio reside en el control de los abastos de materias primas. Supongamos que se requiere el insumo X para producir el bien Y. Si una empresa tiene el control exclusivo o la propiedad de X, puede establecer fácilmente un monopolio sobre Y, negándose a vender X a cualquier competidor potencial.[1] En la historia económica de Estados Unidos

[1] Bajo ciertas circunstancias, el propietario de X puede capturar todos los beneficios monopólicos de Y sin extender el monopolio.

podemos encontrar un ejemplo interesante del monopolio del control de insumos. La bauxita es un ingrediente necesario en la producción de aluminio. Durante muchos años, la Aluminum Company of America (Alcoa) era propietaria de casi todas las fuentes de bauxita de Estados Unidos. El control de la oferta de recursos, aunado a ciertos derechos de patente, constituía a Alcoa en un monopolio absoluto sobre el aluminio; sólo después de la segunda Guerra Mundial los tribunales federales acabaron de manera eficaz con el monopolio de Alcoa en el mercado de este metal.

Este ejemplo trae a colación otra fuente importante del monopolio. Las leyes de patentes de Estados Unidos permiten que una persona solicite y obtenga el derecho exclusivo de producir cierto bien o de producir mediante un proceso específico. La patente dura 17 años y puede ser renovada después de ese tiempo. Es obvio que tales derechos exclusivos pueden desembocar fácilmente en el monopolio. Alcoa es un ejemplo de un monopolio basado tanto en el control de recursos naturales como en los derechos de patentes. E. I. du Pont de Nemours & Co. ha disfrutado monopolios de patentes sobre muchos productos, el más notable de ellos es quizá el celofán. La Eastman Kodak Company disfrutó de una posición similar (mediante contrato con una compañía alemana); la Minnesota Mining and Manufacturing Company (3M) había disfrutado de un monopolio o casi monopolio de patentes con productos tales como su cinta *Scotch*.

A pesar de estos ejemplos notables, es posible que el monopolio de patentes no sea todo lo que parece en muchos casos. Una patente otorga el derecho exclusivo de producir un bien particular, meticulosamente especificado, o de usar un proceso particular, meticulosamente especificado, para producir un bien que otros también pueden producir. Pero una patente no impide el desarrollo de bienes sustitutos estrechamente relacionados o de procesos de producción estrechamente asociados. La International Business Machines tiene el derecho exclusivo de producir máquinas IBM; pero existen otras computadoras y hay una gran competencia en este mercado. Lo mismo ocurre con los procesos de producción. Por consiguiente, aun cuando las patentes pueden crear a veces monopolios puros, en otras ocasiones son simplemente permisos para entrar en mercados muy competitivos, aunque no de competencia perfecta.

Una tercera fuente de monopolio se encuentra en el costo de establecer una planta de producción eficiente, sobre todo en relación con el tamaño del mercado. Esta situación recibe con frecuencia el nombre de "monopolio natural" y surge cuando el costo promedio mínimo de producción ocurre a una tasa de producción más que suficiente para abastecer a todo el mercado a un precio que cubre el costo total.

Supongamos que esta situación existe, pero hay en el mercado dos empresas. Si se divide el mercado entre ambas, cada una de ellas debe producir necesariamente a un costo promedio relativamente elevado. Cada una de ellas tiene un incentivo para bajar el precio y aumentar la producción, porque así el costo promedio bajará también. Pero si ambas actúan de este modo, el precio bajará seguramente con mayor rapidez que el costo promedio. Habrá entonces una guerra económica y es probable que el resultado final sea el surgimiento de una sola empresa en posición de monopolio.[2] El término de monopolio "natural" implica simplemente que el resultado "natural" de las fuerzas del mercado es el desarrollo de una organización monopólica.

La gráfica X.1.1 ilustra este punto. Supongamos que la curva de costo promedio y la curva del costo marginal de cada una de las empresas son las indicadas ahí. Específicamente, el punto de eficiencia máxima, el punto mínimo de la curva de costo promedio, se asocia a un volumen de producción grande en relación con la demanda del producto en el mercado.

Sabemos del capítulo anterior que el equilibrio en el largo plazo de una industria competitiva ocurre cuando el precio se encuentra en el punto mínimo de la curva de costo promedio en el largo plazo. En este caso, ello significa que el precio es OP_0. Supongamos que hubiese en la industria dos empresas. A ese precio, ambas empresas desearían producir OQ_1 unidades. Pero al precio de OP_0 sólo se demanda OQ_0. Puesto que $OQ_1 > OQ_0$, es seguro que $2(OQ_1) > OQ_0$. Por tanto, existe un excedente. A fin de eliminar el excedente, el precio debe bajar. Pero si el precio baja, ninguna de las empresas puede recuperar sus costos; cada una de ellas sufre pérdidas. (Un precio menor que el costo promedio implica que el costo total es mayor que el ingreso total.) Por consiguiente, ¡ambas empresas deben cerrar! Evidentemente, es imposible que dos o más empresas se comporten competitivamente en esta industria. La razón es que no hay una demanda suficiente para justificar la existencia de dos empresas con niveles eficientes de producción.

No es difícil encontrar ejemplos del monopolio natural. Virtualmente todos los servicios públicos son monopolios naturales y viceversa. Los servicios municipales de agua, las empresas de energía eléctrica, los sistemas de drenaje, las compañías telefónicas y muchos servicios de transportación son ejemplos de monopolios naturales a escala local o nacional.

La última fuente de monopolio que examinaremos aquí es la franquicia del mercado. El uso de este tipo de franquicia se asocia a los monopolios naturales y a los servicios públicos, pero no tiene que ser así. En realidad, una franquicia de mercado es un contrato celebrado entre un organismo gubernamental (por ejemplo, un cabildo municipal) y una empresa particular. La dependencia gubernamental otorga a una empresa privada el derecho exclusivo para vender cierto bien o servicio en el mercado de su jurisdicción. Por su parte, la

[2] Véase el tratamiento clásico de esta situación en F. Zeuthen, *Problems of Monopoly and Economic Warfare*, Londres, Routledge & Kegan Paul, 1930.

GRÁFICA X.1.1. *El monopolio natural*

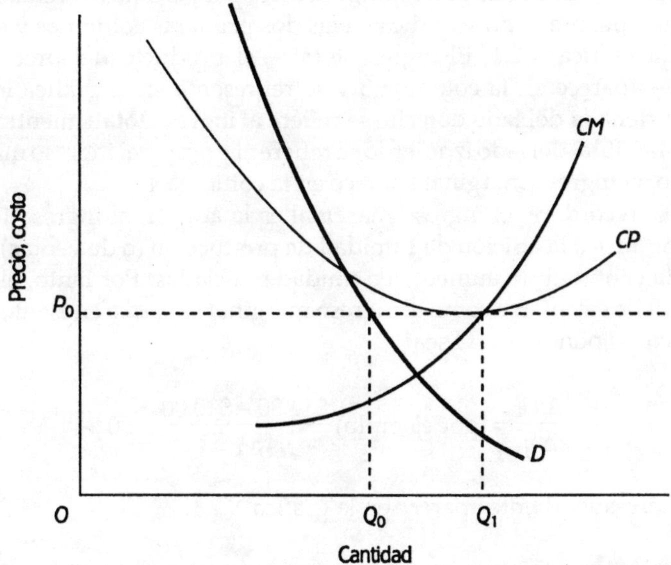

empresa privada acepta que la dependencia gubernamental controle ciertos aspectos de su comportamiento en el mercado. Por ejemplo, la dependencia gubernamental podría limitar, o tratar de limitar, el beneficio de la empresa a un "rendimiento justo sobre el valor de mercado de sus activos". En otros casos, la dependencia gubernamental puede fijar el precio y permitir que la empresa gane cuanto pueda a ese precio. Hay muchos otros medios por los que la dependencia gubernamental puede ejercer su control sobre la empresa. Sin embargo, lo esencial es que una dependencia gubernamental coloca a una empresa en posición de monopolio a cambio de diversos tipos de control sobre sus políticas de precio y producción.

X.2. LA DEMANDA EN EL MONOPOLIO

El objetivo más importante de la parte 1 fue la demostración de que las curvas de demanda del mercado tienen una pendiente negativa (excepto por el caso sin importancia de la paradoja de Giffen). Ahora bien, puesto que un monopolio constituye un mercado de una sola empresa, la curva de demanda del mercado *es* la curva de demanda del monopolio. Como se explicó en el apartado V.4 del capítulo V, cuando la demanda tiene pendiente negativa, el ingreso promedio y el marginal son diferentes y este último es el concepto pertinente en los cálculos relativos al beneficio marginal.[3]

Consideremos una situación hipotética dada por los datos del cuadro X.2.1. La demanda del mercado se indica en las dos primeras columnas y se representa en la gráfica X.2.1. El ingreso total —el producto del precio por la cantidad— aparece en la columna 3 y se representa en la gráfica indicada. (*Nota*: la ordenada del lado derecho se refiere al ingreso total, mientras que la ordenada habitual del lado izquierdo se refiere al precio y al ingreso marginal). Por último, el ingreso marginal aparece en la columna 4.

Como se recordará, el ingreso marginal es la adición al ingreso total que puede atribuirse a la adición de 1 unidad de producción (o de ventas). En este ejemplo, la cantidad no aumenta en unidades aisladas. Por tanto, el ingreso marginal debe calcularse como el ingreso marginal *promedio* en el intervalo de cantidad correspondiente. O sea[4]

$$IM = \frac{\Delta\, IT}{\Delta\, q} = \text{(por ejemplo)}\ \frac{\$14.30 - \$10.00}{13 - 5} = \$0.54\,.$$

El punto correspondiente aparece en la gráfica X.2.1.

[3] Lo que resta de esta sección es una breve reseña de la sección V.4 del capítulo V. Quienes ya hayan entendido bien el contenido de esta sección pueden pasar de inmediato a la sección X.3.

[4] En los casos continuos, puede escribirse la función de demanda en forma inversa de este modo

$$p = f(q), \quad f'(q) < 0, \tag{X.2.1}$$

donde p y q denotan el precio y la cantidad, respectivamente. Por lo tanto, el ingreso total es

$$pq = qf(q), \tag{X.2.2}$$

y el ingreso marginal es

$$IM = \frac{\mathrm{d}(pq)}{\mathrm{d}q} = f(q) + qf'(q)\,. \tag{X.2.3}$$

Como se recordará de la sección IV.4 del capítulo IV, la elasticidad-precio de la demanda es

$$\eta = -\frac{\mathrm{d}q}{\mathrm{d}p}\frac{p}{q} = -\frac{1}{f'(q)}\frac{p}{q} = -\frac{p}{qf'(q)}\,. \tag{X.2.4}$$

Ahora, factorizamos $p = f(q)$ del miembro derecho de la expresión X.2.3 para obtener

$$IM = p\left[1 + \frac{qf'(q)}{p}\right]. \tag{X.2.5}$$

CUADRO X.2.1. *La demanda y el ingreso marginal en el monopolio*

Cantidad	*Precio*	*Ingreso total*	*Ingreso marginal*
5	$2.00	$10.00	—
13	1.10	14.30	$0.54
23	0.85	19.55	0.52
38	0.69	26.22	0.44
50	0.615	30.75	0.35
60	0.55	33.00	0.23
68	0.50	34.00	0.13
75	0.45	33.75	– 0.03
81	0.40	32.40	– 0.23
86	0.35	30.10	– 0.46

El caso sumamente discreto de la gráfica X.2.1 se generaliza en la gráfica X.2.2. Las relaciones importantes, ya discutidas, destacan de inmediato en la gráfica.

Relaciones: Cuando la demanda tiene pendiente negativa, el ingreso marginal también tiene pendiente negativa. Además, el ingreso marginal es menor que el precio en todos los puntos importantes. La diferencia que existe entre el ingreso marginal y el precio depende de la elasticidad-precio de la demanda, como lo indica la fórmula $IM = p(1 - 1/\eta)$.

El ingreso total aumenta al principio, alcanza un punto máximo y luego disminuye. El punto máximo de la curva de ingreso total se alcanza precisamente a la tasa de producción y de ventas (cantidad) a la que el ingreso marginal es cero.

Recuérdese que la elasticidad de la demanda varía a medida que se avanza por la curva de demanda. Por consiguiente, la fórmula $IM = P(1 - 1/\eta)$ implica que cuando η es infinita, es decir, en la intercepción vertical de la curva de demanda, $IM = P$, de modo que la demanda y el ingreso marginal son iguales. A medida que disminuye η, el ingreso marginal diverge de la curva de demanda.

Y por la expresión X.2.4,

$$IM = p\left[1 - \frac{1}{\eta}\right]. \qquad \text{(X.2.6)}$$

GRÁFICA X.2.1. *La demanda y el ingreso en el monopolio*

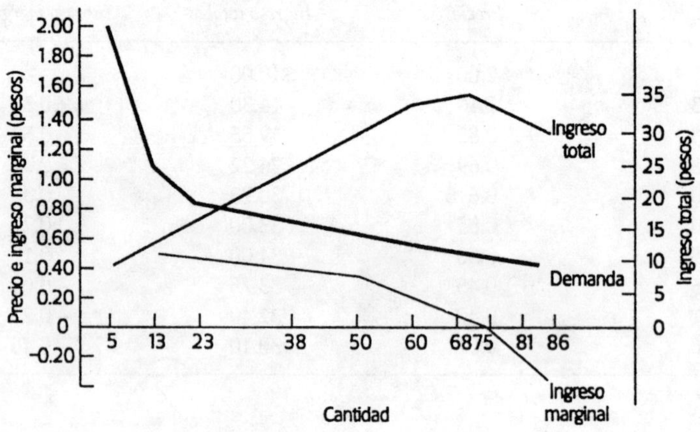

GRÁFICA X.2.2. *Relaciones entre la demanda, el ingreso total y el ingreso marginal*

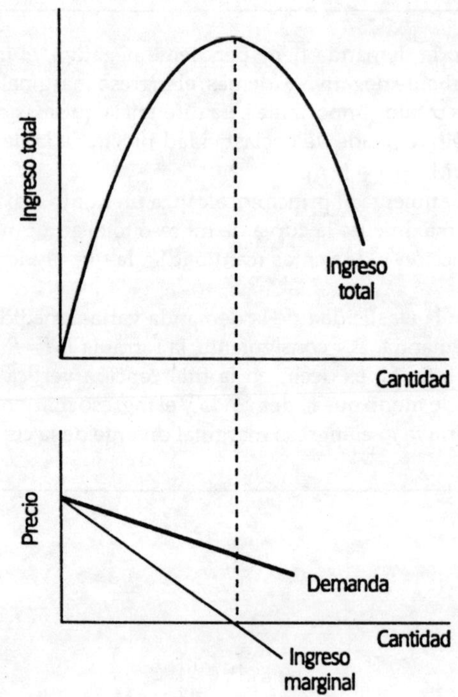

X.3. El costo y la oferta en el monopolio

Las condiciones de costo que enfrenta un monopolista en el corto plazo pueden ser, para todos los fines prácticos, idénticas a las que enfrenta una empresa de competencia perfecta. En particular, un empresario que es monopolista en el mercado de su producto puede ser un competidor perfecto (que compra) en el mercado de insumos productivos. Esto tendería a ser cierto si el monopolista requiriera sólo insumos que no sean especializados, como la mano de obra no calificada. En este caso, el análisis del capítulo VII se aplicaría directamente al costo en el monopolio. En muchos casos, sin embargo, el monopolista requiere ciertos insumos *especializados* para los que no hay un mercado general amplio. Sólo hay unos cuantos compradores del insumo especializado (en el caso extremo, sólo uno). En consecuencia, el monopolista en el mercado de bienes también puede ser un monopolista o un casi monopolista en diversos mercados de insumos.[5]

X.4. El equilibrio del monopolio en el corto plazo

El análisis de la competencia perfecta se basó en dos suposiciones importantes: cada empresario intenta maximizar su beneficio; y la empresa funciona en un ambiente que no está sujeto a ningún control externo. El análisis del monopolio se basa en las mismas dos suposiciones; en consecuencia, los resultados deben modificarse ya sea que se apliquen al monopolio de franquicia o a los monopolios sujetos a alguna forma de regulación y control gubernamentales.

X.4.a. *El enfoque del ingreso y el costo totales*

Al igual que el competidor perfecto, el monopolista obtiene su beneficio máximo produciendo y vendiendo a la tasa de producción para la cual sea mayor la diferencia positiva entre el ingreso total y el costo total. (O minimiza sus pérdidas cuando la diferencia negativa es menor.) A fin de ilustrar el enfoque del ingreso y el costo totales, en el cuadro X.4.1 se presentan datos hipotéticos sobre ingresos y costos. Los datos se ilustran en la gráfica X.4.1.

El cuadro y la gráfica casi se explican por sí solos. Hay que observar que el beneficio máximo ($4.50) se alcanza a las 50 unidades de producción y ventas. Si analizamos la columna del costo promedio, podemos notar que esta tasa de

[5] En este caso se dice que el monopolista es un monopsonista o un oligopsonista. El uso de esta terminología se pospondrá hasta el capítulo XV, donde se analizará con mayor detalle este caso.

CUADRO X.4.1. *La maximización del beneficio mediante el enfoque del ingreso y el costo totales*

Producción y ventas	*Precio*	*Ingreso total*	*Costo total*	*Beneficio*	*Costo promedio*	*Costo marginal*
5	$2.00	$10.00	$12.25	$– 2.25	2.45	0.45
13	1.10	14.30	15.00	– 0.70	1.15	0.34
23	0.85	19.55	18.25	+ 1.30	0.80	0.33
38	0.69	26.22	22.00	+ 4.22	0.55	0.25
50	0.615	30.75	26.25	+ 4.50	0.53	0.35
60	0.55	33.00	31.00	+ 2.00	0.52	0.48
68	0.50	34.00	36.25	– 2.25	0.53	0.66
75	0.45	33.75	42.00	– 8.25	0.56	0.42
81	0.40	32.40	48.25	– 15.85	0.60	1.04
86	0.35	30.10	55.00	– 24.90	0.64	1.35

producción es menor que la que corresponde al costo unitario mínimo. Asimismo, es menor que la producción a la cual se maximiza el ingreso y también es menor que la tasa de producción (un poco mayor que 60) a la que se igualan el precio y el costo marginal. Esta última condición es la "regla" para la maximización del beneficio en competencia perfecta. Pero no se aplica al monopolio, como lo deja en claro el enfoque *marginal.*

X.4.b. *El enfoque del ingreso y el costo marginales*

Puesto que ya hemos introducido todos los conceptos fundamentales, iniciamos este apartado con una continuación del ejemplo anterior. El cuadro X.4.2 proporciona los datos pertinentes, ilustrados en la gráfica X.4.2.

En el monopolio se obtiene el beneficio máximo a la tasa de producción y ventas a la que el costo marginal es igual al ingreso marginal. Los datos hipotéticos del cuadro X.4.2 ilustran claramente esta proposición. Sin embargo, usaremos como prueba el caso continuo representado por la gráfica X.4.3.

En esa gráfica, las curvas del costo marginal y del ingreso marginal tienen la forma acostumbrada y se intersectan en el punto *E*. Queremos demostrar que la producción de $O\overline{Q}$ asociada a esta intersección permite obtener el beneficio máximo o la pérdida mínima. Utilizaremos el método de "prueba de contradicción". Supongamos que $O\overline{Q}$ no fuera la producción que maximiza el beneficio. Postulemos primero que esa producción es menor que $O\overline{Q}$, digamos OQ_l. En ese punto el costo marginal es *OA* y el ingreso marginal es $OB > OA$.

GRÁFICA X.4.1. *La maximización del beneficio mediante el enfoque del ingreso y el costo totales*

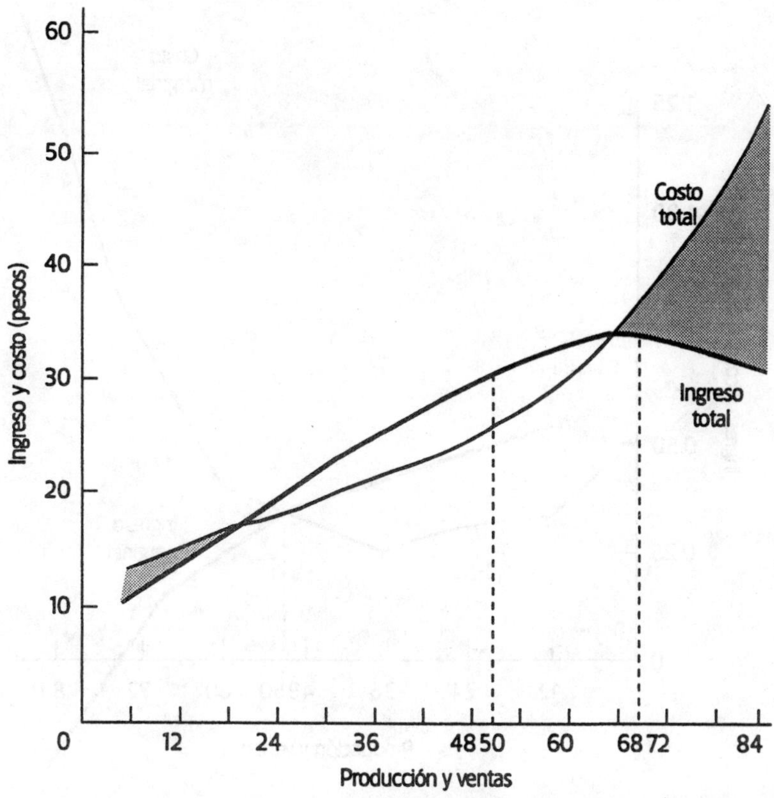

Por tanto, añadiendo una unidad a la producción y a las ventas el ingreso total se incrementará en mayor medida que el costo total. Así pues, puede aumentarse el beneficio, o reducirse la pérdida, aumentando la producción más allá de $O\underline{Q}_l$. Este enunciado debe ser cierto para *cualquier* producción menor que $O\overline{Q}$, ya que $IM > CM$ en todo el intervalo de O a $\overline{Q}$.

En seguida supongamos que el volumen de producción que maximiza el beneficio fuera mayor que $O\overline{Q}$, digamos $O\overline{Q}_h$. En este punto el ingreso marginal es OC y el costo marginal es $OD > OC$. A esta tasa de producción, una unidad adicional de producción y de ventas incrementa más el costo total que el ingreso total. En consecuencia, disminuye el beneficio o aumenta la pérdida. Además, esto debe ser cierto para *cualquier* volumen de producción mayor que $O\overline{Q}$, porque $CM > IM$ en todo este intervalo.

GRÁFICA X.4.2. *La maximización del beneficio mediante el enfoque del ingreso y el costo marginales*

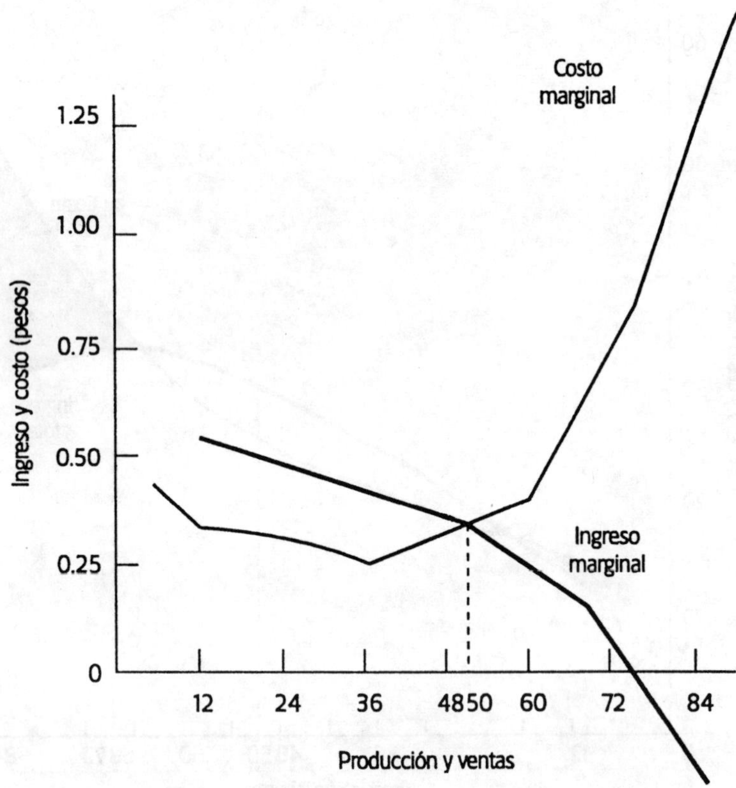

Puesto que el volumen de producción que maximiza el beneficio no puede ser ni mayor ni menor que $O\overline{Q}$, hemos demostrado la proposición siguiente.[6]

[6] Sea la función de demanda del monopolista, en forma inversa, $p = f(q)$, y sea el costo $C = C(q)$. Por lo tanto, el beneficio (π) es

$$\pi = qf(q) - C(q). \qquad \text{(X.4.1)}$$

La condición de primer orden para la maximización del beneficio requiere que la primera derivada de la expresión X.4.1 se iguale a cero, o sea

$$d\pi/dq = f(q) + qf'(q) - C'(q) = 0. \qquad \text{(X.4.2)}$$

El ingreso marginal es $d[qf(q)]/dq = f(q) + qf'(q)$. De igual modo, el costo marginal es

GRÁFICA X.4.3. *Demostración del teorema de* CM = IM *para la maximización del beneficio*

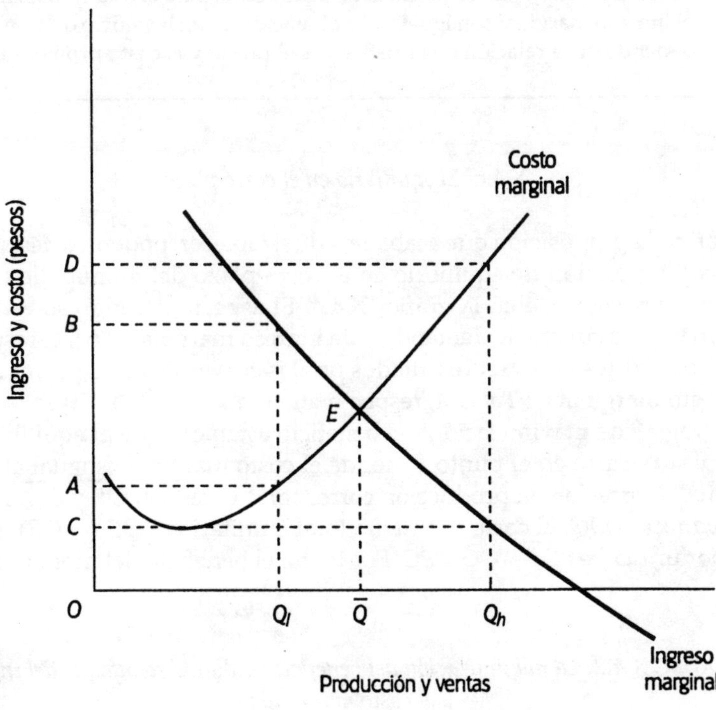

---

dC/d$q = C'(q)$. Por tanto, la expresión X.4.2 nos da la regla de maximización del beneficio enunciada en el texto.

Para que se alcance un verdadero máximo local, la segunda derivada de la expresión X.4.1 debe ser menor que cero. Es decir, la condición de segundo orden requiere de

$$d^2 \pi / dq^2 = 2f'(q) + qf''(q) - C''(q) < 0. \qquad \text{(X.4.3)}$$

Los dos primeros términos dan la pendiente de la curva de ingreso marginal, mientras que $C''(q)$ es la pendiente de la curva de costo marginal. Así, la condición de segundo orden requiere que la pendiente de la curva del ingreso marginal sea menor que la pendiente de la curva del costo marginal (respecto del eje de las cantidades). Dada una curva de ingreso marginal de pendiente negativa, es obvio que se satisface la condición cuando el costo marginal tiene una pendiente positiva. Sin embargo, el monopolio difiere de la competencia perfecta en que la curva del costo marginal puede tener pendiente negativa en el punto donde se maximiza el beneficio, siempre y cuando su pendiente sea menor (el valor absoluto de la pendiente sea menor) que la del ingreso marginal.

Proposición: Un monopolista maximizará su beneficio o minimizará su pérdida produciendo y vendiendo el volumen de producción para el que el costo marginal y el ingreso marginal son iguales. La obtención de un beneficio o de una pérdida depende de la relación que existe entre el precio y el costo promedio total.

X.4.c. *El equilibrio en el corto plazo*

Utilizando la proposición que acabamos de establecer, podemos describir con facilidad la posición de equilibrio en el corto plazo del monopolio que presentamos visualmente en la gráfica X.4.4. El aspecto del ingreso está representado por las curvas de demanda y de ingreso marginal *D* e *IM*, respectivamente. Los costos están representados por las curvas de costo promedio total y de costo marginal *CPT* y *CM*, respectivamente.

La "regla" de maximización del beneficio establece que el equilibrio en el corto plazo ocurre en el punto *E*, donde el costo marginal es igual al ingreso marginal. El precio y la producción correspondientes son $\overline{OP}$ y $\overline{OQ}$. A la tasa de producción $\overline{OQ}$, el costo promedio total o unitario es $\overline{OC}$ (= $\overline{QB}$). El beneficio por unidad es $\overline{OP} - \overline{OC} = \overline{PC}$. Por tanto, el beneficio del monopolio en el

CUADRO X.4.2. *La maximización del beneficio mediante el enfoque del ingreso y el costo marginales*

Producción y ventas	*Precio*	*Ingreso total*	*Costo total*	*Ingreso marginal*	*Costo marginal*	*Beneficio*
5	$2.00	$10.00	$12.25	—	$0.45	$ – 2.25
13	1.10	14.30	15.00	$0.54	0.34	– 0.70
23	0.85	19.55	18.25	0.52	0.33	+ 1.30
38	0.69	26.22	22.00	0.44	0.25	+ 4.22
50	0.615	30.75	26.25	0.35	0.35	+ 4.50
60	0.55	33.00	31.00	0.23	0.48	+ 2.00
68	0.50	34.00	36.25	0.13	0.66	– 2.25
75	0.45	33.75	42.00	– 0.03	0.82	– 8.25
81	0.40	32.40	48.25	– 0.23	1.04	– 15.85
86	0.35	30.10	55.00	– 0.46	1.35	– 24.90

corto plazo es $\overline{PC} \times \overline{OQ} = \overline{PABC}$, representado por el área del rectángulo sombreado en la gráfica X.4.4.

En el ejemplo de la gráfica X.4.4, el monopolista gana un beneficio neto en el corto plazo, como podría hacerlo un competidor perfecto. Si la demanda es suficientemente baja en relación con el costo, el monopolista podría incurrir también en una pérdida, igual como podría hacerlo un competidor perfecto. En el corto plazo, la diferencia fundamental entre el monopolio y la competencia perfecta reside en la pendiente de la curva de demanda. En ambos casos se puede ganar un beneficio económico neto o incurrir en una pérdida. Resulta difícil hacer otras comparaciones. Lo más que puede decirse es que una empresa monopólica tiene mayores probabilidades de ganar un beneficio neto en el corto plazo, porque puede ejercer cierto control efectivo sobre el mercado.

X.4.d. *La oferta del monopolio en el corto plazo*

En la competencia perfecta podemos definir un "precio de oferta" único para cada cantidad: se proveerán q unidades a $\$x$ por unidad. En el monopolio, el precio de oferta no es único. Se ofrecerá una cantidad dada a precios diferentes, dependiendo de la demanda del mercado y del ingreso marginal. Esto se ilustra en la gráfica X.4.5, donde se observa que el precio que cobrará un monopolista depende de la curva de demanda, dada la curva del costo marginal *CM*. Cuando la demanda es D_1 y el ingreso marginal es IM_1, se venderá la cantidad $\overline{OQ}$ a un precio de OP_1 por unidad. Pero si la curva de demanda es D_2 y la curva del ingreso marginal es IM_2, se venderá la misma cantidad $\overline{OQ}$ al precio de OP_2.

> *Relaciones*: La oferta del monopolio depende de la forma y de la ubicación de la curva de demanda y carece del significado claro y exacto de la oferta competitiva. No tiene sentido, en general, preguntar qué precio cobrará un monopolista por un volumen de producción dado, porque la respuesta no es única.
>
> En otras palabras, el volumen de producción de un competidor depende sólo de las condiciones del costo y del precio. No puede decirse lo mismo de un monopolista, porque éste escoge su precio al mismo tiempo que elige su nivel de producción. El competidor sólo puede escoger el nivel de producción.

X.4.e. *El monopolio de varias plantas en el corto plazo*

Hasta ahora hemos supuesto implícitamente que un monopolista produce en una sola planta de su propiedad. Pero esto no necesariamente es así. El

GRÁFICA X.4.4. *El equilibrio del monopolio en el corto plazo*

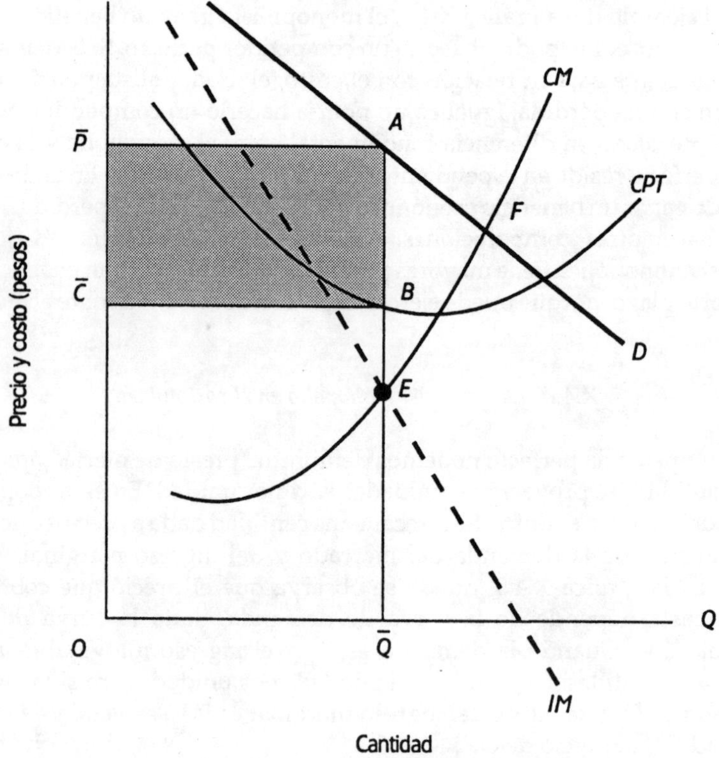

monopolista puede operar más de una planta, y las condiciones de costos pueden diferir entre una planta y otra. En el cuadro X.4.3 se presenta un ejemplo hipotético de dos plantas que ilustramos en la gráfica X.4.6.

Las tres primeras columnas del cuadro X.4.3 proporcionan los datos de los ingresos, mientras que las últimas tres columnas contienen los datos de los costos correspondientes. Los costos marginales de las plantas 1 y 2 aparecen en las columnas 4 y 5 y se muestran en la figura A de la gráfica X.4.6. De la misma manera, se trazan la demanda y el ingreso marginal en la figura B. La última columna, el "costo marginal de varias plantas", se deriva de las curvas de costo marginal de las plantas individuales.

Si la producción aumenta de cero a uno, es claro que esa unidad debe producirse en la planta 1, cuyo costo marginal es \$1.92 (< \$2.04 en la planta 2). Por tanto, el costo marginal para el monopolio de varias plantas es de \$1.92. Si la producción ha de ser de dos unidades, ambas deben producirse en la planta 1, porque su costo marginal para la segunda unidad (\$2) es menor que

GRÁFICA X.4.5. *La oferta del monopolio en el corto plazo para diferentes curvas de demanda*

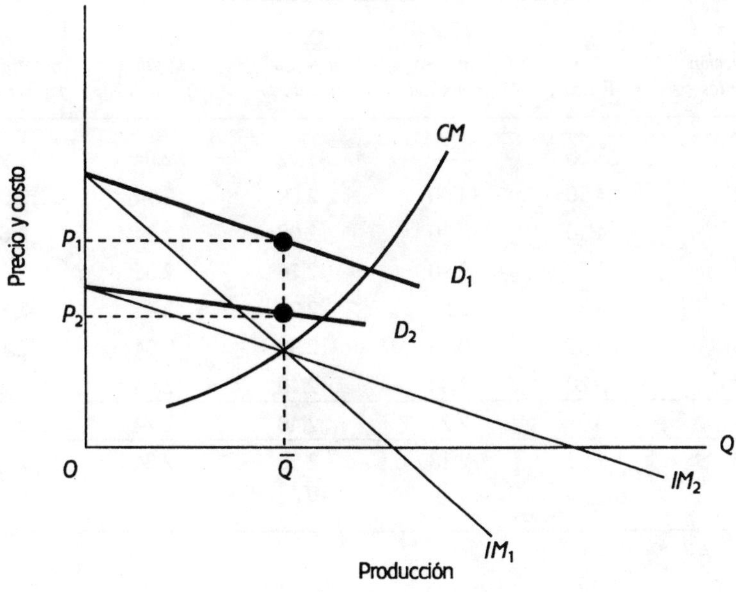

el costo marginal de la producción de una unidad en la planta 2. En consecuencia, el costo marginal del monopolio para dos unidades es de \$2. Pero si han de producirse tres unidades debe entrar en acción la planta 2, porque su costo marginal para la primera unidad (\$2.04) es menor que el costo marginal de la tercera unidad en la planta 1. Produciendo dos unidades en la planta 1 y una unidad en la planta 2, el monopolio de varias plantas tiene un costo marginal de \$2.04 para la tercera unidad. Con esta línea de razonamiento para cada unidad de producción sucesiva se deriva la columna 6, el "costo marginal de varias plantas".

El costo marginal de varias plantas se traza en la figura B de la gráfica X.4.6. La curva de costo marginal intersecta a la curva del ingreso marginal en el punto *E*, que corresponde a ocho unidades de producción y a un precio de mercado de \$3.08. Por la regla de $CM = IM$, esta combinación de precio y producción es aquella en la que el beneficio del monopolio alcanza un nivel máximo. El monopolista se enfrenta al problema de asignar la producción de las plantas 1 y 2.

Primero, observamos que $CM = IM = \$2.24$ en el punto de equilibrio. Se ha extendido una línea horizontal punteada de la figura B a la figura A, en el nivel de \$2.24. La línea intersecta las curvas de costo marginal de las plantas en E_1

CUADRO X.4.3. *La maximización del beneficio en un monopolio de varias plantas*

Producción y ventas	*Precio*	*Ingreso marginal*	*Costo marginal (planta 1)*	*Costo marginal (planta 2)*	*Costo marginal de varias plantas*
1	$5.00	—	$1.92	$2.04	$1.92
2	4.50	$4.00	2.00	2.14	2.00
3	4.10	3.30	2.08	2.24	2.04
4	3.80	2.90	2.16	2.34	2.08
5	3.55	2.55	2.24	2.44	2.14
6	3.35	2.35	2.32	2.54	2.16
7	3.20	2.30	2.40	2.64	2.24
8	3.08	2.24	2.48	2.74	2.24
9	2.98	2.18	2.56	2.84	2.32
10	2.89	2.08	2.64	2.94	2.34

GRÁFICA X.4.6. *La maximización del beneficio en el corto plazo de un monopolio de varias plantas*

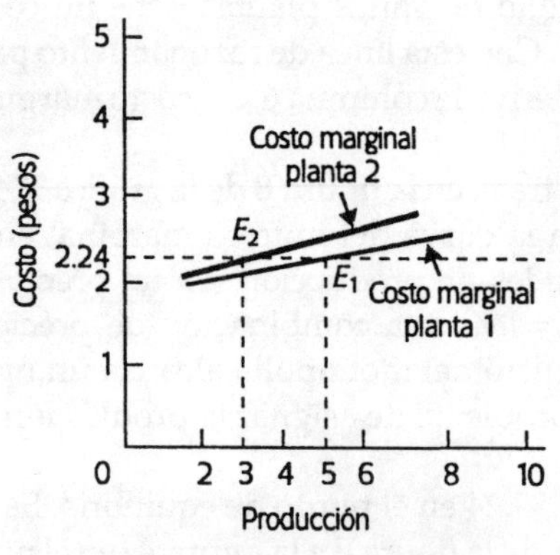

A. Costo marginal de las plantas 1 y 2

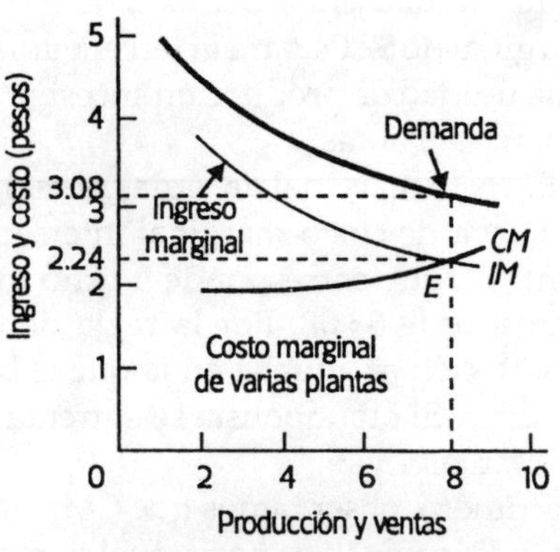

B. Costo marginal, demanda e ingreso marginal de varias plantas

y E_2, los puntos en los que $CM_1 = CM_2 = CM = IM$. Los volúmenes de producción asociados son cinco unidades para la planta 1 y tres unidades para la planta 2; su cantidad combinada es precisamente de ocho unidades, el volumen que maximiza el beneficio. Así pues, el monopolista asigna la producción de sus dos plantas, igualando el costo marginal de cada planta con el valor común del costo marginal de varias plantas, y el ingreso marginal con la producción de equilibrio.

Generalizando, obtenemos la siguiente

> *Proposición*: Un monopolista de varias plantas maximiza su beneficio produciendo en el punto en el que el costo marginal de varias plantas es igual al ingreso marginal. La asignación óptima de la producción entre las diversas plantas requiere que cada planta produzca el volumen en el que el costo marginal de la planta es igual al valor común del costo e ingreso marginales de varias plantas en el nivel de producción de equilibrio del monopolio.

X.5. El equilibrio del monopolio en el largo plazo

En un monopolio puro, no es posible la *entrada* en el mercado de competidores potenciales. En consecuencia, independientemente de que un monopolista gane o no un beneficio neto en el corto plazo, ningún otro productor puede entrar en el mercado con la esperanza de compartir cualquier beneficio neto que exista. Por tanto, el beneficio económico neto no se elimina en el largo plazo, como ocurre en el caso de la competencia perfecta. Ciertos economistas prefieren decir que no existe el beneficio en el largo plazo, independientemente del tipo de organización del mercado (ya sea de competencia perfecta, monopólico, etc.). Estos economistas sostienen que la posición monopólica, o el "ingrediente" que causa el monopolio, debería capitalizarse, lo que aumentaría el costo total por el monto del beneficio neto que existiría en otro caso (en ausencia de la capitalización). Éste es un argumento perfectamente defendible; sin embargo, conservaremos la interpretación utilizada antes para facilitar las comparaciones entre los equilibrios en el largo plazo en diversos tipos de organización del mercado. Si se prefiere el enfoque de la ausencia de beneficio, los equilibrios en el largo plazo pueden compararse en términos de los rendimientos diferenciales de los mismos insumos.

El ejemplo siguiente puede aclarar el punto. Supongamos que el monopolista en cuestión produce agua mineral que sólo puede obtenerse en un manantial particular. La causa del monopolio deriva de la propiedad de la

GRÁFICA X.5.1. *El beneficio del monopolista*

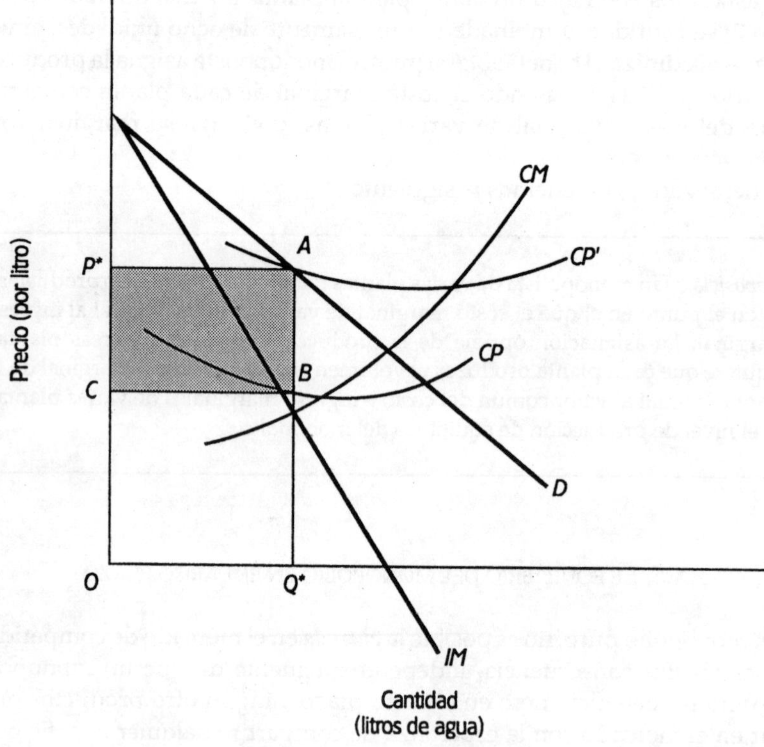

tierra donde fluye el manantial. La elección del precio y la producción del monopolista se indica como OP^*, OQ^* en la gráfica X.5.1. Si *CP* es la curva del costo promedio tradicional, el beneficio está dado por el rectángulo P^*ABC. (Es decir, el beneficio es el ingreso total menos el costo total. El rectángulo P^*AQ^*O es el ingreso total y el rectángulo CBQ^*O es el costo total.) Puesto que el origen de ese beneficio es la exclusividad de la propiedad, el valor de esa propiedad debería incluir el beneficio que puede generarse de ella. Dicho de otro modo, si el monopolista quisiera vender la tierra, el precio que recibiría reflejaría el beneficio P^*ABC. En efecto, los compradores competitivos de la tierra estarían dispuestos a pagar un precio tan elevado que, después de tener en cuenta el precio de la tierra, el beneficio disminuirá a cero. Puesto que éste es un costo fijo, desplazaría el costo promedio para un nuevo comprador hacia *CP'*. Cualquier precio de la tierra que condujera a una curva de costo promedio menor que *CP'* se traduciría en la existencia de beneficios positivos. Esto hace que los compradores de la tierra compitan entre sí hasta que su precio aumente lo suficiente para eliminar el beneficio.

Esto podría ser cierto para los compradores nuevos, ¿pero qué decir del propietario de la tierra que ya existe? Puesto que el propietario tiene la opción de vender la tierra al precio (elevado), el costo de conservar la tierra es la oportunidad sacrificada de venderla. En cierto sentido, el propietario se la renta a sí mismo al precio que pagaría el mercado, de modo que también podrá considerar que *CP'* es su curva de costo promedio. El beneficio se capitaliza en el valor de la tierra.

X.5.a. *El equilibrio en el largo plazo de un monopolio de una sola planta*

El ajuste para el equilibrio en el largo plazo de un monopolio de una sola planta debe seguir uno de dos caminos posibles. Primero, si el monopolista incurre en una pérdida en el corto plazo y no hay ningún tamaño de planta que genere un beneficio neto (o por lo menos ninguna pérdida), el monopolista dejará el negocio. Segundo, si la empresa gana un beneficio en el corto plazo con su planta original, debe determinar si una planta de tamaño diferente (y por ende con un precio y un volumen de producción diferentes) ganará un beneficio mayor.

La primera situación no requiere comentario. La segunda nos obliga a introducir un nuevo concepto, el del costo marginal en el largo plazo.

El costo marginal en el largo plazo puede entenderse de la manera más fácil como el cambio en el costo total asociado a un cambio en el volumen de la producción en el largo plazo, es decir, cuando se permite el ajuste de todos los factores. Así pues, el costo marginal en el largo plazo puede reflejar la expansión dentro de una misma planta, y/o el cambio a una planta enteramente diferente.

El ejemplo del cuadro X.5.1 ilustra lo que queremos decir. En este caso simple, una empresa tiene la opción de usar la planta de tipo 1 o la planta de tipo 2. Si quiere producir una sola unidad, la mejor elección en el largo plazo es el uso de la planta de tipo 1 con un costo total de producción de $15. Si la empresa quiere producir dos unidades, su mejor elección sigue siendo la planta 1, porque $24 < $26. La columna *CM*1 nos dice cuál sería el costo marginal si se usara sólo la planta 1, y la columna *CM*2 nos dice cuál sería el costo marginal si se usara sólo la planta 2. *CML* es el costo marginal en el largo plazo.

El costo marginal de la segunda unidad en el largo plazo es igual a 9, porque no se requiere ningún cambio de planta y porque el costo marginal de producción de la segunda unidad en la planta 1 es igual a 9.

Consideremos ahora la producción de la tercera unidad. Tres unidades se producen a menor costo en la planta 2 que en la planta 1($30 < $33). Por tanto, si la empresa desea producir tres unidades en el largo plazo, utilizará la planta 2. ¿Cuál es el costo marginal en el largo plazo de producir la tercera unidad? Es la diferencia entre el costo total de producir óptimamente tres unidades y el costo total de producir óptimamente dos unidades. Por consiguiente, el costo marginal en el largo plazo de la tercera unidad es 30 – 24 = 6. Adviértase que esto es mayor que el costo marginal de la planta 2. Si la empresa hubiera utilizado la planta 2 para producir dos unidades, sería más barato el paso de 2 a 3. Pero esto carece de importancia. La meta en el largo plazo es la minimización del costo total, no la del costo marginal. Se justifica un cambio de tecnología en tres unidades, independientemente de su efecto sobre el costo marginal.

Esto nos lleva a la siguiente

> *Definición*: El costo marginal en el largo plazo es el cambio en el costo total que se asocia a un cambio en el volumen de producción, cuando todos los factores, incluido el tamaño de la planta, pueden variar. Puede reflejar el costo del aumento en la producción sin cambiar la planta o puede reflejar el costo asociado al cambio en la propia planta y la producción de una unidad de producción adicional.

Ahora podemos examinar cómo se ajusta el monopolista para incrementar sus beneficios en el largo plazo. Esto se ilustra en la gráfica X.5.2. *DD'* e *IM* representan la demanda del mercado y el ingreso marginal que enfrenta una empresa monopólica. *CPL* es la curva de costo envolvente en el largo plazo (véase el capítulo VIII), y *CMC* es la curva de costo marginal en el corto plazo.

Supongamos que en el periodo inicial la empresa construye la planta representada por CPC_1 y CMC_1. La igualdad en el corto plazo del costo y del ingreso marginales conduce a la venta de $\overline{OQ}_{CP}$ unidades al precio *OA*. A esta tasa de producción el costo unitario es $OD = \overline{Q}_{CP}C$; el beneficio del monopolio en el corto plazo está representado por el área del rectángulo sombreado *ABCD*.

Puesto que puede obtenerse un beneficio económico neto, la empresa no consideraría salirse del negocio. Sin embargo, buscaría una organización más rentable en el largo plazo. Mediante un argumento análogo al utilizado en el apartado X.4.b para establecer la regla de *CM* = *IM* concluimos que el *máximo* de los beneficios máximos se alcanza cuando el costo marginal en el largo plazo es igual al ingreso marginal. El volumen de producción asociado es $\overline{OQ}_{LP}$, y el precio es *OE*.

Observando la curva *CPL*, vemos que la planta capaz de producir $\overline{OQ}_{LP}$ unidades por periodo al costo unitario mínimo es la representada por CPC_2 y CMC_2. En consecuencia, el costo unitario es *OH*, y el beneficio máximo del monopolio en el largo plazo está dado por el área del rectángulo sombreado *EFGH*. Este beneficio es obviamente (visualmente) mayor que el beneficio que puede obtenerse con la planta original.

CUADRO X.5.1. *Derivación de los costos marginales en el largo plazo*

Producción	*CP1*	*CP2*	*CT1*	*CT2*	*CM1*	*CM2*	*CML*
1	15	20	15*	20	—	—	—
2	12	13	24*	26	9	13	9
3	11	10	33	30*	9	4	6
4	12	11	48	33*	15	3	3

GRÁFICA X.5.2. *El equilibrio en el largo plazo para un monopolista con una sola planta*

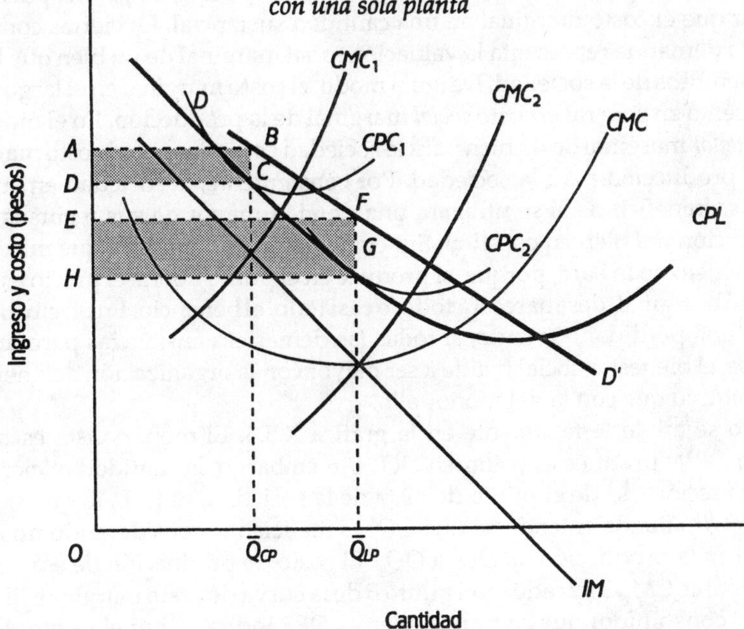

Generalizado, tenemos la siguiente

> *Proposición*: Un monopolista maximiza su beneficio en el largo plazo, produciendo y vendiendo el volumen de producción para el que el costo marginal es igual al ingreso marginal en el largo plazo. La planta óptima es aquella cuya curva de costo promedio total en el corto plazo es tangente a la curva de costo promedio en el largo plazo en el punto que corresponde al volumen de producción, de equilibrio en el largo plazo.

X.5.b. *Comparación con la competencia perfecta*

Las posiciones de equilibrio en el largo plazo de un monopolista y de un competidor perfecto son algo más comparables que sus equilibrios en el corto plazo.

En la competencia perfecta el precio está determinado en el largo plazo por el punto mínimo de la curva de costo promedio. En el caso del monopolio, el productor selecciona un volumen de producción tal que el costo marginal sea igual al ingreso marginal y fija su precio en el nivel correspondiente de la curva de demanda.

En efecto, el competidor perfecto produce en el punto en el que el costo marginal y el precio son iguales. Para el monopolista, el precio puede ser mayor que el costo marginal en una cantidad sustancial. En ciertas condiciones,[7] la demanda representa la valuación *social* marginal de un bien que hacen los miembros de la sociedad. De igual modo, el costo marginal en el largo plazo representa en general el costo *social* marginal de la producción. En el monopolio, el *valor* marginal de un bien para la sociedad es mayor que el costo marginal de su producción para la sociedad. Por consiguiente, la sociedad en su conjunto se beneficiaría si se utilizara una porción mayor de sus recursos en la producción del bien en cuestión. Sin embargo, el monopolista que maximiza su beneficio no lo hará, porque, si produce en el punto donde el precio es igual al costo marginal, desaparecerá todo, o casi todo, el beneficio. En efecto, podría haber una pérdida. Por tanto, si todas las demás circunstancias permanecen iguales, el bienestar social tiende a ser mayor con la organización del mercado competitivo que con la del monopolio.

Esto se advierte fácilmente en la gráfica X.5.3. El monopolista escoge el precio OP^* y produce el volumen OQ^*. Sin embargo, la cantidad eficiente de la producción, desde el punto de vista de la sociedad, es OQ_c, lo que exige el precio OP_c. Puede entenderse que OQ^* es ineficiente, considerando un incremento en la producción de OQ^* a OQ_1. El costo de producción de esa unidad adicional es CM_1, indicado en el punto *B* de la curva de costo marginal. El valor para el consumidor que compre el bien es OP_1, indicado por el punto *A* en la curva de demanda. Puesto que el valor es mayor que el costo, desde el punto de la sociedad, el bien debería producirse. Por supuesto, ni al monopolista ni al competidor les interesa mucho la sociedad. Puesto que los beneficios son mayores en OP^*, OQ^*, allí es donde produce el monopolista. La empresa competitiva haría lo mismo si poseyera suficiente poder de mercado.

[7] Las excepciones se señalarán en el capítulo XVII.

GRÁFICA X.5.3. *La diferencia del bienestar en el monopolio y en la competencia perfecta*

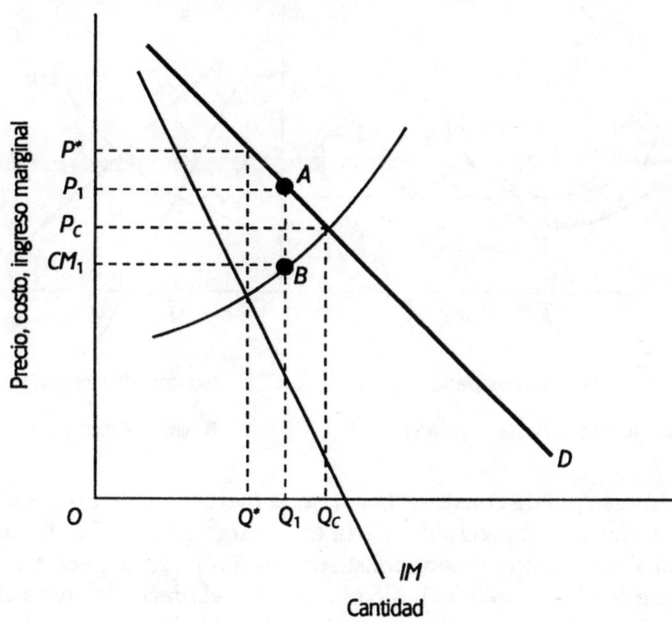

X.5.c. *El equilibrio en el largo plazo de un monopolio con varias plantas*

En el largo plazo, un monopolista con varias plantas ajusta el número de éstas para alcanzar el equilibrio. Este proceso se ilustra en la gráfica X.5.4.

En la figura A se muestra el ajuste de cada planta individual. Independientemente del tamaño original de la planta, en el largo plazo el monopolista puede construir *cada* planta de un tamaño tal que al costo promedio en el corto plazo coincida con el costo promedio en el largo plazo en el punto mínimo de esta última curva. En otras palabras, la empresa puede construir cada planta de un tamaño tal que la tasa de producción deseada por planta pueda producirse al costo unitario mínimo absoluto. Pero a medida que la empresa aumenta la producción aumentando el número de plantas que operan al costo promedio mínimo en el largo plazo, las curvas de costo de cada planta se desplazan hacia arriba. Esto debe ser así porque los precios de los insumos aumentan con su uso (es decir, debemos suponer que si *todos* los recursos utilizados fueran no especializados, habría una organización de mercado competitiva).

En el capítulo IX analizamos este tipo de situación. En ese caso, dijimos que la industria competitiva enfrentaba precios crecientes de los insumos y mos-

GRÁFICA X.5.4. *El equilibrio en el largo plazo de un monopolio con varias plantas*

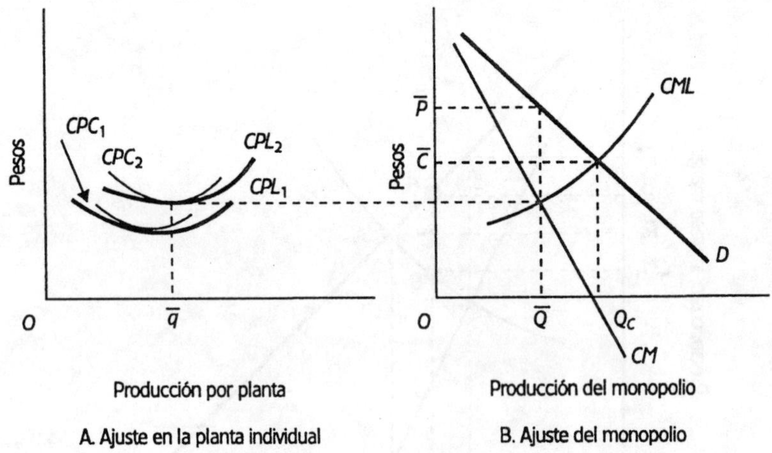

tramos cómo se puede construir la curva de oferta en el largo plazo (o sea la curva que muestra el precio de oferta en el largo plazo). Puede ser trazada una curva similar para el monopolista con varias plantas; pero esta curva *no* se relaciona con la oferta en el largo plazo ni con el precio de oferta en el largo plazo (en el caso del monopolio no está bien definida la oferta en el largo plazo, así como tampoco la oferta en el corto plazo). Para el monopolista, esta curva es la curva de costo marginal en el largo plazo, porque indica el *aumento mínimo en el costo* que puede asociarse a una expansión en la producción mediante el aumento del número de plantas óptimamente ajustadas (es decir, plantas que operan a un costo promedio en el largo plazo).

La curva de costo marginal en el largo plazo derivada de esta manera se llama *CML* en la figura B. *D* y *CM* indican las condiciones del ingreso. Aplicando la regla de $CML = CM$, el equilibrio que maximiza el beneficio en el largo plazo se alcanza en un volumen de $O\overline{Q}$unidades por periodo y a un precio de $O\overline{P}$. El volumen óptimo de producción por planta es $O\overline{q}$. El número de plantas que el monopolista construye y utiliza es $n_m = O\overline{Q}/O\overline{q}$.

X.5.d. *Comparación con la competencia perfecta*

En el largo plazo, tanto las empresas de competencia perfecta como los monopolios con varias plantas operan al costo unitario mínimo en el corto y el largo plazos. En este sentido, todas las empresas son semejantes. Sus diferencias se pondrán en claro considerando un caso hipotético.

GRÁFICA X.5.5. *El equilibrio en el largo plazo para las empresas competitivas y para un monopolista con varias plantas*

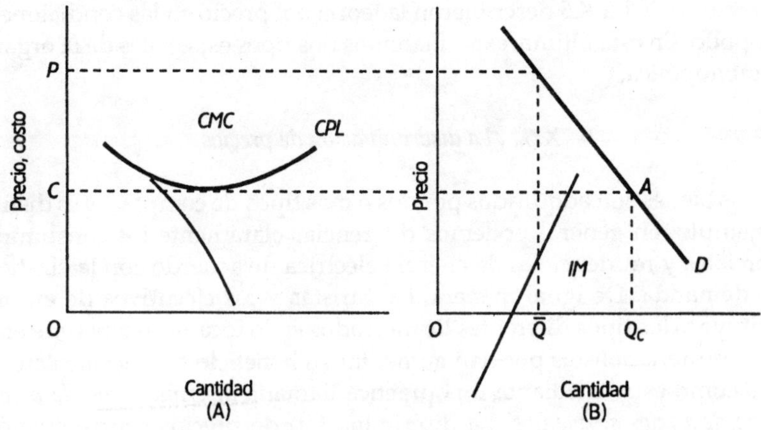

Supongamos que cada empresa de una industria perfectamente competitiva está representada en la figura A de la gráfica X.5.5. Entonces, el equilibrio de la industria en el largo plazo ocurriría en OQ_C de la figura B, donde la demanda es igual a la oferta en el corto plazo. El precio de mercado asociado es $\overline{OC}$, y el número de empresas de equilibrio es n_c, supuestamente mayor que n_m, el número de plantas operadas por el monopolista con varias plantas.

Supongamos ahora que un individuo compra todas las empresas y crea un monopolio efectivo. Como vimos antes, el monopolista producirá $O\overline{Q}$ unidades y las venderá a $\overline{OP}$ cada una.[8] El monopolista requeriría sólo $n_m < n_c$ plantas y, en consecuencia, desecharía las plantas sobrantes (en número $n_c - n_m$). Por tanto, aunque ambas organizaciones estarían caracterizadas por la producción al costo mínimo, el monopolista con varias plantas —en comparación con la industria perfectamente competitiva— vendería menos unidades, cobraría un precio mayor y operaría menos plantas. En este caso, como en el de un monopolio de una sola planta, la competencia tiende a promover el bienestar social en mayor medida que el monopolio.

[8] La línea $\overline{C}A$ es el costo marginal en el largo plazo, porque suponemos que *CPL* representa allí la planta más eficiente y también que puede reproducirse con la misma condición de costo. A fin de incrementar su producción, dejando de lado las indivisibilidades, el monopolista incrementa el número de plantas para mantener el costo unitario al nivel de $\overline{OC}$.

X.6. TEMAS ESPECIALES DE LA TEORÍA DEL MONOPOLIO

Las secciones X.1 a X.5 describieron la teoría del precio en las condiciones del monopolio. En esta última, examinaremos dos tipos especiales de la organización monopólica.

X.6.a. *La discriminación de precios*

Algunos bienes son adquiridos por dos o más tipos de compradores distintos. Por ejemplo, en general podemos diferenciar claramente los consumidores comerciales y residenciales de energía eléctrica de acuerdo con la elasticidad de la demanda. De igual manera, los turistas y los ejecutivos de empresas constituyen dos tipos diferentes de mercados en lo tocante al albergue en moteles. Los monopolistas podrían aumentar su beneficio monopólico en situaciones como éstas mediante una práctica llamada *discriminación de precios* o precios *de varios segmentos*. La discriminación de precios ocurre cuando se cobran precios diferentes por el mismo bien en mercados diferentes.

Para simplificar, consideremos el caso en el que un mercado general puede dividirse en dos submercados distintos.[9] Supongamos en primer término que el monopolista tiene una cantidad fija del producto, digamos 100 unidades, que puede vender en uno de los dos submercados o en ambos. ¿Cómo deberían repartirse las 100 unidades entre los submercados para maximizar el ingreso total del monopolista?[10] Supongamos inicialmente que el monopolista vende 50 unidades en cada mercado. Supongamos también que con esta asignación el ingreso marginal en el mercado 1 (IM_1) es \$5 y el ingreso marginal en el mercado 2 (IM_2) es \$3. En este caso, el monopolista podría aumentar su ingreso total reduciendo el número de unidades vendidas en el mercado 2 y aumentando el número de unidades vendidas en el mercado 1. Por tanto, si se vende una unidad menos en el mercado 2, el ingreso total disminuirá en \$3($= IM_2$). Pero si vende esta unidad en el mercado 1, su ingreso total aumenta en \$5($= IM_1$). Por consiguiente, la venta de 51 unidades en el mercado 1 y de 49 unidades en el mercado 2 genera un aumento *neto* de \$2 (\$5 – \$3, o sea $IM_1 - IM_2$) en su ingreso total. Obviamente, esta clase de reasignación que incrementa los ingresos totales es posible siempre que haya una diferencia en el

[9] En principio, los submercados deben estar completamente separados en el sentido de que, cuando se establece un precio diferente en cada uno de ellos, no hay reventa ni arbitraje que elimine la demanda en el mercado de precio más alto. Esto conduce a la implicación de que la discriminación de precios es más común para los servicios que para los bienes.

[10] Por el momento no estamos considerando las decisiones de producción, de modo que la maximización del ingreso total es el criterio apropiado. Más adelante incluiremos en el análisis la decisión de producción.

ingreso marginal de los dos submercados. Podemos concluir entonces que, *a fin de maximizar el ingreso total recibido por la venta de una cantidad total dada de un bien, un monopolista que practique la discriminación de precios asignará la cantidad vendida entre los submercados de modo que se iguale el ingreso marginal en cada submercado*. Hay que formular dos condiciones respecto a esta regla general:

1) Si la asignación de la producción entre los submercados genera un ingreso marginal igual pero *negativo* en cada submercado, el monopolista podrá aumentar su ingreso total, reduciendo las ventas en cada submercado hasta el punto en que $IM_1 = IM_2 = 0$ y deshaciéndose de la producción excedente. En otras palabras, el monopolista no venderá una cantidad tan grande que lo ubique en la porción inelástica de la curva de demanda de cada submercado.

2) Sean $IM_1(q_1)$ e $IM_2(q_2)$ el ingreso marginal en el mercado 1 y en el mercado 2, respectivamente, cuando se venden q_1 unidades en el mercado 1 y q_2 unidades en el mercado 2. Supongamos que $IM_1(q_1 - q_2) > IM_2(0)$. Es decir, supongamos que, cuando se venden todas las unidades en el mercado 1, el ingreso marginal en ese mercado es mayor que el ingreso marginal en el mercado 2, cuando no se vende nada en mercado 2. Entonces, el monopolista se desentenderá del mercado 2 y venderá todo en el mercado 1 como un monopolista que no discrimina.

Puede ilustrarse en forma gráfica el principio de que la producción debe repartirse entre los submercados para obtener un ingreso marginal igual en cada submercado. La figura A de la gráfica X.6.1 es la curva de demanda y la curva de ingreso marginal para el submercado 1. La figura B de esta gráfica muestra la demanda y el ingreso marginal para el submercado 2. Por último, la figura C de esta gráfica se construye mediante la *suma horizontal* de las curvas de ingreso marginal de los submercados 1 y 2, a fin de obtener la línea quebrada designada $IM_1 + IM_2$.[11] Adviértase que en este caso IM_1 es mayor que IM_2, cuando la cantidad es cero en cada submercado (es decir, la distancia *OU* de la figura A es mayor que *OV* en la figura B). Esto significa que, para un intervalo inicial de las cantidades, la suma horizontal de la figura C es idéntica a IM_1. Una vez que la cantidad es suficientemente grande, tanto IM_1 como IM_2 intervienen en la suma horizontal. Esto ocurre en el "rompimiento" designado *V* en la figura C, donde *V* es la misma distancia, por encima del eje de las cantidades en la figura C, que la intersección (también *V*) de la curva IM_2 en la figura B.

Ahora podemos demostrar la utilidad de la gráfica X.6.1 como un instrumento visual para resolver el problema de asignación anterior. Supongamos

[11] El lector debe entender que la suma horizontal $IM_1 + IM_2$ *no* es la curva de ingreso marginal que se encontraría sumando primero las dos curvas de demanda en sentido horizontal y construyendo luego la curva del ingreso marginal para esa demanda agregada.

GRÁFICA X.6.1. *Asignación para los submercados de un monopolista que discrimina en los precios*

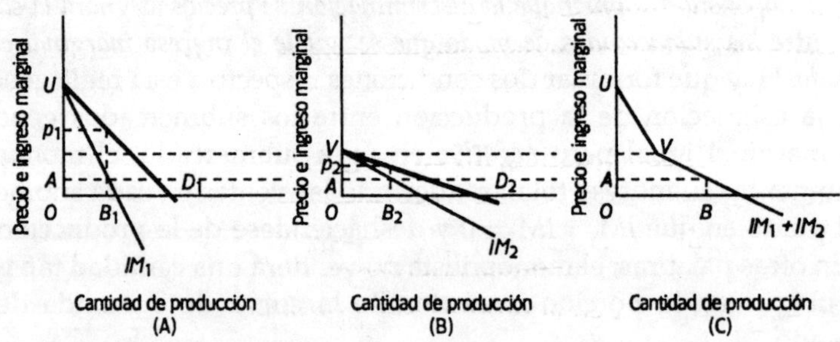

GRÁFICA X.6.2. *La maximización del beneficio de un monopolista que discrimina en los precios*

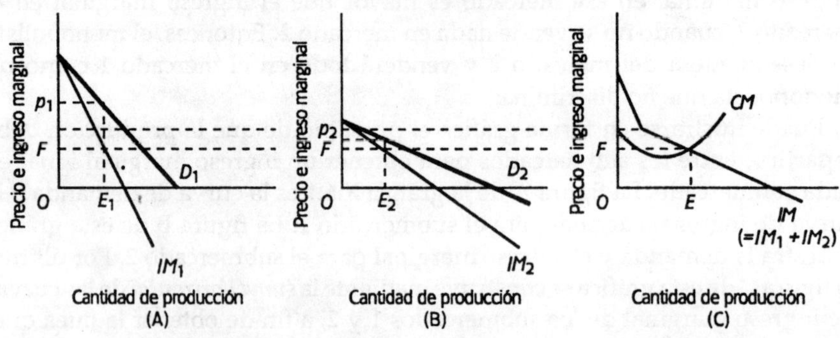

que el monopolista tiene una producción total de *OB*. Empezando en la figura C, localizamos esta cantidad total en el eje horizontal. Luego, leyendo de la curva $IM_1 + IM_2$ en la figura C, vemos que esta producción total se asocia al ingreso marginal *OA*. En seguida, leyendo en la figura B y en la figura A, en el ingreso marginal *OA* vemos que la asignación de *OB* entre los submercados es OB_1 en el submercado 1 y OB_2 en el submercado 2 (donde, por construcción, $OB_1 + OB_2 = OB$). Por nuestro argumento anterior sabemos que esta asignación entre los submercados proporciona el ingreso total máximo que puede obtenerse de la venta de *OB* unidades de producción. Las curvas de demanda de la figura A y de la figura B pueden utilizarse para determinar el precio de cada mercado. Por ejemplo, cuando la cantidad total es *OB*, se venderá OB_1 en el submercado 1 al precio Op_1, y OB_2 en el submercado 2 al precio Op_2.

Ahora resulta relativamente fácil completar el análisis mediante la introducción de la curva del costo marginal del monopolista, a fin de determinar el nivel de producción que maximiza el beneficio. Esta curva de costo marginal se designa *CM* en la figura C de la gráfica X.6.2. (Las curvas de demanda y de ingreso marginal de la gráfica X.6.2 son las mismas de la gráfica X.6.1.) El nivel de producción que maximiza el beneficio está determinado por la intersección de *CM* e *IM* en la figura C (donde $IM = IM_1 + IM_2$). Es clara la razón de este procedimiento. Por construcción, *IM* en la figura C de la gráfica X.6.2 nos dice la adición al ingreso total derivada de un incremento adicional de la producción cuando se asigna *esa producción en forma óptima entre los submercados*. Como siempre, la curva del costo marginal nos dice el incremento del costo total que resulta de un incremento en la producción. Por tanto, igualando *CM* con *IM* en la figura C, encontraremos la producción total que satisface la condición familiar de primer orden para la maximización del beneficio.

En la gráfica X.6.2, *OE* es la producción que maximiza el beneficio. Observando la figura A y la figura B, vemos que se venden OE_1 unidades en el submercado 1 al precio Op_1, y OE_2 unidades en el submercado 2 al precio de Op_2, donde $OE_1 + OE_2 = OE$. Hay que mencionar que esta producción representa la solución que maximiza el beneficio en el largo plazo sólo si a este nivel de producción el costo total no es mayor que el ingreso total. En el corto plazo, este nivel de producción maximiza el beneficio sólo si en este punto el ingreso total es mayor que el costo variable total: de otro modo, podrían minimizarse las pérdidas dejando de producir por completo.[12]

En cualquier nivel positivo dado de producción, resulta visualmente evidente que la demanda es más elástica en el mercado 2 que en el mercado 1. Utilizando esta información, junto con los resultados obtenidos antes, obtenemos una conclusión interesante aunque bastante obvia: cuanto más elástica

[12] Las condiciones matemáticas se deducen fácilmente. Sea $IT_1(q_1)$ el ingreso total en el submercado 1 cuando se venden allí q_1 unidades; sea $IT_2(q_2)$ el ingreso total en el submercado 2 cuando se venda allí q_2 unidades; y sea $CT(q_1 + q_2)$ el costo total de la producción de $q_1 + q_2$ unidades. El monopolista escogerá entonces q_1 y q_2 para maximizar la expresión

$$IT_1(q_1) + IT_2(q_2) - CT(q_1 + q_2)\,. \qquad \text{(X.6.1)}$$

Las condiciones de primer orden son

$$IM_1(q_1) = CM(q_1 + q_2) \qquad \text{(X.6.2)}$$

e

$$IM_2(q_2) = CM(q_1 + q_2) \qquad \text{(X.6.3)}$$

o sea que $IM_1(q_1) = IM_2(q_2) = CM(q_1 + q_2)$, donde $IM_i(q_i)$ es el ingreso marginal en el mercado i ($i = 1,2$), y $CM(q_1 + q_2)$ es el costo marginal.

sea la demanda del submercado, menor será allí el precio de equilibrio.[13] Entre otras cosas, este principio explica las diferencias de precios que favorecen a los usuarios comerciales de energía eléctrica, en comparación con los usuarios residenciales.

Estos resultados se resumen como sigue:

Proposición: Si el mercado total del producto de un monopolista puede dividirse en submercados con elasticidades-precio diferentes, el monopolista puede practicar con provecho la discriminación de precios. La producción total se determina igualando el costo marginal con el ingreso marginal total del monopolio. La producción se reparte entre los submercados de tal modo que el ingreso marginal de cada submercado se iguale con el ingreso marginal total en el punto en que $IM = CM$. Por último, el precio en cada submercado se determina directamente de su curva de demanda, dada la asignación de ventas a ese submercado.

---

[13] Esta proposición se demuestra fácilmente. Primero, recordamos que el ingreso marginal puede escribirse también como

$$IM = p\left[1 - \frac{1}{\eta}\right]. \qquad (X.6.4)$$

Luego, puesto que el ingreso marginal debe ser igual en ambos mercados, tenemos

$$IM_1 = IM_2, \qquad (X.6.5)$$

donde los subíndices denotan el mercado. Utilizando la expresión X.6.4 en la expresión X.6.5, obtenemos

$$p_1\left[1 - \frac{1}{\eta_1}\right] = p_2\left[1 - \frac{1}{\eta_2}\right]. \qquad (X.6.6)$$

Sea que el mercado 1 esté caracterizado por la mayor elasticidad-precio de la demanda. Por tanto,

$$\eta_1 > \eta_2,$$

de modo que

$$\left[1 - \frac{1}{\eta_1}\right] > \left[1 - \frac{1}{\eta_2}\right].$$

Utilizando la última desigualdad de la expresión X.6.6, vemos que la igualdad del miembro izquierdo y del miembro derecho requiere de $p_2 > p_1$.

X.6.b. *El precio en bloque y la discriminación perfecta del precio*

La sección X.6.a se ocupó de la discriminación monopólica de precios entre los submercados. Supusimos allí que en cada submercado se cobra un solo precio. Cuando un monopolista fija precios diferentes para el mismo mercado o consumidor, surge una forma de discriminación de precios, estrechamente relacionada con la anterior pero ligeramente distinta. Este tipo de discriminación de precios asume a menudo la forma de descuentos por volumen o precios en bloque. Por ejemplo, el monopolista podría cobrar al consumidor un precio unitario mayor que las primeras 10 unidades de un bien que por las 100 unidades siguientes. Para explicar este fenómeno, debemos examinar en primer término el concepto del *excedente del consumidor.*

Veamos la curva de demanda AC en la figura A de la gráfica X.6.3, y consideremos el siguiente experimento conceptual. Supongamos inicialmente que el consumidor estaría dispuesto a pagar Op_1 por la primera unidad del bien antes que prescindir de ella. Por lo tanto, el área rectangular que se encuentra debajo de la curva de demanda con base igual a 1 (es decir, una unidad) y altura igual a Op_1, es una medida del valor de la primera unidad del bien para el consumidor (es decir, $Op_1 \cdot 1 = Op_1$). Habiendo obtenido una unidad del bien, la curva de demanda nos dice que el consumidor estaría dispuesto a pagar hasta Op_2 por la segunda unidad.[14] Por lo tanto, el área del rectángulo que se encuentra debajo de la curva de demanda con base 1 y altura Op_2 (es decir, $Op_2 \cdot 1 = Op_2$) mide el valor de la segunda unidad del bien para el consumidor. Cada unidad adicional puede valuarse de la misma manera. Sumando las áreas de estos rectángulos, puede medirse el valor total de cualquier cantidad dada del bien para el consumidor. Por ejemplo, en la figura A de la gráfica X.6.3, el valor de cuatro unidades del bien para el consumidor es la suma de las áreas de los cuatro rectángulos que se encuentran debajo de la curva de demanda. Estos rectángulos están construidos de tal modo que cada uno de ellos tiene una base unitaria. Por lo tanto, el área total es simplemente la suma $Op_1 + Op_2 + Op_3 + Op_4$.

Si aplicamos la misma técnica cuando la base de cada rectángulo es muy pequeña, veremos que la medida del valor de cualquier cantidad dada del bien para el consumidor es aproximadamente el área bajo la curva de demanda que corresponde a la cantidad en cuestión.[15] Por ejemplo, en la figura B de la gráfica

[14] Esto no es del todo preciso porque el pago de p_1 por la primera unidad reduciría el ingreso del consumidor, de modo que la curva de demanda bajaría (suponiendo que el bien es normal o superior). Por tanto, la estimación del excedente del consumidor que se hace arriba sólo sería precisa si el bien en cuestión tuviese una elasticidad-ingreso de cero.

[15] Sea que la curva de demanda se exprese en forma inversa por la expresión $p = D(x)$. Entonces, el valor total de q unidades para el consumidor se mide por

GRÁFICA X.6.3. *Mediciones del valor para el consumidor*

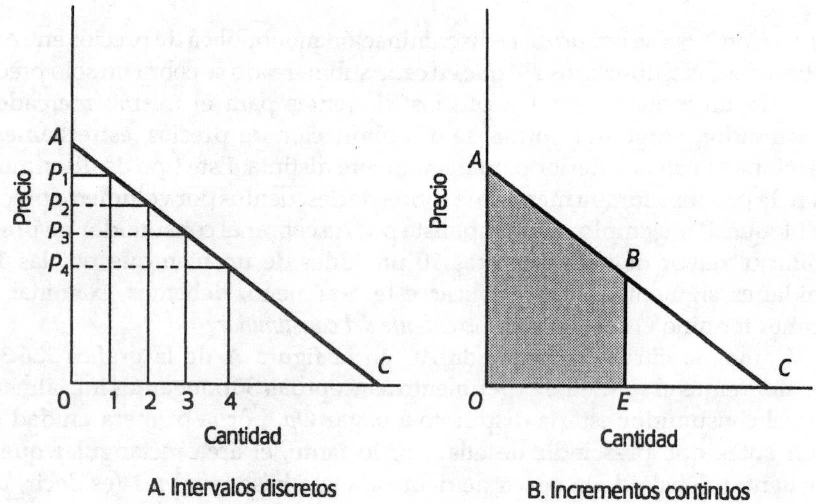

A. Intervalos discretos

B. Incrementos continuos

X.6.3, el valor de *OE* unidades del bien para el consumidor es el área del trapezoide *OABE* (sombreada en la gráfica).

Volviendo a nuestra discusión anterior, supongamos que el monopolista fija el precio *OP* como en la figura A de la gráfica X.6.4. A este precio, el consumidor compra *OE* unidades del bien, por un valor total para el consumidor representado por el área del trapezoide *OABE*. Sin embargo, tenemos que el consumidor paga *OPBE* por este volumen del bien, así que el valor *neto* para el consumidor es el triángulo sombreado *PAB*. Llamamos *excedente del consumidor* a este valor neto.

Es obvio, por lo antes expuesto, que el excedente del consumidor representa la cantidad adicional máxima que estaría dispuesto a pagar por una cantidad dada de un bien, antes que prescindir de él. Si es posible que un monopolista conozca la curva de demanda de un consumidor (o que por lo menos haga una estimación razonable de tal curva), podrá emplear una estrategia de varios segmentos de precios para captar una porción mayor de este excedente. Por ejemplo, en la figura B de la gráfica X.6.4, el monopolista cobra OP_1 por unidad de las primeras E_1 unidades, y OP_2 por unidad de todas las unidades que

---

$$V(q) = \int_0^q D(x)dx.$$

Adviértase que, dada esta interpretación, el *valor marginal* de una unidad adicional es la derivada de $V(q)$, que es simplemente $P = D(q)$.

GRÁFICA X.6.4. *Precio en bloque e ingreso total del monopolio*

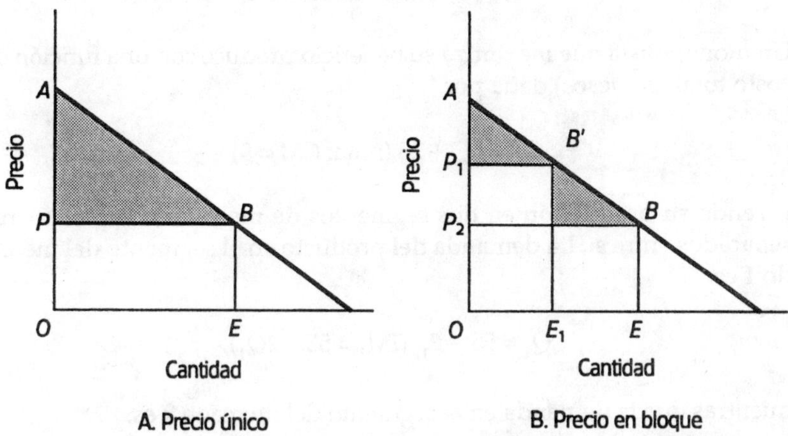

A. Precio único B. Precio en bloque

excedan de E_1. Esto reduce el excedente del consumidor al área de los dos triángulos sombreados y aumenta el ingreso total del monopolista en una cantidad igual a la reducción del excedente del consumidor. Si el monopolista pudiera *discriminar perfectamente*, cada incremento del bien recibiría un precio aparte para captar todo el excedente del consumidor. El ingreso total del monopolista sería entonces el área que se encuentra debajo de la curva hasta el total de la cantidad vendida, como se ilustra en la figura B de la gráfica X.6.3. Esto se llama discriminación perfecta de precios.

Por supuesto, es difícil que un monopolista conozca exactamente la curva de demanda del consumidor y, aun si fuera posible, resultaría terriblemente complicado el establecimiento de una política de precios diferente para cada consumidor individual. Sin embargo, un monopolista podría elaborar algún plan de precios en bloque o de descuentos por volumen que incremente el ingreso total por encima del nivel asociado a la mejor política de un precio único. Las compañías de servicios públicos utilizan con frecuencia estas políticas de precios, las cuales podrían explicarse en parte por la presencia de costos enormes asociados a la provisión del servicio a consumidores individuales, pero hay razón para sospechar que también está involucrada cierta discriminación de precios.

EJERCICIO NUMÉRICO

Un monopolista que maximiza su beneficio produce con una función de costo total (en pesos) dada por

$$CT = 5Q + 20 \text{ (nota: } CM = 5)$$

y vende su producción en dos segmentos de mercado completamente separados entre sí. La demanda del producto en el segmento del mercado 1 es:

$$Q_1 = 55 - P_1 \ (IM_1 = 55 - 2Q_1),$$

mientras que la demanda en el segmento del mercado 2 es:

$$Q_2 = 70 - 2P_2 \ (IM_2 = 35 - Q_2)$$

Preguntas

¿Qué cantidades debiera vender el monopolista en cada segmento del mercado? ¿Cuáles precios deberían cobrarse en cada segmento del mercado? Por último, explique el resultado en términos de la elasticidad-precio de la demanda en los dos segmentos del mercado.

Soluciones

$$IT_1 = 55Q_1 - Q_1^2 \qquad IM = 55 - 2Q_1 \qquad CM = 5$$

Tenemos entonces

$$55 - 2Q_1 = 5 \ldots Q_1 = 25$$

$$IM_2 = 35 - Q_2; \ldots Q_2 = 30$$

$$P_1 = 55 - Q_1; P_1 = 30.$$

$$P_2 = 35 - Q_2/2 = 20.$$

El precio es menor en el mercado de demanda más elástica. Si el precio es el mismo, el mercado de demanda más elástica tendrá un *IM* mayor que el del mercado de demanda menos elástica. A fin de aumentar la producción en el mercado de *IM* mayor, tendría que reducirse el precio ... y habría que hacer lo contrario en el mercado de *IM* menor. (Véase la sección "Aplicación de la Teoría" que aparece al inicio de este capítulo, en lo que se refiere a una aplicación de este material al precio de las colegiaturas).

X.7. Resumen

- Existe un monopolio puro cuando hay exactamente un vendedor en un mercado. La curva de demanda del mercado es entonces la curva de demanda del monopolista. Esto significa que para aumentar la cantidad vendida, dada la curva de demanda, el monopolista debe reducir el precio del producto.
- En virtud de que el monopolista enfrenta una curva de demanda de pendiente negativa, el ingreso marginal es menor que el precio de todos los niveles pertinentes de la producción. El monopolista habrá de tener en cuenta el efecto de los cambios en la producción sobre el precio (y por ende sobre el ingreso total) al determinar la cantidad que debe producir y vender para maximizar su beneficio. En el corto plazo, producirá en el punto donde el costo marginal es igual al ingreso marginal, mientras que el ingreso total es mayor que el costo variable total en este volumen de producción. Si no se satisface esta última condición, el monopolista no producirá nada.
- En el largo plazo, el monopolista producirá y venderá la cantidad a la que el costo marginal es igual al ingreso marginal (suponiendo que el ingreso total no es menor que el costo total de este volumen de producción). La planta óptima en el largo plazo es aquella cuya curva de costo promedio en el corto plazo es tangente a la curva de costo promedio en el largo plazo en el nivel de equilibrio de la producción.
- Si un monopolista puede separar satisfactoriamente el mercado general en submercados que tengan curvas de demanda diferentes, en general le convendrá practicar la discriminación de precios fijando precios diferentes en cada submercado. La producción que maximiza el beneficio se dividirá entre los submercados de tal modo que se iguale el ingreso

marginal en todos los submercados. La producción total se fijará donde el costo marginal sea igual a la suma horizontal de las curvas de ingreso marginal de los submercados.

✦ Mediante una política de precios en bloque o de descuentos por volumen, en lugar de una política de precio único, un monopolista podría captar una parte mayor del excedente del consumidor y así aumentaría el ingreso total obtenido de la venta de cualquier cantidad de producción dada.

PREGUNTAS Y EJERCICIOS

1. Las disposiciones federales aplicables a la distribución de leche, que cubren la mayoría de los zonas metropolitanas, imponen cierto precio pagadero a las productores por la leche utilizada para fines industriales (por ejemplo, en la elaboración de queso, nieve, etc.) y un precio mayor para la leche empleada en el consumo directo (es decir, para beber).
   a) ¿Afecta este arreglo a los rendimientos de la industria lechera?
   b) ¿Cómo afectan las disposiciones de comercialización a la asignación de los recursos y al bienestar económico de la comunidad?
2. En un convenio firmado a mediados de los años cincuenta, IBM aceptó vender y rentar diversas máquinas de oficina. También convino en deshacerse de las instalaciones utilizadas en la producción de las tarjetas perforadas que se requerían para operar las máquinas y aceptó que ya no vendería tales tarjetas. Antes, las empresas que rentaban máquinas IBM tenían que comprar sus tarjetas perforadas a la IBM. En esa época, IBM era propietaria de 90% del total de las máquinas que existían en su campo. ¿Cómo afectaría la prohibición de producir y vender las tarjetas perforadas a la política de precios de IBM en lo referente a sus máquinas?
3. En su arrendamiento de máquinas copiadoras, Xerox ha utilizado una política de precios que implica un menor cobro por copia cuanto mayor sea el número de copias de un original dado. En otras palabras, una copia de cinco originales separados cuesta más que cinco copias de un solo original. ¿Cuáles son las semejanzas de esta política de precios con la política de IBM citada en la pregunta anterior?
4. En varias ciudades universitarias, los profesores reciben descuentos de las librerías locales, por lo general cercanos a 10%. En general, los estudiantes no reciben descuentos similares. Suponiendo que esta práctica constituya una discriminación de precios, ¿qué condiciones la vuelven viable y deseable para las librerías?
5. Hace algún tiempo, la mayoría de las líneas aéreas principales expedían tarjetas de viaje estudiantil a un precio nominal. Estas tarjetas permitían

que los estudiantes universitarios volaran "en el espacio disponible" (es decir, sin derecho de reservación) con descuentos sustanciales. Cuando esta práctica estaba vigente, algunas personas que no eran estudiantes utilizaban las tarjetas y algunos estudiantes se aseguraban un espacio reservando asientos para pasajeros ficticios que no aparecían a la hora del vuelo.

a) ¿Representaban los descuentos una discriminación de precios?

b) ¿Existían las condiciones necesarias para la práctica efectiva de la discriminación?

6. Entre 1923 y 1945, Du Pont era virtualmente el único productor estadunidense de "celofán a prueba de humedad", un producto cuyas patentes fundamentales le pertenecían. En su opinión, la cual exoneraba a Du Pont de la acusación de poseer algún monopolio económicamente significativo, la Suprema Corte sostuvo que "una evaluación de la 'elasticidad cruzada' de la demanda del mercado" tenía una importancia considerable para la decisión. ¿Por qué?

LECTURAS RECOMENDADAS

Allen, R.G.D., *Mathematical Analysis for Economists*, Londres, Macmillan, 1956, capítulo 18.

Hicks, J. R., "Annual Survey of Economic Theory: The Theory of Monopoly", *Econometrica*, núm. 3, 1936, pp. 1-20.

Machlup, Fritz, *The Political Economy of Monopoly*, Baltimore, Johns Hopkins University Press, 1952.

———, *The Economics of Sellers' Competition*, Baltimore, Johns Hopkins University Press, 1952, pp. 543-566.

Robinson, Joan, *The Economics of Imperfect Competition*, Londres, Macmillan, 1933, pp. 47-82.

Samuelson, Paul A., *Foundations of Economic Analysis*, Cambridge, Mass., Harvard University Press, 1947, pp. 57-89.

Simkin, C.G.F., "Some Aspects and Generalizations of the Theory of Discrimination", *Review of Economic Studies*, núm. 15, 1948-1949, pp. 1-13.

XI. COMPETENCIA Y MONOPOLIO: EJERCICIOS ANALÍTICOS

¿AUMENTARÁN o disminuirán las leyes de control de arrendamientos la cantidad de viviendas rentadas? La respuesta podría variar según si los proveedores de viviendas de renta se comportan como competidores perfectos o como monopolio puro. Este capítulo explica esta respuesta, ya que aplica los dos modelos básicos, el del monopolio y el de la competencia perfecta, a diversas circunstancias. Además de considerar los efectos de los precios tope y de diversos impuestos, este capítulo considera el caso especial de los productores que son monopolistas en su propio país, pero competidores perfectos cuando exportan al resto del mundo. Tal modelo constituye una posible explicación de la práctica bastante común de cobrar a los compradores nacionales un precio diferente del que se cobra a los compradores de los mercados de exportación. En la sección "Aplicación de la Teoría", al principio de este capítulo, se detalla un ejemplo explícito de esta práctica.✦

APLICACIÓN DE LA TEORÍA

LOS PRODUCTORES DE PISTACHE CELEBRAN LA IMPOSICIÓN DE ARANCELES

BRUCE KEPPEL
Reportero del *Times*

LOS PRODUCTORES de pistache de California, que afirman haber perdido 40% de las ventas nacionales del año pasado a causa de los pistaches baratos provenientes de Irán, pronosticaron un auge en las ventas de 1986, luego de que la semana pasada el gobierno federal impusiera aranceles por un total de 236% a las importaciones iraníes.

"Todos están muy optimistas", dijo el viernes Ronald Khachigian, presidente de la Comisión del Pistache de California. "Creemos que podremos vender cualquier cantidad de pistache que podamos cultivar."

El enorme arancel de 236% —en realidad una combinación de multas— significa que los importadores de pistache de Irán tendrán que pagar ahora 2.36 dólares por cada dólar de pistache que traigan a este país, dijo el cabildero de la comisión Robert I. Schramm.

La Administración del Comercio Internacional actuó luego de que los cultivadores de California demostraron que el pistache iraní, que se vendía al mayoreo en 3.50 dólares la libra en Teherán, se estaba vendiendo al mayoreo en 1.30 dólares la libra en la costa oriental de Estados Unidos, dijo Schramm.

Khachigian afirmó que el optimismo de los cultivadores es consecuencia en parte de lo oportuno de la decisión. Los árboles de pistache alternan la producción de cosechas grandes y cosechas pequeñas, explicó, y "estamos entrando en un buen año".

"No tendríamos la presión del pistache barato sobre nuestra cabeza, deprimiendo los precios [dijo], que es lo que nos ocurrió hace dos años."

Los precios de la cosecha de 1984, vendida el año pasado, bajaron hasta 60 centavos por libra, ya que el pistache iraní incrementó una cosecha californiana ya abundante, abarrotando el mercado, dijo Khachigian.

SERIE DE DECISIONES

En opinión de Schramm, el total de multas, de 236%, refleja una serie de decisiones, algunas de las cuales están sujetas a modificaciones.

En una decisión preliminar, tomada en diciembre pasado, el gobierno impuso un arancel de 56.8% al pistache iraní en respuesta a la demostración de la existencia de prácticas comerciales desleales. En la decisión final, tomada este mes, se aumentó la sanción a 99.5% y se hizo retroactiva al 30 de diciembre.

El gobierno también ordenó un impuesto preliminar *anti-dumping* de 192.5% a partir del 5 de diciembre. (La práctica conocida como *dumping*, que consiste en la venta al exterior de un producto a precios menores que los costos de producción, es una violación a las reglas del Acuerdo General sobre Aranceles y Comercio, GATT).

El 3 de julio debe tomarse una decisión final sobre esa sanción.

En virtud de ciertos traslapes, el resultado neto, plenamente aplicable a partir de la semana pasada, alcanzó un total de 236%, según dijo Schramm.

Schramm y Khachigian estimaron que se han importado de 4 a 6 millones de libras de pistaches iraníes desde la fecha en que se hicieron efectivos los aranceles. Si no disminuye la venta de estos pistaches, las multas podrían dejarle al gobierno ingresos netos de 10 millones de dólares, dijo Schramm.

En cumplimiento de una regla aduanera anterior, defendida por el Tribunal de Comercio Internacional de Estados Unidos, los importadores de pistache deberán indicar claramente en sus presentaciones el país de origen.

Un importador estaba vendiendo pistaches iraníes bajo el título de "El orgullo de California"; otro usaba el nombre de "Sun Ranch" y anotaba un domicilio comercial californiano. (Virtualmente la totalidad del pistache estadunidense se produce en California.)

Según dijo Schramm, muchos vendedores minoristas se oponían a la divulgación del país de origen, porque no deseaban anunciar sus pistaches como "producto de Irán".

PREGUNTAS

1. Supongamos que los productores de pistache de Irán se comportan como el monopolista discriminador de precios de la sección XI.6. En

particular, supongamos que se comportan como un monopolio en Irán, porque, por ejemplo, están protegidos contra la competencia extranjera por aranceles y por restricciones de las importaciones. Supongamos, además, que pueden exportar pistaches al mercado mundial, donde prevalece la competencia perfecta.

a) Si la demanda de pistaches en Irán es

$$P \text{ (en dólares)} = 5.70 - Q$$

$$(IM = 5.70 - 2Q)$$

y el precio mundial de los pistaches es ahora de 1.30 dólares por unidad y, además, el costo marginal de la producción de pistaches en Irán es

$$CM = 0.1Q,$$

encuentre la cantidad de equilibrio de los pistaches producidos.

b) ¿Qué porción de la cantidad producida en 1.a se vende dentro del país? ¿A qué precio? Demuestre su solución gráficamente.

c) ¿Cuánto se exporta? ¿A qué precio?

d) Compare el precio y la elasticidad de la demanda en el mercado nacional y en el mercado mundial (con los precios y las cantidades de mercado antes mencionados). ¿Es compatible el resultado con la existencia de un monopolista que maximiza el beneficio y que practica la discriminación de precios?

e) Compare los precios que obtuvieron los incisos 1.b y 1.c anteriores con los mencionados en el artículo. ¿Podría explicarse el comportamiento de los productores iraníes de pistaches mediante este modelo de un monopolio internacional con discriminación de precios?

2. Supongamos que el gobierno de Irán decide promover las exportaciones al resto del mundo mediante el otorgamiento de un subsidio a la exportación, *s*, de 40 centavos de dólar por unidad de pistaches exportada al resto del mundo. ¿Cómo cambiaría este subsidio a la exportación los resultados de la pregunta 1 anterior? ¿Son compatibles los resultados con los pronósticos que aparecen al final de la sección XI.6?

3. En el artículo tomado de *Los Angeles Times* el dumping se define como "la venta al exterior de un bien a precios menores que los costos de

producción". ¿En qué difiere esta definición de dumping de la utilizada en este texto? ¿Se le ocurre alguna razón por la que una empresa desee vender al exterior "a precios menores que sus costos de producción"? Explique su respuesta.

SOLUCIONES

1. a, b, c. Remítase a la gráfica XI.6.1 del texto para observar una situación exactamente análoga a la de este problema.
   Por lo que respecta a la cantidad total, establecemos que

$$CM = IM = 1.30 \quad 0.1Q = 1.30, \text{ o sea } Q = 13.$$

   A fin de determinar la producción nacional, decimos que

$$IM_1 = 5.70 - 2Q = IM_{RDM} = 1.30.$$

   Por consiguiente, $5.70 - 2Q_1 = 1.30$, o sea $Q_I = 2.20$, donde I = Irán y RDM = resto del mundo. El precio en Irán está dado por la curva de demanda, sustituyendo Q por 2.2:

$$P_I = 5.70 - 2.2 = 3.50 \text{ dólares.}$$

   Como se ilustra en la gráfica A, la producción nacional es entonces igual a 2.2 y la cantidad vendida en el resto del mundo es $13 - 2.2 = 10.8$ unidades.
   d) La elasticidad de la demanda en el mercado de exportación (resto de mundo) es infinita. En $P_I = 3.50$ dólares, $Q_I = 2.2$, la elasticidad en Irán $= dQ/dP \times P/Q = 1 \times 3.5/2.2 = 1.59$. Por tanto, $IM_{RDM} = \$1.30 + \$0.40 = CM$. De esta manera, $0.1Q = 1.70$, o sea Q total = 17. En consecuencia, el mercado de demanda más elástico (resto del mundo) enfrentará un precio menor, mientras que el submercado de demanda menos elástica (Irán) enfrentará un precio mayor.
   e) Los precios son los mismos que los indicados en el artículo. Sí.
2. El subsidio otorgado a la exportación aumenta el IM efectivamente obtenido de las exportaciones al resto del mundo en el monto del subsidio unitario, o sea s.

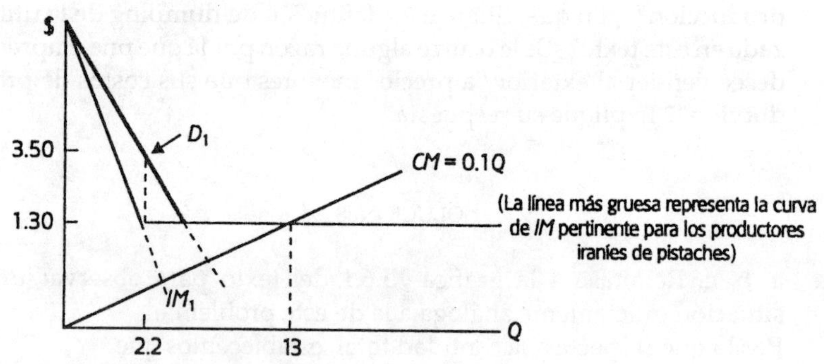

En Irán, tenemos que

$$IM_I = 5.70 - 2Q = IM_{RDM} = 1.70\text{ . Por tanto, } Q_I = 2.$$

La cantidad exportada ahora es igual a 15 (17 – 2). El precio en Irán = 5.70 – (2) = \$3.70.

Como resultado del subsidio de exportación: *a)* aumenta la producción total de 13 a 17; *b)* aumenta la cantidad exportada al resto del mundo, de 10.8 a 15 (17 – 2); *c)* aumenta el precio nacional de 3.50 a 3.70 dólares (y disminuye la producción nacional de 2.2 a 2).

Los cambios cualitativos son aquí exactamente los que se pronostican al final de la sección XI.6 del texto.

3. En el texto el término dumping se refiere a la práctica de vender en los mercados mundiales a un precio menor que el precio nacional. Dadas las condiciones necesarias para la discriminación internacional de los precios, esta práctica es congruente con la maximización del beneficio. Sin embargo, adviértase que el precio del mercado mundial será apenas igual al costo marginal. Por lo tanto, si los "costos de producción" mencionados en el artículo se refieren al costo marginal, la definición de dumping en el artículo es diferente a la del texto. No esperaríamos que un monpolista que discrimina en los precios venda en el mercado mundial a un precio menor que su costo marginal.

   La única excepción a esta regla podría ser la siguiente: si la práctica de "vender por debajo de los costos de producción" provocara un cambio en la estructura de la industria, tal práctica podría ser compatible con la maximización del beneficio en el largo plazo. Es decir, cobrando menos que el costo en el corto plazo, la empresa podría

quebrar a sus competidores. Luego, podría aumentar el precio de exportación al nivel del monopolio.
Esta práctica se designa a veces con el nombre de "precios depredadores". Los economistas no niegan esta posibilidad, pero en general dudan de la eficacia de tal política. Este tema se deja para cursos más avanzados.

FUENTE: *Los Angeles Times*, 15 de abril de 1986.

XI.1. INTRODUCCIÓN

Durante muchos años los modelos de los capítulos IX y X han desempeñado un papel central en el bagaje instrumental de los economistas. Esto no ocurre porque tales modelos siempre parezcan "realistas" *a priori*, sino porque pueden proporcionar hipótesis interesantes que han dado buenos resultados en las pruebas empíricas.

El propósito de este capítulo es ilustrar el uso de estos modelos como "generadores" de hipótesis. Utilizaremos el modelo de la industria competitiva y el modelo del monopolio puro para analizar las consecuencias de ciertas políticas gubernamentales industriales tales como los impuestos y los controles de precios. Los análisis específicos que aquí se presentan pretenden ser ilustrativos, no definitivos. Sólo queremos mostrar cómo pueden utilizarse los modelos a modo de herramientas analíticas y para tal propósito hemos escogido algunos ejemplos y supuestos relativamente sencillos. Un análisis más completo incluiría un refinamiento de las suposiciones y, por lo menos, cierto reconocimiento de los aspectos de equilibrio general del problema. Sin embargo, a pesar de estas simplificaciones, la discusión debería ayudar al lector a obtener un entendimiento más claro del funcionamiento de los modelos.

El análisis es importante no sólo porque sea interesante entender cómo los impuestos y los subsidios afectan a la economía, sino también porque casi todos los cambios posibles podrían interpretarse como un impuesto de uno u otro tipo. Así, los efectos de los aumentos en los precios de los insumos variables son totalmente análogos a los de un impuesto por unidad. De igual modo, los efectos de un aumento en un costo fijo, tal como el arrendamiento de la fábrica, son análogos a los de un impuesto de suma fija. Entendiendo el análisis de este capítulo, el economista tendrá gran parte de lo que necesita para describir los efectos de cualquier clase de cambio en los costos del mundo real.

XI.2. LOS IMPUESTOS DE CONSUMO EN UNA INDUSTRIA COMPETITIVA

Comenzaremos por un análisis del efecto de un impuesto de consumo en una industria competitiva. Suponemos que el impuesto se cobra sobre una base unitaria; es decir, por cada unidad que se vende se cobra un impuesto de 10 centavos, por ejemplo.[1] El productor, y no el comprador, es quien paga el impuesto al gobierno, pero esto no afecta en nada a las conclusiones mientras supongamos que los costos de la recaudación son esencialmente los mismos para productores y compradores. Suponemos también que los cambios ocurridos en la producción total de la industria no afectan a la tecnología ni a los precios de los factores. El objetivo del análisis es determinar lo que ocurrirá con los precios, la producción de la industria, la producción de la empresa y el número de empresas que hay en la industria cuando se establece el impuesto. Consideremos el efecto sobre estas magnitudes, primero en el corto plazo y luego en el largo plazo.

XI.2.a. *Los efectos en el corto plazo sobre el costo, el precio y la producción*

A fin de facilitar la exposición, supongamos que todas las empresas de la industria son idénticas y que hay n_0 de tales empresas antes de la aplicación del impuesto. En la gráfica XI.2.1 se representa el equilibrio inicial. La figura A muestra el costo total promedio en el corto plazo y la curva del costo marginal correspondiente para una empresa típica. La empresa se encuentra en equilibrio con un precio de p_0 y una producción de q_0. La figura B de la gráfica XI.2.1 muestra las curvas de oferta y de demanda de la industria. Dado el supuesto de una industria de costo constante, la curva de oferta es simplemente la suma horizontal de las curvas de costo marginal de las empresas. En virtud de que suponemos que hay n_0 empresas (todas ellas iguales a la empresa "típica"), la cantidad total ofrecida y demandada es n_0q_0.

Cuando el impuesto grava a los productores, el costo marginal aumenta en el monto del impuesto, ya que éste se paga sobre cada unidad vendida. Por tanto, la curva de costo marginal aumenta verticalmente en el monto del impuesto. Por la misma razón, la curva de costo promedio también se desplaza verticalmente hacia arriba en el monto del impuesto.[2] Adviértase que esto

[1] Estos impuestos se aplican, por ejemplo, a los cigarrillos. Un impuesto más conocido es un impuesto *ad valorem* que se establece como un determinado *porcentaje* del precio de venta. El impuesto *ad valorem* se analiza de manera similar al impuesto por unidad, aunque el análisis difiere en algunos detalles.

[2] Si el costo total de la empresa antes del impuesto es $C(q)$, entonces su costo marginal antes del impuesto es $C'(x)$ y su costo promedio antes del impuesto es $C(q)/q$. Después de que se aplica

GRÁFICA XI.2.1. *El equilibrio inicial en una industria competitiva*

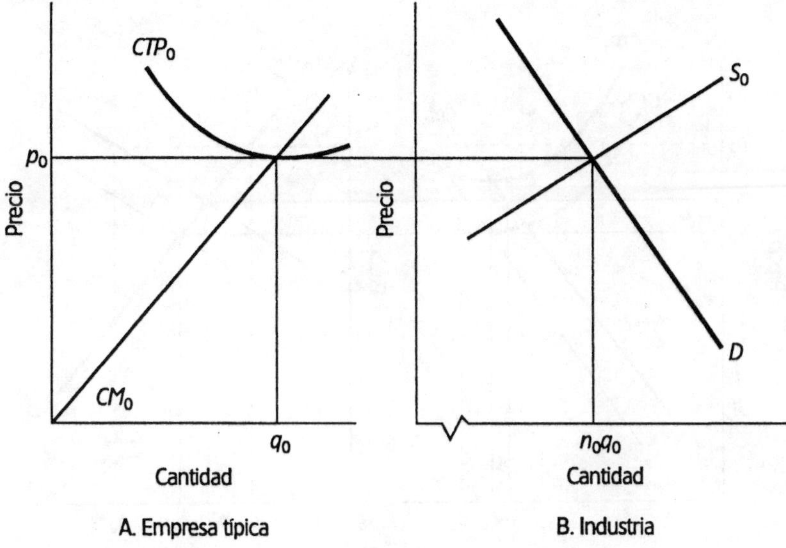

significa que el costo promedio mínimo después del impuesto ocurre en el mismo nivel de producción que el costo promedio mínimo antes del impuesto. Las nuevas curvas de costo se representan en CM_1 y CTP_1 en la figura A de la gráfica XI.2.2.

Recuérdese que una empresa competitiva maximizará sus beneficios (o minimizará sus pérdidas) en el corto plazo escogiendo el nivel de producción que iguale el precio y el costo marginal (siempre que este precio se encuentre por encima del costo variable promedio). El impuesto desplaza la curva del costo marginal de tal modo que, cuando las empresas igualan el precio y el costo marginal, la producción de la empresa después del impuesto será menor para cada precio que la producción a ese precio antes del impuesto. Esto significa que se desplazará la curva de oferta de la industria. En particular, en el caso de un impuesto por unidad, la curva de oferta de la industria se desplaza verticalmente hacia arriba en el monto del impuesto. Esto se indica mediante la curva de la oferta después del impuesto, S_1, en la figura B de la gráfica XI.2.2.

Se alcanzará el equilibrio en el corto plazo (es decir, el precio que vacía el

---

el impuesto, el costo total es $C(q) + tq$, donde t es el impuesto. Asimismo, después del impuesto el costo marginal es $C'(q) + t$ y el costo promedio es $[C(q)/q] + t$. Obsérvese que el mínimo del costo promedio antes del impuesto se alcanza en el mismo nivel de producción que el del costo promedio después del impuesto, porque estas dos funciones difieren únicamente en la constante del impuesto por unidad.

GRÁFICA XI.2.2. *El equilibrio en el corto plazo con un impuesto por unidad*

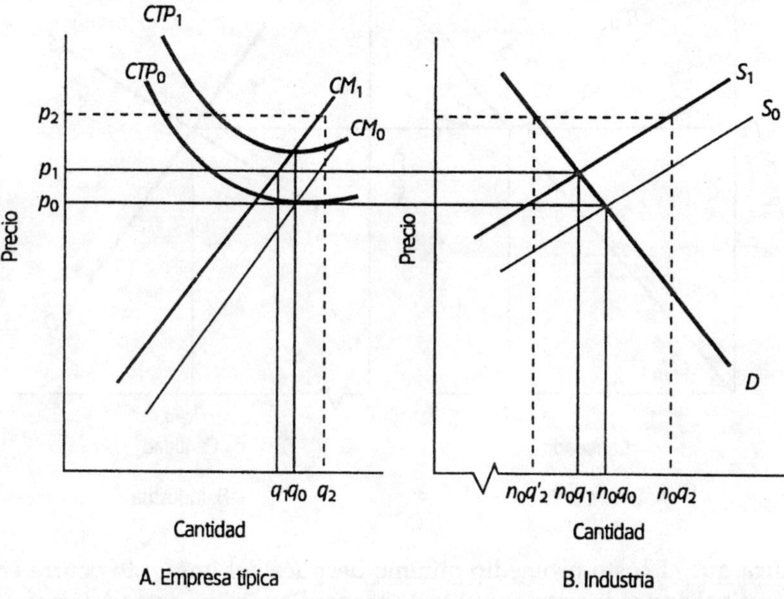

mercado) en el punto en el que la curva de oferta en el corto plazo después del impuesto intersecta a la curva de demanda. Si la curva de demanda fuera completamente inelástica, el nuevo precio tendría que ser mayor que el precio antiguo por el monto exacto del impuesto. Sin embargo, cuando la curva de demanda no es perfectamente inelástica, el nuevo precio estará por encima del precio antiguo, pero por una suma *menor* que el monto del impuesto. Esto es así porque los aumentos en el precio reducen la cantidad demandada y el mercado no se vaciará a un precio nuevo igual al precio antiguo más el impuesto, ya que a ese precio los productores estarían dispuestos a ofrecer la cantidad *antigua*, pero los consumidores demandarían menos que dicha cantidad. En consecuencia, el nuevo precio de mercado indicado por p_1 en la gráfica XI.2.2 es mayor que el precio antiguo, pero menor que el impuesto.[3]

[3] Suponemos que el nuevo precio, p_1, es mayor que el costo variable promedio, incluido el impuesto.

XI.2.b. *Los efectos del impuesto en el largo plazo*

Las pérdidas en el corto plazo causadas por el impuesto hacen que algunas empresas abandonen la industria.[4] El proceso real que provoca este resultado en una cuestión dinámica que no resuelven los modelos estáticos comparativos del capítulo IX. Por consiguiente, no podemos saber con precisión qué empresas saldrán o con cuánta rapidez lo harán. Sin embargo, sabemos que, mientras haya pérdidas, saldrán algunas empresas.

Por supuesto, las pérdidas no continuarán indefinidamente a medida que se salen las empresas. Recordemos que la curva de oferta es la *suma* de las curvas del costo marginal de las empresas. A medida que las empresas cierran, esta suma abarcará un número menor de empresas, de modo que la curva de oferta de la industria se desplazará hacia arriba y hacia la izquierda. Esto está representado por el paso de S_0 a S_1 y S_2 en la gráfica XI.2.3. El desplazamiento se detendrá en el punto en el que los beneficios económicos regresen a cero, que es, por supuesto, el precio que exceda el precio inicial exactamente por el monto del impuesto. (Esto es así, porque la nueva curva de costo promedio tiene un punto mínimo igual al mínimo de la antigua curva de costo promedio más el impuesto.) En este punto, las empresas no se ven motivadas ni a entrar en la industria ni a abandonarla. Así pues, se alcanza el equilibrio en p_2, cuando cada empresa produce q_0, pero el total es sólo $n_2 q_0 \cdot n_2$. Ahora bien, es menor que n_0, porque algunas empresas han dejado la industria (véase el cuadro XI.2.1.).

Al precio p_1 cada empresa reduce su producción de q_0 a q_1 y la producción en el corto plazo de la industria es $n_0 q_1$. Se hizo notar anteriormente que el mínimo de la curva del costo promedio que incluye el impuesto se encuentra en el mismo nivel de producción, o sea q_o, que el punto mínimo de la curva de costo promedio antes del impuesto. Esto significa que p_1 se encuentra debajo del costo total promedio mínimo y que las empresas están sufriendo pérdidas económicas en el corto plazo. La existencia de pérdidas en el corto plazo pone en movimiento las fuerzas que llevarán al nuevo equilibrio en el largo plazo.

Por la manera como se ha trazado la gráfica XI.2.2, es claro que el precio aumentará menos que el monto total del impuesto. Esta proposición es la que conduce a una reducción de la cantidad producida por cada empresa. ¿Pero cómo sabemos que el precio no puede aumentar más que el impuesto? Esto se demuestra fácilmente por contradicción. Convendrá que nos remitamos a la gráfica XI.2.2.

Supongamos que el precio aumenta más que el impuesto, digamos a p_2 en lugar de p_1. Esto implica necesariamente que cada una de las n_0 empresas

[4] Este análisis supone que el impuesto no se aplica a todas las demás industrias. Si se aplicara, los costos alternativos se verían afectados y las curvas de costos de la industria se desplazarían.

CUADRO XI.2.1. *Los efectos de un impuesto por unidad en una industria competitiva de costo constante*

Efecto sobre	*Corto plazo*	*Largo plazo*
Precio	Aumenta, pero menos que el impuesto	Aumenta en el monto del impuesto
Producción de la empresa	Disminuye	No cambia
Producción de la industria	Disminuye	Disminuye (más que en el corto plazo)
Número de empresas	No cambia	Disminuye

desearía producir q_2, en lugar de q_0. La oferta total del mercado sería n_0q_2. Pero a un precio de p_2, los consumidores sólo están dispuestos a comprar n_0q_2', que es una suma menor que n_0q_0 y, por supuesto, menor que n_0q_2. En consecuencia, el precio p_2 no puede ser un equilibrio.

De hecho, ésta es la lógica que apoya el aumento en el precio. Un aumento en el precio tiene que reducir la cantidad vendida, porque la curva de demanda tiene pendiente negativa. Esto implica que sólo puede alcanzarse un equilibrio en el corto plazo, cuando cada una de las n_0 empresas reduce su producción. Sin embargo, en el largo plazo las cosas son distintas.

XI.2.c. *Los impuestos* ad valorem

Los impuestos *ad valorem*, llamados a veces "impuestos de ventas", se establecen como un porcentaje fijo del precio de un bien. El análisis es muy similar al del impuesto por unidad, pero a veces resulta más fácil de explicar si se supone que el impuesto se recauda de los consumidores y no de los proveedores.[5] En vista de estas grandes semejanzas, en las gráficas sólo nos referiremos a las curvas de la industria.

Cuando se establece un impuesto *ad valorem*, el gobierno recibe una fracción del precio pagado por los consumidores, y los productores reciben el precio neto sin el impuesto. En la gráfica XI.2.4, la curva llamada *D* es la curva de demanda. Esta curva representa el monto bruto que los consumidores están dispuestos a pagar por unidad, independientemente de la producción. Con anterioridad a la aplicación del impuesto, los productores reciben todo lo que

[5] Podría aplicarse el mismo análisis en el caso de un impuesto por unidad y no habría cambios en las conclusiones.

GRÁFICA XI.2.3. *El equilibrio en el largo plazo con un impuesto por unidad*

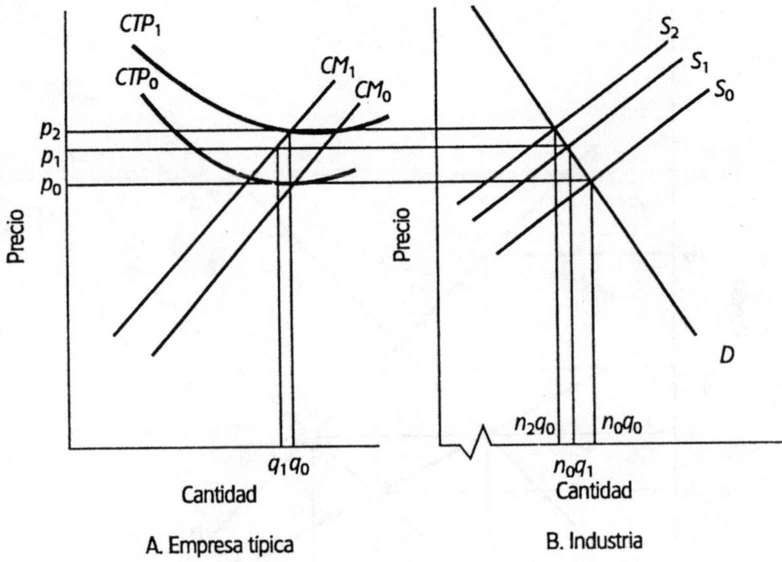

pagan los consumidores y, suponiendo una curva de oferta S_0, el precio y la cantidad de equilibrio son p_0 y n_0q_0.

Después de aplicar el impuesto, los productores no reciben todo lo que pagan los consumidores, ya que cierta fracción fija del precio va a dar al gobierno. En consecuencia, agregamos una curva auxiliar, llamada D_T en la gráfica XI.2.4, que muestra el precio neto sin impuestos que reciben los productores.[6] Para cada cantidad, el precio asociado a la curva de demanda D se reduce en el porcentaje fijo del impuesto, y el precio "neto sin impuesto" resultante es el punto de D_T asociado a esa cantidad. La curva D_T es la que importa para la determinación de la cantidad que vacía el mercado. La altura de D_T es una proporción constante de la altura de D, porque el productor recibe, digamos, 96% de la cantidad total pagada por los consumidores (si el impuesto fuese de 4%).

En la gráfica XI.2.4, la cantidad que vacía el mercado en el corto plazo después del impuesto es n_0q_1, cuando el precio recibido por los productores es p_1 y el precio pagado por los consumidores es p_1'. La diferencia, $p_1' - p_1$, es el impuesto por unidad. Puesto que el costo promedio mínimo antes del

[6] No es correcto añadir el impuesto a D, ya que la curva de demanda depende sólo del precio bruto pagado por el bien. El consumidor decide su demanda según el precio bruto; no le interesa si el impuesto lo recibe el gobierno o el productor.

GRÁFICA XI.2.4. *Impuestos* ad valorem

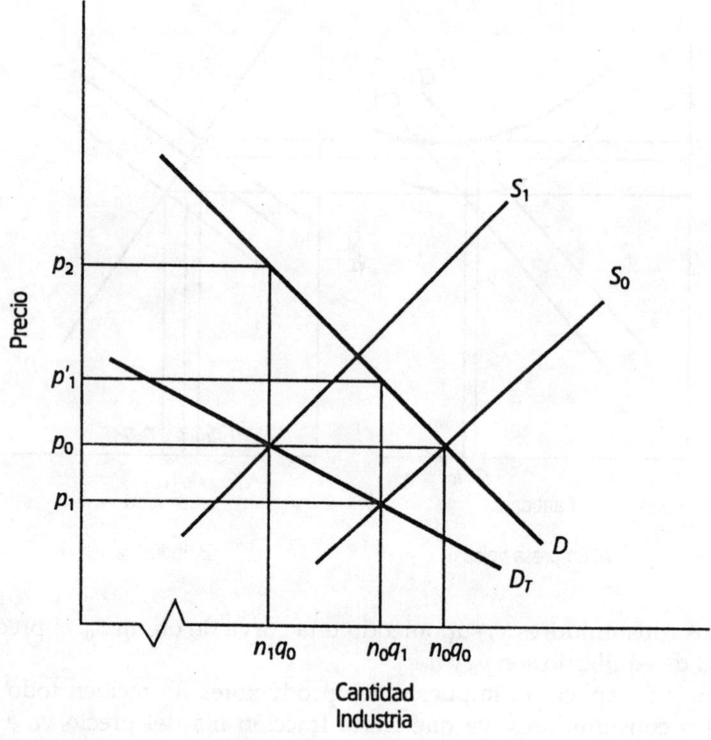

impuesto era igual a p_0 (recuérdese que en el equilibrio competitivo no hay beneficios económicos), el precio después del impuesto, p_1, es menor que este costo promedio mínimo.[7] Esto significa que en la industria hay pérdidas económicas, y que algunas empresas empiezan a abandonarla, como en el caso del impuesto por unidad.

La reducción del número de empresas desplaza la curva de oferta hacia arriba y hacia la izquierda, ya que estamos sumando sobre un número de empresas menor para obtener esta curva. Cuando la curva de oferta se desplaza finalmente a S_1, el precio neto sin el impuesto es p_0, así que las empresas obtienen de nuevo un beneficio económico de cero. En este equilibrio en el largo plazo después del impuesto, cada empresa produce q_0, la producción que existía antes del impuesto; pero hay menos empresas, así que la producción de la industria, n_1q_0, es menor que la producción inicial y que la pro-

[7] Estamos considerando el impuesto mediante la curva auxiliar D_T, de modo que las curvas de la empresa no se ven afectadas.

ducción de equilibrio en el corto plazo. El precio ha aumentado, por lo que el nuevo precio de equilibrio es mayor que el precio antiguo en el monto del impuesto.[8]

XI.3. Los impuestos de suma fija

Los impuestos de suma fija difieren de los impuestos por unidad y de los impuestos *ad valorem* porque no varían con el volumen de producción ni con el precio. Como lo sugiere su nombre, el impuesto de suma fija es simplemente una obligación fiscal fija en términos de pesos, es decir, un costo fijo más que un costo variable. Es un costo fijo en el "largo plazo" en el sentido de que sólo puede evitarse cerrando la empresa. Las licencias anuales para la operación de tiendas al menudeo constituyen un ejemplo de los impuestos de suma fija.

XI.3.a. *Los efectos en el corto plazo de un impuesto de suma fija en una industria competitiva*

Utilizando las suposiciones de la sección XI.2 podemos analizar el efecto de un impuesto de suma fija en una industria competitiva. Observamos, en primer término, que los impuestos de suma fija no afectan al costo marginal ni al costo variable promedio, porque no varían con la producción. Sí afectan al costo total promedio como lo haría cualquier costo fijo. La gráfica XI.3.1, al igual que las gráficas de la sección XI.2, muestra las curvas de costo para la empresa típica y las curvas de oferta y de demanda de la industria. Antes de la aplicación del impuesto, la industria se encuentra en equilibrio con un precio de p_0 y una producción de la industria de n_0q_0. Cada una de las n_0 empresas produce la cantidad q_0.

La aplicación del impuesto de suma fija aumenta la curva del costo total promedio de cada empresa, pero no afecta al costo marginal. Después de la aplicación del impuesto, la curva de costo promedio se desplaza de CTP_0 a CTP_1. La curva del costo marginal no cambia y esto significa que debe intersectar al CTP_0 en su punto mínimo y al CTP_1 también en su punto mínimo. El punto mínimo del CTP_1 debe estar arriba y a la derecha del punto mínimo del CTP_0.[9]

[8] Hemos tratado el impuesto como si se descontara del precio pagado por el consumidor. Sea λ el impuesto, entonces $p_T = p - \lambda p$ es el precio recibido por el productor, donde p es el precio pagado por el consumidor. Este impuesto es equivalente a un impuesto de $\lambda/(1-\lambda)$ *agregado* al precio que recibe el productor. Por consiguiente, tenemos que un impuesto sobre la renta de 5% agregado al precio del productor puede tratarse, para fines analíticos, como un impuesto de 4.76% que se descontara del precio pagado por el consumidor.

[9] Sea T el impuesto de suma fija. Entonces, si $C(q)$ es la función del costo total antes del

GRÁFICA X.3.1. *Los impuestos de suma fija*

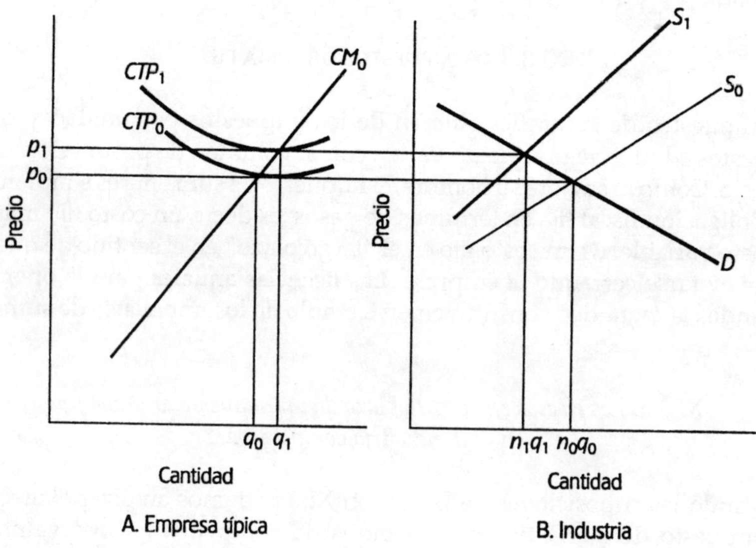

La curva del costo marginal determina la función de oferta de la industria en el caso de la industria de costo constante y, puesto que no hay ningún cambio en la función del costo marginal, el impuesto de suma fija no afecta a la curva de oferta en el largo plazo. Esto significa que en el corto plazo no cambiarán ni el precio ni la producción de la empresa o de la industria.[10] Pero la situación del corto plazo no persistirá indefinidamente, porque todas las empresas están experimentando pérdidas económicas iguales al monto del impuesto de suma fija.

---

impuesto, $C(q) + T$ sería el costo total después del impuesto. El costo marginal no cambia, pero el costo total promedio aumenta de $C(q)/q$ a $C(q)/q + T/q$.

[10] Los estudiantes encuentran a veces desconcertante este resultado y suelen pensar que las empresas querrán aumentar el precio para cubrir sus costos fijos. Sin embargo, hay que recordar que en una industria competitiva las empresas *toman los precios*, no los fijan. Dado el precio, las empresas seguirán produciendo a lo largo de su curva de costo marginal, porque esta decisión maximiza los beneficios (o minimiza las pérdidas). En consecuencia, puesto que la curva de oferta de la empresa no cambia en el corto plazo, el precio que vacía el mercado no se modifica.

XI.3.b. *Los efectos en el largo plazo de un impuesto de suma fija*

Las pérdidas económicas causadas por un impuesto de suma fija en el corto plazo provocan un éxodo de empresas de la industria. A medida que salen algunas empresas, la curva de oferta se desplaza hacia arriba y hacia la izquierda, porque estamos sumando sobre un número menor de empresas. Esto hace que el precio aumente (y que la producción de la industria disminuya) hasta que las empresas que permanecen en la industria vuelvan a tener beneficios económicos de cero. Como se indica en la gráfica XI.3.1, el nuevo equilibrio se alcanza en un precio de $p_1$igual al punto mínimo de la curva de costo promedio después del impuesto. En el nuevo equilibrio, las empresas que permanecen en la industria están produciendo un volumen mayor que antes del impuesto. La producción de la industria es menor después del impuesto. Estos resultados se resumen en el cuadro XI.3.1.

El único resultado contrario a la intuición es que cada empresa produce más, mientras que la producción total es menor. La razón de esto es que el impuesto de suma fija ha aumentado la escala eficiente de operación, como sucede con todos los incrementos de los costos fijos. Esto significa que si una empresa va a producir debe hacerlo a un volumen mayor que antes. Pero esto también significa que la industria puede soportar menos empresas. Además, puesto que el precio aumenta debe disminuir el total de la producción vendida, ya que los consumidores no están dispuestos a comprar la cantidad antigua al precio más alto. En la siguiente sección precisaremos los detalles.

XI.3.c. *Los impuestos de suma fija y la distribución de las empresas por tamaño*

El análisis del apartado XI.3.b sugiere que los impuestos de suma fija tienden a tener en el largo plazo el efecto de disminuir el número de empresas de una industria y de aumentar su tamaño. En otras palabras, los impuestos de suma fija tienden a concentrar la producción en un menor número de empresas grandes, y entre mayor sea el impuesto más pronunciado será este efecto.

Esto no quiere decir que los impuestos de suma fija favorezcan necesariamente a las empresas que son relativamente mayores antes de la aplicación del impuesto. Para ilustrar esto, supongamos que una industria contiene empresas de dos tamaños. Las empresas más pequeñas alcanzan su costo total promedio máximo con tres unidades de producción y las empresas más grandes alcanzan ese punto con cinco unidades. Los dos tamaños de empresas pueden coexistir en la industria mientras ambos tengan el mismo costo promedio mínimo. El cuadro XI.3.2 presenta los datos pertinentes para un impuesto de suma fija de $10. La columna 1 del cuadro indica el volumen de la producción; la columna 2 indica el promedio del impuesto de suma fija;

CUADRO XI.3.1. *Los efectos de un impuesto de suma fija en una industria competitiva de costo constante*

	Corto plazo	*Largo plazo*
Precio	No cambia	Aumenta
Producción de la empresa	No cambia	Aumenta
Producción de la industria	No cambia	Disminuye
Número de empresas	No cambia	Disminuye

la columna 3, el costo total promedio antes del impuesto de una empresa pequeña típica, la columna 4, el *CTP* después del impuesto de una empresa pequeña; la columna 5, el *CTP* antes del impuesto de una empresa grande típica; y por último la columna 6, el *CTP* después del impuesto de una empresa grande. Antes del impuesto, las empresas pequeñas y grandes tienen un *CTP* mínimo de $100. Después del impuesto, el *CTP* mínimo de las empresas pequeñas es de $101.70 y el de las grandes es de $101.91. Por consiguiente, las empresas grandes no pueden existir en la industria después de la aplicación del impuesto y sobreviven las empresas que eran pequeñas antes del impuesto. Por supuesto, es cierto que las empresas que eran pequeñas antes del impuesto producen más después del impuesto que antes, de modo que sigue siendo válida nuestra conclusión anterior en el sentido de que los impuestos de suma fija aumentan el tamaño de la empresa promedio.[11]

La desventaja de las empresas de estos ejemplos, que eran grandes antes del impuesto, se debe al hecho de que el *CTP* de las empresas grandes aumenta con mucha mayor rapidez que el de las empresas pequeñas conforme la producción se desvía del nivel asociado al *CTP* mínimo. Se pueden elaborar sin dificultad otros ejemplos en los que las empresas grandes sobrevivan al impuesto de suma fija y las pequeñas sean las que salgan. Los ejemplos tratan de demostrar que esto depende de la forma y de la ubicación de la curva del *CTP*.

XI.4. EL CONTROL DE PRECIOS

Son comunes los esfuerzos gubernamentales para imponer topes (y en algunos casos niveles mínimos) a los precios. Durante la segunda Guerra Mundial, y más recientemente en la fase I y la fase IV del gobierno de Nixon, se hicieron

[11] Este aumento en el tamaño de la empresa ocurre siempre cuando las empresas grandes y pequeñas tienen el mismo costo mínimo antes del impuesto.

CUADRO XI.3.2. *Ejemplos del efecto de los impuestos de suma fija en una industria con empresas de distintos tamaños*

		Costo promedio de la empresa pequeña		Costo promedio de la empresa grande	
Producción (unidades)	*Costo promedio del impuesto de suma fija ($10/q)*	*Antes del impuesto*	*Después del impuesto*	*Antes del impuesto*	*Después del impuesto*
1	$10.00	$100.20	$110.20	$101.00	$111.00
2	5.00	100.10	105.10	100.75	105.75
3	3.33	100.00	103.33	100.50	103.83
4	2.50	100.10	102.60	100.25	102.75
5	2.00	100.20	102.20	100.00	102.00
6	1.66	100.30	101.96	100.25	101.91
7	1.42	100.40	101.82	100.50	101.92
8	1.25	100.50	101.75	100.75	102.00
9	1.11	100.60	101.71	101.00	102.11
10	1.00	100.70	101.70	101.25	102.25
11	0.909	100.80	101.709	101.50	102.40
12	0.83	100.90	101.73	101.75	102.58
13	0.76	101.00	101.76	102.00	102.76
14	0.71	101.10	101.81	102.25	102.96
15	0.66	101.20	101.86	102.50	103.16

grandes esfuerzos en ese sentido. Otros ejemplos, como el control de las rentas en la ciudad de Nueva York y en algunas ciudades de otros países, son conocidos desde hace muchos años. En esta sección examinaremos el efecto de los precios tope en las industrias competitivas y en las monopólicas.

XI.4.a. *El control de precios en una industria competitiva*

La gráfica XI.4.1 muestra la curva de oferta de la industria, S_0, y la curva de demanda de la industria, D, para una industria competitiva de costo constante del tipo examinado en la secciones XI.2 y XI.3. Antes de la imposición de controles, el mercado se vacía a un precio de p_0 y una producción industrial de n_0q_0. (Hay n_0 empresas, cada una de las cuales produce q_0.)

Supongamos ahora que el gobierno impone un precio tope de p_c (donde $p_c < p_0$). A este precio menor, los consumidores demandan Q_1 unidades, pero

GRÁFICA XI.4.1. *El control de precios en una industria competitiva*

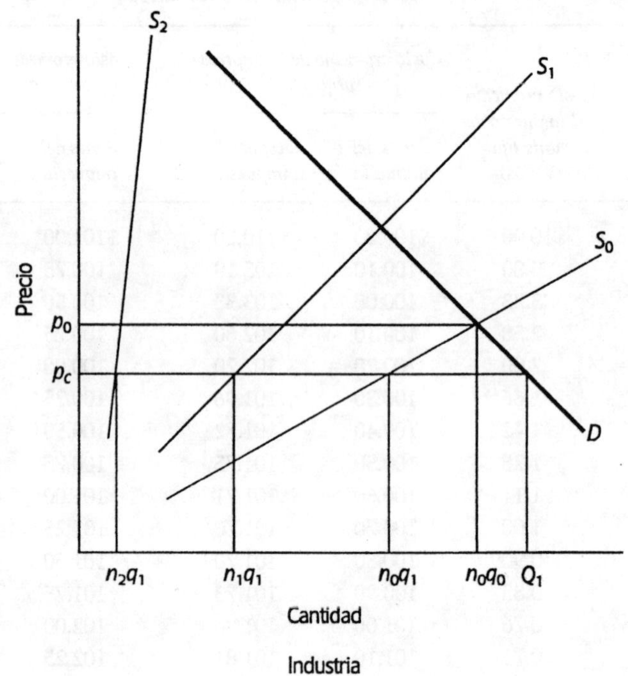

cada una de las empresas reduce su producción a n_0q_1. La escasez creada por el precio tope es entonces $Q_1 - n_0q_1$ inicialmente. Puesto que p_c es menor que el *CTP* mínimo ($= p_0$) de las empresas, hay un éxodo de empresas de la industria. Esto desplaza la curva de oferta a S_1, por ejemplo. La escasez aumenta a $Q_1 - n_1q_1$, porque hay menos empresas en la industria. La reducción del número de empresas no afecta al precio controlado, de modo que el éxito continúa. Con el transcurso del tiempo y a medida que más empresas abandonan la industria, la curva de oferta se desplaza a S_2 y la escasez aumenta a $Q_1 - n_2q_1$. A final de cuentas, todas las empresas saldrán de la industria.

Este sencillo análisis capta, sin embargo, dos aspectos interesantes de los programas de control de precios que se observan con frecuencia en el mundo real.

a) La escasez parece agravarse a medida que se prolonga la vigencia de los controles. Gran parte de la explicación reside en la disminución de la oferta, como lo sugiere el análisis anterior.

b) Cuanto más prolongada sea la vigencia de los controles, mayor será el aumento en el precio que se requerirá para vaciar el mercado en el corto plazo. Esto sucede porque hay menos empresas y la oferta de la industria se encontrará más hacia la izquierda. En el largo plazo, el precio volverá al nivel que tenía antes del control.[12]

XI.4.b. *El control de precios en un monopolio*

Una diferencia interesante entre el efecto del control de precios en un monopolio y en una industria competitiva es el hecho de que el control no provoca necesariamente una escasez en el caso del monopolio. Veamos la gráfica XI.4.2, donde la línea *EAD* es la curva de demanda, *EBC* es la curva del ingreso marginal y *CM* es el costo marginal. Antes de la imposición de un precio tope, el monopolista escoge el nivel de producción Q_0, donde el ingreso marginal sea igual al costo marginal. La producción se vende al precio p_0.

Supongamos ahora que se impone un precio tope de p_c al monopolista. Dada la curva de demanda, lo más que se puede vender a este precio es la producción Q_c. Para vender una cantidad mayor que Q_c debe reducirse el precio por debajo de p_c. Esto significa que, para una producción menor o igual que Q_c, el monopolista tendrá un ingreso marginal igual a p_c. El ingreso marginal baja a *B* cuando la producción rebasa ligeramente a Q_c. Esto es así porque la reducción del precio que se requiere para vender la producción adicional debe aplicarse también a la producción Q_c, que antes se vendía al precio tope de p_c. Para nuevos incrementos en la producción, el ingreso marginal está determinado por el segmento *BC* en la curva original del ingreso marginal.

En consecuencia, el efecto del precio tope es cambiar el ingreso marginal de *EBC* a la línea quebrada $p_c\,ABC$. El segmento *AB* es en realidad una discontinuidad en la curva del ingreso marginal después del control. El costo marginal, tal como se dibuja en la gráfica XI.4.2, pasa por el segmento discontinuo *AB* de la nueva curva de ingreso marginal. Por tanto, para producciones menores que Q_c el ingreso marginal ($= p_c$) es mayor que el costo marginal, y el monopolista aumenta su beneficio aumentando la producción en toda esta región. Para volúmenes de producción mayores que Q_c, el costo marginal es mayor que el ingreso marginal, de modo que los beneficios aumentan si se reduce la producción en este segmento. Se deduce de aquí que, después de la imposición del precio tope, la producción que maximiza el beneficio es Q_c, que se vende al precio tope p_c. El precio tope ha llevado al monopolista a aumentar su producción y no ocurre ninguna escasez, por lo menos en el caso particular del precio tope representado en la gráfica XI.4.2.[13]

[12] En el análisis estático comparativo utilizado aquí, suponemos que durante el periodo de control no ocurren cambios dinámicos en las condiciones de la oferta o de la demanda.

[13] Este fenómeno se utiliza a menudo para justificar la regulación de los precios de los

GRÁFICA XI.4.2. *El control de precios en un monopolio*

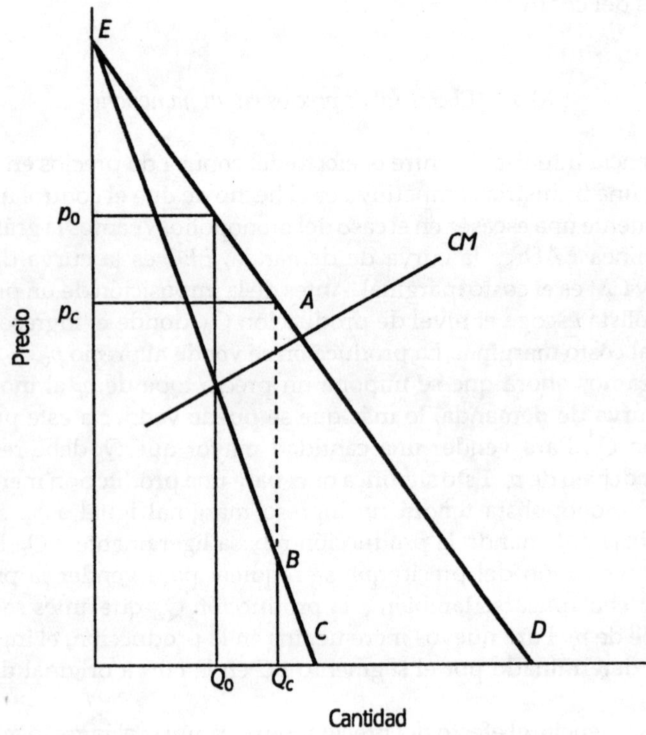

Los precios tope *pueden* causar escasez en un monopolio (como se muestra en la gráfica XI.4.3.). Cuando el precio tope se baja lo suficiente, la curva de ingreso marginal se convierte en $p_c\ AQ_D$. La curva del costo marginal intersecta esta curva de ingreso marginal en el punto *B* del segmento horizontal $p_c\ A$. El monopolista produce Q_c después de la imposición del tope, porque éste es el punto donde el ingreso marginal ($= p_c$) es igual al costo marginal. Al precio tope p_c los consumidores demandan Q_D y se produce una escasez de $Q_D - Q_c$.

XI.5. LOS PRECIOS DE GARANTÍA Y LAS RESTRICCIONES A LA PRODUCCIÓN

Los gobiernos fijan límites mínimos a algunos precios, así como fijan precio tope para otros. Los precios de garantía para los productos agrícolas constitu-

---

monopolistas. En realidad, es difícil determinar el precio correcto y pueden cometerse errores que provoquen escasez, como veremos pronto.

GRÁFICA XI.4.3. *La escasez en un monopolio*

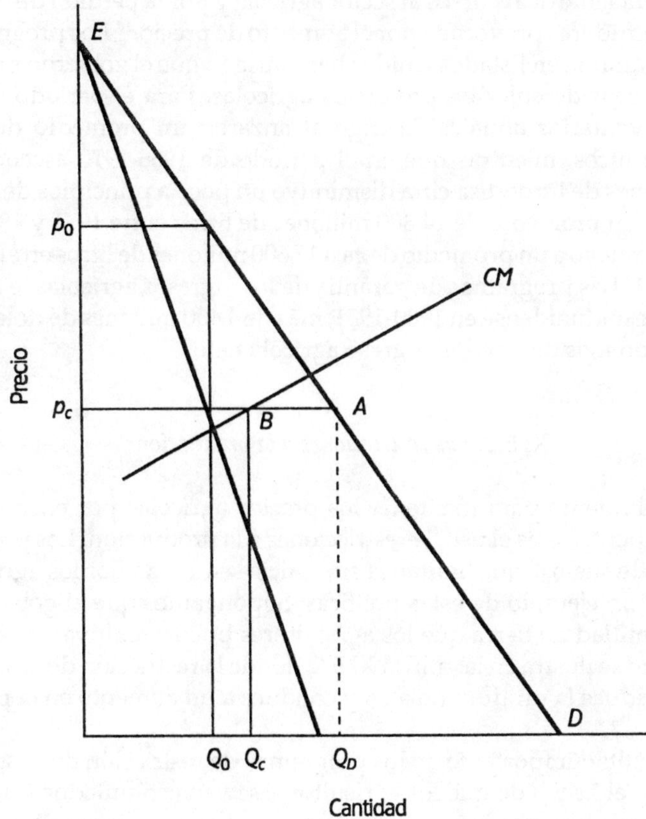

yen un ejemplo muy conocido en Estados Unidos. Durante muchos años, las presiones políticas han llevado al Congreso y al Ejecutivo a promulgar leyes que mantengan los precios agrícolas por encima de los niveles de equilibrio del mercado. En esta sección examinaremos dos procedimientos comunes en este campo.

XI.5.a. *Los precios de garantía*

En la gráfica XI.5.1 se muestran las curvas de oferta y de demanda de una industria competitiva. Antes de la introducción de los precios de garantía, el mercado se compensa al precio p_0 y a la producción Q_o. Si el gobierno sostiene el precio p_s (donde $p_s > p_0$) la oferta aumentará a Q_2 y la demanda disminuirá a Q_1. El gobierno compra y almacena el excedente $Q_2 - Q_1$. El costo monetario para el gobierno es $p_s \times (Q_2 - Q_1)$. El costo para la sociedad se mediría por el traspaso ineficiente de recursos al sector agrícola y por la pérdida de bienestar de los consumidores provocada por el aumento de precio.[14] Los programas de precios de garantía en Estados Unidos han causado que el gobierno mantenga inventarios considerables de productos agrícolas. Para el periodo de 1961-1965, los inventarios anuales de trigo alcanzaron un promedio de 38 900 millones de litros, mientras que en el periodo de 1966-1970 ascendieron a 21 100 millones de litros. Esa cifra disminuyó un poco a principios de los años setenta, con un promedio de 14 300 millones de litros entre 1971 y 1975, pero aumentó de nuevo a un promedio de casi 17 600 millones de litros en el periodo de 1976-1981. Los programas de garantía de los ingresos agrícolas le costaron al gobierno estadunidense en 1980-1981, más de 4 400 millones de dólares, que representaron más de 17% del ingreso agrícola neto.

XI.5.b. *Las restricciones a la producción*

Otro procedimiento para mantener los precios agrícolas por encima de los niveles competitivos es el uso de restricciones a la producción. Los programas de "bancos de suelos" que limitan la superficie sembrada por los agricultores constituyen un ejemplo de estas políticas. Supongamos que el gobierno restringe la cantidad de tierra que los agricultores pueden cultivar. El efecto en el corto plazo se ilustra en la gráfica XI.5.2, donde la restricción de la superficie sembrada reduce la producción a Q_1 y conduce a un aumento en el precio de p_0 a p_s.

Una dificultad importante de los programas de restricción de la superficie sembrada es el hecho de que los agricultores se ven estimulados a aumentar el uso de otros insumos para obtener una producción mayor. Por ejemplo, podrían utilizar más fertilizantes, sembrar en hileras más apretadas, etc. Ésta es una alternativa ineficaz del uso de más tierra y conduce a un incremento en los costos. A causa de estos aumentos en los costos, la curva de oferta sube a S' en la gráfica XI.5.2. Los agricultores pueden aumentar su producción a lo largo de esta curva, porque están respetando la restricción de la superficie sembrada decretada por el gobierno, pero sustituyen la tierra con otros insumos. El resultado es una reducción del precio de mercado a p_s', así como un mayor costo de producción del volumen correspondiente (o sea Q_2) que el que hubiera habido en ausencia de las restricciones.

Esta dificultad podría eludirse mediante una restricción a la producción y no a un insumo. En lugar de limitar la cantidad que puede utilizarse de un

[14] El excedente y los costos asociados podrían incluso ser mayores, si tenemos en cuenta la entrada en la industria (o la incapacidad de salir de ella de las empresas ineficientes) que ocurre a causa de los precios de garantía.

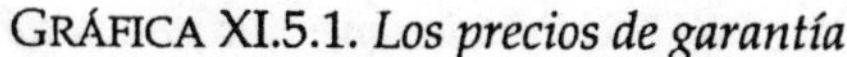

GRÁFICA XI.5.1. *Los precios de garantía*

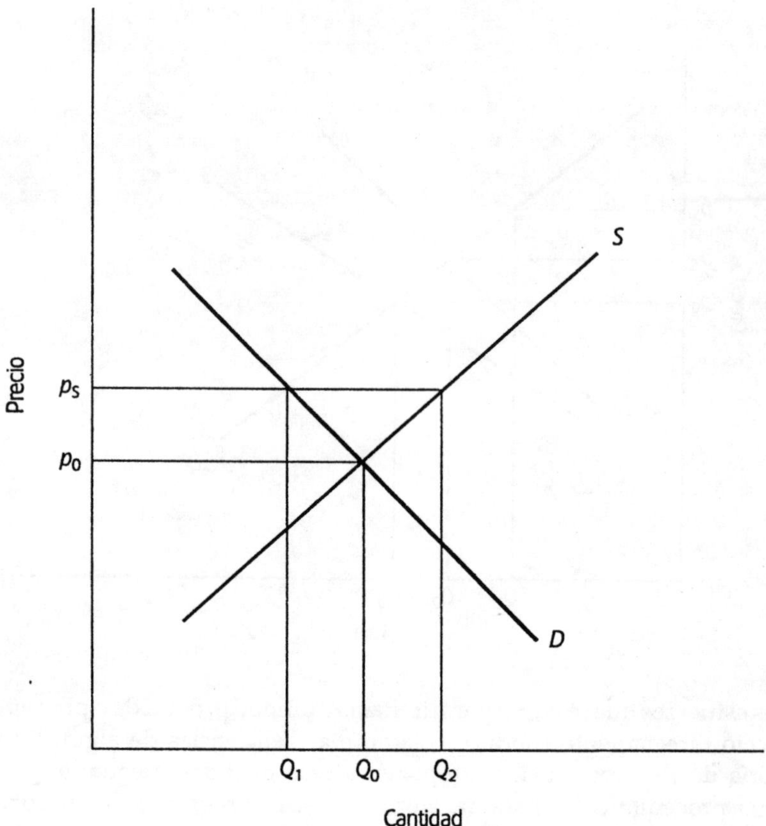

insumo, la tierra, el gobierno podría restringir la cantidad de producción que puede vender un agricultor. Esto dará al agricultor los incentivos adecuados para producir ese volumen de la manera más eficiente posible. El ingreso total que recibe es a lo sumo (p_s) (Q_1), de modo que el beneficio, que es igual a (p_s) (Q_1) – costo, se maximiza al minimizar el costo.

También esta solución tiene algunos problemas. Puesto que el volumen de producción es aleatorio en cierta medida (porque el estado del tiempo, las enfermedades, los insectos, etc., afectan al rendimiento), es posible que el agricultor termine produciendo una cantidad mayor que esta cuota. Con el plan de restricción a la producción, el agricultor se vería obligado a tirar la producción excedente, lo que es claramente ineficiente desde el punto de vista social. La restricción del insumo no presenta la misma dificultad, porque el agricultor puede vender todo lo que coseche en la superficie permitida.

GRÁFICA XI.5.2. *Restricciones a la producción*

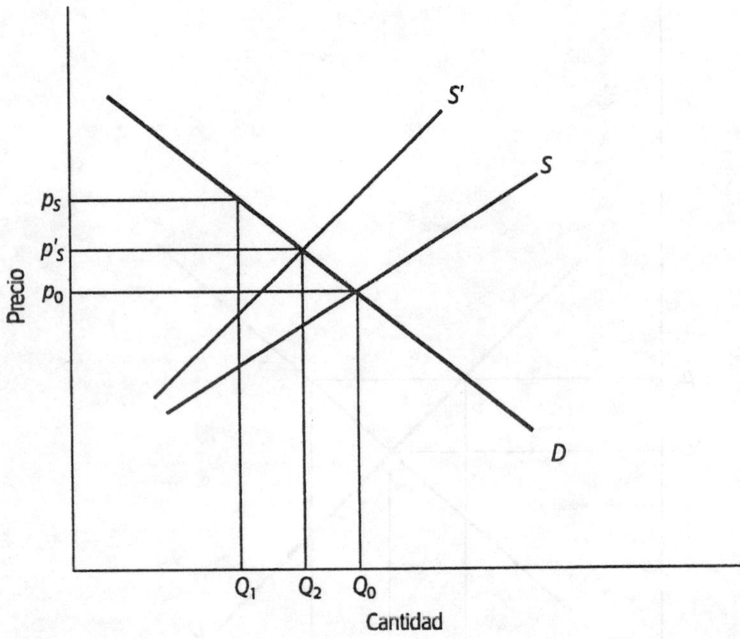

Los esfuerzos que se hacen para limitar la cantidad producida o para apoyar el precio directamente conducen siempre a ineficiencias de algún tipo. La mayoría de los economistas se oponen a esas medidas, alegando que hay mejores procedimientos para transferir ingresos a los grupos que se consideren merecedores de tales transferencias por alguna razón.

XI.6. UN MONOPOLISTA INTERNACIONAL - EL DUMPING Y LA DISCRIMINACIÓN DE PRECIOS

Consideremos una empresa que es monopolista en su propio país y que está protegida contra la competencia extranjera por aranceles y otras restricciones a las importaciones. Supongamos que no hay restricciones a las exportaciones, de modo que la empresa podría, si quisiera, vender asimismo el bien en el mercado mundial, donde hay un mercado de competencia perfecta para el bien en cuestión. La situación de la empresa se representa en la gráfica XI.6.1. El monopolio nacional de la empresa está representado en la figura A por la curva de demanda *AD* de pendiente negativa con la curva del ingreso marginal IM_1. El mercado mundial, tal como lo ve esta empresa, se muestra en la

GRÁFICA XI.6.1. *La discriminación de precios y el dumping*

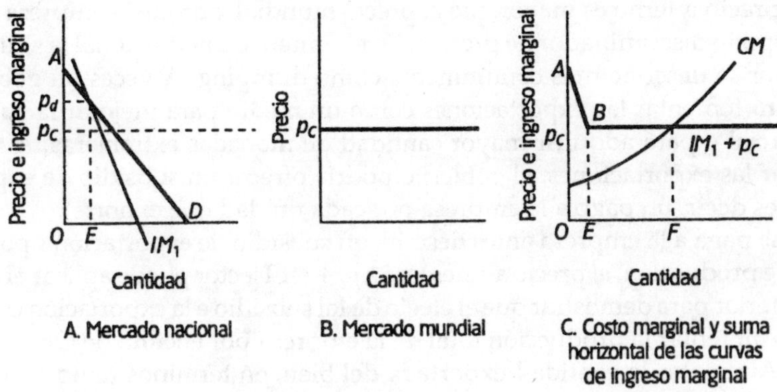

A. Mercado nacional

B. Mercado mundial

C. Costo marginal y suma horizontal de las curvas de ingreso marginal

figura B, donde el precio competitivo es p_c. La empresa es tomadora de precios en el mercado mundial, de modo que la línea horizontal p_c también es la curva de ingreso marginal de la empresa, derivado de la producción exportada.

Aunque la empresa es un monopolio sólo en el mercado interno, se aplican las técnicas analíticas de la sección X.6 del capítulo X. La empresa asignará un volumen dado de la producción total al mercado interno y al mercado externo, de tal modo que su ingreso marginal sea igual en ambos. La suma horizontal de IM_1 y p_c se muestra en la figura C de la gráfica XI.6.1. El segmento *AB* de pendiente negativa en la figura C corresponde al segmento de IM_1 que se encuentra arriba del precio mundial. Por tanto, si la produccion es *OE* o menos, toda ella se venderá dentro del país y la empresa no entrará en el mercado mundial. Para producciones mayores que *OE*, el ingreso marginal correspondiente es el precio externo, p_c. Esto está indicado por el segmento horizontal de $IM_1 + p_c$ en la figura C. La explicación de este segmento horizontal es intuitivamente clara; para las producciones mayores que *OE*, el ingreso marginal del mercado nacional es menor que el precio mundial. Por consiguiente, la empresa nunca tendrá que aceptar *menos* que p_c por cada una de las unidades que venda.

A fin de determinar la producción total que maximiza el beneficio, localizamos el punto donde la curva de costo marginal de la empresa (*CM* en la figura C) interseca la suma horizontal de las curvas de ingreso marginal. Esto ocurre en el nivel de producción *OF* en la figura C. Este nivel es mayor que *OE*, así que sabemos que una parte de esta producción se venderá en el mercado mundial. En efecto, sabemos por la discusión anterior que en el mercado nacional no se venderán más de *OE* unidades. Por tanto, se observa fácilmente que se venderán *OE* unidades internamente y se exportarán las restantes *EF* unidades. Las ventas internas se hacen al precio p_d (véase la figura A), y las ventas al exterior se hacen al precio mundial competitivo p_c.

El precio interno es mayor que el precio mundial, porque la empresa es un monopolio discriminador de precios. En el comercio internacional la situación anterior se describe más comúnmente como dumping. A veces un gobierno deseará fomentar las exportaciones como un medio para mejorar la balanza comercial o para adquirir mayor cantidad de monedas extranjeras. A fin de alentar las exportaciones, el gobierno podría ofrecer un subsidio de exportación (es decir, un pago a la empresa por cada unidad que exporte).

Si se paga a la empresa antes descrita un subsidio de exportación s por unidad de producción, el precio aumentará a $p_c + s$. El lector puede aplicar el análisis anterior para demostrar que el efecto de tal subsidio a la exportación es para:

1) Aumentar la producción total de la empresa por encima de OF.

2) Aumentar la cantidad exportada del bien, en términos tanto absolutos como relativos.

3) Aumentar el precio interno.

En la sección "Aplicación de la Teoría" que aparece al principio de este capítulo se presenta un ejemplo ilustrativo del dumping y de la discriminación de precios realizados por un monopolista internacional.

XI.7. Supresión de las innovaciones en un monopolio[15]

Se afirma con frecuencia, sobre todo en discusiones populares, que los monopolistas suprimirán las innovaciones y disminuirán la durabilidad de un bien, a fin de aumentar las ventas. Para analizar esta cuestión, consideremos el problema siguiente: Supongamos que un monopolista puede producir dos calidades diferentes de un bien con la misma función de costo total en ambos casos. El bien de mejor calidad proporciona un flujo de servicios por unidad de tiempo mayor que el bien de menor calidad.[16] ¿Qué calidad producirá el monopolista?

La interesante respuesta a esta pregunta es que el monopolista producirá siempre el bien de mejor calidad. Para entender la razón, empezaremos por examinar el comportamiento del consumidor. Sea K la cantidad del bien comprada por el consumidor y sea p_k el precio del bien. El flujo de servicios por

[15] Esta sección es un poco más técnica que el resto del capítulo y puede omitirse sin perder continuidad.

[16] El enfoque adoptado aquí es el mismo del propuesto por Jack Hirschleifer, "Suppression of Inventions", *Journal of Political Economy*, núm. 79, 1971, pp. 382-383. Utilizando un modelo más complicado, el profesor P. L. Swan ha establecido resultados análogos para el problema de la durabilidad del producto. Véase P. L Swan, "Durability of Consumption Goods", *American Economic Review*, núm. 60, 1970, pp. 884-894.

unidad del bien estará dado por una constante u. Por consiguiente, el consumidor que tiene K unidades del bien tendrá un flujo de servicio total de uK. El consumidor también consume otro bien, X, cuyo precio es p_x. Si el ingreso monetario del consumidor es M, el problema de maximización de la utilidad es

$$\text{maximización de } U(X, uK)$$

$$\text{sujeta a } M = p_x X + p_k K.$$

Representemos el flujo total de servicios por $Y = uK$ y volvamos a formular el problema de la maximización como

$$\text{maximización de } U(X, Y)$$

$$\text{sujeta a } M = p_x X + \frac{p_k}{u} Y.$$

Sean X^* y Y^* los valores de X y Y que resuelven este problema. Luego supongamos que el flujo de servicios por unidad de K aumenta en λ, donde $\lambda > 1$. Si el precio de K aumentara simultáneamente en λ, el nuevo problema de maximización sería

$$\text{maximización de } U(X, Y)$$

$$\text{sujeta a } M = p_x X + \frac{\lambda p_k}{\lambda u} Y.$$

En el nuevo problema, λ se cancela en el numerador y en el denominador de la fracción que aparece en la restricción del presupuesto, de modo que el nuevo problema es *idéntico* al antiguo. Esto significa que si X^*, Y^* resuelven el problema inicial, también resolverán el nuevo problema. Sin embargo, es importante advertir que la K óptima para el problema antiguo es $K^* = Y^*/u$ y la K óptima para el nuevo problema es la cantidad menor $K^{**} = Y^*/\lambda u$, porque $Y = \lambda u K$ en el problema nuevo.

Este resultado nos dice que la curva de demanda de K se desplaza cuando se incrementa u. El desplazamiento específico puede determinarse como sigue: selecciónese una K en la antigua curva de demanda, auméntese el precio asociado por un factor λ; entonces, K/λ será la cantidad asociada a este precio en la nueva curva de demanda.[17] El desplazamiento se muestra en la gráfica

[17] Si la curva de demanda antigua es $p_k = h(K)$, la nueva es $p_k = \lambda h(\lambda K)$

GRÁFICA XI.7.1. *La calidad del producto y el monopolio*

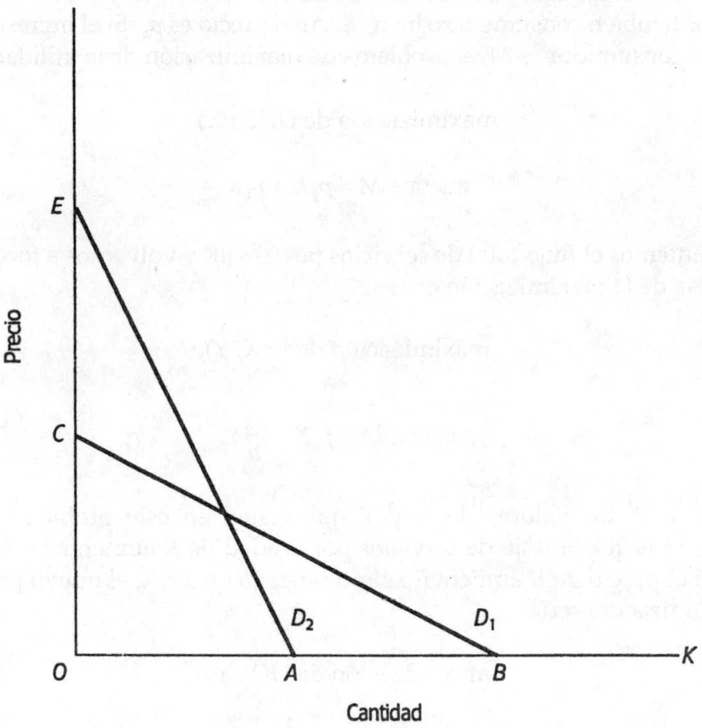

XI.7.1 para el caso de una curva de demanda lineal con $\lambda = 2$. La antigua curva de demanda es D_1 y la curva nueva (después de duplicar u) es D_2. Puesto que $\lambda = 2$, la distancia OA es la mitad de OB, y la distancia OE es el doble de OC.

Ahora podemos contestar fácilmente la pregunta original. Si el monopolista puede ofrecer dos bienes, uno con un flujo de servicio por unidad de u y el otro con un flujo de servicio de λu (donde $\lambda > 1$), se ofrecerá el último si los costos de producción son iguales. Esto sucede porque, dado el desplazamiento de la curva de demanda, el monopolista podría aumentar el precio de p_k a λp_k y obtener el mismo ingreso, ya que los consumidores demandarán $1/\lambda$ de su cantidad original de K. Sin embargo, los costos del monopolista disminuyen, porque la cantidad de producción ha bajado. Así que aumentan los beneficios. Por supuesto, el cambio real en el precio no aumentará necesariamente por un factor de λ, pero el argumento anterior demuestra que los beneficios obtenidos al precio óptimo con la nueva curva de demanda deben ser mayores que los beneficios óptimos con la curva de demanda antigua, ya que hemos señalado por lo menos una manera de aumentar los beneficios más allá del óptimo antiguo.

La intuición es clara. Si el bien de alta calidad aumenta su valor para los consumidores más que lo que aumenta el costo para los productores, el monopolista preferirá producir el bien de alta calidad. Puesto que los consumidores están dispuestos a pagar proporcionalmente más por el bien de alta calidad y puesto que el costo aumenta proporcionalmente menos, pueden obtenerse más beneficios mejorando la calidad.

PREGUNTAS Y EJERCICIOS

1. Utilizando el formato del cuadro XI.2.1, muestre los efectos en el corto y el largo plazos de un impuesto por unidad sobre el precio, la producción de la empresa, la producción de la industria y el número de empresas, para una industria que enfrenta precios crecientes de los insumos.
2. Empleando el formato del cuadro XI.3.1, muestre los efectos en el corto y el largo plazos de un impuesto de suma fija sobre el precio, la producción de la empresa, la producción de la industria y el número de empresas, para una industria que enfrenta precios crecientes de los insumos.
3. Analice los efectos del control de precios en una industria competitiva que enfrenta precios crecientes de los insumos.
4. Explique cuáles son los efectos en el corto y largo plazos de un subsidio de suma fija (en una industria de costo constante) sobre el precio, la producción de la empresa, la producción de la industria y el número de empresas cuando:
   a) El subsidio se otorga a todas las empresas de la industria, incluidas las que decidan entrar después de establecido el programa de subsidios.
   b) El subsidio se otorga sólo a las empresas que se encuentran en la industria en el momento en que se implanta el subsidio y no a las que entren después.
5. ¿Cuáles son los efectos sobre un monopolista en el corto y en el largo plazos de un impuesto por unidad?
6. ¿Cuáles son los efectos sobre un monopolista en el corto y en el largo plazos de un impuesto *ad valorem*?

XII. TEORÍA DEL PRECIO EN LA COMPETENCIA MONOPÓLICA

MUCHOS bienes se producen en mercados donde hay numerosas empresas, pero donde cada empresa es ligeramente distinta de las demás. Así ocurre en el caso del jabón, de las tiendas de abarrotes y de los moteles. Este capítulo se ocupará de la teoría económica elaborada (históricamente y en la actualidad) para el análisis de estos mercados. Esta teoría se aplica al mercado de "hoteles de lujo en el centro de Atlanta" en la sección "Aplicación de la Teoría" que aparece al principio del capítulo.✦

APLICACIÓN DE LA TEORÍA

MALOS TIEMPOS PARA LOS NUEVOS HOTELES DE LUJO DE ATLANTA

EN 1967, cuando el hotel Hyatt Regency abrió sus puertas, su hermoso interior de 20 pisos no sólo inauguró un nuevo enfoque en el campo del diseño de hoteles, sino que también ayudó a convertir a Atlanta
I en una ciudad de grandes convenciones. El Regency de 1 000 habitaciones, diseñado por el arquitecto John C. Portman, tenía siempre una ocupación superior a 90% y rechazaba huéspedes a montones. Ahora, las cosas han cambiado. Atlanta tiene, sin duda, demasiados hoteles; sus habitaciones de primera clase exceden ampliamente en número a los viajeros que desean ocuparlas. La tasa de ocupación del Regency ha bajado a cerca de 65%. "Durante varios años, no teníamos competencia en esta ciudad", dice Darryl W. Hartley-Leonard, el gerente general. "Ahora, la situación ha cambiado."

Hartley-Leonard no está exagerando. Seis grandes hoteles de lujo se disputan ahora a los clientes en Atlanta, cuatro de ellos operados por cadenas nacionales y cinco de ellos vecinos en un área de seis cuadras del centro de la ciudad. El año pasado, Hilton Hotels Corp. y Western International Hotels Co. abrieron nuevos hoteles: el Atlanta Hilton y el Peachtree Plaza. Durante el mismo periodo, Hyatt Corp. gastó 5 millones de dólares en la remodelación del Regency, y la Marriott Corp., una de las primeras cadenas nacionales que entraron en el mercado de Atlanta, gastó 2.5 millones de dólares en la restauración de su motel de 799 habitaciones en el centro de la ciudad. Además, durante el último año, también en el centro de la ciudad abrió sus puertas la Omni International, que forma parte de un gran centro de negocios que incluye una arena deportiva y un gran parque de diversiones, todo ello bajo un solo techo. Hace dos años, otro hotel de lujo, el Fairmont, operado por la Fairmont Hotel Co. de San Francisco, abrió sus puertas en la calle de Peachtree, al norte del centro de la ciudad. En total, estos hoteles añadieron cerca de 5 000 cuartos de hotel nuevos o redecorados en los últimos dos años.

ESFUERZOS DE NIVELACIÓN

De estos seis hoteles, sólo el más antiguo —el Marriott— registra una tasa de ocupación saludable, de 78%, aunque incluso esa cifra está 7% abajo del alto nivel que alcanzó durante sus primeros ocho años de operación. La ocupación anda mal en los otros cinco hoteles y algunos de ellos luchan simplemente para salir a mano.

El Atlanta Hilton, por ejemplo, cuyos 1 250 cuartos lo convierten en el mayor hotel de la ciudad, espera terminar el año con una tasa de ocupación de 56 a 58%, que está por debajo de su nivel de beneficio cero, que fluctúa entre 59 y 61%. El Omni, que forma parte de una cadena de tres hoteles de sede local, registra a fines de 1976 una tasa de ocupación de cuatro puntos por debajo de su punto de nivelación de 59%. Y el Fairmont, ubicado en el complejo de oficinas y residencias de Colony Square, y que ya ha solicitado la protección de las leyes de bancarrota, ha perdido dinero desde que abriera sus puertas dos años atrás. Por último, tenemos al Peachtree Plaza, otro hotel de Portman que es operado por la Western International y presume de sus 1 100 habitaciones, un lago en el recibidor y una torre circular de cristal de 70 pisos. Este hotel está operando 7% abajo de las proyecciones iniciales, y terminará el año con 2 millones de dólares por debajo de su meta de ingreso bruto de 27 millones de dólares. "La competencia es feroz", dice Joseph D. Guilbault, gerente general; y Harry Mullikin, presidente de Western International, dice que podrían pasar tres años antes de que el crecimiento de Atlanta absorba los nuevos cuartos de hotel.

Puesto que todos los hoteles tratan de ganar la partida, están gastando en conjunto 2 millones de dólares para mejorar el personal de ventas y los presupuestos de publicidad, a fin de capturar mercados que, en su opinión, han sido descuidados en el pasado. Vinculados con las convenciones comerciales y con las grandes reuniones corporativas, hasta ahora han sentido poca necesidad de ser agresivos en la atracción de los huéspedes transitorios y de las reuniones de corporaciones pequeñas, que podrían ocupar apenas de 15 a 20 cuartos por noche. "Vamos a prestar mucho mayor atención a los viajeros frecuentes y a los organizadores de pequeñas reuniones de negocios", dice Guilbault. Por ejemplo, el Peachtree Plaza está destinando 150 000 de los 536 000 dólares de su presupuesto de publicidad de este año a su campaña para atraer clientes a través de la radio y de la prensa nacionales. II

Gastar más

II Otro gran gastador es el Hyatt, cuyo presupuesto de publicidad aumentó 122% sobre el del año pasado. "El teléfono no dejaba de sonar, pero ahora tenemos que salir en busca de clientes", dice Hartley-Leonard.

El Omni está gastando 60% de su presupuesto de publicidad, que asciende a 250 000 dólares, para atraer a los habitantes de Atlanta, no sólo para su línea de restaurante y bar, sino también para su línea de hospedaje. "Tienes que contar con el empresario local para lograr el éxito, porque cuando la gente llega a esta ciudad le preguntan: ¿Dónde crees que deberíamos alojarnos?", explica Bruce Lucker, vicepresidente de ventas y comercialización de Omni. "Si se trata de una reunión corporativa, el patrocinador local asume siempre la responsabilidad, y a él le interesa quedar bien."

Una lección aprendida

Es precisamente una falla en esta área la que ha perjudicado tanto al Fairmont. Desde el año pasado la ocupación ha fluctuado entre 53 y 55%, y se espera que el año próximo continúen así las cosas. Al abrir, en septiembre de 1974 —un año antes que cualquiera de los otros hoteles nuevos—, el Fairmont tenía la ventaja de ser el primero, pero perdió esa delantera por una combinación de mal servicio y gerentes arrogantes.

"A veces me dan ganas de reunirme con nuestro personal de publicidad y publicar en el periódico un desplegado a toda plana que diga: 'Atlanta, nos equivocamos y estamos arrepentidos. Por favor, danos otra oportunidad'", dice Albert Rapuano, quien se hiciera cargo de la gerencia general del Fairmont hace un año. Pero no se ha decidido a hacerlo, sino que tratará de transmitir el mensaje con mayor sutileza. Planea presentar espectáculos de primera línea, como lo hacen los otros tres hoteles Fairmont. Esto ya se intentó en Atlanta, pero se abandonó el intento porque los habitantes de Atlanta se resistían a pagar 5 y 10 dólares por el derecho de mesa. Rapuano cree que la nueva competencia podría ayudar ahora al Fairmont.

> Con todos los hoteles nuevos, la gente verá que el Fairmont no es tan caro [dice]. Se trata de incrementar nuestro contacto con la comunidad local, para convertirnos en el hotel de la comunidad, de modo que los habitantes de la localidad digan: "El Fairmont es un buen sitio".

Pero lo que los administradores hoteleros creen que los sacará realmente del atolladero es la construcción del nuevo centro comercial de financiamiento estatal, llamado Centro Mundial de Congresos de Georgia, que acaba de abrir sus puertas. Con una superficie de 33 250 metros cuadrados, el centro permite que Atlanta albergue grandes III
eventos comerçiales, con asistencia de 25 000 a 30 000 personas. Antes de esta construcción, la instalación más grande disponible era el Centro Cívico de Atlanta, que con una superficie de 6 650 metros cuadrados podía albergar a 10 000 personas.

LAS PERSPECTIVAS

Aunque la Oficina Municipal de Convenciones y Visitantes afirma que podrían transcurrir hasta cinco años antes de que el nuevo centro alcance su pleno potencial anual de 30 a 40 reuniones de 15 000 a 20 000 delegados cada una, la verdad es que ya ha contratado 20 reuniones para el año próximo. Sin embargo, la asistencia a cada una de ellas sólo llegará a 7 000 personas en promedio. No podrían celebrarse reuniones más grandes, explica James W. Hurst, vicepresidente ejecutivo de la Oficina, porque "enfrentamos una fuerte resistencia" de las asociaciones comerciales temerosas de que "no podamos abrir a tiempo".

Pero en virtud de que el centro abrió sus puertas oportunamente, la mayoría de los hoteleros de Atlanta están encantados. "Estamos seguros de que Atlanta será una ciudad de brillante futuro en materia de convenciones", dice William J. Utnik, gerente general del Hilton. "Las grandes convenciones nacionales no consideraban antes a Atlanta".

Con mayor sobriedad Hartley-Leonard , del Hyatt, concluye: "Sin el Centro de Congresos nos habríamos visto muy apurados."

PREGUNTAS

1. Supongamos que "los hoteles de lujo de Atlanta" pueden describirse mejor como modelos de competencia monopólica (elaborados en este capítulo), de modo que pueden considerarse como un relevante "grupo de productos". Si esto es cierto, ¿cuál cree usted que sería la elasticidad-precio cruzada de la demanda entre "los hoteles de lujo de Atlanta" y los "hoteles baratos de Atlanta"? ¿Entre "los hoteles

de lujo de Atlanta" y "los hoteles de lujo de Florida (y otras zonas del sureste de Estados Unidos)"? Explique.

2. Haciendo referencia al pasaje I del artículo:
   a) Muestre gráficamente la posición de equilibrio en el corto plazo del Hyatt Regency en 1967. ¿Qué pronostica el modelo de competencia monopólica que ocurrirá en el largo plazo?
   b) ¿Cree usted que la industria se encontraba en equilibrio de largo plazo en 1976 (cuando se escribió el artículo)? ¿Por qué? Si su contestación es negativa, ¿qué cree usted que ocurrirá en el largo plazo?
   c) Muestre gráficamente la situación de la empresa representantiva una vez que se haya alcanzado el equilibrio en el largo plazo. ¿Cuáles son los beneficios económicos de esta empresa en este punto?
   d) Utilice la gráfica que determinó en 2.*c* para explicar por qué algunos economistas sostienen que la competencia monopólica genera una "capacidad excedente". ¿Cuál sería la respuesta de Chamberlin ante esa acusación en este caso?
3. Haciendo referencia al pasaje II del artículo: ¿Es la existencia de grandes presupuestos de publicidad de estos hoteles compatible con el modelo de competencia perfecta? ¿Es compatible con el modelo de competencia monopólica?
4. Haciendo referencia al pasaje III. ¿Cómo afectará el nuevo centro comercial de financiamiento estatal a la situación mencionada en las preguntas 2.*b* y 2.*c*?

SOLUCIONES

1. Sería muy baja. Como vimos en el capítulo III, entre mayor sea la elasticidad-precio cruzada de la demanda, mayor será el grado de la sustituibilidad. Si esta elasticidad fuese elevada, el grupo de productos correspondiente sería probablemente "los hoteles de Atlanta" y no "los hoteles de lujo de Atlanta". De igual modo, en el espacio geográfico, si los hoteles de lujo de Florida (y otras zona del sureste de Estados Unidos) son buenos sustitutos de los hoteles de lujo de Atlanta, el grupo de productos correspondiente sería probablemente el de "los hoteles de lujo del sureste", y la elasticidad-precio cruzada entre los hoteles de lujo de Atlanta y los hoteles de lujo de Florida sería elevada.
2. *a)* La gráfica sería exactamente análoga a la gráfica XII.3.2. Adviér-

tase que es de suponer que haya beneficios económicos en el corto plazo, de modo que el precio es mayor que el *CP* en el punto de *P*, *Q*, donde se maximiza el beneficio del Hyatt. En el largo plazo, estos beneficios atraerán a los hoteles de lujo similares.

b) En la medida en que las empresas del artículo estaban experimentando pérdidas, la industria (grupo de productos) no se encontraba en equilibrio de largo plazo. En la competencia monopólica, la posición de equilibrio de largo plazo tendrá empresas con beneficios económicos de cero. Es posible que haya habido una "entrada excesiva" a partir de 1967. Si no hubiese otros cambios en la demanda de la industria, pronosticaríamos que algunas empresas cerrarían en el largo plazo.

c) La gráfica sería exactamente análoga a la gráfica XII.4.1. Adviértase que los beneficios económicos en este caso son iguales a cero ($P = CP$ para la empresa representativa).

d) En q_e, la empresa no está operando en el punto más bajo de la curva *CPL*. Véanse mayores detalles en la gráfica XII.5.1. Chamberlin respondería que, mientras haya competencia de precios en este grupo de productos, esta "capacidad excedente" es en realidad el costo de la diferenciación del producto.

3. No. En la competencia perfecta se supone que la empresa vende un producto homogéneo y puede vender todo lo que quiera al precio del mercado. Por lo tanto, no hay ningún incentivo para que una empresa individual gaste en publicidad. (Sin embargo, adviértase que la industria en conjunto podría tratar de desplazar la curva de demanda de la *industria* mediante la publicidad. Tendríamos un ejemplo de esta situación en el caso de los productores de leche que se reúnen para anunciarse con temas como este que escuchamos recientemente: "la leche hace un cuerpo sano".) No ocurre así en la competencia monopólica, porque la publicidad podría diferenciar más aún el producto de la empresa individual e incrementar sus beneficios.
4. Debería aumentar la demanda del mercado y alterar indirectamente la curva de demanda de la empresa representativa. En consecuencia, podría permitir que el grupo de productos alcanzara un equilibrio en el largo plazo sin la salida de empresas que se menciona en 2.*b*.

FUENTE: *Business Week*, 27 de septiembre de 1976.

LA TEORÍA DE LA EMPRESA Y LA ORGANIZACIÓN DEL MERCADO

XII.1. INTRODUCCIÓN

Los capítulos IX y X se ocuparon de los casos "puros" y "extremos" de la competencia perfecta y del monopolio. Los dos modelos son puros en el sentido de que los resultados analíticos son completamente independientes de influencias personales, sobre todo de las expectativas y de las especulaciones de los empresarios acerca del comportamiento de los rivales. Son "extremos" desde el punto de vista del número y del beneficio. En la competencia perfecta, el número de empresas en una industria es indefinidamente grande, mientras que en el otro extremo del espectro de los "números" se encuentra el monopolio como industria de una sola empresa. Asimismo, el beneficio económico igual a cero en cada una de las empresas es la característica central del equilibrio en el largo plazo de la competencia perfecta. En cambio, la monopolización de un mercado garantiza a la empresa única un beneficio neto en el largo plazo mayor que el que podría ganar bajo cualquier otra organización del mercado (es decir, mayor que si hubiese una o más empresas rivales en el mercado).

XII.1.a. *Perspectiva histórica*

Con excepción de unas cuanta teorías "ingenuas" del duopolio, que examinaremos en el capítulo XIII, las teorías de la competencia perfecta y del monopolio constituyeron la teoría microeconómica "clásica", desde Marshall hasta Knight. En efecto, la teoría de la competencia perfecta sólo se completó con la publicación de la obra de Knight, *Risk, Uncertainty, and Profit*.[1] En efecto, Stigler sostuvo que el meticuloso análisis de la competencia perfecta realizado por Knight, donde se señalaba claramente la naturaleza austera del concepto rigurosamente definido, provocó una reacción generalizada contra el uso de la competencia perfecta como modelo del comportamiento económico.[2] Tal vez eso sea cierto; pero cualquiera que haya sido la causa, a fines de los años veinte y principios de los treinta se produjo una reacción clara contra el uso de la competencia perfecta y del monopolio puro como modelos analíticos del comportamiento de empresas y mercados.

Piero Sraffa, economista de Cambridge, fue uno de los primeros en señalar las limitaciones del análisis de "competencia o monopolio";[3] pronto le siguieron otros. Hotelling hizo hincapié en que "la diferencia entre la Standard Oil

[1] Knight, *Risk, Uncertainty, and Profit*, Chicago, University of Chicago Press, 1971.

[2] George J. Stigler, "Perfect Competition, Historically Contemplated", *Journal of Political Economy*, núm. 65, 1957, pp. 1-17.

[3] Piero Sraffa, "The Laws of Returns under Competitive Conditions", *Economic Journal*, núm. 36, 1926, pp. 535-550.

Company en su apogeo y la pequeña tienda de abarrotes de la esquina es cuantitativa antes que cualitativa. Entre la competencia perfecta y el monopolio de la teoría se encuentran los casos reales".[4] Zeuthen expresó en términos parecidos que "ni el monopolio ni la competencia son jamás absolutos, y las teorías que se ocupan de ellos sólo tratan las fronteras de la realidad, la cual siempre deberá buscarse entre ellas".[5]

A fines de los años veinte y principios de los treinta, los economistas empezaron a prestar atención al campo intermedio entre el monopolio y la competencia perfecta. Dos de los logros más notables se atribuyen a una economista inglesa, Joan Robinson,[6] y a un economista estadunidense, Edward Chamberlin.[7] En este capítulo nos ocuparemos de la teoría de Chamberlin. Más adelante examinaremos algunas interpretaciones más modernas.

XII.1.b. *La diferenciación del producto*

Chamberlin basó su teoría de la "competencia monopólica" en un hecho empírico sólido: hay muy pocos monopolistas, porque hay muy pocos bienes que no tengan sustitutos cercanos; de igual modo, hay muy pocos bienes que sean enteramente homogéneos entre los productores. Por el contrario, hay un gran conjunto de bienes, algunos de los cuales tienen relativamente pocos bienes sustitutos, mientras que otros tienen muchos sustitutos buenos pero no perfectos.

Empecemos con un ejemplo. La American Tobacco Company tiene un monopolio absoluto sobre la manufactura y la venta de los cigarrillos Lucky Strike. En realidad, otra empresa podría fabricar cigarrillos idénticos; pero *no* podría darles el nombre de Lucky Strike. Sin embargo, otras empresas pueden fabricar cigarrillos y llamarlos Chesterfield, Camel, etc. Así como la American Tobacco tiene un monopolio absoluto sobre los cigarrillos Lucky Strike, la Liggett & Myers tiene un monopolio absoluto sobre los cigarrillos Chesterfield y la Reynolds Tobacco tiene un monopolio absoluto sobre los cigarrillos Camel. Cada empresa tiene un monopolio sobre su propio producto; pero las diversas marcas son bienes estrechamente relacionados y hay una competencia intensa y *personal* entre las empresas.

Hay que destacar dos puntos importantes en el ejemplo. En primer lugar,

[4] Harold Hotelling, "Stability in Competition", *Economic Journal*, núm. 29, 1929, pp. 41-57; cita tomada de la p. 44.

[5] F. Zeuthen, *Problems of Monopoly and Economic Warfare*, Londres, Routledge & Kegan Paul, 1930, p. 62

[6] Joan Robinson, *The Economics of Imperfect Competition*, Londres, Macmillan, 1933.

[7] E. H. Chamberlin, *The Theory of Monopolistic Competition*, 6a. ed., Cambridge, Mass., Harvard University Press, 1950.

los productos son *heterogéneos* y no homogéneos; por consiguiente, no puede existir una competencia perfecta e *impersonal*. En segundo lugar, aunque son heterogéneos, los productos sólo se diferencian ligeramente. Cada uno de ellos es un sustituto muy cercano del otro; en consecuencia, existe la competencia, pero es una competencia *personal* entre rivales que están muy conscientes de la existencias de los demás.

Este tipo general de mercado se caracteriza por la diferenciación del producto; y a su vez, la diferenciación del producto caracteriza a la mayoría de los mercados estadunidenses. No hay un tipo homogéneo de automóvil ni hay tipos homogéneos de jabones, trajes para caballero, televisores, tiendas de abarrotes, revistas o moteles. Cada productor trata de diferenciar su producto para volverlo único; pero para poder entrar en el mercado, ni más ni menos, los productos particulares deben parecerse mucho al producto general en cuestión.

Hay muchas maneras de diferenciar los productos, algunas muy auténticas y otras muy espurias. Cuando la diferenciación del productor es auténtica, por lo general podemos catalogar las diferencias en términos de composición química, servicios ofrecidos por los vendedores, potencia, costo de los insumos, etc. En otros casos —que muchos consideran espurios—, la diferenciación del producto se basa en los gastos de publicidad, diferencias en el material de la envoltura o bien en el diseño, el nombre comercial (considérese el mercado de las aspirinas), y otras características.

De cualquier manera, cuando los productos están diferenciados, cada producto es único y su productor tiene cierto grado de poder monopólico. Pero en general ese poder es muy limitado, porque otros productores pueden vender un producto muy parecido. No es por casualidad que el precio de venta de los cigarrillos sea casi uniforme en todas las marcas.

XII.1.c. *Industrias y grupos de productos*

En el capítulo IX definimos una industria como un conjunto de empresas productoras de un bien homogéneo. Por ejemplo, especificando el corte, el acabado y otras características de la lana, podemos definir la industria de la lana. Pero cuando los productos están diferenciados, no podemos definir una industria en este sentido estricto. No hay ninguna industria "del automóvil", o "del mueble". En virtud de que cada empresa tiene un producto distinto, en cierto sentido es una industria en sí misma, exactamente como el monopolio descrito en el capítulo X. Sin embargo, podemos agrupar con provecho a las empresas productoras de bienes muy estrechamente relacionados y llamarlas un *grupo de productos*. Por ejemplo, el jabón de tocador, el cereal de consumo instantáneo, el automóvil, constituyen grupos de productos reconocibles de inmediato, aun cuando en nuestra terminología no las podemos llamar industrias.

Naturalmente, la combinación de empresas para formar grupos de productos es un tanto arbitraria. No podemos establecer con precisión qué tan "buenos" sustitutos deben ser los productos. La goma de mascar es un sustituto del cigarrillo, por lo menos para quienes están tratando de dejar de fumar. Pero es dudoso que alguien colocara a la Wrigley Company en el grupo de productos de los "cigarrillos". Por otra parte, aunque el café descafeinado no es un sustituto del café regular para muchas personas, pocos dejarían de colocar a Sanka en el grupo de productos del "café".

La dificultad para definir el grupo ha sido la causa de que la mayoría de los economistas se haya alejado del paradigma de la competencia monopólica. Más recientemente, se ha desarrollado un enfoque más riguroso de la competencia monopólica, como veremos más adelante.

XII.2. LA COMPETENCIA PERFECTA

En nuestro nivel inicial de abstracción pasamos por alto la dificultad de una definición precisa. Cuando se utiliza el concepto de "industria", está implícita la existencia de la competencia perfecta o del monopolio. Cuando la diferenciación del producto es una característica importante del mercado, se emplea la noción de "grupo de productos" para denotar el conjunto de empresas, sea cual sea la manera en que se forman, que producen alguna variedad del "producto".

A fin de preparar el terreno para la exposición de la competencia monopólica, conviene reseñar el modelo de la competencia perfecta desde un punto de vista ligeramente distinto. Supongamos que hay n empresas idénticas en la industria, y también que los consumidores distribuyen sus compras de tal modo que cada empresa vende $1/n$ del total de la demanda del mercado cuando todas las empresas cobran el mismo precio. Dadas estas suposiciones, podemos analizar el comportamiento de la industria, utilizando la gráfica XII.2.1. En esta gráfica, las curvas *CPL* y *CM* son las curvas del costo total promedio y del costo marginal, respectivamente, para una empresa representativa típica. La curva *D* es la cantidad de demanda recibida por una empresa típica cuando todas las empresas cobran el mismo precio. Esta curva se construye tomando $1/n$ de la cantidad total del mercado demandada en cada precio. Diremos que ésta es la curva de demanda *proporcional*.

Supongamos primero que el precio del mercado es p y que cada empresa está recibiendo $1/n$ del mercado total (igual a q_1 en la gráfica XII.2.1). En la competencia perfecta, cada empresa está segura de que puede vender todo lo que quiera al precio del mercado, de modo que la curva de demanda percibida

GRÁFICA XII.2.1. *El equilibrio en la competencia perfecta*

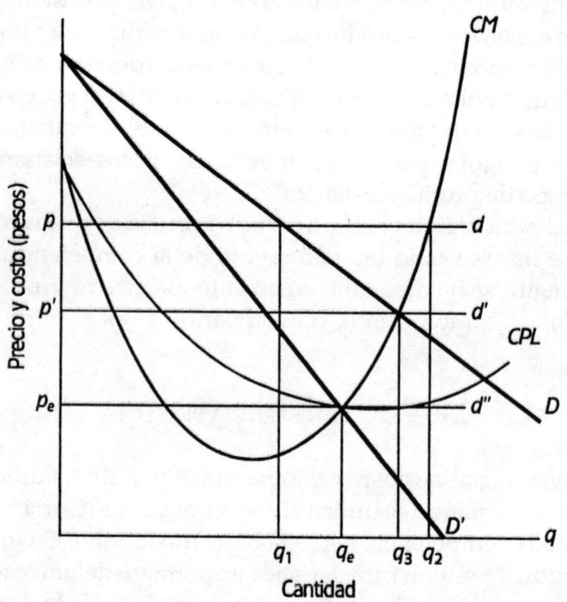

por la empresa *individual* es la línea horizontal *d*. Por tanto, cada empresa deseará vender q_2 unidades de producción, ya que el costo marginal es igual al precio en este volumen de producción. Por consiguiente, al precio *p*, la oferta del mercado ($= nq_2$) excederá la demanda del mercado ($= nq_1$) y el mercado no estará en equilibrio.[8]

Los esfuerzos de todas las empresas por vender más producción que la demandada por el mercado al precio *p* hacen bajar el precio. El equilibrio sólo ocurre cuando el precio es tal que la curva de demanda horizontal percibida por cada empresa intersecta a *CM* exactamente en el punto donde la curva de demanda proporcional *D* intersecta a la curva *CM*. En la gráfica XII.2.1, el equilibrio se encuentra en el precio *p'*. Éste es el precio de equilibrio, porque cada empresa tiene precisamente la cantidad de ventas que desea, q_3, dada su curva de demanda percibida, *d'*; y puesto que *D* intersecta a *d'* en este precio, la oferta del mercado es igual a la demanda del mercado.

Sin embargo, este equilibrio es sólo de corto plazo, porque en *p'* cada empresa está ganando un beneficio económico positivo. A medida que más

[8] Recuérdese que el equilibrio del mercado requiere que la oferta sea igual a la demanda al precio del mercado.

empresas se ven atraídas a la industria por este beneficio, la demanda del mercado se divide entre un mayor número de empresas competidoras. El aumento en el número de empresas hace que *D* se desplace hacia abajo y hacia la izquierda, porque en cada precio la empresa representativa tiene una menor proporción del mercado. Existe el equilibrio en el largo plazo cuando *D* se ha desplazado a *D′* y el precio es p_e.[9] En p_e la curva de demanda horizontal *d″*, percibida por la empresa individual, es tangente al punto mínimo de *CPL* y los beneficios económicos son iguales a cero. La curva de demanda proporcional, *D′*, intersecta a *CPL* en su punto mínimo, por lo que cada empresa puede vender q_e, que es exactamente el volumen de producción que desea.[10]

XII.3. El equilibrio de corto plazo en la competencia monopólica

Pasamos sin dificultad del examen de la competencia perfecta de la sección XII.2 al modelo de la competencia monopólica de Chamberlin. La curva de demanda proporcional, *D*, tiene el mismo significado que en la sección XII.2 y se supone también que todas las empresas tienen costos idénticos.[11] La diferencia fundamental es que cada empresa percibe su propia curva de demanda (es decir, la curva de demanda que obtendría si cambiara su precio, mientras las demás empresas no cambien el suyo) como menos que perfectamente elástica, porque su producto no es un sustituto perfecto del producto de otras empresas. Esto se ilustra en la gráfica XII.3.1, donde la curva de demanda percibida por la empresa representativa, *d*, tiene pendiente negativa en lugar de horizontal, como en la gráfica XII.2.1. Si cada empresa cobrara *p*, cada una de ellas vendería q_1 unidades del producto. Como vimos en la sección XII.2, la empresa típica, actuando bajo el supuesto de que las otras empresas mantendrán el precio en *p*, considera rentable la reducción de su precio a *p′*, para vender q_2. (Adviértase que *p′* y q_2 se encuentran en la curva de demanda percibida, *d*.) La diferencia importante entre este caso y el de la

[9] Suponemos una industria de precios de insumos constantes. También podría obtenerse el equilibrio en el largo plazo si los precios de los factores, y por ende las curvas *CPT* y *CM* aumentaran a medida que ingresan nuevas empresas.

[10] A precios menores que p_e, las empresas producirían menos que lo requerido para satisfacer la demanda del mercado, de modo que el precio aumentaría.

[11] No hay duda de que Chamberlin deseaba esta definición de *D*, por lo menos para fines de la exposición: A este respecto dijo:

> En efecto, tal curva será una parte de la curva de demanda de la clase general del producto y tendrá la misma elasticidad. Si hubiese 100 vendedores, indicaría una demanda a cada precio que sería exactamente igual a 1/100 de la demanda total a ese precio (puesto que hemos supuesto que todos los mercados tienen el mismo tamaño). [*Theory of Monopolistic Competition*, 8a. ed., p. 90.]

GRÁFICA XII.3.1. *La empresa en la competencia monopólica*

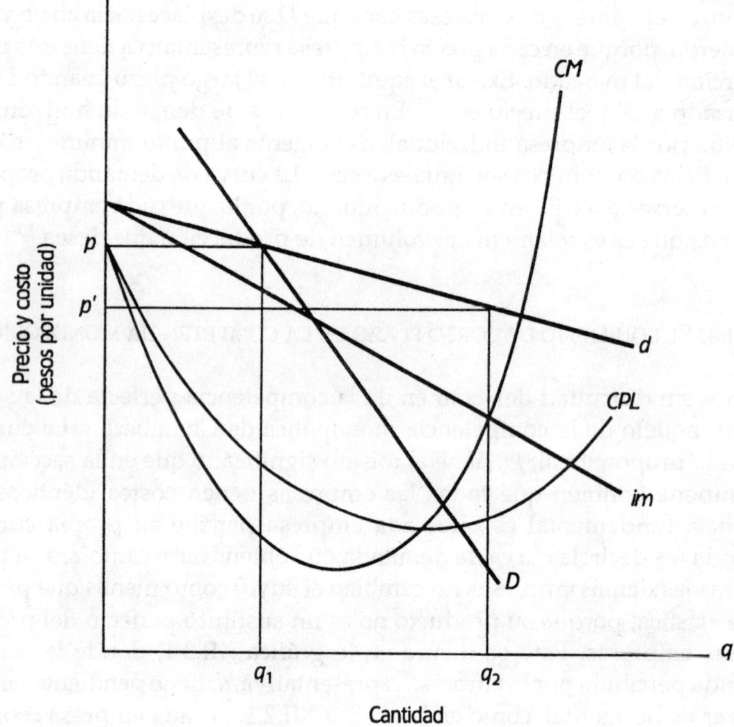

sección XII.2 es que la pendiente negativa de *d* significa que la empresa percibe que debe reducir su precio para ganar más clientes. En consecuencia, la curva *im*, que es la curva del ingreso marginal para *d*, se igualará con la curva del costo marginal, *CM*, para encontrar la producción que maximiza el beneficio, y el precio p' y q_2, respectivamente. Éste es el aspecto "monopólico" de la competencia monopólica.

Al igual que en la sección XII.2, la suposición de que todas las empresas son idénticas significa que lo que una de ellas considera bueno también es bueno para las demás. Cuando todas las empresas reducen su precio, se establece una nueva curva *d* para cada empresa. La nueva curva *d* intersecta a *D* en un precio menor que la anterior curva *d* y, así, el intento de la empresa por obtener la producción q_2 se ve frustrado. Tal reducción en el precio continuará mientras cada empresa considere provechosa la expansión en su producción mediante la reducción en su precio por debajo del precio vigente en el mercado.

En estricta analogía con la sección XII.2, el equilibrio en el corto plazo debe

GRÁFICA XII.3.2. *El equilibrio de corto plazo en la competencia monopólica*

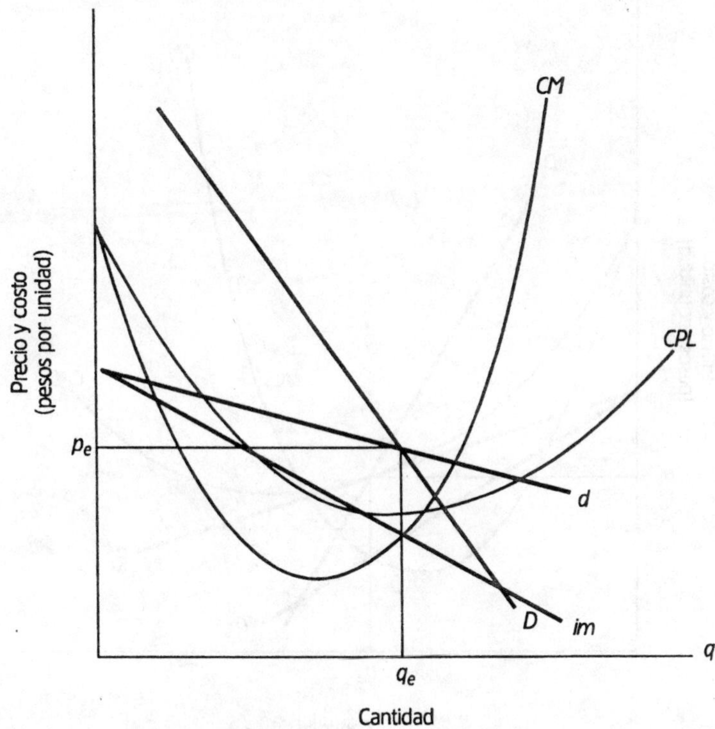

tener la característica de que, al precio corriente en el mercado, ninguna empresa se verá motivada a cambiar su propio precio.[12] Esto significa que en el equilibrio la curva *im* de cada empresa debe ser igual al costo marginal en un volumen de producción tal que el precio de mercado para esa producción se encuentre en *D*. Esto se ilustra en la gráfica XII.3.2. Cuando las empresas igualan *im* a *CM*, el nivel de producción q_e es exactamente el que se requiere para que el precio de mercado sea p_e, como lo indica la intersección de *d* y *D* en p_e. *En resumen, el equilibrio de corto plazo tiene dos características en la competencia monopólica:* a) *cada empresa selecciona su nivel de producción a modo de igualar* im *con* CM, *y* b) d *intersecta a* D *en el nivel de producción elegido por la empresa.*

[12] Si el precio del mercado fuera demasiado bajo, cada empresa se vería motivada a aumentar su precio para igualar *im* y *CM*. Cuando todas las empresas lo hacen, hay un movimiento ascendente de *d* a lo largo de *D* hasta que se alcanza el equilibrio de corto plazo definido en el texto.

GRÁFICA XII.4.1. *El equilibrio de largo plazo en la competencia monopólica*

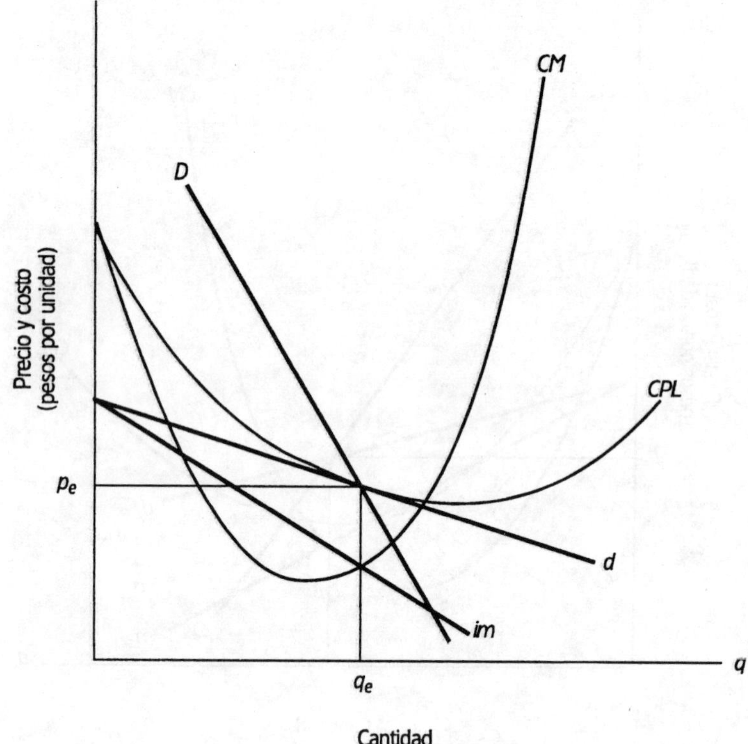

XII.4. EL EQUILIBRIO DE LARGO PLAZO EN LA COMPETENCIA MONOPÓLICA

El equilibrio de la gráfica XII.3.2 muestra que cada empresa estaba obteniendo beneficios económicos positivos, porque el precio se encontraba por encima del costo promedio en el volumen de producción q_e. La competencia monopólica supone que no hay restricción a la entrada de nuevas empresas en el grupo de productos. A medida que entran las empresas, la curva de demanda proporcional, *D*, se desplazará hacia la izquierda hasta que los beneficios económicos disminuyan a cero. En la gráfica XII.4.1 se muestra un equilibrio de largo plazo típico (con beneficio económico de cero). Este equilibrio tiene la característica del corto plazo de que ninguna empresa tiene incentivo alguno para alterar su precio o su nivel de producción, ya que *im* = *CM* en q_e. Además, al precio del mercado p_e, la curva de demanda proporcional *D* intersecta a la curva de costo promedio de tal modo que no se obtienen beneficios económicos y ninguna empresa tiene motivación alguna para entrar en el grupo de productos o para salir de él.

El equilibrio de largo plazo está definido por dos condiciones: a) d *debe ser tangente a la curva de costo total promedio, y* b) *la curva de demanda proporcional* D *debe intersectar a* d *y al costo promedio en el punto de tangencia. Las condiciones son las mismas que para el equilibrio de corto plazo, con el requerimiento adicional de que* d *sea tangente a* CPT *en el nivel de producción de equilibrio.*

XII.5. Características de la competencia monopólica

En esta sección examinaremos algunas de las características del modelo de la competencia monopólica que han atraído la atención de varios economistas.

XII.5.a. *La "producción ideal" y la capacidad excedente*

El concepto de la producción ideal y el concepto asociado de la capacidad excedente se refieren sólo al largo plazo. En el corto plazo, bajo cualquier tipo de organización de mercado, puede haber toda clase de desviaciones del mercado que reflejen un ajuste incompleto a las condiciones que existen en el mercado.

Desde Marshall hasta autores más modernos como Kahn, Harrod y Cassels,[13] la producción ideal de una empresa se consideraba en general como la producción asociada al costo promedio mínimo en el largo plazo, es decir, la producción que corresponde al punto E_c en la gráfica XII.5.1. En consecuencia, el tamaño ideal de la planta es el que da origen a la curva de costo promedio en el corto plazo que es tangente a la curva de costo promedio en el largo plazo en el punto mínimo de esta última. Por consiguiente, la capacidad excedente es la diferencia que existe entre la producción ideal y la que realmente se alcanza en el equilibrio en el largo plazo. En la gráfica XII.4.1 la capacidad excedente se mide por la distancia que media entre la producción asociada al punto mínimo de *CPL* y q_e.

De acuerdo con Cassels, diremos que la capacidad excedente se compone de dos partes, como lo ilustramos en la gráfica XII.5.1. Supongamos que en un mercado de competencia monopólica una empresa típica alcanza el equilibrio en el largo plazo en el punto E_p, con un nivel de producción OQ_E. Desde el punto de vista de la *empresa*, el tamaño óptimo de la planta en el largo plazo

[13] R. F. Kahn, "Some Notes of Ideal Output", *Economic Journal*, núm. 45, 1935, pp. 1-35; R. F. Harrod, "Doctrines of Imperfect Competition", *Quarterly Journal on Economics*, núm. 49, 1934-1935, pp. 442-470; y J. M. Cassels, "Excess Capacity and Monopolistic Competition", *Quarterly Journal of Economics*, núm. 51, 1936-1937, pp. 426-443.

GRÁFICA XII.5.1. *La producción ideal y la capacidad excedente*

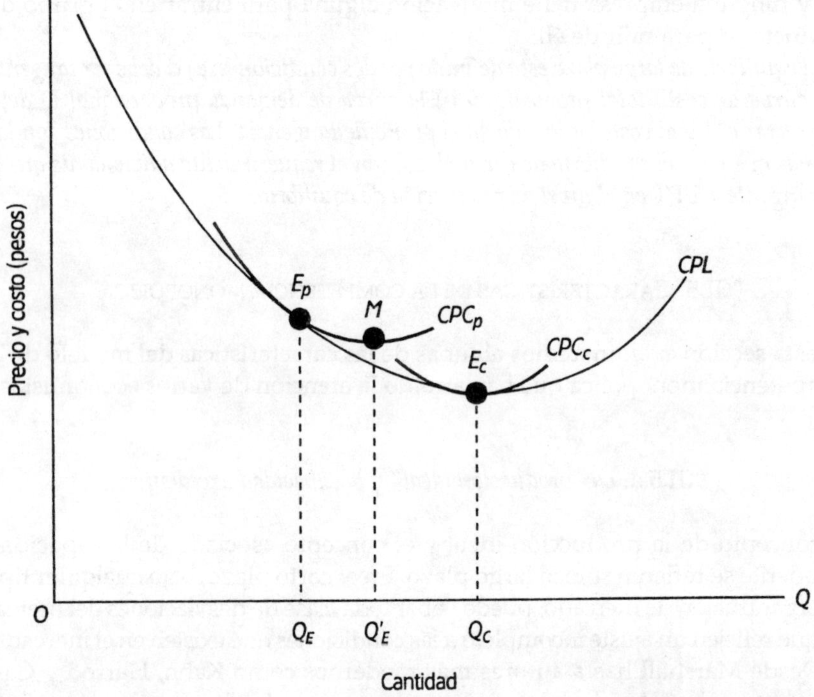

está dado por CPC_p. Según la concepción actual de la producción ideal, el tamaño socialmente óptimo de la planta está representado por CPC_c, y la capacidad excedente (negativa en este caso) se mide como Q_EQ_C unidades de producción.

La medida de la capacidad excedente podría dividirse en dos partes. Primero, dada la planta CPC_p, la empresa opera en el punto E_p y no en el punto de costo unitario mínimo M. Desde el punto de vista social, los recursos utilizados por la empresa se utilizarían con mayor eficiencia si se produjeran OQ_E' unidades, en lugar de OQ_E. Por tanto, una porción de la capacidad excedente, representada por Q_EQ_E', es atribuible a la utilización socialmente ineficiente de los recursos realmente utilizados. La segunda porción de la capacidad excedente, $Q_E'\,Q_C$, surge porque los tamaños socialmente óptimo e individualmente óptimo, son diferentes. La empresa de competencia monopólica no emplea suficientes recursos de la sociedad para alcanzar el costo unitario mínimo (en términos de pesos y de recursos).

La concepción de la producción ideal que acabamos de exponer se apoya fundamentalmente en la curva de demanda horizontal que enfrenta un competidor perfecto. Pero si las curvas de demanda individuales tienen pendiente negativa, si el mercado se caracteriza por una activa competencia de precios y si hay entrada libre al grupo de productos, según Chamberlin, E_c no corresponderá a la producción ideal. La heterogeneidad del producto es deseable por sí misma y, en opinión de Chamberlin, origina inevitablemente las curvas de demanda individuales de pendiente negativa.

La "diferenciación" se considera como una cualidad del producto e involucra un costo como cualquier otra cualidad. El costo de la diferenciación está representado por la producción que se encuentra a la izquierda del costo promedio mínimo. Así, la diferencia que existe entre la producción real (de equilibrio en el largo plazo) y la producción al costo mínimo es más bien una medida del "costo" de producir la "diferenciación", y no una medida de la capacidad excedente. Pero esto es cierto sólo mientras haya una competencia efectiva de precios en el mercado. La presencia de la competencia de precios garantiza que los compradores pueden seleccionar la "cantidad" de diferenciación que quieren comprar. En el caso de la competencia de precios, Chamberlin considera a E_p como una "especie de idea" para un mercado con diferenciación del producto.[14]

XII.5.b. *La competencia en variables distintas al precio y a la capacidad excedente*

Según Chamberlin, el equilibrio con excedente en el largo plazo en la competencia monopólica no genera capacidad excedente, mientras el mercado esté caracterizado por una activa competencia de precios. En su opinión, la capacidad excedente surge cuando la libertad para entrar se combina con la ausencia de competencia de precios. Esta clase de capacidad excedente se ilustra en la gráfica XII.5.2.

Como siempre, *CPL* representa el costo promedio en el largo plazo. Si hay libre entrada y competencia de precios, el equilibrio en el largo plazo se alcanza en E_p, donde la curva de demanda percibida, $d_p d_p'$ es tangente a *CPL*. Como vimos antes, E_p debe encontrarse a la izquierda del equilibrio competitivo E_c; pero con una activa competencia de precios tenderá a encontrarse cerca del punto competitivo.

Por muchas razones, es posible que ciertos mercados no se caractericen por una activa competencia de precios. Una actitud de "vivir y dejar vivir" por parte de los vendedores, acuerdos tácitos, asociaciones abiertas en materia de precios, mantenimiento de los precios, precios habituales y ética profesional son algunas de las causas de las políticas de precios poco agresivas. Si de hecho la competencia de precios no existe, los empresarios individuales no tendrán

[14] Chamberlin, *Thc Theory of Monopolistic Competition*, *op. cit.*, p. 94.

GRÁFICA XII.5.2. *El equilibrio de largo plazo con competencia en variables distintas al precio y a la capacidad excedente*

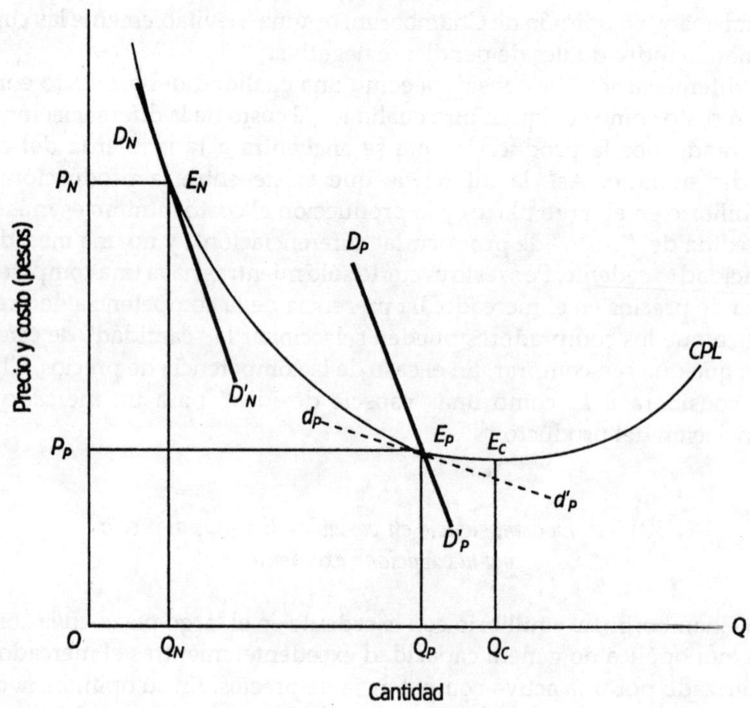

en cuenta la existencia de curvas tales como d_pd_p'. Sólo se interesarán en los efectos de un aumento o de una disminución generales en los precios, o sea, en la curva D_pD_p'.

Cuando hay libre entrada pero no hay competencia de precios, el equilibrio en el largo plazo (con eliminación del beneficio puro) se alcanza sólo cuando entran en la industria suficientes empresas para que la curva de demanda se desplace a D_ND_N'. El equilibrio se alcanza en E_N, a la producción OQ_N y al precio OP_N por unidad. En opinión de Chamberlin, Q_NQ_P representa la capacidad excedente, ya que es la diferencia en la producción que puede atribuirse a la ausencia de una competencia efectiva de precios. Si hubiera esta competencia, la empresa alcanzaría una "especie de producción ideal".

Chamberlin concluye entonces que los vendedores, aplicando políticas de precios poco agresivas,

> protegen sus beneficios en el corto plazo, pero en el largo plazo protegen su existencia, ya que si los precios no disminuyen, aumentan los costos, y ambos se

equilibran mediante la elaboración de una capacidad productiva excedente [...] que no se corrige automáticamente [...] Podría persistir por largos periodos impunemente, porque los precios cubren siempre los costos, y podría [...] volverse permanente y normal, porque no funciona la competencia de precios. En consecuencia, hay precios altos y desperdicio [...] [que pueden atribuirse al] elemento del monopolio de la competencia monopólica.[15]

XII.6. Comparaciones de los equilibrios en el largo plazo

Resulta difícil comparar los equilibrios en el largo plazo ya que tal comparación debe basarse esencialmente en observaciones de las curvas de costos. Es probable que las condiciones que dan origen al monopolio provoquen la formación de diferencias que no se pueden comparar entre los costos competitivos y los monopólicos; por razones similares, es probable que tampoco se puedan comparar estos dos sistemas con el de la competencia monopólica. Sin embargo, es posible formular algunas generalizaciones, si tenemos presente que las afirmaciones son relativas, no absolutas. Las diferencias importantes destacan de inmediato cuando se comparan las gráficas IX.5.4, X.5.2 y XII.4.1.

XII.6.a. *El equilibrio de la empresa*

A fin de destacar las diferencias, convendría señalar los aspectos "competitivos" y "monopólicos" de la competencia monopólica. Una empresa de competencia monopólica se parece a un monopolio en que enfrenta curvas de demanda y de ingreso marginal de pendientes negativas; por consiguiente, determina su política de precio y producción igualando su costo marginal con su ingreso marginal, en lugar de hacerlo con el precio, como en la competencia perfecta. Al mismo tiempo, la empresa de competencia monopólica se parece a una empresa de competencia perfecta en que se enfrenta a una competencia de mercado directa. En el largo plazo, el resultado es la ausencia de un beneficio neto, como en el caso de la competencia perfecta. Mientras que los tres tipos de empresas pueden disfrutar de un beneficio económico en el corto plazo, la libre entrada lo elimina en el largo plazo, excepto en las condiciones del monopolio puro. También es diferente la naturaleza cualitativa de la rivalidad. En la competencia perfecta, la rivalidad es completamente impersonal. En el extremo opuesto, no hay ninguna rivalidad directa en el monopolio (sólo hay una rivalidad indirecta y potencial). El caso de la competencia monopólica es un tanto distinto, pero se acerca más a la competencia perfecta.

[15] *Ibid.*, pp. 107, 109.

El competidor monopólico, al menos en abstracto, está consciente de la existencia de productos ligeramente diferenciados y altamente sustituibles de otras empresas. Habría entonces una rivalidad personal, si no fuera por la gran cantidad de empresas, tantas que cada empresario cree que sus acciones pasarán inadvertidas para sus competidores (porque son tan numerosos que sus acciones no tendrán ningún efecto claramente perceptibles sobre *ninguno* de ellos).

XII.6.b. *Los equilibrios de largo plazo en industrias y grupos de productos*

En el equilibrio competitivo de largo plazo, la producción total de la industria se produce en un grupo de plantas, cada una de las cuales opera al costo promedio mínimo (en el largo plazo). El producto se vende a un precio igual al costo promedio mínimo y es importante señalar que el costo marginal en el largo plazo es igual al precio y al costo promedio en este punto.

En el monopolio la situación de equilibrio en el largo plazo es sustancialmente diferente. Una sola empresa, operando con una planta o con varias, genera la producción de la industria. Si el monopolista opera con una sola planta, es muy poco probable que su tamaño sea el que se requiere para producir a un costo promedio mínimo (en el largo plazo); en cambio, si se utilizan varias plantas, cada una de ellas operará al costo mínimo. En ningún caso el precio será igual al costo promedio mínimo o al costo marginal mínimo. De hecho, el precio excederá a ambas, de modo que, en el equilibrio de largo plazo, la evaluación social marginal del bien es mayor que el costo marginal de su producción.

En el caso competitivo, cada empresa opera una planta de tamaño ideal y la industria genera la producción ideal. Por tanto, de acuerdo con la versión de Marshall, Kahn y Cassels, no hay capacidad excedente en el equilibrio competitivo de largo plazo. En un monopolio de varias plantas, cada planta tiene el tamaño ideal, pero no hay plantas suficientes para generar la producción ideal de la industria. En consecuencia, hay una capacidad excedente (negativa) en el largo plazo bajo la organización monopólica del mercado.

Resulta más difícil de analizar en estos términos la competencia monopólica. En el equilibrio de un grupo grande con una activa competencia de precios, el precio es mayor que el costo marginal, pero igual al costo promedio. Este último no es el costo promedio mínimo, pero Chamberlin sostiene que la diferencia que existe entre E_p y E_c es en sí misma el "costo" de la diferenciación del producto. Puesto que aparentemente la heterogeneidad del producto es deseable por sí misma, el costo de la diferenciación es un costo social válido. Por consiguiente, según el argumento de Chamberlin, E_p representa realmente el costo promedio mínimo que se puede alcanzar cuando se incluyen *todos* los costos sociales pertinentes. Cada empresa, y el grupo de productos en conjunto, produce una "especie de producción ideal" y, en el equilibrio de largo plazo, no hay ninguna capacidad productiva excedente.

Si se acepta el argumento de Chamberlin (y la aceptación *no* es unánime), aún persiste una dificultad. Supongamos que E_p representa el costo unitario mínimo alcanzable, incluido el "costo" atribuible a la cantidad "ideal" de diferenciación del producto. Incluso entonces, el precio en el largo plazo es mayor que el costo marginal en el corto plazo para la planta en cuestión. La valuación social marginal del producto excede su costo marginal para el nivel de diferenciación establecido. Desde el punto de vista social, debería aumentarse la producción y reducirse el precio hasta lograr que $P = CM$. Dado el tamaño de la planta, su CM intersecta a D_pD_p' abajo de CPC y de CPL. Por tanto, la producción socialmente deseable causaría que cada empresa experimentara una pérdida neta en el largo plazo, situación que es incompatible con la empresa privada.

En suma, los aspectos de bienestar social de la competencia monopólica son ambiguos. Desde un punto de vista muy microscópico, cada empresa produce menos que el nivel socialmente óptimo. Además, si se obligara de algún modo a cada empresa a producir este nivel de producción aparentemente deseable a un precio igual al costo marginal, la empresa privada ya no representaría un sistema económico viable. Por último, la abolición de la propiedad privada violaría un criterio de bienestar que aparentemente trasciende las consideraciones microscópicas, por lo menos en Estados Unidos y en la mayoría de las naciones occidentales industrialmente avanzadas. Por tanto, aunque es muy claro el análisis teórico de la competencia monopólica, no ocurre lo mismo con las implicaciones de bienestar de este análisis. Los criterios de bienestar microeconómicos y macroeconómicos no son compatibles o conciliables. El economista, como tal, sólo puede señalar el dilema; el establecimiento de metas sociales y normas de bienestar definitivas escapan de su capacidad profesional.

XII.7. UNA EVALUACIÓN DE LA COMPETENCIA MONOPÓLICA DE CHAMBERLIN

Los economistas han conocido el modelo de competencia monopólica desde principios de los años treinta, pero este modelo no ha desempeñado un papel muy importante en el análisis económico. Esto es consecuencia, en parte, de que muchas situaciones que los economistas desean analizar se explican muy bien con los modelos de competencia perfecta o de monopolio puro. Las situaciones que no parecen ajustarse bien a estos modelos caen a menudo en la amplia clase de los modelos oligopólicos (un número reducido de vendedores), el cual examinaremos en el capítulo XIII.

El modelo de competencia monopólica ha recibido también fuertes críticas desde el punto de vista teórico. El profesor George Stigler ha criticado la definición del grupo de productos utilizada por Chamberlin. Stigler observa que cada producto tiene muchos sustitutos "cercanos" que no encajan fácilmente en ninguna definición sistemática de un grupo de productos. Cita el ejemplo de las viviendas de la ciudad de Nueva York. Observa que éstas varían desde verdaderos palacios hasta tugurios infectos. Las condiciones de las viviendas son geográficamente diversas y pueden extenderse a varios estados y, en última instancia, al mundo entero. Es perfectamente posible que el grupo de productos contenga una sola empresa o, por el contrario, a todas las empresas de la economía. Esto hace probable que los productos del grupo sean heterogéneos desde el punto de vista tecnológico. El problema de la definición del grupo de productos dificulta la posibilidad de dar una explicación rigurosa de la curva *d* de pendiente negativa en la competencia monopólica.[16]

R. F. Harrod ha criticado los hallazgos de la capacidad excedente del modelo de competencia monopólica. Le parece incongruente que la empresa iguale una curva de costo marginal en el largo plazo y una curva de ingreso marginal en el corto plazo para determinar el volumen de la producción. Si fuera utilizada la curva del ingreso marginal en el largo plazo, la producción de la empresa sería mayor, porque se supone que la demanda en el largo plazo es más elástica.[17]

Cohen y Cyert han formulado una objeción importante contra las hipótesis conductistas en que se basa el modelo de Chamberlin.[18] Les parece extraño que las empresas no aprendan finalmente que sus acciones inducen reacciones previsibles de las demás empresas. No es posible que las empresas sigan creyendo que su curva *d* percibida proporcione verdaderas oportunidades de precio y producción, cuando se ven continuamente frustradas en sus esfuerzos por avanzar a lo largo de esta curva. Si las empresas aprenden de la experiencia, el mercado se analizará correctamente con un modelo de monopolio, oligopolio o competencia perfecta, de acuerdo con las condiciones de entrada.

Quizá sea por estas razones que los economistas raras veces utilizan el modelo de Chamberlin de la competencia monopólica para analizar los mercados. Aunque en un principio parecía atractiva en vista del aparente realismo de sus hipótesis, se trata de una teoría que deja demasiados cabos sueltos para que resulte útil en el terreno práctico. Esto nos lleva a ciertos conceptos más modernos de la competencia monopólica.

[16] George J. Stigler, *Five Lectures on Economic Problems*, Londres, Longmans, Green, 1949.
[17] R. F. Harrod, *Economic Essays*, Nueva York, Harcourt Brace, 1952.
[18] K. J. Cohen y R. M. Cyert, *Theory of the Firm*, 2a. ed., Englewood Cliffs, N. J., Prentice-Hall, 1975.

XII.8. LA COMPETENCIA *EX ANTE* Y EL MONOPOLIO *EX POST*

Se puede definir la competencia monopólica diciendo que las empresas compiten entre sí por los clientes, pero una vez que llegan los clientes, las empresas se comportan de manera monopólica. El ejemplo siguiente ilustra lo que queremos decir.[19]

Consideremos un automovilista que pasea por el campo en un cálido día de verano. Al pasar observa varios puesto de frutas establecidos al lado del camino. Los puestos podrían parecer idénticos al viajero, y todos podrían anunciar los mismos productos en sus letreros. Sin embargo, no es probable que se anuncie una lista completa de precios, porque el conductor no tiene tiempo de leer la lista al pasar. De ordinario se destacan uno o dos productos. Para simplificar, supongamos que todos los puestos tienen letreros que dicen: "Alcachofas, 5 por $1." Los puestos son sin duda competitivos en cuanto se parecen físicamente, venden productos idénticos y se encuentran en la misma ubicación básica. Pero hay cierto potencial para la fijación monopólica de los precios.

El automovilista selecciona arbitrariamente uno de los puestos para detenerse y, después de haberlo hecho, decide que también le gustaría comprar algunos tomates. El vendedor sabe que así puede ocurrir, de modo que enfrenta la curva de demanda llamada *DD'* en la gráfica XII.8.1. A un precio mayor que $2 por kg, el cliente decide no comprar, sino mirar, en cambio, los precios de otros puestos de frutas. A un precio de $2 por kg, el cliente compra 3 kg, y a precios menores demanda cantidades mayores. La curva de ingreso marginal está representada por *IM*.

¿Qué precio debería cobrar el agricultor por sus tomates? Para simplificar las cosas, supongamos que éste es el último cliente del día y que los tomates no podrán guardarse para el día siguiente. Supongamos además que tiene en su poder 100 kg de tomates. Esto significa que el costo marginal de la venta de un tomate es cero, no tiene ningún otro uso y el vendedor podría satisfacer toda la demanda del consumidor, aun si el bien fuera gratuito. Pero en cambio, el vendedor selecciona un precio de $1.43 y vende sólo 5 kg de tomates, tirando todo el resto.

Esto refleja la ineficiencia clásica del monopolio; el consumidor se llevaría otros 5 kg de tomates, pero los tomates se tiran para incrementar el beneficio del agricultor. Sin embargo, la industria de puestos de frutas sigue siendo competitiva: todos los puestos producen bienes idénticos. Igualmente fundamental es el hecho de que el agricultor no obtiene beneficios netos en su puesto.

[19] Este análisis ha sido tomado de Edward P. Lazear, "Retail Pricing and Clearance Sales", *American Economic Review*, octubre de 1986.

GRÁFICA XII.8.1. *La demanda y el ingreso marginal cuando los consumidores pueden buscar*

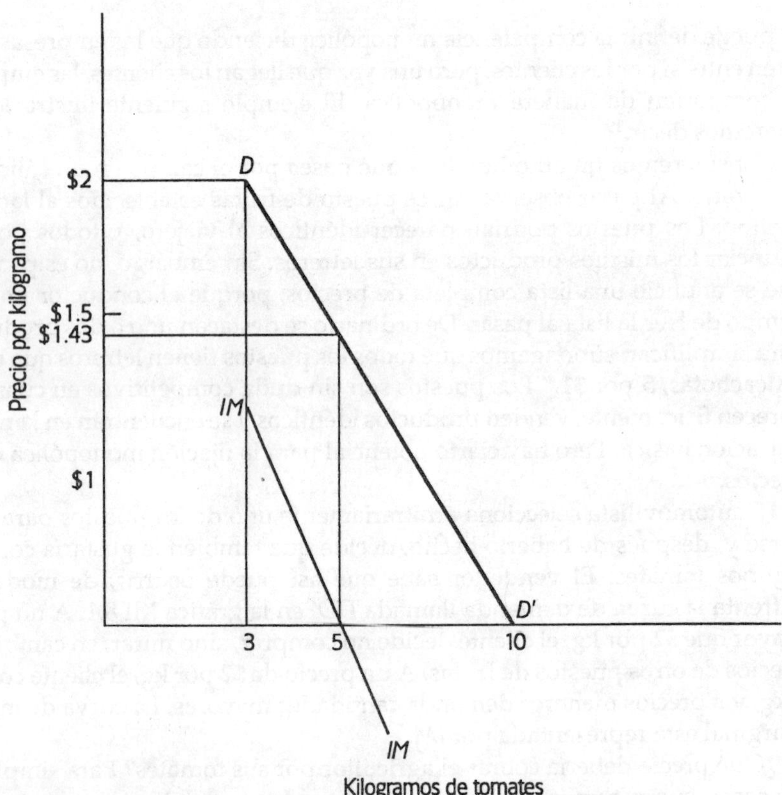

Si lo hiciera, otros agricultores abrirían puestos hasta que los beneficios de todos bajaran a cero.

Esta situación refleja la distinción que se hace entre *ex ante* y *ex post* cuando no se dispone libremente de información. Un agricultor que está pensando en abrir un puesto de frutas sabe que tendrá cierto poder monopólico en cuanto el automóvil se detenga en su sitio. Pero también sabe que, puesto que debe competir con otros puestos antes de que el automóvil se detenga, el número de puestos se ajustará hasta que cada uno de ellos, ejercitando su poder monopólico *ex post*, gane un beneficio de cero. *Ex ante*, compite con otros puestos por la atención de los automovilistas que pasan. *Ex post*, se comporta como un monopolista, sabiendo que la investigación de los precios en otros puestos no dejará de tener un costo para el conductor.

XII.9. La competencia monopólica y el equilibrio espacial

Otra manera de considerar la competencia monopólica es en el espacio geográfico. Esto nos ayuda a hacer más rigurosa la noción del grupo, aunque las suposiciones formuladas afecten al resultado.

La especificación original proviene de Harold Hotelling,[20] quien creía que el problema de la competencia entre monopolios podía describirse en el espacio geográfico.

Imaginemos el escenario de una playa durante el verano. La playa tiene un kilómetro de largo y los paseantes se distribuyen a intervalos iguales a lo largo de esta distancia. Esto se representa mediante la línea de la gráfica XII.9.1. Un empresario desea instalar un puesto de salchichas en la playa que ahora está vacía. Supongamos que cada individuo comprará una salchicha al precio de $1. La mejor ubicación del puesto es un punto *A*, a la derecha de la señal del medio kilómetro. Esto minimiza la distancia promedio que los individuos deben caminar para obtener sus salchichas.

Supongamos ahora que un segundo empresario desea instalar otro puesto. Supongamos, además, que los clientes acuden al puesto más cercano a su ubicación en la playa. En virtud de que el primer puesto se ubica en *A*, la mejor estrategia para el segundo puesto consiste en ubicarse al lado del primero, digamos en *B*. Entonces, todos los clientes que se encuentren entre *F* y *B* acudirán al segundo puesto, mientras que todos los clientes que se encuentren entre *E* y *A irán* al primer puesto. La distancia promedio de la caminata es de 1/4 de kilómetro.

El problema es que esto no es óptimo desde un punto de vista social. Por ejemplo, los clientes estarían mejor atendidos si los puestos se reubicaran en *C* y *D*. Entonces, los que se encuentren entre *B* y *F* irían a *C*, mientras que los que se encuentren entre *E* y *A* irían a *D*. Nadie caminaría más de 1/4 kilómetro y la distancia promedio caminada sería 1/8 de kilómetro.

La oportunidad y la ausencia de cooperación son importantes, ya que si dos puestos fuesen instalados por el mismo propietario, éste tendría un incentivo para ubicarlos en *C* y *D*, en lugar de en *A* y *B*. En vista de que así se reduce la cantidad del tiempo de traslado, es probable que resulte en la venta de más salchichas. El hecho es que un mercado de competencia monopólica no crea necesariamente un ambiente en el que los productos se diferencien en el grado apropiado. En este caso, los productos son demasiado similares, se venden en *A* y *B*, en lugar de venderse en *C* y *D*.

Este ejemplo no se aplica sólo a los problemas de ubicación. Supongamos

[20] Véase a Harold Hotelling, "Stability in Competition", *Economic Journal*, núm. 39, 1929, pp. 41-57.

GRÁFICA XII.9.1. *Puestos de salchichas en una playa*

E - - - - - - - D - - - - - - A B - - - G - - - - C - - - - - - - F

que se tratara del vino, que puede variar entre muy dulce y muy seco. Podemos pensar que lo muy dulce es *F* y lo muy seco es *E*. Los consumidores se colocan en esta "línea" en términos de sus preferencias por el vino dulce o por el vino seco. El primer productor de vino se ubica en el punto medio; lo mismo hace el segundo. Ambos producen el mismo bien, aunque los intereses de la sociedad estarían mejor atendidos si hubiera un vino dulce en *C* y uno seco en *D*.

Este análisis es útil, pero no cuenta toda la historia. El problema más importante es quizá que las diferencias en la calidad no pueden representarse siempre en una línea. A veces un círculo es una mejor descripción del espectro de la calidad. Los resultados se vuelven más complicados cuando se utiliza un círculo en lugar de una línea.[21] Un ejemplo de las elecciones de un producto que encajan mejor en un círculo que en una línea es la selección de un viaje aéreo. Un vuelo a las 7 a.m. es un sustituto más cercano de un vuelo a las 8 a.m. que un vuelo a la media noche, ¿pero el vuelo de media noche o el de mediodía es "más cercano" a un vuelo a las 6 a.m.? En esta situación, una línea es menos natural que un círculo.

La definición del equilibrio también es importante. El análisis anterior se basó en la idea de que un puesto de salchichas se estableció primero, y luego no había motivo para moverlo. Sin embargo, el segundo puesto podría pagar algo al primer vendedor para que moviera su puesto hacia *D*. Esto crea un conjunto de soluciones diferente. Además, una vez que se permite que las curvas de demanda tengan su pendiente negativa característica, la solución de Hotelling no es siempre correcta.

Por ejemplo, supongamos que los consumidores pagarán \$1 por la salchicha, si su caminata es menor de 1/4 de kilómetro, pero sólo \$0.25 si tienen que caminar más de 1/2 kilómetro. En virtud de que el primer puesto se ubica en *A*, el segundo puesto ganará más si se ubica en *C*. Si se ubica en *B*, ganará \$1 de todos los que se encuentren entre *B* y *C*, y \$0.25 de todos los que se encuentren entre *C* y *F*. Si hay *N* personas en la playa, este vendedor ganará $N(1/4)\,(1) + N(1/4)\,(1/4) = 5/16(N)$. Si en cambio se ubicara en *C*, se quedaría con todos los clientes entre *G* y *F* y ganaría \$1 de cada uno de ellos. Por tanto, ganaría $N(3/8)$ ubicándose en *C*. Puesto que $3/8 > 5/16$, el vendedor en

[21] Véase a A. P. Lerner y H. W. Singer, "Some Notes on Duopoly and Spatial Competition", *Journal of Political Economy*, núm. 45, 1937; y más recientemente, E. C. Prescott y M. Visscher, "Sequential Location Decisions among Firms with Foresight", *Bell Journal of Economics*, núm. 8, 1977; y Steven Salop, "Monopolistic Competition with Outside Goods", *Bell Journal of Economics*, núm. 10, primavera de 1979, pp. 141-156.

CUADRO XII.9.1

Ubicación	*Ingreso*
0.00000	$0.25000
0.03125	0.26563
0.06250	0.28125
0.09375	0.29688
0.12500	0.31250
0.15625	0.32813
0.18750	0.34375
0.21875	0.35938
0.25000	0.37500
0.28125	0.36719
0.31250	0.35938
0.34375	0.35156
0.37500	0.34375
0.40625	0.33594
0.43750	0.32813
0.46875	0.32031
0.50000	0.31250

cuestión estará mejor en *C* que en *B*. El cuadro XII.9.1 muestra el ingreso asociado a la ubicación en cada punto entre *A* y *F*; a *F* le corresponde la ubicación 0, a *C* la ubicación 0.25 y a *A* la ubicación 0.5 (es decir, es la distancia al extremo derecho). También se proporciona el ingreso recibido por el vendedor en cada punto. Como se observa en el cuadro, el máximo se alcanza en el punto *C*, con ingresos de 3/8. Si el primer vendedor puede mover su puesto, después de que el segundo vendedor ha hecho su elección, las cosas se complicarán más. En el capítulo siguiente se discutirán las maniobras de esta clase, basadas en la teoría de juegos.

Estas ideas formalizan la noción del grupo que tenía en mente Chamberlin. También especifican la naturaleza de la sustitución entre productos.

XII.10. Resumen

- ✦ Chamberlin elaboró su teoría de la competencia monopólica en respuesta a la creciente preocupación, surgida en los años veinte y treinta, de que los modelos de la competencia pura y el monopolio puro fuesen demasiado extremos para servir como modelos analíticos del comportamiento de las empresas y del mercado. Chamberlin utilizó el concepto algo nebuloso de un "grupo de productos", tratando de captar la idea de que muchos bienes tienen sustitutos cercanos pero no perfectos.
- ✦ El equilibrio en el corto plazo en la competencia monopólica ocurre cuando: *a)* cada empresa escoge su producción para igualar el ingreso marginal (de su curva de demanda percibida) con el costo marginal; y *b)* la curva de demanda percibida de la empresa intersecta a la curva de demanda proporcional en la producción escogida por la empresa. Puede utilizarse el mismo marco general para explicar el concepto de equilibrio en los mercados de competencia perfecta. La diferencia fundamental es que, en el caso de la competencia pura, la curva de demanda percibida de la empresa es horizontal, mientras que en el caso de la competencia monopólica tiene pendiente negativa. En este sentido, la diferencia entre la competencia monopólica y la competencia pura es una cuestión de grado. Si la curva de demanda percibida tiene pendiente negativa pero una elasticidad-precio muy elevada, el equilibrio de la competencia monopólica diferirá sólo trivialmente del equilibrio de la competencia pura. En el otro extremo, si la curva de demanda percibida por la empresa casi coincide con la curva de demanda proporcional, la solución de la competencia monopólica diferirá solamente de manera trivial de un equilibrio netamente monopólico. No se ha demostrado empíricamente que el modelo de la competencia monopólica proporcione una explicación significativamente mejor del comportamiento de la empresa que cualquiera de estos otros modelos, sobre todo en lo que se refiere al comportamiento del precio y del volumen de producción.
- ✦ El equilibrio de la competencia monopólica en el largo plazo tiene las características del equilibrio en el corto plazo con la condición adicional de que la entrada y la salida de las empresas del "grupo de productos" provocan que el beneficio económico de cada empresa baje a cero.
- ✦ En ausencia de la competencia de precios, Chamberlin afirmó que la industria alcanzaría el equilibrio en un punto donde los precios son elevados y prevalece una sustancial capacidad excedente. Pero en este contexto las razones esgrimidas para explicar la ausencia de una competencia de precios (que podría encubrirse con el uso de premios y otros instrumentos) no son especialmente convincentes.

- ✦ El modelo de Chamberlin ha sido objeto de diversas críticas. Una de las más importantes de estas críticas es el hecho de que el comportamiento de la empresa no suele tener en cuenta la reacción de las empresas rivales. Sería razonable esperar que las empresas aprendieran acerca de las respuestas de los rivales a través de la experiencia. Pero en ese caso, el mercado se analizará más convenientemente con los modelos de la competencia pura, el monopolio puro, o uno de los modelos del oligopolio analizados en el capítulo XIII.
- ✦ Las teorías más modernas de la competencia monopólica asumen dos formas: La primera se deriva de la información imperfecta, de modo que las empresas son competidoras antes de que el cliente cruce el umbral, pero después son monopolistas. La segunda categoría incluye los modelos de equilibrios espaciales. Estos modelos tratan de pronosticar dónde se ubicarán las empresas en algún espectro de la calidad. Sus resultados dependen en alguna medida de los supuestos que se formulen acerca de la naturaleza de la sustitución entre los bienes.

PREGUNTAS Y EJERCICIOS

1. Explique la diferencia que existe entre el equilibrio de corto plazo y el equilibrio de largo plazo en la competencia monopólica.
2. Dada la curva de demanda del mercado $Q = 100 - 1/2p$, ¿cuál es la curva de demanda proporcional cuando hay 20 empresas en la industria? Demuestre que la curva de demanda proporcional tiene la misma elasticidad que la curva de demanda del mercado a cualquier precio.
3. Demuestre que el modelo de la competencia monopólica es igual al modelo del monopolio puro cuando hay una sola empresa en la industria y la entrada está prohibida.
4. Dadas las curvas de demanda proporcional de equilibrio en el largo plazo $p = 51 - 2q$ y la curva $CPT(q) = q^2 - 16q + 100$ para una empresa de competencia monopólica:
   a) ¿Cuáles son el precio y la cantidad de equilibrio en el largo plazo?
   b) ¿Cuál es la pendiente de la curva de demanda d percibida a la cantidad de equilibrio?
   c) ¿Cuál es el ingreso marginal percibido por la empresa a la producción de equilibrio?
5. Considere una calle donde se alinean puestos idénticos que venden bolsas de piel. No se permite la publicidad de los precios en el exterior. La demanda de bolsas en cualquier puesto está dada por $P = 10 - Q$, donde P es el precio y Q es la cantidad. Esta curva de demanda toma en cuenta la capacidad de un cliente para comprar en otro puesto. La

producción de una bolsa cuesta $2. La construcción de un puesto cuesta $80 y hay 100 clientes potenciales. Encuentre el precio de equilibrio de una bolsa y el número de puestos en el equilibrio.

LECTURAS RECOMENDADAS

Chamberlin, E. H., *The Theory of Monopolistic Competition*, 8a. ed., Cambridge, Mass., Harvard University Press, 1962, especialmente el capítulo 5, pp. 77-116.

Ferguson, C. E., "A Social Concept of Excess Capacity", *Metroeconomica*, núm. 8, 1956, pp. 84-93.

Machlup, Fritz, *The Economics of Sellers' Competition*, Baltimore, Johns Hopkins University Press, 1952, pp. 135-241.

Robinson, Joan, *The Economics of Imperfect Competition*, Londres, Macmillan, 1933, pp. 133-176.

Smithies, Arhtur, "Equilibrium in Monopolistic Competition", *Quarterly Journal of Economics*, núm. 55, 1940, pp. 95 y ss.

Triffin, Robert, *Monopolistic Competition and General Equilibrium Theory*, Cambridge, Mass., Harvard University Press, 1949, pp. 17-96.

XIII. LAS TEORÍAS DEL PRECIO EN LOS MERCADOS OLIGOPÓLICOS

¿A QUÉ obstáculos se enfrentan los carteles? ¿Ha pasado a la historia el éxito de la OPEP como cartel internacional? Tales interrogantes provienen directamente del material de este capítulo, que examina la situación que se presenta cuando los vendedores son pocos y cada uno de ellos está claramente consciente de las acciones y las reacciones potenciales de sus rivales. Además de analizar las soluciones formales "clásicas" y "de mercado" del oligopolio, el capítulo también presenta una breve visión del nocivo cartel del equipo eléctrico. En la sección "Aplicación de la Teoría", que aparece al principio del capítulo, examinamos las dificultades que están afrontando las 11 naciones productoras de bauxita que luchan por crear un cartel internacional: la Asociación Internacional de la Bauxita.✦

APLICACIÓN DE LA TEORÍA

LA OFENSIVA DE PRECIOS DE LAS NACIONES PRODUCTORAS DE BAUXITA ALIVIA SU SITUACIÓN TRAS EL DERRUMBE DEL ALUMINIO

GAY SANDS MILLER
Reportero de *The Wall Street Journal*

ESTÁN surgiendo algunas grietas en la campaña de algunas naciones productoras de bauxita para obtener mejores precios por el mineral extraído en sus países.

En consecuencia, las compañías de aluminio estadunidenses, que utilizan la bauxita para fabricar aluminio, se están tranquilizando en lo referente a sus abastos de bauxita. "No esperamos aumentos rápidos en los precios de la bauxita" en el futuro previsible, dice uno de los grandes productores estadunidenses.

Tal situación no se parece nada a la tensión de 1974, cuando Jamaica encabezó las campañas independientes de seis productores para aumentar sus ingresos provenientes de la bauxita hasta en 600% y se formó la Asociación Internacional de la Bauxita. En esa época, las compañías del aluminio "estaban más preocupadas por la seguridad de sus abastos y por lo que les deparara el futuro", recuerda un funcionario del Departamento de Estado.

Pero la Asociación Internacional de la Bauxita (IBA por sus siglas en inglés), afectada por la drástica caída de la demanda de aluminio en 1975, no ha logrado satisfacer hasta ahora las esperanzas de algunos de sus miembros de "organizar" los precios mundiales del mineral rojo, parecido a la arcilla. Con el aumento en los precios del petróleo y las fuertes presiones inflacionarias de los años pasados, varias naciones han empezado a tomar sus propias medidas para fijar los precios de la bauxita.

"Cada día es más evidente que las grandes compañías han fumado la pipa de la paz con los países", dice C. Fred Bergsten, investigador principal de Brookings Institution, una organización de investigación con sede en Washington. Sin embargo, cree que los precios de la bauxita aumentarán "moderadamente", una vez que se recupere la demanda de los efectos de la recesión.

INCIERTA SITUACIÓN DE LA FÓRMULA

Hasta ahora, el proyectado cartel no se ha puesto de acuerdo siquiera sobre una fórmula común para la determinación del precio, algo que los promotores de IBA consideran necesario para evitar que las compañías del aluminio enfrenten a un país productor contra otro. El hecho de que el otoño pasado los altos funcionarios de IBA sólo hayan "recomendado" —no "aprobado" —una fórmula de precios común, que aún se mantiene en secreto, significa que dicha fórmula obtuvo una mayoría de dos tercios, pero no el apoyo unánime.

Se supone que en las prácticas ha participado Australia, el mayor productor de bauxita del mundo. El apoyo de esa nación se considera crucial para cualquier avance efectivo de IBA hacia la fijación común de los precios, pero está lejos de haberse garantizado. El gobierno que inscribió al país en la asociación fue reemplazado por otro más conservador el otoño pasado. Además, Australia no tiene ningún impuesto federal sobre la bauxita, aunque sí lo tiene el estado de Queensland.

Por supuesto, los miembros de IBA siguen cooperando en los estudios de precios "en el largo plazo". "La luna de miel ha terminado, pero todavía seguimos casados", dice Henri Guda, secretario general de IBA. Una fuente describe el tono de la primera sesión de 1976, de la junta ejecutiva de IBA, celebrada el mes pasado en Kingston, Jamaica, como "moderado [...] mucho menos orientado hacia la acción en la cuestión de los precios".

Nadie se muestra ansioso en predecir si podría surgir una estrategia de precio común para noviembre, cuando los altos funcionarios de IBA se reúnan en Sierra Leona para su tercera sesión anual. (Los miembros son Jamaica, Surinam, Guyana, República Dominicana, Haití, Ghana, Guinea, Sierra Leona, Yugoslavia, Indonesia y Australia.)

AMENAZA DE NUEVAS FUENTES

Por una parte, las nuevas fuentes del mineral podrían debilitar a los miembros de IBA. Brasil planea un gran incremento de su producción de bauxita, pero hasta ahora se ha negado a unirse al grupo. Y algunos voceros de la industria sostienen que los costos proyectados para el uso de minerales alternativos (distintos de la bauxita) establecen un "tope" al nivel que podrían llegar a alcanzar los precios de la bauxita.

Mientras tanto, los países productores de bauxita apenas se están recuperando de los efectos de la severa disminución de la demanda de aluminio experimentada el año pasado. Las cifras de la Oficina de Minas revelan que las importaciones estadunidenses de bauxita seca bajaron 25% el año pasado, mientras que en 1974 habían llegado a 10.7 millones de toneladas largas.

Esta declinación "afectó significativamente los ingresos de los grandes exportadores" de bauxita a Estados Unidos según el informe del tercer trimestre de la IBA, publicado recientemente. Pero la asociación sostiene que los ingresos se vieron fortalecidos por el aumento en los precios de los lingotes de aluminio y por la llamada "fórmula jamaiquina" que por primera vez ligó los aranceles de la bauxita a las cuotas de lingotes.

Asimismo, se espera que mejoren los ingresos provenientes de la bauxita conforme se fortalezcan las economías mundiales. La Guyana Bauxite Co., o Guybau, formada hace cinco años para operar las antiguas instalaciones de Alcan Aluminium Ltd., espera que las ventas de 1976 aumenten cerca de 20 millones de dólares, o sea alrededor de 18% sobre la cifra de 109.1 millones de dólares del año pasado, según manifestó Patterson Thompson, su presidente.

Pero la depresión de 1975 ha provocado varias concesiones de las naciones productoras de bauxita. Por ejemplo Jamaica, el aparente líder en los precios, ha cedido en sus requerimientos de "producción mínima", implantados dos años atrás, cuando aumentó marcadamente los impuestos sobre los minerales. (Se establecían así los volúmenes mínimos de mineral sobre los que se gravaría a las compañías, independientemente de su producción real.) La Reynolds Metals Co., por ejemplo, obtuvo el año pasado una reducción de 27% del mínimo de producción de 3 128 000 toneladas fijado originalmente para 1975.

Además, el monto de los impuestos está aumentando con mayor lentitud ahora. Jamaica, que originalmente había planeado aumentar sus impuestos a 8.5% del precio estadunidense "realizado" del lingote de aluminio para este año, ha aceptado mantenerlos en 7.5%, por lo menos hasta 1977.

Surinam y una subsidiaria de la Aluminum Co. of America firmaron recientemente un pacto de tres años, por un valor aproximado de 68 millones de dólares y negociado en el marco de la recesión, en el que se establece que el impuesto de ese país permanecerá en su nivel actual de 6% hasta 1978. "Hemos sido realistas", dice John de Vries, cónsul general de Surinam. En Estados Unidos, "si pides un aumento (del impuesto), pero lo que sacas es una reducción de la producción, ¿qué le vas a hacer?", pregunta De Vries.

No está claro con cuánta rapidez podrán avanzar los países hacia su meta en el largo plazo, que es el mayor control de la producción de bauxita. Jamaica ha logrado acuerdos preliminares para controlar 51% de las operaciones de extracción y embarque de bauxita de compañías tales como Reynolds de Richmond, Va., y Kaiser Aluminum & Chemical Corp., de Oakland, Calif. (38% propiedad de Kaiser Industries Corp.).

Alcoa de Pittsburgh, que espera concluir su acuerdo antes de un mes, no niega los informes provenientes de Kingston en el sentido de que Jamaica está buscando en su refinería de alúmina de 150 millones de dólares una participación mucho menor que en su operación de bauxita de 30 millones de dólares. La alúmina es el producto intermedio en el procesamiento del mineral de bauxita en metal de aluminio.

PREGUNTAS

1. Basado en su lectura de la sección XIII.3, apartados a, b y c de este artículo, ¿qué obstáculos debe superar cualquier cartel exitoso?
2. ¿Hay en este artículo alguna indicación de que el esperado cartel de la bauxita esté experimentando algunas dificultades para superar estos obstáculos potenciales? Sea específico.
3. Suponiendo que los países puedan ponerse de acuerdo para fijar el precio como lo hace un monopolista puro, indique cómo afectaría al precio de la bauxita una "reducción en la demanda de aluminio".
4. Si este fuese un cartel "ideal" representado por la gráfica XIII.3.1, ¿cómo debe determinar el cartel la cuota de producción de cada nación?

SOLUCIONES

1, 2. Obstáculos que hay que superar:

a) ¿Puede usted estar de acuerdo en un precio común? Según el artículo ésta es una gran dificultad. Desde luego, Australia parece rechazar la fórmula sugerida para la determinación de los precios. Y todavía no se ha acordado una "fórmula para los precios comunes". Sólo la han "recomendado" los altos ejecutivos de IBA. Esta recomendación obtuvo una mayoría de dos tercios, pero no un apoyo unánime.

b) ¿Puede usted impedir el "engaño"? Como se indica en la sección XIII.3, a menudo se necesita aquí un mecanismo de operación. El artículo no parece indicar que haya algún mecanismo obvio.

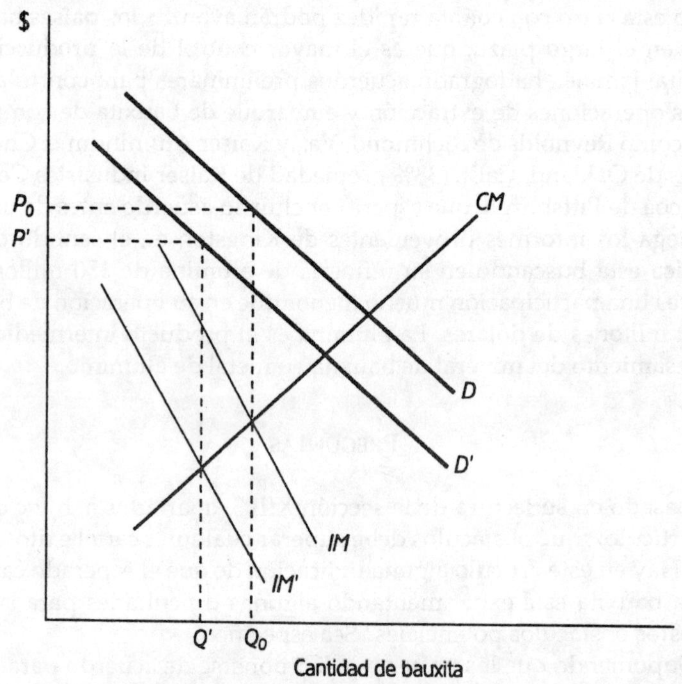

c) ¿Están incluidos los principales competidores (en este caso los países productores)? En el artículo se señala que Australia y Brasil podrían optar por no unirse al cartel. Un cartel proporcionará una sombrilla bajo la cual podrán crecer los productores excluidos. (En este contexto, también deben incluirse entre los "competidores" los productores de sustitutos cercanos del producto.) De acuerdo con el artículo, Brasil planea incrementar grandemente su producción de bauxita, pero hasta ahora se ha rehusado a unirse al cartel.

d) ¿Qué hay de los métodos de competencia distintos del precio? Éste quizá no sea un problema particularmente importante cuando el producto es bastante homogéneo, como parece ser el caso de la bauxita. Pero en el caso de bienes como los viajes aéreos o las visitas al médico, una vez eliminado el precio como un área de competencia, las empresas (médicos) pueden competir todavía sobre la calidad del producto.

(Véase en la sección "Aplicación de la Teoría" del capítulo X una discusión más detallada de las dificultades a las que se enfrentan los carteles.)

3. Puesto que la bauxita es un insumo importante para el aluminio, se esperaría que una reducción en la demanda de aluminio disminuyera la demanda de bauxita (volveremos sobre este punto en el capítulo siguiente). Suponiendo que disminuye la demanda de bauxita, el cartel debería producir en el nivel donde la nueva curva *IM* intersecte a *CM*. Esta cantidad se indica como *Q'* en la gráfica adyacente. El precio se fijará de acuerdo con la altura de la nueva curva de demanda en *Q'*. No hay información suficiente para determinar si el nuevo precio (*P'*) estará por encima o por debajo del precio original (P_0).
4. Aquí serían ideales las cuotas que "minimicen el costo total del cartel". Como lo indica el material de la sección XIII.3.b, esto es idéntico al problema de corto plazo de la asignación de la producción monopólica entre las plantas de un monopolio de varias plantas (véase la gráfica X.4.6). Se alcanza el costo mínimo del cartel cuando cada empresa produce el volumen donde su costo marginal se iguala al valor común del costo marginal y el ingreso marginal del cartel. Por ejemplo, en la gráfica XIII.3.1, cada empresa (o cada nación en este caso) produciría la cantidad donde el costo marginal se iguale a *OA*. Como se señala en la sección XIII.3.b, deberá elaborarse un sistema de repartición de los beneficios más o menos independientes de las cuotas de ventas para que este método resulte aceptable para todos los miembros del cartel.

XIII.1. INTRODUCCIÓN

El oligopolio, o su forma extrema el duopolio, constituye una situación de mercado intermedia entre los casos antes estudiados. En el monopolio, sólo hay un vendedor en el mercado; no existe allí la competencia ni en el sentido técnico ni en el sentido popular. La competencia perfecta y la competencia monopólica de grupo grande representan el extremo opuesto. Hay tantas empresas en el mercado que se espera que las acciones de cada una de ellas resulten imperceptibles para las demás; hay competencia en el sentido técnico, pero escasa o ninguna en el sentido popular. En el oligopolio suele ocurrir lo contrario: no hay competencia en el sentido técnico, pero a veces hay una rivalidad o una competencia intensas en el sentido popular.

Se dice que existe el oligopolio cuando hay más de un vendedor en el mercado, pero cuyo número no es tan grande que la contribución de cada uno de ellos sea insignificante. Cuando sólo hay dos vendedores en el mercado se presenta el caso especial del duopolio. Para simplificar, analizaremos la organización duopólica del mercado en lugar del caso más general del oligopolio; puesto que el problema fundamental es el mismo en la mayoría de los casos, no se sacrifica la generalidad.

XIII.1.a. *El problema del oligopolio*

Hasta aquí todo parece indicar que existe fundamentalmente una diferencia cuantitativa entre los diversos tipos de organizaciones del mercado. En el monopolio hay un vendedor; en el duopolio hay dos vendedores, etc. En realidad, existe una diferencia cuantitativa y conviene clasificar los mercados de acuerdo con ella. Pero además hay una diferencia cualitativa de trascendental importancia. En pocas palabras, cuando los vendedores son pocos, cada uno de ellos debe estar muy consciente de las acciones y de las reacciones potenciales de sus rivales.

Consideremos un mercado duopólico. Es casi seguro que cada empresa advertirá que sus acciones afectan a su rival, el cual reaccionará en consecuencia. Puesto que los dos se reparten el mercado, la mayoría de las acciones que benefician a una de las empresas perjudican a la otra; por tanto, la acción de un rival tendrá su contrapartida en una maniobra del otro. Puede haber entonces muchos cursos de acción diferentes.

Los rivales pueden pasarse la vida tratando de "adivinar" las acciones del otro; pueden convenir tácitamente en competir sólo a través de publicidad pero no cambiando los precios; o bien, reconociendo su potencial monopólico, podrían formar una coalición y cooperar, en lugar de competir. En efecto, hay casi tantos resultados diferentes como distintas clases de oligopolio; examinar cada uno de esos resultados sería llevar la taxonomía demasiado lejos. En consecuencia, concentraremos nuestra atención en dos conjuntos de teorías del oligopolio. En primer lugar analizaremos algunas soluciones "clásicas" del problema del duopolio. Luego, examinaremos algunas soluciones teóricas "de mercado". Pero no podemos pretender que nuestra investigación sea completa, ya que para ello se requerirían uno o más volúmenes. Sin embargo, debe quedar clara la característica principal de los mercados oligopólicos. Las empresas son interdependientes; las políticas propias de una empresa afectan a las otras en forma directa y perceptible. Por consiguiente, la competencia no puede ser impersonal.

XIII.1.b. *Algunos conceptos y supuestos*

Por conveniencia analítica, suponemos en primer término que los productos de un mercado oligopólico son homogéneos. En la práctica, la mayoría de los oligopolios se caracterizan por la diferenciación del producto; pero la distinción no es de capital importancia porque las empresas son interdependientes tanto si producen bienes idénticos como si no. En segundo término, suponemos que las empresas oligopólicas compran insumos en mercados de competencia perfecta. Esto puede ser cierto o no; es posible que se aplique a algunos insumos y a otros no. Sin embargo, cuando el supuesto violenta demasiado la realidad, todo lo que se requiere es una pequeña modificación de las curvas de costos. Por último suponemos por el momento que las empresas se comportan de manera independiente, aunque sean interdependientes en el mercado. Es decir, se descarta el caso del oligopolio colusivo, aunque para las empresas involucradas ésta sea una solución sumamente deseable que en ocasiones se alcanza. Desde la ley Sherman Contra los Monopolios, ésta es una cuestión legal, más que económica.

XIII.2. ALGUNAS SOLUCIONES "CLÁSICAS" AL PROBLEMA DEL DUOPOLIO

A veces se dice que la especulación formal acerca del problema del duopolio data de la obra del economista francés A. A. Cournot. Analizaremos algunas de las teorías más destacadas del comportamiento oligopólico empezando con el famoso caso de Cournot de las "fuentes minerales". Con excepción de los modelos de la teoría de juegos y del caso de Hotelling, vemos que en la actualidad se concede poca credibilidad a estas soluciones. Sin embargo, como dice Machlup:

> ...la familiaridad con los modelos clásicos se ha convertido en una especie de sello distintivo de la educación de un teórico de la economía, aunque ello le sirva más para familiarizarse con la terminología tradicional que para analizar los problemas económicos actuales.[1]

[1] Fritz Machlup, *The Economics of Sellers' Competition*, Baltimore, Johns Hopkins University Press, 1952, p. 369.

XIII.2.a. *El caso de Cournot*[2]

Supongamos, como Cournot, que hay dos manantiales, uno al lado del otro, de los que brota un agua mineral idéntica. Uno de los manantiales es propiedad de A y el otro es propiedad de B. Los manantiales son en realidad pozos artesianos, a los que los compradores deben llevar sus propios recipientes. En consecuencia, los únicos costos son los costos fijos de perforar los pozos; en particular, el costo marginal es cero para cada productor. El mercado duopólico así formado se ilustra en la gráfica XIII.2.1. DQ es la demanda de agua mineral en el mercado e IM es la curva del ingreso marginal.

Supongamos que A es inicialmente el único vendedor en el mercado. A fin de maximizar su beneficio, A vende OQ_1 unidades de agua mineral, de modo que el ingreso marginal es igual al costo marginal de cero. El precio es OP_1 por unidad y el beneficio es OQ_1CP_1. Ahora entra B en el mercado y el supuesto crucial de Cournot entra en acción.

A fin de obtener una solución analítica de una situación duopólica, debemos formular un supuesto conductista acerca de las expectativas de cada empresario en lo que se refiere a las políticas del rival. El supuesto de Cournot es que cada empresario espera que el otro no cambie *jamás* su volumen de producción. Por ejemplo, B entra en el mercado esperando que A siempre venda OQ_1 unidades de agua mineral. En otras palabras, B considera el segmento CQ, como la proporción de la demanda total que resta después de que A vende OQ_1 unidades, y la curva del costo marginal pertinente, como IM_2. Considerando este segmento como la curva de demanda pertinente, B maximiza su beneficio vendiendo Q_1Q_2 unidades al precio OP_2.[3] En este punto, el beneficio esperado por B es Q_1Q_2FK y el beneficio esperado por A disminuye a OQ_1KP_2.[4]

[2] Augustin Cournot, *Recherches sur les principes mathématiques de la théorie des richesses*, París, 1838. Traducción inglesa de Nathaniel T. Bacon con el título de *Researches into the Mathematical Principles of the Theory of Wealth*, Nueva York, Macmillan, 1897, reimpresa en 1927.

[3] Recuérdese el método utilizado para deducir el ingreso marginal a partir de la demanda y del hecho de que el costo marginal es igual a cero.

[4] La dinámica de la transición de una posición inicial de monopolio a un equilibrio final de duopolio puede explicarse de diversas maneras, ninguna de las cuales es especialmente satisfactoria. Adoptamos la presentación que aparece en el texto, porque es una de las que se encuentran con mayor frecuencia en la bibliografía y porque es la que se entiende con mayor facilidad si se pasan por alto ciertos aspectos secundarios. Pero estos "aspectos secundarios" pueden preocupar al estudiante serio. Por ejemplo, cuando B entra en el mercado cobra un precio de OP_2 por unidad. En consecuencia, OP_2 es el precio para A y para B, y el total de las ventas es OQ_2. Pero como los productos de A y B son homogéneos, OQ_2 se divide en partes iguales entre A y B, no en dos tercios para A y un tercio para B, como supone el análisis del texto. Puede modificarse el análisis para considerar el cambio en la distribución del mercado tras los cambios de precio, aunque esto implica grandes dificultades gráficas. De todos modos, se llegará a la misma conclusión. El tratamiento matemático del caso de Cournot no presenta esta dificultad.

GRÁFICA XIII.2.1. *La solución de Cournot*

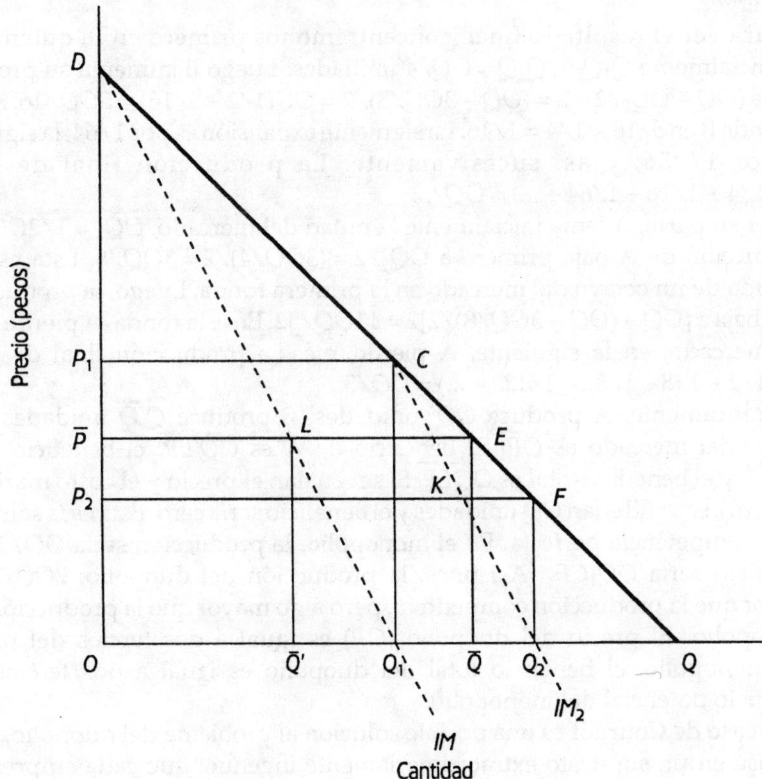

Por su parte, A espera ahora que B venda siempre $Q_1Q_2 = Q_2Q$ unidades de agua mineral. De acuerdo con esta creencia, OQ_2 representa el mercado total disponible para A. Con curvas de demanda y de ingreso marginal que son líneas rectas, lo mejor que A puede hacer es vender $OQ_2/2$ unidades. En consecuencia, A reduce un poco su producción y el precio del mercado aumenta como resultado. B contempla la situación de nuevo y ve que ahora dispone de una parte mayor del mercado, específicamente de $OQ - OQ_2/2$. Por consiguiente, B aumenta su producción a $1/2(OQ - OQ_2/2)$, el precio baja un poco y A debe reconsiderar la situación.

Si se cree que B venderá siempre $(OQ - OQ_2/2)/2$ unidades, el mercado disponible para A parece ser $OQ - (OQ - OQ_2/2)/2$. Por lo tanto, el volumen de producción que maximiza el beneficio es $[OQ - (OQ - OQ_2/2)/2]/2$, un poco menos que antes. Y así continúa el proceso, A disminuye gradualmente sus ventas y B aumenta las suyas. Pero hay un límite; el mecanismo de ajuste converge.

Para ver el resultado final, concentrémonos primero en B, quien vende inicialmente $Q_1Q_2 = Q_2Q = OQ/4$ unidades. Luego B aumenta su producción a $(OQ - OQ_2/2)/2 = (OQ - 3OQ/8)/2 = OQ(1/2 - 3/16) = 5OQ/16$. Así se expande B en $5/16 - 1/4 = 1/16$. La siguiente expansión es por $1/64$; la siguiente por $1/256$; y así sucesivamente. La producción final de B es $OQ(1/4 + 1/16 + 1/64 + ...) = OQ/3$.

Por su parte, A tenía inicialmente la mitad del mercado, $OQ_1 = 1/2OQ$. La producción de A baja primero a $OQ_2/2 = (3OQ/4)/2 = 3OQ/8$. Ésta es una pérdida de un octavo del mercado en la primera ronda. Luego, la producción de A baja a $[OQ - (OQ - 3OQ/8)/2]2 = 11OQ/32$. En esta ronda, A pierde $1/32$ del mercado; en la siguiente, A pierde, etc. La producción final de A es $OQ(1/2 - 1/8 - 1/32 - 1/128 - ...) = OQ/3$.

Gráficamente, A produce $O\overline{Q}'$ unidades, B produce $Q'\overline{Q}$ unidades y el precio del mercado es $O\overline{P}$. El beneficio de A es $O\overline{Q}'L\overline{P}$, el beneficio de B $\overline{Q}'\overline{Q}EL$ y el beneficio total es $O\overline{Q}E\overline{P}$. Si se igualan el precio y el costo marginal (de cero), se venderían OQ unidades y el beneficio sería cero. Ésta es la solución de la competencia perfecta. En el monopolio, la producción sería $OQ/2$ y el beneficio sería OQ_1CP_1. Así pues, la producción del duopolio, $2OQ/3$, es menor que la producción competitiva, pero algo mayor que la producción del monopolio. El precio del duopolio (OP) es igual a dos tercios del precio del monopolio; el beneficio total del duopolio es igual a dos tercios del beneficio potencial del monopolio.

El caso de Cournot es una posible solución al problema del duopolio, pero se basa en un supuesto extraordinariamente ingenuo: que cada empresario cree que el otro no cambiará jamás su volumen de producción, incluso después de observar repetidamente tales cambios. El siguiente modelo del duopolio se basa en un supuesto igualmente ingenuo.[5]

[5] El lector con adiestramiento matemático puede demostrar que, si la curva de demanda del mercado está dada por $p = a - bQ$, donde Q es la producción total de todos los productores, cuando hay n empresas, cada una de las cuales actúa como un oligopolista de Cournot, entonces la producción de cada empresa en equilibrio es $a/[2b + b(n-1)]$. Si $n = 2$, $q = a/3b$ y $Q = 2a/3b$. Si $n = 1$ se obtiene la solución del monopolio y, a medida que n tiende a infinito, la producción por empresa tiende a cero y la producción total de la industria se aproxima a la solución competitiva: $Q = a/b$. Esta tendencia hacia la solución competitiva a medida que $n \to \infty$ sólo se da si no hay economías de escala en la producción, como lo ha demostrado Roy J. Ruffin, "Cournot Oligopoly and Competitive Behavior", *Review of Economic Studies*, núm. 38, 1971, pp. 493-502.

XIII.2.b. *El caso de Edgeworth*

Aunque Cournot escribió su trabajo en 1838, éste recibió escasa atención durante largo tiempo. De hecho, apenas en 1883 apareció una reseña de su libro. Esta reseña fue escrita por un matemático francés, Joseph Bertrand, quien criticaba a Cournot por dejar que sus empresarios supusieran que la cantidad se mantiene constante. Por el contrario, decía Bertrand, una solución debería basarse en la suposición de que los empresarios creen que sus rivales mantendrán un precio constante.[6] Edgeworth desarrolló esta sugerencia en la solución del duopolio que lleva su nombre.[7]

Como en la situación de Cournot, supongamos que dos empresas están vendiendo un producto homogéneo al costo marginal de cero. Edgeworth supone que cada vendedor tiene una capacidad limitada y que cada consumidor tiene una curva idéntica de demanda del producto. Supongamos que uno de los vendedores fija un precio, digamos p_1. El otro vendedor puede hacer una de dos cosas: *a)* fijar un precio ligeramente menor que p_1, arrebatándole la mayor parte del mercado al primer vendedor, o *b)* fijar un precio monopólico para los clientes que no puedan comprarle al primer vendedor a causa de la limitación de su capacidad. La situación puede ilustrarse mejor con un ejemplo numérico. Supongamos que hay 1 000 consumidores, cada uno de ellos con una curva de demanda $q = 1 - p$, donde p es el precio y q es la cantidad. Cada vendedor tiene una capacidad de 400 unidades.

Consideremos en primer término la decisión de precio del vendedor A. En ausencia de cualquier competencia proveniente de B, el mejor precio que puede cobrar es 0.6. Esto puede observarse en el cuadro XIII.2.1. A cualquier precio menor que 0.6, la demanda excede de 400, pero el vendedor solamente puede ofrecer 400. El ingreso aumenta con el precio hasta $P_{A_1} = 0.6$. A un precio mayor que 0.6, la demanda baja más allá de la capacidad y el ingreso se reduce porque el precio aumentado no compensa la disminución de la cantidad vendida.

Ahora B tiene las dos opciones antes mencionadas. Recuérdese que B supone que A no altera el precio. Por ejemplo, la elección de $P_{B_1} = 0.6$ es claramente inferior a la elección de $P_{B_1} = 0.59$, porque con la primera B vende 200 unidades, mientras que con la segunda vende 400 unidades. (Los consumidores acuden primero a la empresa de menor precio.)

La empresa A ha perdido virtualmente todas las ventas a manos de la empresa B, de modo que venderá a un precio menor que P_{B_1}, digamos a

[6] Joseph Bertrand, "Théorie mathématique de la richesse social", *Journal des savants*, París, 1883, pp. 499-508.

[7] F. Y. Edgeworth, "La teoría pura del monopolio", *Giornale degli economistic*, núm. 15, 1897, pp. 13-31. Este artículo se publicó en inglés con el título de "The Pure Theory of Monopoly", en Edgeworth, *Papers Relating to Political Economy*, Londres, Macmillan, 1925, vol. I, pp. 111-142.

CUADRO XIII.2.1

Primer precio de A	*Primera cantidad de A*	*Ingreso de A*
0	400	10
0.1	400	40
0.2	400	80
0.3	400	120
0.4	400	160
0.5	400	200
0.6	400	240
0.7	300	210
0.8	200	160
0.9	100	90
1	0	0

$P_{A_2} = 0.58$. Este proceso de reducción del precio prosigue por un tiempo, pero no eternamente.

Por ejemplo, supongamos que $P_{A_t} = 0.28$. Si B baja su precio a 0.27, recibirá (0.27) (400), o sea, \$108. Pero existe una estrategia mejor. En $P_{A_t} = 0.28$, la demanda del bien = (1 – 0.28)1 000, o sea, 720. Pero A sólo puede ofrecer 400. Cada uno de los primeros 555 clientes podrá comprar su porción de 0.72 antes de que A agote su producción. El siguiente cliente obtiene tan sólo una fracción de lo que desea y no queda nada para nadie más. Esto significa que los 444 consumidores restantes se ven obligados a comprarle a B, quien reconoce que se encuentra ahora en una posición monopólica respecto de estos consumidores. El mejor precio que se puede cobrar a cada uno de ellos es 0.5. B vende $(1 - 0.5)(444^+) = 222^+$ de los artículos a un precio de 0.5 y así obtiene un ingreso de \$111.11. Esta cantidad es mayor que \$108, de modo que es una mejor estrategia.

El mercado tiene ahora un vendedor de precio bajo, A, con un precio de 0.28, y un vendedor de precio alto, con un precio de 0.5. Todos acuden en primer término a A, pero cuando se agotan las existencias de A se ven obligados a acudir a B. Pero no termina aquí la historia.

En virtud de que B cobra $P = 0.5$, A ganará si aumenta su precio. Al precio de $P_A = 0.49$, A podrá atraer a todos los clientes de B y ganar 0.49(400) = \$196. Por tanto, A aumenta su precio. Pero ahora ganará B, si vende a un precio ligeramente menor que el de A.

Y así sigue el proceso, con el precio variando continuamente entre \$0.50 y

\$0.2785. Según Edgeworth, la situación duopólica es inestable e indeterminada (en el mismo sentido en que es indeterminada la solución del problema del monopolio bilateral).[8]

XIII.2.c. *La estabilidad en los mercados oligopólicos: la solución de Chamberlin*

Chamberlin propuso una solución de duopolio estable que depende del reconocimiento mutuo de la interdependencia en el mercado.[9] El caso de Chamberlin es exactamente el de Cournot, excepto por el resultado final (véase la gráfica XIII.2.2). DQ es la demanda lineal de agua mineral. A entra primero en el mercado y vende OQ_1 unidades al precio de OP_1, obteniendo así un beneficio monopólico. B entra luego en el mercado. Viendo que A produce OQ_1 unidades, B considera a CQ como la función de demanda. Lo mejor que puede hacer B es vender Q_1Q_2 unidades. El precio disminuye a OP_2 y el beneficio total para ambos empresarios es OQ_2FP_2.

Ahora aparece la diferencia entre Cournot y Chamberlin. Según este último, A examinará la situación del mercado después de la entrada de B, reconocerá su interdependencia mutua y reconocerá también que la repartición del beneficio monopólico, OQ_1CP_1, es lo mejor para ambos. En consecuencia, A reduce su producción a $OQ_2' = OQ_1/2$. B reconoce también la mejor solución, de modo que mantiene su producción en el nivel de $Q_1Q_2 = Q_2'Q_1 = OQ_1/2$. Por consiguiente, la producción total es OQ_1, el precio es OP_1 y A y B se reparten en partes iguales el beneficio monopólico, OQ_1CP_1.

Esto dice simplemente que la mejor solución para todas las empresas consiste en comportarse como si sólo hubiese una empresa, cobrar el precio monopólico y repartirse los ingresos entre los rivales.

Esta solución tiene dos dificultades. La primera es que, en ausencia de alguna forma de colusión, cada rival tiene un incentivo para reducir el precio OP_1 y declarar luego que realmente no quería hacerlo. Mientras tanto, ganará una porción mayor de los beneficios. En segundo lugar, esta estrategia expone a las empresas existentes a la posibilidad del chantaje. Por ejemplo, si un nuevo participante potencial reconoce que las empresas existentes se verán obligadas

[8] Edgeworth supone implícitamente que las diferencias de precios no provocarán el arbitraje entre los consumidores que compran a precios distintos. Ésta es una suposición muy dudosa que no se presenta en el modelo de Cournot, donde los precios de las dos empresas son siempre iguales. Conviene advertir también que los precios oscilantes del modelo de Edgeworth dependen de la suposición de una capacidad fija. Si las capacidades fuesen ilimitadas, la suposición de cada empresa de que el rival no bajará su precio conduciría a una reducción continua del precio hasta llegar a cero.

[9] E. H. Chamberlin, *The Theory of Monopolistic Competition*, Cambridge, Mass., Harvard University Press, 1933, pp. 46-51. Harold Hotelling presentó un modelo anterior de la estabilidad en mercados oligopólicos en "Stability in Competition", *Economic Journal*, núm. 39, 1929, pp. 41-57.

GRÁFICA XIII.2.2. *La solución de Chamberlin*

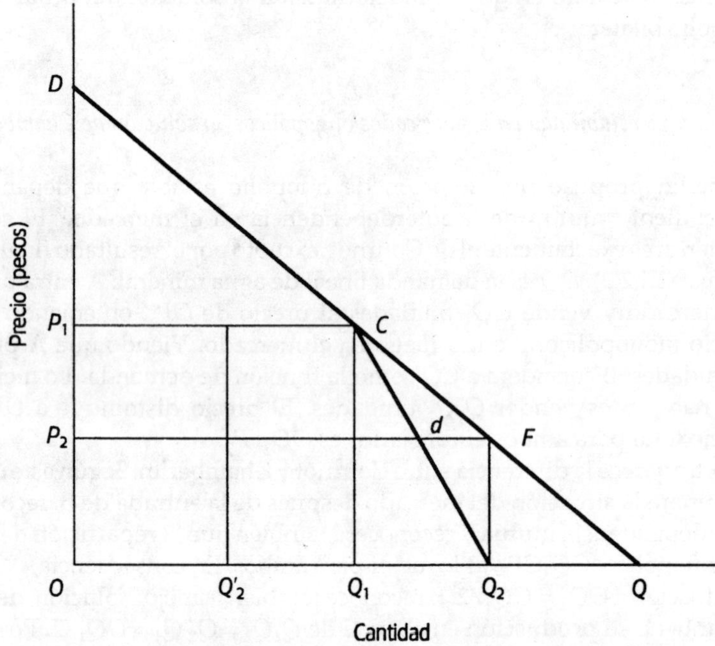

a repartirse los beneficios con él después de su ingreso, podrá amenazar con su entrada si las empresas existentes no le pagan un rescate. Si no pagan, el nuevo participante recibirá 1/3 de los beneficios. Si este proceso continuara, a la larga no quedaría ningún beneficio para la empresa original.

XIII.2.d. *La estabilidad de los mercados oligopólicos: la solución de Sweezy*

Otro modelo de un precio oligopólico estable, que gozó de popularidad durante cierto tiempo, es el de la "hipótesis de la curva de demanda quebrada" de Sweezy,[10] ilustrada en la gráfica XIII.2.3. Supongamos que la curva de

[10] Paul Sweezy, "Demand under Conditions of Oligopoly", *Journal of Political Economy*, núm. 47, 1939, pp. 568-573. George Stigler ha sostenido que este modelo ha perdido por completo su popularidad entre los economistas profesionales y que, por ello, resulta desconcertante que siga apareciendo en los libros de texto actuales. Los lectores que convengan con Stigler (como Gould y Lazear) pueden prescindir de esta sección sin perder nada, excepto quizá en la calificación del curso que estén tomando. Véase G. J. Stigler, "The Literature of Economics: The Case of the Kinked Oligopoly Demand Curve", *Economic Inquiry*, vol. 16, núm. 2, abril de 1978, pp. 185-204.

GRÁFICA XIII.2.3. *La solución de Sweezy*

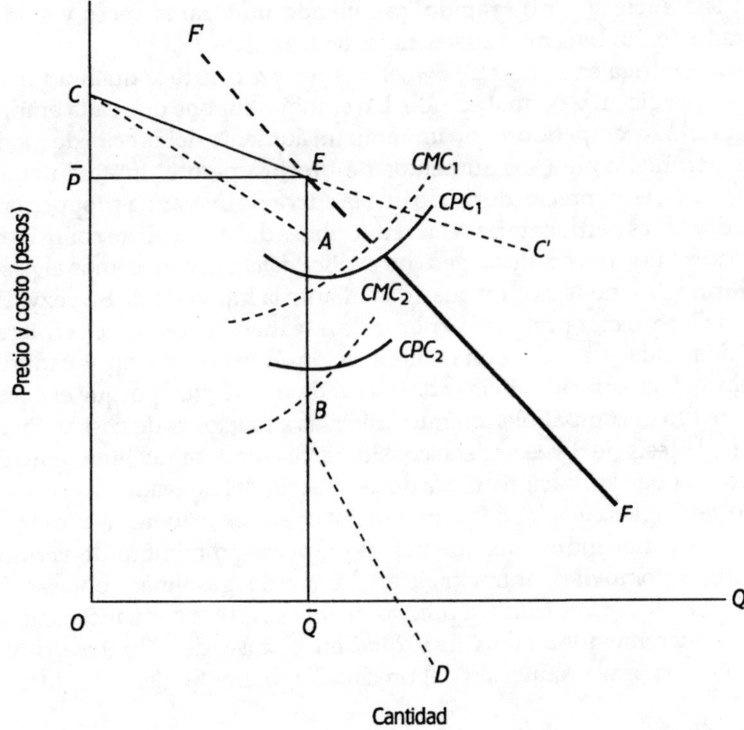

demanda a la que se enfrenta una oligopolista está dada por la curva "quebrada" *CEF*. La pendiente de la curva cambia drásticamente en el punto *E*, que corresponde al precio $O\overline{P}$. La quebradura de la curva de demanda provoca una discontinuidad finita en la curva del ingreso marginal, que está dada por la línea de guiones *CABD*. *CA* es el segmento que corresponde a la porción *CE* de la curva de demanda; *BD* corresponde al segmento menos elástico *EF*. Pero en el punto *E* hay una discontinuidad finita representada por el segmento *AB*.

La característica principal es la porción absolutamente vertical *AB*. El costo marginal puede intersectar al ingreso marginal en cualquier punto, desde *A* hasta *B*, y conducir sin embargo al mismo precio de mercado $O\overline{P}$ y al mismo volumen de ventas $O\overline{Q}$. Por ejemplo, supongamos que las condiciones iniciales de costo originan la planta representada por CPC_2 y CMC_2. CMC_2 intersecta al ingreso marginal en el segmento vertical *AB*, de modo que el precio es $O\overline{P}$. Si los costos aumentan apreciablemente, de modo que CPC_1 y CMC_1 representan ahora los costos de operación de la planta, el precio no cambia. O dicho de otro modo, el costo podría bajar de CMC_1 a CMC_2 sin afectar al precio y a la cantidad del mercado. Por tanto, de acuerdo con Sweezy, el precio del oligopolio suele ser muy rápido, cambiando muy raras veces y sólo como resultado de cambios muy sustanciales en los costos.[11]

Lo que intriga en la tesis de Sweezy es *por qué* ocurre la quebradura en un punto específico *E* y permanece allí. Un enfoque supone que cada empresario cree que *a)* los competidores no imitarán un aumento del precio, de modo que *CE* es pertinente para los aumentos de precios, pero *b)* imitarán cualquier disminución en el precio, de modo que la curva de demanda proporcional del mercado, *EF*, es pertinente para las reducciones del precio. Este análisis explica *cómo* ocurre una quebradura, pero no explica *dónde*. Si conocemos el precio de equilibrio ($O\overline{P}$), podemos razonarlo mediante la hipótesis de Sweezy. Pero la teoría de los precios pretende explicar de qué manera establece la interacción de la demanda y el costo una combinación única de precio y cantidad de equilibrio. La teoría de la demanda quebrada no lo logra, porque el equilibrio del mercado es compatible con muy diversas situaciones de costos. En consecuencia, la tesis de Sweezy debe considerarse como un razonamiento *ex post* y no como una explicación *ex ante* del equilibrio del mercado.

George Stigler cuestionó la teoría de Sweezy por razones técnicas y empíricas.[12] En varias industrias que tienen un pequeño número de vendedores (cigarros, automóviles, antracita, acero, dinamita, gasolina y potasa), Stigler observó que los *incrementos* de precios de una empresa a menudo iban seguidos por incrementos del rival, y que, en el caso de la potasa, no había seguimiento para la reducción del precio. Como dice Stigler:

> Esto sólo indica que no todos los oligopolistas creen que tienen una curva de demanda quebrada, y la mayoría de los partidarios de la teoría aceptarían esto. Por otra parte, hay siete industrias donde resulta cuestionable la existencia de la curva de demanda quebrada; en cambio, no hay una sola industria en la que se haya demostrado fehacientemente la existencia de la quebradura.[13]

[11] Véanse diversas opiniones sobre la formación de precios en el oligopolio en los ensayos de Ackley, Alderson, Bailey, Baumol, Lanzillotti, Lerner y Weston, *The Relationships of Prices to Economic Stability and Growth, Compendium of Papers Submitted by Panelists Appearing before the Joint Economic Comittee*, Washington, Government Printing Office, 1958. Véanse algunas investigaciones recientes sobre temas relacionados en H. Goldschmid, H. Mann y F. Weston (comps.), *Industrial Concentration: The New Learning*, Boston, Little Brown, 1974.

[12] George J. Stigler, "The Kinky Oligopoly Demand Curve and Rigid Prices", *Journal of Political Economy*, núm. 55, 1947, pp. 432-449.

[13] *Ibid.*, p. 441.

XIII.2.e. *La función de reacción y los líderes de Stackelberg*

El modelo de Cournot fue criticado por su ingenuidad. En él se supone que ambas empresas se comportan como si tuvieran por dado el nivel de producción de la otra empresa, sin reconocer que la segunda empresa reaccionaría ante las elecciones de la primera. Esta suposición es válida en algunas situaciones. Por ejemplo, conforme aumenta el número de empresas en una industria, su respuesta a las acciones de cualquiera de ellas podría ser trivial. Pero en otros casos conviene contar con una descripción más refinada del proceso conductista.

Para tal efecto, resulta útil introducir la noción de las "funciones de reacción". Recordemos que, en la gráfica XIII.2.1, si la empresa A escogió la producción Q_1, bajo la suposición de que la empresa A no cambiaría su producción en respuesta a la producción de la empresa B, esta última optaría por producir Q_1Q_2.

Si A hubiese optado por producir más que Q_1, digamos $\overline{Q}$, entonces B habría optado por producir una cantidad menor que Q_1Q_2; en este caso, $(QQ')/2$. Puede graficarse el volumen óptimo de B, dado cualquier volumen de A. La gráfica XIII.2.4 presenta esa variable como la curva BB', que se interpreta así: Si A opta por producir a_1, entonces B optará por producir b_1, si es un duopolista de Cournot.

Puede trazarse una curva similar de función de reacción para la empresa A. Actuando como un duopolista de Cournot, A tomaría como dado el nivel de producción de la empresa B y optaría por producir la cantidad que maximice los beneficios de A, sujeta al nivel de producción elegido por B. Por ejemplo, si B hubiese optado por producir b_2, A optaría por producir a_2, suponiendo que B no reaccionará ante tal elección. Así pues, AA' es la función de reacción de la empresa A.

La intersección de AA' y BB' describe el resultado de un equilibrio de Cournot. (Éste se llama a veces equilibrio de Cournot-Nash, en honor de John Nash, quien formalizó estos conceptos.) Éste es el único punto en el que el comportamiento de A resulta compatible con el de B. En el punto C, la empresa A opta por producir a^*. La función de reacción de la empresa B nos dice que B produciría b^* en tales circunstancias. De igual manera, si B produce b^*, la empresa A optará por producir a^*, así que las elecciones son compatibles.

La construcción de la función de reacción facilita la consideración de las conductas más complicadas de las empresas. Supongamos, por ejemplo, que la empresa B espera que A reaccione a sus elecciones exactamente en la forma descrita por la curva AA'. Entonces B podrá mejorar el comportamiento mecánico descrito por BB'. Escogiendo un nivel de producción que B sabe que inducirá a A a producir en un nivel deseado por B, este último podrá aumentar sus beneficios. Esto puede mostrarse en forma gráfica.

GRÁFICA XIII.2.4. *Las funciones de reacción*

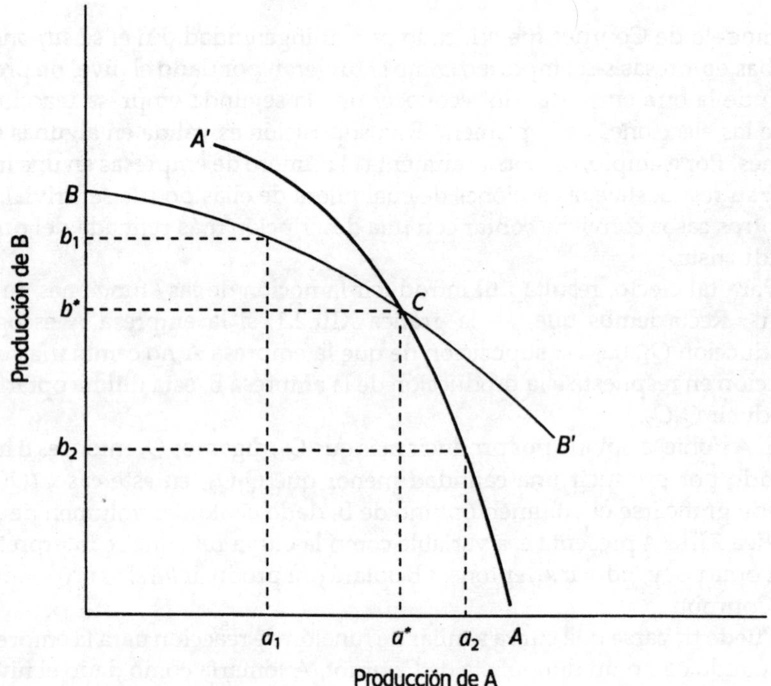

La gráfica XIII.2.5 describe esta situación. Obsérvese que *BB′* ha sido eliminada de la gráfica, porque ahora es irrelevante. B puede hacer algo mejor que avanzar a lo largo de *BB′*, porque B reconoce ahora que su acción induce una reacción de A. El punto C es el viejo equilibrio de Cournot-Nash.

Puesto que B sabe que A reaccionará de acuerdo con la curva *AA′*, puede simplemente examinar esa función y seleccionar el punto que le da el mayor beneficio. Por ejemplo, el beneficio de B podría ser mayor en el punto *S* que en el punto C. A fin de inducir a A a producir a', lo que es necesario para llegar a *S*, B sólo necesita anunciar que producirá b'. En virtud de que A se comporta de acuerdo con *AA′*, se elige a' en lugar de a^*.

Se dice que la empresa B es un "líder de Stackelberg", en honor de Stackelberg (1952). La empresa B ejerce el liderazgo, porque reconoce que A la sigue con una pauta particular. Por esa razón, se dice que la empresa A es un seguidor de Stackelberg. Aunque B reconoce la reacción de A, A no reconoce la reacción de B. Esta asimetría podría ser desconcertante, pero antes de discutirla consideremos un ejemplo numérico.

GRÁFICA XIII.2.5. *La función de reacción de A*

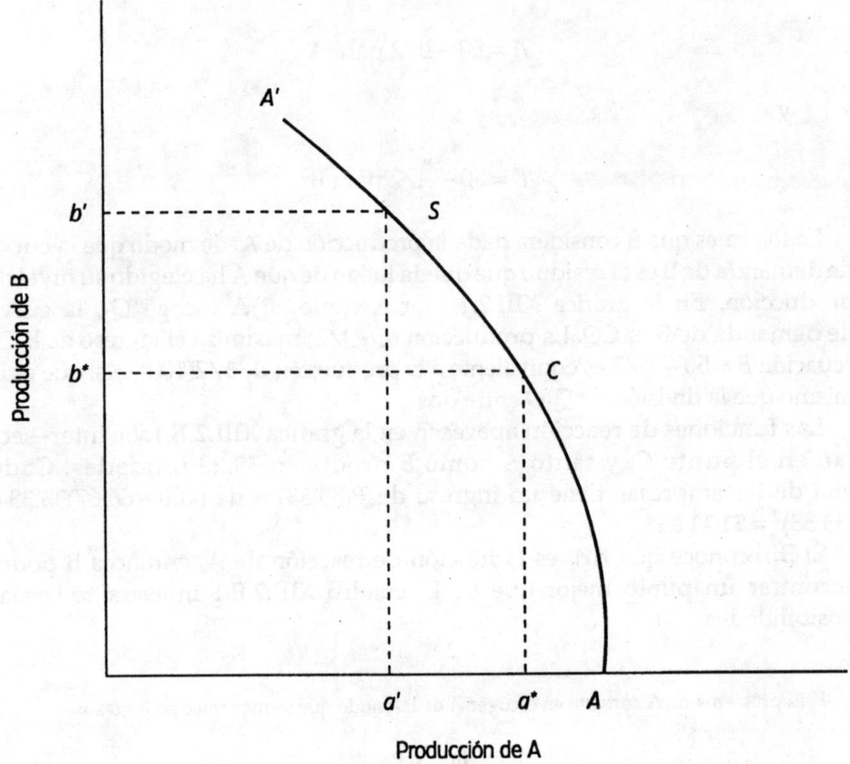

XIII.2.1. Ejemplo

Supongamos que la demanda de la industria es la que se describe en la gráfica XIII.2.1 y que su representación algebraica está dada por

$$p = 100 - Q$$

donde P es el precio y Q es la producción de la industria. Q es la suma de la producción de la empresa A y de la empresa B, de modo que

$$Q = A + B$$

Si A y B son duopolistas de Cournot-Nash, sus funciones de reacción pueden derivarse en forma algebraica.[14] Ellas son

$$A = 50 - B/2 \text{ para A}$$

y

$$B = 50 - A/2 \text{ para B}$$

La lógica es que B considera dada la producción de A, de modo que la curva de demanda de B es el residuo que queda luego de que A ha elegido su nivel de producción. En la gráfica XIII.2.1, por ejemplo, si A escoge Q_1, la curva de demanda de B es CQ. La producción ($Q_1Q/2$) maximiza el ingreso de B. La ecuación $B = 50 - A/2$ es equivalente a la producción de $1/2(100 - A)$, que es lo mismo que la división de Q_1Q entre dos.

Las funciones de reacción aparecen en la gráfica XIII.2.E.1. Se inter- sectan en el punto C, y tanto A como B producen 33.33 unidades. Cada una de las empresas tiene un ingreso de $P(33.33)$ o de $(100 - 66.67)33.33 = (33.33)^2 = \$1\,111.11$.

Si B reconoce que AA' es la función de reacción de A, entonces B podrá encontrar un punto mejor que C. El cuadro XIII.2.E.1 muestra todas las posibilidades.

[14] El problema de A consiste en escoger A de tal modo que se maximice su ingreso:

$$\begin{aligned} \text{Ing}_A &= PA \\ &= (100 - A - B)A \\ &= 100A - A^2 - BA\,. \end{aligned}$$

Derivando con respecto a A, obtenemos

$$\delta/\delta A = 100 - 2A - B = 0$$

o sea

$$A = 50 - B/2.$$

Ésta es la función de reacción a A, ya que expresa la producción óptima para A, dada cualquier elección de B.

De igual manera, la función de reacción de B es

$$B = 50 - A/2.$$

CUADRO XIII.2.E.1

B	*A*	*Beneficio de B*	*B*	*A*	*Beneficio de B*
0	50	$ 0	50	25	$1 250
2	49	98	52	24	1 248
4	48	192	54	23	1 242
6	47	282	56	22	1 232
8	46	368	58	21	1 218
10	45	450	60	20	1 200
12	44	528	62	19	1 178
14	43	602	64	18	1 152
16	42	672	66	17	1 122
18	41	738	68	16	1 088
20	40	800	70	15	1 050
22	39	858	72	14	1 008
24	38	912	74	13	962
26	37	962	76	12	912
28	36	1 008	78	11	858
30	35	1 050	80	10	800
32	34	1 088	82	9	738
34	33	1 122	84	8	672
36	32	1 152	86	7	602
38	31	1 178	88	6	528
40	30	1 200	90	5	450
42	29	1 218	92	4	368
44	28	1 232	94	3	282
46	27	1 242	96	2	192
48	26	1 248	98	1	98
			100	0	0

Como se observa en ese cuadro, B maximiza su beneficio seleccionando $B = 50$. Esto induce a A a producir 25, y la situación se representa por *S* en la gráfica XIII.2.E.1. Los beneficios de B ascienden a $1 250.

Si A y B se comportan como seguidores, terminarán en C, y B sólo ganará $1 111.11.

El concepto de "líder" es importante, porque da a los economistas un procedimiento sencillo para modelar el hecho de que los agentes tienen en cuenta las reacciones de los rivales antes de adoptar una decisión. Esto se encuentra seguramente en la base de los procesos de decisión de muchas empresas. Pero el líder de Stackelberg es una especie de versión primitiva de

GRÁFICA XIII.2.E.1. *Más funciones de reacción*

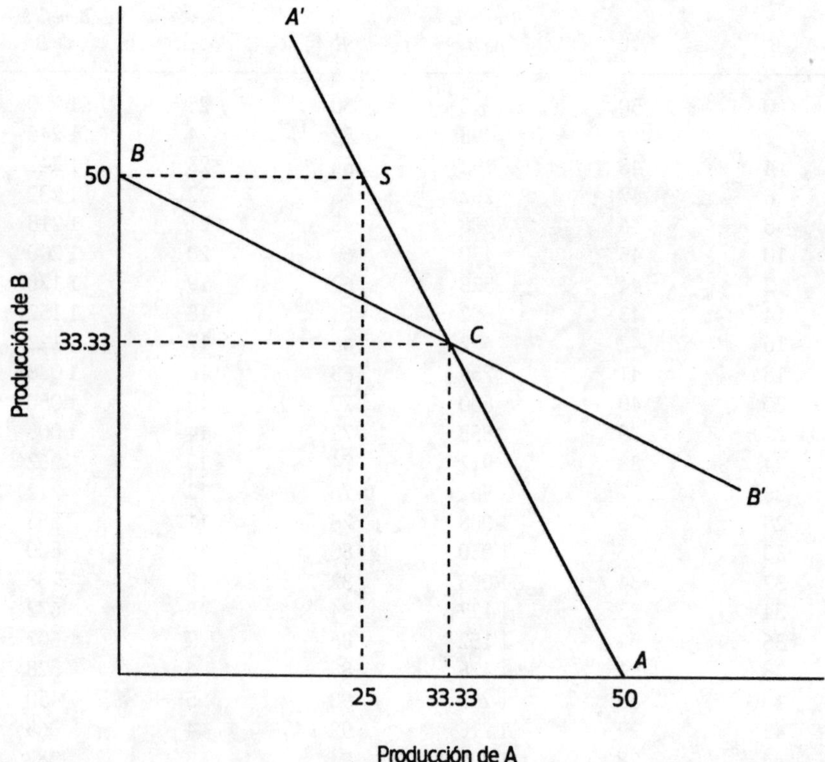

los conceptos más refinados del análisis de la reacción. Una deficiencia importante es la suposición de que una empresa es el líder y la otra el seguidor. Esta clase de asimetría es problemática, aunque no carece de aplicaciones. Por ejemplo, una empresa de nuevo ingreso podría tener mayor libertad de comportamiento que una empresa que ya se encuentra en la industria. Puede entrar con un tamaño de planta que convenga mejor a sus necesidades, sabiendo que la otra empresa debe adaptarse, dada la estructura de su planta actual. Pero tales ejemplos podrían ser raros. La teoría de juegos explora otro tipo de comportamiento que no requiere asimetrías. En la sección siguiente la examinaremos con algún detalle.

XIII.2.f. *La teoría de juegos y el comportamiento oligopólico*

Durante algún tiempo, una de las innovaciones más atrayentes en la teoría económica fue la obra de John von Neumann y Oskar Morgenstern, *Theory of Games and Economic Behavior*.[15] Esta obra representa un enfoque único para el análisis de las decisiones empresariales; y estas decisiones constituyen la materia prima de la teoría económica.

El objetivo general de la teoría de juegos es la determinación de las normas del comportamiento racional en situaciones cuyos resultados dependen de las acciones de "jugadores" interdependientes. En efecto, Von Neumann y Morgenstern se proponían

> ...encontrar los principios matemáticos completos que definen el "comportamiento racional" de los miembros de una economía social, y derivar de esos principios las características generales de ese comportamiento [...] El concepto inmediato de una solución es el de un conjunto de reglas para cada uno de los participantes que le indica cómo debe actuar en cada situación que concebiblemente pueda surgir.[16]

Para comenzar, será conveniente que no nos limitemos a un contexto económico. Un "juego" es cualquier situación en la que compiten dos o más personas. El tenis y el póquer son buenos ejemplos, pero también la ruleta rusa y los mercados duopólicos. Para simplificar, limitaremos nuestra discusión a los juegos en los que hay dos participantes llamados "jugadores". Los datos de que se disponga inicialmente constituyen las "reglas del juego", como por ejemplo, las dimensiones de una cancha de tenis, el valor jerárquico de las "manos" de póquer, la especificación exacta de los bienes, etc. En un juego, suponemos que se conocen todos los cursos de acción que puede seguir un jugador. Cada curso de acción particular recibe el nombre de "estrategia", la que por definición es una especificación completa de la acción que realizará un jugador en cualquier contingencia que pueda presentarse en el desarrollo del juego. Es obvio que este requerimiento de información se satisface en pocas situaciones del mundo real, si es que hay alguna, porque cada jugador debe conocer todo el conjunto de estrategias disponible para cada participante, incluidos él y todos sus contrincantes en el juego.

En algunos casos se requiere todavía más información. En una gran diversidad de juegos (los juegos de azar), no se conoce con certeza el resultado, que depende de una variable aleatoria. Cuando el azar entra en acción, es útil suponer un conocimiento absoluto de la probabilidad de cada uno de los

[15] John von Neumann y Oskar Morgenstern, *Theory of Games and Economic Behavior*, Princeton, Princeton University Press, 1953. Incluso los estudiantes sin adiestramiento matemático pueden leer con provecho las páginas 1-45.

[16] *Ibid.*, p. 31.

resultados posibles, correspondientes a cada una de las combinaciones posibles de las estrategias de los jugadores. Se puede disponer fácilmente de la información necesaria en el juego de lanzar una moneda al aire y tratar de adivinar si caerá en cara o cruz; pero en juegos más interesantes, como el bridge o el duopolio, la probabilidad de que se conozcan las probabilidades es insignificante. No obstante, en general basta suponer que los jugadores conocen las evaluaciones de las probabilidades pertinentes de cada uno de los demás rivales, aunque tales probabilidades sean inexactas.

El tipo más sencillo de juegos, y el único que examinaremos aquí, es el de los "estrictamente adversarios", en el que los jugadores ordenan los posibles resultados en orden opuesto. Entre los juegos de esta clase, los más comunes son los juegos "de suma constante", lo que significa que la suma de las ganancias de los jugadores es la misma independientemente de su distribución entre los participantes. Un mercado donde la demanda es completamente inelástica es un ejemplo de los juegos de suma constante. Por último, un caso especial de los juegos de suma constante es el juego "de suma cero", que tal vez ilustre mejor el juego de cara o cruz con monedas. En resumen, en un juego de suma cero las ganancias de un jugador son exactamente las pérdidas del otro. En otras palabras, la constante que constituye la suma de las ganancias es cero.

Una vez hechas estas observaciones preliminares, veamos un juego de suma constante de estrictamente adversarios, "estrictamente determinado". En este caso, la solución "minimax" de Von Neumann y Morgenstern se explica sin dificultad. Supongamos que el jugador A puede escoger entre tres estrategias (a, b, c), mientras que el jugador B tiene cuatro estrategias posibles (a', b', c', d'). Cualquier juego de este tipo, entre dos personas y de suma constante, puede ser descrito completamente por una matriz de pagos, como la del cuadro XIII.2.2.

Las estrategias alternativas de A aparecen como columna, y las de B como renglón. La ganancia de A con cada una de las combinaciones posibles de estrategias está representada por un elemento de la matriz. Por ejemplo, si A escoge la estrategia c y B escoge la estrategia a', A ganará 6. B ganará el valor constante del juego menos las ganancias de A. Si el valor constante es 20, B gana 14. En resumen, cada elemento e_{ij} de la matriz representa la cantidad obtenida por A si escoge la estrategia correspondiente al renglón i y B escoge la estrategia correspondiente a la columna j.

Inicialmente, supongamos que A puede escoger su estrategia en primer término y que opta por c. B, quien selecciona en seguida, elegirá de inmediato a' para maximizar sus ganancias, dada la estrategia adoptada por A. Supongamos ahora que B escoge primero y que selecciona c'. A escogería la estrategia c para obtener la ganancia máxima con la estrategia escogida por B. En efecto, si suponemos un conocimiento absoluto (cada jugador conoce las cifras preci-

CUADRO XIII.2.2. *Matriz de pagos para un juego de dos personas y suma constante*

	Estrategias de B				
Estrategias de A	*a'*	*b'*	*c'*	*d'*	*Mínimos de los renglones*
a	10	9	14	13	9
b	11	8	4	15	4
c	6	7	15	17	6
Máximos de las columnas	11	9	15	17	9 = 9

sas de la matriz de pagos), nunca tendrían lugar las elecciones que hemos mencionado como ejemplo.

A advierte que, con cualquier estrategia que elija (renglón), B seleccionará la estrategia (columna) que minimice las ganancias de A (o maximice la ganancia de B). Por lo tanto, a A realmente le interesan los mínimos de los renglones que aparecen en la última columna del cuadro XIII.2.2. A escoge la estrategia *a* porque le garantiza el rendimiento mayor. En todos los casos, A adopta la estrategia que corresponde al mayor de los mínimos de los renglones, o sea, el "maximin". De igual modo, a B sólo le interesan los máximos de las columnas o, más precisamente, la suma constante menos los máximos de las columnas. B sabe, por ejemplo, que si escoge la estrategia *a'*, A escogerá la estrategia *b*, por lo que la ganancia de B sería 20 – 11, o sea 9. En consecuencia, a fin de asegurar la ganancia máxima, B selecciona la estrategia correspondiente al mínimo de los máximos de las columnas, es decir, el "minimax".

El par de estrategias *a, b'* está determinado: A gana 9 y B gana 20 – 9, o sea 11. Este juego está estrictamente determinado porque cada jugador selecciona y sigue una estrategia única pura; cuando se adoptan estas dos estrategias, el máximo de los mínimos de los renglones es igual al mínimo de los máximos de las columnas. Ninguno de los jugadores podría obtener una ganancia mayor.

El caso de las estrategias únicas o "puras" es interesante desde el punto de vista de la teoría económica. Las teorías más elaboradas del duopolio, que utilizan instrumentos de análisis más antiguos, subrayan la importancia de reconocer la interdependencia mutua. Pero en un juego estrictamente determinado esto carece de importancia mientras todos los participantes se comporten racionalmente. Mientras uno de los rivales siga una estrategia minimax, el otro descubrirá que lo óptimo es también una estrategia minimax. Además, el conocimiento previo de la estrategia del oponente no nos ayuda a

FIGURA XIII.2.6. *Un juego no estrictamente determinado*

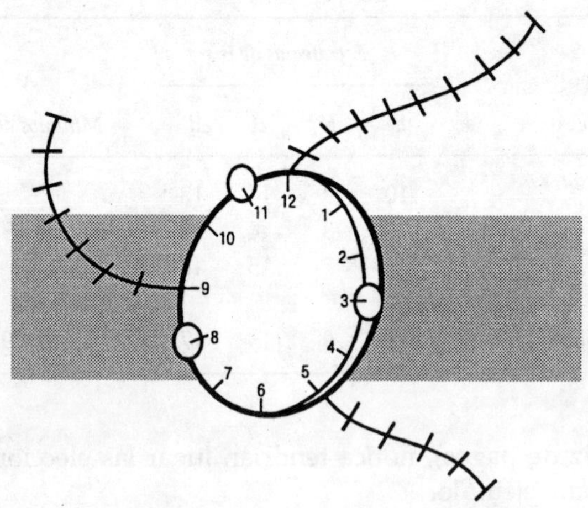

CUADRO XIII.2.3. *Matriz de pagos para un juego no estrictamente determinado*

	Ubicación de B			
Ubicación de A	*3*	*8*	*11*	*Mínimos de los renglones*
3	19	23	11	11
8	15	19	20	15
11	27	18	19	18
Máximos de las columnas	27	23	20	20 ≠ 18

determinar nuestro propio plan de acción. Por ello, el duopolista de Chamberlin fija el precio del monopolio.

Por desgracia, tanto los juegos de azar más comunes como los modelos más generales de la teoría de juegos no están estrictamente determinados. En esencia, esto significa que si los participantes seleccionan estrategias puras, el valor máximo de los mínimos de los renglones es menor que el valor mínimo de los máximos de las columnas. La figura XIII.2.6 y el cuadro XIII.2.3 ilustran este tipo de juego.[17]

[17] Tomamos este ejemplo de William Vickrey, "Theoretical Economics", parte III-A (manuscrito mimeografiado).

El diagrama de la figura XIII.2.6 representa un mercado en el que la demanda es completamente inelástica. Hay 12 consumidores distribuidos en la porción circular del mercado y se numeran como las horas en un reloj. Además, en las 5, 9 y 12 horas hay mercados subsidiarios que contienen 5, 9 y 12 consumidores respectivamente. Cada consumidor compra una unidad del bien por unidad de tiempo. Hay dos vendedores, A y B, de un bien homogéneo, que pueden escoger entre tres ubicaciones diferentes: en las 3 , las 8 y las 11 horas. Los dos vendedores pueden colocarse en la misma ubicación. Puesto que los bienes son idénticos y suponemos por ahora que no hay costos de transportación, el precio debe ser el mismo para cada vendedor. Los consumidores le compran al vendedor más cercano.

Este juego de mercado está representado por la matriz de pagos del cuadro XIII.2.3. Las cifras indican las ventas de A por unidad de tiempo como una función de las ubicaciones (estrategias) seleccionadas por A y B. El juego tiene un valor constante de 38[= 12 + (5 + 9 + 12)]. La venta de B para cualquier par de estrategias se encuentra restando las ventas de A del valor constante del juego.

Supongamos que A se coloca primero y selecciona las 11 horas. B se coloca después en las 8 horas. Con B colocado allí, A puede aumentar sus ventas de 18 a 23, reubicándose en las 3 horas. Pero cuando A actúa así, B se mueve a las 11 horas, captura los dos mercados subsidiarios más grandes y las ventas de A bajan a 11 unidades. Pero con B ubicado a las 11 horas, A se mueve a las 8, aumentando sus ventas a 20 unidades. Entonces B se mueve a las 3, A se mueve a las 11 y regresamos al punto de partida. El proceso continuo de reubicación sigue adelante porque no hay un minimax único: el mínimo de los máximos de las columnas supera al máximo de los mínimos de los renglones. Tal como está construido este juego, no hay una solución estable única.

Sin embargo, en muchos juegos hay un camino para salir de este estancamiento. Consideremos, por ejemplo, el juego de cara o cruz, representado por la matriz de pagos del cuadro XIII.2.4. A trata de igualar a B; si lo hace, A gana 1 centavo y, si no lo hace, pierde un centavo. Como en el juego del mercado, el mínimo de los máximos de las columnas supera al máximo de los mínimos de los renglones. En esta etapa no hay ninguna solución de equilibrio formal. Pero Von Neumann y Morgenstern encontraron una solución, al introducir el concepto de las estrategias mixtas, definidas como "...una asignación de probabilidades a las estrategias puras viables, de modo que la suma de las probabilidades es igual a la unidad para cada uno de los participantes".[18]

Puesto que ahora hay elementos de probabilidad en el análisis de un juego, ya no puede enunciarse el objetivo de cada participante como la maximización o minimización de un valor particular. Debemos buscar el *valor esperado* del

[18] Von Neumann y Morgenstern, *op. cit.*, p. 145.

CUADRO XIII.2.4. *Un juego no estrictamente determinado: cara o cruz con monedas*

	Estrategia de B		
Estrategia de A	*Caras*	*Cruces*	*Mínimos de los renglones*
Caras	1	–1	–1
Cruces	–1	1	–1
Máximos de las columnas	1	1	$1 \neq -1$

juego, que se determina realizando dos operaciones simples en la matriz de pagos: *a)* multiplíquese cada elemento de la matriz por la probabilidad compuesta de que sea seleccionado, y *b)* súmense estos productos para todos los elementos de la matriz de pagos.

Aclaremos un poco más. Sea p_i la probabilidad de que A seleccione la estrategia correspondiente al renglón i. De igual modo, q_j es la probabilidad de que B escoja la estrategia correspondiente a la columna j. Por consiguiente, $p_i q_j$ es la probabilidad compuesta de que se seleccione el par de estrategias, i, j. Si a_{ij} es el elemento asociado en la matriz de pagos, el paso *a* antes mencionado implica el cálculo de $p_i q_j a_{ij}$ para toda i y toda j. El paso *b* sólo requiere una suma de modo que el valor esperado del juego ($\bar{v}$) es

$$\bar{v} = \sum_i \sum_j p_1 q_j a_{ij},$$

donde, por necesidad,

$$p_i \geq 0, q_j \geq 0, \sum_i p_i = 1 \text{ y } \sum_j q_j = 1.$$

En el juego de cara o cruz con monedas, supongamos que cada jugador escoge las caras con una probabilidad de un medio. Por tanto, cada jugador debe escoger las cruces también con probabilidad de un medio. En consecuencia, el valor esperado del juego es

$$\bar{v} = (1/2)\,(1/2)\,(1) + (1/2)\,(1/2)\,(-1) + (1/2)\,(1/2)\,(-1) + (1/2)\,(1/2)\,(1) = 0.$$

Von Neumann y Morengstern demostraron que, si se permiten las estrategias mixtas, todos los juegos de suma constante tienen una solución minimax única. Puede demostrarse fácilmente que tal estrategia de minimax realmente existe para el juego de cara (0) o cruz (+) con monedas. El valor esperado del juego desde el punto de vista de A, para todas las asignaciones de probabilidad posibles por A se calcula suponiendo que B selecciona siempre la combinación de probabilidad más ventajosa, dada la selección de A. Por ejemplo, consideremos las siguientes probabilidades para A: un tercio, las caras; dos tercios, las cruces. Entonces B puede fijar sus probabilidades como nueve décimos para las caras y un décimo para las cruces. El valor esperado del juego es menos cuatro quinceavos para A.[19] Suponiendo que B selecciona siempre la mejor estrategia, dada la selección de A, el valor máximo esperado del juego para A es cero, que se obtiene cuando A fija sus probabilidades como un medio para las caras y un medio para las cruces. Por lo tanto, la *estrategia mixta óptima* para A es $P_0 = P_+ = 1/2$. Cuando A sigue esta estrategia, lo mejor que puede hacer B es fijar $q_0 = q_+ = 1/2$; el valor esperado del juego para B también es cero.

Al contrario de lo que ocurre con los juegos estrictamente determinados, el conocimiento anticipado de los planes del oponente es muy importante en los juegos que requieren estrategias mixtas para una solución minimax. Como escribieron Von Neumann y Morgenstern:

> Constituye una clara desventaja para cualquier jugador el hecho de que su oponente descubra sus intenciones. Por consiguiente, en un juego así es importante que el jugador se proteja a sí mismo de que su contrincante descubra sus intenciones. Jugando varias estrategias diferentes al azar, de modo que sólo sus probabilidades estén determinadas, se logra de manera muy eficaz cierto grado de protección. Así, el oponente no podrá descubrir cuál será la estrategia del otro jugador, puesto que el propio jugador no lo sabe. Evidentemente, la ignorancia es una salvaguarda muy buena contra la revelación directa o indirecta de información.

En otras palabras, el mejor procedimiento para decidir si se apuesta a cara o cruz consiste en lanzar una moneda al aire y dejar que la suerte decida.

Una vez bosquejada la teoría de juegos, podemos hacer ahora algunas consideraciones más generales. El meollo de esta teoría es el principio minimax; y hay numerosas críticas contra la aplicación de este principio en la toma de decisiones en la economía y en los negocios. Esencialmente, el principio minimax requiere que el jugador escoja una estrategia bajo el supuesto de que el jugador rival toma siempre el curso de acción menos deseable desde el punto

[19] Las probabilidades para B se limitaban a números pequeños. B puede ganar más si fija las probabilidades de las caras más próximas a la unidad. En el límite, dada la elección de A, de 1/3 para las caras y 2/3 para las cruces, B puede ganar 1/3 (es decir, el valor esperado del juego para A –1/3). En términos más generales, si A fija la probabilidad $p_0 < p_+$, B ganará siempre fijando las probabilidades $q_0 = 1$, $q_+ = 0$. O bien, si A fija las probabilidades $p_0 > P_+$, B ganará siempre fijando $q_0 = 0$, $q_+ = 1$.

de vista del primero. En términos menos precisos, el principio minimax requiere que el jugador (o empresario) adopte el plan de acción que aproveche al máximo la peor situación posible. Pero este plan de acción no será el mejor, si no se presenta la peor situación posible. No se permite así que el empresario aproveche los cambios favorables del mercado, ni que sea "dinámico" en ningún sentido.

Muchos economistas creen que el principio minimax es un patrón innecesariamente conservador. Además, con frecuencia se afirma que la estrategia minimax no es compatible con la psicología empresarial predominante. La mayoría de los empresarios no tratan de aprovechar al máximo una situación mala. De hecho, muchos empresarios tratan de maximizar su objetivo bajo la suposición de que prevalecerán condiciones muy favorables. Y desde luego, generalmente se esfuerzan para influir en el mercado, a fin de que tal suposición sea correcta.

La mayoría de las situaciones económicas no resulta bien descrita por los juegos de suma constante. Es más, la esencia de la economía es la existencia de ganancias derivadas del comercio. La ganancia del vendedor no es la pérdida del comprador. A fin de analizar estas situaciones, debemos introducir los juegos de suma distinta de cero. Para describir el problema del duopolio a menudo se utiliza un juego sencillo de suma distinta de cero, llamado "el dilema del prisionero".

El dilema del prisionero proviene del cuento siguiente, algo cruel. Dos prisioneros, A y B, se enfrentan a una decisión: cada uno de ellos debe declararse inocente o culpable, pero la matriz de pagos del cuadro XIII.2.5 es pertinente. Se interpreta como sigue: Si A se declara culpable y B se declara culpable, ambos serán condenados a tres años de prisión (esquina noroeste). Si tanto A como B se declaran inocentes, ambos serán ejecutados (esquina sureste). Si A se declara inocente y B se declara culpable, A saldrá en libertad y B será ejecutado. Si B se declara inocente y A se declara culpable, B saldrá libre y A será ejecutado.

El dilema consiste en que a ambos les gustaría admitir su culpabilidad, pero ésa no es una estrategia de equilibrio. En efecto, no hay manera de evitar la ejecución de ambos prisioneros. He aquí por qué:

El señor A está sentado en su celda con el papel en el que debe escribir la palabra "inocente" o "culpable". Se dice entonces: "Ignoro lo que escribió B. Supongamos que B escribió culpable. Entonces, mi elección es clara. Si me declaro inocente, saldré libre. Si B escribió inocente, seré ejecutado de cualquier manera. Por tanto, mejor me declaro inocente con la (escasa) esperanza de que B haya escrito culpable". Por supuesto, el señor B experimenta el mismo proceso y también se declara inocente. El equilibrio se encuentra en la esquina sureste, donde ambos prisioneros serán ejecutados.

Hay una manera de evitar esto, pero se requiere la presencia de un tercero.

CUADRO XIII.2.5. *El dilema del prisionero*

	Estrategias de B	
Estrategias de A	*Culpable*	*Inocente*
Culpable	3 años de prisión para ambos	A ejecutado, B libre
Inocente	B ejecutado A libre	Ambos ejecutados

Si, por ejemplo, A y B pueden pagarle previamente al carcelero para que le dispare a cualquiera de ellos en el momento en que empiece a escribir la palabra "inocente" en el papel, la estructura cambia. Ninguno de los prisioneros tendrá ahora ningún incentivo para declararse inocente, así que el equilibrio, con la ayuda del carcelero, es la esquina noroeste.

En la literatura antimonopolio existen algunos ejemplos del uso de terceros para eliminar el comportamiento oportunista, como veremos más adelante. Un ejemplo más divertido es el de una tripulación de remeros que contrata colectivamente a un verdugo para que azote a cualquiera de ellos que deje de remar. En ausencia del verdugo externo, cada uno de los remeros tenía un incentivo para descansar, dejando que los demás realizaran el trabajo. Si todos pensaran así, el bote habría avanzado mucho más lentamente y los tripulantes no podrían cobrar honorarios tan grandes. El verdugo impide que surja esta situación.

XIII.3. ALGUNAS SOLUCIONES "DE MERCADO" AL PROBLEMA DEL DUOPOLIO

Los tratamientos clásicos del duopolio, con la posible excepción del de Chamberlin, se basan en la suposición de que los empresarios actúan con independencia recíproca, aunque sean interdependientes en el mercado. Ahora examinaremos algunas teorías basadas en la colusión explícita o implícita entre las empresas.

XIII.3.a. *Los carteles y la maximización del beneficio*

Un *cartel* es una combinación de empresas cuyo propósito es limitar el alcance de las fuerzas competitivas dentro de un mercado. Puede asumir la forma de una colusión abierta, en la que las empresas que intervienen celebran un contrato relativo al precio y posiblemente a otras variables del mercado. Es posible que el *Kartelle* alemán sea el mejor ejemplo de esto; pero también hubo muchos casos semejantes en Estados Unidos durante la gran depresión. También puede formarse un cartel mediante una colusión secreta entre los vendedores; en la historia económica de Estados Unidos existen muchos ejemplos de esta práctica, sobre todo en los primeros años del siglo XX.[20]

Las colusiones abiertas y secretas constituyen los mejores ejemplos de carteles. Sin embargo, en un sentido amplio, las asociaciones comerciales, las organizaciones profesionales y otras agrupaciones similares realizan muchas de las funciones que suelen asociarse a los carteles.

Entre la gran diversidad de servicios que un cartel puede ofrecer a sus miembros, hay dos de capital importancia: la fijación de precios y la repartición del mercado. En este apartado examinaremos la fijación de precios en un cartel "ideal".

Supongamos que un grupo de empresas que producen un bien homogéneo integran un cartel. Se designa un organismo de administración central, cuya función es la determinación de un precio uniforme para el cartel. En teoría, la tarea es relativamente simple, como se ilustra en la gráfica XIII.3.1. *DD'* representa la demanda del mercado del bien homogéneo y la línea punteada *IM* representa el ingreso marginal. La curva de costo marginal del cartel debe ser determinada por el organismo de administración. Si todas las empresas del cartel compran todos sus insumos en mercados de competencia perfecta, la curva de costo marginal del cartel (CM_c) es simplemente la suma horizontal de las curvas de costo marginal de las empresas miembros. De no ser así, habría que tener en cuenta el aumento en el precio de los insumos que se asocia a un aumento de su uso; CM_c estará más a la izquierda del lugar que ocuparía si todos los mercados de insumos fuesen perfectamente competitivos.

En cualquier caso, el organismo de administración determina el costo marginal del cartel, CM_c. El problema es sencillo: determinar el precio que maximice el beneficio del cartel, es decir, el precio del monopolio. En la gráfi-

[20] De hecho, el gobierno persigue sistemáticamente las actividades colusivas de fijación de precios que violan la sección 1 de la ley Sherman Contra los Monopolios.

En el año fiscal de 1970, la División Antimonopolio presentó 19 acusaciones de fijación de precios, y 23 en el año fiscal precedente. Debe advertirse que los acuerdos de la fijación vertical de precios, es decir, los que no están exentos de enjuiciamiento en los términos de las exenciones del comercio justo, constituyeron cerca de 75% de las acusaciones presentadas en 1970, y cerca de 40% de las presentadas en 1969.

Según los términos de la sección 5 de la ley de la Comisión Federal de Comercio, esta Comisión puede entablar juicios civiles contra quienes conspiren para fijar precios. Sin embargo, esto no es frecuente, porque según los acuerdos actuales de colaboración con la División Antimonopolio esta última deberá ser la que entable juicio a todas las actividades de fijación de precios del tipo discutido en este apartado.

William J. Curran nos ha brindado una valiosa ayuda en lo referente a este punto.

GRÁFICA XIII.3.1. *La maximización del beneficio del cartel*

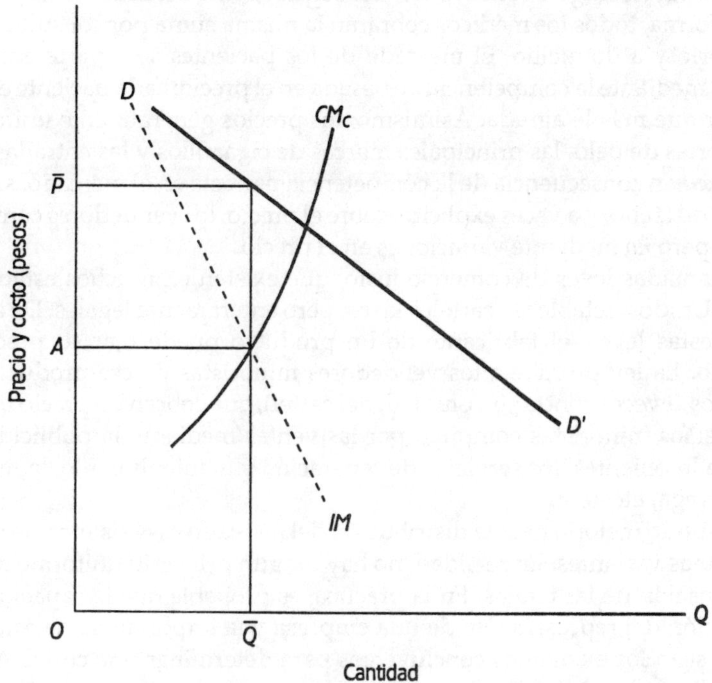

ca XIII.3.1, el costo marginal y el ingreso marginal se intersectan en el nivel de OA; por tanto, la administración del cartel establecerá el precio de mercado $O\overline{P}$. Dada la curva de demanda DD', los compradores adquirirán $O\overline{Q}$ unidades de los miembros del cartel. El segundo problema importante al que se ven enfrentados los gerentes del cartel es el de cómo distribuir el total de ventas de $O\overline{Q}$ unidades entre las empresas miembros.

XIII.3.b. *La distribución del mercado en los carteles*

Fundamentalmente, hay dos métodos de distribución de las ventas: la competencia en variables distintas del precio, y las cuotas. El primero se asocia por lo general a los carteles "laxos". Se fija un precio uniforme y luego se permite que cada empresa venda todo lo que pueda a ese precio. Lo único que se exige es que las empresas no reduzcan el precio fijado por el cartel. En Estados Unidos hay ahora muchos ejemplos de este tipo de organización del cartel. Por ejemplo, en la mayoría de las ciudades hay asociaciones de médicos y de abogados cuyo código de ética es con frecuencia la base del acuerdo de precios. De esta forma, todos los médicos cobrarán la misma suma por consulta, en su consultorio y a domicilio. El mercado de los pacientes se reparte entre los médicos mediante la competencia no basada en el precio: cada paciente escoge el doctor que más le agrada. Asimismo, los precios generalmente uniformes de los cortes de pelo, las principales marcas de cigarrillos y las entradas para el cine, no son consecuencia de la competencia perfecta en el mercado, sino de un acuerdo tácito, y a veces explícito, sobre el precio; los vendedores compiten entre sí, pero *no* mediante variaciones en el precio.

Las llamadas leyes de comercio justo, que existen en muchos estados de Estados Unidos, establecen carteles laxos, pero enteramente legales. De acuerdo con estas leyes, el fabricante de un producto puede fijar su precio de menudeo. La ley prohíbe a los vendedores minoristas de ese producto (los miembros, a veces contra su voluntad, del cartel), que cobren un precio menor. Los diversos minoristas compiten por las ventas mediante la publicidad, el crédito a los clientes, los servicios de reparación y mantenimiento, la rapidez de la entrega, etcétera.

El segundo método para la distribución del mercado es el sistema de *cuotas*, con algunas variantes. En realidad, no hay ningún principio uniforme para la determinación de las cuotas. En la práctica, es probable que la capacidad de negociación del representante de una empresa y la importancia de ésta para el cartel sean los elementos concluyentes para determinar una cuota. Aparte de esto, hay dos métodos populares. El primero de ellos tiene una base estadística, ya sea el volumen relativo de ventas de la empresa en algún periodo anterior a la formación del cartel, o su "capacidad productiva". La selección del periodo base o de la medida de su capacidad es materia de negociación entre los miembros del cartel. Por consiguiente, como se dijo antes, el negociante más hábil tiene más probabilidad de obtener la mejor parte.

El segundo método del sistema de cuotas es la división geográfica del mercado. Algunos de los ejemplos más notables se encuentran en los mercados internacionales. Por ejemplo, un acuerdo entre Du Pont e Imperial Chemicals dividió el mercado de ciertos productos de tal manera que la primera poseía los derechos exclusivos de venta en América del Norte y en Centroamérica (excepto en las posesiones británicas) y la segunda, en el Imperio Británico y en Egipto. Otro ejemplo es el acuerdo entre la compañía estadunidense Roehm and Haas y su filial alemana Roehm und Haas. La primera obtuvo los derechos exclusivos de venta en todo el continente americano y en Australia, Nueva Zelanda y Japón, mientras que la segunda los tenía en Europa y Asia, excepto Japón. Podríamos citar muchísimos más ejemplos, pero los citados bastan para mostrar la determinación de cuotas mediante la división geográfica.

Aunque en la práctica resulta bastante difícil celebrar acuerdos sobre cuotas, en teoría podemos señalar algunas directrices. Consideremos el cartel "ideal" representado por la gráfica XIII.3.1. Un criterio razonable para el grupo de administración sería el de "minimizar el costo total del cartel". Esto es idéntico al problema de corto plazo de la asignación de la producción del monopolio entre sus diversas plantas (véase la gráfica X.4.6). Se obtiene el costo mínimo del cartel, cuando cada empresa produce el volumen para el que su costo marginal es igual al valor común del costo marginal y del ingreso marginal del cartel. Por consiguiente, cada empresa produciría el volumen, cuyo costo marginal es igual a OA (gráfica XIII.3.1); utilizando el proceso de adición para obtener CM_c, vemos que la producción total del cartel será $O\overline{Q}$. El problema de este método es que la empresa de menor costo obtiene la mayor parte del mercado y de los beneficios. Para lograr que este método de asignación sea aceptable para todos los miembros, debe elaborarse un sistema de distribución de los beneficios más o menos independiente de las cuotas de venta.

En ciertos casos, las empresas miembros pueden ponerse de acuerdo en la porción del mercado que debe tener cada quien. En la gráfica XIII.3.2 se ilustra una situación "ideal" de esto. Supongamos que sólo hay dos empresas en el mercado y que deciden repartírselo en partes iguales. La curva de demanda del mercado es DD', de modo que la curva de demanda de cada empresa es Dd. La curva marginal a Dd es la línea punteada IM, que representa el ingreso marginal que corresponde a cada empresa. Supongamos que ambas empresas tienen costos idénticos, representados por CPC y CMC. Cada empresa decidirá producir $O\overline{Q}$ unidades al precio $O\overline{P}$ que corresponde a la intersección del ingreso y del costo marginales. Se establece pues un precio uniforme $O\overline{P}$ y se venden $OQ_c = 2O\overline{Q}$ unidades. En nuestro caso especial, ésta es una solución aceptable, porque la curva de demanda del mercado es compatible con la venta de OQ_c unidades al precio $O\overline{P}$.

Para apreciar esto, procedamos en orden inverso. Supongamos que se forma un organismo de administración del cartel al que se le encarga maximizar el beneficio del cartel. Puesto que la curva de demanda es DD', el organismo de administración considera Dd como el ingreso marginal. Luego, sumando las curvas idénticas CMC, obtiene el costo marginal del cartel, CM_c.[21] La intersección del costo y del ingreso marginales del cartel ocurre en el nivel de OF, que corresponde a la producción OQ_c y al precio $O\overline{P}$. Lo mismo es válido para las empresas individuales, así que la decisión de las empresas de dividirse el mercado en partes iguales es compatible con las condiciones objetivas del

[21] Por supuesto, el problema será más complicado cuando los precios de los insumos varíen según su uso. En este caso, el costo marginal del cartel no puede obtenerse directamente sumando las curvas de costo marginal de los miembros.

GRÁFICA XIII.3.2. *La distribución ideal del mercado en un cartel*

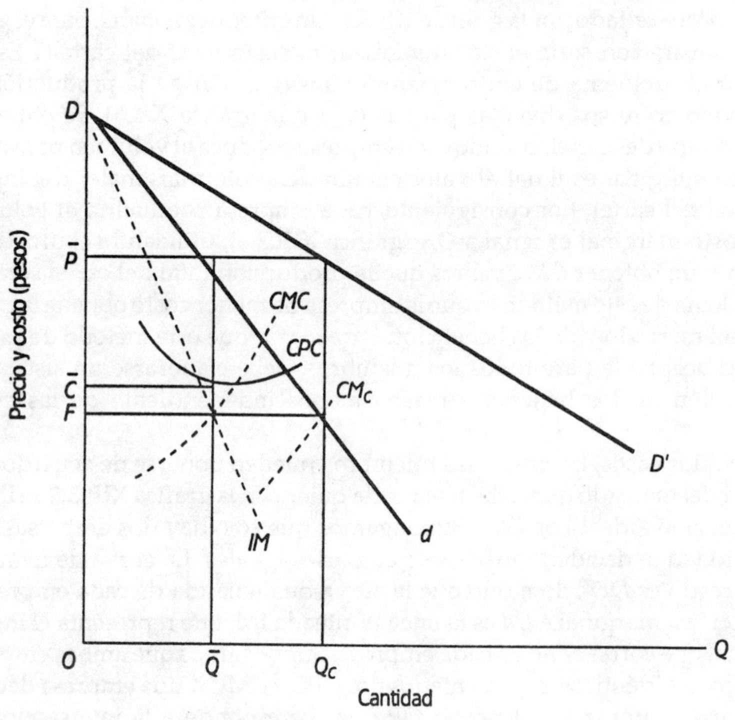

mercado. Pero esta situación es poco frecuente; las diferencias de costos entre las empresas podrían crear una situación incompatible con las condiciones del mercado, y el acuerdo voluntario de repartición del mercado habría fracasado. Como veremos más adelante, ése es el resultado final más probable en todos los carteles.

XIII.3.c. *La vida corta y turbulenta de los carteles: la gran conspiración eléctrica*

A menos que cuenten con el respaldo de fuertes disposiciones legales, es muy probable que los carteles se derrumben por la presión interna (antes de que los descubra la división antimonopolio del Departamento de Justicia). Unas cuantas empresas grandes, geográficamente concentradas y que producen un bien homogéneo, podrían formar un cartel muy lucrativo y mantenerlo. Pero cuanto mayor sea el número de empresas, mayor será el margen para la diferenciación del producto; y a medida que aumente la dispersión geográfica de las empresas, más fácil será "hacer trampa" a la política del cartel. Los empresarios decididos descubrirán lo que en su opinión son métodos ingeniosos para hacer trampa.

El cartel típico que funciona como una organización se caracteriza por un precio elevado (quizá monopólico), una producción relativamente baja y una distribución tal de las ventas entre las empresas que cada una de ellas opera en un nivel menor que el de su costo unitario mínimo. En esta situación, cualquier empresa puede beneficiarse grandemente con concesiones secretas en sus precios. En efecto, si los productos son homogéneos, una empresa que ofrece concesiones en los precios puede apropiarse de una porción del mercado tan grande como desee, siempre que los demás miembros respeten la política de precios del cartel. Por ello, las concesiones secretas en los precios no tienen que ser grandes para que los miembros leales experimenten una marcada disminución en sus ventas. Al advertir que uno o más miembros están haciendo trampa, los demás también tienen que reducir sus precios para seguir en el mercado; y entonces el cartel se derrumba. Sin contar con las sanciones *legales* eficaces, la vida de un cartel será breve.

Uno de los ejemplos más conocidos de los carteles que se reparten el mercado ocurrió en la industria estadunidense de equipos eléctricos, entre los años cincuenta y principios de los sesenta, cuando finalmente fue desmantelado por el gobierno federal de Estados Unidos. En la época en que existía la Oficina de Administración de Precios, los principales proveedores de equipos eléctricos de Estados Unidos empezaron a reunirse para ponerse de acuerdo sobre sus estrategias de precios. Tras la desaparición de esa Oficina, los proveedores continuaron reuniéndose regularmente, aunque en secreto, en el Hotel Penn-Sheraton de Pittsburgh. Entre 1951 y 1958, el cartel repartió 75 millones de dólares de ventas anuales de interruptores eléctricos, pactando de antemano cuál compañía presentaría el presupuesto "más bajo" en los contratos futuros. En 1951 el mercado se dividió como sigue: General Electric, 45%; Westinghouse, 35%; Allis-Chalmers, 10%; Federal Pacific, 10%. Entre los miembros del cartel había constantes fraudes, sobre todo en los concursos secretos en los que resultaba difícil la vigilancia. En 1954-1955 hubo un severo revés para el cartel, conocido como la "venta blanca", cuando el descuento en los precios ascendió a 40 o 45% en muy breve lapso. El cartel se restableció en 1956, pero antes de un año la Westinghouse otorgó a uno de sus clientes, la Florida Power and Light Company, un descuento en el precio de interruptores de circuitos y lo ocultó en su pedido de transformadores. Esto desató otra crisis en el cartel, de modo que entre 1957 y 1958 los precios se redujeron en 60%. Cuando se reconstruyó el cartel en 1958, la entrada de la ITE produjo un nuevo acuerdo de repartición: General Electric, 40.3%; Westinghouse, 31.3%; Allis-Chalmers, 8.8%; Federal Pacific, 15.6%; ITE, 4%. La fascinante historia de este cartel está llena de episodios de crisis de sus acuerdos y de tortuosos procedi-

CUADRO XIII.3.1. *Estrategias de precios*

	Estrategias de B	
Estrategias de A	*Se mantiene el precio*	*Se reduce el precio*
Se mantiene el precio	A = 5 B = 5	A = 0 B = 9
Se reduce el precio	A = 9 B = 0	A = 0 B = 0

mientos seguidos por sus miembros para conseguir más ventas que las establecidas en las reglas del cartel.[22]

El derrumbe de los carteles se produce porque la estructura de pagos del juego de la colusión es la del dilema del prisionero. Si A y B son dos empresas que intentan coludirse, la estructura de pagos podría ser la representada en el cuadro XIII.3.1.

El cuadro se lee como antes. Si A y B mantienen el precio en su nivel de monopolio, cada uno de ellos recibirá beneficios de 5. Si ambos bajan su precio, prevalecerá la competencia y así ninguno obtendrá beneficios. Si B baja su precio mientras que A mantiene el precio convenido, todos los compradores acudirán a B y A no venderá nada. Así que B recibirá 9 (no 10, porque redujo el precio) y A recibirá 0. A la inversa, si A reduce el precio y B lo mantiene, A recibirá 9 y B recibirá 0.

Esta matriz de pagos tiene la misma estructura que la del cuadro XIII.2.5. En consecuencia, cada jugador tiene un incentivo para reducir su precio. El equilibrio se encuentra en la esquina sureste, lo que explica por qué los carteles tienden a derrumbarse.

Lo que se requiere es la acción punitiva de un tercero. Si hubiera alguna para que estas empresas castigaran a los miembros del cartel que reducen los precios, el equilibrio se desplazaría a la esquina noroeste y ambos ganarían.

Muchos han afirmado que la Comisión de Comercio Interestatal del gobierno federal estadunidense solía desempeñar esta función para la industria del transporte camionero. Esta industria estadunidense es inherentemente competitiva. A fin de mantener un precio monopólico, la industria buscó que sus precios fueran regulados por el gobierno, de tal modo que ninguna empresa pudiera bajar el precio. En lugar de mantener bajos los precios para los con-

[22] Richard Austin Smith ha relatado la historia de este cartel en "The Incredible Electrical Conspiracy", *Fortune*, núm. 63, abril y mayo de 1961, pp. 132 ss. (abril), y pp. 161 ss. (mayo).

sumidores, éstos se mantenían artificialmente elevados por la acción gubernamental. El gobierno actuaba como un tercero que imponía el orden. La desregulación ha confirmado ese argumento, por lo menos para algunos segmentos de la industria del transporte camionero.

XIII.3.d. *El liderazgo de precios en el oligopolio*

Otro tipo de solución de mercado al problema del oligopolio es el *liderazgo de precios* de una o algunas empresas. Esta solución no requiere la colusión abierta, pero las empresas deben aceptar tácitamente la solución. El liderazgo de precios ha sido en realidad muy común en algunas industrias. Por ejemplo, Clair Wilcox cita, entre otras, las siguientes industrias que se caracterizan por el liderazgo de precios: aleaciones no ferrosas, acero, implementos agrícolas y papel para periódicos.[23] De igual modo, en su estudio basado en entrevistas, Kaplan, Dirlam y Lanzillotti descubrieron que la compañía de neumáticos Goodyear, la National Steel, la Gulf Oil y la Kroger Grocery siguen el liderazgo de precios de otras empresas del mercado.[24]

Para introducir el modelo de liderazgo de precios, consideremos el ejemplo sencillo de la gráfica XIII.3.3, que es una extensión del modelo de cartel que se distribuye en el mercado de la gráfica XIII.3.2. Dos empresas producen un bien homogéneo, cuya demanda de mercado está representada por *DD'*. Ya sea mediante una colusión explícita o por un acuerdo tácito, las empresas deciden dividirse el mercado en partes iguales. En consecuencia, cada una de ellas considera que *dd'* es su curva de demanda y que *IM* representa su curva de ingreso marginal. Sin embargo, en este caso los costos de ambos productores son distintos: la empresa 1 tiene costos sustancialmente mayores que la empresa 2, como lo indican $CPC_1 - CMC_1$ y $CPC_2 - CMC_2$, respectivamente.

Si todo lo demás permanece constante, la empresa 1 desearía cobrar OP_1 por unidad y vender OQ_1 unidades. Esta conjunción de precio y volumen de producción generaría un beneficio máximo para la empresa 1; pero la empresa 2 puede obtener un resultado mucho mejor, ya que su costo marginal es sustancialmente menor que su ingreso marginal en este punto. En esta situación, la empresa 2 tiene un control efectivo. En virtud de su costo menor, la empresa 2 puede fijar un precio menor, OP_2, que maximiza su beneficio. La empresa 1 no tiene más remedio que aceptarlo; si tratara de mantenerse en OP_1, sus ventas bajarían a cero. Por consiguiente, la empresa de costo mayor

23 Clair Wilcox, *Competition and Monopoly in American Industry*, Washington, Comité Económico Nacional Temporal (monografía, núm. 21), Government Printing Office, 1940, pp. 121-132.

24 A. D. M. Kaplan, Joel B. Dirlam y Robert F. Lanzillotti, *Pricing in Big Business*, Washington, The Brookings Institution, 1958, pp. 201-207.

GRÁFICA XIII.3.3. *Liderazgo de precios de la empresa de costo menor*

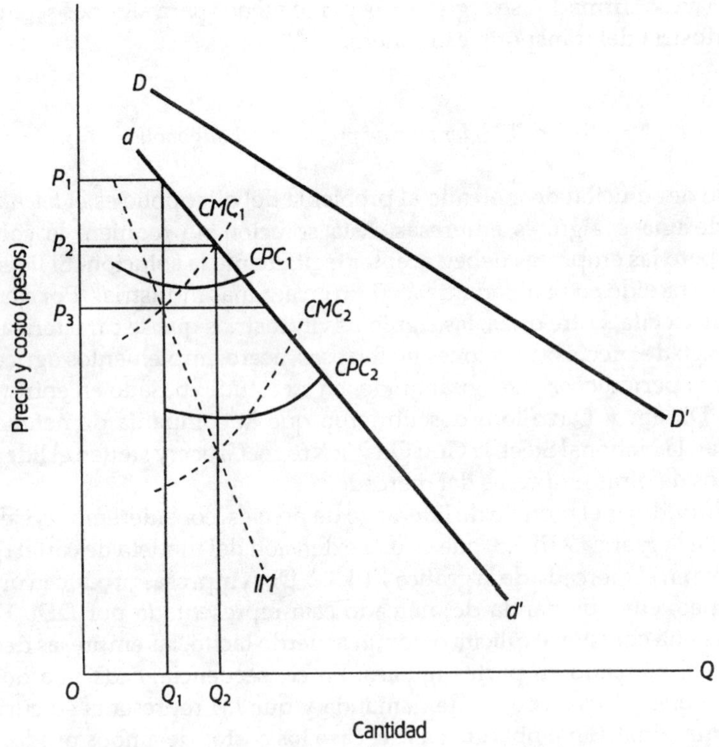

debe conformarse con la decisión respecto al precio de la empresa de costo menor.

No es muy probable que ocurra la solución particular que acabamos de describir. Si esta situación existiera realmente en un mercado, la empresa 2 no aceptaría la división del mercado en partes iguales, ni tácitamente ni de ninguna otra manera. Pero a causa de las leyes antimonopolio vigentes en Estados Unidos, no expulsaría del mercado a la empresa 1, aun cuando tiene el poder necesario para hacerlo. Fijando un precio tal como OP_3, la empresa 2 podría ganar un beneficio neto y expulsar finalmente del mercado a la empresa 2. Pero entonces tendría que enfrentarse a los problemas legales del monopolio. Desde el punto de vista de la empresa de costo menor, sería preferible tolerar a un "competidor". En consecuencia, aunque sin repartir el mercado en partes iguales, como en este ejemplo, la empresa 2 fijaría un precio lo bastante alto para que la empresa 1 permanezca en el mercado.

GRÁFICA XIII.3.4. *El liderazgo de precios de la empresa dominante*

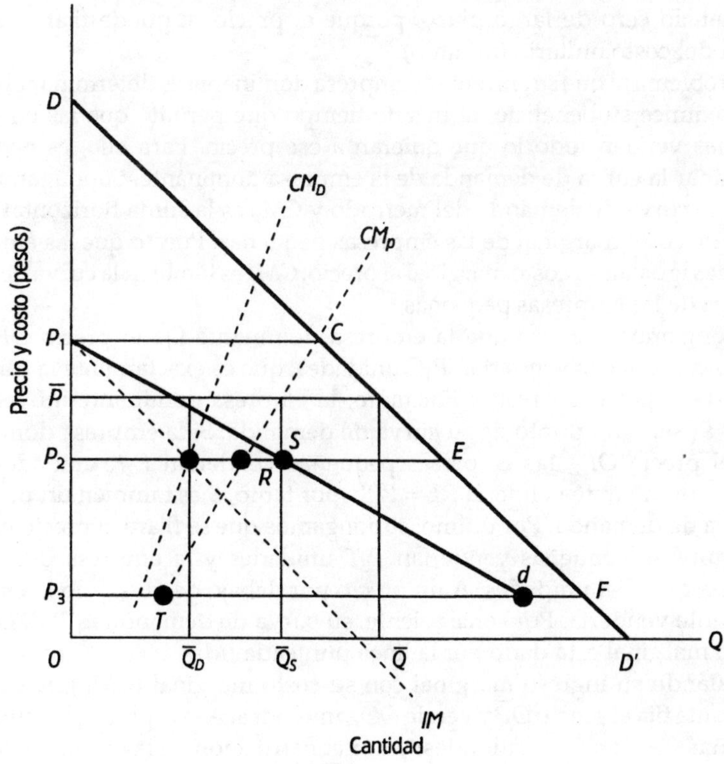

La gráfica XIII.3.4 ilustra un ejemplo mucho más común del liderazgo de precios. El modelo es una representación algo exagerada de una situación que, en opinión de algunos observadores, existe en varias industrias estadunidenses. Hay una empresa dominante (o un pequeño número de ellas) y muchas empresas pequeñas. Como lo indican las curvas de costo marginal de la gráfica XIII.3.4, la empresa dominante es casi tan grande como todas las demás empresas pequeñas combinadas.

La empresa dominante podría eliminar quizá a todos sus rivales mediante una guerra de precios. Pero esto establecería un monopolio, con los consiguientes problemas legales. Un curso de acción más conveniente para la empresa dominante consiste en establecer el precio del mercado y dejar que las empresas pequeñas vendan todo lo que quieran a ese precio. Las empresas pequeñas, al reconocer su posición, se comportarán como empresas en competencia perfecta. Es decir, percibirán su curva de demanda como una línea horizontal en el nivel del precio prevaleciente y venderán la cantidad para la que su costo marginal sea igual al precio. Adviértase que ésta no es la solución de beneficio cero de largo plazo, porque el precio se puede fijar muy por encima del costo unitario (mínimo).

El problema al que se enfrenta la empresa dominante es determinar el precio que maximice su beneficio, al mismo tiempo que permite que las empresas pequeñas vendan todo lo que quieran a ese precio. Para ello, es necesario determinar la curva de demanda de la empresa dominante. Supongamos que DD' es la curva de demanda del mercado y CM_p es la suma horizontal de las curvas de costo marginal de las empresas pequeñas. Puesto que las empresas pequeñas igualan su costo marginal al precio, CM_p es también la curva de oferta colectiva de las empresas pequeñas.[25]

Supongamos primero que la empresa dominante fija el precio OP_1. Las empresas pequeñas venderían P_1C unidades, que es exactamente la cantidad demandada por el mercado. Por tanto, la empresa dominante no vendería nada y P_1 sería un punto de su curva de demanda. Si la empresa dominante fijara el precio OP_2, las empresas pequeñas venderían P_2R unidades, y la empresa dominante vendería $RE = P_2S$; por tanto, S es también un punto de su curva de demanda. Por último, supongamos que se fijara el precio en OP_3. Las empresas pequeñas venderían P_3T unidades y la empresa dominante vendería $TF = P_3d$ unidades. A un precio por debajo de OP_3, sólo la empresa dominante vendería. Por consiguiente, su curva de demanda es P_1dFD', y su ingreso marginal está dado por la línea punteada IM.

Igualando su ingreso marginal con su costo marginal (CM_D), la empresa dominante fija el precio $O\overline{P}$ y vende $O\overline{Q}_D$ unidades. A este precio, las empresas pequeñas venden $O\overline{Q}_p$ unidades; y por construcción de la curva de demanda P_1dFD', $O\overline{Q}_D + O\overline{Q}_p$ debe ser igual a $O\overline{Q}$, la cantidad total vendida al precio $O\overline{P}$.

Pueden construirse muchas variantes de este modelo básico del liderazgo de precios modificando las hipótesis. Podríamos considerar la existencia de dos o más empresas dominantes, la diferenciación del producto, la separación geográfica de los vendedores y el costo de la transportación, etc. Pero los resultados básicos son muy semejantes, y pueden ayudar a explicarnos las políticas de precio y producción en muchos mercados oligopólicos.

[25] Para simplificar, volveremos a pasar por alto el problema creado por el aumento en los precios de los insumos. En principio, se determina la solución si los precios de los insumos suben al aumentar el uso de los insumos; sin embargo, ese caso no puede analizarse gráficamente.

XIII.4. LA COMPETENCIA EN LOS MERCADOS OLIGOPÓLICOS

La competencia no basada en el precio es una característica esencial de los mercados oligopólicos. Quizá la publicidad sea la técnica más importante de la competencia no basada en el precio. En Estados Unidos, y cada vez más en los países europeos, la publicidad es el método generalmente más aceptado y aceptable de atraerse clientes, por lo menos entre los empresarios, si no entre los economistas. Se han discutido mucho los pros y los contras de los gastos en publicidad; y es probable que continúe la discusión, porque la cuestión es bastante compleja. Pero para bien o para mal, la publicidad es una práctica establecida que al parecer los empresarios consideran rentable, si no fuera así, no seguirían gastando miles de millones de dólares al año en este tipo de competencia.[26]

La principal ventaja de la publicidad es que informa a los consumidores sobre la existencia y los usos de un producto. Tener más información es en general (aunque no siempre) algo bueno. La desventaja es que gran parte de la publicidad sólo logra que los compradores prefieran a un vendedor sobre otro. Si todos los vendedores se anunciaran con la misma eficiencia, no habría ningún movimiento neto, pero la sociedad habría desperdiciado recursos valiosos en el esfuerzo de atraerse a los clientes de otras empresas.

Otro tipo importante de competencia no basada en el precio es crear diferencias de calidad entre los productos, a veces de buena fe y a veces no. El efecto general de la diferencia de calidad es la división de un mercado amplio en un grupo de submercados, entre los cuales suele existir una diferencia de precios relativamente grande. El mercado automotriz constituye un buen ejemplo. Entre un Topaz y un Cougar de la Ford Motor Company hay diferencia claras, físicamente especificables. Hay también una diferencia sustancial en el precio; ningún comprador será cliente potencial para ambos mercados, con la posible excepción de los automóviles destinados a prestar dos servicios fundamentalmente distintos (para la familia y para el negocio).

Pero no sólo la Ford crea diferencias de calidad. La General Motors y la Chrysler también lo hacen; y en cada uno de los submercados emprenden una activa competencia no basada en el precio. Además, el ejemplo del mercado automotriz nos aclara una crítica social a la competencia por la calidad. Pueden crearse tantas diferencia de calidad, que los productos que supuestamente pertenecen a una clase se traslapan con los productos de otra clase. En conse-

[26] El lector debe tener cuidado de no caer en la trampa de suponer que la publicidad implica la estructura oligopólica de la industria. La publicidad puede considerarse compatible con la competencia en muchos sentidos. Véanse L. G. Telser, "Advertising and Competition", *Journal of Political Economy*, núm. 72, diciembre de 1964, pp. 537-562; y P. Nelson, "Information and Consumer Behavior", *Journal of Political Economy*, núm. 78, marzo-abril de 1970, pp. 311-329.

cuencia, en el mercado más amplio no sólo hay competencia para crear nuevas clases de calidad y ganar la ventaja de ser el primero en el mercado, sino que también hay competencia dentro de las clases de calidad.

Por último, una tercera técnica importante de la competencia no basada en el precio es la de las diferencias de diseño. Para ilustrar este tipo de competencia también podríamos utilizar el mercado automotriz, pero usaremos el de los palos de golf. MacGregor, Wilson, Spaulding y otros productores "cambian sus modelos" cada año, al igual que los fabricantes de automóviles. También crean diferencias de calidad (posiblemente falsas) entre las tiendas de artículos deportivos y las tiendas para profesionales. Pero, por ejemplo, en este último submercado, la competencia entre las empresas se centra exclusivamente en el diseño de los palos.

Estos tres tipos de competencia no basada en el precio distan mucho de agotar los métodos posibles, pero ilustran la manera en que los empresarios pueden gastar recursos tratando de atraer clientes para sus "marcas" particulares.

XIII.5. LOS EFECTOS DEL OLIGOPOLIO EN EL BIENESTAR

Puesto que hay muchos modelos del comportamiento oligopólico y cada uno de ellos pronostica resultados diferentes, resulta imposible precisar los efectos sobre el bienestar de la organización oligopólica del mercado. Además, cualesquiera que sean los criterios estáticos del bienestar que apliquemos a la situación, es posible que pierdan toda su importancia en un contexto dinámico. Aun así, podemos hacer algunas consideraciones.

En primer lugar, independientemente del modelo, podemos aislar dos características comunes a todos los mercados oligopólicos. Es de suponer que las empresas de un oligopolio generan su producción al mínimo costo unitario posible. Pero no hay ninguna razón para creer que esa producción corresponde unívocamente al costo unitario mínimo en el largo plazo. Por tanto, el oligopolio requiere más unidades de recursos que las absolutamente necesarias por unidad del bien producido. Además, puesto que en el oligopolio normalmente se da el beneficio económico neto, el precio es mayor que el costo unitario y que el costo marginal. En cualquier equilibrio que se alcance, la valuación marginal de los compradores es mayor que el costo marginal de la producción. Así pues, si el precio del bien se fijara en el nivel del costo marginal o del costo promedio, los compradores desearían comprar una cantidad mayor que la que los productores estarían dispuestos a vender.

Hay una segunda consideración importante. Ya mencionamos que se destinan enormes cantidades de recursos a la publicidad y a la creación de diferencias de calidad y de diseño. La asignación de algunos recursos para estos propósitos es sin duda justificable. Por ejemplo, en la medida en que la publicidad no sólo informa del precio y de la ubicación del vendedor, ayuda a mantener mejor informados a los compradores. De igual modo, ciertas diferencias de calidad y de diseño podrían ser socialmente deseables. Sin embargo, hay una fuerte presunción (basada sólo en consideraciones empíricas) de que los oligopolistas llevan todas las formas de la competencia no basada en el precio más allá de los límites socialmente deseables. En ausencia de pruebas en contrario, resulta razonable concluir que los compradores en mercados oligopólicos estarían en mejor situación si hubiera una competencia de precios más activa y una competencia menor en aspectos distintos del precio.

XIII.6. La eficiencia estática y la dinámica

Los criterios sobre el bienestar discutidos en la sección anterior son esencialmente estáticos. Pero hay otra consideración que es dinámica, es decir, que se relaciona con la manera como cambian las condiciones de la industria y del costo a lo largo del tiempo.

Algunos autores han afirmado que las empresas monopólicas tienen más incentivos para innovar, para invertir tanto en la investigación como en el desarrollo de tecnología que las empresas competitivas. El argumento se desenvuelve de este modo:

Supongamos que una empresa está considerando invertir en la producción de un artículo nuevo, digamos un foco que no se funde nunca. Una vez inventado ese foco, conviene venderlo en un mercado competitivo. Cualquier restricción monopólica de la producción conduce a la ineficiencia, porque los consumidores están dispuestos a pagar más que el costo de producción de un foco adicional.

El problema surge porque, si bien la empresa sabe que el producto se venderá de manera competitiva, también sabe que el precio bajará hasta el punto en que todas las demás empresas que vendan el foco obtengan beneficios iguales a cero. Esto significa que la empresa que inventó el foco no recobrará jamás el costo de su inversión. Previendo este desarrollo, la empresa se resiste a invertir en primer lugar.

Si la empresa inversionista sabe que se enfrentará a condiciones monopólicas, digamos porque se le otorgue una patente, tendrá un incentivo para gastar recursos en la invención del nuevo foco. Sufragará los costos, pero obtendrá los rendimientos de su actividad de investigación y desarrollo.[27]

[27] Según se ve, ni siquiera un monopolista puro invierte lo suficiente en investigación y desarrollo. La capacidad para discriminar perfectamente el precio corregiría esta situación. De otro modo, habrá rentas desaprovechadas que justificarían gastos adicionales en investigación, pero que no se captarán.

En la medida en que el oligopolio se aproxima más al monopolio que a la competencia perfecta, proporciona más incentivos para la innovación que un ambiente de competencia perfecta. Algunos autores han llegado a afirmar que el oligopolio, a causa de su constante rivalidad implícita, estimula más la inversión en investigación y desarrollo que el monopolio. La lógica es que la empresa oligopólica que logre inventar una mejor ratonera podría monopolizar la industria a su precio. Sin embargo, resulta difícil entender por qué esto podría generar mayores incentivos para la innovación que el monopolio puro.

XIII.7. Resumen

- ✦ El *oligopolio* es una forma de organización del mercado que se caracteriza típicamente por un pequeño número de vendedores, cada uno de los cuales tiene en consideración conscientemente las acciones y reacciones de los vendedores rivales cuando toman decisiones sobre el precio y el volumen de producción. El duopolio es un caso especial que incluye exactamente dos vendedores. Las teorías clásicas del duopolio, especialmente la de Cournot y la de Edgeworth, tienen en lo fundamental un interés histórico. Estos primeros modelos fallan al suponer que cada vendedor se olvida persistentemente de prever el comportamiento del competidor, incluso después de haber observado este comportamiento por largo tiempo.
- ✦ A fines de los años cuarenta Von Neumann y Morgenstern elaboraron un enfoque más reciente de la teoría del oligopolio: *la teoría de juegos*. En esta teoría, cada uno de los participantes en el juego escoge una estrategia de maximización, al mismo tiempo que reconocen específicamente que el contrincante (o los contrincantes) se comportarán también de manera óptima. Las soluciones a esos juegos implican estrategias "minimax" en las que cada participante trata en efecto de obtener la mayor ganancia posible, dado el comportamiento racional de los jugadores contrarios. En muchos casos, esto requiere que los jugadores escojan una estrategia probabilística que maximice la ganancia esperada del juego. Este enfoque tiene muchas ventajas sobre las teorías clásicas, pero todavía no ha proporcionado la base de una teoría definitiva, ampliamente aceptada, del comportamiento oligopólico.
- ✦ Los acuerdos formales, o *carteles*, constituyen uno de los procedimientos utilizados por los vendedores para hacer frente al problema del oligopolio. Los carteles involucran por lo general ciertos acuerdos para la distribución del mercado que asumen la forma de una competencia no basada en el precio y/o en forma de cuotas de producción y ventas para los miembros del cartel. La experiencia histórica indica que, cuando no

existen fuertes provisiones legales, los carteles suelen derrumbarse, como resultado de la aceptación en secreto por parte de las empresas del cartel de precios diferentes. La teoría económica predice este comportamiento porque cada empresa del cartel puede obtener ganancias, si reduce en secreto su precio mientras los demás miembros del cartel mantienen el precio convenido.

✦ Otro tipo de solución de mercado al problema oligopólico es el *liderazgo de precios* por parte de una empresa o de un pequeño número de empresas. En el modelo de la empresa dominante, una empresa fija el precio y todas las demás consideran este precio como dado al tomar sus decisiones de producción. Por consiguiente, la empresa dominante se enfrenta a una curva de demanda "residual" que es el total de la demanda del mercado menos la cantidad suministrada por las otras empresas a cada precio. La empresa dominante fija el precio de la industria escogiendo su nivel de producción de tal manera que se maximicen sus beneficios, utilizando su curva de costo marginal y la curva de ingreso marginal a partir de la curva de demanda "residual". Hay muchas variantes de este modelo básico. En la variante conocida como el modelo de la "empresa barométrica", la empresa que fija el precio no tiene que ser dominante en términos de su tamaño relativo: puede ser sencillamente una empresa tradicionalmente aceptada como líder de precios por todas las demás empresas de la industria.

PREGUNTAS Y EJERCICIOS

1. Suponga que los trabajadores calificados de una industria competitiva están representados por un sindicato fuerte que puede fijar el salario en su nivel monopólico. Suponga, además, que estrictas leyes antimonopólicas impiden la colusión de las empresas, mientras que los sindicatos sí están en libertad para coludirse.
   a) ¿Conviene a las empresas permitir que el sindicato establezca una restricción a la producción en beneficio de los patrones, si se supone que el sindicato no modificará la tasa salarial de los trabajadores calificados ni formulará otras demandas a las empresas?
   b) ¿Beneficiaría la restricción antes mencionada al sindicato?
   c) Si su respuesta al punto *a* es afirmativa y al punto *b* es negativa, ¿podrían las empresas hacer atractivas para sí mismas y para el sindicato la restricción de la producción mediante el ofrecimiento de un salario mayor?
   d) Si su respuesta al punto *c* es no, ¿hay algún acuerdo que vuelva mutuamente benéfica la restricción de la producción?

2. Explique la naturaleza del daño, si es que lo hay, causado a la eficiencia de la economía cuando las empresas de una industria.
   a) Se organizan para impedir que otras empresas entren en la industria.
   b) Convienen en cobrar un precio uniforme.
   c) Restringen su producción para aumentar el beneficio total obtenido en conjunto por todas ellas.
   d) Venden toda su producción por conducto de una cooperativa de ventas.
   e) Establecen diferentes precios de venta para dos mercados distintos.
3. Comente la siguiente afirmación:

   En el oligopolio existe una tendencia hacia la maximización de los beneficios totales de la industria [...] Pero esta tendencia se ve contrarrestada por otras fuerzas. [Fellner, *Competition among the Few*, p. 142.]

4. "El problema del monopolio bilateral es obviamente de negociación y para llegar a un acuerdo entre varios límites de posibilidad... es útil considerar el problema del oligopolio como esencialmente de este carácter." [Fellner, *op. cit.*, p. 23.]
   a) ¿Cuáles son los aspectos del comportamiento oligopólico que Fellner considera equivalentes a "la negociación y al regateo"?
   b) ¿Por qué es de esperarse tal comportamiento en una situación oligopólica?
5. Suponga que la industria del carbón blando es competitiva y que se encuentra en equilibrio de largo plazo. Suponga ahora que las empresas de la industria forman un cartel.
   a) ¿Qué ocurrirá con la producción y con el precio de equilibrio del carbón, y por qué?
   b) ¿Cómo debería distribuirse la producción entre las empresas individuales?
   c) Una vez que el cartel está en operación, ¿habrá incentivos para que las empresas individuales hagan trampa? ¿Por qué?
   d) ¿Modificará de algún modo el comportamiento del cartel la posibilidad de que otras empresas entren en la industria?

LECTURAS RECOMENDADAS

Chamberlin, E. H., *The Theory of Monopolistic Competition*, 1a. ed., Cambridge, Mass., Harvard University Press, 1933, 8a. ed., 1962, pp. 30-55, 221-229.

Fellner, William, *Competition among the Few: Oligopoly and Similar Market Structures*, Nueva York, Alfred A. Knopf, 1949.

Hicks, J. R., "Annual Survey of Economic Theory: The Theory of Monopoly", *Econometrica*, núm. 3, 1935, pp. 1-20.

Hotelling, Harold, "Stability in Competition", *Economic Journal*, núm. 39, 1929, pp. 41-57.

Machlup, Fritz, *The Economics of Sellers' Competition*, Baltimore, Johns Hopkins University Press, 1952, pp. 347-514, especialmente pp. 368-413.

Malinvaud, E., *Lectures on Microeconomic Theory*, Nueva York, American-Elsevier, 1972, pp. 144-162.

Rothchild, K. W., "Price Theory and Oligopoly", *Economic Journal*, núm. 57, 1947, pp. 299-320.

Stackelberg, Heinrich von, *The Theory of the Market Economy*, trad. inglesa de Alan Peacock, Londres, William Hodge, 1952.

PARTE IV

LA TEORÍA DE LA DISTRIBUCIÓN

LAS PARTES I y III, junto con las herramientas desarrolladas en la parte II, presentan la teoría moderna o neoclásica del valor: una teoría que explica el origen de la demanda, la oferta y el precio del mercado. Se espera que el precio de mercado así determinado represente la valuación social marginal del bien en cuestión. Si así ocurre, pueden hacerse ciertas afirmaciones teóricas acerca del bienestar económico (parte V).

Una parte fundamental de esta teoría del valor es el costo marginal de la producción y su posible influencia en la curva de oferta. A su vez, los costos y la oferta dependen de las condiciones tecnológicas de la producción y del costo de los servicios productivos. Hasta ahora hemos supuesto que ambos factores están dados; y continuaremos suponiendo que las condiciones físicas de la producción están dadas en términos tecnológicos y no cambian a lo largo del periodo pertinente para nuestro análisis. Pero ahora debemos determinar los precios de los servicios productivos, la parte que corresponde a la distribución de la teoría microeconómica moderna del "valor y la distribución". En la parte V reuniremos la teoría del valor y de la distribución; primero, para examinar el equilibrio económico general y, segundo, para analizar el bienestar económico de una sociedad competitiva.

En términos generales, la teoría de los precios de los insumos no difiere de la teoría de los precios de los bienes. Ambas teorías se basan fundamentalmente en la interacción de la oferta y la demanda. En el caso que ahora nos ocupa, la demanda proviene de las empresas (no de los consumidores), mientras que la oferta —por lo menos la oferta de servicios de mano de obra— proviene de individuos que no sólo venden tiempo de trabajo, sino que también son consumidores. Además, en los casos más interesantes del capital y de la mano de obra, determinamos el precio del uso de recursos durante un periodo estipulado, no el precio de comprar ese recurso. Sin embargo, en otros sentidos la teoría de la distribución es simplemente la teoría del valor de los servicios productivos.

A lo largo de la parte IV se conserva el nivel de abstracción que hemos usado hasta ahora. Esto es de esperar, sin duda, en el capítulo XIV, que presenta la teoría de la productividad marginal respecto a la distribución en mercados perfectamente competitivos de insumos y productos. Sin embargo, cuando aparecen imperfecciones en cualquiera de estos dos mercados, la situación cambia de manera apreciable. Esto es especialmente cierto cuando los grandes patrones negocian directamente con representantes de organizaciones laborales poderosas. Cuando surgen imperfecciones en el mercado, suelen aparecer también los sindicatos. La discusión teórica del capítulo XV puede parecer muy alejada del mundo agitado de la General Motors contra el sindicato de obreros de la industria automotriz. Desde luego, en cierto sentido sí lo está. Sin embargo, los resultados teóricos obtenidos fijan límites dentro de los cuales es probable que ocurran los acuerdos de la contratación colectiva.

En nuestra opinión, el contrato colectivo entre patrones y representantes sindicales constituye un monopolio bilateral, o sea, una situación económica indeterminada. Nuestro análisis fija límites amplios, dentro de los cuales se encuentra la solución. Para avanzar más allá de este punto se requieren uno o más *cursos*, no digamos capítulos. Por ejemplo, hay una parte fundamental de la teoría acerca del proceso de la contratación colectiva,[1] pero la comprensión de los mercados laborales requiere también un extenso conocimiento del marco institucional en el que operan los sindicatos y los empresarios.[2] Este tipo de conocimiento sólo se adquiere en cursos o contextos "aplicados", al igual que sucede con las otras partes de la teoría microeconómica.

[1] Puede obtenerse una idea de esta parte fundamental en Allan M. Cartter, *Theory of Wages and Employment*, Homewood, Ill., Richard D. Irwin, 1959, pp. 77-133.

[2] El contexto institucional se examina en John T. Dunlop y James J. Healy, *Collective Bargaining: Principles and Cases*, ed. rev., Homewood, Ill., Richard D. Irwin, 1953.

XIV. LA TEORÍA DE LA PRODUCTIVIDAD MARGINAL RESPECTO A LA DISTRIBUCIÓN EN MERCADOS PERFECTAMENTE COMPETITIVOS

SE PROMULGÓ recientemente la Ley de Reforma y Control de la Inmigración. Sus disposiciones principales incluyen un programa de amnistía para los extranjeros ilegales que hayan residido en Estados Unidos desde 1982; y las sanciones civiles y penales para los empleadores que contratan extranjeros ilegales en el futuro sin duda provocarán profundos cambios en la economía y en el mercado laboral de Estados Unidos. ¿Pero puede la teoría económica ayudarnos a predecir con exactitud cuáles serán esos cambios profundos? El material de este capítulo, que se ocupa de la determinación de los precios de los insumos, está diseñado para ayudarnos a analizar precisamente esos cambios. Al reconocer explícitamente las fuerzas que se encuentran detrás de la demanda y de la oferta de mano de obra (y de otros insumos), el lector debería estar en posibilidad de contestar las diversas preguntas que se plantean en la actualidad acerca de los efectos de la nueva ley de inmigración: ¿Habrá ciudadanos estadunidenses que sustituyan a los antiguos extranjeros ilegales en los empleos poco calificados? ¿Se beneficiarán los trabajadores no calificados de Estados Unidos? ¿Y los consumidores estadunidenses? ¿Qué ocurrirá con el conjunto de los estadunidenses? En la sección "Aplicación de la Teoría" se le pedirá al lector que utilice el material de este capítulo para contestar estas preguntas.✦

APLICACIÓN DE LA TEORÍA

LA LEY PARA EXTRANJEROS CAMBIARÁ A LA NACIÓN, DICEN LOS EXPERTOS

EN LOS PRÓXIMOS años, a medida que se aplique gradualmente la nueva ley de inmigración, según los especialistas en cuestiones de inmigración y población, Estados Unidos experimentará cambios profundos, desde desplazamientos de población y de industria hasta severas cargas financieras para los gobiernos locales, a causa de la elevada inmigración de personas.

Las principales disposiciones de la ley, firmada el 6 de noviembre por el presidente Reagan, incluyen un programa de amnistía para los extranjeros ilegales que han residido ininterrumpidamente en Estados Unidos desde el 1 de enero de 1982 y sanciones civiles y penales para los patrones que contraten extranjeros ilegales en el futuro. También hay una disposición de amnistía para los trabajadores agrícolas extranjeros que puedan probar que trabajaron en la agricultura estadunidense durante 90 días en el año que finalizó el 1 de mayo de 1986.

Especialistas en demografía e inmigración afirman que es demasiado pronto para saber con seguridad cómo afectará la nueva ley al país, sobre todo porque nadie sabe a ciencia cierta cuántos extranjeros ilegales se encuentran aquí. Las estimaciones varían entre 2 millones y más de 20 millones de personas.

Pero muchos especialistas concuerdan sobre varias tendencias probables que, según se espera, irán ocurriendo gradualmente:

- ✦ A menos que el gobierno permita que una nueva subclase de extranjeros ilegales tome el lugar de los extranjeros recientemente legalizados, el país perderá todo un segmento de la fuerza laboral que ha sido barata, dócil y dispuesta a trabajar en empleos poco deseables.
- ✦ Muchas de las industrias donde trabajan los extranjeros ilegales ya no serán competitivas, si se ven obligadas a pagar mayores salarios. Es posible que tengan que mecanizarse o marcharse al extranjero para sobrevivir.
- ✦ Los extranjeros recién legalizados se encontrarán de pronto con nuevas opciones. En lugar de permanecer en empleos de poca monta para evadir al Servicio de Inmigración y Naturalización, es de esperarse que compitan por mejores empleos. Algunos de ellos se unirán a algún sindicato.
- ✦ Algunos especialistas están preocupados por una posible represalia

de los ciudadanos de bajos ingresos contra los extranjeros recién legalizados. En el pasado, los extranjeros ilegales han competido por empleos con los estadunidenses pobres y parece que virtualmente de la noche a la mañana pasarán del *status* de violadores de la ley a la de residentes legales. Los especialistas añaden que algunos ciudadanos están molestos ya por el creciente predominio del idioma español en algunas zonas del país.

✦ Puesto que la mayoría de los inmigrantes ilegales son hispanos, se espera una migración de regreso hacia la región sur de Estados Unidos —en virtud del clima más cálido y de que los extranjeros querrán estar más cerca de sus parientes—, ahora que ya no tendrán que preocuparse por la posibilidad de ser aprehendidos por el Servicio de Inmigración y Naturalización (SIN).

✦ Todos los especialistas concuerdan en que la mayoría de la población de extranjeros ilegales se concentra en pequeñas zonas del país, de modo que los gobiernos locales de esas zonas enfrentarán tremendos problemas financieros que quizá no hayan previsto. La ley provee 4 000 millones de dólares para sufragar los costos durante un periodo de cuatro años, pero algunos especialistas opinan que los costos locales podrían ser mucho mayores.

Uno de los aspectos más notables de la nueva ley, por lo menos en el corto plazo, es que tendrá efectos muy desiguales en distintas partes del país. "La mayor parte del país no se verá afectada, pero ciertas partes están en graves problemas", dijo Patrick Burns, director del Centro William Vogt de Estudios Demográficos de Estados Unidos.

Un estudio reciente del grupo de Burns descubrió que cerca de la mitad de los extranjeros ilegales del país viven en California, en su mayor parte en la región de Los Ángeles-San Diego. Otros estados muy afectados son Nueva York, Texas, Illinois y Florida. Burns agregó que el área metropolitana de Washington, D.C. se verá también gravemente afectada.

Aunque se cree que una gran mayoría de los inmigrantes ilegales son hispanos, también hay otros grupos. Burns afirmó que Detroit, por ejemplo, tiene una elevada concentración de extranjeros árabes ilegales, mientras que Washington, D.C. alberga a varios ilegales nigerianos, etiopes, iraníes y filipinos.

La ley prohíbe que los extranjeros recién legalizados reciban la beneficencia federal durante cinco años, pero nada los excluye de los programas de asistencia locales.

Un estudio publicado el año pasado por el Instituto Urbano, sobre los inmigrantes hispanos, legales e ilegales del sur de California, descubrió que estos inmigrantes solían tener menos educación que los estadunidenses negros o blancos, y que pagaban menos impuestos. También descubrió que las familias hispanas tenían una tasa de natalidad sustancialmente mayor y enviaban más hijos a los distritos escolares públicos locales, lo que aumentaba los costos locales.

David North, un investigador de la inmigración en la fundación New TransCentury, dijo que la ley de California permitiría que los extranjeros recién legalizados recibieran pagos de beneficencia, una política que afectará al condado de Los Ángeles en forma especialmente grave. Añadió que la ley fue aprobada por una legislatura estatal dominada por los demócratas que no contribuyó al financiamiento.

El estudio del Instituto Urbano también reveló que los trabajadores ilegales han desplazado a los estadunidenses de algunos empleos y han tendido a reducir los salarios en las industrias en las que se concentran.

Michael S. Teitelbaum, de la fundación Alfred P. Sloan, ha descubierto que los estadunidenses que pierden con mayor frecuencia su empleo a causa de la inmigración ilegal son "ciudadanos con características muy similares a las de los trabajadores ilegales, los trabajadores pobres: minorías estadunidenses discriminadas, jóvenes e inmigrantes y refugiados legales recientes".

Aunque la mayoría de los estadunidenses han estereotipado a los inmigrantes ilegales como recolectores de frutas y vegetales en los campos del suroeste, los expertos dicen que esos inmigrantes se han trasladado a muchas empresas y granjas de todo el país.

El profesor Mark Miller, de la Universidad de Delaware, describe así el desplazamiento de los trabajadores ilegales hacia la industria de los hongos del sur de Pennsylvania: "Cuando algunos empleadores empezaron a contratar trabajadores mexicanos ilegales con salarios bajos, crearon un incentivo para que los demás hagan lo mismo a fin de poder competir." Los ilegales realizan ahora la mayor parte del trabajo de esta industria.

El Servicio de Inmigración y Naturalización ha estimado que los inmigrantes ilegales constituyen 25% de los trabajadores del Valle del Silicón, de alta tecnología, cerca de San Francisco, donde trabajan en las líneas de ensamblado, soldando tableros de circuitos.

En Los Ángeles, los inmigrantes ilegales trabajan en gran número en las industrias de la fundición y del vestido, mientras que en el suroeste constituyen una gran parte de la fuerza laboral de la industria de la construcción.

En Houston, por ejemplo, el profesor Don Huddle, de la Universidad

Rice, descubrió en un estudio que 37% de la industria de la construcción de la ciudad estaba integrada por trabajadores ilegales, algunos de los cuales ganaban entonces hasta 12 dólares por hora y ocupaban empleos por los que habrían competido los desempleados estadunidenses.

Huddle ha descubierto algunas compañías que virtualmente excluían a los estadunidenses porque preferían trabajadores baratos y dóciles, que están fácilmente disponibles en la zona.

En Houston, dice Huddle, "se congregan en cierto lugar como un ejército de desempleados. En las refinerías, esperan todas las mañanas en las puertas, en espera de cualquier trabajo".

Por todo el país trabajan como sirvientas y nanas, taxistas, lavaplatos y meseros en los restaurantes; y en empleos de bajo nivel en la industria hotelera.

Muchos estudiosos de la inmigración concordaron en que las preguntas más importantes que no han sido resueltas acerca de la nueva ley se refieren al número de extranjeros ilegales que solicitarán la amnistía, y se preguntan si el Servicio de Inmigración y Naturalización tendrá el personal adecuado para llevar a cabo el programa de amnistía y obligar a las empacadoras a cumplir con la nueva ley. Si no se aplica adecuadamente la nueva ley, aumentará el número de extranjeros recién legalizados y es probable que los empleadores continúen importando trabajadores ilegales del otro lado de la frontera.

Hubo una resistencia generalizada a la idea de las sanciones civiles y penales para los empleadores que contraten extranjeros ilegales en el futuro. Las sanciones van desde multas de 200 a 10 000 dólares por cada extranjero ilegal empleado hasta una sentencia de seis meses de prisión para un empleador condenado por violaciones "continuas".

Teitelbaum afirmó que, si el Servicio de Inmigración y Naturalización —que tiene menos de 12 000 empleados en todo el país— no tiene un personal ni los fondos adecuados, no funcionarán las sanciones impuestas a los empleadores. Y que si el Departamento de Justicia otorga prioridad a la cuestión de la inmigración y les sigue proceso, las investigaciones serán olvidadas.

> Si la gente cree en esto [dijo Teitelbaum] es posible que funcione. Pero si lo contemplan como la venta de drogas en las calles de Nueva York, con grandes ganancias, la policía sobornada y una puerta giratoria en los tribunales, sólo se alimentará el cinismo y la operación fracasará.

Miller, quien ha estudiado las sanciones a los empleadores en los países europeos, dijo que tales sanciones han tenido efecto en la inmigración ilegal en esos países, donde se ven como una extensión de las leyes laborales, a causa de la explotación de los trabajadores ilegales y la competencia injusta de los empleadores que los utilizan.

Añadió North que si se aplica la ley,

> creo firmemente que las sanciones impuestas a los empleadores en los años ochenta serán comparables a las de los años treinta y cuarenta, cuando impusimos el salario mínimo, la pensión del Seguro Social obligatoria y la retención de impuestos. En esa época, todas esas medidas se consideraron radicales y drásticas. Pero todas ellas llegaron a ser finalmente parte de nuestra cultura.

Dijo también que la industria se adaptará si se ve obligada a ello:

> Se puede cultivar una cosecha intensiva en mano de obra y utilizar mano de obra dócil y barata, o se puede cultivar para las empacadoras [...] y cosechar mecánicamente. Ello no significa que el agricultor esté yendo hacia la quiebra [...] Los restaurantes que pagan 2.50 dólares por hora pueden [...] verse obligados a pagar un poco más o quizá tengan que instalar una lavadora de platos automática [...] Podría resultar doloroso, pero crea una sociedad más equitativa.

Nadie sabe a ciencia cierta cuántos extranjeros son elegibles para la amnistía ni cuántos la solicitarán. Ciertas estimaciones conservadoras han calculado un millón de personas. Pero algunos expertos creen que la cifra podría ser mayor.

Burns dijo que en su opinión habría 2 millones de solicitudes, pero añadió que si el Servicio de Inmigración y Naturalización se ve obligado a conceder automáticamente las peticiones de amnistía, a causa de la escasez de personal, proliferará la venta de documentos fraudulentos y se presentará un número mucho mayor de extranjeros. "El potencial es enorme", dijo Burns.

La proyección más conservadora de Huddle es que habrá 3.5 millones de solicitudes, a las que pronto seguirán las de 3 a 10 millones de familiares, en su mayor parte viudas e hijos. En los estudios que realizó en los barrios de Houston, Huddle encontró que 70% de los entrevistados estaban listos para presentar su solicitud, aunque no llenaron los requisitos de elegibilidad.

Huddle también encontró que dos de cada tres extranjeros ilegales habían obtenido ya tarjetas de identificación fraudulentas que les permitirían evadir las sanciones impuestas al empleador por la ley. Los documentos se pueden comprar sin dificultad en Houston —dijo Huddle—, desde tan sólo 10 o 20 dólares.

PREGUNTAS

1. La nueva ley de inmigración impone sanciones civiles y penales a los empleadores que contraten extranjeros ilegales en el futuro. Además, en vista de las disposiciones de amnistía, los extranjeros recién legalizados tendrán nuevas opciones y ya no se limitarán a los empleos para trabajadores no calificados. Suponga que estas disposiciones eliminan la oferta de extranjeros ilegales en el mercado de mano de obra no calificada. Utilizando un diagrama de oferta y demanda de mano de obra no calificada, analice los efectos de ese cambio en los siguientes grupos de Estados Unidos:
   a) Los ciudadanos estadunidenses no calificados (olvide a los extranjeros previamente ilegales que ahora serán legales como resultado de la nueva ley).
   b) Los consumidores de Estados Unidos.
   c) Los empleadores de mano de obra no calificada en Estados Unidos.
   d) Los estadunidenses que no son extranjeros ilegales (suponga que el capital y otros factores distintos de la mano de obra son propiedad exclusiva de los estadunidenses que no son extranjeros ilegales).

   En su análisis para *c* y *d* utilice también los resultados del apartado XIV.4.c y la gráfica XIV.4.3.
2. De acuerdo con el artículo, el Instituto Urbano encontró que los trabajadores ilegales han arrebatado empleos a los estadunidenses y han tendido a hacer que los salarios bajen en las industrias donde se concentran.
   a) ¿Son estos resultados compatibles con su análisis de la pregunta 1?
   b) ¿Se deduce de aquí que si, por ejemplo, ya no se emplea x número de extranjeros ilegales como consecuencia de la nueva ley de inmigración, será x el número de ciudadanos estadunidenses desempleados que se emplearán ahora? Explique en detalle.
3. Algunos creen que los ilegales realizan tareas que ningún ciudadano estadunidense realizaría. Utilice el análisis de la pregunta 1 para demostrar que esto es un poco ingenuo.

4. El artículo también señala que los expertos pronostican que muchas de las industrias donde trabajaban los extranjeros ilegales tendrían ahora que mecanizarse. Como dijo un funcionario: "Puedes cultivar un producto intensivo en mano de obra y utilizar [...] mano de obra barata, o puedes [...] cosechar mecánicamente." Explique este pronóstico distinguiendo entre los efectos de sustitución, producción y maximización del beneficio de un aumento en el precio de la mano de obra no calificada, utilizando el análisis del apartado XIV.2.b.

Soluciones

1. *a)* Analizaremos el mercado de "mano de obra no calificada" antes de la imposición de la nueva ley de inmigración y luego mostraremos los efectos después de su imposición. Antes de la imposición de la ley, el salario del mercado es W_2 y se emplean L_2 trabajadores: L_3 estadunidenses y $(L_2 - L_3)$ extranjeros ilegales. Si los extranjeros ilegales ya no forman parte de la oferta del mercado de trabajadores no calificados, la tasa salarial aumentará a W_1, y ahora se emplearán L_1 estadunidenses como trabajadores no calificados. (En este diagrama no consideramos a los extranjeros previamente ilegales que ahora se han convertido en legales. En la medida en que algunos de estos individuos continúen ofreciendo trabajo en el mercado de mano de obra no calificada, la curva de la "oferta nacional" de la gráfica se encontraría ligeramente más a la derecha.) En consecuencia, los trabajadores estadunidenses no calificados ganan, porque sus salarios totales aumentan de OW_2 y L_3 a OW_1 y L_1. $L_2 - L_3$ extranjeros ilegales han perdido sus empleos, y $L_1 - L_3$ estadunidenses han ganado empleos en consecuencia. No hay ninguna razón para que $L_2 - L_3$ sea igual a $L_1 - L_3$. El número de trabajadores de estos grupos dependerá de las pendientes de las curvas de oferta y demanda.

   b) Los consumidores de Estados Unidos se verían perjudicados por la nueva ley. Aumentarían los salarios de los trabajadores no calificados y, en consecuencia, aumentarían también los precios de los bienes producidos con mano de obra no calificada.

   c) Los empleadores de mano de obra no calificada se verán perjudicados también por la nueva ley. El rendimiento del capital (beneficios) disminuye de W_2xz a W_1xy. Véanse el apartado XIV.4.c y la gráfica XIV.4.3, en lo que se refiere a este argumento.

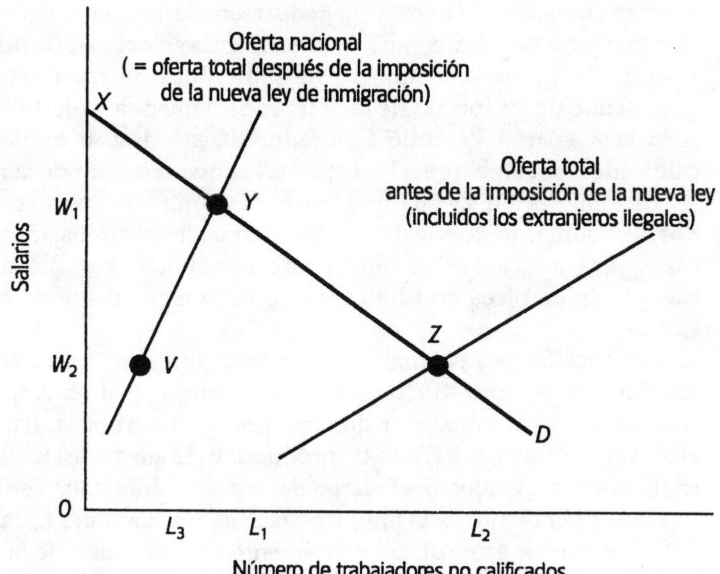

(Todo lo anterior supone que la reducción del número de inmigrantes no tendrá ningún efecto sobre la curva de la demanda agregada. Si la reducción de los ingresos de los extranjeros ilegales disminuye la demanda total, los trabajadores que no son sustitutos cercanos de los extranjeros ilegales también perderán.)

d) Los estadunidenses que no son extranjeros ilegales pierden en conjunto como consecuencia de la nueva ley. En tanto los extranjeros ilegales sigan ganando un salario igual al *VPM* del último trabajador empleado, los ingresos de los estadunidenses nativos tienen que disminuir. La única excepción sería si los inmigrantes hubieran obtenido previamente del gobierno servicios o pagos en exceso de los impuestos de nóminas, ingresos, ventas y propiedades que pagaban.

2. *a)* Las conclusiones del estudio del Instituto Urbano son compatibles con el análisis anterior. Los extranjeros ilegales han provocado una reducción en el salario de los trabajadores no calificados y han reducido los empleos de los estadunidenses nativos no calificados en $(L_1 - L_3)$.

b) Sin embargo, no hay ninguna razón para que haya una relación biunívoca entre la expansión de los empleos de los trabajadores estadunidenses nativos y la reducción de los empleos de los extranjeros ilegales, como se demostró en la solución de la pregunta 1. En general, el número de individuos de cada categoría depende de las formas de las curvas de demanda y oferta.

3. A la tasa salarial W_2, sólo L_3 estadunidenses desean trabajos no calificados. Sin embargo, al salario mayor que resultará de la nueva ley de inmigración, L_1 estadunidenses desearán trabajos no calificados. En suma, la curva de oferta interna de los trabajadores no calificados indica que el número de estadunidenses que desean trabajar en empleos no calificados no es independiente de la tasa salarial.
4. Si aumenta la tasa salarial de los trabajadores no calificados, el análisis del capítulo XIV predice que la cantidad de trabajadores contratados disminuirá por dos razones fundamentales, llamadas efecto de sustitución y efecto de producción. El efecto de sustitución se refiere al movimiento a lo largo de una isocuanta dada conforme cambia la pendiente de la línea de isocosto. En cualquier Q, la regla del costo menor pronostica precisamente esa reducción de la cantidad demandada de mano de obra. Este efecto puede explicar los pronósticos contenidos en el artículo. Además, a medida que aumenta la tasa salarial, disminuirá la cantidad producida *para un gasto dado en recursos*, de modo que disminuirá la cantidad de mano de obra y de capital contratada. Este último efecto es lo que se llama el "efecto de escala" o efecto de producción. La gráfica XIV.2.4 muestra estos dos efectos de una disminución salarial. Sin embargo, sólo incluye el resultado de un gasto dado en recursos; no muestra las cantidades de los insumos contratados para maximizar el beneficio. Cuando aumenta la tasa salarial, aumenta el costo de producción de cada nivel de operación y, en consecuencia, se reduce la producción que maximiza el beneficio de una empresa competitiva. Éste es un efecto adicional que se designa en el capítulo XIV como efecto de maximización del beneficio. De esta manera se reduce también la cantidad de mano de obra (y de capital) contratada. Sin embargo, el efecto de sustitución es responsable del cambio, que se cita en el artículo, ocurrido en las proporciones de los factores.

FUENTE: "Aliens Law to Change Nation, Experts Say", *The Washington Post*, 28 de noviembre de 1986, pp. A16-A17.

LA TEORÍA DE LA PRODUCTIVIDAD MARGINAL

XIV.1. INTRODUCCIÓN

Como señalamos en la introducción a la parte IV, esta sección no pretende ser una guía práctica para la determinación de los salarios. Pero la teoría de la productividad marginal constituye un marco en el que pueden analizarse los problemas prácticos; en consecuencia, es una herramienta analítica útil para los teóricos de la economía.

El origen de la teoría de la productividad marginal es confuso.[1] John Bates Clark es quizá el economista más generalmente asociado a su desarrollo;[2] sin embargo, algunos intentos anteriores aparecieron en: Von Thünen, *Der Isolierte Staat* (1826); Longfield, *Lectures on Political Economy* (1834); y Henry George, *Progress and Poverty* (1879). De hecho, George presentó una "ley universal de los salarios" que indica claramente el análisis de la productividad marginal:

> Los salarios dependen del margen de producción o del producto que puede obtenerse con el trabajo en el punto más alto de la productividad natural que puede alcanzar sin pagar renta [...] Por tanto, los salarios que debe pagar un patrón se medirán por el punto más bajo de la productividad natural que alcance la producción, y los salarios aumentarán o disminuirán según si el punto sube o baja.[3]

En el prefacio de su importante obra, Clark reconoció su deuda con George y al mismo tiempo resumió su teoría:

> La proposición de Henry George de que los salarios se determinan por el producto que puede generar un hombre cultivando la tierra sin pagar renta, me llevó a buscar un método para separar el producto de la mano de obra del producto de los agentes coadyuvantes e identificarlos por separado. Y esta búsqueda me llevó al descubrimiento de la ley que ahora presento, según la cual en condiciones de competencia perfecta los salarios de cualquier trabajador tienden a igualarse con el producto que puede atribuirse por separado a la mano de obra.[4]

Pero en los decenios de 1880 y 1890, Clark no era el único que desarrollaba el concepto de la productividad marginal. Jevons, Wicksteed, Marshall, Wood, Walras, Barone y otros economistas hicieron contribuciones importantes.[5] En efecto, durante este periodo surgió una distinción importante entre diversos enfoques de la teoría de la productividad marginal.

[1] Véase un estudio de su desarrollo en Allan M. Cartter, *Theory of Wages and Employment*, Homewood, Ill., Richard D. Irwin, 1959, pp. 11-32.

[2] John Bates Clark, *The Distribution of Wealth*, Nueva York, Macmillan, 1902.

[3] Henry George, *Progress and Poverty*, 1879, p. 213.

[4] Clark, *Distribution of Wealth*, p. viii.

[5] W. Stanley Jevons, *The Theory of Political Economy;* Philip Wicksteed, *An Essay on the*

Enunciemos en primer término el *principio de la productividad marginal* (que desarrollaremos en el apartado XIV.2.a): existe una relación funcional directa entre los salarios y el nivel del empleo; cada empresario al tratar de maximizar su beneficio, intentará ajustar el empleo de tal modo que el producto marginal de la mano de obra sea igual a la tasa salarial.

Desde el punto de vista de Clark, este principio, ligeramente más elaborado, constituía la teoría de los salarios. Marshall estaba totalmente en desacuerdo:

> Esta doctrina [el principio de la productividad marginal] se ha considerado a veces como una teoría de los salarios. Pero tal pretensión carece de fundamento válido [...] La demanda y la oferta ejercen influencias igualmente importantes sobre los salarios; ninguna de ellas puede pretender su predominio, al igual que sucede con cualquiera de las hojas de unas tijeras, o los pilares de un puente [...pero] la doctrina sí aclara la acción de una de las causas que determinan los salarios.[6]

Según Clark, el principio de la productividad marginal determina los salarios. Marshall, y más tarde Hicks y la mayoría de los teóricos, consideran que ese principio determina únicamente la *demanda* de mano de obra. La oferta de mano de obra, o cualquier otro servicio productivo, debe intervenir en la elaboración de una teoría completa de la determinación de los salarios. Aquí adoptaremos este enfoque moderno o neoclásico.

XIV.2. La demanda de un servicio productivo[7]

Siguiendo el enfoque de Marshall y Hicks, debemos prestar atención tanto a la demanda como a la oferta de un servicio productivo. En esta sección presentaremos la teoría de la demanda de insumos basada en el principio de la productividad marginal. La teoría puede aplicarse a cualquier servicio productivo, aunque su aplicación más natural se refiere a la demanda de mano de obra y a ella se dedican la mayoría de los estudios teóricos. Por ello, hablaremos por lo regular de "la demanda de mano de obra" pero nos estaremos refiriendo a "la demanda de un servicio productivo de cualquier clase".

Coordination of the Theory of Distribution; Alfred Marshall, *Principles of Economics;* Stuart Wood, "The Theory of Wages", *American Economic Association Publications,* núm. 4, 1889; Leon Walras, *Elements d'économie politique pure;* Enrico Barone, "Studi sulla distribuzione", *Giornale degli economisti,* núm. 12, 1896.

[6] Marshall, *Principles of Economics,* pp. 518, 538.

[7] El análisis de las secciones XIV.2 y XIV.4 utiliza ampliamente las herramientas elaboradas en los capítulos V y VI. El lector puede revisar estos capítulos como antecedente del material aquí presentado.

XIV.2.a. *La demanda de un servicio productivo variable por parte de una empresa*

Antes de iniciar un análisis formal, sería conveniente señalar la analogía directa que existe entre el comportamiento de una empresa al determinar su nivel de producción de máximo beneficio y su combinación de recursos para maximizar su beneficio. En el estudio anterior supusimos que la demanda y la oferta del mercado determinan su precio de equilibrio, sin explicar previamente el origen de la oferta del mercado. En seguida vimos que la curva de demanda que enfrenta cada productor es una línea horizontal perfectamente elástica, porque cada una de las empresas es demasiado pequeña para afectar al precio con los cambios en su volumen de producción. Nuestro problema en ese caso era determinar el costo marginal y, por ende, la oferta, dados el estado de la tecnología y los precios de los insumos. Completamos el análisis obteniendo la oferta del mercado a partir de las curvas de oferta individuales.

En el caso que ahora nos ocupa, el procedimiento es totalmente análogo, pero a la inversa. Primero, suponemos que la demanda y la oferta de mano de obra en el mercado determinan su tasa salarial de equilibrio, sin explicar previamente el origen de la curva de demanda de mano de obra.[8] Luego afirmamos que la curva de oferta de mano de obra que enfrenta cada productor es una línea horizontal perfectamente elástica en el nivel de la tasa salarial del mercado, porque cada una de las empresas es demasiado pequeña para afectar a la tasa salarial con los cambios en su insumo de mano de obra. Nuestro problema consiste ahora en determinar la curva de demanda individual de mano de obra, dados el estado de la tecnología y el precio de mercado del producto generado. Luego se completa el análisis obteniendo la demanda del mercado a partir de las curvas de demanda individuales.

Empecemos con un ejemplo, el cual presentamos en el cuadro XIV.2.1 y en las figuras A y B de la gráfica XIV.2.1. Consideremos un proceso de producción que implica insumos fijos y, por ende, costos fijos, pero sólo un insumo variable: la mano de obra. Por tanto, el costo total de la mano de obra es igual al costo variable total. El producto se vende a $5 por unidad, y la mano de obra cuesta $20 por unidad. Las tres primeras columnas describen la función de producción. La quinta columna muestra el ingreso total (el producto total multiplicado por el precio del bien) y en la octava columna aparece el costo variable total (unidades de insumo de mano de obra multiplicadas por su precio unitario). Finalmente, la última columna muestra el ingreso total menos el costo variable total, que es una aproximación al beneficio, ya que para obtener éste sólo faltaría agregarle el costo fijo constante.[9] La diferencia que

[8] En este caso tampoco se ha explicado la curva de oferta. La analizaremos en la sección XIV.3.

[9] Por ejemplo, si el costo fijo total es $50, el beneficio es la cifra de la columna 9 menos $50. Por tanto, el beneficio máximo corresponde a la cifra máxima de la columna 9.

GRÁFICA XIV.2.1. *Ilustración gráfica de la maximización del beneficio según los enfoques distintos*

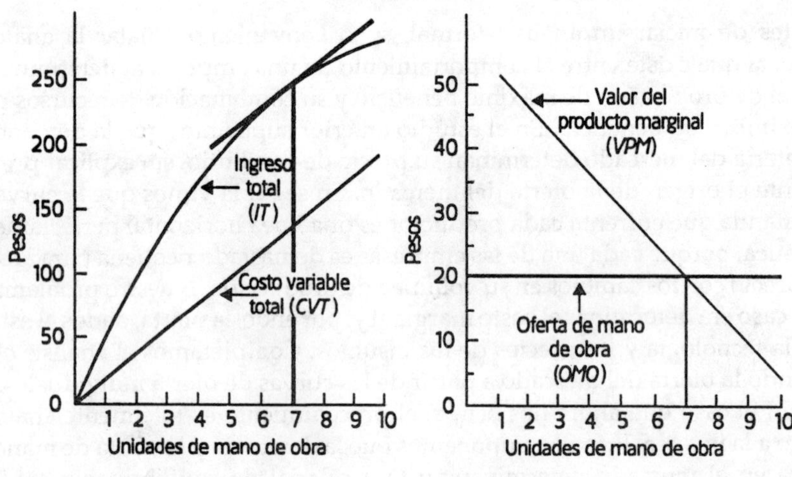

A. El enfoque del ingreso y el costo

B. El enfoque del valor del producto marginal y el salario

existe entre el ingreso total y el costo variable total es mayor cuando se utilizan siete unidades de mano de obra; en consecuencia, esta solución corresponde a la organización de la producción que maximiza el beneficio. En la figura A de la gráfica XIV.2.1 se ilustra el enfoque del ingreso total y el costo variable total. La distancia máxima entre las dos curvas ocurre cuando sus pendientes son iguales, o sea, cuando el ingreso marginal por unidad de mano de obra es igual al costo marginal por unidad de mano de obra.

Desde el punto de vista del análisis de los insumos, resulta más conveniente abordar el problema de la maximización del beneficio de una manera distinta. En primer término, adviértase que la curva de oferta de mano de obra (figura B) está dada por las cifras de la columna 7 del cuadro XIV.2.1 y que es una línea horizontal en el nivel de $20, lo cual indica el aumento en el costo total que puede atribuirse a la adición de una unidad de mano de obra. En la columna 3 se muestra el producto marginal de unidades sucesivas de mano de obra. Multiplicando estas cifras por el precio del bien, obtenemos el valor del producto marginal que aparece en la columna 6.

> *Valor del producto marginal*: El valor del producto marginal del servicio productivo de una variable es igual a su producto marginal multiplicado por el precio de mercado del bien en cuestión.

CUADRO XIV.2.1. *Valor del producto marginal y la demanda individual de mano de obra*

Unidades de insumo de trabajo	*Producto total*	*Producto marginal*	*Precio del producto*	*Ingreso total*	*Valor del producto marginal*	*Salario por unidad de mano de obra*	*Costo variable total*	*IT menos CVT*
0	0	—	$5.00	$0	—	$20	$0	$0
1	10	10	5.00	50	$50	20	20	30
2	19	9	5.00	95	45	20	40	55
3	27	8	5.00	135	40	20	60	75
4	34	7	5.00	170	35	20	80	90
5	40	6	5.00	200	30	20	100	100
6	45	5	5.00	225	25	20	120	105
7	49	4	5.00	245	20	20	140	105
8	52	3	5.00	260	15	20	160	100
9	54	2	5.00	270	10	20	180	90
10	55	1	5.00	275	5	20	200	75

En la figura B de la gráfica XIV.2.1 se aprecia fácilmente que la curva del valor del producto marginal intersecta a la curva de oferta de mano de obra en un punto correspondiente a siete unidades de insumo de mano de obra. Como hemos visto, éste es precisamente el insumo de mano de obra que maximiza el beneficio.

Para llegar más directamente a la proposición que buscamos, consideremos la generalización de la figura B que aparece en la gráfica XIV.2.2. Supongamos que el valor del producto marginal está dado por la curva llamada *VPM* en la gráfica XIV.2.2. La tasa salarial del mercado es $O\overline{w}$, de modo que la oferta de mano de obra para la empresa es la línea horizontal S_L. Supongamos en primer término que la empresa emplea sólo OL_1 unidades de mano de obra. A esa tasa de empleo, el valor del producto marginal es $L_1C = Ow_1 > O\overline{w}$, la tasa salarial. En este punto de la operación, una unidad adicional de trabajo cuenta más para el ingreso total que para el costo total (ya que suma el valor de su monopolio puro al ingreso total y su tasa salarial unitaria al costo). Por consiguiente, un empresario que maximice su beneficio añadiría unidades adicionales de mano de obra y, de hecho, continuaría añadiendo unidades mientras el valor del producto marginal siga excediendo la tasa salarial.

Luego supongamos que se emplean OL_2 unidades de mano de obra. En este punto, el valor del producto marginal, $L_2F = Ow_2$, es menor que la tasa salarial. Cada unidad de mano de obra cuenta más para el costo total que para el ingreso total. Por consiguiente, un empresario que maximice su beneficio no utilizaría OL_2 unidades ni ninguna otra cantidad para la cual la tasa salarial exceda el valor del producto marginal. Estos argumentos demuestran que no habría que utilizar ni más ni menos unidades de mano de obra que $O\overline{L}$ y que el uso de $O\overline{L}$ unidades conduce a la maximización del beneficio. Lo anterior se resume como sigue:

> *Proposición*: Un empresario que trate de maximizar su beneficio utilizará unidades de servicio productivo variable hasta llegar al punto donde el valor del producto marginal del insumo sea exactamente igual al precio de dicho insumo.

En otras palabras, dada la tasa salarial del mercado o la curva de oferta de mano de obra para la empresa, un productor en competencia perfecta determina la cantidad de mano de obra que utilizará igualando el valor del producto marginal con la tasa salarial. Si la tasa salarial fuese Ow_1 (gráfica XIV.2.2), la empresa emplearía OL_1 unidades de mano de obra para igualar el valor del producto marginal con la tasa salarial dada. Asimismo, si la tasa salarial fuera Ow_2, la empresa emplearía OL_2 unidades de mano de obra. Así pues, por la definición de una curva de demanda, la curva del valor del

GRÁFICA XIV.2.2. *Demostración del teorema* VPM = w

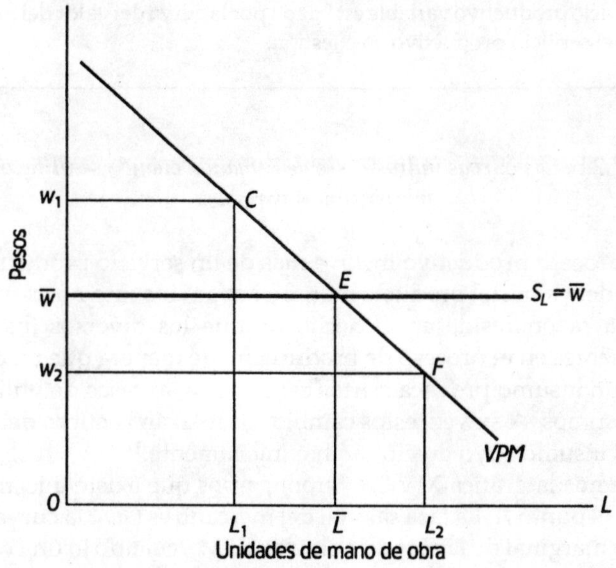

producto marginal se establece como la curva de demanda individual de mano de obra.[10]

[10] Los resultados de esta sección se pueden exponer matemáticamente. Sea la función de producción

$$q = f(x)\,, \qquad \text{(XIV.10.1)}$$

donde x es el único servicio productivo variable. En consecuencia, el producto marginal está dado por $f'(x)$. Bajo las hipótesis de este capítulo, el productor es un competidor perfecto en los mercados de bienes y de factores. Por consiguiente, el precio de mercado del bien (p) y el precio de mercado del insumo (w) están dados.

La función de beneficio es

$$\pi = pq - wx - F = pf(x) - wx - F. \qquad \text{(XIV.10.2)}$$

donde F representa el costo fijo y wx es el costo variable. El empresario ajusta el uso de los insumos de tal manera que se maximice su beneficio. En términos matemáticos, esto se representa así:

$$\frac{d\pi}{dx} = pf'(x) - w = 0, \qquad \text{(XIV.10.3)}$$

o sea,

$$pf'(x) = w, \qquad \text{(XIV.10.4)}$$

que es el teorema indicado en el texto.

Demanda individual de un servicio productivo: La curva de demanda individual de un solo servicio productivo variable está dada por la curva del valor del producto marginal del servicio productivo en cuestión.

XIV.2.b. *Las curvas individuales de demanda cuando se utilizan varios insumos variables*

Cuando un proceso productivo incluye más de un servicio productivo variable, la curva del valor del producto marginal de un insumo no es su curva de demanda. La razón reside en el hecho de que los diversos insumos son interdependientes en el proceso de producción, de manera que un cambio en el precio de un insumo provoca ciertos cambios en las tasas de utilización de los demás insumos. A su vez, estos cambios desplazan la curva del producto marginal del insumo cuyo precio cambió inicialmente.[11]

Consideremos la gráfica XIV.2.3. Supongamos que existe inicialmente un equilibrio en el punto *A*. La tasa salarial del mercado es Ow_1; la curva del valor del producto marginal de la mano de obra es VPM_1, cuando lo único que varía es la mano de obra, y se emplean OL_1 unidades de ésta. Supongamos ahora que la tasa salarial de equilibrio baja a Ow_2, de manera que la curva de oferta de mano de obra perfectamente elástica es S_{L_2}.

El cambio ocurrido en la tasa salarial tiene *en general* tres efectos que resultan difíciles de explicar, porque no se prestan convenientemente al análisis gráfico. Dos efectos, el de sustitución y el de producción, pueden explicarse con ayuda de la gráfica XIV.2.4. Por conveniencia, supongamos que sólo hay dos insumos variables, capital (*K*) y mano de obra (*L*). Q_1 y Q_2 son isocuantas de producción, y la razón inicial de los precios de los insumos (cuando la tasa salarial es Ow_1 en la gráfica XIV.2.3) está dada por la pendiente de *EF*. Como vimos en el capítulo VII, se alcanza el equilibrio en el punto *A*, con insumos de OL_1 unidades de mano de obra y OK_1 unidades de capital. Supongamos ahora que la tasa salarial baja a Ow_2, mientras que el costo del capital permanece constante. La nueva razón de precios de los insumos está representada por la pendiente de la nueva curva de isocosto *EF'*. Finalmente se alcanza el equilibrio en el punto C de la isocuanta más elevada Q_2, con OL_2 unidades de mano de obra y OK_2 unidades de capital.

Puede descomponerse el movimiento de *A* a C en dos "efectos" separados. El primero es un *efecto de sustitución*, representado por el movimiento a lo largo de la isocuanta original de *A* a *B*. A fin de entender este movimiento, construi-

[11] Para una revisión de estos conceptos, véase el capítulo VI.

GRÁFICA XIV.2.3. *Demanda individual de un insumo cuando se utilizan varios insumos variables*

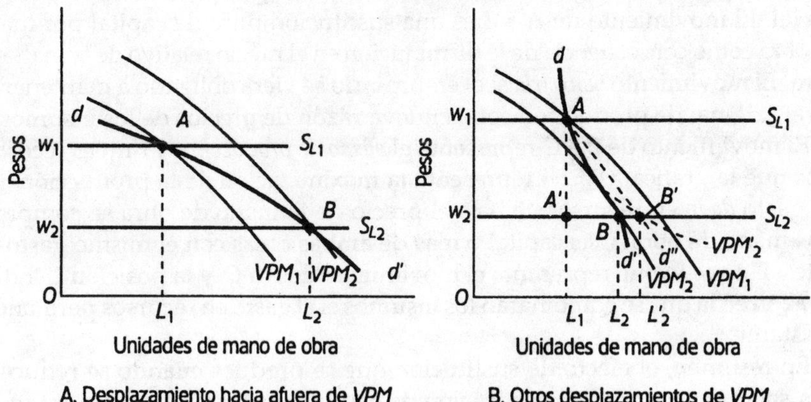

GRÁFICA XIV.2.4. *Efectos de sustitución y producción de un cambio en el precio del insumo*

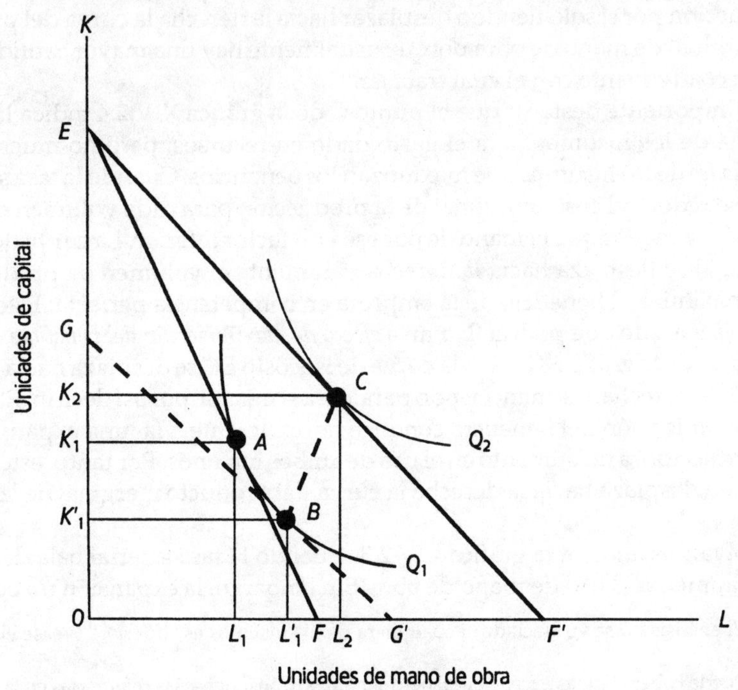

mos la curva de isocosto ficticia GG', que tiene las características siguientes: *a)* es paralela a EF', de manera que representa la nueva razón de precios de los insumos, pero *b)* es tangente a Q_1, así que la producción permanece en su nivel inicial. El movimiento de A a B es una sustitución pura de capital por mano de obra como consecuencia de la disminución en el precio relativo de la mano de obra. El movimiento *ocurriría* si el empresario se viera obligado a mantener su nivel original de producción con la nueva razón de precios de los insumos.

El movimiento de B a C representa el *efecto de producción*. Primero recordemos que la gráfica XIV.2.4 representa la maximización de la producción con un gasto *dado* en recursos. Si baja el precio de la mano de obra se comprará más mano de obra, más capital o más de ambas cosas con el mismo gasto de antes. Esto es lo que representa el movimiento de B a C, y la posición C indica la razón en la que se combinarán los insumos si el gasto en recursos permanece constante.[12]

En resumen, el efecto de sustitución que se produce cuando se reduce la tasa salarial provoca una sustitución de capital por mano de obra. Así pues, este solo efecto desplaza la curva del producto marginal de mano de obra hacia la izquierda, porque hay una menor cantidad del factor coadyuvante (el capital) con el cual trabajar. En general,[13] el efecto de producción se traduce en una mayor utilización de ambos insumos. Por consiguiente, el efecto de producción por sí solo tiende a desplazar hacia la derecha la curva del producto marginal de mano de obra porque usualmente hay una mayor cantidad del factor coadyuvante con el cual trabajar.

Es importante destacar que el punto C de la gráfica XIV.2.4 indica la *razón* óptima de los insumos para el gasto dado en recursos; pero no muestra las *cantidades* de los insumos que maximizan los beneficios. Cuando la tasa salarial baja, se reduce el costo marginal de la producción para cada volumen de producción, a menos que la mano de obra sea un factor inferior. La curva de costo marginal se desplaza hacia la derecha y aumenta el volumen de producción que maximiza el beneficio de la empresa en competencia perfecta. Éste es un efecto separado que podría llamarse *efecto de maximización del beneficio*. En los términos de la gráfica XIV.2.4, la curva de isocosto EF' se desplaza hacia afuera y hacia la derecha, permaneciendo paralela a sí misma, por así decirlo. El efecto de maximización del beneficio conduce normalmente, vía una expansión de la producción, a un aumento en el uso de ambos insumos. Por tanto, este efecto también desplaza hacia la derecha la curva del producto marginal de la mano de obra.

Volvamos ahora a la gráfica XIV.2.3. Cuando la tasa salarial baja de Ow_1 a Ow_2, aumenta el uso de mano de obra. Sin embargo, la expansión no ocurre a

[12] El análisis no se ve afectado si cualquiera de los insumos es "inferior" (véase el capítulo VII).

[13] Puede haber algunas excepciones, pero son raras. Consúltense las referencias en la nota 14.

lo largo de VPM_1. Cuando cambian la cantidad de mano de obra utilizada y el volumen de la producción, también cambia el uso de otros insumos. El efecto de sustitución del cambio provoca que la curva del producto marginal de la mano de obra se desplace hacia la izquierda. Pero los efectos de producción y de maximización del beneficio provocan un desplazamiento de regreso hacia la derecha, a menos que la mano de obra sea un factor inferior.

Las figuras A y B de la gráfica XIV.2.3 ilustran las formas como puede desplazarse la curva *VPM*. En la figura, la curva del valor del producto marginal se desplaza uniformemente hacia la derecha, de VPM_1 a VPM_2. La cantidad de equilibrio de la mano de obra utilizada a las tasas salariales Ow_1 y Ow_2 corresponden a los puntos *A* y *B*, respectivamente. La generación de una serie de puntos como *A* y *B* mediante la variación de la tasa salarial genera también la curva de demanda de mano de obra *dd'*. La figura B ilustra que la curva del valor del producto marginal puede desplazarse uniformemente hacia la izquierda (VPM_2), o "torcerse" (VPM_2'). En ambos casos, la conexión de puntos como *A* y *B* o *A* y *B'* genera funciones de demanda de factores como *dd'* o *dd''*, respectivamente. Sólo se requiere que la nueva curva *VPM* intersecte a S_{L_2} en un punto a la derecha de *A* en la figura B. Es decir, la curva de demanda del factor *debe* tener pendiente negativa.[14]

Así pues, aunque resulta más difícil de derivar, la curva de demanda de insumo es tan determinada en el caso de varios insumos como en el caso de uno solo. Los resultados de esta sección pueden resumirse en la siguiente

> *Proposición*: La curva de demanda de un agente productivo variable, correspondiente a un empresario, puede derivarse cuando se utiliza más de un insumo variable. Esta curva de demanda debe tener pendiente negativa, porque, en conjunto, los tres efectos de un cambio en el precio de un insumo *deben* hacer que la cantidad demandada varíe inversamente con el precio.

[14] Por desgracia, no se puede probar en términos gráficos esta afirmación, que es esencial para los resultados de esta sección; y la prueba matemática es larga y tediosa. Véanse tratamientos detallados del caso general en C. E. Ferguson, "Production, Prices, and the Theory of Jointly Derived Input Demand Functions", *Economica*, N.S., núm. 33, 1966, pp. 454-461; C. E. Ferguson, "'Inferior Factors', and the Theories of Production and Input Demand", *Economica*, N. S., núm. 35, 1968, pp. 140-150; C. E. Ferguson, *The Neoclassical Theory of Production and Distribution*, Londres y Nueva York, Cambridge University Press, 1969, capítulos 6 y 9; y C. E. Ferguson y Thomas R. Saving, "Long-Run Scale Adjustments of a Perfectly Competitive Firm and Industry", *American Economic Review*, núm. 59, 1969, pp. 774-783.

XIV.2.c. *Determinantes de la demanda de un servicio productivo*

Aunque están implícitos en nuestra derivación de la curva de demanda, no se han establecido explícitamente los determinantes de la demanda de un servicio productivo variable por parte de una empresa individual. Convendría enumerarlos ahora.

Primero, cuanto mayor sea la cantidad de los servicios coadyuvantes utilizados, mayor será la demanda del servicio variable en cuestión. Esta proposición se deriva de inmediato de que *a)* el precio del producto está fijo en nuestro análisis, y *b)* cuanto mayor sea la cantidad de los insumos coadyuvantes, mayor será el producto marginal del insumo en cuestión.

Segundo, el precio de demanda de un servicio productivo variable será mayor cuanto mayor sea el precio de venta del bien en cuya producción intervenga. Si el producto marginal se mantiene fijo, el valor del producto marginal será mayor, cuanto mayor sea el precio del bien en cuestión.

Tercero, el precio de demanda de un servicio productivo variable será menor, cuanto mayor sea la cantidad del servicio que ya se utiliza. Para un precio dado del bien, esta proposición se deduce de inmediato de la ley de los rendimientos marginales físicos decrecientes.

Por último, la demanda de un servicio productivo variable depende del "estado de arte",* o sea, de la tecnología. Dada la función de producción, el producto marginal y el valor del producto marginal para cada precio del bien se conocen y no cambian, excepto por lo dicho en el primer punto anterior. Sin embargo, la tecnología sí cambia; y debe ser evidente que el progreso tecnológico cambia la productividad marginal de todos los insumos. Así, un cambio tecnológico que aumente la productividad de un insumo variable también aumenta la demanda de ese insumo, y viceversa.[15]

XIV.2.d. *La demanda del mercado de un servicio productivo variable*

La demanda del mercado de un servicio productivo variable, al igual que la demanda del mercado de un bien, es el total de las demandas individuales que la constituyen. Sin embargo, en el caso de los servicios productivos, el proceso de adición es considerablemente más complicado que la mera suma horizontal de las curvas de demanda individuales, ya que cuando todas las empresas se expanden o contraen simultáneamente, cambia el precio de mercado del

* Esa es una expresión ampliamente usada por los economistas clásicos, desde Adam Smith hasta Marshall, por lo menos. Su equivalente moderno sería "los avances más recientes de la tecnología". [E.]

[15] Véanse más explicaciones en Alfred Marshall, *Principles of Economics*, 8a. ed., Nueva York, Macmillan, 1920, pp. 381-393.

bien.[16] No obstante, puede obtenerse la curva de demanda del mercado, como se ilustra en la gráfica XIV.2.5.

En la figura A de la gráfica se describe una empresa típica. Para el precio del bien vigente en el mercado, d_1d_1' es la curva de demanda de la empresa del servicio productivo variable como se derivó en la gráfica XIV.2.3. Si el precio de mercado del recurso es Ow_1, la empresa utiliza Ov_1 unidades. Sumando la utilización del insumo de todas las empresas, se emplean OV_1 unidades del servicio. Por ejemplo, el punto *A* de la figura B es un punto de la curva de demanda para este servicio productivo variable.

Supongamos luego que el precio del servicio baja a Ow_2 (porque, por ejemplo, la curva de oferta del servicio variable se desplaza hacia la derecha). Si las otras condiciones permanecen igual, la empresa avanzaría a lo largo de d_1d_1' al punto b', donde utiliza Ov_2' unidades del servicio. Pero las demás condiciones no son iguales.[17] Cuando todas las empresas aumentan su uso del insumo, se expande la producción total. O dicho de otro modo, la curva de oferta del mercado para el bien producido se desplaza hacia la derecha a causa de la reducción del precio del insumo. Para una demanda dada del bien, el precio de éste debe bajar; y cuando esto ocurre, también bajan las curvas de demanda individuales del servicio productivo variable.[18]

En la figura A de la gráfica la disminución de la demanda del insumo individual que puede atribuirse a la disminución de su precio está representada por el desplazamiento hacia la izquierda de d_1d_1' a d_2d_2'. Cuando el precio del insumo es Ow_2, el punto de equilibrio es *b*, donde se utilizan Ov_2 unidades. Sumando para todos los empleadores, se utilizan OV_2 unidades del servicio productivo y se obtiene el punto *B* en la figura B. Pueden obtenerse muchos puntos como *A* y *B*, variando el precio de mercado del servicio productivo. Uniendo estos puntos obtenemos la línea *DD'*, que representa la demanda del mercado para el servicio productivo variable.

XIV.3. LA OFERTA DE UN SERVICIO PRODUCTIVO VARIABLE

En términos generales, podrían clasificarse todos los servicios productivos variables en tres grupos: recursos naturales, bienes intermedios y mano de obra. Los bienes intermedios son los que produce un empresario y vende a

16 El análisis algebraico de la derivación de la demanda del mercado es sencillo pero laborioso. Véase una versión en George J. Stigler, *The Theory of Price*, Nueva York, Macmillan, 1949, pp. 184-186.

17 Compárese lo que sigue en el texto con la derivación de la oferta de bienes en el mercado mediante la suma de las curvas de oferta individuales.

18 Sean p_1 y p_2 el precio original y el nuevo precio, respectivamente. Por tanto, $VPM_1 = p_1PM$, $VPM_2 = p_2PM$, y $VPM_1 > VPM_2$, ya que $p_1 > p_2$.

GRÁFICA XIV.2.5. *Derivación de la demanda de mercado para un servicio productivo variable*

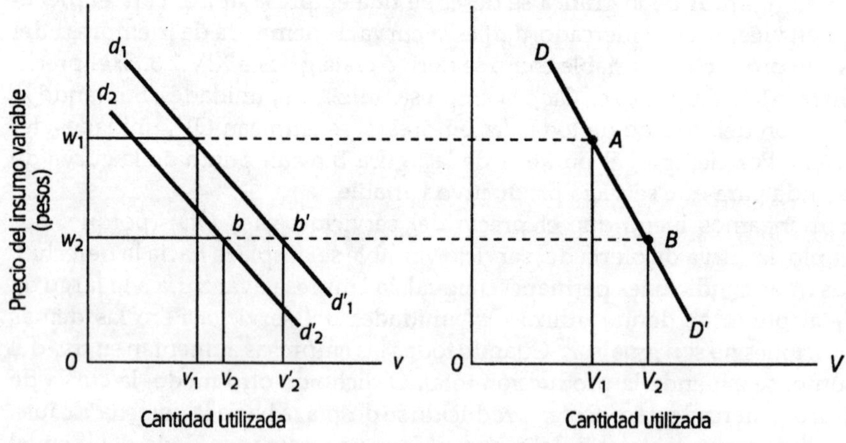

A. Demanda de la empresa para un servicio productivo variable

B. Demanda del mercado para un servicio productivo variable

otro, quien, a su vez, los utiliza en su proceso productivo. Por ejemplo, el algodón es producido por un agricultor y vendido (a través de intermediarios) como un bien intermedio a un fabricante de damasco; éste, a su vez, se convierte en un bien intermedio en la fabricación de muebles tapizados. Las curvas de oferta de los bienes intermedios tienen pendiente positiva, porque son *bienes producidos* por los fabricantes, aunque sean también insumos variables para otros fabricantes; y como vimos en la parte III, las curvas de oferta de los bienes tienen pendiente positiva.

Los recursos naturales pueden considerarse como bienes producidos (usualmente) por las actividades mineras. En consecuencia, también sus curvas de oferta tienen pendientes positivas.[19] Por consiguiente, podemos concentrar nuestra atención en la categoría final y más importante: la mano de obra.

[19] Se presentan algunas dificultades relativas al momento óptimo para la comercialización de los recursos naturales; pero generalmente no afecta a la pendiente de sus curvas de oferta. Un tratamiento elegante de este problema puede consultarse en Harold Hotelling, "The Economic of Exhaustible Resources", *Journal of Political Economy*, núm. 39, 1931, pp. 137-175.

XIV.3.a. *Consideraciones generales*

A medida que aumenta la población y cambia su composición por edades, a medida que la gente emigra de una región a otra y conforme la educación y la capacitación permiten que los individuos cambien de ocupación, pueden ocurrir cambios profundos en las curva de oferta de diversos tipos de mano de obra en muchos lugares de un país. Estos cambios representan *desplazamientos* de la curva de oferta y son totalmente independientes de su pendiente. A fin de obtener la curva de oferta de un mercado bien definido, supongamos que las siguientes variables permanecen constantes: el tamaño de la población, la tasa de participación en la fuerza laboral, y la distribución ocupacional y geográfica de la fuerza laboral. En consecuencia, nos preguntamos en primer término: ¿qué motiva a una persona a renunciar al ocio por el trabajo?

XIV.3.b. *Análisis de la oferta de mano de obra mediante las curvas de indiferencia*

En principio, la oferta de mano de obra de un individuo puede determinarse mediante el análisis de la curva de indiferencia, como se muestra en la gráfica XIV.3.1. Las horas de ocio se miden en el eje horizontal, donde *OM* representa su máximo, o el número total de las horas potenciales de trabajo durante la semana. El total del ingreso monetario derivado del trabajo se mide a lo largo del eje vertical. La pendiente de una línea que una a *M* con cualquier punto del eje vertical representa un salario por hora. Por ejemplo, si OY_1 es el ingreso monetario que se recibiría por *OM* horas de trabajo, la tasa salarial por hora es OY_1/OM, o sea la pendiente de MY_1. Por último, las curvas I, II y III representan curvas de indiferencia entre el ingreso y el ocio. Por ejemplo, a lo largo del nivel más bajo mostrado, el de la curva de indiferencia I, un individuo es indiferente entre *OC* horas de ingreso (trabajando *CM* horas) y un ingreso de *CF*, y *OG* horas de ocio (trabajando *GM* horas) y el ingreso *GH*.

Cuando la tasa salarial está representada por la pendiente de MY_1, la condición de tangencia para la maximización[20] establece el equilibrio en el punto *F* de la curva I. El individuo trabaja *CM* horas por un ingreso de *CF*. Por tanto, el ocio es *OC*. Supongamos que la tasa salarial aumenta al nivel indicado por la pendiente de MY_2. El nuevo equilibrio de *E* sobre la curva II. Las horas de trabajo aumentan de *CM* a *BM* como consecuencia del incremento en la tasa salarial, y aumentarían más aún si la línea salarial cambiara a MY_3. Los puntos de equilibrio *F, E, D,...* pueden unirse mediante la línea punteada *S*, que muestra la oferta de trabajo de un individuo. En este caso, la curva de oferta

[20] Se considera que la utilidad es una función del ingreso y del ocio. El problema consiste en maximizar la utilidad con una tasa salarial por hora dada.

GRÁFICA XIV.3.1. *Análisis de la oferta de mano de obra mediante las curvas de indiferencia*

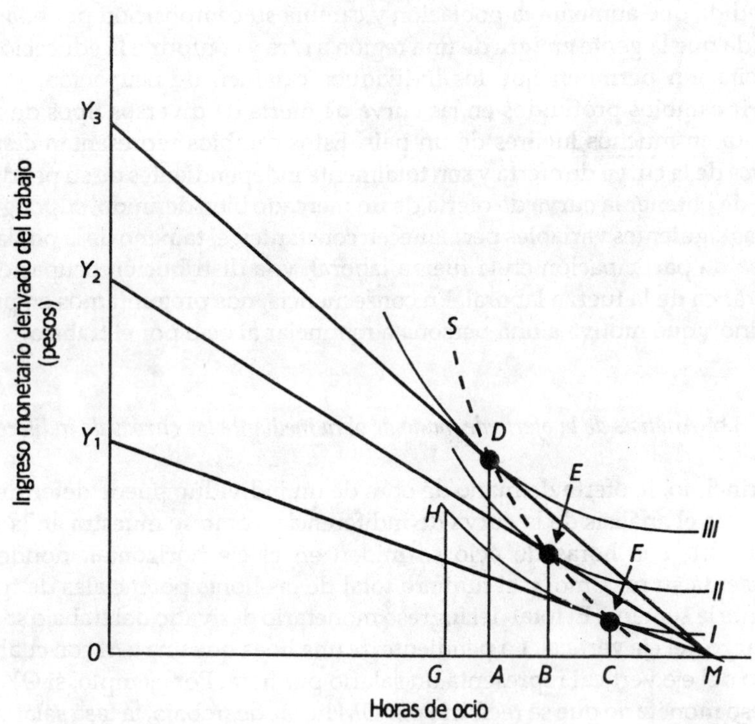

tiene pendiente positiva porque un aumento en la tasa salarial provoca un incremento en el número de horas trabajadas.

La gráfica XIV.3.2 ilustra el caso contrario. Las curvas individuales de oferta de mano de obra pueden comportarse de diversas maneras, pero la cuestión fundamental consiste en saber cómo se comporta su *suma*, o sea, ¿qué forma tiene la curva de oferta del mercado de cualquier tipo especificado de mano de obra?

XIV.3.c. *La oferta de mano de obra del mercado*

Lo cierto es que puede decirse mucho más acerca de la *suma* que de sus partes constitutivas. Primero, consideremos la situación en la que una industria utiliza exclusivamente un tipo de mano de obra especializada (obviamente, dotada de calificación técnica). En el corto plazo no puede decirse nada acerca de la pendiente o de la forma de la curva de oferta de la mano de obra. Podría

GRÁFICA XIV.3.2. *Análisis de la oferta de mano de obra mediante las curvas de indiferencia, curva de pendiente negativa*

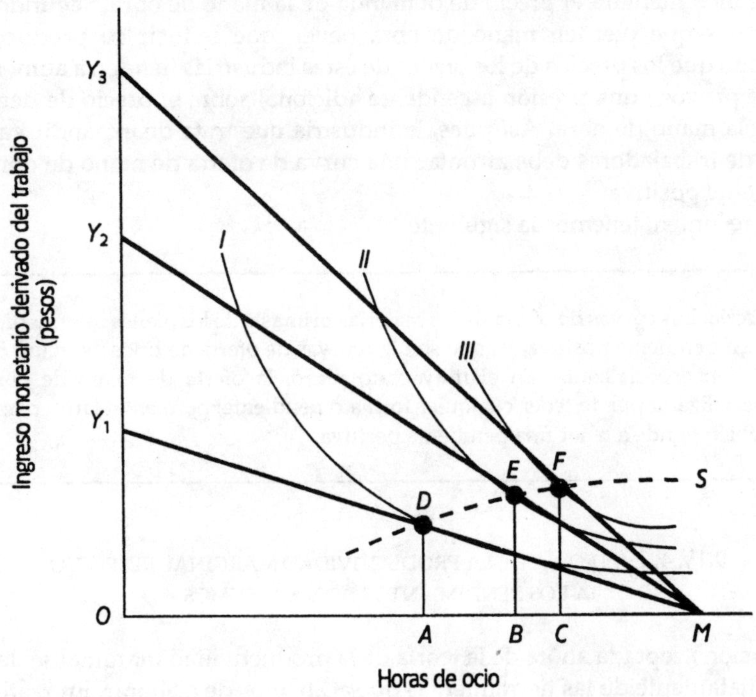

ser positiva, podría ser negativa o podría tener segmentos de pendiente positiva y otros de pendiente negativa. Pero hagamos ahora más flexible nuestro supuesto acerca de la inmovilidad ocupacional, como tenemos que hacerlo en el largo plazo. El maestro panadero puede convertirse en un aprendiz de fabricante de velas, si el incentivo financiero es suficiente. En un terreno más pertinente, diremos que los jóvenes que están planeando su educación y escogiendo una profesión deben verse influidos inevitablemente por los rendimientos actuales de varias profesiones y, más aún, por los rendimientos esperados en el futuro. Por consiguiente, es probable que la curva de oferta de la mano de obra especializada tenga una pendiente positiva en el largo plazo.

El otro caso, esto es, cuando la mano de obra no está especializada para una industria particular, es más claro aún. En especial, si más de una industria utiliza un tipo particular de mano de obra, la curva de oferta de la mano de obra de cualquiera de esas industrias debe tener pendiente positiva. Supongamos que una de esas industrias aumenta su número de trabajadores; la tasa salarial debe aumentar por dos razones. Primero, para provocar una expansión del empleo, habrá necesidad de obtener trabajadores de otras industrias, lo que incrementará el precio de demanda de la mano de obra. Segundo, las industrias que pierden mano de obra tienen que reducir su producción, de modo que los precios de los bienes de estas industrias tienden a aumentar, lo que provoca una presión ascendente adicional sobre el precio de demanda de la mano de obra. Así pues, la industria que trata de expandir su número de trabajadores debe afrontar una curva de oferta de mano de obra de pendiente positiva.[21]

En resumen, tenemos la siguiente

> *Relación*: Las curvas de oferta de las materias primas y de los bienes intermedios tienen pendiente positiva, ya que son las curvas de oferta de tipos de mano de obra no especializada. En el muy corto plazo, la oferta de mano de obra especializada puede tener cualquier forma o pendiente; pero en el largo plazo también tiende a tener una pendiente positiva.

XIV.4. LA TEORÍA DE LA PRODUCTIVIDAD MARGINAL RESPECTO A LOS RENDIMIENTOS DE LOS INSUMOS

La versión aceptada ahora de la teoría de la productividad marginal se deriva inmediatamente de las herramientas que acabamos de elaborar. En realidad, es sólo otra aplicación del análisis de la oferta y la demanda.

XIV.4.a. *El equilibrio del mercado y los rendimientos de los servicios productivos variables*

La oferta y la demanda de un servicio productivo variable determinan conjuntamente su precio de equilibrio del mercado; ésta es precisamente la teoría de la productividad marginal. En la gráfica XIV.4.1, *DD'* y *SS'* son las curvas representativas de demanda y de oferta. Su intersección en el punto *E* deter-

[21] Hay dos excepciones posibles, cada una de las cuales genera una curva de oferta de mano de obra horizontal para la industria. En primer lugar, si la industria es demasiado pequeña o si utiliza sólo cantidades muy pequeñas de mano de obra, su efecto sobre el mercado puede ser imperceptible. Es decir, la relación entre la industria y el mercado es semejante a la que existe entre una empresa competitiva y su industria. En segundo lugar, si hay desempleo del tipo particular de mano de obra que se considera, la oferta de mano de obra para todas las industrias podría ser perfectamente elástica hasta el punto del pleno empleo. De allí en adelante, la curva de oferta subiría.

mina el precio de equilibrio estable[22] del mercado, $\overline{OW}$, y la cantidad demandada y ofrecida, $O\overline{V}$. Los únicos aspectos peculiares de este análisis son los métodos utilizados para determinar la demanda de servicios productivos variables y la oferta de servicios de mano de obra. El hecho de que la demanda de insumos se base en el valor del producto marginal del insumo origina el nombre de "teoría de la productividad marginal".

XIV.4.b. *El corto plazo y las cuasi-rentas*

Hasta ahora no hemos sido muy específicos en lo referente al corto y el largo plazos. En realidad no ha sido necesario, porque la teoría de la productividad marginal se ocupa del precio de los servicios productivos *variables*. En el largo plazo todos los insumos son variables; por tanto, la teoría de la productividad marginal se aplica a todos los recursos en el largo plazo. Sin embargo, en el corto plazo algunos insumos están *fijos*; no pueden variar y, en consecuencia, no se puede generar un "producto marginal". Por consiguiente, el rendimiento de los insumos fijos en el corto plazo requiere otra explicación. Marshall llamó a este rendimiento "cuasi-renta".[23]

La explicación de las cuasi-rentas requiere de las acostumbradas curvas de costos ilustradas en la gráfica XIV.4.2. *CTP*, *CVP* y *CM* denotan el costo promedio total, el costo promedio variable y el costo marginal, respectivamente. Supongamos que el precio del mercado es $O\overline{P}$. La empresa que trata de maximizar su beneficio produce $O\overline{Q}$ unidades e incurre en costos variables que ascienden en promedio a $OA = \overline{Q}D$ pesos por unidad de producción. Por tanto $OAD\overline{Q}$ es el gasto total que se requiere para sostener el nivel de empleo necesario de servicios productivos variables. El ingreso total es $O\overline{P}E\overline{Q}$; así pues, la diferencia que existe entre el ingreso total y el costo variable total es *APED*. De igual manera, si el precio de mercado fuese *OA* por unidad, la diferencia entre el ingreso total y el costo variable total sería *HAFG*.

[22] *Ejercicio:* Demuestre gráficamente que éste es un equilibrio estable. Luego, haga que la curva *SS'* se retraiga sobre sí misma. ¿Puede usted generar un caso inestable?

[23] En la terminología clásica, la "renta" es el rendimiento de un recurso cuya oferta está absolutamente fija y no se puede aumentar (es decir, cuya curva de oferta es una línea perpendicular al eje de las cantidades). Llamamos cuasi-renta al rendimiento de los insumos fijos de corto plazo, porque sus cantidades son variables en el largo plazo.

La definición de la cuasi-renta utilizada en el texto, que es la definición moderna habitual, difiere ligeramente de la definición original de Marshall (véase su *Principles of Economics*, 8a. ed., Londres, Macmillan, 1920, nota al pie de las pp. 426-427). Marshall definió la cuasi-renta como el rendimiento de un insumo temporalmente fijo *menos* el costo de mantenimiento y reposición. Esta definición de la cuasi-renta no se puede representar por medio de los diagramas de costo convencionales. En particular, la definición de Marshall *no* es equivalente a la definición del texto menos el área *ABCD* de la gráfica XIV.4.2.

GRÁFICA XIV.4.1. *Determinación del precio de un servicio productivo variable en el equilibrio del mercado*

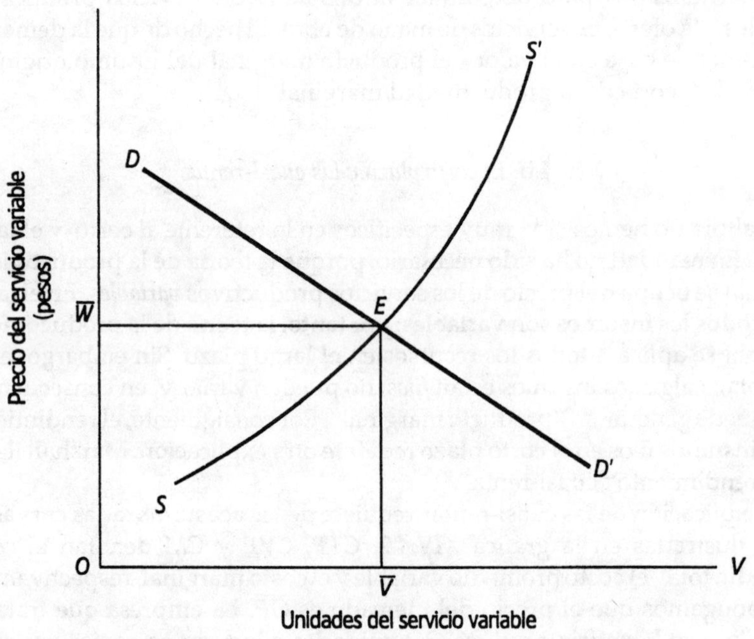

Esta diferencia es la cuasi-renta, la cual siempre debe ser no-negativa (si el precio bajara a *OJ*, se igualarían el ingreso total y el costo variable total; si el precio bajara más allá de *OJ*, la producción cesaría, y tanto el ingreso total como el costo variable total serían iguales a cero). Adviértase que la cuasi-renta es el rendimiento total que puede atribuirse a los insumos fijos. Si el precio es $O\overline{P}$, la cuasi-renta puede dividirse en dos componentes: la cantidad *ABCD*, que representa su costo de oportunidad; y la cantidad $B\overline{P}EC$, que representa el beneficio económico neto que puede atribuirse a su uso en esta industria antes que en su mejor uso alternativo. Asimismo, si el precio del mercado es *OA*, la cuasi-renta (*HAFG*) tiene dos componentes: la cantidad *HLKG*, el costo de oportunidad del uso de los insumos fijos en esta industria, y la cantidad (negativa) *ALKF*, que representa la pérdida económica neta en que se incurre como castigo por utilizar los recursos en su ocupación actual.

Por último, debe señalarse algo que debería ser obvio: la suma del costo variable (total) y la cuasi-renta, imputada en la forma que acabamos de ver es precisamente igual al valor en pesos del producto total. Esto es sólo cuestión de definición y aritmética; pero tiene un fundamento lógico, como ahora veremos.

GRÁFICA XIV.4.2. *Determinación de la cuasi-renta*

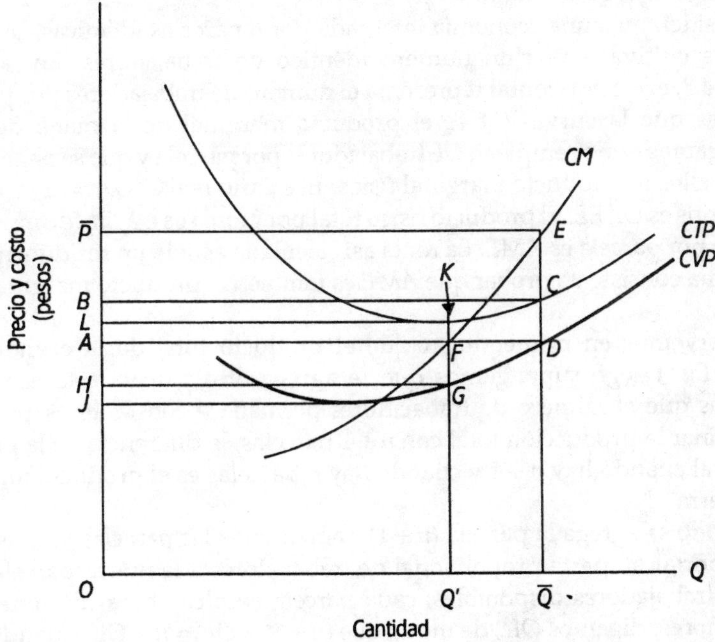

XIV.4.c. *El teorema de Clark y Wicksteed del agotamiento del producto*

Por definición, en el equilibrio de corto plazo la suma del costo variable total y la cuasi-renta es igual al valor en pesos de la producción. Como hemos dicho, ésta es aritmética pura y simple. Pero lo que no es obvio es que en el equilibrio competitivo de largo plazo el total del producto físico sea exactamente suficiente para pagar a cada insumo su producto marginal. Éste es un teorema importante, que se atribuye a Clark, Wicksteed y otros pioneros de la teoría de la productividad marginal.

Repetimos la siguiente

> *Proposición*: En el equilibrio competitivo de largo plazo, al pagar a cada insumo de acuerdo con su producto marginal físico se agota exactamente el producto físico total.

En el apéndice de este capítulo aparece una prueba matemática del teorema de Clark y Wicksteed. En esta sección presentaremos una demostración gráfica que se atribuye a Chapman.[24]

Consideremos una economía integrada por n parcelas idénticas, cada una de ellas cultivada por un número idéntico de trabajadores. En la gráfica XIV.4.3, el eje horizontal representa el número de trabajadores por parcela, mientras que la curva *PM* es el producto marginal de la mano de obra. Supongamos que se emplean *OL* trabajadores por parcela y que se paga a cada uno de ellos su producto marginal físico. El salario real es $OA = LE$, y el total de salarios es *OAEL*. El producto físico total por granja es *OMEL*, de modo que la renta por parcela es *AME*. La renta así calculada es sólo un residuo; nuestro problema consiste en probar que *AME* es también el producto marginal de la tierra.

Observemos en primer lugar que el producto total de la economía es $n \times OMEL$. Luego supongamos que se agrega otra parcela a la economía, mientras que el número de trabajadores permanece constante. Si podemos determinar la producción total con $n + 1$ parcelas, la diferencia de la producción total cuando hay $n + 1$ y cuando hay n parcelas es el producto marginal de la tierra.

Cuando se agrega la parcela $(n + 1)$, cada una de las parcelas ya existentes debe aportar su parte proporcional de trabajadores a la nueva parcela. Hay $n \times OL$ trabajadores disponibles; cada parcela emplea ahora un número de trabajadores, digamos OL', de modo que $(n + 1) \times OL' = n \times OL$. Cuando cada parcela emplea OL' trabajadores, la producción por parcela es $OMCL'$, y la producción total de la economía es

$$(n + 1) \times OMCL' = n \times OMCL' + OMCL'.$$

El producto total con n parcelas es

$$n \times OMEL = n \times OMCL' + n \times L'CEL.$$

Por tanto, el producto marginal de la tierra es la diferencia, o sea,

$$n \times OMCL' + OMCL' - n \times OMCL' - n \times L'CEL$$

$$= OMCL' - n \times L'CEL = BMC + OBCL' - n \times L'CEL.$$

[24] S. J. Chapman, "The Remuneration of Employers", *Economic Journal*, núm. 16, 1906, pp. 523-528. Éste es un problema de análisis en el largo plazo. En términos de la gráfica XIV.4.3, en el corto plazo hay un exceso de renta o de beneficio igual al área del triángulo *CDE*. En el largo plazo el número de parcelas debe ajustarse de tal modo que el área *CDE* tienda a cero.

GRÁFICA XIV.4.3. *El teorema del agotamiento del producto*

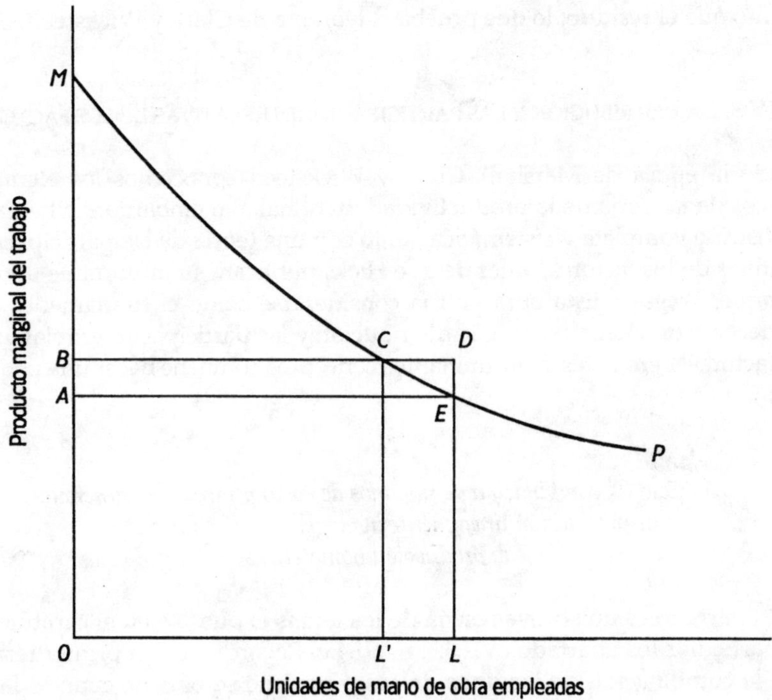

Consideremos ahora el último término de la expresión anterior:

$$n \times L'CEL = n \times L'CDL - n \times CDE.$$

Puesto que $n \times L'L = OL'$ por la repartición equitativa de los trabajadores, se deduce que $n \times L'CDL = OBCL'$, el rendimiento total del trabajo por parcela cuando se emplean OL' trabajadores en cada parcela. Por consiguiente, el producto marginal de la granja $(n + 1)$ es

$$BMC + OBCL' - OBCL' + n \times CDE = BMC + n \times CDE.$$

El último término, $n \times CDE$, tiende a cero conforme n aumenta sin límite, es decir, a medida que disminuye el tamaño de cada parcela. En consecuencia, para un incremento de la tierra infinitesimalmente pequeño, el producto marginal de la tierra es BMC. Pero BMC es también la renta por parcela calculada mediante el método residual cuando cada parcela es cultivada por *OL′* trabajadores. En consecuencia, el producto marginal de la tierra es lo mismo que el residuo, lo que prueba el teorema de Clark y Wicksteed.

XIV.5. La distribución y las participaciones relativas de los factores

Desde la época de Marshall, Clark y Wicksteed conocemos los elementos básicos de la teoría de la productividad marginal. Sin embargo, no había una exposición completa y sistemática, junto con una teoría de las participaciones relativas de los factores, antes de que Hicks publicara su importante obra *The Theory of Wages.*[25] Esta obra podría considerarse como el fundamento de la moderna teoría neoclásica de la distribución y las participaciones relativas de los factores. Pero antes de examinar los conceptos conviene hacer una pequeña reseña.

XIV.5.a. *La combinación de insumos de costo mínimo, las funciones de producción linealmente homogéneas y las funciones de producción homotéticas*

Este apartado es una breve reseña de los temas expuestos en el capítulo VII, en particular los apartados VII.3.c. y VII.4.c. Recordemos en primer término que la combinación de insumos de costo mínimo se obtiene cuando la tasa marginal de sustitución técnica es igual a la razón de precios de los insumos. Esta proposición se ilustra en la gráfica XIV.5.1, donde Q_0 es una isocuanta y la pendiente de *AB* representa la razón entre el salario y la renta. La pendiente de la isocuanta en cualquier punto es la razón entre el producto marginal del trabajo y el producto marginal del capital. Se alcanzan las proporciones de insumos de costo mínimo sólo cuando la razón de los productos marginales (la tasa marginal de sustitución técnica) es igual a la razón de precios de los insumos. Esto ocurre en el punto *E*, y la pendiente del radio *OE* define la razón óptima de los insumos (capital-trabajo).

La razón capital-trabajo es importante en cualquier circunstancia; pero cuando la función de producción es homogénea de grado uno, desempeña un papel más vital aún. Decir que una función de producción es linealmente homogénea implica que el producto marginal de cada insumo, y por ende la tasa marginal de sustitución técnica, es una función de la razón de insumos exclusivamente. O bien, en términos de la gráfica XIV.5.1, la tasa marginal de sustitución técnica de capital en lugar e trabajo es una función de la razón

[25] John R. Hicks, *The Theory of Wages*, 2a. ed., Londres, Macmillan, 1932, 1963.

capital-trabajo únicamente. En particular, la tasa de sustitución técnica *no* es una función de la escala de producción.[26]

En la gráfica XIV.5.2 aparece un mapa de isocuantas para una función de producción linealmente homogénea. Consideremos cualquier radio que salga del origen, digamos OR, que especifica una razón capital-trabajo. Este radio intersecta a todas las isocuantas en puntos tales (como $E_1,\ldots, E_4$) que las pendientes de las isocuantas son idénticas; en otras palabras, la tasa marginal de sustitución técnica es la misma en E_1, E_2, E_3 y E_4. Esto se aplica no sólo al radio OR, sino también a *cualquier* otro radio. Por consiguiente, una sola isocuanta describe plenamente el mapa de las isocuantas cuando la función de producción es homogénea de grado uno.

Siempre que una función de producción tiene la propiedad descrita en el párrafo anterior, a saber: que la tasa marginal de sustitución es la misma a lo largo de cualquier radio que pasa por el origen, decimos que es *homotética*. Utilizando la terminología del capitulo VI, decimos que una función de producción homotética es aquella en la que cada isoclina es una línea recta que pasa por el origen. Hemos visto que las funciones de producción linealmente homogéneas son homotéticas. Lo contrario no es cierto; hay funciones de producción homotéticas que no son linealmente homogéneas.[27]

[26] Sea la función de producción

$$Q = F(K, L), \qquad \text{(XIV.26.1)}$$

donde $F(K, L)$ es homogénea de grado uno en K y L. Por su propiedad de homogeneidad, la ecuación XIV.26.1 puede escribirse

$$q = f(k), \qquad \text{(XIV.26.2)}$$

donde $q = Q/L$ y $k = K/L$. Se demuestra sin dificultad que los productos marginales $\partial Q/\partial K$ y $\partial Q/\partial L$ están dados por

$$\frac{\partial Q}{\partial K} = f'(k) \qquad \text{(XIV.26.3)}$$

y

$$\frac{\partial Q}{\partial L} = f(k) - kf'(k). \qquad \text{(XIV.26.4)}$$

Estas dos últimas ecuaciones demuestran que los productos marginales son funciones únicamente de la razón capital-trabajo.

[27] Por ejemplo, la función de producción $Q = F(K, L) = 100K^{0.6}L^{0.8}$ es homogénea de grado 1.4 (= 0.6 + 0.8). Note que $F_K = 60K^{-0.4}L^{0.8}$ y $F_L = 80K^{0.6}L^{-0.2}$. La tasa marginal de sustitución técnica es entonces

$$TMST = \frac{F_L}{F_K} = \frac{80K}{60L} = \frac{4}{3}\frac{K}{L},$$

GRÁFICA XIV.5.1. *La combinación de insumos de costo mínimo*

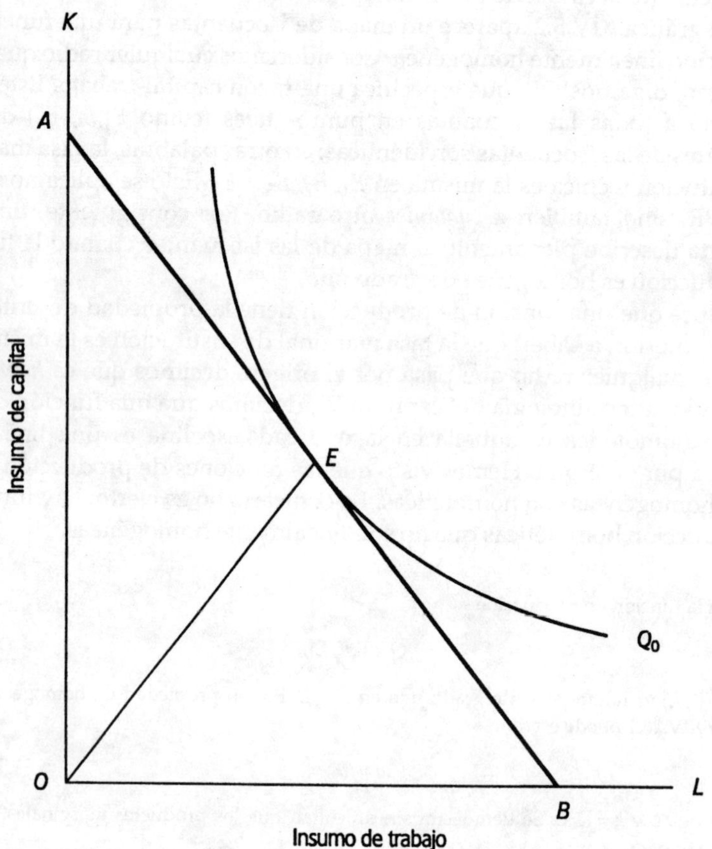

XIV.5.b. *La elasticidad de sustitución*

En la sección XIV.5 vimos que, cuando una función de producción es linealmente homogénea, o más generalmente, cuando es homotética, la *TMST* es sólo una función de la razón capital-trabajo. Sabemos también que, por la "regla del *VPM*", la *TMST* será igual a la razón entre el precio del trabajo y el precio del capital. Es decir, reordenando ligeramente la regla del *VPM*, tenemos

---

que es una función de la razón capital-trabajo únicamente. Por tanto, $F(K, L)$ es homotética pero no linealmente homogénea.

GRÁFICA XIV.5.2. *Mapa de isocuantas para la función de producción homogénea*

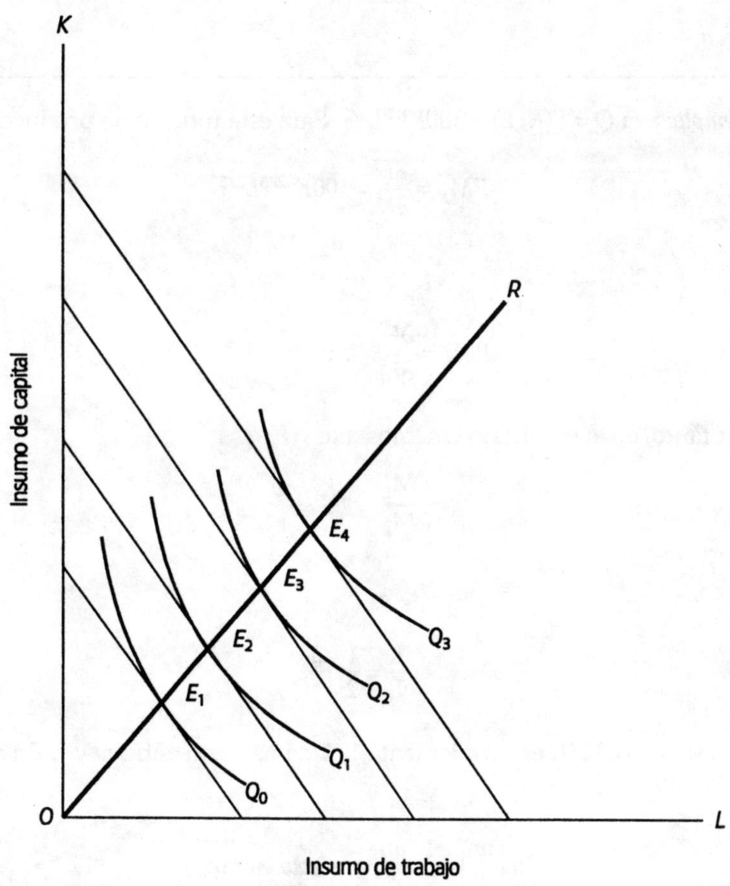

$$TMST = \frac{PM_L}{PM_K} = \frac{(w/p)}{(r/p)} = \frac{w}{r}$$

donde PM_L es el producto marginal del trabajo, PM_K es el producto marginal del capital, w es el precio del trabajo, r es el precio del capital y, finalmente, p es el precio del producto. Combinando esta información, vemos que la razón capital-trabajo puede considerarse como una función de la razón entre el precio del trabajo, w, y el precio del capital, r. Por conveniencia, escribiremos esta función como

$$\frac{K}{L} = h\left(\frac{w}{r}\right). \qquad \text{(XIV.5.1.)}$$

Ejemplo: Sea $Q = F(K, L) = 300K^{1/3}L^{2/3}$. Para esta función de producción

$$PM_K = \frac{\partial F}{\partial K} = 100K^{-2/3}L^{2/3}$$

y

$$PM_L = \frac{\partial F}{\partial L} = 200K^{1/3}L^{-1/3}.$$

Por tanto, en el equilibrio tenemos que

$$\frac{PM_L}{PM_K} = 2\frac{K}{L} = \frac{w}{r}$$

o sea,

$$\frac{K}{L} = \frac{1}{2}\frac{w}{r}.$$

En este caso, K/L es simplemente 1/2 de la razón entre w y r. En otras palabras

$$h\left(\frac{w}{r}\right) = \frac{1}{2}\frac{w}{r} \text{ para este ejemplo.}$$

Ya podemos discutir la *elasticidad de sustitución*, un concepto fundamental de la teoría neoclásica, introducido por Hicks en 1932.[28] Como cualquier otra elasticidad, ésta mide la sensibilidad relativa de una variable a los cambios proporcionales ocurridos en otra variable.

[28] Hicks, *Theory of Wages*, *op. cit.*, p. 117.

> *Elasticidad de sustitución*: La elasticidad de sustitución mide la sensibilidad relativa de la razón capital-trabajo a cambios proporcionales dados de la tasa de sustitución técnica de trabajo por capital.

Esta definición indica claramente que la razón capital-trabajo se entiende como una función bien definida de la *TMST*. Como acabamos de ver, así ocurre cuando la función de producción es homotética.

Por su fórmula, la elasticidad de sustitución (σ) es

$$\sigma = \frac{\Delta(K/L)/(K/L)}{\Delta(TMST)/TMST} = \frac{\Delta(K/L)}{\Delta(TMST)} \times \frac{TMST}{(K/L)} \qquad \text{(XIV.5.2)}$$

Esta expresión define a σ directamente en términos de la función de producción. Sin embargo, en el equilibrio *TMST* será igual a w/r. Por consiguiente, puede definirse σ como la elasticidad de K/L respecto a w/r (donde K/L se relaciona con w/r como lo indica XIV.5.1. Por tanto, en el equilibrio puede escribirse la elasticidad de sustitución como

$$\sigma = \frac{\Delta\left(\frac{K}{L}\right)}{\Delta\left(\frac{w}{r}\right)} \times \frac{\left(\frac{w}{r}\right)}{\left(\frac{K}{L}\right)} = \frac{\Delta\left(\frac{K}{L}\right)}{\left(\frac{K}{L}\right)} \div \frac{\Delta\left(\frac{w}{r}\right)}{\left(\frac{w}{r}\right)}. \qquad \text{(XIV.5.3)}$$

También puede escribirse la elasticidad de sustitución en términos de la expresión XIV.5.1. Para simplificar la notación, sea $k = K/L$ y $u = w/r$; luego, utilizando XIV.5.1, tenemos

$$\sigma = \frac{dk}{du}\frac{u}{k} = h'(u)\frac{u}{k}. \qquad \text{(XIV.5.4)}$$

En XIV.5.3 y XIV.5.4, la elasticidad de sustitución muestra el cambio proporcional inducido en la razón capital-trabajo provocado por un cambio proporcional dado de la razón de precios de los factores.

> *Ejercicio*: Demuestre que la función de producción en el ejemplo que sigue de la ecuación XIV.5.1 tiene $\sigma = 1$.

XIV.5.c. *La elasticidad de sustitución y los cambios en las participaciones relativas de los factores*

En la notación que acabamos de introducir, la participación relativa de la mano de obra en la producción —es decir, el pago total a los trabajadores dividido por el valor total de la producción— es

$$\frac{wL}{pQ}.$$

Asimismo, la participación relativa del capital es

$$\frac{rK}{pQ};$$

por tanto, la razón de las participaciones relativas es

$$\frac{wL}{rK}.$$ [29]

Consideremos ahora la última expresión del miembro derecho de XIV.5.3. Supongamos que la razón salario-renta aumenta 10%. Por supuesto, un aumento en el precio relativo del trabajo provocará la sustitución de trabajo por capital y, por ende, un aumento en la razón capital-trabajo. Supongamos que tal razón aumenta en 5%. Entonces, la elasticidad de sustitución será menor que uno. Este conocimiento nos permite inferir el comportamiento de las participaciones relativas de los factores. En el caso anterior, w/r aumenta en 10% y K/L sólo aumenta en 5%. Se infiere entonces que aumenta wL/rK.

Examinemos brevemente la causa. Por hipótesis, aumenta la razón salario-renta, quizá porque la oferta de capital aumenta proporcionalmente más que

[29] Considérese la expresión de la participación relativa del trabajo. El producto marginal real del trabajo es w/p, y L/Q es el recíproco del producto promedio del trabajo. Por consiguiente,

$$\text{participación relativa de la mano de obra} = \frac{PM_L}{PP_L} = \epsilon_L,$$

la elasticidad-producto del trabajo (véase el apéndice de este capítulo). Esto es cierto siempre que se pague por el trabajo su producto marginal real. Podemos enunciar entonces la siguiente

> *Relación*: La participación relativa de un insumo es igual a la elasticidad de su producción.

la oferta de trabajo. A medida que el trabajo se vuelve relativamente más caro, los empresarios sustituyen trabajo por capital en la medida en que lo permite la función de producción. Ahora bien, si la función de producción se caracteriza por una sustituibilidad inelástica, los empresarios no pueden sustituir trabajo por capital en la misma proporción en que la tasa salarial ha aumentado respecto a la renta del capital. Por tanto, debe aumentar la participación relativa del trabajo.

Cuando la elasticidad de sustitución es igual o mayor que uno, se aplica el mismo tipo de razonamiento. Por consiguiente, podemos resumir la relación que existe entre la elasticidad de sustitución y el comportamiento de las participaciones relativas de los factores en la siguiente

Proposición: Considérese un modelo de dos factores en el que el rendimiento absoluto de un factor aumenta en relación con el rendimiento absoluto del otro factor; la participación relativa del primero aumentará, permanecerá constante o disminuirá según si la elasticidad de sustitución es menor, igual o mayor que uno.[30]

El que la elasticidad de sustitución sea mayor, igual o menor que uno es una cuestión empírica; pero es una cuestión muy importante para diversos grupos socioeconómicos. Para la economía estadunidense y para el sector manufacturero en conjunto, todo indica que la elasticidad de sustitución es sustancialmente menor que la unidad.[31] Esto concuerda con los aumentos en la tasa salarial relativa y en la participación relativa de los trabajadores. Por otra parte, sin embargo, muchas industrias y muchos grupos de productos específicos aparentemente tienen funciones de producción con elasticidades de sustitución mayores que uno.[32] En esas industrias, la participación del capital aumenta, aunque disminuya su rendimiento relativo.

[30] Esta proposición puede demostrarse matemáticamente como sigue. Utilizando la notación anterior, donde $k = K/L$ y $u = w/r$, vemos que la razón de las participaciones relativas wL/rK puede escribirse como u/k. Diferenciando,

$$\frac{\mathrm{d}\left(\dfrac{u}{k}\right)}{\mathrm{d}u} = \frac{k - u\dfrac{\mathrm{d}k}{\mathrm{d}u}}{k^2} = \frac{k\left(1 - \dfrac{u}{k}\dfrac{\mathrm{d}k}{\mathrm{d}u}\right)}{k^2} = \frac{1-\sigma}{k}.$$

se infiere que si $\sigma < 1$, entonces aumentará wL/rK; si $\sigma = 1$, esta razón permanece constante; y si $\sigma > 1$, disminuye esta razón.

[31] Para sólo citar un ejemplo, véase J. W. Kendrick y Ryuzo Sato, "Factor Prices, Productivity, and Growth", *American Economic Review*, núm. 53, 1963, pp. 974-1003.

[32] Véanse C. E. Ferguson, "Cross-Section Production Functions and the Elasticity of Substitution in American Manufacturing Industry", *Review of Economics and Statistics*, núm. 45, 1963,

XIV.5.d. *Clasificación del progreso tecnológico*

Hasta ahora hemos procedido bajo la suposición tácita de que una función de producción está dada y no cambia durante el periodo de estudio. Hemos hecho un análisis estrictamente estático. Pero el progreso tecnológico existe, y resulta de interés clasificar la naturaleza del cambio tecnológico.

Hace ya muchos años, Hicks definió el progreso tecnológico como usuario de capital, neutral o usuario de mano de obra, según si la tasa marginal de sustitución técnica de trabajo por capital disminuye, permanece constante o aumenta a la razón capital-trabajo prevaleciente originalmente. En otras palabra, si el cambio tecnológico aumenta el producto marginal del capital más que el producto marginal del trabajo (con una razón capital-trabajo dada), el progreso es usuario de capital, porque un productor tiene entonces un incentivo para usar más capital en relación con el trabajo: el producto marginal del capital ha aumentado en relación con el producto marginal del trabajo. Se aplica el mismo tipo de conclusión, *mutatis mutandis,* al progreso tecnológico neutral y al usuario de trabajo.

Básicamente, el progreso tecnológico consiste en cualquier cambio (un desplazamiento, en términos gráficos) de la función de producción que permite el mismo nivel de producción con menos insumo, o una producción mayor con el mismo nivel de insumos.

En las gráficas XIV.5.3 y XIV.5.4 se muestra el progreso tecnológico. La notación es la misma en ambas gráficas. El nivel de producción es I, y las diversas isocuantas (*I*, *I′* e *I″*) muestran las combinaciones de insumos capaces de generar este nivel de producción. *OR* es el radio cuya pendiente determina una razón capital-trabajo constante. Los puntos *A*, *B* y *C* indican los puntos de producción con la razón capital-trabajo dada, a medida que ocurre el progreso tecnológico.

El progreso tecnológico se representa gráficamente mediante un desplazamiento de una isocuanta hacia el origen. En la gráfica XIV.5.3 las tres isocuantas —*I*, *I′* e *I″*— representan el mismo nivel de producción. A medida que ocurre el progreso tecnológico, *I′* indica que el nivel de producción dado puede obtenerse con menores cantidades de insumos que en *I*. Asimismo, a medida que continúa el progreso tecnológico, *I″* indica que puede obtenerse el mismo nivel de producción con combinaciones de insumos menores aún.

La gráfica XIV.5.3 ilustra el progreso tecnológico neutral. Recordemos que el progreso tecnológico es neutral cuando, a una razón capital-trabajo constante, la tasa marginal de sustitución técnica de trabajo por capital no se

---

pp. 305-313; y C. E. Ferguson, "Time-Series Production Functions and Technological Progress in American Manufacturing Industry", *Journal of Political Economy*, núm. 73, 1965, pp. 135-147.

GRÁFICA XIV.5.3. *El progreso tecnológico neutral*

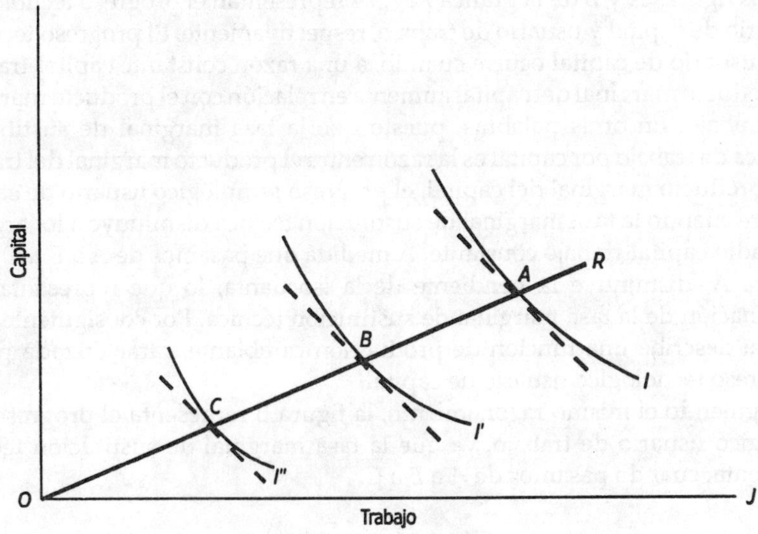

GRÁFICA XIV.5.4. *El progreso tecnológico no neutral*

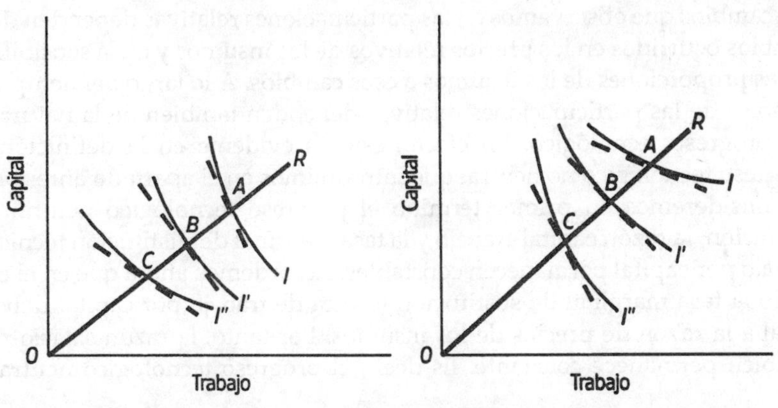

modifica. El radio *OR* de la razón capital-trabajo constante intersecta a las tres isocuantas en los puntos *A, B* y *C,* respectivamente. En estos puntos, la pendiente de las isocuantas —o la tasa marginal de sustitución técnica del trabajo por capital— es la misma. Por tanto, representa una función de producción cambiante, caracterizada por el progreso tecnológico neutral.

Las figuras A y B de la gráfica XIV.5.4 representan el progreso tecnológico usuario de capital y usuario de trabajo, respectivamente. El progreso tecnológico usuario de capital ocurre cuando, a una razón constante capital-trabajo, el producto marginal del capital aumenta en relación con el producto marginal del trabajo. En otras palabras, puesto que la tasa marginal de sustitución técnica de trabajo por capital es la razón entre el producto marginal del trabajo y el producto marginal del capital, el progreso tecnológico usuario de capital ocurre cuando la tasa marginal de sustitución técnica disminuye a lo largo de un radio capital-trabajo constante. A medida que pasamos de *A* a *B* a *C* en la figura A, disminuye la pendiente de la isocuanta, lo que representa una declinación de la tasa marginal de sustitución técnica. Por consiguiente, esta figura describe una función de producción cambiante, caracterizada por el progreso tecnológico usuario de capital.

Siguiendo el mismo razonamiento, la figura B representa el progreso tecnológico usuario de trabajo, ya que la tasa marginal de sustitución técnica aumenta, cuando pasamos de *A* a *B* a *C*.

XIV.5.e. *El progreso tecnológico no neutral y las participaciones relativas de los factores*

Los cambios que observamos en las participaciones relativas dependen de los cambios ocurridos en los precios relativos de los insumos y en la sensibilidad de las proporciones de los insumos a esos cambios. A lo largo del tiempo, los cambios de las participaciones relativas dependen también de la naturaleza del progreso tecnológico. En efecto, esto es evidente en la definición del progreso tecnológico no neutral que introdujimos en el apartado anterior.[33]

Consideremos en primer término el progreso tecnológico neutral. Por definición, la razón capital-trabajo y la tasa marginal de sustitución técnica de trabajo por capital permanecen constantes. Recordemos ahora que en el equilibrio la tasa marginal de sustitución técnica de trabajo por capital debe ser igual a la razón de precios de los insumos. Por tanto, la razón salario-renta también permanece constante. Es decir, el progreso tecnológico neutral no

[33] No resulta difícil desarrollar matemáticamente las relaciones que existen entre las participaciones relativas, los cambios en las ofertas relativas de los factores, la elasticidad de sustitución y la naturaleza del progreso tecnológico. Véanse los detalles en C. E. Ferguson, "Neoclassical Theory of Technical Progress and Relative Factor Shares", *Southern Economic Journal*, núm. 34, 1968, pp. 490-504; y C. E. Ferguson, *The Neoclassical Theory of Production and Distribution*, capítulos 12 y 13.

cambia ni (K/L) ni (w/r). En consecuencia, las participaciones relativas no se ven afectadas por el progreso tecnológico cuando éste es neutral.

Supongamos ahora que el progreso tecnológico es usuario de capital. Esto implica que la tasa marginal de sustitución técnica y, por ende, la razón salario-renta disminuyen a una razón capital-trabajo constante. Esto equivale a decir que r aumenta en relación con w, mientras que K/L es constante. En consecuencia, la participación relativa del capital aumenta y disminuye la del trabajo.

Por un razonamiento similar, podemos demostrar que el progreso tecnológico usuario de trabajo provoca una reducción en la participación relativa del capital, con un aumento correspondiente en la participación relativa del trabajo. Resumiendo, tenemos las siguientes

Relaciones: La participación relativa del trabajo aumenta, permanece constante o disminuye según si el progreso tecnológico es usuario de trabajo, neutral o usuario de capital; la relación opuesta ocurre para la participación relativa del capital.

Como una nota empírica final, señalaremos que hay algunos indicios de que la economía estadunidense en los años de la posguerra se ha caracterizado por el progreso tecnológico usuario de trabajo.[34]

XIV.6. Resumen

- ✦ La demanda de una empresa para un servicio productivo variable (por ejemplo la mano de obra), está dada por el valor del producto marginal de ese factor para la empresa. Si el factor es el trabajo (o la mano de obra) (L) con un producto marginal de PM_L y la empresa vende su producción al precio p, entonces el valor del producto marginal del trabajo es $VPM_L = pPM_L$. Si el trabajo es el único insumo variable (en el corto plazo), entonces la empresa deberá demandar trabajo de modo que se satisfaga la condición de $VPM_L = w$, donde w es el precio de una unidad de trabajo.
- ✦ Cuando hay más de un factor variable implicado, la demanda de cualquiera de los factores por parte de la empresa individual se verá afectada por las oportunidades de sustitución que existen entre los factores varia-

[34] Véanse Murray Brown y John S. de Cani, "Technological Changes in the United States, 1950-1960", *Productivity Measurement Review*, núm. 29, mayo de 1962, pp. 26-39; y C. E. Ferguson, "Substitution, Technical Progress, and Returns to Scale", *American Economic Review, Papers and Proceedings*, núm. 55, 1965, pp. 296-305.

bles y también por los cambios ocurridos en el volumen de producción de la empresa. Teniendo en cuenta todos estos efectos, puede demostrarse que la demanda de cada factor variable por parte de la empresa tiene pendiente negativa, como ocurre en el caso de la demanda de un solo factor variable.

- ✦ En principio, la oferta de trabajo puede derivarse mediante el análisis de las curvas de indiferencia, si suponemos que la función de utilidad del individuo depende del ingreso monetario y del ocio. El análisis es ambiguo en lo que se refiere a la forma de la curva de oferta de trabajo del individuo; sin embargo, en el largo plazo es probable que la curva de oferta del *mercado* para el trabajo y otros factores tenga pendiente positiva.
- ✦ Las cuasi-rentas son el rendimiento de los insumos fijos de corto plazo. En el equilibrio competitivo de largo plazo, el teorema de Clark y Wicksteed demuestra que, cuando se paga a cada factor su producto marginal físico (por ejemplo, el salario pagado a los trabajadores es PM_L en unidades de producción), la suma de los pagos hechos a los factores es exactamente igual al producto físico total; es decir, los pagos de los factores importan exactamente el producto total.
- ✦ Cuando la función de producción es homotética (una función de producción linealmente homogénea es un caso especial de una función de producción homotética), hay una relación funcional bien definida entre la tasa marginal de sustitución técnica y la razón capital-trabajo. Utilizando esta relación, podemos definir la *elasticidad de sustitución*. La magnitud numérica de la elasticidad de sustitución determina cómo cambiarán las *participaciones* relativas de los factores en respuesta a cambios en los precios relativos de los factores.
- ✦ El cambio tecnológico también puede afectar las participaciones relativas de los factores. Hicks clasificó el cambio tecnológico como usuario de capital, neutral, o usuario de trabajo. Un cambio tecnológico usuario de capital es el que incrementa el producto marginal del capital en relación con el producto marginal del trabajo en una razón capital-trabajo dada. Los cambios tecnológicos neutral y usuario de trabajo se definen en correspondencia. Por ejemplo, puede demostrarse que el cambio tecnológico usuario de capital aumentará la participación relativa del capital.

APÉNDICE

XIV.A.1. *El teorema de Clark y Wicksteed*

La prueba del teorema que utilizaremos aquí es la de Erich Schneider, quien la presentó en *Theorie der Produktion* (Nueva York, Springer-Verlag, 1935, pp. 19-21). Sea la función de producción

$$q = f(x_1, x_2, ..., x_n) \qquad \text{(XIV.A.1)}$$

donde q es el producto físico y x_1 es el insumo del servicio productivo i. Denotemos $\partial f / \partial x_i$ por f_i. Entonces, de XIV.A.1 tenemos que

$$\mathrm{d}q = \sum_i f_i \mathrm{d}x_i. \qquad \text{(XIV.A.2)}$$

Aumentamos todos los insumos en la proporción constante λ. Entonces

$$\lambda = \frac{\mathrm{d}x_1}{x_1} = \frac{\mathrm{d}x_2}{x_2} = ... = \frac{\mathrm{d}x_n}{x_n}. \qquad \text{(XIV.A.3)}$$

Si sustituimos XIV.A.3 en XIV.A.2, multiplicamos por q y dividimos por λq, obtenemos

$$q \frac{\mathrm{d}q}{\lambda q} = \sum_i f_i x_i. \qquad \text{(XIV.A.4)}$$

Consideremos el término $\mathrm{d}q/\lambda q$, que indica el cambio relativo de la producción que puede atribuirse al mismo cambio relativo en todos los insumos. Podemos llamar a este término el *coeficiente de la función* o la *elasticidad de la función de producción.* (Schneider lo llama *ergiebigkeitsgrad* en *Theorie der Produktion*, p. 10.) El término *elasticidad de la producción* se atribuye a W. E. Johnson ("The Pure Theory of Utility Curves", *Economic Journal*, núm. 23, 1913, p. 507). El término *coeficiente de la función* es empleado por Sune Carlson (*A Study on the Pure Theory of Production*, Stockholm Economic Studies, núm. 9, 1939, p. 17). Representemos el coeficiente de la función por ∊. Entonces, de XIV.A.4, tenemos que

$$q \in = \sum f_i x_i . \qquad \text{(XIV.A.5)}$$

Así pues, las imputaciones competitivas (el pago de su producto marginal a cada insumo) agotan precisamente el producto total si, y sólo si, $\epsilon = 1$. Si hay rendimientos constantes a escala, $\epsilon = 1$; en este caso el costo medio también es constante. Pero ésta es precisamente la condición del equilibrio competitivo en el largo plazo, en el que la producción se expande o se contrae por la salida y entrada de empresas, cada una de las cuales produce en el punto de costo promedio mínimo del largo plazo. Por consiguiente, el teorema de Clark y Wicksteed se aplica en el punto del equilibrio competitivo del largo plazo, es decir,

$$q = \sum_i f_i x_i \qquad \text{(XIV.A.6)}$$

es una ecuación que sólo se aplica al conjunto preciso de insumos de equilibrio, no una identidad válida para cualquier conjunto de valores de las variables.

XIV.A.2. *La elasticidad-producto de los servicios productivos*

Utilizando la función de producción XIV.A.1, la elasticidad-producto del servicio productivo i se define como

$$\epsilon_i = \frac{\partial q}{\partial x_i}\frac{x}{q} = f_i \frac{x_i}{q}. \qquad \text{(XIV.A.7)}$$

El producto marginal de x_i es f_i, y su producto medio es q/x_i; por consiguiente, de XIV.A.7

$$\epsilon_i = \frac{PM_i}{PP_i}$$

o, en palabras: la elasticidad-producto de un servicio productivo es la razón entre su producto marginal y su producto promedio.

Preguntas y ejercicios

1. Estados Unidos tiene una ley que obliga a pagar a las mujeres el mismo salario que se paga a los hombres que desempeñan el mismo trabajo en una empresa dada. ¿Cuál es el efecto de esta ley sobre el salario y sobre el empleo de hombres y mujeres?

2. "Un aumento en la tasa del impuesto sobre el ingreso inducirá a los trabajadores a trabajar más, ya que disminuirán sus ingresos netos." Comente.
3. "La teoría de la productividad marginal respecto a la distribución sólo estuvo completa cuando se probó que, si se paga a todos los agentes productivos de acuerdo con sus productos marginales, se agotará el producto total." Explique.
4. Considere un modelo que racionaliza la elección de una persona entre el ingreso y el ocio. Si el ocio es un bien normal, la curva de oferta de mano de obra resultante tendrá pendiente negativa. Derive tal función de oferta de mano de obra. ¿Cómo se afectaría el análisis, si introdujéramos un impuesto progresivo al ingreso? ¿Si la tasa salarial por el trabajo de horas extra es 150% de la tasa salarial básica?
5. ¿Cómo se relacionan la elasticidad de sustitución y el cambio en la oferta relativa de los factores con los cambios ocurridos en las participaciones relativas de los factores?
6. "Si la función de producción de una cierta industria presenta rendimientos constantes a escala, un impuesto que grave el empleo de un factor aumentará el producto marginal de ese factor en el corto plazo y no tendrá efecto alguno en el largo plazo. Comente.
7. "Los insumos A y B se utilizan en la producción del mismo bien. Un aumento en el precio de A (la causa de un desplazamiento de la curva de oferta de A) provocará una reducción en el precio de B." Comente.
8. "A es un producto empleado en la producción de B. Se establece un control de precios a la producción de A, pero no a la de B. El precio tope impuesto a A es menor que el precio de equilibrio. Esto provocará una disminución en el precio de B." Comente.
9. "El aumento del salario mínimo a 4.65 dólares por hora no tendría ningún efecto fuera del Sur [de Estados Unidos], si todos los trabajadores que ganan menos que esa tasa salarial vivieran en el Sur." Comente.
10. Una parte del siguiente enunciado se deduce directamente de la teoría de los precios y otra, no. Separe los dos componentes. "Los salarios son menores en el Sur que en el Norte [de Estados Unidos] (incluso en la misma industria), porque los trabajadores sureños tienen menos educación y el clima del Sur hace que todos trabajen más lentamente. Las empresas sureñas utilizan de ordinario menos capital por hombre. Por consiguiente, los trabajadores sureños son, de todo a todo, menos eficientes. Se les paga menos, porque merecen menos."

LECTURAS RECOMENDADAS

Cartter, Allan M., *Theory of Wages and Employment*, Homewood, Ill., Richard D. Irwin, 1959, pp. 11-74.

Douglas, Paul H., *The Theory of Wages*, Nueva York, Macmillan, 1934.

Ferguson, C. E., "'Inferior Factors' and the Theories of Production and Input Demand", *Economica*, N. S., núm. 35, 1968, pp. 140-150.

———, *The Neoclassical Theory of Production and Distribution*, Londres y Nueva York, Cambridge University Press, 1969, capítulos 6 y 9.

———, "Production, Prices, and the Theory of Jointly-Derived Input Demand Functions", *Economica*, N. S., núm. 33, 1966, pp. 454-461.

Ferguson, C. E. y Thomas R. Saving, "Long-Run Scale Adjustments of a Perfectly Competitive Firm and Industry", *American Economic Review*, núm. 59, 1969, pp. 774-783.

Hicks, John R., *The Theory of Wages*, Nueva York, Macmillan, 1932.

———, *Value and Capital*, 2a. ed., Oxford, Clarendon Press, 1946, pp. 78-111.

Samuelson, Paul A., *Foundations of Economic Analysis*, Cambridge, Mass., Harvard University Press, 1947, pp. 57-89.

Stigler, George J., *Production and Distribution Theories*, Nueva York, Macmillan, 1941, pp. 296-387.

XV. LA TEORÍA DEL EMPLEO EN MERCADOS DE COMPETENCIA IMPERFECTA

¿VALÍA Reggie Jackson el salario de 975 000 dólares que le pagaron en 1982 los Serafines de California, o Fernando Valenzuela el millón de dólares que le pagaron los Dodgers de Los Ángeles? Según lo que vimos en el capítulo anterior, ya sabemos que la suma máxima que están dispuestos a pagar los empleadores en mercados competitivos por cualquier factor —ya sea que se trate de un lanzador o de una tonelada de acero— es el PIM (producto del ingreso marginal) del factor o, como dice George Steinbrenner, propietario de los Yankees de Nueva York, el ingreso adicional que resulta del "número adicional de aficionados que lleve a las gradas". En este capítulo extenderemos el análisis anterior de los precios de los insumos a las condiciones de la competencia imperfecta, que en opinión de muchos economistas existe en los deportes profesionales. En el beisbol, por ejemplo, los propietarios pueden ser monopolistas en el mercado de productos; es decir, podrían ser el único equipo de beisbol de la ciudad. Además, hasta fines de los años setenta, como resultado de la llamada cláusula de reserva, un jugador era propiedad de su equipo. El equipo podía venderlo o cambiarlo, mientras que el jugador no estaba en libertad para ofrecer sus servicios a otros equipos. En estas condiciones, puede considerarse al propietario como el único demandante de jugadores de beisbol en el mercado de insumos correspondiente. Cuando sólo hay un comprador de un insumo, decimos que existe un "monopsonio".

¿Qué podemos esperar que ocurra con los precios de los factores en tales condiciones? ¿Se les paga su PIM a jugadores de beisbol como Reggie Jackson y Fernando Valenzuela? La respuesta a la primera pregunta constituye el meollo del material teórico de este capítulo. Varios economistas han buscado también una respuesta explícita a la segunda pregunta. En la sección "Aplicación de la Teoría" ("¿Valen lo que cuestan los atletas profesionales?"), que se ocupa de la aplicación de la competencia imperfecta en los mercados de factores a los salarios de los atletas, se considerarán en detalle las respuestas de estos economistas.✦

APLICACIÓN DE LA TEORÍA

¿VALEN LOS ATLETAS PROFESIONALES LO QUE CUESTAN?

¿VALE Reggie Jackson 975 000 dólares por año? ¿O vale Wayne Gretsky 825 000 dólares? Con su licenciatura en economía obtenida en 1983 en Stanford, ¿vale John Elway los 900 000 dólares que le pagan los Broncos de Denver?

En cierto sentido, la respuesta es obviamente afirmativa. Después de todo, esos sueldos se aceptan voluntariamente. ¿Pero qué determina cuánto está dispuesto alguien a pagar por los servicios de un jugador?

Una empresa pagará por cualquier factor de producción —ya se trate de una tonelada de carbón o de un jugador de futbol— hasta el producto del ingreso marginal del factor. Ese producto del ingreso marginal es simplemente el ingreso adicional que se atribuye a la contratación de una unidad adicional del factor.

George Steinbrenner, propietario de los Yankees de Nueva York, lo dice en forma más pintoresca: "El valor de un jugador de beisbol se mide por el número de aficionados que lleve a las gradas."

John Leonard, economista de la Universidad Howard, estima que Reggie Jackson llevó a las gradas un número de espectadores equivalente a 1.5 millones de dólares en 1982, su primer año con los Serafines de California y su segundo año en las series de campeonato.

George Scully, economista de la Universidad Metodista del Sur, desarrolló la técnica más comúnmente usada para estimar el producto del ingreso marginal de un jugador. En el artículo publicado en la *American Economic Review* de diciembre de 1974, Scully estimó los factores determinantes del ingreso total de un equipo de beisbol en las temporadas de 1968 y 1969.

Como era de esperarse, Scully descubrió que un determinante importante de los ingresos de los equipos era el porcentaje de juegos ganados. Estimó la relación que existe entre los triunfos y las habilidades de bateo y picheo de los jugadores de un equipo. Scully midió la contribución de un jugador individual a los promedios del equipo que determinaban los triunfos y luego tradujo esa contribución a un aumento en el porcentaje de juegos ganados, y así pudo medir los productos del ingreso marginal de los jugadores durante toda su carrera.

Los resultados fueron sorprendentes. Los jugadores no ganaban sus productos del ingreso marginal. Ganaban mucho menos.

CUADRO XV.a. *Los productos del ingreso marginal de la carrera de jugadores de beisbol y salarios*

	PIM neto (dólares)	*Salario (dólares)*
Bateadores		
Mediocres	–$124 300	$60 800
Promedio	906 700	196 200
Estrellas	3 139 100	477 200
Lanzadores		
Mediocres	–$53 600	$54 800
Promedio	1 119 200	222 500
Estrellas	3 969 600	612 500

En el cuadro XV.a aparecen los hallazgos de Scully.

Scully agrupó a bateadores y lanzadores en categorías de rendimiento. Su medida del producto del ingreso marginal neto resta de la estimación de éste costos tales como el adiestramiento y la transportación asociados a un solo jugador. Scully supuso carreras con duración de 4, 7 y 10 años para los jugadores mediocres, regulares y estrellas, respectivamente.

A los lanzadores y bateadores se les pagaba muy bien: sus salarios anuales eran de alrededor de 50 000 dólares (recuérdese que esto ocurría en los años sesenta). Pero en términos de sus contribuciones a los ingresos de los equipos se les pagaba muy poco, ya que sólo recibían cerca de 15% de sus productos del ingreso marginal neto.

Scully sugiere que la explicación de los salarios tan por debajo del producto del ingreso marginal se encuentra en la teoría del monopsonio. Según la "cláusula de reserva" que estaba en vigor a la sazón, un jugador era propiedad de su equipo. El equipo podía venderlo o cambiarlo, pero el jugador no estaba en libertad para ofrecer sus servicios a otros equipos. Un jugador que deseara seguir una carrera en el beisbol podía negociar sólo con un equipo; en consecuencia, ese equipo tenía un poder monopsónico sobre los servicios del jugador.

Un equipo monopsónico enfrenta una curva de oferta de pendiente positiva para los jugadores de una categoría particular. Eso significa que cada jugador adicional de un tipo requiere más dinero. A su vez, es probable que eso aumente los salarios pagados a los jugadores de esa

GRÁFICA XV.a. *Explotación monopsónica de los bateadores estrellas*

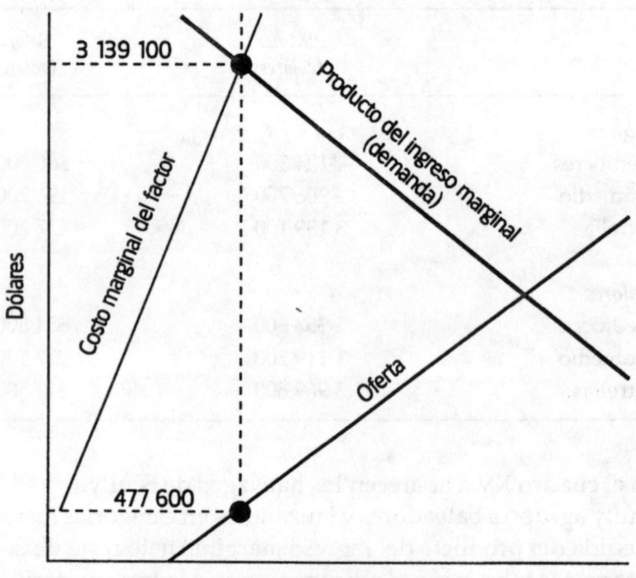

categoría que ya tiene el equipo. El resultado es que el costo adicional de un jugador adicional es mayor que el salario efectivo de ese jugador.

La gráfica XV.a muestra el resultado, utilizando la estimación de los productos del ingreso marginal de Scully y los salarios de los bateadores estrellas. La curva de oferta de estos bateadores para un equipo tiene la forma habitual; la curva del costo marginal del factor muestra el aumento en los costos salariales asociado a la contratación de cada jugador adicional. La curva de demanda, cuando los bateadores estrellas son el único factor variable, es la curva del producto del ingreso marginal de estos jugadores.

Como sería de esperarse, los jugadores estaban descontentos con este acuerdo. La cláusula de reserva fue desafiada con éxito por Andy Messersmith en 1975. El primer grupo de "agentes libres", jugadores que ahora podían negociar con otros equipos, surgió en la temporada de 1977.

El poder monopsónico de los equipos se debilitó con la puja competitiva por los servicios de los jugadores. Los salarios tenían que aproximarse a los productos del ingreso marginal.

CUADRO XV.b. *Los agentes libres en 1977*

	PIM (dólares)	Costo del contrato de 1977 (dólares)
Bateadores		
Jackson	$1 132 093	$580 000
Rudi	286 044	440 000
Matthews	577 978	312 500
Baylor	579 310	274 167
Grich	169 424	330 000
Tenace	422 634	265 000
Cash	557 257	256 667
Bando	538 864	281 200
Campaneris	433 702	202 000
Lanzadores		
Garland	282 091	230 000
Gullett	340 846	349 333
Fingers	303 511	332 000
Campbell	205 639	210 000
Alexander	166 203	166 677

Y lo hicieron. Paul Sommers y Noel Quinton, de Middlebury College, informaron sus estimaciones de los productos del ingreso marginal de 14 de estos agentes libres en el *Journal of Human Resources*, del verano de 1982 (cuadro XV.b). Utilizando el enfoque de Scully, estos investigadores descubrieron que los salarios de los bateadores habían aumentado a cerca de la mitad de sus productos de ingreso marginal; los salarios de los lanzadores casi se igualaron a las contribuciones marginales estimadas al ingreso del equipo.

Los profesores Sommers y Quinton utilizaron las contribuciones de los bateadores al promedio de bateo de un equipo, y las contribuciones de los lanzadores a la razón de ponches y bases por bolas del equipo para estimar las contribuciones individuales a los ingresos. El promedio de bateo es el número total de bases dividido por el número de veces al bat.

Las actuaciones de Bobby Grich y Joe Rudi, por debajo de lo esperado, fueron consecuencia de lesiones, que les hicieron perder una parte de la temporada de 1977. Sommers y Quinton no pudieron explicar por qué los salarios de los lanzadores se aproximaron tanto al producto del ingreso marginal, mientras que los de los bateadores seguían quedándose muy por debajo.

Todavía existe el poder monopsónico en el beisbol. Se permite que los jugadores se conviertan en agentes libres sólo después de seis años en el juego. Pero la oportunidad de convertirse en agente libre ha tenido claramente un efecto poderoso sobre los salarios.

En un estudio presentado el verano pasado durante la reunión de la Asociación Económica de Occidente, Leonard estimó las mismas relaciones para la temporada de 1982. Leonard calcula que la brecha monopsónica se ha cerrado más aún; los bateadores tenían salarios promedio de 75% del producto del ingreso marginal estimado.

Según Leonard, uno de los ejemplos más espectaculares de la explotación monopsónica de los atletas se encuentra en el futbol americano colegial. Arguye que las reglas de la NCAA que prohíben el pago de un salario a los jugadores puede considerarse como un acuerdo monopsónico de fijación de precios para mantener bajos los costos de los jugadores.

Si ése es su propósito, ciertamente lo ha alcanzado. Leonard estima que un jugador estrella del futbol americano colegial, definido como un atleta que encabeza las clasificaciones nacionales en una categoría como la de yardas corridas, o que es nominado para un equipo de estrellas (All American), tiene un producto de ingreso marginal de 100 000 dólares anuales para su escuela. Se le pagan ingresos de becas por un valor aproximado a 5 000 dólares anuales.

El análisis de Leonard sobre el problema monopsónico en el futbol americano colegial aparece en el *Eastern Economic Journal* correspondiente a octubre-diciembre.

Leonard ha investigado el poder monopsónico en otros deportes. Por ejemplo, un jugador de futbol americano profesional puede convertirse en agente libre después de cinco años. Pero si lo contrata otro equipo, éste debe ofrecer una compensación con jugadores u opciones de selección de jugadores colegiales al equipo actual del jugador.

El resultado, dice Leonard, es que casi nadie cambia de equipo antes de que su propio equipo lo cambie o lo libere. Los cálculos de Leonard señalan, por ejemplo, que los corredores ganan salarios apenas iguales a un tercio de sus productos del ingreso marginal. Por otra parte, Leonard estima que los mariscales de campo están pagados en exceso.

Sin embargo, Leonard admite que resulta mucho más difícil estimar la contribución de un individuo en un deporte como el futbol americano que en el beisbol.

Eso no le ha impedido intentarlo. Leonard estima que los jugadores de basquetbol también ganan mucho menos que sus productos de ingreso marginal; en su opinión, los centros son los más perjudicados.

El hockey profesional es el único deporte en el que, en opinión de Leonard, los jugadores ganan más que su producto de ingreso marginal estimado. Sin embargo, Leonard cree que el producto del ingreso marginal de Wayne Gretsky es considerablemente mayor que los 825 000 dólares que ganó el año pasado según la estimación del *Sport Magazine*.

Inevitablemente, las estimaciones de los productos de ingreso marginal tienen algo de arbitrario. El atractivo de un bateador no depende sólo de su promedio de bateo, ni el de un mariscal de campo depende sólo del número de pases de anotación en relación con los pases interceptados. Pero las investigaciones de los economistas que estudian los salarios en los deportes señalan claramente que los salarios pagados a los atletas profesionales no son tan malos como pudiera parecer. En la medida en que los jugadores están sujetos todavía al poder monopsónico, sus salarios son todavía mucho menores de lo que serían en un mercado competitivo.

Incluso la directiva está empezando a admitir el valor de los jugadores estrellas. Sparky Anderson, entrenador de los Tigres de Detroit, cuando se le pidió que comentara el salario de 900 000 dólares del lanzador Bruce Sutter, dijo: "No creo que nadie valga tanto dinero. Pero si hay alguien que lo valga es él."

PREGUNTAS

1. Supongamos que la curva de *PIM* de la gráfica XV.a se traza suponiendo que los propietarios de equipos de beisbol son monopolistas en el mercado del producto; es decir, sólo hay un proveedor de juegos de beisbol en la ciudad en cuestión. Trace la nueva curva de *PIM* que resultaría si, por el contrario, hubiera muchos proveedores de un producto llamado "entretenimiento", en el que los juegos de beisbol fueran sólo una de muchas alternativas.
2. Utilice su diagrama alterado de la gráfica XV.a (del la pregunta 1) para demostrar la explotación monopólica de los propietarios de equipos de beisbol. Demuestre también la explotación monopsónica de los propietarios de equipos de beisbol. (Véase la gráfica XV.3.3 del texto.)

3. Después de 1975, una decisión sobre las relaciones laborales otorgó a ciertos jugadores el derecho de convertirse en "agentes libres", lo que significaba que estos jugadores podían vender sus servicios a cualquier equipo. Los propietarios, que se oponían al sistema de los agentes libres, alegaban que tal sistema perjudicaría el balance competitivo que existía entre los equipos, al permitir que los mejores equipos, más ricos, se quedaran con todos los jugadores estrella.
   a) Si un equipo pierde progresivamente a sus bateadores estrella a manos de un competidor, ¿qué ocurrirá con el *PIM* de los bateadores estrella en cada uno de los dos equipos implicados?
   b) ¿Cómo se relaciona su respuesta a la pregunta anterior con la afirmación de que "los mejores equipos se quedarán con todos los jugadores estrella"?
4. Esta pregunta se refiere a la relación derivada en la nota 7 del texto de este capítulo, a saber, que el $GMI = W(1 + 1/e)$, donde e = elasticidad de la curva de oferta de mano de obra. De acuerdo con las estimaciones de Scully, informadas en el artículo, los lanzadores y bateadores estrellas recibían un sueldo apenas igual a 15% de su producto del ingreso marginal (neto). Suponiendo que los propietarios son monopsonistas que maximizan su beneficio con la contratación de lanzadores y bateadores estrella, ¿qué implica esto acerca de la elasticidad de la oferta de mano de obra para tales monopsonistas? (Sugerencia: parta de la suposición de que los monopsonistas que maximizan su beneficio contratarán un factor dado hasta llegar al punto en que $PIM = GMI$).
5. Este artículo ha olvidado en gran parte el hecho de que los jugadores de beisbol se han sindicalizado y podrían negociar efectivamente como un solo grupo con los propietarios de equipos. Demuestre que el siguiente enunciado es correcto:

   En los mercados monopsónicos, los sindicatos pueden eliminar la porción de la explicación monopsónica total que puede atribuirse exclusivamente al monopsonio en el mercado de mano de obra. Sin embargo, la porción atribuible al monopolio no puede eliminarse en modo alguno mediante la actividad sindical.

(Refiérase aquí a la discusión del apartado XV.3.c y a la gráfica XV.3.5 del texto.)

SOLUCIONES

1. El producto del ingreso marginal (*PIM*) representa la adición neta al ingreso total que puede atribuirse a la adición de una unidad del factor productivo variable, o sea el ingreso marginal multiplicado por el producto marginal físico del factor productivo variable. En condiciones de competencia perfecta en el mercado de productos, el *PIM* equivale al valor del producto marginal o *VPM* (producto marginal físico × precio de mercado), porque el precio de mercado del bien es igual al ingreso marginal *para un competidor perfecto*. Sin embargo, en condiciones de monopolio en el mercado de productos, el *PIM* es menor que el *VPM*, ya que el precio de mercado supera al ingreso marginal en el caso de un monopolista.
   Si hubiera competencia en lugar de monopolio en el mercado del "entretenimiento", la curva efectiva del *PIM* (que sería equivalente a la curva del *VPM* en esas condiciones) se colocaría por encima de la curva que aparece en la gráfica XV.a del artículo. La diferencia sería exactamente la misma que se indica en la gráfica XV.3.3 del texto. La curva del valor del producto marginal que aparece en la gráfica XV.3.3 sería la curva real del *PIM* en esas condiciones. La curva del *PIM* que aparece en la gráfica XV.a del artículo (trazada suponiendo que los propietarios de equipos de beisbol son monopolistas en el mercado de productos) correspondería a la curva llamada producto del ingreso marginal en la gráfica XV.3.3.
2. Véase la discusión del apartado XV.3.d ("Explotación monopsónica") que se refiere a la gráfica XV.3.3. Esta discusión compara la explotación monopólica (representada por la distancia *RM* en la gráfica XV.3.3) con la explotación monopsónica (representada por la distancia *RW* en la gráfica XV.3.3).
3. *a)* El producto marginal de un jugador (o sea el aumento del número de espectadores que asisten porque él está en el equipo) no es independiente de la calidad de los otros insumos utilizados. En el caso de los bateadores estrella del beisbol, el *PIM* (*PM* × *IM*) de una estrella depende del número de otros jugadores estrella que ya se encuentran en el equipo. Por tanto, aumentará el *PIM* de los bateadores estrella que se quedan con el equipo que pierde a otros bateadores estrella y bajará el de los bateadores estrella del "equipo competidor" que está obteniendo los servicios de esos otros bateadores estrella. (Si Valenzuela estuviera en un equipo que tuviera más lanzadores excelentes que los Dodgers, quizá no

aumentaría la asistencia en más de 5 000 espectadores cuando lanza Valenzuela, según se ha estimado. Su *PIM* sería menor en otras circunstancias.

b) Es dudosa la justificación de esta afirmación de los propietarios. El análisis anterior sugiere que el *PIM* de los agentes libres tenderá a ser mayor en los equipos que tienen malos historiales o que residen en áreas de grandes mercados potenciales. Este pronóstico parece compatible con algunos de los datos iniciales sobre los "agentes libres". Ehrenberg y Smith, en su libro de texto *Modern Labor Economics*, 2a. ed., Glenview, Ill, Scott, Foresman, 1985, pp. 56-57, explican que 31 de los primeros 46 agentes libres "con calidad de estrellas" firmaron con equipos que tenían un historial más malo que el equipo del que salían. De los 15 restantes, 7 firmaron con equipos ubicados en mercados más grandes.

4. Puesto que los monopsonistas que maximizan su beneficio contratan unidades de mano de obra hasta que *PIM* = *GMI*, podemos sustituir *GMI* por *PIM* en la ecuación que aparece en la pregunta. Además, el salario está dado como 15% del *PIM*. Sustituyendo estos valores en la ecuación XV.7.7 de la nota 7, obtenemos:

$$(PIM) = (0.15\ PIM) \times (1 + 1/e)$$

Si despejamos *e* en esta ecuación, o sea la elasticidad de la oferta de mano de obra, vemos que es igual a 0.15/0.85, o sea 0.176.

5. Véase el análisis del apartado XV.3.e (y la gráfica XV.3.5) del texto. La cita de la pregunta proviene de esta sección del texto.

FUENTE: Timothy Tregarthen, "Are Athletes Worth the Price?", *The Margin*, noviembre de 1985, pp. 6-8.

XV.1. INTRODUCCIÓN

Los principios analíticos en los que se basa la teoría del precio y el empleo de los recursos son los mismos para los mercados de competencia perfecta y para los de competencia imperfecta. La demanda y la oferta determinan el precio y el empleo de los recursos en el equilibrio del mercado, y las consideraciones de la productividad marginal son los determinantes fundamentales de la demanda. Sin duda, hay que hacer algunos ajustes para tener en cuenta que el precio del bien y el ingreso marginal son diferentes en los mercados de competencia imperfecta. Por consiguiente, el valor del producto marginal de un servicio variable no es el criterio adecuado. Además, debe considerarse la competencia imperfecta en el mercado que compra los recursos. Así pues, en este capítulo presentamos dos adiciones a la teoría de la productividad marginal.

XV.2. El monopolio en el mercado de bienes

En primer término consideremos la situación de un monopolista en el mercado de bienes o, en términos más generales, la de un competidor oligopólico o monopólico, que compra servicios productivos variables en mercados de insumos de competencia perfecta. Puesto que el principio es precisamente el mismo para todos los tipos de competencia imperfecta que existen en el mercado de venta, limitaremos nuestra exposición al monopolio, excepto en el apartado XV.2.d.

XV.2.a. *El producto del ingreso marginal*

Cuando una empresa en competencia perfecta utiliza, por ejemplo, una unidad adicional de mano de obra, la producción aumenta por el producto marginal de esa unidad. De igual manera, el ingreso total aumenta por el valor de su producto marginal, ya que el precio del mercado (de venta) permanece constante. Cuando un monopolista emplea una unidad adicional de mano de obra, la producción aumenta también por el producto marginal de este trabajador. Sin embargo, la venta de esta producción mayor requiere la reducción del precio de mercado de todas las unidades vendidas; por tanto, el ingreso total no aumenta en la medida del valor del producto marginal del trabajador adicional. En el cuadro XV.2.1 presentamos un ejemplo numérico.

Las tres primeras columnas del cuadro contienen la función de producción. La columna 4 muestra el precio al que se puede vender la producción total; por tanto, las columnas 2 y 4 dan la función de demanda. Las columnas 5 y 6 contienen las cifras de ingreso total e ingreso marginal, respectivamente. Por último, la columna 7 muestra el producto del ingreso marginal, cuyo significado y derivación explicaremos a continuación.

Supongamos que el monopolista está produciendo y vendiendo 27 unidades del bien a $8.45 por unidad. Este volumen de producción y ventas requiere tres unidades del servicio productivo variable. Consideremos ahora lo que ocurre cuando se utiliza una cuarta unidad del servicio variable. La producción aumenta a 34, o sea que el producto marginal físico de la cuarta unidad es 7. A fin de vender 34 unidades por periodo, el monopolista debe disminuir

CUADRO XV.2.1. *El producto del ingreso marginal de un vendedor monopolista*

Unidades del servicio variable	*Producto total*	*Producto marginal*	*Precio de venta por unidad (pesos)*	*Ingreso total*[a] *(pesos)*	*Ingreso marginal (pesos)*	*Producto del ingreso marginal (pesos)*
0	0	—	—	—	—	—
1	10	10	$10.00	$100	$10	$100
2	19	9	9.05	172	8	72
3	27	8	8.45	228	7	56
4	34	7	7.94	270	6	42
5	40	6	7.50	300	5	30
6	45	5	7.11	320	4	20
7	49	4	6.78	332	3	12
8	52	3	6.44	335	1	3
9	54	2	6.20	335	0	0
10	55	1	6.05	333	–2	–2

[a] Redondeado al peso más cercano.

el precio a $7.94 por unidad. El ingreso total aumenta, pero *no* en 7 × $8.45, ni en 7 × $7.94. El ingreso total aumenta sólo $42; así que, en promedio, el ingreso marginal es $6. Por consiguiente, la adición de una unidad del servicio variable aumenta el ingreso en el producto del ingreso marginal por el producto marginal, o sea, por el aumento en el ingreso total atribuible a la adición del producto marginal (no de una unidad) a la producción y a las ventas. Esta magnitud recibe el nombre de *producto del ingreso marginal* del servicio variable.

Sería provechoso utilizar otra derivación aritmética del producto del ingreso marginal. Cuando el insumo de mano de obra aumenta de 3 a 4 unidades, la producción y las ventas aumenta 7 unidades (de 27 a 34). En consecuencia, podríamos decir que el aumento *bruto* del ingreso atribuible a la cuarta unidad de mano de obra es 7 × $7.94 o sea $56 en números redondos. Es decir, el aumento bruto es igual al aumento de la producción multiplicado por el nuevo precio de mercado por unidad de producción. Sin embargo, al aumentar la producción, baja el precio de mercado en 51 centavos, de $8.45 a $7.94. Por consiguiente, las 27 unidades que se vendían a $8.45 deberán venderse ahora a $7.95; por tanto, deben deducirse del aumento bruto del ingreso 27 × 51 centavos, o sea, $14 en números redondos. En consecuencia, el aumento *neto* del ingreso, o sea el producto ingreso marginal de la cuarta unidad de mano de obra, es \$56 – \$14, es decir \$42.[1]

> *Producto del ingreso marginal*: El producto del ingreso marginal es igual al ingreso marginal multiplicado por el producto marginal físico del servicio productivo variable; o sea, es la adición neta al ingreso total que puede atribuirse a la adición de una unidad del servicio productivo variable.

[1] También resulta útil una sencilla demostración algebraica de que el producto del ingreso marginal es igual al ingreso marginal multiplicado por el producto marginal físico. Denotemos el producto del ingreso marginal, el ingreso total, el producto total, el producto marginal físico y el insumo de mano de obra como *PIM, IT, PT, PMF* y *L*, respectivamente. También, como es habitual, Δ denota "el cambio en".

Por definición (del texto),

$$PIM = \frac{\Delta IT}{\Delta L} \qquad \text{(XV.1.1)}$$

De la definición del ingreso marginal ($IM = \Delta IT/\Delta PT$), podemos escribir

$$\Delta IT = IM \times \Delta PT. \qquad \text{(XV.1.2)}$$

De igual manera, de la definición del producto marginal físico, ($PMF = \Delta PT/\Delta L$), podemos expresar el cambio ocurrido en el insumo de mano de obra como

$$\Delta L = \frac{\Delta PT}{PMF}. \qquad \text{(XV.1.3)}$$

Sustituyendo las expresiones XV.1.2 y XV.1.3 en XV.1.1, obtenemos la definición del producto del ingreso marginal:

$$PIM = \frac{IM \times \Delta PT}{\dfrac{\Delta PT}{PMF}} = IM \times PMF. \qquad \text{(XV.1.4)}$$

Podemos presentar también una derivación matemática más directa. Sea la función inversa de la demanda

$$p = h(q), \quad h' < 0. \qquad \text{(XV.1.5)}$$

Por tanto, el ingreso total es

$$IT = qh(q), \qquad \text{(XV.1.6)}$$

Antes de utilizar el producto del ingreso marginal para determinar la demanda del monopolista de un servicio productivo variable, sería conveniente mostrar una derivación gráfica del producto del ingreso marginal. La figura A de la gráfica XV.2.1 muestra una función de producción suave para cierto bien, cuya producción requiere el insumo de un solo servicio variable. Supongamos que el vendedor monopolista utiliza inicialmente 24 unidades del servicio variable, obteniendo así 100 unidades de producción. En ese punto, el producto marginal es 5 unidades.

La figura B de la misma gráfica muestra las curvas de demanda y de ingreso

---

y el ingreso marginal es

$$IM = h(q) + qh'(q). \tag{XV.1.7}$$

La función de producción, suponiendo un solo insumo variable x, es

$$q = f(x), \quad f' > 0. \tag{XV.1.8}$$

Por definición, el producto del ingreso marginal es el cambio en el ingreso total que corresponde a un cambio pequeño (digamos una unidad) en el insumo. Por consiguiente,

$$PIM = \frac{\mathrm{d}(IT)}{\mathrm{d}x} \tag{XV.1.9}$$

Por XV.1.6 tenemos que

$$PIM = h(q)\frac{\mathrm{d}q}{\mathrm{d}x} + qh'(q)\frac{\mathrm{d}q}{\mathrm{d}x}. \tag{XV.1.10}$$

Por XV.1.8, $\mathrm{d}q/\mathrm{d}x = f'(x)$. Por tanto, tenemos que

$$PIM = [h(q) + qh'(q)]f'(x). \tag{XV.1.11}$$

Por XV.1.7 y XV.1.8,

$$PIM = IM \cdot PM. \tag{XV.1.12}$$

Si hay una función de producción de varios insumos, $f'(x)$ se sustituye por $\partial f/\partial x_i$ para el insumo i. La ecuación XV.1.10 se convierte en

$$PIM_i = [h(q) + qh'(q)]\frac{\partial f}{\partial x_i} \tag{XV.1.13}$$

o sea

$$PIM_i = IM \times PM_i. \tag{XV.1.14}$$

GRÁFICA XV.2.1. *Derivación de la curva del producto del ingreso marginal de un solo servicio productivo*

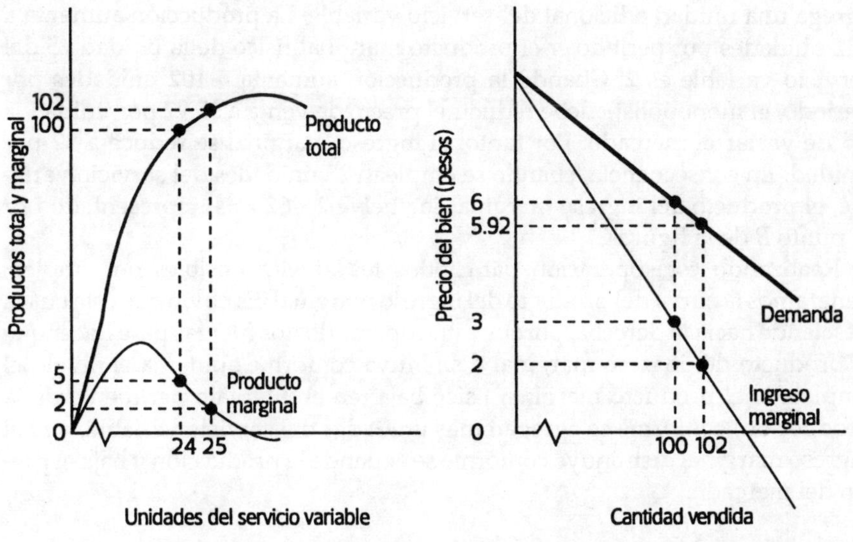

A. Función de producción de un servicio variable

B. Demanda del bien e ingreso marginal

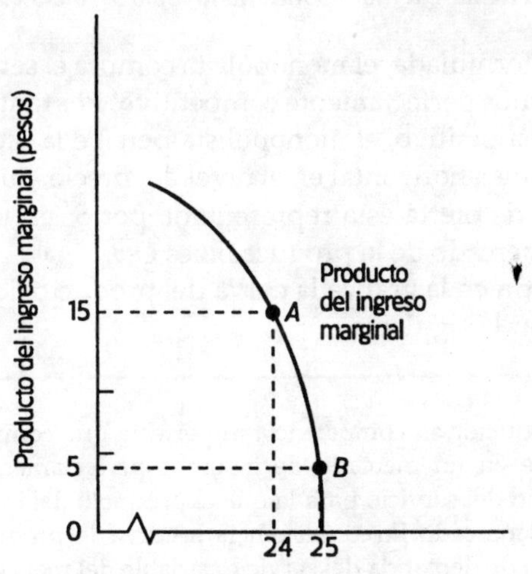

C. Producto del ingreso marginal del servicio productivo variable

marginal que enfrenta el monopolista. Cuando se venden 100 unidades, el precio es \$6 por unidad y el ingreso marginal es \$3. Por tanto, el producto del ingreso marginal de la unidad 24 del servicio variable es $5 \times 3 = \$15$, representado por el punto *A* de la figura C. Supongamos ahora que el monopolista agrega una unidad adicional del servicio variable. La producción aumenta a 102 unidades por periodo, y el producto marginal físico de la unidad 25 del servicio variable es 2. Cuando la producción aumenta a 102 unidades por periodo, el monopolista debe reducir el precio de venta a \$5.92 por unidad, a fin de vaciar el mercado. Por tanto, el ingreso marginal se reduce a \$2 por unidad. En consecuencia, cuando se emplean 25 unidades del servicio variable, el producto del ingreso marginal se vuelve $2 \times \$2 = \$4$, representado por el punto *B* de la figura C.

Realizando esta operación para todos los niveles posibles del empleo, generamos la curva del producto del ingreso marginal. Es obvio que esta curva desciende hacia la derecha, porque están operando dos fuerzas para hacer que el producto del ingreso marginal disminuya conforme aumenta el nivel del empleo: *a)* el producto marginal físico baja (en el intervalo pertinente de la producción) conforme se agregan más unidades del servicio variable, y *b)* el ingreso marginal disminuye conforme se expande la producción y baja el precio del mercado.

XV.2.b. *La demanda monopólica de un solo servicio variable*

Según la suposición formulada, el monopolista compra el servicio variable en un mercado de insumos perfectamente competitivo. Por tanto, como productor perfectamente competitivo, el monopolista percibe la oferta (del servicio variable) como una línea horizontal en el nivel del precio, que prevalece en el mercado. Esa curva de oferta está representada por S_v en la gráfica XV.2.2, donde el precio de mercado de la producción es $O\overline{w}$.

También se muestra en la gráfica la curva del producto del ingreso marginal. Queremos probar la siguiente

> *Proposición*: Un productor en competencia imperfecta que compra un servicio productivo variable en un mercado de insumos perfectamente competitivo empleará la cantidad del servicio para la que el producto del ingreso marginal es igual al precio del mercado. En consecuencia, la curva del producto del ingreso marginal es la curva de demanda del servicio variable del monopolista, cuando sólo se utiliza un insumo variable.

Dado el precio de mercado $O\overline{w}$, debemos probar que el empleo de equilibrio

GRÁFICA XV.2.2. *La demanda monopólica de un solo servicio variable*

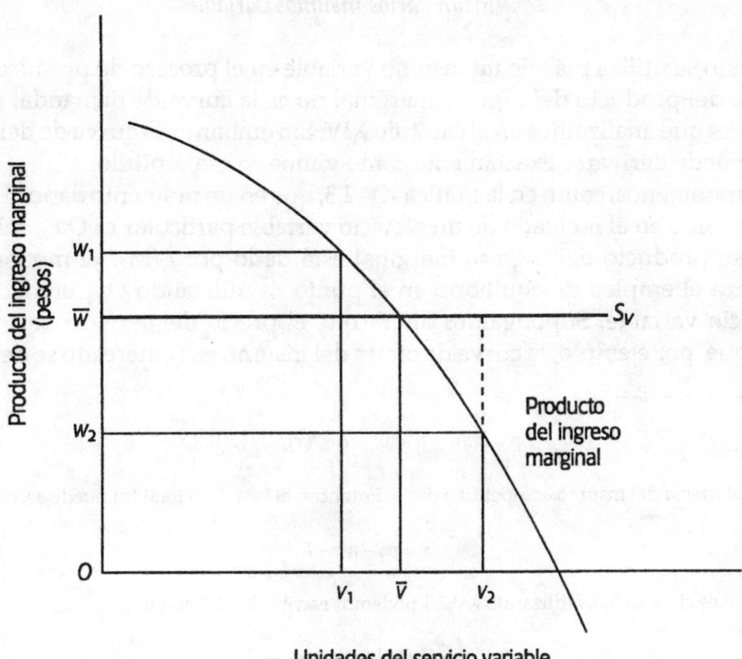

es $O\overline{v}$. Supongamos lo contrario; en particular, que se utilizan Ov_1 unidades del servicio variable. En el nivel de utilización de Ov_1, la última unidad añade Ow_1 al ingreso total, pero sólo $O\overline{w}$ al costo total. Puesto que $Ow_1 > O\overline{w}$, el beneficio aumenta con el empleo de esa unidad. Además, el beneficio aumenta cuando se utilizan unidades adicionales, mientras el producto del ingreso marginal supere al precio de equilibrio del insumo en el mercado. Por tanto, un monopolista que maximiza su beneficio no emplearía jamás menos de $O\overline{v}$ unidades del servicio variable. Cuando se utilizan más de $O\overline{v}$ unidades se aplica el argumento contrario, ya que en este caso una unidad adicional del servicio variable añade más al costo total que al ingreso total. Por tanto, un monopolista que maximiza su beneficio ajustará el empleo de tal modo que el producto del ingreso marginal sea igual al precio de equilibrio del insumo en el mercado. Si sólo se utiliza un servicio productivo variable, la curva del producto del ingreso marginal es la curva de demanda del monopolista para el servicio variable en cuestión.[2]

[2] Utilizando la notación de la nota 1, sean las funciones de demanda y de producción, respectivamente,

XV.2.c. *La demanda monopólica de un servicio productivo variable cuando se utilizan varios insumos variables*

Cuando se utiliza más de un insumo variable en el proceso de producción, la curva del producto del ingreso marginal no es la curva de demanda, por las razones que analizamos en el capítulo XIV. Sin embargo, la curva de demanda aún puede derivarse exactamente como vimos en ese capítulo.

Supongamos, como en la gráfica XV.2.3, que en un momento dado el precio del insumo en el mercado de un servicio variable particular es Ow_2, mientras que su producto del ingreso marginal está dado por PIM_1. El monopolista alcanza el empleo de equilibrio en el punto A, utilizando Ov_1 unidades del servicio variable. Supongamos ahora que el precio del servicio baja a Ow_1 (porque, por ejemplo, la curva de oferta del insumo en el mercado se desplaza

---

$$p = h(q), \quad h' < 0; \quad q = f(x), \quad f' > 0. \tag{XV.2.1}$$

Sea w el precio del insumo competitivo dado. Entonces, el beneficio total (π) puede escribirse

$$\pi = pq - wx - F, \tag{XV.2.2}$$

donde F es el costo fijo. Utilizando XV.2.1 podemos escribir XV.2.2 como

$$\pi = h[f(x)]\, f(x) - wx - F. \tag{XV.2.3}$$

Maximizando el beneficio, obtenemos

$$\frac{d\pi}{dx} = f(x)\frac{dp}{dq}\frac{dq}{dx} + p\frac{dq}{dx} - w = 0, \tag{XV.2.4}$$

o sea

$$\left(q\frac{dp}{dq} + p\right)\frac{dq}{dx} - w = 0\,. \tag{XV.2.5}$$

Esto puede escribirse como

$$[h(q) + qh'(q)]\, f'(x) = w. \tag{XV.2.6}$$

Esto establece la relación que aparece en el texto, es decir, $PIM = w$. Resulta interesante advertir que, utilizando la expresión del ingreso marginal expuesta en la parte III, podemos escribir

$$p\left(1 - \frac{1}{\eta}\right) f'(x) = w, \tag{XV.2.7}$$

que expresa las relaciones que existen entre el precio del bien, el precio del factor, la elasticidad de la demanda y la función de producción.

hacia la derecha). Si permanecen iguales otras circunstancias, el monopolista se expandiría a lo largo de PIM_1 hasta llegar a A' en la figura A. Pero no todo permanece igual.

Como vimos en el capítulo XIV, se producen efectos de sustitución, de producción y de maximización del beneficio. Exactamente el mismo análisis que aplicamos a un conjunto de productores perfectamente competitivos puede aplicarse a un monopolista o a un conjunto de oligopolistas. En total, los efectos de sustitución, producción y maximización del beneficio desplazan la curva del producto del ingreso marginal hacia afuera, hacia adentro o en una forma torcida. La figura A de la gráfica XV.2.3 ilustra el primero de los dos casos mencionados; la figura B ilustra el último caso. De cualquier manera, como vimos en el capítulo XIV, la disminución del ingreso marginal no puede contrarrestar por completo las fuerzas expansivas. La función de demanda del factor debe tener pendiente negativa.[3]

Los resultados de esta sección pueden resumirse claramente en la siguiente

> *Proposición*: Las curvas de demanda de los insumos tienen pendiente negativa, cualquiera que sea la organización del mercado de productos.

XV.2.d. *La demanda en el mercado de un servicio productivo variable*

Si un grupo de monopolistas utiliza un servicio productivo variable, la demanda del servicio en el mercado es simplemente la suma de las demandas individuales de los diversos monopolistas. No hay efectos *externos* en el precio del incremento en la producción; el efecto de la expansión es interno para cada monopolista y ya ha sido considerado al obtener su curva de demanda individual. Asimismo, si todos los tipos de productores utilizan el servicio variable, la curva de demanda del mercado es la suma de la diversas curvas de demanda de las *industrias* que lo componen, cada una de las cuales puede tener cualquier número de empresas. Sin embargo, en los casos del oligopolio y de la competencia monopólica se requiere una pequeña salvedad. Puesto

[3] Véanse las pruebas de C. E. Ferguson, "Production, Prices, and the Theory of Jointly Derived Input Demand Functions", *Economica*, N.S., núm. 33, 1966, pp. 454-461; C. E. Ferguson, "'Inferior Factors' and the Theories of Production and Input Demand", *Economica*, N. S., núm. 35, 1968, pp. 140-150; C. E. Ferguson y Thomas R. Saving, "Long-Run Scale Adjustments of a Perfectly Competitive Firm and Industry", *American Economic Review*, núm. 59, 1969, pp. 774-783. El análisis matemático contenido en estos artículos se presenta en mayor detalle en C. E. Ferguson, *The Neoclassical Theory of Production and Distribution*, Londres y Nueva York, Cambridge University Press, 1969, capítulos 6 y 9.

GRÁFICA XV.2.3. *La demanda monopólica de un servicio productivo variable cuando se utilizan varios servicios variables*

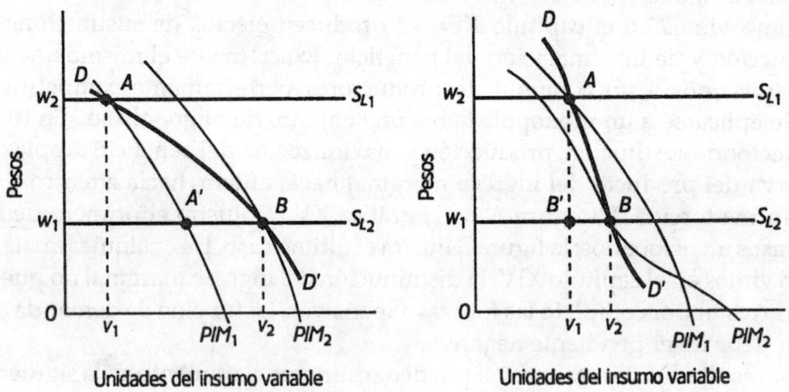

A. Desplazamiento de la curva del *PIM* hacia afuera B. Otros desplazamientos de la curva del *PIM*

que la situación es la misma en ambos casos, sólo consideraremos la competencia monopólica.

La curva de demanda de un servicio variable por parte de cualquier productor en competencia monopólica se deriva de la misma manera que la curva de demanda de un monopolista. Pero cuando todos los vendedores del grupo de productos expanden su producción, el precio de mercado disminuye (a lo largo de la curva *DD'* de Chamberlin), como ocurre en la industria perfectamente competitiva. Por tanto, para obtener la demanda del mercado a partir de las curvas de demanda individuales, debemos tener en cuenta la disminución del precio y del ingreso marginal en el mercado. Gráficamente, la derivación es exactamente como la de la gráfica XIV.2.5, excepto que las curvas de demanda individuales se basan en el producto del ingreso marginal y no en el valor del producto marginal.

XV.2.e. *El precio y el empleo de equilibrio*

El análisis del precio y del empleo de equilibrio del mercado de un agente variable no difiere si los empleadores son monopolistas o productores en competencia perfecta. La determinación de la cuasi-renta también es igual; por tanto, la discusión de los apartados XIV.4.a y XIV.4.b del capítulo XIV se aplica también en este contexto.

Aunque el *análisis* no cambia, debemos tener presente una diferencia importante: en el caso del monopolio, la curva de demanda se basa en el producto del ingreso marginal del servicio productivo variable y no en el valor de su producto marginal. Esto origina lo que a veces se llama explotación monopólica.[4]

XV.2.f. *La explotación monopólica*

De acuerdo con la definición de Robinson, se explota un servicio productivo cuando se emplea a un precio menor que el valor de su producto marginal.[5] Como hemos visto en el capítulo XIV y en lo que va de éste, a cualquier productor individual (ya sea monopolista o competidor) le conviene contratar un servicio variable hasta llegar al punto en el que una unidad adicional agrega exactamente la misma cantidad al costo total y al ingreso total. Ésta no es más que la implicación de la maximización del beneficio para el mercado de insumos.

Cuando un productor perfectamente competitivo sigue esta regla, un servicio variable recibe el valor de su producto marginal, porque el precio y el ingreso marginal son iguales. Pero no ocurre lo mismo cuando el mercado de bienes es imperfecto. El ingreso marginal es menor que el precio, de modo que el producto del ingreso marginal es menor que el valor del producto marginal. El comportamiento de maximización del beneficio de los productores en competencia imperfecta hace que el precio de mercado de un servicio productivo sea menor que el valor de su producto marginal.

Si el precio de mercado del bien refleja su valor social, el servicio productivo recibe menos que su contribución al valor social. Sin embargo, el aumento del precio del insumo no remedia esta situación, porque los productores sólo tendrían que reducir el nivel del empleo hasta que el producto del ingreso marginal fuera igual al precio más elevado del insumo. Inicialmente, el problema reside en el hecho de que los productores de competencia imperfecta no utilizan el recurso en la cantidad socialmente deseable y, en consecuencia, no alcanzan el volumen de producción correspondientemente deseable. La dificultad fundamental radica en la diferencia que existe entre el precio (la valuación social marginal) y el costo marginal (social) en el nivel de producción que maximiza el beneficio. Por consiguiente, mientras haya productores de competencia imperfecta, debe haber cierta "explotación monopólica" de los agentes productivos.

La importancia de esta "explotación" puede exagerarse fácilmente. Según Chamberlin, la diferenciación del producto es algo deseable en sí mismo; y siempre que haya una diferenciación, el precio y el ingreso marginal no

[4] Aparentemente este término lo acuñó Joan Robinson. Véase su libro *Economics of Imperfect Competition*, Nueva York, Macmillan, 1933, pp. 281-291.

[5] *Ibid.*, p. 281.

coincidirán, por lo que la explotación es inevitable. Además, las alternativas de la explotación no son atractivas. O bien el Estado debe poseer o controlar todas las industrias que no sean perfectamente competitivas, o bien debe imponer un rígido control de precios. Por diversas razones, ambas alternativas suelen crear más problemas que los que resuelven.[6]

XV.3. El monopsonio: monopolio en el mercado de insumos

Hasta ahora el análisis del precio y del empleo de los servicios productivos se ha basado en la suposición de que ningún productor (comprador del servicio en cuestión) puede afectar al precio de mercado del servicio mediante cambios en su nivel de utilización de tal servicio. Es obvio que esta suposición no se justifica en todas las situaciones. A veces hay pocos compradores de un servicio productivo y, en el límite, sólo hay uno. Cuando hay sólo un comprador de un insumo, decimos que existe un *monopsonio*; si hay varios compradores, decimos que hay un *oligopsonio*.

Se puede establecer una amplia variedad de categorías. En términos generales, los mercados de bienes pueden ser de competencia perfecta, de competencia monopólica, oligopólicos o monopólicos. Para cada uno de estos cuatro tipos de organización del mercado de bienes, el mercado de insumos puede ser un monopsonio o un oligopsonio. Sin embargo, el principio analítico es el mismo independientemente de cuál sea la organización de los mercados de bienes y de insumos (mientras no haya competencia perfecta en el mercado de insumos). Por ello, sólo analizaremos el caso en que hay monopolio en el mercado de bienes, combinado con monopsonio en el mercado de insumos.

XV.3.a. *El gasto marginal del insumo*

La curva de oferta de la mayoría de los servicios productivos o agentes de producción tiene pendiente positiva. Un comprador en un mercado de insumos de competencia perfecta percibe la curva de oferta del insumo como una línea horizontal, porque sus compras son tan pequeñas, en relación con el mercado, que no afectan perceptiblemente al precio del mercado. Pero un monopsonista, al ser el único comprador en el mercado, se enfrenta a una curva de oferta del insumo de pendiente positiva. En consecuencia, los cambios ocurridos en el volumen de las compras afectan al precio del insumo: a medida que se expande el uso, aumenta el precio del insumo. Por consiguiente,

[6] Cf., C. E. Ferguson, *A Macroeconomic Theory of Workable Competition*, Durham, N.C., Duke University Press, 1964.

el monopsonista debe considerar el *gasto marginal* en que incurre al comprar una unidad adicional de un agente productivo variable.

En el cuadro XV.3.1 se muestra el cálculo del gasto marginal del insumo, y en la gráfica XV.3.1 se ilustran las curvas de oferta y de gasto marginal del insumo. Las columnas 1 y 2 muestran la curva de oferta, que aparece en el extremo derecho de la gráfica XV.3.1. Cuando sólo se emplea una unidad del agente variable, su costo es \$2; por tanto, el costo total del insumo, y el costo variable total, cuando sólo se utiliza un agente, es también \$2. Si se emplean dos unidades, el precio de oferta por unidad es \$2.50 y el costo total del insumo es \$5, lo que implica un aumento de \$3 sobre el costo total anterior, aunque el precio por unidad sólo aumentó 50 centavos. En otras palabras, la contratación de una unidad adicional del insumo aumenta el costo en mayor medida que el precio de la unidad, porque todas las unidades empleadas reciben el nuevo precio, más elevado.

El gasto marginal del insumo, la curva que aparece más a la izquierda en la gráfica XV.3.1, se calcula mediante restas sucesivas en la columna del "costo total del insumo". Puesto que el precio unitario sube a medida que aumenta el empleo, el gasto marginal en el insumo excede su precio en todos los niveles de utilización; y la curva de gasto marginal del insumo tiene pendiente positiva, se encuentra a la izquierda de la curva de oferta del insumo y, por lo regular, crece más rápidamente que esta última.[7]

[7] Es fácil probar estas proposiciones. Sea la función inversa de oferta de insumos

$$w = g(x), \tag{XV.7.1}$$

donde w es el precio del insumo, x es la cantidad proporcionada del insumo y $g'(x) = \mathrm{d}w/\mathrm{d}x > 0$ por hipótesis (es decir, la curva de oferta de insumos tiene pendiente positiva). El costo variable total es

$$C(x) = wx = xg(x). \tag{XV.7.2}$$

Por definición, el gasto marginal del insumo es

$$GMI = \frac{\mathrm{d}C(x)}{\mathrm{d}x} = g(x) + xg'(x) = w + x\frac{\mathrm{d}w}{\mathrm{d}x}\cdot \tag{XV.7.3}$$

Puesto que $g'(x) > 0$ por hipótesis, una comparación de XV.7.1 y XV.7.3 revela que la curva del gasto marginal del insumo debe encontrarse por encima de la curva de oferta del insumo para cada cantidad ofrecida. En general, la curva del *GMI* es positiva y crece con mayor rapidez que la curva de oferta del insumo. La pendiente de esta última es $g'(x)$, mientras que la pendiente de la primera está dada por

CUADRO XV.3.1. *El monopsonio y el gasto marginal del insumo*
(pesos)

Unidades del insumo variable	*Precio por unidad*	*Costo total del insumo*	*Gasto marginal del insumo*
1	\$2.00	\$2.00	—
2	2.50	5.00	\$3.00
3	3.00	9.00	4.00
4	3.50	14.00	5.00
5	4.00	20.00	6.00
6	4.50	27.00	7.00
7	5.00	35.00	8.00
8	5.50	44.00	9.00
9	6.00	54.00	10.00
10	6.50	65.00	11.00

$$\frac{dGMI}{dx} = 2g'(x) + xg''(x). \quad \text{(XV.7.4)}$$

Por tanto, *GMI* debe se positiva y tener la pendiente más pronunciada, a menos que la curva de oferta del insumo sea *muy* cóncava (es decir, $g'' < 0$ y grande en valor absoluto).

Por último, podemos relacionar el *GMI* con el precio del insumo y la elasticidad de la oferta de éste de la misma manera como se relaciona el ingreso marginal con el precio del bien y la elasticidad de la demanda del bien. Por definición, la elasticidad de la oferta del insumo es

$$\theta = \frac{dx}{dw}\frac{w}{x}. \quad \text{(XV.7.5)}$$

Escribimos ahora XV.7.3 como

$$GMI = w + x\frac{dw}{dx} = w\left(1 + \frac{xdw}{wdx}\right). \quad \text{(XV.7.6)}$$

Utilizando XV.7.5 en XV.7.6, obtenemos

$$GMI = w\left(1 + \frac{1}{\theta}\right). \quad \text{(XV.7.7)}$$

Cuando la curva de oferta del insumo es perfectamente elástica, $\theta \to \infty$ y $GMI = w$, es decir, no existe el monopsonio.

Ejercicio: Exprese y explique todas las relaciones que existen entre $IM = (1 - 1/\eta)$ y

$$GMI = w\left(1 + \frac{1}{\theta}\right).$$

GRÁFICA XV.3.1. *El gasto marginal del insumo*

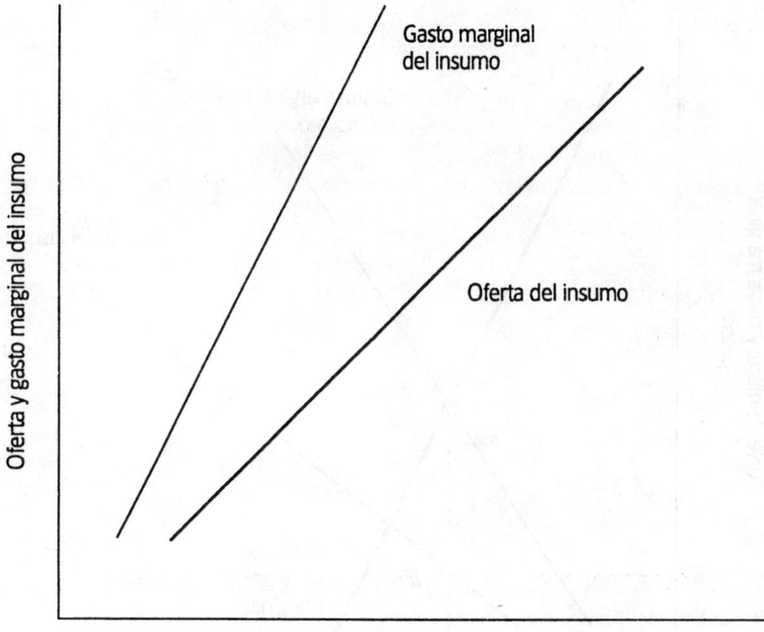

Gasto marginal del insumo: El gasto marginal del insumo es el aumento en el costo total (y en el costo variable total y el costo total del insumo) que puede atribuirse a la adición de una unidad del agente productivo variable.

XV.3.b. *El precio y el empleo en el monopsonio cuando se utiliza un solo insumo variable*

La curva de demanda de un servicio productivo en el mercado es la curva de demanda del comprador individual en condiciones de monopsonio. Además, si sólo se utiliza un insumo variable en el proceso de producción, la curva de demanda es la curva del producto del ingreso marginal del monopsonista. El monopsonista enfrenta una curva de oferta del insumo de pendiente positiva y una curva más alta del gasto marginal del insumo. La situación se ilustra en la gráfica XV.3.2. Utilizando esta gráfica, probaremos la siguiente

GRÁFICA XV.3.2. *El precio y el empleo en el monopsonio*

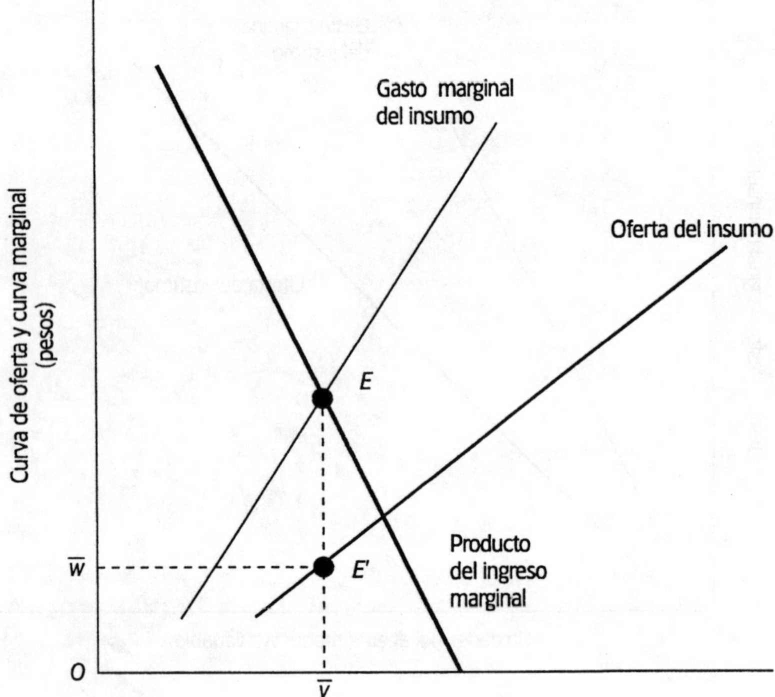

Proposición: Un monopolista que desea maximizar su beneficio utilizará un servicio productivo variable hasta llegar al punto en el que el gasto marginal del insumo sea igual a su producto del ingreso marginal. El precio del insumo lo determina el punto correspondiente en su curva de oferta.

La prueba de esta proposición se deriva de inmediato de las definiciones del producto del ingreso marginal y del gasto marginal del insumo. El producto del ingreso marginal es la adición al ingreso total que puede atribuirse a la adición de una unidad del insumo variable; el gasto marginal del insumo es la adición al costo total que resulta del empleo de una unidad adicional. Por consiguiente, mientras el producto del ingreso marginal exceda el gasto marginal del insumo, puede aumentarse el beneficio incrementando el uso del insumo. En cambio, si el gasto marginal del insumo excede su producto del ingreso marginal, el beneficio será menor, o la pérdida mayor, si se emplean más unidades del insumo. En consecuencia, el beneficio se maximiza utilizando la cantidad del servicio variable para la cual el gasto marginal del insumo es igual al producto del ingreso marginal.

Esta igualdad ocurre en el punto E de la gráfica XV.3.2, donde se utilizan $O\bar{v}$ unidades del servicio variable. En este punto, la curva de oferta de insumos cobra particular importancia. $O\bar{v}$ unidades del agente productivo variable corresponden al punto E' de la curva de oferta del insumo. Así, $O\bar{v}$ unidades serán ofrecidas a $O\overline{w}$ 'por unidad. Por consiguiente, $O\overline{w}$ es el precio de equilibrio del insumo en el mercado que corresponde al empleo de equilibrio en el mercado, $O\bar{v}$.[8]

[8] Podemos probar fácilmente esta proposición, utilizando las notas 1 y 7. Resumiendo,

$$p = h(q), \quad q = f(x) \quad \text{y} \quad w = g(x) \tag{XV.8.1}$$

son la función de demanda de bienes, la función de producción y la función de oferta del insumo, respectivamente. Ignorando el costo fijo, la función de beneficio es

$$\pi = pq - wx = qh(q) - xg(x) = f(x)h\,[f(x)] - xg(x). \tag{XV.8.2}$$

El empresario determina la cantidad del insumo variable necesario para maximizar el beneficio:

$$\frac{d\pi}{dx} = h[f(x)]f'(x) + \frac{dh(q)}{dq}f'(x)f(x) - g(x) - xg'(x) = 0, \tag{XV.8.3}$$

o sea

$$\left[h(q) + q\frac{dh}{dq}\right]f'(x) = [\,g(x) + xg'(x)] \tag{XV.8.4}$$

De acuerdo con la nota 1, el miembro izquierdo de XV.8.4 es el producto del ingreso marginal. De acuerdo con la nota 7, el miembro derecho es el gasto marginal del insumo. Así el teorema queda demostrado.

Asimismo, utilizando las notas 1 y 7 podemos escribir esta relación como

$$p\left(1 - \frac{1}{\eta}\right)f'(x) = w\left(1 + \frac{1}{\theta}\right). \tag{XV.8.5}$$

Ejercicio: Enuncie y explique las interesantes relaciones implícitas en la ecuación XV.8.5.

XV.3.c. *El precio y el empleo en el monopsonio cuando se utilizan varios insumos variables*

Para obtener la combinación de costo mínimo de los insumos variables, un empresario debe utilizar los servicios productivos en una proporción tal, que la tasa marginal de sustitución técnica sea igual a la razón de precios de los insumos. Pero esta proposición es válida si, y sólo si, se compran los insumos en mercados perfectamente competitivos. De otra manera, un cambio en la composición de los insumos implica un cambio en los precios relativos de éstos.

Utilicemos el álgebra para ilustrar esto. Supongamos que hay dos insumos variables, el capital (K) y el trabajo (L). Denotemos los productos marginales físicos por PM_K y PM_L, y sus precios de mercado por r y w, respectivamente. Si los mercados de insumos son perfectamente competitivos, la regla de la combinación de costo mínimo requiere que

$$\frac{PM_K}{PM_L} = \frac{r}{w}. \qquad \text{(XV.3.1)}$$

o dicho de otro modo,

$$\frac{PM_K}{r} = \frac{PM_L}{w}. \qquad \text{(XV.3.2)}$$

La ecuación XV.3.2 implica que el producto marginal por peso gastado en cada insumo debe ser igual en todos los casos. La *razón* de esta regla es que el producto marginal físico representa el ingreso adicional, mientras que el precio del insumo es el costo adicional, atribuibles ambos al insumo. Esto se aplica a los mercados de productos competitivos y monopólicos por igual; el precio cambia, cuando cambia la producción en los mercados monopólicos, pero este cambio es el mismo independientemente de que la producción aumente, utilizando más capital, más trabajo o más de ambos.

La proposición expresada en la ecuación XV.3.2 es bastante obvia, pero quizá convenga analizarla un poco más. Supongamos que

$$\frac{PM_K}{r} > \frac{PM_L}{w}. \qquad \text{(XV.3.3)}$$

Según la desigualdad XV.3.3, un peso de capital contribuye más a la producción que un peso de trabajo, a la razón capital-trabajo *actual*. Si los mercados de insumos son perfectamente competitivos, puede cambiarse el volumen de empleo sin afectar a los precios de los insumos. Por tanto, el empresario sustituiría trabajo por capital para obtener la misma producción a un costo menor. Como consecuencia de esta sustitución, disminuye el producto marginal del capital y aumenta el producto marginal del trabajo. Si r y w están determinados por el mercado, el empresario seguirá sustituyendo hasta que se establezca la igualdad XV.3.2.

Si los mercados de insumos son monopsónicos, los cambios ocurridos en el volumen del empleo provocan cambios correspondientes en los precios de los insumos. En particular, el empresario debe considerar su gasto marginal del insumo (*GMI*) y no el precio del mercado para tomar decisiones sobre el empleo. Por el momento consideremos únicamente el trabajo. Una unidad adicional de éste agrega su producto marginal a la producción, pero no añade w al costo total; sino que, con una curva de oferta de pendiente positiva, lo que añade es un gasto marginal, GMI_L.

Supongamos que en un momento dado la razón capital-trabajo de la producción sea tal que

$$\frac{PM_K}{GMI_K} > \frac{PM_L}{GMI_L}. \qquad \text{(XV.3.4)}$$

La desigualdad XV.3.4 tiene el significado siguiente: con la combinación actual de insumos, un empresario puede obtener un mayor aumento en la producción, por peso adicional de costo, utilizando más capital y no más trabajo. En consecuencia, el empresario puede mantener el mismo volumen de producción a un costo menor, sustituyendo trabajo por capital. Como resultado de esta sustitución, operan dos fuerzas para establecer una igualdad: a medida que aumenta el empleo de capital y disminuye el de trabajo, *a)* disminuye el producto marginal del capital y aumenta el producto marginal del trabajo, y *b)* aumenta el gasto marginal del insumo de capital y disminuye el gasto marginal del insumo de trabajo. Puesto que el empresario puede reducir el costo mientras prevalezca la desigualdad expresada en XV.3.4, el trabajo seguirá siendo sustituido por el capital hasta que

$$\frac{PM_K}{GMI_K} = \frac{PM_L}{GMI_L}. \qquad \text{(XV.3.5)}$$

Cuando se obtiene la igualdad XV.3.5, ningún cambio en la composición de los insumos reducirá el costo. En consecuencia, hemos demostrado la siguiente[9]

[9] Una fácil extensión de la nota 8 nos permite probar esta proposición. Sean

$$p = h(q), \quad q = f(K, L), \quad r = g(K), \quad w = m(L) \qquad \text{(XV.9.1)}$$

Proposición: Un monopsonista que utiliza varios insumos productivos variables ajustará la composición de éstos hasta que la razón entre el producto marginal y el gasto marginal del insumo sea la misma para todos los insumos variables utilizados. En consecuencia, se obtiene la combinación de costo mínimo, cuando la tasa marginal de sustitución técnica es igual a la razón de los gastos marginales de los insumos.

En el caso de dos insumos, tenemos

$$\frac{PM_L}{PM_K} = \frac{GMI_L}{GMI_K} \tag{XV.3.6}$$

Vemos así que la regla expresada en XV.3.1 para los mercados de insumos

---

la función de demanda del bien, la función de producción, la función de oferta de capital y la función de oferta de trabajo, respectivamente. En consecuencia, la función del beneficio es

$$\pi = qh(q) - Kg(K) - Lm(L). \tag{XV.9.2}$$

El empresario ajusta ambos insumos para maximizar el beneficio:

$$\frac{\partial \pi}{\partial K} = q\frac{\mathrm{d}h}{\mathrm{d}q}\frac{\partial f}{\partial K} + h(q)\frac{\partial f}{\partial K} - g(K) - Kg'(K) = 0, \tag{XV.9.3}$$

$$\frac{\partial \pi}{\partial L} = q\frac{dh}{dq}\frac{\partial f}{\partial L} + h(q)\frac{\partial f}{\partial L} - m(L) - Lm'(L) = 0, \tag{XV.9.4}$$

o sea

$$[qh'(q) + h(q)]\frac{\partial f}{\partial K} = g(K) + Kg'(K), \tag{XV.9.5}$$

$$[qh'(q) + h(q)]\frac{\partial f}{\partial L} = m(L) + Lm'(L). \tag{XV.9.6}$$

Las dos ecuaciones anteriores expresan que el producto del ingreso marginal de cada insumo debe ser igual al gasto marginal del insumo. Utilizando la razón de las dos ecuaciones y cancelando el término del ingreso marginal, obtenemos

$$\frac{PM_K}{PM_L} = \frac{GMI_K}{GMI_L}. \tag{XV.9.7}$$

Transformando XV.9.7, obtenemos la relación expresada en el texto.

perfectamente competitivos, es un caso especial de la regla XV.3.6; la regla XV.3.1 es válida, porque en los mercados de insumos perfectamente competitivos el gasto marginal del insumo es precisamente igual a su precio de mercado.[10]

XV.3.d. *La explotación monopsónica*

En la sección XV.2 vimos que el monopolio en el mercado de bienes conduce a la "explotación monopólica" en el mercado de insumos. Existe esta explotación en el sentido de que se paga a cada servicio productivo su producto de ingreso marginal, el cual, en virtud de que la curva de demanda del bien tiene pendiente negativa, es menor que el valor de su producto marginal. Cada unidad del recurso recibe la cantidad que, en promedio, aporta a los ingresos totales de la empresa; pero las unidades de los recursos no reciben los valores de sus productos marginales.

La explotación monopsónica es algo que añade a esto, como se ilustra en la gráfica XV.3.3. La gráfica está construida para cubrir varios casos; sin duda las curvas cambiarían cuando cambiara el tipo de organización del mercado. Aun

[10] Relegamos a esta nota una cuestión importante, ya que aun una exposición gráfica requiere algo de matemáticas. *Pero advertimos* que: el lector, tenga o no preparación matemática, debe leer esta nota.

La relación contenida en la ecuación XV.3.6 del texto dice que la tasa marginal de sustitución técnica de trabajo por capital es igual a la razón de sus gastos marginales de insumo. Ésta es la "regla" para obtener las proporciones óptimas de los insumos. Como se explica en el texto y en la nota 9, la regla se basa en la maximización del beneficio. Por supuesto, ello es posible. Pero el punto importante es que esta regla se puede basar en la suposición mucho más débil de que los empresarios minimizan el costo de producción de una cantidad dada, o maximizan el volumen de producción obtenible con un gasto dado en recursos.

Al igual que en el capítulo VII, esto podría mostrarse gráficamente con el uso de isocuantas y curvas de isocosto. Las matemáticas se emplean para demostrar que la curva de isocosto no es una línea recta. Todo lo demás se deduce de las cantidades introducidas en el texto.

Ejercicio: Sólo para lectores con preparación matemática. Suponga que se gasta $\overline{C}$ en recursos. Por tanto, la curva de isocosto es $Kg(K) + Lm(L) = \overline{C}$. Demuestre las relaciones siguientes. *a)* la curva de isocosto es "usualmente" cóncava, pero podría ser convexa si una función de oferta de insumos tiene pendiente negativa; *b)* la "regla" enunciada en la ecuación XV.3.6 en términos matemáticos; *c)* si una función de oferta de insumos tiene pendiente negativa, la operación *económicamente* eficiente podría requerir que el empresario produjera en la región *tecnológicamente* ineficiente (es decir, la región donde el producto marginal es negativo).

Ejercicio: Sugiera una explicación económicamente racional del punto c del ejercicio anterior.

Referencia para los ejercicios: Ferguson, *Neoclassical Theory of Production*, capítulos 8 y 9.

así, la gráfica XV.3.3 es un procedimiento esquemático para ilustrar la explotación monopólica y monopsónica.

Supongamos en primer término que los mercados de bienes y de insumos son perfectamente competitivos. La curva del valor del producto marginal es la curva de demanda de la industria para el insumo.[11] Como se recordará, ésta no es la suma *directa* de las curvas individuales; sin embargo, representa el valor del producto marginal del insumo para la industria en conjunto. La demanda y la oferta se intersectan en el punto *A*, y cada unidad de insumo recibe el valor de mercado de su producto marginal.

Supongamos ahora que el mercado de bienes es monopólico, mientras que el mercado de insumos es perfectamente competitivo. La curva del producto del ingreso marginal representa la colección de curvas de demanda del monopolio (así como la curva del producto del ingreso marginal representa la colección de curvas de demanda individuales). El equilibrio se alcanza en el punto *B*. La diferencia que existe entre las tasas salariales que corresponden a los puntos *A* y *B* (*OR* – *OM* = *RM*) es la "explotación monopólica" del insumo. En virtud de la explotación monopólica, se utilizan menos unidades del insumo, y el precio unitario de cada unidad es menor. Sin embargo, cada unidad del insumo recibe una cantidad igual a lo que añade su uso a los ingresos totales.

Por último, supongamos que hay monopolio en el mercado de bienes y monopsonio en el mercado de insumos. El equilibrio se alcanza en C, en un nivel todavía menor del precio y del empleo. La explotación monopsónica está representada por la diferencia que existe entre los puntos *A* y *C*, o sea por la diferencia que hay en los precios de los insumos entre el equilibrio competitivo y el equilibrio monopsónico (*OR* – *OW* = *RW*). La porción *RM* es atribuible al monopolio en el mercado de bienes; no es peculiar del monopsonio. En cambio, la porción adicional *MW* sólo puede atribuirse al monopsonio (o en términos más generales, al oligopsonio). La existencia de la diferencial *MW* es causada por el hecho de que cada unidad de insumo contribuye *OM* a los ingresos totales, pero sólo recibe *OW* a cambio. Por tanto, la característica principal de la explotación monopsónica es que cada unidad del insumo no recibe un pago igual a su contribución a los ingresos totales.

En el apartado XV.2.f se señaló que podía eliminarse la explotación mono-

[11] Resulta algo ambiguo el concepto de una curva de *VPM* para una industria. En el caso de una empresa, es un concepto claro: el producto marginal del insumo multiplicado por el precio *constante* del bien (para la empresa). En el caso de una industria es algo diferente. Para cada nivel de empleo y de producción, el *VPM* de la industria es el producto marginal del insumo (la operación eficiente de las empresas asegura la igualdad entre ellas) multiplicado por el precio de mercado asociado a ese nivel de producción. Por supuesto, el precio de mercado disminuye a medida que aumenta la producción; y los diversos productos marginales se multiplican por el precio de mercado correspondiente, *pero cambiante*.

GRÁFICA XV.3.3. *La explotación monopsónica*

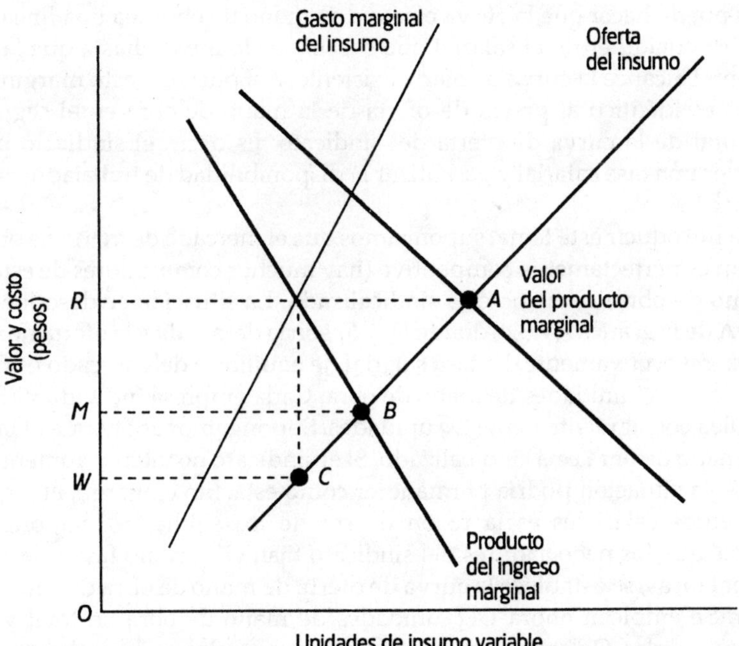

pólica, pero que el "remedio" podía ser peor que la "enfermedad". En realidad, la explotación monopólica es inevitable en un sistema económico de libre empresa. Aun la diferenciación de buena fe del producto causa este tipo de "explotación". No sucede lo mismo con la explotación monopsónica. Aquí sí existen medidas compensadoras que no son fundamentalmente destructivas del sistema de libre empresa.

XV.3.e. *El monopsonio y los efectos económicos de los sindicatos*

Un estudio de los sindicatos y del proceso de contratación colectiva, incluso en un nivel puramente teórico, escapa a los fines de esta obra.[12] Sin embargo, la cuestión de la explotación monopsónica nos permite indicar brevemente los efectos económicos de los sindicatos. Consideremos cualquier mercado típico de mano de obra con una curva de algún tipo de oferta de mano de obra; para

[12] Véase un excelente tratamiento teórico en Allan M. Cartter, *Theory of Wages and Employment*, Homewood, Ill., Richard D. Irwin, 1959, pp. 77-133.

simplificar, supongamos que tiene pendiente positiva. Si los trabajadores de este mercado están sindicalizados, el sindicato ejerce fundamentalmente un poder: puede hacer que la curva efectiva de mano de obra sea una línea horizontal en cualquier nivel salarial que desee, por lo menos hasta que la línea horizontal alcance la curva de oferta existente. Así pues, el gasto marginal del insumo es idéntico al precio de oferta de la mano de obra en el segmento horizontal de la curva de oferta del sindicato. Es decir, el sindicato puede proponer una tasa salarial y garantizar la disponibilidad de trabajadores a ese precio.[13]

Para introducir este tema, supongamos que el mercado de mano de obra en cuestión es perfectamente competitivo (hay muchos compradores de este tipo de mano de obra) y que no está sindicalizado. La situación se describe en la figura A de la gráfica XV.3.4, donde D_L y S_L son la demanda y la oferta de mano de obra, respectivamente. La tasa salarial de equilibrio del mercado es $O\overline{W}$, y se emplean $O\overline{Q}$ unidades de mano de obra. Cada empresa individual (figura B) emplea consiguientemente $O\overline{q}$ unidades. Supongamos ahora que el mercado de mano de obra está sindicalizado. Si el sindicato no intenta aumentar los salarios, la situación podría permanecer como está. Sin embargo, el logro de incrementos salariales es la razón de ser de los sindicatos. Supongamos entonces que los negociadores del sindicato fijan OW_s como tasa salarial; en otras palabras, se establece la curva de oferta de mano de obra del sindicato, $W_sS_sS_L$. Se emplean ahora OQ_s unidades de mano de obra en total y cada empresa emplea Oq_s unidades. El resultado es un alza en los salarios y una reducción en el empleo. En los mercados de insumos perfectamente competitivos, esto es *todo* lo que los sindicatos pueden hacer.

Esto no significa necesariamente que un sindicato no pueda beneficiar a sus miembros. Si la demanda de mano de obra es inelástica, un aumento en la tasa salarial se traducirá en un aumento en los salarios totales pagados a los trabajadores, aunque sea menor el número de trabajadores empleados. Si el sindicato puede dividir equitativamente los ingresos de los OQ_s trabajadores empleados entre los $O\overline{Q}$ trabajadores potenciales, todos se beneficiarán. Tal división se logra fácilmente. Supongamos que $OQ_s = 1/2\ O\overline{Q}$ y que el mercado de trabajo tiene una semana laboral de 40 horas. Entonces, pueden proporcionarse OQ_s unidades de mano de obra haciendo que $O\overline{Q}$ unidades trabajen una semana de 20 horas.

Sin embargo, vale la pena examinar la otra cara de la moneda. Si la demanda de mano de obra es elástica, disminuirán los ingresos salariales totales y el sindicato no podrá compensar a los $Q_s\overline{Q}$ trabajadores que están desempleados a causa del aumento en las tasas salariales. Por tanto, en los mercados de

[13] Por supuesto, ésta es una gran simplificación, pero resulta útil para los fines de nuestro análisis.

GRÁFICA XV.3.4. *Efectos de un sindicato en un mercado perfectamente competitivo de mano de obra*

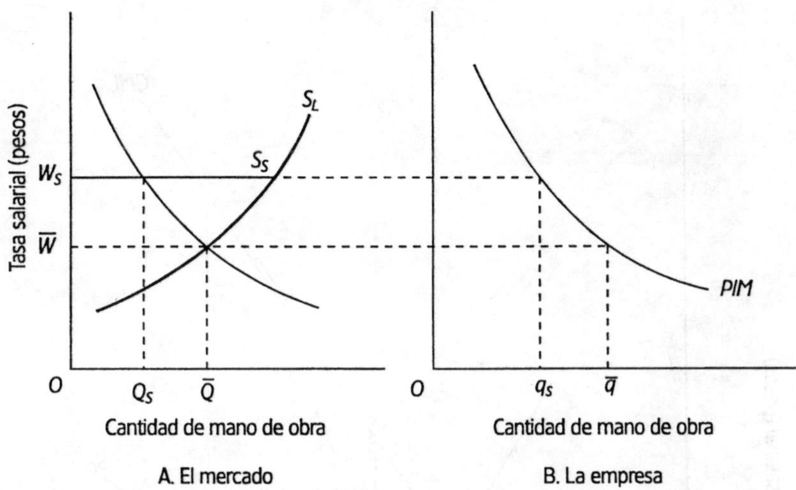

mano de obra perfectamente competitivos, los sindicatos no siempre son una bendición.[14]

Sin embargo en los mercados monopsónicos u oligopsónicos , los sindicatos *deben* beneficiar a sus miembros, si utilizan políticas racionales. Considérese el mercado monopsónico de mano de obra representado por la gráfica XV.3.5. Si la fuerza de trabajo no está sindicalizada, se alcanza el equilibrio en el punto *c*, donde el producto del ingreso marginal es igual al gasto marginal del insumo (basado en la curva de oferta del insumo S_L, de pendiente positiva). El salario de equilibrio es $O\overline{W}$, y el empleo de equilibrio es $O\overline{L}$. Supongamos ahora que los trabajadores forman un sindicato que contrata colectivamente con el monopsonista.

En un extremo, el sindicato puede tratar de alcanzar el máximo de empleo para sus miembros. Para este fin, establece la curva de oferta de mano de obra $W'aS_L$. En consecuencia, la curva del gasto marginal del insumo asociada es $W'abGMI_L$. El producto del ingreso marginal es igual al gasto marginal del insumo en el punto *a*; en consecuencia, se emplean OL_m unidades de mano de obra al salario OW'. El sindicado puede lograr así, como una alternativa, un

[14] *Ejercicio:* Suponga que la figura A de la gráfica XV.3.4 representa el mercado de mano de obra no calificada en ausencia de una ley de salario mínimo. ¿Cuáles son los efectos en el mercado de la fijación de un salario mínimo por alguna dependencia gubernamental? ¿Hay alguna información empírica de que el resultado analítico que obtuvo describa el mundo real?

GRÁFICA XV.3.5. *Efectos económicos de un sindicato en un mercado monopsónico de mano de obra*

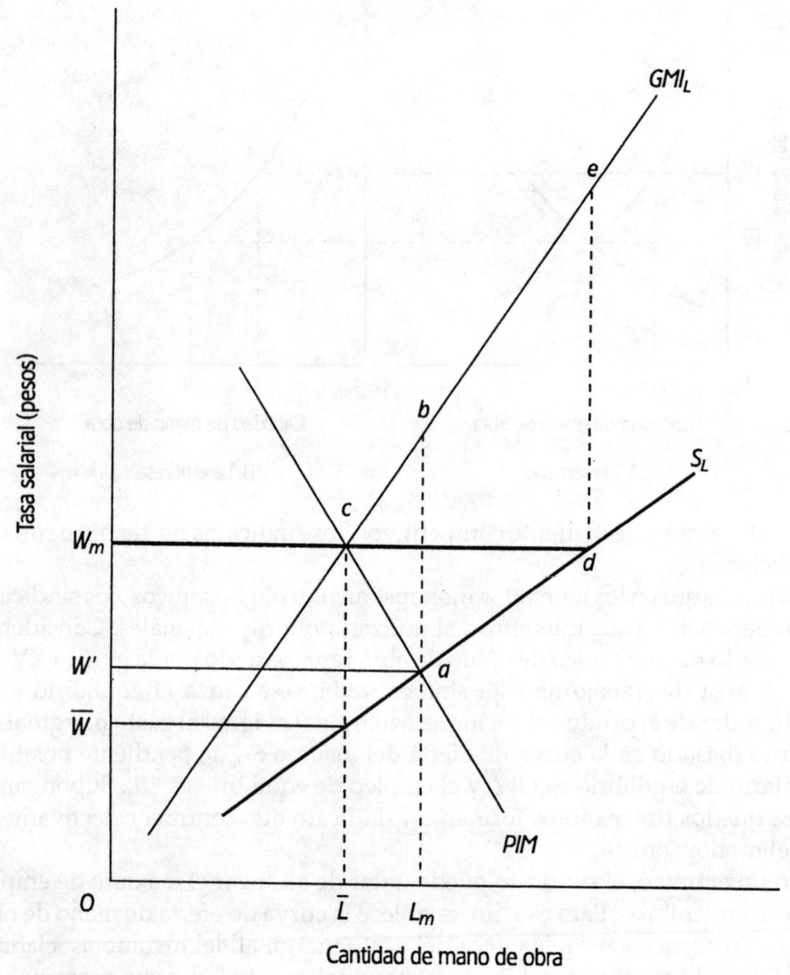

pequeño aumento salarial acompañado de un aumento en el número de trabajadores empleados. Cada unidad de mano de obra recibe una contribución a los ingresos totales de la empresa; también se elimina la porción puramente monopsónica de la explotación.

En el otro extremo, supongamos que el sindicato decide mantener el nivel inicial del empleo $O\overline{L}$. En consecuencia, establece la curva de oferta $W_m d S_L$. La curva del gasto marginal del insumo correspondiente es $W_m d GMI_L$. El producto del ingreso marginal es igual al gasto marginal del insumo en el punto *c*; por tanto, el empleo de equilibrio es $\overline{OL}$ y el salario de equilibrio asociado es OW_m. Esta tasa salarial es la máxima que puede obtenerse sin incurrir en una reducción del empleo por debajo del nivel ya existente antes de la creación del sindicato. Sin embargo, en el nivel salarial OW_m, el sindicato puede lograr un aumento sustancial del salario sin afectar al empleo. De nuevo, se elimina la porción que corresponde exclusivamente a la explotación monopsónica.

Hemos considerado sólo dos extremos. De hecho, el sindicato puede seleccionar políticas intermedias, logrando incrementos del empleo y de la tasa salarial. El sindicato puede perjudicar a sus miembros sólo si la demanda de mano de obra es elástica y fija la curva de oferta de mano de obra de tal modo que el salario de equilibrio sea mayor que OW_m. Pero aun en ese caso se eliminaría la porción exclusiva de la explotación monopsónica. Llegamos así a un principio general que describe aproximadamente los efectos económicos de los sindicatos: los sindicatos pueden eliminar la porción de la explotación monopsónica total que corresponde exclusivamente al monopsonio en el mercado de mano de obra; sin embargo, la actividad sindical no puede eliminar de ninguna manera la porción que corresponde al monopolio.

XV.4. Resumen

- El producto del ingreso marginal de un insumo variable es el ingreso marginal multiplicado por el producto marginal físico del insumo. Un monopolista que compra el insumo en un mercado competitivo al precio S_v, comprará el insumo en la cantidad para la cual $S_v = PIM_v$, donde PIM_v es el producto del ingreso marginal del insumo variable.
- Cuando se utilizan varios insumos variables, la demanda del monopolista para cualquiera de ellos debe tener en cuenta los efectos de sustitución, de producción y de maximización del beneficio (como en el capítulo XIV), porque estos efectos provocarán normalmente desplazamientos de la curva del producto del ingreso marginal de cada factor a medida que se ajustan las cantidades.
- La demanda de un factor variable en un mercado monopolista se analiza exactamente de la misma manera que en el caso de los productores competitivos (véanse los apartados XIV.4.a y XIV.4.b del capítulo XIV). Cuando los productores son oligopolistas o competidores monopólicos, hay que tener en cuenta el efecto de los cambios de la producción en el precio de mercado y en el ingreso marginal. Puesto que para un monopolista el ingreso marginal es menor que el precio, el precio de mercado de un servicio productivo empleado por el monopolista será menor que el valor de su producto marginal

✦ Cuando hay un solo comprador de un insumo (un monopsonista), ese comprador tendrá en cuenta los efectos en el precio del insumo de los cambios ocurridos en la cantidad comprada de éste. Este efecto se mide mediante el *gasto marginal del insumo*, que es el aumento en el costo total correspondiente a la adición de una unidad del agente productivo variable. Un monopsonista que intenta maximizar su beneficio empleará un insumo variable hasta el punto en el que el gasto marginal del insumo sea igual al producto del ingreso marginal del insumo. Un monopsonista que intenta maximizar su beneficio y que utilice varios insumos variables escogerá la composición de insumos para la cual la razón entre el producto marginal y el gasto marginal del insumo sea igual para todos los insumos variables utilizados.

Preguntas y ejercicios

1. Puesto que los monopolistas no pagan a los factores de producción el valor de sus productos marginales, ¿cómo conservan estos monopolistas sus factores cuando los competidores perfectos utilizan la misma clase de recursos en la producción de sus bienes?
2. Haga un análisis económico de la ley del salario mínimo de Estados Unidos. Haga lo mismo para una ley de salario mínimo que fuera *estatal* (o de un condado o de una ciudad).
3. El gobierno fija un precio tope al bien A, pero no al bien rival B. *C, D* y *E* son factores que se utilizan en la producción de A, mientras que *D, E* y *F* son factores que se emplean en la producción de B. *C* se utiliza exclusivamente en la producción de A y no en la producción de ningún otro bien de la economía. Discuta los efectos de este precio tope en los mercados de productos y factores.
4. "Sin la contratación colectiva, la desventaja de los trabajadores en el mercado permitiría que los propietarios de otros agentes productivos se apropiaran del ingreso que de otro modo iría a manos de los trabajadores." Analice.
5. Suponga que el objetivo primordial de un sindicato industrial es aumentar los salarios de sus miembros por encima del nivel competitivo. *a)* Explique en un nivel teórico cómo podría obtenerse este incremento. *b)* ¿Qué condiciones facilitarían la tarea del sindicato?
6. Considere un sindicato que es suficientemente fuerte para impedir que los trabajadores que no son miembros trabajen en la actividad en cuestión. Para simplificar, supongamos que el número de miembros no se ve afectado por el nivel de sus ingresos. Por último, suponga que hay inmigración de trabajadores no calificados en el país. ¿Cuál será el

efecto de la inmigración sobre los ingresos de los miembros del sindicato? ¿Qué factores suelen aumentar el ingreso? ¿Qué factores suelen disminuirlo? ¿Hay un saldo claro a favor del aumento o de la reducción?

7. "Si un sindicato logra aumentar los salarios, hará que aumente la razón del costo de la mano de obra sindicalizada al costo total". Comente.

LECTURAS RECOMENDADAS

Cartter, Allan M., *Theory of Wages and Employment*, Homewood, Ill., Richard D. Irwin, 1959, pp. 77-133.

Hicks, John R., *The Theory of Wages*, 2a. ed., Nueva York, Macmillan, 1964.

Robinson, Joan, *The Economics of Imperfect Competition*, Nueva York, Macmillan, 1933, pp. 218-228, 281-304.

PARTE V

LA TEORÍA DEL EQUILIBRIO GENERAL Y EL BIENESTAR ECONÓMICO

HACE YA más de cien años que Fréderic Bastiat, un famoso economista francés, escribió acerca del París de sus días, donde a la sazón vivían centenares de miles de personas, cada una de las cuales consumía gran diversidad de bienes, especialmente alimentos, que no se producían en la ciudad. La supervivencia de la gran urbe requería la llegada constante de bienes y servicios. Ningún organismo planeaba la entrada diaria de bienes; pero cada día llegaban éstos en cantidades aproximadamente correctas: París sobrevivía. "La imaginación se sobrecoge cuando tratamos de calcular la vasta multiplicidad de bienes que deben entrar mañana para evitar que los habitantes caigan víctimas de las convulsiones del hambre, la rebelión y el pillaje", escribió Bastiat. "Pero todos duermen, y su sueño no se ve perturbado ni un solo minuto por la perspectiva de semejante catástrofe."

París sobrevivía gracias a la cooperación no planeada de muchas personas, la mayoría de las cuales competían entre sí. No por motivos altruistas, desde luego, sino por el beneficio que ganarían vendiendo en el mercado de París. Aun antes de la época de Bastiat, Adam Smith había observado los efectos de la cooperación en la producción. Smith visitó una pequeña fábrica de alfileres, sin duda muy primitiva para las normas modernas. Pero a Smith le impresionó tanto el aumento de la productividad que resultaba de la cooperación y de la especialización en el trabajo, que escribió un pasaje, ahora clásico en la literatura económica:

> Un hombre saca el alambre, otro lo endereza, un tercero lo corta, un cuarto le saca punta, un quinto aplana la parte superior para ajustar la cabeza; la fabricación de la cabeza requiere dos o tres operaciones distintas; su colocación es una tarea delicada; el blanqueado es otra; incluso es una tarea especial la colocación de los alfileres en un cartón [...] He visto una pequeña fábrica de esta clase en la que sólo trabajaban 10 hombres y, en consecuencia, algunos de ellos realizaban dos o tres operaciones distintas. Pero aunque eran muy pobres y, por tanto, carecían de la maquinaria necesaria, cuando se esforzaban podían hacer entre todos cerca de 12 libras de alfileres en un día. En una libra hay más de 4 000 alfileres de tamaño mediano. Por consiguiente, esas 10 personas podían fabricar más de 48 000 alfileres por día [...] Pero si hubieran trabajado de manera separada e independiente [...] seguramente ninguno de ellos hubiera podido fabricar 20 alfileres en un día, quizá ni uno solo...

La especialización y la división del trabajo permiten obtener una producción mayor que si cada persona trabajara sola y fuera autosuficiente. Pero la autosuficiencia sí garantiza que el consumidor obtendrá lo que desea, o lo que más desea y está en posibilidades de alcanzar. Cuando nadie es autosuficiente,

LA TEORÍA DEL EQUILIBRIO GENERAL Y EL BIENESTAR ECONÓMICO

GRÁFICA V.I. *El flujo circular de la actividad económica*

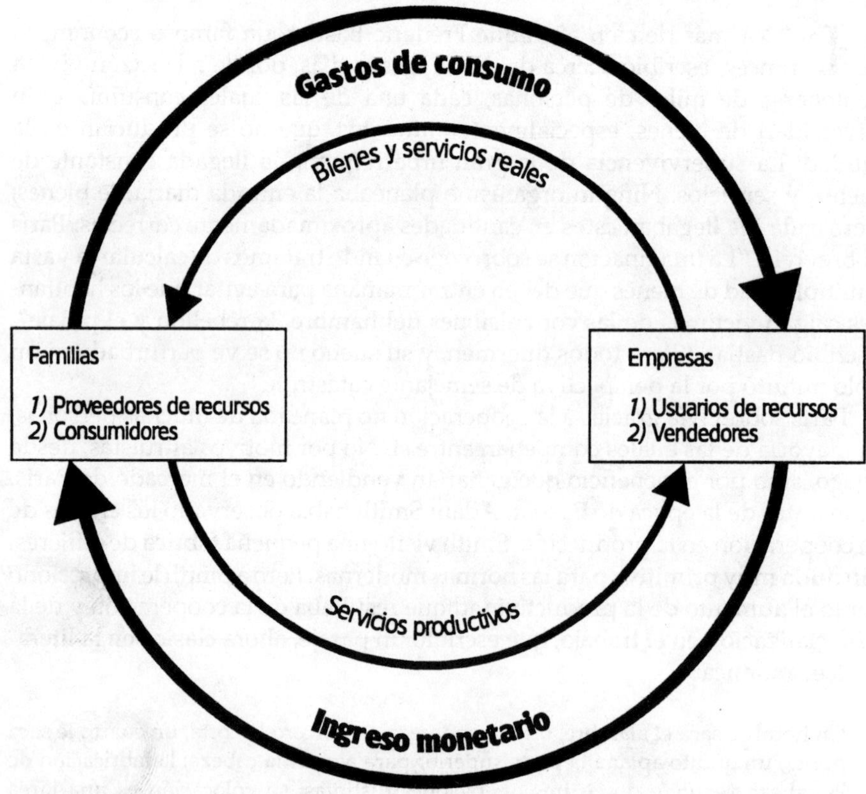

la economía debe ser *planeada* por algún organismo central, o bien, debe existir algún mecanismo que lleve a la misma meta. Adam Smith llamó a este mecanismo "la mano invisible"; en la terminología actual, podríamos llamarlo mejor "una gran computadora en las nubes". Pero cualquiera que sea la terminología, un sistema de precios de libre empresa generalmente funciona en forma tal, que se alcanzan las mismas metas de una planificación estatal y, por lo regular, con una eficiencia mucho mayor que la de las economías planificadas. En el capítulo XVII analizaremos el bienestar económico en un sistema de libre empresa. Pero antes, en el capítulo XVI, debemos analizar el equilibrio económico general.

Hasta ahora, nuestro análisis sólo se ha ocupado del comportamiento económico de agentes económicos individuales o de industrias o grupos de productos individuales. Pero en la economía hay millones de agentes económicos y todavía no hemos visto cómo se coordina el comportamiento de todos ellos para alcanzar un equilibrio general.

Visto de otra manera, la gráfica familiar mostrada en esta introducción ilustra este problema. Por una parte, las unidades familiares funcionan a la vez como consumidores y como proveedores de recursos. Por la otra, las empresas utilizan los recursos, organizan la producción y venden los productos de este proceso. Hay un flujo de servicios productivos *reales* que va de las familias a las empresas, y un flujo contrario de bienes y de servicios *reales* que va de las empresas a las familias. Si en una nación industrial avanzada pudiera existir un sistema de trueque no tendríamos que explicar más. Pero no es posible, así que debemos introducir el dinero.

En lugar de cambiar productos por insumos, las empresas pagan dinero a las familias por los servicios productivos que prestan. En su papel de consumidores, las familias crean un flujo contrario de gastos de consumo hacia las empresas, intercambiando su ingreso monetario en una dirección que contrarresta el flujo real en dirección opuesta. El problema del análisis del equilibrio general es determinar el proceso por el que se equilibran los diversos flujos.

XVI. LA TEORÍA DEL EQUILIBRIO ECONÓMICO GENERAL

MUCHOS podrían creer que el mejor procedimiento disponible para hacer frente a una sequía severa consiste en repartir el agua disponible, en partes iguales, entre individuos o familias. De acuerdo con el artículo que aparece en la sección "Aplicación de la Teoría", así es exactamente como los funcionarios del condado de Marin decidieron racionar el agua durante la sequía del invierno de 1977. Sin embargo, los principios que expondremos en este capítulo llevan directamente a la conclusión de que existe un esquema de racionamiento mejor, en la medida en que nadie estará en peor posición que con el programa del condado de Marin y muchos estarán mejor.

Ilustrando cómo el sistema de precios coordina las actividades y decisiones de diversos agentes económicos en la producción de un equilibrio general, este capítulo expone algunos principios fundamentales que conducirán, en última instancia, a la conclusión de que un sistema de precios competitivos maximiza el bienestar social. En la sección "Aplicación de la Teoría" se le pedirá que demuestre precisamente por qué el programa del condado de Marin para el racionamiento del agua no es el mejor que existe (no es óptimo en el sentido de Pareto), y por qué es superior el método alternativo propuesto (que utiliza un sistema de precios).✦

APLICACIÓN DE LA TEORÍA

CÓMO RACIONAR EL AGUA

MILTON FRIEDMAN

MIENTRAS que el Este ha estado congelado y cubierto de nieve, el Lejano Oeste ha venido padeciendo la sequía. En el norte de California, éste es el segundo invierno consecutivo de sequía. Los mantos acuíferos tienen el nivel más bajo de la historia y una comunidad tras otra han empezado a racionar el agua.

Aunque los programas individuales varían el adoptado en el condado de Marin es bastante representativo. El condado de Marin, exactamente al norte de San Francisco sobre el puente Golden Gate, es uno de los condados más ricos de Estados Unidos: allí viven muchos de los altos ejecutivos de San Francisco. Por años, este condado se ha opuesto a la extensión de los sistemas acuáticos, tratando de limitar la llegada de nuevos residentes. Pero en años normales el agua ha sido abundante y sus tarifas, que se miden para todos los residentes, han sido moderadas.

El programa de racionamiento adoptado en el condado de Marin asigna a cada vivienda un número máximo fijo de galones por día: 37 galones por persona por día, para una familia de cuatro miembros. Cualquier familia que exceda su ración está sujeta a una severa multa y, si persiste, puede ver reducido su abasto a un chorrito.

HAY UN PROCEDIMIENTO MEJOR

Este programa no proporciona ningún incentivo para que las personas utilicen menos agua que el máximo permitido (excepto el de ahorrarse el cobro habitual sobre el uso del agua) y carece de flexibilidad para los casos especiales que requieren más que el máximo. Supongamos, por ejemplo, que una familia usara menos agua que la cantidad permitida. ¿Habría alguna objeción para que vendiera el agua ahorrada a alguien que desee utilizar más?

Tales transacciones voluntarias pueden establecerse sin dificultad mediante una modificación simple del programa de Marin. Supongamos que las autoridades del agua fijan un precio complementario por galón de agua, que cobran este precio por todos los galones usados en exceso del límite actual, y que pagan este precio a las familias que utilicen menos que lo permitido. Si el precio se fija de tal manera que la cantidad ahorrada por algunas familias sea igual a la cantidad excedente empleada por otras, el uso total del agua permanecería constante; los ingresos de las autoridades del agua serían los mismos; y cada familia individual estaría mejor: los que ahorran agua, porque sus acciones revelan que prefieren el dinero al agua; los que utilizan más agua adicional, porque sus acciones revelan lo contrario.

Evidentemente este plan alternativo parece preferible al plan realmente adoptado. Desde luego es tan simple, que seguramente debe de habérseles ocurrido a muchas de las personas competentes que viven en Marin. ¿Entonces por qué no ha sido adoptado ni es probable que se adopte? Me parece que ésa es la pregunta más interesante entre las que plantea la experiencia de Marin.

POR QUÉ NO SE INTENTÓ

Una respuesta posible es la dificultad de determinar un precio adecuado, ya que se espera que la emergencia sea breve. Pero esto parece muy improbable. Hay en Marin docenas de expertos en investigación de mercado. En todo caso, el agua puede comprarse y traerse en carrostanque a un precio de mercado bien definido, que seguramente daría un límite superior al precio complementario.

Una respuesta más plausible es la aversión general al uso de un sistema de precios en cualquiera de sus formas para cualquier propósito, a pesar de que los ejecutivos de Marin deben su riqueza a la operación eficiente de un sistema de precios. También ellos se han corrompido por el sentimiento colectivista de nuestra época, el cual revela por sus acciones que prefiere las órdenes de los burócratas a los intercambios voluntarios de individuos libres.

Una variante más atractiva de esta explicación es que el programa de Marin refleja un sentimiento de vida familiar, inducido por una crisis común. ¿Permitiría una madre que uno de sus hijos vendiera a un hermano el alimento que ella le proporciona? Asimismo, está bien que se traiga agua de fuera de la comunidad, pero es moralmente equivocado que algunos de "nosotros" podamos "sobornar" a otros de "nosotros" para que renuncien a una parte del agua que se les ha asignado. Hay una verdadera satisfacción psicológica en un esfuerzo comunitario y en el hecho de "sufrir" juntos: una satisfacción que no disminuye por un nivel de uso del agua que resulta muy abundante en comparación con la cantidad de que dispone la mayoría de la población mundial.

Si ninguna de estas explicaciones le parece adecuada para aclarar el hecho de que el condado de Marin utilice un método de racionamiento del agua tan rígido y poco satisfactorio, cuando tiene a la mano un método mejor, comparto su desconcierto. Pero aparte del masoquismo comunitario, ¿puede usted ofrecer una mejor explicación?

PREGUNTAS

1. Explique por qué el plan adoptado en el condado de Marin para la repartición del agua durante la seguía no es un "óptimo de Pareto". Ilustre su respuesta, utilizando un diagrama similar a la gráfica XVI.2.3 (equilibrio general del intercambio).
2. Explique por qué la propuesta de Friedman no empeora la situación de nadie y mejora la situación de algunos. Ilustre su respuesta, utilizando un diagrama similar a la gráfica XVI.2.4 (equilibrio competitivo).

SOLUCIONES

1. El plan adoptado en el condado de Marin asigna a cada familia un número máximo de galones por día: 37 galones por persona para una familia de cuatro miembros. (Cualquier familia que exceda su ración está sujeta a una multa elevada.) Puesto que cada familia está básicamente restringida a una cierta cantidad de agua, no hay ninguna garantía de que se satisfaga la condición de que "la *TMS* de diferentes consumidores sea igual" según esta asignación.
   Sabemos que si los consumidores pueden intercambiar libremente el agua por otros bienes, alcanzarán un equilibrio en el que la *TMS* del consumidor de agua para todos los demás bienes (*tdb*) sea igual a los precios relativos de estos dos bienes, es decir, P *agua* / p *tdb*. En la medida en que todos los individuos se enfrenten a los mismos precios para estos dos bienes, todos deberán tener la misma *TMS* en el equilibrio (aunque puedan tener gustos diferentes por el agua), porque comprarán cantidades variables para igualar su *TMS* del agua para todos los demás bienes a la razón de precios. Pero con el programa del condado de Marin no se permite que los consumidores compren o vendan agua, de modo que si las familias tienen gustos

diferentes tendrán *TMS* diferentes, dada su ración (dotación) de agua.

En términos de la gráfica XVI.2.3, consideremos dos familias del condado de Marin, *Oa* y *Ob*, y supongamos que consumen dos bienes: agua X y todos los demás bienes Y. El programa del condado de Marin coloca a las familias en una posición igual al punto *D*, pero con una dotación inicial, *Xa*, igual a la dotación inicial *Xb* (porque la asignación es la misma para todas las familias). En el punto *D* (la asignación inicial), la *TMS* de *Oa* supera a la *TMS* de *Ob*, de modo que no debemos estar en la curva de contrato y no estamos en una organización óptima de Pareto. Ambas familias pueden alcanzar un nivel de utilidad mayor mediante el intercambio de X y Y a cualquier tasa entre sus *TMS* respectivas.

2. Friedman sugiere que las autoridades de Marin debieran desempeñar básicamente el papel de "subastadores" del apartado XVI.2.c. Podrían fijar un precio complementario por galón de agua, cobrar este precio por todos los galones usados que excedan del límite actual, y pagar este precio por galón a todas las familias que utilicen menos de lo permitido. (Las familias están en libertad para consumir cuanta agua quieran al precio complementario anunciado, y el precio anunciado deberá fijarse de tal modo que la cantidad ahorrada por algunas familias sea igual a la cantidad excedente usada por otras, de modo que el uso total del agua permanezca constante.)

   Como señala Friedman, cada una de las familias por separado debe estar en mejor situación: las que ahorran agua, porque sus acciones revelan que prefieren el dinero (*tdb*) al agua; los que utilizan más agua, porque sus acciones revelan su elección opuesta.

   En términos de la gráfica XVI.2.4, la solución de Friedman permite un movimiento de una asignación inicial (punto *D*) a un punto de la curva de contrato, *T*. Las autoridades anuncian un precio del agua que genera la línea de precio R_3R_3'. Dado este precio anunciado del agua complementaria y su dotación inicial en el punto *D*, la familia *Oa* compra la cantidad exacta de agua que la familia *Ob* desea vender y ambas familias terminan en el punto *T* del diagrama. Ambas han alcanzado un nivel de utilidad mayor y en *T* ambas compran cantidades de los dos bienes tales que sus *TMS* se igualan a la razón entre el precio del agua y el precio de todos los demás bienes. Por tanto, en *T* es imposible que la familia *Oa* alcance una curva de indiferencia más alta sin que la familia *Ob* alcance una curva de indiferencia más baja, y viceversa. En suma, la asignación en *T* representa una organización óptima de Pareto, y la *TMS* de la familia *Oa* es igual a la *TMS* de sustitución de la familia *Ob*.

FUENTE: *Newsweek*, 21 de marzo de 1977.

XVI.1. INTRODUCCIÓN

De acuerdo con el principio de maximización aplicado a lo largo de este libro, cada agente económico alcanza una posición de equilibrio cuando se maximiza *algo*. Un consumidor maximiza su satisfacción sujeto a un presupuesto limitado; por su parte, un empresario maximiza su beneficio posiblemente sujeto a la restricción impuesta por la función de producción; los trabajadores pueden determinar sus curvas de oferta de mano de obra, maximizando la satisfacción derivada del ocio, sujetos a tasas salariales dadas. Como dice una frase bien conocida, hemos estudiado intensamente los árboles, pero todavía no hemos visto el bosque.

Sin embargo, el problema de los bosques existe. Millones de agentes económicos persiguen sus propias metas y buscan su propio equilibrio sin prestar particular atención a los demás. El problema consiste en determinar si el comportamiento más o menos independiente de los agentes económicos es compatible con el hecho de que cada agente alcance el equilibrio. Todos los agentes económicos, ya sean consumidores, productores o proveedores de recursos, son *interdependientes*; ¿podrá la acción *independiente* de cada uno de ellos conducir a una posición de equilibrio para todos? Éste es el problema del equilibrio económico general (estático o estacionario).

XVI.1.a. *La* Tableau économique *de Quesnay*

Sería sencillo hacer en este punto una digresión histórica. Quizá la noción más antigua del equilibrio general estacionario se encuentre en la obra de un grupo de economistas franceses llamados los "fisiócratas". Entre ellos destacó un economista llamado Quesnay, quien ya en 1758 presentó una imagen del equilibrio general mediante su *Tableau économique*.[1] Quesnay dividió los agentes económicos de una sociedad en tres clases: la clase productora o agrícola, la clase propietaria y la clase no productora. Sugirió entonces que la riqueza

[1] F. Quesnay, *Tableau économique et maximes générales du gouvernement économique*, París, 1758. Véase una contribución posterior en J. Turgot, *Reflections sur la formation et la distribution des richesses*, París, 1776.

de una nación debía distribuirse entre las tres clases de modo que se alcanzara un equilibrio estacionario (o fluido).

El concepto de Quesnay podría explicarse con un ejemplo tomado de su libro. Supongamos que hay un país de 130 millones de acres de tierra y 30 millones de habitantes. La tierra correctamente cultivada producirá 4 millones de unidades de alimentos y 1 millón de unidades de materias primas. Quesnay sugería que la riqueza debería distribuirse de la manera siguiente. La clase productora retendrá 2 millones de unidades de alimentos, que comprenden los *avances annuelles* para su sostenimiento durante el año siguiente. La clase productora pagará 2 millones de unidades de alimentos a la clase propietaria por concepto de renta de la tierra, y permutará el millón de unidades de materias primas con la clase no productora (los fabricantes de manufacturas) por 2 millones de unidades de bienes manufacturados. La clase propietaria retendrá 1 millón de unidades de alimentos y permutará 1 millón de estas unidades con la clase no productora por bienes manufacturados. Por último, la clase no productora recibe 1 millón de unidades de materias primas de la clase productora, las transforma en 3 millones de unidades de productos manufacturados y permuta 2 millones de unidades por 1 millón de unidades de materias primas de la clase productora y por 1 millón de unidades de alimentos de la clase propietaria.

Así, hemos regresado al punto de partida; el sistema puede continuar operando de la misma manera año tras año. Es un modelo muy simple; tal vez parezca demasiado trivial. Sin embargo, representa un punto de partida para la teoría del equilibrio general. Como dice Fossati:

> En un marco como éste, que es en esencia la idea del estado estacionario, se ha definido el concepto del equilibrio del sistema económico [...] El estado estacionario es aquél en el que se repiten los mismos procesos cada año y ocurre la misma distribución de los bienes a través de los mismos canales. El estado estacionario de la *tableau économique* es un modelo que muestra las condiciones que se requieren para que ciertos procesos funcionen con regularidad y se mantengan recíprocamente en una escala constante por tiempo indefinido, como los chorros de las fuentes que siempre están en movimiento y sin embargo siempre alcanzan la misma altura. Quizá no parezca una gran contribución el análisis del equilibrio, pero en vista de la época en que se formuló constituye un acontecimiento en nuestra ciencia.[2]

[2] Eraldo Fossati, *The Theory of General Static Equilibrium*, Oxford, Basil Blackwell, 1957, pp. 37-38.

XVI.1.b. *Walras, Pareto y Leontief*

La teoría del equilibrio general fue desarrollada en forma mucho más completa por la "escuela de Lausana", especialmente por Leon Walras y Vilfredo Pareto.[3] Interesada como está en el equilibrio individual de millones de agentes económicos y en el equilibrio global del sistema, la teoría del equilibrio económico general ha tenido siempre una naturaleza esencialmente matemática. En el siglo XX, Leontief y otros han realizado grandes esfuerzos para la cuantificación empírica del equilibrio económico general mediante el uso del análisis de "insumo-producto".[4]

XVI.1.c. *Una economía simple de dos personas*

Para tener una idea del concepto del equilibrio económico general, examinaremos varios casos relativamente sencillos. Los conceptos y las proposiciones que se aplican a estos casos sencillos también operan en economías más complejas, aunque con una abundancia mayor de notación matemática.

Consideremos una economía integrada por dos individuos, digamos dos agricultores. Cada uno de ellos es propietario de una cantidad fija de tierra o finca que puede utilizar para producir un bien homogéneo. La producción de cada finca depende de la cantidad de mano de obra que se ponga a trabajar en ella. Asignaremos a cada agricultor dos papeles separados. Por una parte, cada agricultor es un empresario que contrata trabajadores para la finca. El agricultor paga a los trabajadores el salario del mercado, que está denominado en términos de la producción de la finca y conserva la producción restante como una renta de su tierra agrícola. Por otra parte, cada agricultor puede considerarse como una unidad familiar que consume producción agrícola y aporta trabajo. El ingreso de renta obtenido por el agricultor en su calidad de empresario es una parte del ingreso que el agricultor gasta como consumidor. En el apartado XVI.1.d examinaremos a los agricultores en su papel de empresarios que toman decisiones de producción y deciden cuántos trabajadores contratarán. En el apartado XVI.1.e examinaremos a los agricultores en su papel de unidades familiares que deciden cuánto consumirán y cuánto trabajo aportarán. Por último uniremos ambos lados del mercado para mostrar cómo se alcanza un equilibrio general, como en el diagrama que muestra el flujo circular de la actividad económica en la introducción a esta parte.

[3] Leon Walras, *Elements d'économie politique pure*, Lausana, F. Rouge, 1874; por lo que toca a la traducción al inglés, véanse las "Lecturas recomendadas" al final del capítulo. Vilfredo Pareto, *Cours d'économie politique*, Lausana, F. Rouge, 1897.

[4] W. W. Leontief, *The Structure of the American Economy, 1919-1939*, Nueva York, Oxford University Press, 1951.

XVI.1.d. *El agricultor como empresario*

La explicación del agricultor como empresario se basa en las suposiciones siguientes:

e1) La producción de la finca es una función creciente de la cantidad de trabajo utilizada en ella y, puesto que la cantidad de tierra se supone constante, se aplica al trabajo la ley de los rendimientos decrecientes. Ésta es la situación que describimos en el capítulo VI.

e2) Cada agricultor actúa como un tomador de precios respecto a las ventas del producto y a la contratación de trabajo. Utilizamos la producción de la finca como numerario o unidad de cuenta y, por ende, fijamos su precio igual a uno. La tasa salarial está dada por w. En lugar de decir que una hora de trabajo cuesta $20, decimos que una hora de trabajo cuesta w unidades del bien. Es obvio que una unidad de alimento cuesta una unidad de alimento, de modo que su precio es 1.[5]

e3) Cada agricultor, cuando actúa como empresario, escoge el nivel de producción y de empleo, según la tasa salarial, que maximicen el ingreso de renta de la tierra. El ingreso de renta será la cantidad de producción que resta de haber pagado los salarios.

Para ver cómo se comporta el agricultor en su papel de empresario dadas estas suposiciones, consideraremos el caso del primer agricultor, llamado agricultor 1. El agricultor 1 tiene una función de producción que relaciona el insumo de trabajo con la producción de la finca, como lo indica la curva $Q_1 = f_1(L_1)$ en la gráfica XVI.1.1. Q_1 se refiere a la producción del agricultor 1, L_1 es la cantidad de trabajo empleado por el agricultor 1, y $f_1(L_1)$ es la función de producción de este agricultor. f_1 se escribe como una función sólo del trabajo, porque la tierra se supone fija. La función $f_1(L_1)$ es cóncava de acuerdo con la suposición *e1* de que la ley de los rendimientos decrecientes se aplica al trabajo.

Supongamos ahora que la tasa salarial es w. El gasto total en salarios del agricultor 1 será wL_1, dependiendo de la cantidad de trabajo que utilice. Esto se representa en la gráfica XVI.1.1 como una línea recta con pendiente w. En cualquier nivel dado de uso del trabajo en la finca (a lo largo del eje horizontal), la producción está determinada por la línea $Q_1 = f_1(L_1)$, el total de salarios es el punto correspondiente en la línea wL_1 y la diferencia entre $f_1(L_1)$ y wL_1 es la producción que queda para el empresario después de pagar los salarios (es

[5] El lector recordará que en este libro estamos examinando los precios *relativos*. Por tanto, si p es el precio del producto y w es la tasa salarial, el equilibrio determina sólo w/p (o p/w), no p y w por separado. Por tanto, tenemos razón cuando decimos que $p = 1$ para fines de la exposición. Adviértase que w es el salario real cuando se utiliza esta convención.

GRÁFICA XVI.1.1. *La función de la producción*

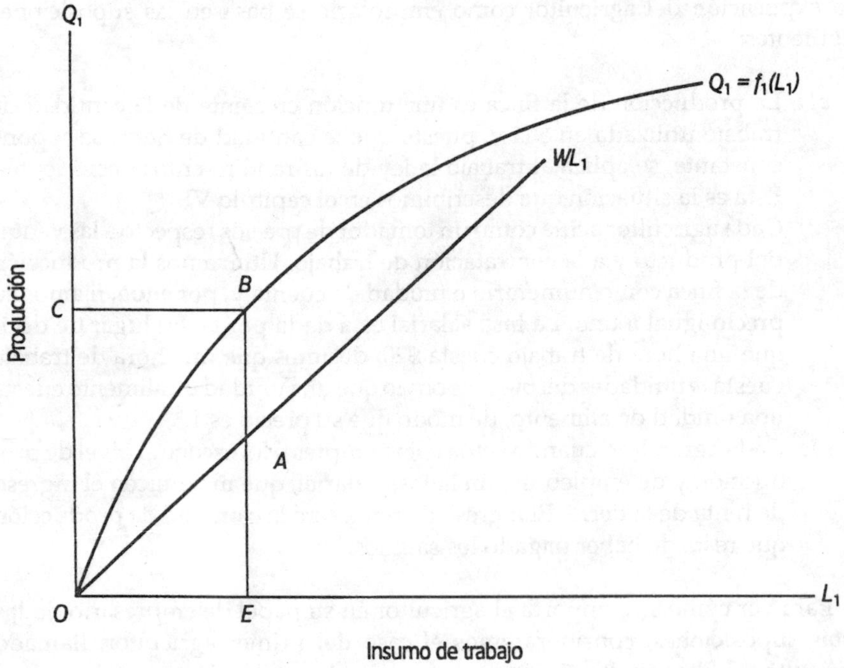

decir, la renta de la tierra). Por el capítulo XIV sabemos que la renta de la tierra se maximizará cuando el valor del producto marginal del trabajo sea igual a la tasa salarial. Puesto que el precio de la producción se fija en 1, esto significa que la distancia que existe entre $f_1(L_1)$ y wL_1 se maximiza cuando se escoge L_1, así que la pendiente de $f_1(L_1)$ es igual a la tasa salarial.[6] En la gráfica XVI.1.1, cuando la tasa salarial es w, el agricultor contrata *OE* unidades de trabajo, produce $EB(=OC)$ unidades de producción, paga *EA* de salarios y se queda con $BA(=EB-EA)$ como renta de la tierra. Puesto que la pendiente de $f_1(L_1)$ disminuye a medida que se utiliza más trabajo, se deduce que, para maximizar el ingreso de renta, el agricultor contratará más trabajo a medida que la tasa salarial disminuya, y menos trabajo a medida que la tasa salarial aumente. Por tanto, obtenemos una función de demanda de trabajo inversamente relacionada con la tasa salarial, como lo indica la línea L_{D_1} en la gráfica XVI.1.2.

Con argumentos similares para el agricultor 2, podemos deducir su deman-

[6] La renta de la tierra es el residuo $f_1(L_1) - wL_1$, y se maximiza cuando $f'_1(L_1) = w$. La pendiente, $f'_1(L_1)$, es el producto marginal del trabajo.

GRÁFICA XVI.1.2. *La demanda agregada de trabajo*

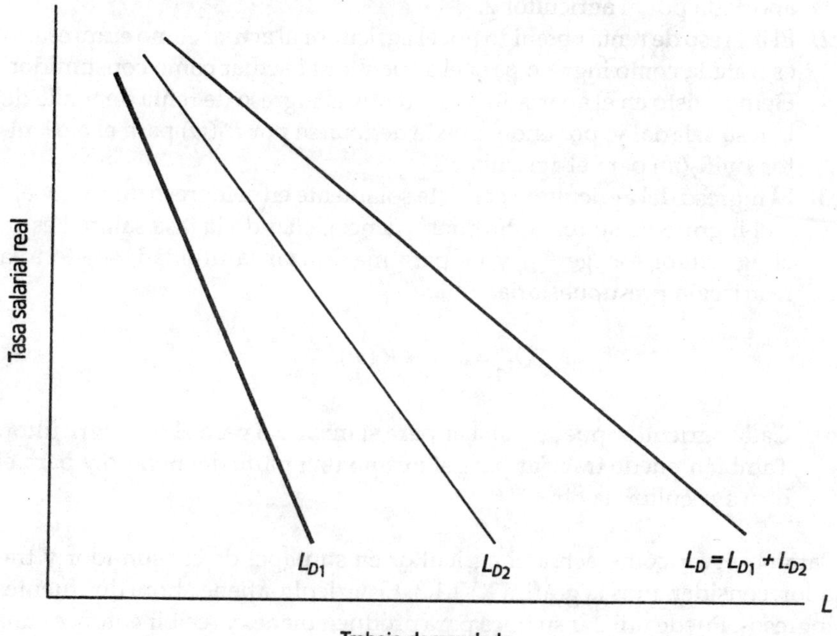

da de trabajo. Esto se indica por L_{D_2} en la gráfica XVI.1.2. La demanda total de trabajo a cualquier tasa salarial dada es la suma de las demandas de trabajo del agricultor 1 y del agricultor 2. En la gráfica XVI.1.2, esto está indicado por la línea L_D, que es la suma horizontal de L_{D_1} y L_{D_2} a cada tasa salarial.

XVI.1.e. *El agricultor como consumidor y trabajador*

La explicación del agricultor como consumidor y como trabajador se basa en las suposiciones siguientes.

c1) El agricultor 1 escoge el consumo y la cantidad de trabajo que aportará para maximizar una función de utilidad $U_1(Q_{D_1}, L_{S_1})$. Q_{D_1} es el volumen de consumo del agricultor 1 y L_{S_1}, el volumen de trabajo aportado por el agricultor 1. La función de utilidad U_1 es creciente en Q_{D_1} y decreciente en L_{S_1}. En otras palabras, el agricultor gana utilidad del mayor consumo y la pierde del mayor trabajo (es decir, menor ocio). Asimismo, el agricultor 2 actúa para maximizar $U_2(Q_{D_2}, L_{S_2})$, donde Q_{D_2} es la cantidad de producción demandada y L_{S_2} es la cantidad de trabajo aportada por el agricultor 2.

c2) El ingreso de renta obtenido por el agricultor al actuar como empresario es tratada como ingreso para el agricultor al actuar como consumidor. Hemos visto en el apartado XVI.1.d que el ingreso de renta depende de la tasa salarial y, por ende, puede denotarse por $R_1(w)$ para el agricultor 1 y $R_2(w)$ para el agricultor 2.[7]

c3) El ingreso del agricultor *i* consiste solamente en el ingreso de su trabajo y el ingreso de su renta. En consecuencia, cuando la tasa salarial es w, el agricultor escoge Q_{D_i} y L_{S_i} para maximizar la utilidad, sujeto a la restricción presupuestaria

$$Q_{D_i} = wL_{S_i} + R_i(w).$$

c4) Cada agricultor puede trabajar para sí mismo o para el otro agricultor. También puede trabajar para sí mismo una parte del tiempo y para el otro agricultor, la otra.

Para observar cómo actúa el agricultor en su papel de consumidor y trabajador, consideremos la gráfica XVI.1.3. El agricultor tiene ahora dos fuentes de ingresos. Puede utilizar su finca para producir bienes y recibir entonces una renta por la tierra. La cantidad de renta que recibe depende de la tasa salarial. Por ejemplo, si la tasa salarial fuese w, habría cierta renta máxima $R_1(w)$ que puede recibir el agricultor, ya que la tasa salarial es w. Esto se obtendría cuando el agricultor contratara mano de obra hasta el punto en que se maximice la distancia que existe entre la línea wL_1 y la curva $f_1(L_1)$ de la gráfica XVI.1.1. Esa distancia vertical es su renta. (Por supuesto, si la tasa salarial fuese menor, de modo que la línea de los salarios fuese más plana, el agricultor contrataría más mano de obra y obtendría más renta.)

Para la w dada, la renta máxima que puede recibir el agricultor es $R_1(w)$. Éste es un ingreso de renta y está representado por la distancia vertical $OR_1(w)$ en la gráfica XVI.1.3. Pero además de ese ingreso de renta, el agricultor tiene la opción de aportar su propio trabajo, ya sea en su propia finca o en la de un vecino. Si aporta su propio trabajo, recibe w por unidad de trabajo. Ello significa que, por cero horas de trabajo aportado, tendrá un ingreso de sólo $R_1(w)$, pero si aporta L de trabajo, su ingreso es $R_1(w) + wL$. Ésa es la ecuación de la línea $R_1(w)A$ en la gráfica XVI.1.3. Todos los puntos de esa línea se pueden obtener así. Adviértase que si el agricultor trabaja para un vecino, recibirá un

[7] Para el agricultor i ($i = 1,2$), sea $L^*_{D_i}(w)$ la cantidad de trabajo demandada a la tasa salarial w, cuando se toma la decisión referente a la producción óptima. Entonces, $R_i(w) = Q^*_{S_i} - wL^*_{D_i}(w)$, donde $Q^*_{S_i}$ es la producción que maximiza la renta a la tasa salarial w.

GRÁFICA XVI.1.3. *El consumo y la oferta de trabajo*

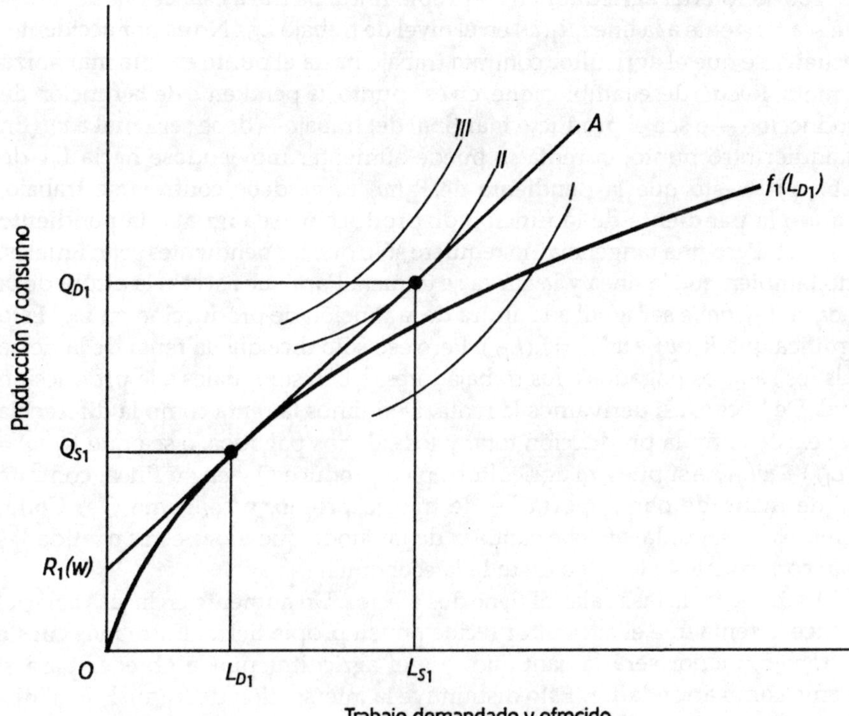

pago real de wL bienes. Si trabaja para sí mismo, no tiene que pagar wL a otros trabajadores y en consecuencia lleva a su casa wL más de lo que habría llevado si sólo hubiese arrendado la tierra.

Las curvas de indiferencia derivadas de la función de utilidad $U_1(Q_{D_1}, L_{S_1})$ se indican mediante las curvas marcadas I, II y III de la gráfica XVI.1.3. Estas curvas de indiferencia tienen pendiente positiva, porque el trabajo se considera un mal (es decir, más trabajo significa menos ocio, o sea, una reducción de un bien).[8] Con el objeto de maximizar su utilidad, el agricultor encuentra la curva de indiferencia que es tangente a la línea del presupuesto.[9] Esta tangencia ocurre en L_{S_1} en la gráfica XVI.1.3. Por consiguiente, cuando la tasa salarial es w, el agricultor aporta L_{S_1} unidades de trabajo y consume Q_{D_1} unidades de producción.

[8] Véase la pregunta 5 del capítulo II.

[9] Dada w, el problema del agricultor consiste en maximizar $U_1(Q_{D_1}, L_{S_1})$, sujeto a $Q_{D_1} = wL_{S_1} + R_1(w)$. La condición de primer orden está dada por $-(\partial U_1/\partial L_{S_1})/(\partial U_1/\partial Q_{D_1}) = w$, que es la tangencia indicada en la gráfica XVI.1.3.

En la gráfica XVI.1.3 también se muestra la curva $f_1(L_{D_1})$, es decir, la función de producción del agricultor en su propia finca. Se traza esta curva de modo que sea tangente a la línea $R_1(w)$ en el nivel de trabajo L_{D_1}. No es por accidente. Recuérdese que el agricultor contrata trabajo hasta el punto en que maximiza su renta. Recuérdese también que, en ese punto, la pendiente de la función de producción —o sea el producto marginal del trabajo— debe ser igual a w. (En cualquier otro punto, la renta se puede aumentar moviéndose hacia L_{D_1} de trabajo.) Puesto que la pendiente de $R_1(w)$ es w, debe contratarse trabajo, cuando la pendiente de la función de producción sea igual a la pendiente de $R_1(w)$. Pero una tangencia no requiere sólo que las pendientes sean iguales, sino también que la línea y la curva se toquen. Para que así sea, la altura de la línea en L_{D_1} debe ser igual a la altura de la función de producción en L_{D_1}. Esto significa que $R_1(w) + wL_{D_1} = f_1(L_{D_1})$. Pero eso sólo dice que la renta de la tierra más los salarios pagados a los trabajadores deben ser iguales a la producción total. De hecho, así derivamos la renta. Definimos la renta como la diferencia que existe entre la producción total y los salarios pagados, o sea que $R_1(w) = f_1(L_{D_1}) - wL_{D_1}$. Así pues, el agricultor típico produce Q_{D_1} en su finca, contrata L_{D_1} de mano de obra, aporta L_{S_1} de trabajo propio, y consume Q_{S_1}. Como veremos en seguida, w debe cambiar de tal modo que todas estas cantidades sean congruentes a lo largo de toda la economía.

El cambio de la tasa salarial tiene dos efectos. Un aumento en la tasa salarial reduce la renta que el agricultor recibe por su propia tierra. Entre más cueste el trabajo, menor será la cantidad que el agricultor puede obtener para sí mismo como arrendador. Esto disminuye la intersección de $R_1(w)$. Por sí mismo, esto podría conducir a una mayor aportación de trabajo por parte del agricultor, porque los individuos más pobres consumen menos ocio (que es un bien normal) y, por ende, trabajan más horas. Al mismo tiempo, un aumento en la tasa salarial aumenta la pendiente de la línea $R_1(w)A$, porque el valor marginal del trabajo es mayor a salarios mayores. Asimismo, esto incrementa, por lo general, la cantidad de mano de obra ofrecida, ya que el precio del ocio es mayor; el agricultor, como trabajador, da más por cada hora que se mantiene fuera del mercado de trabajo y que dedica al ocio.

Es posible que la tangencia de una curva de indiferencia con una nueva restricción presupuestaria, a un salario mayor, se encuentre a la derecha de la antigua tangencia. Esto significa que a una tasa salarial mayor, el individuo provee más trabajo. La oferta de trabajo del agricultor 1 se representa como L_{S_1} en la gráfica XVI.1.4, que se deriva como vimos antes. Se obtiene una curva similar para el agricultor 2 y la suma de la oferta de trabajo de toda la economía, representada por L_S.

La tasa salarial de equilibrio, o sea la tasa salarial que iguala la oferta y la demanda de trabajo, puede obtenerse combinando las gráficas XVI.1.2 y XVI.1.4. Esto se hace en la gráfica XVI.1.5. La tasa salarial de equilibrio, w^*, se

GRÁFICA XVI.1.4. *La oferta agregada de trabajo*

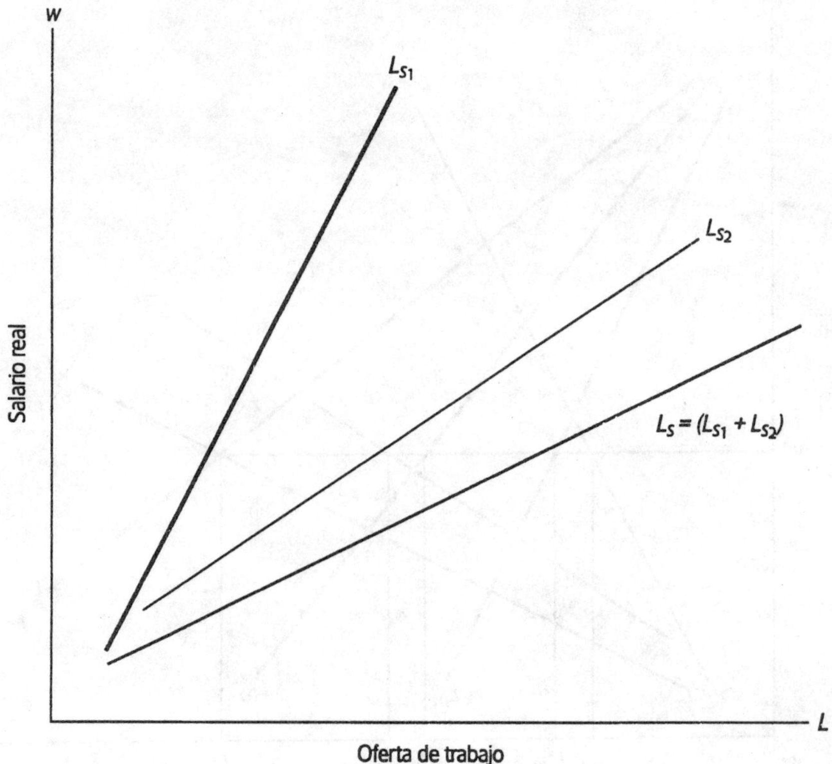

encuentra en el punto de intersección de L_S y L_D. En este punto, el agricultor 1 ofrece $L^*_{S_1}$ unidades de trabajo y demanda $L^*_{D_1}$. El agricultor 2 demanda $L^*_{D_2}$ unidades de trabajo y ofrece $L^*_{S_2}$. El agricultor 1 es un demandante neto de trabajo (puesto que $L^*_{D_1} > L^*_{S_1}$) y el agricultor 2 es un proveedor neto de trabajo (puesto que $L^*_{D_2} < L^*_{S_2}$). Obviamente, $L^*_{D_1} - L^*_{S_2} = L^*_{S_1} - L^*_{D_2}$.[10]

Queda por demostrarse que el mercado de productos está en equilibrio, cuando el mercado de trabajo se encuentra en equilibrio. Sea w^* el salario de equilibrio. Tenemos entonces las siguientes ecuaciones:

$$R_1(w^*) = Q^*_{S_1} - w^* L^*_{D_1}$$

[10] $L^*_S = L^*_{S_1} + L^*_{S_2}$ y $L^*_D = L^*_{D_1} + L^*_{D_2}$. Puesto que en equilibrio $L^*_S = L^*_D$, se deduce que $L^*_{D_1} - L^*_{S_2} = L^*_{S_1} - L^*_{D_2}$.

GRÁFICA XVI.1.5. *El equilibrio en el mercado de trabajo*

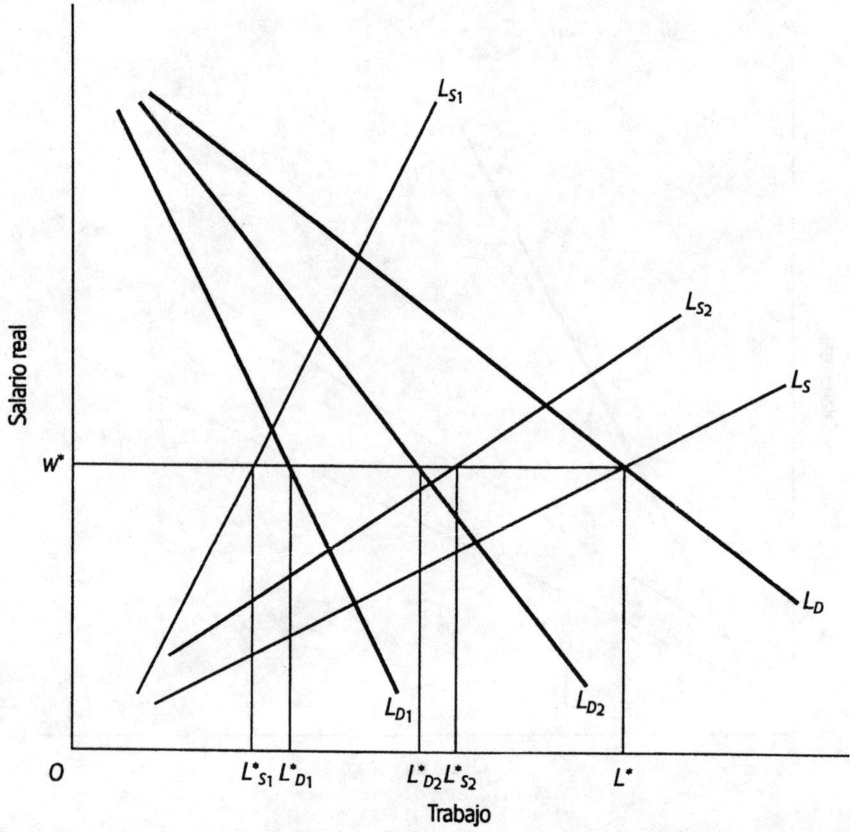

$$R_2(w^*) = Q^*_{S_2} - w^* L^*_{D_2}$$

$$Q^*_{D_1} = w^* L^*_{S_1} + R_1(w^*) \qquad \text{(XVI.1.1)}$$

$$Q^*_{D_2} = w^* L^*_{S_2} + R_2(w^*)$$

donde los asteriscos indican los valores de las variables en w^*. Despejando $R_1(w^*)$ y $R_2(w^*)$ en las dos últimas ecuaciones, y sustituyendo en las dos primeras, tenemos

$$Q^*_{D_1} - w^*L^*_{S_1} = Q^*_{S_1} - w^*L^*_{D_1}$$
$$Q^*_{D_2} - w^*L^*_{S_2} = Q^*_{S_2} - w^*L^*_{D_2}. \qquad \text{(XVI.1.2)}$$

Sumando estas dos ecuaciones

$$Q^*_{D_1} + Q^*_{D_2} - w^*(L^*_{S_1} + L^*_{S_2}) = Q^*_{S_1} + Q^*_{S_2} - w^*(L^*_{D_1} + L^*_{D_2}). \qquad \text{(XVI.1.3)}$$

Sabemos que w^* es tal que el mercado de mano de obra se encuentra en equilibrio, de modo que $L^*_{S_1} - L^*_{S_2} = L^*_{D_1} + L^*_{D_2}$. Por tanto, la ecuación XVI.1.3 se convierte en

$$Q^*_{D_1} + Q^*_{D_2} = Q^*_{S_1} + Q^*_{S_2}$$

es decir, que la demanda agregada del producto es igual a su oferta agregada. Por consiguiente, el mercado de productos está en equilibrio cuando el mercado de trabajo se encuentra en equilibrio. Este resultado se conoce como la *Ley de Walras*. Esta ley establece que en una economía con n mercados, el equilibrio en $n - 1$ de esos mercados asegura que también habrá equilibrio en el mercado n.[11]

Este sencillo modelo ilustra la manera en que el sistema de precios coordina las actividades y las decisiones de diversos agentes económicos para producir un equilibrio general. El empresario que actúa para maximizar su beneficio (en este ejemplo, la renta de la tierra) acaba por tomar un conjunto de decisiones que encaja perfectamente con las selecciones de consumo y trabajo de la familia. La misma clase de coordinación de la demanda y de la oferta ocurre en economías más complejas mediante mecanismos de precios que son virtualmente del mismo tipo. Resulta verdaderamente asombroso que el sistema de precios pueda lograr tal coordinación de la inmensa diversidad de mercados que observamos en las economías del mundo real. Más interesante aún, como veremos en el capítulo XVII, resulta el hecho de que un sistema de precios competitivos maximice también el bienestar social.

XVI.2. El equilibrio general del intercambio

El modelo de la sección XVI.1 nos ayuda a mostrar cómo se alcanza el equilibrio general en una economía que sólo tiene un bien de consumo. En esta

[11] Walras, *Elements d'économie politique pure, op. cit.*

sección explicaremos un método para el análisis del equilibrio, cuando hay dos o más bienes en la economía. En la sección siguiente veremos cómo puede aplicarse el mismo dispositivo para el análisis de la asignación de los factores productivos para la producción de dos o más bienes.

XVI.2.a. *El diagrama de la caja de Edgeworth*

El diagrama de la caja de Edgeworth es una técnica gráfica que nos sirve para ilustrar la interacción que existe entre dos actividades económicas, cuando la cantidad de sus insumos está fija. Por ello, es un instrumento ideal para el análisis del equilibrio general y del bienestar económico.

(En la gráfica XVI.2.2 se ilustran dos diagramas básicos de la caja de Edgeworth. La figura A muestra la construcción de un problema de consumo, cuyos insumos, por ejemplo, son clases de alimentos; la figura B se refiere a las actividades de producción, cuyos insumos son factores de producción.)

Consideremos en primer término la figura A de la gráfica XVI.2.1. Hay dos bienes de consumo, X y Y; estos bienes están disponibles en cantidades absolutamente fijas. Además, sólo hay dos individuos en la sociedad, A y B, que poseen inicialmente una dotación de X y Y; pero la razón de las dotaciones no es la que ninguno de ellos escogería si tuviera oportunidad de decidir al respecto. Para ilustrar gráficamente este problema de equilibrio general se construye un *origen* para A, llamado O_A, y medimos las cantidades de los dos bienes en la abscisa y en la ordenada. Así, a partir del origen O_A medimos la cantidad X de A (X_A) en la abscisa y la cantidad de Y (Y_A) en la ordenada. Al lado de esta gráfica puede construirse otra similar para el individuo B con origen en O_B. Estas dos gráficas básicas se presentan en la figura A de la gráfica XVI.2.1.

A continuación rotamos 180 grados la gráfica de B, para que aparezca "hacia abajo" (como se ve en la figura B de la gráfica XVI.2.1). El diagrama de la caja de Edgeworth se forma al reunir las dos gráficas en la figura B. Podría surgir un problema en relación con la longitud de los ejes; si los ejes X coinciden, quizá no coincidan los ejes Y. Pero en realidad no hay problema, porque $X_A + X_B$ debe ser igual a X, así como $Y_A + Y_B$ debe ser igual a Y. La longitud de cada eje mide la cantidad fija del bien que representa; cuando se unen las dos "mitades" en la figura B, ambos ejes coinciden. Así obtenemos la figura A de la gráfica XVI.2.2.

El punto D de la figura A de la gráfica XVI.2.2 indica la dotación inicial de X y de Y que poseen A y B. A empieza con O_Ax_A unidades de X y O_Ay_A unidades de Y. Puesto que los agregados están fijos, B debe tener originalmente $O_Bx_B = X - O_Ax_A$ unidades de X y $O_By_B = Y - O_Ay_A$ unidades de Y.

En una forma similar, que no se ilustra aquí en detalle, podemos construir

GRÁFICA XVI.2.1. *La construcción del diagrama de la caja de Edgeworth para un problema de consumo*

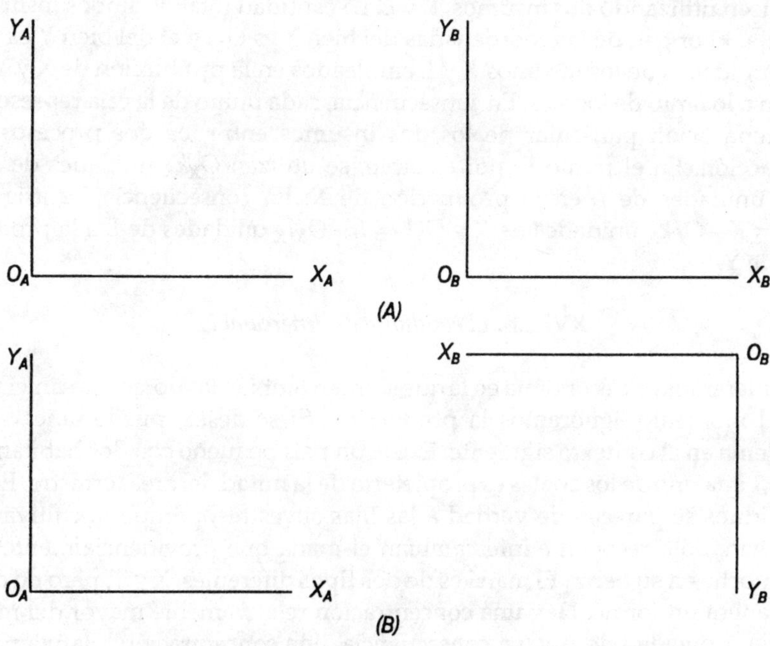

GRÁFICA XVI.2.2. *Diagramas de la caja de Edgeworth*

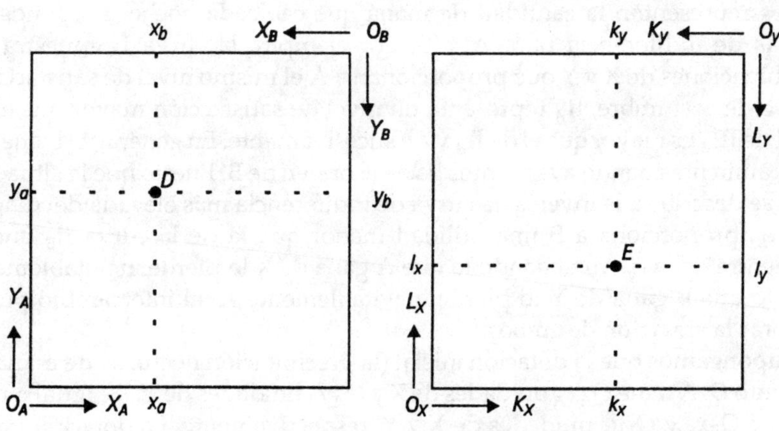

A. El diagrama de la caja de Edgeworth para el problema del consumo

B. El diagrama de la caja de Edgeworth para el problema de la producción un diagrama de Edgeworth para un problema de producción. El resultado final se muestra en la figura B de la gráfica XVI.2.2. Dos bienes, X y Y, se producen utilizando dos insumos, *K* y *L*. La cantidad total de ambos insumos está fija. El origen de las coordenadas del bien X es O_X, y el del bien Y es O_Y. Las cantidades de los insumos *K* y *L* empleados en la producción de X y Y se miden a lo largo de los ejes. En consecuencia, cada punto de la caja representa una repartición particular de los dos insumos entre los dos procesos de producción. En el punto *E*, por ejemplo, se utilizan $O_X k_X$ unidades de *K* y $O_X l_X$ unidades de *L* en la producción de X. En consecuencia, se asignan $O_Y k_Y = K - O_X k_X$ unidades de *K* y $O_Y l_Y = L - O_X l_X$ unidades de *L* a la producción de Y.

XVI.2.b. *El equilibrio del intercambio*

Consideremos una economía en la que se intercambian las dotaciones iniciales. Por el momento, ignoramos la producción. Si se desea, puede ubicarse el problema en el contexto siguiente. Existe un país pequeño con dos habitantes, A y B, cada uno de los cuales es propietario de la mitad del área terrestre. Estos individuos se parecen de verdad a las lilas silvestres, porque ni cultivan ni cosechan. Sólo recogen e intercambian el maná que providencialmente cae cada noche en su tierra. El maná es de dos tipos diferentes, X y Y, pero no caen de manera uniforme. Hay una concentración relativamente mayor del maná Y en la propiedad de A y, en consecuencia, una concentración relativamente mayor del maná X en la tierra de B.

El problema del intercambio se analiza mediante el diagrama de la caja de Edgeworth de la gráfica XVI.2.3. Al diagrama básico de la caja, cuyas dimensiones representan la cantidad de maná que cae cada noche, añadimos las curvas de indiferencia para A y B. Por ejemplo, la curva I_A muestra las combinaciones de X y Y que proporcionan a A el mismo nivel de satisfacción. Como de costumbre, II_A representa un nivel de satisfacción mayor que el de I_A; el de III_A es mayor que el de II_A y así sucesivamente. En general, el bienestar de A aumenta cuando avanzamos hacia el origen de B. Puesto que la situación de B se describe a la inversa, la curva de indiferencia más elevada del diagrama, I_B, proporciona a B una utilidad menor que la de la curva II_B que se encuentra debajo. Aun cuando lo que A gana de X lo pierde inevitablemente B, y lo que B gana de Y lo pierde inevitablemente A, el intercambio puede mejorar la situación de ambos.

Supongamos que la dotación inicial (la precipitación nocturna de maná) es el punto *D*. A tiene $O_A x_A$ unidades de X y $O_A y_A$ unidades de Y. De igual modo, B tiene $O_B x_B$ y $O_B y_B$ unidades de X y Y, respectivamente. La dotación inicial coloca a A en la curva de indiferencia II_A y a B en la curva I_B. En el punto *D*, la tasa marginal de sustitución de Y por X, para A, dada por la pendiente de

GRÁFICA XVI.2.3. *El equilibrio general del intercambio*

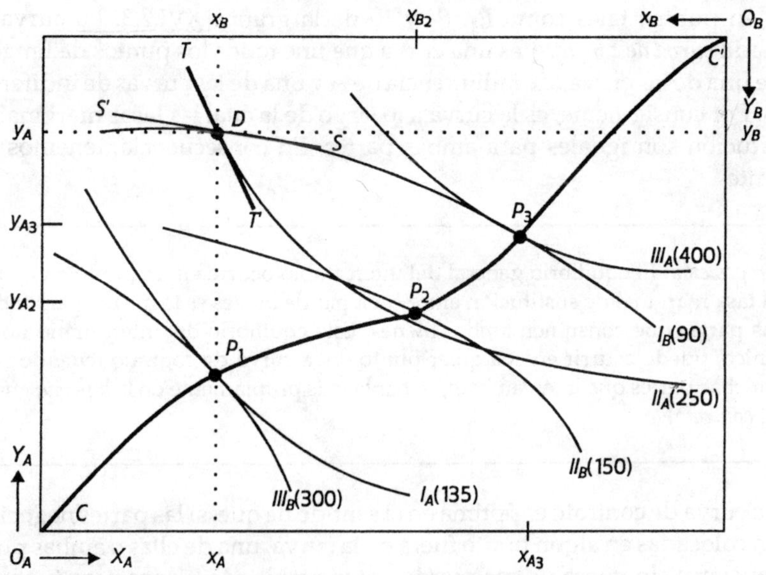

TT', es relativamente elevada; A estaría dispuesto a sacrificar, digamos, tres unidades de Y para obtener una unidad adicional de X. En el mismo punto, B tiene una tasa marginal de sustitución relativamente baja, como lo indica la pendiente de *SS'*. O dicho de otro modo, B tiene una tasa marginal de sustitución relativamente alta de X por Y. B podría estar dispuesto, por ejemplo, a sacrificar cuatro unidades de X para obtener una unidad de Y.

Situaciones como ésta conducirán siempre al intercambio, si las partes involucradas pueden comerciar libremente. A partir del punto *D*, A entregará algo de Y a B, recibiendo X a cambio. No podemos determinar el intercambio exacto al que llegan ambos participantes. Si B es el negociador más hábil, podría inducir a A para que avance a lo largo de II_A hasta el punto P_2. Todo el beneficio del intercambio va a manos de B, quien salta de I_B a II_B. Por el contrario, A podría llevar la negociación al punto P_3, aumentando así su satisfacción de II_A a III_A, mientras que el ingreso real de B sigue siendo I_B. A partir del punto *D*, es muy probable que el intercambio final conduzca a algún punto entre P_2 y P_3, cuya localización exacta depende de la habilidad de los negociadores y de sus dotaciones iniciales.

Sin embargo, puede decirse algo importante. El intercambio ocurrirá hasta que la tasa marginal de sustitución de Y por X sea la misma para ambos negociadores. Si las dos tasas marginales son diferentes, una de las partes o ambas podrán beneficiarse del intercambio; no es necesario que pierda ninguna de las partes. En otras palabras, el equilibrio del intercambio puede ocurrir sólo en puntos tales como P_1, P_2 y P_3 de la gráfica XVI.2.3. La curva CC′, llamada *curva de contrato*, es una curva que une todos los puntos de tangencia entre una de las curvas de indiferencia de A y una de las curvas de indiferencia de B. Por consiguiente, es la curva a lo largo de la cual las tasas marginales de sustitución son iguales para ambas partes. En consecuencia, tenemos la siguiente

> *Proposición*: El equilibrio general del intercambio ocurre en un punto en el que la tasa marginal de sustitución entre cada par de bienes es la misma para todas las partes que consumen ambos bienes. Este equilibrio del intercambio no es único; puede ocurrir en cualquier punto de la curva de contrato (cuando hay muchas partes que intercambian, se habla más propiamente de la *hipersuperficie de contrato*).

La curva de contrato es óptima en el sentido de que, si las partes negociantes están colocadas en algún punto fuera de la curva, una de ellas o ambas pueden beneficiarse sin que ninguna pierda, intercambiando bienes para pasar a un punto de la curva. En realidad, cada una de las partes considera que algunos puntos fuera de la curva son preferibles a algunos puntos que sí están en la curva. Pero para cualquier punto fuera de la curva habrá uno o más puntos en la curva que son preferibles.

La característica principal de cada punto de la curva de contrato es que un movimiento que se aleje de ese punto debe beneficiar a una de las partes y perjudicar a la otra. Cualquier organización que lleva a un punto de la curva de contrato recibe el nombre de *organización óptima de Pareto.*

> *El óptimo de Pareto*: Una organización óptima de Pareto es aquella en la que cualquier cambio que favorezca a algunas personas perjudica a otras. Es decir, una organización es óptima de Pareto si, y sólo si, no hay ningún cambio que favorezca a una o más personas sin perjudicar a nadie. Por consiguiente, cualquier punto de la curva de contrato es un óptimo de Pareto, y la curva de contrato es el lugar geométrico de óptimos de Pareto.

XVI.2.c. *El equilibrio competitivo en una economía de intercambio*

Recordemos la gráfica XVI.2.3. Allí, cualquier punto de la curva de contrato entre las curvas de indiferencia I_B y II_A es un juego justo. Dijimos antes que la distribución efectiva dependía de las fuerzas negociadoras de A y de B, pero supusimos que la distribución debería estar en la curva de contrato. La razón era que un movimiento desde un punto fuera de la curva de contrato a un punto en ella puede mejorar la situación de ambas partes.

Esta afirmación no es del todo correcta, porque los individuos pueden, en su esfuerzo por superar a su oponente, realizar ciertas acciones que les impiden llegar a un punto de la curva de contrato. Por ejemplo, supongamos que A y B parten del punto *D* en la gráfica XVI.2.3. Consideremos una situación extrema en la que los individuos convengan en que cada uno de ellos hará una sola oferta de tómalo o déjalo. en su codicioso esfuerzo por llegar al punto P_3, A dice que renunciará a $O_Ay_A - O_AY_{A_3}$ de Y, pero debe recibir a cambio por lo menos $O_Ax_{A_3}$. No entregará nada de Y, a menos que reciba por lo menos $(O_Ax_{A_3} - O_Ax_A)/(O_Ay_A - O_Ay_{A_3})$ por unidad de Y. Por el contrario, B dice que entregará a lo sumo $O_Bx_B - O_Bx_{B_2}$ de X, pero no pagará más de $(O_Bx_B - O_Bx_{B_2})/(O_Ay_A - O_Ay_{A_2})$ de X por unidad de Y que reciba. Puesto que $O_Ax_{A_3} - O_Ax_A > O_Bx_B - O_Bx_{B_2}$ y como $O_Ay_A - O_Ay_{A_3} < O_Ay_A - O_Ay_{A_2}$, A está pidiendo por unidad de Y más X que lo que B está dispuesto a entregar. En consecuencia, no hay ningún intercambio, ya que cada una de las partes está tratando de ganar más que la otra. Y así la economía empieza y termina en *D*.[12]

Hay una manera de salir de esta situación que conduce generalmente a un punto de la curva de contrato. Se puede pensar en un "subastador" impersonal que grita los precios y pregunta a A y a B cuánto les gustaría intercambiar a cada precio. Esto se ilustra en la gráfica XVI.2.4, la cual reproduce la situación de la gráfica XVI.2.3 pero añade la dimensión de los precios. Supongamos que el subastador anunció que la línea de precios sería R_1R_1'. A desearía intercambiar entonces para llegar a una tangencia, o al punto *Q*. B desearía llegar al punto de tangencia *V*. Pero esto significa que A desea comprar a este precio más X de lo que B está dispuesto a ofrecer. De igual modo, B desea comprar una cantidad de Y menor que la que A está dispuesto a ofrecer a este precio. Puesto que la demanda de X supera a la oferta y puesto que la oferta de Y supera a la demanda, el precio de X debe aumentar y el de Y debe bajar. Supongamos entonces que el subastador anunció precios compatibles con la línea de precios R_2R_2'. A desearía intercambiar *S* y B desearía intercambiar *U*.

[12] Si la oferta de "tómelo o déjelo" se puede aplicar es otro asunto. De hecho, si A y B saben que habrá otra ronda después del juego, las estrategias de cada jugador podrían ser diferentes. Tampoco resulta obvio que las ofertas descritas anteriormente sean las únicas que se hagan. Ello depende de las creencias de los jugadores acerca de su oponente y de la información que posea cada uno de ellos.

GRÁFICA XVI.2.4. *El equilibrio competitivo*

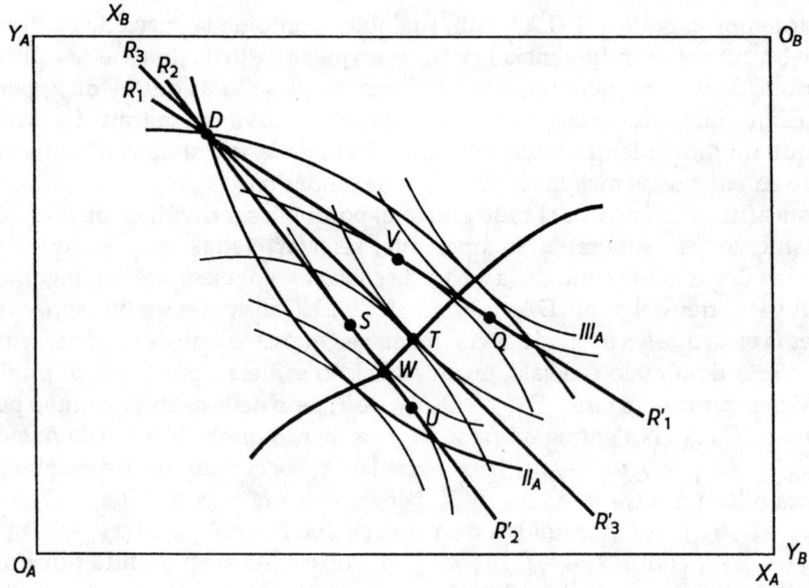

Esto significa que A desearía comprar una cantidad de X menor que la que B querría ofrecer, y que B querría comprar una cantidad de Y mayor que la que A deseaba ofrecer. Hemos ido demasiado lejos. Pero consideremos la línea de precios R_3R_3'. Con esa línea de precios, tanto A como B desean trasladarse al punto *T*. En ese punto, A desea comprar exactamente la cantidad de X que B desea vender. Por otra parte, B desea comprar exactamente la cantidad de Y que A desea vender. Se ha alcanzado un *equilibrio competitivo*.

Definición: Un equilibrio competitivo es un conjunto de precios y de cantidades asociadas tal que, dadas las dotaciones de los individuos, el intercambio voluntario hace que la oferta sea igual a la demanda en cada uno de los mercados.

Dada la situación descrita por la dotación en *D* y las curvas de indiferencia correspondientes, siempre existe un equilibrio competitivo. Sin embargo, es posible que haya más de un equilibrio competitivo. Para la mayoría de nuestros propósitos, esto carece de importancia.

Adviértase que el equilibrio competitivo debe estar en la curva de contrato. Esto se deduce del hecho de que, en el equilibrio competitivo, las curvas de indiferencia son tangentes a la misma línea de precios en el mismo punto. Esto implica que las curvas de indiferencia son tangentes entre sí, lo que define un punto de la curva de contrato.

Aunque el equilibrio competitivo es un punto de la curva de contrato, es obvio que lo contrario no es cierto: no todos los puntos de la curva de contrato son equilibrios competitivos. Por ejemplo, el punto W de la gráfica XVI.2.4 se encuentra en la curva de contrato pero no es un equilibrio competitivo, porque ni A ni B decidirían voluntariamente desplazarse a ese punto.

XVI.2.d. *Derivación de la frontera de posibilidades de utilidad*

La curva de contrato es un lugar geométrico de óptimos de Pareto en el *espacio de bienes*; muestra todos los pares de asignaciones de X y Y a A y B tales que la tasa marginal de sustitución es igual para ambas partes. Esta curva de equilibrios de intercambio puede transformarse del espacio de bienes al *espacio de la utilidad*, obteniendo lo que se llama la *frontera de posibilidades de utilidad* en relación con la suma particular de las dotaciones de la gráfica XVI.2.3. El proceso de derivación se ilustra en la gráfica XVI.2.5.

Consideremos en primer término el punto P_1 de la gráfica XVI.2.3. En la escala de medición de la utilidad de A, todos los puntos de I_A se valúan en 135; por tanto, P_1 se asocia a un valor de utilidad de 135. De igual modo, en la escala de la utilidad de B, todos los puntos de la curva III_B tienen el valor de 300. Ahora construiremos una gráfica como la gráfica XVI.2.5, cuyas coordenadas son las escalas de utilidad de A y B. Podemos señalar en esta gráfica el punto P_1, con las coordenadas 135 y 300. De igual modo, todos los demás puntos de la curva de contrato en el espacio de bienes pueden señalarse en el espacio de la utilidad indicando el par de valores de utilidad asociados a cada punto de tangencia. Unimos todos estos puntos mediante una curva llamada UU' en la gráfica XVI.2.5. Esta curva es la frontera de posibilidades de utilidad.

> *La frontera de posibilidades de utilidad*: La frontera de posibilidades de utilidad es el lugar geométrico o curva que muestra el nivel máximo de satisfacción que puede alcanzar una de las partes negociadoras para cada nivel dado de satisfacción de la otra parte. La curva así generada depende de la dotación absoluta de cada bien y de la proporción total de la dotación de bienes, es decir, de X, Y y Y/X.[13]

[13] El lector recordará que los números asociados a la utilidad son estrictamente arbitrarios en

GRÁFICA XVI.2.5. *Derivación de la frontera de posibilidades de utilidad a partir de la curva de contrato*

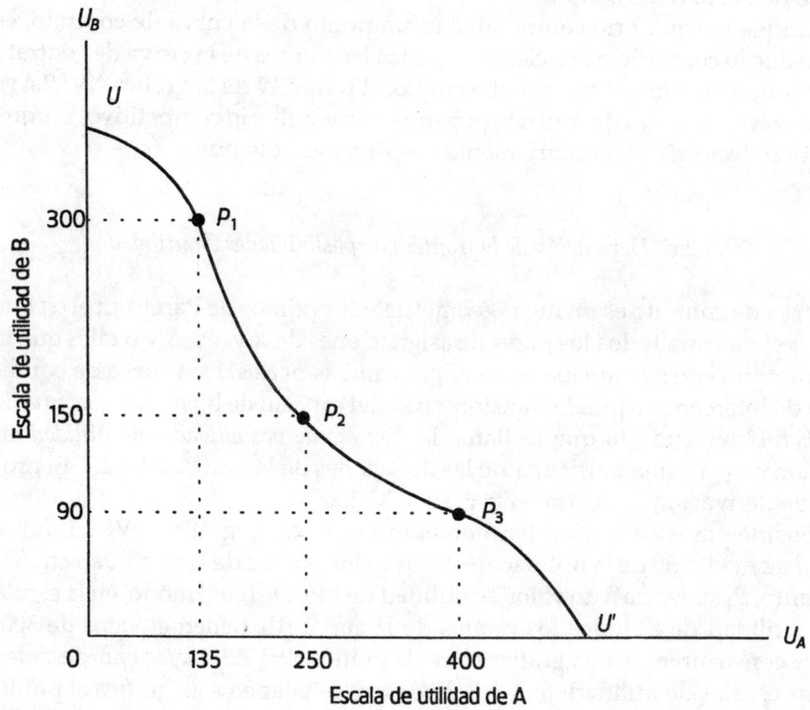

XVI.2.e. *El núcleo de la economía*

Cuando hay más de dos negociadores, las cosas se complican aún más. Por ejemplo, supongamos que hay cuatro negociadores: dos son del tipo A y dos del tipo B. Sus dotaciones están dadas en el punto *E* de la gráfica XVI.2.6. Las dimensiones de la caja reflejan las dotaciones de cada individuo. Es decir, cada A tiene $O_A y_A$ de Y y cero de X, y cada B tiene $O_B x_B$ de X y cero de Y.

Podemos imaginar a la economía dividida en dos pares A y B. Supongamos que A_1 negocia con B_1, y A_2 con B_2. Entonces habrá dos cajas de Edgeworth y la situación será idéntica a la que ya consideramos. Desafortunadamente, las cosas no son tan fáciles. La capacidad de A_2 para negociar con B_1 hace que

---

lo que se refiere a las comparaciones interpersonales de la utilidad. En particular, 300 para B no es necesariamente mayor que 135 para A, aunque para A 136 sea mayor que 135.

GRÁFICA XVI.2.6. *El núcleo de la economía*

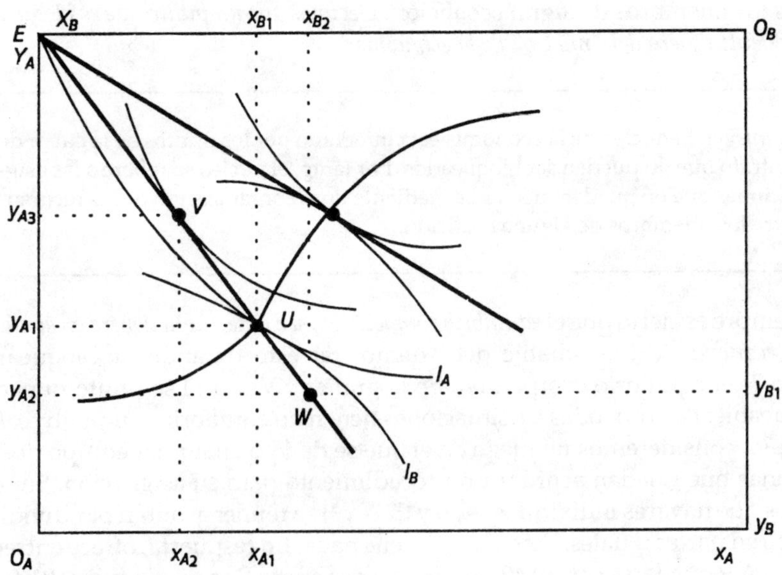

ciertas asignaciones de la curva de contrato sean "bloqueables". Un punto es bloqueable si puede formarse alguna coalición de comerciantes que, negociando entre sí, mejoran la situación de todos los miembros de esa coalición en relación con el punto original.

Consideremos, por ejemplo, el punto *U* de la gráfica XVI.2.6. Supongamos que cada par comercia hasta el punto *U*. Ese punto nunca es bloqueable porque hay una coalición de dos A y una B que puede mejorar la posición de los tres mediante su negociación. Para ver esto, supongamos que los dos A se reúnen y cada uno de ellos ofrece entregar $O_Ay_a - O_Ay_{A_3}$, a cambio de $O_Ax_{A_2}$. Esto dejaría a cada A en el punto *V*. Ahora bien, B habría recibido la suma de $2(O_Ay_A - O_Ay_{A_3}) = O_By_{B_1}$. En cambio, habría entregado $O_Bx_B - O_Bx_{B_2}$, que lo deja en el punto *W*. Las X se dividen entre los dos A, de modo que cada uno de ellos recibe $O_Ax_{A_2} = (O_Bx_B - O_Ax_{B_2})/2$ y el intercambio se completa. B obtiene el doble de la suma de Y que haya entregado cada A y A obtiene la mitad de la cantidad de X entregada por B. Esto mejora la situación de las tres partes. Los A están mejor, porque *V* se encuentra en una curva de indiferencia más alta que I_A. Por tanto, el punto *U* es bloqueable.

¿Qué diremos del segundo B? Éste no tiene a nadie con quién negociar y termina inevitablemente en el punto *E*, en peor situación de la que habría tenido en *U*. Esto podría llevarlo a ofrecer mejores condiciones a los dos A, pero eso carece de importancia. Lo que debemos recordar es que esa asignación no puede sostenerse, porque se pueden ofrecer mejores condiciones a todos los miembros de alguna coalición. *Decimos que un punto que es bloqueable se encuentra fuera del "núcleo" de la economía.*

> *Definición*: El núcleo de la economía está integrado por los puntos de la curva de contrato que no pueden ser bloqueados. Por tanto, el núcleo se refiere a las asignaciones que no pueden mejorarse mediante una reorganización de los recursos entre los miembros de alguna coalición.

Siempre es cierto que el *equilibrio competitivo, si existe, se encuentra en el núcleo de la economía.* (El estudiante debe demostrar esto tratando de bloquear el punto *T*, el equilibrio competitivo de la gráfica XVI.2.4.) Ese punto nunca es bloqueable. Pero no todas las situaciones tienen un equilibrio competitivo. Por ejemplo, consideremos un juego en el que se da $1 a cualquier equipo de dos personas que puedan acordar un procedimiento para su asignación. Supongamos que hay tres individuos: A, B y C. A y B se reúnen y optan por dividirse el peso en partes iguales. Pero C no obtiene nada. En respuesta, ofrece entregar $0.51 a A y quedarse con $0.49. A acepta, pero ahora B se queda fuera. B ofrece entonces $0.50 a C, a quien le conviene este último trato. Esto continúa eternamente, porque el participante que se queda fuera podrá bloquear siempre cualquier equilibrio imaginado.

Una proposición más importante que se deriva de la teoría del núcleo es que, a medida que aumenta el número de participantes, el núcleo se contrae hasta llegar al equilibrio competitivo. Esto significa que todos los puntos de la curva de contrato, distintos del punto *T*, pueden descartarse si hay muchos participantes. Éste es un resultado importante, porque implica que en las economías modernas la mayoría de las situaciones pueden analizarse con las herramientas de la oferta y la demanda, ya que han sido diseñadas para determinar el equilibrio competitivo. Generalmente pueden dejarse de lado los problemas de la negociación y otros puntos de la curva de contrato. Por supuesto, en las situaciones en las que hay pocos participantes, la negociación puede encontrarse en la base del problema, por lo que ignorarla puede conducir a pronósticos incorrectos.

XVI.3. EL EQUILIBRIO GENERAL DE LA PRODUCCIÓN Y EL INTERCAMBIO

En el modelo de la sección XVI.2 no hay producción; los consumidores intercambian simplemente los acervos o las dotaciones de bienes existentes.

Ampliaremos ese modelo añadiendo ahora un sector productivo. Sigue habiendo sólo dos unidades consumidoras en la sociedad, A y B; hay también sólo dos bienes *producibles*, X y Y. Pero ahora deben ser producidos mediante dos insumos, *K* y *L*. Las funciones de producción de X y Y se suponen dadas y las cantidades de los insumos *K* y *L* son fijas y no se pueden aumentar. En otras palabras, las dotaciones iniciales de este modelo son las cantidades fijas de los insumos, en lugar de las cantidades fijas de los dos bienes de consumo.[14]

XVI.3.a. *El equilibrio general de la producción*

El análisis del equilibrio general de la producción es exactamente el mismo que el del equilibrio general del intercambio. La única diferencia es terminológica (la jerga económica). Las dotaciones fijas de los insumos *K* y *L* determinan las dimensiones del diagrama de la caja de Edgeworth en la gráfica XVI.3.1. Las funciones de producción dadas e inalterables para los bienes X y Y nos permiten construir los mapas de isocuantas para cada uno de ellos, que representamos mediante curvas tales como II_X y III_Y.

Supongamos que los insumos se distribuyen originalmente entre la producción de X y de Y de tal modo que se utilizan O_Xk_X unidades de *K* y O_Xl_X unidades de *L* en la producción de X; el resto, O_Yk_Y y O_Yl_Y unidades de *K* y de *L*, respectivamente, se utiliza en la producción de Y. Esta distribución se representa por el punto *D* en la caja de Edgeworth: el punto en el que II_X intersecta a II_Y. En *D*, la tasa marginal de sustitución técnica de *L* por *K* en la producción de X, dada por la pendiente de *SS'*, es relativamente baja. El producto marginal de *K* en la producción de X es elevado en relación con el producto marginal de *L*. Se puede mantener el volumen de producción sustituyendo una cantidad relativamente grande de *L* por una cantidad relativamente pequeña de *K*. Lo contrario ocurre en la producción de Y, como lo indica la pendiente de *TT'*. La tasa marginal de sustitución técnica de *L* por *K* en la producción de Y es relativamente grande; es decir, puede liberarse una cantidad de *K* relativamente grande al utilizar una cantidad adicional relativamente pequeña de *L*, mientras se mantiene el volumen de producción II_Y.

Supongamos que el productor de X en el punto *D* puede utilizar una unidad adicional de *K* para liberar dos unidades de *L*. El productor de Y, al emplear las dos unidades de *L* liberadas de la producción de X, puede mantener el nivel de la producción y liberar, digamos, cuatro unidades de *K*. De esta manera, a partir de un punto tal como *D*, la sustitución de insumos por parte de los

[14] Nótese que, en contraste con la situación de la sección XVI.1, no suponemos una oferta de trabajo variable. Se supone que tanto *K* como *L* están fijos para los fines de este análisis. Utilizando más matemáticas podemos incluir ofertas variables, así como productos variables.

GRÁFICA XVI.3.1. *El equilibrio general de la producción*

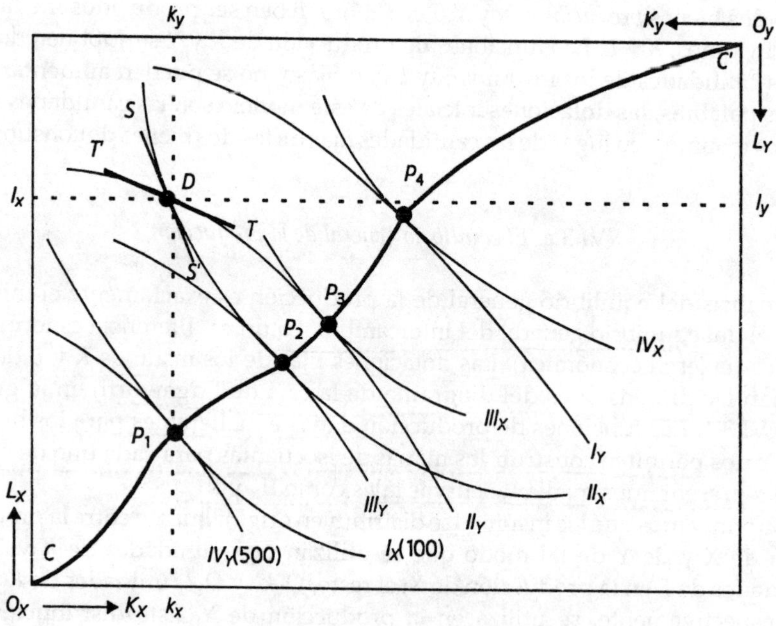

productores permitirá que la sociedad se desplace a P_2, P_3, o cualquier punto intermedio. En P_2, la producción de X es la misma que en D, pero la producción de Y ha aumentado al volumen III_Y. Si se llega a P_3, la producción de X aumenta sin que cambie el volumen de producción de Y.

El análisis anterior establece un principio general. Siempre que la tasa marginal de sustitución técnica entre dos insumos sea diferente para dos productores, se puede aumentar el volumen de producción de uno o de ambos bienes sin disminuir la producción de ninguno de ellos mediante las sustituciones apropiadas de los insumos. En el ejemplo de la gráfica XVI.3.1, el producto X sustituiría L por K con lo que disminuiría el producto marginal de K, aumentaría el producto marginal de L y, por consiguiente, aumentaría la tasa marginal de sustitución técnica. Por su parte, el productor de Y podría sustituir K por L con los resultados opuestos. Siempre puede aumentarse la producción de uno o de ambos bienes sin un aumento agregado de los insumos, a menos que las tasas marginales de sustitución técnica entre éstos sean las mismas para ambos productores.

El lugar geométrico CC', que nuevamente llamamos *curva de contrato*, es una curva que muestra todas las distribuciones de los insumos que igualan las tasas marginales de sustitución técnica, es decir, la línea de las tangencias entre una isocuanta X y una isocuanta Y. En consecuencia, podemos formular la siguiente

> *Proposición*: El equilibrio general de la producción ocurre en un punto en el que la tasa marginal de sustitución técnica entre cada par de insumos es la misma para todos los productores que utilizan ambos insumos. El equilibrio de la producción no es único; podría ocurrir en cualquier punto a lo largo de la curva de contrato, pero cada punto representa una organización de equilibrio que es un óptimo de Pareto.

La curva de contrato es un lugar geométrico óptimo en el sentido de que, si los productores se encuentran en un punto fuera de la curva, puede aumentarse la producción de uno o de ambos bienes sin disminuir la de ninguno, efectuando sustituciones de insumos hasta llegar a un punto de la curva. Para cualquier punto fuera de la curva, hay uno o más puntos que se pueden alcanzar en la curva asociados a una producción mayor de ambos bienes.

XVI.3.b. *El equilibrio general de la producción y el intercambio*

Para cualquier dotación de insumos hay un número infinito de equilibrios de producción potenciales que son óptimos de Pareto, es decir, de puntos de la curva de contrato de la gráfica XVI.3.1. Cada punto representa un volumen particular de producción de X y de Y, y, por ende, determina las dimensiones de un diagrama de caja de Edgeworth para el intercambio (como la gráfica XVI.2.3). Además, cada caja de consumo e intercambio conduce a un número infinito de equilibrios de intercambio potenciales que son óptimos de Pareto, es decir, un número infinito de puntos de la curva de contrato asociada a la caja en cuestión. En consecuencia, hay una infinidad múltiple de equilibrios generales de la producción potenciales y de intercambio.

El objetivo de cualquier sociedad es alcanzar el equilibrio general particular que maximice el bienestar económico de sus habitantes. Como veremos en el capítulo XVII, hay ciertos procedimientos mediante los cuales un sistema de libre empresa o una economía planeada pueden alcanzar el óptimo. Una diferencia importante entre ambos sistemas es la información que se requiere de los diversos agentes económicos.

GRÁFICA XVI.3.2. *Derivación de la frontera de posibilidades de producción a partir de la curva de contrato*

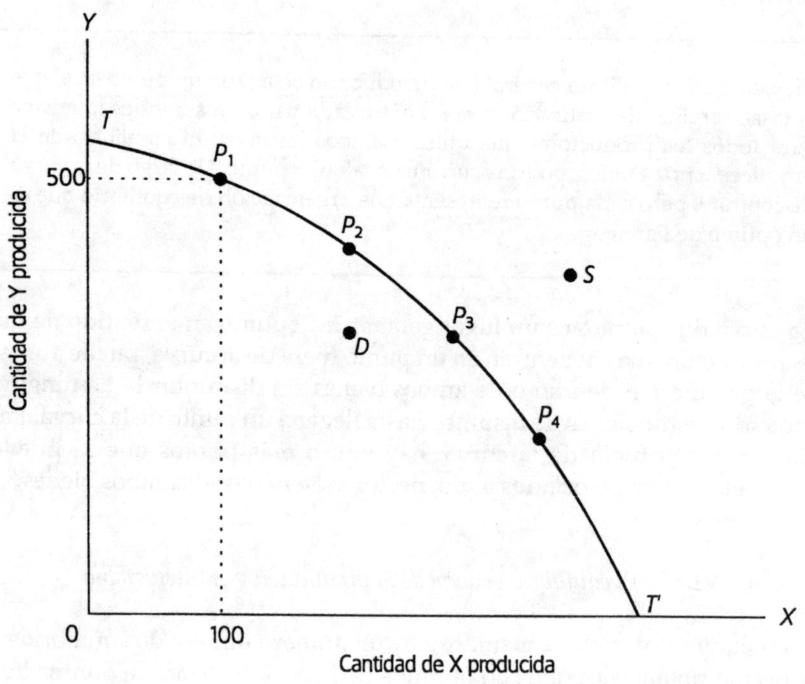

XVI.3.c. *Derivación de la frontera de posibilidades de producción o curva de transformación*

La curva de contrato asociada al equilibrio general de la producción es un lugar geométrico de puntos en el *espacio de insumos;* esta curva muestra la producción óptima de cada bien que corresponde a cada distribución posible de *K* y *L* entre X y Y. Con la distribución de insumos señalada por el punto P_1 en la gráfica XVI.3.1, 500 unidades de Y y 100 unidades de X constituyen la producción máxima que se puede obtener. Si construimos una gráfica cuyas coordenadas indiquen las cantidades de X y Y producidas y localizamos en ella los pares de producción correspondientes a cada tangencia de isocuanta en la gráfica XVI.3.1, podríamos generar la curva llamada *TT'* en la gráfica XVI.3.2. Esta curva recibe el nombre de *frontera de las posibilidades de producción* o *curva de transformación.* Sólo las tangencias son importantes, ya que cualquier punto que no sea una tangencia en el espacio de insumos está dominado por un punto en la curva de contrato. Es decir, se puede tener más de cada bien de modo que estas no tangencias correspondan a puntos que se encuentran dentro de la frontera de posibilidades de producción. Por ejemplo, el punto D de la gráfica XVI.3.1 corresponde al punto D de la gráfica XVI.3.2. Cuando nos movemos de D a P_2 en la gráfica XVI.3.1, X no cambia, pero Y aumenta. Esto se indica mediante el movimiento vertical de D a P_2 en la gráfica XVI.3.2. Asimismo, cuando nos movemos de D a P_3 en la gráfica XVI.3.1, Y no cambia, pero X aumenta. Esto se indica mediante el movimiento horizontal de D a P_3 en la gráfica XVI.3.2.

La curva de transformación se obtiene proyectando la curva de contrato del espacio de los insumos al espacio de los productos. En esencia, esta curva describe las elecciones que puede hacer una sociedad. En otras palabras, la curva de transformación muestra las diversas combinaciones (máximas) de X y Y que se pueden obtener a partir de la base de recursos (dotación de insumos) dada. No puede obtenerse ninguna combinación de productos representada por un punto que se encuentre fuera de la frontera de posibilidades de producción (como S); ese nivel de producción requeriría una base de recursos mayor. Por otra parte, un punto que se encuentre dentro de la curva (como D) no es necesario ni deseable, ya que involucraría un sacrificio innecesario de bienes que puede atribuirse al desempleo de los recursos disponibles. Así pues, uno de los objetivos de una sociedad es alcanzar una posición de equilibrio *en* su frontera de posibilidades de producción, no por debajo de ella.

> *La frontera de posibilidades de producción*: La frontera de posibilidades de producción, o curva de transformación, es una curva que muestra el volumen máximo de producción de un bien que se puede obtener, dado el volumen de producción posible del otro bien, cuando se supone una base de recursos fija. La curva así generada depende de la dotación absoluta de cada recurso, de la proporción total de la dotación de insumos y del "estado del arte" (las funciones de producción de ambos bienes).

XVI.4. El equilibrio competitivo general en una economía de dos bienes

Ya hemos discutido el equilibrio competitivo en una economía de intercambio y presentado su descripción en la gráfica XVI.2.4. En esta sección generalizaremos a una economía con *producción e intercambio* y examinaremos el sistema en términos algebraicos. Para simplificar, nos limitaremos al caso de un modelo de producción con coeficientes fijos, donde no hay sustitución de los factores productivos. Podría utilizarse el mismo análisis para un modelo más general, que incluyera la sustitución de los factores en la producción.[15]

XVI.4.a. *La producción en una economía de dos bienes*

Denotaremos la producción del bien 1 por Q_1 y la producción del bien 2 por Q_2. Los requerimientos de mano de obra del bien 1 son a_{L_1} por unidades de producción y los de capital son a_{K_1} por unidad de producción. De igual modo, a_{L_2} y a_{K_2} son, respectivamente, los requerimientos de mano de obra y de capital por unidad de producción del bien 2. Los coeficientes $a_{L_1}, a_{K_1}, a_{L_2}$ y a_{K_2} son constantes fijas. Los requerimientos totales de mano de obra y de capital para el bien 1, cuando se producen Q_1 unidades, son

$$L_1 = a_{L_1} Q_1$$
$$K_1 = a_{K_1} Q_1 . \qquad \text{(XVI.4.1)}$$

Los requerimientos totales de mano de obra y de capital para el bien 2, cuando se producen Q_2 unidades, son

$$L_2 = a_{L_2} Q_2$$
$$K_2 = a_{K_2} Q_2 . \qquad \text{(XVI.4.2)}$$

Las cantidades totales de mano de obra y de capital disponibles en la economía se suponen fijas en L y K, respectivamente. Por tanto,

$$L_1 + L_2 \leq L$$
$$K_1 + K_2 \leq K. \qquad \text{(XVI.4.3)}$$

Combinando las ecuaciones XVI.4.1 y XVI.4.2, y las desigualdades de XVI.4.3, obtenemos las desigualdades

[15] Véase un análisis del modelo más general en Murray C. Kemp, *The Pure Theory of International Trade and Investment*, Englewood Cliffs, N. J., Prentice-Hall, 1969, capítulo 1.

$$Q_1 \leq \frac{K}{a_{K_1}} - \frac{a_{K_2}}{a_{K_1}} Q_2 \qquad \text{(XVI.4.4)}$$

y

$$Q_1 \leq \frac{L}{a_{L_1}} - \frac{a_{L_2}}{a_{L_1}} Q_2 \qquad \text{(XVI.4.5)}$$

donde la ecuación XVI.4.4 representa la restricción del capital sobre la producción del bien 1, cuando se producen Q_2 unidades del bien 2, y la ecuación XVI.4.5 es la restricción de la mano de obra sobre la producción del bien 1, cuando se producen Q_2 unidades del bien 2. Por consiguiente, la frontera de posibilidades de producción está dada por

$$Q_1 = \min \left\{ \frac{K}{a_{K_1}} - S_K Q_2, \frac{L}{a_{L_1}} - S_L Q_2 \right\} \qquad \text{(XVI.4.6)}$$

donde $S_K = a_{K_2}/a_{K_1}$ y $S_L = a_{L_2}/a_{L_1}$.[16] La frontera de la producción se muestra en la gráfica XVI.4.1. La línea *DEA* es la restricción del capital XVI.4.4 que muestra el máximo de Q_1 que se puede producir con cada producción de Q_2, dado el acervo de capital fijo que existe en la economía. Asimismo, la línea *CEB* muestra el máximo de Q_1 que se puede producir con cada producción de Q_2, dada la restricción de mano de obra. El conjunto de los volúmenes de producción que se pueden obtener (es decir, las combinaciones de Q_1 y Q_2 que no violan la restricción de mano de obra ni la del capital) es el área *OCEA*. La frontera de producción es *CEA*.

Por esta descripción de la gráfica XVI.4.1 vemos que el punto *D* es K/a_{K_1} y la pendiente de *DEA* es $-S_K$. El punto *C* es L/a_{L_1} y la pendiente de *CEB* es $-S_L$. Como han sido trazadas, $S_K > S_L$ y las líneas se intersectan en *E*.[17] En el intervalo de producción de Q_2, de *O* a *F* en la gráfica XVI.4.1, la producción de Q_1 ocurre a lo largo de *CE*. Por tanto, el capital es un factor redundante (en

[16] El lector podría querer demostrar que esta frontera de posibilidades de producción puede derivarse de una caja de Edgeworth como en la sección XVI.3. La función de producción del modelo de coeficientes fijos para Q_1 es $Q_1 = \min \{L_1/a_{L_1}, K_1/a_{K_1}\}$ y para Q_2 es $Q_2 = \min \{L_2/a_{L_2}, K_2/a_{K_2}\}$. Las isocuantas son ángulos rectos en el caso de la función de producción de coeficientes fijos. Obsérvese que las funciones de producción son lineales homogéneas.

[17] Por supuesto, existen otras posibilidades, pero para concretar el análisis nos limitaremos a este caso. Las fronteras de posibilidades de producción integradas por segmentos rectos, como la que aparece en la gráfica XVI.4.1, reciben el nombre de "lineales en pedazos".

GRÁFICA XVI.4.1. *La frontera de las posibilidades de la producción*

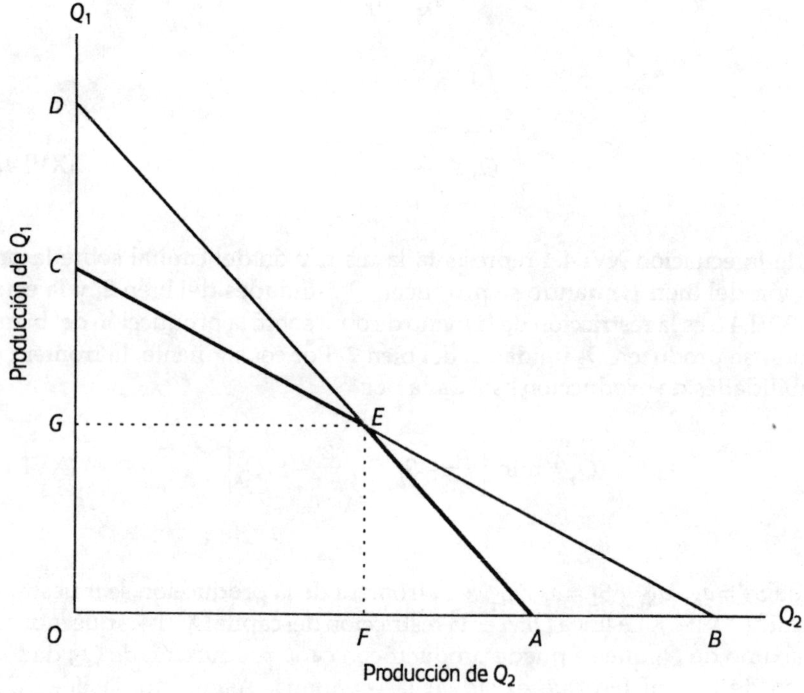

este intervalo se necesita menos que K para la producción), de modo que su precio es cero para estos volúmenes de producción. Puesto que una unidad adicional de capital no vale nada en este intervalo, los productores no pagarán nada por ella. Sólo cuando se utilice más mano de obra podrán los productores agotar el capital que ya tienen. De igual manera, en el intervalo de F a A de la producción de Q_2 (es decir, la producción de Q_1 a lo largo de EA), la mano de obra es redundante y su precio es cero para esos volúmenes de producción. Sólo en la producción F de Q_2 (o la producción G de Q_1) se emplean plenamente la mano de obra y el capital.

En el equilibrio general que examinaremos nos interesará la determinación de los precios de los bienes 1 y 2, la tasa salarial y la tasa de interés o de renta del capital. Como en la sección XVI.1, reconocemos que sólo los precios relativos pueden determinarse, por consiguiente, escogemos un bien numerario e igualamos su precio a 1. Supongamos que Q_2 es el numerario; entonces tenemos que determinar p_1 (el precio relativo del bien 1), el salario relativo w y la tasa de renta relativa del capital r. En un equilibrio competitivo, los beneficios económicos de la industria 1 (que produce el bien 1) y en la industria 2 (que produce el bien 2) serán iguales a cero. Estos requerimientos de un beneficio económico igual a cero pueden formularse como

$$\begin{aligned} p_1Q_1 &= wL_1 + rK_1 \\ Q_2 &= wL_2 + rK_2 \end{aligned} \qquad \text{(XVI.4.7)}$$

donde la primera ecuación dice que el ingreso total es igual al costo total en la industria 1, mientras que la segunda ecuación dice lo mismo para la industria 2. Dividiendo la primera ecuación por Q_1 y la segunda por Q_2, obtenemos las siguientes condiciones.[18]

$$p_1 = w\frac{L_1}{Q_1} + r\frac{K_1}{Q_1} = wa_{L_1} + ra_{K_1} \qquad \text{(XVI.4.8)}$$

$$1 = w\frac{L_2}{Q_2} + r\frac{K_2}{Q_2} = wa_{L_2} + ra_{K_2}\,. \qquad \text{(XVI.4.9)}$$

Supongamos ahora que la producción de Q_2 se encuentra en el intervalo de F a A de la gráfica XVI.4.1. En este intervalo la producción de Q_1 se encuentra en el segmento de O a G; y puesto que la mano de obra es redundante, la tasa salarial es cero. Sustituyendo $w = 0$ en XVI.4.8 y en XVI.4.9, y resolviendo estas ecuaciones simultáneamente, vemos que $p_1 = a_{K_1}/a_{K_2} = 1/S_K$ y $r = 1/a_{K_2}$ en este intervalo de producción. Cuando la producción de Q_2 se encuentra en el intervalo de O a F en la gráfica XVI.4.1, la producción de Q_1 se encuentra en el segmento de G a C y el capital es redundante. Esto significa que la tasa de renta para el capital, r, es cero. Sustituyendo $r = 0$ en XVI.4.8 y XVI.4.9 y despejando, vemos que en este intervalo de producción $p_1 = a_{L_1}/a_{L_2} = 1/S_L$ y $w = 1/a_{L_2}$.

Combinando estos resultados, derivamos la curva de oferta del bien 1 en la gráfica XVI.4.2. En el intervalo de producción de O a G, el precio del bien 1 es $1/S_K$, como se representa por el segmento horizontal $1/S_KA$ de la gráfica XVI.4.2. De igual modo, en el intervalo de producción de G a C, el precio es $1/S_L$, representado por el segmento horizontal BE de esta gráfica. Así pues, la función de oferta Q_1 es una función creciente escalonada.[19]

[18] Puesto que las funciones de producción son homogéneas de grado uno, estas condiciones dicen también que el costo marginal es igual al precio, porque el costo marginal y el costo promedio son iguales.

[19] Puede derivarse una función de oferta similar para Q_2 en términos de su precio *relativo*, $1/p_1$.

GRÁFICA XVI.4.2. *La oferta del bien 1*

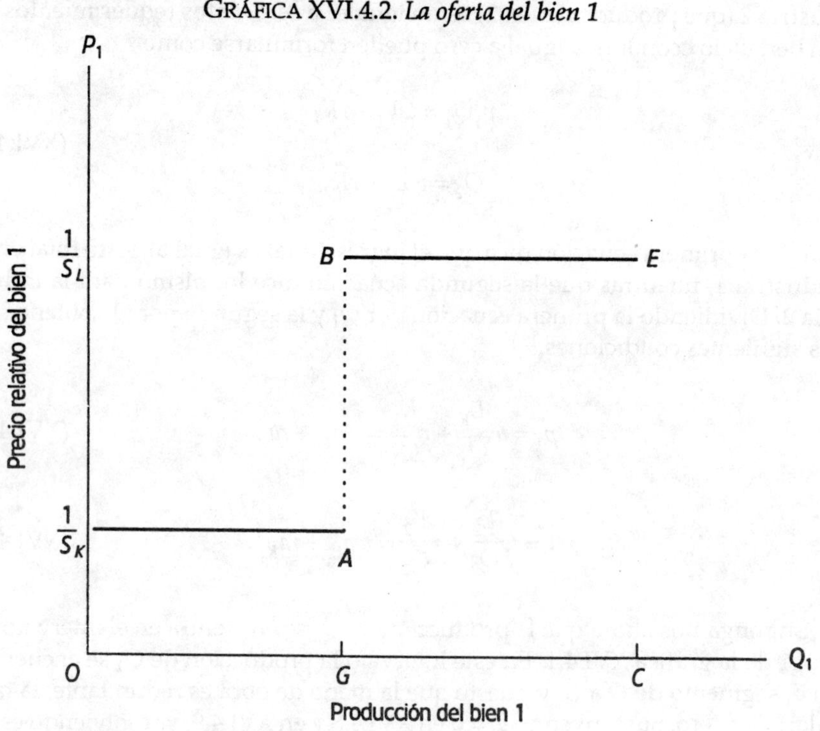

XVI.4.b. *El equilibrio en una economía de dos bienes*

Para completar el análisis del equilibrio en esta economía, debemos introducir las curvas de demanda del bien 1 y del bien 2. Una vez que conocemos los precios de los bienes, conocemos los pagos de los factores. Dados los pagos de los factores y la distribución de los activos de la comunidad, se conocen el ingreso total y su distribución. Con esta información podemos, en principio, calcular los determinantes de las demandas individuales de los bienes y, por ende, de la demanda total. Podemos introducir así las curvas de la demanda agregada especificadas como $d_1(p_1, 1)$ y $d_2(p_1, 1)$ para los bienes 1 y 2, respectivamente. Notamos también que, por la ley de Walras, podemos olvidarnos de una de estas funciones de demanda —digamos la segunda—, porque este mercado estará en equilibrio si los demás mercados de la economía están en equilibrio.[20]

[20] Recuérdese nuestro uso de la ley de Walras en un contexto relacionado en la sección XVI.1.

GRÁFICA XVI.4.3. *La oferta y la demanda del bien 1*

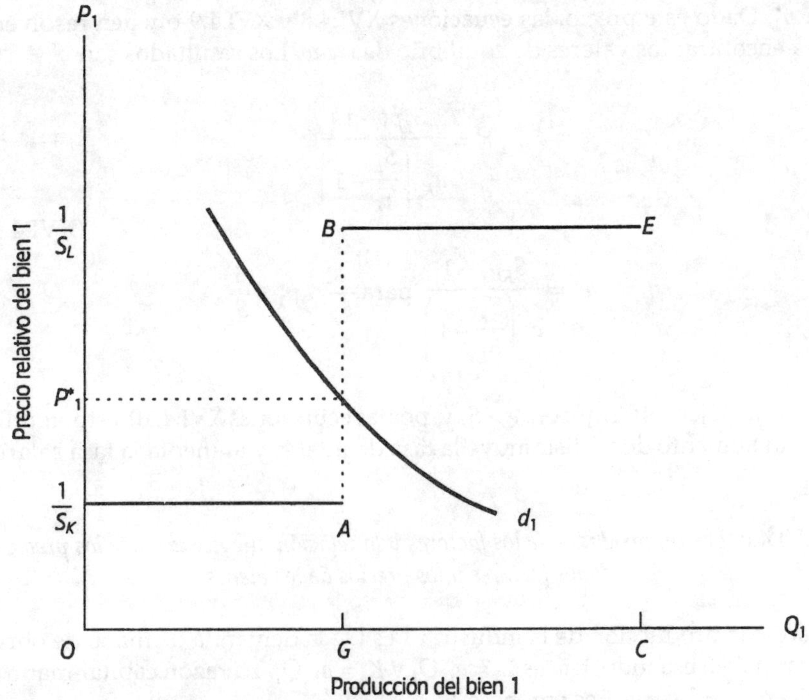

Si la curva de demanda del producto 1 intersecta a la curva de oferta de la gráfica XVI.4.3 en el segmento $1/S_K A$, como hemos visto el precio del bien 1 es $1/S_K$, $w = 0$ y $r = 1/a_{K_2}$. La producción de la industria 1 se encuentra en el intervalo OG, en el punto en que d_1 intersecta a la curva de oferta. Si d_1 intersecta al segmento BE de la curva de oferta, la producción, Q_1, se encontrará en el intervalo GC en el punto de intersección de la oferta y la demanda. En este caso, $p_1 = 1/S_L$, $w = 1/a_{L_2}$ y $r = 0$.

Cuando d_1 pasa entre los puntos A y B, como se observa en la gráfica XVI.4.3,

---

Puesto que el ingreso total de la economía está dado por las ecuaciones XVI.4.7, el requerimiento del presupuesto del consumidor de que la demanda total sea igual al ingreso total, nos da

$$p_1 d_1 + d_2 = p_1 Q_1 + Q_2.$$

Por consiguiente, si $p_1 d_1 = p_1 Q_1$, se deduce que $d_2 = Q_2$. El equilibrio en el mercado 2 está asegurado por el equilibrio en el mercado 1.

la producción del bien 1 será OG y el precio podrá determinarse a lo largo de d_1 en este volumen de producción. En la gráfica XVI.4.3, este precio está dado por p_1^*. Dado este precio, las ecuaciones XVI.4.8 y XVI.4.9 pueden resolverse para encontrar los valores de equilibrio de r y w. Los resultados son

$$r^* = \frac{S_L p_1^* - 1}{a_{K_2}\left(\frac{S_L}{S_K} - 1\right)}$$

$$w^* = \frac{S_K p_1^* - 1}{a_{L_2}\left(\frac{S_K}{S_L} - 1\right)}, \text{ para } \frac{1}{S_K} \leq p_1^* \leq \frac{1}{S_L}. \qquad \text{(XVI.4.10)}$$

En nuestro ejemplo gráfico, $S_K > S_L$ y, por las ecuaciones XVI.4.10, esto significa que un aumento de p_1^* disminuye la tasa de interés y aumenta la tasa salarial.

XVI.4.c. *Las intensidades de los factores y la relación que existe entre los precios de los factores y los precios de los bienes*

Cuando la producción de la industria 1 es Q_1, la demanda de mano de obra y de capital en esa industria es $L_1 = a_{L_1}Q_1$ y $K_1 = a_{K_1}Q_1$. La razón capital-mano de obra en la industria 1 es entonces

$$\frac{K_1}{L_1} = \frac{a_{K_1}}{a_{L_1}} \qquad \text{(XVI.4.11)}$$

$$\frac{K_2}{L_2} = \frac{a_{K_2}}{a_{L_2}} \qquad \text{(XVI.4.12)}$$

Si $a_{K_1}/a_{L_1} > a_{K_2}/a_{L_2}$, decimos que la industria 1 es relativamente intensiva en capital (y la industria 2 es relativamente intensiva en mano de obra). Si $a_{K_1}/a_{L_1} < a_{K_2}/a_{L_2}$, entonces decimos que la industria 2 es relativamente intensiva en capital (y la industria 1 relativamente intensiva en mano de obra). Utilizando las ecuaciones XVI.4.10, observamos que r^* aumenta a medida que aumenta p_1^*, si $S_L/S_K - 1 > 0$, y que w^* aumenta a medida que aumenta p_1^*, si $S_K/S_L - 1 > 0$. Obsérvese, sin embargo, que $S_L/S_K - 1 > 0$ significa que $a_{K_1}/a_{L_1} > a_{K_2}/a_{L_2}$, de modo que r^* aumenta a medida que aumenta p_1^*, si la industria 1 es relativamente intensiva en capital. Puesto que $S_L/S_K - 1 > 0$

significa que $S_K/S_L - 1 < 0$, un aumento en el precio de Q_1 reduce w^*. Ocurriría lo contrario si la industria 1 fuera intensiva en mano de obra. Esto ilustra lo que se conoce como el teorema de Stolper-Samuelson. Este teorema dice que un aumento en el precio de un bien causa un aumento en la remuneración real del factor utilizado en forma relativamente intensiva en la producción de ese bien y una reducción en la remuneración real del otro factor.[21]

XVI.5. RESUMEN

- ✦ Habiendo examinado a los consumidores, a los empresarios y a otros agentes económicos individuales en los capítulos anteriores, volvemos nuestra atención a cómo las acciones de todos estos agentes económicos más o menos independientes se vuelven compatibles en un *sistema* económico. Esta investigación, conocida como la teoría del equilibrio económico general, tiene una historia que data de la obra de F. Quesnay en el siglo XVIII.
- ✦ Examinando economías sencillas en las que cada individuo podría actuar en dos o más papeles diferentes (como los de empresario/propietario de la tierra por una parte y consumidor/trabajador por otra parte), vemos cómo se pueden reunir las técnicas analíticas de las primeras cuatro partes de este libro para describir un equilibrio general estacionario. Un concepto nuevo que surge de este ejercicio es la ley de Walras, según la cual en una economía de n mercados, el equilibrio en cualquier $n - 1$ de ellos asegura el equilibrio en los mercados restantes. Utilizando el análisis del equilibrio general podemos observar cómo se determinan los precios relativos y los volúmenes de producción en el conjunto de la economía.
- ✦ El análisis de una economía de intercambio sencillo muestra cómo pueden ganar los individuos mediante el intercambio hasta que la distribución de los bienes sea tal que la tasa marginal de sustitución entre cada par de bienes sea la misma para todos los consumidores. El conjunto de todas las distribuciones que satisfacen la condición del equilibrio se conoce como la curva de contrato. Los puntos que se encuentran en la curva de contrato son óptimos de Pareto; es decir, dado cualquier punto fuera de la curva de contrato, se puede encontrar por lo menos un punto de la curva que resulta preferible en el sentido de que favorece a una o más de las partes sin perjudicar a ninguna. Utilizando la curva de

[21] Véanse mayores detalles en Wolfgang F. Stolper y Paul A. Samuelson, "Protection and Real Wages", *Review of Economic Studies*, vol. IX, núm. 1, noviembre de 1941, pp. 53-73. Reproducido en Howard S. Ellis y Lloyd A. Metzler (comps.), *Readings in the Theory of International Trade*, Filadelfia, Blakiston, 1949, pp. 333-357.

contrato, podemos derivar la frontera de posibilidades de la utilidad que muestra la máxima satisfacción que puede obtener una de dos partes para cada nivel dado de satisfacción de la otra.

- Un equilibrio competitivo es un punto particular de la curva de contrato. Cuando se fijan los precios en los niveles correspondientes al equilibrio competitivo, los individuos comercian voluntariamente hasta llegar a ese punto. El equilibrio competitivo de una economía depende de las dotaciones iniciales de los agentes económicos.
- El núcleo de una economía es el conjunto de los puntos de la curva de contrato que no pueden ser bloqueados. Un punto puede ser bloqueado si hay alguna coalición que puede reunirse y mejorar la situación de todos sus miembros en el punto original. A medida que aumenta el número de participantes, el núcleo se contrae hasta llegar al equilibrio competitivo, de modo que podemos limitar nuestra atención a un solo punto (o pocos puntos) de la curva de contrato.
- El equilibrio general de la producción ocurre cuando la tasa marginal de sustitución técnica entre cada par de insumos es la misma para todos los productores que utilizan ambos insumos. Este punto no es único; el conjunto de todos estos puntos de equilibrio se llama también curva de contrato. Esta curva de contrato es óptima en el sentido de que, si los productores están fuera de la curva, puede aumentarse la producción de uno de los bienes o de ambos sin disminuir la producción de ninguno. Esta curva de contrato puede utilizarse para derivar la frontera de posibilidades de producción que muestra la producción máxima que puede obtenerse de un bien, dado cada nivel posible de producción del otro bien.
- En una economía con dos insumos (ambos de oferta fija), dos producciones (Q_1 y Q_2) y funciones de producción de coeficientes fijos, la frontera de posibilidades de producción será por lo general lineal en segmentos, como la que se muestra en la gráfica XVI.5.1.
- En esta economía sencilla, se observan sin dificultad los precios *relativos* de equilibrio de los insumos y de los productos. Los precios relativos de los insumos dependen de los precios relativos de los productos y de las razones capital-trabajo en cada industria. La relación que existe entre los cambios de los precios de los insumos y los precios de los productos en esta clase de economía ilustra el teorema de Stolper-Samuelson, en cuyos términos un aumento en el precio de un bien provoca un aumento en el precio relativo del insumo utilizado en forma relativamente intensiva en la producción de ese bien.

GRÁFICA XVI.5.1. *Una frontera de posibilidades de producción de segmentos lineales*

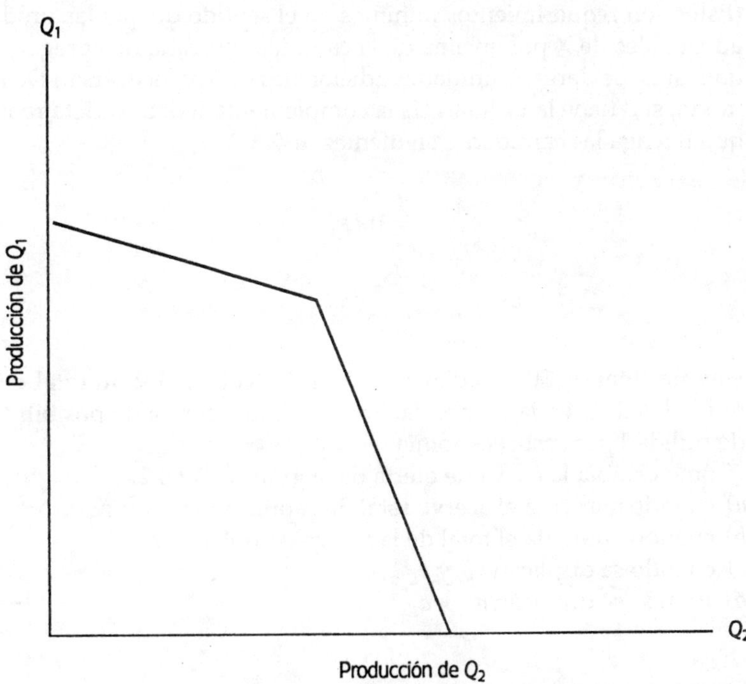

PREGUNTAS Y EJERCICIOS

1. Utilizando el modelo de la sección XVI.1, describa el equilibrio general de una economía integrada por un solo agricultor.
2. Utilizando el modelo de la sección XVI.1, describa el equilibrio general cuando un agricultor es dueño de toda la tierra (pero nunca trabaja) y el otro agricultor trabaja pero no posee ninguna tierra.
3. Considere una economía de puro intercambio que consiste en dos bienes, X y Y, y dos individuos, A y B. Tanto A como B perciben los bienes X y Y como complementos *estrictos*. Si el individuo A tiene la utilidad U_A, la complementariedad estricta requiere que A tenga las siguientes cantidades de X y Y:

$$X_A = 3U_A$$

$$Y_A = 10U_A .$$

(Éstos son requerimientos mínimos en el sentido de que las unidades adicionales de X por encima de la cantidad indicada no agregan utilidad, si no se dan a A unidades adicionales de Y y viceversa.) De igual modo, si B tiene la utilidad U_B la complementariedad estricta requiere que B tenga las cantidades siguientes de X y Y:

$$X_B = 10U_A$$

$$Y_B = 3U_B.$$

Hay un total de 300 unidades de X en la economía y un total de 540 unidades de Y en la economía. Encuentre la frontera de posibilidades de utilidad para esta economía.

4. ¿Cómo cambia la curva de oferta de la gráfica XVI.4.2,
   a) cuando aumenta el acervo total de capital K?
   b) cuando aumenta el total de la fuerza de trabajo L?
   c) cuando se duplican a_{K_1} y a_{L_1}?
   d) cuando se duplican a_{K_1} y a_{K_2}?

LECTURAS RECOMENDADAS

Las dos primeras fuentes aquí listadas presentan exposiciones completas pero matemáticamente rigurosas de la moderna teoría del equilibrio general.

Arrow, Kenneth J. y F. H. Hahn, *General Competitive Analysis*, San Francisco, Holden-Day, 1971. [Existe una versión en español del Fondo de Cultura Económica (FCE).]

Debreu, Gerard, *Theory of Value: An Axiomatic Analysis of Economic Equilibrium*, Nueva Haven, Conn., Yale University Press, 1959. [Existe una versión en español del FCE.]

Fossati, Eraldo, *The Theory of General Static Equilibrium*, Oxford, Basil Blackwell, 1957, pp. 79-183.

Henderson, James M. y Richard E. Quandt, *Microeconomic Theory*, 2a. ed., Nueva York, McGraw-Hill, 1971, pp. 153-171.

Kuenne, Robert E., *The Theory of General Economic Equilibrium*, Princeton, N. J., Princeton University Press, 1963. El capítulo 1 (pp. 3-39) es una excelente exposición de la metodología; el lector requiere, si acaso, conocimientos de matemáticas elementales. Son especialmente importantes las pp. 43-195.

Leontief, Wassily, *The Structure of the American Economy, 1919-1939*, Nueva York, Oxford University Press, 1951.

Quirk, James y Rubin Saposnik, *Introduction to General Equilibrium Theory and Welfare Economics*, Nueva York, McGraw-Hill, 1968.

Telser, Lester, *Economic Theory and the Core*, Chicago, University of Chicago Press, 1978.

Walras, Leon, *Elements of Pure Economics*, traducción al inglés de W. Jaffe, Londres, Allen & Unwin, 1954.

XVII. LA TEORÍA DE LA ECONOMÍA DEL BIENESTAR

¿ESTARÍA correcto que las compañías telefónicas pudieran cobrar por el servicio de información acerca de los números que no aparecen en el directorio? ¿Cuáles son las consecuencias de la ley del salario mínimo actual para la eficiencia económica? ¿Qué pasa con los impuestos a las ventas de menudeo? El material de este capítulo demuestra que, mientras se satisfagan las condiciones estrictas del modelo de la competencia perfecta, un sistema de precios no regulados impondrá las condiciones marginales necesarias para obtener el óptimo de Pareto. El conocimiento de este material proporciona el marco para el análisis de los efectos de la eficiencia de muchísimas formas de intervención gubernamental en la economía, incluidas las políticas asociadas a cada una de las preguntas que acabamos de formular. Este capítulo considera también lo que ocurre cuando no se satisfacen las condiciones estrictas del modelo de competencia perfecta; por ejemplo, cuando existen "deseconomías externas" o "economías externas" en la forma de contaminación de "bienes públicos" tales como la defensa nacional.✦

APLICACIÓN DE LA TEORÍA

EL PRECIO DE LA ASISTENCIA PARA EL DIRECTORIO TELEFÓNICO

CINCINNATI (UPI).- Pam Sanders es una de las 370 operadoras telefónicas de esta ciudad que no hacen otra cosa más que manejar la carga mensual de más de 2.25 millones de llamadas de "asistencia para el directorio".

"Casi todas las llamadas que recibo preguntan por números que están en el directorio", dice Pam, quien estima que habla con 600 clientes en cada jornada de trabajo de tres horas. "Trato de ser diplomática y digo: 'el número aparece listado en...', pero lo que quiero decir realmente es: 'la próxima vez consulta tu directorio'."

Es probable que los clientes empiecen a consultar el directorio, ya que pronto costará 20 centavos obtener el número con la ayuda de Pam o de alguna otra operadora de información de esta ciudad.

A partir del próximo domingo, la Cincinnati Bell Telephone Co. concederá a sus clientes sólo tres llamadas de información gratuitas por mes dentro de la vasta área del código 513 del suroeste de Ohio, y luego cobrará 20 centavos por cada una de las llamadas subsecuentes.

Y si marca usted el "0" para llamar a la operadora regular y solicita un número telefónico le costará 40 centavos, porque involucrará a dos operadoras.

Se cree que la Cincinnati Bell, que sirve a cerca de medio millón de clientes, será la primera compañía telefónica del país que cobre por ese servicio. Ello podría iniciar una tendencia nacional, ya que otras compañías telefónicas de todo el país han formulado peticiones similares ante sus comisiones estatales de servicios públicos.

Pero la medida tomada por la Cincinnati Bell no ha dejado de provocar algunas protestas.

Jim Howard Witt está encabezando una protesta ciudadana. Se trata del director de noticieros de una estación de radio suburbana de Fairfield, quien cree que su grupo de "Ciudadanos en pro de tarifas telefónicas justas" es el único remedio para lo que llama la "teoría del dominó telefónico".

Preguntas

1. Si el objetivo es lograr un óptimo de Pareto, ¿cuál de las dos políticas de precios siguientes apoyaría usted en lo que se refiere a la asistencia para llamadas telefónicas?
   Política 1. Cobrar sólo cierto precio por cada llamada de asistencia para el directorio (como el que ha instituido la Cincinnati Bell).
   Política 2. Incluir el costo medio de todas las llamadas de asistencia de directorio en la cuenta del servicio mensual básico de cada cliente, independientemente de que el cliente haga o no algunas de esas llamadas. (Ésta es la política que de acuerdo con el artículo aplican actualmente la mayoría de las compañías telefónicas.)
2. ¿Cómo se relaciona su respuesta con las tres condiciones marginales del bienestar social explicadas al inicio del capítulo? ¿Qué condición se violaría si se aplicara la política de precios que usted no eligió?

Soluciones

1. La política de incluir el costo promedio de todas las llamadas de asistencia para el directorio en la cuenta del servicio mensual básico de cada cliente (política 2) es *ineficiente* y no conducirá a un óptimo de Pareto. Para apreciar esto, adviértase en primer término que esta política conduce a un precio efectivo de cero para las llamadas de asistencia para el directorio de cualquier persona: las llamadas de esa persona tendrán un efecto insignificante sobre el costo total y, por ende, sobre el costo promedio total. Como consecuencia de esta política, esperaríamos que se hicieran Q_d llamadas (véase la gráfica siguiente), porque es de esperarse que se hagan llamadas de asistencia para el directorio, mientras el "valor marginal" (o *TMS* en términos de dinero) sea apenas mayor que cero.
   Esto conducirá al "uso excesivo" (sobreproducción) de llamadas de asistencia para el directorio, mientras el costo marginal (en Q_d) sea mayor que cero. Por tanto, en lugar de producir llamadas de asistencia para el directorio hasta que el precio (valor marginal) sea igual al costo marginal o, lo que es lo mismo, hasta que el beneficio marginal sea igual al costo marginal, esta segunda política de precios genera demasiadas llamadas (y demasiado poco de otros bienes).
   La primera política, de cobrar directamente por las llamadas de asistencia por el directorio, será eficiente (y conducirá a un máximo

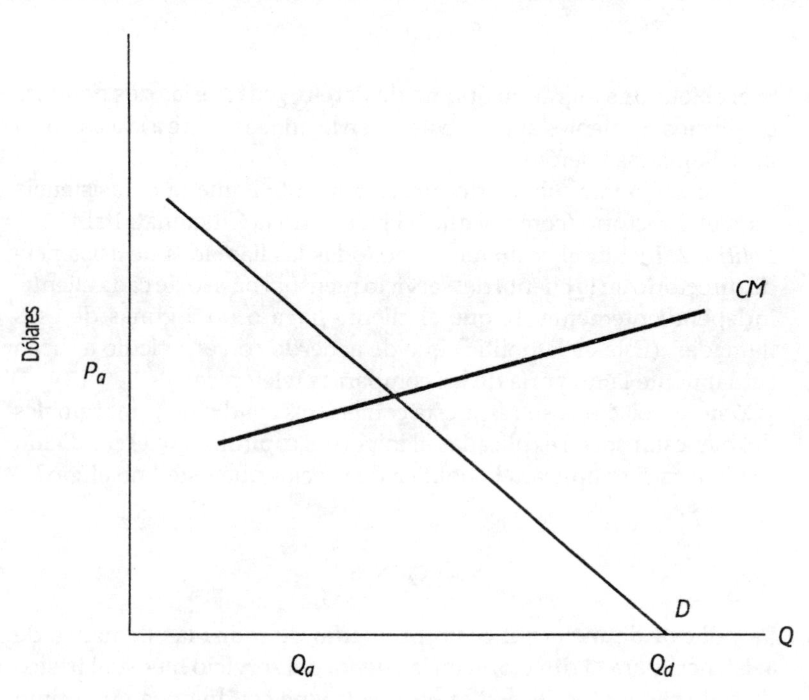

de Pareto), mientras este precio se fije a la altura de la curva de demanda en el punto donde esta curva intersecta a la curva del costo marginal. (Esto ocurrirá al precio P_a en la gráfica XVII.a.) El volumen de producción resultante (Q_a) es aquél donde el beneficio de la "llamada marginal" (medido por la altura de la curva de demanda) sea igual al costo de la "llamada marginal".

2. En términos de las condiciones marginales para el bienestar social presentadas al principio del capítulo, se viola la "condición marginal para la sustitución del producto". Adviértase que la actual política de precios (política 2) iguala a cero el precio efectivo de la asistencia de directorio, mientras el costo marginal sea mayor que cero. Como resultado de que este precio no refleje el costo marginal, la *TMS* de las llamadas de asistencia para el directorio de todos los demás bienes (*TDB*) será menor que la *TMT* de las llamadas de asistencia de directorio para *TDB*. Esta última es igual a

$$CM_{\text{asistencia para el directorio}}/CM_{TDB}\,,$$

Mientras que la primera es igual a

$$P_{\text{asistencia para el directorio}}/P_{TDB}\,.$$

Como se explicó en el análisis de la gráfica XVII.1.1 del texto, esto implica que la producción debería disminuir en las llamadas de asistencia para el directorio y aumentar en todos los demás bienes (*TDB*).

FUENTE: Extractos de un despacho de la UPI acerca de las llamadas telefónicas para asistencia de directorio.

XVII.1. INTRODUCCIÓN

Las condiciones del equilibrio general de la producción y del intercambio que analizamos en el capítulo XVI pueden ayudarnos a encontrar las condiciones "marginales" para el máximo bienestar social y para evaluar la eficiencia de una economía de competencia perfecta. También podrían ayudarnos a explicar por qué hay sólo un equilibrio general pertinente entre la múltiple infinidad de posibles equilibrios generales que son óptimos de Pareto.

XVII.1.a. *Las condiciones marginales del bienestar social*

Volvamos en primer término a la gráfica XVI.2.3, que ilustra el equilibrio general del intercambio. Como se recordará, demostramos que una posición de equilibrio debe ocurrir en la curva de contrato, porque si existiera momentáneamente alguna otra distribución, una de las partes o ambas podrían beneficiarse sin que ninguna se perjudicara, moviéndose a un punto de la curva de contrato. Cualquier punto de la curva de contrato satisface las *condiciones óptimas del intercambio* y origina la primera condición marginal de un máximo de Pareto para el bienestar.

La condición marginal para el intercambio: Para alcanzar un máximo de Pareto la tasa marginal de sustitución entre cualquier par de bienes de consumo debe ser la misma para todos los individuos que consuman ambos bienes.

Si no se satisface esta condición, uno o más individuos se beneficiarían del intercambio (sin perjudicar a otros), como se indica en la gráfica XVI.2.3.

La segunda condición marginal se basa en la gráfica XVI.3.1, que ilustra el equilibrio general de la producción. Con ayuda de esa gráfica demostramos que el equilibrio debe alcanzarse en la curva de contrato, porque si existiera momentáneamente una distribución diferente de los insumos, la producción de uno o de ambos bienes podría aumentarse sin que disminuyera la producción de ninguno , desplazándose a un punto de la curva. Todos los puntos de la curva de contrato de la producción satisfacen las *condiciones óptimas de la sustitución de factores* y conducen a la segunda condición marginal de un máximo de Pareto para el bienestar.

> *La condición marginal para la sustitución de factores*: Para alcanzar un máximo de Pareto, la tasa marginal de sustitución técnica entre cualquier par de insumos debe ser la misma para todos los productores que utilicen ambos insumos.

De otra manera, una redistribución de los recursos conduciría a un aumento de la producción agregada, sin ninguna reducción de la producción de ningún bien.

La última condición marginal para un máximo de bienestar se basa en las *condiciones óptimas de la sustitución de productos*. En realidad, es una combinación de los dos conjuntos de condiciones anteriores y podemos enunciarla así:

> *La condición marginal para la sustitución de productos*: Para alcanzar un máximo de Pareto, la tasa marginal de transformación en la producción debe ser igual a la tasa marginal de sustitución en el consumo para cada par de bienes y para cada individuo que consuma ambos bienes.

Esta última proposición se establece con ayuda de la gráfica XVII.1.1.

La curva llamada *TT'* es la frontera de posibilidades de producción, o curva de transformación, derivada de la gráfica XVI.3.2. Dado un empleo pleno de los recursos, esta curva muestra la cantidad máxima que se puede producir de cada bien en cada nivel dado de la producción del otro. La pendiente de la curva de transformación en cada punto indica el número de unidades del bien Y que deben sacrificarse, a fin de liberar suficientes recursos para la producción de una unidad adicional del bien X. Cuando hay empleo pleno de todos los recursos, la mayor producción de un bien implica inevitablemente una menor producción del otro bien.

GRÁFICA XVII.1.1. *La condición marginal para la sustitución de productos*

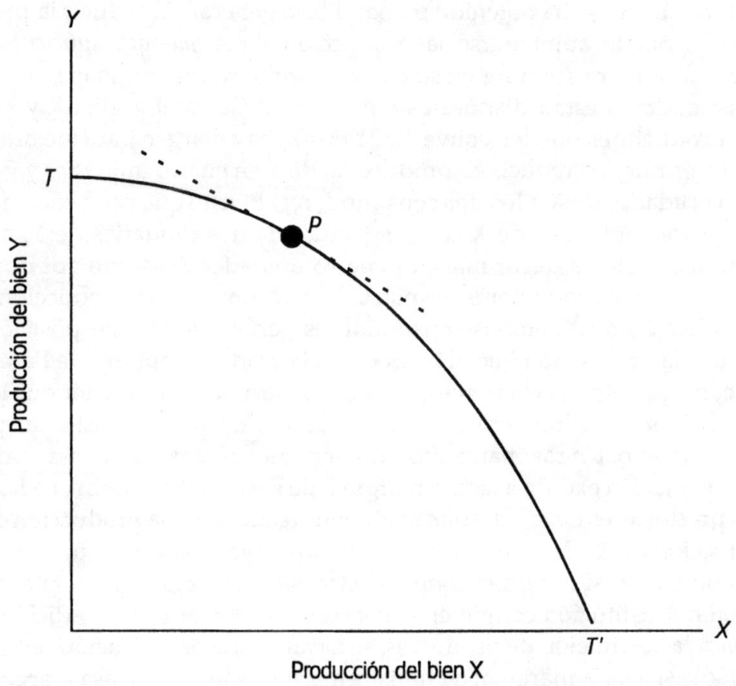

> *La tasa marginal de transformación*: Llamamos tasa marginal de transformación de X en Y al negativo de la pendiente de la curva de transformación. Esta tasa indica el número de unidades en que debe disminuir la producción de Y para que aumente en una unidad la producción de X.

Supongamos ahora que un par de consumidores ha alcanzado un equilibrio de intercambio, lo que significa que sus tasas marginales de sustitución en el consumo son iguales. Supongamos, además, que la tasa marginal de transformación común es tal que ambos consumidores están dispuestos a intercambiar dos unidades de Y por tres unidades de X. Supongamos a continuación que un productor (o varios productores) ha alcanzado un equilibrio de la producción, en el que la tasa marginal de sustitución técnica entre cada par de insumos es la misma en la producción de X que en la producción de Y. Por último, supongamos que esta organización de la producción conduce al punto *P* de la curva de transformación *TT′* en la gráfica XVII.1.1, donde la tasa marginal de transformación es 1/2; es decir, reduciendo la producción de Y en media unidad, puede producirse una unidad adicional de X.

Es claro que no se ha obtenido un equilibrio general. Al reducir la producción de Y, puede aumentarse la producción de X *más que suficiente* para mantener a cada consumidor en su curva de indiferencia original. Puesto que los consumidores están dispuestos a entregar 2Y a cambio de 3X y puesto que los productores pueden convertir 2Y en 4X, hay margen para mejorar. Los productores pueden reducir su producción de Y en cuatro unidades y vender las ocho unidades de X a los dos consumidores. Puesto que cada consumidor considera tres unidades de X como sustituto de dos unidades de Y, ambos estarían dispuestos a pagar más por cuatro unidades de X que por dos unidades de Y. Si los productores desplazan sus recursos de la producción de Y a la producción de X, ambos consumidores verían mejorar su posición. En consecuencia, la posición inicial no podía haber sido un óptimo de Pareto.

Por consiguiente, si la tasa marginal de transformación es menor que la tasa marginal de sustitución común en el consumo, no puede existir un punto óptimo de Pareto. Un razonamiento similar demostrará que si la tasa marginal de transformación excede a la tasa marginal de sustitución común en el consumo, los productores deben desplazar algunos recursos de la producción de X a la producción de Y. Por tanto, puesto que una organización no puede ser un óptimo de Pareto si la tasa marginal de transformación no es igual a la tasa marginal de sustitución común en el consumo, se establece la condición marginal para la sustitución de productos: se alcanza una organización óptima de Pareto, sólo si la tasa marginal de transformación es igual a la tasa marginal de sustitución común en el consumo para todos los pares de bienes de consumo.

XVII.1.b. *La maximización del bienestar y la competencia perfecta*

Los tres conjuntos de condiciones marginales que acabamos de establecer enuncian las condiciones necesarias para la maximización del bienestar en cualquier tipo de sociedad, es decir, para el logro de un equilibrio óptimo de Pareto. Ahora queremos demostrar, con las reservas de la sección XVII.3, que un sistema de libre empresa de competencia perfecta garantiza el logro del óptimo de Pareto. La prueba se basa en el comportamiento de *maximización* de productores y consumidores. Como decía Adam Smith, cada individuo, persiguiendo su propio interés, se ve guiado por una especie de "mano invisible" a un curso de acción que promueve el bienestar general de todos.

Consideremos la condición marginal del intercambio, que requiere la igualdad de las tasas marginales de sustitución sobre cada par de bienes para todos los consumidores. Como vimos en el capítulo II, a fin de maximizar su satisfacción con un ingreso limitado, cada consumidor distribuye sus compras de modo que la tasa marginal de sustitución sea igual a la razón de los precios de cada par de bienes. En competencia perfecta, los precios, y por ende las razones de los precios, son uniformes para todos los compradores. En consecuencia, cada consumidor compra bienes en una cantidad tal que *su* tasa marginal de sustitución sea igual a la razón *común* de los precios a la que se enfrentan todos los consumidores. Por tanto, la tasa marginal de sustitución entre cada par de bienes debe ser la misma para todos los consumidores; las condiciones marginales del intercambio son una consecuencia del sistema de precios en competencia perfecta.

Consideremos ahora la condición marginal para la sustitución de factores: la tasa marginal de sustitución técnica entre cada par de insumos debe ser la misma para todos los productores que los utilicen. Como vimos en el capítulo XIV, cada productor perfectamente competitivo emplea sus insumos en proporciones tales que la tasa marginal de sustitución técnica (la razón de los productos marginales) sea igual a la razón de precios de los insumos. Los empresarios hacen esto para maximizar el beneficio (obtener la combinación de costo mínimo de los insumos). En un mercado de competencia perfecta, los precios de los insumos son iguales para todos los productores; por consiguiente, cada productor iguala la tasa marginal de sustitución técnica de su empresa a una razón común de precios de los insumos. En consecuencia, las tasas marginales de sustitución técnica son iguales para todas las empresas y, por ende, la condición marginal de sustitución de los factores también es una consecuencia del sistema de precios en competencia perfecta.

Por último, llegamos a la condición marginal para la sustitución de productos: la tasa marginal de transformación en la producción debe ser igual a la tasa marginal de sustitución en el consumo para cada par de bienes. En este caso, la prueba requiere una ligera digresión.

Como dijimos antes, la tasa marginal de transformación indica el número de unidades en que debe reducirse la producción de Y para liberar recursos suficientes para la producción de una unidad adicional de X. Si aumenta la producción de X en una unidad, el costo marginal de la producción de X señala el costo de cada unidad adicional de X. Pero si aumenta la producción de X, debe reducirse la producción de Y. Por tanto, dividiendo el costo marginal de la producción de X entre el costo marginal de la producción de Y, encontramos el número de unidades de Y que deben sacrificarse para obtener una unidad adicional de X.[1] En consecuencia, la tasa marginal de transformación de X en Y es igual a la razón entre el costo marginal de X y el costo marginal de Y.

En competencia perfecta se logra maximizar el beneficio, generando el

[1] Considere el punto *P* de la gráfica XVII.1.1. Cuando la producción de Y es grande en relación con la producción de X, el costo marginal de Y será grande en relación con el de X. Supongamos que el costo marginal de Y es \$10 y el costo marginal de X es \$5. Su razón es \$5/\$10, o sea 1/2. Por tanto, deberá sacrificarse media unidad de Y para producir una unidad adicional de X.

volumen de producción en el cual el costo marginal es igual al precio. Por consiguiente, la tasa marginal de transformación de X en Y debe ser igual a la razón entre el precio de X y el precio de Y (porque ambas razones deben ser iguales a la razón de los costos marginales). El argumento anterior demostró que la tasa marginal de sustitución de X por Y debe ser igual a la razón entre el precio de X y el precio de Y. Como en los dos casos anteriores, la condición marginal para la sustitución de los productos es una consecuencia del sistema de precios en competencia perfecta.[2]

Podemos resumir el resultado de esta sección como sigue:

> *Proposición*: Si la organización política de una sociedad es tal que se concede una importancia primordial a sus miembros individuales, se maximizará el bienestar social, si cada consumidor, cada empresa, cada industria y cada mercado de insumos es perfectamente competitivo.

Una interesante extensión de esta proposición se aplica a una economía planificada. En la introducción de la parte V vimos que la "mano invisible" podía llamarse más apropiadamente la "computadora invisible". Ninguna de estas dos designaciones aclara mucho el principio básico: cada individuo maximiza de acuerdo con precios (paramétricos) *determinados por el mercado*. El funcionamiento del sistema de precios en mercados perfectamente competitivos conduce al máximo bienestar social; dicho de otro modo, cuando cada individuo resuelve implícitamente su problema de maximización restringida, el resultado es un conjunto de precios que, dado el comportamiento individual, conduce al máximo bienestar social. En términos matemáticos, estos precios son nada menos que multiplicadores de Lagrange, quizá producidos por la "computadora invisible" en el proceso de solución del problema de maximización del bienestar.

Esta computadora invisible no está disponible en una sociedad planificada;

[2] Si se aumenta X en ΔX, el aumento en el costo es $CM_X \Delta X$ donde CM_X es el costo marginal de X. La reducción de Y, ΔY, debe disminuir el costo en la misma cantidad, porque de otro modo el punto no estaría en la curva de transformación y los productores podrían hacer algo mejor. Así pues, $CM_X \Delta X = -CM_Y \Delta Y$, o

$$\frac{CM_X}{CM_Y} = \frac{\Delta Y}{\Delta X} = TMT_{X \text{ en } Y}.$$

Cuando el precio de X y el precio de Y son iguales a sus costos marginales respectivos,

$$\frac{P_X}{P_Y} = \frac{CM_X}{CM_Y} = TMT_{X \text{ en } Y}.$$

EJERCICIO 1

En 1977 el Servicio Postal de Estados Unidos estaba considerando un nuevo sistema de precios para las estampillas postales de primera clase. Los compradores se clasificaron como empresas y otros; se cobraría a las empresas 16 centavos por las estampillas de primera clase, mientras que los demás compradores pagarían 13 centavos. Suponiendo que la Oficina de Correos pudiera distinguir a los dos grupos, ¿conduciría esto a un máximo de Pareto? En caso negativo, explique cuál de las condiciones marginales del apartado XVII.1.a se viola, y por qué.

SOLUCIÓN

Este esquema de precios no conduciría a un máximo de Pareto porque se traduce en una violación de la condición marginal del intercambio, según la cual la *TMS* entre cada par de bienes de consumo debe ser la misma para todos los individuos que consuman ambos bienes. Cada consumidor maximizará su utilidad igualando su *TMS* a la razón de precios de los bienes. Pero puesto que las empresas enfrentan un precio diferente al que enfrentan los demás compradores de estampillas, los dos grupos terminan con diferentes *TMS* en el equilibrio. En el equilibrio (usando *TDB* para representar al otro bien),

$TMS_{\text{estampillas}}/TDB$ de las empresas será igual a

$$P_{\text{estampillas}}/P_{TDB} = 16/P_{TDB}$$

Esto superará a la $TMS_{\text{estampillas}}/TDB$ de los demás compradores, la cual será igual a $P_{\text{estampillas}}/P_{TDB} = 13/P_{TDB}$. En consecuencia, no puede haber ningún nuevo intercambio entre las empresas y los demás compradores que permita mejorar la posición de ambos. Las empresas podrían comprar estampillas a los demás compradores a cualquier precio que se encuentre entre las razones anteriores. Por ejemplo, si pensamos que el otro bien son dólares (con $P_{TDB} = 1$), las empresas podrían ganar comprando estampillas por 15 centavos, ya que estaban dispuestas a entregar 16 centavos por otra estampilla y permanecer indiferentes. De igual modo, los demás compradores ganarían *vendiendo* estampillas a 15 centavos, ya que estarían indiferentes entre entregar una estampilla o prescindir de 13 centavos. Aquí la clave es que, al contrario de lo que sucede en la competencia perfecta, no todos los consumidores enfrentan el mismo precio de las estampillas.

EJERCICIO 2

Considere la ley del salario mínimo vigente en Estados Unidos, que a veces se considera una ley de salario mínimo "selectivo"; es decir, el salario mínimo legal (que es actualmente de 3.35 dólares por hora) se aplica a algunos trabajadores pero no a todos. Por ejemplo, los trabajadores del sector manufacturero están cubiertos, pero no los de la agricultura. (Por cierto, esta característica de la ley hace que la situación sea exactamente análoga a la situación analizada en la sección "Aplicación de la Teoría" del capítulo VII, donde los peladores de camarón de Texas estaban cubiertos por la ley del salario mínimo, mientras que trabajadores similares del otro lado de la frontera no lo estaban.)

Demuestre que la ley del salario mínimo vigente en la actualidad en Estados Unidos viola la condición marginal de la sustitución de factores (del apartado XVII.1.a) que conduce a un máximo de Pareto para el bienestar. También explique con cuidado cómo podrían producirse más manufacturas o más productos agrícolas o ambos (sin reducir la producción de ninguno), reordenando los factores de producción entre estos dos sectores. (NOTA: En el apartado XVII.2.j de este capítulo se consideran las implicaciones de eficiencia de una ley de salario mínimo *general*, es decir, que se aplique a todos los trabajadores.)

SOLUCIONES

La condición marginal para la sustitución de factores dice que, para obtener un máximo de Pareto, la tasa marginal de sustitución técnica entre cualquier par de insumos debe ser la misma para todos los productores que usen ambos insumos. Los productores de manufacturas que usan trabajadores no calificados y maquinaria contratarán insumos hasta que

$$PM_l/PM_k = P_l/P_k,$$

donde

PM_l = producto marginal de la mano de obra (no calificada);
P_l = precio de la mano de obra;
PM_k = producto marginal de la maquinaria;
P_k = precio de la maquinaria.

Los productores agrícolas que utilizan trabajadores no calificados y maquinaria harán lo mismo. En ausencia de una ley del salario mínimo, todos los productores que utilicen ambos insumos enfrentarían (supuestamente) los mismos precios de los factores y, por tanto,

$$[PM_l/PM_k]^M = [PM_l/PM_k]^A.$$

En consecuencia, se satisfaría la condición marginal de la sustitución de factores. Sin embargo, como resultado de la ley del salario mínimo, los productores que utilicen trabajadores no calificados en las manufacturas enfrentarán un precio *más elevado* por la mano de obra (no calificada) que los productores agrícolas que utilizan la misma mano de obra en la agricultura (donde no se aplica el salario mínimo). Por consiguiente,

$$[PM_l/PM_k]^M = (P_l/P_k)^M, \text{ que supera a } P_l/P_k^A$$

$$= [PM_l/PM_k]^A .$$

Entonces, $[PM_l/PM_k]^M$ superará a $[PM_l/PM_k]^A$ y se violará la condición marginal de la sustitución de factores.

La situación que resulta de la ley del salario mínimo es exactamente equivalente a la del punto D de la gráfica XVI.3.1. Supongamos que los bienes agrícolas se representan por x y las manufacturas por y. Reordenando los factores de producción entre estos dos tipos de productores, se puede obtener más de un bien sin producir menos del otro. (También se puede producir más de ambos bienes.) Si los productores de y (bienes manufacturados) redujeran en alguna medida su uso de maquinaria (k), pero recibieran más trabajadores (l), para trasladarse a un punto como P_2, aumentaría la producción de manufacturas: los productores se colocarían en la isocuanta IIIy, en lugar de IIy. Si los productores de bienes agrícolas (x) recibieran la maquinaria entregada por los productores de y y aportaran la mano de obra necesaria para el cambio antes indicado, verían que su volumen de producción permanecería en la isocuanta IIx. Cualquier intercambio de factores a una tasa intermedia entre las razones de los productos marginales mencionados con anterioridad (o bien entre la razón de precios de los insumos) conduciría a una producción agregada mayor que ninguna reducción de la producción de manufacturas o de bienes agrícolas.

pero sí existe una visible, tangible (o su equivalente). El organismo de planificación estatal (dado el conocimiento de los patrones de preferencia individuales y las funciones de producción) podría usar la máquina visible para resolver el problema de maximización restringida que ahora es explícito. Los multiplicadores de Lagrange resultantes son precios "sombra", el equivalente de los precios determinados por el mercado en la competencia perfecta. En este tipo de sociedad el máximo bienestar social puede alcanzarse siguiendo la llamada regla de Lange-Lerner:

Proposición (regla de Lange-Lerner): Para alcanzar el máximo bienestar social en una sociedad socialista descentralizada, el organismo de planificación estatal debe resolver el problema de maximización restringida y obtener los precios sombra de todos los insumos y productos, publicar esta lista de precios y distribuirla entre todos los miembros de la sociedad e instruir a todos los consumidores y todos los gerentes de las plantas para que se comporten como si trataran de maximizar su satisfacción o su beneficio en mercados de competencia perfecta.

Por supuesto, las cosas no son tan sencillas. Para que la computadora real genere los precios sombra correctos, debe tener los datos correctos. Ello significa que la función de utilidad de cada consumidor debe estar programada en la computadora. Además, la función de producción de cada empresa debe residir en la memoria de esa computadora. Una virtud importante de una economía de mercado es el hecho de que cada consumidor y cada productor necesita poseer sólo la información pertinente para él, sólo necesita conocer su propia función de utilidad o de producción. El mercado asegura que el conocimiento de los agentes individuales será coordinado de la manera adecuada.[3] Pero el problema va más allá de la mera programación. Aunque esa tarea es sin duda enorme, hay dificultades adicionales con los incentivos.

Decir a los consumidores y productores que se comporten como si quisieran maximizar su satisfacción o su beneficio no es lo mismo que lograr que lo hagan. Si la compensación de un gerente no depende de lo adecuado de su

[3] Véase F. V. Hayek, "Economics and Knowledge", *Economica*, núm. 4, 1937, pp. 33-54.

comportamiento, tendrá escaso incentivo para hacerlo. Si al gerente sólo se le compensa si maximiza sus beneficios, si se paga a los trabajadores por su trabajo y si los consumidores deben utilizar este ingreso para comprar bienes y servicios, habrá escasa diferencia entre la economía de precios sombra generados por una computadora y la economía donde la computadora es invisible pero se utilizan precios reales.

XVII.2. Insumos, producción y distribución

Ahora examinaremos en mayor detalle el problema de la maximización del bienestar.[4]

XVII.2.a. *Suposiciones generales*

El modelo que vamos a utilizar aquí es idéntico al del análisis del equilibrio general de la producción y del intercambio, excepto que se requiere una cuarta suposición adicional. Recordemos nuestras suposiciones originales y agreguemos la nueva.

1) Existen dotaciones fijas, que no se pueden aumentar, de dos insumos homogéneos y perfectamente divisibles: el trabajo (L) y el capital (K). Alternativamente podríamos suponer que estos insumos tienen una oferta inelástica y que el periodo de análisis no es lo suficientemente extenso para permitir cambios en las ofertas dadas.

2) Sólo dos bienes homogéneos se producen en la economía, pescado (P) y calabazas (C). La función de producción para cada uno de estos bienes está dada y no cambia durante el análisis. Cada función de producción es suave (continua), y tiene rendimientos constantes a escala y tasas marginales de sustitución técnica decrecientes a lo largo de cualquier isocuanta.

3) Hay dos individuos en la sociedad, A y B. Cada uno de ellos tiene una función de preferencia ordinal bien definida que genera curvas de indiferencia de forma normal. Por conveniencia adoptamos un índice numérico arbitrario para cada una de las funciones que denominamos U_A y U_B.

4) Existe una *función de bienestar social* que depende exclusivamente de las posiciones de A y B en sus propias escalas de preferencia [por ejemplo, $W = W(UA,UB)$]. La función de bienestar social permite un ordena-

[4] El fundamento de esta sección se basa en Francis M. Bator, "The Simple Analytics of Welfare Maximization", *American Economic Review*, núm. 47, 1957, pp. 22-59, especialmente pp. 23-31.

miento único de las preferencias en todas las situaciones posibles (en adelante llamadas *estados*).[5]

Con estas suposiciones, nuestro problema consiste en determinar el valor de las siguientes variables que maximizan el bienestar: el insumo de trabajo en la producción de pescado y de calabazas (L_P, L_C); el insumo de capital en la producción de pescado y de calabazas K_P, K_C); la cantidad total de pescado (P) y de calabazas (C) producida; y la distribución de P y C entre A y B (P_A, P_B, C_A, C_B).

XVII.2.b. *Repetición de algunos pasos: de las funciones de producción a la frontera de posibilidades de producción*

Según la suposición 1, hay dotaciones fijas de dos insumos homogéneos; supongamos que las cantidades de capital y de trabajo son $\bar{K}$ y $\bar{L}$, respectivamente. Las magnitudes de estas dotaciones determinan las dimensiones del diagrama de la caja de Edgeworth que aparece en la gráfica XVII.2.1. Luego, por la suposición 2, la función de producción de cada uno de los bienes está dada y representada por isocuantas suaves que tienen rendimientos constantes a escala y tasas marginales de sustitución técnica decrecientes. Estas isocuantas se designan como I_P,..., IV_P e I_C, ..., V_C en la gráfica XVII.2.1. La observancia de las condiciones óptimas de la sustitución de factores (iguales tasas marginales de sustitución técnica) genera la curva de contrato, denominada *EE'*, en el espacio de insumos. Como vimos en el apartado XVI.3.c del capítulo XVI, la curva de contrato puede proyectarse del espacio de insumos al espacio de productos, donde se convierte en la frontera de posibilidades de producción o curva de transformación.

La curva de transformación particular asociada a la curva de contrato *EE'*, y por tanto directamente asociada a las dotaciones fijas de insumos, se traza como *TT'* en la gráfica XVII.2.2. Como se recordará, la pendiente de esta curva indica la tasa marginal de transformación del pescado en calabaza. Señala exactamente cuántas calabazas pueden producirse mediante una transferencia marginal de capital y trabajo de la producción de pescado a la producción de calabazas, con la suposición de que los insumos se redistribuyen de manera óptima en cada proceso de producción después de la transferencia (a fin de

[5] La suposición 4 es muy fuerte e implica cierta controversia. Es evidente que incluye ciertos valores éticos acerca de las posiciones relativas de A y B. Sobre este problema espinoso véase Kenneth J. Arrow, *Social Choice and Individual Values*, Nueva York, John Wiley & Sons, 1951; Paul A. Samuelson, *Foundations of Economic Analysis*, Cambridge, Mass., Harvard University Press, 1947, pp. 203-253; y Paul A. Samuelson, "Social Indifference Curves", *Quarterly Journal of Economics*, núm. 70, 1956, pp. 1-22.

GRÁFICA XVII.2.1. *El mapa de producción en el espacio de insumos: las condiciones óptimas de la sustitución de factores*

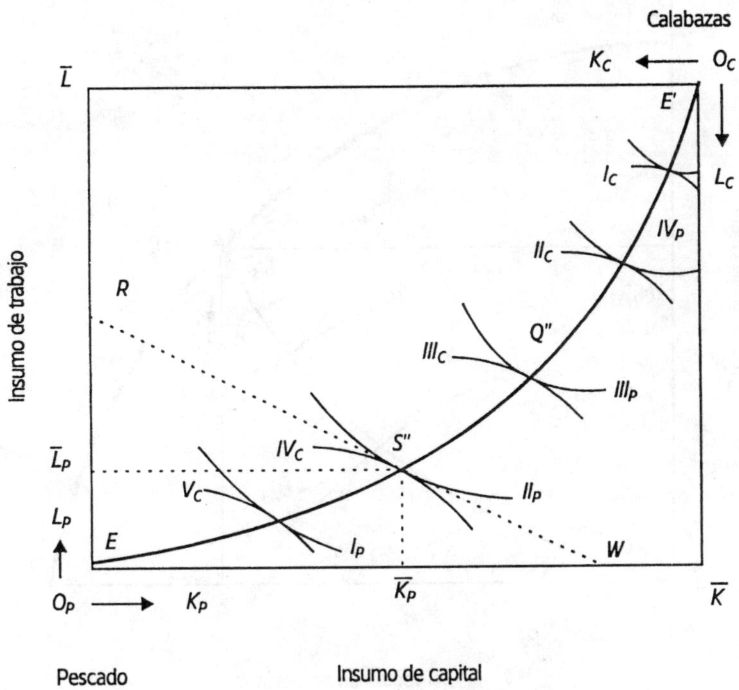

mantener la condición óptima de la sustitución de factores). En consecuencia, la tasa marginal de transformación es el costo marginal en calabazas de un pescado adicional o la inversa, del costo marginal en pescado de una calabaza adicional.

XVII.2.c. *Las posibilidades de producción y las condiciones óptimas del intercambio*

Seleccione cualquier punto de la curva de transformación *TT'* de la gráfica XVII.2.2, tal como *S*, donde las producciones totales de pescado y de calabaza son $O\overline{P}$ y $O\overline{C}$, respectivamente. El punto correspondiente en el espacio de insumos (y la distribución asociada de *K* y *L* a la producción de *P* y *C*) es *S''* en la gráfica XVII.2.1.

GRÁFICA XVII.2.2. *La frontera de posibilidades de producción en el espacio de bienes: las condiciones óptimas del intercambio*

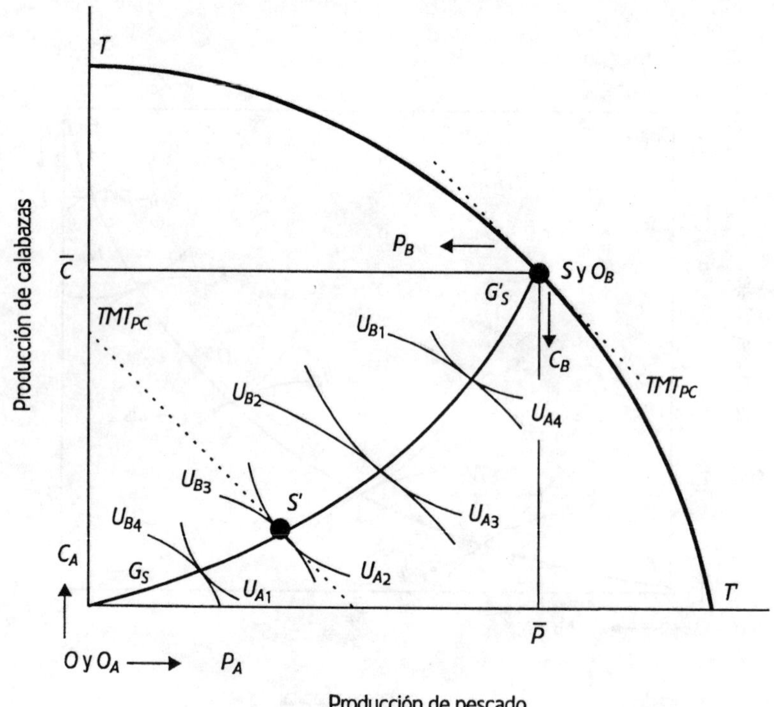

Las producciones $O\overline{P}$ y $O\overline{C}$ determinan un volumen particular de bienes disponibles para A y B; en consecuencia, estas producciones determinan las dimensiones de un diagrama de caja de Edgeworth para el intercambio. Este diagrama se construye en la gráfica XVII.2.2, trazando perpendiculares a los ejes desde el punto *S*. El origen inicial *O* se convierte en el origen para A, O_A, y el punto *S* se convierte en el origen de B, O_B. De acuerdo con la suposición 3, cada individuo tiene una función de preferencia bien definida. Por tanto, trazamos en la forma habitual curvas de indiferencia para A y para B en la caja del intercambio. Las curvas $U_{A1}, \ldots, U_{A4}$ muestran el campo de preferencias de A, mientras que $U_{B1}, \ldots, U_{B4}$ presentan el campo de preferencias de B. El lugar geométrico de los puntos de tangencia, o sea, de los puntos de intercambio *viable*, es la curva de contrato $G_SG'_S$. Los puntos de esta curva de contrato son viables, porque *a)* un aumento en el nivel de satisfacción de una de las partes sólo puede lograrse a expensas de la otra parte, y *b)* el consumo de cualquier punto de la curva agota exactamente toda la producción de pescado y de calabazas. Por consiguiente, la curva de contrato se denomina $G_S G_S'$, para denotar que es la curva relacionada con el punto *S* de la curva de transformación; y como se recordará, es la línea de las posibilidades del intercambio que satisface las condiciones óptimas del intercambio (es decir, es la línea que une los puntos óptimos de Pareto).

XVII.2.d. *Repetición de algunos pasos: de la curva de contrato a la frontera de posibilidades de utilidad*

Observando los niveles de utilidad de A y de B en cada punto de la curva de contrato de la gráfica XVII.2.2, podemos generar la curva de las posibilidades de utilidad relacionada con el punto de producción *S*, como vimos en el apartado XVI.2.d del capítulo XVI. La curva en cuestión se denomina $G_S G_S'$ en la gráfica XVII.2.3. Por sí sola, esta curva no nos ayuda gran cosa, ya que representa un número infinito de pares de utilidad que son óptimos de Pareto, correspondientes a un par de volúmenes de producción dentro del número infinito de éstos que son óptimos de Pareto. Nos encontramos exactamente en el punto donde estábamos al final del capítulo XVI: existe una múltiple infinidad de equilibrios posibles. Sin embargo, podemos eliminar una de las dimensiones de esta "infinidad".

Las condiciones óptimas para la sustitución de productos requiere que la tasa marginal de transformación en la producción y la tasa marginal de sustitución en el consumo sean iguales para todos los pares de bienes y para todos los individuos que consumen estos bienes. Para nuestro modelo particular, las condiciones requieren que sean iguales la tasa marginal de transformación del pescado en calabazas y la tasa marginal de sustitución de pescado por calabaza de A y de B. Recuérdese que si no se satisface esta condición habría una mejor organización de la producción que favorecería a todos los individuos.

En el punto de producción *S* de la gráfica XVII.2.2, la tasa marginal de transformación está representada por la pendiente de la línea punteada tangente a TT' en *S*, llamada TMT_{PC}. Para satisfacer las condiciones óptimas para la sustitución de los productos, la tasa marginal de sustitución de A y de B debe ser igual a este valor particular de la tasa marginal de transformación. Como se indica gráficamente, esta condición se satisface en el punto único S' de la gráfica XVII.2.2. En consecuencia, aunque el lugar geométrico $G_S G_S'$ de la gráfica XVII.2.3 es la frontera de posibilidades de utilidad relacionada con *S*, lo único importante es el punto S''', que corresponde a S' en la gráfica XVII.2.2. En relación con la combinación de las producciones S, S'' de la gráfica XVII.2.1 es la única distribución de insumos que satisface las condiciones óptimas de la sustitución de factores. Además, en relación con la misma

GRÁFICA XVII.2.3. *La frontera de posibilidades de utilidad: del espacio de bienes al espacio de utilidad*

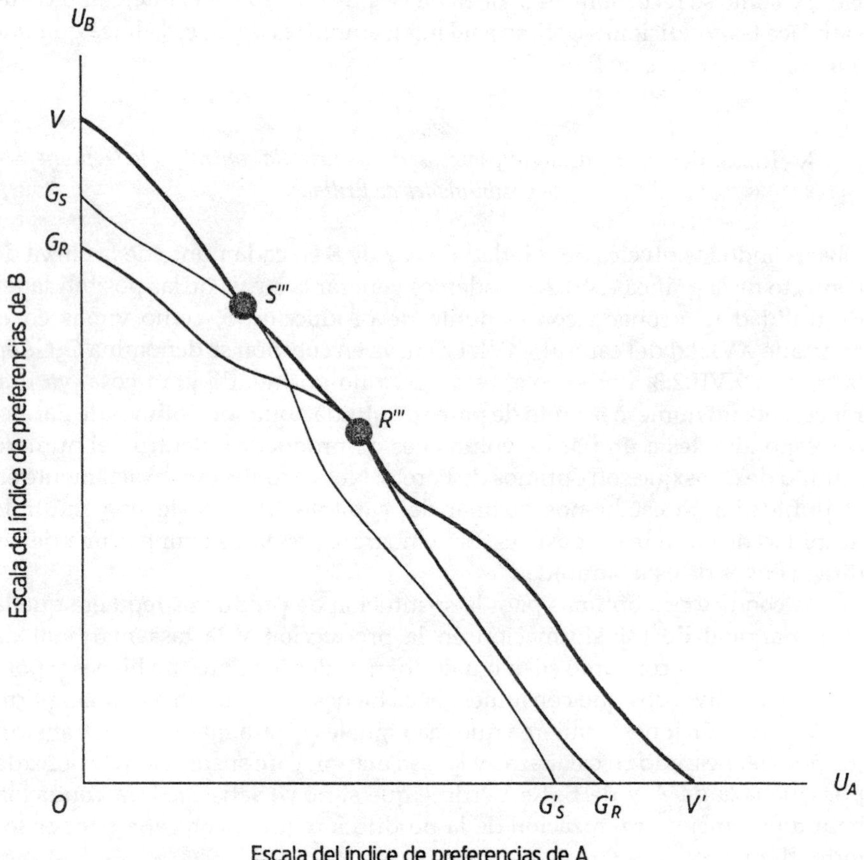

combinación de productos de *S*, *S'* es la única distribución de pescado y de calabaza entre A y B que satisface las condiciones óptimas del intercambio y las condiciones óptimas de la sustitución. En consecuencia, *S'''* es el único punto importante de $G_S G_S'$. Una dimensión de la "infinidad" ha sido eliminada: *S'* es la única asignación eficiente de la producción relacionada con *S*; pero *S* puede estar en cualquier punto de *TT'* en la gráfica XVII.2.2. Subsiste una dimensión de la "infinidad".

XVII.2.e. *De un punto de la frontera de posibilidades de utilidad a la gran frontera de posibilidades de utilidad*

Todavía utilizando las gráficas XVII.2.2 y XVII.2.3, podemos generar la "gran" frontera de posibilidades de utilidad, o la frontera de posibilidades de utilidad relacionada con *cualquier* punto de la frontera de posibilidades de producción. Imaginemos que *S* se mueve hacia abajo a lo largo de *TT'*. En la nueva posición habría más pescado y menos calabazas; se construiría un nuevo diagrama de intercambio de Edgeworth y se generaría una nueva curva de contrato. Cuando se proyecta el espacio de la utilidad, la nueva curva de contrato podría parecerse a $G_R G_R'$ en la gráfica XVII.2.3.

Sin embargo, en el nuevo punto de combinación de producciones de la frontera de posibilidades de producción *TT'*, habría una tasa marginal de transformación única. De nuevo, las condiciones óptimas de la sustitución de productos dictarían un solo punto importante en la curva de contrato, o sea, en la curva de utilidad $G_R G_R'$ de la gráfica XVII.2.3. Este único punto importante está representado por *R'''* en la gráfica XVII.2.3.[6]

A medida que varía la combinación de producciones en todos los puntos de *TT'*, se generan nuevas cajas de intercambio de Edgeworth y nuevas curvas de contrato. Pero en cada punto de combinación de producciones hay una tasa marginal de transformación única. Esta tasa única, aunada a las condiciones óptimas de la sustitución del producto, dicta una distribución única de producciones entre A y B en relación con la combinación de productos, y cada uno de estos puntos únicos puede indicarse en la gráfica XVII.2.3 como un punto único de combinación de utilidades. Conectando todos estos puntos (como *S'''* y *R'''* de la gráfica XVII.2.3), se obtiene la frontera total de posibilidades de utilidad. Esta frontera se representa mediante la línea gruesa *VV'*. Cada punto de esta línea muestra: *a)* una combinación única de las utilidades de A y de B asociada a *b)* una distribución única de la producción entre A y B correspondiente a *c)* la igualdad entre la tasa marginal de transformación y la tasa marginal de sustitución de C por *P*, *d)* en una combinación particular de producciones, $P - C$, sobre la frontera de posibilidades de producción; además, cada combinación de productos $P - C$ establece *e)* una distribución única de las dotaciones de insumos $K - L$ entre la producción de pescado y la de calabazas. Ya es mucho lo que está incorporado en *VV'*, pero todavía existe una infinidad singular de soluciones posibles (cualquier punto de *VV'*).[7]

[6] Para fines de la exposición se escogió este ejemplo de tal modo que sólo hay un punto (*R'''*) en la gráfica XVII.2.3 que satisface el criterio de optimización. En algunos casos es posible que haya varios puntos de la curva de contrato en los que la tasa marginal de sustitución es igual a la tasa marginal de transformación.

[7] El lector con entrenamiento matemático advertirá que *VV'* se puede obtener como la

XVII.2.f. *De la frontera de posibilidades de utilidad al punto de la felicidad restringida*

Hasta ahora, el análisis del bienestar social sólo ha requerido las suposiciones 1 a 3 del apartado XVII.2.a. Para reducir la infinidad singular de soluciones posibles a una solución única se requiere la cuarta suposición: existe una *función de bienestar social* que depende exclusivamente de las posiciones de A y de B en sus propias escalas de preferencia.

Como se indicó antes, ésta es una suposición extrema. Requiere sin duda valuaciones éticas acerca de los "merecimientos" de A y de B. En este sentido, es incuestionablemente un concepto acientífico. Además, la propia elaboración de una función teórica del bienestar social es una tarea conceptual difícil, a menos que la sociedad esté gobernada por un dictador, en cuyo caso la función del bienestar social es la función de preferencia individual del dictador.

En ausencia de un dictador (la adhesión férrea a la tradición, las costumbres, etc. puede ser un "dictador" para los fines del bienestar social), ¿cómo se elabora una función de bienestar? La votación directa o el voto representativo a través de una legislatura parecerían respuestas lógicas. Pero es probable que cualquiera de estos dos métodos falle a causa de la famosa "paradoja de la votación".[8]

Esto podría abordarse de manera distinta. Supongamos que usted es A. Su interés principal es U_A; y contando con recursos dados y plenamente empleados, cuanto mayor sea U_A, menor será U_B. Usted desea avanzar por VV' al punto situado más abajo y a la derecha posible. Es probable que desee una función de bienestar social que dicte una posición muy cercana a V' (y distante de V). Pero no necesariamente. Usted se interesa por U_A como *consumidor*; usted se interesa por la función del bienestar social como *ciudadano*. En este último sentido, es posible que usted prefiera menos de U_A para que haya algo de U_B. Esto es más o menos lo que ocurre cuando un propietario, cuyo hijo asiste a una escuela privada, vota a favor de una emisión de bonos (y un aumento al impuesto de propiedad) para mejorar el sistema de escuelas públicas. De igual manera, cualquier contribución a obras de caridad es un acto que reduce la satisfacción propia como consumidor, pero aumenta la satisfacción propia como ciudadano.

Sin embargo, resulta difícil producir una función de bienestar social. Simplemente suponemos que existe. Ello nos permite representarla por medio de

---

envolvente de las curvas de posibilidades de utilidad asociadas a cada punto de la frontera de posibilidades de producción.

[8] La "paradoja de la votación" se ilustra en el ejercicio 7 del capítulo II, donde se puede observar que los ordenamientos establecidos por los votos de la mayoría podrían ser incongruentes (intransitivos).

una familia de curvas de indiferencia sociales, así como la función de preferencia de un individuo puede representarse por medio de una familia de curvas de indiferencia en el consumo. El conjunto $W_1W'_1, ..., W_4W'_4$ de la gráfica XVII.2.4 muestra una porción de esta familia de curvas.

También se traza en esta gráfica la frontera de posibilidades de utilidad VV'. Esta curva muestra todas las combinaciones de utilidades posibles para A y B, dada la base de recursos existentes, las funciones de producción y los ordenamientos de preferencias individuales. En otras palabras, la curva muestra las combinaciones de utilidad que son físicamente viables. Las curvas de indiferencia sociales muestran las combinaciones de utilidad resultantes en niveles iguales del bienestar social. Entre más alta se encuentre la curva, mayor será el bienestar social agregado.

Por razones que para ahora ya le serán familiares al lector, se alcanza el bienestar social máximo en Q, donde una curva de indiferencia social es tangente a la frontera de posibilidades de utilidad. La infinidad de equilibrios posibles se ha reducido a un punto de equilibrio único, considerando el bienestar de la sociedad en conjunto. Este equilibrio único, Q, recibe el nombre de punto de "felicidad restringida", porque representa la única organización de la producción, del intercambio y de la distribución que conduce al máximo bienestar social *alcanzable*. Por supuesto, la sociedad sería más "feliz" en $W_4W'_4$. Pero no se puede alcanzar un estado en esta curva más alta. La dotación de recursos y el estado del arte "restringen" a la sociedad a un punto de VV'. En vista de la restricción, la sociedad alcanza su punto de "felicidad restringida" en Q.

Conviene que hagamos una digresión momentánea para considerar cómo se traducen las nociones cotidianas en ciertas forma de las curvas de bienestar.

Consideremos en primer término que A y B tienen personalidades muy diferentes, como si se tratara de dos de los siete enanos de Blanca Nieves. El señor A es alguien como Feliz, de modo que necesita poco para alcanzar cierto nivel de utilidad. El señor B es más parecido a Gruñón. Casi nada lo satisface. ¿Cómo se verían las curvas de indiferencia?

Intervienen dos aspectos. En primer término, en estas aseveraciones, y en efecto en cualquier conjunto de funciones de bienestar, están implícitas las comparaciones interpersonales de la utilidad. Cuando decimos que es más fácil llevar a Feliz a un nivel dado de utilidad que a Gruñón, expresamos algo que requiere comparaciones de niveles de satisfacción entre los individuos. Éste es un alejamiento radical de las nociones ordinales que hemos utilizado en este libro. En cuanto se hacen comparaciones de bienestar, tenemos que pensar en medidas cardinales de la utilidad dotadas de algún sentido.

En segundo término, ¿debería la sociedad tratar de igualar la felicidad entre los individuos? En caso afirmativo, ¿debería hacerlo en términos de la utilidad total o de la utilidad marginal? Es decir, si creemos que todos los individuos

GRÁFICA XVII.2.4. *La maximización del bienestar social: de las posibilidades de utilidad a la "felicidad restringida"*

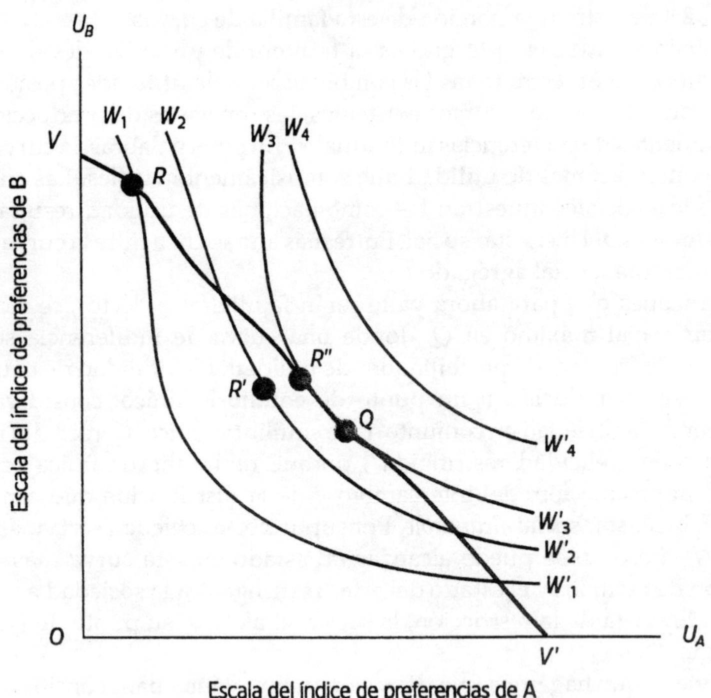

deberían alcanzar el mismo nivel de felicidad, las curvas de bienestar de la gráfica XVII.2.4 tendrían que ser, en el límite, líneas en forma de L, con un quiebre exactamente en la línea de 45° que aparece en la gráfica XVII.2.5. La utilidad adicional de A no contribuye al bienestar social cuando falta un aumento igual de la utilidad de B. Desde luego, puesto que B es difícil de contentar, esto requerirá una cantidad mucho mayor de pescado y de calabazas para B que para A. Algunos creerían que éste es un desperdicio de los recursos de la sociedad.

Otra noción del igualitarismo sostiene que deberían igualarse las utilidades marginales por unidad de gasto. Es decir, la sociedad debería entregar siempre el dinero adicional al individuo que derive más placer de él. Si sólo nos importara la utilidad social de una sociedad, esta regla se maximizaría.[9]

Por supuesto, esto provocaría que A recibiera casi todos los recursos,

[9] Recuérdese que $C = C_A + C_B$ y $P = P_A + P_B$. Todos los recursos se distribuyen entre A o B. La maximización de la utilidad total requiere que se fijen C_A y P_A de tal modo que se maximice

GRÁFICA XVII.2.5. *La igualación de la utilidad total*

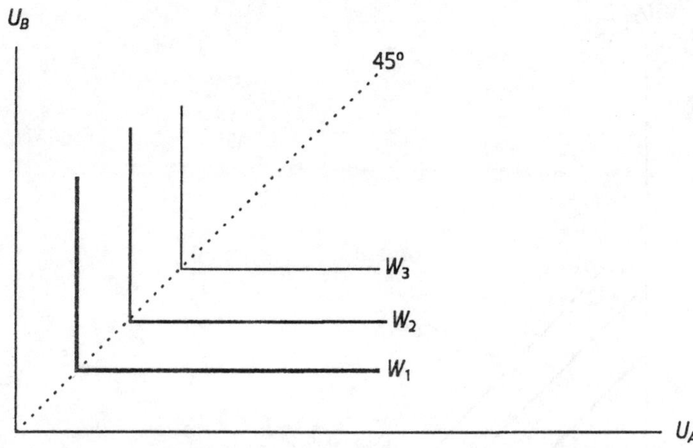

porque aprecia todo, mientras que B no aprecia nada. En tales circunstancias, las curvas de indiferencia del bienestar serían líneas rectas con pendientes de –1, como se indica en la gráfica XVII.2.6. Puesto que resulta más barato proporcionar utilidad para A que para B, es probable que terminemos en una esquina, entregando toda la riqueza de la sociedad a A.

Recientemente se han extendido estas ideas para aplicarlas a emociones humanas tales como el amor, el odio y el altruismo. Esto se ha llevado más lejos al considerar el comportamiento dentro de una unidad familiar.[10]

Por ejemplo, supongamos que A es el padre y B es el hijo. Supongamos además que A es quien toma las decisiones que controlan los recursos de la familia. Un padre que ame a su hijo tanto como a sí mismo tendría curvas de

---

$W = U_A + U_B$. (Una vez escogido C_A, se determina C_B y lo mismo ocurre para P_A y P_B.) Las condiciones de primer orden son

$$\frac{\partial W}{\partial C_A} = \frac{\partial U_A}{\partial C_A} + \frac{\partial U_B}{\partial C_B} \cdot \frac{\partial C_B}{\partial C_A} = 0$$

y

$$\frac{\partial W}{\partial P_A} = \frac{\partial U_A}{\partial P_A} + \frac{\partial U_B}{\partial P_B} \cdot \frac{\partial P_B}{\partial P_A} = 0 .$$

[10] Véase a G. S. Becker, "The Theory of Social Interactions", *Journal of Political Economy*, núm. 82, noviembre/diciembre de 1974, pp. 1063-1094; y E. P. Lazear y R. Michael, *The Allocation of Income within the Household*, Chicago, University of Chicago Press, capítulo 3 (próxima publicación).

GRÁFICA XVII.2.6. *La maximización de la suma de utilidades*

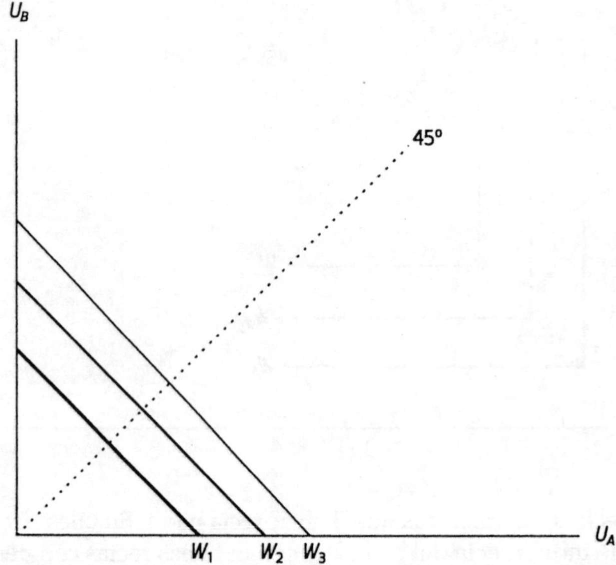

indiferencia simétricas alrededor de la línea de 45° con una pendiente de –1 en esa línea, como se muestra en la gráfica XVII.2.7. En cualquier punto de la línea de 45°, el padre se siente indiferente entre una unidad adicional de utilidad para él o para su hijo. En este caso, las curvas de indiferencia del bienestar social serían las curvas de indiferencia del padre. Este enfoque ha sido utilizado para explicar el comportamiento dentro de una familia y para tratar de definir mejor la distribución del bienestar dentro de una unidad familiar.

XVII.2.g. *La "felicidad restringida" y la eficiencia*

Iniciamos este apartado con una digresión para recordar el significado del óptimo de Pareto o eficiencia.

> *La organización óptima de Pareto*: Se dice que una organización (punto) es un óptimo de Pareto, o que es eficiente en el sentido de Pareto, cuando cualquier reorganización que aumenta la utilidad de un individuo reduce inevitablemente la utilidad del otro.

GRÁFICA XVII.2.7. *La utilidad de la familia*

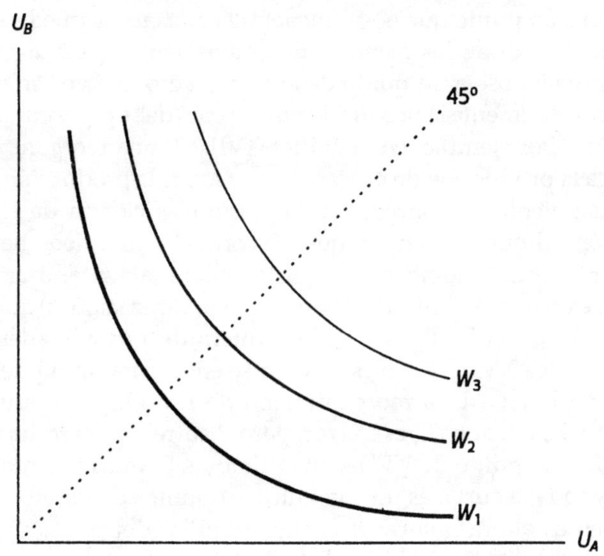

Algunos ejemplos aclararán esta definición.

La curva de contrato del intercambio es un lugar geométrico de óptimos de Pareto. Al derivar ese lugar geométrico en la gráfica XVI.2.3 del capítulo XVI, razonamos de la siguiente manera:

Supongamos que la distribución original de la dotación inicial de bienes colocó a A y a B en el punto *D* (fuera de la curva de contrato). En este punto, A está dispuesto a cambiar una cantidad relativamente grande de Y por una unidad de X, y B está dispuesto a cambiar una cantidad relativamente grande de X por una cantidad de Y. Ambas partes se benefician en general con el intercambio; en el límite, B recibe todo el beneficio, pero A no se perjudica, si el intercambio desplaza la distribución a P_2. De igual modo, A recibe todo el beneficio, pero B no sale perjudicado, si la distribución se mueve de *D* a P_3. En cualquier punto entre P_2 y P_3 sobre *CC'*, ambas partes se benefician con el intercambio.

Es evidente que el punto *D* no es óptimo o eficiente en el sentido de Pareto. Una reorganización desde *D* puede beneficiar a ambas partes (puede aumentar el valor de ambas variables de utilidad). Pero *todos* los puntos de la curva de contrato son óptimos de Pareto. Por ejemplo, una reorganización de P_2 a P_3 beneficia a A, pero al mismo tiempo coloca a B en una curva de indiferencia más baja.

El mismo argumento muestra que la curva de contrato para la producción es un conjunto de óptimos de Pareto. Si la asignación de los insumos lleva inicialmente a un punto que no se encuentra en la curva, puede aumentarse la producción de uno de los bienes o de ambos, sin reducir la producción de ninguno, moviéndose a un punto de la curva. Pero una vez en ella, una reorganización que aumente la producción de un bien debe provocar una reducción en la del otro. Por ejemplo, en la gráfica XVII.2.1, una reorganización de *S″* a *Q″* aumenta la producción de pescado pero reduce la producción de calabazas.

Por consiguiente, el concepto del óptimo o eficiencia de Pareto es: una organización tal que un cambio que "favorece" a uno debe necesariamente "perjudicar" a otro. Como hemos visto reiteradamente, a cada problema corresponde un número infinito de puntos (u organizaciones) que son óptimos de Pareto. Un ejemplo de esto es la frontera de posibilidades de utilidad, *VV′*, de la gráfica XVII.2.4. En esta curva se encuentra un número infinito de puntos como *R* y *Q*. Una reorganización de *R* a *Q*, por ejemplo, beneficia claramente a A, porque U_A es mayor; pero B sufre una pérdida porque U_B es menor. Así, cada punto de *VV′* es un óptimo de Pareto eficiente en el sentido de Pareto y toda la curva es un conjunto de óptimos de Pareto.

Examinemos ahora una característica peculiar del punto *Q* de "felicidad restringida" en la gráfica XVII.2.4. Éste es el único punto, entre la infinidad de puntos de la frontera de posibilidades de utilidad, que tiene un significado prescriptivo inequívoco. No es sólo un óptimo de Pareto, sino que se asocia de manera única al máximo bienestar social. El óptimo o la eficiencia de Pareto es una condición *necesaria*, pero no *suficiente*, para alcanzar un máximo de bienestar. Las condiciones marginales expuestas en la sección XVII.1 sólo se refieren a los requisitos de la eficiencia de Pareto, pero por sí solas, no garantizan un máximo de bienestar. Para esto último se requiere una función de bienestar explícita.

Además, una vez que se define una función de bienestar social, queda clara la importancia limitada de la "eficiencia". El punto de la "felicidad restringida" es un óptimo de Pareto. Pero comparemos los puntos *R* y *R′*. El primero es eficiente en términos de Pareto porque se encuentra en *VV′*. Pero una reorganización de *R* a *R′*, un punto que es ineficiente en términos de Pareto, resulta claramente deseable, porque se alcanza un mayor nivel de bienestar social. Por supuesto, si partimos de un punto "ineficiente", tal como *R′*, uno o más puntos de *VV′* (como *R″* y *Q*) son socialmente preferibles. Pero con la única excepción del punto *Q* de "felicidad restringida", para cualquier punto eficiente de *VV′* hay uno o más puntos ineficientes que son socialmente más deseables.

XVII.2.h. *Insumos, productos, distribución y bienestar*

Utilizando las suposiciones 1 a 4 del apartado XVII.2.a, se ha determinado un punto único de felicidad restringida mediante las gráficas XVII.2.1 a XVII.2.4. Ahora podemos invertir el proceso para encontrar los valores *óptimos* de las 10 variables enumeradas en el apartado XVII.2.a: los insumos de trabajo y de capital para la producción de pescado y de calabazas (L_P, L_C, K_P, K_C), la producción total de pescado (P) y de calabaza (C), y la distribución del pescado y de las calabazas entre A y B (P_A, P_B, C_A, C_B).

El punto Q de la felicidad restringida en la gráfica XVII.2.4 es un punto único de VV'. Como se vio en el apartado XVII.2.e, cada punto de VV' se asocia a un punto único de la frontera de posibilidades de producción, porque deben satisfacerse las condiciones marginales en la sustitución de productos. En la gráfica XVII.2.8, sea Q' el punto de la frontera de posibilidades de producción que corresponde al punto Q de la felicidad restringida, donde TT' es la curva de transformación. La ubicación del punto Q' determina de inmediato dos variables: los niveles de producción del pescado y de la calabaza que corresponden al equilibrio general y al máximo de bienestar, o sea $\overline{OP}$ y $\overline{OC}$, respectivamente.

Volvamos ahora a la gráfica XVII.2.1. Las producciones totales de $\overline{OP}$ y $\overline{OC}$ asociadas a Q' pueden obtenerse eficientemente de una sola manera, produciendo en el punto de la curva de contrato EE' correspondiente a Q' en TT'. Sea este punto S''. La organización de la producción queda determinada por este punto, así como los valores de otras cuatro variables. El insumo de capital en la producción de pescado (K_P) es $\overline{OK_P}$; el insumo de trabajo (L_P) es $\overline{OL_P}$. Por tanto, el insumo de capital en la producción de calabazas (K_C) es $\overline{OK} - \overline{OK_P}$, y el insumo de trabajo (L_C) es $\overline{OL} - \overline{OL_P}$.

Las últimas cuatro variables se determinan construyendo el diagrama de intercambio de Edgeworth, cuyas dimensiones representan los valores óptimos de la producción de pescado y de calabaza. Trazando perpendiculares desde Q' en la gráfica XVII.2.8, se obtiene la caja dada por $\overline{OCQ'P}$. La curva de contrato relacionada con Q', que se designa como $G_Q G'_Q$, se construye de la manera usual. Por último, estableciendo la condición de que la tasa marginal de transformación (dada por la pendiente de $P_P P_C$) sea igual a la tasa marginal de sustitución común (dada por la pendiente de $P'_P P'_C$), determinamos el punto único Q'', asociado a Q'. De esta manera, A obtiene $\overline{OP}_A$ unidades de pescado y $\overline{OC}_A$ unidades de calabaza, y B obtiene el resto: $\overline{OP} - \overline{OP}_A$ unidades de pescado y $\overline{OC} - \overline{OC}_A$ unidades de calabaza.

En resumen, hemos alcanzado un equilibrio general único y este punto de equilibrio se asocia unívocamente al máximo bienestar social alcanzable por la sociedad a partir de la base de recursos disponible.

GRÁFICA XVII.2.8. *El equilibrio general: de la "felicidad restringida" a los insumos, los productos y la distribución*

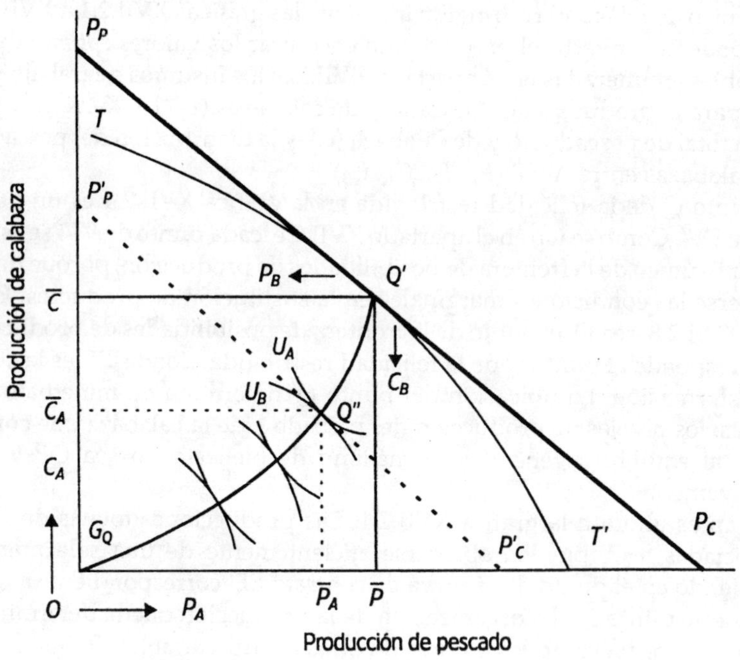

XVII.2.i. *De la "felicidad restringida" a los precios, los salarios y la renta*

En el apartado XVII.1.b hicimos una sugerencia informal sobre la manera en que el sistema de precios en competencia perfecta conduce al punto de máximo bienestar social. Nuestra última tarea consiste en la determinación de estos precios para los dos insumos y los dos productos,[11] denotados por p_P (precio del pescado) y p_C (precio de la calabaza), w (tasa salarial) y r (renta del capital).

[11] Se ha llamado punto de felicidad restringida al máximo del bienestar social, porque las limitaciones de los insumos y la función de producción imponen ciertas restricciones. Sean $K = \overline{K}$ y $L = \overline{L}$ las dotaciones de insumos; y $K_P + K_C = \overline{K}$ y $L_P + L_C = \overline{L}$. Además, supongamos que las funciones de producción para el pescado y las calabazas son $P = P(K_P, L_P)$ y $C = C(K_C, L_C)$, respectivamente. Por último, sea la función de bienestar social $W = W(U_A, U_B)$, donde $U_A = U_A(P_A, C_A)$ y $U_B = U_B(P_B, C_B)$, y donde $P_A + P_B = P$ y $C_A + C_B = C$. El problema de la maximización restringida está representado por las ecuaciones siguientes: maximícese $W = W(U_A, U_B)$, sujeto a $K - \overline{K} = 0$, $L - \overline{L} = 0$, $P(K_P, L_P) - \overline{P} = 0$, y $C(K_C, L_C) - \overline{C} = 0$.

La expresión de Lagrange correspondiente puede escribirse

Concentrémonos en primer término en los salarios y en la renta (véase la gráfica XVII.2.1). Para alcanzar la combinación de recursos de costo mínimo, cada productor debe utilizar las unidades en proporciones tales que su tasa marginal de sustitución técnica sea igual a la razón de precios de los insumos. Además, las condiciones óptimas de la sustitución de factores exigen la igualdad de la tasa marginal de sustitución técnica entre todos los productores que utilicen los dos insumos en cuestión. Este principio establece el punto S'' en la gráfica XVII.2.1. La tasa marginal de sustitución técnica común está representada por la pendiente de la línea punteada RW. Puesto que esta tasa marginal común debe ser igual a la razón de precios de los insumos, sabemos que la razón renta-salario (r/w) debe quedar representada por la pendiente de RW.

Consideremos ahora la gráfica XVII.2.8. En el punto de maximización Q', la tasa marginal de transformación del pescado en calabaza está dada por la pendiente de $P_P P_C$. La condición óptima para la sustitución de productos requiere que la tasa marginal de transformación en la producción sea igual a la tasa marginal de sustitución común en el consumo. Este principio determina el punto Q'' y la tasa marginal de sustitución, dada por la pendiente de la línea punteada $P_P' P_C'$. Por último, la condición óptima del intercambio exige que la tasa marginal de sustitución común de pescado por calabaza y la razón de precios de pescado-calabaza sean iguales. Por tanto, p_P/p_C está dada por la pendiente de $P_P' P_C'$ (que es igual a la pendiente de $P_P' P_C'$).[12]

$$\Lambda = W(U_A, U_B) - r(K - \overline{K}) - w(L - \overline{L}) - p_P[P(K_P, L_P) - \overline{P}]$$
$$- p_C[C(K_C, L_C) - \overline{C}],$$

donde r, w, p_P y p_C son multiplicadores de Lagrange. Como indicamos antes, estos multiplicadores son en realidad precios, de modo que la solución del problema de Lagrange nos proporciona soluciones (a escala) para los precios del pescado y de las calabazas (p_P y p_C), la tasa salarial (w) y la renta del capital (r). Los precios de la solución son los maximizadores, sea el sistema económico un sistema de libre empresa con competencia perfecta o una economía socialista descentralizada que sigue la regla de Lange-Lerner. La "mano invisible" de Smith es el mecanismo de mercado que, si es perfectamente competitivo, establecerá w, r, p_P y p_C. Una computadora puede resolver (conceptualmente) el problema de Lagrange para obtener los "precios sombra" w, r, p_P y p_C.

12 Recuérdese que, por la teoría de la unidad familiar (capítulo III, apartado III.2.b), los consumidores igualarán la razón de las utilidades marginales y los precios en un mercado competitivo. Esto significa

$$\frac{p_P}{p_C} = \frac{UM_P}{UM_C} = \frac{CM_P}{CM_C} = TMT_{P \text{ en } C} = TMS_{P \text{ por } C}.$$

En consecuencia, cuando la economía es competitiva, los precios establecen la igualdad entre la tasa marginal de transformación en la producción y la tasa marginal de sustitución común en la producción.

El análisis gráfico nos permite determinar las *razones* óptimas de los precios de los insumos y de los productos, pero los valores absolutos se desconocen hasta ahora. Dadas las funciones de producción y de distribución de los insumos, hay un principio que nos permite relacionar los precios de los insumos con los precios de los productos: cualquier empresario que desee maximizar su beneficio debe utilizar las unidades de cada recurso hasta que llegue al punto en el que el valor de su producto marginal es igual a su precio (del insumo). Denotando el producto marginal del insumo i en la producción del bien j por PM_{ij}, tenemos

$$r = p_P\, PM_{KP} = p_C PM_{KC}\,, \qquad \text{(XVII.2.1)}$$

y

$$w = p_P\, PM_{LP} = p_C\, PM_{LC}\,. \qquad \text{(XVII.2.2)}$$

Consideremos ahora los acervos. Denotemos la tasa marginal de sustitución técnica por *TMST* y la tasa marginal de sustitución por *TMS*. Entonces, podemos representar la igualdad de la tasa marginal de sustitución técnica y la razón de precios de los insumos como

$$r = w\,(TMST)\,, \qquad \text{(XVII.2.3)}$$

De igual manera, la igualdad entre la tasa marginal de sustitución y la razón de precios de los insumos implica que

$$p_P = p_C\,(TMS)\,. \qquad \text{(XVII.2.4)}$$

Sustituyamos la expresión XVII.2.4 en, por ejemplo, la primera parte de la ecuación XVII.2.2 y obtenemos

$$w = p_C\,(TMS)\,(PM_{LP})\,. \qquad \text{(XVII.2.5)}$$

Luego, sustituyendo la expresión XVII.2.5 en XVII.2.3, obtenemos

$$r = p_C\,(TMS)\,(PM_{LP})\,(TMST)\,. \qquad \text{(XVII.2.6)}$$

Todos los términos que aparecen entre paréntesis en la ecuación XVII.2.6 representan valores *conocidos*, es decir, valores determinados por la solución de equilibrio del bienestar máximo. Por tanto, r puede determinarse una vez que se conozca p_C. Conociendo r, puede despejarse w en la ecuación XVII.2.3. Por último, la ecuación XVII.2.4 determina el valor óptimo de p_P, si se conoce p_C.[13] Pero no hay ninguna ecuación para determinar p_C. Los precios, los salarios y las rentas no son únicos (aunque sí lo es el equilibrio general). Esas variables se determinan sólo en términos de escala o de proporciones. Debemos designar uno de los precios como el numerario del sistema; luego se conocerán todos los demás precios. Por ejemplo, podríamos especificar que el precio de una unidad de calabazas es uno, $p_C = 1$. El lado de los precios del sistema está determinado sólo en términos de la escala, porque nuestro análisis sólo se ha ocupado de variables *reales* (no monetarias).

Recordemos que el punto de la felicidad restringida era un óptimo de Pareto y de máximo bienestar social. Implicaba un conjunto de precios y, en consecuencia, un conjunto de dotaciones de factores de producción que permitirían a A y a B negociar hasta llegar al punto de la felicidad restringida. Pero no es necesario que las dotaciones de los factores de producción sean congruentes con la felicidad restringida para alcanzar el óptimo de Pareto. Supongamos que, de alguna manera arbitraria, se reciben exógenamente el trabajo y el capital. Los productores de pescado y de calabazas, y A y B como trabajadores, propietarios de capital y consumidores, negociarían hasta llegar a un punto de la curva VV' en la gráfica XVII.2.4. Pero sólo como una gran coincidencia ese punto sería el punto Q. Sin embargo, siempre habrá alguna manera de redistribuir las dotaciones iniciales de los factores productivos para inducir a la economía a terminar en Q. Eso es lo que ha motivado a algunos economistas a defender la redistribución de la propiedad, en lugar de los controles de precios arbitrarios, para alcanzar metas sociales. El siguiente apartado ilustra la diferencia mediante el examen de las leyes de salarios mínimos.

XVII.2.j. *Los salarios mínimos y la eficiencia de Pareto: una digresión*[14]

La utilidad de los modelos presentados en los capítulos XVI y XVII reside en su poder como instrumentos analíticos. A fin de ilustrar en un caso sencillo cómo se realiza el análisis, consideraremos los efectos de bienestar de una ley de salario mínimo.

En la sección XVI.4 elaboramos un modelo simple de equilibrio general, con dos insumos y dos bienes y coeficientes de producción fijos. Supongamos que las condiciones de la demanda en la economía son tales que el equilibrio ocurre en un volumen de producción Q_1^* tal que el precio relativo de Q_1 es $p_1 = 1/S_K = a_{K_1}/a_{K_2}$. En otras palabras, la curva de demanda intersecta a la curva

[13] Todo este procedimiento puede invertirse para expresar r, w y p_C como una función de p_P.

[14] Estamos en deuda con el profesor Roy J. Ruffin por habernos sugerido esta aplicación.

de oferta en el segmento $1/S_K A$ de la gráfica XVI.4.3. Dados los supuestos de la sección XVI.4, sabemos que el trabajo es redundante y la tasa salarial es cero en este intervalo de la producción. La tasa de renta del capital es $r = 1/a_{K_2}$.

Supongamos ahora que se promulga una ley de salario mínimo que fija la tasa salarial mínima en $\underline{w} > 0$. Las ecuaciones de beneficio cero XVI.4.8 y XVI.4.9 son entonces dos ecuaciones con dos incógnitas, p_1 y r, que pueden resolverse para encontrar estos valores. Es decir:

$$p_1 = \underline{w}\, a_{L_1} + r a_{K_1}$$

$$1 = \underline{w}\, a_{L_2} + r a_{K_2}$$

pueden resolverse para r y p_1 en términos de $\underline{w}$. La solución es

$$\underline{r} = \frac{1 - \underline{w}\, a_{L_2}}{a_{K_2}}$$

$$\underline{p}_1 = \frac{a_{K_1}}{a_{K_2}} + \underline{w}\left(a_{L_1} - a_{L_2} \frac{a_{K_1}}{a_{K_2}} \right).$$

En la sección XVI.4 se supuso que $a_{L_1} - a_{L_2} a_{K_1}/a_{K_2} > 0$; por tanto, el precio relativo $\underline{p}_1$ aumenta por la introducción del salario mínimo y la tasa de renta disminuye. Esto significa que, al nuevo precio de equilibrio, $\underline{p}_1$, la demanda del bien 1 es menor que antes de la introducción del salario mínimo.[15] Además, puesto que se supone que el bien 1 es relativamente intensivo en trabajo, esta reducción de la demanda del bien 1 reduce el empleo de trabajo.

¿Satisface el nuevo equilibrio las condiciones del óptimo de Pareto? La respuesta es definitivamente no. Observamos que los consumidores se enfrentan a un precio relativo de $\underline{p}_1$ que es igual a $a_{K_1}/a_{K_2} + \underline{w}\ (a_{L_1} - a_{L_2} a_{K_1}/a_{K_2})$. Sin embargo, puesto que el nuevo equilibrio se encuentra todavía en el segmento *EA* de la frontera de posibilidades de producción representada en la gráfica XVI.4.1, la tasa marginal de transformación no se altera con la ley del salario mínimo. En consecuencia, después de la introducción del salario mínimo, la

[15] Hablando en términos estrictos, también debemos tener en cuenta los posibles desplazamientos de la curva de demanda que surgen de las variaciones del ingreso después de la introducción del salario mínimo. En otras palabras, el salario mínimo podría tener efectos distributivos. Dadas la suposiciones razonables acerca de las funciones de utilidad de los consumidores, puede demostrarse que el salario mínimo reduce efectivamente la demanda de equilibrio del bien 1 de nuestro ejemplo cuando se tienen en cuenta estos efectos distributivos.

tasa marginal de sustitución ya no es igual a la tasa marginal de transformación y se viola una de las condiciones del óptimo de Pareto.[16]

La legislación del salario mínimo intenta ostensiblemente beneficiar a los individuos de salarios e ingresos bajos. No hay duda de que hay quienes se benefician con la ley del salario mínimo, pero sólo a costa de una ineficiencia de Pareto en la economía. Por esta razón, muchos economistas se oponen a las leyes del salario mínimo y preferirían resolver los problemas de la pobreza mediante transferencias directas de ingresos. Estas transferencias directas logran la meta de reducir las penurias, pero no violan las condiciones del óptimo de Pareto. Es muy probable que una transferencia de ingresos desplace al punto de equilibrio general; pero mientras se permita el ajuste de los precios, el nuevo equilibrio será otro punto eficiente de Pareto.

Sin embargo, debe destacarse que resulta en extremo difícil (algunos creen que imposible) la elaboración de políticas de distribución del ingreso que no impliquen cierta pérdida de la eficiencia de Pareto o ciertos costos "de peso muerto". Por ejemplo, una política de redistribución del ingreso financiada mediante un impuesto a las ventas meterá una cuña entre el precio pagado por el bien gravado (con el impuesto incluido) y el costo marginal del mismo bien. A causa del impuesto habrá una diferencia entre la tasa marginal de sustitución en el consumo y la tasa marginal de transformación y, por ende, una violación de la condición del óptimo de Pareto. Los impuestos que gravan los salarios o los ingresos provocan pérdidas similares de la eficiencia de Pareto, porque llevan a los individuos a sustituir el ingreso por el ocio, aunque el valor marginal de la producción perdida exceda el valor marginal del ocio adicional. Estas consideraciones se encuentran en el centro de la difícil elección entre la "equidad" y la "eficiencia" que parece ocupar gran parte de la atención de los dirigentes políticos.

XVII.3. Las economías externas y la economía del bienestar: una observación final sobre la libre empresa

Es posible que los precios de la competencia perfecta (o multiplicadores de Lagrange de Lange-Lerner) no sean los correctos o que los empresarios que maximizan sus beneficios no produzcan, de hecho, la configuración óptima con el conjunto de precios que racionarían adecuadamente los volúmenes de producción de la felicidad restringida. Si esto ocurre, no se logrará el máximo de bienestar, aunque haya competencia perfecta en todos los mercados.

[16] En términos de la gráfica XVII.2.8, la ley del salario mínimo hace que la pendiente de $P'_P P'_C$ difiera de la pendiente de $P_P P_C$.

Para explicar esta falla del mercado, se requiere un tercer enfoque de la maximización del bienestar.

XVII.3.a. *Beneficios y costos sociales*

En varias ocasiones hemos afirmado que la demanda representa el valor social marginal o el beneficio social marginal derivado de una unidad adicional del bien en cuestión. En otras palabras, la demanda de cada bien indica el precio o el costo marginal de los recursos que los consumidores están *dispuestos* a pagar por una unidad adicional. En la competencia perfecta, el precio es igual al costo marginal; se espera que el costo marginal sea el costo marginal de los recursos que la sociedad *debe* pagar para lograr la producción de una unidad adicional. Por tanto, de acuerdo con el argumento "marginal" usual, el bienestar social se maximiza, cuando el costo social marginal es igual al beneficio social marginal o cuando la cantidad de recursos que los consumidores están dispuestos a sacrificar es exactamente igual a la cantidad de recursos que la sociedad debe sacrificar para obtener una unidad de producción adicional.

En ciertos casos, sin embargo, el costo marginal que guía el comportamiento de los empresarios que buscan maximizar sus beneficios no es igual al costo marginal para el conjunto de la sociedad. Con definiciones obvias, el costo *privado* marginal no es igual al costo marginal social. En competencia perfecta, la maximización del beneficio implica que el precio sea igual al costo privado marginal. Pero sólo se alcanza el máximo bienestar social cuando el costo privado marginal es igual al costo social marginal, ya que sólo entonces son iguales el beneficio social marginal y el costo social marginal.

Economías externas: Decimos que existe una economía (deseconomía) externa cuando el costo social marginal es menor (mayor) que el beneficio social marginal.

En esta terminología, la competencia perfecta no conduce al máximo bienestar social cuando existen economías o deseconomías externas.

XVII.3.b. *Las externalidades de la propiedad*[17]

Hay tres orígenes de la economías y las deseconomías externas, o tres razones de la divergencia que existe entre el costo social marginal y el beneficio social marginal. La primera es conocida como "externalidad de la propiedad". Una explicación de este origen de la divergencia podría aclarar un poco la noción de "externalidad".

El ejemplo clásico de una deseconomía externa se refiere a la viuda pobre que se sostiene lavando ropa ajena y la fábrica de al lado que ennegrece la ropa con su humo. Un ejemplo más reciente e importante es el de la contaminación atmosférica. El costo privado de la eliminación de esta contaminación es el costo de la construcción de chimeneas, de catalizadores para los automóviles, etc., y el costo privado *marginal* al que se iguala el precio es virtualmente cero. Sin embargo, el costo social es definitivamente positivo cuando la emisión de humo de muchas fábricas y automóviles provoca la contaminación atmosférica. El costo social marginal excede al costo privado marginal (de cero) y, por ende, al precio; el bienestar social no se maximiza.

El concepto de la externalidad resultará aún más claro con el ejemplo siguiente de una economía externa (tomado de Meade). Un apicultor y un cultivador de duraznos son vecinos contiguos. Podemos suponer, por ejemplo, que la producción de duraznos requiere sólo trabajo y, por tanto, su función de producción puede escribirse como $D = D(L)$. Pero en el curso de desarrollo, primero aparecen las flores en los árboles, luego vendrán los duraznos. Las abejas se alimentan del néctar de duraznos que toman de las flores, y luego producen miel. Naturalmente, el trabajo del apicultor también interviene, pero lo mismo ocurre con la disponibilidad de las flores de durazno y, por consiguiente, con la producción de duraznos. En consecuencia, la función de producción de miel es $M = M(L, D)$.[18]

El costo privado marginal de la mayor producción de duraznos depende sólo de la tasa salarial (de competencia perfecta). Si una unidad adicional de trabajo puede producir una unidad adicional de duraznos, el costo privado marginal de éstos es la tasa salarial. Pero la producción de una unidad adicional de duraznos implica más flores de durazno y más néctar; se pueden alimentar más abejas y se produce más miel. El costo social marginal de los duraznos es igual al costo privado marginal *menos* el valor del incremento en la producción de duraznos; la producción perfectamente competitiva de duraznos no es tan grande como "debería", a fin de lograr la maximización del bienestar.

[17] Gran parte de lo que resta de este capítulo se basa en Francis M. Bator, "The Anatomy of Market Failure", *Quarterly Journal of Economics*, núm. 72, 1958, pp. 351-379.

[18] Ignoramos el servicio de polinización cruzada que realizan las abejas.

¿Dónde reside la dificultad? Es claro que las flores de durazno intervienen en la producción de miel; estas flores tienen un producto marginal positivo, de modo que deberían tener un precio de mercado positivo. Pero el cultivador no puede proteger su propiedad del néctar de las flores; este factor de producción escaso es ajeno a la propiedad efectiva. El néctar de durazno tiene un precio de mercado de cero; ni siquiera un mercado de competencia perfecta puede adjudicar su valor correcto al néctar. Por tanto, las decisiones de maximización del beneficio no pueden distribuir adecuadamente los recursos en el margen, porque la escasez está separada de la propiedad. En esta situación, la falla del mercado se atribuye a una externalidad de la propiedad.

En un artículo semanal publicado en 1960, el profesor Ronald Coase señaló que, en muchos casos, la asignación de los derechos de propiedad puede llevar a los individuos particulares a tener en cuenta en sus decisiones las externalidades de la propiedad.[19] El análisis de Coase puede ilustrarse mediante un ejemplo sencillo. Supongamos que un agricultor que cultiva tomate y un ganadero que cría reses son vecinos contiguos. El problema es que las reses pisan los tomates, produciendo una deseconomía externa. Ahora bien, podríamos pensar que, si la ley se pusiera del lado del ganadero y dijera que los ganaderos no tienen que compensar a los agricultores por los tomates pisoteados, habría demasiadas reses y no suficientes tomates. No es así, dice Coase. No importa quién tenga los derechos de propiedad, mientras que tales derechos estén bien definidos.

Por ejemplo, supongamos que una res adicional vale $100 para el ganadero, pero destruye $90 de tomates. Si el ganadero no tiene que compensar al agricultor, la res será llevada al campo y así debe ser, porque $100 de valor supera a $90 de pérdida, de modo que la sociedad se encuentra en mejor situación con la res que con los tomates. Supongamos que la ley dijera que el ganadero debe pagar al agricultor por los tomates pisoteados. El gandero ganaría $100, pero se vería obligado a pagar $90 al agricultor. Aún así, el ganadero prefiere esto a verse privado de la res adicional, de modo que la res será llevada al campo. La decisión del tribunal no afecta la asignación entre reses y tomates.

Alteremos ahora la historia. Supongamos que la res vale $90 y los tomates valen $100. Si se obliga al ganadero a pagar, es claro que no lo hará y no debería hacerlo. Desde el punto de vista de la sociedad, el valor de $90 de la res es menor que la pérdida de $100 de los tomates destruidos. Supongamos ahora que el ganadero no tiene que compensar al agricultor. ¡De todos modos, la res no será llevada al campo! La razón es que el agricultor ofrecería al ganadero $91 para que mantenga a la res fuera de su tierra, porque $91 < $100. El

[19] Ronald Coase, "The Problem of Social Cost", *Journal of Law and Economics*, núm. 3, octubre de 1960, pp. 1-44.

ganadero aceptaría porque \$91 > \$90. Por consiguiente, no criará la res, independientemente de lo que diga la ley.

Una suposición fundamental de éste análisis es que los costos de la negociación son nulos. Si el agricultor tuviera que contratar un abogado para que le ofreciera el "soborno" al ganadero, el costo podría superar cualquier beneficio de los tomates salvados. En esas circunstancias, el hecho de que el ganadero tuviera que pagar o no podría significar toda la diferencia.

Una segunda suposición fundamental es que las ubicaciones originales están fijas. Si el ganadero supiera antes de decidir sobre la ubicación de su rancho que tendría que compensar al agricultor por los daños, quizá se ubicara en otra parte para evitar tales cargos. Si el agricultor tuviera que sobornar al ganadero, éste podría ubicarse al lado del agricultor simplemente para cobrar los sobornos.

Una cuestión relacionada es la del chantaje. La ley puede cambiar los "puntos de amenaza", como se les llama en la teoría de juegos. Si la ley dice que los agricultores deben sobornar a los ganaderos, éstos tienen incentivos para amenazar con llevar reses al campo aunque no tengan ninguna intención de hacerlo. Esto es análogo a lo que ocurre cuando los secuestradores amenazan con volar un avión, aunque ni a ellos mismos convenga el cumplimiento de la amenaza. El análisis de Coase no toma en cuenta estas consideraciones estratégicas. Sin embargo, la observación de Coase es una de las más importantes para el análisis de la ley y su interacción con la economía.

Un procedimiento estrechamente relacionado para tener en cuenta los costos externos en el sector privado es el de la integración vertical. En el ejemplo anterior del productor de miel y el cultivador de duraznos, puede captarse la externalidad positiva, si el productor de miel compra la propiedad del cultivador y luego produce miel y duraznos. Cuando el huerto y las abejas son propiedad del mismo individuo, éste puede mantener el capital del néctar de durazno, de modo que estará dispuesto a aumentar la producción de duraznos. Es obvio que ocurriría lo mismo si el agricultor le comprara al apicultor. La integración vertical podría ser un procedimiento para la reducción de los costos de la negociación, pero sería un error suponer que la integración vertical es una panacea. Los problemas que surgen al establecer contratos entre el cultivador y el apicultor no se eliminan automáticamente cuando se fusionan. Todavía es necesario establecer algún procedimiento para compensar a los dos individuos que integran la empresa. La resolución de este problema de manera congruente con la eficiencia económica no es, generalmente, menos difícil que tratar de coordinar la acción de un huerto de duraznos y un apiario de propiedad separada.

XVII.3.c. *Las externalidades de los precios*

Otra clase de externalidades, a veces llamadas externalidades de los precios, no plantean problemas para la distribución de los recursos. Estas externalidades no tienen nada que ver con la tecnología de la producción o del consumo, sino que se relacionan con el hecho de que los precios son interdependientes.

Por ejemplo, un herrero podría haber considerado al automóvil como una externalidad negativa. Su invención redujo defintivamente la demanda de los servicios de los herreros y así disminuyó el nivel de sus ingresos. De acuerdo con la lógica de la sección anterior, los herreros podrían haber estado dispuestos a pagar algo para evitar la invención de los automóviles. Pero estas externalidades no son ineficientes. Cualquier interacción que opere directamente a través del mercado se interioriza apropiadamente mediante el conjunto resultante de precios de mercado. Aunque tales interacciones pueden tener ciertas consecuencias distributivas, no generan ninguna desviación del óptimo de Pareto.

XVII.3.d. *Las externalidades de los bienes públicos*

Volvamos al modelo de dos personas y dos bienes. A y B consumen X y Y. Supongamos que X esté disponible en la cantidad $\overline{X}$. Entonces decimos que es un bien público si A y B pueden consumir cada uno $\overline{X}$ unidades de X (en lugar de tener $X_A + X_B = \overline{X}$. Por ejemplo, el hecho de que una persona presencie un espectáculo de juegos pirotécnicos no impide que otra persona también lo presencie; a los conciertos puede asistir más de una persona y, hasta cierto punto, lo mismo sucede con la escuelas públicas.

La competencia perfecta establece la igualdad entre la tasa marginal de transformación de X en Y y la tasa marginal de sustitución común de A y B entre X y Y. Pero en el caso del bien público, puesto que el consumo de X por parte de A no restringe el consumo de B, la tasa marginal de transformación debe ser igual a la *suma* de las dos tasas marginales de sustitución. La competencia perfecta y los precios perfectamente competitivos provocan la subproducción y el subconsumo de los bienes públicos.

Sin embargo, puede demostrarse que un monopolista que pueda discriminar en los precios producirá una cantidad eficiente del bien público. El monopolista fijará el precio de cada unidad del bien por separado para cada individuo, de modo que el ingreso marginal que recibe sea exactamente igual al costo marginal de la producción de una unidad adicional. Esto supone que el productor conoce la curva de demanda de cada individuo y que puede excluir del disfrute del bien público a quienes no paguen. (La televisión por cable es un ejemplo de un bien público donde los productores pueden excluir a los clientes que no paguen.)

XVII.4. Las distorsiones y el óptimo condicionado

El análisis de las ineficiencias de Pareto trata a cada uno de esas distorsiones de manera aislada. Sin embargo, en las economías del mundo real, a menudo coexisten muchas de esas distorsiones. Las consideraciones políticas y otras consideraciones institucionales podrían imposibilitar la eliminación de cada una de esas distorsiones. En tal situación, las condiciones habituales de la eficiencia de Pareto podrían resultar inaplicables, incluso para las distorsiones que se pueden tratar con alguna acción política.

Por ejemplo, supongamos que una empresa crea una externalidad negativa en la forma de contaminación. Considerada como una situación aislada en un equilibrio puramente competitivo, podríamos concluir que la empresa debería ser inducida a reducir su producción para tomar en cuenta el costo social de la externalidad negativa. Pero supongamos que la empresa es un monopolio. Sabemos que la distorsión asociada al monopolio es precisamente que la empresa produce demasiado poco del producto monopolizado. Por consiguiente, si no se puede romper el monopolio y sustituirlo con una industria competitiva, los esfuerzos para reducir más aún la producción de la empresa podrían, de hecho, alejar más aún a la economía de la eficiencia de Pareto. En otras palabras, por lo menos en este ejemplo, los problemas del monopolio y de la contaminación se compensan hasta cierto punto.

Lo que se quiere ilustrar aquí, sobre todo, es que al evaluar cualquier distorsión aparente de mundo real podemos extraviarnos al dejar de considerar el efecto de otras distorsiones, cuya eliminación es demasiado costosa y, por tanto, debe tratarse como un hecho institucional de la vida.[20] El análisis de las distorsiones de esta clase de marco mundano "imperfecto" se conoce como la economía del óptimo condicionado (*second best*).[21]

[20] Si el costo de eliminar una "distorsión" supera a los beneficios que resultarían de su eliminación, quizá sea más correcto llamarla restricción tecnológica o simplemente costo, en lugar de distorsión.

[21] R. G. Lipsey y K. Lancaster, "The General Theory of the Second Best", *Review of Economic Studies*, núm. 24, 1956-1957, pp. 11-32.

XVII.5. Resumen

- El análisis del capítulo XVI estableció varias condiciones necesarias para el óptimo de Pareto. Por ejemplo, la *condición marginal del intercambio* dice que, en el óptimo de Pareto, la tasa marginal de sustitución entre cualquier par de bienes de consumo debe ser la misma para todos los individuos que consumen ambos bienes. Las otras dos condiciones son la *condición marginal para la sustitución de factores* y la *condición marginal para la sustitución de productos*. Puede demostrarse que en una economía donde todos los consumidores, todas las empresas, todas las industrias y todos los mercados de insumos son perfectamente competitivos, se satisfacen estas condiciones. En otras palabras, el sistema de precios en una economía de mercados de competencia perfecta conduce a un equilibrio óptimo de Pareto. Estas condiciones marginales también se aplican en una sociedad socialista descentralizada que contenga un organismo de planificación central que trate de maximizar el bienestar social. El organismo de planificación estatal tendría que reemplazar al sistema de precios con un cálculo explícito de los "precios sombra" basado en el conocimiento detallado de los patrones de las preferencias individuales y de las funciones de producción. De acuerdo con la regla de Lange-Lerner, las autoridades de planificación publican entonces esta lista de precios e instruyen a todos los consumidores y gerentes de plantas para que traten los precios publicados como dados y actúen como si fuesen maximizadores de la satisfacción o del beneficio que operan en mercados de competencia perfecta.
- El sistema de precios no podrá desempeñar la función de establecer las condiciones marginales del óptimo de Pareto, si no se satisfacen las condiciones estrictas del modelo de competencia perfecta. Si, por ejemplo, hay deseconomías externas (como la contaminación), o economías externas, el costo de cualquier actividad desde el punto de vista del individuo privado diferirá del costo para la sociedad como conjunto. En tales circunstancias, podría producirse demasiado o muy poco de ciertos bienes según el criterio del óptimo de Pareto. En algunos casos, una asignación de los derechos de propiedad podría hacer que los individuos tuvieran en cuenta estas externalidades (el teorema de Coase), pero no cuando los costos de las transacciones sean demasiado elevados. El efecto de un consumidor o de un productor sobre otro no es ineficiente, si opera sólo a través del sistema de precios sin ninguna interacción tecnológica. Los bienes públicos no son producidos eficientemente por una industria competitiva; pero en ciertas circunstancias un monopolista producirá la cantidad correcta del bien. No siempre se puede aplicar el

criterio del óptimo de Pareto. Cuando algunas distorsiones no se pueden cambiar por razones institucionales o de otra índole, el logro del bienestar social máximo (restringido) *no* implicará generalmente las condiciones marginales usuales del óptimo de Pareto. En este caso, las condiciones necesarias adecuadas provienen de la teoría económica del óptimo condicionado.

PREGUNTAS Y EJERCICIOS

1. En 1965, Nueva Orleáns se vio azotada por un fuerte huracán que provocó severos daños materiales. El gobierno, a manera de auxilio a las áreas afectadas, pagó a los propietarios una parte de sus pérdidas y, en ciertos casos, el total de éstas. ¿Qué consideraciones le parecerían más importantes, si se le pidiera que escribiera un extenso ensayo sobre el efecto de estos pagos en la distribución de recursos y del ingreso?
2. Se dice que los impuestos específicos distorsionan nocivamente la asignación de los recursos en favor de los bienes no gravados. ¿Por qué?
3. La moderna economía del bienestar utiliza con frecuencia el concepto del óptimo de Pareto. Defina este concepto y explique su función en la teoría de la economía del bienestar. Demuestre la aplicación del criterio del bienestar antes mencionado a un problema de bienestar típico (por ejemplo, la distribución del ingreso, la asignación de recursos, etc.). Incluya en su discusión el problema de la evaluación de posiciones alternativas entre las que podría escoger la sociedad.
4. Si el comercio completamente libre implica el máximo bienestar económico, ¿se deduce necesariamente de allí que cualquier movimiento hacia el libre comercio *mejoraría* el bienestar?
5. Indique las condiciones que aseguran una distribución eficiente de una combinación dada de productos entre dos consumidores. ¿Asegurarían esas mismas condiciones la *equidad* máxima?
6. "En la industria de la televisión los recursos están mal distribuidos porque el costo es sufragado por los anunciantes y no directamente por los televidentes." Comente.
7. A menudo se afirma que un monopolista opera en general en forma ineficiente, es decir, en algún punto de su curva de costo promedio que no sea su punto mínimo, mientras que las empresas competitivas operan en su costo promedio mínimo y, por ende, operan eficientemente. Analice esta definición de la eficiencia económica y, si le parece poco satisfactoria, sugiera una alternativa.
8. ¿Cómo podría tratar una comunidad de controlar un monopolio en aras del interés público?
9. "Una sociedad o una empresa que puede atribuir precios apropiados a

los factores de producción tiene en esos precios una herramienta que se puede utilizar para proporcionar una dirección eficiente a sus actividades de producción." Explique.

10. Suponga que ahora tenemos una distribución socialmente óptima de los factores de la producción entre las industrias. El establecimiento de un impuesto al ingreso no afectará esta distribución. Diga si esto es cierto o falso y justifique su respuesta.
11. "Las políticas del gobierno hacia la agricultura han sido básicamente erróneas durante los últimos 30 años, porque no separan el problema 'económico' de la asignación de recursos del problema 'ético' de la distribución del ingreso.". Comente.
12. "Los rendimientos crecientes a escala facilitan el logro del óptimo de Pareto por parte de una sociedad." Comente.
13. Suponga que los recursos se distribuyen ahora de manera óptima dentro de una comunidad. ¿Cómo afectará a esa distribución *a)* el establecimiento de un impuesto progresivo al ingreso, *b)* el establecimiento de un impuesto proporcional al ingreso, *c)* la monopolización de una industria, y *d)* la introducción de un método nuevo para la producción de algún bien que tiene un subproducto indeseable (por ejemplo, la contaminación del agua)?

LECTURAS RECOMENDADAS

Bator, Francis M., "The Anatomy of Market Failure", *Quarterly Journal of Economics*, núm. 72, 1958, pp. 351-379.

———, "The Simple Analytics of Welfare Maximization", *American Economic Review*, núm. 47, 1957, pp. 22-59.

Becker, Gary S., "A Theory of Social Interactions", *Journal of Political Economy*, núm. 82, noviembre/diciembre de 1974, pp. 1063-1094.

Ferguson, C. E., "Transformation Curve in Production Theory: A Pedagogical Note", *Southern Economic Journal*, núm. 29, 1962, pp. 96-102.

Hayek, F. V., "Economics and Knowledge", *Economica*, núm. 4, 1937, pp. 33-54.

Henderson, James M. y Richard E. Quandt, *Microeconomic Theory*, 2a. ed., Nueva York, McGraw-Hill, 1971, pp. 254-292.

Kenen, Peter B., "On the Geometry of Welfare Economics", *Quarterly Journal of Economics*, núm. 71, 1957, pp. 426-427.

Reder, Melvin W., *Studies in the Theory of Welfare Economics*, Nueva York, Columbia University Press, 1947.

Samuelson, Paul A., *Foundations of Economic Analysis*, Cambridge, Mass., Harvard University Press, 1947, pp. 203-253.

Scitovsky, Tibor, *Welfare and Competition*, Homewood, Ill., Richard D. Irwin, 1971.

XVIII. EL CAPITAL, EL INTERÉS Y LA INVERSIÓN

EN UN número pasado de la revista *Consumer Reports* se preguntó si alguien que estaba a punto de comprar una casa podría ganar financiando la compra de los muebles añadiéndolos a la hipoteca. Las alternativas consideradas eran: *1)* la compra de muebles en una tienda de menudeo por $675, financiada con un contrato de dos años al 15% de interés; *2)* la compra de los mismos muebles al constructor de la casa por $450, financiada con la adición de esta suma a la hipoteca de 27 años a una tasa de interés de 7.75%. El material de este capítulo —que se ocupa de la teoría del capital, el interés y la inversión— es directamente pertinente para determinar cuál es la mejor alternativa.

El análisis expone la teoría del interés de un modo formalmente equivalente al de la teoría del equilibrio general, introduciendo los bienes datados y una forma de la función de utilidad que depende del tiempo. La inversión puede considerarse como un proceso de transformación física de una corriente de recursos en otra; y cuando los individuos pueden intercambiar los derechos a sus recursos, el análisis demuestra que la decisión de la inversión puede separarse de la decisión del consumo. Utilizando el instrumento de un crédito contingente, el análisis se extiende a los casos que implican riesgo. La sección "Aplicación de la Teoría" se remite a la elección de quien compra una vivienda y le solicita que evalúe la conclusión a la que llegó el *Consumer Reports*.✦

APLICACIÓN DE LA TEORÍA

NOTAS PARA LOS COMPRADORES DE CASAS: SOBRE EL FINANCIAMIENTO DE LAS PROPIEDADES FUTURAS

LAS TASAS de interés hipotecarias han descendido por fin de la estratósfera, poniendo de nuevo a trabajar los martillos en la construcción de viviendas. Ha terminado la prolongada sequía en esa actividad y los buscadores de viviendas se encontrarán esta primavera con que los fraccionadores no sólo están de nuevo construyendo casas sino expandiéndose en grande hacia el negocio de muebles y enseres.

Los constructores venden ahora de 25 a 30% del total de aparatos domésticos grandes, según informantes de la industria, duplicando la participación que tenían hace un decenio. Antes sólo solían instalarse una campana y un horno en una casa nueva. Ahora, muchas compañías constructoras nacionales están ofreciendo lavadoras de platos, lavadoras de ropa, secadoras, depósitos de basura, refrigeradores y, más recientemente, compactadores de basura. La Oficina del Censo informa que la mitad del total de las casas construidas en 1969 venían equipadas con lavadoras de platos, 10% con refrigeradores y 2% con lavadoras y secadoras. De acuerdo con un estudio de la compañía eléctrica Westinghouse, la casa nueva típica de 1970 incluía por lo general 3.1 aparatos domésticos grandes, una cifra que había aumentado a 4.4 en 1980.

Las alfombras de pared a pared, por lo regular sin un piso de madera acabado debajo de ellas, constituyen otro aditamento común en muchas viviendas nuevas. La Administración Federal de la Vivienda (AFV) que, junto con la Administración de Veteranos otorga las hipotecas de un tercio de las casas nuevas, permite que las constructoras coloquen las alfombras directamente sobre el piso de cemento, siempre y cuando esas alfombras satisfagan las normas de calidad de la AFV. El razonamiento que se sigue es que no tiene caso exigir costosos pisos de madera, cuando casi todos los propietarios los alfombran de inmediato.

MENORES PRECIOS DE LOS APARATOS

Los constructores afirman que los aparatos domésticos y las alfombras ayudan a vender las casas. También afirman que pueden ofrecer estos enseres a precios mucho menores que los que se pagarían por marcas y modelos idénticos en las tiendas de menudeo, y algo de cierto hay en esta afirmación. La construcción de viviendas se ha convertido en un gran negocio, dotado de gran poder de compra. Kaufman and Broad Inc., de Los Ángeles, construyó 5 700 casas unifamiliares el año pasado y espera construir 7 000 este año. El grupo Larwin, una subsidiaria del gigantesco conglomerado CNA Financial, construyó casi 8 000 viviendas en 1971. La Asociación Nacional de Distribuidores de Aparatos Eléctricos y Radios y Televisores se queja de que las grandes constructoras pueden negociar convenios especiales con los fabricantes y vender aparatos a los compradores de casas a un precio por lo menos un tercio menor que el de las tiendas.

Junto con los precios bajos va la conveniencia de mudarse a una casa totalmente equipada sin tener que buscar en las tiendas enseres domésticos y alfombras y, lo que es más importante, sin tener que pagar mucho dinero adicional. Esta conveniencia no deja de tener sus desventajas. Por una parte, aunque la constructora podría ofrecer una selección entre varios modelos, de ordinario vende los productos de un solo fabricante, quizá seleccionado más por su precio de mayoreo negociado que por su calidad. La marca elegida por la constructora podría no ser la que el comprador de la casa habría escogido. Y como revelan a menudo los datos de clasificaciones de las marcas y frecuencia de las reparaciones de la CU, puede haber diferencias considerables en la calidad general estimada y en los costos de mantenimiento. Además, los constructores en general no han ganado buenas reputaciones por haber respetado sus garantías.

LA ECONOMÍA DEL FINANCIAMIENTO

También debería considerarse seriamente la economía del financiamiento de artículos como las lavadoras y las alfombras con una hipoteca. Considérese, por ejemplo, que la hipoteca sobre una casa nueva tiene en promedio una duración de 27 años. Pero se dice que la vida media de una lavadora es de 10 años, la de una secadora de 12 años, la de una lavadora de platos de 10 años y la de un refrigerador de 15 años, incluido el uso de segunda mano. La esperanza de vida de las alfombras es totalmente imprevisible, pero podría considerarse menor que la de un aparato doméstico. Esto está fuera de duda: es posible que un aparato o una alfombra hipotecadas tengan que reemplazarse mucho tiempo antes de que hayan sido pagados.

En la aritmética simple de los costos de intereses, una hipoteca parece ser un procedimiento muy caro para el financiamiento del amueblado de una casa. Por ejemplo, supongamos que la constructora está ofreciendo una lavadora, una secadora y una lavadora de platos automáticas. Su precio total en una tienda de aparatos domésticos es de $675. El precio de la constructora es un tercio menor, $450. Supongamos además una hipoteca cuya duración promedio es de 27 años a la tasa de interés del promedio nacional (en diciembre pasado) de 7.75%. Por último, comparemos las cargas financieras de la hipoteca con las de los mismos enseres comparados al precio de la tienda con un contrato de dos años y 15% de enganche. Éstas son las cifras:

	Costo de la tienda	*Costo de la constructora*
Precio de compra	$675	$450
Carga financiera	110	625
Total	$785	$1 075

En esos términos, los aparatos costarían $290 más si se compran a la constructora que a la tienda.

Veamos un conjunto de condiciones más favorables para el caso de la constructora. Durante el invierno pasado, en algunas partes del país, podían obtenerse préstamos hipotecarios a 7%. Mientras tanto, algunas tiendas estaban cobrando intereses de 18% en un contrato de dos años para la compra de aparatos domésticos. La aritmética del consumidor se vería así:

	Costo de la tienda	*Costo de la constructora*
Precio de compra	$675	$450
Carga financiera	134	553
Total	$809	$1 003

En estas condiciones, los aparatos domésticos costarían $194 más con la constructora.

En favor del arreglo de la constructora podría decirse que los pagos hipotecarios, luego de cierto número de años, tendrían que hacerse probablemente en dólares abaratados por la inflación. Desafortunadamente, la inflación no detendría la rápida depreciación del valor de alfombras y aparatos domésticos, aunque el valor de la casa se aprecia grandemente.

LA TASA DE ROTACIÓN

El hecho es que las casas cambian de manos, en promedio, cada siete u ocho años y, por consiguiente, el propietario típico no paga todas las cargas del financiamiento de su hipoteca. Vende su casa, utiliza algo del dinero para pagar su hipoteca y, muy probablemente, entrega el resto como enganche de otra casa. Sus pagos hipotecarios durante los primeros ocho años de propiedad consistieron principalmente en el pago de intereses. Casi no se pagó nada del principal: tal es la naturaleza de una hipoteca de largo plazo. Así pues, el propietario de la casa se encuentra con que todavía debe al prestamista hipotecario casi todo el precio de compra de las alfombras y de los aparatos domésticos incluidos en la hipoteca. Ya usados y desgastados casi no valen lo que cuesta su traslado a la nueva casa. Sin embargo, es posible que los compradores de su casa vieja no deseen las alfombras o los muebles usados y, ciertamente, no pagarán por ellos.

Moraleja: Resulta cara la compra a crédito de aparatos domésticos, alfombras y otros muebles para el hogar, como quiera que sea que se financie. Aprovéchense los muebles de bajo precio de la constructora, si así se desea —pero sólo después de asegurarse de que son menos costosos que los de la tienda— y hágase un esfuerzo para pagar un enganche suficientemente grande para cubrir su precio.

¿UN FUTURO MODULAR?

La tendencia de las ventas se está inclinando claramente hacia la acumulación en la hipoteca de toda clase de muebles de corta vida. Las constructoras de la feria de viviendas de Houston, celebrada en enero pasado, le dijeron al *Home Furnishings Daily* que en el paquete hipotecario incluirán "cualquier cosa". No mencionaron sólo las alfombras y los aparatos domésticos, sino también cortinas y utensilios.

Dos de las principales constructoras, Levitt & Sons y el Larwin Group, ya operan mueblerías en algunos de sus fraccionamientos, aunque todavía no incluyen los muebles en sus hipotecas. Por su parte, la AFV parece estar haciendo más flexibles sus restricciones sobre los bienes que se pueden incluir en las hipotecas que otorga.

La tendencia alcanza su cúspide actual con las casas móviles, muchas de las cuales vienen completamente amuebladas y financiadas. Según pronostican algunos estudiosos de la industria de la construcción, el futuro estará dominado por los módulos construidos en la fábrica: cuartos prefabricados con muebles, alfombras y aparatos ya instalados. Se les llama casas instantáneas, porque el comprador puede habitarlas de inmediato. Y se pagan, como dicen los ingleses, a perpetuidad.

Consideremos detenidamente los "costos" de la compra de los aparatos a la constructora, *de acuerdo con el artículo*. Este "costo" es igual al precio de compra de los aparatos ($450) más el costo de los intereses durante 27 años a 7.75% sobre saldos insolutos. De acuerdo con el artículo, esto añade la suma de $625, para formar un *costo total* de $1 075. Esta cantidad se paga en 27 años, de modo que el pago anual será de $39.81 ($1 075/27) durante ese periodo. (Este pago de $39.81 no se menciona explícitamente en el artículo, pero es la implicación directa del análisis.)

Supongamos además que si usted compra los muebles en una "tienda" no pagará nada durante dos años, pero luego pagará el precio de compra de $675 más una carga financiera de 15%. Según el artículo, el *costo total* ascendería a $785 ($675 del precio de compra + $110 de la carga financiera), pagadero al cabo de los dos años.

Los autores del artículo señalan entonces que, aunque el precio de compra es aún mayor en la tienda, el costo total (incluidos los pagos de intereses) es menor, de modo que usted debería comprar los muebles en la tienda y no con la constructora.

PREGUNTAS

1. ¿Qué hay de errado en este análisis?
2. ¿Cómo compararía usted el "costo" verdadero de la compra de los muebles en la tienda con su costo en la compra a la constructora? (Indique cómo realizaría usted los cálculos correctos que tendrían que hacerse.)
3. ¿Cómo se relaciona este ejemplo con el material presentado en el capítulo XVIII?
4. El artículo destaca también el hecho de que la mayoría de los muebles no duran 27 años. ¿Afecta esto a su análisis?
5. De igual modo, el artículo destaca que la rotación promedio de una

casa es de 7 a 8 años. ¿Altera esto su conclusión acerca de cuál es la mejor oferta?

SOLUCIONES

1. No se pueden sumar simplemente los pagos hechos en años diferentes (o las dotaciones recibidas en años diferentes). Como lo destaca el material del capítulo XVIII, el momento del consumo (o del pago) es una característica decisiva de cualquier bien. Sólo pueden compararse correctamente dos corrientes de pagos, si pueden convertirse a su *valor presente*. El artículo no hace jamás esta conversión, pero implica que un dólar pagado dentro de dos años equivale a un dólar pagado dentro de 27 años.
2. El valor presente de los \$39.81 dólares pagados en el segundo año es igual a $\$39.81/(1 + r)$, donde r es la tasa de interés. El valor presente de \$39.81 pagados en el tercer año es $\$39.81/(1 + r)^2$. De esta manera, el valor presente de \$39.81 pagados en el año número 27 es $\$39.81/(1 + r)^{26}$. Por tanto, el *valor presente* de todos los pagos por los muebles comprados al constructor será

$$\$39.81 + \$39.81/(1 + r) + \$39.81/(1 + r)^2 + \ldots + \$39.81/(1 + r)^{26}$$

(Lo anterior supone, para simplificar, que se paga de inmediato el pago del primer año y el pago del segundo año al principio del segundo año, etc.) Si se supone, por el contrario, que no se hizo ningún pago hasta el final del primer año, el primer término de la expresión anterior sería entonces $[\$39.81/(1 + r)]$ y el último término sería $[\$39.81/(1 + r)^{27}]$. El *valor presente* de \$785 pagados en el segundo año sería $\$785/(1 + r)$, utilizando las convenciones anteriores. [Si no se hiciera ningún pago antes de dos años, el valor presente sería $\$785/(1 + r)^2$.]

Adviértase que si $r = 7.75\%$, el *valor presente* de la corriente de pagos hechos a la constructora es, en efecto, mucho menor que el valor presente del pago hecho a la tienda. En suma, es claro que el consumidor debería comprar los muebles a la constructora si la tasa de interés es 7.75 por ciento.
3. El material del capítulo XVIII se inicia (apartado XVIII.1.a) con la observación de que la cronología del consumo es una característica decisiva de un bien. "El consumo de un plátano hoy no es lo mismo que el consumo de un plátano dentro de un año." Esto se aplica

también a la cronología de los pagos. El pago de un dólar hoy no es lo mismo que el pago de un dólar dentro de un año (o dentro de 27 años). El consumo, los pagos y las percepciones a futuro deben convertirse a sus valores presentes. El análisis anterior sólo extiende la ecuación VIII.1.16 a los pagos hechos dentro de más de un año (el periodo siguiente).

4,5. El hecho de que los muebles no duren 27 años o de que se venda la casa (y los muebles) antes de su destrucción total, no afecta en modo alguno la decisión sobre cuál de las corrientes de pagos es más barata. Mientras los muebles comprados en la tienda sean los mismos que los muebles comprados a la constructora, el análisis anterior es el procedimiento correcto para comparar esquemas de pagos alternativos.

Algunos extractos de este artículo se citan en J. Hirshleifer, *Price Theory and Applications*, 2a. ed., Englewood Cliffs, N. J., Prentice-Hall, 1980.

FUENTE: *Consumer Reports*, abril de 1972.

XVIII.1. INTRODUCCIÓN

La teoría del capital, el interés y la inversión ha sido uno de los temas más fascinantes en la historia del pensamiento económico.[1] En su *Política* Aristóteles consideraba al interés como un mal social, y durante 1 500 años el clero, los líderes gubernamentales y legisladores se opusieron decididamente al pago de un interés sobre los préstamos. En 1311 el papa Clemente V en el Concilio de Viena llegó a amenazar con la excomunión a los magistrados seculares que promulgaran leyes que permitieran el pago de intereses. Entre los primeros que no estuvieron de acuerdo con esta concepción generalizada se encontraron el teólogo Calvino y el jurista francés Dumoulin (Carolus Molinaeus) (1546). A pesar de tales desacuerdos, la "teoría" del interés fue durante muchos años un tema de discusión religiosa y filosófica.

Según Böhm-Bawerk, Turgot fue quien intentó por primera vez una explicación científica del interés en su obra *Reflexion sur la formation et distribution*

[1] Véase una historia detallada de la teoría del interés en la que se basan algunas partes de esta introducción en Eugen von Böhm-Bawerk, *Capital and Interest*, traducción al inglés de William Smart, Londres, Macmillan, 1890. Reimpresión de Nueva York, Augustus M. Kelley, 1970.

des richesses (1776). Pero habrían de transcurrir más de 100 años para que la teoría del interés, la inversión y el capital se integrará plenamente al marco general de la teoría neoclásica de los precios. Los más importantes de quienes contribuyeron a este desarrollo fueron Eugen von Böhm-Bawerk en su libro *The Positive Theory of Capital* (1891); John Rae, *The Sociological Theory of Capital* (1905) y, sobre todo, Irving Fisher, cuyo poderoso tratado, *The Theory of Interest* (1930), constituye la base de gran parte del material de este capítulo.[2]

Karl Marx (*Das Kapital*, 1894) opinó que el interés es el ingreso recibido por el capital como resultado de su explotación de la mano de obra. Ahora se reconoce que el interés es un instrumento de expresión del precio de los bienes futuros en términos del consumo presente. Sin embargo, los economistas soviéticos niegan en general la existencia del interés en la Unión Soviética, donde su reconocimiento tendría graves connotaciones políticas.

Este capítulo deja de lado las ramificaciones políticas y tecnológicas del interés. Trata el tema en su expresión más pura, reconociendo el interés como una de las muchas clases de precios en una economía compleja.

XVIII.1.a. *Un modelo simple de preferencia en el tiempo*

Un concepto decisivo en la moderna teoría del interés es la noción de que los individuos consideran la *cronología* del consumo como una de las características de un conjunto de bienes. Por tanto, para el individuo típico, el consumo de un plátano hoy no es lo mismo que el consumo de un plátano dentro de un año. Los niños exhiben a menudo una forma extrema de "preferencia por el tiempo". Si se le dice a un niño que se le darán 10 helados dentro de tres años si acepta prescindir del que ahora tiene en las manos, no es probable que acepte el trato.

Este concepto podría expresarse formalmente fechando en forma explícita los bienes que intervienen en la función de utilidad del individuo. Por ejemplo, supongamos que hay un bien (manzanas) y sólo dos periodos (ahora y la semana próxima). Las manzanas consumidas ahora se denotan por C_0, y las manzanas consumidas dentro de una semana se denotan por C_1. La función de utilidad de un individuo típico se escribe como

$$U(C_0, C_1). \qquad \text{(XVIII.1.1)}$$

[2] El libro de John Rae apareció por primera vez en 1834, bajo el impresionante título de *Statement of Some New Principles on the Subject of Political Economy, Exposing the Fallacies of the System of Free Trade, and Some Other Doctrines Maintained in "The Wealth of Nations"*. Los autores agradecen al profesor Don Patinkin su información sobre la existencia de esta edición anterior de la obra de Rae.

El mapa de indiferencia de esta función de utilidad tiene las propiedades habituales; es decir, las curvas de indiferencia son convexas, de pendiente negativa y no se intersectan. Suponemos también que *1)* cada individuo tiene una dotación de manzanas en cada periodo (E_0, E_1), pero estas dotaciones no son necesariamente iguales para todos los individuos, y *2)* cada individuo enfrenta un precio de mercado, ρ, que representa el número de manzanas que deben pagarse en este periodo a cambio de una manzana en el periodo próximo.

Vendiendo todos sus derechos a las manzanas del periodo siguiente, E_1, el individuo puede tener $E_0 + \rho E_1$ manzanas para consumirlas en este periodo. Por otra parte, vendiendo todas las manzanas de este periodo (E_0), el individuo podrá tener $E_1 + E_0/\rho$ manzanas para consumir en el periodo siguiente. También podrá alcanzarse cualquier punto intermedio entre estos extremos.

Como antes, el hecho de que un individuo estuviese dotado de menos X y más Y de lo que quisiera consumir no impediría el consumo de X. De igual modo, un individuo que quiere consumir más hoy puede haberlo negociando con un individuo que renuncie a algunas manzanas hoy para consumir más manzanas en el periodo siguiente. Por supuesto, el consumo total no puede exceder la dotación de manzanas de este periodo, pero el comercio puede alterar la identidad del consumidor.

Nos referimos a a la cantidad $E_0 + \rho E_1$ como el *valor presente de la corriente de dotaciones, o riqueza*. Representa el consumo máximo del periodo en curso al alcance del individuo, dados (E_0, E_1) y ρ. Para los individuos, el consumo de cada periodo no tiene que ser igual a la dotación de ese periodo. Intercambiando manzanas por manzanas futuras (o viceversa), el individuo puede tener un patrón de consumo que difiere del patrón de la dotación. Si denotamos el consumo corriente por C_0 y el consumo futuro por C_1, la restricción de la "riqueza" toma la forma

$$C_0 + \rho C_1 \leq E_0 + \rho E_1 . \qquad \text{(XVIII.1.2)}$$

(Advertirá el lector la semejanza de este modelo con el ejemplo de preferencia por el tiempo de la sección IV.7. Más adelante examinaremos la relación que existe entre ρ y la tasa de interés.)

El individuo escoge C_0 y C_1 para maximizar su utilidad XVIII.1.1, sujeto a la restricción XVIII.1.2. Suponemos aquí que la función de utilidad tiene primeras derivadas parciales positivas (más es mejor), de modo que XVIII.1.2 se presentará como una igualdad. El miembro derecho de XVIII.1.2 se denotará por V, ya que es el valor presente, o la riqueza, como vimos antes. Por consiguiente, el individuo escoge C_0 y C_1 para resolver

$$\max U(C_0, C_1)\,, \tag{XVIII.1.3}$$

sujeto a

$$C_0 + \rho C_1 = V\,,$$

donde

$$V \equiv E_0 + \rho E_1\,.$$

Para un valor dado de ρ, éste es un problema claro de maximización, del tipo estudiado en el capítulo III.

Nos interesa sobre todo saber cómo se determina ρ, el precio de los derechos al consumo futuro. La respuesta implica el análisis de equilibrio general del tipo usado en el capítulo XVI. Supongamos que hay N individuos en la economía. Dado cualquier valor específico para ρ, cada uno de estos individuos resolverá un problema similar a XVIII.1.3 para determinar C_0 y C_1. Para el individuo i, designamos la solución a este problema como

$$C_{i0}(\rho),\, C_{i1}(\rho) \qquad i = 1, \ldots, N\,, \tag{XVIII.1.4}$$

donde se señala explícitamente la dependencia de la solución de ρ. Consideremos en primer término las elecciones de consumo del periodo actual. Vemos que el individuo i tendrá una *demanda excedente* en el periodo actual de

$$C_{i0}(\rho) - E_{i0}\,, \tag{XVIII.1.5}$$

Adviértase que la demanda excedente del individuo puede ser positiva, cero o negativa. Una demanda excedente negativa significa que el individuo tiene más manzanas que las que desea consumir en este periodo, de modo que es un proveedor neto de manzanas del periodo en curso.

En un equilibrio general competitivo, el valor de equilibrio de ρ se determina de tal manera que se tenga una demanda excedente *agregada* de cero para el conjunto de la economía.[3] Por tanto, el valor de equilibrio de ρ (denotado por ρ^e) es tal que la suma de las demandas excedentes es cero.[4] En otras palabras, ρ^e satisface

[3] La situación es similar a la del apartado XVI.1.f, donde el salario de equilibrio se determina de tal modo que la demanda excedente agregada de mano de obra es cero.

[4] La existencia y unicidad de tal equilibrio es una cuestión matemática importante que no abordaremos aquí.

$$\sum_{i=1}^{N} [C_{i0}(\rho^e) - E_{i0}] = 0 . \qquad \text{(XVIII.1.6)}$$

Esto sólo dice que la oferta de manzanas en el periodo Φ es igual a la demanda de manzanas en el periodo cero. Hay una expresión equivalente para el periodo 1.

Es importante saber si ρ^e también establece un equilibrio en el periodo 1. En este segundo periodo, la demanda excedente agregada es

$$\sum_{i=1}^{N} [C_{i1}(\rho^e) - E_{i1}] . \qquad \text{(XVIII.1.7)}$$

La restricción presupuestaria de XVIII.1.3 dice que para el individuo i

$$C_{i0}(\rho^e) + \rho^e C_{i1}(\rho^e) = E_{i0} + \rho^e E_{i1}$$

o sea

$$C_{i0}(\rho^e) - E_{i0} = -\rho^e [C_{i1}(\rho^e) - E_{i1}] .$$

Sumando para los N individuos, obtenemos

$$\sum_{i=1}^{N} [C_{i0}(\rho^e) - E_{i0}] = -\rho^e \sum_{i=1}^{N} [C_{i1}(\rho^e) - E_{i1}] \qquad \text{(XVIII.1.8)}$$

El miembro izquierdo de XVIII.1.8 es XVIII.1.6 y, por tanto, es igual a cero. Se sigue que, cuando ρ^e no es igual a cero, la suma del miembro derecho de XVIII.1.8 es cero. Pero esta suma es simplemente XVIII.1.7, de manera que el equilibrio también se presenta en el segundo periodo, cuando $\rho = \rho^e$. Éste es otro caso de la ley de Walras, que discutimos en el capítulo XVI. En consecuencia, no necesitamos introducir explícitamente la condición de la igualdad de la oferta y la demanda en el periodo 1 que es equivalente a XVIII.1.7 para el periodo cero. Esta igualdad se da automáticamente, dados XVIII.1.7 y las restricciones presupuestarias de todos los individuos.

XVIII.1.b. *Un ejemplo del equilibrio*

Consideremos el caso de dos individuos ($i = 1,2$), con funciones de utilidad idénticas pero dotaciones diferentes. Supongamos que cada individuo tiene una función de utilidad de la forma

$$U(C_{i0}, C_{i1}) = C_{i0}^{\alpha} C_{i1}^{\beta} ,$$

donde α y β son constantes positivas. El lagrangeano para el problema de la maximización XVIII.1.3 es

$$L(C_{i0}, C_{i1}, \lambda) = C_{i0}^{\alpha} C_{i1}^{\beta} + \lambda(V_i - C_{i0} - \rho C_{i1}) ,$$

donde

$$V_i \equiv E_{i0} + \rho E_{i1} .$$

Para el individuo i, las condiciones de primer orden de un máximo son

$$\alpha C_{i0}^{\alpha-1} C_{i1}^{\beta} = \lambda,$$

$$\beta C_{i0}^{\alpha} C_{i1}^{\beta-1} = \rho\lambda , \qquad \text{(XVIII.1.9)}$$

$$V_i = C_{i0} + \rho C_{i1} .$$

Eliminando λ de las dos primeras de estas condiciones, obtenemos

$$\frac{\beta}{\alpha} \frac{C_{i0}}{C_{i1}} = \rho \qquad i = 1,2 \qquad \text{(XVIII.1.10)}$$

A partir de la ecuación XVIII.1.10, obtenemos

$$\frac{C_{10}}{C_{11}} = \frac{C_{20}}{C_{21}} .$$

Se verifica fácilmente que, si se sostiene XVIII.1.10, entonces

$$\frac{C_{10}}{C_{11}} = \frac{C_{20}}{C_{21}} = \frac{C_{10} + C_{20}}{C_{11} + C_{21}} . \qquad \text{(XVIII.1.11)}$$

El consumo agregado será igual a las dotaciones agregadas en cada periodo,[5] de modo que

$$C_{10} + C_{20} = E_{10} + E_{20}$$

y

$$C_{11} + C_{21} = E_{11} + E_{21} .$$

Sustituyendo estas condiciones en XVIII.1.11), obtenemos

$$\frac{C_{i0}}{C_{i1}} = \frac{E_{10} + E_{20}}{E_{11} + E_{21}} \qquad i = 1,2 . \qquad \text{(XVIII.1.12)}$$

Sustituyendo de XVIII.1.12 en XVIII.1.10, obtenemos un valor de equilibrio explícito de ρ para esta economía simple:

$$\rho^e = \frac{\beta}{\alpha}\left[\frac{E_{10} + E_{20}}{E_{11} + E_{21}}\right]. \qquad \text{(XVIII.1.13)}$$

Adviértase que α y β actúan como "ponderaciones" otorgadas al consumo presente y futuro, respectivamente. Por tanto, vemos de manera intuitiva que la razón β/α es un índice de la preferencia por el tiempo o la impaciencia. Entre menor sea el valor de β/α, más impacientes son los individuos. En este ejemplo, ρ^e disminuye a medida que los individuos se vuelven más impacientes. Adviértase también que ρ^e aumenta a medida que las dotaciones corrientes $(E_{10} + E_{20})$ aumentan en relación con las dotaciones futuras $(E_{11} + E_{21})$.

XVIII.1.c. *La tasa de interés*

Aunque quizá no sea inmediatamente obvio, la relación del análisis de los apartados XVIII.1.a y XVIII.1.b con la teoría del interés es simplemente una cuestión de interpretación. Cuando hablamos del interés simple de un préstamo de dinero, nos referimos a la cantidad que se paga al prestamista además del principal. Por ejemplo, si un préstamo de \$100 se traduce en un pago de \$105 en un año, decimos que el interés es \$5 y que la *tasa* anual de interés es

[5] Se supone implícitamente que las dotaciones no se pueden trasladar al periodo futuro. En otras palabras, el bien es perecedero. Los inventarios pueden manejarse de una manera similar a la de la inversión, un tema que consideraremos en la sección XVIII.2.

0.05 o 5% (= 5/100). En los apartados XVIII.1.a y XVIII.1.b vimos que, renunciando al consumo de ρ manzanas en este periodo, el individuo obtendrá más manzanas en el periodo siguiente. Por ejemplo, supongamos que $\rho = 3/4$. Entonces, el individuo puede obtener cuatro manzanas en el periodo siguiente, renunciando hoy a tres manzanas. O sea que gana un "interés" de una manzana sobre su principal de tres manzanas. La tasa de interés es así de 33%. En general, el interés (denominado en manzanas) es $1 - \rho$ y la *tasa* de interés es $(1 - \rho)/\rho$. Si r representa la tasa de interés, vemos que

$$\rho = \frac{1}{1+r}. \qquad \text{(XVIII.1.14)}$$

Expresando XVIII.1.13 como una tasa de interés (es decir, utilizando la regla $r = (1 - \rho)/\rho$), vemos que

$$r^e = \frac{\alpha}{\beta}\left[\frac{E_{11} + E_{21}}{E_{10} + E_{20}}\right] - 1. \qquad \text{(XVIII.1.15)}$$

Por consiguiente, la tasa de interés de equilibrio, r^e, aumenta cuando disminuyen las dotaciones corrientes, cuando aumentan las dotaciones futuras o cuando aumenta α en relación con β. Esto es posible porque todos estos cambios hacen que el consumo corriente sea más atractivo que el consumo futuro en el margen.

Es común expresar V en términos de las tasas de interés y no en términos de los precios de derechos al consumo futuro. Aplicando XVIII.1.14 a la defínción de V, obtenemos

$$V = E_0 + \frac{E_1}{1+r}. \qquad \text{(XVIII.1.16)}$$

En este punto, es evidente que, a escala individual, este análisis de la determinación de las tasas de interés equivale a la discusión de la preferencia por el tiempo del capítulo IV (sección IV.7). Tiene ciertas ventajas interpretar la teoría del interés en términos del precio de los derechos a bienes futuros, como veremos en el resto de este capítulo.

XVIII.2. LAS OPORTUNIDADES DE INVERSIÓN

La sección XVIII.1 describe una economía con dotaciones exógenas. En tal economía la tasa de interés (o bien ρ) está determinada únicamente por el intercambio de derechos a las dotaciones futuras por las dotaciones actuales. El análisis es algo limitado, porque los individuos no tienen ningún control directo sobre la cantidad de sus dotaciones futuras y presentes. Resulta mucho más interesante suponer que los individuos tienen una gama de opciones respecto a sus dotaciones presentes y futuras. Por ejemplo, el propietario de un terreno podría utilizarlo para varias actividades económicas diferentes (pero en general mutuamente excluyentes); por ejemplo, el terreno podría utilizarse para el cultivo, la construcción de casas y edificios de departamentos, o quizá para la instalación de un área de recreación privada. Asociada a cada uso de la tierra habrá una corriente diferente de pagos actuales y futuros. Por ejemplo, si se usa la tierra para el cultivo, podría generar un ingreso de $1 000 este año, digamos, y $1 500 el año siguiente, mientras que si se emplea para construir casas podría producir $500 este año y $2 000 el año entrante.

Cuando la tierra u otros activos pueden utilizarse de maneras distintas, el individuo tiene una *opción* entre diversas corrientes de ingresos. De ordinario se llama *inversión* al acto de realizar esta elección.[6] En un mundo perfectamente seguro de la clase que estamos considerando ahora, la decisión de inversión se verá afectada sobre todo por la tasa de interés. Por consiguiente, el problema es similar al que consideramos en la sección XVIII.1, excepto que, dado ρ, el individuo escogerá en primer término el plan de inversión que maximice V (la riqueza), y luego escogerá el consumo corriente y futuro intercambiando derechos en el mercado. En consecuencia, la inversión difiere del intercambio puro porque la inversión modifica la relación existente entre el consumo *agregado* en un periodo y el consumo *agregado* en otro periodo. El comercio puro mantiene constante el consumo agregado, aunque su distribución varíe con el comercio. La distinción y el proceso de inversión se describen e ilustran en el apartado siguiente. El apartado XVIII.2.b se ocupará de la determinación de la tasa de interés de equilibrio cuando existen oportunidades de inversión.

[6] Esta interpretación del concepto de la inversión es la que utiliza Irving Fisher en *The Theory of Interest*. Otra interpretación común considera la inversión como una adición al acervo de capital. Una breve reflexión revela que las dos interpretaciones son iguales. El concepto de Fisher es más útil para nuestros fines actuales.

XVIII.2.a. *La decisión de inversión del individuo*

Para simplificar, consideremos otra vez el modelo de "dos periodos" del apartado XVIII.1.a. La diferencia fundamental aquí es que, en lugar de tener una dotación dada de bienes presentes y futuros, cada individuo se enfrenta a dos o más opciones de dotaciones mutuamente excluyentes. Tales opciones se denotarán por (E_0, E_1), donde E_0 es la dotación del bien en el periodo actual, mientras que E_1 es la dotación del segundo periodo (futuro). Llamaremos *conjunto de oportunidades de inversión* al conjunto de tales opciones de dotación. Como antes, el objetivo final del individuo es la elección de C_0 y C_1 para maximizar una función de utilidad, $U(C_0, C_1)$, sujeto a una restricción de riqueza como la de XVIII.1.3. La diferencia decisiva es que el individuo tiene ahora alguna opción acerca de E_0 y E_1 y, por tanto, acerca de V. Puesto que la función de utilidad es creciente en C_0 y C_1, el individuo preferirá siempre el valor de V mayor que un valor menor. La decisión de inversión equivale así a elegir entre el conjunto de oportunidades de inversión la alternativa de dotación (E_0, E_1) que maximice a V, dado el valor de ρ.

Para dotar de sustancia analítica al modelo, necesitamos una descripción más completa del conjunto de oportunidades de inversión. En la literatura económica existe la práctica común de trazar el conjunto de oportunidades de inversión en dos periodos como una línea convexa de pendiente negativa, tal como *ABCD* en la gráfica XVIII.2.1. Si representamos esta línea como una función $E_1 = f(E_0)$ (con $\mathrm{d}f/\mathrm{d}E_0 < 0$ y $\mathrm{d}^2f/\mathrm{d}E_0^2 < 0$), la decisión de inversión del individuo consistirá en seleccionar E_0 (y por ende E_1) de modo que maximice $V \equiv E_0 + \rho E_1 \equiv E_0 + \rho f(E_0)$. La condición de primer orden para este problema es

$$\frac{\mathrm{d}V}{\mathrm{d}E_0} = 1 + \rho f'(E_0) = 0$$

o sea

$$f'(E_0) = -\frac{1}{\rho}. \qquad \text{(XVIII.2.1)}$$

En términos geométricos, la ecuación XVIII.2.1 dice que el par óptimo (E_0^*, E_1^*) es tal que la pendiente del conjunto de oportunidades de inversión (es decir, $f'[E_0]$) es igual a $-1/\rho$. En la gráfica XVIII.2.1, el par óptimo se encuentra en el punto B. El valor presente, o riqueza, asociado a cualquier punto (dotación) en el espacio de (E_0, E_1) puede encontrarse trazando una línea recta, con pendiente de $-1/\rho$, en ese punto. La intercepción de esta línea con

GRÁFICA XVIII.2.1. *El conjunto de oportunidades de inversión de dos periodos*

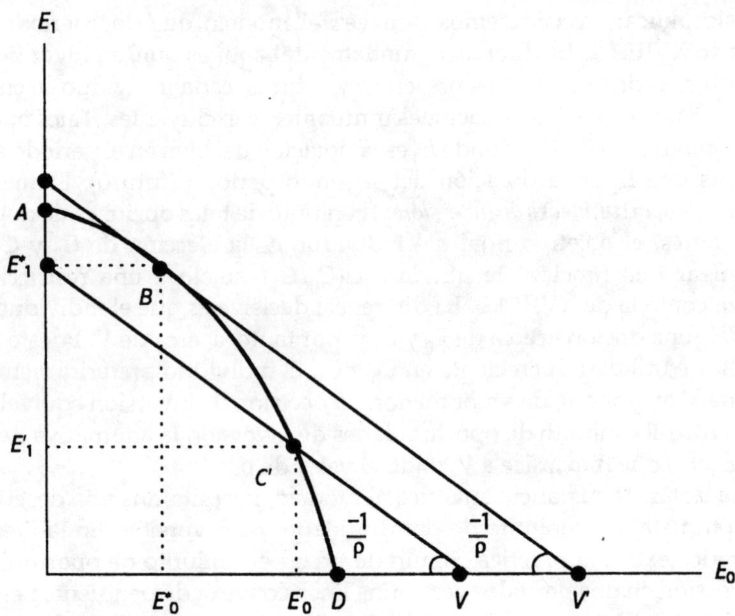

el eje E_0 es el valor presente de la dotación asociada.[7] Como puede observarse en la gráfica XVIII.2.1, cualquier punto similar a C en la línea de oportunidades de inversión tendrá un valor presente menor que B (por ejemplo, $V < V'$).

Lo que también resulta obvio de la gráfica XVIII.2.1 es que la inversión cambia la dotación agregada de la economía. Supongamos, por ejemplo, que la economía está integrada por dos individuos, cada uno de ellos con oportunidades de inversión idénticas, como lo indica *ABCD*. Si ambos individuos escogen el punto B, la sociedad tendrá 2 (E_0^*) en el periodo cero y 2 (E_1^*) en el

[7] La línea recta con pendiente de $-1/\rho$ que pasa por el punto $(\hat{E}_0, \hat{E}_1)$ tiene la forma

$$E_1 = \hat{E}_1 - \frac{1}{\rho}(E_0 - \hat{E}_0).$$

Todos los puntos de esta línea tienen el mismo valor presente, ya que se puede alcanzar cada uno de esos puntos mediante intercambios apropiados de E_0 y E_1. Cuando $E_1 = 0$, E_0 es igual a este valor presente. Por tanto, despejando E_0 en la ecuación con $E_1 = 0$, vemos que

$$E_0 = \hat{E}_0 + \rho\hat{E}_1 .0$$

Por consiguiente, la intercepción E_0 da el valor presente de $(\hat{E}_0, \hat{E}_1)$, como se dice arriba.

periodo 1 para distribuir. Alternativamente, si ambos individuos escogen el punto C, la sociedad tendría 2 (E_0') en el periodo cero y 2 (E_1') en el periodo 1 para distribuir. Las cantidades agregadas del consumo dependen de la decisión de inversión. Si no hubiera posibilidades de inversión y la dotación de cada individuo estuviese fija en E_0', E_1', el intercambio sólo podría redistribuir; la cantidad agregada del consumo se fijaría en E_0' en el periodo cero y E_1' en el periodo 1.

XVIII.2.b. *La determinación del interés en presencia de las oportunidades de inversión*

La teoría de la inversión del último apartado puede combinarse con el análisis de la sección XVIII.1 para determinar la tasa de inversión de equilibrio en la economía. La discusión que se sigue de la ecuación XVIII.1.1 se aplica cuando existen oportunidades de inversión, pero la restricción de la riqueza en XVIII.1.3 dependerá del valor de ρ. Así pues, la restricción de la riqueza se convierte en

$$C_0 + \rho C_1 = V(\rho),$$

donde

$$V(\rho) \equiv E_0^* + \rho E_1^*,$$

y donde (E_0^*, E_1^*) es la solución al problema de inversión del apartado XVIII.2.a. Puesto que E_0^* y E_1^* dependen de ρ, la variable de la riqueza, V, se escribe mejor como

$$V(\rho) \equiv E_0^*(\rho) + \rho E_1^*(\rho).$$

Las condiciones de un equilibrio general competitivo expresadas en las ecuaciones XVIII.1.6, XVIII.1.7 y XVIII.1.8 siguen aplicándose, excepto que E_{i0} y E_{i1} son ahora funciones de ρ y, por tanto, se escriben $E_{i0}^*(\rho)$ y $E_{i1}^*(\rho)$. Una vez conocido ρ^e a partir de las condiciones de equilibrio, se pueden calcular los valores de equilibrio de

$$E_{i0}^*(\rho^e),\ E_{i1}^*(p^e),\ V_i(\rho^e)\ [\equiv E_{i0}^*(\rho^e) + \rho^e E_{i1}^*(\rho^e)],$$

$$C_{i0}(\rho^e) \text{ y } C_{i1}(\rho^e), \text{ para todo } i = 1, ..., N.$$

XVIII.2.c. *Un ejemplo numérico*

A fin de ilustrar este modelo de inversión e interés, consideremos un caso muy sencillo de dos periodos y dos individuos. Así pues, cada individuo ($i \equiv 1{,}2$) tiene una función de utilidad de la forma

$$U(C_{i0}, C_{i1}) = C_{i0}^{8} C_{i1}^{6} \quad i = 1{,}2\,.$$

Cada individuo es dueño de un terreno que puede utilizar en una de dos maneras. Por consiguiente, en este ejemplo el conjunto de oportunidades está integrado por dos puntos. Los valores de E_0, E_1 para cada alternativa de inversión y para cada individuo aparecen en el cuadro XVIII.2.1. Vemos, por ejemplo, que escogiendo la alternativa de inversión 1, el individuo 1 tendrá una dotación de 100 manzanas en este periodo y de 125 manzanas en el periodo siguiente. Las alternativas de inversión no son las mismas para los individuos, quienes no tienen que escoger la misma alternativa.

Por el apartado XVIII.2.a, sabemos que, dado ρ, los individuos escogen sus inversiones para maximizar el valor presente de V. Para el individuo 1, vemos que para $\rho \leq 2/3$

$$100 + 125\rho \geq 90 + 140\rho,$$

de modo que el individuo 1 escogerá la inversión 1 con $\rho \leq 2/3$ y la inversión 2 con $\rho \geq 2/3$.[8] Por un razonamiento similar, el individuo 2 prefiere la inversión 1 con $\rho \leq 1/2$ y la inversión 2 con $\rho \geq 1/2$. Los resultados se resumen en el cuadro XVIII.2.2. Utilizando los datos de la columna total del periodo actual o corriente y la columna del periodo siguiente en el cuadro XVIII.2.2, podemos calcular el valor del miembro derecho de XVIII.1.13 como una función de ρ. Los resultados, utilizando $\beta/\alpha = 0.75$, se muestran en el cuadro XVIII.2.3.

Reconocemos la dependencia de la razón respecto a ρ denotándola por $R(\rho)$ en la última columna de este cuadro. El valor de equilibrio de ρ^e en esta economía es tal que $\rho^e = R(\rho^e)$. En otras palabras, ρ^e debe ser tal que las inversiones hechas con ρ^e satisfagan la ecuación XVIII.1.13. Esto refleja la condición de equilibrio de que los recursos disponibles en cada periodo deben ser iguales a las demandas del consumo en ese periodo. Por consiguiente, $\rho^e = R(\rho^e)$ es, de hecho, la condición de que la oferta sea igual a la demanda en el equilibrio. Vemos, del cuadro XVIII.2.3, que cuando $\rho \leq 1/2$, $R(\rho) = 0.6064$, de modo que ρ^e no puede ser menor que 1/2. De igual modo, para

[8] Cuando $\rho = 2/3$, el individuo es indiferente entre la inversión 1 y la inversión 2. Por tanto, $E_{10}^*(\rho)$ y $E_{11}^*(\rho)$ será discontinua en $\rho = 2/3$. Cuando la frontera de inversión es cóncava y tiene primeras derivadas continuas, no existirá esta discontinuidad.

CUADRO XVIII.2.1. *Las oportunidades de inversión para cada individuo*

	Individuo 1		*Individuo 2*	
Alternativa de inversión	*Este periodo* 0	*Siguiente periodo* 1	*Este periodo* 0	*Siguiente periodo* 1
1	100	125	90	110
2	90	140	80	130

$\rho \geq 2/3$, $R(\rho) = 0.4722$, de modo que ρ^e no puede ser mayor que 2/3. Cuando $\rho = 0.5294$, $R(\rho)$ tiene también este valor (véase el renglón de enmedio del cuadro XVIII.2.3). Por tanto, $\rho^e = 0.5294$. Consultando los cuadros XVIII.2.1 y XVIII.2.2., vemos que para $\rho = 0.5294$, el individuo 1 escoge la inversión 1 y el individuo 2 escoge la inversión 2. Aplicando la fórmula del valor presente $V = E_0^* + \rho E_1^*$, vemos que para el individuo 1, $V = 166.18$, y para el individuo 2, $V = 148.82$. En el periodo corriente el individuo 1 consume $C_{10} = 94.96$.[9] Por consiguiente, el individuo 1 presta 5.04 al individuo 2 en el periodo actual. En este periodo, el individuo 2 consume 85.04 (80 de dotación más 5.04 prestados por el individuo 1). En el periodo siguiente, el individuo 1 consume 134.52 manzanas (125 de dotación más 9.52 del individuo 2, lo que representa el retorno del principal más el interés del préstamo). En el periodo siguiente el individuo 2 consume 120.48 (la dotación menos el pago de 9.52 al individuo 1).

[9] Por XVIII.1.10, sabemos que

$$C_{i1} = \frac{1}{\rho}\frac{\beta}{\alpha}C_{i0} \quad i = 1,2.$$

Sustituyendo este valor de equilibrio en la restricción de la riqueza, vemos que

$$C_{i0} + \rho C_{i1} = C_{i0}\left(1 + \frac{\beta}{\alpha}\right) = E_{i0}^* + \rho E_{i1}^*.$$

Por tanto, en equilibrio

$$C_{i0} = \frac{\alpha}{\alpha + \beta}(E_{i0}^* + \rho E_{i1}^*) = \frac{\alpha}{\alpha + \beta}V_i$$

y

$$C_{i1} = \frac{\beta}{\rho(\alpha + \beta)}(E_{i0}^* + \rho E_{i1}^*) = \frac{\beta}{\rho(\alpha + \beta)}V_i.$$

CUADRO XVIII.2.2. *Las opciones de inversión como una función de* ρ

	Dotaciones del periodo actual (0)			*Dotaciones del periodo siguiente (1)*		
ρ	$E^*_{10}(\rho)$	$E^*_{20}(\rho)$	*Total*	$E^*_{11}(\rho)$	$E^*_{21}(\rho)$	*Total*
$0 \le \rho \le \frac{1}{2}$	100	90	190	125	110	235
$\frac{1}{2} \le \rho \le \frac{2}{3}$	100	80	180	125	130	255
$\frac{2}{3} \le \rho$	90	80	170	140	130	270

CUADRO XVIII.2.3. *El miembro derecho de la ecuación XVIII.1.13 como una función de* ρ

ρ	$E^*_{10} + E^*_{20}$	$E^*_{11} + E^*_{21}$	$\frac{\beta}{\alpha}\left(\frac{E^*_{10} + E^*_{20}}{E^*_{11} + E^*_{21}}\right) \equiv R(\rho)$
$0 \le \rho \le \frac{1}{2}$	190	235	0.6064
$\frac{1}{2} \le \rho \le \frac{2}{3}$	180	255	0.5294
$\frac{2}{3} \le \rho$	170	270	0.4722

La tasa de interés de equilibrio implícita en este ejemplo[10] se calcula fácilmente como

$$r^e = \frac{1 - \rho^e}{\rho^e} = 0.89$$

[10] Una tasa de interés de 0.89 podría parecer demasiado "elevada", pero no podemos saberlo sin especificar cuán largo es un "periodo". Si el "periodo siguiente" es 10 años después que "este periodo", la tasa anual se aproximaría a 6.5%, porque $(1.065)^{10} \approx 1.89$.

Ejercicio: Encuentre ρ^e, E^*_{10}, E^*_{20}, E^*_{11}, E^*_{21}, C_{10}, C_{20}, C_{11}, C_{21} y r^e, cuando $\alpha = 1$ y $\beta = 0.92$.

XVIII.2.d. *La separabilidad de las decisiones de inversión y de consumo*

El lector habrá notado que las decisiones de la inversión óptima del apartado anterior se tomaron sin referencia a ninguna función de utilidad específica. En otras palabras, pudimos determinar la inversión óptima conociendo sólo ρ; no teníamos que conocer la función de utilidad específica del individuo. Se entiende sin dificultad por qué podemos separar de este modo las selecciones de inversión y las del consumo. Supongamos que ρ está dada y que hay dos inversiones: una con valor presente de 1 000 y la otra con valor presente de 2 000. Obviamente, cualquier elección de C_0, C_1 que sea viable con una riqueza de 1 000 también lo será con una riqueza de 2 000. Por tanto, dada una selección óptima de C_0 y C_1 compatible con 1 000 de riqueza, podría tenerse esta cantidad de C_0 y C_1 y más de cualquiera de esos bienes o de ambos con una riqueza de 2 000. En virtud de que suponemos que la utilidad aumenta a medida que aumentan C_0 y C_1, siempre se preferirá una riqueza mayor.

La separabilidad de la inversión y del consumo es análoga a la separabilidad de la producción y del consumo de capítulos anteriores. No hubo necesidad de tener en cuenta las preferencias del administrador para el consumo, a fin de determinar la cantidad que producirá. Sólo fue necesario que el administrador maximizara el beneficio. Una vez logrado eso, el administrador podía intercambiar para obtener el conjunto de consumo que maximizara su utilidad. La maximización de los beneficios aseguraba que el empresario recibiría la máxima utilidad posible después del intercambio. Aquí se aplica el mismo principio. Un empresario que tome su decisión de inversión para maximizar su riqueza, se colocará en la mejor posición posible para el intercambio. Haciendo eso, el empresario puede alcanzar siempre el mayor nivel posible de utilidad compatible con sus oportunidades de inversión.

La propiedad de la separabilidad es un poderoso resultado. Significa, por ejemplo, que un empresario o administrador puede escoger las inversiones de una empresa sin conocer las funciones de utilidad específicas de los accionistas de la empresa. El patrón específico de la corriente de dividendos es irrelevante para los accionistas, si pueden prestar o pedir prestado a la tasa de interés del mercado (o equivalentemente, ρ). Lo único importante es el valor presente de la corriente de dividendos.

La propiedad de la separabilidad no se aplica si hay restricciones para los préstamos, si la tasa de interés activa no es igual a la tasa de interés pasiva o si el individuo no es un tomador de precios en lo referente a la tasa de interés (o, equivalentemente, ρ). En estos casos, en general habrá necesidad de considerar simultáneamente la decisión de inversión y la del consumo.

XVIII.3. La inversión, el interés y el riesgo

En la sección anterior, las inversiones eran corrientes de recursos sin ninguna incertidumbre ni ningún riesgo asociados. Sin embargo, muchas inversiones implican alguna clase de riesgo o incertidumbre. Incluso los bonos que emite el gobierno federal, que de ordinario se consideran libres de riesgo (es decir, es casi seguro que el gobierno pagará el principal más los intereses), están sujetos al riesgo de la inflación (o deflación), porque los pagos de intereses y principales se especifican en dinero nominal.[11] Otras formas de la deuda, como los valores de las empresas y la deuda personal, están sujetas al riesgo de inflación y a la incertidumbre acerca del monto del pago (valores de las empresas) o al riesgo de la falta de pago (como en el caso del Penn Central).

Resulta interesante que los modelos formales utilizados en las secciones XVIII.1 y XVIII.2 puedan usarse en el análisis de la inversiones y de los préstamos riesgosos. En consecuencia, pueden utilizarse en el análisis de la economía de los contratos de seguros, las apuestas en eventos deportivos y otras clases de transacciones semejantes que involucran resultados riesgosos. Estas situaciones pueden manejarse introduciendo el concepto de un *derecho contingente*.

En las secciones XVIII.1 y XVIII.2 vimos que los individuos compran y venden derechos a recursos actuales y futuros. En efecto, los derechos sobre recursos futuros son derechos *contingentes*, donde la "contingencia" es simplemente la llegada del día (o del periodo) en el que debe entregarse el recurso prometido. Determinando las condiciones (o contingencias) implicadas en los derechos contingentes, tenemos un procedimiento natural para la introducción del riesgo en el análisis. Esto se observa con mayor claridad en el caso de la lotería. En varios estados estadunidenses —como Nueva York e Illinois—, la gente puede comprar billetes de la lotería estatal. Ese billete pagará cierta cantidad de dinero a su poseedor en un día especificado, si el número del billete coincide con un número seleccionado al azar por los funcionarios de la lotería. El billete de lotería es, por tanto, un derecho contingente, donde la "contingencia" no implica sólo el periodo de tiempo, sino también la condición

[11] De tiempo en tiempo, los gobiernos estatales y locales dejan de pagar y los gobiernos nacionales repudian su deuda. En el ámbito nacional el repudio de la deuda es un acontecimiento raro, asociado a menudo a una revolución o a la pérdida de una gran guerra.

de que el número del billete de lotería coincida con el número seleccionado al azar.

Son bien conocidas otras clases de derechos contingentes. Las pólizas de seguros contra accidentes para los automovilistas son una clase de derechos contingentes que, en ciertas condiciones, pagan al asegurado algunos o todos los daños accidentales que sufra durante la vigencia de la póliza.[12] Las ganancias de los accionistas de una empresa son a menudo derechos contingentes complejos donde la cantidad pagada depende del rendimiento de la compañía, la condición de la economía, los cambios en las leyes y otros cambios institucionales, y la estructura del capital de la empresa.

Hay un procedimiento conveniente para concebir el concepto de un derecho contingente. Siempre podemos imaginar varios "estados del mundo" mutuamente excluyente. Estos estados del mundo son posibilidades *ex ante*, de los cuales sólo uno ocurrirá realmente. Para ilustrar con un ejemplo sencillo, consideremos a un individuo que compra una póliza de seguro de automóvil de 12 meses. Para los fines de este contrato de seguro, podemos identificar dos estados del mundo: en el estado 1 no hay ningún daño accidental y en el estado 2 hay un daño accidental para el automóvil asegurado. Por tanto, si se produce el estado 2 durante el periodo de 12 meses (es decir, si ocurre el daño accidental), la compañía de seguros hará un pago al individuo asegurado. Si se obtiene el estado 1 (no hay accidente), no se hará ningún pago.

En general, habrá gran número de estados y los derechos contingentes pueden involucrar ciertos pagos en uno o más de estos estados en uno o más momentos. El cuadro XVIII.3.a ilustra las situaciones en que hay S estados y T periodos. Las combinaciones de tiempo/estado están representadas por las $T \times S$ celdillas del cuadro. Por ejemplo, la celdilla 2 representa el estado 2 en el periodo 1, mientras que la celdilla $2S + 1$ representa el estado 1 en el periodo 3 y la celdilla $(T - 1)S + 3$ es el estado 3 en el periodo T.[13] Para los fines de la exposición, sólo examinaremos las situaciones que abarcan un número finito de estados y un número finito de periodos. Sin embargo, adviértase que finito no significa pequeño: S y T podrían ser grandes enteros, como 10^{100}.

Con estas nociones, podemos describir sin dificultad la economía de los activos riesgosos. Un activo riesgoso es un derecho contingente y, por ende, equivale a un pago en una o más de las celdillas tiempo/estado. Los individuos obtienen satisfacción o utilidad de la propiedad de estos derechos contingentes. El derecho contingente a un pago C en la celdilla k del cuadro tiempo/estado se denotará por C_k. Utilizando esta notación podemos representar la preferencia del individuo por diferentes conjuntos de derechos contingentes mediante una función de utilidad de la forma

[12] Por lo regular en el contrato se describen en detalle las contingencias que pagará el seguro.
[13] En general, el estado R en el precio t está representado por la celdilla $(t - 1)S + R$.

CUADRO XVIII.3.a

	Estado			
Periodo	*1*	2	...	*S*
1	1	2	...	S
2	$S+1$	$S+2$	...	$2S$
3	$2S+1$	$2S+2$	...	$3S$
4	.			
.	.			.
.	.			
.	.			
T	$(T-1)S+1$	$(T-1)S+2$	...	TS

$$U(C_1, C_2, ..., C_{TS})\ .$$

Las curvas de indiferencia para cualquier par de derechos contingentes, C_k y C_j, serán en general convexas y de pendiente negativa, como en la gráfica XVIII.3.1, figura A. Pero la especificación utilizada aquí es bastante general y es posible que las curvas de indiferencia no tengan esta forma familiar para algún C_i. Por ejemplo, una de las celdillas tiempo/estado podría representar el hecho de que una manada de dinosaurios dañe los campos de maíz de Michoacán en el año 2003. Puesto que este hecho no es probable, los individuos no obtendrán ningún incremento de utilidad derivado de un incremento de los derechos contingentes de esta celdilla particular tiempo/estado. Supongamos que C_j representa derechos a tal celdilla no probable y que C_k representa derechos a alguna celdilla probable. En este caso, el mapa de indiferencia sería un conjunto de líneas rectas como las de la figura B de la gráfica XVIII.3.1.

Ejercicio: Trace un mapa de indiferencia para *dos* estados no probables.

XVIII.3.a. *La demanda de derechos contingentes por parte de un individuo*

Los individuos tienen un conjunto inicial de recursos contingentes, es decir, recursos que están disponibles para el individuo, si se da alguna celdilla

GRÁFICA XVIII.3.1. *Mapa de indiferencia para los derechos contingentes*

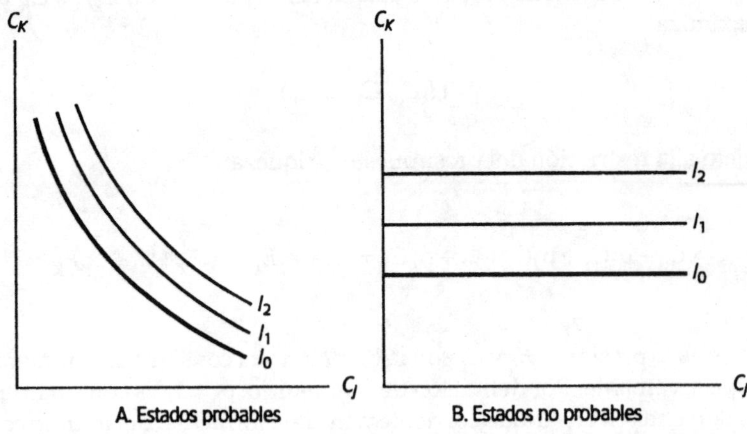

tiempo/estado. Por ejemplo, un agricultor que ha sembrado un cultivo tendrá recursos contingentes en el momento de la cosecha, dependiendo de las condiciones del tiempo de la demanda del cultivo y de otros factores que influyen sobre el precio del producto cultivado. Otro ejemplo fácil sería el de una persona que podría perder propiedades o ingresos personales a causa de un incendio o de algún otro accidente que ocurra durante el año siguiente o en algún otro periodo futuro. Representamos estos recursos contingentes de la misma manera que representamos los derechos contingentes. Por ejemplo, E_3 es el recurso contingente a disposición del individuo en la celdilla tiempo/estado 3, mientras que E_i es el recurso contingente para la celdilla de tiempo/estado i. El individuo se enfrenta a un conjunto de precios de los derechos contingentes: $\rho_1, \rho_2, \rho_3, \ldots$, donde ρ_i es el precio de un derecho contingente para la celdilla tiempo/estado i. El individuo puede comprar o vender créditos contingentes a estos precios.[14]

Quizá sea obvio ya que la situación descrita aquí es formalmente equivalente al caso libre de riesgo descrito en la sección XVIII.1 y en la conocida teoría de la demanda del consumidor en el periodo actual que se describe en el capítulo III. La representación algebraica del problema de selección del consumidor está dada en el siguiente problema de maximización para el caso en el que, por conveniencia de la notación, sustituiremos TS por una sola letra, K (es decir, $K = TS$)

[14] Si por alguna razón los individuos no pueden comprar y vender derechos a ciertas celdillas tiempo/estado, tendrían que aceptar cualquier dotación contingente que tuvieran para esos estados. El análisis siguiente se aplica sólo a las celdillas tiempo/estado en las que es posible la compraventa de derechos contingentes.

El problema de la elección del consumidor. Seleccione $C_0, C_1, C_2, ..., C_K$ para maximizar

$$U(C_0, C_1, ..., C_K)$$

sujeto a la restricción del presupuesto o riqueza:

$$C_0 + \rho_1 C_1 + \rho_2 C_2 + ... + \rho_K C_K = E_0 + \rho_1 E_1 + \rho_2 E_2 + ... + \rho_K E_K.$$

En estas expresiones E_0 y C_0 son la dotación y el consumo del numerario respectivamente. Por definición del numerario, $\rho_0 = 1$. Es común utilizar los derechos en el periodo corriente y en el estado actual del mundo como el numerario. Para estos derechos, la "contingencia" es realmente una certeza porque el momento presente y el estado actual ya se han realizado. La restricción de la riqueza refleja el hecho de que el valor de los derechos contingentes del consumidor será igual al valor de la dotación contingente del consumidor. El valor de los derechos contingentes $C_0, C_1, ..., C_K$ que el consumidor posee en el equilibrio no puede exceder el valor de sus dotaciones, así como en el capítulo III los gastos no pueden exceder el ingreso (o la riqueza). Por otra parte, en virtud de que los derechos contingentes son bienes "MEM", el consumidor no tendrá menos derechos contingentes que los que estén a su alcance.

La solución para este problema de elección del consumidor generará un conjunto de funciones de demanda de derechos contingentes que dependen de los precios $\rho_1, ..., \rho_K$ y de las dotaciones del consumidor $E_0, E_1, ..., E_k$. Esto equivale a decir que la demanda de bienes depende de los precios y del ingreso (o de la riqueza).

Tal como se formula aquí, se entregan al consumidor $E_0, E_1, ..., E_K$ por algún medio exógeno. En un tratamiento más general podrían introducirse oportunidades de inversión que permitieran al consumidor transformar una o más dotaciones contingentes en una o más dotaciones contingentes de algún otro tipo. Esto correspondería a una decisión de inversión de la clase discutida en el apartado XVIII.2.a.

XVIII.3.b. *La determinación de los precios de equilibrio de los derechos contingentes*

La determinación de los precios de equilibrio de los derechos contingentes es un problema de equilibrio general muy similar a los que discutimos en los apartados XVIII.1.a y XVIII.1.b. En el caso considerado aquí, sólo hay un estado en el periodo inicial 0 (el presente), y hay K estados posibles en el periodo siguiente (el futuro). Los estados futuros se numeran de 1 a K. Cuando hay N individuos, podemos especificar el periodo corriente y las dotaciones contingentes de los individuos por E_{ij}, donde el índice i denota el individuo ($i = 1, ..., N$) y el índice j denota el estado ($j = 0, ..., K$). Por ejemplo, E_{10} es la dotación del periodo corriente para el individuo 1 y E_{64} es la dotación contingente del individuo 6 en el estado 4 (el periodo siguiente). Utilizando una notación similar, escribimos C_{ij} para denotar los derechos contingentes del individuo i en el estado j.

Supondremos que los individuos tienen una función de utilidad lineal en los logaritmos naturales de los derechos contingentes. O sea, [15]

$$U(c_{i0}, C_{i1}, ..., C_{ik}) = \ln c_{i0} + \alpha_1 \ln C_{i1} + ... + \alpha_K \ln C_{iK}\,. \qquad \text{(XVIII.3.1)}$$

El individuo i escogerá $C_{i0}, \ldots, C_{iK}$ para maximizar esta función de utilidad, sujeto a la restricción presupuestaria de que

$$C_{i0} + \rho_1 C_{i1} + ... + \rho_K C_{iK} = E_{i0} + \rho_1 E_{i1} + ... + \rho_K E_{iK},$$

donde $\rho_1, ..., \rho_K$ son los precios de los derechos contingentes. Sabemos que, en los modelos de equilibrio general de esta clase, se determinan sólo los precios *relativos*. Así pues, no se pierde nada de generalidad haciendo $\rho_0 = 1$, como lo hacemos en este ejemplo. Utilizando la técnica lagrangeana convencional (véase el apartado XVIII.1.b), obtenemos las condiciones de primer orden

$$\frac{1}{C_{i0}} = \lambda i$$

y

$$\frac{\alpha_j}{C_{ij}} = \rho_j \lambda_i \qquad j = 1, ..., K$$
$$i = 1, ..., N\,.$$

Eliminando λ_i por sustitución, obtenemos

[15] Para simplificar el álgebra en los ejemplos que siguen, se supone que todos los individuos tienen la misma función de utilidad log-lineal. También se iguala a 1 el coeficiente α_0, sin pérdida de generalidad.

$$C_{ij} = \frac{\alpha_j C_{i0}}{\rho_j} \qquad j = 1, ..., K$$
$$i = 1, ..., N . \qquad \text{(XVIII.3.2)}$$

Las condiciones de primer orden XVIII.3.2 pueden utilizarse para encontrar C_{i0}. Sustituyendo C_{ij} a partir de XVIII.3.2 en la restricción presupuestaria y reuniendo términos, obtenemos

$$C_{i0} = \theta(E_{i0} + \rho_1 E_{i1} + ... + \rho_K E_{iK}) , \qquad \text{(XVIII.3.3)}$$

donde

$$\theta = [1 + \sum_j \alpha_j]^{-1} .$$

Si se conocen los valores de equilibrio de $\rho_1, ..., \rho_K$, sería sencillo usar XVIII.3.3 para encontrar C_{i0} y utilizar luego XVIII.3.2 para encontrar C_{ij}. Sin embargo, a fin de encontrar ρ_j $(j = 1, ..., K)$, debemos tener en cuenta el hecho de que, en cualquier celdilla j tiempo/estado, el valor de equilibrio de ρ_j será tal, que la demanda y la oferta de derechos (es decir, de dotaciones) sean iguales en toda la población de individuos. Esta condición de equilibrio puede escribirse

$$\sum_{i=1}^{N} C_{ij} = \sum_{i=1}^{N} E_{ij} \qquad i = 1, ..., K . \qquad \text{(XVIII.3.4)}$$

Combinando XVIII.3.1 con XVIII.3.3, obtenemos una expresión que determina ρ_j, a saber

$$\rho_j = \frac{\alpha_j R_0}{R_j} \qquad j = 1, ..., K , \qquad \text{(XVIII.3.5)}$$

donde

$$R_j = \sum_{i=1}^{N} E_{ij} \qquad i = 0, 1, ..., K .$$

XVIII.3.c. *Ejemplos de precios de equilibrio de los derechos contingentes*

En este apartado presentaremos dos ejemplos numéricos del modelo de precios de equilibrio de los derechos contingentes del apartado anterior. En cada ejemplo hay dos individuos ($i = 1,2$).

Ejemplo 1: En este ejemplo cada uno de los dos individuos tiene una dotación de 1 500 en el periodo actual. En el periodo siguiente, cada uno tendrá de nuevo 1 500, a menos que ocurra un accidente. Si ocurre un accidente, el individuo en cuestión sufrirá una pérdida de 1 000. Hay cuatro posibilidades (estados): no ocurre ningún accidente (estado 1); el individuo 1 sufre un accidente (estado 2); el individuo 2 sufre un accidente (estado 3); ambos individuos sufren un accidente (estado 4). La función de utilidad de cada individuo es log-lineal con $\alpha_i = 0.64$, $\alpha_2 = 0.16$, $\alpha_3 = 0.16$ y $\alpha_4 = 0.04$ (véase XVIII.3.1). Las dotaciones contingentes (E_{ij}) aparecen en el cuadro XVIII.3.1. Aplicando XVIII.3.5, vemos que

$$\rho_1 = \frac{0.64(3\,000)}{3\,000} = 0.64$$

De igual modo, $\rho_2 = 0.24$, $\rho_3 = 0.24$ y $\rho_4 = 0.12$. Por convención, el estado actual es el estado numerario, de modo que $\rho_0 = 1$. Utilizando estos valores de $\rho_{0,}\ \rho_1, \rho_2, \rho_3$ y ρ_4, podemos determinar la riqueza de cada individuo. El individuo 1 tiene una riqueza de 3 000, calculada a partir de $E_{10} + \rho_1 E_{11} + \rho_2 E_{12} + \rho_3 E_{13} + \rho_4 E_{14} = 1\,500 + 0.64\,(1\,500) + 0.24(500) + 0.24(1\,500) + 0.12(500)$. Aplicando la misma técnica, el individuo 2 tiene también una riqueza de 3 000. Para este problema,

$$\theta = \frac{1}{1 + \alpha_1 + \alpha_2 + \alpha_3 + \alpha_5} = \frac{1}{2}.$$

Utilizando la ecuación XVIII.3.3, calculamos,

$$C_{10} = 1\,500$$
$$C_{20} = 1\,500$$

Por último, aplicando la ecuación XVIII.3.2 encontramos los valores restantes de $C_{ij}(i = 1,2,$ y $j = 1, \ldots, 4$. Los resultados se resumen en el cuadro XVIII.3.2

CUADRO XVIII.3.1. *Las dotaciones contingentes (ejemplo 1)*

	Estado (j)				
Individuo (i)	*0*	*1*	*2*	*3*	*4*
1	1 500	1 500	500	1 500	500
2	1 500	1 500	1 500	500	500
Total (R_j)	3 000	3 000	2 000	2 000	1 000

CUADRO XVIII.3.2. *Los derechos contingentes y los precios de equilibrio (ejemplo 1)*

	Estado (j)				
Individuo (i)	*0*	*1*	*2*	*3*	*4*
1	1 500	1 500	1 000	1 000	500
2	1 500	1 500	1 000	1 000	500
Total (R_j)	3 000	3 000	2 000	2 000	1 000
ρ_j	1	0.64	0.24	0.24	0.12

Resulta instructiva la comparación de los cuadros XVIII.3.1 y XVIII.3.2. Vemos que los individuos intercambian derechos contingentes para "suavizar" su consumo entre los estados. En virtud de que los individuos tienen la misma función de utilidad y la misma dotación en los estados 0, 1 y 4, no ocurre ningún intercambio entre estos estados. En cambio en los estados 2 y 3, donde las dotaciones iniciales son diferentes porque sólo un individuo sufre un accidente, hay un intercambio de derechos. Vemos que el individuo 1 obtiene 500 de la dotación del estado 2 del individuo 2 y entrega 500 al individuo 2 en el estado 3. Este arreglo equivale a una compañía simple de aseguramiento recíproco.

Ejemplo 2: En este ejemplo hay un estado de periodo actual (estado 0) y dos estados del periodo siguiente (estados 1 y 2). El estado 2 puede concebirse como una condición de "auge", porque cada individuo tiene una dotación relativamente grande en ese estado. El estado 1 es una

CUADRO XVIII.3.3. *Las dotaciones contingentes (ejemplo 2)*

	Estado (*j*)		
Individuo (i)	*0*	*1*	*2*
1	800	400	2 500
2	1 000	800	1 100
Total (R_j)	1 800	1 200	3 600

condición de "depresión", porque las dotaciones son relativamente bajas. Las dotaciones contingentes se muestran en el cuadro XVIII.3.3. Dados $\alpha_1 = \alpha_2 = 0.5$, podemos aplicar la ecuación XVIII.3.5 para encontrar ρ_1 y ρ_2. Estos valores pueden utilizarse para encontrar C_{10} y C_{20} a partir de la ecuación XVIII.3.3. Por último, se usa la ecuación XVIII.3.2 para calcular C_{11}, C_{21}, C_{12} y C_{22}. Los resultados aparecen en el cuadro XVIII.3.4.

Comparando estos dos últimos cuadros, vemos de nuevo la disposición de los individuos para realizar intercambios entre el nivel de los créditos contingentes que tienen y la "regularidad" de estos créditos entre los periodos. En el cuadro XVIII.3.3 de este ejemplo vemos que el individuo 1 tiene un conjunto de dotaciones relativamente "desigual". La dotación del estado 2 para el individuo 1 es más de 6 veces mayor que la dotación del estado 1 y más de 3 veces mayor que la dotación del periodo actual. El individuo 2 tiene un conjunto de dotaciones relativamente más regular. En el equilibrio indicado en el cuadro XVIII.3.4, el individuo 1 ha balanceado estas dotaciones entregando dotaciones del estado 2 al individuo 2 a cambio de más derechos en el estado 1 y en el periodo corriente. El individuo 2 tiene un conjunto de derechos contingentes menos balanceado que antes del intercambio con el individuo 1, pero ha recibido un incremento de dotaciones del estado 2 suficiente para compensar (en términos de utilidad) las reducciones relativamente pequeñas de los derechos contingentes del periodo actual y del estado 1.

La disposición del individuo a intercambiar depende no sólo de las dotaciones sino de la probabilidad de sucesos particulares. Recuérdese que, en el ejemplo de los dinosaurios que dañan el campo de maíz de Michoacán, nadie deseaba comprar derechos que restauraran algo del maíz si ocurriera tal suceso. De la misma manera, aunque la dotación

CUADRO XVIII.3.4. *Los derechos y precios contingentes de equilibrio (ejemplo 2)*

	Estado (j)		
Individuo (i)	*0*	*1*	*2*
1	862.50	575	1 725
2	937.50	625	1 875
Total (R_j)	1 800	1 200	3 600
ρ_j	1	0.75	0.25

del individuo 1 no es muy balanceada, es posible que el individuo 1 desee obtener para sí más consumo en el estado 2. Pero para que el individuo 1 esté dispuesto a pagar por ese consumo un precio mayor que el individuo 2 debe satisfacerse una de dos condiciones. El individuo 1 debe otorgar al estado 2 una probabilidad mayor que el individuo 2. O el individuo 1 debe tener preferencias diferentes que las del individuo 2. Lo importante es que las evaluaciones de la probabilidad del suceso afectan también a los precios de equilibrio de los derechos contingentes.

Ejercicio: Trabaje con el ejemplo 2 con las mismas dotaciones, excepto que la dotación del individuo 2 en el estado actual aumenta de 1 000 a 2 800. Descubrirá que ρ_1 es ahora 1.5, y ρ_2 es ahora 0.5. Adviértase que los derechos del estado actual (consumo) han aumentado para *ambos* individuos, aunque sólo el individuo 2 recibió una dotación mayor. ¿Cómo se explica esto?

XVIII.3.d. *La deuda, el capital social y el valor de una empresa*

El modelo de los derechos contingentes es un instrumento útil para el análisis de los problemas de la teoría moderna de las finanzas. Uno de tales problemas se asocia a la relación que existe entre la deuda y el capital social en la estructura del capital de una empresa y del valor de la empresa. Por ejemplo, considérese una empresa en un mundo de tres personas donde hay dos posibles estados de la economía (auge o depresión) en cada periodo y donde los tres periodos son futuros. En el cuadro XVIII.3.5 aparece el flujo de efectivo, o beneficio, de la empresa en cada celdilla tiempo/estado. Este cuadro dice, por ejemplo, que si hay una "depresión" en el periodo 2, el flujo de efectivo de la empresa es de $200 millones en ese periodo.

En el cuadro XVIII.3.6 aparecen los precios de los derechos contingentes para estas celdillas tiempo/estado (donde se trata al periodo actual como el estado numerario). El cuadro XVIII.3.6 dice que un derecho que pague $1.00 en el periodo 1, si hay un auge en ese periodo, puede comprarse o venderse ahora por $0.81. En virtud de que hay sólo dos estados posibles de la economía en este ejemplo, un pago de $1.00 en el periodo 1 con toda seguridad puede comprarse ahora por $0.90 (= 0.81 + 0.09). En otras palabras, comprando un derecho "de auge" y un derecho "de depresión" para el periodo 1, un individuo obtiene un pago seguro de $1.00 en ese periodo. La razón de que un peso seguro en el periodo 1 cueste sólo $0.90 es que los individuos prefieren el ingreso ahora sobre el ingreso en el periodo 1. Así pues, la tasa de interés implícita "sin riesgo" es, por la inversa de la ecuación XVIII.1.14),

$$\frac{1-0.9}{0.9} = 0.111, \text{ o sea } 11.11\%.$$

Tanto la deuda (bonos) como el capital (acciones comunes, por ejemplo) representan derechos a los beneficios de una empresa. La diferencia que existe entre la deuda y el capital es esencialmente una cuestión de prioridad en los derechos sobre los beneficios de la empresa. Los derechos de los tenedores de bonos se satisfacen en primer término. Todos los beneficios que quedan después de la satisfacción de los derechos de los tenedores de bonos se entregan a los accionistas. Para simplificar la exposición, supondremos que todos los beneficios que quedan después de pagar a los tenedores de bonos se distribuyen como dividendos a los accionistas. El *valor de la empresa* es la suma del valor de la deuda y los derechos de capital de la empresa.

Supongamos que la empresa del cuadro XVIII.3.5 emite bonos que prometen pagar $100 millones en cada uno de los tres periodos. Todos los beneficios restantes se distribuyen entre los accionistas. Nos interesa la pregunta siguiente: ¿Cuál es el valor de los bonos, el valor del capital y el valor total de la empresa? Se entiende que la respuesta debe darse en términos de los valores del periodo corriente (o el estado numerario).

La respuesta a esta pregunta se encuentra utilizando los precios de los derechos contingentes de tiempo/estado del cuadro XVIII.3.6, así como los datos de flujo de efectivo del cuadro XVIII.3.5. Obsérvese en primer término que en los tres periodos habrá por lo menos $100 millones por pagar a los tenedores de bonos, cualquiera que sea el estado —de auge o depresión— que se presente. Por consiguiente, no hay ningún riesgo de falta de pago asociado a

CUADRO XVIII.3.5. *El flujo de efectivo de la empresa*
(beneficios, en millones de pesos)

	Estado de la economía	
Periodo	*Auge*	*Depresión*
1	200	100
2	500	200
3	650	250

CUADRO XVIII.3.6. *Los precios de los derechos contingentes*

	Estado de la economía	
Periodo	*Auge*	*Depresión*
1	0.81	0.09
2	0.70	0.11
3	0.61	0.12

esta emisión de bonos. Los bonos equivalen así a un pago *seguro* de $100 millones en cada uno de los tres periodos siguientes. Utilizando los precios de los derechos contingentes del cuadro XVIII.3.6, vemos que $1.00 seguro en el periodo 1 tiene un precio corriente de $0.90(= 0.81 + 0.09); un pago seguro de $1.00 en el periodo 2 tiene un precio de $0.81(= 0.70 + 0.11) en el periodo actual; y un pago seguro de $1.00 en el periodo 3 tiene un precio corriente de $0.73(= 0.61 + 0.12). Por tanto, los bonos se valúan en $100 000 000 × (0.90 + 0.81 + 0.73) = $244 millones en el periodo corriente.[16]

Restando el pago de $100 millones en cada uno de los flujos de efectivo que aparecen en el cuadro XVIII.3.5, encontramos el monto de los beneficios

[16] No es necesario que la tasa de interés implícita que convierte los pesos del periodo cero en pesos del periodo 1 sea igual a la tasa que convierte los pesos del periodo 1 en pesos del periodo 2. En este ejemplo, la tasa de interés del periodo 0 era 11.11%. La tasa de interés del periodo 1 es

$$\frac{0.9 - 0.81}{0.81} = 11.11\%$$

Pero la tasa de interés del periodo 2 es $\frac{0.81 - 0.73}{0.73} = 10.96\%$.

CUADRO XVIII.3.7. *Los flujos de efectivo de la empresa después del pago a los accionistas*
(millones de pesos)

	Estado de la economía	
Periodo	*Auge*	*Depresión*
1	100	0
2	400	100
3	550	150

restantes que quedan disponibles para su distribución a los accionistas en cada celdilla tiempo/estado. Estas cifras aparecen en el cuadro XVIII.3.7. Puesto que los accionistas reciben los pagos indicados en el cuadro XVIII.3.7, podemos encontrar el valor de las acciones (el capital) multiplicando cada pago por el precio apropiado del cuadro XVIII.3.6. Así pues, el valor de las acciones se calcula como sigue:

$$\begin{aligned}\text{Valor de las acciones (en millones de pesos)} &= (0.81 \times 100) + (0.09 \times 0)\\ &+ (0.70 \times 400) + (0.11 \times 100)\\ &+ (0.61 \times 550) + (0.12 \times 150)\\ &= \$725.5 \text{ millones de pesos}.\end{aligned}$$

En otras palabras, el valor del capital social, que es simplemente una colección de derechos contingentes, es de $725 500 000. El valor total de la empresa es la suma del valor de los bonos y el valor de las acciones (es decir, el valor de *todos* los derechos a los flujos de efectivo). El valor total de la empresa es de $244 millones más $725.5 millones, o sea, $969.5 millones. Esta cifra pudo haberse encontrado también directamente, multiplicando los pagos contingentes del cuadro XVIII.3.5 por los precios de los derechos contingentes que corresponden al cuadro XVIII.3.6.

Consideremos ahora lo que ocurre cuando se emiten los bonos con una promesa de pagar $100 millones en el periodo 1, $100 millones en el periodo 2 y $300 millones en el periodo 3. Si hay una "recesión" en el periodo 3, sólo habrá $250 millones de beneficios. En esta situación, los bonos no se pagan.

Por la posibilidad de que no se paguen, los bonos son riesgosos; se pagará a los tenedores de bonos, con seguridad, $100 en los dos primeros periodos, pero $300 o $250 en el periodo 3, dependiendo del estado de la economía en el periodo 3. El valor de los bonos se calcula como sigue:

$$\text{Valor de los bonos (en millones de pesos)} = (100 \times 0.9) + (100 \times 0.81)$$

$$+ (300 \times 0.61) + (250 \times 0.12)$$

$$= \$384 \text{ millones de pesos.}$$

Como antes, se paga a los accionistas lo que quede de los beneficios después de pagar a los tenedores de bonos. Adviértase, sin embargo, que los accionistas no tienen que pagar personalmente las pérdidas; eso es lo que significa la responsabilidad limitada de los accionistas de una sociedad anónima. En otras palabras, los accionistas no ganan nada en el periodo 3, si hay una recesión, pero no tienen que pagar personalmente los $50 millones que se dejan de pagar a los bonos. Por lo tanto, el valor de las acciones es (en millones de pesos):

$$= (0.81 \times 100) + (0.09 \times 0)$$

$$+ (0.70 \times 400) + 0.11 \times 100)$$

$$+(0.61 \times 350) + (0.12 \times 0)$$

$$= \$585.5 \text{ millones de pesos .}$$

El valor de la empresa es la suma de estos dos valores, o sea $969.5 millones (= $384 + $585.5 millones).

Resulta interesante advertir que este cambio no afecta el valor total de la empresa. Esto es así, porque la redistribución de los derechos entre los tenedores de bonos y los accionistas no afecta los flujos de efectivo de la empresa; sólo afecta la distribución de estos flujos entre los dos grupos. Éste es un resultado muy importante en la teoría de la economía financiera. Lo enunciaron por primera vez los profesores Merton Miller y Franco Modigliani y es conocido como el teorema de Modigliani-Miller.[17]

[17] F. Modigliani y M. H. Miller, "The Cost of Capital, Corporation Finance and the Theory of Investment", *American Economic Review*, núm. 48, junio de 1958, pp. 261-297.

XVIII.4. LA HIPÓTESIS DE LA UTILIDAD ESPERADA

En la sección XVIII.3 discutimos el riesgo de manera muy general. Una vez introducido el concepto de un derecho contingente, se pudo especificar sin dificultad que los individuos contemplan los derechos contingentes como bienes, de tal manera que la función de utilidad de los derechos contingentes tiene las propiedades habituales.

En la literatura económica actual es muy común el uso de una teoría de la utilidad separada, más específica, para las selecciones riesgosas. Esta teoría, conocida como la hipótesis de la utilidad esperada, fue elaborada por John von Neumann y Oscar Morgenstern en su libro *Theory of Games and Economic Behavior* (1943). La hipótesis de la utilidad esperada parte de un conjunto de axiomas que describen cómo elegirán los individuos entre un conjunto de alternativas riesgosas. El desarrollo axiomático involucra cierto razonamiento matemático refinado, pero los teoremas resultantes sobre la utilidad esperada pueden enunciarse sin dificultad.

Considérese un conjunto de resultados mutuamente excluyentes de algún experimento o "juego". Estos resultados equivalen a los estados (o celdillas tiempo/estado) descritos en la sección anterior. Cada resultado o estado dota al individuo de cierto pago o nivel de riqueza especificado y tiene una probabilidad específica asociada. Supongamos que hay K resultados posibles. El pago del resultado j es $C_j (j = 1, ..., K)$ y la probabilidad del resultado j es $\pi_j (j = 1, ..., K)$. Estas probabilidades tienen la propiedad habitual de que $\pi_j \geq 0$ y $\Sigma_{j=1}^{K} \pi_j = 1$. Sea $U(C_j)$ la utilidad de un *pago seguro* de C_j. La hipótesis de la utilidad esperada dice que la utilidad correspondiente a una lotería con pagos de $C_1, ..., C_K$, y probabilidades de $\pi_1, ..., \pi_K$, respectivamente, es

$$\pi_1 U(C_1) + \pi_2 U(C_2) + ... + \pi_K(C_K).$$

Los lectores familiarizados con el concepto probabilístico del valor esperado apreciarán que esta teoría de la utilidad asigna a un juego el valor esperado de las utilidades de los posibles pagos del juego. Por ejemplo, supongamos que el individuo tiene una función de utilidad de la forma $U(C) = \sqrt{C}$ y supongamos que se ofrece a este individuo un billete de lotería que paga 0 con la probabilidad de 1/2 y 100 con la probabilidad de 1/2. El valor de utilidad asociado a este billete de lotería es

$$\frac{1}{2}\sqrt{0} + \frac{1}{2}\sqrt{100} = 0 + 5 = 5.$$

En realidad, la hipótesis de la utilidad esperada es sólo un caso especial del modelo más general de los derechos contingentes descrito en la sección XVIII.3. El modelo de los derechos contingentes no requiere que la función de utilidad dependa de las probabilidades de los resultados como ocurre con el modelo de la utilidad esperada. En el caso de los derechos contingentes, la utilidad puede "depender del estado". Es decir, la utilidad de un resultado podría verse afectada por algo más que la mera probabilidad del estado y el monto del pago, como lo requieren los axiomas de Von Neumann-Morgenstern. En efecto, como hemos visto en la sección XVIII.3, el modelo de los derechos contingentes (conocido a veces como el modelo de la preferencia de estado) no requiere el uso explícito, ni aun implícito, del concepto de la probabilidad.

XVIII.5. Resumen

✦ La teoría del interés puede exponerse de un modo formalmente equivalente a la teoría neoclásica del equilibrio general, introduciendo bienes fechados y una forma de la función de utilidad dependiente del tiempo. En esta formulación, las tasas de interés son, en efecto, precios de bienes fechados (o dinero).

✦ La inversión puede considerarse como un proceso de transformación física de una corriente de recursos en otra, o como una elección entre las diversas corrientes de recursos proporcionadas por un activo de capital tal como una extensión de tierra. Esta elección dependerá de los precios de la corriente de recursos en diversos periodos (denotados en el texto por $\rho_1, \rho_2, \ldots$), o de las tasas de interés. La tasa de interés, r, es simplemente una transformación de un tiempo-precio, ρ, de la forma

$$r = \frac{1-\rho}{\rho}$$

o sea

$$\rho = \frac{1}{1+r}.$$

✦ Cuando los individuos pueden intercambiar sus dotaciones de recursos del periodo actual y de periodos futuros, la decisión de inversión puede separarse de la decisión de consumo. En este caso, la decisión de inversión equivale a escoger, en el conjunto de oportunidades de inversión, la dotación que tenga el mayor valor presente, o riqueza, dados los precios $\rho_1, \rho_2, \ldots$.

✦ Utilizando el instrumento conceptual de un derecho contingente, podemos extender el análisis a los casos riesgosos. En esta forma del modelo, los precios ρ_1, ρ_2... son el precio de un derecho a un bien que se entregará a su titular, si se realizan uno o más estados del mundo en uno o más momentos.

PREGUNTAS Y EJERCICIOS

1. Supongamos, por el modelo descrito en el apartado XVIII.1.b, que $E_{10} = E_{11} = 100$ y $E_{20} = E_{21} = 150$. Supongamos también que $\alpha = 0.45$ y $\beta = 0.5$. ¿Cuánto es r^e? ¿Por qué es r^e negativa? ¿Comerciarán los individuos en este caso?
2. ¿Cómo cambia la respuesta a la pregunta 1 si se permite que los individuos trasladen inventarios de la dotación corriente al periodo siguiente para su consumo?
3. *a)* Supongamos que el conjunto de oportunidades de inversión de dos periodos es lineal con pendientes –1.05. Es decir, supongamos que los individuos pueden escoger cualesquiera valores no negativos de E_0 y E_1 que satisfagan

$$E_1 = 100 - 1.05E_0.$$

Asumamos que existen dos individuos idénticos, cada uno con una función de utilidad como la utilizada en la sección XVIII.2.b. Muestre que el valor de equilibrio de la tasa de interés r^e es 0.5. ¿Qué representan E_0^* y E_1^* en el caso del individuo 1? ¿qué representan C_0 y C_1 en el caso del indidivuo 1?

b) Supongamos que el conjunto de oportunidades de inversión es lineal para cada individuo, pero que las pendientes y las intercepciones no son las mismas. En particular, supongamos que el individuo 1 tiene un conjunto de oportunidades de inversión dado por

$$E_{11} = 99 - 1.1E_{10}$$

y el individuo 2 tiene un conjunto de oportunidades de inversión dado por

$$E_{21} = 84 - 1.05E_{20}.$$

Utilizado la función de utilidad del apartado XVIII.2.b (idéntica para ambos individuos), encuentre el valor de ρ^e, r^e, E^*_{20}, E^*_{21}, C_{10}, C_{11}, C_{20} y C_{21}.

4. Considere un modelo que implique riesgo con un periodo actual (seguro) y dos estados posibles en el periodo siguiente. Supongamos que el individuo tiene 1 000 unidades de dotación en el periodo corriente y ninguna dotación en los dos estados del periodo siguiente. Si $\rho_1 = 0.675$ y $\rho_2 = 0.225$, ¿cuánto le costará al individuo tener 450 unidades de consumo para el periodo siguiente con toda seguridad? ¿Cuál es la tasa de interés sin riesgo para los préstamos de un solo periodo?

LECTURAS RECOMENDADAS

Arrow, K. J., "The Role of Securities in the Optimal Allocation of Risk-Bearing", *Review of Economic Studies*, núm. 31, 1964, pp. 91-96.

Debreu, G., *The Theory of Value: An Axiomatic Analysis of General Equilibrium Theory*, Nueva York, John Wiley, 1959, capítulo 7.

Fama, E. y M. Miller, *The Theory of Finance*, Nueva York, Holt, Rinehart & Winston, 1972.

Fisher, I., *The Theory of Interest*, reimpresión, Nueva York, Augustus M. Kelley, 1965.

Hirshleifer, J., *Investment, Interest and Capital*, Englewood Cliffs, N. J., Prentice-Hall, 1970.

Marx, Karl, *Das Kapital: Kritik der politischen Oekonomie*, libro III: *Der Gesammtprocess der kapitalistichen Produktion*, Hamburgo, Otto Meissner, 1894.

XIX. LA INFORMACIÓN IMPERFECTA

¿POR QUÉ ha de ser mayor el precio de la ropa femenina que el de la masculina, si descartamos las diferencias de los costos de producción? ¿Por qué anuncian las tiendas grandes rebajas en sus precios? ¿Por qué quieren saber los patrones si un solicitante de empleo tiene título universitario, si el haber asistido a la universidad no mejorará el desempeño del candidato en ese empleo? ¿Por qué se venden algunos productos con garantías?

Las respuestas a todas estas preguntas aparentemente independientes se relacionan con el material de este capítulo, el cual se ocupa de las circunstancias en las que no todos los agentes económicos tienen toda la información. Durante la mayor parte de este libro se ha supuesto que la información es perfecta o que asume una forma particular, determinista. En la mayoría de las circunstancias, este supuesto poco realista simplifica en gran medida el análisis y también permite la formulación de pronósticos bastante acertados, pero no siempre ocurre así.

Veremos que la información imperfecta otorga a los *consumidores* un incentivo para gastar recursos en la búsqueda del mejor precio. Cuando hay incertidumbre acerca de la demanda, las *empresas* deben "averiguar" cuál es el precio que más les conviene cobrar. Descubriremos que, al enfrentarse a esta incertidumbre, las empresas se beneficiarán si reducen sus precios a través del tiempo, en lugar de mantenerlos en cierto nivel constante. También examinaremos las circunstancias de la selección adversa, donde una parte tiene más información que la otra. Si usted llega a manejar adecuadamente el material de este capítulo, podrá encontrar las respuestas a las preguntas formuladas antes. La sección "Aplicación de la Teoría" contiene un desplegado periodístico que anuncia una barata bastante típica de una famosa marca de zapatos, el cual se utilizará para comprobar su comprensión del material de este capítulo.✦

APLICACIÓN DE LA TEORÍA

PRECIOS REBAJADOS EN MIL PARES DE ZAPATOS DE HOMBRE DE MARCAS CONOCIDAS

PREGUNTAS

1. Supongamos que Michaels Shoes tiene alguna idea acerca de los precios que están dispuestos a pagar los consumidores de un par de zapatos de marca conocida, pero no tiene exactamente determinada la curva de demanda, sobre todo en lo referente a nuevos estilos y colores particulares. ¿Cómo ayuda esta suposición a explicar la política de precios enunciada en este anuncio?
2. Supongamos que los zapatos de mujer de marcas conocidas se venden a precios mayores que los zapatos de hombre, dadas las condiciones de los costos. ¿Cómo explicaría usted esto, basado en el material de este capítulo?
3. El anuncio indica que se hace un descuento de 25% en los zapatos de piel genuina de marcas famosas. Los ejemplos numéricos presentados en el texto en la sección XIX.3 (basados en el cuadro XIX.3.1), siempre tienen un precio del segundo periodo (P_2) que es exactamente igual a la mitad del precio del primer periodo (P_1). ¿Es por ello la estrategia de precios de Michaels Shoes incongruente con la explicación de las ventas rebajadas que contiene este capítulo? Explique.
4. Los precios del anuncio también ponen en claro que la rebaja de algunos zapatos es mayor que la rebaja de 25% de los zapatos informales de piel legítima. Supongamos que pregunta usted a Michaels Shoes la razón de esta diferencia y obtiene la respuesta de que el porcentaje de clientes que son simples mirones (por oposición a quienes sí compran) es diferente para los zapatos informales de piel legítima que para otros zapatos más rebajados. ¿Para qué tipo de zapatos es mayor el porcentaje de mirones? Explique.

SOLUCIONES

1. El análisis de la sección XIX.3 indica que las ventas de barata pueden interpretarse como el resultado directo de la búsqueda del mejor precio realizada por las empresas, cuando hay incertidumbre acerca

de la naturaleza exacta de la demanda de su producto. La incertidumbre vuelve valiosa la capacidad de variar el precio a través del tiempo. Tal estrategia les permite aprender de sus "errores". El ejemplo específico de la sección XIX.3 se refiere a un vestido diseñado por Yves St. Laurent, pero el análisis puede aplicarse también a la venta de un producto nuevo con muchas copias potenciales. También se aplica cuando el vendedor no sabe mucho acerca del estilo o del color particular que más demanda tiene. (La letra pequeña del anuncio aclara que "no todos los colores, marcas y estilos están disponibles" a estos precios "rebajados".)

2. La explicación de esta diferencia radica en el hecho de que, cuando la demanda es incierta, hay una diferencia entre el precio promedio cobrado y el ingreso esperado por unidad. Es posible que los zapatos de mujer tengan un precio promedio alto, *si* se venden, pero una menor probabilidad de venta. Los zapatos de hombre podrían tener un precio promedio menor, pero con una mayor probabilidad de venta. Los ingresos esperados de los dos tipos de bienes podrían ser iguales. Por tanto, es posible que el precio promedio de los zapatos de hombre sea menor que el precio promedio de los zapatos de mujer, aunque su costo de producción sea el mismo (o mayor).
3. El resultado del texto de la sección XIX.3 de que $P_2 = 1/2P_1$ es una consecuencia directa del supuesto de que la distribución de V es uniforne (o igualmente probable) en todos los precios intermedios entre los valores más altos y los más bajos. Adviértase que así ocurre en el cuadro XIX.3.1. Por consiguiente, el hecho de que haya rebajas

de 25% en Michaels Shoes no es necesariamente incongruente con el análisis de la sección XIX.3.

4. Cuanto mayor sea el porcentaje de mirones, menos se sabrá del hecho de que se rechace un precio dado. Por consiguiente, la tasa de descuento del precio es menor cuanto mayor sea la proporción de mirones respecto a compradores reales. Pronosticaríamos entonces que habrá un mayor porcentaje de mirones para los zapatos de piel legítima que para los zapatos de precios más rebajados.

FUENTE: Anuncio en *The Los Angeles Times*, 15 de agosto de 1987.

XIX.1. INTRODUCCIÓN

En la mayor parte de este libro hemos supuesto que los agentes del caso poseían toda la información necesaria. En el mundo real, sin embargo, es raro que las partes lo sepan todo. Es posible que los consumidores no estén conscientes del precio que cobra cada tienda por un bien particular. Es posible que los vendedores no conozcan con precisión la curva de demanda de sus productos. Es posible que la calidad del bien sea incierta. Estas consideraciones afectan la interacción que existe entre compradores y vendedores. Este capítulo examina brevemente los efectos de la información imperfecta sobre la organización del mercado. El análisis nos lleva a las fronteras, porque la economía de la información es un área de investigación relativamente nueva.[1]

XIX.2. LA TEORÍA DE LA BÚSQUEDA

Una de las características más básicas de un mercado, donde prevalece la incertidumbre, es que no todas las empresas cobran el mismo precio por un bien dado. Si las empresas cobran diferentes precios por el mismo bien, algunos consumidores podrían optar por buscar los precios más bajos. En esta sección consideraremos cómo afecta al comportamiento de los consumidores el hecho de que haya muchos precios.

A fin de simplificar las cosas, consideremos un ejemplo fantasioso. Imaginemos una ciudad dotada de 10 manantiales de aguas termales que alivian los

[1] El trabajo pionero en esta área corresponde a George Stigler, "The Economics of Information", *Journal of Political Economy*, vol. 69, núm. 3, junio de 1961, pp. 213-225.

dolores de todos los que se bañan en cualquiera de ellos. Los manantiales son propiedad de 10 individuos diferentes, cuyos precios no son necesariamente iguales, aunque los propios manantiales sean sustitutos entre sí. (En una sección posterior veremos cómo se determinan los precios. Por ahora simplemente consideraremos como dados tales precios.)

Los turistas llegan a la estación del tren en el centro de la ciudad y luego seleccionan alguna estrategia para elegir un manantial. Puesto que los turistas ignoran los precios de cada uno de los manantiales antes de llegar a la ciudad, deben buscar el precio más bajo. La lógica de lo que sigue es que continúan buscando hasta que la rebaja esperada del precio, asociada a otra búsqueda, es justamente igual al "costo" de la visita adicional.

XIX.2.a. *La búsqueda y la distribución de los precios de compra*

Los consumidores no saben dónde encontrarán los precios más bajos, pero tienen una idea acerca de las probabilidades de éstos. Podemos justificar esta suposición imaginando que los turistas han vacacionado en ciudades similares y, a través de la experiencia, han aprendido que es probable que los precios se distribuyan de la manera indicada en el cuadro XIX.2.1. El turista sabe que probablemente habrá un manantial de $10 en la ciudad, pero no sabe a cuál de los 10 manantiales debe llamar primero.

Supongamos que el consumidor opta al azar por visitar el manantial A y descubre que su precio es $16. ¿Cuál es el valor de la búsqueda de un manantial adicional? El valor depende del manantial que encuentre el individuo. Si tiene suerte y el manantial siguiente es el de $10, se habrá ahorrado $6 gracias a la búsqueda. Pero la probabilidad de que esto ocurra es sólo de una en nueve, ya que quedan nueve manantiales y sólo uno tiene un precio de $10. Si el turista tiene menos suerte, podría encontrar un manantial que cobre $16 o $17. El valor del hallazgo de estos precios es cero, pues no hay ninguna razón para que el turista prefiera bañarse allí y no en el primer manantial visitado, que ofrecía un precio de $16. Por tanto, habrá una probabilidad de tres en nueve de que el valor de la búsqueda sea cero. Hay también una probabilidad de tres en nueve de que el turista encuentre un manantial que cobre $14, en cuyo caso se ahorrará $2 con su búsqueda. Por último, hay una probabilidad de dos en nueve que el turista visite un manantial que cobre $12, con lo que ahorrará $4. Por tanto, la ganancia esperada del individuo de la búsqueda de un manantial más, cuando ya ha encontrado un precio de $16, es

$$(1/9)\$6 + (2/9)\$4 + (3/9)\$2 + (3/9)\$0 = \$2.22\,.$$

CUADRO XIX.2.1. *La distribución de los precios de los manantiales termales*

Precio	*Número de manantiales que cobran ese precio*
$10	1
12	2
14	3
16	2
17	2
	10 empresas en total

La ganancia esperada de la búsqueda es $2.22, pero esto depende de que haya encontrado el precio de $16 en primer lugar. ¿Qué ocurriría si el turista hubiera tenido la fortuna de encontrar el precio de $10 en la primera búsqueda? Entonces, la ganancia de una búsqueda adicional sería cero, porque nueve de los otros nueve precios superan al que ya ha encontrado.

De manera similar puede determinarse la ganancia esperada de una unidad adicional de búsqueda, condicionada a cada uno de los cinco precios posibles. Si hubiese gran número de turistas y si cada uno de los manantiales tiene la misma probabilidad de ser visitado, 1/10 de los consumidores encontrarán el manantial de $10 en su primer intento, 2/10 encontrarán los manantiales de $12, 3/10 los manantiales de $14, 2/10 los de $16 y 2/10 los de $17. Esto más el conocimiento del costo de la búsqueda nos dice cuántos turistas harán la segunda búsqueda y la proporción de compradores a cada precio.

El cuadro XIX.2.2 nos da el rendimiento esperado de la búsqueda, dado el precio inicial encontrado en la primera exploración. El rendimiento esperado se calcula para cada precio inicial como se describió antes.

Supongamos que el único costo implicado en la visita a otro manantial es la gasolina utilizada en el viaje. Supongamos que los manantiales se encuentran a la misma distancia, de modo que siempre cuesta $0.60 de gasolina la

CUADRO XIX.2.2. *El rendimiento esperado de la búsqueda*

Precio inicial encontrado	*Proporción de compradores*	*Rendimiento esperado*
$10	0.1	$0.00
12	0.2	0.22
14	0.3	0.89
16	0.2	2.22
17	0.2	2.44

CUADRO XIX.2.3. *La distribución de los precios de transacción*

Precio de compra	*Proporción de compradores*	*Proporción de manantiales*
$10	0.1777	0.1
12	0.3555	0.2
14	0.3333	0.3
16	0.1111	0.2
17	0.0222	0.2
	1.0	1.0

realización de una visita más. El cuadro XIX.2.2 nos dice que todos los individuos que hayan encontrado un primer precio mayor que $12 considerarán conveniente la búsqueda, porque el rendimiento esperado supera al costo. En consecuencia, 7/10 de los consumidores visitan (por lo menos) dos manantiales y 3/10 de los consumidores contratarán con el primer manantial que encuentren. Dicho de otro modo, 1/10 de los consumidores comprará a $10, 2/10 a $12, y 7/10 seguirán buscando.

Para saber exactamente cuánto paga cada consumidor, consideremos en primer término a los individuos que encontraron un manantial de $17 en su primera búsqueda. De ellos, 1/9 encontrará el otro manantial de $17 en su segunda búsqueda. Estos individuos pagarán $17 por el baño. (No consideramos las búsquedas adicionales.) Por consiguiente, 1/9 del 0.2 original paga $17, o sea, que sólo 1/45 de la población acaba pagando $17 por el baño. Todos los demás individuos pagan menos que eso, porque encontraron un manantial más barato en la primera exploración o porque buscaron de nuevo y encontraron un manantial más barato en la segunda. Sólo 1/45 tuvo la mala fortuna de acabar pagando $17, aunque 2/10 de los manantiales cobran $45. Ésta es una observación importante. La proporción de las ventas a $17 es mucho menor que la proporción de los manantiales que cobran ese precio, porque los consumidores tienen la opción de rechazar los manantiales caros.

De los restantes 8/9 de quienes encontraron $17 en su primera búsqueda, 2/9 acaban pagando $16, 3/9 acaban pagando $14, 2/9 pagan $12 y 1/9 paga $10.

Resulta tedioso seguir este procedimiento para todos los grupos del ejemplo, pero después de haberlo seguido descubrimos que la distribución final de los precios de transacción es la que aparece en el cuadro XIX.2.3.

El precio de venta esperado es

$$0.1777(\$10) + 0.3555(\$12) + 0.3333(\$14) + 0.1111(\$16) + 0.0222\ (\$17) = \$12.86$$

En ausencia de cualquier búsqueda posterior a la primera, el precio de venta esperado habría sido

$$0.1(\$10) + 0.2(\$12) + 0.3(\$14) + 0.2(\$16) + 0.2(\$17) = \$14.20.$$

Por consiguiente, la búsqueda reduce el precio promedio pagado. Esto es lógico, porque nadie buscaría si pensara que así acabaría pagando un precio mayor.

Observamos en el cuadro XIX.2.3 que los compradores no se distribuyen uniformemente entre los manantiales. Aunque sólo 0.1 de los manantiales cobran un precio de $10, 0.17 de los turistas se bañan allí. A la inversa, 0.2 de los manantiales cobran un precio de $17, pero sólo 0.02 de los turistas se bañan allí. La búsqueda tiende a concentrar las ventas en los manantiales de precio más bajo.

XIX.2.b. *Las distribuciones del precio de equilibrio*

El espíritu de este ejemplo es correcto, pero hay algo incompleto. El examen del cuadro XIX.2.3 nos revela que la empresa que cobra $14 tiene el mayor rendimiento esperado. Puesto que esta fuente obtiene 0.3333 de la venta, su ingreso esperado es

$$(0.3333)\ (\$14)(N) = (\$4.66)N$$

donde N es el número de turistas que vistan la ciudad. Esta cifra supera al ingreso esperado de cualquier otro manantial. En el extremo opuesto, la empresa que cobra un precio de $17 tiene el menor ingreso esperado, quien recibe

$$(0.222)\ (\$17)(N) = (\$0.38)N.$$

Eso sugiere que no es estable la distribución inicial de los precios que hemos supuesto. El manantial que cobra $17, por ejemplo, encontrará provechoso cambiar su precio a $14. Si lo hace, cambiará el número de quienes buscan y el número de clientes recibidos por cada una de las empresas que cobran $14. Sólo se alcanzará un equilibrio cuando todas las empresas estén satisfechas con los precios que están cobrando, es decir, cuando ninguna de las empresas pueda ganar más dinero cambiando sus precios.

Para examinar el equilibrio pleno, conviene simplificar un poco el ejemplo suponiendo que sólo hay dos manantiales. En el equilibrio, ambos manantiales deben tener el mismo beneficio esperado, porque de otro modo a uno de los manantiales le convendría cambiar su estrategia a la de la empresa más rentable.

Éste es un problema de teoría de juegos y las hipótesis son importantes. Suponemos aquí que cada manantial, al cambiar su precio, postula que la otra empresa mantendrá su precio constante. Esta hipótesis lleva a lo que suele llamarse equilibrio de Bertrand. Es poco realista cuando sólo hay dos manantiales, pero resulta mucho más plausible conforme aumenta el número de manantiales. En una ciudad donde haya 100 manantiales se puede pensar que habrá escasa reacción al cambio de precio de una empresa.

Además, se supone que la empresa cree que su cambio de precio no altera las estrategias de búsqueda de los clientes. Esta suposición también es importante y realista cuando hay gran número de vendedores. En estas circunstancias, es posible alcanzar el equilibrio.

Repetimos el análisis de XIX.2.a, pero con una pequeña simplificación: supongamos que sólo hay dos clases de empresas; una de precio alto y una de precio bajo. Supongamos que 60% de las empresas cobra el precio bajo, mientras que 40% cobra el precio alto. Sea cero el costo de la primera y segunda búsquedas, pero \$2 el costo de la tercera búsqueda. (Esto puede justificarse permitiendo que el valor del agua para el cliente baje con la demora del consumo.) Por último, supongamos que los clientes no compran nada de agua a precios mayores que \$1.

Para demostrar que éste es un equilibrio, basta demostrar dos cosas: Primero, a los precios de equilibrio, la búsqueda de los clientes es compatible con la distribución final de las compras entre las empresas. Segundo, ninguna empresa tiene ningún incentivo para cambiar de precio.

Conjeturemos que los precios de \$0.19 y \$1 son los precios de equilibrio. Puesto que 40% de las empresas cobra \$1, 40% de los clientes encuentra un precio inicial de \$1. Puesto que el costo de la búsqueda siguiente es cero, todos esos clientes buscan. Cerca de 60% de ellos encuentra una empresa de precio bajo, mientras que 40% encuentra un precio de \$1 de nuevo. (Suponemos un gran número de clientes y de empresas.) Eso nos da

$$0.6 + 0.4 \times 0.6 = 0.84$$

clientes en una empresa con precio de \$0.19 después de dos exploraciones. Quienes todavía no han encontrado más que empresas de \$1 no buscarán otra vez, porque el costo de la tercera búsqueda es \$2 y el valor de la búsqueda es 0.6(\$1 – 0.19) = \$0.49, que es menor que \$2. Por tanto, 84% compra a empresas que cobran \$0.19 y 16% compra a empresas que cobran \$1.

La primera parte del análisis está completa: 84% compra al precio bajo y 16% al precio alto. Ahora debemos demostrar que todas las empresas están contentas con sus precios actuales.

Esto es evidente. Las empresas de precios altos obtienen 0.16 de los clientes, de modo que el ingreso esperado para cualquier empresa dada de precio alto es (0.16) (N/M) ($1), donde N es el número total de los clientes y M es el número total de las empresas. De igual manera, el ingreso esperado para la empresa de precio bajo es

$$(0.84)\ (N/M)\ (\$0.19).$$

Pero

$$(0.84)\ (N/M)\ (\$0.19) = \$0.16(N/M)$$

también. De modo que lo que pierden en el precio las empresas de precio bajo lo ganan en volumen. Ambos tipos de empresas obtienen el mismo beneficio.

Preguntemos ahora: ¿tiene una empresa de precio bajo algún incentivo para cambiar el precio? Si una empresa de precio bajo aumentara su precio a $0.20, por ejemplo, todos sus clientes harían la segunda búsqueda, porque su costo de búsqueda es cero. Pero entonces estas empresas terminan con sólo 0.16 de los clientes, y (0.16) (N/M) ($0.20) < (0.84) ($N/M$) ($0.19). Lo mismo se aplica a todos los precios entre $0.19 y $1. Un precio de $1 genera el mismo beneficio que el precio de $0.19, de modo que no es mejor. A un precio mayor de $1 no hay ventas, porque los clientes se rehúsan a comprar si el agua cuesta más que $1. Un precio menor que $0.19 no sirve de nada, porque no modifica el número de los clientes. Todos los que consideran que el precio es elevado ya realizan la segunda búsqueda y un precio menor no puede inducirlos a hacer la tercera.

Se aplica el mismo razonamiento a las empresas de precios altos. A cualquier precio mayor que $1 no se hace ninguna compra. A precios menores que $1 la empresa pierde, porque todavía obtiene (0.16) (N/M) de los clientes y el precio de venta es menor. (Sólo obtiene (0.16) (N/M) de los clientes, porque todos hacen la segunda búsqueda y ninguno hace la tercera.) Por consiguiente, ninguna empresa desea cambiar su precio, o sea, se ha encontrado un equilibrio.

Este ejemplo es poco realista. Las suposiciones acerca de la naturaleza discreta de los costos de la búsqueda generan un equilibrio con más de un precio. En el mundo real es más probable que las diferencias de precios entre las tiendas reflejen sutiles diferencias en los productos. Por ejemplo, un individuo interesado en la compra de una cámara nueva puede acudir a una tienda elegante de un lujoso centro comercial o puede pedir la misma cámara por correo a un precio menor. Los precios son diferentes en el equilibrio, pero también lo son los productos. Es probable que la tienda cara tenga una política más liberal respecto a las devoluciones y que atienda al cliente si la cámara resulta defectuosa. Algunos individuos prefieren el precio bajo de los pedidos por correo, mientras que otros prefieren el precio más alto de la tienda elegante y más servicial. Cada individuo tiene un incentivo para buscar la tienda que mejor le agrade. Pero se busca una combinación de precio y servicio, más bien que el precio por sí solo.

El mercado de mano de obra se caracteriza por esta clase de búsqueda. Trabajadores y empresas se exploran recíprocamente, por así decirlo, para asegurarse de que se convienen uno al otro. Algunas empresas ofrecen salarios altos, pero en cambio exigen jornadas de trabajo largas. Otras ofrecen salarios bajos, pero tienen condiciones de trabajo más flexibles. Los trabajadores exploran las empresas para saber si la combinación de condiciones de trabajo y salario es la que más les conviene. Esto ocurre generalmente al principio de la vida de trabajo de un individuo, lo que explica el hecho de que los individuos cambien de empleo con frecuencia cuando son jóvenes, aunque finalmente se quedan en un empleo permanente (véase Rosen, 1972; Jovanovic, 1979; y Hall, 1982, en la lista de "Lecturas recomendadas" que aparece al final de este capítulo).

Adviértase que las dos razones diferentes de la búsqueda tienen implicaciones diferentes para la eficiencia. Si la búsqueda se genera simplemente como un equilibrio de precio múltiple, cualquier búsqueda será socialmente dispendiosa. En el ejemplo de los manantiales termales, algunos individuos dejaron el primer manantial y emplearon gasolina y tiempo para acudir al segundo manantial, sólo para obtener un precio más bajo. Pero se supuso idéntico el producto que finalmente recibían. Si los precios hubiesen sido los mismos en el primer manantial, no habría habido ninguna búsqueda en la ciudad. No se habría gastado gasolina y se habría tomado (por lo menos) el mismo número de baños.

La búsqueda que ayuda a un individuo a encontrar su lugar preferido, ya sea en el mercado de mano de obra o en el de productos, no es necesariamente dispendiosa. El cliente que no tenga en alta estima su tiempo y esté dispuesto a prescindir del buen servicio se encontrará en mejor situación después de buscar una tienda de precio y calidad bajos. Para la sociedad, la producción de un mejor servicio tiene un cierto costo y es posible que la gasolina y el tiempo adicionales que se utilicen cuesten menos que la provisión del servicio adicional no deseado.[2]

XIX.3. El aprendizaje de la demanda a través del tiempo

En la sección anterior centramos la exposición en la búsqueda realizada por los consumidores que advierten que no todas las empresas cobran el mismo precio (o que no ofrecen el mismo producto). Pero cuando hay incertidumbre

[2] No resulta obvio que incluso esta clase de búsqueda sea siempre eficiente, porque las empresas podrían tener un incentivo para seleccionar los servicios ofrecidos de manera no óptima.

acerca de la demanda, las empresas deben "buscar" el mejor precio que pueden cobrar. En este libro hemos supuesto que la empresa que fija su precio conoce con certeza la curva de demanda que enfrenta. En realidad, esa empresa tiene cierta idea de precios que los consumidores están dispuestos a pagar por un bien, pero raras veces conoce exactamente la curva de demanda. Por tanto, los vendedores deben seleccionar una estrategia de precios que les permita aprender de sus errores. Su capacidad para cambiar el precio a través del tiempo en respuesta a la experiencia es una característica esencial de la fijación de precios. Las ventas de barata son un resultado de la búsqueda del mejor precio por parte de las empresas. Este proceso se encuentra en la base de la fijación de precios al menudeo.[3]

Este punto puede entenderse mejor si se considera un ejemplo específico. Imaginemos que el departamento de vestidos finos de una gran tienda de departamentos acaba de recibir la última creación de Yves St. Laurent, que es un ejemplar único. El gerente debe decidir qué precio fijará a ese vestido sin saber exactamente lo que estará dispuesta a pagar alguna mujer. Para simplificar las cosas, supongamos que el precio que está dispuesta a pagar la compradora que tiene en mayor estima el vestido es V. El problema es que el vendedor no conoce V pero puede tener cierta idea acerca de su valor. Por ejemplo, supongamos que el vendedor sabe, por su experiencia, que algunos vestidos se venden hasta en $10 000, mientras que otros no se venden a ningún precio. Supongamos además que todos los precios intermedios son igualmente probables. Así pues, la probabilidad de que el vestido pueda alcanzar un precio mayor que $10 000 es cero y la probabilidad de que se venda a un precio mayor que cero es uno. El cuadro XIX.3.1 presenta los precios potenciales y la probabilidad de una venta a cada uno de esos precios. La gráfica XIX.3.1 representa los datos del cuadro XIX.3.1. Aquí, la probabilidad de que ocurra una venta a cualquier precio dado es el área del rectángulo formado por la línea vertical a ese precio y la línea vertical al precio de $10 000. Por tanto, si el precio fuese $8 000, la probabilidad de que $V \geq 8\,000$ es

$$(10\,000 - 8\,000) \times (1/10\,000) = 0.2\,.$$

Se advierte fácilmente que si la empresa debe seleccionar un precio y apegarse a él, el precio que maximiza el ingreso esperado es $5 000. (No consideramos los costos de la adquisición del vestido.) En estas condiciones, la tienda venderá el vestido en la mitad del tiempo, de modo que su ingreso esperado es $2 500. Ningún otro precio genera un ingreso esperado tan elevado. Pero ésta es una visión demasiado estática del comercio al menudeo. La

[3] Este análisis se ha tomado de Edward P. Lazear, "Retail Pricing and Clearance Sales", *American Economic Review*, vol. 76, núm. 1, marzo de 1986, pp. 14-32.

GRÁFICA XIX.3.1. *Informe previo sobre* V

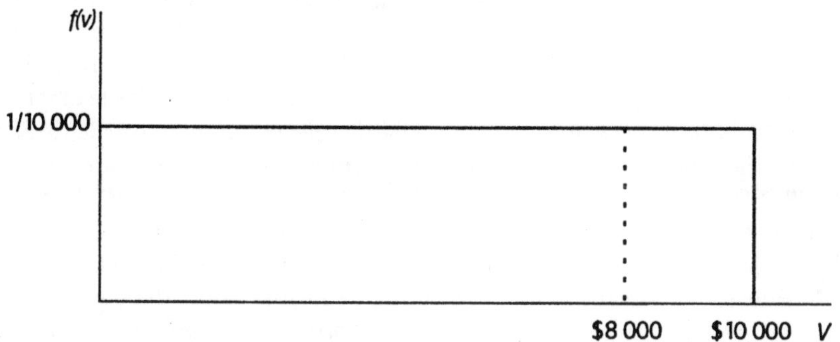

CUADRO XIX.3.1. *Los precios y la probabilidad de venta*

Precio (pesos)	*Probabilidad de venta*	*Ingreso esperado (pesos)*
$10 000	0.0	$0.00
8 000	0.2	1 600
6 667	0.3333	2 222
5 000	0.5	2 500
3 333	0.6667	2 222
2 000	0.8	1 600
0	1.0	0

empresa tiene la opción de cambiar su precio, si se decepciona con el primer precio.

Para apreciar la importancia de la capacidad de cambiar el precio, imaginemos que la empresa puede fijar su precio en dos momentos separados durante la estación. Imaginemos que se trata de dos periodos. La empresa puede cobrar un precio durante la primera parte de la estación, llamada periodo 1, o bien un precio diferente durante la segunda parte de la estación, llamada periodo 2, si el bien no se vende durante la primera parte.[4]

La empresa debe seleccionar un precio P_1 para el periodo 1 y un precio P_2 para el segundo periodo. Lo fundamental es que la elección de P_1 proporciona a la empresa una información valiosa para la fijación del precio en el periodo 2. Por ello, la fijación de precios cuando la demanda es incierta difiere de esa fijación cuando la demanda es cierta.

[4] Suponemos que la tasa de descuento es cero, de modo que no tenemos que preocuparnos por una preferencia de venta durante el primer periodo.

En primer término, derivemos P_2, dependiendo del valor de P_1. Consideremos una empresa que había seleccionado cierto precio P_1en el periodo 1, pero descubrió que el bien no se vendía. En tal caso, debe ser cierto que $P_1 > V$. Las mujeres que llegaban a la tienda rechazaban la oportunidad de comprar el vestido, porque su precio superaba el valor que ellas le asignaban. Supongamos entonces que la empresa había seleccionado un precio de \$8 000. Si el vestido no se vende después del primer periodo, debe ser cierto que $V <$ \$8 000. Ésta es una información valiosa. Ahora ha cambiado la distribución de los precios potenciales de las compras. Un concepto estadístico, conocido como teorema de Bayes, permite que la empresa ponga al día su evaluación de V. Puesto que se sabe que $V >$ \$8 000es imposible, ahora debe ser cierto que V se encuentra entre 0 y \$8 000, donde todos los valores son igualmente probables. Dada esa evaluación, la gráfica XIX.3.2 muestra la distribución del caso. Una empresa que enfrenta esas probabilidades en el periodo 2 maximiza el ingreso esperado escogiendo un precio de \$4 000 o reduciendo la nueva distribución a la mitad. Esto da un ingreso esperado de \$2 000 en el periodo 2, que domina cualquier otra elección como puede demostrarse.

Por consiguiente, si el precio del primer periodo era de \$8 000 y el bien no se vendió, el precio en el segundo periodo debería ser de \$4 000. Si $P_1 =$ \$7 000, entonces P_2 debería ser \$3 500, con un ingreso esperado en el periodo 2 de \$1 750, etcétera.

La lección más importante hasta aquí es que el precio es menor en el periodo 2 que en el periodo 1. La razón es obvia. Si el bien no se vendió a P_1 en el periodo 1, le conviene a la empresa fijar un precio menor en el periodo 2. Un precio mayor en 2 no sirve para nada, porque la empresa ha descartado ya la posibilidad de vender el vestido incluso a P_1.

Ésta es la lógica de las ventas de barata. Un vendedor decepcionado reduce el precio del vestido en el segundo periodo con la esperanza de venderlo. La empresa escoge un precio alto en el periodo 1, sabiendo que, si no vende el bien, siempre tendrá la opción de experimentar con un precio menor en el siguiente periodo.

Es evidente que la empresa debe tener en cuenta el periodo 2 antes de escoger un precio en el periodo 1. Puesto que (en este ejemplo), el precio del periodo 2 es $P_1/2$, un precio mayor en el periodo 1 aumenta el ingreso que se puede obtener por la venta en el periodo 2. Pero un precio mayor en el periodo 1 tiene también dos efectos adversos. Primero, cuanto mayor sea el precio en el periodo 1, menor será la probabilidad de que se venda el vestido a ese precio. Puesto que $P_1 > P_2$, la empresa preferiría vender al precio del periodo 1. Segundo, si el precio es demasiado elevado en el periodo 1, proporcionará muy poca información para el periodo 2. Por ejemplo, si la empresa fijara $P_1 =$ \$9 999, el hecho de que no se haya vendido el vestido no daría a la empresa mucha información útil sobre el precio que debería elegirse para el

GRÁFICA XIX.3.2. *Informe posterior sobre* V

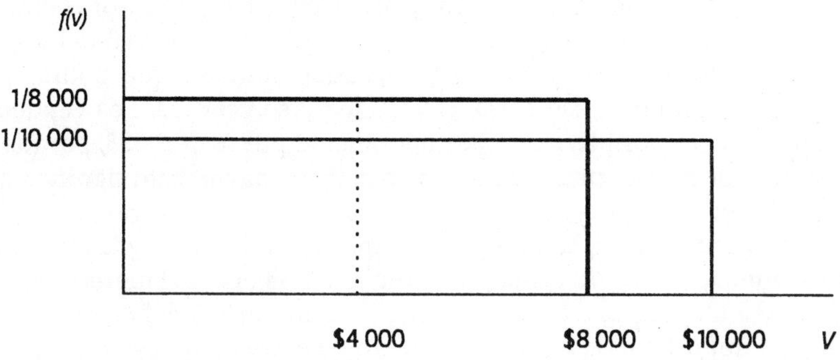

periodo 2. Sólo podría descartarse una parte trivial de las posibilidades originales.

En el ejemplo que nos ocupa, descubrimos que el mejor precio para el periodo 1 es \$6 667.[5] Si no se vende el bien a ese precio, el mejor precio en el periodo 2 será \$3 333. En estas circunstancias el ingreso esperado es

$$(0.3333)(\$6\,667) + (0.3333)(\$3\,333) = \$3\,333\,.$$

[5] Esto puede demostrarse más formalmente. Sea $F(V)$ la función de distribución "previa" de V. Entonces, la probabilidad de que $V > P_1$ es $1 - F(P_1)$. Puesto que el bien no se vendió en el periodo 1, las empresas pueden descartar que $V > P_1$. La nueva función de distribución es $F_2(V)$. Si V se distribuye uniformemente entre 0 y 10 000, entonces $F_2(V)$ es uniforme entre 0 y P_1 (por el teorema de Bayes). La probabilidad de que el bien se venda en el periodo 1 es $1 - F(P_1)$, la probabilidad de que se venda en el periodo 2 al precio P_2 es $F(P_1)\,[1 - F_2(P_2)]$. Por tanto, la empresa escoge P_1 y P_2 para maximizar

$$P_1[1 - F(P_1)] + P_2F(P_1)\,[1 - F_2(P_2)]\,. \qquad \text{(XIX.3.1)}$$

Dada la uniformidad de $F(V)$, XIX.3.1 se convierte en

$$\max_{P_1,P_2} P_1(1 - P_1/10\,000) + P_2(P_1/10\,000)\,(1 - [P_2/P_1]) \qquad \text{(XIX.3.2)}$$

o sea

$$\max_{P_1,P_2} P_1 - (P_1^2/10\,000) + (P_2P_1/10\,000) - (P_2^2/10\,000)\,.$$

Las condiciones de primer orden son

$$a)\ \frac{\partial}{\partial P_1} = 1 - \frac{2P_1}{10\,000} + \frac{P_2}{10\,000} = 0 \qquad \text{(XIX.3.3)}$$

Adviértase que, cuando la empresa podía seleccionar sólo un precio, el ingreso esperado llegaba sólo a \$2 500. La capacidad para fijar el precio dos veces y aprender de la experiencia aumenta el ingreso esperado de la empresa.

A veces la tienda no podrá vender el vestido antes del final del segundo periodo. Puesto que $P_2 = 3\,333$, si la máxima cantidad que podría pagar cualquier comprador fuese 2 000, el vestido no se venderá. Los vendedores saben que esto es posible, pero optan por fijar el precio de 3 333, porque si se vende el vestido, la empresa obtiene un beneficio mayor. Esto significa que el precio promedio al que se vende el bien y el ingreso esperado no son la misma cosa. Si se vende el bien, la mitad del tiempo se venderá a P_1 y la otra mitad a P_2. Por tanto, el precio de venta promedio es \$5 000. Pero el ingreso esperado era sólo \$3 333, porque el bien se vende sólo durante 2/3 del tiempo.

Resulta importante la diferencia que existe entre el ingreso esperado y el precio promedio recibido cuando se vende el bien. Algunos bienes tienen precios promedio muy elevados si se venden, pero una probabilidad de venta baja. Algunos tienen precios promedio menores, pero una probabilidad de venta mayor. Los ingresos esperados de los dos tipos de bienes podrían ser iguales. Es posible, en consecuencia, que el precio promedio de la ropa de hombre sea menor que el precio promedio de la ropa de mujer, aunque cueste más la producción de ropa de hombre. Si los precios son tales que los distribuidores de ropa de hombre raras veces dejan de venderla, mientras que los distribuidores de ropa de mujer tienen a menudo que tirarla (o venderla a cualquier precio), el ingreso esperado podría ser mayor en el primer caso que en el segundo. Pero los precios que el consumidor ve en las etiquetas son mayores para la ropa de mujer que para la ropa de hombre.

El mismo tipo de lógica puede aplicarse al precio de un producto nuevo del que hay muchas copias potenciales. Por ejemplo, un fabricante de computadoras bien establecido está tratando de decidir el precio que fijará a un modelo nuevo. Puede aumentar el precio, se descubre que el precio fijado inicialmente era demasiado bajo, o puede reducirlo, si el primer precio era demasiado

---

$$b)\ \frac{\partial}{\partial P_2} = \frac{P_1}{10\,000} - \frac{2P_2}{10\,000} = 0\,.$$

La ecuación XIX.3.3*b* implica que $P_2 = 1/2P_1$. Sustituyendo en XIX.3.3*a*, obtenemos

$$P_1 = 6\,667$$

de modo que

$$P_2 = 3\,333\,.$$

elevado. Esta clase de aprendizaje afecta no sólo a la manera como cambia el precio, sino también a su elección del precio inicial. Como en el caso del vestido de diseñador, generalmente conviene empezar con un precio alto. Si no se cumplen las expectativas, puede bajarse el precio. Si la empresa tiene mayor éxito que lo esperado, generalmente le conviene mantener el precio en el nivel del primer periodo. Este principio, cuya derivación requiere gran manipulación algebraica, se basa en la lógica siguiente: el precio del primer periodo debería fijarse siempre en un nivel suficientemente elevado para que el conocimiento de que V es igual o mayor que ese precio no cambie la política óptima de precios.

Esta sección nos enseña dos cosas importantes: primero, la política de precios no es la misma cuando la demanda es incierta que cuando se conoce la demanda. La incertidumbre hace que resulte valiosa la capacidad para variar el precio a través del tiempo. Cuando se conoce la demanda (y ésta es estable), el precio escogido para el periodo 1 es también el precio óptimo para el periodo 2. En general, la incertidumbre acerca de la demanda hace que los precios bajen, mientras el bien siga sin venderse.

Segundo, hay una diferencia entre el precio promedio cobrado y el ingreso esperado cuando la demanda es incierta. La razón que se tiene es que algunos bienes no se venden cuando la demanda es incierta. Si la demanda se conociera con certeza, las empresas no producirían nunca más de lo que pueden vender. En esas circunstancias, el precio promedio y el ingreso esperado serían iguales. Puesto que cada bien se vende al precio P, el ingreso esperado es (ingreso/cantidad) = precio.

XIX.4. Otras consecuencias de la información imperfecta

En el mundo real, no toda la información está en las manos de cada uno de los agentes económicos. En la mayor parte de este libro hemos supuesto que la información es perfecta o que asume una forma determinista particular. En la mayoría de las circunstancias, este supuesto poco realista simplifica en gran medida el análisis y sigue siendo un instrumento útil para pronosticar el comportamiento. Pero no siempre es así. En esta sección consideraremos otras áreas donde la imperfección de la información sí tiene importancia. Debemos mencionar que ésta es un área de investigación relativamente nueva, de modo que en seguida presentaremos un mero bosquejo de una investigación que se encuentra ahora en pañales.

XIX.4.a. *La selección adversa*

La selección adversa surge cuando una de las partes tiene más información que la otra. La parte menos informada sabe que está en desventaja y el equilibrio resultante refleja esa cautela. Como antes, un ejemplo ilustrará mejor los principios.[6]

Cuando un individuo decide vender su automóvil, tiene más información al respecto que un comprador potencial. En efecto, puede ser precisamente esa información la que lo induce a vender el automóvil. Por ejemplo, las indicaciones sutiles de que la transmisión está a punto de quebrarse podrían decidirlo a cambiar de automóvil. Es por ello que los lotes de automóviles usados están llenos de desastres potenciales. Por supuesto, el comprador potencial de un automóvil usado conoce esa circunstancia y la tiene en cuenta al hacer un ofrecimiento. Reconoce que la selección de automóviles en el lote es adversa. No hay allí una muestra aleatoria de automóviles de ese tipo, sino una muestra donde los automóviles con defectos mecánicos tienen una representación mayor. La selección adversa afecta al precio del mercado.

Si todos los automóviles de los lotes de automóviles usados tuvieran el mismo problema de la transmisión que está a punto de quebrarse, su precio de equilibrio sería igual al valor del automóvil con una transmisión nueva menos el costo de reposición de la transmisión. Considérese el precio de un Ford 1973 usado. Si estuviese en perfectas condiciones, podría obtener en el mercado un precio de $1 500. Pero si se supiera que los dueños sólo vendían Fords con transmisiones descompuestas, todos los Fords usados requerirían pronto reparaciones de la transmisión. Si el costo de esas reparaciones fuese $500, el precio de mercado sería $1 000.

Sin embargo, la determinación del precio es algo más complicado porque algunos de los Fords 1973 del lote no tienen dificultades con la transmisión. En efecto, algunos están allí sólo porque sus dueños quieren aumentar su nivel de transportación, quizá como corresponde a su nueva posición social. En consecuencia, la población de automóviles usados está integrada por algunas carcachas y algunos automóviles nuevos que ya no les gustan a sus dueños anteriores. En lo que sigue describiremos el equilibrio del mercado.

Supongamos que la demanda de Fords usados en buenas condiciones es perfectamente elástica a $1 400. En consecuencia, el valor de un Ford que requiere reparaciones por $300, digamos, es $1 100. Hay 10 000 Fords en existencia. Los propietarios de 8 000 de esos 10 000 automóviles no venderían los suyos por $1 400 o menos, de modo que tales automóviles son irrelevantes para el mercado de Fords usados. De los 2 000 automóviles restantes, 1 000 se

[6] Este ejemplo se ha tomado de George Akerlof, "The Market for 'Lemons': Quality Uncertainty and the Market Mechanism", *Quarterly Journal of Economics*, núm. 84, agosto de 1970, pp. 488-500.

encuentran en perfectas condiciones, pero sus propietarios están ansiosos por comprar un automóvil nuevo, de modo que venderán sus automóviles en cualquier precio superior a $1 000. Los otros 1 000 automóviles necesitan reparaciones, cuyo costo varía uniformemente desde $0 hasta $500. Por tanto, el costo promedio de tales reparaciones es $250.

La selección adversa significa que los automóviles más deteriorados son los que tienen mayores probabilidades de ponerse en venta. Esto puede traducirse de la siguiente manera sencilla. Si R es una "variable aleatoria" que representa el monto del gasto necesario para reparar el automóvil, entonces R varía entre $0 y $500. Los propietarios de los automóviles, cuya reparación sea menos costosa, tendrán menos probabilidades de ponerlos a la venta. Esto puede representarse mediante la siguiente condición de venta aplicable al grupo cuyos automóviles necesitan reparación. (El otro grupo vende a cualquier precio por encima de $1 000.)

$$\text{Vender si } P > \$1\,500 - R \qquad \text{(XIX.4.1)}$$

o si

$$R > \$1\,500 - P\,,$$

donde P es el precio del mercado. Los propietarios de automóviles que necesitan reparaciones que cuestan $400 venderán a cualquier precio de mercado por encima de $1 100. Quienes tengan automóviles que sólo requieran reparaciones de $200, sólo venderán si $P > \$1\,300$.

Por consiguiente, a cualquier precio mayor que $1 000, el mercado de automóviles usados estará integrado por dos clases de automóviles. Un millar de automóviles se encuentra en perfectas condiciones. Además, habrá en el mercado algunos automóviles que requieran reparaciones. Por ejemplo, si el precio fuese $1 200, sólo 2/5 de los 1 000 propietarios de automóviles deteriorados enviarían sus automóviles al mercado. Ellos serían los propietarios para quienes $R \geq \$300$. La reparación de esos automóviles costaría en promedio $400. Habría en el mercado 1 400 automóviles, 400 de los cuales necesitarían reparaciones con un costo promedio de $400, mientras que 1 000 automóviles se encuentran en perfectas condiciones. En general, si definimos R^* como el valor mínimo de las reparaciones necesarias para inducir a un individuo a vender su automóvil, entonces, utilizando XIX.4.1,

$$R^* = 1\,500 - P. \qquad \text{(XIX.4.2)}$$

En general, entonces, la proporción de los propietarios de automóviles que necesitan reparaciones y optan por venderlos es

$$1 - R^*/500, \qquad \text{(XIX.4.3)}$$

por ejemplo, cuando $P = \$1\,200$, $R^* = 300$, de modo que 2/5 optan por vender. Por tanto, el nivel promedio de reparaciones de los automóviles deteriorados que se venden será

$$\text{Reparación promedio} = (\$500 + R^*)/2. \qquad \text{(XIX.4.4)}$$

El valor de un automóvil para un comprador es $1 400, si está en perfectas condiciones, pero sólo $1 400 – R si necesita algunas reparaciones. Recuérdese que, puesto que sólo el vendedor sabe si un automóvil necesita alguna reparación y, en su caso, cuánto cuesta esa reparación, el comprador que compra un automóvil tiene una probabilidad de

$$1\,000/[1\,000 + (1 - R^*/500)\,1\,000]$$

de obtener un automóvil en perfectas condiciones y una probabilidad de

$$(1 - R^*/500)1\,000/[1\,000 + (1 - R^*/500)1\,000]$$

de obtener un automóvil que necesita algunas reparaciones. El denominador es el número total de automóviles que existen en el mercado. El valor esperado de los automóviles del mercado que necesitan reparaciones es $\$1\,400 - [(500 + R^*)/2]$, porque el segundo término es el costo promedio de las reparaciones.

Si el comprador es neutral al riesgo, el valor de un automóvil seleccionado al azar será

$$\text{Valor} = \$1\,400\left(\frac{1\,000}{1\,000 + \left(1 - \frac{R^*}{500}\right)1\,000}\right) + \left(\$1\,400 - \left(\frac{\$500 + R^*}{2}\right)\right)$$

$$\left(\frac{\left(1 - \frac{R^*}{500}\right)1\,000}{1\,000 + \left(1 - \frac{R^*}{500}\right)(1\,000)}\right) \qquad \text{(XIX.4.5)}$$

Puesto que en el equilibrio el valor debe ser igual al precio (recuérdese que la demanda es perfectamente elástica), el equilibrio estará dado por

$$P = \$1\,400\left(\frac{1\,000}{1\,000+\left(1-\frac{R^*}{500}\right)1\,000}\right)+\left(\$1\,400-\left(\frac{\$500+R^*}{2}\right)\right)$$

$$\cdot\left(\frac{\left(1-\frac{R^*}{500}\right)1\,000}{1\,000+\left(1-\frac{R^*}{500}\right)(1\,000)}\right) \qquad \text{(XIX.4.6)}$$

Del lado de la oferta, la condición que determina al vendedor que se siente indiferente entre enviar o no su automóvil al mercado es la ecuación XIX.4.2. Su sustitución en XIX.4.6 nos da una ecuación de una sola incógnita R^*, que puede resolverse. Su solución nos da

$$R^* = \$228.22$$

que, utilizando XIX.4.2, implica que $P = \$1\,271.78$.

Tratemos de interpretar este resultado. Cualquier propietario de un automóvil deteriorado que necesite reparaciones con un costo menor de \$228.22 no venderá. Todos los demás lo harán. Por tanto, $1 - 228/500$ de los propietarios de automóviles deteriorados venderán. Esto significa que hay $1\,000 + 544$ automóviles en el mercado. Los 1 000 están en perfectas condiciones, los 544 necesitan reparaciones que, en promedio, cuestan $(\$500 + 228.22)/2$, o sea \$364.11. La sustitución de estos valores en XIX.4.5 nos dice que el valor promedio es \$1 271.78. Ése es también el precio que induce a vender exactamente al número de propietarios con $R > 228.22$. Todo esto es congruente.

Algunos compradores obtienen automóviles en perfectas condiciones, mientras que otros obtienen carcachas. Los compradores saben esto por adelantado, de modo que el precio del mercado —que se encuentra por debajo del valor de un automóvil en perfectas condiciones— refleja la probabilidad de comprar una carcacha. La selección adversa ocurre porque los vendedores tienen mejor información que los compradores acerca de sus automóviles. Por tanto, en promedio se venden los automóviles peores. Pero puesto que el mercado está consciente de este hecho, el precio del mercado se ajusta de tal modo que, en promedio, los compradores obtienen exactamente lo que esperan.[7]

XIX.4.b. *Las garantías, la concentración y los equilibrios de separación*

En el ejemplo anterior, los individuos que tenían los mejores automóviles en venta se vieron perjudicados, porque sus automóviles se juntaron con los de menor calidad. Los compradores no podían estar seguros de que el Ford 1973 que estaban adquiriendo necesitaba $500 de reparaciones o ninguna reparación. En consecuencia, el precio que estaban dispuestos a ofrecer era menor de $1 400. Ello significaba que quienes tenían los automóviles que realmente valían $1 400 salían perdiendo.

El equilibrio descrito en la sección anterior recibe el nombre de *equilibrio combinado*, porque los automóviles buenos y los malos se concentran en el mismo mercado. A veces se pueden separar los automóviles buenos de los malos, aunque los compradores no pueden observar la calidad del bien cuando lo compran. Si es posible tal separación, decimos que existe un *equilibrio separado.*

Se pueden ofrecer garantías para obtener el equilibrio separado. Una garantía es una forma de contrato contingente, ya que se establece que el vendedor hará un pago a un comprador, si ocurre un suceso particular. En este caso, el suceso es la descompostura del automóvil.

Supongamos que el propietario actual del Ford puede prometer que pagará las reparaciones del automóvil si éste necesitara alguna reparación. Los compradores potenciales estarían entonces dispuestos a pagar $1 400 por el automóvil con garantía, porque estarían seguros de obtener por ese precio un automóvil en perfectas condiciones. Los propietarios de los automóviles que no requieren reparaciones ofrecerían sin duda la garantía. Si no lo hacen, sólo reciben $1 271 por su automóvil. Si lo hacen, reciben $1 400 y, puesto que saben que el automóvil no necesitará ninguna reparación, se quedarán con la totalidad de esa suma.

Recuérdese que en el ejemplo anterior sólo los propietarios de automóviles deteriorados que requerían más de $228 de reparaciones ofrecen en venta sus automóviles. Ninguno de estos propietarios estaría dispuesto a ofrecer una garantía, si continuaran recibiendo $1 271 por sus automóviles. El mejor automóvil de ese grupo, o sea el que sólo necesita $228.22 de reparaciones, se vende por $1 400 con la garantía. Pero el vendedor acaba pagando entonces

[7] Véase Edward P. Lazear, "Salaries and Piece Rates", *Journal of Business*, vol. 59, núm. 3, julio de 1986, pp. 405-431, donde se examina un ejemplo de la selección adversa en el mercado de mano de obra.

\$228.22 y sólo recibe en términos netos \$1 171.78. Por tanto, prefiere vender a \$1 271.78 sin la garantía. Todos los demás vendedores de automóviles deteriorados están más interesados aún en vender sin garantías.

Los vendedores de automóviles deteriorados descubrirán que ya no tienen la opción de vender sin garantías, una vez que los vendedores de automóviles en buenas condiciones las ofrezcan. Los consumidores saben que el vendedor de un automóvil en buenas condiciones prefiere vender al precio mayor con garantía que al precio menor sin ella. Por consiguiente, el consumidor infiere automáticamente que el automóvil está deteriorado, si no se vende con garantía. En promedio, la reparación costará \$364.11, de modo que el comprador pagaría ahora sólo \$1 400 – 364.11 = \$1 035.89 por el automóvil. Pero a ese precio sólo estarán dispuestos a vender los propietarios de automóviles que requieran reparaciones que excedan de \$1 500 – 1 035.89 = \$464.11 (véase la ecuación XIX.4.1). Pero la reparación cuesta en promedio \$482.05, de modo que los consumidores sólo estarán dispuestos a pagar \$1 400 – 482.05 = \$917.95. Sin embargo, a ese precio no se ofrecen automóviles deteriorados. Las carcachas han sido eliminadas del mercado por completo. La razón es que, al no proporcionar una garantía, los consumidores pueden inferir que el automóvil está deteriorado. Tenemos un equilibrio separado porque el mercado de los automóviles en buenas condiciones se ha apartado del mercado de carcachas.

Resulta eficiente que no se vendan automóviles deteriorados en este equilibrio separado. La ecuación XIX.4.1 nos dice que el valor de cualquier automóvil deteriorado para su propietario actual es \$1 500 – R. Para cualquier valor de R, el valor del automóvil para el propietario actual supera a su valor para un nuevo propietario. Si el mercado opera eficientemente, debe asignar los recursos a su uso de mayor valor, de modo que los propietarios actuales de automóviles deteriorados tienen que conservarlos. En el ejemplo anterior, estos propietarios se comportaron de una manera socialmente ineficiente, porque podían hacer pasar sus automóviles como dotados de una calidad promedio. Cuando no se permite el uso de garantías, la calidad promedio de los automóviles vendidos es mayor que la calidad promedio de los automóviles deteriorados, porque los automóviles en buenas condiciones también están en la agrupación. Los propietarios de carcachas las vendían porque podían beneficiarse del hecho de reunir sus automóviles deteriorados con los automóviles en buenas condiciones. Las garantías impiden la agrupación y privan a los propietarios de carcachas de la oportunidad de esconderse tras la fachada del automóvil promedio.

XIX.4.c. *El azar moral y el cumplimiento*

Si todo esto es cierto, ¿por qué no se venden todos los automóviles con amplias garantías? Hay por lo menos dos razones poderosas.

Primero, el "azar moral" es un problema. El azar moral surge cuando una de las partes asegura a otra contra algún suceso sobre el cual la parte asegurada tiene cierto control. En el ejemplo anterior, un automóvil que se vende a un nuevo propietario en perfectas condiciones podría llegar a descomponerse, porque el nuevo propietario no le da el mantenimiento apropiado. En efecto, el hecho de que el automóvil esté garantizado le da al nuevo propietario un incentivo para gastar menos en el mantenimiento preventivo del automóvil, ya que tales reparaciones se hacen a expensas del propietario anterior. El vendedor sabe esto antes de vender el automóvil y, en consecuencia, puede sentirse renuente a ofrecer una garantía.

El azar moral es una cuestión más general y aparece en numerosos contextos. En el mercado de mano de obra, un patrón puede "asegurar" a un trabajador ofreciendo pagarle un salario por hora, independientemente de la cantidad que produzca el trabajador durante esa hora. Los trabajadores a quienes se les pagan tasas fijas como salarios (en oposición a los pagos a destajo, que se pagan de acuerdo con la producción; por ejemplo, 2 centavos por tomate cosechado) tienen la oportunidad de trabajar menos, alegando luego que la producción fue baja por razones fuera de su control. La importancia del azar moral en el mercado de mano de obra significa que las empresas a menudo compensan a los trabajadores, de manera que evitan estos problemas, por lo menos en parte.[8]

El segundo problema es el del cumplimiento. En el análisis de las garantías estaba implícita la noción de que el comprador podía localizar fácilmente al vendedor y hacerlo pagar la reparación. La experiencia del mundo real nos revela que esto es más fácil de decir que de hacer. Tras haber hecho la venta, el vendedor podría optar por no respetar la garantía, quizá sosteniendo que esa reparación en particular no estaba incluida en la garantía. De hecho, podría utilizar el azar moral por parte del comprador como una defensa, alegando que no cuidó adecuadamente el automóvil. La capacidad de violar la garantía podría provocar el derrumbe del equilibrio separado. En el límite, el vendedor de una carcacha que sabe que puede dejar de cumplir la garantía, sin incurrir en costo alguno, estará siempre dispuesto a ofrecerla. Por supuesto, los compradores saben que la garantía carece de valor y el equilibrio vuelve a ser el

[8] Véanse Joseph Stiglitz, "Incentives, Risk, and Information: Notes Toward a Theory of Hierarchy", *Bell Journal of Economics*, núm. 6, otoño de 1975, pp. 552-579; y Edward P. Lazear, "Why Is There Mandatory Retirement?", *Journal of Political Economy*, núm. 87, diciembre de 1979, pp. 1261-1264.

que existía en ausencia de garantías. Las carcachas y los automóviles en buenas condiciones se reúnen en el mismo mercado.

Así pues, el azar moral y el cumplimiento obligado limitan la medida en la que pueden usarse los contratos contingentes para separar los bienes buenos de los malos. Si estos problemas son suficientemente profundos, es muy probable que el equilibrio que se observa en el mercado sea un equilibrio combinado.

XIX.4.d. *Los contratos y las soluciones de óptimo condicionado*

La información imperfecta puede generar dificultades que a veces se solucionan mediante contratos. Un contrato es un acuerdo, a menudo firmado antes de que se obtenga toda la información pertinente, y que dicta el comportamiento en diversos estados del mundo.

Recientemente se ha aplicado la teoría del contrato al mercado de mano de obra para analizar las renuncias y los despidos. El problema es éste: un trabajador desearía pedir el salario máximo que la empresa estuviera dispuesta a pagar. Una empresa desearía ofrecer el salario mínimo que el trabajador estuviera dispuesto a aceptar. Puesto que tales valores no son conocidos por todas las partes, pueden surgir algunos problemas.

Para apreciar esto, considérese el modelo siguiente.[9] En el periodo siguiente, un trabajador valdrá M para la empresa. El valor de M es conocido por la empresa, pero no por el trabajador. De igual manera, en el periodo siguiente el trabajador tendrá algunas opciones, que dictarán la cantidad que está dispuesto a aceptar de la empresa. Denotemos ese valor por A. El valor de A es conocido por el trabajador pero no por la empresa.

Si el mundo fuese perfecto, desearíamos que el trabajador trabajara para la empresa siempre que $M > A$. Es decir, el trabajador debe trabajar para la empresa mientras valga más para la empresa que en otra parte. Esto está representado por el área debajo de la línea de 45°, donde $M = A$ en la gráfica XIX.4.1. Por ejemplo, si el trabajador vale 100 para esta empresa y sólo 80 en otra parte, tanto el trabajador como la empresa estarían mejor si ésta le paga a aquél 90. Desafortunadamente, las empresas están tratando de lograr que los trabajadores trabajen por el salario más bajo posible, mientras que los trabajadores están tratando de lograr que las empresas los contraten con el salario más alto posible. Esto significa que podrían ocurrir algunos errores que impidieran el desempeño del trabajo, aun cuando ese trabajo fuera benéfico. Mientras las empresas y los trabajadores regateen el precio, no se

[9] Este análisis se ha tomado de Robert E. Hall y Edward P. Lazear, "The Excess Sensitivity of Layoffs and Quits to Demand", *Journal of Labor Economics*, núm. 2, abril de 1984, pp. 233-257.

GRÁFICA XIX.4.1. *El trabajo eficiente y salarial óptimo*

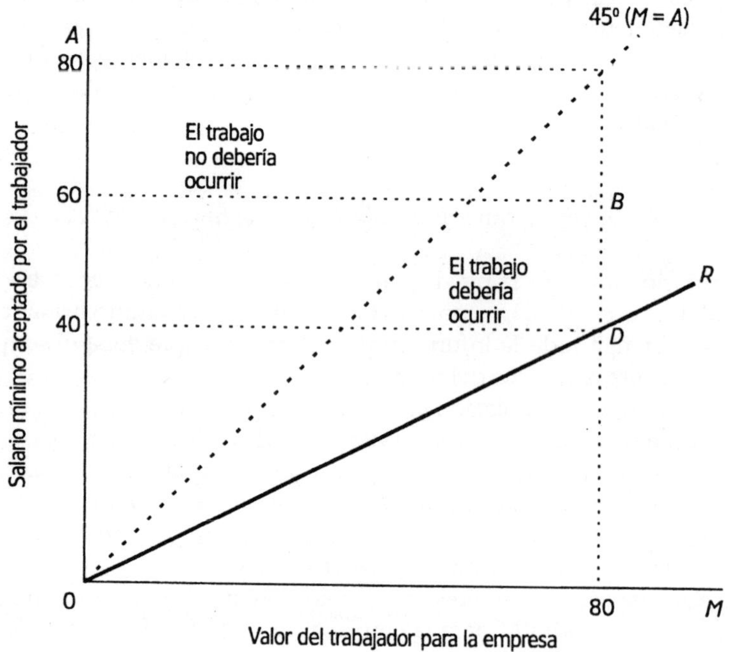

hace nada. Una forma extrema de este costo de la negociación es una huelga. En el ejemplo anterior, el trabajador podría creer que vale 90, mientras que la empresa cree que el trabajador aceptaría 80. Empresa y trabajador pueden discutir por el precio durante tanto tiempo que al final no se llega a ningún acuerdo.

Es obvio que ambas partes reconocen esta posibilidad por adelantado. En consecuencia, podrían suscribir un *contrato*, explícito o implícito, que permita a una de las partes anunciar el salario y dejar que la otra parte lo tome o lo deje. Un acuerdo, utilizado con frecuencia, concede a la empresa la facultad de anunciar el salario, cuando la propia empresa no sabe con certeza cuál será la oferta mínima que aceptará el trabajador. (La empresa podría tener que pagar al trabajador algo por adelantado a cambio del derecho de hacer esto. La manera de hacer ese pago es en general compensar al trabajador a una tasa mayor que su productividad en el periodo actual, anticipando que podrá explotarlo en el periodo siguiente.)

La empresa ignora cuál será la cantidad mínima que aceptará el trabajador, pero sabe muy bien cuánto vale el trabajador para al empresa. Generalmente es cierto[10] que la empresa paga un salario más alto cuanto más valga el trabajador. La razón es que la empresa no quiere exponerse a perder al trabajador durante los periodos de auge en que su trabajo tiene un alto rendimiento. Por consiguiente, una curva típica de ofrecimiento salarial es la indicada por la línea OR en la gráfica XIX.4.1.

Para entender mejor esto, supongamos que después de que se celebró el contrato se sabe que $M = 80$. La empresa desconoce el valor de A para el trabajador, pero anuncia un salario de 40. Si ese salario está por encima del nivel de aceptación del trabajador, la empresa obtendrá 80 unidades de producción y sólo pagará 40 al trabajador en el punto D, recibiendo un beneficio de 40. Por supuesto, existe la posibilidad de que el salario aceptable para el trabajador sea mayor que 40, por ejemplo, es igual a 60 en el punto B de la gráfica XIX.4.1. En estas circunstancias, el trabajador se niega a trabajar y la empresa no obtiene nada. Sin embargo, a la empresa le conviene arriesgar. En el límite, si la empresa pagara 80, induciría al trabajador a trabajar siempre que $A < M$, pero no ganaría nada en la transacción. Por tanto, la línea OR es la curva salarial que maximiza el beneficio esperado de la empresa. El problema es que hay ocasiones en que el trabajo debería ocurrir, pero no ocurre. El punto B es un ejemplo de una de esas ocasiones.

Otro acuerdo alternativo permite que el trabajador anuncie una demanda

[10] Formalmente, supongamos que la empresa cree que $A \sim g(A)$ con una función de distribución $G(A)$. La empresa desea maximizar su beneficio esperado. Si anuncia un salario, W, menor que A, el trabajador no aceptará el empleo. A cualquier salario $W > A$, el trabajador aceptará. Por tanto, la probabilidad de que el trabajador acepte el salario W es $G(W)$, ya que esa es la probabilidad de que $A < W$.

El problema de la empresa consiste entonces en escoger W para maximizar

$$(M - W)G(W)$$

puesto que $M - W$ es la ganancia neta de emplear al trabajador, y $G(W)$ es la probabilidad de que el trabajador acepte el salario W.

La condición de primer orden es

$$\frac{\mathrm{d}}{\mathrm{d}W} = -G(W) + g(w)(M - W) = 0$$

(puesto que $\mathrm{d}G(W)/\mathrm{d}W = g(W)$). Reordenando los términos, obtenemos

$$W = M - \frac{G(W)}{g(W)}$$

Puesto que $G(W)$ y $g(W)$ son siempre positivas, $W < M$. La empresa se arriesga a perder al trabajador ofreciendo un salario menor que su valor para la empresa. Si la empresa tiene suerte ($A < W$), ganará $M - W$ en la transacción. Si no tiene suerte, $A > W$.

salarial, dejando a la empresa la opción de tomarla o dejarla. Ello conduce a una curva de demanda salarial como la indicada en la gráfica XIX.4.2. En consecuencia, las empresas rehúsan la oferta de trabajo siempre que $M < W$. La empresa no contratará al trabajador si la demanda salarial supera al valor para la empresa. El punto B es una de dichas situaciones. El trabajador sabe que puede obtener 40 en otra parte, pero demanda un salario de 60, esperando que la empresa acepte. Puesto que el trabajador sólo vale 55, la empresa no aceptará y no tendrá lugar ningún trabajo. Pero debería haber trabajo. Puesto que el trabajador vale para esta empresa más de lo que él estaría dispuesto a aceptar, todos estarían en mejor situación si ocurriera el trabajo. El intento del trabajador de explotar a la empresa en esta situación impide que haya trabajo.

El hecho de que el contrato se celebre de manera que las empresas anuncien sus ofertas salariales, los trabajadores anuncien sus demandas salariales o algún otro acuerdo, depende de qué arreglo minimice las pérdidas asociadas con el trabajo que no ocurre cuando debería hacerlo. Ésta es una solución de "óptimo condicionado". El contrato que otorga a una de las partes el derecho a determinar el salario no es perfecto, pero podría ser mejor que ningún contrato. Cuando no hay contrato disponible, las partes podrían desvariar durante todo el periodo, regateando el salario apropiado. Si se decide por adelantado que los salarios se determinarán unilateralmente, se ahorrarán los costos de la huelga y, en consecuencia, ambas partes podrán llegar a una mejor posición.

XIX.4.e. *La ignorancia simétrica: las subastas y la maldición del ganador*

Los problemas de información que hemos discutido hasta ahora surgen cuando una de las partes sabe algo que la otra ignora. En estas circunstancias podrían surgir la selección adversa y otras ineficiencias. En el último ejemplo, los empleadores sabían lo que estaban dispuestos a pagar a sus trabajadores, pero los trabajadores no tenían esa información. En esta sección consideraremos lo que ocurre cuando ambas partes ignoran algún valor importante.

Consideremos una subasta de tierras donde podría haber petróleo. Supongamos que la tierra no vale nada, si no hay petróleo, y que tiene el valor del petróleo, si el pozo, de hecho, no está seco. Denotemos el valor real por V. Por supuesto, cuando los individuos pujan por la tierra no conocen el valor de V, pero conjeturan algo al respecto. Podemos denotar en este caso la conjetura del individuo i por

$$V_i = V + e_i$$

GRÁFICA XIX.4.2. *El trabajo eficiente y la demanda salarial óptima*

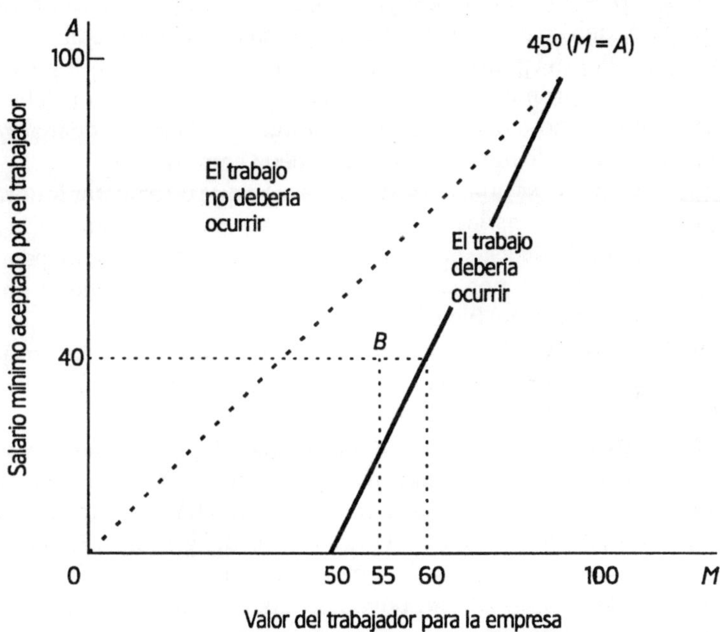

donde e_i es el error aleatorio asociado a la ausencia de clarividencia. Entre mayor sea la varianza de e_i, menos clarividente será el individuo y mayor su probabilidad de que se equivoque en su conjetura.

"La maldición del ganador" es la analogía económica de un antiguo chiste de Groucho Marx en el que el cómico afirma que no le gustaría ser miembro de ningún club que estuviera dispuesto a aceptarlo. Aquí se aplica el mismo argumento. En promedio, los postores no quieren comprar ninguna tierra que ganen en la subasta a otros individuos. La razón es que la postura ganadora es, en promedio, mayor que el valor del petróleo. Esto puede demostrarse formalmente,[11] pero la intuición nos dice que el individuo que gana tenía la evaluación más elevada de la cantidad de petróleo del pozo. Tenía el e_i más alto y por ello

[11] La prueba formal es la siguiente: considérese el caso más simple de sólo dos postores, *i* y *j*. Si cada postor puja hasta su valor estimado, entonces *i* ganará cuando $V_i > V_j$ y pagará $V_j + K$, donde *K* es el monto del aumento de la puja (porque aquí es donde se retira *j*). Por tanto, *i* obtiene el pozo, con un valor de *V*, y paga $V_j + K$.

El beneficio que recibe es

$$V - V_j - K = V - V - \varepsilon_j - K$$
$$= - \varepsilon_j - K.$$

ganó la subasta. Pero esto significa que la conjetura de todos los demás sobre el valor del pozo es menor que la suya, y es seguro que la conjetura promedio se encuentra por debajo de la suya. En efecto, la conjetura promedio es la mejor estimación del valor del petróleo que hay en el pozo. Puesto que la postura del ganador supera en promedio a la postura promedio, el ganador debe pagar demasiado por el pozo. Por tanto, hay aquí una maldición del ganador: ¡No quiero ser propietario de ningún pozo que pueda comprar!

El problema aquí no es que un postor sepa algo que otro postor ignora, sino que la ignorancia de todas las partes perjudica al mercado. En efecto, si no hubiera alguna salida de este enredo, no existirían las subastas de esta clase. Nadie pujaría si supiera por adelantado que era probable que el ganador pagara más que el valor del bien.

Pero tales subastas existen en el mundo real. De algún modo, la ignorancia colectiva no destruye por completo estos mercados. ¿Cómo puede ocurrir eso? Hay unas cuantas explicaciones posibles.

Primero, los postores que entienden que el ganador está sujeto a esta clase de maldición pueden manifestar sus posturas de una manera que los proteja contra la pérdida. En lugar de pujar hasta V_i, lo harán hasta cierto nivel menor que esa cantidad para tener en cuenta la maldición del ganador. Para entender esto, continuemos con el ejemplo del pozo petrolero.

Para simplificar las cosas, supongamos que e_i puede asumir sólo dos valores, 50 o –50. Supongamos que hay gran número de postores, de modo que, en promedio, la mitad de ellos creen que el valor del pozo petrolero es $V + 50$ y la otra mitad cree que tal valor es $V - 50$.

En estas circunstancias, si los postores pujaran hasta V_i, el individuo sabe que, si gana, habrá ofrecido 50 más que el valor esperado, ya que el ganador debe salir del grupo que valúa el bien en $V + 50$. Sabiendo esto, todos los postores adoptan la regla de que si creen que el pozo vale V_i, ofrecerán a lo

---

Puesto que i es un ganador, el valor esperado de $-\varepsilon_j$ es la expectativa de ε_j, ya que $\varepsilon_i > \varepsilon_j$. Si $\varepsilon_i, \varepsilon_j \sim f(\varepsilon)$, entonces esto puede escribirse como

$$E(V - V_j - K \mid \varepsilon_i > \varepsilon_j) = \int_{-\infty}^{\infty} \int_{\varepsilon_j}^{\infty} \frac{-(\varepsilon_j + K) f(\varepsilon_i)}{[1 - F(\varepsilon_j)]} f(\varepsilon_j) d\varepsilon_i \, d\varepsilon_j$$

$$= \int_{-\infty}^{\infty} -(\varepsilon_j + K) f(\varepsilon_j) d\varepsilon_j$$

$$= -K < 0.$$

sumo $V_i - 50$. Los individuos cuyas estimaciones del valor del pozo parten de $e_i = -50$ terminan ofreciendo $V_i - 50 = V - 50 - 50 = V - 100$. Los individuos, cuyas estimaciones del valor del pozo parten de $e_i = 50$, acaban ofreciendo $V_i - 50 = V + 50 - 50 = V$. La postura ganadora se iguala a V, con lo que se evita la maldición del ganador. Todos los postores, que reconocen que la maldición del ganador afecta a la subasta, reducen sus ofertas en 50, lo que conduce a una postura ganadora que, en promedio, es igual al valor del pozo. Así pues, el postor racional abandona siempre la subasta en algún punto antes de que el precio llegue al valor que asigna al bien.

La razón de que la maldición del ganador constituya un problema tan grave en este ejemplo es que el valor del pozo es el mismo para cada postor, aunque tales postores no conozcan su valor exacto antes de comprar la tierra. Pero la mayoría de las subastas no tienen esa propiedad. Eso nos conduce a la segunda explicación de la existencia de subastas.

Supongamos que el bien en cuestión no fuese un terreno que podría tener petróleo, sino una mesa antigua. Aquí el valor de la mesa para cada individuo podría conocerse bien antes de que se compre el bien. No hay ignorancia sobre el valor del bien. La subasta corre porque diferentes individuos asignan valores diferentes a la mesa. Los amantes de las antigüedades podrían pagar por la mesa más que quienes prefieren los muebles contemporáneos. Por tanto, no existe aquí la maldición del ganador. El ganador está seguro de que el bien vale para él por lo menos lo que está pagando por ese bien. Es irrelevante si esta suma puede superar a la valuación que otros postores tienen de la mesa. No todas las subastas tienen que caracterizarse por la ignorancia acerca del bien que se vende. Las subastas se realizan generalmente porque los individuos tiene valuaciones diferentes del bien. La subasta de la mesa antigua es un procedimiento empleado por un vendedor para encontrar el valor máximo de esa mesa. Esto difiere del caso del pozo petrolero, donde todos valúan el bien de la misma manera, pero ningún individuo conoce con certeza el valor antes de que se compre el bien.

XIX.5. EL SEÑALAMIENTO

La teoría del señalamiento, llamada a veces la hipótesis de la "selección", es uno de los procedimientos más importantes para el examen de las situaciones en las que la información es imperfecta. Esta idea, mejor articulada por Michael Spence,[12] sostiene que cuando la información es imperfecta los individuos pueden tomar ciertas medidas que envíen señales a otros acerca

Por consiguiente, el triunfo en la subasta no es rentable.

de la variable pertinente. La idea se asocia muy frecuentemente con la búsqueda de la educación formal. Se supone que un empleador no conoce la capacidad de un trabajador cuando lo contrata, pero sabe que los individuos que completan sus estudios de licenciatura tienen mayores probabilidades de realizar mejor el trabajo que quienes no completan tales estudios. Recientemente[13] se ha aplicado la misma idea al mercado de productos y a la publicidad. Aquí se supone que las empresas que consideran rentable la publicidad piensan que tienen probabilidades de permanecer en la actividad durante un tiempo mucho mayor y que, probablemente, tienen un producto mejor. Por consiguiente, es racional que los consumidores paguen más por los bienes que se anuncian mucho.

XIX.5.a. *El señalamiento en la educación*

A fin de entender cómo funciona la hipótesis del señalamiento, consideremos el ejemplo de la educación formal. En su forma más pura, la teoría sostiene que la escolaridad no contribuye en nada a la productividad de un trabajador. La razón de que los empleadores están dispuestos a pagar más a los individuos titulados es que reconocen que quienes completan su instrucción escolar son también mejores trabajadores.

Para que la hipótesis del señalamiento se sostenga, se requieren dos suposiciones. Primero, debe existir una correlación positiva entre la capacidad de desempeño en la escuela y la capacidad de desempeño en el empleo. Segundo, debe ser cierto que la escuela valúa el desempeño a menor costo que el empleador.

Consideremos un ejemplo para mostrar cómo se mantiene un equilibrio de señalamiento. Supongamos que en el mundo hay sólo dos clases de individuos: los rápidos y los lentos. Los rápidos producen $100 000 en su vida de trabajo para la empresa, mientras que los lentos sólo producen $90 000. La instrucción escolar no altera en nada la productividad de los trabajadores, pero los rápidos pueden obtener un título universitario en la cuarta parte del tiempo de un lento. Si se pudiera identificar a los rápidos y a los lentos, las empresas que compran mano de obra en los mercados de factores competitivos se verían obligadas a pagar $100 000 a los rápidos y $90 000 a los lentos, durante toda su vida de trabajo. Suponemos que los empleadores creen que todos los graduados universitarios son rápidos mientras que todos los que carecen de

[12] A. Michael Spence, "Job Market Signalling", *Quarterly Journal of Economics*, núm. 87, agosto de 1973, pp. 355-374.

[13] Véanse, por ejemplo, Benjamin Klein y Keith B. Leffler, "The Role of Market Forces in Assuring Contractual Performance", *Journal of Political Economy*, vol. 89, núm. 4, 1981, pp. 615-641;

ese título son lentos. Luego demostraremos que esta creencia se validará por sí sola. En consecuencia, se alcanza un equilibrio de señalamiento.

Específicamente, supongamos que a un lento le cuesta $20 000 en tiempo la obtención de un título universitario, mientras que un rápido sólo debe pagar $5 000 en tiempo, porque un lento debe dedicar al estudio más tiempo que un rápido. El rendimiento de la obtención de un título es $10 000 ($100 000 – $90 000) . Puesto que esta suma supera al costo del rápido, todos los rápidos terminan sus estudios universitarios. Pero el costo del lento es de $20 000, una suma que excede el rendimiento. En consecuencia, a los lentos no les conviene asistir a la universidad.

Se ha validado el supuesto de los empleadores. Todos los rápidos obtienen títulos y ningún lento lo hace. Por tanto, el pago de $100 000 a un trabajador con título universitario y de $90 000 a un trabajador sin ese título es una estrategia de equilibrio. Ni empleadores ni trabajadores tienen algún incentivo para desviarse de la solución.

XIX.5.b. *La ineficiencia social del señalamiento*

Aun cuando empleadores y trabajadores tienen incentivos para alentar el señalamiento, la sociedad pierde. La razón es que, en el mundo del señalamiento puro, la escolaridad es improductiva, pero los individuos gastan recursos en ella. En el último ejemplo supongamos que la economía está integrada por 10 rápidos y 10 lentos. Con el señalamiento, la producción de la economía es

10($10 000) + 10($90 000) – 10($5 000) = $1.85 millones,

restando $5 000 por cada uno de los 10 rápidos que utilizan su tiempo en la escuela en lugar de ocuparlo en producir algo. Sin el señalamiento, la producción de la economía es

10($100 000) + 10($90 000) = $1.9 millones.

Puesto que la escolaridad no altera la productividad, la producción total no cambia excepto por el ahorro de los costos de la escolaridad.

La distribución del ingreso es diferente cuando ocurre el señalamiento. Entonces, los rápidos reciben $100 000 y los lentos $90 000. Si no se permitiera ningún señalamiento, rápidos y lentos serían indistinguibles y se pagaría $95 000 a cada individuo ($1.9 millones/20 trabajadores). La diferencia de la distribución es la que provoca que empleadores y trabajadores opten por el señalamiento, aunque sea socialmente ineficiente.

Si la escolaridad fuese verdaderamente improductiva y sólo sirviera para separar a los rápidos de los lentos sin producir ningún bien social, el mundo estaría mejor sin ella. Una ley que dijera a los empleadores que no pueden "discriminar" sobre la base de la educación eliminaría cualquier rendimiento de la educación para los rápidos y no se comenzaría ninguna escolaridad.

XIX.5.c. *Críticas a la teoría del señalamiento*

El último párrafo parece extremo y es probable que la mayoría de los lectores lo consideren una mala idea. Hay varias razones para ello, la mayoría de las cuales se ha utilizado para criticar al señalamiento como un modelo de la educación. La más importante de ellas se expone a continuación.

La teoría del señalamiento descarta la posibilidad de los contratos contingentes. Muchos han argumentado que es posible que, al principio, los empleadores no sean capaces de separar a los trabajadores rápidos de los lentos, pero después de cierto tiempo en el empleo hablarán los hechos. Por tanto, los empleadores podrían suponer que todos los trabajadores son lentos y pagarles la tasa salarial baja. Si un trabajador resulta ser rápido, el empleador podrá aumentar su salario lo suficiente para pagar el futuro y compensar el pago demasiado bajo en el pasado. Esta clase de contrato contingente ahorra los gastos de la instrucción escolar, de modo que incluso los rápidos deberían preferir esta clase de arreglo. Por consiguiente, si los contratos contingentes son viables, dominarán un equilibrio de señalamiento. La viabilidad de tales contratos es una cuestión empírica.

A pesar de esta consideración, la teoría del señalamiento se encuentra en la base de los problemas de la información en la ciencia económica. Esa teoría modela el comportamiento de los agentes maximizadores en un mundo imperfecto y se ha convertido en una fuerza importante en la teoría económica moderna.

XIX.6. Resumen

- ✦ El análisis económico se ve afectado por la existencia de la información imperfecta en el mundo real.
- ✦ La información imperfecta puede originar una distribución de precios del mismo bien para diferentes vendedores. Cuando diferentes vendedores cobran precios distintos, los consumidores tienen un incentivo para buscar el precio más bajo entre los productores. Ese incentivo es mayor cuanto mayor sea la dispersión de los precios. La existencia de la búsqueda por parte de los consumidores significa que la distribución de los precios anunciados por las empresas es diferente de la distribución

de los precios reales de las transacciones. Puesto que los consumidores buscan empresas de precios más bajos, las transacciones a precios bajos ocurren desproporcionadamente respecto al número de tiendas que ofrecen precios bajos. Aunque 10% de las empresas cobran el precio más alto, menos de 10% de las ventas se hace a ese precio. La dispersión de los precios podría reflejar sutiles diferencias en el bien. Los servicios, la conveniencia de la ubicación y las amenidades de compra podrían encontrarse detrás de muchas diferencias de precios entre los vendedores.

- Cuando la información es imperfecta, también las empresas deben experimentar. Pocas empresas conocen sus curvas de demanda a la perfección, de modo que, dada su ignorancia deben fijar su precio de manera que se maximice su beneficio. La variación de los precios en el tiempo es importante. Esto implica generalmente que los precios empezarán en niveles altos y luego bajarán, si el bien no se vende. Implica también que los vendedores fijarán sus precios de una manera que algunos bienes se quedan sin vender. La capacidad para cambiar el precio a lo largo del tiempo significa mayores beneficios para la empresa y un conocimiento más preciso de la curva de demanda.
- Cuando una de las partes tiene más información que otra puede surgir la selección adversa. Si los compradores tienen menos información que los vendedores, el precio reflejará la menor calidad que resulta del hecho de enviar al mercado bienes de calidad menor que el promedio. En virtud de que el precio se ajusta, los compradores acaban obteniendo, en promedio, lo que pagan.
- Las garantías, que constituyen una forma del contrato contingente, pueden minimizar el impacto de la selección adversa. En el límite, las garantías crean un equilibrio de selección, de modo que los bienes de alta calidad y los bienes de baja calidad se venden en mercados separados, con diferentes precios y condiciones. Las garantías, como la mayoría de las formas de aseguramiento, fomentan el azar moral. En este caso, los compradores cuidan el bien deficientemente, porque saben que el vendedor debe cubrir el costo de las reparaciones. Las dificultades asociadas al cumplimiento de las garantías pueden limitar también su eficacia.
- Los contratos pueden evitar a veces algunas de las dificultades que surgen cuando la información es imperfecta. Un acuerdo para evitar las discusiones mediante la fijación de ciertas condiciones por adelantado podría ahorrar el tiempo de negociación y aumentar la probabilidad de una transacción. De ordinario, los contratos conducen sólo a soluciones de óptimo condicionado, porque no pueden ocuparse a la perfección de todas las contingencias.
- Aun cuando la ignorancia es simétrica, digamos en el caso de muchos compradores que pujan por un bien de valor incierto, los mercados

suelen ser más complicados. En particular, el ganador de un bien dado terminaría pagando demasiado por él en promedio, a menos que reduzca su postura adecuadamente. La maldición del ganador no se aplica cuando los consumidores tienen valuaciones del bien diferentes pero conocidas.

✦ El señalamiento podría ser un procedimiento importante para la transmisión de información. Para que una señal sea válida, una condición necesaria es que el costo de adquisición de la señal se relacione negativamente con el resultado más valioso. Aunque a las partes privadas puede interesarles la adquisición de una señal, el señalamiento es socialmente ineficiente en su forma más pura. Por ejemplo, si la educación no proporciona nada más que una señal sobre la productividad del trabajador, sería deseable una ley que prohibiera la "discriminación" de la paga sobre la base de la educación. Pocos adoptarían una visión tan extrema del proceso educativo.

PREGUNTAS Y EJERCICIOS

1. Los costos de la búsqueda varían con el valor del tiempo de un individuo. Los ricos valúan su tiempo más que los pobres. Esto sugeriría que los ricos buscarían menos que los pobres. Por otra parte, los ricos gastan más dinero que los pobres. Entre más bienes compren, más ahorrarán con la búsqueda del precio más bajo. ¿Qué implican estos efectos acerca de la relación que existe entre el precio pagado y el ingreso?
2. En algunos países las gasolineras ubicadas una frente a otra suelen cobrar precios diferentes. ¿Puede racionalizar este fenómeno la teoría de la búsqueda? ¿Qué otros factores podrían intervenir?
3. Considere una galería de arte que está tratando de vender una pintura. Su estrategia consiste en empezar con un precio elevado, para reducirlo luego si la pintura no se vende en un mes. Supongamos que algunos individuos que llegan a la galería son coleccionistas de obras de arte, mientras que otros son simples mirones que no comprarán la pintura a ningún precio. ¿Cómo debería variar la tasa de declinación del precio con el número de individuos que llegan a la tienda y con la proporción de mirones a coleccionistas? (Suponga que el propietario no puede distinguir entre un mirón y un coleccionista.)

LECTURAS RECOMENDADAS

Akerlof, George, "The Market for 'Lemons': Quality Uncertainty and the Market Mechanism", *Quarterly Journal of Economics*, núm. 84, agosto de 1970, pp. 488-500.

Hall, Robert E., "The Importance of Lifetime Jobs in the U.S. Economy", *American Economic Review*, núm. 72, 1982, pp. 716-724.

Jovanovic, Boyan, "Job Matching and the Theory of Turnover", *Journal of Political Economy*, núm. 87, octubre de 1979, pp. 972-990.

Klein, Benjamin y Keith S. Leffler, "The Role of Market Forces in Assuring Contractual Performance", *Journal of Political Economy*, vol. 89, núm. 4, 1981, pp. 615-641.

Lazear, Edward P., "Retail Pricing and Clearance Sales", *American Economic Review*, vol. 76, núm. 1, marzo de 1986, pp. 14-32.

———, "Salaries and Piece Rates", *Journal of Business*, vol. 59, núm. 3, julio de 1986, pp. 405-431.

———, "Why is There Mandatory Retirement?", *Journal of Political Economy*, núm. 87, diciembre de 1979, pp. 1261-1264.

Rosen, Sherwin, "Learning and Experience in the Labor Market", *Journal of Human Resources*, vol. 7, núm. 3, verano de 1972, pp. 326-342.

Spence, A. Michael, "Job Market Signalling", *Quarterly Journal of Economics*, núm. 87, agosto de 1973, pp. 355-374.

Stigler, George J., "The Economics of Information", *Journal of Political Economy*, vol. 69, núm. 3, junio de 1961, pp. 213-225.

Stiglitz, Joseph E., "Incentives, Risk, and Information: Notes Toward a Theory of Hierarchy", *Bell Journal of Economics and Management Science*, núm. 6, otoño de 1975, pp. 552-579.

LECTURAS AVANZADAS

PARTE 1

I. *La teoría general del consumidor*

Becker, Gary S., "A Theory of the Allocation of Time", *Economic Journal*, núm. 75, 1965, pp. 493-517.

Georgescu-Roegen, Nicholas, "The Pure Theory of Consumer Behavior", *Quarterly Journal of Economics*, núm. 50, 1935-1936, pp. 545-593.

Hicks, John R., *Value and Capital*, 2a. ed., Oxford, Clarendon Press, 1946, pp. 11-41 y 305-311.

Hotelling, Harold, "Edgeworth's Taxation Paradox and the Nature of Demand and Supply Functions", *Journal of Political Economy*, núm. 40, 1932, pp. 577-616.

———, "Demand Functions with Limited Budgets", *Econometrica*, núm. 3, 1935, pp. 66-78.

Lancaster, Kelvin J., *Consumer Demand: A New Approach*, Nueva York, Columbia University Press, 1971.

Samuelson, Paul A., *Foundations of Economic Analysis*, Cambridge, Mass., Harvard University Press, 1947, pp. 90-117.

Schultz, Henry, *The Theory and Measurement of Demand*, Chicago, University of Chicago Press, 1938, pp. 5-58.

Wold, Herman O. A., con Lars Jureen, *Demand Analysis*, Nueva York, John Wiley & Sons, 1953, pp. 81-139.

II. *Bienes relacionados y complementariedad*

Ferguson, C. E., "Substitution Effect in Value Theory: A Pedagogical Note", *Southern Economic Journal*, núm. 26, 1960, pp. 310-314.

Georgescu-Roegen, Nicholas, "A Diagrammatic Analysis of Complementarity", *Southern Economic Journal*, núm. 14, 1952, pp. 1-20.

Hicks, John R., *Value and Capital*, 2a. ed., Oxford, Clarendon Press, 1946, pp. 42-52.

Ichimura, S., "A Critical Note on the Definition of Related Goods", *Review of Economic Studies*, núm. 18, 1950-1951, pp. 179-183.

Morishima, M., "A Note on Definitions of Related Goods", *Review of Economic Studies*, núm. 23, 1955-1956, pp. 132-134.

Samuelson, Paul A., *Foundations of Economic Analysis*, Cambridge, Mass., Harvard University Press, 1947, pp. 183-189.

Schultz, Henry, *The Theory and Measurement of Demand*, Chicago, University of Chicago Press, 1938, pp. 569-585 y 607-628.

III. *Temas especiales de la teoría de la demanda*

A. Las curvas de demanda de ingreso compensado

Bailey, Martin J., "The Marshallian Demand Curve", *Journal of Political Economy*, núm. 42, 1954, pp. 255-261.

Friedman, Milton, "The Marshallian Demand Curve", *Journal of Political Economy*, núm. 57, 1949, pp. 463-495.

Knight, Frank H., "Realism and Relevance in the Theory of Demand", *Journal of Political Economy*, núm. 52, 1944, pp. 289-318.

Yeager, Leland B., "*Methodenstreit* over Demand Curves", *Journal of Political Economy*, núm. 48, 1960, pp. 53-64.

B. La preferencia revelada y los números índice

Frisch, Ragnar, "Annual Survey of General Economic Theory: The Problem of Index Numbers", *Econometrica*, núm. 4, 1936, pp. 1-38.

Georgescu-Roegen, Nicholas, "Choice and Revealed Preference", *Southern Economic Journal*, núm. 21, 1954, pp. 119-130.

Hicks, John R., *A Revision of Demand Theory*, Oxford, Clarendon Press, 1956.

Houthakker, H. S., "Revealed Preference and the Utility Function", *Economica*, N. S., núm. 17, 1950, pp. 159-174.

Samuelson, Paul A., "A Note on the Pure Theory of Consumer Behavior", *Economica*, N. S., núm. 5, 1938, pp. 61-71.

———, *Foundations of Economic Analysis*, Cambridge, Mass., Harvard University Press, 1947, pp. 144-163.

Staehle, Hans, "A Development of the Economic Theory of Price Index Numbers", *Review of Economic Studies*, núm. 2, 1935, pp. 163-188.

C. La utilidad cardinal y el análisis de la selección bajo riesgo

Alchian, A. A., "The Meaning of Utility Measurement", *American Economic Review*, núm. 42, 1953, pp. 26-50.

Baumol, W. J., "The Neumann-Morgenstern Utility Index — An Ordinalist View", *Journal of Political Economy*, núm. 59, 1951, pp. 61-66.

———, "The Cardinal Utility which is Ordinal", *Economic Journal*, núm. 67, 1958, pp. 665-672.

LECTURAS AVANZADAS

Ferguson, C. D., "An Essay on Cardinal Utility", *Southern Economic Journal*, núm. 25, 1958, pp. 11-23.

Friedman, Milton y L. J. Savage, "The Utility Analysis of Choices Involving Risk", *Journal of Political Economy*, núm. 56, 1948, pp. 279-304.

———, "The Expected-Utility Hypohtesis and the Measurability of Utility", *Journal of Political Economy*, núm. 60, 1952, pp. 463-474.

Georgescu-Roegen, Nicholas, "Choice, Expectations and Measurability", *Quarterly Journal of Economics*, núm. 68, 1954, pp. 503-534.

Markowitz, Harry, "The Utility of Wealth", *Journal of Political Economy*, núm. 60, 1952, p. 151-158.

Ozga, S. A., "Measurable Utility and Probability — A Simplified Rendering", *Economic Journal*, núm. 66, 1956, pp. 419-430.

Strotz, Robert H., "Cardinal Utility", *American Economic Review, Papers and Proceedings*, núm. 62, 1953, pp. 384-397.

Von Neumann, John y Oskar Morgenstern, *Theory of Games and Economic Behavior*, Princeton, N. J., Princeton University Press, 1944, pp. 15-31, 617-632.

IV. *La estabilidad del mercado*

Henderson, James M., y Richard E. Quandt, *Microeconomic Theory: A Mathematical Approach*, 2a. ed., Nueva York, McGraw-Hill, 1971, pp. 132-136 y 191-201.

Hicks, John R., *Value and Capital*, 2a. ed., Oxford, Clarendon Press, 1946, pp. 62-77, 245-282, 315-319, 333-337.

Kuenne, Robert E., "Hick's Concept of Perfect Stability in Multiple Exchange", *Quarterly Journal of Economics*, núm. 73, 1959, pp. 309-315.

Metzler, Lloyd A., "Stability of Multiple Markets: The Hicks Conditions", *Econometrica*, núm. 13, 1945, pp. 277-292.

Samuelson, Paul A., *Foundations of Economic Analysis*, Cambridge, Mass., Harvard University Press, 1947, pp. 17-19, 260-265 y 269-276.

PARTE 2

I. *La teoría de la producción*

Arrow, Kenneth J., Hollis B. Chenery, Bagicha Minhas y Robert M. Solow, "Capital-Labor Substitution and Economic Efficiency", *Review of Economics and Statistics*, núm. 43, 1961, pp. 225-250.

Borts, George H. y E. J. Mishan, "Exploring the 'Uneconomic Region' of the Production Function", *Review of Economic Studies*, núm. 29, 1962, pp. 300-312.

Carlson, Sune, *A Study of the Pure Theory of Production*, Stockholm Economic Studies, núm. 9, Londres, P. S. King & Sons, 1939.

Cassels, John M., "On the Law of Variable Proportions", *Explorations in Economics*, Nueva York, McGraw-Hill, 1936, 223-236.

Ferguson, C. E., "Transformation Curve in Production Theory: A Pedagogical Note", *Southern Economic Journal*, núm. 29, 1962, pp. 96-102.

———, *The Neoclassical Theory of Production and Distribution*, Londres y Nueva York, Cambridge University Press, 1969, capítulos 2-6.

Ferguson, C. E. y Thomas R. Saving, "Long-Run Scale Adjustments of a Perfectly Competitive Firm and Industry", *American Economic Review*, núm. 59, 1969, pp. 774-783.

Machlup Fritz, "On the Meaning of the Marginal Product", *Explorations in Economics*, Nueva York, McGraw-Hill, 1936, pp. 250-263.

Samuelson, Paul A., *Foundations of Economic Analysis*, Cambridge, Mass., Harvard University Press, 1947, pp. 57-89.

Shephard, Ronald W., *Cost and Production Functions*, Princeton, N. J., Princeton University Press, 1953.

Stigler, George J., *Production and Distribution Theories*, Nueva York, Macmillan, 1946.

Walters, A. A., "Production and Cost Functions: An Econometric Survey", *Econometrica*, núm. 31, 1963, pp. 1-66, con una extensa bibliografía.

II. *La teoría del costo*

Viner, Jacob, "Cost Curves and Supply Curves", *Zeitschrift für Nationalökonomie*, núm. 3, 1931, pp. 23-46. Ésta es la referencia clásica en el campo. Véanse además Ferguson, *The Neoclassical Theory of Production and Distribution*, capítulos 7 y 8; Samuelson, *Foundations of Economic Analysis*; Shephard, *Cost and Production Functions*; y Walters, "Prodution and Cost Functions: An Econometric Survey", obras antes citadas.

PARTE 4

I. *La productividad marginal y la demanda de los insumos*

Chamberlin, E. H., "Monopolistic Competition and the Productivity Theory of Distribution", *Explorations in Economics*, Nueva York, McGraw-Hill, 1936, pp. 237-249.

Douglas, P. H., *The Theory of Wages*, Nueva York, Macmillan, 1934.

Ferguson, C. E., "'Inferior Factors' and the Theories of Production and Input Demand", *Economica*, N. S., núm. 35, 1968, pp. 140-150.

———, *The Neoclassical Theory of Production and Distribution*, Londres y Nueva York, Cambridge University Press, 1969, capítulos 6 y 7.

———, "Production, Prices, and the Theory of Jointly Derived Input Demand Functions", *Economica*, N. S., núm. 33, 1966, pp. 454-461.

Ferguson, C. E. y Thomas R. Saving, "Long-Run Scale Adjustments of a Perfectly Competitive Firm and Industry", *American Economic Review*, núm. 59, 1969, pp. 774-783.

LECTURAS AVANZADAS

Hicks, John R., *The Theory of Wages*, 2a. ed., Nueva York, Macmillan, 1964.
Mosak, Jacob L., "Interrelations of Production, Price and Derived Demand", *Journal of Political Economy*, núm. 46, 1938, pp. 761-787.
Pfouts, R. W., "Distribution Theory in a Certain Case of Oligopoly and Oligopsony", *Metroeconomica*, núm. 7, 1955, pp. 137-146.
Schultz, Henry, "Marginal Productivity and the General Pricing Process", *Journal of Political Economy*, núm. 37, 1929, pp. 505-551.
Stigler, George J., "Production and Distribution in the Short Run", *Journal of Political Economy*, núm. 47, 1939, pp. 305-327.

II. *La distribución y las participaciones relativas*

Ferguson, C. E., "Neoclassical Theory of Technical Progress and Relative Factor Shares", *Southern Economic Journal*, núm. 34, 1968, pp. 490-504.
———, *The Neoclassical Theory of Production and Distribution*, Londres y Nueva York, Cambridge University Press, 1969, capítulos 11 y 12.
Robinson, Joan, "Euler's Theorem and the Problem of Distribution", *Economic Journal*, núm. 44, 1934, pp. 398-414.
Stigler, George J., *Production and Distribution Theories*, Nueva York, Macmillan, 1941.

ÍNDICE ONOMÁSTICO

ÍNDICE ANALÍTICO

ÍNDICE GENERAL

Se terminó de imprimir
en el mes de febrero de 2003
en GRAFINOR, Lamadrid 1576, Villa Ballester,
Buenos Aires, Argentina.